Kaspisches Meer
KAUKASUSGEBIRGE
chwarzes Meer
HYNIEN
OBER-ARMENIEN
BERG ARARAT
(heutiger Standort)
PARTHIEN
GALATIEN
UNTER-ARMENIEN
BERG ARARAT (klassischer Standort)
MEDIEN
LAND DER EDESSENER
PERSIEN
Samosata
Nisibis
Arbela
Ekbatana
KAPPADOKIEN
Edessa (Antiochia)
Haran (Carrhä)
ADIABENE
Antiochien in Pisidien
KOMMAGENE
Tigris
KILIKIEN
Hierapolis
Iconium
Tarsus
Lystra
Berona (Aleppo)
Euphrat
Seleukia
Antiochia
BABYLONIEN
Susa
Orontes
Babylon
Palmyra
Charax
Golf
ZYPERN
Tripolis
SYRIEN
ARABIEN
Sidon
Damaskus
Tyrus
Jordan
Cäsarea
Jerusalem
Aschkelon
Qumran
Gaza
IDUMÄA
Petra
Alexandria
Heliopolis
Memphis
ÄGYPTEN
800 km
Oxyrhynchus
Rotes Meer
Bernice

Robert Eisenman

Jakobus, der Bruder von Jesus

Robert Eisenman

Jakobus, der Bruder von Jesus

Der Schlüssel zum Geheimnis des Frühchristentums und der Qumran-Rollen

Aus dem amerikanischen Englisch übertragen von Ditte und Giovanni Bandini

C. Bertelsmann

Die Originalausgabe ist 1997
unter dem Titel »James the Brother of Jesus«
bei Viking, New York, erschienen.

Umwelthinweis:
Dieses Buch und der Schutzumschlag wurden auf
chlorfrei gebleichtem Papier gedruckt.
Die Einschrumpffolie (zum Schutz vor Verschmutzung)
ist aus umweltschonender und
recyclingfähiger PE-Folie.

1. Auflage

Umschlaggestaltung: Design Team, München
Satz: Uhl + Massopust, Aalen
Druck und Bindung: Graphischer Großbetrieb, Pößneck
Printed in Germany
ISBN 3-570-00071-0

Für

Monobazos und Kenedaeus, die zwei Enkel
der »äthiopischen Königin«, Freiheitskämpfer und Konvertiten,
die am Paß von Beth-Horon ihr Leben hingaben,

und

Jesus, des Sapphias Sohn, den Anführer der »galiläischen«
Seeleute und der »Partei der Armen«, die ihr Blut »vergossen«,
bis »das ganze Galiläische Meer rot war«.

Inhalt

VIERTER TEIL:
DER TOD DES JAKOBUS

Danksagung

Für ihre unermüdliche Hilfe bei der Arbeit an diesem Band und der Durchsicht der Korrekturabzüge möchte ich ganz besonders Michael Baigent und meiner Frau Heather danken, ebenso Jane Baigent für ihre Geduld.

Weiterhin gebührt mein Dank Julian Loose von Faber and Faber für seinen ständigen Zuspruch, sein Verständnis und seine glückliche Hand. Ron Dubay, mein Student an der California State University Long Beach, hat mir durch die teilweise Durchsicht des Manuskripts, die Anfertigung von Karten und die Bearbeitung des Registers sehr geholfen. Dank schulde ich ebenfalls Luke Vinten.

Danken möchte ich weiterhin dem Präsidenten und dem *Provost* der California State University Long Beach sowie, ganz besonders, James Brett und dem Forschungskomitee der Universität für ihre großzügige Unterstützung. Dank schulde ich außerdem Peter Mayer und Robert Dreesen von Viking/Penguin, die keine Mühe gescheut haben, um diese Publikation zu ermöglichen.

Professor Robert Morgan von der Universität Oxford hat einzelne Teile des Manuskripts gelesen. Seine freundlichen und ermutigenden Kommentare waren mir stets eine große Hilfe. Auch Neil Asher Silberman hat mich, mündlich und schriftlich, auf jede erdenkliche Weise ermutigt, und das gleiche gilt für die unzähligen anderen Personen, die mir geschrieben haben und deren Briefe ich aus Zeitmangel (bedingt durch die Arbeit an diesem Manuskript, das mir wichtiger erschien als persönliche Stellungnahmen) unbeantwortet lassen mußte. Ich hoffe, daß sie dieses Buch als eine adäquate Antwort ansehen werden.

Wenn aber das Vollkommene erscheint,
wird das Unvollkommene aufhören.
Als ich Kind war, redete ich wie ein Kind,
dachte ich wie ein Kind, urteilte ich wie ein Kind;
als ich aber Mann wurde, legte ich das Kindische ab.
Jetzt sehen wir noch dunkel, wie durch einen Spiegel
rätselhaft; einst aber von Angesicht zu Angesicht.

Paulus, Erster Brief an die Korinther (13,11 f.)

Unser Herr und Prophet, von dem wir ausgesandt sind,
hat uns erklärt, daß der Böse nach vierzigtägigem Ringen,
in dem er ihn doch nicht zu überwinden vermochte, versprach,
er würde Apostel aussenden unter seine Anhänger, sie zu täuschen.
Seid daher vor allem bedacht, jeden Apostel, Lehrer oder
Propheten zu meiden, der seine Lehre nicht in allem [jener des]
Jakobus anpaßt ... des Bruders meines Herrn ... und möge er
auch mit Empfehlungsschreiben zu euch kommen.

Pseudoklementinen, *Homilien* 11.35 (Petrus in Tripolis)

Einleitung

Jakobus, der Bruder Jesu, wegen seiner ausgeprägten Gerechtigkeit und Frömmigkeit gewöhnlich »Jakobus der Gerechte« genannt, ist eine den Kennern des Urchristentums vertraute Gestalt. Daß ihn die breitere Öffentlichkeit weniger gut kennt, ist die unvermeidliche Folge des Prozesses, der im vorliegenden Buch geschildert wird.

Jakobus ist nicht nur der Schlüssel zur Richtigstellung einer ganzen Reihe planmäßig herbeigeführter Mißverständnisse in der Geschichte der Urkirche, er ist auch das fehlende Verbindungsglied zwischen dem Judaismus seiner Epoche (wie immer man ihn definieren mag) und dem Christentum. Insofern der »Gerechte Lehrer« der Qumran-Rollen eine vergleichbare Stellung einnimmt, nähern sich die zwischen den beiden und ihren jeweiligen Gemeinden bestehenden Parallelen einander beträchtlich, ja stellenweise bis zur Deckungsgleichheit an.

In der Einleitung zu meinem 1983 erschienenen Buch *Maccabees, Zadokites, Christians and Qumran* schrieb ich speziell im Hinblick auf Jakobus:

> Die Herstellung eines alternativen historischen und textlichen Bezugrahmens, in den sich die wichtigsten Schriftrollen vom Toten Meer einfügen lassen, wird, wie man hoffen kann, zur Folge haben, daß die meisten vorgefaßten Urteile, in denen die Qumran-Forschung seit so langer Zeit befangen ist, nach und nach verschwinden werden, wodurch neue Ideen ins Spiel kommen und bislang unbenutzte Quellen den ihnen gebührenden Stellenwert erhalten können. Ist dieses erst erreicht, werden einzelne Persönlichkeiten, deren Biographie die Tradition bis zur Unkenntlichkeit entstellt hatte oder die gar vollends in Vergessenheit geraten waren, augenblicklich wieder zum Leben erwachen und eine ganze Reihe sich um sie rankender pseudohistorischer Lügen und Unterstellungen sich in Luft auflösen.[1]

Genau diesem Ziel, Jakobus vom Scherbenhaufen der Geschichte, dem er bewußt oder durch wohlwollende Nichtbeachtung überantwortet wurde, zu bergen, ist das vorliegende Buch gewidmet.

Der im Neuen Testament mehrfach erwähnte Jakobus der Gerechte ist systematisch »verharmlost« oder gänzlich aus der Tradition getilgt worden. In der Apostelgeschichte tritt er unvermittelt als eine zentrale Gestalt und als ein Führer der »Jerusalemer Kirche« oder »Versammlung« in Erscheinung (12,17), ohne daß auch nur mit einem Wort erklärt würde, wer er ist oder wie er in diese Position gelangte. Die Tatsache, daß die Apostelgeschichte sich auch über sein weiteres Schicksal ausschweigt – ein Schicksal, das sich lediglich anhand außerbiblischer Quellen zusammenstückeln läßt und das bis zu einem gewissen Grad in die Lebensgeschichte der Gestalt, die wir heute »Stephanus« nennen, und sogar in diejenige Jesu eingearbeitet worden zu sein scheint –, erschwert die Situation zusätzlich.

Als das Neue Testament seine endgültige Form erreicht hatte, nahm der Prozeß der Ausgrenzung Jakobus' weniger bewußte und planmäßige Züge an, aber auch so stellt er insgesamt eine der erfolgreichsten historischen Umschreibungen – oder *Über*schreibungen – dar, die je stattgefunden haben. Jakobus verschwand in der Versenkung: eine verschwommene Gestalt in den Randbezirken des Christentums, nur einigen wenigen Interessierten bekannt. Aber im Jerusalem seiner Zeit, von den vierziger bis Anfang der sechziger Jahre des ersten nachchristlichen Jahrhunderts, war er die wichtigste und einflußreichste Persönlichkeit überhaupt: der »Bischof« oder »Aufseher« der Jerusalemer Kirche.

Der auch als der »Herrenbruder« oder Bruder Jesu bekannte Jakobus der Gerechte wird oft mit einem anderen Mann dieses Namens – Jakobus, des Johannes Bruder, dem sogenannten »Sohn des Zebedäus« – verwechselt oder ihm (in diesem Fall bewußt) zur Seite gestellt, wodurch seine Ausgrenzung noch weiter getrieben wird. Derlei Vervielfältigung gleich- oder ähnlichnamiger neutestamentlicher Gestalten waren häufig das Resultat des von mir soeben erwähnten Um- oder Überschreibungsprozesses.

Diese Flut von Personen gleichen Namens, der wir im Neuen Testament begegnen – Johannes geht sogar so weit, eine »Schwester« Marias *namens Maria* zu erwähnen (19,25) –, besitzt aber noch einen zusätzlichen Aspekt. Alle diese Stellen erfüllen nämlich den Zweck, die Familie Jesu in ihrer Bedeutung herunterzuspielen und weitestmöglich aus der Bibel zu verbannen. Die sich allmählich herausbildende Lehre vom übernatürlichen Christus und die Legenden um dessen wunderbare Geburt machten diesen Prozeß unumgänglich.

Jakobus, von den vierziger bis zu den sechziger Jahren das Oberhaupt der »Urkirche« oder »Jerusalemer Versammlung«, fiel im Zuge der Ereignisse, die schließlich zum Ausbruch des Aufstands gegen Rom und zur Zerstörung des Tempels führten (66–70 n. Chr.), den Machenschaften eines feindseligen »Establishments« zum Opfer. »Oberhaupt« oder »Bischof« der »Jerusalemer Kirche« (*Ekklêsia*) oder »Gemeinde« zu sein war damit gleichbedeutend, als Führer der gesamten damaligen Christenheit (was auch immer man heute darunter verstehen mag) zu fungieren. Nicht nur war nämlich das Jerusalemer Zentrum bis zur Zerstörung des Tempels und der vermutlichen Flucht der Jakobinischen Gemeinde ins transjordanische Pella das wichtigste[2] – es gab außer ihm auch praktisch keine anderen, die von nennenswerter Bedeutung gewesen wären.

Das berühmte Zentrum von Antiochia (Syrien) etwa – das möglicherweise mit demjenigen des über 300 Kilometer weiter östlich gelegenen Edessa verwechselt wurde – war gerade erst in den vierziger Jahren gegründet worden, und alle übrigen steckten, sofern sie überhaupt schon existierten, noch in den allerersten Anfängen. Nach Auskunft der Apostelgeschichte war Antiochia der Ort, an dem die Christen »zuerst Christen genannt« wurden (11,26). Antiochia war die ehemalige Hauptstadt des hellenistischen Seleukidenreichs, eines der Erben des Imperiums Alexanders des Großen, und die dortige Gemeinde bestand in erster Linie aus Paulus und einigen seiner Gefährten – zu denen, wie es scheint, auch jemand zählte, der enge Beziehungen zur herodianischen Familie in Palästina hatte (13,1).

Die überragende Bedeutung Jakobus' äußert sich bereits in dem Umstand, daß wir mehr und umfangreichere Quellen über ihn besitzen als über jede andere vergleichbare Gestalt – selbst Johannes der Täufer und Petrus mitgerechnet. Tatsächlich liefern die außerbiblischen Quellen sogar mehr zuverlässige Informationen über Jakobus als über Jesus.

Darüber hinaus bestehen auffällige Parallelen zwischen der von Jakobus geführten Gemeinde und derjenigen, die in den Schriftrollen vom Toten Meer, den »Qumran-Rollen«, ihre Spuren hinterlassen hat. Besonders deutlich werden die Übereinstimmungen, wenn man die Person und die Rolle Jakobus' mit derjenigen des »Lehrers der Gerechtigkeit« oder »Gerechten Lehrers« vergleicht, von dem die Qumran-Texte immer wieder sprechen. Das vorliegende Werk baut auf der gegenwärtigen Debatte um die Qumran-Rollen auf und führt eine alternative Möglichkeit vor, diese Quellen zu lesen. In ihnen tauchen so viele Lehren, Anspielungen und Wendungen auf, die sich als ebenso charakteristisch für die Jakobus-Tradition erweisen, daß es unmöglich wird, die Parallelen noch weiter zu ignorieren.

Die Arbeit, deren Ergebnisse ich hier vorstelle, wurde mir durch ein Forschungsstipendium der National Endowment for the Humanities (1985/86) am Jerusalemer William-F.-Albright-Institut ermöglicht, der bekannten »Amerikanischen Schule«, in der die Qumran-Rollen 1947 erstmals fotografiert wurden. Während ebendieses Forschungsaufenthalts reiften in mir die Einsichten heran, die später zum Kampf um die Freigabe der Schriftrollen und zum letztendlichen Zusammenbruch des Widerstands seitens der Fachelite führten, die bis dahin die Edition und, wichtiger noch, die Interpretation der Texte kontrolliert hatte.

Aber Jakobus' Person, Lehre und Rolle im Jerusalem seiner Zeit besitzen als Gegenstand der Forschung nicht nur eine größere Bedeutung als lediglich ihre Relevanz für das Verständnis der Schriftrollen – sie können sogar gänzlich davon losgelöst betrachtet werden. Selbst ohne irgendeine Parallelität oder gar Identität Jakobus' mit dem Gerechten Lehrer Qumrans nachweisen zu wollen, werde ich aufzeigen, daß die von Jakobus angeführte Bewegung – und eine solche scheint sie in der Tat gewesen zu sein – sich vom Christentum, wie wir es mittlerweile kennen, erheblich unterschied. Jakobus' Beziehung zu den Qumran-Rollen ist ein *zusätzlicher*, aber kein wesentlicher Aspekt meiner Darstellung.

Eine zentrale These der vorliegenden Arbeit ist die Identifikation Jakobus' als das geistige Zentrum des Jerusalemer »Oppositionsbündnisses«, das maßgeblich am Aufstand gegen Rom (66–70 n. Chr.) beteiligt war. Wie andere rezente Quellenfunde – etwa die fast zur gleichen Zeit im oberägyptischen Nag Hammadi entdeckten Manuskripte – liefern die Qumran-Rollen bei all ihrer unbestreitbaren Wichtigkeit doch nur eine ergänzende Bestätigung und Vertiefung anderweitig gewonnener Erkenntnisse.

Im Laufe der folgenden Untersuchung wird sich zunehmend deutlicher herausstellen, daß *Jakobus* der wahre Erbe und Nachfolger seines berühmteren Bruders Jesus und der Führer jener Bewegung war, die wir jetzt als »Christentum« bezeichnen – und nicht die hellenisierte Gestalt, die wir unter ihrem griechisch-lateinischen Beinamen »Petrus«, »der Fels«, kennen (oder gar die römische Kirche).

Auch wenn Petrus' Name mittlerweile zu einem stehenden Begriff geworden ist, war er möglicherweise nicht ganz die historische Gestalt, als die wir ihn zu betrachten gewohnt sind; und die Rolle, die wir ihm zuschreiben, könnte in Wirklichkeit ein Amalgam aus den

Rollen unterschiedlicher Personen gleichen Namens sein, darunter eines (später zum Märtyrer gewordenen) »Vetters« Jesu und Jakobus': deren mutmaßlichen Nachfolgers in Palästina, Simeon bar Kleophas. Ebensowenig erscheint – ist man durch aufmerksames Studium der Quellen erst einmal zu einem richtigen Verständnis der Bedeutung Jakobus' in seinem geographisch-historischen Kontext gelangt – ein normatives Festhalten an den Begriffen »Judaismus« und »Christentum« vertretbar.

Die Herrschaft der Römer und ihre Auswirkungen

Eine häufig zu hörende Binsenweisheit besagt, daß die Geschichte von den Siegern geschrieben wird. Für die uns interessierende Zeitspanne trifft dies auf jeden Fall zu. Paulus beispielsweise hätte diesen Satz – wie er im Ersten Brief an die Korinther durch die Darlegung seiner Strategie des »allen alles Werdens« und seiner Philosophie des »Siegens« und »nicht ins Leere Fuchtelns« beweist (9,22–27) – mit Sicherheit unterschrieben. Das gleiche gilt für seinen jüngeren Zeitgenossen, den jüdischen Historiker Josephus (um 37–96 n. Chr.), der in den Einleitungen seiner verschiedenen Werke zeigt, daß er sich ebenfalls der Implikationen dieses Satzes bewußt ist, ohne aber dessen unausweichliche Konsequenzen vermeiden zu können.

Die eine unumstößliche Tatsache, der historische Fixpunkt, dieser Periode ist die römische Herrschaft. Sie war so elementar wie ein Naturgesetz, und alle Bewegungen und Verhaltensweisen einzelner Personen müssen in Relation zu ihr betrachtet werden. Der arglose Leser aber, der Quellen aus dieser Zeit studiert oder sich ein Bild von der damaligen – hochexplosiven und revolutionären – Situation in Palästina zu machen versucht, ist sich dieser Tatsache oft überhaupt nicht bewußt.

Dies ist das Problem, das wir uns stets gegenwärtig halten müssen, und zwar nicht nur im Hinblick auf Personen, sondern ebenso auch bezüglich der Texte, die uns aus dieser Zeit zugänglich sind. Bei Lektüre der Evangelien etwa – sie dürften gegen Ende dieses Zeitraums entstanden sein – käme kaum jemand auf die Idee, daß besagte hochexplosive, revolutionäre Stimmung in demselben Galiläa herrschte, in dem Jesus so friedlich umherwandert und Kranke heilt, böse Geister austreibt, Tote erweckt und andere »große Werke und Wunder wirkt«.

Aber im parallelen Vokabular der sogenannten *Kriegsrolle* – eines der wichtigsten Texte der Qumran-Bibliothek, der den endzeitlichen

Kampf der vom Messias und von den himmlischen Heerscharen angeführten »Söhne des Lichts« gegen die »Söhne der Finsternis« schildert – sind die »großen Werke und Wunder« die Schlachten, die Gott für Sein Volk schlägt, und die herrlichen Siege, die Er erringt, beschrieben. Die Kriegsrolle entwirft das apokalyptische Bild eines Heiligen Krieges, mit dem sich Oliver Cromwells militante Puritaner im England des 17. Jahrhunderts problemlos hätten identifizieren können.

Was uns die Evangelien dagegen vorführen, ist eine friedliche, hellenistische, ländliche Szenerie, in der galiläische Fischer ihre Netze auswerfen oder ihre Boote flicken. Wenn sie nur wahr wäre! Auch die neutestamentlichen Episoden, die römische Beamte und Offiziere bisweilen als halbe Heilige oder die als deren Stellvertreter und Steuerpächter in Palästina fungierenden Herodianer als ungeschickte, aber letztlich wohlmeinende Trottel darstellen, müssen ebenfalls im Lichte dieser Bereitschaft, sich widerstandslos der römischen Herrschaft unterzuordnen, gesehen werden.

Das gleiche läßt sich von den Szenen sagen, in denen die jüdische Volksmenge als unversöhnlicher, bösartiger Pöbel auftritt. Sie beweisen, daß die Texte nicht für eine jüdische, sondern eine römische oder hellenistische Leserschaft konzipiert waren. Analoges gilt für die Darstellung des jüdischen Messias – nennen wir ihn ruhig »Jesus« – als eines unpolitischen, jenseitsorientierten (ergo, römisch gesprochen, absolut harmlosen), mitunter sogar proromischen Wanderpredigers mit denkbar schlechten Beziehungen zu seinem eigenen Volk und seinen nächsten Verwandten, der eine Variante von Platons *Apologie des Sokrates* oder die Segnungen der *Pax Romana* verkündigt.

Josephus' Werke weisen in vielerlei Hinsicht ähnliche Mängel auf. Wie Paulus verdankte er seine Rettung – und die Rettung seiner Schriften – einzig der Tatsache, daß er zur römischen Seite überlief. Beide besaßen entweder bereits oder erhielten das römische Bürgerrecht, Josephus sogar auf die denkbar ehrenvollste Weise überhaupt: durch Aufnahme in die kaiserliche Familie. Seine schriftstellerische Tätigkeit wurde von Personen gefördert, die zuerst hohe Posten in Neros (54–68) Beamtenapparat bekleidet hatten und später ebenfalls die Gunst Domitians (81–96) genossen, mit dem auch Paulus in engen Kontakt gestanden zu sein scheint.

Die vielleicht deutlichste Charakterisierung dieser Servilität gegenüber den römischen Machthabern liefert uns Josephus in der Vorrede zu seinem *Jüdischen Krieg*, einem Werk, in dem er zum Teil eigene Beobachtungen, zum Teil aber auch Informationen verwertete, die er – als der Überläufer und willfährige Kollaborateur, der er war – durch Verhöre jüdischer Kriegsgefangener gewonnen hatte. So erklärt er, alle bisherigen Darstellungen dieses Krieges seien durch »Liebedienerei gegen die Römer« und »Haß gegen die Juden« gekennzeichnet und stellten daher »ein Durcheinander von Anklagen und Lobeshymnen« dar, die »der historischen Treue keinen Raum geben«.[3] Kaum hat Josephus diese treffende Analyse formuliert, macht er sich daran, nach genau dem gleichen Muster zu verfahren.

Daß auch die historischen Passagen des Neuen Testaments jene Mängel aufweisen, dürfte jedem evident sein, der eine auch nur oberflächliche Kenntnis der fraglichen Texte besitzt. Auf die Schriftrollen vom Toten Meer trifft dies jedoch nicht zu, und zwar aus dem einfachen Grunde, daß bei ihnen die Überarbeitung von seiten romhöriger Redaktoren ausblieb. Ganz im Gegenteil – wahrscheinlich gerade damit eine solche Nachbearbeitung nicht stattfinden konnte, wurden die Texte in Höhlen versteckt. Und auch der Umstand, daß sie dort verblieben, dürfte eine Folge der römischen Herrschaft in Palästina gewesen sein: Sie blieben dort, weil niemand, der sie hätte wieder hervorholen können, den Krieg überlebte. Das war der einfache Grund.

Die römische Herrschaft ist aber auch die für uns wichtigste Determinante der politischen und ideologischen Ausrichtung vieler religiöser Gruppen oder Parteien jener Zeit, wie zum Beispiel der Urchristen und der pharisäischen Juden, ebenso aber auch, nur mit umgekehrten Vorzeichen, der für die Abfassung der Schriftrollen verantwortlichen Gruppe – die vermutlich durch diese römische Macht vernichtet wurde.

Der historische Jesus

Die Frage nach dem historischen Jesus beschäftigt das gebildete Abendland seit nunmehr über 200 Jahren, aber nach dem historischen Jakobus zu fragen ist bislang niemandem in den Sinn gekommen. Anstatt darüber zu klagen, daß die für Jakobus relevanten Quellen nur fragmentarisch vorliegen und darüber hinaus oft den Standpunkt von Autoren widerspiegeln, die, wie Paulus, eine gegensätzliche Weltanschauung vertraten, sollte sich der Historiker nach Kräften bemühen, ihn der Vergessenheit zu entreißen und ihn wiederzubeleben.

Diese Aufgabe ist nicht so schwierig, wie man glauben könnte, denn uns stehen durchaus brauchbare Jakobus-Bezeugungen zur Verfügung – und dazu in ansehnlicher Zahl. Wir brauchen nichts weiter zu tun, als sie in die richtige Perspektive zu stellen und sie nüchtern zu analysieren. Hinsichtlich Jakobus' bekannterem Bruder Jesus würde sich dies schon bedeutend schwieriger gestalten. Aber ist Jesus wirklich so »bekannt«, wie die meisten von uns glauben? Fachleute, Laien, Künstler, Schriftsteller, Politiker postulieren seit Jahrhunderten das Faktum der Existenz Jesu und reden von ihm mit einer Zuversicht, als verfügten sie diesbezüglich über die verläßlichsten Informationen. Leider liegen die Fakten im Nebel der Vergangenheit verborgen und unter einem Wust von nachträglichen theologischen und polemischen Aussagen begraben, die jeden Versuch, zur historischen Wahrheit vorzustoßen, im Keim ersticken. Nur wenige sind sich dessen bewußt, wenn sie die Quellen zum Leben Jesu lesen.

So ist nicht nur fraglich, ob Jesus selbst – zumindest als die Gestalt, die uns das Neue Testament vorsetzt – überhaupt jemals existiert hat; ebenso muß man bezweifeln, ob die ihm zugeschriebenen Lehren in seinem spezifischen zeitlichen und räumlichen Kontext wirklich vorstellbar gewesen wären. An Informationen zum »Mann Jesus« – im Gegensatz zur Erlösergestalt »Christus« oder »Christus Jesus«, die Paulus so zuversichtlich verkündigt und mit der er in ständigem mystisch-visionären Kontakt zu stehen behauptet – besitzen wir in erster Linie einige mangelhaft tradierte Beispiele hellenistischer Unterhaltungs- und Märchenliteratur. Paulus selbst, der angeblich erst wenige Jahre nach Jesu Tod die Bühne betritt, weiß entweder nichts über ihn – oder zieht es vor, uns nichts über ihn zu verraten.

Die Paulusbriefe enthalten nur zwei konkrete Angaben über den Mann Jesus: erstens, daß er *irgendwann* gekreuzigt wurde (1. Timotheus 6,13, dessen Authentizität angezweifelt wird, fügt »durch Pontius Pilatus« hinzu)[4], und zweitens, daß er mehrere Brüder hatte, von denen einer Jakobus hieß (Galater 1,19). Tatsächlich könnte sich die Bruderbeziehung, sofern wir sie ernst nehmen, als eine der wenigen Bestätigungen dafür erweisen, daß es einen historischen Jesus *je gegeben hat.*

Jesus in den Evangelien

Praktisch alles, was die Evangelien über die Person Jesu mitzuteilen haben, kommt im Gewand von Zaubermärchen und Wundergeschichten daher. Die hellenistischen Mysterienkulte erfreuten sich in weiten Teilen der griechisch-römischen Welt, die den Schauplatz von Paulus' Aktivitäten abgab, großer Beliebtheit. Die also mit derlei Ideen bereits vertraute Bevölkerung dürfte einen hervorragenden Nährboden für die Propagierung konkurrierender Modelle geliefert haben.

Ein für die Einschätzung der Historizität der Evangelienberichte wichtiges Kriterium ist ihre allenthalben durchscheinende antisemitische Grundtendenz. Dieser Antisemitismus grassierte bereits in hellenistischen Städten wie dem ägyptischen Alexandria und dem palästinensischen Cäsarea und führte schließlich zur vollständigen Ausrottung der dortigen jüdischen Bevölkerung.[5]

Mit Sicherheit läßt sich soviel sagen: daß die messianische Agitation in Palästina zwar sektiererisch, unmöglich aber antijüdisch oder gegen das Volk Palästinas als solches gerichtet sein konnte. Das wäre ein Widerspruch in sich gewesen. Natürlich fanden durchaus erbitterte, oft haßerfüllte Auseinandersetzungen zwischen einzelnen Parteien und Gruppierungen statt, aber sein eigenes Volk *in toto* abzulehnen, wäre für einen volkstümlichen messianischen Führer schlechthin unmöglich gewesen, und wir können zuversichtlich behaupten, daß dies auch kein solcher Führer je getan hat. Jeder Text, der den gegenteiligen Eindruck vermittelt, kann gefahrlos als nachträglich überarbeitet oder überhaupt als reines Phantasieprodukt eingestuft werden. Der Leser darf sich dies als Faustregel einprägen. Zur Gegenprobe brauchen wir nur – als ein typisches Beispiel für autochthone palästinische Literatur – die Schriftrollen vom Toten Meer heranzuziehen und werden feststellen, daß sie trotz häufiger haßerfüllter Ausfälle gegen ideologische Gegner in Palästina und dem Rest der Welt niemals antisemitisch sind – ganz im Gegenteil.

Ebensowenig läßt sich bestreiten, daß die Evangelien aus heterogenen Fakten und Episoden um ganz verschiedene – uns durch Josephus' Werke bekannte – messianische Führer aus dem Palästina des ersten nachchristlichen Jahrhunderts eine neue Folge von Ereignissen konstruieren und diese in eine Erzählung von deutlich hellenistischem oder nichtpalästinischem, propaulinischem Charakter einarbeiten, die, wenn es um spezifisch palästinische Ereignisse geht, einen (teilweise bösartigen) satirischen Einschlag erhält. Eine analoge, aber umgekehrte Boshaftigkeit legt Josephus an den Tag, wenn er charismatische messianische Volksführer als »religiöse Schwindler« oder »Hochstapler, gefährlicher noch als Banditen und Mörder« tituliert oder sie als »Betrüger« bezeichnet, die »unter Vorspiegelung göttlicher Inspiration ihre Anhänger in die Wüste führ[en], um ihnen dort die Zeichen ihrer bevorstehenden Befreiung zu offenbaren«.[6]

Das Matthäusevangelium ist, wie man seit langem erkannt hat, in sogar noch stärkerem Maße als die anderen Evangelien eine Ansammlung messianischer und sonstiger alttestamentlicher Belegstellen, die, aus ihrem jeweiligen Kontext herausgerissen, zur packenden – angeblichen – Lebensgeschichte Jesu verwoben wurden. Als es gleich zu Anfang – mit deutlichen Anklängen an »Joseph in Ägypten« und die Flucht Mose vor dem Pharao – heißt, Jesu Vater »Joseph« sei nach Ägypten geflohen, um das Kind vor Herodes zu retten, verwendet Matthäus die Bibelstelle »Aus Ägypten habe ich meinen Sohn gerufen« (2,15). Darüber, ob die Aussage auf Jesus zutrifft, ließe sich streiten.

In ihrem ursprünglichen Kontext (Buch Hosea 11,1) bezieht sie sich eindeutig auf das Volk Israel als Ganzes. Allerdings hat sie durchaus einen realen Bezug zu einer Gestalt der Mitte der fünfziger Jahre, die Josephus – und ebenso, anscheinend in Anlehnung an ihn, die Apostelgeschichte – lediglich als »den Ägypter« bezeichnet. Dieser Prätendent auf die Messiaswürde führt bei Josephus zuerst das Volk »hinaus in die Wüste«, dann zieht er seine Anhänger auf dem Ölberg zusammen, um von dort aus die Tempelmauer im Stil Josuas zu erstürmen.[7] Aber natürlich war der Ölberg nach Auskunft der Evangelisten ein beliebter Aufenthaltsort Jesu und seiner Gefährten. Uns werden noch zahlreiche solche verdächtigen Überschneidungen begegnen.

Josephus spendet dem Gemetzel, das der römische Statthalter Felix (52–60 n. Chr.) unter den Anhängern jenes Ägypters veranstalten läßt, erwartungsgemäß seinen untertänigsten Beifall. Die Apostelgeschichte kennt gleichfalls diese Episode, und sie folgt auch darin Josephus, daß sie sich ebenso auffällig wie er sträubt, den Namen dieses Aufrührers zu nennen. Dafür liefert sie das nicht unamüsante Detail, der »Oberhauptmann« der im Tempel stationierten römischen Garnison habe Paulus für diesen Ägypter gehalten (21,38).

Weitere Beispiele dieser Art sind die sogenannten »Kleinen Apokalypsen« der Evangelien (Matthäus 24,4–31 und Parallelen). Im Lukasevangelium sagt Jesus die Belagerung und den anschließenden Untergang Jerusalems voraus. Alle Versionen beginnen mit einer Anspielung auf die Zerstörung des Tempels und sprechen von Hungersnot, Kriegen, Glaubensspaltungen und anderen Zeichen und Katastrophen. All dies hat wahrscheinlich einen durchaus realen Zusammenhang mit einem Abschnitt in *Jüdische Altertümer*, in dem Josephus mit blutrünstiger Liebe zum Detail das »Weh« schildert, das die von einem gewissen »Judas dem Galiläer« zur Zeit des Zensus des Cyrenius (6/7 n. Chr.) ins Leben gerufene Bewegung über das Volk brachte.

Diese Ereignisse fallen nach der Chronologie des Lukasevangeliums in die Zeit von Jesu Geburt, und sie werden auch in der Apostelgeschichte erwähnt (5,37). Josephus nennt diese Bewegung die »Vierte Philosophenschule« oder »Philosophie«, aber heutzutage spricht man in ihrem Zusammenhang meist von den »Zeloten«. Diese – wie gesagt, um die von Lukas angegebene Zeit der Geburt Christi entstandene – Bewegung stellt Josephus nun als die Ursache für all die unheilvollen Ereignisse dar, die in den Kleinen Apokalypsen vorausgesagt werden: Kriege, Hungersnot, unendliches menschliches Leid und zuletzt die Zerstörung des Tempels.

Dieses »Weh« hat auch einen Bezug zu einer weiteren messianischen Gestalt, von der Josephus berichtet, einem Namensvetter des berühmten Jakobusbruders: »Jesus ben Ananias«. Dieser Mann, den Josephus als eine Art Wahrsager oder Quasipropheten porträtiert, streifte, beginnend unmittelbar nach dem Tod des Jakobus (62 n. Chr.), sieben Jahre lang durch Jerusalem und verkündete tagein, tagaus den bevorstehenden Untergang der Stadt, bis er während der Belagerung, die kurz darauf die Erfüllung seiner Weissagung bringen sollte, von einem römischen Geschoß am Kopf getroffen wurde und starb.

Die Relevanz dieser Geschichte für die Kenntnis des historischen Jesus (und, noch viel direkter, für diejenige des historischen Jakobus), dessen Existenz und dessen Bedeutung für die ganze Menschheit seit mehr als 19 Jahrhunderten mit einer solchen Überzeugung postuliert werden, dürfte offensichtlich sein. Am Schluß seines *Jüdischen Krieges* berichtet Josephus sogar, daß »Jesus ben Ananias« verhaftet und kurz darauf wieder freigelassen wurde. Die Freilassung eines solchen messianischen Doppelgängers Jesu ist uns aber auch aus dem Neuen Testament bekannt. *Ein* Evangelium jedenfalls nennt diesen Doppelgänger »Jesus Barabbas« – wobei sich der zweite Teil des Namens als aramäisch »Sohn des Vaters« erklären ließe – und teilt uns mit, Pilatus habe diesen »besonderen Gefangenen«, einen politischen »Räuber«, der »während des Aufstands Morde begangen« hatte, »losgegeben« (Matthäus 27,26 und Parallelen).

Die gleiche Situation begegnet uns in einer weiteren kuriosen Episode, die sich in einem von vielen mit Skepsis betrachteten, aber kaum zufriedenstellend erklärten Text findet: dem sogenannten »Slawischen« oder »Altrussischen Josephus«. Dieses Werk, eine gekürzte Aufbereitung des *Jüdischen Krieges*, dürfte, wie vieles aus jener Zeit, eine Fälschung sein. Allerdings enthält es eine erweiterte Fassung der berühmten Jesusbezeugung aus den *Altertümern* (des sogenannten »Testimonium Flavianum«), die Jesus als einen Revolutionär darstellt, der nach einer ersten Verhaftung freigelassen, später allerdings wieder gefangengenommen und gekreuzigt wird.

Abweichende Fassungen der Werke des Josephus – von denen wir durch Zitate bei Kirchenschriftstellern wie Origenes, Eusebios und

Hieronymus (die sich alle zu der einen oder anderen Zeit ihres Lebens in Palästina aufhielten) Kenntnis besitzen – bringen den Untergang Jerusalems mit dem Tod des *Jakobus*, nicht Jesu, in Verbindung. Die empörten Proteste dieser Autoren, insbesondere von seiten Origenes' und Eusebios', dürften mit ein Grund dafür gewesen sein, daß sich diese Passage in keinem erhaltenen Manuskript des *Jüdischen Krieges* mehr findet. Wie wir weiterhin sehen werden, sind auch andere Aspekte der Jakobusbiographie nachträglich in die Lebensgeschichte Jesu und verschiedener Gestalten der Apostelgeschichte – mit zum Teil erstaunlichen Ergebnissen – eingearbeitet worden.

Darüber hinaus werden wir aufzeigen – und damit ein wichtiges Indiz für die These liefern, daß die Evangelien und manche Schriftrollen vom Toten Meer aus praktisch der gleichen Zeit stammen und daß die Verfasser der ersteren letztere kannten –, daß zentrale Termini und Formulierungen Qumrans in die neutestamentliche Charakterisierung der Beziehungen Jesu zu seinen Aposteln eingeflossen sind. Wie wir sehen werden, enthält die Schilderung der Apostel als friedliche Fischer des Galiläischen Meeres versteckte Anspielungen auf die eminent wichtigen qumranischen Begriffe *»hinab-«* oder *»niederwerfen«* und *»Netze«*. Das »Auswerfen der Netze« begegnet uns sowohl in Episoden um (vor- und nachösterliche) Erscheinungen Jesu, die den Aposteln an der Küste des Galiläischen Meeres zuteil werden, als auch in parallelen Stellen der Qumran-Rollen und der Johannesoffenbarung. Wie wir außerdem zeigen werden, spielt der Begriff des *»Hinunterwerfens«* oder *»-stoßens«* auch in praktisch allen erhaltenen Traditionen über den Tod des Jakobus eine entscheidende Rolle.

Aber auch die – in der Charakterisierung Jesu und seiner Apostel immer wieder anzutreffende – (scheinbare) Herkunftsbezeichnung »Galiläer«/»galiläisch« kann als eine Anspielung auf den Namen der Bewegung gedeutet werden, die durch Judas *den Galiläer* ins Leben gerufen wurde: jener Zeloten, die Josephus und die Apostelgeschichte auch als *»Sikarier«* oder »Meuchelmörder« bezeichnen.

Die Umdeutung ideologisch besetzter Termini als bloße geographische Herkunftsbezeichnungen läuft auf deren Trivialisierung hinaus. Dies trifft zweifellos auf die Frage, ob Jesus tatsächlich aus einer (weder im Alten Testament noch bei Josephus bezeugten) galiläischen Stadt namens »Nazareth« kam oder ob er nicht vielmehr, wie Jakobus, einen »nasiräischen« Lebenswandel führte beziehungsweise ein »Nazrener« oder »Nazoräer« war – Begriffe, die in den uns vorliegenden Quellen vollkommen verschiedene Konnotationen besitzen.

Dies sind komplexe Fragen, und sie werden anfangs zweifellos einige Verwirrung stiften, aber ihre Erörterung ist unerläßlich, wenn wir ein wahrheitsgetreues Bild der historischen Situation gewinnen wollen, die sich hinter diesen allseits geschätzten biblischen Darstellungen verbirgt. Wie ich hoffe, wird der Leser bald imstande sein, sich in die spezifische, mit Wortspielen und Vermeidungen arbeitende Methode dieser Texte hineinzudenken. Die Indizien, die einzeln betrachtet irrelevant erscheinen könnten, werden durch Addition mehr und mehr an Überzeugungskraft gewinnen und zuletzt dem Leser ermöglichen, die Gültigkeit der vorgeschlagenen Erklärungen zu beurteilen. Dies soll nicht bedeuten, daß ein historischer Jesus gar nicht existiert hätte; wohl aber, daß das ihn betreffende Material entstellt ist und daß das Problem erheblich komplizierter ist, als viele glauben.

Die Erforschung Jakobus'

In bezug auf Jakobus sehen wir bedeutend klarer, und zwar wahrscheinlich deswegen, weil die Quellen – sieht man von den Evangelien und den ersten elf Kapiteln der Apostelgeschichte ab – nicht so stark überschrieben worden sind. Hier verfügen wir außerdem (anders als im Falle Jesu) durchaus auch über *außer*biblische Bezeugungen. Und selbst im Neuen Testament finden wir Aussagen über Jakobus, die, sofern nicht theologisch überarbeitet, von großem Nutzen sein können. Und diejenigen, an denen sich eine Um- oder Überschreibung feststellen läßt, können durch vergleichende Heranziehung außerbiblischen Materials in die richtige Perspektive gerückt und zum Teil sogar in die ursprüngliche Form versetzt werden.

Aber wir können sogar noch weiter gehen. Gerade die Person Jakobus' vermag uns einen realistischen Eindruck davon zu verschaffen, was für ein Mensch der historische *Jesus* wirklich gewesen sein könnte. Ja, die Person Jakobus' – und damit auch diejenige seines »kontrapunktischen Widerparts« Paulus – könnte überhaupt die Lösung des Rätsels um den historischen Jesus beinhalten.

Die häufig verwendete Bestimmung »Herrenbruder« oder »Bruder Jesu« sollte kein allzugroßes weltanschauliches Problem darstellen. Unvoreingenommen gelesen, verraten die Originalquellen – die Evangelien in der uns heute vorliegenden Form, die Paulusbriefe und Josephus – keinerlei Verlegenheit ob dieser verwandtschaftlichen Beziehung: Jakobus wird dort ohne Umschweife und ohne irgendwelche relativierende Zusätze schlicht als »Bruder Jesu« bezeichnet. Das Neue Testament kennt keine der im Gefolge der Doktrin vom übernatürlichen »Christus« und von dessen wunderbarer Geburt auftauchenden genealogischen Haarspaltereien, mittels deren die späteren Theologen diese Beziehung zu entwerten oder zu lockern versucht haben. Paulus scheinen diese Geschichten über die Geburt »Christi« nicht bekannt gewesen zu sein; sie tauchen erstmals im Matthäus- und im Lukasevangelium auf, wodurch ab dem 2. Jahrhundert nicht nur die *Brüder* Jesu, sondern überhaupt dessen Familie – Schwestern, Väter, Onkel und Mütter – in zunehmendem Maße zu ebenso vielen Steinen des Anstoßes werden.

Verschlimmert wurde die ohnehin schon heikle Sachlage noch durch den Umstand, daß Jesu Brüder (»Vettern«, wie Hieronymus sie Ende des 4. Jahrhunderts nennen wird) in Palästina bekannte Persönlichkeiten des öffentlichen Lebens waren und dazu auch noch, nach weitverbreiteter orientalischer Manier, Jesu Nachfolger. Was das Problem ihrer Beziehung zu Jesus im 2. Jahrhundert noch erheblich verschärfte, war die theologische Behauptung von Marias »immerwährender Jungfräulichkeit« und damit einhergehend die Unmöglichkeit – nein, Undenkbarkeit – dessen, daß sie noch weitere Kinder geboren haben könnte. Dies veranlaßte Hieronymus' jüngeren Zeitgenossen Augustinus im 5. Jahrhundert sogar zur (im 7. Jahrhundert im Koran wiederholten) Behauptung, Jesus habe gar keinen Vater, sondern nur eine Mutter gehabt![8]

Der Ideologe betrachtete es als schlechthin unmöglich, daß Jesus einen Vater oder irgendwelche Geschwister gehabt haben sollte – gleichgültig, was die Evangelien und die Paulusbriefe diesbezüglich auch sagen mochten. Ebensowenig konnte Joseph *irgendwelche* Kinder mit Maria gehabt haben; diese mußten von einer anderen Frau stammen. Wir werden uns indes von solchen theologischen Bedenken nicht ins Bockshorn jagen lassen und alle in den Quellen angegebenen Verwandtschaftsbezeichnungen *wörtlich* nehmen. Wenn von jemandem gesagt wurde, er habe einen Bruder, dann war dieser dessen auf natürlichem Wege gezeugter leiblicher Bruder und kein Halbbruder, Stiefbruder, »Vetter« oder »Milchbruder«.

Daß wir zahlreiche außerbiblische Quellen zu Jakobus besitzen, ist bereits weiter oben gesagt worden. Wenn wir zu diesen noch die nicht verfälschten oder nachträglich mit orthodoxerem historischen oder theologischen Material überschriebenen Passagen der Apostelgeschichte und einzelne Mitteilungen aus den Paulusbriefen hinzuziehen, dann verfügen wir in der Tat über ein umfangreiches Paket an Jakobusbezeugungen. Jakobus wird auch in den Evangelien erwähnt, aber hier ist die Dokumentation durch deutliche, ideologisch begründete Bestrebungen, die Familie und insbesondere die Brüder Jesu zu diffamieren oder deren Wichtigkeit auf die eine oder andere Weise zu schmälern, gröblich entstellt.

Im Anfangsteil der Apostelgeschichte zeichnet sich zwar ein analoger Prozeß ab, doch ab Jakobus' erstem Auftritt, im 12. Kapitel, ändert sich der Charakter des Materials und gewinnt zusehends an Lebendigkeit. Aus irgendeinem Grund scheint die Apostelgeschichte davon auszugehen, daß wir bereits wissen, wer dieser Jakobus ist – »dieser« zur Unterscheidung von einem anderen Mann gleichen Namens, der hier als »des Johannes Bruder« und anderswo als »der Sohn des Zebedäus« bezeichnet wird und der gerade im letzten Augenblick, bevor der echte Jakobus die Bühne betritt, noch rasch aus dem Weg geräumt wird. Es ist durchaus möglich, durch diese Materialschicht der Apostelgeschichte hindurchzulesen und die ihr zugrundeliegende *wahre* Geschichte zu erkennen, die wirklichen Ereignisse, die der uns heute vorliegende Text überschreibt.

Analoges läßt sich von den Paulusbriefen sagen; sie sprechen ganz freimütig von »Jakobus dem Herrenbruder« und *wissen von keinem anderen Jakobus*. Noch genauer rekonstruieren läßt sich der historische Jakobus anhand gelegentlicher in den Briefen vorkommender Bemerkungen, die Rückschlüsse auf die Hintergrundsituation erlauben. Zu all dem kommt die Fülle von außerbiblischen Jakobusbezeugungen hinzu, die sich bei Josephus finden, in apokryphen Evangelien, nicht kanonischen Apostelgeschichten wie den sogenannten »Unechten Klementinen« (»Pseudoklementinen«), in gnostischen Manuskripten aus dem oberägyptischen Nag Hammadi und einer Vielzahl von Werken früher Kirchenschriftsteller. Der Quellenbestand ist in der Tat beeindruckend.

Ergänzen wir dieses heterogene Material noch durch die in den Qumran-Rollen enthaltenen Aussagen über den Gerechten Lehrer, die uns durch ein paralleles Vokabular, gemeinsame Motive und einen identischen historischen Kontext weitere Rückschlüsse auf die Person und die Rolle Jakobus' gestatten, so können wir unsere Argumentation auf eine wirklich stabile Grundlage stellen.

Der historische Jesus und der historische Jakobus

Durch eine solche Dokumentation sind wir zugleich auch in der Lage, die Person Jesu wiederauferstehen zu lassen. Unser Gedankengang würde dabei in etwa folgendermaßen lauten: Nehmen wir einmal an, in den ersten nachchristlichen Jahrzehnten habe in Palästina tatsächlich ein messianischer Führer namens »Jesus« gelebt. Nehmen wir weiterhin an, er habe Brüder gehabt, darunter einen mit Namen Jakobus.

Wer dürfte diesen Jesus nun besser gekannt haben? Seine nächsten Angehörigen, die der Überlieferung zufolge nicht nur seine legitimen Nachfolger in Palästina waren, sondern ihn auch, solange er lebte, bei all seinen Aktivitäten begleitet hatten? Oder aber jemand, der nach eigenem Eingeständnis Jesus noch nie in seinem Leben gesehen hatte, der ein *Feind* der christlichen Urgemeinde gewesen war und sie erbittert verfolgt hatte und dessen einzige Legitimation in (nicht nachprüfbaren) visionären Erfahrungen bestand, die ihn mit einer himmlischen Gestalt, die er »Christus Jesus« nennt, in Verbindung setzten?

Die Antwort müßte für jeden vernünftigen Menschen eigentlich klar sein: Am besten haben ihn Jakobus und die palästinischen Gefährten gekannt. Die Antwort der Kirche hat indes von jeher gelautet, Paulus habe Jesus besser als jeder seiner Apostel und sonstigen Gefährten gekannt und ein tieferes und erhabeneres Verständnis von seiner Bedeutung gehabt. Außerdem wird behauptet, die von Jakobus und allgemein von Jesu Angehörigen vertretenen Lehren bewiesen ein mangelhaftes Verständnis des Paulusschen »Christus Jesus« und seien überhaupt von minderem Wert. Da indes das Christentum, wie wir es seit Jahrhunderten kennen, im wesentlichen das Vermächtnis Paulus' und gleichgesinnter Gestalten ist, wird ein solcher Standpunkt natürlich niemanden überraschen.

Hinzu kommt, daß er durch das Jesusbild, das uns durch die Evangelien überliefert wurde, auch noch eine nachträgliche Bestätigung erfahren hat. Besonders deutlich wird dies in der Charakterisierung der Apostel als *schwach* (Matthäus 14,31 und Parallelen), ein Begriff, den Paulus in seinen Briefen wiederholt – fast immer in abwertendem Sinne – verwendet, wenn er von den Oberhäuptern der Gemeinde (insbesondere der Jerusalemer) und deren Weisungen spricht (Römer 14,1 f. und 1. Korinther 8,7–9,22). Gelegentlich bezieht er das Attribut – in ironischer Absicht oder als *Captatio benevolentiae* – auch auf sich selbst, aber in der Regel benutzt er es, um die Führer anzugreifen, und zwar namentlich jene, die Speisegebote einhalten und allgemein das Mosaische Gesetz befolgen, ja sogar solche, die, wie er es formuliert, »kein Fleisch essen« – wie Jakobus.

Wenn in den (paulinisierten) Evangelien ein so wichtiger Apostel wie Petrus aus Mangel an »Glauben« im Galiläischen Meer »versinkt« oder Jesus in der Nacht vor der Kreuzigung dreimal verleugnet, so ist die implizite Botschaft ziemlich eindeutig: Er ist »schwach« im »Glauben«, jenem zentralen Begriff, den Paulus der eher jakobinischen Doktrin von der Erlösung durch »Werke« gegenüberstellt.

Hinzu kommt, daß er, ja, daß alle Apostel der Lehre Jesu ein mangelhaftes Verständnis entgegenbringen – insbesondere jener wichtigsten aller paulinischen Doktrinen: dem *Christus*. Dies ist die Situation, die zudem – wie absurd es auch erscheinen oder der historischen Wahrheit widersprechen mag – durch 1800 Jahre Kirchengeschichte nachträglich bestätigt und festgeschrieben wurde.

Hier drängen sich zwei Bonmots auf: »Dichtung ist überzeugender als Geschichtsschreibung«, und: »Alles ist so, wie du denkst.« Ersteres hat einen deutlichen Bezug zur Entstehungsgeschichte der uns vorliegenden Quellen. Wenn die Evangelien die »Dichtung« repräsentieren – und in der Tat dürften sie die am geschicktesten konstruierten und publikumswirksamsten literarischen Schöpfungen aller Zeiten sein –, dann waren ihre Verfasser »Dichter«. Nicht ohne Grund wollte Platon, der das Wesen der antiken Welt wie kaum ein anderer verstand, die Dichter aus seinem Idealstaat verbannen: Sie waren nämlich nach seiner Auffassung diejenigen, welche die Mythen und religiösen Mysterien erschufen, nach denen weniger kritische Geister ihr Leben einrichteten. In Platons Augen war dies eine Welt fast völliger Finsternis.

Das zweite Bonmot betrifft die Ur- und Frühgeschichte des »Christentums« in Palästina. Man kann tatsächlich mit einiger Berechtigung sagen: Es spielt keine Rolle, was sich wirklich abgespielt hat; was zählt, ist, was die Leute *denken*, was geschehen ist. So lautet im wesentlichen unser heutiger theologischer Ansatz, und was die öffentliche Meinung anbelangt, sind die Weichen schon vor langer Zeit gestellt worden – und dies nicht nur für die Christen selbst, sondern auch für den Rest der Welt: zum einen für die Juden und die Moslems als Erben derselben Tradition, dann aber auch für die heutigen Japaner, Hindus oder lateinamerikanischen Indianer, denn sie alle glauben ebenfalls, daß der neutestamentliche Jesus wirklich existiert habe.

Deswegen kommt der Erforschung Jakobus' so große Bedeutung zu: weil die historische Wahrheit weitgehend das genaue Gegenteil dessen ist, was die meisten von uns diesbezüglich denken und für wahr halten. Dem Leser wird diese These zweifellos anmaßend erscheinen. Wie könnten so viele Menschen, darunter einige der größten Denker der Menschheitsgeschichte – von denen sich einige selbst sogar als unreligiös betrachteten –, aus so zahlreichen verschiedenen Kulturkreisen und Ländern, alle unrecht gehabt haben? Der Grund liegt in der *Schönheit* der – und wenn auch für das damalige Palästina noch so uncharakteristischen – durch die literarische Jesusgestalt vermittelten Begriffe: Anschauungen, welche die erhabensten Ideale der *hellenistischen* Kultur verkörperten.

Wie Platons Sokrates lehnte es Jesus ab, die Fragen seiner Gesprächspartner zu beantworten, und weigerte sich, seinem Schicksal zu entfliehen. Und zumindest der Überlieferung nach erlitt er ein noch schrecklicheres Schicksal als Sokrates – doch schließlich hatte es dieser auch nicht mit der Macht des Imperium Romanum zu tun, sondern nur mit der eines griechischen Stadtstaates. Natürlich ist es gerade dieses schreckliche Ende, was das ganze Drama und seine Symbole so anziehend macht.

Wie wir uns erinnern, erklärte Platons Schüler Aristoteles, die Wirkung der Tragödie beruhe darauf, daß sie dem Zuschauer Entsetzen und Mitleid einflöße. Tatsächlich ist viel von Platons und Sokrates' Vermächtnis in die literarische Jesusgestalt eingeflossen, darunter das Ideal, dem Bösen nicht zu widerstreben, und der Begriff einer Gerechtigkeit, die nicht darin bestehe, seinen Freunden zu helfen und seinen Feinden zu schaden – durchweg Lehren, die dem palästinischen Denken und Empfinden, wie es sich beispielsweise in den Schriftrollen vom Toten Meer äußert, absolut fremd waren.

Inhaltliche und formale Schönheit sind zwei Gründe für den anhaltenden Reiz, den das durch diese Texte gelieferte Geschichtsbild auf den Leser ausübt; nicht minder stark ist aber beispielsweise die Faszination des von ihnen postulierten Begriffs der Gnade – einer Kraft, der sich wohl kaum jemand würde widersetzen wollen. Die Voraussetzung für die Wirksamkeit der beschriebenen Vorzüge ist allerdings ein ausreichend unterentwickeltes Verständnis der – zugegebenermaßen komplexen und schwer durchschaubaren – historischen Situation, um grobe Vereinfachung, poetische Erfindung und Fehlinformation der Wahrheit vorzuziehen. Diese wiederum haben als globale kulturelle Determinanten weltweit eine schier hypnotische Wirkung ausgeübt. Ebendieses Phänomen ist zur Behauptung generalisiert worden, Religion sei »das Opium des Volkes«. Das trifft aber nicht auf alle Religionen zu. Manche haben die genau entgegengesetzte Wirkung.

Das Endresultat

Wie sich zeigen wird, ist Jakobus das fast genaue Gegenteil des biblischen Jesus und der Vorstellung, die wir normalerweise von ihm haben. Während der Jesus des Neuen Testaments als antinationalistischer, kosmopolitischer Antinomist auftritt, der mit Vorliebe mit Ausländern und anderen als unrein geltenden Personengruppen verkehrt, erweist sich der historische Jakobus als ein xenophober, gesetzestreuer Eiferer, der jeglichen Kontakt mit Fremden und allgemein unreinen Personen meidet, und als ein Apokalyptiker.

Damit zeichnen sich deutliche Parallelen zum Charakter des Gerechten Lehrers der Qumran-Rollen ab. Beispielsweise steht die durch die Evangelien propagierte positive Bewertung solcher Personengruppen wie Zöllner, Prostituierte, Sünder und dergleichen mehr in absolutem Gegensatz zu der entsprechenden Haltung Qumrans, harmoniert aber andererseits mit der starken antisemitischen Stimmung, die damals in hellenistischen Zentren wie Cäsarea und Alexandria herrschte.

Im Brennpunkt der antirömischen und antiherodianischen Agitation, die Mitte der fünfziger Jahre vom Tempel ausging, wird sich Jakobus als *die* Identifikationsgestalt aller nationalistisch gestimmten Bevölkerungsgruppen herauskristallisieren. Als Verkörperung des »Vollkommenen Gerechten« wird er im Mittelpunkt der Allianz von Sekten und revolutionären Gruppierungen stehen, die gegen das von Josephus und dem Neuen Testament beschriebene pharisäisch/sadduzäische »Establishment« Front machten.

Wie wir nachweisen werden, war die – in der überlieferten Textgestalt des Neuen Testaments nicht erwähnte – Ernennung Jakobus' zum Oberhaupt der Urgemeinde das reale Ereignis, das die Apostelgeschichte mit der linientreueren Darstellung der Wahl eines Nachfolgers für das »Amt« (*Episkopat*) Judas *Ischarioths* überschreibt. Desgleichen werden wir aufzeigen, daß der Untergang des Tempels (70 n. Chr.) im Bewußtsein des Volkes auf eine Weise mit dem Tod des Jakobus (62 n. Chr.) in Verbindung gebracht wurde, die im Falle des rund vier Jahrzehnte weiter zurückliegenden Todes *Jesu* überhaupt nicht möglich gewesen wäre.

Wie unsere Quellen außerdem ergeben werden, fanden zwei tätliche Angriffe auf Jakobus statt: der eine in den vierziger Jahren, wozu wir in der Steinigung des »Erzmärtyrers« und archetypischen Heidenchristen Stephanus eine direkte Parallele erkennen, und der andere in den sechziger Jahren, der, wie von Josephus und frühen Kirchenschriftstellern beschrieben, mit Jakobus' Tod endete. Wie die ihr voraufgehende Wahl zur Neubesetzung von Judas *Ischarioths* »Amt« wird sich die in der Apostelgeschichte geschilderte Steinigung des Stephanus als eine reine Erfindung erweisen – oder besser gesagt, als eine bewußt irreführende Umdichtung für sich genommen realer Ereignisse aus dem Leben des Jakobus.

Ein weiteres, nicht unwesentliches Ergebnis unserer Analyse wird die Erhellung der charakteristischen Vorgehensweise neutestamentlicher Autoren sein, die im wesentlichen auf eine retrospektive Überarbeitung aus anderen Quellen bekannter Fakten über Jakobus hinausläuft. Sind Zweck und Methode dieser Substitutionen erst einmal begriffen, wird es vergleichsweise einfach sein, zu erkennen, daß die stark hellenisierte Bewegung, die sich in »Übersee« (das heißt außerhalb von Palästina) unter dem Namen »Christentum« entwickelte, tatsächlich die spiegelbildliche Umkehrung dessen war, was in Palästina unter Jakobus geschah. Es wird sich aufzeigen lassen, daß die dortigen Ereignisse eine direkte Auswirkung auf die Qumran-Literatur hatten, welche wiederum in ihrem letzten Stadium der Literatur, die über Jakobus zirkulierte, genauestens entsprach, ja möglicherweise sogar von ihr praktisch nicht zu unterscheiden war.

Paulus andererseits wird sich als eine äußerst zwielichtige Persönlichkeit erweisen, mit kompromittierenden Beziehungen zu römischen Beamten und Herodianern – eine Vermutung, der die in den Qumran-Rollen anzutreffenden Anspielungen auf eine parallele Gestalt, den »Lügenden Schwätzer« oder »Spötter«, noch zusätzliches Gewicht verleihen –, ja sogar als ein Mitglied der Familie des Königs Herodes.

Aber wie sich herausstellen wird, reichen seine Beziehungen sogar noch höher hinauf, bis zum engsten Kreis um Kaiser Nero (Philipper 4,22). Ein klares Verständnis dieser Zusammenhänge wird uns helfen, Jesu nächste Angehörige – und religiöse und politische Erben in Palästina – dem Dunkel, in das sie aktiv oder durch bloße Nichtbeachtung hinabgestoßen wurden, wieder zu entreißen. Darüber hinaus können unsere Ergebnisse einen nicht unwesentlichen Beitrag zur noch andauernden Debatte um die Beziehung der Schriftrollen vom Toten Meer zur christlichen Urgemeinde leisten.

Dieses Buch ist sowohl für den Fachmann als auch für den Laien geschrieben, ja vor allem für letzteren, besteht bei ihm doch gerade bezüglich solcher Gegenstände wie der Schriftrollen vom Toten Meer ein besonders reges Interesse. Aus diesem Grunde – und um unserem Anspruch zu genügen, eine umfassende und erschöpfende Studie über Jakobus anzubieten – werden im folgenden sämtliche für das Verständnis dieser besonderen Thematik notwendigen Zitate und Erklärungen mitgeliefert. Der vorliegende Band behandelt alle Aspekte der Beziehungen Jakobus' zum Neuen Testament und zu den Werken der frühen Kirchenschriftsteller.

Der Leser wird ausdrücklich aufgefordert, sich ein eigenes Urteil zu bilden und, wann immer möglich, direkt auf die Originalquellen zurückzugreifen, anstatt sich auf Darstellungen aus zweiter Hand zu verlassen. Aus diesem Grund werden sich auch Sekundärquellen –

außer sie liefern neue, bis dahin übersehene Daten – als nicht besonders nützlich erweisen, da nach 500 n. Chr. entstandene Werke größtenteils derivativ sind. Hinzu kommt, daß spätere Autoren – ja selbst moderne Forscher – bisweilen die Beweggründe ihrer Vorgänger aus den Augen verlieren und damit den Standpunkt und Blickwinkel der Tradition oder theologischen Richtung, der diese verpflichtet sind, unwissentlich übernehmen. Im Zuge der bekannten Kontroverse um die Schriftrollen vom Toten Meer entbrannte zwischen einer solchen akademisch-religiösen Elite und fortschrittlicheren Gelehrten ein Streit nicht nur um die vollständige Veröffentlichung sämtlicher Texte, sondern, wichtiger noch, auch um deren Interpretation – und diese Auseinandersetzung dauert noch immer an.

Nur allzuoft hat sich die fügsame Öffentlichkeit von einer religiösen oder akademischen Hierarchie, die vorgab, mehr zu wissen oder gesehen zu haben, bereitwillig gängeln lassen. In religiösen Fragen ist diese Situation von jeher sogar die fast ausnahmslose Regel gewesen. Daher bewegt sich fast alles, was das vorliegende Werk bietet – von der Wiedereinsetzung Jakobus' als rechtmäßiger Nachfolger seines Bruders Jesus und legitimer Erbe der christlichen Tradition in Palästina bis hin zu einer dem vorherrschenden Gelehrtenkonsens widersprechenden neuen Lesung der Qumran-Rollen –, außerhalb der allgemein akzeptierten überlieferten »Wahrheit«. Nur ein informiertes und aufgeklärtes Publikum wird imstande sein, an dieser Sachlage etwas zu ändern.

Ich habe mein Bestes getan, um die Schriftrollen vom Toten Meer – die aus der Versenkung aufgetaucht sind, als gälte es, wie durch ein Wunder das Gleichgewicht wiederherzustellen oder den Verfechtern eines ahistorischen Ansatzes schlaflose Nächte zu bereiten – einer möglichst breiten Öffentlichkeit zugänglich zu machen. Jetzt ist es an der Zeit, in die nächste Phase zu treten und sich einer weiter gesteckten Aufgabe zuzuwenden. Das hier vorgestellte Material ist nicht für diejenigen bestimmt, die Bibel oder akademischen Konsens widerspruchslos als das letzte Wort akzeptieren. Unsere Verfahrensweise ist eine historisch-literaturwissenschaftliche Textkritik mit dem Ziel, zu ermitteln, wie genau – und mit welcher Intention – ein bestimmter Autor seine Quellen verwertet und sein Material modifiziert und anordnet. Die Beweiskraft der Resultate einer solchen Textkritik ist kumulativ: Erst durch die Menge der sich nach und nach addierenden Details und Mikroerkenntnisse gewinnt die Darstellung zuletzt unanfechtbare Glaubwürdigkeit.

Um der Argumentation folgen zu können – und zwecks Nachprüfung ihrer Richtigkeit, insbesondere was meine Wiedergabe der zitierten Originalquellen anbelangt –, sollte der Leser wenn irgend möglich eine Bibel oder zumindest ein Neues Testament, die Werke des Flavius Josephus und eine Übersetzung der wichtigsten Qumran-Rollen zur Hand haben. Mehr ist eigentlich nicht erforderlich. Aber wenn auch alle relevanten Passagen aus diesen Quellen im vorliegenden Werk wortgetreu zitiert werden, ist es dennoch von Nutzen, sie zusätzlich in ihrem ursprünglichen Kontext zu lesen und die spezifische Abfolge und Anordnung des sie umgebenden Materials nachzuvollziehen.

Was das Neue Testament anbelangt, sollte sich der Leser gegenwärtig halten, daß die meisten Übersetzungen weniger auf wissenschaftliche Zuverlässigkeit als auf »Lesbarkeit« Anspruch erheben und daher mit Vorsicht zu genießen sind. Doch selbst gute Griechischkenntnisse garantieren, so hilfreich sie sein mögen, nicht immer ein klares und korrektes Verständnis des Originals. Wichtiger ist da eine Portion gesunden Menschenverstands, denn selbst die besten Philologen übersehen häufig den tieferen Sinnzusammenhang oder das »eigentlich Gemeinte«, der (beziehungsweise das) sich direkt unter der Oberflächenstruktur der Texte verbirgt. Aus diesem Grunde war ich bei allen entscheidenden Passagen und Wendungen bestrebt, der Formulierung des jeweiligen Originals so getreu wie möglich zu folgen. Zumindest bei palästinischen Schlüsselbegriffen und -aussagen hoffe ich, in meinen Bemühungen erfolgreich gewesen zu sein. Dies ist besonders wichtig, weil viele der gebräuchlichen Übersetzungen häufig den wirklichen Sinn des Originals entstellen.

Als die beste englischsprachige Version der Schriftrollen vom Toten Meer möchte ich die bei Penguin erschienene Übersetzung von G. Vermes empfehlen; allerdings sollte auch sie, was die Wiedergabe zentraler Begriffe anbelangt, mit Vorsicht benutzt werden. [Eine deutsche Übersetzung der Schriftrollen bietet Eduard Lohse (Hrsg.), *Die Texte aus Qumran*, Kösel ^{4}1986, A.d.Ü.] Von Michael Wise und mir ist unter dem Titel *Dead Sea Scrolls Uncovered* (Penguin 1992, dt. *Jesus und die Urchristen. Die Qumran-Rollen entschlüsselt*, Goldmann 1993) eine zweisprachige Auswahl der unseres Erachtens besten bis dahin unveröffentlichten Qumran-Fragmente erschienen. Der Nutzen dieses Buches ist in der Tatsache zu sehen, daß es die »jakobinischen« Aspekte der einzelnen Texte unterstreicht oder auf ihre kompromißlos »zelotische« Grundstimmung hinweist; es erhebt selbstverständlich nicht den Anspruch auf Vollständigkeit oder auch nur, die (schließlich bereits publizierten) wichtigsten Qumran-Texte vorzustellen – wenngleich es stellenweise durchaus auf relevante Passagen der letzteren hinweist.

Bei der Lektüre Vermes' darf nicht vergessen werden, daß jede Übersetzung die Ansicht einer bestimmten Person über die Bedeutung eines bestimmten Originals darstellt und damit durchaus von der entsprechenden Ansicht eines *anderen* Bearbeiters abweichen kann. Entscheidend sind fundierte Kenntnisse des historischen Kontextes und ein sicheres textkritisches Gespür. Vermes' Übersetzungen sind in ihrer Wiedergabe verschiedener Schlüsselbegriffe und -passagen als unbefriedigend zu werten; als Beispiel sei die überragend wichtige Auslegung genannt, die im Buch Habakuk (2,4) »der Gerechte aber wird durch seinen Glauben leben«, im *Pescher* Habakuk erfährt, desgleichen andere, damit zusammenhängende dunkle Passagen, welche die Vernichtung des Gerechten Lehrers und/oder des Frevelpriesters zum Gegenstand haben.

Oft werden zentrale Termini wie »der Messias«, »tun« und »Werke« (im Hebräischen aus derselben Wurzel abgeleitet), »rechtfertigen«, »Heiliger Geist«, »Gericht« (»Jüngstes Gericht«), »Belial« und »Satan« uneinheitlich und bisweilen sogar falsch wiedergegeben. Mitunter wird ein entscheidender Satzteil ausgelassen oder ein Singular unerklärlicherweise in einen Plural verwandelt. Aus diesem Grund habe ich mich bemüht, die Texte wann immer möglich selbst zu übersetzen. Der des Englischen kundige interessierte Leser kann meine vollständige Übertragung des *Pescher* Habakuk, der Damaskus-Schrift und der Gemeinderegel – der drei wichtigsten zuvor veröffentlichten Qumran-Texte – in *The Dead Sea Scrolls and the First Christians* (Rockport 1996) finden.

Was Josephus anbelangt, wird jede Übersetzung ihren Zweck erfüllen, da es bei historischen Werken längst nicht so sehr auf terminologische Feinheiten ankommt. Josephus' Schriften enthalten eine Fülle von Daten und sind sowohl als panoramische Gesamtschau der fraglichen Periode als auch aufgrund der chronologischen Gliederung der dargestellten Ereignisse von unschätzbarem Wert. Auch hiervon werden alle relevanten Passagen im folgenden übersetzt und mit den zum Verständnis jeweils nötigen Erklärungen versehen.

Das gleiche gilt für Eusebios' »Kirchengeschichte« (*Ekklêsiastikê historia*) und die Werke der übrigen frühen Kirchenschriftsteller. Als Konstantins Erzbischof war Eusebios in nicht unmaßgeblicher Weise an der endgültigen Christianisierung des Römischen Reiches beteiligt. Der Wert seiner tendenziösen und oft extrem polemischen Schriften liegt für uns in den in ihnen enthaltenen Paraphrasen oder langen Zitaten aus Josephus und – inzwischen verschollenen – frühchristlichen Historikern wie Hegesippus, Papias, Clemens von Alexandria und Julius Africanus.

Wann immer eine wichtige Passage aus einem Text, etwa aus Josephus oder dem Neuen Testament, zitiert wird, habe ich mich bemüht, dem Leser eine gewisse Vorstellung von deren ursprünglichem Kontext zu vermitteln. Allzuhäufig war auf dem Gebiet der Qumran-Forschung (und allgemein religiöser Studien) die Tendenz festzustellen, den Leser mit aus dem Zusammenhang gerissenen Wörtern und Sätzen abzuspeisen. Diese Methode zeugt nicht nur von mangelndem Respekt gegenüber den Originaltexten, sondern ist auch als potentiell demagogisch zu verwerfen, gibt sie dem Zitierenden doch die Möglichkeit, seine Leserschaft zu täuschen oder sonst deren Unwissenheit für seine Zwecke auszunutzen. Paulus bedient sich häufig dieser Vorgehensweise, desgleichen die Evangelisten.

Es ist vor allem *deswegen* wichtig, in theologischen oder wissenschaftlichen Debatten verwendete Zitate in ihrem ursprünglichen Kontext nachzulesen, weil sich die tatsächliche Intention und Bedeutung einer gegebenen Passage erst in ihrem spezifischen semantischen Umfeld erschließen, nicht aber in ihrer abgeleiteten Verwendung. Verwiesen wird – sofern irgend möglich – ausschließlich auf Primärquellen, da die sich in Sekundärwerken implizit äußernden Trends periodischen Fluktuationen unterworfen sind und der wissenschaftliche Konsens einer Generation oft genug von demjenigen der folgenden umgestoßen wird.

Aus diesem Grund möchte ich dem Leser noch einmal dringend empfehlen, die antiken Originalquellen aufzusuchen. *Sie* sind der Ort, an dem sich die relevanten Informationen befinden und wo die wissenschaftliche Auseinandersetzung wütet. Die einzigen Voraussetzungen, die der Leser für eine eigene Stellungnahme benötigt, sind ein kritisches Urteilsvermögen, ein gewisses Sprachgefühl und schlichter gesunder Menschenverstand. Und diese Dinge können, wie ich hoffe, von jedem erwartet werden.

Fountain Valley, Kalifornien, Mai 1996

ERSTER TEIL

Palästinische Hintergründe

1
Jakobus

Die Verharmlosung des Jakobus in der christlichen Tradition

Von allen Gestalten jenes Zeitabschnitts der Geschichte Palästinas, der mit der Zerstörung des Zweiten Tempels durch die Römer endete, ist eine der am wenigsten geschätzten und mit Sicherheit am meisten unterschätzten Jakobus, der Bruder Jesu. Jakobus ist von christlichen wie von jüdischen Gelehrten systematisch ignoriert worden, wobei letztere kaum je von ihm gehört hatten – da seine bloße Existenz für beide gleichermaßen peinlich war und ist.

Auch die Moslems haben noch nie von ihm gehört, sind sie doch in vielerlei Hinsicht die Erben der christlichen und der jüdischen Überlieferung. Dies ist zweifellos sehr merkwürdig, wenn man bedenkt, daß sich die zentrale Doktrin, die in den neutestamentlichen Schriften mit Jakobus in Verbindung gebracht wird, *Glaube und Werke vereint*, recht deutlich durch den ganzen Koran zieht – »glaubt und tut gute Werke«, wie Mohammed es immer wieder, mit Betonung auf das Tun, formuliert. Darüber hinaus aber basieren auch die moslemischen Speisegebote auf den Anweisungen, die Jakobus, wie in der Apostelgeschichte (15,20–29) dargestellt, an »überseeische«, nichtjüdische Gemeinden richtete – vermutlich deswegen, weil die Araber selbst eine solche junge Gemeinde konstituierten.[1]

Dieses Schweigen um Jakobus – das in jüngerer Vergangenheit allerdings durch die Funde im oberägyptischen Nag Hammadi und die vom Verfasser des vorliegenden Werkes aufgestellten Theorien über die Handschriften vom Toten Meer gebrochen wurde – war keineswegs zufällig. Vollendet wurde der Prozeß der Verharmlosung des Jakobus durch den frühchristlichen Theologen und Historiker Eusebios (260–340). Dieser war der Bischof von Cäsarea und half Konstantin nach dessen Bekehrung, das Römische Reich zu reorganisieren. Auch wenn Eusebios einräumte, daß der neutestamentliche Brief des Jakobus, wie der des Judas, allgemein zu pastoralen Zwecken genutzt wurde, stellte er dennoch dessen Echtheit in Frage – vermutlich, weil dessen Inhalt und theologischer Ansatz ihm so fremd war.[2]

Augustinus (354–430) äußerte in Briefen an seinen älteren Zeitgenossen Hieronymus (348–420) seine Besorgnis über zwischen Petrus und Paulus herrschende Spannungen, die in Paulus' Brief an die Galater zum Ausdruck kommen. Diese Spannungen standen eindeutig in direktem Zusammenhang mit Jakobus' Führungsrolle innerhalb der Urkirche und mit seinen Weisungen. Merkwürdigerweise erwähnen aber weder Augustinus noch Hieronymus mit einem Wort die Rolle, die Jakobus in dieser Auseinandersetzung spielte. 1000 Jahre später meinte Martin Luther, der Jakobusbrief hätte überhaupt nicht in das Neue Testament aufgenommen werden dürfen.[3]

Es ist kaum verwunderlich, daß diese Gebieter über die damalige christliche Meinung so urteilten, denn es fällt tatsächlich schwer, den Jakobusbrief überhaupt als »christlich« anzusehen – jedenfalls solange wir als Maßstab die Evangelien in der uns vorliegenden Form oder die Paulusbriefe nehmen. Erweitern wir den Begriff aber ein wenig und schließen die östliche Sekte mit ein, die in der frühen Kirchenliteratur als »die Ebioniten« bezeichnet wird (nach einer hebräischen Wurzel, die »arm« bedeutet) sowie andere parallele Strömungen, die weitere, mit dieser zusammenhängende Gruppierungen hervorbrachten, wie die Essener, Nazoräer, Elchasaiten, Manichäer und sogar den Islam, gewinnen wir plötzlich ein ganz anderes Bild. Der Jakobusbrief selbst ähnelt in seinem Kern nichts so sehr wie den Handschriften vom Toten Meer, weshalb es vor deren Entdeckung schwierig gewesen sein mag, ihn richtig zu würdigen.

Origenes (185–254), der auch eine Zeitlang in der palästinischen Hafenstadt Cäsarea gelebt hatte, wetterte gegen ihm bekannte Traditionen, die Jakobus eine größere Bedeutung beimaßen, als er selbst bereit war, ihm einzuräumen – namentlich solche Überlieferungen, die den Tod des Jakobus mit dem Untergang Jerusalems in Verbindung brachten. Die normale biblische und die allgemein anerkannte theologische Anschauung setzt bis zum heutigen Tag den Tod Jesu, nicht den des Jakobus, in Beziehung zur Zerstörung des Tempels. Dies stimmt nicht nur mit den Kleinen Apokalypsen überein, sondern kommt auch in der berühmten, Jesus zugeschriebenen Behauptung zum Ausdruck: »In drei Tagen werde ich ihn aufrichten« (Johannes 2,19 und Parallelen).

Der Kontext erweckt den Eindruck, als habe Jesus vom Tempel gesprochen, doch Johannes beeilt sich, den wahren Sachverhalt klarzustellen, indem er hinzufügt: »Er redete vom Tempel seines Leibes.« Auch wenn Origenes später der Ketzerei angeklagt wurde, war sein Urteil über die Tradition, die den Untergang Jerusalems mit dem Tod des Jakobus in Verbindung brachte – und die er auf Josephus zurückführte –, wahrscheinlich mitverantwortlich dafür, daß sie aus den Quellen, wie sie uns heute vorliegen, verschwunden ist.

Eusebios wies verächtlich auf die »ärmliche Spiritualität« der Ebioniten hin, bei denen Jakobus in so hohem Ansehen stand. Er tat dies durch eine Anspielung auf die hebräische Bedeutung ihres Namens, »die Armen«, wodurch er bewies, daß er sehr wohl um die Bedeutung und die Implikationen biblischer Textstellen wußte, in denen dieser Terminus vorkommt und die so wesentlich für eine Darstellung der Person des Jakobus sind.[4] Der Euphemismus »die Armen« war in der für die Handschriften vom Toten Meer verantwortlichen Gemeinschaft – die nach dem arabischen Namen der Fundstelle ebendieser Schriftrollen, *Wadi* oder *Chirbet* Qumran, meist als »die Qumran-Gemeinde« bezeichnet wird – sowie bei denen, die mit der Jerusalemer Gemeinde des Jakobus in Kontakt standen, so vor allem Paulus[5], bereits allgemein als ehrenvolle Form der Selbstbezeichnung in Gebrauch. Eine wichtige Rolle spielt dieser Terminus auch in der Bergpredigt sowie in dem Jakobus selbst zugeschriebenen Brief.[6]

Die Jerusalemer Gruppe oder Bewegung, die man mit dem Namen und den Lehren des Jakobus in Verbindung bringt, wird in der Regel als die »Jerusalemer Kirche« oder »Gemeinde« bezeichnet, womit der griechische Begriff *ekklêsia*, wörtlich »Versammlung«, zum Ausdruck kommt. Man kann sie auch, durchaus treffend, *palästinische Christen* nennen. Doch eine noch häufigere Bezeichnung, die man in der Literatur antrifft, ist *Judenchristen*.

Jüdisches und christliches Sektenwesen

Solche Sekten wurden von den Rabbis – den Erben der vom Neuen Testament her wohlbekannten Pharisäer –, die siebeneinhalb Jahre nach dem Tod des Jakobus kampflos die Führung über die gesamtjüdische Gemeinde übernahmen, bereits sehr früh als ketzerisch verurteilt. Nach der Zerstörung des Tempels war die Überlieferung der Rabbis die einzige jüdische Tradition, welche die Römer in Palästina noch duldeten. Die gesetzliche Überlieferung, welche die Rabbis ererbten, ist als die *Halacha* bekannt, die Gesamtheit der von den Pharisäern tradierten religiösen Vorschriften. Sie ist in dem rabbinischen Literaturwerk bewahrt, das als der *Talmud* bekannt ist. Dieser enthält das sogenannte »mündliche Gesetz«; er besteht im wesentlichen aus einem im 3. Jahrhundert kompilierten Textkorpus, der Mischna, einer Reihe von Kommentaren sowie weiteren traditionellen Kompilationen, und wird insgesamt entweder als »babylonischer« oder als »Jerusalemer Talmud« bezeichnet – je nachdem, ob die genannten Werke im heutigen Irak oder in Palästina entstanden.

Die von den vierziger bis zu den sechziger Jahren des 1. Jahrhunderts von Jakobus in Jerusalem angeführte Bewegung war die wichtigste von mehreren Gruppen, die im *Talmud* mit dem pejorativen Attribut *min* oder (Plural) *minim* bedacht werden. Der Ausdruck bedeutet in der jüdischen Tradition mittlerweile soviel wie »sektiererisch«. Mit der allmählichen Entstehung dieser rabbinischen Literatur – zur Zeit Jesu gab es Sektenführer, die gleichfalls den Titel »Rabbi« trugen – bildete sich eine neue, nicht mehr um den Tempel zentrierte Form von Judaismus heraus. Vorherrschend wurde sie in Palästina erst durch das brutale Diktat der Römer.

Wegen ihrer sichtlich fügsameren Haltung gegenüber fremden Herrschern und – zumindest solange der Tempel noch stand – durch ausländische oder von Ausländern kontrollierte Herrscher ernannten Hohepriestern war sie wirklich die einzige Ausdrucksform jüdischer Religiosität, die von den Römern akzeptiert wurde. Das gleiche sollte später für diejenige Form von Christentum gelten, die wir als »paulinisch« bezeichnen können und die der römischen Staatsmacht gegenüber eine vergleichbare Fügsamkeit oder Anpassungsfähigkeit bewies. Paulus selbst berief sich stolz auf seine pharisäischen Wurzeln (Philipper 3,5).

Diese Form von Judaismus muß von der buntscheckigen Vielfalt abgegrenzt werden, welche die jüdische Religiosität zu Jesu und Jakobus' Lebzeiten charakterisierte. Diese äußerte sich bis zum Untergang des Tempels in einer ganzen Reihe verschiedener Gruppierungen, von denen einige durchaus militant und aggressiv, ja sogar apokalyptisch waren, was heißt, daß sie sich bewußt auf eine hochgradig emotionale Weise über »die Endzeit« äußerten. Die meisten dieser apokalyptischen Gruppen konzentrierten sich auf die eine oder andere Weise um den Tempel. Sie wurden in gleicher Weise aus dem Judaismus wegredigiert, wie dies mit Jakobus und den anderen Brüdern Jesu aus dem Christentum geschah.

Das »Christentum«, wie wir es kennen, entwickelte sich im Westen fort von der differenzierteren Landschaft, die den Osten weiterhin charakterisierte. Es wäre treffender, das westliche Christentum dieser Zeitspanne als »paulinisch« oder als »heidenchristlich« zu bezeichnen. Daß es schließlich als die orthodoxe Lehre angesehen wurde, war weitgehend das Resultat der Bemühungen solcher Männer wie Eusebios, die das Konstantin zugeschriebene Reorganisationsprogramm in die Tat umsetzten. Dieses Christentum kann zweckmäßigerweise auch als »überseeisches« oder »hellenistisches« – im Gegensatz zum »palästinischen« – Christentum bezeichnet werden.

Gesammelt und der christlichen Welt aufgezwungen wurden seine Schriften und Glaubenssätze auf dem Konzil von Nizäa (325 n. Chr.) sowie auf weiteren Bischofsversammlungen, die im 4. Jahrhundert und später folgten. Diese Konzile verkündeten die Göttlichkeit Jesu und erklärten sie zum Dogma. Eusebios, der aus dem palästinischen Cäsarea kam, war Konstantins Bischof und persönlicher Berater. Er spielte bei der Organisation und der Durchführung des Konzils von Nizäa eine wesentliche Rolle. Die Entwicklung dieser spezifischen Form von überseeischem Christentum vollzog sich gleichzeitig mit und parallel zu der Herausbildung des rabbinischen Judaismus – wenn auch gewissermaßen als dessen Spiegelbild. Beide waren nicht nur zur Koexistenz mit der römischen Macht bereit – sie verdankten ihren Fortbestand überhaupt lediglich deren Schirmherrschaft.

Um diese These anders zu formulieren: Die Macht und Brutalität Roms bewirkten in beiden die Austreibung und Verketzerung dessen, was wir heute Judenchristentum nennen – obwohl im palästinischen Kontext »Essenismus« oder »Ebionitismus« vielleicht der treffendere Ausdruck wäre. Im Judaismus blieb lediglich ein legalistischer, aller apokalyptischen und messianischen Tendenzen beraubter Schatten einstiger Herrlichkeit zurück; im Christentum ein weitgehend hellenisierter jenseitsorientierter Mysterienkult – das wahre Erbe von drei Jahrhunderten römischer religiöser Kreativität und Assimilationsfähigkeit. Eine solche Resektion war unumgänglich, wenn das Christentum in der uns bekannten Form überleben sollte, da bestimmte, von Jakobus vertretene – und wahrscheinlich auf seinen messianischen Vorläufer »Jesus« zurückgehende – Doktrinen in deutlichem Widerspruch zu denjenigen standen, die letztlich als *christlich* gelten würden.

Jakobus, nicht Petrus, war der wahre Nachfolger Jesu

In der Literatur wurde der Platz des Jakobus als Nachfolger seines Bruders und Erbe von dessen Mantel weitgehend von der mehr oder weniger mythologischen Darlegung der Rechtsansprüche eines Mannes eingenommen, der im Abendland als »Petrus« oder »der Fels« bekannt ist. Dies war die logische Konsequenz der Legitimierung bestimmter Forderungen, welche die mittlerweile hellenisierte und weitgehend nichtjüdische, heidenchristliche römische Kirche nach der – als Reaktion auf den Aufstand gegen Rom erfolgten – Zerstörung des Jerusalemer Zentrums vorbrachte. Es ist ein interessanter Zufall, daß die »Jerusalemer Gemeinde« Jakobus' des Gerechten und die Gemeinde von Qumran etwa um die gleiche Zeit verschwanden – obwohl diese Übereinstimmung vielleicht gar nicht so zufällig war, wie es den Anschein haben könnte.

In Palästina waren die in Petrus' Namen sich äußernde »Fels«-Terminologie und die damit zusammenhängende Symbolik zur gleichen Zeit auch in der Qumran-Literatur sowie in denjenigen Texten in Gebrauch, die vermutlich die Schriften der Jerusalemer Kirche darstellten.[7] In letzteren wurde eine Abart davon auf Jakobus angewandt sowie wahrscheinlich auch auf seinen Nachfolger, einen Mann, der traditionell als Jesu – und daher auch Jakobus' – »Vetter« gilt: Simeon bar Kleophas. Simeons Vater, Kleophas, wird gewöhnlich als der Bruder oder – je nach dem Grad der herrschenden Verwirrung – als der Schwager Josephs angesehen.

Dieser Name besitzt interessante Anklänge an die Form von Simon Petrus' Namen, »Kephas«, der wir im Brief an die Galater, im Ersten Korintherbrief und im Johannesevangelium begegnen. Die Apostelgeschichte (15,14) nennt anläßlich des berühmten »Jerusalemer Konzils« Petrus tatsächlich »Simeon« – und dies zu einem Zeitpunkt, da Petrus angeblich, von der Todesstrafe bedroht, bereits aus Palästina geflohen war. Wir werden sehen, daß Simeon bar Kleophas höchstwahrscheinlich, wie in den Apostellisten der Evangelien angegeben, Simon, *der zweite Bruder Jesu*, war, da sich das Christentum in Palästina durchaus in ähnlichen Bahnen wie ein islamisches (und sogar ein schiitisches) Kalifat entwickelte, das heißt sich um die *Familie* Jesu zentrierte.

Jakobus ist nicht nur der Schlüssel zu einer Neubewertung und Rekonstruktion der Geschichte der Judenchristen und der Beziehung zwischen Juden und Christen – er ist auch der Schlüssel zum »historischen Jesus«. Die Lösung dieses Problems ist den Forschern vor allem deswegen so lange verborgen geblieben, weil sie es stets aus der Perspektive und durch das religiöse Vermächtnis des Erzrivalen und gelegentlichen religiösen »Feindes« des Jakobus betrachtet haben: des Paulus.[8] Mit Jakobus aber, dem spirituellen Erben und wirklichen leiblichen Nachfolger Jesu in Palästina, befinden wir uns auf sicherstem Boden und können uns einer historisch genauen Vorstellung dessen annähern, wie Jesus, insofern er tatsächlich existierte, als Mensch gewesen sein mag.

Von allen Persönlichkeiten der frühen Phase des Christentums ist Paulus die einzige, die uns durch zuverlässige autobiographische Quellen bekannt ist: nämlich durch die im Neuen Testament enthaltenen ihm zugeschriebenen Briefe. Sie offenbaren sein Leben, seinen Charakter und sein Denken auf die persönlichste überhaupt mögliche Weise. Alle anderen Personen, sogar Jesus und die meisten von denen, die allgemein »die Apostel« genannt werden, kennen wir nur aus Berichten aus zweiter oder dritter Hand – wenn überhaupt. Wir besitzen zwar angeblich von ihnen oder in ihrem Namen geschriebene Evangelien oder Briefe, aber im Umgang mit diesen Quellen sollte man äußerste Vorsicht walten lassen.

Es ist auch längst nicht Allgemeingut, daß genau dies die Reihenfolge ist, in der wir das Neue Testament angehen sollten. Die Briefe des Paulus und ein paar andere Texte – darunter möglicherweise auch der Brief des Jakobus – kommen zuerst und sind Primärquellen. Alles übrige kommt später und ist sekundär. Die Evangelien selbst sind wahrscheinlich sogar tertiär. Die Bibelforscher konnten noch keine Einigung bezüglich der Frage erzielen, welche Aspekte dieser Überlieferung rechtens als historisch gewertet werden dürfen. Ebensowenig ist es ihnen trotz ihres enormen wissenschaftlichen Ausstoßes gelungen, uns eine realistische Vorstellung dessen zu vermitteln, was sich an diesem entscheidenden Punkt der Menschheitsgeschichte zugetragen haben könnte, oder der Ereignisse, die zeitlich und räumlich das Leben des Menschen umgaben, der in der hellenistischen Welt »Christus« genannt wurde.

Sobald wir uns aber der Person des *Bruders* Jesu zuwenden, Jakobus, befinden wir uns auf weit sichererem Boden – nicht zuletzt gerade deswegen, weil er so ausgegrenzt und ignoriert worden ist. Im Zusammenhang mit dem Leben des Jakobus kennen wir eine Reihe Fakten, die von einer Vielzahl voneinander unabhängiger christlicher und nichtchristlicher Beobachter referiert und bestätigt werden. Es dürfte uns eigentlich nicht überraschen, daß die Existenz eines wirklichen, leiblichen Bruders Jesu für den einer apriorischen Doktrin der göttlichen Sohnschaft oder der übernatürlichen Geburt Jesu Christi verpflichteten Theologen ein Problem darstellte. Seit dem Ende des 4. Jahrhunderts hatte die in der römisch-katholischen Kirche allgemein akzeptierte Lehre gelautet, Jakobus sei zwar der Bruder Jesu gewesen, aber nicht nur durch einen anderen Vater – eine offensichtliche Notwendigkeit in Anbetracht des Dogmas der göttlichen Herkunft Christi –, sondern auch durch eine *andere Mutter*: die Lösung des Problems, das durch die immerwährende Jungfräulichkeit Marias aufgeworfen wurde. Mit anderen Worten: Jakobus war ein »Vetter« Jesu.

Dieses Problem war bereits in den Evangelien vorgezeichnet gewesen: Dafür hatten die verwirrende Vermehrung der Marien gesorgt, die damit zusammenhängenden Verwechslungen zwischen dem Vater Jesu, Joseph, und seinem »Onkel« Kleophas, die Verwechslungen zwischen all den Simons, Judassen, Jakobussen und so weiter – ein Durcheinander, das in der absurden Tatsache gipfelt, daß Maria zuletzt »die Schwester« ihrer eigenen Schwester Maria ist (Johannes 19,25), die hier zudem »des Kleopas Frau« genannt wird.

Wir werden die von frühen oder späten Kirchenschriftstellern unternommenen Versuche, den Nachweis zu erbringen, daß Jakobus und Jesus verschiedene Mütter oder (je nach theologischem Standpunkt des Autors) verschiedene Väter gehabt hätten, nicht durch eine Stellungnahme unsererseits aufwerten. Wir werden diese Behauptungen als das nehmen, was sie sind: als Ausdruck der Verlegenheit ob der Existenz von Brüdern Jesu und als Bemühungen, die neu formulierte Doktrin vom übernatürlichen Jesus vor Schaden zu bewahren. Diese – aus der Kontemplation der vergöttlichten Natur Christi hervorgehenden – Umdeutungsbestrebungen machten sich ab dem 2. und 3. Jahrhundert zunehmend bemerkbarer, fehlen aber völlig in denjenigen zeitgenössischen Aussagen über die Familie Jesu, die den Prozeß der Redigierung des Neuen Testaments überlebt haben.

Es gibt auch genügend Quellenmaterial, das Jakobus als einen »normativen Juden« seiner Zeit zu betrachten erlaubt, ja sogar als einen, der mit den drastischen Termini »Zelot« oder »Sikarier« belegt wurde – und dies obwohl er zugleich das wichtigste Mitglied jener zentralen Triade früher Kirchenoberhäupter war, die Paulus als »Säulen« bezeichnet.[9] Was ein »normativer Jude« unter solchen Umständen, vor dem Untergang des Tempels, gewesen sein könnte, wird eine eingehendere Untersuchung erfordern. Einstweilen gehen wir jedoch bestimmt nicht fehl, wenn wir sagen, daß dieser Begriff zumindest eine besondere Hochschätzung des Gesetzes implizierte – sei es nun aus der Perspektive der pharisäischen *Halacha* oder aber vom pseudepigraphischeren oder apokalyptischeren Standpunkt einer der anderen oppositionellen Gruppen aus. Er beinhaltet auch eine emotionale Bindung an den Tempelkult und den Tempel selbst – zumindest vor dessen Zerstörung –, die durch die jeweilige persönliche Einstellung zur herodianischen, prorömischen Priesterschaft, die ihm vorstand, unbeeinflußt blieb.

Irgendwann um die Mitte der vierziger Jahre verschwinden Kephas und Johannes, zwei der Männer, die Paulus im Galaterbrief (2,9) als »Säulen« bezeichnet[10], zusammen mit einem anderen Jakobus (dem »*Bruder* des Johannes« im Unterschied zum Jakobus des vorliegenden

Buches) von der Bildfläche – wahrscheinlich infolge von Konflikten mit herodianischen Königen wie Agrippa I. (37–44 n. Chr.) oder dessen Bruder Herodes von Chalkis (44–49 n. Chr.). Dadurch blieb es Jakobus vorbehalten, für die Dauer der folgenden zwei Jahrzehnte die Rolle des »christlichen« Führers in Palästina auszufüllen. Soviel läßt sich den Angaben der Apostelgeschichte – wie ungenau oder mythologisiert sie auch sein mögen – zumindest entnehmen.

Die direkte Einsetzung oder Wahl des Jakobus

Ob Jakobus unmittelbar von Jesus in sein Amt eingesetzt oder von den Aposteln zu ihrem Führer ernannt oder aber »gewählt« wurde, ist in den Quellen umstritten. Wie auch immer er an die Macht kam, scheint diese »Erbfolge« mit der Reihenfolge zusammengehangen zu haben, in der der auferstandene Jesus, wie in der Literatur beschrieben, den Aposteln erschien, oder aber, wie Eusebios in Anlehnung an Clemens von Alexandria schreibt, in der »die Überlieferung des Wissens« einzelnen Häuptern der Gemeinde zuteil wurde.[11]

Trotz aller Versuche, sie zu tilgen, existieren noch Spuren untergegangener Auferstehungsüberlieferungen, die sogar in dieser Hinsicht Jakobus an erster Stelle nennen. Eine davon, die sich bei Lukas in der Episode von der ersten nachösterlichen Erscheinung findet, schildert, wie Jesus vor den Toren Jerusalems auf der Straße nach Emmaus dem »Kleopas« – das heißt Simeon bar Kleophas oder dessen Vater – und einem ungenannt bleibenden Gefährten, möglicherweise Jakobus, erscheint. Eine weitere findet sich mit Sicherheit im Ersten Brief an die Korinther (15,7), wo Paulus bestätigt, Jakobus sowie, »am letzten nach allen«, auch ihm selbst[12] sei eine solche Erscheinung zuteil geworden.

Wenigstens in der ersten Stelle, wenn schon nicht in der zweiten, besitzen wir einen unanfechtbaren Beleg für die Existenz einer Tradition, welche die Frage nach der ersten Erscheinung zugunsten eines Mitglieds (oder mehrerer Mitglieder) der Familie Jesu entschied – war doch »Kleopas« der bekannten Überlieferung zufolge zum allermindesten *Jesu Onkel*. Interessanterweise findet diese Erscheinung in der Umgebung von Jerusalem statt und nicht, wie die meisten anderen in den Evangelien geschilderten, in Galiläa.

Darüber hinaus ist in anderen frühen Überlieferungen, die sich bis zu einem gewissen Grad im Thomasevangelium aus Nag Hammadi und in den Pseudoklementinen, romanartigen hellenistischen Schriften, die eine judenchristliche Parallele zur Apostelgeschichte darstellen, widerspiegeln, ausdrücklich von einer *direkten* Einsetzung des Jakobus durch Jesus die Rede.[13] Im Gegensatz dazu sprechen auf Clemens von Alexandria (150–215) zurückgehende, von Eusebios referierte frühkirchliche Traditionen bezeichnenderweise von einer *Wahl* des Jakobus oder einer Wahl *durch* die Apostel. Welchen Schluß man auch ziehen mag: Kein Zweifel kann daran bestehen, daß Jakobus der offizielle Nachfolger in Palästina war – wenn nicht auch andernorts.

Schließlich haben wir, im Neuen Testament, den Jakobus zugeschriebenen Brief, den Eusebios für unecht hält. Trotz seines jüdisch-apokalyptischen Charakters und trotz seines angeblich späten Erscheinens genoß er offenbar ein so hohes Ansehen, daß er nicht aus dem Kanon ausgeschlossen werden konnte. Es läßt sich aufzeigen, daß er eine Replik auf bestimmte Aussagen darstellt, die Paulus in seinen Briefen an die Römer, Korinther und Galater macht. Auch wenn dies noch nicht genügt, um seine Echtheit zu beweisen, so ähneln seine Lehren doch hinreichend denen des historischen Jakobus (insoweit sie sich aus anderen Quellen rekonstruieren lassen), um die Behauptung zu stützen, daß es sich bei ihm um zumindest eine authentische palästinische Überlieferung handelt.

Trotz des relativ geschliffenen Stils des griechischen Textes läßt sich das hohe Alter des darin enthaltenen Materials inzwischen auch anhand der vielen Übereinstimmungen mit Doktrinen aus den – erst seit kurzem zugänglichen – Handschriften vom Toten Meer belegen. Darüber hinaus ist er frei von allen – für jüngere Quellen, in denen Jakobus vorkommt, so typischen – gnostischen Tendenzen. Außerdem erweckt er den Eindruck, als hätte zum Zeitpunkt seiner Abfassung der Tempel noch gestanden und als wäre die Katastrophe, die sich so verheerend auf das ganze jüdische Leben in Palästina auswirken sollte, noch nicht eingetreten. Gegenwärtig läßt die Forschung eine etwas größere Bereitschaft erkennen, zumindest die *Möglichkeit* der Echtheit dieses Briefes in Betracht zu ziehen.

Aufgrund seiner offenkundigen inhaltlichen Übereinstimmungen mit den Qumran-Rollen sowie mit aus anderen Quellen bekannten Doktrinen, die Jakobus zugeschrieben werden können, muß dieser Brief zumindest als ein recht guter Ausdruck des »jakobinischen« Standpunkts gewertet werden. Tatsächlich ist er, abgesehen vom paulinischen Korpus und den »Wir-Berichten«, auf denen – wie wir noch sehen werden – der zweite Teil der Apostelgeschichte basiert, und abgesehen von einigen wenigen problematischen Wendungen wie »das vollkommene Gesetz der Freiheit« (Jakobus 1,25 und 2,12) eines der homogensten, authentischsten und möglicherweise sogar ältesten

Teile des neutestamentlichen Korpus überhaupt. An dieser Stelle sollte auch darauf hingewiesen werden, daß der Brief des Judas, dessen Verfasser sich selbst als »Bruder des Jakobus« bezeichnet, wahrscheinlich den gleichen Grad von Authentizität besitzt und daß sein Ton durchaus demjenigen des Jakobusbriefes entspricht.

Ein Mann gleichen Namens, »Judas von Jakobus«, wird in den Apostellisten der Evangelien erwähnt, und er und der Judas des Briefes sind vermutlich mit einem anderen Apostel identisch, der in der apokryphen Tradition als »Judas Thomas« oder »Judas der Zwilling« bekannt ist. Gleichfalls auf ihn wird wahrscheinlich – auf eine leicht entstellte und daher vermutlich tendenziöse Weise – im Johannesevangelium angespielt, wenn vom »*dídymos* Thomas«, wörtlich »Zwilling Zwilling«, die Rede ist.[14]

In unserer Erörterung der »Apostelschaft« der Brüder Jesu werden wir all diese einander überschneidenden Quellen zusammenführen und dadurch aufzeigen, daß die gleiche Vervielfältigung von Namen, die uns im Zusammenhang mit anderen Mitgliedern der Familie Jesu begegnet, nun auch in bezug auf diesen Brief-Judas festzustellen ist. Da er sich in den Quellen als identisch mit mehreren anderen Gestalten gleichen oder ähnlichen Namens erweisen wird, können wir schon jetzt mit einer drastischen Reduzierung unseres Personariums rechnen.

Wir besitzen außerdem – aus dem Nag-Hammadi-Korpus – zwei dem Jakobus zugeschriebene Apokalypsen sowie eine weitere, an Petrus gerichtete Gegenschrift des Jakobus, die in den Vorspann der als *Homilien* bekannten Fassung der Pseudoklementinen aufgenommen wurde. Auch letztgenannter Text enthält Briefe – angeblich des Clemens an Jakobus und des Petrus an Jakobus. Darüber hinaus existiert ein Jakobus zugeschriebenes Evangelium, bekannt als das »Kindheitsevangelium« oder »Protevangelium des Jakobus«, das ausgerechnet die immerwährende Jungfräulichkeit Marias lehrt! Wie wir sehen werden, hätte der Verfasser dieses Werkes diese Doktrin mit weit größerer Berechtigung auf die Lebensweise des Jakobus beziehen können. Wer hätte ein zuverlässigeres Zeugnis über »Fakten« ablegen können, die das Kind Jesus betreffen, als der Mann, der als dessen *älterer* Bruder vorgestellt wird? Aber das Evangelium ist mit größter Wahrscheinlichkeit nicht authentisch.

Schließlich gab es ein Werk, das der Kirchenschriftsteller Epiphanius (367–404), ein Zeitgenosse des Hieronymus und des Augustinus, gekannt haben will und das den darin enthaltenen Predigten zufolge, die Jakobus von den Stufen des Tempels aus dem Volk von Jerusalem gehalten haben soll, *Anabathmoi Iakobou* oder »Die Aufstiege des

Jakobus« betitelt war. Epiphanius zitiert sogar einzelne Passagen aus diesem Text, die Jakobus eindeutig in den Mittelpunkt der gegen die herodianische Priesterschaft gerichteten, die Verunreinigung des Tempels anprangernden Agitation stellen. Dieser interessante Text ist allerdings leider verschollen.

Eben um diesen *vollkommen Heiligen* und *rechtschaffenen* »Gerechten« des Tempels zentrierten sich nach unserer Auffassung sämtliche Gruppen, die das herodianisch/römische »Establishment« bekämpften – von den gewaltbereiteren und extremistischeren bis hin zu den gemäßigteren. In dieser Rolle als Bischof war Jakobus zugleich auch Hoherpriester des Oppositionsbündnisses – daher also letztlich der *Oppositions-Hohepriester*. Dies ist auch die Rolle, die ihm in der frühchristlichen Überlieferung zugedacht wurde, und sie entspricht als solche mehr oder weniger der Stellung desjenigen, der in den Qumran-Rollen als der *»Mebakker«* oder »Aufseher« und/oder »der Priester, der den Vielen befiehlt« bezeichnet wird.[15] Diese Rolle wird in den Texten von Qumran auch dem Lehrer der Gerechtigkeit zugeschrieben.

Letztlich werden wir Jakobus in den Mittelpunkt des Oppositionsbündnisses aller palästinischen Gruppen und Parteien stellen, die sich der Fremdherrschaft und – als deren Begleiterscheinung – der Tatsache widersetzten, daß im Tempel fremdartige Gaben und Opfer im Namen von Ausländern dargebracht wurden. Der Widerstand dieses Bündnisses gegen die herodianischen Könige und die herodianische Priesterschaft führte unmittelbar zum Aufstand gegen Rom.

Dies ist die seitenverkehrte Entsprechung des Bildes, das die christliche Überlieferung von den von ihr gutgeheißenen messianischen Gestalten zeichnet, die ja durchweg als romfreundlich – oder zumindest nicht romfeindlich – dargestellt werden. Wie wir sehen werden, war diese Art von Inversion ein charakteristischer Aspekt der Porträt-»Malerei« und Polemik jener Zeitspanne. Um Jakobus aus der Dunkelheit, in die er gestoßen wurde, wieder hervorzuziehen, sollten wir uns nun der präjakobinischen Geschichte Palästinas zuwenden, welche die äußeren Umstände seines Lebens vorbereitete, und jene Quellen genauer betrachten, auf die sich unsere Kenntnisse von seiner Person stützen.

2
Der Zweite Tempel und der Aufstieg der Makkabäer

Die Rückkehr aus der Babylonischen Gefangenschaft unter Esra

Nach biblischer Überlieferung wurde der Erste Tempel unter David begonnen und um das Jahr 1000 v. Chr. unter dessen Sohn Salomo vollendet. Er überstand eine ernste Bedrohung durch die Assyrer, die zwischen 735 und 701 v. Chr. zum Untergang des Nordreiches Israel führte, und wurde schließlich 586 v. Chr. vom babylonischen König Nebukadnezar zerstört. Damit nahm die Zweite Tempelperiode ihren Anfang, deren Ende wiederum die Hauptpersonen unserer Untersuchung hervorbrachte.

Der Zerstörung des Ersten Tempels folgte nach der Überlieferung eine rund fünfundvierzigjährige Zwischenperiode – die Babylonische Gefangenschaft –, die für die Angehörigen der Oberschicht einen erzwungenen Aufenthalt in Babylon bedeutete. Der Bau des neuen, Zweiten Tempels, der nach deren Rückkehr in Angriff genommen wurde, vollzog sich in mehreren Etappen und gelangte erst nach ungefähr einem weiteren Jahrhundert zum Abschluß.

Erste Wiederaufbaubestrebungen begannen – fast unmittelbar nach dem 540 v. Chr. vom persischen König Kyros erlassenen Befehl (Buch Jesaja 44,28) – unter Serubbabel, einem Nachfahren der vorangegangenen Königsdynastie, dessen Name »Sproß« (Davids oder Jesses) »aus Babel« (das heißt Babylon) bedeutet. Ihm stand ein Priester zur Seite, Jesus ben Jehozedek, vermutlich der Sohn des vorherigen Hohenpriesters Jehozedek. Beide Namen besitzen für unsere Periode wichtige Implikationen, da der zweite »Gott rechtfertigt« oder »Gottes Gerechtigkeit« bedeutet. Eine solche Herrscherkoalition von Personen priesterlichen und königlichen Standes spielt in den Qumran-Rollen eine ebenso wichtige Rolle wie im neutestamentlichen Hebräerbrief.[1]

Was aus den organisatorischen und baulichen Bestrebungen dieses ersten königlich-hohepriesterlichen Gespanns wurde, ist unklar. Irgendwann scheint der davidische Teil der Konstellation ausgeschieden zu sein, wodurch an der Spitze nur Priester verblieben, die nach persischem Vorbild eine gewisse lokale Autonomie genossen. Manche glauben sogar, daß die berühmten Passagen vom »leidenden Knecht« im zweiten Teil von Jesaja – der in der Bibelwissenschaft als »Deutero-« oder »Zweiter Jesaja« bezeichnet wird – mit der Tatsache zusammenhängen könnten, daß die königliche Hälfte dieses Regierungsbündnisses ein böses Ende gefunden hatte. Dies wäre in Anbetracht der damaligen politischen Wirren nicht weiter verwunderlich.

Wenn man von einer Geschlechterliste im Ersten Buch der Chronik (3,24) absieht, die kurz vor dem Beginn der Makkabäerperiode endet, erfahren wir von Serubbabel oder dessen Nachfahren, die den davidischen oder königlichen Teil dieser Zweiheit darstellten, nichts weiter – beziehungsweise erst wieder im Zusammenhang mit dem Aufkommen verschiedener messianisch angeführter Bewegungen des ersten nachchristlichen Jahrhunderts, das zur Zerstörung Jerusalems und des Zweiten Tempels führte. Interessanterweise ist der letzte Nachkomme Serubbabels, den die oben angeführte Stelle aus dem Ersten Buch der Chronik erwähnt, ein gewisser Anani, dessen Name auf hebräisch »Wolkiger« bedeutet – ein überaus beziehungsreicher Name, wenn man die äußerst wichtige messianische Stelle vom »Menschensohn, der auf den Wolken des Himmels kommt« aus dem Buch Daniel (7,13) zum Vergleich heranzieht.

Serubbabel taucht auch in den neutestamentlichen Jesus-Genealogien auf, aber weder Matthäus noch Lukas, die unterschiedliche Versionen dieser Abstammungslinie referieren, stimmen mit der Genealogie der Chronik überein.[2] Julius Africanus (170–245 n. Chr.), ein früher Kirchenvater, bezog gleichfalls zu diesem Themenkomplex Stellung, wobei er erklärte, Herodes sei so neidisch auf anderer Leute Ahnentafel gewesen, daß er alle genealogischen Aufzeichnungen seiner Zeit verbrennen ließ, so daß niemand einen längeren Stammbaum als er selbst vorweisen konnte.[3]

Er behauptete weiterhin, alle damals in frühchristlichen Gemeinden zirkulierenden Jesus-Genealogien seien das Werk von Mitgliedern der Familie Jesu und namentlich seiner Brüder, die sich jenseits des Jordans, in die Region von »Damaskus«, zurückgezogen hätten – wir müssen diese Anspielung während unserer Untersuchung stets im Auge behalten –, und zwar in zwei Städte, die er auf hebräisch »Nazara« und »Kochaba« nennt, also »Sproß« und »Stern«: messianische Termini, denen wir später wieder begegnen werden. »Kochaba« könnte auch der Geburtsort Schim`ons bar Kochba (»Sohn des Sterns«) gewesen sein, eines anderen messianischen Prätendenten des 2. Jahrhunderts, der von 132 bis 136 n. Chr. den zweiten jüdischen Aufstand gegen Rom anführte.

Der anscheinend unter Serubbabel und Jesus ben Jehozedek begonnene Tempelbau wurde im 5. Jahrhundert v. Chr. unter der Schirmherrschaft zweier Spätheimkehrer abgeschlossen: Esra und Nehemia. Zu diesem Zeitpunkt ist bereits keinerlei Spur eines Königtums mehr zu erkennen – es existiert nur noch eine von Jesus ben Jehozedek abstammende Priesterschaft. Das Erste Buch der Chronik führt dessen Geschlecht auf Zadok zurück, den ersten Hohenpriester des Ersten Tempels zu Davids und Salomos Zeiten.[4]

Die Erwähnung Zadoks und Jehozedeks ist insofern wichtig, als die Wurzel, die diesen beiden Namen zugrunde liegt, die drei hebräischen Konsonanten *Z-D-K*, »Gerechtigkeit«, bedeutet. Von dieser Wurzel leitet sich nicht nur der – von allen frühkirchlichen Quellen übereinstimmend verwendete – Beiname des Jakobus her, »der Rechtschaffene« oder »Gerechte«, sondern auch der Name einer der zu Jesu Zeiten existierenden Sekten: der Sadduzäer oder, hebräisch, *Zadduki/Zaddoki*. Im Hebräischen ist *-i* ein Suffix zur Bezeichnung jemandes, der das vom Wortstamm Ausgedrückte »ist« oder »tut« – in diesem Fall ein »Zadok« oder »*Zaddik*«, wobei letzteres »Gerechter« bedeutet.[5]

Esra und Nehemia erreichten im 5. Jahrhundert das, was die vorangegangene Generation nicht geschafft hatte, und so wurde endlich eine Art Tempel und mit ihm, wie es scheint, eine Stadtmauer vollendet. Inwieweit wir diese zwei Männer voneinander unterscheiden können, ist unklar, da sich die sie betreffenden Berichte überschneiden. Nehemia ist mit Sicherheit eine historische Gestalt, aber ob Esra lediglich eine priesterliche Glosse über den weltlicheren und profaneren Charakter ist, den Nehemia verkörpert, läßt sich nicht beantworten.[6]

Welche Rolle er auf dem Tempelberg spielt, wenn er etwas anderes als ein Hoherpriester ist, bleibt unklar. Er wird zwar als etwas wie ein zweiter Moses dargestellt, der das Gesetz wiederherstellt und den versammelten Heimkehrern vorliest, aber sie scheinen es noch nie zuvor gehört zu haben (Buch Esra 9,10 und Nehemia 9,3). Nehemias Aktivitäten sind dagegen klarer. Beispielsweise verhält er sich wie ein mächtiger Statthalter des persischen Königs, indem er die Familie des bisherigen Hohenpriesters – vermutlich die Nachkommen des Jesus ben Jehozedek und als solche »Zadokiten« – aus ihrer Wohnung auf dem Tempelberg vertreibt.

Hier verlassen uns die biblischen Berichte, und wir betreten einen dunklen Tunnel. Klar ist nur so viel, daß wir einen – bis zu einem gewissen Grad lokal autonom waltenden – Hohenpriester haben und mit ihm eine herrschende Priesterklasse. Deshalb wird diese Regierungsform häufig als Theokratie bezeichnet. Diese Priesterschaft wird schließlich – nach dem Zadok, der zu Davids und Salomos Zeiten amtierte, dem ersten Hohenpriester im Ersten Tempel – als »das Geschlecht des Zadok« bekannt.

Der Begriff »Sadduzäer« und die Handschriften vom Toten Meer

Wann der Terminus *Zadduki* oder *Sadduzäer* tatsächlich erstmals auftaucht, ist nicht klar, aber im ersten nachchristlichen Jahrhundert berichtet Josephus von zeitgenössischen Priestern, die ihre Abstammung auf Davids Hohenpriester Zadok zurückzuführen versuchen. Manche dieser Ansprüche zieht nicht einmal er ernsthaft in Erwägung.[7] Die (aus dem 3. bis 7. Jahrhundert datierende) jüdische talmudische Literatur liefert ein ähnliches Bild, erweitert den Begriff *Sadduzäer* aber insoweit, als sie ihn als pejorative Bezeichnung für jede Art von Sektierern schlechthin verwendet.

In den Handschriften vom Toten Meer hat dieser Terminus eine etwas unterschiedliche Bedeutung und bezeichnet nicht lediglich eine bestimmte Abstammung, sondern zusätzlich noch etwas anderes. Was immer dieses »etwas andere« auch sei – es schließt mit Sicherheit den Begriff Gerechtigkeit ein, der, wie oben ausgeführt, die Bedeutung der – dem griechischen Terminus *Sadduzäer* zugrundeliegenden – hebräischen Wurzel darstellt. Genau so findet der Terminus in den für die Kenntnis Jakobus' so wichtigen pseudoklementinischen *Rekognitionen* Verwendung. Hier werden die Sadduzäer als eine Gruppe beschrieben, die – wie die sogenannten »Zeloten« weiter oben – zur Zeit Johannes' des Täufers aufkam und deren Mitglieder sich für »gerechter als die anderen« hielten und »sich von der Gemeinschaft des Volkes absonderten«.[8]

Dieses Bild von den Sadduzäern entspricht übrigens der Definition des Begriffes, wie er im Mittelalter von den jüdischen »Karäern« verwendet wurde, die sich als moderne Erben der Sadduzäer verstanden und sich »die Gerechten« nannten.[9] Für Josephus ebenso wie für das Neue Testament läuft dieses Selbstverständnis letztlich auf eine »größere Strenge im Urteil« hinaus.[10] Man sollte sich gegenwärtig halten, daß die Sektierer von Qumran, was immer sie sonst auch gewesen sein mögen, zweifellos sehr streng und kompromißlos waren, wenn es um Fragen des »Urteilens« ging, und dieser bestimmte Aspekt ihres Charakters dürfte im weiteren Verlauf unserer Untersuchung klar zutage treten.

Um den in den Qumran-Texten vorkommenden Ausdruck »Söhne des Zadok« von »Sadduzäer« abzugrenzen, gebrauchen die Forscher häufig den Terminus »Zadokiden«. Die Verwendung des Ausdrucks »Söhne des Zadok« dürfte wahrscheinlich mit dem – irgendwann im 3. bis 2. Jahrhundert v. Chr. anzusetzenden – Aufkommen der Sadduzäer-Partei als einer eigenständigen politisch-religiösen Gruppe zusammenfallen. Es sollte allerdings darauf hingewiesen werden, daß man, wenn die pseudoklementinischen *Rekognitionen* von den »Sadduzäern« sagen, sie seien »mit der Ankunft Johannes' des Täufers aufgetaucht«, den Eindruck gewinnt, es habe zumindest in der herodianischen Periode *zwei* Gruppen von Sadduzäern gegeben: eine »systemerhaltende« und eine puristische oder oppositionelle. Letztere erinnert stark an Bewegungen, die nach einer anderen Terminologie als »messianisch« oder »zelotisch« bezeichnet werden könnten, und der Grund für die Spaltung dürfte in Bemühungen gelegen haben, sich mit der römischen Macht zu arrangieren, sowie in der empfundenen Gerechtigkeit oder Ungerechtigkeit der Hohenpriester.

Dieser Eindruck wird auch von talmudischen Schriften bestätigt (wenn man sie nur aufmerksam liest), desgleichen von späteren Texten der jüdischen Karäer: Beide deuten auf einen Riß zwischen *zwei* Gruppen von Sadduzäern hin, deren eine von einem gewissen »Zadok« angeführt wurde und deren andere mit einem »Boethus« in Verbindung stand.[11] Josephus beschreibt genau eine solche Spaltung im Zusammenhang mit jemandem, den er gleichfalls »Boethus« nennt: einen Priester, den Herodes, nachdem er alle früheren Hohenpriester, die Makkabäer, ermordet hatte, aus Ägypten kommen ließ. Herodes heiratete die Tochter dieses »Boethus«, nachdem er seine bisherige Frau, die aus ebendiesem makkabäischen Geschlecht von Hohenpriestern stammte, beseitigt hatte. Beide Frauen hießen übrigens »Mariamne« – die hebräische Entsprechung des neutestamentlichen Namens »Maria«.

Aber der Riß zwischen diesem Zadok und Boethus fällt laut Josephus zeitlich mit der Entstehung einer weiteren Bewegung zusammen, einer Bewegung, die Josephus die »Vierte Philosophie« nennt – besser bekannt als »Zeloten« – und der er, wie wir gesehen haben, die Schuld an all dem Unglück gibt, das im 1. Jahrhundert sein Volk heimsuchte. Nicht nur beginnt Josephus seine Schilderung der verschiedenen jüdischen Sekten in seinen beiden Hauptwerken mit dem Aufkommen dieser bestimmten Bewegung – im zweiten, den *Alter-*

tümern, schreibt er die Entstehung dieser Bewegung nicht, wie in *Krieg*, nur *einer* Person zu, sondern *zweien*: Judas dem Galiläer und einem weiteren Mann, wahrscheinlich eher priesterlicher Herkunft, den er lediglich »Saddok« [oder »Sadduk«] nennt, ein Terminus, der, wie wir gesehen haben, etymologisch sowohl mit dem griechischen Wort für *»Sadduzäer«* als auch mit dem hebräischen *»Zaddik«* zusammenhängt.[12]

Dies wiederum führt uns zum Bild zurück, das die pseudoklementinischen *Rekognitionen* von den Sadduzäern als einer Gruppe zeichnen, »die sich absonderte und um die Zeit Johannes' des Täufers entstand«, sowie zu einer anderen berühmten, Jesus zugeschriebenen Äußerung in den Evangelien: »Von den Tagen Johannes' des Täufers bis heute haben die Männer der Gewalt nicht davon abgelassen, das Himmelreich zu bestürmen« (Matthäus 11,12 und Lukas 16,16). Die Wendung »Männer der Gewalt«, die sich auch in der Damaskus-Schrift und im *Pescher* Habakuk von Qumran findet, wird normalerweise als Anspielung auf Gruppen verstanden, die in anderen Kontexten als »Zeloten« oder *»Sikarier«* bezeichnet werden.[13]

Die Gestalt, die Josephus' Judas und *»Saddok«*, die Gründer der *Sikarier*- oder Zeloten-Bewegung, anfeinden und bekämpfen – der Repräsentant des herrschenden Priester-»Establishments«, der bereit ist, sich mit der römischen Macht und dem herodianischen Königtum zu arrangieren –, ist Joazar ben Boethus. Zu Beginn des 1. Jahrhunderts folgte er seinem Vater im Amt des »herodianischen« Hohenpriesters. Dies ist den neutestamentlichen Quellen zufolge auch die Zeit der Geburt »Jesu«. Bei Joazar ben Boethus handelt es sich vermutlich um den Bruder von Herodes' zweiter Frau Mariamne. Sie ist die Mutter jenes – in den Evangelien fälschlich »Philippus« genannten – Herodes, der in den Geschichten um den Tod Johannes' des Täufers noch eine wichtige Rolle spielen wird.

Wie Josephus eindeutig darlegt, ging die Auseinandersetzung zwischen »Boethus und *Saddok«* um eine bejahende oder ablehnende Haltung gegenüber der Zahlung von Steuern an Rom. Diese Streitfrage ist aber natürlich der eigentliche Grund, warum dem Zensus des Cyrenius (6/7 n.Chr.) in der mythologisierten Schilderung des Ereignisses, die sich im Lukasevangelium (2,2) findet, eine solche Bedeutung beigemessen wird. Eine entscheidende Rolle spielt dieselbe Frage auch allgemein in der Charakterisierung Jesu durch die Evangelien, in denen Jesus als Befürworter der Steuerzahlung dargestellt wird – auch wenn Lukas dies an einer Stelle bestreitet, indem er als eine der gegen Jesus vorgebrachten Anklagen den Vorwurf nennt, er habe das Volk gelehrt, dem Cäsar *keine* Steuern zu geben (Lukas

23,2)![14] Dies ist der Kontext, in den die talmudischen und karäischen Aussagen über die *zwei* Gruppen von Sadduzäern – eine, die das priesterliche »Establishment« unterstützt, und die andere, die gegen es opponiert – und allgemein über jede Form von Kollaboration mit Rom gestellt werden sollten.

Die makkabäische Priesterschaft

Das hervorstechendste Merkmal des Zeitabschnitts, der dem Aufstieg der Makkabäer und der mit ihnen zusammenhängenden jüdischen Unabhängigkeitsbewegung des 2. Jahrhunderts v. Chr. unmittelbar vorausging, ist die Fortdauer der Priesterherrschaft. Nach dem Tod Alexanders des Großen im Jahre 323 v. Chr. entstanden im Vorderen Orient zwei von dessen ehemaligen Generälen und deren Nachkommen regierte hellenistische Nachfolgestaaten: in Syrien und dem Mittleren Osten das Seleukidenreich und in Ägypten das Ptolemäerreich mit der Hauptstadt Alexandria. Judäa oder Palästina – das in erster Linie das Gebiet um Jerusalem umfaßte – geriet abwechselnd unter die Herrschaft zunächst des ersteren, dann des letzteren. Im allgemeinen bestanden zu den – toleranteren – griechischen Ptolemäern Ägyptens herzlichere Beziehungen als zu den von Antiochia aus regierenden Seleukiden. Dies ist ein wichtiger Punkt, da sich der Unabhängigkeitskrieg, der 167 v. Chr. ausbrach, ausdrücklich gegen die seleukidische Hellenisierungspolitik und Intoleranz richtete.

Der Krieg gegen die Seleukiden wurde von Judas Makkabäus und dessen – wirklichem oder angeblichem – Vater Mattathias angeführt.[15] Judas hatte (gleich Jesus) vier Brüder, deren Namen – wie im übrigen auch der des Judas selbst – größtenteils vom Neuen Testament her vertraut klingen: Johannes, Eleazar (Lazarus) und Simon. Dieses Krieges wird im jüdischen Ritus bis zum heutigen Tag zu *Chanukka* gedacht, einem Fest, dessen gefühlsmäßige Bedeutung für die Juden derjenigen der christlichen Weihnacht entspricht. *Chanukka* bedeutet wörtlich »Wieder-Weihe«, womit die abermalige Weihe des Tempels gemeint ist, der als von den – durch die Seleukiden repräsentierten – hellenistischen Griechen verunreinigt galt. Die mit diesem Krieg zusammenhängenden Wirren dauerten ungefähr noch 30 Jahre fort, ehe schließlich Simons Sohn Johannes Hyrkanos (134–104 v. Chr.) an die Macht kam.

Mit dem Sieg über die Fremdherrscher kamen spezifische, mit einer solchen – und wenn auch nur 100 Jahre währenden – Unabhängigkeit zusammenhängende Probleme auf, und die Gruppen und Parteien, die später eine zentrale Rolle spielen sollten und die Substanz der Evangelienberichte ausmachen, treten hier erstmals in Erscheinung. Gleichfalls in dieser Periode beginnen die Römer, nach ihren Siegen über die Karthager – einem an der nordafrikanischen und spanischen Küste ansässigen semitischen Volk – ihren Einfluß ins östliche Mittelmeer auszudehnen. Das Erste Buch der Makkabäer, das aus amtlichen Kanzleiberichten geschöpft zu haben scheint, macht viel Aufhebens um Judas' freundschaftliche Korrespondenz mit den Römern. Diese Korrespondenz ist wahrscheinlich authentisch – ebenso wie diejenige mit den Spartanern, in der es stolz heißt, die Juden und die Spartaner seien miteinander verwandt und daher »Brüder«![16]

Anfangs scheinen die Makkabäer lediglich den Titel »Hoherpriester« für sich beansprucht zu haben. Irgendwann aber, in der ersten oder dritten Generation, wurde der griechisch-römische Titel »König« in ihre Nomenklatur aufgenommen. Obwohl die Makkabäer einem Priestergeschlecht entstammten, ist im Rahmen der Debatte um die Handschriften vom Toten Meer die Frage gestellt worden, ob sie das Hohepriesteramt »usurpierten«.[17] Es gibt allerdings keinerlei Hinweis auf eine solche Usurpation, und die Makkabäer scheinen offenbar sehr angesehene Priester gewesen zu sein. Josephus beispielsweise bekundet im Rom des späten 1. Jahrhunderts keinerlei Verlegenheit über das Makkabäerblut, das nach eigener Aussage durch seine Adern fließt. Im Gegenteil, er scheint sogar ausgesprochen stolz darauf zu sein.[18]

Das Buch Daniel und die Apokalyptik

Das erste Auftreten der Römer im östlichen Mittelmeer scheint an einer wichtigen Stelle des Buches Daniel erwähnt zu werden, wo von deren Sieg über die syrische Flotte berichtet wird (11,30–35 – 190 v. Chr.). Dieses Ereignis scheint tatsächlich der Auslöser für die räuberischen Übergriffe gewesen zu sein, die der selekidische König Antiochos Epiphanes – der Schurke des Buches Daniel wie der Makkabäerbücher – am Tempel verübte. Hier verwendet das Buch Daniel (11,30) zur Bezeichnung der *Römer* außerdem den Schlüsselbegriff *Kittim,* mit dem die Qumran-Rollen in das Land eindringende fremde Armeen titulieren.[19] Dies ist wichtig für die Klärung chronologischer Probleme um Qumran.

Neben den Büchern Hesekiel und Jesaja ist das Buch Daniel die vielleicht wichtigste biblische Quelle für einen großen Teil der apokalyptischen Ideenwelt und Symbolik der Handschriften vom Toten Meer ebenso wie für die Literatur des Christentums. Daniel ist darüber hinaus eines der – vielleicht von Esther abgesehen – im chronologischen Sinne spätesten Bücher des alttestamentlichen Kanons überhaupt. Das Buch Esther, das uns durch einen eher östlich orientierten, extraterritorialen Überlieferungsprozeß erreicht hat, wirkt wie eine gemäßigtere Erwiderung auf Daniels kompromißlosen messianischen und apokalyptischen Nationalismus.

Daniels eindeutige Bezugnahme auf den Makkabäeraufstand in Palästina war zweifellos einer der Gründe, warum die Rabbis das Buch im Anschluß an die Revolten gegen Rom von den »Propheten« ausschlossen und es den geringeren »Schriften« zuordneten. Zweifellos betrachteten die Rabbis Daniel als Repräsentanten eines neuen, lebendigeren Stils prophetischer Äußerung, den wir heute als apokalyptisch bezeichnen. Dieser Stil, den sie wegen seiner Beziehung zur Bewegung, aus der sowohl der Makkabäeraufstand als auch die Revolte gegen Rom hervorgingen, herunterspielten, wurde von den Verfassern der Qumran-Rollen ebensosehr wie von den neutestamentlichen Autoren bewundert. In ihm vereinigen sich prophetische und eschatologische – die »Endzeit« oder die »Letzten Dinge« betreffende – Motive zu ehrfurchtgebietenden, erschütternden Bildern.

So ist das Buch Daniel beispielsweise die erste Quelle, die auf etwas anspielt, was man als das »Reich Gottes« bezeichnen könnte. Von Gott wird hier nämlich nicht lediglich ausgesagt, daß er »ewig bleibt«, »Zeichen und Wunder [tut] im Himmel und auf Erden« und »Daniel von der Macht der Löwen [das heißt des Todes] errettet«, sondern auch, daß »sein Reich unvergänglich [ist] und seine Herrschaft kein Ende [hat]« (Daniel 6,26 ff.). Daniel beschwört des weiteren »des Menschen Sohn« herauf, »der auf den Wolken des Himmels kommt« – einer der wichtigsten Belege aus der Schrift für die »Messiasschaft« Jesu und ein diesem immer wieder beigelegter Titel. Diese Passage wird auch weiter unten, in den Berichten über Jakobus' Aktivitäten im Tempel und seine dort ausgesprochene Ankündigung, eine entscheidende Rolle spielen.

Daniel zufolge führen »die Heiligen« (*Kedoschim*) oder »die Heiligen des Höchsten Gottes« Krieg gegen einen bösen Widersacher oder fremden Eindringling, der den Tempel entweiht und ausgeplündert hat. Alle diese Wendungen werden für spätere Generationen große Wichtigkeit erlangen. Bei diesem Fremden, der »das immerwährende Opfer abgeschafft hat«, handelt es sich eindeutig (Daniel 7,13–8,12) um Antiochos Epiphanes, der bis zum heutigen Tag den Schurken der *Chanukka*-Feierlichkeiten verkörpert. Aber das Buch Daniel gebraucht auch weitere Ausdrücke, die später – vor allem in den Texten von Qumran, aber auch im Neuen Testament und im Koran – große Bedeutung erlangen sollten, so »die Letzten Tage«, »der Zorn«, »das Ende« oder »die Endzeit« und natürlich die Auferstehung der Toten (12,2–13). Besonders aufschlußreich ist, wie Daniel von dieser Auferstehung spricht:

> Viele von denen, die schlafen im Erdenstaub, werden erwachen, die einen zu ewigem Leben ... gereinigt, geläutert und geprüft ... [werden sie] erstehen zu [ihrem] Erbteil am Ende der Zeit.

Abgesehen von einigen mehrdeutigen Anspielungen in den Psalmen und einer vergleichbaren Passage im Zweiten Buch der Makkabäer – dort im Kontext der militanten Aktivitäten Judas Makkabäus' (12,43 f.) –, ist dies der einzige direkte Hinweis auf die Auferstehungslehre, die sich im ganzen Alten Testament findet. Bemerkenswert ist auch, daß solche Aussagen normalerweise im Zusammenhang mit einer Art apokalyptischem heiligen Krieg stehen, wie er im Buch Daniel ebenfalls geschildert wird. Die Aussage im Zweiten Buch der Makkabäer erscheint im Kontext des Makkabäeraufstands gegen die Hellenisierungsmaßnahmen und die Fremdherrschaft in Palästina. Parallele Berichte im Ersten Buch der Makkabäer fordern zum »Eifer (griechisch *zelos*) für das Gesetz« (womit die Thora oder das Mosaische Gesetz gemeint ist) auf, oder dazu, »sich zum Bund zu bekennen« (2,27). Wir werden noch Gelegenheit haben, Anspielungen wie diese im Zusammenhang mit Jakobus sowie mit der – sich an ihnen orientierenden – »Zeloten«-Bewegung zu betrachten. Josephus gibt, wie bereits gesagt, an, diese Bewegung sei um die Zeit entstanden, die das Neue Testament mit der Geburt Christi (4 v. Chr. – 7 n. Chr.) in Verbindung bringt, und habe bis zum Untergang des Tempels im Jahre 70 n. Chr., möglicherweise sogar darüber hinaus, fortbestanden.

Nach Auffassung der Rabbis war apokalyptische Literatur dieser Art der Auslöser für die Unruhen, die zur Katastrophe führten, die der erste jüdische Aufstand gegen Rom (66–70 n. Chr.) und die Zerstörung von Tempel und Staat darstellten – ganz zu schweigen vom zweiten Aufstand (132–136 n. Chr.). Solche Literatur inspirierte offenbar zum Widerstand gegen Fremdherrschaft. Sie schürte einen extremen *Eifer (zelos) für das Gesetz,* also ebenjenes Zelotentum, das jeden heiligen Krieg kennzeichnet: die Bereitschaft, eher den Märtyrertod zu erleiden, als sich einem fremden Königtum zu beugen, sowie eine damit einhergehende vehemente Neigung zum Messianismus.

Da diese Ideen und Tendenzen sämtlich jener Partei oder jenen Parteien zugeschrieben wurden, die all das bekämpft hatten, wofür die Vorläufer der Rabbis, die Pharisäer, eingetreten waren – das heißt, sich um jeden Preis mit Rom und allgemein jeder Fremdherrschaft zu arrangieren –, galten sie als verdammungswürdig. Es ist daher verständlich, daß in der Version der jüdischen Geschichte, welche die Rabbis überlieferten, und in der Sammlung von Texten, die sie Anfang des 2. Jahrhunderts n. Chr. schließlich zum heiligen Schrifttum erklärten, Werke wie die Makkabäerbücher verworfen wurden und das Buch Daniel den niedrigsten Stellenwert zugesprochen bekam.

Der jüdische Historiker Josephus

Der zeitgenössische jüdische Historiker Josephus ist für eine Betrachtung dieser ganzen Periode (37–96 n. Chr.) von größter Bedeutung. Ohne ihn wüßten wir fast nichts von den tatsächlichen Ereignissen. Durch ihn besitzen wir eine – in vielfacher Hinsicht aufschlußreiche – fast enzyklopädische Gesamtdarstellung dessen, was sich damals zutrug. Josephus wurde im Jahre 37 n. Chr. geboren, also nicht lange, nachdem seinen Angaben zufolge Johannes der Täufer hingerichtet wurde, und etwa um die gleiche Zeit, als Paulus entweder nach eigenem Bekunden sein Bekehrungserlebnis hatte oder sich in irgendeiner Angelegenheit in Damaskus aufhielt, wo er mit dem Statthalter des arabischen Königs Aretas in Konflikt geriet (2. Korinther 11,32).

Die Hauptstadt dieses »Königs Aretas«, das sagenhafte Petra, lag weiter südlich, im heutigen Jordanien. Aretas war auch in erheblichem Maße in die sich jenseits des Jordans abspielenden Ereignisse um den Tod Johannes' des Täufers verwickelt. Da außerdem Herodes der Große mit Sicherheit durch seine Mutter und wahrscheinlich gleichfalls durch seinen Vater in einer gewissen Beziehung zum Reich ebendieses Aretas stand, ist auch er (Herodes) nicht nur ein Idumäer (griechisch für Edomit), sondern in gewissem Sinne gleichfalls ein – wenngleich hellenisierter – »Araber«.

Ebenfalls etwa zu jener Zeit wurde Gaius Caligula (37–41) – der in Palästina dadurch bekannt war, daß er den Wunsch geäußert hatte, ein Standbild von sich im Jerusalemer Tempel aufstellen zu lassen – zum Kaiser ausgerufen. Diese sehr interessante Episode beschreiben sowohl Josephus als auch der berühmte alexandrinische jüdische Philosoph Philon, dessen Bruder Alexander der »Alabarch« oder Vorsteher der Juden Alexandrias war.[20]

Man kann also davon ausgehen, daß Josephus die Zeitspanne von

62 n. Chr. an, dem in *Altertümer* angegebenen Todesjahr des Jakobus, als erwachsener Beobachter erlebte, der sich bei seinen Aussagen auf eigene Erfahrungen und Wahrnehmungen stützte. Für die in seinen Werken geschilderten Ereignisse aus der Zeit vor 55 v. Chr. ist er auf mündliche Berichte anderer – also »Hörensagen« – oder ältere schriftliche Quellen angewiesen. Mehrere solcher Quellen, darunter Nikolaos von Damaskus, der ein enger Vertrauter des Herodes war, und Strabon von Kappadokien, erwähnt er häufig. Seine persönlichen Erfahrungen sind mit großem Detailreichtum im *Jüdischen Krieg* festgehalten, einem Werk, das er unmittelbar nach den Ereignissen der Jahre 66 bis 73 verfaßte und das bezeichnenderweise mit einer Schilderung von Titus', des Sohnes des neuen Kaisers Vespasian (69–79), Triumphzug durch Rom endet. Josephus war als Angehöriger des kaiserlichen Stabes selbst Zeuge dieses Ereignisses. Der Ehrenbogen des Titus steht noch heute am Rande der Ruinen des Forum Romanum als eine beunruhigende Erinnerung an jene längst vergangenen Umwälzungen.

Aber Josephus war auch ein Überläufer, ein Verräter seines eigenen Volkes. Diese Tatsache darf bei Lektüre seiner Werke nie außer acht gelassen werden. Nur aufgrund dieses Verrats kam er ungeschoren davon, anstatt wie die anderen, die an dem von ihm geschilderten Geschehen maßgeblich beteiligt waren, hingerichtet zu werden. Denn Josephus spielte durchaus eine Rolle bei diesen Ereignissen. Ursprünglich war er nach eigenen Angaben militärischer Kommandant Galiläas – »Kommissar« könnte ein treffenderer Ausdruck sein – und als solcher für die militärische Organisation und Befestigung des Landes während der ersten Phase des Aufstands verantwortlich. In Anbetracht seiner pharisäisch-priesterlichen Herkunft, die er später mit sehr großem Erfolg auszuspielen wußte, fragt man sich, was ihn für eine solche Stellung qualifiziert haben mag.

Josephus' Aufgabe bestand später darin, Kriegsgefangene zu verhören, und wie beliebt er sich dadurch bei seinen Landsleuten machte, läßt sich aus der folgenden Episode erschließen, die er selbst im *Jüdischen Krieg* referiert. Während der Belagerung Jerusalems von den Römern, vermutlich wegen seiner Hebräischkenntnisse, damit beauftragt, den Verteidigern vom Fuß der Stadtmauer aus zuzurufen, sie sollten sich ergeben, wurde er von einem jüdischen Wurfgeschoß am Kopf getroffen. Als er stürzte, brach unter denen, die oben an der Brustwehr standen, ein spontaner Aufschrei des Jubels aus: Ihr Feind Josephus war verwundet worden.[21]

Und das war der große jüdische Historiker! Bei Kommandanten oder Kommissaren wie Josephus brauchten die Juden wahrlich keine

Feinde – die militärische Katastrophe, die über sie hereinbrach, war geradezu vorprogrammiert. Später half ihm das Ansehen, das sein Priesterstatus ihm bei den Römern verlieh, dabei, ihre Leichtgläubigkeit und die übertriebene Ehrfurcht auszunutzen, die sie Auguren oder ausländischen Sehern entgegenbrachten.[22]

Gerade dieser seiner Rolle als – beim eigenen Volk angeblich hochgeachteter – weissagender jüdischer Priester kann seine Rettung zugeschrieben werden. Er und mehrere Gefährten hatten nach dem Zusammenbruch des galiläischen Widerstands, für den er verantwortlich gewesen sein soll, in einer Höhle Zuflucht gesucht, die an einer alten Verkehrsroute lag. Auf ihrem Marsch nach Jerusalem kamen die Römer dort vorbei, und Josephus brach den Selbstmordpakt, den er und ein paar Kameraden geschlossen hatten (die normale »zelotische« Vorgehensweise in derlei extremen Situationen). Statt sich selbst, töteten er und ein Kumpan die anderen Flüchtigen und ergaben sich anschließend den Römern – eine Episode, die Josephus ohne erkennbare Scham referiert.

Als man ihn zum römischen Oberbefehlshaber Vespasian führte, zögerte Josephus keinen Augenblick, die messianische »Stern-Prophezeiung« auf *ihn* zu beziehen, und weissagte, Vespasian sei derjenige, von dem die jüdischen Schriften vorhergesagt hätten, er werde von Palästina ausziehen und die ganze Welt beherrschen. Dies war die Prophezeiung, die für alle Widerstandsgruppen dieser Periode, einschließlich der Urheber der Qumran-Rollen und der Revolutionäre, die den Krieg gegen Rom ausgelöst hatten – ganz zu schweigen von den Urchristen –, eine so entscheidende Rolle spielte.[23] Bereits im Jahr darauf folgte Vespasian Nero (54–68) auf dem Kaiserthron.

Natürlich war Josephus nicht der einzige Überläufer, dem zeitgenössische Quellen eine solche Umdeutung der messianischen *Prophezeiung* und deren Anwendung auf den *Zerstörer* statt auf den *Befreier* Jerusalems zuschreiben. Ob aufrichtig oder nicht – Josephus betrachtete sich als »Pharisäer«, was durchaus zu dieser seiner Haltung paßt. Auch Paulus beruft sich (im Brief an die Philipper 3,5) mit Stolz auf seine eigenen pharisäischen Wurzeln. In der Apostelgeschichte behauptet Paulus sogar, bei Gamaliel studiert zu haben, dem Enkel Hillels, eines der bedeutendsten pharisäischen Patriarchen, dessen Name noch heute im Judentum sprichwörtlich ist (Apostelgeschichte 5,3 und 22,3). Hillel war, gemeinsam mit dem gleichfalls sprichwörtlichen Schammai, wahrscheinlich der Vorsitzende des herodianischen Sanhedrins (Synedriums), das nach der Machtergreifung Herodes' im Jahre 37 v. Chr. rekonstituiert worden war und die noch verbleibenden Makkabäer und deren offenbar »sadduzäische« Anhänger ausrottete.

Nach Darstellung der Apostelgeschichte war Paulus sehr stolz auf sein römisches Bürgerrecht. Im Brief an die Römer (13,1–7) macht er aus der Loyalität zu Rom fast eine Religion, indem er die *Pax Romana* und das römische Gesetz, das er sogar »Gottes Ordnung« nennt, über das jüdische Gesetz oder das Gesetz seiner angeblichen Landsleute stellt (Römer 13,4). Diese extreme Treue war – bei aller theologischen Pose oder poetischen Allegorisierung – schon unter den günstigsten Verhältnissen suspekt. Josephus seinerseits erhielt das römische Bürgerrecht erst, nachdem er sich selbstverleugnerisch vor Vespasian gedemütigt hatte und zum Lohn durch Adoption in dessen Familie, die Flavier, deren Namen er fortan trug, aufgenommen worden war.

Die Rabbis, die nach der Zerstörung des Tempels die von Rom bestellten Steuereintreiber in Palästina wurden, schreiben Rabbi Jochanan, dem Urahn der von ihnen praktizierten Form des Judaismus, des späteren rabbinischen Judentums, das gleiche Verhalten zu. Rabbi Jochanan scheint zudem, Ende des 1. Jahrhunderts, an der Festlegung des jüdischen Kanons beteiligt gewesen zu sein. Wie die Haltung seiner Vorläufer Hillel und Schammai gegenüber Herodes ist auch Rabbi Jochanans Verhalten gegenüber den Römern paradigmatisch geworden. Rabbinische Quellen geben an, er habe die bereits erwähnte »Stern-Prophezeiung«, die zu jener Zeit kostbarste Verheißung des jüdischen Volkes überhaupt, auf Vespasian bezogen, den Eroberer Jerusalems, der nach seinen militärischen Erfolgen in Palästina zum obersten Gebieter der damals bekannten zivilisierten Welt erhoben wurde.

Nach der rabbinischen Version dieser Geschichte schoß Rabbi Jochanan, nachdem er sich aus Jerusalem hatte herausschmuggeln lassen (passenderweise in einem Sarg – andererseits gab es zu der Zeit keine andere Möglichkeit, aus der Stadt herauszukommen), einen Pfeil in Vespasians Lager, an dem eine schriftliche Botschaft befestigt war: »Rabbi Jochanan ist ein Freund des Kaisers.«[24] Was zweifellos stimmte, aber bei dem Lager muß es sich um dasjenige des Titus gehandelt haben, denn Vespasian, der Begründer der flavischen Kaiserdynastie, war zu dem Zeitpunkt bereits nach Rom gereist, um den Thron zu besteigen, und hatte Titus zurückgelassen, damit er die Angelegenheit in Palästina zu Ende brachte. Dann ließ sich Rabbi Jochanan den talmudischen Quellen zufolge vor Vespasian bringen, um genau das gleiche wie Josephus zu verkünden: nämlich, daß Vespasian der verheißene Herrscher sei, der von Palästina ausziehen und die Welt beherrschen werde.

Mag Josephus nun auch ein zynischer Opportunist gewesen sein – glaubwürdiger klingt *sein* Bericht, wenngleich beide wahr sein könnten. Falls ja, muß Vespasian von all diesen jüdischen Überläufern, die kriecherisch um ihn herumscharwenzelten und ihn als den von der Schrift verkündeten Weltherrscher priesen, bald genug gehabt haben (vielleicht aber auch nicht). Rabbi Jochanan bekam von den Römern die Akademie von Jamnia, wo das Fundament des späteren rabbinischen Judaismus gelegt wurde; Josephus wiederum wurde zum Lohn für geleistete Dienste – wozu unter anderem die Abfassung des *Jüdischen Krieges* gehörte – durch Adoption sogar in die römische Kaiserfamilie aufgenommen.

In Josephus' Fall waren die Kontakte, die den späteren Verrat ermöglichten, schon einige Zeit früher geknüpft worden. Wie er berichtet, kannte er im römischen Lager jemanden, dem er einige Jahre zuvor in Rom begegnet war, wohin er sich im Interesse einiger ungenannt bleibender Priester begeben hatte, die, wie er behauptet, wegen einer »Lappalie« festgehalten wurden.[25] Diese Priester hatten (wie laut Apostelgeschichte auch Paulus) an »Cäsar« – das heißt Nero – oder »Augustus«, wie die Apostelgeschichte ihn manchmal nennt (25,21–25) – appelliert und waren wahrscheinlich auf die eine oder andere Weise in die »Tempelmauer-Affäre« verwickelt gewesen. Bei dieser Affäre, die nach unserer Ansicht direkt zum Tod des Jakobus führte, ging es darum, daß – vermutlich »zelotische« – Priester eine Mauer errichtet hatten, um den König Herodes Agrippa II. daran zu hindern, dem Tempelopfer zuzusehen, während er auf dem Balkon seines Palastes ruhte und aß.[26]

In dem autobiographischen Anhang zu *Jüdische Altertümer*, der sogenannten *Vita,* schildert Josephus, wie er als junger Priester von etwa Mitte Zwanzig nach Rom reiste, um Landsleute freizubekommen, die dorthin gefahren waren und – vermutlich im Zusammenhang mit der »Tempelmauer-Affäre« – festgehalten wurden. Irgendwie hatte er sich durch einen über gute Beziehungen verfügenden jüdischen Schauspieler Zutritt zu Neros Gattin verschafft, Poppäa, der er an anderer Stelle Interesse an – jüdischen oder sonstigen – religiösen Fragen zuschreibt. Es ist bekannt, daß auch Nero sich gern mit Theaterleuten umgab. So großen Gefallen fand Poppäa an dem jungen Josephus, daß sie ihm offenbar alles gewährte, was er sich von ihr wünschte – und vielleicht auch mehr als das –, denn er prahlt mit offensichtlichem Stolz, sie habe ihn zum Abschied mit Geschenken überhäuft. Man fragt sich, was der raffinierte junge Priester – abgesehen von den Kontakten, die er in römischen Intellektuellenkreisen knüpfte und die ihm drei Jahre später, als die römischen Legionen in Galiläa einmarschierten, so gute Dienste leisten sollten – während seines Aufenthalts sonst noch alles erreichte.

Als ein weiteres Resultat der »Tempelmauer-Affäre« wurde zwischen Herodes Agrippa II. und dem damaligen Hohenpriester Ananus ben Ananus die »Verschwörung« ausgeheckt, die zur Beseitigung des Jakobus führte.[27] Ungefähr um die gleiche Zeit geschah es auch, daß der stets sprunghafte und zweifellos geistesgestörte Nero die schwangere Poppäa zu Tode trat. Und danach scheint Nero die Juden entschlossener denn je verfolgt zu haben, als hätte er bewußt versucht, sie zum Aufstand zu treiben.

Josephus besaß also offensichtlich die besten Voraussetzungen, um nicht nur über die Geschichte Palästinas zu schreiben, sondern gleichfalls über Themen wie den Aufstieg der Flavier und deren Qualifikation einerseits für den Status jüdischer Messiasse oder andererseits römischer Gottheiten – wofür er auch gebührend belohnt wurde. Indem er beispielsweise den *Jüdischen Krieg* schrieb, stellte er die Flavier auf eine Stufe mit dem Urahn der voraufgegangenen Dynastie, dem vergöttlichten Julius. Der einzige Unterschied bestand darin, daß Julius Cäsar seine eigenen Geschichten schrieb, während die Historien der Flavier von Josephus, einem Adoptivkind und Gefangenen, verfaßt wurden.

Geschichtsschreibung: Josephus versus die Evangelien

Trotz alledem war Josephus ein wirklich sehr guter Historiker, nicht zuletzt deswegen, weil er ein schier unglaubliches Gedächtnis besaß. Wie alle Ausländer, die einen fremden Stil nachzuahmen versuchen, überbietet er gelegentlich seine Lehrmeister. Gleichgültig, ob er sämtliche Strömungen der Geschichte, die er darstellt, versteht – oder dies von seinem Leser erwartet –, er breitet eine solch überwältigende Fülle von Details aus, daß man sich über das Fassungsvermögen seines Geistes nur wundern kann. Er schrieb offenbar alles aus der Erinnerung nieder, und zwar jeweils unmittelbar, nachdem er die betreffenden Informationen – zweifellos zu einem großen Teil durch Befragungen jüdischer Kriegsgefangener – zusammengetragen hatte.

Er schreibt einfach alles auf – oder zumindest *fast* alles, was auch ein Grund dafür ist, daß Josephus mit einiger Vorsicht behandelt werden sollte; ein weiterer Grund sind etliche Fehler (die vielleicht auf einen Kopisten zurückzuführen sind) sowie gelegentliche Interpolationen, die im Laufe der Jahrhunderte am Text vorgenommen wurden. Denn die Schriften des Josephus wurden nicht, wie man es voraussetzen würde, von Juden oder jüdischen Kopisten bewahrt. Für ihre Überlieferung sorgten Christen, in der Regel Mönche der griechisch-orthodoxen oder der lateinischen Tradition. Dies lag daran, daß man glaubte, Josephus erwähne verschiedene Gestalten aus der Frühgeschichte des Christentums, und zwar insbesondere Jesus.

Er tut es wirklich, aber nicht unbedingt so, wie viele es erwarten würden, und oft sogar in der Weise, daß man es gar nicht merkt. Genau aus diesem Grund sind viele solcher Aussagen, einschließlich derer über Petrus und Simon *Magus,* mit denen wir uns noch befassen werden, der Tilgung durch die Kopisten entgangen. Andererseits genügte das, *was* man in ihnen fand, durchaus, um zu gewährleisten, daß seine Werke bewahrt wurden. Manche griechisch-orthodoxe Geistliche beispielsweise waren so vollkommen davon überzeugt, Josephus habe Jesus erwähnt, daß seine Werke als heilige Schriften an das Neue Testament angehängt wurden. Auch Eusebios sieht Josephus in einem ähnlichen Licht und meint, er liefere Argumente zur Untermauerung des christlich-theologischen Standpunkts – insbesondere durch seine Schilderung der schrecklichen »Vergeltung«, von der die Juden heimgesucht wurden.

Dennoch ähneln die Werke Josephus', außer in der sich darin äußernden Geisteshaltung, nicht im mindesten den Evangelien und der Apostelgeschichte. Mit ihrem Mythologisieren, ihrer Fabulierlust und ihren Bezügen auf die römische Leichtgläubigkeit haben letztgenannte Texte eher den Charakter hellenistischer Romanzen als echter Geschichtswerke. Wie auch die andere Gruppe hellenistischer romanartiger Erzählungen – die nach Clemens, einem von Petrus' Reisegefährten, so genannten Pseudoklementinen – liefern die Evangelien selbst in ihrer vierfachen Version nur einen Bruchteil der historischen Informationen, die Josephus so wertvoll machen. Die Apostelgeschichte gar ist historisch vielfach überhaupt nicht nachzuvollziehen, und mit der Zeit wird es uns gelingen, ihre Methode der Berichterstattung – wenn es denn eine Methode ist – zu entschlüsseln.

Ebensowenig liefern die Evangelien oder die Apostelgeschichte irgendwelche Hinweise auf die aktuelle Hintergrundsituation, die erbitterten politischen Auseinandersetzungen, die allgemeine Entfremdung und die alltägliche Grausamkeit, die sich in Tausenden von Kreuzigungen (nicht bloß *einer*) äußerte – worauf Josephus, aus welchen pubertären Gründen auch immer, mit solcher Liebe zum Detail eingeht. Doch die Flut (wenngleich stellenweise noch so unersprießlicher) historischer Daten, die man bei Josephus findet, tritt in den neutestamentlichen Schriften so weit hinter der Vergöttlichung Christi und dem versöhnenden Charakter von dessen Botschaft zurück, daß man ohne andere Quellen nicht einmal wüßte, welch ein mörderischer politischer Kampf damals wütete und welch eine allgemeine Atmosphäre des Hasses herrschte, wie sie nur der Märtyrertod geliebter Führer auslösen konnte.

Hinzu kommt noch die nachträgliche Bestätigung der paulinischen Heidenmission und die damit einhergehende Darstellung Jesu als eines seinem eigenen Volk und seinen nächsten Angehörigen – seinen Nachfolgern in Palästina – entfremdeten Mannes, der die römische Autorität anerkennt und seinerseits wiederum, zumindest indirekt, von deren Repräsentanten anerkannt wird.

Josephus besitzt natürlich nichts von dem Reiz, dem Charme und der Anmut der Evangelienberichte, aber seine Mängel – seine historiographischen, nicht seine charakterlichen – sind nicht eigentlich auf eine bestimmte theologische Einstellung zurückzuführen. Sie hängen vielmehr damit zusammen, daß er, wie wir gesehen haben, bemüht ist, die Aktivitäten seiner römischen Wohltäter zu verherrlichen. Ja, da er bereits in sehr jungen Jahren die Macht Roms am eigenen Leib zu spüren bekam, war sich Josephus wie viele seiner palästinischen Zeitgenossen – die Herodianer etwa, oder Paulus, oder sogar der Hohepriester Ananus, der Vernichter des Jakobus – zutiefst der Tatsache bewußt, daß jeder Widerstand gegen sie, wie moralisch oder sonstwie gerechtfertigt er auch sein mochte, nicht die geringste Aussicht auf Erfolg hatte.

Andererseits legt Josephus in der Vorrede zum *Jüdischen Krieg,* die sich, ebenso wie seine Danksagungen in den *Altertümern,* fast wie eine moderne Einleitung liest, seine Mängel selbst offen dar. Er bezeichnet »den Krieg der Juden gegen die Römer« etwas hyperbolisch als »den gewaltigsten aller Zeiten«, »gewaltiger als alle, von denen wir Kenntnis haben – es mögen Städte mit Städten oder Völker mit Völkern zusammengeprallt sein«. Dann erklärt er, daß er »zunächst gegen die Römer kämpfte«, »in die späteren Vorgänge« aber nur »wohl oder übel verwickelt« wurde – eine Wendung, die er in manchen Zusammenhängen auch auf Titus bezieht.

»Zu diesem Krieg nun«, fährt er dann tadelnd fort,

> haben Schriftsteller, *die gar nicht an ihm teilgenommen haben,* nach Sophistenart eine Darstellung geboten, indem sie wahllos widerspruchsvolle Nachrichten sammelten, während *andere wohl dabei waren,* aber sich *aus Liebedienerei gegen die Römer oder aus Haß gegen die Juden als Fälscher der wirklichen Vorgänge betätigten.*[28]

Besser ließen sich die Methode und der historiographische Stil uns bekannter Werke aus dieser Periode, wie der Evangelien und der Apostelgeschichte, wirklich nicht charakterisieren.

Trotz seiner weiteren Proteste gegen die Irreführung »Unwissender durch *schmeichlerische, unwahre Schilderungen*« und seiner erklärten Absicht, »für Leser, *denen es um die Wahrheit geht* und nicht um Unterhaltung« zu schreiben, waren der Drang zu überleben und das Bedürfnis, sich bei seinen Überwindern einzuschmeicheln, so übermächtig, daß er es selbst nicht schafft, diese Vorgehensweise zu vermeiden. So bezeichnet er beispielsweise die Aufständischen wiederholt als »Banditen«, »Schläger« und »Mörder«. Die religiösen Führer oder »Propheten«, die sie zum Kampf ermutigten, tituliert er – ohne an seine eigenen früheren diesbezüglichen Aktivitäten zu denken – als »Schwindler«, »Betrüger« und »falsche Propheten«.

Im Gegensatz dazu preist er wiederholt die Großmut seines Gönners Titus (79–81). Als Beleg für dessen Tapferkeit, Weisheit und Ritterlichkeit berichtet er, Titus habe »die Erstürmung einer Stadt hinausgezögert, um den Bürgern zuerst die Möglichkeit zu geben, sich zu ergeben«, oder er habe »sich der einfachen Menschen erbarmt, die nichts gegen die Aufständischen auszurichten vermochten«. Nachdem eine solche Bedenkzeit verstrichen war, schlachteten die Römer die Bevölkerung, Frauen und Kinder nicht ausgenommen, natürlich regelmäßig ab.

Der *Pescher* Habakuk, der im Gegensatz zu Josephus die Kriegswirren nur deshalb überstanden hatte, weil er in den Höhlen von Qumran versteckt worden war, liefert ein *diametral verschiedenes* Bild vom Verhalten dieser brandschatzenden fremden Armeen, die »ihren Bannern opfern und ihre Kriegswaffen anbeten« und »sich nicht einmal der Frucht im Mutterleib erbarmten«.[29] Aber Josephus lobt regelmäßig »die straffe Ordnung der Römer«, ihre »Milde gegenüber der einfachen Bevölkerung« und ihre »Rücksichtnahme auf die Angehörigen anderer Völker« (wie Josephus selbst) – Tugenden, die er in Kontrast zur *»Brutalität der Aufständischen gegen ihr eigenes Volk«* setzt.[30]

Vielleicht sogar noch bezeichnender, wenn man bedenkt, wie das Verhalten der Römer in den Evangelien allgemein dargestellt wird, sind seine wiederholten Beteuerungen, die Römer hätten die Juden »nur widerwillig angegriffen«, und nach Jerusalem seien sie überhaupt »von den Führern der Juden selbst gerufen worden« – was, wie wir sehen werden, in gewisser Weise der Wahrheit entspricht, aber nicht eigentlich in dem Sinne, den Josephus unterstellt.

Schließlich behauptet Josephus sogar, »alles Unheil, Leiden und Unglück«, das über die Juden hereinbrach, sei die Folge ihres eigenen Verhaltens gewesen – in diesem Fall der Tatsache, daß sie »Aufwieglern Gehör geschenkt« hätten. In den Schriften der ersten Kirchenväter, besonders des Eusebios, wird diese Äußerung in den Vorwurf verwandelt, »die Juden erlitten« soviel »Leid und Unglück aufgrund ihrer Verbrechen gegen unseren Heiland«.[31]

Besonders deutlich wird diese verfälschende Sicht der Dinge in Josephus' Darstellung der Zerstörung des Tempels. Seiner Ansicht nach wurde diese durch die »Tyrannen« der Juden herbeigeführt, womit er natürlich die gerade erwähnten »Banditen und geistlichen Schwindler« meint. *Sie* sind jetzt die Tyrannen, nicht die Herodianer oder die Römer, und *sie* sind es, die »die widerwilligen Hände der Römer und die Feuersbrunst auf den heiligen Tempel ziehen«. Nicht zufrieden mit dieser Selbstgeißelung, geht Josephus schließlich so weit zu behaupten, die Juden hätten *ihren eigenen Tempel selbst in Brand gesteckt* und *sich dann in die Flammen gestürzt.*[32]

In einer zusätzlichen Parallele zu Methode und Darstellungsweise der Evangelien erklärt Josephus – auch wenn er nicht umhinkann zuzugeben, was für jeden offensichtlich war: nämlich daß Titus »Jerusalem zerstörte« –, »der Tempel [sei] *gegen* den Willen Cäsars verbrannt worden«. Analog dazu berichten die Evangelien, Jesus sei *gegen* den Wunsch des römischen Statthalters hingerichtet worden. Solche Parallelen sind von größter Bedeutung, insbesondere wenn man sich gegenwärtig hält, daß in den Evangelien *Jesus* der »Tempel« ist (Johannes 2,19) – eine Gleichsetzung, die im paulinischen Korpus konsequent und mit einem erheblichen Maß an dichterischer Kunstfertigkeit weiterentwickelt wird.[33]

Zuletzt, nachdem er »die Zeichen und Wunder« geschildert hat, »die der Zerstörung des Tempels vorausgingen«, sowie »jene Zeichen«, die Vespasian »seine bevorstehende Übernahme der Regierungsgewalt« verhießen, schließt Josephus diesen Katalog von Lobhudeleien und Schmähungen mit der schlimmsten aller möglichen Wehklagen ab: Verglichen mit »dem Unglück meines Landes ... das unter römischer Herrschaft den höchsten Wohlstand erreicht hatte, nur um dann ins tiefste Elend zu stürzen«, erscheinen »die Leiden aller anderen Völker, von denen wir Kenntnis besitzen, geringfügig,... und [an unserem Unglück] können wir *nur uns selbst die Schuld geben*«. Dieser *Mea-culpa*-Aufschrei klingt deswegen so vertraut, weil er uns bereits im Matthäusevangelium, im berühmten Ausruf der jüdischen Volksmenge, begegnet ist: »Sein Blut komme über uns und unsere Kinder« (27,25).

Josephus ist also immer dann unzuverlässig, wenn er auf Gegenstände zu sprechen kommt, die für ihn einen unmittelbar existentiellen Bezug haben – so namentlich seine fragwürdigen Verbindungen zu Revolutionären, apokalyptischen Gruppen und Aufwieglern sowie seine Bemühungen, die Gunst seiner neuen Herren zu erlangen. Derlei Mängel lassen sich korrigieren, indem man sie sich bewußtmacht und kompensiert – ebenso wie dies bis zu einem gewissen Grad auch bei entsprechenden Aussagen im Neuen Testament möglich ist. Aber seine gewissenhafte, detaillierte Schilderung alltäglicher Ereignisse sucht ihresgleichen. Er erzählt uns alles, woran er sich in den Parametern seines seelischen Gleichgewichts und seines physischen Überlebens überhaupt erinnern kann. Und so besitzen wir durch ihn eine enzyklopädische Darstellung von Ereignissen und Menschen im Palästina dieser Zeitspanne, die mit ihrer Genauigkeit und Detailfülle bis zum Aufkommen moderner Methoden der Dokumentation und Berichterstattung in fast keiner anderen Epoche oder Region der Welt eine Parallele hat.

3
Römer, Herodianer und jüdische Sekten

Die Sekten der Zweiten Tempelperiode

Josephus beschreibt die jüdischen Sekten dieser Periode auf eine recht tendenziöse Weise. Das Neue Testament versucht, eine eigene Darstellung zu liefern, aber unvoreingenommene Beobachter sind sich darin einig, daß dieses Bild sich weitgehend auf Josephus stützt. Der auf der pharisäischen Überlieferung basierende *Talmud* zeichnet ein gleichermaßen tendenziöses Bild, das »*uns*«, das heißt das rabbinische Judentum, von allen übrigen Gruppen, die pauschal unter dem Oberbegriff *minim* – »Sekten« – zusammengefaßt werden, abgrenzt. Mitunter werden Letztgenannte sogar als »Sadduzäer« bezeichnet, ohne daß näher darauf eingegangen würde, ob es sich dabei um die Sadduzäer der neutestamentlichen Periode handelt oder aber um eine andere, frühere oder gleichzeitig mit diesen existierende »zelotischere« Gruppe.

Die *sadduzäische* Notation spiegelt sich auch in der oben erwähnten wichtigen Wendung aus den Qumran-Rollen wider: »die Söhne des Zadok«, womit auf den entsprechenden Begriff in der Vision vom wiederaufgebauten Tempel der letzten Tage, am Ende des Propheten Hesekiel (Kapitel 40–48), angespielt wird. Damit zusammen hängt die sowohl in den Qumran-Texten als auch im Neuen Testament anzutreffende *Gerechtigkeits-* und *Rechtfertigungs*-Begrifflichkeit, die gleichfalls mit den Buchstaben *Z-D-K,* der hebräischen Wurzel des griechischen Terminus »Sadduzäer«, ausgedrückt wird. Fürs erste genügt es, sich klarzumachen, daß die in den Quellen von Qumran beschriebenen Sadduzäer fast überhaupt nichts mit denen gemeinsam haben, die man im Neuen Testament oder bei Josephus antrifft.

Gewiß, was die Handhabung jener juristischen Detailfragen anbelangt, mit denen die Autoren der talmudischen Überlieferung (und, wie man hinzufügen kann, ihre heutigen Erben) so zwanghaft befaßt sind, bestehen zwischen diesen einander mehr oder weniger befehdenden – herodianischen (etablierten) und separatistischen (puristischen) – sadduzäischen Gruppen eindeutige Parallelen. Aber was ihre jeweilige Haltung gegenüber dem »Establishment« und, beispielsweise, dessen »Unzucht« – wozu etwa Ehe, Scheidung und Inzest gehören – angeht, haben sie fast gar nichts gemeinsam. Ebenso mangelt es an Übereinstimmungen bezüglich ihrer jeweiligen *Einstellung zur Fremdherrschaft* einschließlich von fremden eingesetzten Königen, von Fremden ernannten Hohenpriestern und jenen fremden Tempelgaben und -opfern, die für die Sektierer von Qumran einen solchen Stein des Anstoßes darstellen.

Von fundamentaler Bedeutung sind diese Fragen ebenfalls für die sogenannten »Zeloten«, also für jene, die in dieser Periode die Gebote des eifer-*(zelos-)*orientierten Bundes des Pinhas (4. Moses 25,6–13) befolgen – falls sich »Zeloten« überhaupt nach sachlichen Kriterien von solchen puristischen Sadduzäern oder palästinischen Christen unterscheiden lassen. Wenn es um die Beziehung von Qumran zu sogenannten »Zeloten« geht – später werden wir auch von den »Sikariern« sprechen –, sollte darauf hingewiesen werden, daß dem Pinhas, der laut Viertem Buch Mose nach dem Auszug aus Ägypten in der Wüste amtierte, das ewige Priestertum ausdrücklich wegen des »Eifers« gewährt wurde, den er unter Beweis stellte, indem er Abtrünnige tötete, die sich mit Fremden verheiratet hatten, und dadurch das israelische Lager vor *Verunreinigung* bewahrte.

Das Erste Buch der Makkabäer (2,26) beruft sich auf diesen Bund im Namen von Judas Makkabäus' Vater, Mattathias, und wahrscheinlich auch all seiner ihm im Amt folgenden Nachkommen. Aber dieser Pinhas, der übrigens Aarons Enkel war, war gleichfalls der hohepriesterliche Vorfahr des Zadok von Davids Zeiten – wodurch eine wichtige Querverbindung zwischen der *zeitlosen* und der *zadokidischen* Begriffswelt hergestellt wird. Diese Vorstellung, die »Verunreinigung« des israelitischen Wüstenlagers hänge mit der *Vermischung* mit Fremden zusammen, weist wichtige Parallelen in den Qumran-Manuskripten auf und spielt in der »zelotischen« Ethik eine fundamentale Rolle.[1]

Sadduzäer, Essener und Zeloten

Die Gruppe, die Josephus und andere nach ihm »Essener« nennen, hat auch viel mit den Qumran-*Sadduzäern* – und erst recht mit den sogenannten Zeloten und palästinischen Christen, die Jakobus folgten – gemein, nichts aber, wie die oppositionellen oder puristischen Sadduzäer selbst, mit den »Establishment«-*Sadduzäern* der herodianischen Periode, wie sie bei Josephus oder im Neuen Testament dargestellt werden.

Eine sogar noch bessere Beschreibung dieser Essener, die auch zahlreiche wichtige Informationen enthält, die sie in enge Beziehung zu Jakobus' Anhängern in Palästina setzt, findet sich in einem dem Kirchenschriftsteller Hippolytos von Rom (160–235) zugeschriebenen Werk mit dem Titel *Widerlegung aller Häresien*. Diese Beschreibung ist eindeutig eine detailliertere und möglicherweise sogar frühere Version der Charakterisierung, die Josephus im *Jüdischen Krieg* von den Essenern gibt. Darin erscheinen die »Zeloten« und deren extreme Entsprechung, die *»Sikarier«* (»Meuchelmörder«) – so genannt nach dem Dolch, den sie unter ihrem Gewand verborgen trugen – lediglich als weniger kompromißbereite *Essener.*[2] Dies ist wichtig und trägt erheblich zur Klärung der Sekten-Verhältnisse in Palästina bei.

Dieses Hippolytos zugeschriebene Werk referiert auch weitere interessante und einzigartige Überlieferungen. Eine davon identifiziert Jesu zweiten Bruder Simon mit dem Simon, der in den Apostellisten Lukas' und in der Apostelgeschichte *»Zelotes«* (»der Eiferer«, »der Zelot«) genannt wird. Dieser Beiname, »Zelot«, wird in Markus und Matthäus – irrtümlich oder absichtlich – mit »Kananäus« (»der Kananäer« oder »Kanaaniter«) wiedergegeben. Es läßt sich unmöglich sagen, woher Hippolytos diese Überlieferungen bezog, aber daß »Simon der Zelot« der zweite Bruder Jesu war, hätten wir ohne weiteres selbst ermitteln können, auch ohne Hippolytos heranziehen zu müssen; sein Zeugnis ist allerdings eine nützliche Bestätigung unserer Analyse. Es wird außerdem im Zusammenhang mit dem Problem um Simeon bar Kleophas, Jesu und Jakobus' angeblichen »Vetter«, eine Rolle spielen.

Letztendlich wird es uns gelingen, Ordnung in das Chaos um Jesu Mutter, Vater, Onkel und Vetter zu bringen, doch vorläufig mag die Feststellung genügen, daß durch die im Zuge der Unterdrückung des Aufstands gegen Rom im Jahre 70 n. Chr. erfolgte Zerstörung des Jerusalemer Zentrums und seiner Traditionen ein Vakuum entstand, das zwangsläufig vom »überseeischen« Heidenchristentum ausgefüllt wurde. Dies führte dazu, daß die Brüder und anderen Angehörigen Jesu, einschließlich seiner sogenannten »Onkel« und »Vettern«, immer mehr in den Hintergrund gedrängt wurden, bis sie schließlich fast völlig aus der Überlieferung verschwunden waren.

Gegen Ende des 4. Jahrhunderts hat Epiphanius die größten Schwierigkeiten, in seinem Werk *Panarion* (griechisch für »Arzneikasten«, auf lateinisch *Contra Haereses* genannt) die Essener von einer Gruppe zu unterscheiden, die er – als Anhänger von Davids Vater Jesse oder von Jesus selbst – als »die Jessäer« oder sogar »Ossäer« bezeichnet, was immer letzteres bedeuten mag.[3] Dies ist nicht weiter überraschend, herrscht doch selbst in der modernen Literatur eine erhebliche Verwirrung um den Terminus »Essener«. Dafür ist zum Teil Josephus verantwortlich zu machen.

Philon von Alexandria, der bereits erwähnte jüdische Philosoph des ersten nachchristlichen Jahrhunderts, beschreibt eine ähnliche Gruppe aus Ägypten, die er wegen ihrer Sachkenntnis auf dem Gebiet der Gesundheit und der Medizin, vermutlich auch der Heilkunde, »Therapeuten« nennt.[4] Das Neue Testament erwähnt die Essener mit keinem Wort, ebensowenig der *Talmud* – jedenfalls nicht *qua* Essener.

Dies ließe sich mit der Tatsache erklären,daß, seitdem Pharisäer und Rabbis im Gefolge des gescheiterten Aufstands gegen Rom die Kontrolle über das jüdische Geistesleben übernommen hatten, alle Gruppen dieser Art, wie wir bereits sahen, rückblickend schlicht als *minim* (»Sekten«) oder *Saddukim* (»Sadduzäer«) bezeichnet wurden. Durch die Verwendung dieser Termini wurde auf jede feinere Differenzierung zwischen einzelnen Gruppen verzichtet – falls man im 2. und 3. Jahrhundert n. Chr., als die talmudischen Überlieferungen im »Mündlichen Gesetz« oder der Mischna ihre endgültige Form erhielten, derlei Unterschiede überhaupt noch wahrnahm.

Der *Talmud* erwähnt zwar »Zeloten« oder *Kanna`im* (»die Eifernden«), aber nicht im Sinne einer Gruppe, sondern eher als bloß rächende Tempelpriester. Dies wird sich auf die Weise auswirken, wie der Tod des Jakobus in frühkirchlichen Quellen dargestellt wird.[5] Dieser rächende Eifer ist nicht weiter verwunderlich, wenn man berücksichtigt, daß die Gesinnung dieser Gruppe mit dem »Eifer des Pinhas« gleichgesetzt wird.

Das Erste Buch der Makkabäer (2,28) verwendet diesen Ausdruck, wie schon erwähnt, um zu beschreiben, wie Mattathias, der Urahn des Makkabäergeschlechts, gegen Abtrünnige vorging, vor allem gegen solche, die den Traditionen der Vorväter abschworen und mit fremden Herrschern kollaborierten. Er tötet sie auf dem »Altar zu Modein« – dem Ort, aus dem die Familie stammte –, auch wenn nicht klar ist, um was für einen Altar es sich dabei gehandelt haben könnte. Die im *Talmud* referierte Episode erklärt auch, warum *Simon Zelotes* (»der Eiferer«) in den Evangelien stellenweise den Beinamen *Kananäer* trägt – was die Wiedergabe der griechischen Transliteration des hebräischen »*Kanna`im*« darstellt.[6]

Die erstaunliche Tatsache, daß im Neuen Testament »Essener« als solche überhaupt nicht vorkommen, läßt sich sogar noch einfacher erklären. Das Neue Testament erwähnt Pharisäer, Sadduzäer (bisweilen »Schriftgelehrte«), Herodianer und sogar vereinzelt Zeloten – diese allerdings, wie im Falle des Simon Zelotes, als Anhänger Jesu. Das gleiche gilt für den Terminus *Sikarier*, der wahrscheinlich von Namen wie Judas *Ischarioth* und (dessen Vater) Simon *Ischariot* (*sic* – Johannes 6,71) wieder aufgegriffen wird und in der Apostelgeschichte (21,38) einfach in griechischer Transliteration als *sikarioi* [bei Luther: »Meuchelmörder«, A.d.Ü.] erscheint. Der Grund, warum Josephus' Essener in dieser Aufzählung fehlen, beruht schlicht darauf, daß dies die Gruppe ist, die das Neue Testament selbst darstellt. Dies vorausgeschickt, entwickelt das Neue Testament weitere Termini zur Selbstbezeichnung, wie »Nazoräer«/»Nasiräer«/»Nazrener« oder, wie Hippolytus und andere schreiben, »Nassener«, anscheinend eine Kombination aus »Nazrener« und »Essener«.[7] Obwohl dadurch die Situation noch komplizierter wird, sind letztere für Hippolytus im Prinzip identisch mit den Essenern und einer anderen Gruppe, die immer in Verbindung mit Jakobus genannt wird: den *»Ebioniten«* oder »Armen«.

Das Neue Testament gebraucht selbst die Wendung »die Armen« sowie verwandte Ausdrücke wie »die Sanftmütigen« oder »die Kleinen«; ebenso verwenden sie die Qumran-Texte, die noch eine weitere Variation kennen, »die Schlichten von Juda, welche *Thora* tun«, und einen zusätzlichen Terminus, der mit diesen und mit der Weise in Verbindung steht, wie die Evangelien die Aktivitäten Johannes' des Täufers in der Wüste beschreiben: »der Weg«.[8] Dieser umschreibende Begriff, der in den Qumran-Texten allenthalben erscheint und auch da auf »Wüsten«-Aktivitäten angewandt wird, dient im Neuen Testament außerdem als alternative Bezeichnung für das Christentum in Palästina.[9] Doch alle diese Namen bezeichnen um die Mitte des ersten nachchristlichen Jahrhunderts offensichtlich Judenchristen der einen oder anderen Richtung.

Eines der Probleme mit Josephus' Charakterisierung der Sekten ist die Tatsache, daß man – da er einen zeitlichen Rahmen von rund 250 Jahren berücksichtigt – nicht genau weiß, auf welche Periode sich seine jeweiligen Aussagen beziehen. Seine Berichte sind in der Regel aus anderen Quellen übernommen und nur für die von ihm selbst erlebte Zeitspanne exakt. Aber selbst hier macht er sich, um seine einstigen verfänglichen Beziehungen zu sektiererischen Gruppen und seine präflavische revolutionäre Vergangenheit zu verharmlosen, häufiger Verfälschungen schuldig. Wie man in seinem *Krieg* oder seiner *Vita* sehen kann, stand er unter dem unerbittlichen Zwang, seine Vergangenheit zu erklären und Handlungen zu rechtfertigen, die es ihm als einem von sehr wenigen Beteiligten ermöglicht hatten, die katastrophalen Ereignisse zu überleben, und er verteidigt sich in einem fort gegen Angriffe, denen er sich wegen seines Verhaltens und seiner möglicherweise mangelnden Loyalität zu Rom ausgesetzt sieht. Obwohl Josephus ein wichtiger prophetischer und biographischer Garant von Vespasians und Titus' Aufstieg zur Macht war, scheint Titus, der ein Verhältnis mit der herodianischen Prinzessin Berenike hatte (die Josephus gleichfalls bekannt war), nur zwei Jahre nach dem Tod seines Vaters (81 n. Chr.) unter geheimnisvollen Umständen ums Leben gekommen oder beseitigt worden zu sein.

Es ist ziemlich wahrscheinlich, daß Josephus auch mit Titus' jüngerem Bruder und Nachfolger Domitian (81–96) in Konflikt geriet, der als ebenso wahnsinnig, unberechenbar und gewaltliebend galt wie ehedem Nero. Tatsächlich scheint Domitian seinen Sekretär, Josephus' Verleger Epaphroditus, der zuvor auch Neros Sekretär und offenbar ein äußerst enger Vertrauter des Paulus gewesen war, hingerichtet zu haben.[10] Wie aus den entsprechenden Einleitungen hervorgeht, hatte Epaphroditus Josephus bei all seinen Werken gefördert, und dies in erster Linie bei der Abfassung der *Altertümer,* die 94 n. Chr., kurz bevor beide von der Bühne abtraten, veröffentlicht wurden. Wie Epaphroditus verschwindet Josephus um diese Zeit einfach von der Bildfläche und könnte durchaus Domitians oft brutalen oder sadistischen »administrativen« Maßnahmen zum Opfer gefallen sein. Dann kam die Reihe an Trajan (98–117) – dessen Vater unter Vespasian und Titus den Oberbefehl über die Zehnte Legion in Palästina innegehabt hatte –, sich, (insbesondere) in den östlichen Teilen des Reiches, mit messianischen Agitatoren und Unruhen herumzuschlagen.

Josephus' Sadduzäer beispielsweise weisen nicht die geringste Ähnlichkeit mit den Sadduzäern (oder »Essenern«) der Qumran-Texte auf. Wie er uns eindeutig mitteilt, standen erstere in jeglicher Hinsicht unter dem Einfluß der Pharisäer – außer, wie es scheint, was die Lehre von der Auferstehung der Toten anbelangt, ein Gesichtspunkt, auf den auch das Neue Testament unverzüglich hinweist.[11] Seine Sadduzäer sind schlicht gesellschaftlich hochstehende Priester der herodianischen Epoche, aber in welcher Beziehung sie zu den Makkabäern stehen – die zuvor über ein Jahrhundert lang als Hohepriester amtiert hatten –, läßt sich unmöglich sagen.

Die Makkabäer müssen im großen und ganzen als Sadduzäer betrachtet werden, doch mit jenen Sadduzäern, die Josephus und das

Neue Testament beschreiben, haben sie fast nichts gemeinsam. Tatsächlich ähneln sie, wie ich mich bemüht habe aufzuzeigen, nichts so sehr wie der Qumran-Gemeinde und jener Gruppe, die später die »Zeloten« genannt wurde. In früheren Arbeiten habe ich die qumranischen oder »puristischen Sadduzäer« mit Rücksicht auf ihre messianischen Tendenzen als »messianische Sadduzäer« bezeichnet. Andere würden sie vielleicht lieber als »Essener« oder »Zeloten« titulieren, da sie in der Tat Merkmale beider Gruppen aufweisen – jedenfalls so, wie sie von Josephus geschildert werden. Ebenso besitzen sie aber auch Charakteristika jener Gruppierungen, die von anderen Nazoräer/Nazrener/Judenchristen oder *Ebioniten* genannt werden.

Das Problem ist, daß diese Sekten oder Bezeichnungen erheblich variieren, je nachdem, wer sie beobachtet, welches Vokabular er gebraucht und wie seine jeweiligen Fehl- oder Vorurteile beschaffen sind. Josephus bildet diesbezüglich keine Ausnahme. Beispielsweise erzählt er uns in seiner *Vita* plötzlich von einem Aufenthalt in der »Wüste«, den er im Rahmen einer, wie er schreibt, von ihm durchgeführten Untersuchung aller Sekten auf sich genommen habe. Dort trifft er einen Meister, den er *»Banus«* nennt – was kein Eigenname ist, sondern irgendein Titel oder Beiname, der wahrscheinlich etwas mit *baden* zu tun hat –, ohne uns darauf hinzuweisen, daß dieser Meister praktisch nicht von den Judenchristen oder Essenern zu unterscheiden ist, mit denen er seine Liste jüdischer Sekten beginnt. Josephus' Schilderung der Aktivitäten des *»Banus«* wird auch im Hinblick darauf eine Rolle spielen, wie wir seine Aussagen über Jakobus zu verstehen haben.

Die Anzahl solcher Gruppen ist in der Tat verwirrend. Sie verringert sich erst, wenn man die sprachakrobatischen Kunststücke durchschaut, die immer dort vollführt werden, wo von subversiven oder gefährlichen Sekten beziehungsweise von den verfänglichen Beziehungen des jeweiligen Autors zu ihnen die Rede ist. Um Ordnung in diese verschiedenen Gruppen zu bringen, ist es besser, sie lediglich nach dem Kriterium zusammenzufassen, ob sie *für* oder *gegen* das pharisäische römisch-herodianische »Establishment« waren. Ebenso ist es oft konstruktiver, Gruppen unter dem Gesichtspunkt zu betrachten, wer jeweils ihre gemeinsamen Feinde waren. Verfährt man auf diese Weise, so löst sich ein guter Teil der Verdopplungen – wie im Falle der scheinbar mehrfachen Jakobusse, Simons, Judasse und Marien in Jesu Familie – einfach von selbst auf.

So gesehen können die palästinischen oder Judenchristen (was immer man darunter verstehen mag), die Jerusalemer Kirche oder Jerusalemgemeinde des Jakobus und deren Nachfolger, die Ebioniten, die

Essener, die Zeloten und die für die in Qumran aufgefundenen Handschriften verantwortliche Gruppe insgesamt als Gegner des herrschenden herodianischen »Establishments« gewertet und als die verschiedenen Mitglieder des »Oppositionsbündnisses« betrachtet werden.

Die Qumran-Manuskripte beispielsweise sind keine bloß zufällige Sammlung disparater sektiererischer Schriften, sondern ein äußerst homogenes Korpus, das auf das Vorhandensein einer bestimmten Bewegung hindeutet. In allen Texten begegnen uns, ungeachtet des jeweiligen Stils und des jeweiligen Autors, immer wieder die gleiche Ideologie, Terminologie und das gleiche Personarium. So stößt man etwa nie auf einen Text, der das zeitgenössische »Establishment« – bei dem es sich nach unserer Ansicht um das herodianische handeln muß – bejahte, nie auf einen Text, der eine aussöhnende Botschaft vermittelte und nicht militant, eifernd oder apokalyptisch wäre.

Aus diesem Grund ist es angebracht, die Verfasser der Dokumente als Mitglieder einer wie auch immer beschaffenen, aber stets ihrem Wesen nach »Establishment«-feindlichen Bewegung zu definieren. Ihr Name muß vorläufig noch unbestimmt bleiben, aber häufig auftauchende Termini zur Selbstbezeichnung wären etwa »der Weg«, »die Söhne des Zadok«, »die Armen«, »die Schlichten«, »die Sanftmütigen«, »die Vollkommenen«, »die Söhne des Lichts«, »die Heiligen« oder Wortverbindungen wie »die Eiferer (»Zeloten«) für den Tag der Vergeltung«, »die Armen der Frömmigkeit«, »die Eiferer für die Gerechtigkeit« und »die Vollkommenen des Weges«.

Zu all diesen Gruppen kommt noch die verwirrende Unzahl von Sekten hinzu, von denen die kirchlichen Häresiologen des 3. bis 5. Jahrhunderts berichten, wie die Naassener, Nazoräer, Sampsäer (»Sabäer«, wie wir noch sehen werden) und Elchasaiten, die zum größten Teil auf der anderen Seite des Jordans, bis hinauf nach Syrien und dem nördlichen Irak verbreitet waren und bezeichnenderweise dem Jakobus eine besondere Hochachtung – manche, wie die Ebioniten, sogar regelrechte Verehrung – entgegenbrachten. Wenn es um die Beziehung dieser Gruppen zu den Qumran-Handschriften oder auch zum Neuen Testament geht, ist ihr Verbreitungsgebiet – Transjordanien, jene für beide Quellen so bedeutsame Region um »Damaskus« – besonders aufschlußreich. Auch alle diese Gruppen können, insofern als sie durchweg gegen das »Establishment« eingestellt sind und gemeinsame Feinde haben, als miteinander verbündet oder auf irgendeine Weise untereinander in Kontakt stehend betrachtet werden.

Wenn es um das erste nachchristliche Jahrhundert geht, ist es auch sinnvoll, die oppositionellen Gruppen nach dem jeweiligen Grad ihres »Eifers« zu betrachten und damit von »eher pazifistisch« bis hin zu »gewalttätig« zu klassifizieren. Ebendieser Verfahrensweise folgt Hippolytos bei der Erörterung seiner »Essener«, die zum Teil den extremsten Sikariern sehr nahekommen – namentlich jenen, die laut Josephus in der allerletzten Phase des jüdischen Krieges in der südlich von Qumran am Toten Meer gelegenen Festung Masada kollektiv Selbstmord begingen. Halten wir unser Augenmerk nur fest auf das Kriterium »Unterstützung oder Ablehnung des herodianischen ›Establishments‹« gerichtet, werden wir nie in die Irre gehen. Von denjenigen Gruppen, die das »Establishment« unterstützen, kann in Anlehnung an entsprechende Formulierungen der Handschriften vom Toten Meer ausgesagt werden, daß sie »die Verständigung mit Fremden suchen« – denn als solche wurden die gräko-idumäischen Herodianer und deren römische Oberherren mit Sicherheit betrachtet.

Als sehr hilfreich werden sich diese Unterscheidungen bei unserer Betrachtung der bekanntesten etablierten Partei überhaupt erweisen: der »Pharisäer«, die in ihrer gegenwärtigen rabbinisch-jüdischen Verkörperung noch heute das jüdische »Establishment« konstituieren. Dies führt uns auf überzeugende Weise vor Augen, wie ausdauernd derlei Traditionen sein können. Ob in ihrer orthodoxen, konservativen, liberalen oder reformerischen Inkarnation: Nicht nur behaupten sie alle, Erben des pharisäischen Vermächtnisses zu sein, sondern sie erklären auch – was, wie wir sehen werden, sogar noch verblüffender ist –, die Pharisäer seien *die Volkspartei des ersten nachchristlichen Jahrhunderts* gewesen.

Eben deshalb verkennen viele – sogar nichtpraktizierende – heutige Juden die wahre Bedeutung ihres eigenen *Chanukka*-Festes, bei dem es sich im wesentlichen um eine Verherrlichung makkabäischen, fremdenfeindlichen, kompromißlosen priesterlichen Eifers handelt. Der Grund für dieses Mißverständnis beruht auf der Tatsache, daß auch diese Tradition, die der offiziell geltenden und anerkannten vollkommen zuwiderläuft, heruntergespielt, trivialisiert und aus dem talmudischen Schrifttum, wo die meisten Anspielungen auf die Makkabäer aus den gleichen Gründen wie im Christentum eine negative Konnotation besitzen, praktisch spurlos getilgt worden ist.

Es ist insofern kein Wunder, daß viele – christliche wie jüdische – Forscher anfangs geglaubt haben, bei den in den Qumran-Rollen so häufig erwähnten »Frevelpriestern« könnte es sich um die Makkabäer gehandelt haben. Dadurch wurde die Ansicht propagiert, die Makkabäer hätten das – bis dahin von einem legitimierten Geschlecht verwaltete – Hohepriesteramt »usurpiert«.[12] Dies bedeutete, nicht nur den Makkabäeraufstand als solchen, sondern auch die Einstellung Qumrans zu derlei Fragen mißzuverstehen.

Antinationalistische Pharisäer und Zeloten

Doch die Pharisäer waren – trotz Josephus' und nachfolgender rabbinischer Anstrengungen, dies zu beweisen – *keineswegs* die Volkspartei ihrer Zeit und ihres Landes. Um diese Tatsache klarzustellen und hervorzuheben, habe ich die Pharisäer in meinem Werk generell als diejenigen neu definiert, die »Verständigung mit Fremden suchen«. Damit wird auf eine Wendung angespielt, welche die Qumran-Gemeinde zur Bezeichnung ihrer Widersacher oder Feinde benutzte: »die Sucher nach Reibungslosigkeit« – ja sogar »die Reibungslosen« (oder »Aalglatten«). Dies ist ganz offensichtlich eine pejorative Bezeichnung. Mit demselben Terminus könnte man auch die paulinischen oder »überseeischen« Christen belegen, da sie sich, jedenfalls was ihre politische Haltung anbelangt, nicht allzusehr von den Pharisäern unterscheiden. Damit wird unsere These mit den – für die fragliche Periode einzig brauchbaren – breiten Pinselstrichen skizziert, die mit den sonst so häufig anzutreffenden Haarspaltereien aufräumen.

Die »Establishment-Gruppen« waren, auf einen einfachen Nenner gebracht, die Pharisäer, die Sadduzäer und die Herodianer – wobei letzterer Begriff jene Angehörige der herodianischen Machthierarchie und deren Verbündete umfaßt, die nicht unter die ersten zwei fallen. Abrunden könnte man diese Liste durchaus noch mit den paulinischen oder »überseeischen« Heidenchristen als der einzigen wirklich ernstzunehmenden christlichen Gruppe, die nach der Vernichtung des Jerusalemer Zentrums und des Tempels im Westen überlebte. Falls man diesbezüglich irgendwelche Zweifel hegt, braucht man sich nur die bereits oben erwähnte Stelle im Brief an die Römer (13,1–7) und die darin zum Ausdruck kommende Haltung gegenüber dem römischen Gesetz und der römischen Autorität anzuschauen.

Nach Darstellung der Apostelgeschichte scheut sich Paulus – im Gegensatz zu den anderen Aposteln und zweifellos auch zu Jesus selbst – beispielsweise nie, auf sein römisches Bürgerrecht hinzuweisen, wenn er sich davon irgendeinen Vorteil oder gar seine Rettung verspricht. In diesem Sinne ist Paulus der Erzkollaborateur schlechthin. Das gleiche gilt für Rabbi Jochanan ben Zakkai, der, wie wir gesehen haben, die nach Zeugnis der Qumran-Handschriften und des Josephus kostbarste Weissagung, die das jüdische Volk zu der Zeit besaß – die »Stern-Prophezeiung« –, auf Kaiser Vespasian, den Zerstörer Jerusalems, bezieht. Eine solch kriecherische Schmeichelei wäre für die Verfasser und Bewahrer der in Qumran aufgefundenen Schriftrollen vollkommen undenkbar gewesen.

Aber wie ich schon wiederholt erklärt habe, sind das paulinische Christentum und das rabbinische Judentum die zwei Seiten ein und derselben Medaille. Beide entwickeln sich in Wechselbeziehung zueinander, und beide befleißigen sich Rom gegenüber einer opportunistischen Anpassungspolitik – was zweifellos auch der Grund dafür ist, daß sie überleben konnten. In diesem Kontext liegt der Hauptunterschied zwischen beiden darin, daß das eine gesetzestreu ist und das andere nicht. Aber die Punkte, in denen hier eine Anpassung angestrebt wird, sind nicht die in der rabbinischen Tradition so eingehend behandelten Detailfragen um – beispielsweise – Speisevorschriften, sexuelle Reinigung oder Einhaltung des Sabbat, auch wenn sie durchaus eine gewisse Rolle spielten. Vielmehr handelt es sich dabei um eine grundsätzliche Bereitschaft, sich Ausländern im politischen Sinne anzupassen – ein Verhalten, das die Qumran-Gemeinde und allgemein »zelotenhafte« Gruppen als »Brechen des Gesetzes« betrachteten.[13]

Letztgenannte machten nicht nur Front gegen ausländische Könige, als was die Herodianer zweifellos von derlei Gruppen betrachtet wurden, und gegen die Einsetzung von Hohenpriestern durch Ausländer – eine von den »Zeloten« und höchstwahrscheinlich ebenfalls von den jakobinischen Christen strikt verurteilte Folge der Ausrottung des Makkabäergeschlechts durch Herodes –, sondern lehnten auch die Annahme von Geschenken und Opfergaben ab, die von (oder im Namen von) Ausländern im Tempel dargebracht wurden und die in Qumran und wahrscheinlich auch in judenchristlichen Kreisen als »Verunreinigung des Tempels« galten. Dies entfachte, wie wir noch sehen werden, den Aufstand gegen Rom. Ein weiterer Stein des Anstoßes waren schließlich die Sexual- und Heiratsbräuche, bei denen die Pharisäer und die Sadduzäer ein Auge zudrückten, die aber von allen Gruppen, wie etwa der Qumran-Gemeinde und den Urchristen »jakobinischen« Bekenntnissen, aufs entschiedenste verurteilt wurden.

Soweit es Qumran betraf, gehörten zu solchen zu verwerfenden Bräuchen die Polygamie, die Scheidung und – für uns am wichtigsten, weil es für diese Zeitspanne sichere Identifizierungen ermöglicht – *die Heirat mit Nichten oder Cousinen ersten Grades.* Letzteres fiel in Qumran unter das allgemeine Inzestverbot.[14] Wie die gegen das »Establishment« gerichteten Anklagen Johannes' des Täufers zielten derlei Vorwürfe offensichtlich auf Mitglieder der herodianischen Familie und deren Anhänger ab. Alle solchen Praktiken wurden in Qumran pauschal unter dem Oberbegriff »Unzucht« zusammengefaßt, einem Begriff, der auch in sämtlichen Berichten und Überlieferungen, die mit den Lehren und Vorschriften des Jakobus in Verbindung stehen, eine zentrale Rolle spielt.[15]

Die Behauptung, die Pharisäer seien die Volkspartei dieser Epoche (was auch das Neue Testament im Interesse seiner antijüdischen Polemik nicht müde wird zu suggerieren), wird von Josephus – so gern er sie als der prorömisch-pharisäische Trittbrettfahrer, der er ist, auch bestätigen möchte – wiederholt und endgültig widerlegt. Immer und immer wieder zeigt Josephus, oft ohne es zu wollen, daß das Volk gegen die *antinationalistische* Politik der Pharisäer opponiert. Wie nicht anders zu erwarten, ist *das Volk,* wie zu den meisten Zeiten und an den meisten Orten, vorwiegend nationalistisch eingestellt. Es mag gezwungen worden sein, den Pharisäern und der rabbinischen Partei, die diesen nach der Zerstörung des Tempels und der Beseitigung aller ernstzunehmenden oppositionellen Gruppen folgte, zuzustimmen, aber *vor dieser Zeit* lehnte es sie größtenteils ab.

So ist es beispielsweise klar, daß der Makkabäeraufstand nicht pharisäisch war, aber ganz eindeutig *vom Volk getragen wurde.* Tatsächlich könnten die Pharisäer ihren Namen – der »die Abgesonderten« oder »Abgespaltenen« bedeutet – von einer Gruppe des 2. Jahrhunderts v. Chr. haben, die sich dem Ersten Buch der Makkabäer zufolge von den Aufständischen lossagte und einem von Ausländern eingesetzten Gegenhohenpriester zuwandte (7,13–18). Das Zweite Buch der Makkabäer (14,2) erklärt, dieser Mann – dessen Anspruch auf das Hohepriesteramt ausschließlich genealogisch begründet gewesen zu sein scheint – habe sich »in den Zeiten des Aufstands befleckt«.[16] Er erhob offenbar keinerlei Anspruch auf jene höhere Form von »Gerechtigkeit« und/oder »Frömmigkeit«, welche die *zelotischen* Erben der Makkabäer vom Beginn dieser Bewegung (zwischen 4 v. Chr. und 7 n. Chr., laut Lukasevangelium die Zeit von Jesu Geburt) bis zum 70 Jahre später ausbrechenden Krieg gegen Rom gefordert zu haben scheinen – eine Forderung, die auch im neutestamentlichen Brief an die Hebräer (7,26) anklingt.

Zwei Generationen später hat Alexander Jannai (103–76 v. Chr.), Judas Makkabäus' Großneffe, ähnliche Probleme mit der gräko-seleukidischen Intervention, der die Römer erst durch Unterwerfung des syrischen Regimes ein Ende bereiten werden. Wegen Alexanders Grausamkeit scheint das Volk die Ankunft des Seleukidenkönigs Demetrios anfangs zu begrüßen. Dieses Ereignis dürfte auch, wenngleich retrospektiv, in den Qumran-Rollen beschrieben sein.

Im Rahmen seiner Einführung in offenbar ähnliche Probleme, die in seiner Entstehungszeit, nach Ankunft der Römer (die er »die *Kittim*« nennt), herrschten, versucht der Kommentar zu Nahum, die

Grausamkeit der antinationalistischen Politik seiner Gegner zu schildern, die abwertend als »die Sucher nach Reibungslosigkeit« bezeichnet werden. Von letzteren erklärt der Kommentar, sie hätten den Einfall des Demetrios (im *Pescher* »… trius«) unterstützt und ihn sogar ins Land »gerufen«.[17] Dies ist auch der Augenblick, in dem Josephus erstmals den Terminus »Pharisäer« zur Bezeichnung solcher Gruppen verwendet.

Alexander scheint von Anfang an Schwierigkeiten mit ihnen gehabt zu haben und muß daher als Sadduzäer betrachtet werden. Als er sich schließlich nach Art seines Großonkels Judas Makkabäus – sowie der Sektierer von Qumran und Johannes' des Täufers – in die »Wüste« um Jerusalem zurückzieht, ändert das Volk seine Meinung und besiegt die Syrer.[18] Dann nimmt sich Alexander die Pharisäer vor, die mit den fremden Invasoren kollaboriert und ihn verraten hatten, und läßt rund 800 von ihnen kreuzigen beziehungsweise, laut Josephus, aufhängen. Diese Episode scheint – vermutlich wegen der darin vorkommenden »Kreuzigung« – im Nahum-Kommentar in etwas mißbilligendem Ton geschildert zu werden, obwohl der Text ansonsten keineswegs alexanderfeindlich ist; ganz im Gegenteil.[19] Jedenfalls ist klar, daß *das Volk* nach anfänglichem Zögern Alexander Jannai *unterstützt*.

In der folgenden Generation, der Zeit der römischen Eroberung (63 v. Chr.), ereignet sich eine weitere Spaltung zwischen Nationalisten und Antinationalisten, diesmal verkörpert durch Alexanders offenbar sadduzäischen jüngeren Bruder Aristobulos II. (67–49 v. Chr.) und seinen kooperativeren älteren Bruder Hyrkanos II. (76–31), den einzigen pharisäerfreundlichen Makkabäer überhaupt. Wieder einmal *unterstützt das Volk den Aristobulos,* der, so Josephus, »der Unterwürfigkeit überdrüssig wurde« und sich weigerte, sich vor dem römischen Feldherrn Pompeius, der gerade zu jenem Zeitpunkt via Syrien und Transjordanien eingetroffen war, zu erniedrigen.[20]

Im Zuge ebendieser Ereignisse gelingt es Herodes' Vater Antipater (er ist väterlicherseits ein hellenisierter Idumäer, mütterlicherseits ein Araber), sich bei den Römern einzuschmeicheln und dabei den kooperativeren und leichter zu beeinflussenden älteren Bruder Hyrkanos zum – den Pharisäern genehmen – Hohenpriester befördern zu lassen. Antipater selbst wird zum ersten römischen Prokurator in Palästina. Mit der Zeit gelang es ihm nicht nur, seinem Sohn den palästinischen Königsthron zu sichern, sondern er verschaffte auch sich selbst und seinen Erben – als Lohn für geleistete Dienste – das immerwährende römische Bürgerrecht.

In seiner Schilderung dieser Unruhen bezeichnet Josephus namentlich jene ausdrücklich als »Pharisäer«, die an den priesterlichen Anhängern des »zelotischen« jüngeren Bruders Aristobulos (in diesem Falle gleichbedeutend mit nationalistischen oder »puristischen« Sadduzäern), die bezeichnenderweise im Tempel Zuflucht suchen, Rache üben. Diese Pharisäer *kooperieren mit* Herodes' Vater Antipater und stürmen *gegen den Willen des Volkes* gemeinsam mit den Römern den Tempel. Wie Josephus bezeugt, geben sie sich dem anschließenden allgemeinen Gemetzel sogar mit noch größerer Begeisterung hin als die Römer. Ja, nach Josephus' Schilderung schauen die Römer eher verblüfft und nachdenklich zu, wie diese prototypisch »zelotischen« priesterlichen Anhänger des Aristobulos niedergemacht werden, während diese pflichtbewußt die obligatorischen Tempelopfer darbringen, obwohl die Eroberer und deren pharisäische Verbündete bereits über sie herfallen.[21]

An diesem Punkt kommt Josephus im detaillierteren Bericht seiner *Altertümer* auf zwei Personen zu sprechen, die im *Jüdischen Krieg* nicht erwähnt werden: zwei führende Pharisäer, die er »Pollio und Sameas« nennt.[22] Da es sich dabei aber offensichtlich um Porträts *berühmter* Pharisäer handeln soll, sind in Wirklichkeit höchstwahrscheinlich die legendären Helden des *Talmud* gemeint, die zwei Rabbiner Hillel und Schammai – oder möglicherweise auch deren zwei Vorgänger, die ähnliche Namen tragen.

Josephus erwähnt Pollios und Sameas' prophetische Gabe, welche die beiden durch die Voraussage unter Beweis stellen, Herodes werde einst König werden. Ebenso betätigt sich in einer späteren Generation ein anderer bekennender Pharisäer, Josephus selbst, als Wahrsager – ganz zu schweigen von den sogenannten »Propheten und Lehrern«, die an der paulinischen Gründung der Gemeinde von Antiochia beteiligt waren, wo »Christen« der Apostelgeschichte zufolge (11,26) erstmals als solche bezeichnet wurden. Sogar noch relevanter ist ihre von Josephus referierte Empfehlung an das Volk, »dem Herodes« und der römischen Armee »die Stadttore zu öffnen« – eine Empfehlung, die als paradigmatisch für die Gesinnung der Pharisäerpartei angesehen werden sollte.[23]

Wir schreiben das Jahr 37 v. Chr. Herodes und seine römischen Förderer sind mit Hilfe der Perser von einem Sproß des Makkabäergeschlechts besiegt worden: Antigonos, dem Sohn des zuvor genannten Aristobulos. Herodes, der nach Rom geflohen war, kehrt nun mit einer von Marcus Antonius zur Verfügung gestellten römischen Streitmacht zurück. Dies ist die Situation, in der Pollio/Hillel und Sameas/Schammai ihren vielsagenden Rat aussprechen, »dem Herodes die Stadttore zu öffnen« – was *das Volk*, zum Widerstand entschlossen, erwartungsgemäß prompt ablehnt. Im Laufe der folgenden Ereignisse gelingt es Herodes durch listige politische Manöver und schlichte Brutalität, sich des Titels eines Königs zu bemächtigen, das heißt des Titels »König der Juden«[24], obwohl er selbst weder Jude noch jüdischer Abstammung war.

Vielmehr hatte er »überall Spione aufgestellt« und »ließ nie davon ab, an denen Rache zu üben, die sich ihm entgegengestellt hatten«, wozu auch das zuvor promakkabäische, vermutlich sadduzäische Sanhedrin gehörte. Dieses dezimierte er, »während er jene, die ihn unterstützt hatten, mit den verschiedensten Geschenken überschüttete« und förderte[25]; wobei die Hauptnutznießer der königlichen Gunst die zwei pharisäischen Führer waren, Pollio und Sameas, die als einzige Miglieder des bisherigen makkabäisch beherrschten nationalistischen Sanhedrin überlebten. Ab diesem Zeitpunkt, dem Jahr 37 v. Chr., kann man wirklich anfangen, von einem *pharisäisch beherrschten* Sanhedrin (Synedrium) zu sprechen, wie es im Neuen Testament geschildert wird.

Von da an erleben wir, insbesondere ab dem Tod des Herodes (4 v. Chr.), eine endlose Folge von Revolten, die schließlich im Krieg der Jahre 66 bis 70 n. Chr. gipfelt. Letzterer muß auf jeden Fall als »Volks«-Aufstand gewertet werden, da sich mit Ausnahme der Pharisäer, der Herodianer und der Hohenpriester alle gesellschaftlichen Gruppen an ihm beteiligten – sogar die sogenannten »Essener« und, wie anzunehmen ist, die »Judenchristen«. Hinzu kommt noch, daß dieser Konflikt, bedingt durch das Aussterben des Makkabäergeschlechts, aufgrund des Aufkommens eines neuen Prinzips autoritärer Führung, die als »messianisch« bezeichnet werden dürfte, noch weiter verschärft wird. Die »Zeloten« rotten die von Herodes eingesetzten Hohenpriester fast vollständig aus – und jetzt sind sie wirklich *Zeloten*.

Die messianischen Wurzeln des Aufstands

Es ist ein merkwürdiger Zufall, daß Josephus sowohl in *Krieg* als auch in *Altertümer* seine Beschreibung der jüdischen Sekten genau an jenem Punkt beginnt, an dem er auf die von Judas *dem Galiläer* gegründete Bewegung zu sprechen kommt. Diese nennt er eine neue »Philosophie, mit der unser Volk bislang nicht vertraut gewesen war«.[26] Wie wir gesehen haben, fügt er in *Altertümer* seiner Schilderung von deren Entstehung noch eine weitere Person hinzu. Diesen Mann, den er in *Krieg* zu erwähnen unterlassen hatte, nennt er sonderbarerweise einfach »*Saddok*«, das heißt also »*Zadok*« oder »den *Zaddik*«.

Wir werden noch mehrfach Gelegenheit haben, auf diese »Vierte Philosophie« oder Bewegung einzugehen, von der Josephus nichts Näheres aussagt außer, daß ihre Mitglieder »von einer unverbrüchlichen Freiheitsliebe beseelt waren und sich weigerten, irgendeinen *Mann* ›Herr‹ zu nennen«.[27] Vorläufig genügt es, darauf hinzuweisen, daß diese Gruppe oder Bewegung genau im zu erwartenden Augenblick in Erscheinung tritt, das heißt, als die bisherige Führung beseitigt worden ist und sich neue Prinzipien der Führung, darunter das *messianische* Prinzip, abzuzeichnen beginnen.

Elf Jahre nach dem Tod des Herodes annektierten die Römer das Land und führten, als Vorbereitung auf den direkten Steuereinzug durch Statthalter oder Bevollmächtigte, einen Zensus durch. Es ist dies der in den Jahren 6 und 7 v. Chr. erfolgte Zensus des Quirinius (Cyrenius), des römischen Statthalters in Syrien: die »Schätzung«, durch die das Lukasevangelium (2,1) die Geburt Jesu datiert. Im Gegensatz dazu läßt das Matthäusevangelium Jesus kurz vor dem Tod des Herodes (4 v. Chr.) auf die Welt kommen, so daß Herodes noch nach ihm suchen und alle jüdischen Kinder töten lassen kann – so wie es der Pharao zur Zeit von *Moses' Geburt* tat. Die zwei Evangelienberichte sind natürlich miteinander nicht zu vereinbaren.

Dies ist der Zensus (und die damit zusammenhängende Besteuerung), den »die Zeloten« oder »*Sikarier*« ablehnen und gegen den Judas der Galiläer und »*Saddok*« predigen. *Für* ihn wiederum sind die Pharisäer und natürlich die herodianischen *Sadduzäer.* Diese Streitfrage spielt in den Evangelienberichten eine äußerst wichtige Rolle, und die Antwort, die Jesus diesbezüglich den »Pharisäern und des Herodes Leuten« (Matthäus 22,21; bei Lukas 20,20 eher als »Spione« dargestellt) gibt: »Gebt dem Kaiser, was des Kaisers ist, und Gott, was Gottes ist«, ist mittlerweile sprichwörtlich geworden – was verblüfft, weil die Evangelien hier Jesus *die Politik der Pharisäer* vertreten lassen.[28]

Tatsächlich treten bereits zur Zeit von Herodes' Tod, mit dem die Unruhen beginnen, gewalttätige revolutionäre Gruppen in Erscheinung, von denen Josephus schreibt, sie *eiferten für das Gesetz* – das Mosaische, nicht das römische – und seien »von einer unverbrüchlichen Freiheitsliebe beseelt« gewesen. Eine von ihnen dringt, angeführt von einem gewissen »Judas Sepphoraeus« – der wahrscheinlich mit Judas dem Galiläer identisch ist –, 4 v. Chr. in Sepphoris, der damals bedeutendsten Stadt Galiläas, in das Waffenmagazin ein.[29] Es kann kein Zweifel an der Popularität der Bewegung bestehen, denn

Josephus gesteht in dem längeren Bericht, den er in *Altertümer* ihr und den Leiden widmet, die das Volk als Folge dessen, daß es sie unterstützt hatte, erdulden mußte, nicht nur, daß »unsere jungen Männer für sie eiferten«, sondern daß »das Volk in unglaublichem Maße von ihr angesteckt wurde«.[30]

Abgesehen von der Tatsache, daß Jesu Geburt als zeitgleich mit ihrem Aufkommen dargestellt wird und daß Josephus seine Erörterung der Sekten seiner Ära mit ihrer Entstehung beginnt, weist diese Bewegung noch einen weiteren interessanten Aspekt auf. Als er am Ende des *Jüdischen Krieges* die für so abergläubische Menschen, wie es die Römer waren, so faszinierenden Zeichen und Wunder beschreibt, die den Untergang des Tempels vorausgesagt hatten, verrät Josephus endlich etwas, was er uns, aus welchen Gründen auch immer, bis dahin verschwiegen hatte. Er behauptet nämlich:

> In besonderem Maße fühlte sich das Volk jedoch zum Krieg [gegen Rom] durch einen zweideutigen Orakelspruch veranlaßt [zweideutig wahrscheinlich, weil er sich auf so unterschiedliche Weise deuten ließ], der sich … in ihren Schriften befand und der besagte, um diese Zeit werde einer aus ihrem Lande *zum Herrn der Welt* aufsteigen.

Wie bei seiner Schilderung des »zelotischen Unheils« ist Josephus auch hier der Meinung, die Juden könnten niemand anderem als sich selbst die Schuld an den folgenden Ereignissen geben, da sie diesen Orakelspruch »auf sich selbst bezogen und darüber all ihren Verstand verloren« hätten.[31]

Dies ist aber genau jene Prophezeiung, die er, um seine Haut zu retten, selbst gerade auf Vespasian bezogen hat – wie dies, könnte man hinzufügen, auch Rabbi Jochanan und mit ihm seine Pharisäer getan hatten. Und er tut es in dieser Passage noch einmal. Die Rede ist von der Weissagung, die wir die »messianische« oder »Weltherrscher-Prophezeiung« genannt haben: »die Stern-Prophezeiung«. In den Texten von Qumran, wo sie allein in den erhaltenen Fragmenten dreimal vorkommt, erhält sie eine ganz andere, völlig kompromißlos nationalistische und messianische Deutung. Nachdem er schon an anderer Stelle erwähnt hatte, wie sehr die jungen Männer für diese Interpretation »eiferten«, sagt Josephus jetzt:

> Die Juden deuteten diese Weissagung auf einen Angehörigen ihres Volkes, und auch viele Schriftgelehrte legten den Spruch falsch aus.

Aber dies ist eben auch genau die Qumran-Deutung, deren Verfechter sich – was immer die kurzfristigen Vorteile einer solchen Handlungsweise gewesen wären – nie zum zynischen Opportunismus herabgelassen hätten, die Prophezeiung auf Vespasian, den Zerstörer Jerusalems, anzuwenden. Durch diese Mitteilung verrät Josephus natürlich auch, daß die Zeloten und anderen Parteien, die den »Eifer des Pinhas« an den Tag legten, nicht lediglich politisch, sondern ebenfalls religiös und *messianisch* motiviert waren.

Dies beweist, daß der Aufstand gegen Rom nicht nur – und zwar ganz eindeutig – vom ganzen Volk getragen wurde, sondern eben auch *messianisch* war. Obendrein beweist es aber, daß, da der Aufstand einen messianischen Hintergrund hatte – und dies ist ethisch und historisch von allergrößter Relevanz –, die Juden nicht etwa deswegen alles verloren, weil sie, wie die frühen Kirchenväter oder das Neue Testament uns durch ihre tendenziöse Schilderung vom Tod Christi und dessen Bedeutung weismachen möchten, *den Messias abgelehnt hatten,* sondern weil sie ganz im Gegenteil *so kompromißlos messianisch waren.* Dies ist eine These von einiger Tragweite, und sie stellt eine wichtige Umkehrung oder Inversion der uns überlieferten Geschichtsklitterung dar.

Das erklärte Ziel des Aufstands war nicht nur, die Paläste der Hohenpriester und der herodianischen Könige niederzubrennen, sondern auch, alle Schuldscheine zu vernichten; dadurch hoffte man, wie Josephus klarstellt, »die Armen gegen die Reichen aufzubringen«.[32] Dies ist die gleiche Ausdrucksweise, die sich im Jakobusbrief und den Qumran-Rollen, in deren Verdammung der »Reichen«, findet. Es ist auch ebenjene Wortwahl, mit der sich Paulus (Galater 2,10) auf die von Jakobus angeführte Bewegung bezieht und die auf die späteren Ebioniten angewandt wird (die eben deswegen so genannt werden), sowie der Terminus, mit dem die Qumran-Bewegung ihre eigenen Leute bezeichnete – die bei ihnen gleichfalls »die *Ebionim*« oder »die Armen« hießen.[33]

Bevor wir dieses Thema, den Ausbruch des Aufstands im Jahre 66 n. Chr., verlassen, sollte noch darauf hingewiesen werden, daß Josephus uns in einem abschließenden Augenblick beispielloser Offenheit verrät, es seien »die vornehmeren Pharisäer, die Hauptpriester, die Machthaber [womit er die Herodianer meint] und alle, die den Frieden herbeisehnten« gewesen, welche die römische Armee nach Jerusalem riefen, »auf daß sie den Aufstand niederschlüge«. *Das* hatte Josephus im Vorwort seines *Krieges* mit der Behauptung gemeint, die Römer seien »von den Führern der Juden selbst« in die Stadt hereingelassen worden.[34]

An dieser Stelle liefert uns Josephus ein sogar noch bestürzenderes Detail – jedenfalls dann bestürzend, wenn das, was er zu sagen scheint, mit Personen in Verbindung gebracht werden kann, die wir aus der Geschichte des Urchristentums kennen. Der Mann, der die Einladung an die römische Armee ausrichtet, in die Stadt einzurücken, war ein Mitglied der herodianischen Familie namens »Saulus«. Er ist derjenige, der die Botschaft der – nennen wir sie – »Friedenskoalition« in das vor Jerusalem bezogene Lager der Römer und dann sogar einen abschließenden Bericht in *Neros Hauptquartier* bringt, das sich zu der Zeit im griechischen Korinth befand – einem wichtigen Schauplatz auch von »Paulus'« religiösen Aktivitäten. Es wird in Kürze noch mehr von diesem »Saulus« zu berichten sein; er scheint sich auch am Palast Agrippas II. oder in der Zitadelle aufgehalten zu haben, als die römische Garnison sich ergab und – mit Ausnahme des Hauptmanns der Wache, der sich bereit erklärte, sich *beschneiden* zu lassen – bis auf den letzten Mann abgeschlachtet wurde.[35]

Daß die Pharisäer eine antinationale, proRömische Politik verfolgten, dürfte mittlerweile hinlänglich erwiesen sein. Dies ist zugleich auch die Haltung der paulinischen Heidenchristen, der Anhänger jenes Mannes, der von sich sogar aussagt, er habe eine pharisäische Ausbildung genossen, und der, jedenfalls nach Darstellung der Apostelgeschichte, stolzer Besitzer des römischen Bürgerrechts ist – etwas, was in diesen unruhigen Zeiten nicht eben leicht zu erwerben war. Ebenso klar ist, daß die Pharisäer in dieser Periode beim besten Willen nicht als »die Volkspartei« bezeichnet werden können. Wenn überhaupt, dann genossen die Zeloten und/oder Messianisten (wie bei nationalistischen Gruppierungen nicht anders zu erwarten) die Unterstützung des Volkes – zumindest bis zur Zerstörung des Tempels und zum Beginn der Umerziehungspolitik, welche die romhörigen Erben der Pharisäer anschließend in Angriff nahmen.

Die Ankunft der Römer und der Herodianer

Was also ist der Schlüssel zu den in der obigen Analyse geschilderten Ereignissen? Die Antwort auf diese Frage lautet: der Aufstieg der Herodianer und die Ankunft der Römer. *Sie* sind der Grund für die zunehmende Entfremdung, die sich in dieser Periode allenthalben bemerkbar macht, und ebenso die Ursache für die meisten Unruhen. *Sie* sind auch der entscheidende Faktor, der bei einer chronologischen Einordnung der Qumran-Rollen zu berücksichtigen ist, wenn man versuchen will, die Handschriften nach inneren, textimmanenten Gesichtspunkten zu datieren statt nach äußeren Kriterien, wie sie Archäologie, Paläographie oder Radiokarbonmethode liefern. Dies war nämlich der – durch das Kartell, das die Publikation der Handschriften regelte, und die Interpretation, die es in Umlauf setzte, geförderte – zentrale Irrtum der frühen Qumran-Forschung. Dieser Irrtum führte zu der weitverbreiteten Vorstellung, der in den Rollen – und namentlich in den Kommentaren oder *Pescharim* – erwähnte »Frevelpriester« und das von ihm repräsentierte »Establishment«, gegen das in den Handschriften so erbittert gewettert wird, seien makkabäisch gewesen.

Nach der Auslöschung der Makkabäer gelangte Palästina unter die Oberherrschaft Roms – teils vermittelt durch herodianische Könige, teils, direkter, von römischen Statthaltern ausgeübt. Gelegentlich existierten beide nebeneinander, wie während der Periode unmittelbar nach dem Tod von Herodes' Enkel Agrippa I. (44 n. Chr.). Nach der Zerstörung des Tempels wird die Situation unklar, da wir keinen Josephus mehr haben, der uns darüber berichten könnte. Somit fehlen uns alle Details, die er uns sonst in so überwältigender Fülle liefert. Der Untergang der Makkabäer und der im 1. Jahrhundert v. Chr. parallel dazu erfolgende Aufstieg der Herodianer sind der Hintergrund, vor dem die Entstehung der verschiedenen Sekten oder Bewegungen, insbesondere der nationalistischen oder messianischen, beurteilt werden muß. Noch einmal: Wenn man sich dies und die Tatsache der römischen Oberherrschaft stets vergegenwärtigt, dann bietet alles (oder fast alles) übrige vergleichsweise wenig Schwierigkeiten.

Wir haben bereits gesehen, wie es zu diesen Ereignissen kam. Zuerst brach 167 v. Chr. die makkabäische Revolution aus; sie richtete sich gegen syrische Gesetzgebung und hellenistische Sitten. Dazu gehörten etwa die Notwendigkeit, das eigene Beschnittensein zu verbergen, worüber sich angehende Zeloten natürlich empörten, die Auftritte nackter Athleten in einem neu errichteten Gymnasion und die Aufstellung von Götzenbildern auf dem Tempelberg – insbesondere des olympischen Zeus, der durch eine fehlerhafte hebräische Transkription seines Namens zum biblischen »Greuel der Verwüstung« wurde.[36] Dieser Kampf gegen die Hellenisierung setzte sich über die folgenden 250 Jahre fort. Es ist weder ein Zufall noch ein unbedeutender Umstand, daß das Christentum, wie wir es kennen, *deren endgültigen Triumph darstellt.*

Erheblich vorangetrieben wird der Hellenisierungsprozeß durch die Aufoktroyierung herodianischer Herrschaft und die herodianische oder paulinische Praxis, den Juden ein Jude, den Griechen ein Grieche, »den Gesetzesbrechern ein Gesetzesbrecher, den Gesetzestreuen ein Gesetzestreuer« zu sein – kurz: zu tun, was immer gerade erforderlich war, um, wie Paulus im Ersten Brief an die Korinther (9,24) formuliert, »zu gewinnen … nicht die Luft zu schlagen«. Hier verwendet Paulus das Bild des laufenden Athleten, ein Bild, das bewußt dazu ausgewählt ist, die Angesprochenen wie die »Zeloten« von Jakobus' Jersualemer Kirche in Rage zu bringen. Herodes, sein mutmaßlicher Vorfahr, hielt, wie wir noch sehen werden, außerordentlich viel davon, *zu siegen und nicht die Luft zu schlagen*.

Die Handschriften vom Toten Meer liefern, wie auch Jakobus, den Kontrapunkt zu dieser Einstellung, das heißt: nicht »Sieg um jeden Preis«, sondern Märtyrertum. Solche Bewegungen sind mit ihrem Bekenntnis zu absoluter Reinheit, unerschütterlicher Gerechtigkeit und kompromißloser Integrität zweifellos »altmodisch«, aber das macht vielleicht gerade ihren Reiz aus. In Zeiten, in denen so vieles relativ und beliebig ist, hat solch eine ehrliche, vollkommen aufrichtige und absolut unnachgiebige Frömmigkeit und Reinheit etwas sehr Anziehendes. Es gab keine Abstufungen oder Einschränkungen, kein wenn, aber oder vielleicht. Alles liegt klar da in den scharfen Linien von Licht oder Finsternis, engagiert oder, wie es in mehreren Qumran-Handschriften so beredt formuliert wird, »geradeaus«, »nicht abweichend nach rechts oder links«.[37] Zumindest der Eleganz, der Geradlinigkeit und dem unerbittlichen Gerechtigkeitswillen dieser wiederentdeckten Schriften kann die moderne Welt ihre Bewunderung nicht versagen.

Paulus seinerseits gibt vor, dieses Ethos nicht zu verstehen, oder bezeichnet es als »schwach« (Römer 14,1 ff. und 1. Korinther 14,7 ff.). Doch das Festhalten an der Beschneidung zu tadeln, wenn makkabäische und zelotische Märtyrer mehr als 250 Jahre lang eher ihr Leben hingegeben hatten, als ihr abzuschwören, bedeutet, seine Augen vor den treibenden Kräften zu verschließen, die während dieser ganzen Periode in Palästina gewirkt haben. Bewundernswerten Ausdruck finden diese Kräfte in den Makkabäerbüchern (die, was nicht weiter überrascht, in dem uns überlieferten jüdischen Kanon fehlen). Auch Josephus liefert überreichlich Belege für dieses Ethos und die Opferbereitschaft der unzähligen Märtyrer, die es hervorbrachte – und dies lange, bevor das Märtyrertum zum Markenzeichen jenes Ethos wurde, welches das *Christentum* für sich beanspruchte.

Zusammen mit der herodianischen Herrschaft kamen die Römer. Im östlichen Mittelmeer tauchten sie erstmals unmittelbar vor Beginn dieses Zeitraums auf: in der Spätphase des Dritten Punischen

Krieges. Tatsächlich spürbar wurde ihre Anwesenheit in den sechziger Jahren des letzten vorchristlichen Jahrhunderts, als sie Syrien zu einer römischen Provinz machten und die letzten Spuren seleukidischer Herrschaft tilgten. Während Cäsar das Reich im Westen erweiterte und ins transalpine Gallien, ins Rheinland, in Britannien und Spanien eindrang, nahm sich Pompeius den Osten vor und belagerte 63 v. Chr. Jerusalem. Unterstützt wurde er dabei zum einen durch interne Auseinandersetzungen im makkabäischen Herrscherhaus selbst, zum anderen aber auch durch einen hellinisierten Halbaraber namens Antipater, den Vater des Herodes.

Antipater schafft es nicht nur, sich bei Pompeius und dessen Adjutanten – deren bekanntester Marcus Antonius war – einzuschmeicheln, sondern er wird auch sogar der erste römische Prokurator in Palästina und damit der oberste Herr der politischen Geschicke des Landes. Zwei Jahrzehnte später, nach der Ermordung Julius Cäsars, hilft Marcus Antonius, der sich in Palästina als Feldherr ausgezeichnet hatte, Antipaters Sohn Herodes schließlich, sich der jüdischen Krone zu bemächtigen. Herodes übernimmt die Aufgabe, das Geschlecht der Makkabäer endgültig zu vernichten. Diejenigen, die er nicht hinrichten läßt, heiratet er. Aber selbst *die* schlachtet er früher oder später ab, so auch seine Lieblingsfrau Mariamne, die letzte Makkabäerprinzessin, der er vorwarf, ihn mit seinem Bruder Joseph – die erste »Maria-und-Joseph«-Geschichte – betrogen zu haben, während er, Herodes, sich in Rom aufhielt (29 v. Chr.), um Oktavian zu veranlassen, die Königswürde, die Antonius ihm verliehen hatte, zu bestätigen.

Mariamne war die Enkelin beider Söhne des Alexander Jannai, Aristobulos und Hyrkanos, deren Streitigkeiten die Herodianer und die Römer überhaupt erst ins Land geholt hatten. Am Ende ließ Herodes sogar die zwei Söhne, die sie ihm geschenkt hatte, umbringen – dies vermutlich, weil er auf ihre makkabäische Abstammung eifersüchtig war und weil das Volk sie ihm vorzog. Hier *tötete* Herodes wirklich, wie Matthäus (2,16) behauptet, *alle jüdischen Kinder,* die ihn zu verdrängen drohten – aber es handelte sich dabei um seine eigene Nachkommenschaft, in deren Adern Makkabäerblut floß! Dies schockierte sogar seine römischen Schutzherren, insbesondere Augustus, der viel Sinn für Familie und traditionelle Werte hatte und ein solches Verhalten allen Berichten zufolge zutiefst mißbilligte.[38]

Aber Herodes überstand alles, kam mit allem durch, einschließlich der vollständigen Ausrottung des Makkabäergeschlechts und seiner Praxis, seine eigene Familie auf alles, wie Paulus im Römerbrief schreibt, »aufzupfropfen«.[39] Diese größtenteils idumäische, griechisch-arabische Linie bestand noch drei Generationen fort, bis Titus, der für den Brand Jerusalems verantwortliche Mann, sich mit Berenike, einem weiblichen Sproß dieses Geschlechts, davonmachte, ebenso wie Cäsar und Marcus Antonius es zuvor mit Kleopatra – einem der letzten Nachkommen von Alexanders General (und späterem König) Ptolemaios – getan hatten. Dies findet beim römischen Volk – das offenbar keine herodianische Prinzessin als Kaiserin haben wollte – ebensowenig Beifall wie seinerzeit Cäsars und Antonius' Handlungsweise. Über Berenikes weiteres Schicksal ist nichts bekannt, aber Titus scheint sie irgendwann vor dem Tod seines Vaters und seiner eigenen Thronbesteigung (79 n. Chr.) beseitigt zu haben. Titus selbst überlebte seinen Vater allerdings nicht lange.

Herodes ließ auch den letzten makkabäischen Hohenpriester, Mariamnes jüngeren Bruder Jonathan (Aristobulos), ermorden, als dieser 36 n. Chr. die Volljährigkeit erreichte. Herodes schien die Hand der letzten makkabäischen Prinzessin Mariamne von deren Mutter, der Tochter Hyrkanos' II., nur unter der Voraussetzung erhalten zu haben, daß Jonathan mit Eintritt in die Volljährigkeit Hoherpriester werden würde.

Josephus berichtet, als der dreizehnjährige Junge das hohepriesterliche Gewand anlegte und erstmals im Tempel erschien, habe die jüdische Menge geweint.[40] Denjenigen, die noch immer an der Behauptung festhalten, das Volk habe die Makkabäer als Usurpatoren betrachtet, dürfte dieses als überzeugender Gegenbeweis dienen. Rasend vor Eifersucht ließ Herodes daraufhin den Jungen nach Jericho zum königlichen Winterpalast bringen und ihn, während er sich mit einigen Gefährten im Schwimmbecken vergnügte, ertränken. Damit starb *der letzte makkabäische Hohepriester.*

Von da an achtet Herodes darauf, die Kontrolle über das Hohepriesteramt zu behalten, und setzt Männer ein, die, wie Josephus selbst bemerkt, »keinen bedeutenden Familien entstammten, zum Teil nicht einmal wirklich Priester waren«.[41] Einmal eingeführt, wurde diese Praxis auch später von Prokuratoren wie Pontius Pilatus (26–37)[42] und Königen wie Agrippa I., dessen Bruder Herodes von Chalkis und dessen Sohn, Berenikes Bruder Herodes Agrippa II., beibehalten, bis der Aufstand gegen Rom ausbrach. Dann wählten »die Zeloten« ihren eigenen Hohenpriester, einen Mann einfacher Herkunft, den Josephus »Phanni« nennt – also *Pinhas.* Das waren die blutigen Ursprünge der herodianischen Hohenpriesterklasse, die im Neuen Testament tendenziös als die legitime »Oberpriesterschaft« und Sadduzäerpartei der Juden dargestellt wird!

Dies ist die Art von Detailinformation, die Josephus uns liefert, pathetisch und tragisch; und im Gegensatz zu den Details, denen man in anderen Texten, die sich als zeitgenössische Augenzeugenberichte ausgeben, begegnet, ist diese eine Episode ganz offenkundig *wahr.* Als Herodes starb, nachdem er alle die zuvor aufgezählten Grausamkeiten und Brutalitäten begangen, die nationale Unabhängigkeit der Juden zerstört und deren bisheriges Priesterkönigsgeschlecht ausgerottet hatte, brachen zunehmend heftigere revolutionäre Unruhen aus, die sich über die nächsten 70 Jahre fortsetzen sollten. Möglicherweise verstanden Exegeten wie die Männer von Qumran *dies* als jene sieben Jahrzehnte anhaltende Periode, während der laut dem Buch Daniel (9,2) »Jerusalem wüst liegen sollte«. Die Unruhen dauerten bis zum Ausbruch des Krieges gegen Rom an.

Genaugenommen dauerten sie noch weiter an – insgesamt 140 Jahre, bis Hadrian den zweiten jüdischen Aufstand (132–136 n. Chr.) niederschlug und Jerusalem nach seinem eigenen Vornamen, Aelius, in Aelia Capitolina umbenannte. Er verbot Juden, die Stadt zu betreten oder sich ihr auch nur bis auf Sichtweite zu nähern – außer einmal im Jahr, um deren einstiger Herrlichkeit nachzutrauern. Während dieser Zeitspanne setzten auch Nachkommen der Familie Jesu sowie dessen Brüder die messianische Agitation fort und erlitten ihrerseits den Märtyrertod. Damit endeten die diesseitigen messianischen Hoffnungen der Juden und zogen sich allmählich ins Weltabgewandte, Ätherische oder »Gnostische« zurück. Und das war es, was die Durchsetzung römischer Oberherrschaft bedeutete: Vernichtung.

4

Jakobusbezeugungen des 1. Jahrhunderts

Das Neue Testament und die *Wir-Berichte* der Apostelgeschichte

Die zwei authentischsten Zeugnisse über Jakobus' Wirken und die Rolle, die er in der Jerusalemer Kirche seiner Zeit spielte, finden sich in den Paulusbriefen und in der zweiten Hälfte der Apostelgeschichte, und dort in erster Linie – wenngleich nicht ausschließlich – in jenen Teilen, die in der Fachwelt als die »Wir-Berichte« (oder insgesamt als »Wir-Dokument«) bezeichnet werden. Die Wir-Berichte sind in der ersten Person Plural (daher auch ihre Bezeichnung) abgefaßte Passagen der Apostelgeschichte. Sie treten ab Vers 16,10 wiederholt auf und scheinen Teile eines Tagebuchs oder einer Art Reisebeschreibung zu sein. Nach Ansicht mancher stellt das Wir-Dokument, auch wenn es durchaus Probleme aufwirft und keinen durchgehenden Bericht liefert, das einzige authentische Material in der ganzen Apostelgeschichte dar. Man könnte sogar die These vertreten, es bilde den wahren oder historischen Kern der Apostelgeschichte und die Grundlage des gesamten Textes.

Müßten wir uns ausschließlich auf die Darstellung der Apostelgeschichte stützen, ohne Paulus' eindeutige Angaben zur Identität einzelner Personen hinzuziehen zu können, fiele es uns äußerst schwer zu entscheiden, wer dieser einflußreiche und beliebte Jakobus, den Lukas – der mutmaßliche Verfasser der Apostelgeschichte – so zurückhaltend beschreibt, eigentlich war. Die Apostelgeschichte macht diesbezüglich keinerlei direkte Aussagen. Jakobus ist im 12. Kapitel einfach plötzlich da, in demselben Kapitel, in dem der andere, besser bekannte Jakobus, »des Johannes *Bruder*«, »der Sohn des Zebedäus«, praktischerweise aus dem Weg geschafft und angeblich von Agrippa I. (37–44) oder dessen Bruder Herodes von Chalkis (44–49) hingerichtet wird. Im folgenden werden wir sehen, daß diese Exekution mit einer parallelen, überzeugenderen Hinrichtung, von der Josephus berichtet, in Zusammenhang steht: der Enthauptung eines gewissen »Theudas«.[1]

Die Identität und die Lehre des Jakobus sind ebenso gesichert wie diejenigen des Paulus, weil dieser persönlich sie unwiderleglich bestätigt. Daher sind Paulus und Jakobus unauflöslich miteinander verbunden. Hinzu kommt, daß Paulus *nie* irgendeinen *anderen* Jakobus erwähnt. Andererseits weiß Paulus so gut wie nichts über die Person, die Lehre und das Leben Jesu – er kennt ihn praktisch nur als »jemanden«, der sich im Himmel befindet und mit dem er mittels eines Mechanismus, den er und die Apostelgeschichte als »Heiliger Geist« bezeichnen, in Verbindung steht. Dieses Wesen, das Paulus »Jesus Christus« nennt, wirkt vielfach wie ein Abziehbild von Paulus selbst. Die Behauptungen, die Paulus über Jesus aufstellte, erschienen seinen Gegnern – und zwar denen *innerhalb der Kirche,* nicht etwa Außenstehenden – so zweifelhaft, daß er bereits zu seinen Lebzeiten entweder als Träumer oder als »Lügner« verspottet wurde.[2] Man sollte hier auch hinzufügen, daß der einzige identifizierbare Apostel, der – außer Jakobus – in Paulus' Briefen eine irgendwie nennenswerte Rolle spielt, »Petrus« beziehungsweise »Kephas« ist. Das Bild, das man aus den Paulusbriefen von ihm gewinnt, stimmt, was nicht weiter verwunderlich ist, mit dem der Apostelgeschichte – und erst recht mit dem der Evangelien – *nicht im geringsten* überein.

Auch wenn die wissenschaftliche Diskussion um einzelne Aspekte des paulinischen Korpus – der dem Paulus zugeschriebenen neutestamentlichen Briefe also – nicht abreißt, gilt doch die Authentizität seiner wichtigsten Teile (insbesonere jener Briefe, die für die vorliegende Untersuchung von besonderer Relevanz sind, wie Galater, 1. und 2. Korinther, Römer und Philipper) allgemein als gesichert. Diese Schriften verschaffen uns einen äußerst intimen Einblick in die Denkweise des Paulus und zugleich einen recht guten Eindruck von der fraglichen historischen Zeitspanne; die Informationen sind aber so beschaffen, daß keinem um die Integrität der Urkirche und ihrer Lehren besorgten Chronisten im geringsten daran gelegen gewesen sein könnte, sie zu erfinden oder auch nur zu bewahren.

An dieser Stelle ist es vielleicht nützlich, eine allgemeine Regel zu formulieren: Textmaterial, das den anerkannten oder vorherrschenden theologischen Standpunkt seiner endgültigen Bearbeiter widerspiegelt, ist grundsätzlich mit größter Vorsicht zu behandeln. Wir befinden uns oft auf sichererem Terrain, wenn wir jenen Traditionen die größere Authentizität zusprechen, die in irgendeiner Weise – sei es in historischer, theologischer oder soziologischer Hinsicht – überraschend oder »unpassend« wirken, oder aber solchen Überlieferungen, die sich auf die theologische Stimmigkeit des fraglichen Textes nachteilig auswirken. Denn das ist genau das Material, das erwartungsgemäß herausredigiert oder zumindest überarbeitet worden wäre, wenn die hinter seiner Authentizität stehende Überlieferung nicht zu weit verbreitet, zu dauerhaft oder in sonst einem Sinne zu bestimmend gewesen wäre.

Das Gesagte trifft exakt auf den Brief des Jakobus zu. Es trifft ebenfalls auf manche gravierende Charakterfehler zu, die an der Person des Paulus deutlich werden – und zwar nicht nur in dessen Briefen, sondern auch in der Apostelgeschichte, wie zuverlässig sie ansonsten auch sein mag. Zu nennen wären etwa seine Aufsässigkeit, seine Mißgunst, seine penetrante Geltungssucht und seine Unversöhnlichkeit. Als ein Beispiel für eine inhaltlich überraschende Überlieferung ließe sich etwa Paulus' Zeugnis anführen, Jesus habe nicht nur Brüder gehabt, diese seien zudem zusammen mit Frauen gereist (1. Korinther 9,5).

In den Evangelien erfahren wir, nur um ein bekanntes Beispiel zu nennen, daß die Apostel Jesu zum Zeitpunkt von dessen Verhaftung offenbar *bewaffnet* sind (Matthäus 26,51). Es gibt noch viel mehr solche Beispiele. »Unpassende« Anekdoten wie diese dürften sich leichter dem Gedächtnis der Menschen eingeprägt haben als lange Lehrreden oder Gleichnisse. Die Weise, wie Jesu Familienangehörige – einschließlich seiner Mutter und seiner Brüder – vor allem in den Anfangsteilen der Evangelien dargestellt werden, ganz zu schweigen von jüdischen Aposteln wie Petrus (und dies trotz der Tatsache, daß sie sogar nach Paulus' Zeugnis zu Jesu engsten Vertrauten gehörten), grenzt an üble Nachrede.

Die Passagen der Apostelgeschichte, die sich auf Jakobus beziehen, fallen gleichfalls unter diese Kategorie. Wäre dieses Material nicht authentisch und von einer starken Tradition gestützt gewesen, hätte man es früher oder später mit Sicherheit aus dem Kanon entfernt. Die Tatsache, daß Jakobus in der christlichen Tradition heruntergespielt oder verharmlost wurde, ist nicht nur für die Bewertung seiner Lehre von Bedeutung, sondern gleichfalls wegen des Umstands, daß Jakobus als Oberhaupt der Jerusalemer Kirche und überhaupt all dessen, was zu seiner Zeit als »die Christenheit« bezeichnet werden konnte, sowohl Petrus als auch Paulus übergeordnet war.

Paulus weist natürlich wiederholt darauf hin, daß er mit den Anordnungen des Jakobus und den Instruktionen, die er persönlich von ihm empfängt, überhaupt nicht einverstanden ist. Er untergräbt sogar die Autorität jener Männer, die er »Führer«, »Säulen«, »hohe Apostel« nennt und von denen er sagt, »sie rühm[t]en sich selbst« oder stellten »sich ihr eigenes Zeugnis aus«, und bekundet immer wieder seine Abneigung, sich ihren Ansichten zu beugen.[3] Niemals aber bestreitet er die Legitimität von Jakobus' Anspruch auf die Stellung, die er innehat, noch die Tatsache seiner Autorität als solcher. Im Galaterbrief macht er außerdem deutlich, daß der Mann, den er Petrus oder Kephas nennt, Jakobus unterstellt und nicht nur verpflichtet, sondern durchaus willens war, dessen Führerrolle zu respektieren (Galater 2,11 f.).

Die Zurückhaltung, die Lukas in der Apostelgeschichte bezüglich Jakobus an den Tag legt, steht in krassem Widerspruch zur Haltung anderer Gruppen, die, nachdem sich das »überseeische« Heidenchristentum als »die Kirche« durchgesetzt hatte, zum Status von Sekten herabgewürdigt worden waren. Für diese Gruppen ist Jakobus der unbestrittene Nachfolger Jesu und mit Sicherheit »der Bischof der Bischöfe« oder »Erzbischof« und das Oberhaupt der gesamten damaligen Christenheit. Einen besonders eindrucksvollen Beleg hierfür finden wir im apokryphen Thomasevangelium. Darin gibt Jesus auf die Frage der Jünger: »Nachdem du uns verlassen hast, wer wird dann über uns groß sein?« folgende Antwort: »Wohin ihr auch gekommen sein werdet, geht zu Jakobus, dem Gerechten, um dessentwillen Himmel und Erde entstanden.«[4]

Überaus bedeutsam ist diese Aussage zum einen durch ihren impliziten Verweis auf den – in der jüdischen Mystik oder *Kabbala* so wichtigen – präexistenten »Gerechten« oder »*Zaddik*«.[5] Zum anderen steht sie im Widerspruch zur orthodoxen Tradition der Nachfolge Christi durch Petrus. Sie stellt nichts Geringeres dar als die verschollene Überlieferung von der direkten Einsetzung des Jakobus durch seinen eigenen Bruder. Sie wird durch alles bestätigt, was wir über Gruppen wissen, die in den Jahren vor und nach der »Konstantinischen Wende« im vierten Jahrhundert aus dem orthodoxen Christentum ausgestoßen wurden. Etliche solcher mittlerweile sektiererinischen Gruppierungen verstreuten sich in der syrischen und irakischen Wüste, was dazu führte, daß sich im nördlichen Mesopotamien und in Syrien eine Vielzahl unterschiedlicher theologischer Bewegungen herausbildete. Manche von ihnen verschwanden in Arabien, nur um Jahrhunderte später als Islam – und hier vor allem in schiitischer Ausprägung – wieder aufzutauchen.

Paulinisches kontra jakobinisches Christentum: Antisemitismus in den Evangelien

Verwenden wir die Briefe des Paulus als unser primäres Quellenmaterial, so befinden wir uns auf dem denkbar sichersten Boden, denn sie gelten als die unbestreitbar ältesten verläßlichen Dokumente des Christentums und lassen sich zudem recht genau datieren. Sie wurden offenkundig früher als die Evangelien und die Apostelgeschichte verfaßt, die ihnen in der gegenwärtigen Anordnung des Neuen Testaments zwar räumlich vorausgehen, aber hinsichtlich der Doktrin auf ihnen fußen. Die Apostelgeschichte ist darüber hinaus auch hinsichtlich etlicher historischer Angaben von den Paulusbriefen abhängig.

Diese Behauptung könnte den Leser seltsam anmuten, ist man es doch in der Regel gewöhnt, das Neue Testament zumindest in dieser Hinsicht beim Wort zu nehmen: An erster Stelle stehen die Evangelien, dann folgen die Apostelgeschichte und die Briefe – und es ist nur natürlich, hinter dieser Anordnung eine chronologische Reihenfolge zu vermuten. Doch in Wirklichkeit ist diese Anordnung nur eine Konvention; sie entwickelte sich nach und nach in frühchristlicher Zeit und wurde erst im 4. Jahrhundet für kanonisch erklärt. Tatsächlich – darüber sind sich die Fachwissenschaftler schon seit längerem einig – sind die Evangelien insgesamt später als die Briefe des Paulus entstanden, wenn sie auch möglicherweise zum Teil auf frühen Überlieferungen und mit Sicherheit, wie ich darlegen werde, zumindest in doktrinärer Hinsicht auf ebendiesen Briefen basieren.

Was noch keineswegs entschieden ist und zweifellos weiterhin Gegenstand der wissenschaftlichen Debatte sein wird, ist die Frage, wann und wo jedes einzelne Evangelium tatsächlich niedergeschrieben wurde. Die Schätzungen reichen von den späten fünfziger, frühen sechziger Jahren des 1. bis zur Mitte des 2. Jahrhunderts. Mitunter wird – zumindest für die Abfassung der endgültigen Versionen – sogar ein noch späteres Datum vorgeschlagen. Wir werden diese Frage hier gewiß nicht entscheiden können. Manche behaupten sogar, unter den Qumran-Handschriften Fragmente von Evangelien gefunden zu haben, aber auch das wird sich wahrscheinlich nicht endgültig verifizieren lassen, und es wäre auf alle Fälle verwunderlich, inmitten derart »zelotischen« Materials hellenistische Evangelien anzutreffen. Das gleiche gilt bezüglich der – rezenteren – angeblichen Entdeckung eines frühen Evangelium-Manuskripts in einer englischen Bibliothek![6]

Tatsächlich sind die wechselseitigen Beziehungen zwischen den vier Evangelien, und insbesondere den drei Synoptikern (so genannt wegen ihrer weitgehenden inhaltlichen Übereinstimmungen, die auf die Verwendung einer gemeinsamen Quelle beziehungsweise mehrerer solcher Quellen schließen lassen), weit komplexer, als sich die meisten vorstellen können. Nehmen wir zum Beispiel denjenigen der Synoptiker, den die meisten als den »jüdischsten« der drei betrachten: Matthäus. Als das »jüdischste« gilt sein Evangelium wegen der großen Menge gesetzesorientierten Materials, das es – vor allem in der Bergpredigt (5,1–7,29) – enthält, sowie wegen seiner ausgiebigen Verwendung biblischer Belegstellen. Und doch findet sich bei Matthäus auch eine Schicht von antisemitischem Material, das stellenweise sogar noch extremer ist als alles, was diesbezüglich in den anderen Evangelien vorkommt – so etwa der Ruf der versammelten jüdischen Volksmenge, als Pilatus zögert, Jesus zu verurteilen: »Sein Blut komme über uns und unsere Kinder« (27,25). Dies ist die berühmte – oder berüchtigte – »Blut-Klage«, die sich über die Jahrhunderte durch die ganze Geschichte des Christentums hingezogen hat. Tatsächlich formulierte *Paulus* erstmals, und zwar in seinem Ersten Brief an die Thessalonicher (2,15) – falls dieser Text echt und nicht interpoliert ist –, diese verleumderische Anklage, als er die Juden als jene Menschen bezeichnete, »die ... den Herrn Jesus getötet [haben]«, und sie die »Feinde der ganzen Menschheit« nannte.[7]

Wer könnte sich schon eine Volksmenge vorstellen, die *en masse* eine so absurde Aussage hinausschreit? Und doch ist die Tatsache, daß sie bei Matthäus an dieser bestimmten Stelle vorkommt, theologisch und historisch überaus bedeutsam. Eine Erklärung hierfür fällt nicht schwer. Keine Volksmenge hat das je getan; diese Selbstverfluchung ist das Produkt einer späteren Theologie, die sich mit Sicherheit im Anschluß an den von Paulus vorgeführten Standpunkt konkretisierte und die zur Zeit des Eusebios, wie dieser mit der Gehässigkeit seiner Invektiven immer wieder beweist, bereits in voller Blüte stand.[8]

Wie kann nun ein und derselbe Text *philo-* und *anti*semitisch zugleich sein? Dies ist eine der Fragen, die man sich in der literaturwissenschaftlichen oder historischen Bibelforschung stellt. Die Antwort lautet natürlich, daß er das gar nicht sein *kann*. Dies wäre ein Widerspruch in sich, der mit der Annahme unterschiedlicher Schichten oder wechselseitiger Überlagerungen gegensätzlicher Quellen, die dem Text zugrunde gelegen haben müssen, erklärt werden kann. Manche halten die philosemitische Schicht für die älteste des Matthäusevangeliums. Dies ist aus seiner historiographischen Perspektive nachvollziehbar. Aber Matthäus enthält auch Jesu nachösterliche Rechtfertigung der paulinischen Heidenmission (die letzten zwei Verse des Evangeliums, 28,19 f., ein weiterer theologischer Taschenspielertrick), die unmöglich historisch sein kann.

Und es finden sich viele weitere Beispiele dieser Art; die Wechselbeziehungen zwischen den Evangelien sind in der Tat so komplex, daß es wohl niemandem je gelingen wird, sie restlos zur allgemeinen

Zufriedenheit aufzuklären. Rein textimmanente Indizien legen allerdings den Schluß nahe, daß alle Evangelien wahrscheinlich nach dem Untergang Jerusalems und der Zerstörung des Tempels (70 n.Chr.) entstanden sind. Dieses Datum erweist sich, wie bereits aufgezeigt, als im wörtlichen Sinne *ent-scheidend* für sämtliche literarischen Entwicklungen und Bewegungen, die es hier zu untersuchen gilt. Was die Beschäftigung mit Jakobus anbelangt, ist es mit Sicherheit ein hochbedeutsamer Zeitpunkt.

In Wirklichkeit ist die Fachwelt in dieser Frage – wir sprechen hier von der Datierung der Texte als solcher, nicht der verschiedenen Überlieferungen, die ihnen nach Auffassung vieler zugrunde liegen –, zumindest bezüglich der Evangelien des Matthäus, des Markus und des Johannes zu einem weitgehenden Konsens gelangt. Dies ist kein geringzuachtendes Resultat, denn es sagt einiges über die Texte aus und erklärt nicht zuletzt die Spärlichkeit stichhaltigen historischen Materials und in manchen Fällen auch die regelrechten historischen Verfälschungen und Falschaussagen, denen man in den Schriften begegnet.

Die einzige noch verbleibende ernsthafte Disskussion betrifft in diesem Zusammenhang das Markusevangelium. Anhand der bereits erwähnten inhaltlichen Erwägungen läßt sich aufzeigen, daß auch dieses Evangelium nach dem Untergang des Tempels (70 n.Chr.) entstanden sein muß. Das ganze Ausmaß seiner antijüdischen Polemik und die deutliche Opposition gegen die Familie und speziell die Brüder Jesu einerseits und seine »propetrinische« Ausrichtung andererseits beweisen, daß das Evangelium des Markus *nach der Zerstörung des Jerusalemer Zentrums* erschienen sein muß – genauer, nach dem Versuch der römischen Gemeinde, sich als legitime Erbin Jesu und – wie absurd dies, historisch gesprochen, jedem objektiven damaligen Beobachter auch erschienen sein muß – der von ihm repräsentierten messianischen Bewegung hinzustellen.

Was hätte opportuner sein können – nach der bombastischen Ankündigung, die der Triumphzug des Vespasian und seines Sohnes Titus durch die Straßen Roms darstellte, der Bestätigung und Verherrlichung, welche die Werke des Josephus und der Titusbogen dem Ereignis zuteil werden ließen? Hier wurde die Unterwerfung der Juden durch das *Imperium Romanum* gleichsam für die Ewigkeit festgeschrieben.

Tatsächlich finden sich im Markusevangelium mehrere verhüllte Anspielungen auf Ereignisse dieser Art, so etwa in der Einleitung zur »kleinen Offenbarung«, in der Jesus die vollständige Zerstörung des Tempels (13,1 f.) prophezeit, sowie in der »Offenbarung« selbst, in der die paulinische Mission angekündigt wird (13,9 f.) – vor allem aber in der Aussage, der Vorhang des Tempels sei im Augenblick des Todes Jesu entzweigerissen (Mk. 15,38 und Parallelen). Daß dieser Vorhang während der Erstürmung des Tempels durch die Römer oder auch im Zuge der zahlreichen Auseinandersetzungen und Wirren, die ihr voraufgingen, beschädigt wurde, ist mehr als wahrscheinlich. Zweifellos gehörte er, beschädigt oder nicht, zu den Beutestücken, die, wie Josephus berichtet, während Titus' Triumphzug durch die Straßen Roms getragen wurden.[9]

Die Schilderungen von Jesu Wanderungen durch die friedliche galiläische Landschaft wiederum – dies zu einer Zeit, als Galiläa von revolutionärer Agitation und blutigen Auseinandersetzungen erschüttert wurde –, von seinen wunderbaren Geisteraustreibungen, Heilungen, Totenerweckungen und anderen Aktivitäten, derweil Schriftgelehrte, Pharisäer und Synagogenbeamte wider ihn murren, erinnern verblüffend an den frühen Paulus, der den hellenistischen Mittelmeerraum bereist. Tatsächlich ist Galiläa, wie aus dem Matthäusevangelium ersichtlich, ein Leitmotiv für Heidentum – »das Galiläa der Völker«/»das heidnische Galiläa« (4,15). Es war auch der Nährboden, aus dem die Zelotenbewegung hervorging, deren Anhänger von manchen tatsächlich »Galiläer« genannt wurden. Vor allem solches Material spricht dafür, daß das Markusevangelium wie die anderen Evangelien nach der Zerstörung des Tempels und Jerusalems entstanden ist.

Wie immer die Frage nach der inneren Chronologie und Priorität der Evangelien in Zukunft auch beantwortet werden mag – für den Augenblick sollte es genügen, wenn wir sagen, daß der größere Teil des paulinischen Korpus, das heißt diejenigen Briefe, die mit Sicherheit Paulus zugeschrieben werden können, die ältesten und zuverlässigsten Dokumente des Christentums darstellen und ungeachtet ihrer bestimmten räumlichen Befindlichkeit als solche einen spürbaren Einfluß auf den ganzen Rest des Neuen Testaments ausgeübt haben.

Aber selbst in bezug auf die Evangelien sind sich die meisten Wissenschaftler mittlerweile zumindest in dem Punkt einig, daß die Texte den Einfluß einer späteren Epoche verraten; die einzige Frage ist, wie weit dieser Einfluß reicht. Trotz der letzten verzweifelten Anstrengungen, die konservative Forscher und Fundamentalisten – zum Teil lediglich auf den apriorischen Glauben an die Autorität der Heiligen Schrift gestützt – unternehmen, die Historizität der Bibel zu verteidigen, grenzt das in den Evangelien enthaltene Material, auch wenn man die Übertreibung als stilistisches Mittel gelten läßt, vielfach ans Phantastische.

Selbst unter Einräumung der Tatsache, daß die Evangelien ihre jeweiligen Titel erst im 2. Jahrhundert erhielten, bleiben sie nichts anderes als typische Repräsentanten eines für die Zweite Tempelperiode und allgemein die hellenistische Welt charakteristischen Literaturgenres, das als Pseudepigraphen (»unter falschem Namen geschriebene Bücher«) bezeichnet wird, und stellen keineswegs die wirklichen Berichte von Männern namens Matthäus, Markus und Lukas dar (Johannes sei hier ausgenommen), wer immer diese auch gewesen sein mögen. Lukas zumindest gibt von vornherein zu, daß er anhand von Quellen gearbeitet hat (1,1–4), aber es ist weiterhin umstritten, ob die endgültige Fassung ebenfalls von Lukas selbst oder von jemand anderem stammt. Diese Fragen sind zu komplex, als daß sie hier eingehend erörtert werden könnten, aber sie haben auch keinerlei Einfluß auf die Schlußfolgerungen, zu denen wir in der vorliegenden Arbeit gelangen werden.

Daß die Apostelgeschichte aus der Feder des Lukas stammt, wird gleichfalls als gegeben akzeptiert. Überall da, wo die Erzählung in die erste Person Plural wechselt, also Teile des »Wir-Dokuments« eingeschaltet werden, können wir davon ausgehen, daß der Text wahrscheinlich auf den echten persönlichen Aufzeichnungen eines Reisegefährten des Paulus mit Namen Lukas basiert.[10] Hier besitzen wir also wohl einen echten historischen Kern, und in der Tat tritt in solchen Passagen das Phantastisch-Anekdotenhafte zugunsten einer sachlicheren Reportage und eines geradlinigen Erzählstils zurück. Aber wie ist ein großer Teil dessen zu beurteilen, was wir in den ersten 16 Kapiteln der Apostelgeschichte finden – diese romantischen Legenden und phantastischen Märchen reinsten Wassers?

Die gleichen Überlegungen treffen natürlich – wenngleich in einer längst nicht so durchschaubaren Weise – auch auf die unter den Namen Matthäus, Markus und Johannes redigierten Berichte zu. Tatsächlich wird es uns von Fall zu Fall gelingen, den jeweiligen historischen Kern freizulegen, der sich unter der stellenweise mythologisierenden narrativen Oberfläche verbirgt. Ein Großteil der in den Evangelien enthaltenen Informationen stammt aus anderen Quellen – so insbesondere, wie wir nachweisen werden, Jakobus betreffende Berichte, aber auch Material aus Josephus, alttestamentliche Geschichten über Helden und Propheten und sogar Episoden aus dem Leben des Paulus.

Es ist sogar die These vertreten worden, daß die Evangelien, wenn sie Jesus *nicht* als jene übernatürliche Gestalt schilderten, *als* die sie ihn schildern, nicht authentisch wären – das heißt also, daß es gerade die phantastischen Aspekte der Erzählungen sind, die sie als die authentischen *hellenistischen* Dokumente ausweisen, die sie tatsächlich darstellen (wenngleich vielleicht nicht »authentisch« für den modernen Leser). Gelegentlich mag man vielleicht auf die wirklichen Überreste der historischen Wahrheit stoßen, aber im allgemeinen kann man angesichts der Evangelienberichte mit dem in den Pseudoklementinen zitierten angeblichen Ausspruch Jesu nur empfehlen: »Seid wie gute Geldwechsler, die falsche Münzen von echten zu scheiden wissen.«[11] Lukas ist natürlich ein Grieche, also eingestandenermaßen ein Ausländer, aber der moderne Leser kann nicht umhin, den *allgemein* hellenistisch-antisemitischen Tenor der Evangelien festzustellen, der um so verwunderlicher ist, wenn er im Zusammenhang mit angeblich *jüdischen* Zeugen wie Matthäus, Markus und Johannes auftritt. Mehr als jedes andere Einzelmerkmal ist es vielleicht gerade diese Grundstimmung, welche die *Texte als Werke von Nichtjuden* ausweist oder es höchst unwahrscheinlich macht, daß sie ihre gegenwärtige Form in einem jüdischen Kontext erhalten haben oder ursprünglich von jüdischen Autoren verfaßt worden sein könnten. Ungeachtet mancher anderslautender Deutungsversuche spiegeln die Evangelien einen eindeutig griechisch-römischen oder heidnischen Hintergrund und Geist wider.

Was den Leser aber vielleicht sogar noch mehr verwundern dürfte, ist die Tatsache, daß der Antisemitismus des paulinischen oder heidnischen Christentums sich stärker gegen die jüdischen Apostel oder die Jerusalemer Kirche richtet als gegen die »jüdischen Juden«. Mit letzterem hat Paulus nicht allzuviel im Sinn – sie sind für ihn meist nicht mehr als ziemlich bedeutungslose Quälgeister. Da die Apostelgeschichte retrospektiv und »paulinisiert« ist, vertritt sie einen anderen Standpunkt und verharmlost oder glättet diese erbitterten innerkirchlichen Auseinandersetzungen. Ja, von Paulus' vermutlichem Lehrer, dem pharisäischen Rabbi Gamaliel, einem Nachkommen des bereits erwähnten Hillel, spricht der Text durchaus in achtungsvollen Tönen. Es sind seine jüdischen Widersacher *innerhalb* der Kirche, gegen die Paulus seine bissigsten Angriffe führt – und zwar vor allem gegen die »etlichen von Jakobus«, das heißt die Kollegen Jakobus' von der Jerusalemer Kirche (Galater 2,12).

Wie schon in der Einleitung angedeutet, sollte hier in aller Entschiedenheit festgehalten werden, daß ein jüdisches Dokument zwar sektiererisch, also antipharisäisch oder sogar antisadduzäisch – was die Handschriften vom Toten Meer ganz gewiß und die Evangelien in ihren authentischsten Passagen bisweilen sind –, aber in keinster Weise antisemitisch sein kann. Das wäre ein Widerspruch in sich. Es ist wohl möglich, gegenüber Menschen mit abweichender politischer oder sektiererisch-religiöser – nationalistischer oder antinationalistischer, kosmopolitischer oder fremdenfeindlicher – Gesinnung feindlich eingestellt zu sein, wie dies etwa auf Josephus zutrifft; aber man kann nicht (außer in pathologischen Ausnahmefällen) gegen seine eigene Natur sein. Paulus legt zwar bisweilen diese verblüffende Einstellung an den Tag, aber er ist, wie wir aufzeigen werden, vielleicht nicht so jüdisch, wie er sich dünkt oder sich darstellt.

Bei einer kritischen Analyse der Evangelien müssen wir daher jegliches Material herauslösen, das eine rückwärts gerichtete Geschichtsbetrachtung und die antisemitische Grundstimmung paulinischen oder heidnischen Christentums verrät. Dazu wird ein Großteil der bekanntesten und beliebtesten Bibelpassagen gehören, so etwa die meisten Gleichnisse, die trotz ihres bildhaften Charakters in dieser Hinsicht fast immer relativ leicht zu durchschauen sind.[12] Gleichfalls in diese Kategorie würden die am häufigsten zitierten und am höchsten geschätzten Aussprüche Jesu fallen, von denen viele im Abendland zu geflügelten Worten geworden sind.

Sie alle sind fast durchweg gegen die Menschen Palästinas gerichtet, sind also *anti*jüdisch und *für* die paulinische Heidenmission – zum Beispiel: »Die Ersten werden die Letzten und die Letzten werden die Ersten sein«[13] – »Ein Prophet gilt nichts in seinem Vaterland und im eigenen Hause«[14] – »Wer ist meine Mutter, und wer sind meine Brüder?«[15] – »Wehe dir, Chorazin, weh dir, Bethsaida, wären solche Wunder zu Tyrus und Sidon geschehen, wie bei euch geschehen sind, sie hätten längst in Sack und Asche Buße getan«[16] – weiterhin Aussagen zugunsten von »Zöllner[n]« (Steuereintreibern), »Dirnen«, »Sünder[n]« (oft ein Leitmotiv für Heiden)[17], »Weinsäufer[n]«, dem »guten Samariter«, »diesen Kleinen«, »dem einen verlorenen Schaf«[18], »Fresser[n] (Menschen, die sich nicht an die Speisegebote halten), »die Syrophönizierin« und so fort – alles mehr oder weniger indirekte Verweise auf die Priorität der Heidenmission, die Aufnahme von Heiden in die Urkirche und damit zusammenhängende Themen.

An dieser Stelle wird man vielleicht auch ein weiteres Lieblings-Schibboleth der zeitgenössischen Forschung über Bord werfen müssen: die – von der Apostelgeschichte (15,5) unterstellte – sogenannte »Judaisierung« des Urchristentums. Gemäß der polemischen Auffassung der Apostelgeschichte – und, nach ihr, der modernen Wissenschaft – wären die ursprünglichen, heidenorientierten und heidenmissionsfreundlichen Lehren Jesu und der Apostel von der »jakobinischen« Jerusalemer Kirche untergraben worden. Dies ist eine schlichte Absurdität, und es muß in aller Entschiedenheit klargestellt werden: Es hat nie eine »Judaisierung« des Urchristentums gegeben – nur dessen zunehmend raschere *Paganisierung*.

Irreversibel wurde dieser Prozeß, als Rom nach dem Aufstand von 66 bis 70 n.Chr. das Jerusalemer Zentrum zerstörte. Erst wenn diese und ähnliche Faktoren klar erfaßt und viele weitverbreitete Gemeinplätze und historische Klischees aufgegeben worden sind, wird es gelingen, sich der Beantwortung der Frage nach dem historischen Jesus anzunähern.

Wer den ehrlichen Versuch unternehmen will, die Wahrheit über diese Periode zu erfahren, muß daher bereit sein, sich etwa von der landläufigen Ansicht zu verabschieden, die Evangelien seien »Augenzeugenberichte«. Der einzige »Augenzeuge« dieses betrüblichen Schauspiels, auf den wir uns – abgesehen von den Qumran-Autoren – beziehen können, ist Josephus, und von seinen Mängeln war bereits die Rede. Dies bedeutet aber nicht, daß wir uns auch von unserem Glauben verabschieden müßten. Die Evangelienberichte sind *sakrale* Geschichte, und als solche sprechen sie vornehmlich unser religiöses Gefühl an – wenn auch nicht unbedingt unser Gefühl für historische Exaktheit.

Zwischen »sakraler Geschichte« und historischer Wahrheit besteht in jedem kulturellen Kontext ein grundlegender Unterschied. Dies gilt für das Alte und das Neue Testament ebenso wie für jede andere religiöse Überlieferung – griechische Mythologie, Hinduismus, die unzähligen Stammesreligionen und so weiter. Sakrale Geschichte schildert, was eine bestimmte Kirche oder Religion für ihre eigene Vergangenheit *hält* – was aber nicht notwendigerweise deren *wirkliche* Vergangenheit gewesen zu sein braucht. In dieser Art von Geschichtsschreibung werden Ereignisse oft retrospektiv dargestellt und zu den zum Zeitpunkt ihrer schriftlichen Fixierung vorherrschenden religiösen Anschauungen oder dem theologischen Standpunkt der für diese Fixierung verantwortlichen Gruppe in Beziehung gesetzt. Wer also den ernsthaften Willen hat, die hinter der fraglichen Periode verborgene *historische* Wahrheit – und wenn auch nur andeutungsweise – zu erkennen, muß die Fähigkeit aufbringen, zwischen seinem Glauben und seiner historisch-kritischen Urteilskraft eine klare Trennung vorzunehmen; und dies gilt für Juden ebenso wie für Christen.

Josephus über Jakobus und andere Häupter der Urkirche

Den stichhaltigsten Beweis, den wir für die Existenz Jesu überhaupt besitzen – mag man den Namen »Jesus« nun symbolisch oder wörtlich nehmen[19] –, ist die durch Josephus einwandfrei bezeugte Person von dessen Bruder (und Josephus' älterem Zeitgenossen) Jakobus. Manche halten selbst die im Zwanzigsten Buch von Josephus' *Altertümern* vorkommende Erwähnung Jakobus' für eine Interpolation; aber abgesehen davon, daß ein solcher Einschub den Kirchenvätern wenig genutzt hätte, ist die Stelle für sich genommen absolut überzeugend und paßt durchaus in den Kontext dessen, was wir aus anderen Quellen über das Leben und die Lehre des Jakobus wissen.

Darüber hinaus liefert sie bis dahin unbekannte, augenscheinlich zuverlässige Informationen über die näheren Umstände von Jakobus' Verhaftung und Hinrichtung. Sie stimmt auch methodisch mit anderen derartigen Erwähnungen von Personen überein, die Josephus zwar in seinen *Altertümern*, nicht aber im *Jüdischen Krieg* nennt. Auch wenn keineswegs ausgeschlossen werden kann, daß die Passage in der uns vorliegenden Form unvollständig ist – Origenes, Eusebios und Hieronymus geben übereinstimmend an, mehr gelesen zu haben –, scheint doch festzustehen, daß Jakobus an dieser Stelle in irgendeiner Form von Josephus erwähnt wurde.

Josephus spricht in *Altertümer* zudem von einer Reihe weiterer äußerst interessanter Personen – darunter Jesus –, die, aus welchen Gründen auch immer, in *Jüdischer Krieg* nicht in Erscheinung treten. *Krieg* entstand rund zwei Jahrzehnte vor *Altertümer*, zu einer Zeit, als Josephus im Zusammenhang mit dem Aufstand gegen Rom noch allerlei Argwohn und Kritik ausgesetzt war. Offenbar wagte er es in den neunziger Jahren, Material zu veröffentlichen, das er zunächst vorsichtshalber zurückgehalten hatte.

Die Liste der im *Jüdischen Krieg* ausgelassenen Personen ist sehr aufschlußreich, der abgesehen von Jesus und Jakobus vielleicht interessanteste Name darunter Johannes der Täufer. Darüber hinaus gibt es eine Reihe weiterer Personen, die in ihrer gegenwärtigen Erscheinungsform vielleicht nicht wiederzuerkennen sind, für die sich aber, wie wir glauben, eindeutige Entsprechungen im Neuen Testament werden nachweisen lassen. Zu diesen gehören Petrus, Simon *Magus*, Theudas (also Thaddäus) und Ananias, von dem es in der Apostelgeschichte heißt, Gott habe ihn in Damaskus »in die Gasse, die da heißt die gerade, in das Haus des Judas« geschickt, daß er dort nach Paulus frage (9,10 f.). Weitere zu Paulus in Beziehung stehende Personen, die auch in *Krieg* genannt werden, sind Stephanus, Philippus, Silas und Niger – sowie, unserer Ansicht nach, Paulus selbst.

Eine frühkirchliche Quelle behauptet sogar, Theudas sei ein Freund des Paulus gewesen.[20] Abgesehen davon, daß er in der Apostelgeschichte direkt erwähnt wird, besitzt Theudas, wie wir noch sehen werden, Entsprechungen im »Judas des Jakobus« der Apostellisten des Lukas (bei Markus und Matthäus »Thaddäus« und »Lebbäus« genannt) sowie in syrischen Überlieferungen über die Bekehrung König Abgars (oder Agbars).

An Personen, die in keiner unmittelbaren Beziehung zum palästinischen Urchristentum stehen, aber aus irgendwelchen Gründen ebenfalls in *Krieg* fehlen, wären noch aus dem ersten vorchristlichen Jahrhundert Honi der Kreismacher/Onias der Gerechte, Pollio/Hillel und Sameas/Schammai zu nennen, aus dem ersten nachchristlichen Jahrhundert *Saddok*, der Gefährte Judas' des Galiläers, sowie die zwei Söhne des letzteren, Jakobus und Simon – bezeichnenderweise größtenteils Männer, die mit subversiven Strömungen in Palästina beziehungsweise mit deren Gegnern in Verbindung stehen. Judas der Galiläer wird in der Apostelgeschichte (5,36 f.), wie Theudas, direkt genannt, und die Tatsache, daß die Kreuzigung seiner zwei Söhne – bei Josephus »Jakobus und Simon« – dort keine Erwähnung findet, erklärt, wie wir sehen werden, die chronologischen Unstimmigkeiten, die sich bezüglich Judas und Theudas in der uns vorliegenden Version der Geschichte ergeben.

Josephus' Aussage über Johannes den Täufer ist die vielleicht vollständigste, die wir überhaupt besitzen, und sie liefert zudem Informationen, die uns erlauben, die Person des Täufers von den quasimythologischen Verbrämungen der Evangelien zu befreien und in einen realen historischen Kontext zu stellen. Einer der Punkte, die sich beispielsweise durch sie klären lassen, ist Johannes' Todesjahr: etwa 35 bis 36 n.Chr. – was natürlich im krassen Widerspruch zu den Angaben steht, die wir diesbezüglich in den Evangelien finden.[21]

Ein klareres Bild gewinnen wir außerdem auch von Johannes' Taufpraxis und den Begriffen »Gerechtigkeit« und »Frömmigkeit« (auf hebräisch *Zedek* und *Hesed*), die den Kern seiner Lehre ausmachen. Wie Josephus erläutert, sind damit »Gerechtigkeit gegeneinander und Frömmigkeit gegen Gott« gemeint – was wir von nun an als die »Gerechtigkeit-/Frömmigkeit-Dichotomie« bezeichnen werden. Weiterhin erfahren wir, daß die – nach jüdischem Brauch durch Eintauchen erfolgende – johannäische Taufe ausschließlich der Läuterung des Körpers diente und überhaupt nur insofern wirkte, als zuvor die Seele durch eine gerechte Lebensführung entsündigt worden war. Dies ist eine sehr wichtige Unterscheidung, die sich im übrigen, wie wir sehen werden, vollkommen mit der in den Qumran-Manuskripten vertretenen diesbezüglichen Auffassung deckt.

Auch der Grund, den Josephus für Johannes' Hinrichtung angibt, ist einsichtiger als die mythologisiertere Erklärung der Evangelien. Markus (6,20) behauptet gar, Herodes habe Johannes als einen »gerechten und frommen Mann« (also »einen *Zaddik*«) angesehen! Herodes – das heißt Herodes Antipas (4 v.Chr. – 39 n.Chr.), der Sohn Herodes' des »Großen« (*der Schreckliche* wäre ein treffenderer Beiname gewesen) – fürchtete das öffentliche Ansehen des Johannes, »dessen Rat«, so Josephus, »allgemein befolgt zu werden schien« – ein weiteres Indiz für die *Popularität* solcher oppositionellen Führer. Aus Angst, der Täufer könnte das Volk *zum Aufruhr* treiben, beschloß Herodes, ihn vorsichtshalber zu töten, um nicht später gegebenenfalls bereuen zu müssen, es unterlassen zu haben. Diese Hinrichtung war also wie diejenige Jesu, Jakobus' und einer Reihe weiterer messianischer oder »oppositioneller« Führer – so der Söhne Judas' des Galiläers, Jakobus und Simon –, eine *Präventivmaßnahme*.

Dies ist der entmythologisierte Johannes. Vertrauter ist uns natürlich die märchenhaftere Version der Geschichte: der Pantoffelheld Herodes, der sich an seinem Geburtstag von der tanzenden Tochter der Herodias bestricken läßt (in den Evangelien wird sie nicht namentlich genannt; als »Salome« kennen wir sie nur durch Josephus), das Haupt des Täufers »auf einer Schüssel«, des Herodes Widerstreben, Johannes hinrichten zu lassen – all dies sind literarische Ausschmückungen, Produkte reiner Fabulierlust und bis zu einem gewissen Grad durchaus auch bewußte Vortäuschung falscher Tatsachen.

Was ist der Grund dafür, daß so viele Details in *Krieg* ausgelassen und in *Altertümer* nachgetragen wurden? Wahrscheinlich hängt dies damit zusammen, daß Josephus sich mittlerweile sicherer fühlte – und vielleicht auch über mehr Informationen verfügte. Selbstverständlich könnte ihm in den neunziger Jahren etwas zugestoßen sein, was dieser Entwicklung ein Ende setzte; schließlich haben wir keinerlei Möglichkeit zu ermitteln, ob sein plötzliches Verstummen natürliche oder irgendwelche sonstigen Ursachen hatte. Die einzigen anderen Quellen, die uns für diese Periode vorliegen, darunter die – der nächsten Generation angehörenden – römischen Historiker Tacitus und Sueton, die sich selbst auf Josephus stützten, machen keinerlei Angaben zu seinem Ende.

In den Jahren nach dem jüdischen Aufstand mußte Josephus darauf gefaßt sein, wegen der Rolle, die er in den jüngsten Ereignissen gespielt hatte, attackiert zu werden, und ebendiese Angst vor einflußreichen Kritikern kommt auch in seiner an die *Altertümer* angehängten autobiographischen Skizze, der *Vita*, zum Ausdruck. Hier geht er zum erstenmal auf die Vorwürfe des Geschichtsschreibers Justus von Tiberias ein, eines anderen ehemaligen Kriegsteilnehmers, der Josephus' Loyalität gegenüber Rom in Frage gestellt hatte. Die äußerst zweifelhafte Rolle, die er seinerzeit, vor allem in Galiläa, gespielt hatte, mußte ihn zwangsläufig in einen solchen Verdacht bringen – wenn nicht gar in den der offenen Rebellion oder der Subversion. So gesehen ist die selektive Methode, deren er sich in den ersten Nachkriegsjahren bei seiner Berichterstattung befleißigte, nicht weiter verwunderlich. Insbesondere scheint er sich bezüglich einer Reihe von Personen Zurückhaltung auferlegt zu haben, die wie Jakobus durch ihre umstürzlerischen oder religiösen Tendenzen einen größeren Einfluß auf die palästinische Sektengeschichte ausgeübt hatten.

Als er sich aber in den neunziger Jahren an die Abfassung der *Altertümer* machte, fühlte sich Josephus zunehmend sicherer, und dementsprechend konnte er sein Werk mit all diesen neuen Porträts spicken. Ja, so sicher fühlte er sich mittlerweile, daß er in der *Vita* sogar Details aus seinem Privat- und seinem Familienleben verrät. Und warum auch nicht? Er war durch Adoption in die kaiserliche Familie aufgenommen worden. Er war Adjutant von Vespasians Sohn Titus gewesen, dem jener die Fortsetzung des Krieges anvertraut hatte, als er nach Rom abgereist war, um die Kaiserwürde anzunehmen. Josephus war nicht nur mit nachrichtendienstlichen Aufgaben und dem Verhör jüdischer Gefangener betraut gewesen (eine Stellung, die er durchaus zu seinem Vorteil zu nutzen gewußt hatte), sondern er hatte ebenfalls zum engeren Kreis von Titus' Beratern gehört – wie übrigens auch eine Anzahl weiterer jüdischer Überläufer.

Einer von diesen, der auch in der Apostelgeschichte (4,6) erwähnte Titus Alexander, von 46 bis 48 n.Chr. Prokurator in Palästina, war der Sohn des Alabarchen von Alexandria und der Neffe des hellenistisch-jüdischen Philosophen Philon. Der Alabarch von Alexandria war der von Rom eingesetzte Vorsteher der dortigen jüdischen Gemeinde. Tiberius Alexander, der als vollendeter römischer Bürokrat und Politiker gelten kann, hatte sich bereits in mehreren hohen Ämtern ausgezeichnet. Als Vespasian nach Rom ging, wurde Tiberius als Titus' Oberbefehlshaber für die Belagerung Jerusalems – und vielleicht auch als heimlicher Aufpasser für den künftigen Kaisersohn – zurückgelassen. Josephus, der ihn persönlich kannte, bezeichnet ihn in *Altertümer* überraschend freimütig als einen Abtrünnigen und Verräter des jüdischen Glaubens.[22]

Gleichfalls zu diesem Kreis gehörte die herodianische Prinzessin Berenike, die vor ihrer Heirat mit ihrem Onkel Herodes von Chalkis (44–49) Tiberius Alexanders Schwägerin gewesen war. Jetzt war sie Titus' »Kleopatra«. Auch sie tritt in der Apostelgeschichte auf, wo sie sich mit Paulus, der sie offenbar auch kannte, einträchtig unterhält (24,23–25,32). Josephus war mit Sicherheit ebenfalls mit ihr bekannt.

Er erzählt uns nicht nur, sie sei die reichste Frau Palästinas gewesen – vielleicht mit ein Grund, warum Titus so sehr von ihr angetan war – und habe Gerüchten zufolge mit ihrem Bruder Agrippa II., der gleichfalls in der Apostelgeschichte erwähnt wird, Inzest begangen, sondern auch, sie habe ihren Bruder später dazu bewogen, Josephus' Kritiker Justus von Tiberias zu begnadigen.[23] Dies war der Kreis um Titus, in den Josephus zwangsläufig hineingezogen wurde. Tatsächlich erklärt er in der *Vita*, bei der Abfassung der *Altertümer* habe er Zugang zu Agrippas II. geheimen Aufzeichnungen gehabt. Schon damit ließen sich einige der in diesem Werk enthaltenen neuen Informationen erklären.

In seinem Vorwort zu *Krieg* gibt Josephus an, die – unseren modernen Übersetzungen zugrundeliegende – griechische Version beruhe auf einer ersten Fassung des Textes, die er in hebräischer oder aramäischer Sprache geschrieben habe, um seinen Glaubensbrüdern im Osten verständlich zu machen, was in Palästina wirklich geschehen war – und vermutlich, um sie so von ähnlichen Unternehmungen abzuschrecken. Unter »Osten« wurde zu seiner Zeit der Norden Syriens, Edessa oder die Region um Charran – Abrahams Heimat –, das sich mit diesen teilweise überschneidende, ungenau als *Arabia* bezeichnete Gebiet und vor allem das zwischen dem nördlichen Mesopotamien und Persien gelegene Königreich Adiabene verstanden, dessen Herrscherfamilie den Aufstand gegen Rom – und zwar aktiv auf jüdischer Seite – unterstützt hatte.[24]

Wenn er auf die römische Kaiserfamilie und die Taten seines Gönners Titus zu sprechen kommt, legt Josephus eine solche Unterwürfigkeit an den Tag, daß es schwerfällt, seine diesbezüglichen Angaben als zuverlässig zu betrachten. Dies war an sich schon ein Dienst, den er seinen kaiserlichen Gönnern erwies, aber es war noch nicht alles. Es ist die Vermutung geäußert worden, Teile dessen, was Josephus in der ursprünglichen Version seines *Jüdischen Krieges* geschrieben hatte, seien in dem als »Altrussischer Josephus« bekannten Manuskript erhalten.[25] Diese Behauptung läßt sich indes weder verifizieren noch widerlegen. Es gab außerdem auch arabische Josephus-Handschriften. Origenes, der Kirchenschriftsteller des 3. Jahrhunderts, und Eusebios, der einige Zeit nach ihm in Cäsarea wirkte, behaupten übereinstimmend, eine Ausgabe von Josephus gelesen zu haben, die von der uns heute vorliegenden abweicht. Dieser Text enthielt eine Passage, die den Tod des Jakobus, *nicht den Tod Jesu*, mit dem Untergang Jerusalems in Verbindung brachte – eine wichtige Zusatzinformation.

Dort, wo in der uns heute vorliegenden *Altertümer*-Fassung von Jakobus die Rede ist, findet sich die Passage nicht, und es ist eigentlich nicht recht ersichtlich, wo sie sich in den Text sinnvoll hätte einfügen lassen außer in der Schilderung der Umstände von Jakobus' Tod im Jahre 62 n.Chr. Doch nachdem Eusebios das ihm vorliegende zusätzliche Material erwähnt hat, zitiert er genau die Version vom Tod des Jakobus, der wir heute in *Altertümer* begegnen; daraus können wir also schließen, daß ihm aus den Werken des Josephus *zwei verschiedene* Berichte über den Tod des Jakobus bekannt waren.

Der zweite kann nur in jener Version von *Jüdischer Krieg* enthalten gewesen sein, die Origenes, Eusebios und möglicherweise auch Hieronymus in der Bibliothek von Cäsarea gesehen haben müssen. Origenes war empört über das, was er las, und beeilte sich, Josephus' Darstellung der Ereignisse dahingehend zu korrigieren, daß es *Jesu Tod* gewesen sei, der zum Untergang Jerusalems führte. Dies würde wahrscheinlich hinlänglich erklären, warum diese Passage schließlich aus allen erhaltenen Fassungen der Werke Josephus' – sogar dem arabischen *Yusufus* – verschwunden ist.

Wenn die Passage, die den Tod des Jakobus mit der Zerstörung Jerusalems in Verbindung brachte, wirklich in der östlichen (aramäischen) Version von *Krieg* enthalten war, läßt sich mit einiger Sicherheit angeben, an welcher Stelle sie sich befunden haben dürfte: entweder dort, wo Josephus vom Tod des Hohenpriesters Ananus berichtet, des Mannes, der neben Agrippa II. für den Tod des Jakobus verantwortlich war, oder aber gegen Ende des *Krieges*, im Zusammenhang mit den Zeichen und Wundern, welche die Zerstörung des Tempels ankündigten, so der »Stern-Prophezeiung« und Jesus ben Ananus' Wehklage.[26]

Jedenfalls sind das Material über Jakobus und dasjenige über Johannes den Täufer gute Beispiele für die Ergänzungen und Erweiterungen, die sich gegenüber *Krieg* in *Altertümer* finden. Dieser eindeutige und wahrscheinlich unredigierte Hinweis auf Jakobus ist, wie wir gesehen haben, vielleicht auch das beste Indiz für die Existenz eines Jesus. Der Schluß ist ganz einfach: Wenn Jakobus existiert hat – und *das* steht ganz außer Frage –, dann hat auch Jesus existiert.

Die Bezeugung Jesu

Alles im Leben und Werk des Josephus deutet darauf hin, daß er durchaus mit der Bewegung vertraut war, die – in Ermangelung einer besseren Bezeichung – allgemein als »christlich« definiert wird. Im palästinischen Kontext ist es wahrscheinlich sicherer, von der »messianischen Bewegung« zu sprechen.[27] Ebenso darf man davon ausgehen, daß es in Palästina keine zwei konkurrierenden messianischen Bewegungen gegeben haben kann, sondern wahrscheinlich nur eine einzige: nämlich diejenige, die ihre Spuren in den sogenannten Handschriften vom Toten Meer hinterlassen hat.

Angesichts der Weise, wie Josephus den Jakobus in der uns vorliegenden Passage als den »Bruder des Jesus, genannt der Christus« vorstellt, kann man sich auch nicht des Eindrucks erwehren, daß er bereits an anderer Stelle von Jesus gesprochen hatte. Genau eine solche Passage über Jesus findet sich in *Altertümer*. Sie ist allerdings so christlich-linientreu, daß viele sie für einen späteren Einschub halten. So wird Josephus beispielsweise, abgesehen von einem Hinweis auf Jesu »ganz unglaubliche Taten«, die Aussage in den Mund gelegt, Jesus sei »ihnen am dritten Tage wieder lebend [erschienen]«, und »er [sei] der Christus gewesen« – was Josephus nach außen hin zu einem gläubigen Christen machen würde. Damit soll allerdings nicht grundsätzlich behauptet werden, Josephus habe an dieser Stelle Jesus *nicht* erwähnt, sondern nur, daß der uns vorliegende Wortlaut nicht mit dem identisch ist, *was* er ursprünglich geschrieben hatte.[28]

Der Kontext aber, in dem die obige Passage erscheint, ist durchaus bemerkenswert. Für die Zeitspanne zwischen dem Zensus des Cyrenius (6/7 n.Chr.) und dem Amtsantritt des Pontius Pilatus als Prokurator – das Datum ist ungewiß, aber Josephus gibt das Jahr 26 n.Chr. an – liefert uns Josephus, vermutlich weil ihm für diese Zeitspanne keine Quellen zur Verfügung standen, auffallend spärliche Informationen. Direkt nach der Mitteilung über Jesus beginnt in *Altertümer* ein langer Exkurs über Tempelprostitution und einen Mann, der eine aristokratische Dame verführt, indem er sich für einen Gott ausgibt – die Geschichte von »Mundus und Paulina«. Bevor er zum eigentlichen Gegenstand seines Berichts, *Pontius Pilatus' Amtstätigkeit in Palästina*, zurückkehrt, referiert Josephus noch eine weitere, gleichermaßen skurrile, thematisch verwandte Anekdote über einen ungenannt bleibenden jüdischen Lehrer, der zusammen mit drei anderen – die ausdrückliche Erwähnung der *Drei*zahl ist in diesem Zusammenhang bedeutsam – eine gewisse Fulvia, gleichfalls eine römische Aristokratin, zum jüdischen Glauben bekehrt.[29]

Besagter Lehrer war wegen »Übertretung des Gesetzes« aus Palästina verbannt worden. Unter dem Vorwand, kostbare Weihegeschenke für den Tempel nach Jerusalem schicken zu wollen, entlocken er und seine drei Kumpane Fulvia einen hohen Geldbetrag, den sie dann aber selbst verprassen. Die Anklänge an analoge Ereignisse in Palästina, wie Spendensammlungen und parallele Aktivitäten der paulinischen Mission, sind wohl kaum zu überhören. Wie sich herausstellt, ist Fulvias Ehemann ein Freund Kaiser Tiberius' (14–37 n.Chr.), der, als er von der Geschichte erfährt, alle Juden aus Rom verbannt.

Tacitus aber, der gleichfalls angibt, Tiberius habe die Juden aufgrund derlei verwerflicher abergläubischer Praktiken aus Rom vertrieben, gibt als genaues Datum dieser Ereignisse 19 n.Chr. an – was nach Auskunft der angeblich unechten *Acta Pilati*, gegen die Eusebios in seiner *Kirchengeschichte* so wortreich wettert, das Jahr von Jesu Kreuzigung gewesen sein soll.[30] Diese – inzwischen natürlich verschollenen – »Akten« scheinen im 4. Jahrhundert aufgetaucht zu sein und sollen auf den damals gerade veröffentlichten Dokumenten aus Pontius Pilatus' Kanzlei basiert haben. Seither sind sie von orthodoxeren »pseudopilatischen Schriften« verdrängt worden. Eusebios hält die *Acta* natürlich für Fälschungen, aber falls sie doch authentisch gewesen sein sollten, ließen sie nicht nur auf ein früheres Datum für die Kreuzigung Jesu schließen, sondern auch darauf, daß Pontius Pilatus möglicherweise ein Jahrzehnt eher nach Palästina kam, als normalerweise angenommen wird.

Diese so fehl am Platz wirkenden Anekdoten über die Verführung und die Übervorteilung aristokratischer Römerinnen erscheinen in *Altertümer* genau an jener Stelle, an der Josephus vorgeblich von Pontius Pilatus' Amtsführung in Palästina spricht und wo wir eigentlich mehr über Jesus erfahren sollten – wenn er ihn denn tatsächlich erwähnt hat. Wie wir gerade gesehen haben, datiert Tacitus diese Ereignisse in das Jahr 19 n.Chr. Die »Mundus-und-Paulina«-Episode endet mit einer – in diesem Fall Mundus' – *Verbannung* aus Rom. Der ansonsten unbekannte Mundus gibt sich für den ägyptischen Gott Anubis aus, um Paulina, eine verheiratete Frau, im Isistempel zu verführen; ganz Rom ist über diese Untat empört.

Manche könnten darin eine subtile, wenn auch bösartige Travestie christlicher »Vor-Kindheitserzählungen« sehen. Die Fulvia-Episode wiederum handelt von den im Ausland durchgeführten Spendensammelaktionen eines in Palästina »wegen Übertretung des Gesetzes« verurteilten Lehrers und »drei« seiner Gefährten. Daß Josephus Jesus – außer im Zusammenhang mit Jakobus – nicht wieder erwähnt, bedeutet nicht unbedingt, daß die ursprüngliche Fassung seines Berichts tatsächlich nicht mehr mitteilte, als uns heute vorliegt. Wahrscheinlich war da wirklich mehr, aber in Anbetracht von Josephus' charakterlos unterwürfiger Haltung gegenüber Rom wäre es nicht verwunderlich, wenn er solch brisantes Material zugunsten der burleskeren Version unterdrückt hätte.

Die durch Tacitus gewonnene Datierung der »Mundus-und-Paulina«-Episode wirft nicht nur – ebenso wie das von Josephus angegebene Datum für den Tod Johannes' des Täufers – Probleme im Zusammenhang mit den entsprechenden Zeitangaben aus dem Neuen Testament auf[31]; sie überschneidet sich auch mit einer späteren Angabe bei Sueton, während der Regierungszeit des Claudius (41–54 n.Chr.) seien die Juden wegen propagandistischer Aktivitäten zugunsten eines »Chrestus« aus Rom verbannt worden.[32] Dies ist nicht nur im Zusammenhang mit den verschiedenen einander überschneidenden Verbannungen interessant, sondern auch erstens, weil »Chrestus« ganz offensichtlich »Christus« heißen soll, und zweitens, weil es zeigt, daß die Römer, zumindest in der Periode vor der Zerstörung des Tempels, zwischen dem, was wir heutzutage »Christen«, und dem, was wir »Juden« nennen, keinerlei Unterschied machten. Für die Römer waren sie ein und dasselbe – vor allem dann, wenn sie zur Ausbreitung des gefährlichen Bazillus jüdisch-messianischer und apokalyptischer Propaganda beitrugen.[33]

Die »Stern-Prophezeiung«

Wenigstens dem Anschein nach betrachtet sich Josephus als Pharisäer, und immer dann, wenn es um die Beziehung zur römischen Obrigkeit geht, entspricht sein Verhalten durchaus demjenigen zweier weiterer erklärter Pharisäer dieser Periode: Paulus', des Begründers des paulinischen Christentums, und Rabbi Jochanan ben Zakkais, des Begründers des rabbinischen Judentums. Auch die selbstauferlegten Zwänge, unter denen er arbeitete, unterscheiden sich nicht wesentlich von denen dieser beiden – vor allem dann, wenn er von volkstümlichen messianischen Führern berichtet, die von römischen Verwaltungsbeamten gekreuzigt worden waren. Die Kreuzigung war *die* römische Strafe für revolutionäres oder subversives Verhalten schlechthin. Eine ihrer frühesten Erwähnungen findet sich im Zusammenhang mit dem Spartacus-Aufstand aus der ersten Hälfte des ersten vorchristlichen Jahrhunderts. Diese Revolutionäre aus der Sklavenklasse wurden nach ihrer Niederlage in so großer Zahl hingerichtet, daß entlang der Straße von Neapel nach Rom ein Kreuz neben dem anderen stand.

Insgesamt hielt Josephus die »religiösen Schwindler« oder »Magier« dieser Periode wegen des Einflusses, den sie auf das Volk ausübten, für schädlicher und gefährlicher noch als »Räuber und Meuchelmörder«. Dies lag, wie er ausführt, in erster Linie daran, daß sie *sowohl* religiöse Reformen *als auch* einen Regierungswechsel anstrebten – daß sie also ein doppeltes, religiöses und politisches, Programm verfolgten.[34] Daher porträtierte Josephus aus Notwendigkeit, wenngleich nicht aus Neigung (beides ist bei ihm oft miteinander identisch), derlei »Betrüger« und »Täuscher« – zumindest in den für römische Leser bestimmten Fassungen seines Werkes – in den denkbar finstersten Farben. Als die Kirche nach der konstantinischen Wende allmählich zur unumschränkten zensierenden Instanz avancierte, dürften negative Darstellungen früher christlicher Führer, sofern als solche erkennbar – also nicht wie etwa in der *Mundus-und-Paulina*-Episode – zweifellos durch freundlichere Bezeugungen ersetzt oder gänzlich getilgt worden sein.

Ein ähnliches Problem begegnet uns im Zusammenhang mit der Frage, wer wirklich für den Untergang des Tempels verantwortlich war. Es kann kaum ein Zweifel daran bestehen, daß der Jerusalemer Tempel – ebenso wie später eine kleinere Kopie desselben, die in Ägypten stand – aufgrund einer ausdrücklichen politischen Entscheidung Roms zerstört wurde, und dennoch behauptet Josephus, die Juden hätten selbst ihren Tempel um sich herum in Brand gesteckt. Die Römer betrachteten den Jerusalemer Tempel zweifellos als das Zentrum der »messianischen Pest«, was er trotz aller anderslautenden christlichen Behauptungen auch tatsächlich war.

Die Schilderung dieser Ereignisse dürfte sich im berühmten verschollenen fünften Buch von Tacitus' *Historien* oder möglicherweise in einem der fehlenden Teile der *Annalen* befunden haben, aber Sulpicius Severus liefert im 5. Jahrhundert einen Bericht, der wahrscheinlich auf diesen älteren Quellen basiert.[35] Er schildert, wie Titus' Offiziere am Vorabend der Erstürmung des Tempels Kriegsrat hielten und den endgültigen Beschluß faßten, das Gebäude zu zerstören – eine Entscheidung, die bei Leuten wie Berenike, Philons Neffen Tiberius Alexander und Josephus selbst begeisterten Beifall gefunden haben dürfte. Ein anderer römischer Geschichtsschreiber, Dio Cassius, berichtet, der Anblick der Juden, die sich verzweifelt in die Flammen stürzten, habe die Römer mit Erstaunen und Schrecken erfüllt.[36]

Josephus seinerseits ist eifrig bemüht, die Sache so hinzustellen, als hätten die Juden ihren Tempel selbst angezündet, während Titus sein Bestes tat, um die Flammen zu löschen. Auf diese Weise gelingt es ihm, seinen Gönner vor der – für ein so abergläubisches Volk wie die Römer äußerst schwerwiegenden – Anschuldigung der Gottlosigkeit oder der Tempelschändung zu bewahren. Die Methode, mit der Titus laut Josephus vorgeht, erinnert stark an das Verhalten, das Pontius Pilatus und Herodes in den Evangelien messianischen Führern wie Jesus und Johannes dem Täufer gegenüber an den Tag legen – was keineswegs verwunderlich ist, wenn man berücksichtigt, daß all diese Texte aus einer ähnlichen Geisteshaltung heraus unter vergleichbaren inneren und äußeren Zwängen entstanden.

Obwohl Josephus, insofern er in der uns vorliegenden Fassung des Korpus bezeugt, Jesus sei »der Christus« gewesen, einerseits als Christ angesehen werden müßte, teilt er uns, wie wir gesehen haben, an anderer Stelle unzweideutig mit, er habe Vespasian für den Mann gehalten, dem es bestimmt war, von Palästina ausziehend die ganze Welt zu beherrschen. Josephus' Verkehrung der »Weltherrscher«-Prophezeiung ist in ihrem Zynismus durchaus der hellenistischen Umdeutung vergleichbar, welche die Weissagung in den Evangelien erfährt. Nicht minder zynisch schildert die rabbinische Literatur, wie Rabbi Jochanan ben Zakkai, der Begründer des rabbinischen Judaismus, die Prophezeiung auf die gleiche opportunistische Weise auslegt und sie ebenfalls, vermutlich um seine Haut zu retten, auf Vespasian bezieht.

Das sind die für diese Zeitspanne so typischen exegetischen Winkelzüge und Kunststücke. Je nachdem, was man unter einem »Christen« im damaligen Palästina verstehen will, könnte Josephus durchaus ein heimlicher Christ gewesen sein – aber bestimmt nicht aufgrund seiner Charakterisierung Jesu. Nimmt man *sie* als Kriterium, war auch Pontius Pilatus ein Christ, und in der Tat tauchten in den ersten Jahrhunderten unserer Zeitrechnung apokryphe Evangelien auf, die genau das behaupteten. Diese Absurditäten gingen schließlich so weit, daß im Mittelalter sogar »josephistische« Kulte entstanden und daß das Josephus-Korpus, wie bereits an anderer Stelle erwähnt, dem griechisch-orthodoxen Kanon beigefügt wurde.

Josephus' erste englische Übersetzer, wie Isaac Newtons Zeitgenosse William Whiston – dessen Werke heute noch immer nachgedruckt werden –, waren davon überzeugt, es mit einem Christen zu tun zu haben. Die Geschichte kennt nur wenige noch größere Zyniker, die uns eine so ungeschminkte Selbstdarstellung hinterlassen haben. Ja, wenn Josephus – abgesehen von der Fülle an historischem Material, die er vor uns ausbreitet – überhaupt einen Vorzug besitzt, dann ist es gerade seine Offenheit. In bezug auf seine eigenen Schwächen und Fehler legt er eine schier entwaffnende Ehrlichkeit an den Tag. Ja, er scheint nicht einmal zu merken, daß es Fehler sind.

5
Frühe kirchliche Quellen und die Handschriften vom Toten Meer

Außerbiblische Quellen zu Jakobus

Die Existenz Jakobus', des Bruders Jesu, wird nicht nur durch das paulinische Korpus, die Apostelgeschichte und von Josephus bestätigt, sondern auch durch die Evangelien – wenngleich dort in bewußt abgeschwächter Form. Zusätzliche Zeugnisse finden sich in der frühkirchlichen Literatur. Die wichtigsten Quellen sind hierbei Eusebios von Cäsarea (um 260–340) und Epiphanius von Salamis (367–404), beide aus Palästina. Ihre Zeugnisse über Jakobus decken sich zwar in weiten Teilen, weisen aber zudem einige interessante Unterschiede und Emendationen auf.

Eine weitere, allerdings viel kürzere Erwähnung findet sich in *De viris illustribus* (»Von berühmten Männern«) des Hieronymus. Hieronymus (347–420), dessen Werke ebenfalls größtenteils in Palästina, vor allem in Bethlehem, entstanden, war für seine Gelehrsamkeit und Bibelkenntnis berühmt; seiner Tätigkeit verdanken wir unsere heutige lateinische Vulgata. Sein Zeugnis überschneidet sich wiederum mit dem des Eusebios und dem seines Zeitgenossen Epiphanius (letzterer war, wie es scheint, ein zum Christentum übergetretener Jude). Eusebios und Epiphanius liefern zwar insgesamt mehr Informationen, dafür jedoch konzentriert sich Hieronymus auf bestimmte Aspekte der Überlieferung, die für unser Verständnis von Jakobus von äußerster Wichtigkeit sind.

Genaugenommen stützen sich diese Quellen und Bezeugungen überwiegend auf zwei ältere Autoren, deren Werke nicht mehr erhalten sind. Der erste, Hegesippus (um 90–180), war ein gleichfalls aus Palästina gebürtiger Kirchenmann; der zweite, Clemens von Alexandria (um 150–215), war Origenes' Vorgänger und Lehrer in Ägypten. Trotz gelegentlicher Abweichungen deckt sich ihr Zeugnis im wesentlichen miteinander, wobei dasjenige des Hegesippus allerdings umfangreicher ist. Eusebios gibt unumwunden zu, sich bei diesen Autoren bedient zu haben, und zitiert längere Passagen aus deren beider Werk – vor allem dem des Hegesippus. Ohne seine wörtlichen Zitate hätten wir keine Kenntnis von diesen entscheidenden Quellen.

Hegesippus ist die mit Abstand wichtigere von beiden. Er lebte noch nicht einmal ein Jahrhundert nach Jakobus und scheint, wenn schon kein eigentlicher Konvertit, so doch ein »Judenchrist« gewesen zu sein – was immer dieser Terminus damals auch bedeutet haben mag. Als junger Mann dürfte er Menschen begegnet sein, deren Erinnerung über die ganze fragliche Periode zurückreichte oder die ihrerseits Leute gekannt hatten, die eine unmittelbare, persönliche Kenntnis von den uns interessierenden Ereignissen und Personen besaßen. Sein Zeugnis erweist sich also als äußerst wertvoll; um so bedauerlicher ist es, daß wir von seinen Werken lediglich dasjenige besitzen, was Eusebios aus ihnen exzerpiert hat.

Ungeachtet der Tatsache, daß Eusebios durch seine ausgiebigen Übernahmen mit dazu beigetragen haben könnte, daß die Originale nicht weiter tradiert wurden, schuldet ihm der heutige Leser für die Genauigkeit seiner Hegesippus-Zitate großen Dank. Es ist allerdings ein sehr merkwürdiger Umstand, daß so viele Autoren, auf die sich Eusebios im Zusammenhang mit für unser Verständnis des palästinischen Urchristentums so wichtigen Informationen bezieht, im Original nicht mehr erhalten sind. So bleibt nur die Hoffnung, daß Eusebios wirklich die jeweils wichtigsten Passagen ihrer Werke exzerpierte.

Von Clemens von Alexandria haben uns zwar etliche Werke erreicht, allerdings gerade *die* nicht, aus denen Eusebios und Epiphanius ihre Informationen über Jakobus beziehen. Ebensowenig sind von Clemens – außer den von Eusebios zitierten Passagen – irgendwelche weiteren Aussagen über Jakobus erhalten. An dieser Stelle muß darauf hingewiesen werden, daß es in der Geschichte der Frühkirche zwei verschiedene »Clemense« gab. Der ältere von beiden – in dessen Namen die Pseudoklementinen redigiert wurden – war einer der ersten Päpste oder Bischöfe von Rom und lebte von etwa 30 bis 97 n.Chr. Er scheint dem römischen Adel angehört zu haben und, wie Markus, ein Reisegefährte des Petrus gewesen zu sein – zumindest lassen dies die verschiedenen unter seinem Namen redigierten apokryphen Berichte vermuten.[1]

Man sollte sich gegenwärtig halten, daß das zweite Evangelium nur deswegen zuletzt dem Markus zugeschrieben wurde, weil es von ihm hieß, er sei der Sekretär des Petrus gewesen – wobei die Frage unberührt bleibt, ob wir auch nur mit annähernder Sicherheit von einem »historischen Petrus« oder »Markus« sprechen können.[2] Clemens, Petrus' Nachfolger in Rom, könnte eine ähnliche Rolle gespielt haben. Jedenfalls wird er nicht nur als der erste beziehungsweise zweite »Papst« nach Petrus bezeichnet, sondern er galt auch als der Verfasser eines Korpus von lebendigen Erzählungen, die von seiner Bekehrung und seinen Reisen berichten und die seit längerem als Pseudoklementinen bekannt sind – obwohl sie nicht mehr »pseudo« sind als sonst ein Text dieses Genres, den wir aus dieser Zeit besitzen.[3]

Wichtig ist in diesem Zusammenhang, daß wir es mit *Literatur* zu tun haben, in diesem Fall mit hellenistischen Erzählungen einer wohlbekannten Gattung, den »Rekognitionen« – daher auch der Name der im 3. Jahrhundert entstandenen lateinischen Version dieses »Romans«, die wir heute besitzen: die *Rekognitionen des Clemens*. Doch daß es sich bei dem Text um einen hellenistischen »Roman« handelt, bedeutet nicht, daß er keinerlei historische Informationen enthielte. Die zweite Rezension der Pseudoklementinen, die zu uns gelangt ist, trägt den Titel *Homilien des Clemens*. Inhaltlich stimmen die beiden Handschriftengruppen weitgehend miteinander überein.

Daß beide Überarbeitungen der Pseudoklementinen »judenchristliche« oder ebionitische Tendenzen aufweisen, ist schon von vielen Seiten festgestellt worden. Der einzige wirkliche Unterschied zwischen den zwei Textgruppen besteht darin, daß der im ersten Buch der *Rekognitionen* erfolgende Angriff des Paulus auf Jakobus sowie das historische Material, in den dieser eingebettet ist, irgendwann aus den *Homilien* getilgt worden zu sein scheint, wodurch diese eine purgiertere Version darstellen. Damit liefern insbesondere die *Rekognitionen* neue Daten, die zwar nicht so sehr in doktrinärer, wohl aber in historischer Hinsicht von großer Wichtigkeit für unser Verständnis von Jakobus sind (die in den Pseudoklementinen vertretenen Doktrinen gehören nach allgemeiner Ansicht einer etwas späteren Periode an und *könnten* Spuren des echten Jakobus enthalten – die historischen Ereignisse tun dies aber mit Sicherheit).

Der Clemens, auf dessen Werk einige der bei Eusebios und Epiphanius anzutreffenden Aussagen über Jakobus beruhen, ist allerdings nicht *dieser* Clemens, sondern ein gleichnamiger alexandrinischer Theologe des 2. Jahrhunderts. Obwohl er ein jüngerer Zeitgenosse des Hegesippus war, läßt sich sein Zeugnis weder hinsichtlich seines Umfangs noch bezüglich seiner Nützlichkeit mit Hegesippus' eindrucksvoller Hinterlassenschaft vergleichen. Aus dem, was uns von ihm erhalten ist, kann aber immerhin gefolgert werden, daß er Informationen über Jakobus' Rolle als Nachfolger Jesu und über die Umstände seines Todes besaß.

Allerdings machen sich bei ihm bereits (bewußte oder zufällige) Entstellungen des Quellenmaterials und mythologisierende Tendenzen bemerkbar, und zwar – trotz seines geringen zeitlichen Abstands von den fraglichen Ereignissen – in sogar noch stärkerem Maße als bei Hegesippus. Auch Zusammenrückungen und Verschmelzungen unterschiedlicher Lesarten zu jeweils *einer*, oft inkorrekten Textgestalt treten schon vereinzelt auf. Trotz alledem ist Clemens von Alexandria ein wichtiges Bindeglied im Prozeß der Überlieferung und ein weiterer verläßlicher Zeuge für die Bedeutung, die Jakobus im Palästina des ersten nachchristlichen Jahrhunderts und in anderen Regionen des Ostens, die auf ihn zurückgehende Traditionen pflegten, besessen haben muß. Darüber hinaus scheint ihm Jakobus' »Bruder«-Beziehung zu Jesus keinerlei Probleme zu bereiten.

Wie im Falle des Hegesippus läßt sich über die Person des Clemens sowie über Anzahl und Umfang seiner Schriften nicht das geringste aussagen. Wieder ist es Eusebios, der gleich ihm aus Palästina stammte, dem wir unsere einzigen Informationen über sein Werk verdanken. Ein weiterer merkwürdiger Text, der früher dem Hegesippus zugeschriebene *»Egesippus«*, hat uns in einer lateinischen Fassung erreicht, aber es scheint sich dabei in Wirklichkeit nicht um eine Schrift dieses Autors zu handeln, sondern lediglich um eine weitere Josephus-Bearbeitung, in die möglicherweise ein Teil einer anderen verschollenen Schrift eingearbeitet wurde – diesmal des jüdisch-hellenistischen Philosophen Philon von Alexandria.

Philon (um 30 v.Chr.–45 n.Chr.), ein älterer Zeitgenosse des Jakobus, spielte eine außerordentlich wichtige Rolle im Geistesleben des ersten nachchristlichen Jahrhunderts, und bestimmte Aspekte seines Denkens fanden später Eingang in die christliche Theologie namentlich paulinischer Ausprägung. Wie Josephus unternahm er eine Reise nach Rom, um beim Kaiser wegen gewisser Ereignisse und Verstöße gegen das jüdische Rechtsempfinden, die sich in Palästina zugetragen hatten, zu intervenieren. Paulus machte nach Auskunft der Apostelgeschichte (die allerdings nicht immer den zuverlässigsten Zeugen abgibt) eine ähnliche Reise, wenngleich der Rechtsverstoß, gegen den er Einspruch erhob, nur ihn persönlich betroffen zu haben scheint. Paulus und Josephus besuchten den – offenbar neronischen – Kaiserhof zwischen 59 und 64 n.Chr.; Philon führte bereits um 40/41 n.Chr. eine Gesandtschaft zu Neros Vorgänger Caligula.

Wie das fünfte Buch von Tacitus' *Historien* ist der zweite Teil von Philons *Legatio ad Gaium* (»Gesandtschaft zu Gaius«) nicht mehr erhalten. Ebenso wie Auszüge aus Tacitus von Sulpicius Severus bewahrt worden sein können, enthält der »*Egesippus*« möglicherweise Textpassagen von Philon. Der fehlende Teil der *Legatio ad Gaium* hätte uns vermutlich nähere Details über Gaius Caligulas Beziehungen zur antijüdischen Partei Alexandrias mitgeteilt, die gleichfalls eine Abordnung zum Kaiser entsandte, um Philons Mission zu hintertreiben, sowie, wie man annehmen kann, um Pontius Pilatus' Aktivitäten in Palästina zu unterstützen. Der Text hätte uns höchstwahrscheinlich auch eine Menge mehr über Pilatus selbst und damit nicht zuletzt über die Ereignisse um die Kreuzigung Jesu verraten.

Aber schon aus dem uns verbliebenen Teil von Philons Werk gewinnt man ein Bild von Pontius Pilatus, das von dem neutestamentlichen diametral abweicht. Der Zweck der Reise Philons nach Rom war, Caligula nach Möglichkeit von seinem Plan abzubringen, im Jerusalemer Tempel ein Standbild von sich aufstellen zu lassen – eine Idee, die anscheinend den uneingeschränkten Beifall der antijüdischen Partei Alexandrias fand. Im Zuge seiner Mission legte Philon auch ein weiteres Zeugnis von Pontius Pilatus' tyrannischer und brutaler Amtsführung in Palästina ab, das sich in groben Zügen mit dem deckt, was Josephus – in der vorliegenden Fassung seiner Werke – diesbezüglich berichtet.

Wie wir gesehen haben, weist Josephus' Material über Pilatus gleichfalls einige Lücken auf. Eines ist aber gewiß: Pontius Pilatus war keineswegs die sanfte, gar christliche Persönlichkeit der späteren Legendenbildung, noch auch nur der in den Evangelien dargestellte Unentschiedene.[4] Er war vielmehr ein grausamer Despot, der keinen Augenblick zögerte, schon bei der geringsten Provokation unschuldiges Blut zu vergießen. Tatsächlich scheinen vor allem die Proteste so einflußreicher Persönlichkeiten wie Philon dazu geführt zu haben, daß er von Palästina abberufen und in Ungnaden nach Rom zurückgeholt wurde.

Für die Kenntnis des Jakobus wichtiges Material findet sich außerdem auch bei zwei weiteren Kirchenschriftstellern des 2. Jahrhunderts: Papias (um 60–135) und Justinus Martyr (um 100–165). Justinus Martyr erwähnt Jakobus zwar nicht ausdrücklich, aber die durch ihn gewonnenen Informationen sind von außerordentlichem Nutzen für das Verständnis frühchristlicher Lehren, und zwar insbesondere der »Gerechtigkeit-/Frömmigkeit-Dichotomie«, die Justinus als die Quintessenz des Christentums betrachtet.[5] Er liefert darüber hinaus wertvolle Hinweise darauf, worin die »Heilige Schrift« zu seiner Zeit bestanden haben könnte. Mit Sicherheit lagen ihm noch nicht die verschiedenen, differenzierten Evangelien vor, die wir heute besitzen.[6] Über Paulus, der doch gleich ihm aus Kleinasien stammte, teilt uns Justinus überhaupt nichts mit, wobei er allerdings den Eindruck erweckt, als wollte er ihn absichtlich mit Schweigen übergehen. Wenn dies ein Indiz für eine frühe doktrinäre Spaltung ist, dann stellt dieses Schweigen in der Tat eine aufschlußreiche Information dar.

Für unsere Zwecke sogar noch interessanter ist Papias, von dessen Schriften lediglich Bruchstücke erhalten sind. Eusebios kennt Papias' Werke und zitiert auch von ihm gelegentlich einzelne Passagen. Im vorigen Jahrhundert sind zudem einige Fragmente aufgetaucht, die von Papias stammen sollen.[7] Falls sie authentisch sind, besitzen sie den größten Wert für das Studium der Familie Jesu, vor allem der Beziehung von dessen Onkel Kleophas zu Maria und damit indirekt auch der Beziehung Simeons, des Kleophas Sohn, zu Jesus und Jakobus. Aber selbst wenn es sich bei ihnen um spätere Zusammenfassungen handeln sollte, sind die Informationen, die sie liefern, gleichwohl äußerst aufschlußreich. Im Zuge der Klärung dieser verwandtschaftlichen Beziehungen bestätigt sich auch die Existenz eines vierten, wenig erfaßbaren Bruders Jesu, den eine beharrliche Tradition gleichfalls Joseph oder »Joses« nennt.

Apokryphe Evangelien, Apokalypsen, Apostelgeschichten und Gegen-Apostelgeschichten

Auch in dieser Gattung von Texten stehen uns wichtige Quellen für das Leben, die Lehre und die Person des Jakobus zur Verfügung. Die Evangelien – insbesondere die Synoptiker – bezeugen, wenngleich noch so beiläufig, die Existenz der Brüder Jesu und nennen zudem deren Namen.[8] Die Tatsache ihres Vorhandenseins scheint für die Verfasser der Texte keinerlei Problem darzustellen. Ebensowenig finden wir einen Hinweis darauf, daß es sich bei ihnen um *Halb*brüder oder noch entferntere Verwandte handeln könnte, wodurch ihre Bedeutung vermindert und ihre Beziehung zu Jesus relativiert werden würde.

In diesen Berichten suchen Mutter und Brüder Jesus auf und unterhalten sich mit ihm oder stellen ihm Fragen. Vier Brüder werden genannt: Jakobus, Simon, Judas und Joses [oder Joseph, A.d.Ü.]. Eine oder mehrere Schwestern werden gleichfalls erwähnt – eine davon namentlich, als »Salome« (Markus 15,40). Abgesehen von manchen Äußerungen, die auf eine abschätzige Haltung gegenüber Jesu nächsten Angehörigen und engsten Vertrauten schließen lassen, sowie einigen zusätzlichen Erwähnungen in den Apostellisten findet sich in den Evangelien kaum etwas, was auf diese Geschwister verwiese. Diese geringschätzige Einstellung gegenüber der Personengruppe, die als »die jüdischen Apostel« bezeichnet werden kann – und die im wesentlichen den Kern der sogenannten »Jerusalemer Kirche« ausmachte –, ist restrospektiv und Teil der familienfeindlichen und antijüdischen Polemik des paulinischen oder außerpalästinischen Christentums, keineswegs aber historisch.

Die Existenz dieser Brüder – vor allem des Jakobus, aber ebenso der anderen – wird auch durch die sogenannten apokryphen Evangelien bestätigt, jene Werke der Evangelienliteratur also, die aus dem einen oder anderen Grund keinen Eingang in den in nachkonstantinischer Zeit endgültig fixierten christlichen Kanon fanden. Die wichtigsten Texte dieser Gattung sind Evangelien, von denen wir nur indirekt, durch das Zeugnis von Kirchenvätern wie Origenes, Eusebios, Epiphanius und Hieronymus, wissen. Zu ihnen gehören namentlich das Hebräer-, das Nazoräer- und das Ebionitenevangelium. Keiner dieser Texte, die der Überlieferung nach durchweg auf dem Matthäusevangelium basierten, ist heute erhalten; auch ist nicht klar, ob es sich bei ihnen wirklich um unterschiedliche Evangelien und nicht vielmehr lediglich um verschiedene Bearbeitungen ein und desselben Textes handelte. In Aussagen, die wir über sie besitzen, werden sie allerdings als eigenständige Werke behandelt, und von Autoren, die sie gekannt haben wollen, sind uns auch einige Zitate daraus überliefert. In mehreren dieser Mitteilungen spielt Jakobus eine wichtige Rolle, und zwar vor allem im Zusammenhang mit nachösterlichen Erscheinungen Jesu.

Eine bedeutende Rolle spielt Jakobus darüber hinaus im gnostischen Thomasevangelium, einem Text, der in jüngerer Vergangenheit in Nag Hammadi entdeckt wurde. Im Gegensatz zu den meisten anderen Evangelien verzichtet dieses vollständig auf erzählende Passagen und beschränkt sich darauf, eine Folge von – durchweg Jesus zugeschriebenen – Aussprüchen zu referieren. Weitere Handschriften aus Nag Hammadi liefern zusätzliche Belege für die Wertschätzung, die »Jakobus« im Ur- und Frühchristentum insbesondere im Osten genoß. Es kann kein Zweifel daran bestehen, daß dabei der Jakobus des vorliegenden Buches gemeint ist und daß er fast das Ansehen eines übernatürlichen Erlösers besaß, der an Bedeutung nur noch von Jesus selbst übertroffen wurde. Dies ist ein bemerkenswerter und interessanter Umstand und liefert eine weitere Bestätigung des überragenden Status, den Jakobus im Osten innehatte. Wie wir in diesem Buch nachweisen werden, stellte dieser Status lediglich eine leichte Übertreibung der Rolle dar, die er zu seinen Lebzeiten in Palästina tatsächlich gespielt hatte. Zu den Nag-Hammadi-Dokumenten, die Jakobus zu solch einer alles beherrschenden Gestalt überhöhen, gehören die zwei ihm zugeschriebenen oder in seinem Namen verfaßten Texte, die heute als die Erste und die Zweite Jakobusapokalypse bezeichnet werden.

Zu den bekannten apokryphen Evangelien, in denen Jakobus erwähnt wird, gehört außerdem das weitgehend romanhafte Protevangelium des Jakobus; dieser Text gibt vor, eine Schilderung der Kindheit Jesu aus der Sicht seines nächsten lebenden Verwandten, Jakobus, zu sein. Mag man dieses Evangelium (das unter anderem die These der immerwährenden Jungfräulichkeit Marias vertritt) bezüglich seines Inhalts auch mit Skepsis betrachten, es liefert nichtsdestotrotz einen weiteren Beleg für die Bedeutung Jakobus' – diesmal in seiner Funktion eines unanfechtbaren Augenzeugen.

Aus dem Genre der Apostelgeschichten wären etwa ein verschollener Text zu nennen, der in der Fachwelt als »*Kerygmata Petrou*« (»Verkündigungen des Petrus«) bekannt ist, oder ebenfalls die – gleichfalls nicht mehr erhaltenen – »Reisen des Petrus«. Auch wenn sich nur sehr wenig Gesichertes über sie aussagen läßt, scheinen diese Schriften in irgendeiner Weise Bestandteil der Pseudoklementinen gewesen zu sein. Es dürfte kaum möglich sein, die Bedeutung letztgenannter Werke für die Kenntnis der Person Jakobus' zu überschätzen. Abgesehen davon, daß sie für das doktrinäre Verständnis »judenchristlicher« oder »ebionitischer« Gruppen des späten 2. und 3. Jahrhunderts wichtiges Material enthalten, finden sich in ihnen, und namentlich im ersten Buch der *Rekognitionen*, Texte, die für uns als eine Art »Gegen-Apostelgeschichte« von großem Interesse sind. Sie schildern nämlich die Frühzeit der Jerusalemer Gemeinde nicht aus der Perspektive eines Lukas oder eines Paulus, sondern eines Autors, der mit den Ansichten und der Person des Jakobus sympathisiert – und damit auch mit dem gesamten »Establishment« der Jerusalemer Kirche einschließlich der jüdischen Apostel.

Nun könnte man zwar einwenden, daß die Pseudoklementinen keine historischen Berichte, sondern Belletristik sind – worauf auch das »Pseudo« in ihrem Namen hinweist. Doch genau das gleiche gilt für den größten Teil der übrigen Quellen aus diesem Zeitraum, wenn sie nicht gerade, wie etwa Josephus, eine ausdrücklich historiographische Zielsetzung verfolgen. So gesehen unterscheiden sich die Pseudoklementinen nicht wesentlich von uns vertrauteren Texten wie den Evangelien oder der Apostelgeschichte. Namentlich die ersten zehn bis 15 Kapitel der letzteren sind so sehr ein Werk der Phantasie, daß sie praktisch keine direkten historischen Angaben enthalten, die sich auch nur als annähernd verläßlich bezeichnen ließen. Die Pseudoklementinen sind nicht mehr »Belletristik« als diese. Aber das ist auch genau der Punkt: Alle Quellen dieser Art müssen *gleich*, nach den gleichen Parametern, behandelt werden. Es fällt so schwer, diesen ersten Kapiteln der Apostelgeschichte, so wie sie uns heute vorliegen, Glauben zu schenken, daß manche Spezialisten sie in Bausch und Bogen als wertlos verwerfen. Diesem Standpunkt schließt sich der Verfasser der vorliegenden Arbeit keineswegs an.

Tatsächlich ist es – unter vergleichender Hinzuziehung der *Rekognitionen* – durchaus möglich, selbst aus den ersten, extrem mythologisierten Kapiteln der Apostelgeschichte Brauchbares zu extrahieren. Zudem darf man die Pseudoklementinen nicht einfach als reines Werk der Phantasie abtun. Zwar weisen sie deutliche Merkmale der hellenistischen Erzählliteratur auf, doch das gleiche gilt eben auch für die Apostelgeschichte. Daß sie im Vergleich zu dieser viel umfangreicher sind, dürfte eigentlich kein allzu großes Hindernis darstellen. Entscheidend ist, daß man auch in diesen romanhaften Schilderungen, und zwar vor allem im ersten Buch der *Rekognitionen*, gelegentlich auf verläßliches Material stößt.

An diesem Punkt könnte man das schon erwähnte »Widersprüchlichkeits-Argument« anführen: Wenn ein Sachverhalt als aus irgendwelchen Gründen schlecht dokumentiert gilt oder offensichtlich orthodoxem Material widerspricht, ist man bisweilen gut beraten, ihn *gerade deswegen* ernster zu nehmen, als es unter gewöhnlichen Umständen geschehen wäre. Der tätliche Angriff Paulus' auf Jakobus, der in den *Rekognitionen* beschrieben wird, erfüllt genau die genannten Bedingungen. Er läßt sich, wie sich noch erweisen wird, so gut auf Lücken und einwandfrei gefälschtes Material der Apostelgeschichte »legen« – wie zum Beispiel auf die Episode um einen gewissen »Stephanus« –, daß es praktisch unmöglich sein wird, ihn zu verwerfen.

Die Pseudoklementinen vermitteln uns ein Bild der palästinischen Urkirche, das demjenigen der Apostelgeschichte zwar widerspricht, aber an entscheidenden Punkten mit diesem »zahnradartig« ineinandergreift. Auch wenn sie uns in unterschiedlichen Überarbeitungen erreicht haben, lassen sich Argumente dafür vorbringen, daß sie auf derselben Ur-Quelle beruhen wie die Apostelgeschichte, oder anders gesagt: Die Pseudoklementinen und die Apostelgeschichte hängen an einer Reihe erkennbarer Verbindungspunkte miteinander zusammen, behandeln das Material aber auf jeweils andere Weise. Trotz des unterschiedlichen Umfangs der zwei Texte läßt sich aufzeigen, daß den Pseudoklementinen und der Apostelgeschichte dieselbe Quelle zugrunde liegt.

Dabei spielt es überhaupt keine Rolle, daß die Pseudoklementinen mitunter in das 3. oder 4. Jahrhundert verlegt werden, ebensowenig, daß unser Standpunkt von der gängigen Lehrmeinung abweicht. Was zählt, sind nicht die Texte, welche die uns heute vorliegenden Pseudoklementinen ausmachen, sondern es ist die *Quelle*, auf der sie basieren. Und zumindest für den Anfang der *Rekognitionen* läßt sich nachweisen, daß es dieselbe ist wie die des märchenhafteren und weniger historischen ersten Teils der Apostelgeschichte – all dessen also, was dem ersten eingeschobenen »Wir-Bericht« vorausgeht. Tatsächlich sind sowohl die Apostelgeschichte als auch die Pseudoklementinen *Wir-Berichte*. Darüber hinaus spiegeln die Pseudoklementinen Inhalt und Absicht dieser gemeinsamen Quelle getreuer wider als die Apostelgeschichte.

Ebensowenig spielt es eine Rolle, daß die uns vorliegende Apostelgeschichte ein Text des 2. Jahrhunderts ist. Erstens gibt es dafür keinen endgültigen Beweis, und zweitens würde diese Tatsache, selbst wenn sie erwiesen wäre, für uns ohne Belang sein. Zumindest der erste Teil der Apostelgeschichte zeugt von einer extensiven Überarbeitung. Manche könnten einwenden, das gleiche gelte für das erste und das zweite Buch der pseudoklementinischen *Rekognitionen*, wenngleich dies keineswegs gesichert ist. Entscheidend ist, daß beide Texte sich auf irgendwelche Quellen stützen. Die Pseudoklementinen handeln zu einem großen Teil von Konfrontationen, die sich zwischen Petrus und Simon *Magus* in Cäsarea abspielen – wo sowohl Origenes als auch Eusebios die Version von Josephus' Werk gesehen haben wollen, die nicht den Tod Jesu, sondern den des Jakobus für den Untergang Jerusalems verantwortlich machte. Die Apostelgeschichte erwähnt ebenfalls diese Konfrontation, aber während *sie* den Konflikt mit einigen wenigen Sätzen abhandelt, geben sich die Pseudoklementinen mit ihm und seinen verschiedenen Metamorphosen bis zum Überdruß ab.

Auf alle Fälle läßt sich nachweisen, daß die pseudoklementinische Darstellung der – durchaus richtig in Cäsarea lokalisierten – Auseinandersetzung zwischen Simon Petrus und Simon *Magus* in ihren Grundzügen historisch zutreffender ist als die sichtlich phantastischere Version, die uns die Apostelgeschichte vermittelt. Aus den *Rekognitionen* erfahren wir auch, daß Simon *Magus* nicht lediglich, wie die Apostelgeschichte – und hier bestenfalls indirekt – angibt, »aus Samaria«, sondern konkret aus dem Ort Gitta stammte. Dies wird auch von Eusebios bestätigt.[9] Dies ist lediglich *ein* Beispiel für die Überlegenheit der »romanhaften Pseudoklementinen« gegenüber der romanhaften Apostelgeschichte und ein Beleg dafür, daß alle einschränkenden Qualifikationen wie »Pseudo-« in diesem Kontext durchaus relativ zu nehmen sind.

Die Apostelgeschichte lokalisiert zudem Petrus' Konfrontation mit Simon *Magus in Samaria* anstatt, wie die Pseudoklementinen richtig angeben, in Cäsarea. Wenn wir diesen Konflikt mit dem Simon, dem Oberhaupt einer eigenen »Versammlung« oder »Kirche«, in Verbindung bringen, der laut Josephus' *Altertümer* gleichfalls, um 44 n.Chr., nach Cäsarea kommt, um die Wohnbedingungen im dortigen Palast Agrippas I. zu inspizieren, werden wir zu einem halbwegs abschließenden Verständnis all dieser einander überschneidenden und teilweise widersprechenden Angaben gelangen.[10]

Den Anfang oder »Vorspann« der *Homilien*, der zweiten Rezension der Pseudoklementinen, bilden zwei Briefe von der Art, wie sie auch im Neuen Testament zu finden sind. Allerdings stammen sie nicht, wie der größte Teil der letztgenannten, von Paulus, sondern werden jeweils Petrus und Clemens zugeschrieben; der Adressat ist in beiden Fällen Jakobus. Die Frage nach ihrer Authentizität sowie der Umstand, daß sie beide Parallelen in entsprechenden neutestamentlichen Briefen aufweisen, brauchen uns momentan nicht zu beschäftigen; entscheidend ist, daß sie ausdrücklich an Jakobus als den »Bischof der Bischöfe« oder »Erzbischof« gerichtet sind – ihre Verfasser also kaum einen Zweifel daran hatten, daß Jakobus das Oberhaupt der damaligen Christenheit und Petrus und Paulus vorgesetzt war.

Darüber hinaus enthalten diese Briefe mehrere weitere für unsere Untersuchung wichtige Informationen, so zum Beispiel, daß alle außerpalästinischen Lehrer Einführungs- oder Beglaubigungsschreiben des Jakobus vorweisen mußten und verpflichtet waren, Jakobus periodisch über ihre Aktivitäten Bericht zu erstatten – eine durchaus glaubwürdige Angabe. Ebendies ist der eigentliche Tenor der »Wir«-Aspekte dieser Erzählungen sowie der Apostelgeschichte, und er wird dank dieser Briefe mit einemmal verständlich. Das »Wir«-Dokument ist genau ein solcher Rechenschaftsbericht. Wir hätten dies im übrigen auch ohne allzu große Schwierigkeiten aus den uns vertrauteren biblischen Texten erschließen können, in denen Paulus sich in so schrillen Tönen wegen des Umstands rechtfertigt, daß *er* keine solche Beglaubigung vorweisen kann. Aber die Tatsache, daß diese Bedingung ausdrücklich im Vorspann einer Erzählung genannt wird, die alle Merkmale einer »Gegen-Apostelgeschichte« aufweist, ist äußerst bemerkenswert. Es ist so, als fände man ein fehlendes Verbindungsglied. Wäre sie nicht in den zwei apokryphen Briefen erwähnt worden, hätten wir sie erschließen müssen.

Fassen wir zusammen: Die Apostelgeschichte und die Pseudoklementinen sind nach unserer Ansicht weder selbständige noch voneinander abhängige Texte, sondern parallele Berichte, die auf ein und dieselbe Quelle zurückgehen. Das erste und das zweite Buch der pseudoklementinischen *Rekognitionen* stützen sich also nicht auf die Apostelgeschichte, sondern auf eine Quelle, die sie mit dieser gemeinsam haben. Daß die Apostelgeschichte eine unbestimmte Anzahl von Jahrzehnten oder Jahrhunderten vor den *Rekognitionen* entstanden sein könnte (falls überhaupt), ändert nichts an dieser Tatsache. Man kann, so verblüffend dies im ersten Moment auch klingen mag, sogar behaupten, daß die *Rekognitionen* die zugrundeliegende Quelle in allen Punkten, in denen sie sich inhaltlich mit der Apostelgeschichte überschneiden, getreuer als letztere abbilden. Klar zu erkennen sind die zwischen beiden Texten bestehenden Berührungspunkte etwa in den leitmotivisch wiederkehrenden – in einem von Paulus angeführten tätlichen Angriff auf jemanden gipfelnden – Konfrontationen auf dem Tempelberg; ebenso klar aber ist auch, daß die Apostelgeschichte das gemeinsame Quellenmaterial auf eine stets gleichbleibende und leicht zu durchschauende Weise modifiziert. Stellenweise grenzt ihr Vorgehen an eine regelrechte bewußte Irreführung des Lesers.

Diese Konfrontationen auf dem Tempelberg scheinen auch der Gegenstand eines weiteren, verschollenen Werks über Jakobus gewesen zu sein, aus dem Epiphanius mehrere Passagen zitiert. Epiphanius nennt diesen (bereits weiter vorn erwähnten) Text *Anabathmoi Iakobou*, »Die Aufstiege des Jakobus« – ein Titel, dem interessante Anklänge an die geheime mystische Überlieferung der jüdischen *Kabbala* innewohnen. Dieses Werk, das offenbar in irgendeiner Beziehung zu den Reden stand, die Jakobus von den Stufen des Jerusalemer Tempels aus hielt – worauf sich der Titel bezieht –, verweist gleichzeitig auch auf die Anfangspassagen der Apostelgeschichte, in der geschildert wird, wie die Apostel sich jeden Tag gemeinsam zum Tempel begeben und dort zum jüdischen Volk sprechen oder mit den Tempelpriestern diskutieren. Die *Rekognitionen des Clemens* führen uns das gleiche Bild noch einmal vor, und in der Tat haben manche die Vermutung geäußert, Teile der *Anabathmoi* seien in die Pseudoklementinen eingeflossen.

Die Passagen, die Epiphanius zitiert, sind in mehr als nur einer Hinsicht interessant. Sie füllen einige Lücken in der Biographie des Paulus (und zwar aus der Perspektive seiner Gegner, nicht seiner Anhänger) und stellen Jakobus in den Mittelpunkt der in den Jahren vor dem Aufstand im Tempel stattfindenden Agitation. Wie wir noch zeigen werden, wirft letzteres aber nicht nur ein bezeichnendes Licht auf die

Weise, wie die herodianischen Hohenpriester den Tempeldienst versahen, sondern erklärt auch die dreieinhalb Jahre nach Jakobus' Tod von seiten der »*Sikarier*« oder »Zeloten« (wie Josephus sie nennt) erfolgende Zurückweisung »heidnischer« – oder in heidnischem Auftrag dargebrachter – Tempelopfer, die zum Auslöser der Revolte gegen Rom wurde. Beides fand, wie wir noch aufzeigen werden, auch in den Handschriften vom Toten Meer seinen Niederschlag.

Die Handschriften vom Toten Meer

Die kontroversesten und anfechtbarsten Identifikationen, die wir im Laufe dieser Untersuchung werden vornehmen müssen, betreffen die Handschriften vom Toten Meer. Was, könnte jemand an dieser Stelle fragen, haben diese Texte überhaupt für eine Relevanz für das Studium und die Person des Jakobus? Die Antwort ist einfach. Zunächst handelt es sich bei ihnen um parallele und, in manchen Fällen, zeitgenössische kulturhistorische Quellen. Nun werden manche vielleicht einwenden, die Handschriften vom Toten Meer entstammten einer früheren, *vorchristlichen* Zeit. Aber selbst wenn dies in bezug auf alle in Qumran aufgefundenen Manuskripte *nachweislich* zuträfe, was keineswegs der Fall ist, ließe sich dagegenhalten, daß der weltanschaulich-gedankliche Grundtenor der Mehrzahl dieser Texte vertraut klingt – und zwar insbesondere dann, wenn man die mit der Person des Jakobus assoziierten Ideen und Begriffe kennt oder den unter seinem Namen tradierten neutestamentlichen Brief aufmerksam studiert. So ist es für den Anfang mit Sicherheit zulässig zu sagen, daß die uns in Qumran begegnenden Ideen – wie alt die Manuskripte nun im einzelnen auch sein mögen – recht gut mit jenen Lehren harmonieren, die mit der von Jakobus angeführten Gemeinschaft in Verbindung gebracht werden.

Aber man kann noch einen Schritt weiter gehen. Die Datierung der Handschriften ist nämlich alles andere als gesichert. Zunächst einmal wurde sie anhand ungenauer paläographischer Annahmen und Schlußfolgerungen vorgenommen.[11] Die Paläographie ist keine exakte Wissenschaft und liefert für keine Periode und keine Region exakte Ergebnisse – mit Sicherheit nicht für die uns interessierende Periode, aus der wir nur wenige (genauer gesagt, fast überhaupt keine) Handschriften besitzen, die sich zum Vergleich heranziehen ließen und uns gestatten würden, exakte, verbindliche Datierungen vorzunehmen.

Niemand bezweifelt, daß der Depotfund, der als die »Handschriften vom Toten Meer« bekannt geworden ist, auch ältere Dokumente enthält – alttestamentliche Apokryphen wie Jesus Sirach, zahlreiche Bibelmanuskripte, fragmentarische Versionen des Testaments der Zwölf Patriarchen, Henoch, Jubiläen und ähnliches aus dem Genre der sogenannten Pseudepigraphen. Aber ebensowenig läßt sich bestreiten, daß sich darin auch jüngere Texte finden – fraglich ist dabei nur, wie viele. Diese sind jedenfalls die Texte, die man als für unsere Untersuchung relevante zeitgenössische Quellen betrachten muß und die vielfach Gedanken und Anspielungen enthalten, die sich von entsprechenden – direkten oder anderweitig bezeugten – Äußerungen der von Jakobus geführten Gemeinde praktisch nicht unterscheiden lassen. Texte dieser Art werden bisweilen als »sektiererisch« bezeichnet, was im Sinne unserer bisherigen Überlegungen gleichbedeutend ist mit »nichtpharisäisch« oder »nichtrabbinisch«. Zu dieser Kategorie sind in Qumran zuallermindest alle *Pescharim* (Plural von *Pescher*) zu rechnen.

Was aber ist ein *Pescher*? Es handelt sich hierbei um einen Kommentar – speziell auf Qumran bezogen um einen Kommentar zu einer bekannten biblischen Stelle, gewöhnlich aus den Propheten, aber auch aus den Psalmen und mitunter sogar anderen alttestamentlichen Büchern wie Genesis, Leviticus oder Deuteronomium. Entscheidend dabei ist, daß man die jeweils zugrundeliegende biblische Aussage als für die Lehre oder Geschichte der Qumran-Gemeinde in irgendeiner Hinsicht bedeutsam oder relevant ansehen muß. Dabei geht der Kommentar oft so vor, daß er eine biblische Passage aus ihrem Kontext herauslöst oder bisweilen sogar in leicht modifizierter Form zitiert und ihr die Worte folgen läßt: »*Peschero*« oder »*pescher ha-dawar*«, was »deren Interpretation« oder »die Interpretation der Passage lautet« heißt. Daran schließt sich eine eigenwillige Deutung an, die stets im Zusammenhang mit der Geschichte oder der Weltanschauung der Gruppe steht und besonderen Bezug auf jeweils aktuelle Ereignisse nimmt. Diese Vorgehensweise ist jedem Kenner des Neuen Testaments, namentlich des Matthäusevangeliums, wohlvertraut.

Von solchen Kommentaren oder *Pescharim* ist in Qumran immer nur jeweils ein Exemplar aufgefunden worden – dies im Gegensatz zu anderen, biblischen oder sektiererischen, Texten, die dort durchaus in mehreren Handschriften vorlagen. Unter »sektiererisch« verstehen wir in diesem Zusammenhang neue, nichtbiblische, vielfach der Fachwelt bis dahin völlig unbekannte Texte. Die Zahl dieser neuen oder sektiererischen Quellen geht weit in die Hunderte. Gerade das macht die Besonderheit der Qumran-»Bibliothek« aus. Sie stellt keine zufällige Auswahl oder repräsentative Zusammenstellung aus der Literatur dieser Zeitspanne dar, wie manche spekuliert haben, um die Bedeutung einer so homogenen Sammlung herunterzuspielen, sondern ist ein inhaltlich sehr gleichmäßiges Korpus. Natürlich finden sich stilistische oder durch die Persönlichkeit des Verfassers – beziehungsweise durch die jeweilige Entstehungszeit – bedingte Varianten, aber die Doktrinen, die Terminologie, das Personarium bleiben von Text zu Text stets unverändert.

Die in Qumran vertretene Literatur – und wir *haben* es hier mit Literatur zu tun – ist von einer überschäumenden Kreativität und dabei stets der (bisweilen äußerst schöpferische, poetische) Ausdruck der jeweiligen Verfasserpersönlichkeit. Niemals aber wird man, bei aller Vielfalt, einem Dokument begegnen, das etwa für Kompromißbereitschaft einträte. Niemand tritt in den Qumran-Texten für ein Arrangement mit den Herrschenden oder Ausländern ein, oder mit jenem Personenkreis, den die Autoren in ihrer bisweilen aufreizend dunklen Bildersprache als »Sucher nach Reibungslosigkeit« bezeichnen – eine Bezeichnung, die heute noch genauso abfällig klingt, wie sie es damals getan haben dürfte. Man wird nie auf einen Text stoßen, der das Gesetz verunglimpft oder etwa »Nichten-Heirat«, »Polygamie« oder »Scheidung« befürwortet – Bräuche, die nach Auffassung dieser Gruppe durchweg als »Bruch« oder »Übertretung des Gesetzes« galten.

Auch bestimmte bildhafte Begriffsverbindungen tauchen in den verschiedenen Texten immer wieder unverändert auf – so die »Gerechtigkeit« oder die »Vollkommenheit«, der »Eifer«, die »Armen«, die »den Weg« ebnen, die Gemeinschaft als Tempel, die Taufe durch den »Heiligen Geist« – und ebenso begegnen uns immer wieder dieselben Personen: »der Gerechte Lehrer«, »der Frevelpriester«, »der Hervorsprudler von Lügen«, »der Komödiant« oder »die Verräter«. Manche sektiererischen oder nichtbiblischen Texte – wie die berühmte Kriegsrolle, die Gemeinderegel [auch »Sektenregel« oder »Buch der Regel der Einung« genannt, A.d.Ü.], die Damaskus-Schrift (wegen der darin verwendeten Terminologie bisweilen auch als »die zadokidische Schrift« bezeichnet), die Qumran-Hymnen, »*MMT*« oder die »Briefe über die Werke-Gerechtigkeit«[12] und andere mehr – sind in jeweils mehreren Handschriften vertreten. Die Damaskus-Schrift beispielsweise wurde erstmals Ende des vorigen Jahrhunderts in der Kairoer *Genisa* aufgefunden, weswegen sie in der Fachwelt auch als »Cairo Document« (Abkürzung CD) bezeichnet wird.

Die Datierung dieser Handschriften ist noch immer Gegenstand einiger Spekulationen und etlicher Kontroversen. Daß die Dokumente aus der Zweiten Tempelperiode stammen, wird von niemandem bestritten. Das Problem besteht darin, ihre jeweilige Entstehungszeit etwas genauer einzugrenzen. Texte wie die Kriegsrolle und die Hymnen sind zweifellos »spät«, das heißt, sie gehören in die Spätzeit der Sekte oder Gemeinde; strittig ist dabei lediglich ihre genauere Datierung. Aus inhaltlichen, aber auch aus paläographischen Erwägungen würde ich dazu neigen, sie ins erste nachchristliche Jahrhundert zu verlegen. Die Diskussion um die Damaskus-Schrift, die Gemeinderegel, die Tempelrolle und andere ähnliche Manuskripte ist komplizierter und wird wahrscheinlich nie endgültig entschieden werden.

Angesichts der Beschaffenheit der archäologischen und paläographischen Daten, die wir im Zusammenhang mit der für diese Schriften verantwortlichen Gemeinschaft besitzen, vertrete ich die Auffassung, daß man die Quellen anhand *inhaltlicher* Erwägungen datieren sollte – also auf der Grundlage innerer Anspielungen und der gesamten Ausrichtung des fraglichen Textes selbst. Nehmen wir zum Beispiel die Gemeinderegel, die viele Qumran-Spezialisten aufgrund des im Vergleich zu »jüngeren« Fragmenten angeblich »älteren« Schriftduktus in das 2. Jahrhundert v.Chr. – und sogar noch früher – zu datieren versucht haben.[13] Eine jüngst an einem Exemplar dieses Dokuments durchgeführte AMS-C14-Untersuchung verlegt es ins zweite oder sogar dritte *nach*christliche Jahrhundert. Mit derartigen Widersprüchen hat man es also zu tun.

Andererseits finden wir in dem gesamten Text eine zweimalige Anspielung auf den »in der Wüste [gebahnten] Weg« aus dem Buch Jesaja (40,3), der im Neuen Testament auf die Mission Johannes' des Täufers bezogen wird, und eine mit der »qumranischen« Geisteshaltung übereinstimmenden Auslegung der Bibelstelle, die man hier mit der »Absonderung« der Gemeinschaft und deren Aktivitäten in der Wildnis oder Wüste in Verbindung bringt.[14] Darüber hinaus findet sich eine Fülle von Anspielungen auf – vom paulinischen Korpus her wohlbekannte – Begriffe wie den »Heiligen Geist«, die Taufe, die Gemeinde als Tempel und das »geistliche Opfer«.[15] Aufgrund dieser Parallelen zu Ideen, die, wie wir wissen, ins erste nachchristliche Jahrhundert gehören, *ist dies ein später Text* – das heißt aus dem 1. Jahrhundert n. Chr. –, mögen paläographische und sonstige äußere Kriterien auch ein anderes Ergebnis suggerieren.

Das gleiche läßt sich über die Damaskus-Schrift sagen. Entdeckt wurde dieses Dokument – im Magazinraum (Genisa) der Alt-Kairoer mittelalterlichen Esra-Synagoge – 1896 von Solomon Schechter, dem damaligen Dozenten für Rabbinische Studien in Cambridge und Begründer des »Konservativen Judaismus« in Amerika. Zur Zeit seiner

Auffindung wurde der Text von vielen als »judenchristlich« angesehen.[16] Ein halbes Jahrhundert später ergab die Entdeckung Qumrans eine Reihe von Parallelen zu diesem Text; deren genaue Anzahl konnte allerdings erst ermittelt werden, als der langwierige Kampf um die vollständige Freigabe des Korpus vor wenigen Jahren ein erfolgreiches Ende fand. Es war unsere Anfrage um Einsichtnahme in diese zurückgehaltenen Paralleltexte, die zur öffentlichen Kontroverse und schließlich zur Herausgabe der Handschriften führte – keineswegs aber zum Ende der erbitterten Debatten, die dieses Forschungsgebiet kennzeichnen.[17]

Auch hier gilt: Aufgrund innerer Daten, der Auslegung der »Stern-Prophezeiung« und anderer messianischer Anspielungen – die ohne jeden Zweifel ins erste nachchristliche Jahrhundert verweisen – sowie im Text vorkommender Termini wie »der Lügner« und »der Gerechte« oder »der Gerechte Lehrer« (mit Parallelen in entsprechenden Formulierungen der *pescharim*), der »Rechtfertigungs«-Ideologie, des Gebots »Liebe deinen Nächsten«, das der Jakobusbrief »das Königliche Gesetz nach der Schrift« nennt und Josephus als einen wesentlichen Aspekt von Johannes' des Täufers »Gerechtigkeit-/Frömmigkeit«-Dichotomie bezeichnet, sowie der auch in der Apostelgeschichte anzutreffenden »Damaskus«-Symbolik (und man könnte diese Liste noch weiter fortsetzen[18]) muß dieser Text gleichfalls, ungeachtet anderslautender, auf äußeren Kriterien basierender Ergebnisse, in die obengenannte Zeitspanne datiert werden.

Unlängst wurde, weitgehend auf unsere Anregung und unser Betreiben hin, eine AMS-C14-Untersuchung der Handschriften vom Toten Meer vorgenommen.[19] Die Tests lieferten verzerrte oder zumindest gemischte Ergebnisse, und deren abschließende Auswertung kann nur als nicht überzeugend bezeichnet werden.[20] Weder wurden bei ihnen die üblichen bei derartigem Material erforderlichen Vorsichtsmaßnahmen getroffen – wie die Anwendung einer Doppel- oder Dreifach-Blindanordnung, die objektive Auswahl und Übermittlung des Testmaterials durch an der Debatte nicht beteiligte Dritte und anderes mehr –, noch waren die durchgeführten Tests so umfassend oder genau, daß sie die Art von Resultaten hätten liefern können, zu denen die Untersuchenden gelangt sein wollen. Ebensowenig wurden die Bedenken der »oppositionellen Wissenschaftler« berücksichtigt, die überhaupt erst nach den Tests verlangt hatten. Wie bei der Parteilichkeit der Untersuchenden nicht anders zu erwarten war, wurden die Tests auf subjektive Weise und ohne innere Logik oder Konsequenz durchgeführt. Die Genauigkeit, die anschließend den Ergebnissen zugeschrieben wurde, übertraf (und übertrifft noch immer) alles, was man von der Radiokarbondatierung normalerweise erwarten kann, bei weitem.

Die Radiokarbondatierung (C14-Methode) ist ihrer Natur nach ungenau, das heißt, bei ihren Resultaten muß in der Regel mit einer Toleranzspanne von plus/minus 100 Jahren gerechnet werden. Der ganze Prozeß der C14-Methode muß von Fall zu Fall entweder anhand bekannter Dokumente oder dendrochronologisch – durch Messung des C14-Gehalts der einzelnen Jahrringe alter kalifornischer Borstenkiefern – kalibriert werden. Die erstgenannte Möglichkeit entfällt praktisch, da es abgesehen von den Bar-Kochba-zeitlichen Nahal-Hever- und den vielleicht ein Jahrhundert jüngeren Wadi-Murabba`at-Funden kaum solche Vergleichsdokumente gibt; was auch der Grund dafür ist, daß wir vor einiger Zeit die Einrichtung einer Datenbank mit Dokumenten sowohl bekannter als auch unbekannter zeitlicher Provenienz verlangt haben, welche die Festlegung solcher Parameter ermöglichen würde.[21]

Ebensowenig erreichen die Ergebnisse solcher Tests die ihnen zugeschriebene Genauigkeit auch nur annähernd, da die Karbondatierung bekanntermaßen zum »Archaisieren« tendiert, was bedeutet, daß sie untersuchte Dokumente aufgrund der Meßdaten älter erscheinen läßt, als sie tatsächlich sind. Hinzu kommt noch, daß die Tests lediglich ergeben, wann die Pflanze oder das Tier, aus denen das fragliche Schreibmaterial hergestellt wurde, vermutlich gestorben ist, keineswegs aber, wann der jeweilige Text auf das fertige Produkt geschrieben wurde.[22] Die Messung des C14-Gehalts kann überall da ein nützliches Hilfsmittel sein, wo eine relative, keine absolute Datierung angestrebt wird, wenn es also darum geht, innerhalb desselben Testdurchlaufs »Frühes« von »Spätem« abzugrenzen – und genau dies strebte ich zu Beginn an, und zwar mit dem Ziel, paläographisch ermittelte relative Datierungen zu verifizieren.

Ungeachtet aller anderslautenden Behauptungen sind die Resultate nur so gut wie der »exegetische« Gebrauch, den man von ihnen macht – und hierin liegt ein weiteres Problem: die stets zu befürchtende (bewußte oder unbewußte) Tendenz des untersuchenden Labors, zu exakt jenen Ergebnissen zu gelangen, welche die Auftraggeber oder Sponsoren der fraglichen Tests sich wünschen. Dies war bei den zwei mit der Untersuchung von Qumran-Material betrauten Laboratorien im besonderen Maße der Fall: Beide faßten ihre Abschlußberichte so ab, daß sie unverhohlene Angriffe auf die Opponenten darstellten und Verteidigungen derjenigen, welche die Untersuchungen finanziert hatten. Die datierten Dokumente, die ihnen zu Vergleichszwecken zur Verfügung gestellt wurden, zählen in diesem Zusammenhang nicht, da alle bekannten Quellen aus dieser Periode, wie bereits gesagt, ausschließlich aus dem 2. Jahrhundert stammen.

Wenn die ermittelten Daten in irgendeiner Weise dem widersprachen, was die Laboratorien im Sinne ihrer Auftraggeber zu erwarten hatten, wurden sie schlicht nicht berücksichtigt. Dieses Problem macht sich sogar noch in den Abschlußberichten bemerkbar, die für beide durchgeführten Testreihen abgefaßt wurden und die ganz unverhohlen darauf abzielen, bis dahin mehrheitlich vertretene Theorien beziehungsweise archäologische oder paläographische Ergebnisse zu bestätigen – ein schlagender Beweis für die Voreingenommenheit der beteiligten Untersuchungslabors.[23] Der begriffliche Rahmen, der sich aus den zwei letztgenannten äußeren Indikatoren ergibt, widerspricht dem offensichtlichen inhaltlichen Grundtenor der Texte selbst, wodurch jeder Versuch, sie richtig zu verstehen, von vornherein zum Scheitern verurteilt ist.

Dies war seit den allerersten Tagen der Qumran-Forschung der Fall und ist es noch immer. Daher hat diese Forschung seit ihren Anfängen überhaupt nichts oder nur Unklares zur Bedeutung der Qumran-Handschriften beizusteuern vermocht – und das gilt, da sich der Konsens der etablierten Wissenschaft inzwischen neu formatiert hat, auch heute noch. Das also ist der Grund unserer Forschung, die Texte eher anhand innerer Daten – wie des verwendeten Vokabulars, der vorkommenden Anspielungen und der allgemeinen geistig-ethischen Grundhaltung – als auf der Basis äußerer Kriterien zu untersuchen, wie sie Archäologie, Paläographie oder C14-Methode liefern.

Mit den Resultaten der Radiokarbonuntersuchung befinden wir uns gegenwärtig mehr oder weniger in der gleichen Lage wie hinsichtlich der paläographischen Daten. Die Karbondatierung ist fraglos ein nützliches Hilfsmittel – aber eben nur *das*, und wenn es darum geht, an den Qumran-Rollen endgültige Altersbestimmungen vorzunehmen, werden wir *doch* wieder auf die Ergebnisse innerer Analysen zurückgeworfen. Aufgrund ihrer ausführlich besprochenen Mängel und inhärenten Unsicherheitsfaktoren sind C14-Datierungen nicht in der Lage, eine ansonsten überzeugende *inhaltlich begründete* Erklärung der Quellen zu widerlegen. Und die Qumran-Rollen liefern in dieser Hinsicht wirklich zwingende Argumente.

Aufgrund inhaltlicher Anhaltspunkte müssen alle *pescharim* aus Qumran als »spät« angesehen werden. Zu diesen Indizien zählen nicht nur formelhafte Wendungen wie die »Letzten Priester Jerusalems« und Buch Habakuk (2,4), »der Gerechte wird durch seinen Glauben leben«, von denen wir wissen, daß sie im ersten nachchristlichen Jahrhundert Gegenstand der Exegese waren, sondern auch die erschütternden Beschreibungen von ins Land eindringenden fremden Heeren, die »ihren Bannern opfern und ihre Kriegswaffen anbeten« (eine römisch-kaiserliche Sitte des 1. Jahrhunderts), sowie der »Steuererhebung« durch die Römer und der letztendlichen »Plünderung« des Tempels, von der wir wissen, daß sie nach keinem Angriff stattfand außer nach dem von 70 n.Chr.[24]

Da von den *pescharim* immer nur jeweils *ein* Manuskript aufgefunden wurde, scheinen diese Texte die späteste literarische Schicht der Gemeinde darzustellen: jene Literatur also, zu deren Verbreitung oder handschriftlicher Vervielfältigung die Zeit nicht mehr ausgereicht hat. Zudem besitzen sie einen äußerst persönlichen, eigenwilligen Charakter und sind deutlich vom Geist der apokalyptischen »Endzeit« oder der »Letzten Tage« durchweht, von denen im Buch Daniel oder im Neuen Testament die Rede ist.

Außerdem begegnet man gerade in diesen *pescharim* dem charakteristischen – dem Kenner der Qumran-Literatur wohlvertrauten – Personarium der Gemeinde und ihrer Geschichte. Zusätzlich zu den zuvor erwähnten seien hier etwa »die Schlichten von Juda« erwähnt, »welche *Thora* tun«, »die Schlichten von Ephraim«, »die Gewalttätigen der Heiden«, »die Kittim«, »die Völker«, »die Zusätzlichen der Völker«, »die Blutstadt« oder »die auf Blut erbaute Stadt«, »die Ebionim« oder »Armen«, »die Sanftmütigen« und so weiter. Diese Anspielungen werden auf apokalyptische Weise an wichtige biblische Stellen geknüpft, deren Auswahl unmittelbar einsichtig wird, sobald man das in ihnen verwendete Vokabular näher untersucht.

Die Verfasser dieser Kommentare hatten eindeutig das Gefühl, in einer von Katastrophen erschütterten »Endzeit« zu leben, und alle von ihnen verwendeten Bilder, die gesamte Grundstimmung namentlich der sektiererischen Texte sowie das immer gleichbleibende Vokabular verweisen auf die Römerzeit – beziehungsweise, genauer, auf die Zeit des römischen Kaiserreichs.[25]

Wie wir aufzeigen werden, lassen sich diese Anspielungen – vor allem aus den *pescharim*, aber auch aus der Damaskus-Schrift, der Gemeinderegel und der Kriegsrolle – sämtlich in eine klar definierbare Beziehung zu bestimmten Ereignissen im Leben des Jakobus setzen. Dies wird außerdem aber noch ein weiteres Ergebnis zeitigen. Wenn die Ereignisse im Leben des Jakobus auf die Qumran-Texte projiziert werden, insbesondere auf Passagen, die von der Vernichtung des Gerechten Lehrers durch den Frevelpriester handeln, lassen sich aus ihnen zusätzliche Informationen gewinnen, von denen man andernfalls nichts geahnt hätte. Scheinbare Widersprüche oder dunkle Lesarten klären sich auf und liefern so weitere Erkenntnisse.

Keine andere Gestalt aus der von uns untersuchten zwei- bis dreihundertjährigen Zeitspanne der Geschichte Palästinas läßt sich auch nur annähernd so gut mit den Qumran-Dokumenten in Verbindung bringen wie Jakobus. Die vorherrschenden Theorien über Qumran umgehen in der Regel dieses Thema und unternehmen vielfach nicht einmal den *Versuch*, das innere Indizienmaterial auszuwerten. Das ist zweifellos die ungefährlichere Verfahrensweise, aber in diesen Quellen haben wir es mit einer *wichtigen jüdischen Bewegung* und mit Personen von nicht unerheblicher Bedeutung zu tun. Es ist einfach nicht vorstellbar, daß diese Menschen *keinen* Eindruck auf ihre Zeit und ihre Umwelt ausgeübt und in der Vielzahl von Quellen, die uns für diese Zeitspanne zur Verfügung stehen, *keine* Spuren hinterlassen haben sollten.

Es gilt allerdings auch etwas anderes zu berücksichtigen. Wir haben es hier mit zwei Gemeinschaften zu tun: der »Jerusalemer Gemeinde«, angeführt von einem Lehrer, den die Tradition Jakobus »den Gerechten« nennt, und der Qumran-Gemeinde, angeführt von einem namentlich nicht bekannten Mann, den die Texte als den »Gerechten Lehrer« oder den »Lehrer der Gerechtigkeit« bezeichnen. Wie Jakobus scheint auch er ein übles Ende gefunden zu haben.

Gleichgültig, welche Details aus dem Leben, der Lehre und dem Tod des Qumran-Lehrers in einem *pescher* jeweils mitgeteilt werden – der in der zugrundeliegenden biblischen Passage enthaltene, die Exegese auslösende Faktor ist stets »der *Zaddik*« oder der »Gerechte«. Dies ist ein so weitverbreitetes Phänomen, daß es praktisch keinen biblischen »*Zaddik*«-Text gibt, der im erhaltenen Qumran-Korpus nicht auf die eine oder andere Weise interpretiert werden würde.[26] Wir können dies fast als Faustregel betrachten. Bezeichnenderweise werden in frühchristlichen Schriften auf Jakobus die gleichen oder ähnliche Texte bezogen. Diese grundlegende Übereinstimmung zwischen den zwei mehr oder weniger zeitgleichen Gemeinden darf unter keinen Umständen übersehen werden – und sollte man auch nur die eine Gruppe als Paradigma der anderen heranziehen.

Mitunter wurde eingewandt, die Qumran-Gemeinde habe in Qumran und die Jerusalemer Gemeinde in Jerusalem gelebt – folglich seien die zwei Gruppierungen trotz aller doktrinären Übereinstimmungen voneinander verschieden. Dies könnte auf den ersten Blick einsichtig erscheinen – wenn nicht die Qumran-Texte, wie bei einer sorgfältigen Lektüre ersichtlich wird, den Gerechten Lehrer und seine Anhängerschaft häufig nach Jerusalem verlegten. Umgekehrt siedelt zumindest *eine* Quelle aus dem jakobinischen Korpus Jakobus und seine ganze Gemeinde unzweifelhaft in der Region um Jericho an, unweit von Qumran.[27]

Im Hinblick auf die tatsächliche Stätte in Qumran und die dort befindliche festungsartige Siedlung fällt auf, daß in den Qumran-Rollen unweigerlich von den Wüsten-»Lagern«, also in der Mehrzahl, die Rede ist. Zum möglichen geographischen Ort dieser »Lager« liefern die Texte selbst nur zwei Hinweise; beide finden sich in der Kriegsrolle, wo zum einen *die Wildnis/Wüste der Völker,* zum anderen »die Wildnis/Wüste von Judäa« erwähnt wird. Erstere ist wahrscheinlich identisch mit der Gegend, die in der danach benannten Schrift als das »Land von Damaskus« oder schlicht »Damaskus« bezeichnet wird. Und die in ebendieser Schrift vorkommende, als »der *Mebakker*« oder »Aufseher«, oder »Bischof« bekannte Gestalt – die entweder mit dem an anderer Stelle erwähnten »Hohenpriester, der die Lager befehligt« identisch ist oder ihr entspricht – erinnert frappant an Jakobus und seine Bedeutung innerhalb der Urkirche.[28]

Wie »spät« sind die Qumran-Rollen?

Bliebe nur noch zu klären, was mit einem »späten« Dokument gemeint ist. Zum Teil aus dem inneren Zwang heraus, den vom Verfasser der vorliegenden Arbeit vertretenen Standpunkt anzufechten, erklären manche Forscher neuerdings, keine einzige Qumran-Handschrift sei später als Mitte des 1. Jahrhunderts v.Chr. entstanden. In der Frühzeit der Qumran-Forschung war davon nie die Rede gewesen – vermutlich schon deswegen nicht, weil jedem bewußt war, daß sich eine so absurde Behauptung niemals würde beweisen lassen.

Indes würde diese Datierung, selbst wenn man sie gelten ließe, kaum einen Einfluß auf die in diesem Buch vertretene Theorie ausüben. Sämtliche Doktrinen, Ideen und Tendenzen, sämtliche exegetischen Standpunkte, die in dem Fall unter den »oppositionellen« Gruppen des 1. Jahrhunderts v.Chr. im Umlauf gewesen wären, ließen sich dann in praktisch unveränderter Form auch in der wichtigsten »oppositionellen« Bewegung des ersten nachchristlichen Jahrhunderts wiederfinden. Damit bliebe die Hauptthese dieses Buches unangefochten. Nur der direkte textinhärente Bezug zu Jakobus oder irgendeinem anderen »Gerechten« oder »*Zaddik*« jenes Jahrhunderts wäre dann hinfällig, aber in Anbetracht der Fülle an Beweismaterial, die sich zur Untermauerung einer solchen Beziehung anführen läßt, macht dieser »chronologische Einwand« eher den Eindruck von verzweifeltem Trotz als von Wissenschaftlichkeit.

Allerdings müßte die Unhaltbarkeit einer so frühen Datierung des *gesamten* Handschriftenbestands von Qumran jedem objektiven Betrachter klar sein – jedem, das heißt, der nicht aus irgendwelchen theologischen, ideologischen oder psychologischen Gründen ebendiese Datierung verlangt. Es besteht allgemein kein Zweifel daran, daß die Qumran-Gemeinde irgendwann im Verlauf des ersten Aufstands gegen Rom, zwischen 66 und 73 n.Chr., zerschlagen wurde. Dieser Schluß stützt sich auf den archäologischen Befund der Stätte sowie auf die dort entdeckten Münzen – nicht auf die Texte, die in diesem Punkt keinerlei Hinweise liefern. Aufgrund der zahlreichen vor Ort aufgefundenen, aus dem zweiten Jahr der Revolte gegen Rom stammenden Münzen nimmt das wissenschaftliche Establishment 68 n.Chr. als den Zeitpunkt der Zerstörung der Qumran-Siedlung an.

Aber daß sich eine Münze an einem bestimmten Ort befindet, sagt weder etwas darüber aus, wer sie dort verloren hat, noch, wann sie dort verloren worden ist. Ein solches numismatisches Indiz liefert, wissenschaftlich ausgedrückt, den *terminus post*, nicht *ante quem*: Es gibt also lediglich die *frühest*mögliche Datierung an. Hinzu kommt, daß die Anfang der fünfziger Jahre vorgenommene Ausgrabung und archäologische Auswertung der Stätte unvollständig und aufgrund zahlreicher offensichtlicher methodologischer Mängel sehr umstritten ist. Man hat zwar eine Menge gefunden, doch scheint etliches auch »gemacht« worden zu sein.

Viele der dort sichergestellten Münzen sind jetzt einfach nicht mehr auffindbar, und manche gelten als zu stark oxidiert, um noch lesbar zu sein.[29] Das aber bedeutet: Wenn man annimmt, daß die Texte tatsächlich in einer engen Beziehung zur Stätte stehen und nicht lediglich von anderswo dort hingeschafft wurden – und daß die Siedlung während des ersten Aufstands gegen Rom unterging –, dann läßt sich nichts Bestimmteres sagen, als daß dieser Untergang *irgendwann vor 73 n.Chr. erfolgt sein muß*. Letzteres nämlich ist das Datum des Massenselbstmords, mit dem im rund 50 Kilometer südlich von Qumran gelegenen Masada der letzte Widerstand gegen die Römer endete. Dabei geht man davon aus, daß die Handschriften genau zum Zeitpunkt der Eroberung oder Zerstörung der Siedlung in die verschiedenen Höhlen gebracht wurden. Aber auch diesbezüglich herrscht keine Gewißheit – die zwei Ereignisse könnten ebenso durchaus einige Zeit auseinandergelegen haben.

Tatsächlich finden sich in Qumran auch Münzen aus der Zeit des messianischen Bar-Kochba-Aufstands (132–136). Da es unsinnig wäre anzunehmen, römische Soldaten hätten in Qumran jüdisches Revolutionsgeld verloren – eine einzelne Münze vielleicht, aber nicht so viele –, muß man davon ausgehen, daß sie von jüdischen Partisanen stammen. Der aufmerksame Leser wird den naheliegenden Schluß schon erraten können: Als endgültiger *terminus ante quem* (ultimativer Zeitpunkt) für die jüdische Präsenz in Qumran ergibt sich – wenn diese Präsenz mit der Niederlegung der Manuskripte in den verschiedenen Höhlen in Verbindung gebracht wird – das Ende des zweiten Aufstands, also 136 n.Chr. Daran ist nicht zu rütteln.

Es *kann* sein, daß die Manuskripte schon früher versteckt wurden – aber um wieviel früher und zu welchem genauen Zeitpunkt, läßt sich anhand des uns vorliegenden archäologischen Materials nicht ermitteln. Dies ist die einzige wissenschaftlich vertretbare Schlußfolgerung, die man aus dem derzeitigen archäologischen Befund in Qumran ziehen kann. Und damit wird der Forscher wieder einmal auf die *inneren Daten* oder Indizien verwiesen, welche die Texte liefern.

In jüngster Zeit fand man inmitten des Aushubs früherer Grabungen, anscheinend zufällig, einige neue Scherben. Ein paar von ihnen waren beschriftet und schienen den Empfang von Waren und Dienstleistungen aus »*Jericho*« zu dokumentieren oder zu bestätigen. Wenigstens eine von ihnen trug das Datum »Jahr 2«, das heißt »Jahr 2 der Freiheit« oder »Befreiung Zions« – also der Revolte gegen Rom, aus welcher Zeit auch die oben erwähnten Münzen stammen. Nicht nur sind einige dieser Scherben mit die ersten konkreten schriftlichen Zeugnisse einer bis mindestens ins Jahr 68 n.Chr. andauernden Besiedlung der Stätte – sie beweisen darüber hinaus auch, daß die Gemeinde keineswegs isoliert lebte. Ebensowenig war sie materiell und geistig von Jericho und all dem getrennt, was sich dort ereignete (vgl. Ps. *Rec.* 1.70 f.). Zudem veranschaulichen die Scherben, daß die Qumran-Gemeinde mit der allgemeinen Revolte gegen Rom sympathisierte und sich an ihr beteiligte, mit Sicherheit aber deren Kalender verwendete – was wir natürlich von Anfang an vermutet hatten.[30]

Noch ein letzter Punkt bezüglich der archäologischen Indizien für die Aufgabe von Qumran: Die Region um Qumran war bis in die achtziger Jahre des ersten nachchristlichen Jahrhunderts und noch darüber hinaus besiedelt.[31] Ain Feschka ist eine rund zwei Kilometer südlich von Qumran gelegene Süßwasseroase, gebildet durch unterirdische Quellen, die an dieser Stelle – am Fuß der Kalksteinklippen, die sich entlang des Ufers des Toten Meers erheben – hervortreten. Auch hier existieren Gebäudereste, die, zusammen mit einigen Münzfunden, für eine weit über den vermuteten Untergang Qumrans im Jahre 68 n.Chr. hinaus andauernde Besiedlung sprechen. Außerdem scheint Ain Feschka im Gegensatz zu Qumran nicht zerstört worden zu sein.

Doch Ain Feschka kann nicht unabhängig von Qumran betrachtet werden. Zuallermindest stammten die landwirtschaftlichen Erzeugnisse, von denen die Bewohner von Qumran lebten, aus dieser Oase, da der Boden in Qumran selbst zu trocken ist, um Ackerbau zu ermöglichen. Während der 25 Jahre, in denen ich die Stätte immer wieder besucht habe, erlebte ich es ein einziges Mal, daß vom oberen Ende des *Wadi* Qumran Wasser floß – dies in einem äußerst feuchten Jahr, das der in den Bergen über dem Wadi gelegenen Ebene von Bethlehem überdurchschnittlich hohe Niederschläge bescherte. Das dortige Klima ist heute im wesentlichen das gleiche, das im Altertum herrschte. Der archäologische Befund in Ain Feschka beweist, daß die jüdische Präsenz in der fraglichen Region über den Zeitpunkt hinaus fortdauerte, der in der Fachwelt als *terminus ante quem* für die Niederlegung der Qumran-Manuskripte angenommen wird. Wenn dem aber so ist, dann kann über die Datierung besagter Niederlegung der Handschriftenrollen überhaupt nichts Gesichertes mehr ausgesagt werden. Eben nur, daß sie irgendwann vor dem Ende des Bar-Kochba-Aufstands (136 n.Chr.) erfolgt sein muß, als nämlich die Besiedlung der Region tatsächlich stattgefunden zu haben scheint.

Dies stellt uns vor ein Rätsel. Was tat die Qumran-Gemeinde eigentlich während der vielleicht ereignisreichsten 200 Jahre der palästinischen Geschichte, wenn – wie die heute vorherrschende Hypothese zu lauten scheint – alle Handschriften aus der Zeit *vor* der um 50 v.Chr. erfolgten Ankunft der Herodianer und der Römer datieren? Nehmen wir einmal rein theoretisch an, die Schriftrollen wären 68 oder sogar 70 n.Chr., ungeachtet der Probleme, die beide Daten aufwerfen, in die Höhlen gelegt worden. Das würde bedeuten, daß die Sektierer von Qumran all ihre schöpferische Energie verloren hatten; daß ihre kreativen Impulse seit langem versiegt waren und sie 100 Jahre folgenreichster und bewegtester palästinischer Geschichte – deren Auswirkungen die Bewohner der Siedlung, wie die verschiedenen Münzfunde belegen, durchaus miterlebten – schlichtweg ignorierten.

Nein, diese neue Hypothese überzeugt nicht – und zwar insbesondere deswegen nicht, weil die Texte selbst eine Fülle von Anspielungen enthalten, die mit ziemlicher Sicherheit auf Ereignisse und Verhältnisse des ersten nachchristlichen Jahrhunderts verweisen. Einige von ihnen haben wir bereits angeführt; es lassen sich noch weit mehr nennen. Hinzu kommt, daß die textimmanenten historischen Daten vielfach dafür zu sprechen scheinen, daß die fremden Eindringlinge kaiserzeitliche römische Legionäre waren – was auch mit der Allgegenwart ihrer Macht und der gefühllosen Brutalität ihrer Methoden übereinstimmt. Die Schriftrollen spielen zudem unzweideutig auf den bevorstehenden Untergang des Tempels und seiner Priester an, die im außerordentlich wichtigen *pescher* über den Propheten Habakuk sogar als die »Letzten Priester Jerusalems« bezeichnet werden.[32] Wir fahren also weit sicherer, wenn wir alle durch ideologische oder theologische Vorurteile diktierten Interpretationen meiden und davon ausgehen, daß viele der *späteren* Qumran-Texte tatsächlich *aus dem ersten nachchristlichen Jahrhundert* datieren: Ja, sie schreien förmlich nach einer solchen Deutung.

ZWEITER TEIL

Der historische Jakobus

6
Die Apostelgeschichte: Jakobus' erster Auftritt

Die Apostelgeschichte als historische Quelle

Historisch wirklich greifbar wird Jakobus erstmals in der Apostelgeschichte. Doch seine Präsentation ist nicht frei von Schwierigkeiten. Man stößt wie üblich auf verwirrende Lücken. Material, von dessen Existenz wir aus anderen Quellen wissen, findet keine Erwähnung, und Angaben, die man logischerweise erwarten dürfte, bleiben aus. Der aufmerksame Betrachter jedoch kann noch immer die *Spuren* dieser fehlenden Daten erkennen und sie – unter Berücksichtigung dessen, was an anderer Stelle gesagt wird, oder anhand der zugrundeliegenden Implikationen des Textes selbst – deduktiv wieder »auffüllen«. Ein Neuling auf dem Gebiet mag diese Sache etwas verwirrend finden, aber sobald er begriffen hat, was in den Quellen wirklich vor sich geht, stehen ihm wahre Entdeckerfreuden und verblüffende Erkenntnisse bevor.

Zuerst einmal sollte der Leser sich bewußtmachen, daß die Apostelgeschichte nicht als ein historischer Bericht betrachtet werden kann. Dazu enthält sie einerseits zuviel Mythenbildung, zuviel rein Literarisches, zuviel Phantastisches, während sie andererseits etliches wichtiges Material unterschlägt. Doch unter der legendenhaften Oberflächenstruktur lassen sich die groben Umrisse einer gewissen historischen Wahrheit erkennen.

Wie wurde beispielsweise die Nachfolge Jesu geregelt? Wir erfahren zwar von einer Art »Wahl«, aber wie sich dann herausstellt, ging es bei ihr nicht, wie an diesem Punkt einer Erzählung, welche die Frühzeit der Urkirche zu beschreiben vorgibt, logischerweise zu erwarten gewesen wäre, um die Bestimmung von *Jesu* Nachfolger, sondern um die Ermittlung eines zwölften Apostels, der – ausgerechnet – »Judas« ersetzen soll, Jesu angeblichen »Verräter«. Dies ist der erste obskurantistische Taschenspielertrick, dem wir in der Apostelgeschichte begegnen, und diese Wahl fügt sich, wie wir noch sehen werden, hervorragend in Mitteilungen früher Kirchenschriftsteller über eine erste Wahl Jakobus' zum *Bischof* oder *Bischof der Bischöfe* der Urkirche ein.

Legitime Fragen wie, warum es überhaupt unbedingt »zwölf Apostel« sein mußten oder wer – abgesehen von der Wahl dieses bedeutungslosen Nachfolgers Judas' mit Namen Matthias – die Nachfolge Jesu antrat, werden mit Schweigen übergangen. Dann wäre da die Frage nach der Identität der Mehrzahl der Apostel oder danach, was ein »Bischof« oder »Erzbischof« eigentlich war – ganz zu schweigen davon, wie es überhaupt dazu kam, daß Jakobus dieses Amt erhielt. Die Apostelgeschichte wird normalerweise als die »Geschichte« *aller* Apostel aufgefaßt, das heißt der (je nachdem, welchem Bericht man folgt, unterschiedlich aufgelisteten) »Zwölf«[1], und dennoch weiß der – oder wissen die – Verfasser der Erzählung über die Mehrzahl dieser Apostel ganz offensichtlich so gut wie nichts.

Bereits in einem sehr frühen Stadium des Berichts verlagert sich der Schwerpunkt der Handlung auf Paulus – der nicht einmal ein richtiger »Apostel« ist, jedenfalls keiner der ursprünglichen (9, 27–29), und außer wenn dieser mit dem einen oder anderen Apostel in Berührung kommt, verliert die Erzählung jegliches Interesse an letzterem. Beispielsweise erfahren wir von Petrus – nachdem er Palästina passenderweise gerade rechtzeitig verlassen hat, damit Jakobus im 12. Kapitel vorgestellt werden kann – so gut wie nichts mehr. Wir erfahren nichts über seine Reisen oder Erlebnisse, nicht einmal darüber, was ihm in Rom widerfährt (falls er überhaupt dort hingelangt), und nichts über seinen Tod. Ebensowenig erfahren wir etwas über irgendeinen anderen wichtigen Namen aus der Gruppe »der Zwölf« – wenn man von Jakobus absieht; und doch gilt dieser nicht als einer »der zwölf Apostel«. Wie wir noch sehen werden, war er es durchaus, falls diese Zahl als in irgendeiner Weise historisch betrachtet werden kann.

Zweifellos hätte uns der Erzähler so wichtige Dinge nicht verschwiegen, wenn sie ihm bekannt gewesen wären. Entweder wußte er von ihnen nichts, und anderes war ihm wichtiger, oder er *wußte* es, und trotzdem maß er anderen Dingen größere Bedeutung bei. Was für Dingen? Wie wir sehen werden, fast ausschließlich Paulus. Als dieser beispielsweise im letzten Kapitel der Apostelgeschichte nach Rom kommt, hätte es sich durchaus angeboten, den Petrus-Erzählstrang wiederaufzunehmen. Unser Berichterstatter tut dies nicht. Warum nicht? Warum erfahren wir nichts über Petrus' Auslandstätigkeit? Sogar der Galaterbrief liefert in dieser Hinsicht konkretere Informationen als die Apostelgeschichte. Was wurde aus Petrus?

Unser Text, diese angebliche »Geschichte der Apostel«, übergeht all diese Dinge mit geflissentlichem Schweigen.

Aber selbst, wenn er auf Paulus zu sprechen kommt, läßt unser Text eine merkwürdige Scheu vor bestimmten Themen erkennen – so etwa vor der Vorgeschichte dieses neuen Apostels. Wieder erfahren wir mehr, wenn wir die ersten Kapitel des Galaterbriefs lesen. Er verrät uns auch nichts über den Tod des Paulus. Wir hätten erwartet, über solche Dinge informiert zu werden. Warum geschieht das nicht? Der Text tut nichts anderes, als uns mit Paulus nach Rom zu führen. Dann läßt er uns im Stich. Wir erfahren über das Ende des Paulus nicht mehr als über dasjenige des Petrus – oder des Jakobus, was das anbelangt. Wir erhalten lediglich die Information, daß Paulus nach Rom kommt, und niemand scheint zu wissen, was er dort tut oder warum er dort ist – ja, niemand scheint sich im mindesten für ihn zu interessieren oder überhaupt von ihm gehört zu haben. Paulus ist praktisch frei und steht höchstens unter leichtem Hausarrest.

Das hypothetische Argument, der Erzähler habe wohl geglaubt, davon ausgehen zu können, wir *wüßten* bereits vom Ende des Paulus oder des Petrus, überzeugt nicht. Wenn der Erzähler im Besitz dieser (nach Maßgabe anderer Quellen durchaus dramatischen) Informationen gewesen wäre, dann hätte er sie auch weitergegeben – oder weitergeben sollen.[2] Warum schweigt er? Wir erfahren nicht einmal, ob Paulus nach Spanien weiterreiste, wie er zu tun angekündigt hatte (Römer 15,24–28), ob – beziehungsweise unter welchen Umständen – er ein zweites Mal verhaftet wurde oder ob er vielleicht, wie bestimmte Quellen anzudeuten scheinen, nach Palästina zurückkehrte.[3] Später werden wir Beweismaterial zur Stützung dieser Vermutung liefern, aber einstweilen mag es genügen zu sagen, daß keine dieser Fragen beantwortet wird. Die Apostelgeschichte ist kein historischer Bericht. Sie ist nicht einmal besonders gute Erzählliteratur.

Ebensowenig geht der Text auf die dramatischen Ereignisse um Jakobus' Tod ein, der – wenn wir den etwas zweifelhaften chronologischen Angaben der Apostelgeschichte folgen – gleichfalls exakt zu dem Zeitpunkt eintrat, an dem die Apostelgeschichte, zwei Jahre nach Paulus' Ankunft in Rom, abbricht.[4] Eine Lücke von dieser Größenordnung ist unbegreiflich, bis man sich bewußtmacht, daß die Apostelgeschichte, wenn überhaupt, so nur mit wenigen »anderen Aposteln« außer Paulus befaßt ist. Von diesen mutmaßlichen »zwölf Aposteln« erwähnt der Text Johannes, ohne allerdings Näheres über ihn zu berichten, und referiert eine mehr oder weniger märchenhafte Episode um einen gewissen »Philippus«. Petrus wird nur beiläufig erwähnt und verschwindet, sobald Paulus erscheint, praktisch ganz von der Bildfläche. Der erste Jakobus – »Jakobus, *des Johannes Bruder*« – tritt gleichfalls an diesem Punkt ab, gerade rechtzeitig, um dem plötzlich auftauchenden zweiten Jakobus (Jakobus, *dem Bruder Jesu*) Platz zu machen.

In Wirklichkeit sind praktisch alle anderen Apostel, die unser Text gleich zu Beginn so sorgfältig auflistet, schattenhafte Gestalten, die keinen anderen Zweck erfüllen, als die hier und in den Evangelien so nachdrücklich betonte Zwölfzahl mit etwas Leben zu füllen. Sie sind bloße papierene Silhouetten, und der Verfasser der Apostelgeschichte weiß so gut wie nichts über sie – oder wenn er doch etwas wissen sollte, hält er damit weitgehend hinterm Berg.

Tatsächlich wäre es treffender, die Apostelgeschichte oder *Acta Apostolorum*, wie der Text auf lateinisch heißt, als die Schilderung der »Akte« oder Wirkungen des Heiligen Geistes zu bezeichnen, keineswegs aber als Bericht der Ereignisse um die Entstehung der Urkirche oder um das Leben der einzelnen Apostel. Der Text zeichnet die »Akte« des Heiligen Geistes in ihren verschiedenen Manifestationen nach, während eigentlich Geschichtliches von Anfang an unter den Tisch fällt. Der Heilige Geist aber ist eine Doktrin, die vor allem die paulinische Heidenmission charakterisiert. Inwiefern? Nun, abgesehen davon, daß Paulus etliche Visionen und Belehrungen über den Mechanismus des Heiligen Geistes empfängt, beruft er sich auf ebendiesen Heiligen Geist als die höchste Instanz, die nicht nur seine Lehren, sondern überhaupt seine ganze Mission beglaubigt und bestätigt.

Wenn Paulus mit den Oberhäuptern der Jerusalemer Kirche debattiert – was er durchaus tut –, dann ist es der Heilige Geist, der ihn seiner Meinung nach dazu autorisiert, ja ihm sogar ein überlegenes »Wissen« verleiht (Galater 2,2). Es ist der Heilige Geist, der nicht nur seinen Anspruch auf den Rang eines Apostels, sondern allgemein die Legitimität seiner Mission bestätigt. Dieses Umstands eingedenk, schildert die religiös-historische Apostel-»Geschichte« die spezifischen Erscheinungsformen des Herabstiegs des Heiligen Geistes konkret als *Zungenreden* und *Wunder*, wie Wiedererweckungen, Heilungen und dergleichen mehr (Apostelgeschichte 2,4). Ersteres gestattet, die Heidenmission auf alle Völker der Erde auszuweiten, während letztere dieser größere Glaubwürdigkeit verleihen.

Jakobus, der *Bruder Jesu*, und Jakobus, der *Bruder Johannes'*

Erstmals erwähnt wird Jakobus in der Apostelgeschichte durch Petrus, der sich nach seiner Flucht aus dem Gefängnis und vor seiner

Abreise – vermutlich ins nähere oder fernere Ausland – »zum Haus der Maria, der Mutter des Johannes Markus« begibt (wer immer diese Maria oder dieser neue Johannes gewesen sein mögen) und dort anklopft. Dann sagt er zum Gesinde: »Erzählt davon [das heißt von seiner Rettung] dem Jakobus und *den Brüdern*« (12,17).

Bevor wir uns den Problemen zuwenden, die diese Äußerung aufwirft, müssen wir diesen Jakobus von den verschiedenen anderen »Jakobussen« abgrenzen, namentlich vom bekannteren Jakobus dem Älteren oder »Jakobus, [dem] Bruder des Johannes, des Zebedäus Sohn«. Jakobus, der sogenannte »Ältere«, oder »Jakobus, [der] Bruder des Johannes« (Apostelgeschichte 12,2 – »Zebedäus« wird hier glücklicherweise ausgespart) – vermutlich im Unterschied zu »Jakobus [dem] Jüngere[n]« (Markus 15,40 – *unserem Jakobus*) und einem anderen »Justus«, der in der Apostelgeschichte (1,23) auftaucht, so genannt – ist derjenige Jakobus, der gelegentlich zusammen mit Jakobus dem Gerechten auftritt, dem Jesusbruder der Evangelien.[5]

Er ist der bekannte Jakobus aus den Apostellisten und derjenige, den die meisten Leute zu meinen glauben, wenn sie von »Jakobus« sprechen. Nur wenigen, wenn überhaupt, ist bewußt, daß es einen zweiten, noch bedeutenderen gab und daß der erste aller Wahrscheinlichkeit nach, wenn nicht lediglich eine unwichtige Nebenperson, schlicht eine Überlagerung oder Glosse ist.[6] Die Verfasser der Apostelgeschichte wissen nichts Wesentliches über ihn und beseitigen ihn bequemerweise am Anfang des 12. Kapitels, unmittelbar bevor »unser« Jakobus eingeführt wird. Paulus spricht nie von einem »Jakobus, *des Johannes Bruder*«, und außer Apokryphem weiß kein einziger Kirchenvater mehr über ihn zu berichten.

Und doch wird seine Existenz von fast allen Bibelkennern ohne Einschränkung bestätigt. So groß ist die Macht des geschriebenen Wortes! Was sie nämlich so zuversichtlich bestätigen, ist die Tatsache, daß sie von diesem Jakobus gelesen haben oder wissen, wer er ist oder angeblich war, nicht aber, *daß es ihn gab*. Das gleiche gilt für seinen angeblichen Vater »Zebedäus«, eine weitere Gestalt, die schwerlich mehr als eine schlichte literarische Erfindung ist. Der Verfasser der vorliegenden Arbeit betrachtet derlei Gestalten als schlichte Täuschungsversuche, einzig zu dem Zweck in den Text eingeführt, den arglosen Leser zu verwirren. Was wir in der Einleitung sagten, *Dichtung sei wahrer als Geschichte*, ließe sich auf nichts besser beziehen als auf diese Unzahl von Personen, von deren Existenz die ganze Welt so überaus überzeugt ist.

Das »Bruder«-Motiv wird uns jedoch gestatten, uns über die mögliche Identität dieses zweiten Jakobus Klarheit zu verschaffen – wozu wir allerdings erst den Namen »Zebedäus« als schlecht getarnte außerpalästinische Erfindung werden über Bord werfen müssen. Wir werden noch weiteren solchen Erfindungen begegnen, so daß sich die Methode derartiger Überschreibungen mit der Zeit völlig durchschauen lassen müßte. Ein gutes Beispiel hierfür ist der »Agabus«, der in der Apostelgeschichte (21,10 f.) den Gürtel des Paulus ergreift, um zu verhindern, daß dieser nach Jerusalem geht. Wie wir sehen werden, gibt es keinen »Prophet[en] mit Namen Agabus«, wie die Apostelgeschichte behauptet, wohl aber eine Art Prophet, der bei Josephus an dieser Stelle erwähnt wird, *und* einen (von ihm verschiedenen) »Agabus« oder besser »Abgarus« oder »Agbarus«.[7] Als eine weitere wohlbekannte neutestamentliche Gestalt, die wahrscheinlich nie existiert hat, wird sich Judas *Ischariot* erweisen – wahrscheinlich ein Spiel mit dem Namen von Jesu und Jakobus' *drittem* Bruder: »Judas, des Jakobus Bruder«.[8]

Jakobus – der wirkliche Jakobus – wird in der Apostelgeschichte nirgendwo vorgestellt oder näher charakterisiert. Er tritt einfach auf; sein Erscheinen wird jedoch für das 15. Kapitel aufgespart. Im 12. Kapitel erwähnt ihn Petrus nur beiläufig – »erzählt davon [das heißt von Petrus' wunderbarer Befreiung und Abreise] dem Jakobus und *den Brüdern*« –, nachdem der angebliche *andere* »Jakobus« bereits aus der Erzählung verschwunden ist; aber aus dem, was da gesagt wird, geht klar hervor, entweder daß unser Jakobus – Jakobus der Gerechte – bereits an anderer Stelle erwähnt worden war oder aber daß wir wissen sollten, um wen es sich bei ihm handelt. Wie aber könnten wir wissen, wer er ist, wenn er in der uns vorliegenden Fassung des Textes weder vorher genannt noch uns vorgestellt wurde? Selbst die beiläufige Erwähnung durch Petrus – dies nachdem der einzige andere Jakobus, von dem wir überhaupt je etwas gehört hatten, geköpft worden ist – verrät uns nicht, wer er eigentlich ist.

Entweder man hält es für vorstellbar, daß die Einführung einer so wichtigen Person wie Jakobus an diesem Punkt der Apostelgeschichte einfach so, ganz *en passant*, erfolgte – oder aber man muß schließen, daß etwas verlorengegangen ist oder ausgelassen wurde. Er ist offensichtlich schon das Oberhaupt der »Jerusalemer Kirche« – man beachte, im griechischen Text, die Verwendung des Wortes für »Kirche«, *ekklêsia* oder »Versammlung«, in der Mitteilung zu Beginn des Kapitels, König Herodes habe »Jakobus, des Johannes Bruder«, töten lassen – und behält diese Rolle während des ganzen Rests des Buches. Noch einmal: Entweder war Jakobus damals eine so wichtige Persönlichkeit, daß er als allgemein bekannt vorausgesetzt werden konnte, oder aber es fehlt ein Teil des Textes.

Die mehrfach erwähnte Episode ereignet sich direkt, nachdem Petrus – der auf dem Hausdach in Joppe (Jaffa) durch den Mechanismus des Heiligen Geistes Stimmen, die vom Himmel herab zu ihm riefen, vernommen hatte – das Haus eines römischen Zenturio namens Cornelius aufgesucht hat (Apostelgeschichte 9–11). Alle diese Ereignisse haben ihre gemeinsame Wurzel in der Zulassung von Heiden oder solchen, die das jüdische religiöse Gesetz – das »Gesetz des Moses« – nicht befolgen, in die Kirche. Petrus entkommt aus dem Gefängnis, nachdem er aus nicht angegebenen Gründen von »Herodes« verhaftet worden war (Apostelgeschichte 12,6). Diese Dinge bedürfen sämtlich der Erklärung. Wir befinden uns inmitten jüdischer Geschichte: Schauplätze sind Jerusalem und das palästinische Küstenland, Zeitpunkt des Geschehens ist das Ende der dreißiger und der Anfang der vierziger Jahre des ersten nachchristlichen Jahrhunderts.

Die »Herodesse«

Lassen wir die Historizität dieses merkwürdigen Petrus oder Simon, der entlang der palästinischen Küste seinen Aktivitäten nachgeht, sowie seine mögliche Identität vorläufig außer acht. Josephus wird uns später von einem parallelen »Simon« erzählen, dem Oberhaupt einer eigenen Jerusalemer »Versammlung« oder »Kirche« (wieder *Ekklêsia*), den verhaften oder hinrichten zu lassen Herodes wahrhaft guten Grund gehabt hätte. Letzterer Name veranlaßt uns dazu, an dieser Stelle einmal zu klären, wer all die Personen, die im Neuen Testament als »König Herodes« bezeichnet werden, eigentlich waren. Laut Apostelgeschichte läßt unser gegenwärtiger Herodes am Anfang des Kapitels Jakobus, des Johannes Bruder, köpfen und stirbt selbst am Ende des Kapitels, »gefressen von den Würmern« (Apostelgeschichte 12,23).

Seltsamerweise beginnt das nächste, das 13. Kapitel – mit dem sich die Erzählung erneut Paulus sowie der Natur und Zusammensetzung seiner »Kirche« oder »Versammlung« (abermals *Ekklêsia*) in Antiochia zuwendet –, mit der Erwähnung eines weiteren »Herodes«: »Herodes des Tetrarchen«, des »Vierfürsten«. Hier können wir bei dem uns vorliegenden Material ein gewisses Maß an Zuverlässigkeit voraussetzen, stützt sich doch dessen angeblicher Verfasser Lukas bei historischen Mitteilungen dieser Art nach allgemeiner Auffassung auf Josephus.

Unsere fragliche Stelle erwähnt auch die »Propheten und Lehrer der Kirche zu Antiochia«, und ein weiterer bemerkenswerter Umstand ist die Tatsache, daß bereits der nächste Vers das an Barnabas und Saulus gerichtete (und dem Heiligen Geist zugeschriebene) Gebot enthält, »sich abzusondern« – ein in der Geisteswelt der Qumran-Rollen zentraler Begriff, ganz zu schweigen von den Wüsten- oder Wildnis-Aktivitäten Johannes' des Täufers.[9] Außer Barnabas und Saulus gehören zu diesen »Lehrern und Propheten« ein gewisser »Simeon« (wieder Simon Petrus?) – der hier den Beinamen »Niger« trägt[10] –, »Lucius von Kyrene« (wahrscheinlich Lukas selbst) und jemand, der als »Manahen, ein Jugendgefährte [oder »Ziehbruder«] des Tetrarchen Herodes« vorgestellt wird.

Um die Dinge noch weiter zu komplizieren, haben wir es hier nicht mit demselben »Herodes« wie im 12. Kapitel zu tun. Was immer man dazu sagen mag – ein »herodianisches« Mitglied der neugegründeten heidenchristlichen Gemeinde zu Antiochia[11] ist schon für sich genommen eine ziemlich peinliche Sache. Zuletzt wird sich wahrscheinlich herausstellen, daß man – gibt man den »Manahen« (Ananias?), bei dem es sich wahrscheinlich wieder um einen Phantasienamen oder um eine Überschreibung handelt, auf und überträgt die Apposition »der Ziehbruder des Tetrarchen Herodes« auf Saulus oder Paulus – möglicherweise zu einer treffenderen Beschreibung der wahren Verhältnisse gelangt.[12] Was allerdings diesen »Tetrarchen Herodes« anbelangt, kann kaum ein Zweifel daran bestehen, daß die Apostelgeschichte *Herodes Antipas* (7–39 n.Chr.) meint.

Antipas war einer der verschiedenen Herodesse, der Söhne des ersten Herodes, den man zur Unterscheidung von all den anderen gewöhnlich als »Herodes den Großen« bezeichnet. Mittlerweile titulierte die Familie alle ihre Mitglieder, ganz so wie bei den »Cäsaren« (von denen sie zweifellos beeinflußt war und die sie in mehrfacher Hinsicht nachahmte) üblich, als »Herodesse«. Dieser Herodes war, ebenso wie Herodes Archelaos (4 v.Chr.–7. n. Chr.), den wir bereits im Zusammenhang mit den Unruhen von 4 v.Chr. und dem nach dem Tod des ersten Herodes ausgebrochenen Zensus-Aufstand erwähnt haben, der Sohn von Herodes' samaritanischer Ehefrau. Er ist der für den Tod Johannes' des Täufers verantwortliche Herodes sowie derjenige, dem ein König Aretas von Transjordanien den Krieg erklärte, weil er (Herodes) sich von seiner (Aretas') Tochter geschieden hatte, um seine eigene (Herodes') Nichte Herodias zu heiraten. Er erscheint auch bei Lukas als der »Herodes«, der ein kurzes Gespräch mit Jesus führt. Lukas zufolge

> freute sich [Herodes] sehr, als er Jesus sah, denn seit geraumer Zeit wünschte er ihn zu sehen … in der Hoffnung, ihn ein Wunder wirken zu sehen (23,8 – *sic*).

Herodes der Große starb irgendwann vor 4 v.Chr. Wir wissen dies aufgrund der Überschneidung seiner Regierungszeit mit derjenigen seines Förderers, des großen Augustus – hier ist das Attribut durchaus zutreffend –, dem er offensichtlich nach Kräften nacheiferte. Anders als Augustus jedoch, der sehr sittenstreng war und keine männlichen Nachkommen hatte, zeugte Herodes etliche Söhne, und zwar mit insgesamt neun bis zehn verschiedenen Gemahlinnen, von denen nur wenige – nach welchem Maßstab auch immer – als »Jüdinnen« betrachtet werden konnten. Dies wird sich – und zwar nicht nur im Zusammenhang mit den Handschriften vom Toten Meer, sondern ebenso auch mit der Jerusalemer Kirche – als eine für unsere Periode wichtige Frage erweisen: nämlich, wer jeweils als Jude gilt und welche Wirkung dies auf die jüdischen Massen hat. Legt man den rabbinischen, matrilinearen Maßstab an – als Kind einer jüdischen Mutter war man Jude –, dann hatte Herodes tatsächlich wenigstens zwei *jüdische* Ehefrauen, beide Töchter von Hohenpriestern und beide Mariamne genannt (das heißt, wie wir gesehen haben, »Mirjam« oder »Maria«).

In den Adern der ersten Mariamne floß das Blut makkabäischer Priestervorfahren. Von beiden Seiten ihrer Familie her stammte sie von den heldenmütigen Makkabäern ab, deren Hohepriestergeschlecht unter Herodes ausstarb. Das ist schon in sich tragisch genug. Herodes heiratete sie, anscheinend gegen ihren Willen, im Jahre 37 v.Chr., während er den Tempel belagerte. Zuletzt ließ er sie unter dem Vorwurf hinrichten, sie habe mit seinem Bruder Joseph Ehebruch begangen (die ursprüngliche »Maria-und-Joseph«-Geschichte?), während er sich in Rom aufgehalten hatte, um sein zunächst Marcus Antonius geleistetes Treuegelöbnis nun, nach Ende des durch Cäsars Ermordung ausgelösten Bürgerkrieges, auf Augustus zu übertragen und sich so seine Königswürde bestätigen zu lassen. Später ließ Herodes die zwei Söhne, die sie ihm geboren hatte und die in Rom aufgezogen worden waren, aus Angst, das jüdische Volk würde sie – vermutlich weil Makkabäerblut durch ihre Adern floß – an seiner Stelle auf den Thron setzen, gleichfalls hinrichten (doch erst, nachdem sie die Volljährigkeit erreicht und ihrerseits Nachkommen gezeugt hatten).

Ebenso hatte er, Jahre zuvor, auch Mariamnes Bruder, einen Jüngling namens Jonathan (auf griechisch Aristobulos, nämlich Aristobulos III. – die Makkabäer kombinierten oft griechische und hebräische Namen miteinander), aus den gleichen Gründen töten lassen, sobald dieser volljährig geworden war und das Hohepriestergewand anlegen durfte. Daß Jonathan das Hohepriesteramt verliehen wurde, war wahrscheinlich die Bedingung gewesen, unter der sich Mariamne überhaupt bereit erklärt hatte, Herodes zu heiraten. In einem der tragischsten Augenblicke der jüdischen Geschichte ließ Herodes, wie ein antiker Stalin oder Saddam Hussein, Jonathan ertränken, während dieser sich in seinem vor den Toren Jerichos gelegenen Winterpalast in einem Schwimmbecken vergnügte – dies, nachdem das jüdische Volk beim Anblick des mit dem hohepriesterlichen Gewand seiner Vorfahren angetanen Jungen vor Rührung geweint hatte. So geschehen im Jahre 36 v.Chr., nachdem Herodes unter römischer Schirmherrschaft die Macht über ganz Palästina und die Würde eines halbautonomen Königs übernommen hatte – die in jenem »Asia« genannten Teil des noch jungen Imperiums von Rom bevorzugte Form der Regierung.

Mit römischer Unterstützung mochte es Herodes selbst als Nichtjude geschafft haben, die Makkabäer als jüdische Könige zu beerben, doch ihre Hohepriesterwürde blieb ihm trotz aller Bemühungen verwehrt. Nach christlicher Darstellung gelang es *Jesus* als vermutlichem Nachfolger der Makkabäer, sowohl königliche als auch priesterliche Funktionen in seiner Person zu vereinen.[13] Es kann kaum ein Zweifel daran bestehen, daß die letzten Mitglieder des Makkabäergeschlechts durch dieses – nach jüdischem Gesetz theoretisch (in den Augen der »Zeloten« mit Sicherheit) verbotene – Ehebündnis mit Herodes zu retten versuchten, was drei Jahrzehnte des Bürgerkriegs und des Kriegs gegen Rom ihrer Familie noch an Reichtum und Macht übriggelassen hatten.

Immer dankbar, machte sich Herodes nun daran, das Makkabäergeschlecht endgültig auszurotten, wobei er nicht einmal denjenigen Teil der Familie verschonte, der dadurch hatte überleben können, daß er sich ihm und den römischen Oberherren unterworfen hatte: Zuerst tötete er Jonathan, weil das jüdische Volk beim Anblick des gerade dreizehnjährigen Hohenpriesters in Tränen ausgebrochen war und damit seine nationalistischen, promakkabäischen Gefühle verraten hatte; dann Mariamne/Maria selbst – obwohl Josephus Herodes' emotionale Beziehung zu ihr als eine seifenopernmäßige Haßliebe schildert; anschließend Hyrkanos II., Jonathans Großvater aus der Generation der sechziger Jahre – jener Zeit, zu der der Bruderzwist, der schließlich zur Besetzung Palästinas führen sollte, seinen Anfang nahm.

Dieser Hyrkanos war Judas Makkabäus' Großneffe gewesen und hatte Herodes' Vater Antipater – als seinen ersten Minister und Verbindungsmann bei den Römern und den arabisch-idumäischen Herrschern in Transjordanien und in Petra – überhaupt erst in eine Machtposition manövriert. Er war es vermutlich auch, der Herodes' Heirat mit Mariamne vermittelt hatte. Wie schon gesagt, ließ Herodes dann die zwei Söhne, die diese ihm geboren hatte, ermorden – und zwar wahrscheinlich wieder aus den gleichen Gründen: weil das nationalistisch und promakkabäisch gesonnene Volk sie ihm als Herrscher vorgezogen hätte. Schließlich richtete er noch Mariamnes Mutter und Hyrkanos' Tochter hin, die listige alte Witwe Salome.[14] Danach gab es keine Makkabäer mehr – lediglich, in Herodes' eigener Familie, Prätendenten der dritten Generation, deren Blut er durch eine langjährige geschickte Heiratspolitik in erheblichem Maße mit seinem eigenen verschnitten hatte.

Die Kinder des Fleisches kontra *Die Kinder der Verheißung*

Es ist ein interessanter Umstand, daß Paulus, als er von seiner »Heidenmission« spricht und das Bild einer Gemeinde entwirft, in der »Juden und Griechen« harmonisch würden miteinander leben können (Römer 1,16 und 10,12), von den neuen »Christen«, die er sich da heranzieht, sagt, sie würden »eingepfropft werden« (Römer 11,23). Im selben Zusammenhang macht er auch ausgiebigen Gebrauch von der »Wurzel«- und »Zweig«-Metaphorik, die in den Qumran-Manuskripten eine so wichtige Rolle spielt, bei ihm aber die genau entgegengesetzte Bedeutung erhält.[15] So sagt er beispielsweise:

> So rühme dich nicht wider *die Zweige.* Rühmst du dich aber wider sie, [bedenke,] daß nicht du die Wurzel trägst, sondern *die Wurzel* trägt dich. Du wirst nun sagen: *»Die Zweige sind ausgebrochen, auf daß ich hineingepfropft würde.«* (Römer 11,18 f.)

Paulus verwendet hier das Symbol des »Ölbaums«, womit er Israel meint, das er mit den »ausgebrochenen Zweigen« gleichsetzt (Römer 11,19). Die Qumran-Gemeinde, bei der »die Wurzel« und »der Zweig« Metaphern für den Messias waren, wäre schockiert gewesen, solche Bilder auf heidnische Konvertiten bezogen zu sehen.[16]

Gleichfalls in dieser Passage verwendet Paulus erstmals eine andere, verwandte Metapher, den »Samen [bei Luther »Geschlecht«, A.d.Ü.] Abrahams«. Dieser Ausdruck konnte, wie Mohammed später gleichfalls richtig erkannte, ebensogut auch auf idumäische Araber bezogen werden. Daran anknüpfend, führt Paulus ein weiteres verwandtes Motiv ein, »die Kinder des Fleisches« und, ihnen gegenübergestellt, die »Kinder der Verheißung« oder »die Kinder Gottes«

(Römer 9,8). Diese Wendung, die im Galaterbrief wieder aufgegriffen wird, spielt ganz offensichtlich auf seine neue heidenchristliche Gemeinde an. In einer heimtückisch geschickten Umkehrung bezeichnet Paulus letztere als die *wahren Kinder der Sara*, während er die Juden als die *Kinder der Hagar* tituliert, Saras ägyptischer Dienstmagd.[17] Seine Verwendung des Wortes »Knechtschaft« ist in diesem Zusammenhang – wie im gesamten Korpus seiner Briefe – wichtig, da er damit stets *Hörigsein dem Gesetz* oder *der mosaischen Thora* meint.

Der Leser wird sich erinnern, daß in der Genesis die Geschichte von Abraham, Hagar, Sara und Ismael in unterschiedlichen Versionen erzählt wird. Ismael ist der uneheliche Sohn Abrahams und der Sklavin Hagar und der eigentliche Erstgeborene. Aus Eifersucht und verletztem Stolz veranlaßt Sara Abraham, beide in die Wüste zu schicken und damit *ihrem* Sohn den Weg frei zu machen: Isaak, der ehelich, aber als zweiter geboren wird und als dessen Nachkommen sich alle Juden bis zum heutigen Tag betrachten. Interessanterweise leitet Mohammed, als er dieses Material sechs Jahrhunderte später auslegt, seine Herkunft von Ismael und Hagar her, und zwar als Angehöriger eines der wichtigsten *nichtjüdischen* (»heidnischen«) Völker, die von Abraham abstammen: der Araber – und noch heute hört man diese Formulierung.[18]

Mit der Entwicklung des Begriffs seiner neuen »christlichen« Gemeinden als der wahren »Kinder Abrahams« oder, wie er es auch formuliert, »Kinder Gottes« gelang Paulus eine der teuflischsten Verdrehungen biblischer Belegstellen, die überhaupt denkbar sind, indem er die genealogischen Ansprüche der Juden gegen sie selbst kehrte. Mohammed war in der Hinsicht auch nicht viel besser. Diese neuen »Einpfropfungen«, die Paulus mit seinen zunehmend vergeistigteren messianischen »Wurzel«- und »Zweig«-Metaphern beschreibt, ähneln nichts so sehr wie der Familienpolitik der ihm vorausgegangenen Herodianer – einer Politik, die unserer Ansicht nach in einem gewissen Zusammenhang mit Paulus' eigener Herkunft steht. Das also ist nach dieser Darstellung die neue, vergeistigtere Form des jüdischen Messianismus, die wir heute »Christentum« nennen – ein aufgepfropftes quasiherodianisches, hellenistisches Reis.

Zu diesen »jüdischen«, teilweise makkabäischen Herodianern gehörte zur Zeit Johannes' des Täufers auch die berühmte Herodias, die Tochter eines von Herodes' und Mariamnes (Marias) zwei Söhnen, die Herodes später hinrichten ließ. Zu ihnen zählte außerdem der »König Herodes« aus der Apostelgeschichte (12,1) – das heißt, wie gewöhnlich angenommen wird, Agrippa I. (37–44 n.Chr.), so genannt nach Augustus' Jugendfreund und Feldherrn Marcus Agrippa. Agrippa I. ist ein weiterer Enkel jener von Herodes ermordeten Mariamne/»Maria« und ein *Bruder der Herodias*.

Die meisten Quellen, darunter auch Josephus, nennen diesen Agrippa »Herodes«, obwohl er einen weiteren Bruder hatte (der ihm später auf den Thron folgte), der tatsächlich Herodes hieß – Herodes von Chalkis (44–49 n.Chr.) – und der somit eher mit »König Herodes« gemeint sein könnte. Die Person, welche die Apostelgeschichte – sofern sie überhaupt zuverlässig ist – erwähnt, ist wahrscheinlich eine Verschmelzung dieser zwei Herodesse. Agrippa I. starb tatsächlich auf eine ähnlich merkwürdige Weise, wie in der Apostelgeschichte (12,23) beschrieben: Er dürfte, obwohl ein Vertrauter des Claudius, wegen des Verdachts mangelnder Loyalität von den Römern vergiftet worden sein.[19] Doch der Herodes, der laut Apostelgeschichte »Jakobus, des Johannes Bruder, mit dem Schwert« tötete, war wahrscheinlich sein Bruder Herodes von Chalkis.

»Von Chalkis« hieß dieser Herodes nach seinem nordwestlich von Damaskus in Syrien gelegenen Reich (zu der Zeit belehnten die Römer gern Herodianer, die als äußerst zuverässig galten, als Lohn für geleistete Dienste mit solchen östlichen Königreichen). Interessanterweise trägt sein Sohn den typisch griechisch-makkabäischen Namen Aristobulos. In Übereinstimmung mit der herodianischen Politik, stets nahe Verwandte zu heiraten, wurde dieser Aristobulos der zweite Gemahl von Herodias' berüchtigter Tochter Salome, deren berühmter »Schleiertanz« der Überlieferung zufolge zur Enthauptung Johannes' des Täufers führte.

Die Gründe für all diese Widersprüche, Geschichten und Schliche werden im weiteren Verlauf unserer Untersuchung klar zutage treten. Das Porträt von Aristobulos und Salome ist auf den in ihrem Namen geprägten Münzen aus *Asia Minor* zu sehen. Die beiden erhielten auch ein weiteres Königreich: das auf dem Gebiet der heutigen Osttürkei und des nördlichen Syrien gelegene »Klein-Armenien« (wie die Römer es nannten), ein Nachbarstaat Kilikiens, der in jener Zeit von herodianischen Einfällen heimgesuchten Heimat des Paulus, und zweier anderer, weiter im Süden und Osten gelegener Königreiche: Edessa, »das Land der Osrhoener« (Assyrer), und Adiabene.

Nach diesen Münzporträts zu urteilen, hatte Salome nichts übermäßig Verführerisches an sich. Analoges läßt sich allerdings auch von Kleopatra sagen, die ägyptische Münzprägungen als eine eulenhaft aussehende Frau mittleren Alters darstellen. Auf der Rückseite tragen diese Aristobulos-Münzen die Legende »Großer Liebhaber Cäsars«. Nichts könnte treffender sein. Die gleiche Legende erscheint auf Prägungen Herodes' von Chalkis und Agrippas I., des Onkels der beiden, der durchaus der Liebhaber des einen oder anderen Cäsars gewesen sein könnte.[20]

Dieser »Aristobulos« erscheint möglicherweise auch im Grußwort am Ende des Römerbriefs, wo Paulus ausdrücklich »Herodion, meinen Stammverwandten« (oder »meinen Stammverwandten, den kleinsten Herodes«) erwähnt. Im unmittelbar vorausgehenden Vers ist von »des Aristobulos Hausgenossen« die Rede, und datieren ließe sich der Brief – der Ort ist Rom –, wie Galater, ungefähr in die späten fünfziger Jahre (Römer 16,10 f.)

Die Heiratspolitik der Herodianer

Die von Herodes und der letzten makkabäischen Prinzessin Mariamne abstammenden Herodianer der dritten Generation waren zu einem Viertel Juden. Das restliche Blut, das in ihren Adern floß, war das Resultat eines sorgfältigen Mischvorgangs und, wie wir sehen werden, idumäisch/arabisch. Herodes selbst war seiner Herkunft nach in erster Linie das, was wir einen »Araber« nennen würden. Tatsächlich erinnert sein Verhalten, insbesondere was Sexualmoral und Heiratsbräuche anbelangt, sehr stark an das eines, wie wir heute sagen würden, tpyisch nahöstlichen Stammesfürsten oder Potentaten.

Herodes verfolgte für seine Nachkommen eine Politik der *Nichten-Heirat* oder Heirat mit *nahen Verwandten*, in der Regel Cousinen. Diese (in den Qumran-Manuskripten rundheraus verurteilte) Heiratspolitik ist wahrscheinlich *das* entscheidende »innere« Kriterium zur Datierung der Handschriften vom Toten Meer. So besessen sind die Qumran-Manuskripte von der Verwerflichkeit solcher Sexual- und Heiratsbräuche – die sie zusammen mit »Scheidung« und »Polygamie« insgesamt als »Unzucht« klassifizieren (alles Verhaltensmuster, die nicht nur Herodes persönlich, sondern auch die gesamte herodianische Familienpolitik in den folgenden Generationen kennzeichnen) –, daß wir in dieser Fixiertheit den Beweis dafür sehen, daß die Dokumente, die diese Klagen enthalten, von einem *herodianischen »Establishment«* sprechen müssen. Nichts läßt erkennen, daß die Makkabäer vorher – das heißt, bevor ihnen die Herodianer »aufgepfropft« wurden – ein in dieser Hinsicht auch nur entfernt ähnliches Verhalten an den Tag gelegt hätten. Bei den Herodianern hingegen war ein solches – in Qumran als »Inzest« gewertetes – Gebaren seit 60 v.Chr. nicht nur gezielte familienpolitische Praxis zur Wahrung ihrer Vormacht in Palästina und anderswo in der Provinz Asia, sondern auch geradezu endemisch.

Ebendieses Sexualverhalten wird die Ursache der wütenden Reden sein, mit denen – mittlerweile als »christlich« geltende – Volksführer wie Johannes der Täufer die Herodianer brandmarkten. Die gleiche Mißbilligung solcher Praktiken äußert sich in Quellen wie den Handschriften vom Toten Meer. Volksführer wie Johannes der Täufer werden ihretwegen ihr Leben verlieren. Die bekannte Schilderung einer auf Herodes' *Geburtstagsfeier* tanzenden Salome ist schlichter biblischer Unsinn, der jedoch, wie immer in solchen Fällen, einen gewissen historischen Kern beinhaltet – in diesem Fall die realen Familiensitten und Sexualbräuche der Herodianer, die von allen messianischen Führern, wie Johannes dem Täufer und nach ihm, vermutlich, Jesus (wer immer er sein mochte), aufs schärfste verurteilt wurden.

Das Bild, das uns die Evangelien von einem mit »Zöllnern und Sündern« speisenden oder von »Huren« oder »Prostituierten« freundlich redenden Jesus liefern, ist daher auch nur wieder Teil dieser großangelegten Verfälschung des wahren Sachverhalts.[21] Wie wir noch sehen werden, galten herodianische Prinzessinnen bei den nationalistischen jüdischen Massen als um keinen Deut besser als »Huren« und »Prostituierte« – Herodias ist ein gutes Beispiel hierfür, doch werden wir noch weitere kennenlernen. Und dieses Problem, *»zanut«* oder »Unzucht«, beherrscht so sehr die Gedanken der Verfasser der Qumran-Manuskripte (ebenso wie derjenigen früher neutestamentlicher Texte des Jakobusbriefs), daß es dem Betrachter wie eine regelrechte fixe Idee erscheinen muß. Wir werden auch aufzeigen, daß andere nationalistische Führer, wie der zuvor bereits bei Josephus erwähnte Simon, »das Oberhaupt einer eigenen [Jerusalemer] Versammlung« oder »Kirche«, die Herodianer in Cäsarea (das sie als Hafenstadt ausgebaut und zu Ehren Cäsars so genannt hatten) aus ebendiesem Grund attackierten – das heißt wegen ihrer Heiratsbräuche, insbesondere jener ihrer Prinzessinnen.

In dieser nächsten Generation (der vierten nach dem ursprünglichen Herodes) der vierziger bis sechziger Jahre n.Chr., der Zeitspanne, während der Jakobus in Jerusalem herrschte, sind die – mittlerweile zu einem Achtel makkabäischen oder jüdischen – Hauptvertreter dieser Dynastie drei herodianische Prinzessinnen, von denen zwei in den Kapiteln 24 bis 26 der Apostelgeschichte auftreten: Berenike (die spätere Mätresse von Josephus' Gönner Titus, dem Zerstörer Jerusalems und des Tempels) und Drusilla. Beide Prinzessinnen waren geschieden. Beide ließen sich zuletzt mit Ausländern ein und verließen Jerusalem endgültig. Berenike war nicht nur geschieden, sondern heiratete auch ihren eigenen Onkel – in diesem Fall den obengenannten Herodes von Chalkis, den Bruder ihres Vaters Agrippa I. Ihr Bruder, der in den fünfziger Jahren König wird und bis unmittelbar vor dem Aufstand als Agrippa II. regiert, erscheint gleichfalls in der Apostelgeschichte, wo er, Arm in Arm mit Berenike, freundschaftlich mit dem eingesperrten Paulus plaudert (26). Dies ist möglicherweise das »Original« des Gesprächs, das Jesus in den Evangelien mit dem Tetrarchen Herodes führt (Lukas 23,7–12) – der in Wirklichkeit in Jerusalem nichts zu suchen gehabt hätte, da seine Tetrarchie (wörtlich sein »Viertel« vom Königreich) in Galiläa und jenseits des Jordans lag, in Peräa, wo Johannes der Täufer hingerichtet wurde.

An dieser Stelle kann man diese herodianischen Könige und Prinzessinnen eines weiteren Verstoßes gegen die Sexualbräuche bezichtigen: des »Inzests«, der jedenfalls die Rechtsgrundlage für die in den Qumran-Manuskripten so auffallende Verurteilung der »Nichten-Heirat« darstellt. Nach Auffassung des talmudischen Judentums ist »Nichten-Heirat« andererseits nie ein Vergehen gewesen, noch stellt sie ein solches im späteren und heutigen Judentum dar. Die Handschriften verurteilen auch die Heirat unter Verwandten ersten Grades aufgrund einer Verallgemeinerung des Mosaischen Inzestgesetzes, und Josephus erzählt uns, daß Berenike tatsächlich eine inzestuöse Liaison mit ihrem Bruder Agrippa II. nachgesagt wurde.[22] Das Bild, das wir aus der Apostelgeschichte gewinnen, widerspricht dem nicht; ja, bis zu einem gewissen Grad bestätigt es dies sogar. Dieser Inzest könnte eine Übernahme römisch-kaiserlicher Bräuche gewesen sein, wie sie etwa bei Caligula, einem guten Freund ihres Vaters Agrippa I., zu beobachten waren. Caligula soll vor seinem gewaltsamen Tod im Jahre 41 n.Chr. ein inzestuöses Verhältnis mit seiner Schwester Julia gehabt haben.

Andererseits könnte die Sitte der »Nichten-Heirat« in der anderen Richtung – von den Herodianern zu den Julio-Claudiern – ansteckend gewesen sein, denn Claudius, der dadurch, daß er all seine intelligenteren und fähigeren Verwandten überlebte, 44 n.Chr. Gaius Caligulas Nachfolger wurde, heiratete seine eigene Nichte. Diese »Modeerscheinung« wird in römischen Quellen streng verurteilt. In gewissem Sinne erwies sie sich auch als Claudius' Verhängnis, da seine Nichte, die mit ihrer Hurerei sogar den Prostituierten Roms Konkurrenz gemacht haben soll, die Vernichtung ihres Gatten betrieb. Schließlich gelang es ihr, ihren Sohn aus einer früheren Ehe – den berüchtigten Nero – auf den Thron zu bringen und wurde von diesem für ihre Intrigen dadurch belohnt, daß er sie ihrerseits auf brutale Weise beseitigte.[23]

Sowohl Claudius als auch Caligula galten als gute Freunde Agrippas I., der, nachdem sein Vater von dessen Vater Herodes getötet worden war, zusammen mit den beiden im kaiserlichen Haushalt des Augustus aufgewachsen war. Sie waren es, die dem Herodianergeschlecht zurück auf den Thron verhalfen. Herodes' Nachkommen war die Krone nach den Unruhen der Jahre 4 bis 7 n.Chr. (jener Zeitspanne, in die den Evangelien zufolge Jesu Geburt fiel) verweigert worden. Daher die verschiedenen Tetrarchen, Ethnarchen und Statthalter, die erst 37 n.Chr. durch Agrippa I. wieder abgelöst wurden. Die Herodianer waren natürlich das Geschlecht, in dessen Adern, wie verdünnt auch immer, das ursprüngliche, makkabäische königliche Blut floß – und das spielte für die Römer eine wichtige Rolle.

Auf den Thron Palästinas wurde Agrippa I. erst nach dem Tod des Tiberius gesetzt, der ihn wegen seiner zu freundschaftlichen Beziehungen zu Caligula und Claudius ins Gefängnis hatte werfen lassen. Vorausgegangen war seiner Thronbesteigung auch die Abberufung Pontius Pilatus', dem Philon (in seiner *Legatio ad Gaium*) und andere vor allem extreme Korruption und Brutalität vorgeworfen hatten. Dies geschah im Jahr 37 n.Chr., laut der von Josephus in *Altertümer* gelieferten Chronologie nicht lange nach dem Tod Johannes' des Täufers. Wie der ungefähr zwischen 30 und 33 n.Chr. angesetzte Tod Jesu mit einer solchen Chronologie zu vereinbaren sein sollte, ist nicht recht ersichtlich, aber andererseits paßt kaum eine Begebenheit aus dem Leben Jesu – zumindest so, wie es normalerweise dargestellt wird – so recht in die Geschichte jener Zeit. Wenn Jesus, wie das Neue Testament anzunehmen scheint, *nach* Johannes dem Täufer starb, dann müßte dies Josephus' Chronologie zufolge um das Jahr 37 n.Chr. oder kurz davor geschehen sein. Wenn Jesus *vor* Johannes dem Täufer starb – was sollen wir dann überhaupt von all diesen biblischen Berichten halten? Mit solchen und ähnlichen chronologischen und historiographischen Problemen hat man zu kämpfen, wenn man quasihistorische Quellen wie die Evangelien verwendet. Mit der Apostelgeschichte tut man sich diesbezüglich etwas leichter, da sie häufig trotz aller Überschreibungen Kenntnis von – bei Josephus geschilderten – parallelen Ereignissen verrät.

In der vorausgegangenen Generation war Herodias zuerst mit einem nichtmakkabäischen Onkel – den das Neue Testament »Philippus« nennt, der aber in Wirklichkeit »Herodes« hieß – verheiratet gewesen. Nachdem sie sich (laut Qumran-Kriterien widerrechtlich) von ihm hatte scheiden lassen, heiratete sie einen weiteren herodianischen Onkel, der auch einer nichtmakkabäischen, nämlich einer samaritanischen Linie entstammte. Dieser, der bereits erwähnte

Herodes Antipas (7–39 n.Chr.), war der im Neuen Testament (Lukas 3,19 und Apostelgeschichte 13,1) erwähnte »Tetrarch [oder »Vierfürst«] Herodes« und der Mann, den sowohl Josephus als auch die Evangelien für den Tod Johannes' des Täufers verantwortlich machen.

Johannes seinerseits verurteilte nach Darstellung der Evangelien die Scheidung und Wiederverheiratung der Herodias – unter Bezugnahme auf eine unklare Passage im Mosaischen Gesetz – als Verstoß gegen die Regelung der Leviratsehe, ein Argument, das jemandem, der seine Kenntnis von den palästinischen Juden aus Büchern bezog, durchaus eingeleuchtet haben könnte (Markus 6,17 und Parallelen). Es war erlaubt, die Frau des eigenen Bruders oder Halbbruders zu heiraten, wenn dieser kinderlos gestorben war und man dadurch sozusagen »seines Bruders Samen aufzog«, der als dessen Nachkomme und Erbe betrachtet wurde.[24] Für das Neue Testament galt das nicht, aber es finden sich nirgends äußere Belege hierfür.

Tatsächlich stellt das Neue Testament die Situation völlig falsch dar. Der Mann, den es »Philippus« nennt, heißt bei Josephus lediglich »Herodes«.[25] In Wirklichkeit hatte er wenigstens eine Tochter durch Herodias, ebendiese Salome. Josephus' Philippus ist der Tetrarch von Trachonitis, einer etwas südlich von Damaskus in Syrien gelegenen Region. Er ist *nicht Salomes Vater*, sondern *deren Ehemann*. Er ist es, wie Josephus ausdrücklich mitteilt, der kinderlos stirbt und dadurch Salomes nächste Ehe ermöglicht: nämlich mit Aristobulos, dem Sohn *des Bruders ihrer Mutter*. Die Evangelien aber vermischen in der uns vorliegenden Form diese verschiedenen Sachverhalte und liefern uns ein komprimiertes Bild, das wir heutzutage als die Wahrheit ansehen. So fest sitzt dieses Bild in uns, daß es jetzt geradezu selbstverständlich ist, von zwei *»Philippussen«* zu reden und diesen *Herodes*, welcher der Sohn einer zweiten gleichfalls Mariamne genannten Frau des Herodes war – der Tochter des Priesters, den Herodes als Ersatz für die Makkabäer aus Ägypten hatte kommen lassen –, als »Herodes Philippus« zu bezeichnen.

In Wirklichkeit aber reichten all diese anderen – für nichtrömische, nichthellenistische, einheimische Augen sehr wohl erkennbaren – Verstöße gegen Sexual- und Heiratsbräuche durchaus aus, um Johannes' Einwände gegen Herodias zu erklären, und insbesondere gegen ihre Beziehungen zu *zwei Onkeln* und gegen ihre *Selbst-Scheidung*; wobei hinsichtlich letzterer sogar Josephus zugibt, daß es »gegen die Gesetze unseres Landes verstieß«. Dies ist die Art von »Scheidung«, welche die Handschriften vom Toten Meer – und zweifellos auch Johannes – so streng verurteilen.[26]

An diesem Punkt könnte man mit Fug und Recht fragen, was Herodias unter all diesen Herodianerinnen – und die herodianische Sippe begann allmählich, ähnlich manchen nahöstlichen Herrscherfamilien unserer Tage, wie ein gewaltiges Netz auszusehen – so begehrenswert machte, daß zwei Onkel sie unbedingt haben wollten und ihretwegen sogar bereit waren, Johannes' Blut zu vergießen und Krieg gegen den arabischen König von Petra zu führen. Eine Erklärung hierfür finden wir in den herodianischen Heiratsbeziehungen.

Zum einen war von allen verschiedenen herodianischen Nebenlinien die makkabäische die »reichste« – und dies um so mehr, seitdem Herodias' Bruder Agrippa von seinem Spießgesellen Caligula zum regelrechten König gemacht worden war. Josephus bezeichnete Agrippas I. Tochter Berenike ausdrücklich als eine der »reichsten« Frauen Palästinas, und Herodias war vermutlich auch nicht viel ärmer.

Dies ist ein weiteres wichtiges Motiv unserer Texte, »die unreinen bösen Reichtümer« des »Establishments« – ein Motiv, das neben der »Unzucht« sowohl in den Qumran-Rollen als auch im Jakobusbrief eine zentrale Rolle spielt. Ebenso begegnet es uns wiederholt in den Evangelien und bei Josephus – beides (vorgeblich oder wirklich) Texte des ersten nachchristlichen Jahrhunderts. Dies ist mit Sicherheit der Hauptgrund, weswegen Herodias auf weniger wohlhabende Zweige der herodianischen Familie – wie denjenigen Herodes' (in den Evangelien »Philippus'«), des Sohnes von Herodes' »zweiter Mariamne« und von Antipas, dem Sohn seiner samaritanischen Frau – so anziehend wirkte. Dieser Reichtum war ohne Zweifel ein wichtiges Motiv dafür, daß der spätere römische Kaiser Titus eine Affäre mit Herodias' Nichte Berenike begann, und den gleichen Grund hatten, ein Jahrhundert zuvor mit Sicherheit Kleopatras verschiedene »karrierebewußte« Liebhaber gehabt.

Doch es gab noch einen weiteren Grund: königliches Blut – in Kleopatras Fall dasjenige der Getreuen Alexanders des Großen; in Herodias' Fall dasjenige der Makkabäer. Auch abgesehen von ihren »Reichtümern« ist das ein hinreißendes Motiv für das starke Interesse an einer Nachkommen schaffenden Verbindung mit ihr. Aber Johannes der Täufer dürfte außer den »Reichtümern« noch einige andere Beanstandungen gehabt haben, die den qumranischen Kriterien für »Nicht-recht«-Sein (Matthäus 14,4) genügt hätten: nämlich in der Kategorie der Unzucht, »Scheidung«, »Polygamie«, »Nichten-Heirat« und »Inzest« – wozu auch die Ehe zwischen Verwandten ersten Grades gehörte und wovon die Herodianer kaum etwas ausgelassen hatten.

Wenn der Jakobusbrief und andere mit Jakobus in Verbindung stehende Quellen von »Unzucht« sprechen oder damit zusammenhängende Metaphern verwenden – so zum Beispiel, wenn »die Zunge« verurteilt wird (Jakobus 4,4) –, sollte sich der Leser immer gegenwärtig halten, was nach Auffassung der Qumran-Rollen dieses Zeitraums alles unter den Begriff »Unzucht« fiel. Für Personen königlichen Geblüts fügt die Tempelrolle, gestützt auf das Mosaische Königsgesetz, natürlich noch ein weiteres Kriterium hinzu – die Heirat mit Ausländern – und erklärt ausdrücklich, der König dürfe nicht nur ausschließlich eine Jüdin heiraten, sondern es sei ihm auch verboten, solange diese lebt, eine weitere Frau zu nehmen.[27]

Interessanterweise heißt es bei Matthäus (21,32):

> Johannes kam zu euch und *lehrte euch den Weg der Gerechtigkeit*, und *ihr glaubtet ihm nicht* [man beachte den paulinischen Ton]; aber *die Zöllner und Huren glaubten ihm.*

»Der Weg der Gerechtigkeit« ist natürlich ein beliebter qumranischer Topos, aber was Johannes betrifft, verhält sich die Sache in Wirklichkeit genau *umgekehrt*. Sehen wir einmal vom Witz ab, die »Huren glaubten« Johannes (ganz zu schweigen von der Travestie des Ganzen); wenn man sich an dieser Stelle bewußtmacht, daß die »Zöllner«, die römischen Steuereintreiber in Palästina also, die Herodianer waren, dann wird der groteske Hintersinn dieser – im angeblich *jüdischsten* Evangelium dem Jesus zugeschriebenen – Äußerung auf wahrhaft amüsante Weise evident. Die Leute, die sie dem jüdischen *Messias* in den Mund legten, hatten zweifellos einen höchst makabren Sinn für Humor. Hier nimmt der bereits erwähnte pseudoklementinische Ausspruch Jesu über die Fähigkeit, »falsche Münzen von echten zu scheiden«, allmählich die Wucht eines Hammerschlags an.

Jakobus, des Johannes Bruder, und Theudas

Demnach schiene weder Agrippa I., der Bruder der Herodias und Vater der Berenike, noch dessen Bruder Herodes von Chalkis, Berenikes zweiter Ehemann, der »König Herodes« der Apostelgeschichte zu sein, von dem es – unmittelbar vor der plötzlichen Erwähnung Jakobus' – heißt, er »streckte die Hände aus, etliche zu peinigen von der Versammlung« oder »Kirche« (12,1). Der Ausdruck, den die Apostelgeschichte hier verwendet, *»Ekklêsia«*, ist derselbe, den Josephus im Zusammenhang mit jenem »Simon« gebraucht, der Agrippa I. als einem Ausländer den Zutritt zum Tempel verweigern möchte und sich nach Cäsarea begibt, um herauszufinden, was in dessen dortigem Haus an »Gesetzwidrigem« geschah. Im nächsten Satz der Apostelgeschichte tötet dieser »König Herodes« »Jakobus, *des Johannes Bruder*, mit dem Schwert«.

Normalerweise wird der Ausdruck »mit dem Schwert töten« im Sinne von »enthaupten« verstanden. Wenn eine solche Deutung zutrifft, was anzunehmen ist, da wir es hier mit einer Hinrichtung zu tun haben, dann könnte es von Nutzen sein, diese verschiedenen Enthauptungen einmal aufzulisten. Diejenige, von der gerade die Rede war, hat eine Parallele in einer anderen, die Josephus erwähnt und auf die in der Apostelgeschichte (5,36) ziemlich indirekt angespielt wird: die Hinrichtung eines Mannes, den Josephus und die Apostelgeschichte »Theudas« nennen. Wir können mit einiger Sicherheit sagen, daß Theudas ungefähr um diese Zeit im Zuge der Beseitigung der verschiedenen aufrührerischen charismatischen Führer und messianischen Scharlatane, die Josephus für so gefährlich hält, hingerichtet wurde. Tatsächlich verwendet die Apostelgeschichte (5,36) in bezug auf ihn dasselbe griechische Verb für »töten« wie im Kapitel 12,1 im Zusammenhang mit der *Enthauptung* von »Jakobus, des Johannes Bruder«. Wie wir bereits gesehen haben, bezeichnet Josephus diesen Theudas als einen »Betrüger« oder »Zauberer«.

Wenn man sich im *Sanhedrin*-Traktat der *Mischna* die talmudischen Aufzählungen der zu dieser Zeit bei den Juden gebräuchlichen Hinrichtungsweisen ansieht, stellt man fest, daß die Enthauptung die nach dem jüdischen religiösen Gesetz übliche Strafe für Subversion, Hochverrat, aufrührerische Handlungen und ähnliche Verbrechen war. Einige der im *Sanhedrin* beschriebenen Hinrichtungsarten, zum Beispiel das Zuschütten mit Steinen oder das Gießen von brennendem Pech in den Schlund des Delinquenten, sind ausgesprochen grausam, doch wie tendenziös talmudisches Material bisweilen auch sein mag – die Kreuzigung war als Strafe nicht vorgesehen. Für das jüdische Äquivalent der Kreuzigung, das »Hängen an einen Baum« [oder »Pfahl«, »Holz«], waren laut jüdischem Gesetz jedoch spezielle Vorschriften zu beachten.[28]

Die Verfasser des Neuen Testaments – namentlich Paulus im 3. Kapitel seines Briefes an die Galater sowie die sich auf ihn stützenden Passagen der Apostelgeschichte (5,30 und 10,39) – sind sich dieser Tatsache sehr wohl bewußt. Paulus allerdings modifiziert den Gedanken, es sei »ein Fluch, einen Mann an einen Pfahl zu hängen«, dahingehend, daß es den Anschein hat, als sei der Aufgehängte selbst »verflucht«, nicht aber notwendigerweise die Strafe als solche. So entwickelt Paulus seine Lehre, Jesus sei »nach dem Gesetz verflucht«

gewesen – so wie er es von sich selbst geglaubt zu haben scheint –, und daran anknüpfend, der Tod Jesu sei etwas wie ein Akt der Sühne gewesen, durch den er, Paulus (und ebenso die ganze Menschheit), von diesem Fluch (Galater 3,10 und 13) beziehungsweise, wie er es an anderer Stelle formuliert (Römer 5,12–15), von dessen Sünde, also der Erbsünde, erlöst worden sei.

Auch wenn die hierfür relevante Stelle im Deuteronomium (21,23) nichts in dieser Richtung zu implizieren scheint, geht aus den Qumran-Rollen eindeutig hervor, daß man die Aussage dieser Passage mittlerweile nicht so sehr auf die »Gehenkten« als solche bezog als vielmehr auf *den Akt des Aufhängens*.[29] Dennoch war die (angesichts der Grausamkeit und Brutalität der Strafe nicht weiter überraschende) Vorstellung, daß einem Gekreuzigten etwas Unreines anhaftete, zweifellos weit verbreitet – und das gleiche gilt wahrscheinlich für die Tatsache, daß ein verstümmelter oder geschändeter Leichnam als »unheilig« angesehen wurde.

Wie in vielen anderen Kulturen auch beeinträchtigte das Verunreinigen oder Verstümmeln eines unbestatteten Leichnams zweifellos dessen »Erlösbarkeit«. Menschen, die an die *Auferstehung des Leibes* glaubten – wir sprechen hier nicht von der Unsterblichkeit der Seele, einem eher platonischen oder hellenistischen Konzept –, befürchteten wahrscheinlich, daß der unreine oder unversehrte Zustand des Leichnams sich in irgendeiner Weise negativ auf die Möglichkeit oder zumindest den »Grad« von dessen künftiger Wiedererweckung auswirken würde. Allerdings ist in jenen wichtigen Passagen des Galaterbriefs, die auch das »Gerechtwerden durch den Glauben« behandeln, bezüglich dieser Frage eine bewußte Vermischung von subjektivem und objektivem Ansatz festzustellen.

Dennoch ging man seit Beginn der Zweiten Tempelperiode immer mehr dazu über, den »Fluch des Gesetzes«, worin er auch bestanden haben mag, nicht so sehr auf das Opfer als vielmehr auf den Akt als solchen und auf den, der ihn vollzog, zu beziehen. Jedenfalls betrachtete man die Enthauptung wahrscheinlich ebensosehr als einen Fluch oder als »objektiv schädigend« wie die Kreuzigung – was zweifellos auch der Grund dafür war, daß sie bei Verbrechen angewandt wurde, die als im politischen Sinne besonders verurteilungswürdig galten.

Josephus erwähnt wenigstens vier wichtige Enthauptungen, die während dieses Zeitraums, also von der Makkabäerzeit bis zur Zerstörung des Tempels, stattfanden. Die ersten zwei sind die Hinrichtungen zweier Makkabäer, beides Söhne Aristobulos' II., die nach Herodes' Machtübernahme im Jahre 37 v.Chr. versucht hatten, ihr Reich zurückzugewinnen.[30] Die anderen zwei sind die Enthauptung

Johannes' des Täufers durch den Tetrarchen Herodes sowie jene des Theudas zur Zeit des Herodes von Chalkis und des römischen Statthalters Fadus (um 45 n.Chr.).

Aus der Masse der anonymen Kreuzigungen, welche die Römer bis zum Untergang des Tempels pauschal vornahmen, heben sich bei Josephus zwei besonders hervor: die des Jesus (falls es sich bei der Mitteilung nicht um eine Interpolation handelt) und die des Jakobus und Simon, der zwei Söhne Judas des Galiläers, des Begründers der »Zelotenbewegung«, die ein bis zwei Jahre nach Theudas hingerichtet wurden.

An Steinigungen erwähnt Josephus eigentlich nur die des Honi oder Onias des Gerechten – sie ereignete sich unmittelbar vor der ersten Erstürmung des Tempels durch die Römer (63 v.Chr.), dem Anfang vom Ende Aristobulos' II.; die des Jakobus im Jahre 62 n.Chr. und die eines gewissen Menahem, eines weiteren Sohnes oder Enkels Judas' des Galiläers, während der Ereignisse um den Ausbruch des Aufstands gegen Rom (66 n.Chr.). Wenn es mehr gegeben hätte, dann wäre der – wie viele römerzeitliche Autoren – kindisch sensationslüsterne Josephus sicherlich der Versuchung erlegen, darüber zu berichten.

Zunächst einmal haben wir die unbestrittene zeitliche Nähe der in der Apostelgeschichte erwähnten Hinrichtung des »Jakobus, des Johannes Bruder[s]« durch Herodes Agrippa oder dessen Bruder Herodes von Chalkis und derjenigen des »Theudas«, von der Josephus in *Altertümer* spricht. Beide werden um die gleiche Zeit, von derselben Person oder Personengruppe und – wie man ungeachtet des politischen und theologischen Programms der Apostelgeschichte annehmen kann – aus den mehr oder weniger gleichen Gründen veranlaßt. Wie wir gesehen haben, verwendet die Apostelgeschichte (5, 36) in bezug auf die Hinrichtung des Theudas denselben [in den deutschen Bibelübersetzungen allerdings unterschiedlich – »töten«, »erschlagen«, »hinrichten« – wiedergegebenen] griechischen Ausdruck wie im Kapitel 12,1 in bezug auf »Jakobus, des Johannes Bruder«.

Von Theudas ist ansonsten nichts bekannt. Die Tatsache, daß die Erwähnung seiner Hinrichtung Gamaliel in den Mund gelegt wird – Paulus' pharisäischem Lehrer, dem Enkel des berühmten Hillel –, führt zum wohlbekannten diesbezüglichen Anachronismus im 5. Kapitel der Apostelgeschichte. Daran knüpft sich wiederum eine andere Tilgung oder Auslassung: die der Kreuzigung der zwei Söhne Judas' des Galiläers, Jakobus und Simon, von der in Josephus' *Altertümern* fast unmittelbar danach berichtet wird. In der Rede, die Gamaliel angeblich zur Verteidigung früher Christen wie Petrus hält – in den

Pseudoklementinen ist Gamaliel ein heimlicher Gläubiger –, wird von Theudas so gesprochen, als habe er irgendwie in Beziehung zu den Aktivitäten Judas' des Galiläers gestanden, jedoch die historische Bühne *vor* diesem betreten.

Wie wir gleichfalls schon sahen, ist Judas der Galiläer ein weiterer jüdischer Revolutionär und charismatischer Führer, um den in Josephus' Werken viel Aufhebens gemacht wird. In *Krieg* nennt ihn Josephus den »Galiläer«, aber in den zwei Jahrzehnten später entstandenen *Altertümern* spricht er von ihm als vom »Gaulaniten«, was bedeutet, daß er aus Gamala – so genannt wegen der Ähnlichkeit mit einem Kamelhöcker – in Gaulanitis stammte, den auf der syrischen Seite des Galiläischen Meeres (oder See von Genezareth) gelegenen heutigen Golanhöhen. Dort fand in einer frühen Phase des Aufstands gegen Rom ein anderer Massenselbstmord statt, nachdem Josephus in seiner Rolle als militärischer Kommandant oder Kommissar für die Befestigung des Ortes hätte sorgen sollen, dies aber nur in unzureichendem Maße getan hatte.

Galiläa und Gaulan sind vielleicht miteinander identisch – mit Sicherheit grenzen sie aneinander –, aber mit der Herkunftsbezeichnung »Galiläer« meint Josephus wahrscheinlich nicht den Geburtsort des Judas, sondern den Schauplatz seiner revolutionären Aktivitäten. Nach Eusebios, der sich hierbei auf Julius Africanus (170–245 n.Chr.) stützt, ist »Galiläer« der Name einer jüdischen Sekte, nämlich jener Revolutionäre, die von anderen als *Zeloten* bezeichnet werden – wahrscheinlich deswegen, weil Josephus Judas und dem bereits erwähnten *Saddok* die Gründung dieser Bewegung zuschreibt. Eusebios könnte mit seiner Behauptung recht haben. Sollte dies der Fall sein, so ergäben sich daraus natürlich wichtige Konsequenzen für Jesu »*galiläische*« Aktivitäten und die Tatsache, daß seine Anhänger als »Galiläer« bezeichnet werden (Lukas 22,59 – 23,6 und Parallelen). Was Jesu angeblichen Herkunftsort »Nazareth« anbelangt, so könnte hier wieder eine Verwechslung oder Vermischung von geographischem Ortsnamen und Personen(bei)namen vorliegen.

Judas der Galiläer scheint ungefähr vom Todesjahr des Herodes (4 v.Chr.) bis 7 n.Chr. aktiv gewesen zu sein, dem Zeitpunkt des Steueraufstands, welcher der krisengeschüttelten Regierung von Herodes' Sohn Archelaos ein Ende bereitete. Herodes Archelaos war der Bruder des Herodes Antipas und ein weiterer Sohn von Herodes' samaritanischer Ehefrau Malthake. Er wurde nach Vienna (dem heutigen südfranzösischen Vienne) verbannt. Später wurden Herodes Antipas und dessen Frau Herodias, als Caligula dessen Gebiete ihrem Bruder Agrippa I. übertrug (40 n.Chr.), ins Exil nach Spanien geschickt. Interessanterweise wirkte im folgenden Jahrhundert ein weiterer früher, extrem antisemitischer Kirchenvater, Irenäus (130–200), gleichfalls in Südfrankreich.

Von der Verbannung des Archelaos bis zur Krönung Agrippas I. im Jahre 37 n.Chr. übten die Römer durch dem Kaiser und dem Senat verantwortliche Statthalter die direkte Herrschaft über das Land aus. Diese Interimsphase, aus der wir im Vergleich zu den unmittelbar vorausgegangenen und folgenden Jahrzehnten nur recht dürftige historische Informationen besitzen, ist genau jene Zeit, in der sich nach allgemeiner Ansicht das Leben Jesu abgespielt haben soll.

Der Verfasser der Apostelgeschichte läßt Gamaliel den Tod Judas' des Galiläers mit folgenden verharmlosenden Worten mitteilen:

> Nach diesem [das heißt Theudas] trat der Galiläer Judas in den Tagen der Schätzung auf und führte viele in die Irre; auch er kam um, und alle, die ihm folgten, wurden zerstreut (5, 37) –

aber weder er noch Josephus sagen uns direkt, wie oder unter welchen Umständen dies geschah. Dafür kommt Josephus im weiteren Verlauf seiner *Altertümer* noch einmal auf Judas zu sprechen, als er über die vorbeugende Hinrichtung von »*Jakobus und Simon*« berichtet, »den Söhnen des Galiläers Judas, der ... während der Schätzung des Cyrenius das Volk zum Aufruhr verleitet hatte«. Dann müßten »Jakobus und Simon« aber ziemlich alt gewesen sein, da ihre Kreuzigung Josephus zufolge in die Zeit der bereits erwähnten »Hungersnot« (46–48 n.Chr.) fiel.[31]

Der Zensus des Cyrenius und die Sekten der Juden

Der Zensus des Cyrenius, der nach einer Serie von durch Judas und andere messianische Führer befehligten Aufständen, deren Herodes Archelaos (4 v.Chr.–7 n.Chr.) nicht hatte Herr werden können, verhängt wurde, ist das Ereignis, anhand dessen der Verfasser des Lukasevangeliums (dem auch die Apostelgeschichte zugeschrieben wird) die Geburt Jesu datiert. Damit fällt natürlich das traditionelle Datum von Jesu Geburt zeitlich mit dem Beginn der Sektenunruhen im allgemeinen und insbesondere mit der Entstehung der (wie Josephus sie nennt) »Zeloten« – »Sikarier« – oder (wie *wir* sie nennen würden) der »messianischen Bewegung« zusammen. Der Zweck von Lukas' Bericht besteht natürlich darin, es so einzurichten, daß Jesus in Bethlehem geboren wird, aber er widerspricht dermaßen kraß der parallelen

Schilderung des Matthäus, daß nichts Sicheres über die Umstände von Jesu Geburt gesagt werden kann – weder über den Ort noch über das Datum, noch über die herrschenden politischen oder sozialen Verhältnisse.

Laut Lukas (wenn nicht laut Matthäus) leben Jesu Eltern bereits in Galiläa. Aber da David aus Bethlehem kam, mußte Jesus, der »David-ähnliche« Ansprüche auf die Königsherrschaft erhebt, nach Ansicht des Evangelisten gleichfalls dort zur Welt kommen. Aus dem einen oder anderen Grund wird die Existenz biblischer Belegstellen angenommen, die diese Auffassung nahelegen oder stützen. Vielleicht war dies ein weitverbreiteter Glaube, aber man weiß von keiner Prophezeiung, die explizit jene Voraussetzung erwähnen würde. Tatsächlich stehen die näheren Informationen, die Johannes bezüglich dieser Erfordernis liefert (7, 42), in direktem Zusammenhang damit, daß die Volksmenge Zweifel an Jesu Bethlehem-Geburt äußert und damit ausdrücklich bestreitet, daß er von dort stamme. Wie dem auch sei – der Lukas-Verfasser jedenfalls bedient sich des eklatant ungeschickten und durchsichtigen Kunstgriffs einer von den Römern verhängten »Schätzung«, um Jesu Familie von Galiläa wieder nach Bethlehem zu schaffen und das überaus populäre »Kein-Raum-in-der-Herberge«-Szenario zu entwickeln. Das Resultat ist, daß das christusartige Kind (wie vor ihm der in orientalischen Mysterienkulten verehrte Gott Mithras) in einer Krippe geboren wird – ein beliebtes biblisches Märchen, das jeglicher historischen Grundlage entbehrt.

Auf alle Fälle widerspricht ihm die Version des Matthäusevangeliums, wonach die Familie Jesu von vornherein in Bethlehem lebt, vollkommen. Hier beschließt Herodes (Herodes »der Große«, gestorben 4 v.Chr. oder früher), nachdem er durch die drei Weisen (die drei Engel – deren einer sich als Gott entpuppt –, die Abraham im Ersten Buch Mose [18,10] Isaaks Geburt ankündigen) vom »Stern« (der »Stern-Prophezeiung«) erfahren hat, wie seinerzeit Pharao sämtliche jüdischen Kinder zu töten.

All das ist natürlich ebenso absurd – außer (1.) als Parallelsetzung von Jesu und Moses Geburt und (2.) als Mittel zur Charakterisierung der allseits empfundenen Grausamkeit des Herodes. Herodes tötet schließlich wirklich »die jüdischen Kinder«, die ihm den Thron streitig machen könnten – seine *eigenen* jüdischen Kinder nämlich: die Kinder seiner aus jüdischem Priestergeschlecht stammenden Gemahlin Mariamne/Maria, die er gleich mit ermordet. Und er würde gern auch ein paar weitere Leute umbringen – wie die von Josephus referierte Geschichte seines Todes veranschaulicht. Hier läßt Herodes eine ganze Anzahl angesehener Juden verhaften und in ein Stadion sperren: Sobald er selbst stirbt, sollen sie hingerichtet werden, so daß sein Tod von viel Wehgeschrei und Tränen begleitet sei – eine Anekdote, die durchaus mit dem makabren Masochismus seiner Persönlichkeit übereinstimmt.[32]

Aber der von Lukas sowohl im Evangelium als auch in der Apostelgeschichte erwähnte Zensus des Cyrenius ist durchaus historisch. Cyrenius war der Statthalter von Syrien, dem – als Vorbereitung der Absetzung des unfähigen Archelaos und der direkten Machtübernahme durch die Römer – die Aufgabe oblag, die zur Steuererhebung notwendige Schätzung der Vermögensverhältnisse der Bürger Palästinas durchzuführen. Josephus schildert dieses Ereignis dreimal in seinen Werken – zuletzt, wie wir gesehen haben, in *Altertümer* im Zusammenhang mit der Hinrichtung der zwei Söhne Judas' des Galiläers, Jakobus und Simon. Ebendiese im Jahre 48 n.Chr. erfolgte Hinrichtung erklärt die chronologischen Unstimmigkeiten der in der Apostelgeschichte dem »Gamaliel« – oder besser gesagt, dem »Josephus« – zugeschriebenen Rede, denn eben auf ihn (sowie auf einige weitere Quellen) stützte/n sich, wie viele spätere römische Geschichtsschreiber auch, der oder die Verfasser der Apostelgeschichte.

Die in der Apostelgeschichte (5,36f.) angegebene Reihenfolge »Theudas«, »dessen Aufstand« und »Zensus« entspräche exakt der Darstellung der josephischen *Altertümer*, wenn wir einfach annähmen, daß Lukas es aus welchen Gründen auch immer unterlassen hat, die Hinrichtung der zwei Söhne Judas' des Galiläers, Jakobus und Simon, zu erwähnen. Damit würde der Text die richtige innere chronologische Ordnung zurückerhalten, und wir hätten zuerst die Erwähnung des Theudas, dann die der Hinrichtung der *zwei Söhne* Judas' des Galiläers, gefolgt von der erklärenden Information, dieser Judas sei während des Zensus-Aufstands ums Leben gekommen. Die Geburt Jesu spielt im Zusammenhang mit dem Zensus nicht die geringste (oder höchstens eine symbolische) Rolle; und die Geschichte, mit der Lukas beide Ereignisse in Beziehung zueinander setzt, ist auf jeden Fall literarische Fiktion. Sogar der Ablauf der Ereignisse, wie ihn die Apostelgeschichte in ihrer gegenwärtigen Form liefert, folgt – abgesehen von einigen kleineren Details, die im Zuge der Überlieferung oder Transkription verlorengegangen oder getilgt worden sind – genau der Darstellung des Josephus. Warum aber der Verfasser die Kreuzigung der zwei Söhne Judas' des Galiläers unterschlagen hat, werden wir aller Wahrscheinlichkeit nach niemals erfahren.

Interessant ist allerdings die Tatsache, daß Josephus sowohl in *Krieg* als auch in *Altertümer* den von Judas dem Galiläer angeführten Aufstand als Ausgangspunkt für seine Erörterung der jüdischen Sekten des ersten nachchristlichen Jahrhunderts nimmt. Ein Vergleich der jeweils zwei Charakterisierungen der dort genannten Sekten ist recht aufschlußreich. In der – durch das Auftreten Judas' des Galiläers und die Einführung direkter römischer Herrschaft durch einen Prokurator, der »die Macht hatte, die Todesstrafe zu verhängen«, ausgelösten – früheren Version beschreibt Josephus die drei üblichen Sekten, »Pharisäer«, »Sadduzäer« und »Essener«, und geht auf letztgenannte (eine Gruppe, die ihm offensichtlich wohlvertraut ist) mit großem Detailreichtum ein.[33]

Zwei Jahrzehnte später teilt er uns in seiner *Vita* mit, daß er als Jüngling – der im Tempel im Gespräch mit Älteren etwas von der Frühreife an den Tag legte, die Lukas Jesus zuschreibt[34] – beschlossen habe, die verschiedenen Sekten des Judentums zu erforschen. Er behandelt diese ein wenig so, als seien es griechische Philosophenschulen (zweifellos im Einklang mit den Erwartungen seiner griechischsprachigen Leserschaft – die griechische Übersetzung ist als einzige Fassung seiner Werke vollständig erhalten), und berichtet, er habe drei Jahre lang als eine Art Novize »in der Wildnis« gelebt, und zwar bei einem Lehrer, den er mit dem rätselhaften Namen *Banus* belegt. Zu gegebener Zeit wird von »*Banus'*« Beziehung zu Jakobus noch ausführlicher die Rede sein, aber einstweilen genügt es festzuhalten, daß dies der Zeitabschnitt ist, in dem Josephus, auch wenn er sich letztlich – zweifellos aus den bereits geschilderten politischen Rücksichten – als einen Pharisäer bezeichnet, seine umfangreichen Kenntnisse über die »Essener« und andere ähnlich ausgerichtete Gruppen erwarb.

Er beschreibt außerdem eine *vierte Gruppe*, die ihre Entstehung den Aktivitäten Judas' des Galiläers und eines zweiten Lehrers, den er später lediglich mit dem gleichermaßen rätselhaften Beinamen »*Saddok*« bezeichnet, verdankt. Offensichtlich ist der eigentliche Zweck seiner an diesem Punkt des *Jüdischen Krieges* einsetzenden Erörterung der Sekten die Beschreibung gerade *dieser* Gruppe – der »Vierten Philosophie« Judas' des Galiläers. Doch entgegen seiner entsprechenden Ankündigung erzählt er uns über diese Gruppe nichts. Um so ausführlicher geht er, wie bereits gesagt, auf die *Essener* ein, denen er sich kenntnisreich und mit offensichtlicher Sympathie widmet.

Bezüglich der Sadduzäer und der Pharisäer sind seine Aussagen extrem skizzenhaft und nicht besonders aufschlußreich, was aber die Evangelisten nicht davon abgehalten hat, auf diese Charakterisierung der zwei Gruppen zu stützen. In *Altertümer* allerdings macht er die Auslassung wieder wett, indem er die mit der von Judas dem Galiläer und *Saddok* angeführten Bewegung zusammenhängenden

Übel sehr detailliert schildert. Diese Bewegung, so Josephus, »führte unser Volk in die Vernichtung«, weil »unsere Jugend für sie eiferte«.[35] Wie bereits gesagt, kann kaum ein Zweifel daran bestehen, daß er von der *messianischen Bewegung* in Palästina spricht. Andere könnten sie vielleicht auch als »die Zeloten-Bewegung« bezeichnen, aber Josephus selbst benutzt diesen Terminus erst ab dem Beginn des Aufstands und der Tötung aller Hohenpriester, namentlich des Jakobus-Vernichters Ananus, im Jahre 68 n.Chr. Tatsächlich bezieht er sich auf sie nie anders als auf »die Vierte Philosophie«.

Was er in *Altertümer* allerdings tut, ist, seine aus *Krieg* übernommene Beschreibung der »Essener« drastisch zu kürzen und einen Teil davon in die Charakterisierung der von Judas dem Galiläer und *Saddok* gegründeten Bewegung einzuarbeiten. Dies ist der Zeitpunkt, den Lukas als Datum der Geburt *Christi* wählt. Im Einklang mit seiner »Establishment«-freundlichen Gesinnung und seiner prorömischen Haltung wettert Josephus gegen die Anführer solcher Bewegungen und brandmarkt sie als »Schwindler und Betrüger«, schlimmer »sogar als die Banditen und Mörder«, die dem Land in dieser Zeit so sehr zu schaffen machten – seiner Ansicht nach deshalb schlimmer, weil sie nicht nur das Volk täuschten, sondern auch danach strebten, religiöse Neuerungen und revolutionäre Veränderungen herbeizuführen. Die meisten dieser Unruhen ereigneten sich um Pessach – wahrscheinlich weil dieses Fest als Feier der jüdisch-nationalen Unabhängigkeit betrachtet werden konnte, begangen zum Andenken an die Zeit, als Moses den zerlumpten Haufen ehemaliger jüdischer Sklaven in die Wüste hinausführte und ihr nicht nur die Freiheit und das Gesetz gab, sondern sie auch zu einer Nation formte.

Judas, *des Jakobus Bruder,* und Theudas

Auf diese zuvor erwähnte höchst mißbilligende Weise beschreibt Josephus den »Theudas«, dessen Tod so deutliche Parallelen zu dem des »Jakobus, des Johannes Bruder« (Apostelgeschichte 12,2) aufweist. Dieser »Hochstapler« oder »Täuscher«, beteuert Josephus, habe tatsächlich von sich behauptet, »ein Prophet« und Wundertäter zu sein und auf diese Weise »Viele« (ein zentraler Begriff der Qumran-Rollen)[36] dazu bewegt, ihm in die Wüste hinaus zu folgen, wo er, wie er erklärt habe, den Jordan teilen würde. Im nach ihm benannten alttestamentlichen Buch teilt Josua – wie Moses vor ihm das Rote Meer – den Jordan, um das Volk Israel »trockenen Fußes« ins Gelobte Land zu führen (Buch Josua 3,13).

Offenbar als eine Art *Josua redivivus*, ein wiederbelebter oder reinkarnierter Josua, vorgestellt, kehrt Theudas diesen Vorgang um und führt das Volk zurück in die Wüste, nach Transjordanien und noch weiter hinaus. Macht man sich bewußt, daß »Jesus« eine hellenisierte Form des Namens Josua ist (hebräisch *Jehoschua*, »der Retter«)[37], so wird ersichtlich, daß Theudas gleichermaßen ein *Jesus redivivus* ist. Jesus begibt sich in die Wüste, um sich den Versuchungen des Teufels zu stellen oder um Brote zu vermehren, Theudas, um den Jordan in umgekehrter Richtung zu teilen. Als Lohn seiner Bemühungen fielen seine Anhänger römischen Soldaten zum Opfer, und er selbst wurde *geköpft*.

Der Name »Theudas« konnte bislang von keinem Wissenschaftler gedeutet werden und ist bis zum heutigen Tag ungeklärt. Natürlich ähnelt er im Griechischen – und in keiner anderen Form liegt er uns vor – dem Namen »Judas«. Unserer Ansicht nach entspricht er jedenfalls auch dem in zwei Apostellisten erwähnten »Thaddäus«.[38] Wie wir sehen werden, wird dieser wiederum gelegentlich »Judas von Jakobus« oder »Judas, des Jakobus Bruder« genannt, und wir sehen, wie wir noch darlegen werden, in ihm den *dritten Bruder Jesu*, der wahrscheinlich mit jener Person identisch ist, die andere Quellen wie das Thomasevangelium »Judas Thomas« nennen. Dieser Name »Judas Thomas« impliziert, daß er jemandes »Zwilling« ist, da »*thoma*« auf aramäisch »Zwilling« bedeutet. Gewöhnlich wird er als Zwilling Jesu und zugleich als dessen *dritter Bruder*, »Judas«, verstanden. Wir möchten noch einen Schritt weiter gehen und »Theudas« entweder als eine Entstellung oder als eine Kontraktion der zwei Namen »Judas« und »Thomas« erklären.

Nehmen wir als Arbeitshypothese einmal an, daß es sich dabei tatsächlich so verhält. Nun wird klar, warum das »Bruder«-Motiv in der Apostelgeschichte eine so große Rolle spielt – nur daß wir es diesmal nicht mit einem »Bruder des Johannes« oder einem weiteren »Jakobus« zu tun haben, sondern mit dem *dritten* Bruder Jesu: das heißt *Judas, des Jakobus Bruder*, den der Text hier als einen *Josua* oder *Jesus redivivus* betrachtet. Wieder stimmen Enthauptungsmotiv und Chronologie in etwa mit den historischen Daten überein. Wir befinden uns in der Regierungszeit Agrippas I. oder seines Nachfolgers Herodes von Chalkis, also um das Jahr 44/45 n.Chr.

Nehmen wir gleichfalls theoretisch an, »Jakobus«, der sogenannte »Sohn des Zebedäus«, sei ebenfalls eine Redaktorenglosse. Die Apostelgeschichte ist nicht nur gezwungen, ihn an diesem Punkt zu beseitigen, um für Jakobus den Gerechten, den Bruder Jesu, *den echten Jakobus*, Platz zu schaffen, sondern wir sehen im Text auch sogar die schwachen Spuren des realen Ereignisses, wenngleich undeutlich, durch die Oberfläche des erdichteten Geschehens hindurchschimmern.

Mit anderen Worten: Zuerst einmal *gab es* einen weiteren Bruder Jesu namens »Judas«. In manchen Texten wird dieser Bruder »Judas Thomas« genannt, womit entweder auf eine echte Zwillingschaft oder aber auf das »Josua-Jesus-redivivus«-Motiv des Josephusberichts angespielt wird. Dann wurde um diese Zeit *wirklich* ein »Bruder« beseitigt, aber bei diesem handelte es sich nicht um den unproblematischen und bekannteren »Jakobus, des Johannes Bruder«, sondern um den weniger bekannten, aber wahrscheinlich realeren »Judas von Jakobus« – den als Verfasser des Judasbriefes geltenden »Judas, Bruder des Jakobus« (Judasbrief 1). Über diesen »Bruder« werden wir nachfolgend im mehr oder weniger ihm gewidmeten Teil dieser Arbeit noch etliches zu sagen haben, aber daß solch ein Bruder wirklich existierte und daß noch zur Zeit des Vespasian, Domitian und Trajan Nachkommen von ihm lebten, bestätigt uns auch Eusebios.

Abermals sich auf Quellen stützend, die uns nicht mehr vorliegen – in diesem Fall auf Hegesippus, von dem wir bereits sagten, daß er dem uns interessierenden Abschnitt der palästinischen Geschichte am nächsten war (um 90–180 n.Chr.) –, berichtet Eusebios, dieser dritte Bruder Jesu habe tatsächlich existiert, und er *habe Kinder gehabt.* Die Geschichten, die er uns in diesem Zusammenhang referiert, sind überaus reizvoll. An zwei Stellen, an denen er Hegesippus *in extenso* zitiert, spricht er von Nachkommen eines »Judas, genannt der Bruder unseres Herrn nach dem Fleische«, von denen einer zur Zeit Domitians und ein anderer, von dem Hegesippus etwas übertrieben glaubt, er sei 120 Jahre alt geworden, zur Zeit Trajans gelebt habe.[39] Letzteren erwähnt er unmittelbar vor seiner Schilderung des Martyriums Simeon bar Kleophas'; des »Vetters unseres Herrn«. Interessanterweise bestätigt Eusebios – unter Berufung auf die Bibel – an dieser Stelle auch, Simeons Mutter sei Maria und sein Vater Kleophas gewesen. Dennoch ringt er sich nicht zu dem Eingeständnis durch, daß auch Simeon ein Bruder war (nämlich Jesu *zweiter Bruder, Simon*), sondern bezeichnet ihn lediglich als »zur Familie« oder »zur Verwandtschaft« Jesu gehörig.

Mittlerweile, in den neunziger Jahren des ersten nachchristlichen Jahrhunderts, sind diese Nachkommen von Jesu drittem Bruder, Judas, einfache Bauern. Eusebios berichtet, Domitian (81–96) habe wie sein Vater Vespasian vor ihm versucht, alle zusammenzutreiben, die als Abkömmlinge des Geschlechts Davids galten. Zu diesen gehörten auch die Enkel von Judas, dem dritten Bruder Jesu. Als sie nach »Christus und seinem Reich« gefragt wurden, erklärten sie, letzteres sei nicht von dieser Welt, sondern ein himmlisches Engelsreich – am Jüngsten Tage aber werde er (der Messias) erscheinen und »geben jeglichem, wie seine *Werke* sind«. Zu beachten ist hier die jakobinische Betonung der »Werke« im Gegensatz zum bloßen paulinischen »Glauben«. Daraufhin soll Domitian sie als Einfaltspinsel wieder weggeschickt haben. Wie berichtet wird, lebten sie noch zu Zeiten Trajans (98–117).

Im folgenden werden wir uns noch mit dem Schicksal dieses dritten Bruders befassen, des in verschiedenen Apostellisten genannten »Judas von Jakobus«, der in anderen (hauptsächlich syrischen) christlichen Quellen mit »Thaddäus« in Verbindung gebracht wird – wobei die Erwähnung eines »Jakobus, des Johannes Bruders« (Apostelgeschichte 12,2) nichts anderes ist als eine frühe kirchliche Vertuschung dieser sehr interessanten Zusammenhänge.

Ein weiteres Glied dieser verblüffenden, aber völlig realen Kette findet sich in den allgemein als gnostisch geltenden – und bis vor wenigen Jahrzehnten völlig unbekannten – Texten aus Nag Hammadi. Dort erwähnen die zwei dem Jakobus – das heißt dem »Herrenbruder«, nicht dem anderen Jakobus – zugeschriebenen Apokalypsen einen gewissen »Addai« (dessen Name offenbar gleichfalls etymologisch mit »Thaddäus« zusammenhängt) sowie einen ihm entsprechenden »Theuda«, der als »der Vater« oder »Bruder des Gerechten«, das heißt von Jesus oder möglicherweise sogar Jakobus, bezeichnet wird.

Zu dieser Schlußfolgerung hätten wir anhand einer Vielzahl »roter Fäden« gelangen können, die das uns vorliegende Material durchziehen – und genau das haben wir auch getan. Wir glauben aber auch, daß dies die – berücksichtigt man seine Vorgehensweise – klare implizite Information ist, die uns der Verfasser der Apostelgeschichte liefert. Sobald man einen Blick für diese Vorgehensweise und ihre eindeutig ausweichende und/oder in die Irre führende Tendenz bekommen hat, wird, wie bereits angedeutet, mit einemmal auch etliches mehr in der Geschichte des Urchristentums klar.

Jakobus' erster Auftritt

Wie üblich, wenn es um derlei mit Aufruhr oder Subversion zusammenhängende Begebenheiten geht, verlegt die Apostelgeschichte die Ereignisse, die zu Jakobus' erstem Auftritt im 12. Kapitel (12,17) führen, in »die Tage der ungesäuerten Brote«, das heißt in die Pessach-Zeit. Vom »Herodes«, der hier »Jakobus, des Johannes Bruder« köpfen läßt, heißt es weiterhin, er habe, da die Enthauptung dieses anderen Jakobus »den Juden gefiel« (*sic*), auch Petrus ins Gefängnis geworfen, um ihn am Ende der Pessach-Woche »vor das Volk zu stellen« (Apostelgeschichte 12,3 ff.). Das sind genau die tendenziösen Bemerkungen, welche die Apostelgeschichte – und die Evangelien nicht minder – charakterisieren, und wir werden gleich Gelegenheit haben, in Josephus' *Altertümern* geschilderte parallele Ereignisse wie die Enthauptung Simons, des Oberhaupts einer eigenen Jerusalemer »Kirche«/»*Ekklêsia*«, ausführlicher zu besprechen.

Jedenfalls beschreibt die Apostelgeschichte nun den wunderbaren Gefängnisausbruch, der Petrus mit Hilfe eines Engels gelingt (12,5–10). Jene Flucht weist eine interessante Parallele zu derjenigen auf, die Paulus später gleichfalls ermöglicht wird (Apostelgeschichte 16,25–34). In *dieser* Episode aber, die eindeutig den Zweck erfüllt, die moralische Überlegenheit des Heidenapostels gegenüber diesem urjüdischen Apostel vorzuführen, *weigert sich* Paulus aus Rücksicht auf seine Wächter (*sic*) – eingedenk der Tatsache, daß diejenigen, die Petrus hätten beaufsichtigen sollen, nach dessen Entkommen hingerichtet worden waren – *zu fliehen*. Wie dem auch sei – der Ausbruch Petrus' dient zur Erklärung des Umstands, daß er nicht mehr in Palästina tätig und auch nicht mehr das Oberhaupt der Jerusalemer Kirche ist. Er muß das Land verlassen – doch nicht, bevor Jakobus (12,17) endlich eingeführt worden ist und Petrus sich zu einem Haus in Jerusalem begeben hat, um ihn über seine bevorstehende Abreise in Kenntnis zu setzen. Wenigstens *dies* könnte eine gewisse Ähnlichkeit mit der historischen Wirklichkeit aufweisen.

Das Kapitel endet mit dem Tod dieses »Herodes«, bei dem es sich, wie in Anbetracht der theatralischen Umstände seines Ablebens allgemein vermutet wird, um Agrippa I. (gestorben 44 n.Chr.) handeln könnte (Apostelgeschichte 12,20–23). Die Parallele wäre darin zu erkennen, daß Agrippa wegen seiner nicht zu duldenden imperialen Ambitionen möglicherweise im Auftrag seiner römischen Oberherren vergiftet wurde. Jedenfalls schildert Josephus, Agrippa I. sei, während er sich ähnlich wie sein Gönner Caligula in Blattgold gekleidet als Apollo oder die leibhaftige Sonne bewundern ließ oder sich in irgendeiner theatralischen Darbietung erging, plötzlich zusammengebrochen.[40] Die Apostelgeschichte ihrerseits stellt es, wie wir gesehen haben, so dar, als sei der Herodes, den sie als »König« bezeichnet, von einem Engel vernichtet worden – und zwar deswegen, weil er so eindrucksvoll aussah, daß die Leute ihn für einen Gott hielten. Nicht viel anders als zuvor Judas *Ischariot* (1,18) soll er dadurch geendet sein, daß er »von den Würmern gefressen ward und seinen Geist aufgab« (12,23).

Das Jerusalemer Haus, zu dem sich Petrus angeblich begibt, um »dem Jakobus und den Brüdern« eine Botschaft zu hinterlassen, ist für uns natürlich von großem Interesse. Wie es heißt, arbeitet darin eine Magd mit dem griechisch klingenden Namen »Rhode« (12,13), und das Haus selbst gehört »Maria, der Mutter« – hier hätten wir erwartet, »Jesu« oder zumindest »des Jakobus« zu lesen; aber wieder einmal steht uns eine Überraschung bevor: Wie bereits geschildert, sagt der Text an dieser Stelle »... des Johannes Markus«. Johannes Markus kommt noch einmal in der Apostelgeschichte vor, und zwar als der Mann, der in Pamphylien von Barnabas' und Paulus' Mission abgesprungen war (15,37 ff.).[41]

In der Apostelgeschichte (13,13) wird er schlicht »Johannes« genannt, und nichts deutet auf die Verbitterung hin, die Paulus ihm gegenüber verrät (15,39). An anderer Stelle scheint er mit dem Markusevangelium in Verbindung gebracht zu werden, und Eusebios kennt ihn als Reisegefährten des Petrus.[42] Daß er eine Mutter namens »Maria« gehabt haben soll, ist uns ansonsten nicht bekannt, und ebensowenig, daß er ein »Haus« in Jerusalem besaß, in dem *Maria wohnte.* Hinzu kommt noch, daß es ziemlich merkwürdig wäre, zu einem Haus zu gehen, in dem »Maria, die Mutter des Johannes« wohnte, um eine Nachricht *für Jakobus, den Bruder Jesu,* und *die anderen Brüder* zu hinterlassen. Einfacher ist es anzunehmen, daß die ursprüngliche Textstelle »das Haus Marias, *der Mutter Jesu«* oder »Marias, *der Mutter Jakobus' des Gerechten«* oder »Marias, *der Frau des Kleophas«* lautete und daß irgendwann diese ziemlich rätselhafte Substitution erfolgt und dann 17 bis 18 Jahrhunderte lang gläubig weitertradiert worden ist.

Aber einer kritischen Überprüfung wird sie nicht standhalten. Man kann sie entweder schlicht als fromme Erfindung abtun oder aber sie etwas gründlicher in Augenschein nehmen und versuchen, die Grundzüge des Originals zu rekonstruieren. Wir ziehen letzteres vor und gehen dabei von den Voraussetzungen aus, die uns unter den gegebenen Umständen als die einfachsten und einsichtigsten erscheinen. Die Apostelgeschichte ist nicht *bloß* reine Fiktion. Hinter ihren Substitutionen oder Überschreibungen verbirgt sich etwas Reales, und der Schlüssel zu dieser Wahrheit ist vielfach *die Familie Jesu,* insbesondere Jakobus, und die bestimmte Weise, wie diese Angehörigen behandelt werden. Hierbei ist es wichtig, darauf hinzuweisen, daß Jakobus nach dem in den *Rekognitionen* geschilderten, durch Paulus auf ihn verübten tätlichen Angriff in sein eigenes »Haus« in Jerusalem getragen wird. Desgleichen weist Jesus im Johannesevangelium den – nie näher identifizierten – Jünger, »den er liebhatte«, *vom Kreuz aus* (!) an, Maria »in sein [offensichtlich in Jerusalem befindliches] Haus zu nehmen« und ihr »*Sohn*« zu sein (19,26 f.). Dies folgt unmittelbar der Passage, in der Maria als »die Schwester seiner Mutter Maria des Kleopas [Frau] bezeichnet wird [19,25]). So die genaue Übersetzung des griechischen Wortlauts.

Die in der Apostelgeschichte (12,17) erwähnten »Brüder« sind gleichfalls interessant. Man kann sie als »Brüder« im übertragenen Sinne verstehen, daß heißt als Gemeindebrüder, und das ist auch die gängige Deutung. Aber man kann sie auch, da wir in der vorliegenden Arbeit den Spuren »der Brüder« folgen, im *wörtlichen* Sinne als Brüder verstehen, womit also Jakobus und die übrigen Brüder Jesu gemeint wären. Ersteres ist wahrscheinlicher, doch sollte man auch immer die Möglichkeit von letzterem in Betracht ziehen, da Petrus schließlich zum Haus »Marias, der Mutter des« Wer-auch-immer gegangen ist, um »Jakobus und den Brüdern« eine Nachricht zu hinterlassen – was ansonsten nicht erklärbar wäre.

Auch diese Verfolgungen können wir als authentisch betrachten, das heißt, Männer wie Theudas oder Judas – der Bruder Jesu – wurden *wirklich* geköpft oder verloren auf sonstige Weise ihr Leben; nur der *Grund* für diese Verfolgungen und Unterdrückungen ist ein anderer. Die Apostelgeschichte verzerrt den wahren Sachverhalt erheblich. Beispielsweise freut sich hier die jüdische Volksmenge über die Enthauptung des Jakobus – das heißt des *Theudas* –, und in der Schilderung des »Herodes«, der dazu ermutigt wird, einen Schritt weiter zu gehen und auch noch Petrus einzusperren, erkennen wir wieder einmal die Entstellung der wirklichen Ereignisse, die Josephus in seiner Kritik zeitgenössischer Geschichtsschreiber bereits angeprangert hatte.

Der Grund dafür ist natürlich darin zu sehen, daß die spätere Theologie der heidenchristlichen Kirche jetzt nachträglich in die Geschichte Palästinas als die Ursache all der Unterdrückung hineingelesen wird, denen diese frühen Anhänger der messianischen Bewegung oder der »Jerusalemer Kirche« ausgesetzt waren. Diese schmähende Theologie ist in den Werken des Eusebios (4. Jahrhundert) vollständig ausgebildet, doch zeigt sie bereits im 2. und 3. Jahrhundert einen hohen Grad der Entwicklung. Aber der wirkliche Anlaß für diese Verfolgungen ist in den andauernden revolutionären und religiösen Auseinandersetzungen zu suchen, die, wie Josephus so gut dokumentiert, mit dem Aufkommen der zur Zeit des Zensusaufstands von Judas und *Saddok* initiierten Bewegung ihren Anfang nahmen. All die charismatischen und religiösen Führer, mit denen die Geschichte der folgenden 135 Jahre durchsetzt ist, sind auf die eine oder andere Weise mit dieser politisch-religiösen Freiheitsbewegung verknüpft.

Nehmen wir beispielsweise einen Mann, der rund zehn Jahre nach der Enthauptung des Theudas in Erscheinung tritt und der in Josephus' Schilderung – er bezeichnet ihn gleichfalls als einen »Propheten« – so stark an den neutestamentlichen Jesus erinnert. Josephus beschreibt derlei »Schwindler« oder »Betrüger« mit verblüffender Klarheit. Gleichsam zur Einführung dieses bestimmten *Propheten* schreibt er, daß solche

> Gaukler und Betrüger die Menge beredeten, ihnen in die Wüste zu folgen, wo sie im Einklang mit der göttlichen Vorsehung offenbare Zeichen und Wunder tun würden.[43]

Im – von den meisten so geschmähten – altrussischen Josephus werden diese »Zeichen« näher spezifiziert als »Zeichen ihrer *bevorstehenden Befreiung*«.

Der Held dieser Episode – für den Paulus (laut Apostelgeschichte) nach seiner letzten Konfrontation mit Jakobus von einem römischen Zenturio gehalten wird – erscheint im Text lediglich als »der Ägypter«. Auch er möchte ein weiteres »Josua«- oder »Jesus«-mäßiges Wunder tun, diesmal aber nicht wie Theudas den Jordan in umgekehrter Richtung teilen, sondern die Mauern Jerusalems zerstören. Der Schauplatz des Geschehens ist diesmal nicht Jericho, sondern ein von den Evangelien her wohlbekannter Ort, der Ölberg. Von dort aus möchte »der Ägypter« nicht wie Jesus in den Tempel stürmen und die Tische der Geldwechsler umstoßen, sondern den Mauern Jerusalems befehlen einzustürzen, damit seine Anhänger die Stadt betreten (und vermutlich befreien) können.

Dieser »Ägypter« entkommt – und an seiner Stelle wird Paulus festgenommen (Apostelgeschichte 21,38) –, aber 400 seiner Anhänger läßt der römische Statthalter Felix (52–60 n.Chr.) abschlachten. In der Apostelgeschichte sind es auf einmal *4000* Anhänger, und sie werden ausdrücklich als »*Sicarii*« [laut Luther »Meuchelmörder«, A.d.Ü.] bezeichnet. Letzterer Terminus wird sich als äußerst wichtig erweisen, und zwar nicht nur in bezug auf Jesu angeblichen Verräter, Judas *Ischarioth*, sondern auch hinsichtlich eines ganzen Komplexes damit zusammenhängender Probleme.

In der Darstellung der Jerusalemer Unruhen, die uns die Apostelgeschichte liefert, tritt an die Stelle der von Josephus geschilderten

Unterdrückung subversiver Elemente und religiös motivierter Revolutionäre die Unterdrückung antipaulinischer theologischer Dissidenten, und im Einklang damit wird die uns bekannte proprömische und antipalästinische Theologie entwickelt. Wie schon gesagt, erwähnt der Verfasser der Apostelgeschichte Jakobus an dieser Stelle so, als habe er ihn andernorts bereits ausreichend vorgestellt und als müßten wir daher wissen, wer er ist. In der erhaltenen Fassung des Textes hat er es natürlich nicht getan, aber dies bedeutet nicht, daß er es auch in der älteren Version der Apostelgeschichte oder der ihr zugrundeliegenden Quelle gleichfalls unterlassen hätte. Wie ich glaube, werden wir letztlich nachweisen können, daß er ihn tatsächlich an einer früheren Stelle eingeführt hatte.

Es kann auch gar nicht anders sein. Es ist nicht möglich, daß Jakobus unvermittelt im Text auftaucht, und dazu noch im selben Kapitel, in dem der »andere« Jakobus beseitigt wird, und daß dies auf eine Weise mitgeteilt wird, als müßte uns allen klar sein, von wem die Rede ist. Der uns vorliegende Text sagt nicht etwa, Petrus habe sich zum Haus der Maria und Rhode begeben, um eine Botschaft für Jakobus den Gerechten, Marias Sohn, genannt der Bruder Jesu, zu hinterlassen. Ebensowenig geht er anschließend darauf ein, wer dieser Jakobus war – was man hätte erwarten können, wenn er in der Erzählung bis dahin noch nicht vorgekommen wäre. Nein, er redet von Jakobus so, als sei er *bekannt* – und er *war* bekannt. Im Rahmen unserer Analyse früher kirchlicher Quellen und der pseudoklementinischen *Rekognitionen* werden wir aufzeigen, daß Jakobus tatsächlich schon – wahrscheinlich mehrfach – erwähnt worden war, daß aber seine Spuren mit verharmlosenden Geschichtlein und allerlei Mythenbildung überschrieben worden sind.

Eine der Stellen, an denen Jakobus ursprünglich bereits aufgetreten sein dürfte, wäre etwa das Kapitel 3,1–11 der Apostelgeschichte, wo von Petrus' und Johannes' Aufstieg zum Tempelberg die Rede ist, Jakobus aber überraschenderweise mit keinem Wort erwähnt wird. Für diese Lücken werden wir in den *Rekognitionen* entschädigt, wo in den parallelen Schilderungen dieser verschiedenen Gänge zum Tempelberg der *echte Jakobus* – unser Jakobus – mehrfach erwähnt wird.

Ein weiterer Auftritt Jakobus' wäre im 1. Kapitel der Apostelgeschichte anzunehmen, im Zusammenhang mit der gleichfalls zu erwartenden Schilderung der wichtigsten Aufgabe überhaupt, mit der sich die gerade konstituierende Kirche hätte befassen müssen: der Wahl des *Nachfolgers* des dahingegangenen Messias. Hier wäre also eigentlich ein Bericht von der Ernennung Jakobus' zum Oberhaupt der Jerusalemer Gemeinde und zum Bischof der Jerusalemer Kirche fällig gewesen. Darüber schweigt sich die Apostelgeschichte aber bekanntlich aus. Statt dessen speist sie uns mit einer novellistischeren und folkloristischeren Episode ab, welche vorgibt, vom weiteren Schicksal jenes Mannes zu berichten, der *Jesus verriet* und »Judas« genannt wird – was auch der Name *des dritten Bruders Jesu* ist. Was uns die Apostelgeschichte aber tatsächlich (und zwar mit reißerischster Detailliertheit) mitteilt, ist lediglich das *Ende* des Judas – und wie *dessen Nachfolge* geregelt wurde.

Dann wurde Jakobus wahrscheinlich auch kurz vor der besprochenen Episode um Petrus und Jakobus (Apostelgeschichte 12) erwähnt, wofür es gleichfalls eine Parallele in den *Rekognitionen* gibt: Nachdem Jakobus im Tempel von Paulus angegriffen worden ist, schickt er Petrus aus der Umgebung Jerichos nach Cäsarea, damit er dort Simon *Magus* zur Rede stelle. Laut der Chronologie der Apostelgeschichte geschähe dies nach der Erwähnung Theudas' und Judas' des Galiläers im 5. Kapitel und der Geschichte von der Steinigung des Stephanus (6 f.) – die wiederum wahrscheinlich die redaktionelle Vertuschung dieser Attacke gegen Jakobus darstellt.

Natürlich gibt es keinen vernünftigen Grund, jemanden, der angeblich »Stephanus« heißt, in Jerusalem *zu steinigen*, und wir werden aufzeigen, daß diese Episode in Wirklichkeit stellvertretend für eine (gleichfalls in den *Rekognitionen* erhaltene) ganz andere steht, die Paulus' Aktivitäten vor seiner berühmten Vision auf dem Weg nach Damaskus und seiner darauffolgenden Bekehrung zum Christentum betrifft. Dabei geht es, wie wir sehen werden, um einen tätlichen Angriff Paulus' auf das Oberhaupt der Gemeinde, Jakobus. Dieser Angriff hatte zur Folge, daß der schwerverletzte, aber noch lebende Jakobus zusammen mit den meisten Mitgliedern seiner Gemeinde in die Gegend um Jericho floh – das heißt irgendwo in *die Nähe von Qumran.* Diese Substitution erfolgt nach der gleichen Methode wie manche andere Überschreibungen, die wir hier schon beobachtet haben, doch der ursprüngliche Text zeichnet sich – zumindest in seinen Grundzügen – noch immer durch das uns vorliegende Material erkennbar ab.

Schließlich haben wir die Kreuzigung der zwei Söhne Judas' des Galiläers, Jakobus und Simon, die um 48 n.Chr., während der Amtszeit des Prokurators Tiberius Alexander (46–48 n.Chr.) erfolgte. Auch er, der abtrünnige Neffe Philons von Alexandria, wird in diesen ersten Kapiteln der Apostelgeschichte (als »Alexander«) erwähnt, obwohl die Chronologie wieder nicht ganz stimmt (4,6). Diese recht merkwürdige Kreuzigung ist gleichfalls von Bedeutung. Bei Josephus folgt sie der Erwähnung der Hungersnot, der Theudasepisode und der Beschreibung der Ernennung Tiberius Alexanders zum Prokurator.

Der Grund für diesen abermaligen Rückgriff auf Prokuratoren ist der Umstand, daß nach dem Tod Agrippas I. dessen Sohn Agrippa II. weder als alt genug noch als hinlänglich zuverlässig angesehen wurde, um selbst regierungsfähig zu sein. Also gingen die Römer wieder dazu über, Statthalter nach Palästina zu entsenden, die gemeinschaftlich mit dem jeweiligen herodianischen König die Amtsgeschäfte führen sollten. Der Bruder Agrippas I., Herodes von Chalkis, regierte eine Zeitlang an dessen Stelle, und er war, wie Josephus es nennt, zweifellos nicht so »liebreizend« (*chrêstos*) wie sein jüngerer Blutsverwandter, Herodes' Sohn Aristobulos – den Salome heiratete, nachdem *ihr vorheriger Ehemann Philippus* »kinderlos gestorben« war – erhält, offenbar als Entschädigung dafür, daß er nicht seinem Vater auf den Thron Palästinas folgte, das Königreich Klein-Armenien.

Als eine vorbeugende – und in dieser Hinsicht an Jesu und Johannes' des Täufers Hinrichtung erinnernde – Maßnahme zur Verhütung künftiger Schwierigkeiten ließ Tiberius Alexander die zwei Söhne Judas' des Galiläers kreuzigen. Wie wir gesehen haben, berichtet Josephus an dieser Stelle (welche die Quelle der parallelen Mitteilung in der Apostelgeschichte darstellt), Judas der Galiläer habe zur Zeit des von Cyrenius oder Quirinius durchgeführten Zensus das Volk zum Aufruhr ermuntert. Aber warum Alexander diese beiden kreuzigen ließ und was sie getan hatten, um eine solche Strafe zu verdienen, erklärt Josephus mit keinem Wort. Hinzu kommt noch, daß zwischen der messianischen Familie Judas' des Galiläers und jener anderen Familie, die angeblich von »Joseph und Maria« oder von Kleophas und Maria abstammte, auffällige Parallelen bestehen. In welcher Weise hängen diese zwei Gruppen messianischer Gestalten zusammen, und inwieweit überschneiden sie sich? Ohne eine »unfrisierte« Darstellung dieser Zeitspanne werden wir es zweifellos niemals erfahren.

7
Das Jakobusbild in den Briefen des Paulus

Jakobus als das Oberhaupt der Urkirche im Galaterbrief

Paulus liefert uns im Galaterbrief eine äußerst anschauliche und exakte Augenzeugenaussage über die führende Stellung, die Jakobus in der Urkirche innehatte. Seine Schilderung ist nicht »frisiert«, und ebensowenig krankt sie – außer in belanglosen Details – an den Auswirkungen einer retrospektiven historischen oder theologischen Überarbeitung. Gerade das Gegenteil ist der Fall. Paulus' antagonistische Haltung gegenüber den Mitgliedern der Jerusalemer Kirche (»der Versammlung«), die er als irregeleitet betrachtet und von denen er sich verfolgt fühlt, springt dem Leser geradezu ins Auge. Als eingestandenermaßen untergeordnetes Mitglied einer hierarchischen Organisation legt er gegenüber ihren Häuptern – »denen, die das Ansehen hatten« (Galater 2,6) oder denen, »die sich selbst loben und… sich nur an sich selbst messen« (2. Korinther 10,12), wozu er auch Jakobus rechnen würde – ein gewisses Maß an Respekt an den Tag. Aber je mehr sich Paulus' Tiraden in diesen Briefen hinziehen, desto klarer wird nicht nur, daß Jakobus der wichtigste unter diesen Anführern ist, sondern auch, daß Paulus' Respekt vor der »Jerusalemer Führung« nur ein oberflächliches Lippenbekenntnis darstellt.

Tatsächlich bezieht er sich auf diese Führung mit den bissigsten Ausdrücken. Als er am Anfang des 2. Kapitels des Galaterbriefes seine Flucht von Judäa nach Syrien und Kilikien beschreibt – wichtige geographische Angaben, wenn es darum geht, die Ausdehnung des Einflußbereichs der herodianischen Familie abzuschätzen –, berichtet er:

> Denn da etliche *falsche Brüder* sich mit eingedrängt hatten…, auszukundschaften die Freiheit, die wir haben in Christus Jesus, *damit sie uns knechteten,* wichen wir denselben… nicht und waren ihnen nicht untertan. (Galater, 2,4 f.)

Die »Freiheit«, von der er spricht, ist die *Freiheit vom Gesetz;* die »Knechtschaft« ist die Unterwerfung gegenüber dem Gesetz und der Jerusalemer Führung, während das »wir« sich hier auf seine eigenen Gemeinden bezieht. Das »Auskundschaften« oder »Ausspionieren« bezieht sich nicht nur auf diese Freiheit, sondern wahrscheinlich auch ganz konkret auf ihre Nacktheit (oder, wie es in den Qumran-Texten heißen würde, »ihre Schamteile«), nämlich mit dem Ziel festzustellen, ob sie beschnitten waren oder nicht.[1] Die Erwähnung von »falschen« oder »Pseudobrüdern« ist in diesem Kontext natürlich von Bedeutung.

Eben in diesen Passagen, die mit der wiederholten – wegen paralleler abfälliger Bemerkungen über den sogenannten »Lügner« oder »Lügenpriester« der Qumran-Texte abermals wichtigen – Beteuerung enden, er »lüge nicht«, schildert er, wie er »Kephas [das heißt Petrus] kennenlernte«, aber »von den *anderen Aposteln keinen sah außer Jakobus, des Herrn Bruder*« (Galater 1,18 ff.). Damit erklärt Paulus kategorisch, daß er erst wieder »nach vierzehn Jahren ... abermals hinauf nach Jerusalem zog« (2,1), was sowohl chronologisch als auch inhaltlich den entsprechenden Angaben der Apostelgeschichte widerspricht. Der Wortlaut, den er in diesem Zusammenhang verwendet, »zog hinauf«, verleiht der Aussage durch seinen idiomatischen Charakter noch zusätzliche Glaubwürdigkeit – tatsächlich drücken sich Juden noch heutzutage so aus, wenn sie davon sprechen, nach Jerusalem zurückzukehren oder zu reisen.

Das Datum, das Paulus hier für seinen nächsten Aufenthalt in Jerusalem angibt – irgendwann Anfang der fünfziger Jahre –, ganz zu schweigen von seiner Behauptung, er habe »von den anderen Aposteln keinen [gesehen] außer Jakobus, des Herrn Bruder« und sei »den christlichen Gemeinden [*Ekklêsiais*] in Judäa von Angesicht unbekannt« gewesen (Galater 1,19–22), widerspricht der in der Apostelgeschichte (9–12) eingeschobenen Schilderung seiner frühen Aktivitäten natürlich vollkommen. Hier wird nämlich berichtet, Paulus sei anläßlich »einer Teuerung, die da kam über den ganzen Kreis der Erde, welche geschah unter dem Kaiser Claudius« nach Jerusalem gekommen, um sich dort an Hilfsmaßnahmen zu beteiligen (Apostelgeschichte 11,28 ff.). Es war dies die Hungersnot von 46 bis 48 n.Chr., die wir gerade im Zusammenhang mit der anachronistischen Episode um die Söhne Judas' des Galiläers erwähnt haben.

Diese Aktivitäten greifen mit denjenigen der (erst kurz zuvor zum Judentum oder vielleicht auch zum Christentum übergetretenen) sagenhaften Königin Helena von Adiabene ineinander. Einstweilen kann sich der Leser die Faustregel einprägen: Wann immer zwischen

Galater- oder einem anderen Paulusbrief und der Apostelgeschichte ein Widerspruch auftritt, ist dem Brief der Vorzug zu geben. Nicht nur ist der Galaterbrief autobiographisch und »unfrisiert«, er hat insgesamt den Charakter *authentischer Geschichtsschreibung.*

Paulus' Beziehungen zur Jerusalemer Führung

Paulus erklärt seine zweite Reise nach Jerusalem äußerst defensiv als das Resultat einer »Offenbarung«, die ihm persönlich zuteil geworden sei, womit er gleichzeitig seine Überzeugung kundtut, er sei *nicht* – wie es weniger nachsichtigen Beobachtern erscheinen könnte – *dorthin zitiert worden,* um Rechenschaft über sich und seine Aktivitäten abzulegen. Paulus schreibt:

> Ich zog aber da hin aufgrund [einer] Offenbarung [*apokalypsin*] und besprach mich mit … denen, die das Ansehen hatten, über das Evangelium, das ich predige unter den Heiden, auf daß ich nicht etwa vergeblich liefe oder gelaufen wäre. (Galater 2,2)[2]

Hier läßt Paulus die Vorstellung einer *privaten* Offenbarung anklingen, womit er zu verstehen gibt, daß er in direkter Beziehung zu einer anderen offenbarenden Instanz steht: nämlich, wie man vermuten kann, dem »Heiligen Geist«. Vermutlich glaubt er, auf diese Weise in unmittelbarer Verbindung mit »Christus Jesus« zu stehen, wie er an anderer Stelle das übernatürliche Wesen oder »Dasein« bezeichnet, mit dem er nach eigener Aussage kommuniziert.

Im allerersten Vers des Briefes – so er denn authentisch ist – formuliert Paulus dies auf eine andere Weise:

> Paulus, Apostel, nicht von *Menschen*, auch nicht durch [irgend-] einen *Menschen*, sondern durch Jesus Christus und durch Gott [den] Vater, der ihn auferweckt hat von [den] Toten. (Galater 1,1)

Worauf Paulus hier hinauswill, ist, daß er weder durch irgendeinen »Menschen« ernannt wurde noch durch den irdischen Jesus (dem er nie begegnet ist), noch durch irgendein Gremium von »Menschen«, wie beispielsweise die Ältesten der Jerusalemer Kirche. Ebensowenig besitzt er, wie wir gleich sehen werden, irgendeinen Empfehlungsbrief von solchen Menschen (2. Korinther 3,1), sondern er ist über alle weltliche Autorität erhaben und somit auch gegenüber keinem Menschen verantwortlich.

Insbesondere ist er Jakobus oder der Führung der Jerusalemer Kirche keine Rechenschaft schuldig. Er ist bereit, sich mit ihnen auseinanderzusetzen und, wenn es ihm nützlich erscheint, mit ihnen zu kooperieren, aber er lehnt es ab, sich ihnen unterzuordnen. Er macht seine Haltung ihnen gegenüber klar, als er sagt, er sei nicht von ihnen nach Jerusalem zitiert worden, sondern »privat« dorthin gereist, in eigener Sache gewissermaßen, um denen, die, wie er schreibt, »das Ansehen hatten« (Galater 2,2) oder, sarkastischer, »dafür gelten, etwas zu sein« (2,6) das Evangelium zu unterbreiten, das er »unter den Heiden«[3] verkündete, damit er auf diesem Weg »nicht vergeblich liefe oder gelaufen wäre«.

Von »vergeblichem« Lehren wird wieder in den Qumran-Manuskripten die Rede sein, und zwar stets dort, wo es um die »Mission« oder den »Dienst« *des Lügners* geht.[4] Darüber hinaus verwendet Paulus gern Termini aus der Welt der Athletik, vor allem »in der Kampfbahn laufen«, und er wird diese »Lauf«-Metapher noch einmal an einer besonders entscheidenden Stelle des Ersten Briefes an die Korinther benutzen: sowohl im Zusammenhang mit seiner Freiheit vom Gesetz als auch mit seiner spezifischen Missionstätigkeit. Dabei drückt er sich folgendermaßen aus:

> Die, die in der Kampfbahn laufen, laufen zwar alle, aber [nur] einer empfängt den Preis. Lauft [daher] so, daß ihr ihn erlangt … Genau so laufe ich, nicht ins Ungewisse. Genau so fechte ich, nicht wie einer, der in die Luft schlägt. (1. Korinther 9,24 ff.)

Im selben Abschnitt bezeichnet er außerdem jene, die Probleme um das Gesetz machen oder sich über das Essen verbotener Dinge ereifern, als »Schwache« (8,7–12 und 9,22). Im Galaterbrief ist es klar, was ihn eigentlich beschäftigt: Er befürchtet, daß die Oberhäupter der Jerusalemer Kirche das Evangelium, das er – offenbar ohne deren Erlaubnis – bereits unter den nichtjüdischen oder heidnischen »Völkern« lehrt, für falsch erklären könnten.

An diesem Punkt macht sich bei ihm, selbst im nachhinein, während er davon schreibt, eine extreme Unruhe wegen dieses Gesprächs mit der Jerusalemer Führung bemerkbar, und er fängt an, seine Doktrin zu verteidigen, der zufolge Griechen, die der neuen Bewegung beitreten – was immer man zu diesem Zeitpunkt auch darunter verstehen mag –, sich nicht beschneiden zu lassen brauchen. Dies war offenbar Teil des »Evangeliums«, das er unter den »Völkern« oder »Heiden« lehrte. Zur Bestätigung seiner Aussage erklärt Paulus ausdrücklich, ein Mann, der ihn zusammen mit Barnabas zum »Jerusalemer Konzil« – wie dieses Gespräch inzwischen häufig genannt wird – begleitet hatte und den er als »Titus, einen Griechen« vorstellt, sei »nicht gezwungen worden, sich beschneiden zu lassen« (2,2 f.).

Ein großer Teil des dann folgenden Brieftextes betrifft Paulus' antagonistisches Verhältnis zur Gruppe, die er »die der Beschneidung«, vielleicht sogar »die Beschneider« nennt und die er direkt mit Jakobus in Verbindung bringt (2,12), sowie eine Streitfrage, die er mit »Knechtschaft versus Freiheit« gleichsetzt – in diesem Fall »Knechtschaft unter dem Gesetz«, dessen äußeres Zeichen die Beschneidung war, und damit einhergehend ein sklavischer Gehorsam gegenüber der Jerusalemer Führung oder den Oberhäuptern der »Jerusalemer Kirche«. So zieht er zu Beginn des 5. Kapitels das Resümee:

> Darum *stehet fest in der Freiheit, zu der uns Christus befreit hat,* und [unterwerft euch] nicht wieder *dem Joch der Knechschaft*... Ein jeder, der sich beschneiden läßt, ist verpflichtet, *das ganze Gesetz zu tun* [man beachte hier die Betonung des *Tuns*]. Wer immer durch das Gesetz gerecht geworden ist, *der ist von Christus abgesondert.* Ihr seid aus der Gnade gefallen. (Galater 5,1–4)

Hierin sehen wir eine klare Anspielung auf das »Sichabsondern« oder »Sichlösen«, von dem in den Qumran-Rollen mit solchem Nachdruck gesprochen wird, oder auf den »Nasiräismus« – von der hebräischen Wurzel *N-Z-R,* »sich fernhalten von« –, dem wir bei Jakobus und Gleichgesinnten begegnen werden. Diese Verbwurzel »*N-Z-R*« kommt in der Qumraner Damaskus-Schrift häufig vor und wird dort – wie auch in Jakobus' Anweisungen für überseeische Gemeinden, wie die Apostelgeschichte sie referiert – zur Bezeichnung dessen verwendet, wovon man »sich fernhalten« (oder wessen man »sich enthalten«) sollte, so beispielsweise von »Unzucht«, »unreinen bösen Reichtümern« und allgemein »unsauberen« oder »verunreinigten Dingen«.[5]

> Denn in Christus Jesus gilt weder Beschneidung noch Unbeschnittensein etwas, sondern der Glaube, der durch die Liebe tätig ist. Ihr *liefet* fein. Wer hat euch aufgehalten, daß ihr der Wahrheit nicht gehorchtet? (Galater 5,6 f.)

Man sollte dies mit der folgenden Stelle aus dem Jakobusbrief

> Denn wer das ganze Gesetz hält, sich aber in *einem* [kleinen Punkt] verfehlt, der ist in allem schuldig geworden [das heißt, der hat das ganze Gesetz gebrochen; Jakobus 2,10]

vergleichen, die wie auch Paulus in den genannten Passagen und im Römerbrief Abraham als Beleg dafür anführt, daß »der Glaube zusammen mit den Werken wirkt« (Jakobus 2,22). Jakobus benutzt nicht nur alle Ausdrücke, die Paulus verwendet – wie »Liebe«, »tun« und »Wahrheit« –, sondern er erteilt Paulus auch eine eindeutige Abfuhr.

Paulus seinerseits gerät an dieser Stelle seines Briefes an die Galater so sehr in Wut, daß er seine Tirade sogar mit einem derben Wortspiel auf »beschneiden« abschließt:

> Möchten doch die, welche euch in Verwirrung stürzen, sich doch lieber gleich *verschneiden* lassen! (5,12)

Wie wir aufzeigen werden, spielt er hier zusätzlich auf eine weitere Passage aus der Qumraner Damaskus-Schrift an, wo der »Verzehr von Blut« als der Grund dafür angegeben wird, daß die Israeliten in der Wüste »abgeschnitten« wurden.[6]

Aber Paulus äußert diese Grobheit nicht nur unmittelbar vor einer abermaligen Beschwörung des »Zur-Freiheit-berufen-Seins«, sondern läßt dieser auch noch das Gebot der Liebe folgen, also »Liebe deinen Nächsten wie dich selbst«, worüber er jetzt aussagt, es sei »das ganze Gesetz« (5,13 f.). Dies aber ist exakt das Gebot, das in der berühmten Jakobuspassage über »das Königliche Gesetz nach der Schrift« ausgesprochen wird, wo gleichfalls von »tun« die Rede ist, diesmal aber im Sinne von »das ganze Gesetz tun« oder »einhalten« – nicht es brechen (2,8 ff.).

Dasselbe Gebot wird auch an einer entscheidenden Stelle in den zuvor erwähnten Passagen aus der Damaskus-Schrift angeführt. Interessanterweise besitzen die Ausdrücke »beißen« und »fressen«, die Paulus unmittelbar darauf im Sinne von »vernichtet« oder »zerstört werden« verwendet, eindeutige Parallelen in entsprechenden, sehr vielsagenden Wendungen, die im *Pescher* Habakuk hinsichtlich der Vernichtung des Gerechten Lehrers und allgemein der Perfidie des »Establishments« gebraucht werden.[7]

Weiter unten berichtet die Apostelgeschichte von einem Reisegefährten Paulus' namens »Timotheus«, dem Sohn »eines griechischen Vaters«, der offensichtlich nicht beschnitten war, den Paulus aber »beschnitt um der Juden willen, die an jenen Orten waren (16,3). Es ist nicht immer möglich, diesen Timotheus von dem im Galaterbrief und anderen Briefen erwähnten Titus zu differenzieren, ebenso wie es nicht immer gelingt, den Mann, den Paulus in seinen Briefen Silvanus nennt, vom Silas der Apostelgeschichte zu unterscheiden.[8] Häufig ist der eine ein griechischer Name und der andere einfach dessen lateinische Entsprechung. Wie in vielen anderen Fällen, denen wir schon begegnet sind, kann es durchaus sein, daß es sich nicht durchweg um verschiedene Personen handelt. Zumindest im Brief an die Galater aber ist die Aussage, Titus habe sich nicht beschneiden zu lassen brauchen, absolut eindeutig.

An dieser Stelle hadert Paulus mit der Jerusalemer Führung im Zusammenhang mit der Beschneidung, weil, wie er selbst sagt, »etliche *falsche Brüder* sich mit eingedrängt hatten, auszukundschaften die Freiheit, die wir haben in Christus Jesus [wie Paulus seinen übernatürlichen Heiland nennt], damit sie uns knechteten« oder »zu Sklaven machten«. Die implizite Konstrastierung *»Brüder/Pseudobrüder«* könnte mit der Anspielung auf die »falschen« oder »Pseudoapostel« im Zweiten Brief an die Korinther (11,13) – auch im Kontext von »Knechtschaft« und »verschlingen« [Luther: »schinden«, A.d.Ü.] und gefolgt von der Beteuerung, er »lüge nicht« (2. Korinther 11,20 und 31) – identisch sein. Abermals ist Paulus' Aussage trotz aller Emotionalität des Ausdrucks unmißverständlich: Wann immer er vom Gesetz oder von Jakobus spricht – wobei die zwei oft austauschbar sind –, ist zugleich auch von »Knechtschaft« oder »Sklaverei« und von »Falschheit« die Rede. Das gleiche trifft auch auf die Macht zu, die von Personen wie Jakobus ausgeübt wird.

Hier ist etwas geschehen, was Paulus bei dieser Führung in Mißkredit gebracht hat. Dieses »Etwas« steht eindeutig im Zusammenhang mit »Beschneidung« sowie mit der Tatsache, daß manche seiner Begleiter – die laut Paulus »Griechen« sind und somit »nicht gezwungen, sich beschneiden zu lassen« – nicht beschnitten waren. Der Apostelgeschichte zufolge läßt Paulus sie aus Rücksicht gegenüber der kirchlichen Führung, und um seine Missionsarbeit fortsetzen zu können, trotzdem beschneiden. Wir können uns diesbezüglich nicht unbedingt auf die Apostelgeschichte verlassen, aber im wesentlichen dreht es sich bei ihr dabei um das gleiche, wie wenn im Brief an die Galater die Frage erörtert wird, ob Leute wie Titus oder Timotheus beschnitten werden sollten. Der Galaterbrief scheint zu behaupten, daß Titus *nicht* beschnitten wurde. Die Apostelgeschichte betont, *daß* Timotheus beschnitten wurde. Es spielt keine allzugroße Rolle – die Streitfrage bleibt dieselbe.

Wichtig hingegen ist, daß Paulus an dieser Stelle des Galaterbriefes eine Attacke gegen die Jerusalemer Führung startet, in der er die unbestreitbare Tatsache bezeugt, daß Jakobus *das* Oberhaupt der Kirche war und daß alle, selbst Petrus, sich ihm unterzuordnen hatten und ihm Gehorsam schuldeten. Gleichzeitig bekräftigt er seine Absicht,

»die Wahrheit des Evangeliums«, so wie er es unter den Heiden lehrt, zu beschützen. Wie er wörtlich schreibt,

> wichen wir denselben auch nicht eine Stunde und waren ihnen nicht untertan, damit die Wahrheit des Evangeliums bei euch bestehen bliebe … (2,5).

Dies war an die Adresse jener gerichtet, denen der Brief in erster Linie galt: an seine Glaubensbrüder in Galatien, für deren Interessen er einzutreten behauptet.

Die Personen, auf die er hier anspielt – jene, »denen er nicht untertan« zu sein gedenkt, und die er im Brief an die Galater (2,6 und 2,12) mit Pronomina wie »etliche«, »denen« oder »sie« bezeichnet –, sind aber niemand anders als die Häupter der Jerusalemer Kirche oder, wie Paulus es auf seine unnachahmliche Weise formuliert,

> die dafür gelten, etwas zu sein – wer immer sie einst waren [oder »welche Bedeutung sie hatten«], daran liegt mir nichts, denn Gott sieht die Person der Menschen nicht an.[9]

Um des Nachdrucks willen wiederholt Paulus jetzt dieses »die das Ansehen hatten« oder »die für wichtig gelten« noch einmal:

> Mir haben die, welche das Ansehen hatten, nichts weiter auferlegt. Im Gegenteil,… sie sahen, daß mir das Evangelium für die Unbeschnittenen zu verkünden anvertraut sei wie dem Petrus das Evangelium der Beschneidung. (Galater 2,6 f.)

Inmitten eben all dieser verblüffenden Eröffnungen und Kontroversen verrät uns Paulus, daß Jakobus nicht lediglich *einer* der Führer und Oberhäupter ist, sondern *der* Führer schlechthin.

Vorher aber gibt er die nicht minder erstaunliche Erklärung ab, daß

> der, welcher bei Petrus wirkte zum Apostelamt an den Beschnittenen, auch bei mir [zum Apostelamt] für die Heiden [*ethnê*] wirkte. (2,8)

Es ist unmöglich zu entscheiden, wie wir diese Behauptung verstehen sollen. Will Paulus damit sagen, daß Gott der Vater, der durch Petrus wirkte oder arbeitete, dessen Apostelttum zu schaffen, auch durch ihn (Paulus) wirkte, das seinige zu schaffen? Oder meint er damit, Jesus oder das Wesen, das er *Christus Jesus im Himmel* nennt, habe dies getan? Wenn er den irdischen Jesus meinen sollte, dann würde er eine Unmöglichkeit behaupten, da Paulus »Jesus« zu Lebzeiten vermutlich nie gesehen hat. Wenn er den übernatürlichen Jesus meint, dann können wir uns diesbezüglich nur auf seine Aussage verlassen – und brauchen uns nicht zu wundern, daß viele ihren Wert angezweifelt haben und vielleicht so weit gegangen sind, Paulus einen »Lügner« zu nennen.[10]

Dann macht sich Paulus daran, uns seine Version des herrschenden Triumvirats der Jerusalemer Urkirche vorzustellen – und gibt uns damit zugleich ein weiteres Rätsel auf, denn er erwähnt Petrus (zumindest in den meisten uns vorliegenden Fassungen des Textes) nicht *qua* Petrus, sondern spricht an dieser Stelle von »Kephas«. Nun wird »Kephas« zwar normalerweise als mit Petrus identisch aufgefaßt, andererseits fällt jedoch auf, daß Paulus gerade in den zwei vorherigen Versen (2,7 f.) den Namen »Petrus« verwendet hatte. Damit führt er Jakobus zum zweitenmal ein, und es ist sonnenklar, daß *dieser* Jakobus nicht, wie in den Evangelien, »des Johannes Bruder« ist.

> Und als sie die Gnade erkannten, die mir verliehen ist, gaben Jakobus und Kephas und Johannes, die als Säulen gelten, mir und Barnabas den Handschlag der Gemeinschaft, daß wir zu den Heiden, sie aber zu den Beschnittenen gehen sollten. (2,9)

Hier werden wir also darüber in Kenntnis gesetzt, daß Jakobus nicht nur jemanden verkörpert, der »dafür gilt, etwas zu sein«, sondern daß er in der ersten Reihe der Führungsriege steht, gleichsam eine »Säule«, ja, wie wir noch sehen werden, *der unumschränkte Führer* ist. Diese Oberhäupter der Gemeinde hat Paulus bereits im Brief an die Galater (2,6 f.) mit den oben zitierten abfälligen Bemerkungen »wer immer sie einst waren, daran liegt mir nichts« und »mir haben die, welche das Ansehen hatten, nichts weiter auferlegt« bedacht. Im Zweiten Brief an die Korinther (11) wird er solche Männer mit »Hebräer« (11,22) und »höchste« oder »übergroße Apostel« – man könnte auch sagen »Erzapostel« – betiteln (11,5, in 12,11 wiederholt).

Zur Veranschaulichung und Bestätigung ihrer Wichtigkeit führt Paulus hier dieses für uns neue Bild der »Säule« ein. Es ist den Metaphern »Grund«/»Fundament«, »Fels« und »Eckstein« verwandt, die in den Evangelien und den Briefen auf Petrus oder auch Jesus bezogen werden. All diese Begriffe finden sich auch in den Handschriften vom Toten Meer, namentlich in der Gemeinderegel und den Hymnen, ebenso aber auch weitere, wie »ein festes Fundament, das nicht wanken wird«, »Mauer« und »Turm« oder »Festung«.[11] Namentlich letzter Ausdruck entspricht zwei Beinamen, die, wie wir noch sehen werden, Jakobus zugeordnet wurden: »Das Bollwerk« und das rätselhafte »*Oblias*«, das von frühen Kirchenschriftstellern mit »Schutz« erklärt wird und höchstwahrscheinlich etwas wie »Festung« bedeutet. Der Terminus »Säule« aber wird außerdem in der *Kabbala* in bezug auf die Person des »*Zaddik*« gebraucht.

Der »*Zaddik*, die Säule der Welt«, in der *Kabbala* und im Thomasevangelium

»*Kabbala*« bedeutet wörtlich »das Empfangene«, also das Überlieferte oder die Tradition. Die *Kabbala* ist die jüdische mystische Tradition. Eine ihrer besser bekannten Lehren ist das Konzept des »*Zaddik*« oder »Gerechten«. Jakobus wird in fast allen ur- und frühchristlichen Texten »der Gerechte« genannt, und dieser Beiname entspricht durchaus dem »*Zaddik*« der jüdischen *Kabbala*.

Einer der beliebtesten und eindrucksvollsten Texte der jüdischen Mystik ist der seit dem Mittelalter bekannte *Sohar*, auch *Buch des Glanzes* genannt (*sohar* bedeutet »Glanz«). Mit »*sohar*« ist – unter anderem – jener »Glanz« gemeint, der aus Moses' Antlitz strahlte, als er auf dem Berge Sinai aus der Wolke trat oder in der Wüste aus der Stiftshütte herauskam, wie im Vierten Buch Mose (6,25) beschrieben.

Paulus scheint bereits zu dieser vergleichsweise frühen Zeit mit etwas vertraut zu sein, was an die jüdische mystische Überlieferung gemahnt. Tatsächlich macht er sich in einer Passage des Zweiten Briefes an die Korinther, die der Verherrlichung des »neuen Bundes des Geistes« gewidmet ist, über diesen »Glanz« oder diese »Herrlichkeit« auf Moses' Angesicht« lustig (3,7). In dieser Passage vergleicht er die oben erwähnten »Empfehlungsbriefe« (die er selbst *nicht* besitzt) mit den *toten Buchstaben des Gesetzes auf den Tafeln vom Berg Sinai* und bemerkt dazu: »Der Buchstabe tötet, aber der Geist macht lebendig« (2. Korinther 3,1–6).

Nach altisraelitischem Glauben leuchtet Moses' Antlitz so hell, nachdem er in Gottes Gegenwart gewesen war, daß er es mit einem Schleier verhüllen mußte, als er aus der Stiftshütte trat, damit das Volk nicht geblendet würde. Über ebendiesen »Schleier« [bei Luther »Decke«, A.d.Ü.] macht sich Paulus lustig, und damit über die geheiligtsten Traditionen des jüdischen Volkes, indem er nämlich impliziert, Moses sei ein Scharlatan gewesen. Es schwindelt einen geradezu angesichts mancher seiner polemischen Äußerungen und der sprachlichen Akrobatik, die er dabei vollführt.

Die gehässige Bemerkung, Moses habe sein Gesicht verhüllt, damit die Israeliten nicht sähen, daß »das Licht des Gesetzes verloschen war«, geht durchaus in die Richtung der im Brief an die Galater formulierten Behauptung (4,24), die Juden stammten nicht von Sara, sondern von Abrahams ägyptischer Dienstmagd Hagar ab, und das gleiche gelte für ihren Bund – wobei Paulus mit dem Begriff »Knechtschaft« spielt. Beide Bemerkungen operieren mit jener Art von allegorischer Auslegung biblischer Stellen, die Paulus' älterer Zeitgenosse, der berühmte Philon von Alexandria (dessen Neffe Tiberius Alexander einer von denen gewesen war, welche die Entscheidung, den Tempel zu zerstören, getroffen hatten), eingeführt hatte.

Wir haben bereits gesehen, welch geschickten Gebrauch Paulus im Brief an die Galater (3,13) von der Moses-Stelle »verflucht ist der Mann, der am Holz hanget« macht, und die offenkundige Beleidigung verstanden, die er im Anschluß daran implizit ausspricht, indem er die jüdischen »Tage und Monate und Feste und Jahre« – die in den Qumran-Texten »die monatlichen Flaggen« und »die Feste der Herrlichkeit« genannt wurden, auf die Paulus aber wieder seine »Knechtschaft«-Metapher bezieht – als »schwache und dürftige Elemente« bezeichnet.[12] Nicht nur spielt Paulus mit solchen Bemerkungen auf die »Schwäche« und »Armut« an, von der er im Zusammenhang mit Führern wie Jakobus spricht, sondern derlei Respektlosigkeiten zielten auch bewußt darauf ab, die Adressaten seiner Äußerungen in Wut zu versetzen.

Anders als seine mehr hellenistischen Zuhörer und Leser wußte Paulus sehr wohl, wie wichtig solche Traditionen den frommen Juden waren, gegen die sich seine Polemik richtete. Darüber hinaus aber liefert uns Paulus weitere Indizien zur Stützung der These, daß er mit der geistigen Strömung (und deren Literatur) vertraut war, die als die »*Hechalot*-Mystik« bekannt ist: »Mystik der Himmlischen Aufstiege« oder »Reisen in den Himmel«. Im Zweiten Brief an die Korinther (12,1–4) – unmittelbar nach seinen Tiraden über die *hebräischen* »Pseudoapostel« und »Erzapostel« und im Kontext seiner eigenen »Visionen« und »unvergleichlichen Offenbarungen« sowie der abermaligen Beteuerung, er »lüge nicht« – behauptet er, jemanden gekannt zu haben, der ebensolche mystischen Reisen vollführte. Zufällig oder nicht, geschah dies, wie zuvor im Brief an die Galater (2,1) schon erwähnt, wieder »vor vierzehn Jahren«. Wie Paulus es schildert, wurde der nicht näher identifizierte »Mann« (Jakobus?), von dem er spricht, »in das Paradies[13] entrückt«, wo er »unaussprechliche Worte« vernahm.

Es gibt weitere literarische Quellen, die uns gestatten, auch Jakobus mit dieser mystischen Tradition der »Aufstiege« in Verbindung zu bringen, so vor allem das von Epiphanius erwähnte (verschollene) *Anabathmoi Iakobou* – »die Aufstiege des Jakobus«. Die zwei mit dem Namen Jakobus' assoziierten Apokalypsen aus Qumran sind gleichfalls voller Anspielungen auf die mystische Erleuchtung, wozu auch die Schilderung des mystischen »Kusses« gnostischer Weisheit gehört, den Jakobus entweder selbst spendet oder von Jesus empfängt.[14]

Aber schon die »Säulen«-Metapher, die Paulus im Galaterbrief auf die zentrale Trias »Jakobus, Kephas und Johannes« bezieht, würde ausreichen, um Jakobus selbst dann mit dem Begriff des *»Zaddik«* der kabbalistischen und insbesondere der späteren *Sohar*-Tradition in Verbindung zu bringen, wenn wir nicht wüßten, daß er in der gesamten frühen Kirchenliteratur als »der Gerechte« bekannt war. Denselben Beinamen trug vermutlich auch der »Gerechte Lehrer« oder »Lehrer der Gerechtigkeit« der Qumran-Rollen. Dieser Name steht nicht nur in Beziehung zum – etymologisch verwandten – qumranischen Begriff »Söhne des Zadok«, sondern auch zu Ausdrücken wie »Söhne der Gerechtigkeit« und »Söhne des *Zaddik*«, die bisweilen als Fehler betrachtet werden, wahrscheinlich jedoch, wenn man sie in diesem Kontext betrachtet, keine sind.[15] Außer Metaphern wie »Eckstein«, »Fundament«, »Mauer«, »Turm« und »Festung« finden sich weitere Wendungen, wie »die Quellen des lebendigen Wassers«, »das Geheimnis der Existenz« und »der Thron«, die später zu zentralen Begriffen der jüdischen Mystik geworden sind.[16]

Der Ausdruck »Säule« kam ursprünglich mit Sicherheit auch in den Sprüchen Salomos vor – einem weiteren Text, der in hohem Maße mit der Spekulation über den *»Zaddik«* befaßt ist –, wo es ausdrücklich heißt: »Der *Zaddik* ist die Säule der Welt« (Sprüche 10,25). Diese Vorstellung wird wiederum in der *Sohar*-Tradition anhand der Person Noahs erläutert, des ersten *»Zaddik«*, der in der Genesis erwähnt wird, und tatsächlich des ersten archetypischen Retters oder »Heilands« überhaupt. Die Erklärung lautet folgendermaßen:

> *Noah war ein Gerechter.* Gewißlich war es nach dem himmlischen Muster, denn es steht geschrieben: *»Der Gerechte ist das Fundament der Welt«*, und die Erde ist darauf gegründet. Denn dies ist *die Säule, welche die Welt emporhält.* Also wurde Noah *gerecht in dieser Welt* genannt ... und handelte so, daß er ein vollkommenes Ebenbild des himmlischen Ideals war ... eine Verkörperung des *Friedensbundes* der Welt. (*Sohar* 1.59b über *Noah*)

Der *Sohar* enthält noch etliche andere Aussagen über den *»Zaddik«*, darunter auch eine Anspielung darauf, daß er »das Volk beschützt« – eine Vorstellung, der wir soeben im Zusammenhang mit Jakobus' Beinamen »Bollwerk« begegnet sind und die auf Noahs sühnendes Leiden verweist.[17] Die Beziehung zu Noah, dem »Ur-Gerechten«, ist ein weiteres Element, das durch die Überlieferungen über Jakobus hindurchscheint. Diese Verbindung äußert sich etwa in seinem Vegetarismus, seinem »Regenmachen« und den »Noah-artigen« Anweisungen, die er in der Apostelgeschichte den überseeischen Gemeinden erteilt, und geht so weit, daß man die Existenz einer mit dem ersten *»Zaddik«* Noah zusammenhängenden Redivivus-Tradition vermuten kann – analog derjenigen, die im Neuen Testament in bezug auf Elia und Johannes den Täufer erkennbar wird.[18]

In dieser Passage aus dem *Sohar* wird die Präexistenz oder überweltliche Natur des *»Zaddik«* betont – eine Vorstellugn, die sich ebenso im Prolog des Johannesevangeliums findet, wo der Eintritt Jesu in die Welt unter Verwendung von *»Logos«*- und »Licht«-Metaphern geschildert wird. Einem weiteren Beleg begegnen wir außerdem in einem Text aus Nag Hammadi, dem Evangelium nach Thomas – dem »Zwilling« oder »Judas Thomas«, dem vermutlichen dritten Bruder Jesu (nach Jakobus und Simon). Hier wird auf das Ideal dieses von Anbeginn seienden *Gerechten* oder himmlischen *Zaddik* angespielt – in weltlicheren Begriffen ausgedrückt, auf Jakobus in seiner Rolle als *Vollkommener Gerechter.* Dies wiederum verweist abermals auf Jakobus' Ernennung zum Oberhaupt der Jerusalemer Kirche – und daher der gesamten Christenheit – und zugleich zum Nachfolger Jesu. Die entsprechende Stelle lautet:

> Es sprachen die Schüler zu Jesus so: Wir wissen, daß du uns verlassen wirst. Wer wird über uns größer sein [nachdem du gegangen bist]? Es sprach zu ihnen Jesus so: Wohin ihr gekommen sein werdet [vermutlich nach Jerusalem], geht zu Jakobus, dem Gerechten, *um dessentwegen Himmel und Erde geworden sind.* (Thomasevangelium 12)

Hier haben wir nicht nur eine Tradition, welche die lange vergessene direkte Ernennung Jakobus' durch Jesus zum Oberhaupt der Urkirche bewahrt, sondern auch einen Verweis auf den Begriff *»Zaddik«*. Und doch ist der Text 1000 Jahre vor der oben angeführten Passage aus dem *Sohar* entstanden – einem Werk, das im Spanien des 12. oder 13. Jahrhunderts verfaßt worden sein soll. Thomas' Charakterisierung des Jakobus als desjenigen, »um dessentwegen Himmel und Erde geworden sind«, entspricht dem, was im *Sohar* vom *Zaddik* ausgesagt wird: nämlich er sei »die Säule, welche die Welt emporhält ... ein vollkommenes Ebenbild des himmlischen Ideals«. Dies ist nicht nur eine eindeutige Aussage über die Präexistenz des *Zaddik*, sondern auch im Zusammenhang mit Paulus' Anspielung auf jene, »die als Säulen gelten« (Galater 2,9), und mit dem späteren Beinamen Jakobus' aus frühen Kirchentexten, wie das rätselhafte *»Oblias«* oder »Bollwerk«, von großer Relevanz. Daß »Jakobus der Gerechte« jemand ist, »um dessentwegen Himmel und Erde geworden sind«, bedeutet nicht nur, daß Himmel und Erde seine Existenz voraussetzen, sondern auch, daß er als »der *Zaddik*« ihnen zeitlich voraufgeht, also präexistent ist.

Der Leser wird hierin eine Analogie zu dem erkennen, was im Johannesevangelium als »der *Logos*« oder »das Wort« bezeichnet wird. Einen sehr ähnlichen Gedanken finden wir im schiitisch-islamischen Begriff *»Imam«*. Alle diese Termini besitzen gemeinsame Aspekte und entsprechen einander mehr oder weniger. Ihre hauptsächlichen Gemeinsamkeiten sind Präexistenz und eine Art Fleischwerdungsprozeß. Die schiitische Doktrin kennt sogar einen »verborgenen« Aspekt, der eine gewisse Beziehung zum Begriff des »Stehenden« aufweist, dem wir weiter unten im Judenchristentum oder Ebionitismus begegnen werden.[19] All dies sind letztlich Variationen zur Tradition des »uranfänglichen« oder »geheimen Adams« – des Fundaments der »judenchristlichen« oder »ebionitischen« Weltanschauung –, die, als sie ins Griechische übersetzt wurde, mit dem neuen Begriff »Christus« identifiziert wurde.

Noah, der Erste *Zaddik*, und Abrahams *Zehn Gerechte*

Die jüdische *Kabbala* kennt noch eine weitere Überlieferung, die zum präexistenten *Zaddik* oder »Stehenden« in Beziehung steht: nämlich die Legende der »zehn (in der späteren Tradition auch sechsunddreißig«) Gerechten«.[20] Es ist eine *»Noah«*-artige Tradition, ähnlich derjenigen über Jakobus als »Säule«, auf die Paulus im Brief an die Galater Bezug nimmt und auf die im Thomasevangelium im Zusammenhang mit Jakobus' Stellung und Rolle angespielt wird. Ihre Kernaussage besteht darin, daß die Welt von der Existenz »zehn Gerechter« abhängt – *der zehn Uranfänglichen Gerechten* –, und daß deren Existenz, ebenso wie es im *Sohar* vom *Zaddik* Noah heißt, *die Welt emporhält*.

In der Genesis gibt es sogar *zwei* derartige »Flucht«- und »Rettungs«- oder »Heils«-Episoden, die um *Gerechte* kreisen. Die erste ist die gerade angesprochene Geschichte von Noah, der als »gerecht und vollkommen zu seinen Zeiten« bezeichnet wird (1. Moses 6,9). Diese Anspielung ist zugleich auch die Grundlage des »Vollkommenheits«-Ideals, das in der Bergpredigt (Matthäus 5,48) und in der gesamten Gedankenwelt der Qumran-Rollen eine so wichtige Rolle spielt.[21] Sie hängt zweifellos auch mit der Empfindung von Jakobus' *vollkommener Gerechtigkeit* und *Frömmigkeit* zusammen. Weil Noah so *vollkommen* und ein *Gerechter* ist, deshalb (so heißt es) rettet Gott ihn und ermöglicht es ihm infolge dieser Errettung, seinerseits durch seine Nachkommenschaft die Welt zu retten – »die untere Welt«, wie es im *Sohar* heißt.

Die zweite »Flucht«- und »Rettungs«-Episode der Genesis ist die Geschichte Lots. Diese berühmte Episode dürfte wohl allgemein bekannt sein. Nicht jeder ist sich allerdings der Tatsache bewußt, daß diese Geschichte wieder etwas mit der Rolle und dem Wesen des »*Zaddik*« zu tun hat. Nachdem er drei Engeln begegnet ist – den »drei Weisen« der Evangelien –, die ihm (zum zweiten- oder drittenmal) verkündigen, daß ihm und Sara ein Sohn geboren werden wird, bleibt Abraham bei einem dieser Engel – der sich später im Ersten Buch Mose (18,22) als Gott entpuppt – stehen. Die anderen beiden steigen hinab in die Ebene zwischen Sodom und Gomorra, um zu sehen, wie es Abrahams Neffen Lot dort ergeht. Da er feststellen muß, daß diese Städte voll Unzucht und Verderbtheit sind – die Betonung des Geschlechtlichen ist im Zusammenhang mit einer Geschichte über *Zaddikim* (Mehrzahl von *Zaddik*) von großer Bedeutung –, beschließt Gott, sie zu »verderben«. An diesem Punkt beginnt Abraham mit Gott zu handeln. Er bittet ihn, die Stadt zu verschonen – das heißt, er setzt sich bei Gott für die Menschheit ein. Gott erklärt sich damit einverstanden, aber nur unter der Voraussetzung, daß sich unter der Bevölkerung 50 *Gerechte* finden lassen. Abraham bietet 40 dagegen. Gott stimmt zu. Das Gefeilsche geht weiter. Schließlich einigt man sich darauf, daß Gott die Stadt »um zehn Gerechter willen nicht verderben« wird (1. Moses 18,32).

Diese Zahl wird sprichwörtlich. Mit der Zeit wird sie zur Mindestzahl von Männern, die für das gemeinsame Gebet erforderlich ist, wobei diese Übereinstimmung mit Sicherheit nicht zufällig ist, sondern die Auffassung widerspiegelt, daß das Gebet von *zehn Gerechten* irgendwie den Fortbestand der Welt gewährleisten kann – eine Aussage, die im Jakobusbrief (5,16 f.) in bezug auf Elia (einen weiteren inkarnierten Vorläufer) und sein Gebet um Regen wiederholt wird, denn: »Des Gerechten Gebet vermag viel in seinem Wirken« (Jakobus 5,16).

Irgendwie ist diese Zahl in der jüdischen mystischen Überlieferung auf 36 angestiegen (dem numerischen Wert des hebräischen Wortes für *»Leben«*) – warum dies so geschah, läßt sich nicht ermitteln. Welche Bedeutung diese Zahl allerdings hinsichtlich der Situation des Jakobus und später seiner Beziehung zur Stadt Jerusalem hat, wird noch ersichtlich werden. Die Tradition wird Jakobus auch ein solches »Regenmachen« zuschreiben, und diese Aktivität besitzt, wie sich noch erweisen wird, eine eschatologische oder soteriologische Dimension.[22] Für den neuen Bibel-Exegeten wird Jakobus in seiner Rolle als »Säule«, »Mauer« oder »Bollwerk«/»Schild« den erhaltenden »Schutz« liefern, der die Voraussetzung für den Fortbestand *Jerusalems* – als Substitut Sodoms – darstellt.

Umgekehrt bedeutet dies aber natürlich auch, daß, sobald »der *Zaddik*« – in diesem Fall Jakobus – beseitigt wurde, die Stadt (wie einst, dem Mythos nach, Sodom und Gomorra) nicht länger »gefeit« war und damit ihr Untergang feststand. Dieser ganze Prozeß hing damit zusammen, daß auf die Person des Jakobus Bezeichnungen wie »Zaddik«, »Säule« und »Schutz« bezogen wurden. Selbst in dem begrenzten Quellenmaterial, das uns erhalten ist, wird die siebeneinhalb Jahre später erfolgte Zerstörung des Tempels und Jerusalems durch römische Truppen von den Exegeten mit seinem Tod in Verbindung gebracht. Im Kontext der *»Zaddik«*-Theorie stellte dieser Untergang – anders als es die spätere *christliche* Umdeutung behauptete – nicht etwa eine Strafe dar, sondern lediglich die natürliche Folge der Tatsache, daß Jersusalem, nachdem sein unerläßlicher »Schild« oder »Schutz-, Jakobus, verschwunden war, einfach nicht weiterbestehen konnte.

Paulus' Charakterisierung der zentralen Drei: Jakobus, Kephas und Johannes

Als Paulus im Brief an die Galater (2,9) die Rolle des Jakobus als »Säule« konkretisierte, hatte er in Vers 19 des vorangegangenen Kapitels bereits bestätigt, daß es *dieser Jakobus* war, den er kennenlernte, und nicht etwa irgendein anderer. Tatsächlich *gibt es* keinen anderen Jakobus, denn laut Paulus' eigenem Zeugnis fand diese Begegnung ohnehin erst in den fünfziger Jahren statt, während die Apostelgeschichte – glaubwürdig oder nicht – den anderen Jakobus in zeitlicher Übereinstimmung mit der *Enthauptung des Theudas* Mitte der vierziger Jahre verschwinden läßt. Das heißt also: Selbst wenn wir der Darstellung der Apostelgeschichte trotz all ihrer möglichen Fehler Glauben schenken, *war der andere Jakobus zu diesem Zeitpunkt bereits tot.*

Doch in dieser Passage des Galaterbriefes teilt uns Paulus unmißverständlich mit, mit welchem Jakobus wir es zu tun haben. Mit einer der für die christliche Religionsgeschichte bedeutungsvollsten Aussagen überhaupt spricht Paulus mit unzweideutigen Worten von einem Aufenthalt in Arabien und seiner späteren Rückkehr nach Damaskus (was immer mit diesen geographischen Namen an dieser Stelle auch gemeint sein mag) und identifiziert Jakobus folgendermaßen:

> Da es aber Gott wohlgefiel, der *mich von meiner Mutter Leibe an hat ausgesondert* und berufen durch seine Gnade, daß er *seinen Sohn offenbarte in mir*, damit ich ihn durchs Evangelium verkündigen sollte unter den Heiden, fuhr ich zu und besprach ich mich nicht mit *irgendeinem Menschen*, ging auch nicht hinauf nach Jerusalem zu denen, die vor mir Apostel waren, sondern *zog hin nach Arabien* und *kehrte nach Damaskus zurück.* Danach über drei Jahre kam ich nach Jerusalem, Petrus kennenzulernen [vermutlich geschah dies ungefähr Ende der dreißiger Jahre], und blieb *fünfzehn Tage* bei ihm. Von *den anderen Aposteln aber sah ich keinen außer Jakobus, des Herrn Bruder.* Was ich euch aber schreibe, ist *wahr, denn siehe, Gott weiß, ich lüge nicht* [letzteres ist einem Eid gleichzusetzen]! (Galater 1,15–20)

Diese Sätze enthalten einige der wichtigsten Informationen zur Geschichte des Urchristentums überhaupt. Zunächst einmal widersprechen sie der parallelen Darstellung der Ereignisse in der Apostelgeschichte und offenbaren damit die diesbezügliche Fehlerhaftigkeit und nicht sehr geschickte Überarbeitung besagten Textes. Zweitens stellen sie *den wirklich bedeutenden Jakobus* in unzweideutiger Weise vor, indem sie ihn nicht lediglich als einen dem Paulus bekannten Mann auf die gleiche Ebene wie Petrus stellen, sondern ihn auch zu den Aposteln rechnen (die Frage nach der Bedeutung dieses Terminus sei für den Augenblick ausgeklammert) – eine weitere Tatsache, welche die Heilige Schrift (in diesem Falle die Evangelien und die Apostelgeschichte) nach Kräften verschleiert. Im folgenden werden wir aufzeigen, daß die Brüder Jesu in der Tat *als Apostel galten* und als solche sogar in den heutigen Fassungen der Apostellisten genannt werden. Aber eins nach dem anderen.

Zuerst einmal können wir aus Paulus' Zeugnis schließen, daß der Jakobus, von dem er hier spricht und den er, mag man dies nun wörtlich oder im symbolischen Sinne verstehen, »des Herrn Bruder« nennt, auf derselben Stufe wie jener Petrus steht, den er hier *überhaupt erst kennenzulernen scheint.* Abermals ist es unklar, wen er hier mit »Petrus« meint, da er im folgenden Kapitel, wie wir gesehen haben, von einem »Kephas« spricht (Galater 2,19 – Kephas ist ein aramäisches Wort, das gewöhnlich im Sinne von »Fels« verstanden wird, ebenso wie *pétros* auf griechisch »Fels« bedeutet).

Unlängst wurde in der Nähe von Jerusalem eine Urne ausgegraben, die in aramäischer Schrift mit dem Namen *»Kepha'«*, das ist unser »Kephas«, versehen war.[23] Später werden wir die Beziehung dieser Buchstabenfolge zu anderen Namen wie *Kleophas, Alphäus* und *Kleopas* – ja sogar *Kaiaphas«* – untersuchen, durchweg Varianten oder »sprachliche Verwandte« von »Kephas«. Wenn Paulus aber »die anderen Apostel« meint, gibt er eindeutig zu verstehen, daß zu diesen sowohl Petrus *als auch* Jakobus zu rechnen sind – was immer hier mit diesem Terminus auch gemeint sein mag. Dies ist eine überraschende Information, da die meisten von uns Jakobus oder überhaupt die Brüder Jesu *nicht* zu den Aposteln zählen würden. Auffällig ist weiterhin, daß Paulus hier *nicht* von »zwölf« Aposteln als einer festen Begriffsverbindung spricht.

Wie wir weiter unten sehen werden, ist diese Vorstellung der »Zwölf« oder »zwölf Apostel«, wie die Evangelien und die Apostelgeschichte sie postulieren, recht abstrakt und sogar recht kindisch. Wie des weiteren ersichtlich werden wird, geht gleichfalls aus dem Ersten Brief an die Korinther nicht nur ziemlich klar hervor, daß Jakobus zu den ursprünglichen Aposteln gehörte, sondern auch, daß dieses *Zwölf-Apostel*-Konzept dem historiographischen und doktrinären Ansatz der Evangelien und der Apostelgeschichte entgegenkam. Da es sich dabei um eine Erfindung von Personen handelte, die entweder in palästinischer Geschichte nicht sehr bewandert waren oder aber bewußt einen archaischen Effekt zu erzielen trachteten, ist es durchaus fraglich, ob ein solches Konzept im damaligen Palästina je wirklich funktioniert hat.

Zu seinen Gunsten spricht – abgesehen von den ziemlich tendenziösen Apostellisten der Evangelien und der Apostelgeschichte – die Erwähnung eines aus »zwölf Israeliten« bestehenden Zentralrats, dem wir in einem der wichtigsten Dokumente aus Qumran (der Sammlung von Texten, die als die »Gemeinderegel« bekannt ist) begegnen. Auch dieser Begriff archaisiert den Sachverhalt wahrscheinlich bis zu einem gewissen Grad, beruht er doch auf dem damals nicht mehr real existierenden biblischen Bezugsrahmen der *zwölf* wirklichen israelitischen Stämme. In ebendieser Passage der Gemeinderegel, die sich auch einer »Geistlicher-Tempel«-Symbolik bedient, findet sich außerdem eine Anspielung auf »Drei«. Daraus allein läßt sich allerdings nicht ermitteln, ob wir es mit zwölf *plus* drei zu tun haben, oder aber ob »die Drei« als in »den Zwölf« eingeschlossen zu denken sind – wobei letzteres die Auffassung der Evangelien wäre, wenn auch nicht unbedingt die des Galaterbriefes. Wahrscheinlicher ist die erstere Deutung.[24]

»Die Drei«, von denen in den Qumran-Rollen die Rede ist, werden ausdrücklich als »Priester« bezeichnet: »drei Priester«, die entweder zu einem aus zwölf Personen bestehenden Zentralrat, das heißt den zwölf Israeliten, hinzukommen oder aber Teil von diesem sind. Doch die Metaphern, die hier im Zusammenhang mit den »Zwölf« und den »Drei- gebraucht werden, ähneln denen des Neuen Testaments. Tatsächlich bezeichnet die Gemeinderegel erstere – wohl aufgrund ihres israelitischen Blutes – als »ein Haus der Heiligkeit für Israel«, das heißt die zwölf Stämme; letztere als »ein Allerheiligstes für Aaron«, das heißt die zentrale Priestertriade.

Es kann kein Zweifel bestehen, daß wir es hier – um mit Paulus im Ersten Brief an die Korinther (2,13) zu sprechen – mit einer »Geistlicher-Tempel«-Metaphorik zu tun haben: mit einem *geistlichen Tempel* und einem darin befindlichen *geistlichen Allerheiligsten.*[25] Die Gemeinderegel von Qumran verwendet in diesem Zusammenhang darüber hinaus auch eine *Geistliches-Opfer-* und *Geistliche-Sühne-*Metaphorik: Von diesem Rat – dem leitenden Organ der Gemeinde – wird nicht nur ausgesagt, daß er »um des Landes willen Sühne leistet« und »für die Sünde Sühne leistet, indem er *Gerechtigkeit tut*« (man beachte die Betonung des »tuns«), sondern er wird auch als »ein süßer Wohlgeruch« bezeichnet, »eine wohlgeprüfte Mauer, jener kostbare Eckstein, dessen Fundament weder beben noch wanken wird an seinem Ort«.[26] Das gleiche ist im christlichen Kontext der Evangelien und des Galaterbriefes der Fall, wenn von den »zentralen Drei« die Rede ist, einer Triade, die gleichermaßen *zu* »den Aposteln« – oder, um mit der Gemeinderegel zu sprechen, dem »Zwölferrat« – zu gehören und *über* ihnen zu stehen scheint.

Aber wie schon gesagt, wenn es um diese »Drei« geht, stoßen wir im Neuen Testament auf Probleme, denn die jeweils in den Evangelien und im Galaterbrief aufgezählten Namen stimmen nicht miteinander überein.[27] Wir haben im Galaterbrief bereits erfahren, daß die zentralen Drei – das heißt jene, »die das Ansehen haben« oder »die dafür gelten, etwas zu sein« (an deren Bedeutung Paulus »nichts liegt« und die ihm »nichts weiter auferlegt haben«), oder »die als Säulen gelten« – Jakobus, Kephas und Johannes sind. Jakobus und Johannes werden hier nicht, wie in den Evangelien, als Brüder oder auch nur als Verwandte bezeichnet, und überhaupt: Wer immer dieser Johannes (der von Paulus gleichfalls nie wieder erwähnt wird) auch sei – der in Apostelgeschichte und Evangelien als »sein Bruder« bezeichnete Jakobus ist ohnehin schon seit langem abgetreten. Trotzdem geht aus den Evangelien eindeutig hervor, daß es sich bei den zentralen Drei um Petrus, Jakobus und *seinen Bruder Johannes* handeln soll, also um Petrus und »die zwei Söhne des Zebedäus«, Jakobus und Johannes (Matthäus 10,2, 17,1, 26,37 und Parallelen).

Es dürfte sofort auffallen, daß alle diese Aufzählungen geringfügig voneinander abweichen. In den Evangelien heißt es, Jesus habe sich den letztgenannten Drei »auf einem hohen Berg« in verklärter Gestalt gezeigt, aber wie schon gesagt, müssen sämtliche solche in den Evangelien vorkommenden Namensangaben mit einer gewissen Skepsis betrachtet werden. Auf alle Fälle dürfte die zuvor vorgeschlagene Faustregel hier Anwendung finden: Wann immer zwischen Aussagen der Evangelien und zuverlässigen Passagen irgendwelcher dem Paulus zugeschriebener Briefe ein Widerspruch auftritt, ist letzteren stets der Vorzug zu geben. Aber darüber hinaus erkennt man bei näherer Betrachtung, daß es gerade das »Bruder«-Motiv ist, was die Schwierigkeiten verursacht: Gehe es nun um »Andreas, seinen Bruder« (in diesem Fall Simon Petrus' »Bruder« – Markus 1,16 und Parallelen), »Johannes, seinen Bruder« (Markus 1,19 und Parallelen), »Jakobus, des Johannes Bruder« (Apostelgeschichte 12,2) oder Jesu Bruder – der Reihumlauf dieser Wendung »sein Bruder« weist alle Merkmale eines »Wer-hat-die-Münze«-Spiels auf.

Das gleiche gilt auch für Namen wie »Judas von Jakobus« in Lukas' Apostellisten (Lukas 6,16 und Apostelgeschichte 1,13), die den »Thaddäus« von Matthäus und Markus überschreiben. Bei Johannes findet sich keine Liste dieser Art. Auch weiß Johannes nichts von »Jakobus und Johannes, seinem Bruder« oder umgekehrt, wenngleich er durchaus von den »Söhnen des Zebedäus« spricht. Tatsächlich erwähnt Johannes *nicht einen einzigen Jakobus*, und der einzige »Johannes«, den er ausdrücklich nennt – wenn man von der Umschreibung »der Jünger, den Jesus liebhatte«[28] absieht –, ist Johannes der Täufer.

Allerdings identifiziert das Johannesevangelium »Simon« mit »Kephas« und läßt es sich sogar angelegen sein, diese Gleichsetzung direkt bei Simons erstem Auftreten (Johannes 1,42) von Jesus selbst aussprechen zu lassen. Doch wir dürfen dieses Evangelium als recht spät ansehen, und es ist keineswegs sicher (wenngleich möglich), daß dessen Verfasser all diese Unterscheidungen durchschaute. Man beachte etwa, wie er den Mann, der in anderen Quellen »Judas Thomas« (»Judas der Zwilling«) heißt, bereits als »Thomas, der genannt ist Zwilling« bezeichnet (also »Zwilling Zwilling« – Johannes 11,16 und 21,2).

Die in den Evangelien geschilderten nachösterlichen Erscheinungen Jesu vor den Aposteln

Daß Kephas im Galaterbrief (2,9) als eine der »Säulen« genannt wird, ist bemerkenswert. Im 1. Kapitel dieses Briefes hatte Paulus von jemandem gesprochen, den er Petrus nannte und den er 14 Jahre zuvor zusammen mit Jakobus kennengelernt haben wollte (1,18). Dann folgt seine Schilderung von der Konfrontation, die sich abspielt, als er und Petrus einander in Antiochia wiedersehen und gezwungen sind, »einigen von Jakobus« bezüglich der Frage der »Tischgemeinschaft mit Heiden« Rede und Antwort zu stehen (2,11 f.). Es ist, wie bereits gesagt, keineswegs sicher, daß wir es in diesen drei verschiedenen Fällen mit ein und derselben Person zu tun haben, und das Problem war bereits Gegenstand etlicher gelehrter, gleichwohl wenig schlüssiger Untersuchungen.

Die Sache ist die, daß es durchaus einen zweiten Mann mit Namen *Kephas* gegeben haben könnte. Paulus verwendet diesen Namen im Ersten Brief an die Korinther mehrfach, insbesondere im Zusammenhang mit Auseinandersetzungen, die er in Kleinasien mit einem gewissen Apollos hat (1. Korinther 1,12 und 3,22) – der laut Apostelgeschichte »nur von der Taufe des Johannes wußte«[29] (18,25) – oder die sich auf die Tatsache beziehen, daß »auch des Herrn Brüder mit Frauen reisen« (1. Korinther 9,5). Aber die wichtigste Stelle, an der er im Ersten Brief an die Korinther »Kephas« – niemals Petrus – erwähnt, ist die im 15. Kapiel enthaltene Liste der nachösterlichen Erscheinungen Jesu, wo es heißt, Kephas sei der erste Mensch gewesen, dem Jesus nach seinem Tod erschien (15,5).

Nach dem uns heute vorliegenden Text – Jesus »erschien Kephas, danach … den Zwölfen« – schiene Kephas nicht zu den Aposteln zu gehören.[30] All das ist sehr verwirrend. Des Rätsels Lösung könnte in den Problemen zu suchen sein, die sich in der Bibel allgemein um die Brüder Jesu ranken. Der *Kephas*, der in Paulus' Briefen zwischen den verschiedenen Verweisen auf »Petrus« erwähnt wird, könnte ein anderer »Simon« oder »Simeon« sein: nämlich der weiter oben als Jesu *Vetter* eingeführte Simeon bar Kleophas. Ebenso wie Simon Petrus nach Darstellung der Heiligen Schrift der Nachfolger Jesu ist, gilt dieser Simon oder Simeon in der frühen Kirchentradition als der Nachfolger des Jakobus. Er gehört gleichfalls zur Familie Jesu: Kleophas wird ausdrücklich als der Onkel Jesu bezeichnet.

Im weiteren Verlauf dieser Untersuchung wird sich wahrscheinlich herausstellen, daß dieser Kleophas nicht der Onkel, sondern der *Vater* Jesu ist, und es existieren tatsächlich Überlieferungen, die ihn bis zu einem gewissen Grad auch als solchen darstellen. Im Johannesevangelium (19,25) beispielsweise ist von ihm als Marias Mann die Rede, und dies könnte der Wahrheit entsprechen. Origenes, der im 3. Jahrhundert eine Zeitlang im Exil in Palästina lebte, behandelt diesen Kleophas im Zusammenhang mit seiner Erörterung der nicht mehr erhaltenen Josephusstelle, die den Untergang Jerusalems nicht dem Tod Jesu, sondern dem des Jakobus zuschrieb, tatsächlich als *den Vater* von Jakobus, Simon, Judas und Joses – die im Neuen Testament wiederum als die Brüder Jesu erscheinen –, diesmal aber aus einer früheren Ehe, nicht mit Maria.[31] Der Sinn all dieser Verwandlungen und Umschreibungen müßte dem Leser allmählich klarer werden. Sie sind zweifach motiviert: Erstens haben sie den Zweck, Jesu göttliche Sohnschaft abzusichern, und zweitens, die sich abzeichnende Doktrin von der immerwährenden Jungfräulichkeit Marias zu untermauern.

Die Wissenschaft hat schon vor langem erkannt, daß diese nachösterlichen Erscheinungen oder Visionen Jesu auf irgendeine Weise die Stellung widerspiegeln, die der jeweilige Beobachter dieser Vision innerhalb der Hierarchie der Urkirche einnimmt, das heißt: Je eher Jesus jemandem erschienen war, desto höher stand dieser innerhalb der Gemeindehierarchie. Paulus stellt die Weichen für diese Kategorisierung, indem er in der obengenannten Passage des Ersten Briefes an die Korinther die Erscheinungen erwähnt, die Kephas und anderen zuteil werden. Im Zusammenhang mit *Petrus* berichtet leider *kein einziges* Evangelium oder sonstige Quelle von einer derartigen Erscheinung.[32] Tatsächlich heißt es im Johannesevangelium (20,6 f.), als Petrus das Grab betrat, sei dieses – abgesehen von den Binden und dem Schweißtuch Jesu, die ordentlich an einer Seite aufgestapelt lagen – leer gewesen. Bei Matthäus und Markus betritt Petrus das Grab nicht einmal; die *zwei* Marien tun dies – die eine von beiden wird konkret als »Maria, des Jakobus Mutter« identifiziert (Markus 16,1; vergleiche Lukas 24,10) – und begegnen dort dem (beziehungsweise den) Engelswesen. Dieser »Jüngling« ist es, der – in »glänzenden Kleidern«, »weiß wie Schnee« gewandet[33] – von Jesu Auferstehung und Weggang nach Galiläa berichtet. Bei Lukas treten *zwei* Engel auf, und sie sagen natürlich nichts von einer Abreise nach Galiläa, sondern zitieren Jesus, der, »da er noch in Galiläa war«, seine bevorstehende

Kreuzigung und Auferstehung »am dritten Tage« geweissagt haben soll (24,6 f.). Bei Lukas erzählen die zwei Marien »den Aposteln«, was sie erlebt haben, und erst *danach* eilt Petrus zum Grab, sieht wieder nur »die leinenen Tücher« und »[geht] davon und [wundert] sich über das, was geschehen war« (24,10 ff.).

Auch laut Matthäus eilen die zwei Marien zu »den Aposteln«, um ihnen zu berichten, was sie gesehen haben. Aber merkwürdigerweise sind *sie* es, die an diesem Punkt Jesus tatsächlich – auf der Straße – begegnen. Was Jesus nun zu ihnen sagt, erinnert an die Worte, die Petrus an die Magd im Jerusalemer »Haus Marias, der Mutter des Johannes Markus« richtet (Apostelgeschichte 12,17 – die entscheidende erste Erwähnung Jakobus' in der Apostelgeschichte), nämlich: »Gehet hin und verkündigt es meinen Brüdern, daß sie gehen nach Galiläa; daselbst werden sie mich sehen« (Matthäus 28,10). Außer bei Lukas ereignen sich dann alle folgenden Erscheinungen in Galiläa.

Wohl berichtet das Lukasevangelium von einer nachösterlichen Erscheinung in der Nähe von Jerusalem – der berühmten Vision auf der Straße nach Emmaus. Markus (16,12) spielt auch darauf an: »Danach offenbarte er [Jesus] sich unter einer anderen Gestalt zweien von ihnen unterwegs, da sie über Land gingen« – aber diese abschließende Passage des Markusevangeliums gilt als ein späterer Zusatz.

Wo dieses »Emmaus« gelegen haben soll, ist auch nicht klar. Heute vermutet man den Ort mehr oder weniger westlich von Jerusalem, in den Hügeln entlang der Straße, die von der Küste nach Jerusalem heraufführt – eine Stätte, die nach dem Namen eines dort befindlichen Kreuzfahrer-»Turms« Latrun heißt (und der Schauplatz einer entscheidenden Schlacht war, die Araber und Israelis 1948 um die Kontrolle der Straße nach Jerusalem führten). Lukas gibt an, Emmaus sei »von Jerusalem 60 Stadien (rund zwölf Kilometer) entfernt« gewesen, während Latrun rund 40 Kilometer davon entfernt ist – und hier liegt das Problem.[34]

Lukas zufolge erschien Jesus einem gewissen *»Kleopas«* – der offensichtlich mit dem als »Onkel« Jesu geltenden Kleophas identisch ist – und *einem weiteren ungenannt bleibenden Mann* (24,13–18). Diese Episode ähnelt ihrem Charakter nach der Geschichte vom »ungläubigen Thomas« (Johannes 20,26–29) sowie einer – in den Schriften des Hieronymus aufbewahrten – Passage aus dem apokryphen Hebräerevangelium, in der berichtet wird, *Jesus sei zuallererst dem Jakobus erschienen.* In diesen Berichten setzt sich Jesus hin, bricht Brot und speist offenbar zusammen mit den/dem jeweils Anwesenden, um dadurch die Tatsache seiner leiblichen Auferstehung und somit seiner *körperlichen* Bedürfnisse unter Beweis zu stellen.[35] Als aber Lukas zufolge »die Elf … und die bei ihnen versammelt waren« von dem Ereignis auf der Straße nach Emmaus erfahren, rufen sie alle einstimmig aus: »Der Herr ist wahrhaftig auferstanden und *Simon* erschienen« (24,33 f.).

Leider ist Jesus aber nirgendwo einem »Simon« erschienen – mit Sicherheit jedenfalls nicht im Rahmen dieser ersten Erscheinung, die dem Kleopas »unterwegs« zuteil wurde – es sei denn, wir haben es hier mit den Spuren einer frühen Erscheinung vor *Familienangehörigen Jesu* zu tun.[36] Dies würde ihre – von Paulus in seinem Ersten Brief an die Korinther (15,7) angegebene – Stellung in der Reihenfolge nachösterlicher Erscheinungen konkretisieren: nämlich als eine Erscheinung, die *Jakobus und Simeon bar Kleophas* widerfuhr, wobei letzterer, wie wir noch zeigen werden, praktisch nicht von dem »Simon dem Zeloten« zu unterscheiden ist, der bereits in Hippolytos zugeschriebenen Schriften und in syrischen Quellen des 3. Jahrhunderts als *zweiter Bruder Jesu* bezeichnet worden ist.

Paulus' *Lügen*

Paulus' ausdrückliche Erklärung (Galater 1,16), er habe das spezifische Evangelium, das er verkündete, und die Tatsache, daß Gott, wie er es formuliert, »seinen Sohn offenbarte in [ihm]«, mit *keinem anderen Menschen* – wörtlich »nicht mit Fleisch und Blut« – besprochen, ist überaus interessant. Sie stimmt außerdem, wie wir gesehen haben, mit der Weise überein, wie er im Brief an die Galater (1,1) sich selbst und seine Apostelschaft vorstellt:

> Paulus, Apostel, *nicht von Menschen, auch nicht durch irgendeinen Menschen*, sondern durch Jesus Christus und durch Gott, den Vater, der ihn auferweckt hat von den Toten.

Das heißt also, er erhielt seinen Lehrauftrag von keinem Menschen – wie etwa einem Oberhaupt oder einer »Säule« der Jerusalemer Kirche mit dem Status oder der Autorität eines Jakobus –, sondern *unmittelbar von Jesus selbst* (womit Paulus hier natürlich, wie er durch den Zusatz »Christus« signalisiert, nicht die menschliche, sondern die *übernatürliche* Person meint).

Dies erinnert auch an die – aus der Lektüre des Zweiten Briefes an die Korinther erschlossene und, wie wir gesehen haben, durch die Pseudoklementinen bestätigte – Tatsache, daß die Apostel *Empfehlungsbriefe des Jakobus* vorweisen mußten. Im Einklang mit seiner

Verachtung für derlei Dinge, die er im Zweiten Brief an die Korinther (3,7) sarkastisch mit dem »Dienst des Todes« und den toten Buchstaben auf den Steintafeln der Zehn Gebote vergleicht, betont Paulus, sein Amt sei ihm *direkt von Jesus Christus* anvertraut worden – das heißt vom *übernatürlichen Christus*, mit dem er durch den »Heiligen Geist« gewissermaßen in ständiger Verbindung steht. Dies ist die einzige Beglaubigung, die er benötigt, und es erklärt auch, warum er das Evangelium *Jesu Christi*, das er unter den Heiden verkündete, mit niemand anderem diskutierte. Er hatte es gar nicht nötig. Er brauchte es nur – über das Medium Heiliger Geist – mit dem himmlischen Jesus zu erörtern.

Paulus erkannte keinerlei irdische Autorität an, weder die Oberhäupter der Jerusalemer Kirche noch, wie sich erweisen wird, die Beschlüsse des sogenannten »Jerusalemer Konzils« – ausschließlich die Visionen, die er empfing, waren für ihn maßgeblich. Das war für ihn persönlich alles schön und gut, aber man kann sich vorstellen, in welche Schwierigkeiten ihn diese Haltung bei seinen Zeitgenossen gebracht haben muß. Einen gewissen Eindruck davon erhält man, wenn man in seinen Briefen zwischen den Zeilen liest und die ihn betreffenden Passagen der Pseudoklementinen und anderer Texte von vergleichbarer Ausrichtung analysiert.

Paulus wurde offenbar – von Mitgliedern der Kirche, nicht von Außenstehenden – als »der Mann der Träume«, »der Lügen« oder »des Lügens« oder auch, in ähnlichem Sinne, als »der Feind« verspottet.[37] Bestätigt wird dies durch das defensive Verhalten, das Paulus im Galaterbrief am Ende seiner Schilderung der äußerst wichtigen Begegnung mit Petrus und Jakobus (1,20 und 4,16) in bezug auf solche Titulierungen an den Tag legt. Es ist weder ein Zufall noch bedeutungslos, daß Paulus sich genau dann, wenn er auf »Jakobus, des Herrn Bruder« und, im Zweiten Brief an die Korinther, auf die hebräischen »Erzapostel« zu sprechen kommt, bemüßigt fühlt hinzuzufügen: »Was ich euch aber schreibe, siehe, Gott weiß, ich lüge nicht« – oder wieder: »Ich lüge nicht.«

Dies wird nicht das einzige Mal sein, daß Paulus durch seine Unschuldsbeteuerungen indirekt verrät, daß es *innerhalb* der Bewegung jemanden gibt, der ihn »Lügner« tituliert. Damit zusammen hängt, wie gerade gesagt, der überaus wichtige Terminus »Feind«, der im späteren Judenchristentum oder Ebionitismus nachweislich auf ihn bezogen worden ist. Im Kontext seiner Bemerkungen, die jüdischen religiösen Bräuche und Feste seien »schwache und dürftige Elemente« (Galater 4,9), seine Gegner (wieder *innerhalb* der Bewegung) wollten ihn und seine Gemeinden »ausschließen« (4,17), und der

Bund vom Berg Sinai sei »nach dem Fleisch« *der arabischen Sklavin Hagar* »erzeugt« und gebäre »daher zur Knechtschaft« (4,23 f.), äußert Paulus seine Befürchtung, er sei *»damit [ihr] Feind geworden, daß [er ihnen] die Wahrheit vor[hält]«* (4,16). Diese Bemerkung sollte im Zusammenhang mit und im Gegensatz zu Jakobus (4,4) betrachtet werden – »Wer der Welt Freund sein will, der erweist sich als Gottes Feind« –, womit, wie wir sehen werden, auf die ursprüngliche biblische Charakterisierung Abrahams als »Freund Gottes« angespielt wird.

Es finden sich allein im paulinischen Korpus noch weitere acht Hinweise auf die Bezeichnung »Lügner«.[38] Daß Paulus gerade hier darauf anspielt (im Kontext seiner entscheidenden Bezeugung der Existenz des Jakobus) und dabei gleichzeitig erklärt, niemand sonst aus der palästinischen Bewegung habe ihn persönlich gekannt, ist äußerst bemerkenswert. Es erweckt den Eindruck, als brächte Paulus die Idee des »Lügens« mit irgendeinem Aspekt seiner Beziehung zu Jakobus in Verbindung (den er anläßlich seines ersten Aufenthalts in Jerusalem, nach der ihm zuteil gewordenen »Offenbarung« Christi als des »Sohnes in ihm«, kennengelernt hatte), und als wüßte er, daß manche Anhänger des Jakobus in ebensolchen Kategorien von ihm und seinen Aktivitäten dachten. Warum sonst sollte sich Paulus genötigt fühlen, im Zusammenhang mit seinen Behauptungen bezüglich dieser Offenbarung und seiner ersten Begegnung mit Jakobus zu beteuern – und dies beinahe in Form eines Schwurs –, er »lüge nicht«?

Diesen Begriff »lügen« verwendet Paulus auch an mehreren weiteren entscheidenden Stellen seiner Briefe, insbesondere in jenem an die Römer (3,4–8 und 9,1), wo er über ungerechtfertigte Vorwürfe spricht, die im Zusammenhang mit der Beschneidung und dem Gesetz gegen ihn vorgebracht worden seien, und erklärt, indem er »die Wahrheit sprach«, habe er sich für seine Widersacher zu einem »Fluch von Christus« gemacht. Er gebraucht ihn auch an der oben angeführten Stelle im Zweiten Brief an die Korinther (11,31), um seine Gegner, die »hebräischen Erzapostel«, anzugreifen und damit zu prahlen, wie es ihm in Damaskus gelungen sei, dem Statthalter des Aretas in einem Korb zu entkommen. Im (möglicherweise nicht authentischen) Ersten Brief an Timotheus beteuert Paulus gleichfalls, er sei »ein Apostel« und »sage die Wahrheit Christi und lüge nicht« (2,7).

Die Erwiderung auf alle diese Behauptungen findet sich natürlich im Jakobusbrief, und zwar an einer ebenso entscheidenden Stelle: im Anschluß an die Zurechtweisung des »törichten Menschen« (2,20) und die Erwähnung der lügnerischen »Zunge«, die »kein Mensch zähmen« kann und die in sich »eine Welt der Ungerechtigkeit« ist (3,1–8). Dann schreibt Jakobus kurz und bündig:

> Habt ihr aber bitteren Neid und Zank *in eurem Herzen*, so rühmet euch nicht und *lüget nicht wider die Wahrheit*. Das ist nicht die Weisheit, die von oben herab kommt, sondern sie ist *irdisch, menschlich und teuflisch* [man beachte die Umkehrung von Paulus' Bemerkungen über »Fleisch und Blut« und die Anspielung auf den Begriff der »Teuflischkeit«]. (3,14 f.)

Inwiefern sich alle diese Vorwürfe auf Paulus' Situation beziehen lassen, wird im weiteren Verlauf dieser Untersuchung noch ersichtlich werden.

Der gleiche Kontext wird in den Qumran-Rollen evident: Die »Wahrheit« wird stets der »Lüge« gegenübergestellt, die »Gerechtigkeit« dem »Frevel«, das »Licht« der »Finsternis«, eine Unzucht treibende, aufrührerische, eifersüchtige und geschwätzige »Zunge« dem Gehorsam und einem reinen Gewissen. Derartige Andeutungen sind in den Qumran-Texten weit verbreitet. Die verwendeten Ausdrücke lassen sich nicht nur fast mit den entsprechenden aus dem paulinischen oder jakobinischen Korpus austauschen – auch die verwendeten Bilder sind die gleichen. Wenn man sich bewußtmacht, daß Jakobus im Urchristentum eine Position innehat, die derjenigen des Gerechten Lehrers in Qumran durchaus entspricht, und auf beide und ihre jeweiligen Feinde die gleichen Metaphern Anwendung finden, dann werden die Berührungspunkte zwischen ihnen sogar noch augenfälliger.

Aber hier »lügt« jemand. Jemand sagt nicht »die Wahrheit«, sei es absichtlich oder schlicht aus Unwissenheit – entweder Paulus oder die Apostelgeschichte. Zunächst einmal steht im Galaterbrief nichts von einer Vision auf dem Weg nach Damaskus. Es stimmt zwar, daß Paulus zweimal – unmittelbar *nach* (Galater 1,17) und *vor* (2. Korinther 11,32) der Erwähnung von »Damaskus« – heftig beteuert, er »lüge nicht«, aber daß er auf dem Weg dorthin eine Vision gehabt habe, darüber verliert er kein Wort.

Was er im Vorfeld dieser Anspielung auf »Damaskus« im Brief an die Galater sagt, ist, Gott habe ihn »von seiner Mutter Leib an« ausgesondert und berufen (1,15) – was wie eine genaue Entsprechung dessen aussähe, was in der frühen Kirchenliteratur von Jakobus ausgesagt wurde. Nach Hegesippus galt Jakobus als »geweiht von seiner Mutter Leib an«, also als das, was im biblischen Judaismus als *Nasiräer von Geburt* bezeichnet werden würde. Nach der Bibel war ein

»Nasiräer« jemand, der, wie Samuel oder Johannes der Täufer, bereits im Mutterschoß Gott geweiht war. Wie wir sehen werden, trifft dies durchaus auf das Bild des Jakobus zu – ebenso auf entsprechende Charakterisierungen, die sich in den Qumran-Rollen finden.

Paulus' Behauptung muß daher besonders, da sie seine Einführung Jakobus' vorbereitet, als Widerspruch gegen dieses Nasiräertum des Jakobus verstanden werden – ein Nasiräertum, von dem anzunehmen ist, daß es im damaligen Jerusalem allgemein bekannt und anerkannt war. Darüber hinaus behauptet Paulus auch, Gott habe ihn

> berufen durch Seine Gnade, daß er Seinen Sohn offenbarte [*apokalypsai*] in mir, damit ich Ihn durchs Evangelium verkündigen sollte unter den Heiden (Galater 1,16).

Widersprüche zwischen Apostelgeschichte und Paulus bezüglich Damaskus und Arabien

Problematisch ist der Mangel an Übereinstimmung zwischen Apostelgeschichte einer- sowie Galater- und Zweitem Korintherbrief andererseits auch im Zusammenhang mit Paulus' Aktivitäten in »Damaskus«. Laut Apostelgeschichte hält sich Paulus im Haus eines gewissen »Judas« auf, in einer Straße namens »die Gerade« (9,11). Diese Angabe erinnert an die Weise, wie in den Evangelien die Sendung Johannes' des Täufers und in den Handschriften vom Toten Meer die »Wüsten«- oder »Wildnis«-Aktivitäten der Qumran-Gemeinde charakterisiert werden.[39] Dieser »Judas« wird sich mit einem anderen »Judas« oder »Thaddäus« in Verbindung bringen lassen, der in Berichten über die Missionierung Edessas erwähnt wird; und wie wir bereits gesehen haben, nimmt dieser »Thaddäus« bei Matthäus und Markus die Stelle von Lukas' »Judas von Jakobus« ein.

In diesem »Haus« in Damaskus lernt Paulus »Ananias« kennen – ein Name, der mit den Bekehrungsgeschichten um König Agbarus oder Abgarus von Edessa, »den Großen König der Völker jenseits des Euphrats«, und um Königin Helena des weiter im Osten gelegenen Adiabene sowie um ihren Sohn Izates in Verbindung gebracht wird. Nach der Darstellung in der Apostelgeschichte (9,17) erhält Paulus seinen Auftrag, den Heiden zu predigen, von Ananias und nicht unmittelbar von Gott, etwa durch eine Offenbarung oder ein visionäres Erlebnis. Und die Apostelgeschichte sagt an dieser Stelle nichts von einer zwischenzeitlichen Reise oder Flucht nach »Arabien«, wie Paulus sie im Brief an die Galater (1,17) erwähnt.

Unter »Arabien« versteht man gewöhnlich die Region um Petra. »Petra« (griechisch, wie *pétros*/»Petrus«, »Fels« oder »Stein«) hieß die – in modernen Märchen als »rosenrot« und »halb so alt wie die Zeit« gerühmte – Stadt, weil sie aus dem Fels der transjordanischen Wildnis gemeißelt war; sie lag in einem Gebiet, das sich teilweise mit »Idumäa« überschnitt, dem klassischen Heimatland der alttestamentlichen Edomiter. Dies ist ein Name, von dem im Zusammenhang mit missionarischen Aktivitäten in Nordsyrien und Mesopotamien, die König Agbarus und Königin Helena/König Izates betreffen, die Rede ist.

Doch ein weiterer Grund für seine Bedeutung sind Paulus' eigene arabische und/oder edomitische (»idumäische«) Beziehungen oder Wurzeln. Laut Brief an die Galater begab sich Paulus, nachdem ihm die Offenbarung des »Sohnes in ihm« und des Evangeliums Christi, das er den Heiden predigen sollte, zuteil geworden war, nicht nach Damaskus, sondern direkt »nach Arabien«. Petra entstand jenseits des Jordans als das Zentrum des arabischen Königreichs, das dort als Knotenpunkt des Handels zwischen dem südlichen Arabien und dem Mittelmeer blühte. Dieses Königreich wird nach Ismaels erstgeborenem Sohn Nabajoth – dem Bruder von Esaus Frau[40] – als das »nabatäische« bezeichnet. Der Einfachheit halber können wir es aber – wie es schon damals der Fall war und noch heute üblich ist – schlicht als »arabisch« verstehen.

Dieses (seiner Kultur nach hellenistische) Reich wurde von den Römern etwa um die gleiche Zeit wie Damaskus im Zuge der Eroberung Palästinas (vom 6. bis zum 3. Jahrzehnt v. Chr.) annektiert. Seine Könige regierten ab dann unter römischer Schirmherrschaft. Während Herodes' Vater Antipater seiner Abstammung nach als »Grieche« oder »Idumäer« galt, war seine Mutter eine Araberin aus Petra – wahrscheinlich von adliger Geburt, wenn nicht sogar direkt mit dem König verwandt. Auch wenn sie nach Auffassung mancher vielleicht bis zu einem gewissen Grad judaisiert waren, pflegten Herodes und sein Vater diese für ihren Aufstieg zur Macht so wichtigen arabischen und idumäischen Beziehungen unvermindert weiter, was zur Folge hatte, daß ihre Nachkommen vielfach als »Idumäer« tituliert wurden.

Manche von ihnen waren auch tatsächlich welche. Herodes' Schwester Salome zum Beispiel – die Namensschwester der Salome aus der Geschichte Johannes' des Täufers – hatte einen Idumäer namens Kostobar geheiratet. Wann immer Josephus jenen »Herodianer«, den er »Saulus« oder »Saul« nennt, erwähnt, bringt er ihn unweigerlich mit dem Namen Kostobar und einem offenbar verwandten

Antipas in Verbindung.[41] Wir haben bereits anhand der Apostelgeschichte (13,1) die Vermutung geäußert, daß Herodes der Tetrarch, einer der verschiedenen bekannten »Antipasse«, auf irgendeine Weise mit Paulus verwandt gewesen sein könnte.

Der Reichtum der Familie Antipaters (des ersten Antipas) und danach des Herodes beruhte auf ebendiesen transjordanischen Beziehungen und der Beteiligung am arabischen Handel, der durch Petra verlief und dann über das Tote Meer weiter nach Jerusalem oder aber direkt zur Mittelmeerküste geführt wurde. Die wichtigsten Importgüter waren aromatische Harze aus Südarabien und wahrscheinlich Gewürze und Seide aus Indien. Literarischen Ausdruck findet dies in der bei Matthäus referierten Geschichte von den drei Weisen aus dem Morgenland und ihrem »Weihrauch und Myrrhe« (2,11).

Daß Paulus sich nach seiner Vision zum idumäisch/arabischen Zentrum dieses Handels, auf der transjordanischen Seite des Toten Meeres, begab, ist – wenn er es denn wirklich tat – von einiger Bedeutung. Im Zusammenhang mit seiner möglichen herodianischen Abstammung wäre es allerdings keineswegs überraschend, bedenkt man Herodes' Verbindungen zu dieser Stadt. So hatte zum Beispiel Herodes' Vater Pompeius' Adjutanten, dem in den Qumran-Texten über »Die priesterlichen Dienstklassen« negativ erwähnten Aemilius Scaurus, bei seinen Kontakten mit Petra geholfen.[42]

Paulus' mögliche herodianische Beziehungen würden auch erklären, wie er bereits in relativ jungen Jahren in Jerusalem und »Damaskus« einen so großen Einfluß haben konnte – und desgleichen die Tatsache verständlich machen, daß er das römische Bürgerrecht, wie es heißt, »von Geburt an«, besaß. Letzteres sollte ihm laut Apostelgeschichte mehr als nur einmal das Leben retten (16,38 und 22,28). Seine hohe gesellschaftliche Stellung spielte zudem eine wichtige Rolle im Kampf um die Macht, den er gegen Jakobus und seine Jerusalemer Kirche austrug.

Paulus erwähnt im Zweiten Brief an die Korinther (11,31 f.) den arabischen König Aretas im selben Atemzug wie »Damaskus«, und »ich lüge nicht«. Josephus bringt diesen Aretas und den Feldzug, den er um 37/38 n. Chr. gegen Herodes Antipas führte, mit Ereignissen um – den gleichfalls »transjordanischen« – Tod Johannes des Täufers in Verbindung. Josephus behauptet, das jüdische Volk habe die Niederlage Antipas' gegen Aretas als Vergeltung für das angesehen, was Antipas Johannes angetan hatte. Wir haben bereits die Vermutung geäußert, daß Paulus – da er nach eigener Aussage dem Statthalter ebendieses Aretas entflohen war – auf irgendeiner Weise (natürlich auf der Seite Antipas') in diesen Konflikt verwickelt gewesen sein könnte.

Dies liefert den Hintergrund zu seiner Flucht aus Damaskus – es sei denn, was nicht sehr wahrscheinlich ist, Paulus wäre *zweimal* in einem Korb an der Mauer derselben Stadt heruntergelassen worden. Diese Flucht begründet die Apostelgeschichte ganz anders damit, daß »*die Juden* planten, [Paulus] zu töten« (9,24). Aber Paulus' Aktivitäten in »Arabien« spielten sich wahrscheinlich viel weiter im Landesinneren ab als in Damaskus oder selbst Petra. Die wichtige Anspielung auf den »Neuen Bund zu Damaskus«, der wir in den Qumran-Rollen wiederholt begegnen, wird später, wenn es darum gehen wird, den »Kelch des Neuen Bundes in Christi Blut« nach der paulinischen (1. Korinther) und der Evangelienversion des »Letzten Abendmahls« zu erörtern, sogar noch interessantere Rückschlüsse gestatten.

Der Apostelgeschichte zufolge findet, wie wir gesehen haben, keinerlei Flucht nach Arabien statt – außer »Damaskus« wäre mit »Arabien« identisch. Diesem Text zufolge verkündet Paulus vielmehr seine Lehre »von Jesus, daß dieser Gottes Sohn sei«, *»in den Synagogen«* von Damaskus (9,20). Zunächst einmal ist es schwer vorstellbar, daß es in der Stadt, die wir heute Damaskus nennen, *mehrere* »Synagogen« gegeben haben sollte. Im Gegenteil, da unseres Wissens Damaskus zur damaligen Zeit keine besonders jüdische Stadt war, könnte es ohne weiteres sein, daß dort *keine einzige* Synagoge existierte.

Aber natürlich gibt es auch eine andere, bereits angedeutete Möglichkeit: nämlich daß das »Damaskus« der Apostelgeschichte nicht die *Stadt* Damaskus ist, sondern jene *Region*, welche die Qumran-Rollen – und insbesondere die danach benannte »Damaskus-Schrift« – als »Damaskus« bezeichnen. In der Damaskus-Schrift ist »Damaskus« der Name – vielleicht sogar der *Deck*name – *der gesamten Region*, in der jene, die sich zum »Neuen Bund« bekannten, »siedelten« oder wohin sie sich zurückgezogen hatten.[43]

»Der Neue Bund« ist auch einer der Namen, mit dem in der Urkirche jene Bewegung bezeichnet wurde, die wir mit dem Christentum in Verbindung bringen. Später ist dies natürlich zum Namen der biblischen Darstellung dessen geworden, was wir für diese Bewegung halten: »das Neue Testament« (hinter den zwei Termini »Neues Testament« und »Neuer Bund« verbirgt sich im Griechischen ein und derselbe Ausdruck). Natürlich ist »der Neue Bund im Lande Damaskus« für die Qumran-Rollen in Wirklichkeit lediglich ein neues Sichbekennen zum *Alten* Bund oder dessen Erneuerung. Für Paulus hingegen, und damit für den Hebräerbrief, ist er ein »Neuer Bund im Blut« Christi, und er umfaßte alles, was Paulus mit dem von ihm gepredigten »Evangelium von Christus Jesus« meinte.

Der Apostelgeschichte zufolge »brachte [Paulus] die Juden, die in Damaskus wohnten, in Verwirrung«, indem er verkündete, Jesus sei »der Sohn Gottes«, und »bewies, daß dieser der Christus sei« (9,22).[44] Als die Juden erfahren, Paulus sei derjenige, »der zu Jerusalem die vertilgt hat, die *diesen Namen anrufen*«, und er trage Briefe der Hohenpriester bei sich, halten sie »einen Rat zusammen, daß sie ihn töteten« (9,21 ff.).

Hier folgt die Episode, in der Paulus »in einem Korb über die Mauer hinab[gelassen]« wird (9,25). Dieses Ereignis hat eine direkte Parallele im Zweiten Brief an die Korinther (11,32 f.), mit dem einzigen Unterschied, daß es hier nicht »die Juden« sind, die Paulus festnehmen möchten, sondern »der Ethnarch« des *arabischen* Königs Aretas. Ebenso sind es nicht »die Juden«, denen er entflieht, sondern es ist ebendieser Statthalter Aretas'. Doch es ist typisch für die bereits angedeutete Vorgehensweise der Apostelgeschichte, gegen die römische oder herodianische Obrigkeit gerichtete Vorwürfe *umzukehren*. Das gleiche geschieht in den Evangelien, und zwar nicht nur im Zusammenhang mit der (eigentlich mit Ereignissen um diesen König Aretas zusammenhängenden) Hinrichtung Johannes' des Täufers, sondern auch mit der Kreuzigung Jesu.

Nach Darstellung der Apostelgeschichte kehrt Paulus nun nach Jerusalem zurück und wird von Barnabas zu »den Aposteln« gebracht. Diesen erzählt Barnabas, »wie [Paulus] auf dem Wege den Herrn gesehen und der mit ihm geredet und wie er *zu Damaskus im Namen Jesu* mit Freimut gepredigt« habe (9,27). Diese hier gebrauchte Wendung »auf dem Wege« entspricht natürlich dem bei Lukas referierten Bericht Kleopas' und des ungenannten anderen, »auf dem Weg« nach Emmaus sei ihnen Jesus erschienen.[45]

Die Apostelgeschichte greift jetzt diesen merkwürdigen Bericht praktisch wortwörtlich auf und erzählt, daß Paulus »bei ihnen war und in Jerusalem ein und aus ging und mit Freimut im Namen des Herrn Jesus predigte« (9,28). Natürlich stimmt nichts davon mit der Darstellung des Briefes an die Galater überein, in dem Paulus vielmehr sagt:

> Danach über drei Jahre kam ich nach Jerusalem, Petrus kennenzulernen, und blieb fünfzehn Tage bei ihm. Von *den andern Aposteln aber sah ich keinen* außer Jakobus, des Herrn Bruder. Was ich euch aber schreibe, ist wahr, denn siehe, Gott weiß, *ich lüge nicht.* (1,18 ff.)

Was bezwecken alle diese Verschleierungen und Umkehrungen? Der Leser wird seine eigenen Schlüsse ziehen.

Nun beendet Paulus die Schilderung der Anfänge seiner Laufbahn mit den Worten: »Danach kam ich in die Länder Syrien und Kilikien« (Galater 1,21). Dies sind die kleinasiatischen und nordmesopotamischen Gebiete, mit denen wir uns im folgenden noch näher befassen werden. Die Herodianer drangen bereits seit einiger Zeit in diese Regionen vor.[46] Paulus erklärt an diesem Punkt auch, warum ihn in Palästina niemand persönlich kannte:

> Ich war aber den Gemeinden [wieder *ekklêsiais*/»Versammlungen«] in Judäa, die in Christus sind, von Person unbekannt. Sie hörten vielmehr nur: Der uns einst verfolgte, verkündigt jetzt den Glauben, den er einst zerstörte; und sie priesen Gott meinethalben. (1,22 ff.)

Nach der Apostelgeschichte sind es im Gegenteil die gleichen »Hellenisten« [Luther: »griechische Juden«, A.d.Ü], die am Tod des Stephanus beteiligt waren, die nun Paulus »nachstellten, daß sie ihn töteten«. Die Frage, bei wem es sich um diese mysteriösen »Hellenisten« eigentlich handelte, werden wir im Zusammenhang mit unserer Erörterung der Steinigung des Stephanus zu beantworten versuchen.

> Da das die Brüder erfuhren, geleiteten sie ihn nach Cäsarea und schickten ihn weiter nach Tarsus. So hatten nun die Gemeinden durch ganz Judäa und Galiläa und Samaria Frieden. (Apostelgeschichte 9,30 f.)

Das alles ist äußerst geheimnisvoll und ergibt fast keinen Sinn – nur soviel, daß die Version der Apostelgeschichte erhebliche Diskrepanzen zu derjenigen des Galaterbriefes aufweist und sich mit letzterer überhaupt nicht vereinbaren läßt. Die Apostelgeschichte wendet sich nun mit frischem mythologisierend-märchenerzählerischen Elan wieder dem Petrus zu und berichtet von der »Tischtuch-Vision«, die ihm in Joppe auf einem Hausdach zuteil wird, sowie vom Besuch eines – gleichfalls aus Cäsarea stammenden – römischen Zenturios, der letztlich zu Petrus' Flucht übers Meer und Jakobus' erstem Auftritt führt.

8
Die Nachfolge Jakobus' und die Neubesetzung von Judas *Ischarioths* Amt

Die Nachfolge des Jakobus bei Paulus und in der Apostelgeschichte

Nach Darstellung Paulus' ist Jakobus das Oberhaupt der Urkirche schlechthin. Bezeichnungen wie »Bischof der Jerusalemer Kirche« oder »Oberhaupt« der Jerusalemer Gemeinde« stellen zu diesem Zeitpunkt keinerlei Einschränkung oder Relativierung dar, da es in den vierziger bis sechziger Jahren des ersten nachchristlichen Jahrhunderts – der Zeitspanne, während der Jakobus in Jerusalem herrschte – praktisch keine anderen »christlichen« Zentren gab, die von irgendeiner Bedeutung gewesen wären. Die paulinische Überseemission steckte in den vierziger und fünfziger Jahren erst in ihren Anfängen, und selbst das römische Zentrum dürfte noch kaum als funktionsfähig zu bezeichnen gewesen sein. Alle diese Gruppe waren jedenfalls, solange das Jerusalemer Zentrum bestand, diesem Gehorsam und Rechenschaft schuldig.

Zusätzliche Informationen über die Vormachtstellung Jakobus' liefert Paulus im Zusammenhang mit der Konfrontation zu Antiochia, die sich im Anschluß an die in Jerusalem erfolgte Diskussion des »Evangeliums«, wie er es unter den Heiden verkündigte«, ereignete. Diese im Brief an die Galater (2,1–10) geschilderte Festlegung der Parameter der paulinischen »Heidenmission« wird von manchen als das »Jerusalemer Konzil« [oder »Apostelkonzil«, A.d.Ü.] bezeichnet, und ein mehr oder weniger paralleler Bericht – der unter anderem wichtige, direkt dem Jakobus zugeschriebene Vorschriften enthält – bildet den Inhalt des 15. Kapitels der Apostelgeschichte. Natürlich weicht *diese* Schilderung des »Konzils« erheblich von dem Bericht ab, den Paulus im Brief an die Galater (2,1–10) von der Jerusalemer Begegnung gibt, und insbesondere die chronologischen Diskrepanzen zwischen den zwei Versionen sind so stark, daß man sich sogar fragen darf, ob die zwei Texte wirklich ein und dasselbe Ereignis behandeln.

Trotz dieser und ähnlicher Schwierigkeiten erscheint Jakobus in beiden Berichten eindeutig als das unumschränkte Oberhaupt der Urkirche, dessen Weisungen sich alle fügen oder beugen müssen. Die Apostelgeschichte referiert Jakobus' Entscheidung, was von den ehemals heidnischen Mitgliedern überseeischer Gemeinden zu verlangen sei – einen Beschluß, den der Text als das spezifische Resultat der »Konferenz« darstellt –, sogar an drei verschiedenen Stellen, in jeweils geringfügig voneinander abweichenden Versionen.[1] Was immer in Jerusalem tatsächlich geschah – etwas von der Darstellung der Apostelgeschichte nicht allzustark Abweichendes muß (auch wenn der Galaterbrief diesbezüglich schweigt) tatsächlich daraus hervorgegangen sein, denn mehrere dieser Vorschriften oder Weisungen kommen in Paulus' Diskussionen im Ersten Brief an die Korinther (5–11) zur Sprache. Dort ist seine Reaktion von wütender Aggressivität gekennzeichnet, während er im Brief an die Galater lediglich höflich bemerkt, jene, »die als Säulen gelten« oder »welche das Ansehen haben«, hätten ihm hinsichtlich der Version des Evangeliums, die er »unter den Heiden predigte ... nichts weiter auferlegt« (2,6).

Daß Jakobus das Oberhaupt der Gemeinde war, finden wir auch im weiteren Verlauf der Apostelgeschichte bestätigt, und zwar vor allem in den zuverlässigeren »Wir-Berichten«. Diese treten ab Kapitel 16,10 auf, nach dem rätselhaften Erscheinen Jakobus' im 12. und im 15. Kapitel, und unmittelbar nachdem Paulus – vor der Überfahrt von »Asien« zum griechischen Festland und nach »Europa«, wo er seine Missionstätigkeit fortsetzen will – »Timotheus« beschnitten hat (16,1 ff.).[2] Paulus läßt auch im Brief an die Galater keinen Zweifel daran aufkommen, daß Jakobus der Führer der Jerusalemer Gemeinde (»Versammlung«) und der Kirche als Ganzes ist.

Jakobus ist das Oberhaupt der damaligen Christenheit, was immer man darunter zu der Zeit auch verstanden haben mag. Der sogenannte »Bischof von Jerusalem« ist nicht lediglich einer unter mehreren Gleichgestellten – wie kirchliche Texte es im nachhinein relativierend dargestellt haben –, sondern »der Bischof der Bischöfe«, von dem die Pseudoklementinen sprechen, und der »Erzbischof« oder Führer der gesamten Bewegung, wo immer sie auch aktiv sei.[3] Ob »Petrus« davor oder irgendwann zwischendurch dieses Amt innegehabt hat, ist fraglich und wird sich wahrscheinlich niemals endgültig klären lassen.

Indem er berichtet, die Jerusalemer Führung – die damals *einzige* Führung – sei mit ihm »eins geworden«, daß er »unter den Heiden, sie [Jakobus, Kephas und Johannes] unter den Beschnittenen predigten« (Galater 2,9), lenkt Paulus die Aufmerksamkeit auf die Streitfrage um die »Beschneidung« als solche. Nach seiner eigenen Chronologie muß sich dieses Gespräch Anfang der fünfziger Jahre zugetragen haben, vielleicht 50/51 n. Chr. Die »Beschnittenen« oder »die der Beschneidung« müssen, wie es Paulus begreift, als Juden bezeichnet werden. Zu ihnen könnten aber ebenfalls Heiden gehören, die sich beschnitten hatten – und damit theoretisch und praktisch zu Juden geworden waren, wie dies auch bei Timotheus der Fall wäre, wenn die ihn betreffende Aussage in der Apostelgeschichte (16,3) für bare Münze genommen werden kann und nicht lediglich als Erwiderung auf den Galaterbrief zu werten ist.

Das Problem der Beschneidung beschäftigt Paulus mehr oder weniger im ganzen Galaterbrief. Dies war die Streitfrage zwischen Paulus und der Jerusalemer Führung im Zusammenhang mit Titus (gleich »Timotheus«?), der nach Paulus' Ansicht als »Grieche ... nicht gezwungen war, sich beschneiden zu lassen« (2,3). Hierzu gehört auch Paulus' Beschwerde, »etliche falsche Brüder [hätten] sich mit eingedrängt und eingeschlichen, auszukundschaften unsere Freiheit, die wir haben in Christus Jesus, damit sie uns knechteten« (2,4), das heißt, *sie zu Knechten der Beschneidung, Knechten des Gesetzes* und, damit einhergehend, *Knechten der Jerusalemer Führung* machten. Dabei dürfte es, wie wir bereits festgestellt haben, auch ganz konkret darum gegangen sein, bestimmte *Körperteile* »auszukundschaften«.

Doch wie Paulus im Brief an die Galater (2,10) erklärt, bestand die »einzige« Auflage, welche »die Säulen« – Jakobus, Kephas und Johannes – bezüglich seiner Aktivitäten machten, darin,

> daß wir *der Armen* gedächten, welches ich auch fleißig gewesen bin *zu tun.*

Man sollte hier nicht nur die – bei diesen Diskussionen stets wichtige – Betonung des »Tuns« beachten, sondern auch die Anspielung auf »die Armen«, einen weiteren äußerst wichtigen Begriff, der wesenhaft mit Jakobus' Jerusalemer Gemeinde zusammenhängt. Denn auch wenn es möglich ist, den Ausdruck wörtlich (die Aussage also als eine Aufforderung zur Mildtätigkeit) zu nehmen, kann kein Zweifel daran bestehen, daß »die Armen« die gängige Bezeichnung für Jakobus' Gemeinde beziehungsweise für jene von ihr abstammende Gemeinde war, die in den folgenden zwei bis drei Jahrhunderten im Osten existierte: die *Ebioniten.*

Die »Ebioniten« leiten ihren Namen von eben dieser Bezeichnung her, denn, wie schon gesagt, bedeutet *»Ebion«* (Mehrzahl *»Ebionim«*) auf hebräisch »arm«. Der Terminus kommt auch am Anfang des äußerst wichtigen 2. Kapitels des Jakobusbriefes – das in der Formulierung des »Königlichen Gesetzes nach der Schrift« gipfelt: »Du sollst deinen Nächsten lieben wie dich selbst« (2,8) – wiederholt vor. Hier bezeichnet Jakobus die von Gott auserwählten »Armen« als »die Erben des Reichs«, auf die das Gebot der Frömmigkeit (»du sollst Gott lieben«) bezogen wird (2,2–6).[4]

Ebendiese Ebionitengemeinde hielt, insbesondere im Osten, den Namen des Jakobus in großen Ehren und behauptete, direkt oder indirekt, von dessen Bewegung im Palästina des ersten nachchristlichen Jahrhunderts abzustammen. Für Eusebios (3./4. Jahrhundert) ist diese Bewegung *zu jüdisch*, denn sie besteht auf der Beschneidung aller Konvertiten und damit auf der Einhaltung des jüdischen Gesetzes.[5] Die Beschneidung ist im Judentum das äußere Zeichen des Bundes mit Gott und impliziert, wie Paulus durchaus bewußt ist (Galater 5,3), die Verpflichtung zur Einhaltung des Gesetzes.

Da er aus Palästina stammt, versteht Eusebios die hebräische Bedeutung des Terminus »Ebioniten« besser als die meisten anderen Kommentatoren. Nach seiner Darstellung haben diese Ebioniten einen primitiven Begriff vom paulinischen »Christus«, indem sie ihn »lediglich als einen ganz einfachen und gewöhnlichen Menschen ansehen«, der auf völlig natürliche Weise gezeugt worden und anderen Menschen nur durch seine »Ausübung der Tugend« – das heißt seine »Gerechtigkeit« – überlegen gewesen sei. Ihr Christusbegriff ist, mit anderen Worten, »armselig«, und Eusebios beweist, daß dies seine Ansicht ist, indem er sich ein Wortspiel auf ihren Namen leistet und erklärt, sie hätten eine »armselige und gemeine« Vorstellung von Christus, insbesondere dächten sie, *er sei nur ein Mensch gewesen.*

Petrus und Paulus in Antiochia dem Jakobus untergeordnet

Nachdem er verdeutlicht hat, wie die aus der Jerusalemer Konferenz resultierenden Weisungen aus seiner Perspektive betrachtet lauteten, macht sich Paulus nun daran, uns seine Version der Ereignisse zu geben, die sich danach in Antiochia zutrugen. Antiochia war die Provinzhauptstadt des syrischen Seleukidenreichs, das Seleukos Nikator, einer von Alexanders Generälen, nach dem Tod des makedonischen Eroberers (323 v. Chr.) gegründet hatte. Im Vorderen Orient gab es aber noch andere »Antiochias«, deren bedeutendstes das rund 300 Kilometer weiter östlich in Syrien oder Assyrien gelegene Edessa war, das *zur damaligen Zeit gleichfalls Antiochia genannt wurde*: Antiochia Orrhoë.[6]

Nehmen wir aber vorläufig an, Paulus habe mit »Antiochia« tatsächlich die seleukidische Hauptstadt Syriens gemeint. So wird diese Passage normalerweise verstanden, obwohl es – abgesehen von diesen Erwähnungen in der Apostelgeschichte und im Galaterbrief – keine Indizien dafür gibt, daß jenes Antiochia je ein wichtiges Zentrum frühchristlicher Missionstätigkeit gewesen wäre. Nach der Apostelgeschichte (11,26 und 13,1) war Antiochia auch das Zentrum von Paulus' im Entstehen begriffener heidenchristlicher Gemeinde, und der Text nennt viele ihrer Gründungsmitglieder, von denen die meisten griechische Namen tragen. Einer von ihnen war, wie bereits erwähnt, »der Ziehbruder des Tetrarchen Herodes« oder Herodes Antipas'.

Als Paulus im Galaterbrief von der Auseinandersetzung berichtet, die er – nachdem »etliche von Jakobus«, oder Jakobus' Abgesandte, in Antiochia eingetroffen sind – wegen der Frage, ob es statthaft sei, mit Heiden gemeinsam zu essen, mit »Petrus« führt, zeigt er klar und deutlich, daß dieser (wer immer er auch gewesen sein mag) zu Paulus' Zeit *nicht das Oberhaupt der Christenheit war.* Daß Jakobus die Bewegung anführte, wird auch durch die Tatsache bestätigt, daß die Apostelgeschichte dessen Weisungen oder Entscheidungen beim »Jerusalemer Konzil« und zum Zeitpunkt seiner letzten Konfrontation mit Paulus referiert (15,19–29[7] und 22,20). Paulus' Bericht stellt Petrus als einen im Ausland arbeitenden Mann dar, der zwar bis zu einem gewissen Grad zu ihm (Paulus), keineswegs aber zu Jakobus in Konkurrenz steht. Petrus ist eindeutig *Jakobus untergeordnet* und an dessen Weisungen gebunden: Er muß ihm gehorchen und sich, wenn seine Stellvertreter, die allgegenwärtigen »etlichen«, aus Jerusalem ankommen, seinen Anordnungen fügen (Galater 2,12).

Um zu erkennen, daß diese Passagen nicht etwa nur dem modernen Leser Schwierigkeiten bereiten können, braucht man sich nur den bereit oben erwähnten Briefwechsel anzusehen, den Hieronymus und Augustinus Anfang des 5. Jahrhunderts miteinander führten. Augustinus bittet den sieben Jahre älteren hochgeachteten Gelehrten Hieronymus, der einen großen Teil seines aktiven Lebens damit zugebracht hat, in Bethlehem Bibelmanuskripte zu sammeln und zu analysieren, um Aufklärung. Er fragt ihn genau nach diesen im Galaterbrief geschilderten Ereignissen und der Tatsache, daß sich Petrus in dem Zusammenhang – zumindest so, wie Paulus die Sache darstellt (und wie wir seither gewohnt sind, sie zu sehen) – als ein ziemlicher »Heuchler« erweist.[8]

Anfangs gelingt es Augustinus nicht, vom älteren Gelehrten eine befriedigende Stellungnahme zu erhalten. Schließlich antwortet ihm der schwergeprüfte Hieronymus, bittet ihn aber, »keine Forderungen an einen alten Mann zu stellen, ... der nichts anderes wünscht, als zu schweigen«, und rät ihm im wesentlichen, sich nicht mit Problemen zu belasten, die Uneinigkeit schaffen und ohnehin nicht zu lösen sind. Augustinus scheint sich diesen Rat zu Herzen genommen zu haben, denn er äußert sich nie wieder zu diesem Thema. Offenbar ist es ihm gelungen, seinen Verstand oder seine Verdachtsmomente – worin sie auch bestanden haben mögen (er wirft Paulus an zwei Stellen vor, in bezug auf Petrus zu *lügen*) – zu beschwichtigen, aber der moderne Leser braucht es ihm nicht nachzutun.

Für Paulus ist Petrus (falls dieser und der »Kephas«, den er schildert, wirklich dieselbe Person sind) eine Persönlichkeit, die Respekt verdient und Autorität besitzt – aber *beides in Grenzen.* Er ist an die Weisungen Jakobus' gebunden, woraus ersichtlich wird, daß dieser tatsächlich als der unumschränkte Führer oder Bischof der Jerusalemer Kirche fungiert. Petrus scheint – wenn wir zwischen den Zeilen lesen – eine Art Inspektor überseeischer Gemeinden, reisender Repräsentant Jerusalems zu verkörpern. In diesem Zusammenhang sind die den *Homilien* vorangestellten – und als persönliche Erfahrungsberichte abgefaßten – Briefe des Petrus und des Clemens an Jakobus äußerst aufschlußreich.

Es hängt vielleicht gerade mit der so eminenten Bedeutung Petrus' in Übersee zusammen, daß, namentlich in Rom, die Vorstellungen einer Weitergabe der Führungsrolle oder der Nachfolge Christi an ihn (»auf diesen Fels will ich bauen meine Gemeinde«) und damit an Rom selbst festgemacht wurden. Aber das eigentliche Zentrum ist zu diesem Zeitpunkt mit Sicherheit noch Jerusalem. Erst nach dem Verschwinden des Jerusalemer Zentrums – einem Ereignis, das (wie auch alle uns bekannten Überlieferungen bestätigen[9]) zweifellos mit dem Krieg von 66 bis 70 n. Chr. zusammenhing – konnte Rom allmählich seine Vormachtstellung erringen.

Nun schreibt Paulus:

> Als aber Petrus [deutsche Bibelübersetzungen: »Kephas«, A.d.Ü.] nach Antiochia kam, widerstand ich ihm ins Angesicht, denn es war Grund zur Klage wider ihn. Denn zuvor, *ehe etliche von Jakobus kamen, aß er mit den Heiden* [*ethnôn*/»Völkern«]. (Galater 2,11 f.)

Dies ist die Kontroverse um die »Tischgemeinschaft«, das heißt *die Tischgemeinschaft mit Heiden.* Es besteht kein Zweifel daran, daß es sich bei diesem Jakobus um »Jakobus den Herrenbruder« handeln muß, den Paulus – gleichsam zur Vorbereitung dieser Auseinandersetzung – bereits zweimal erwähnt hat. Das Problem ist leicht erklärt: Es hängt mit den jüdischen Speisegeboten und dem Mosaischen Gesetz zusammen, letzteres wiederum mit der Beschneidung, dem äußeren Zeichen des Bundes, und daher, wie Paulus es im Brief an die Galater (5,3) formuliert, auch damit, ein »Schuldiger« zu sein, »schuldig, *das ganze Gesetz zu tun*«.[10]

Das jüdische Gesetz umfaßte ein ganzes System von Speisegeboten. Diese Vorschriften machten es jedem gesetzestreuen Juden unmöglich, mit Nichtjuden normalen Umgang zu pflegen, da diese – nicht zuletzt aufgrund der Speisen, die sie aßen, und der Weise, wie sie sie zubereiteten – als »im Zustand der Unreinheit befindlich« angesehen wurden. Und dies betraf nicht allein »Heiden«, sondern auch Juden, welche die Speisegebote nicht einhielten – ein Problem, das noch im modernen Judentum eine wichtige Rolle spielt.

Das also ist die eigentliche Bedeutung der Frage der *Tischgemeinschaft mit Heiden*: »Einhaltung« oder »Nichteinhaltung des Gesetzes«. Wie Paulus es sieht, kamen die Abgesandten oder Repräsentanten Jakobus' – diese »etlichen von Jakobus«, die er auch als Verbündete jener »aus der Beschneidung« bezeichnet (das heißt *jener, die auf der Beschneidung bestanden* oder *der Partei, welche die Beschneidung forderte*) – in Antiochia an (entweder in Syrien oder im ferneren Edessa, im »Land der Osrhoener« oder »Assyrer«),

> als sie aber kamen, zog er [Petrus] sich zurück und *sonderte sich ab*, weil er die aus der Beschneidung fürchtete. Und es heuchelten mit ihm auch die übrigen Juden. (Galater 2,12 f.)

Für Paulus geht es hier um weit mehr, als er bereit ist zuzugeben. Offensichtlich wird er von allen *Juden* gemieden. Man gewinnt den Eindruck, daß Jakobus' Weisungen allgemeinverbindlich sind und jeder ihm gehorchen muß. Die einzige denkbare Parallele hierzu findet sich in den Handschriften vom Toten Meer, insbesondere in der Gemeinderegel, aber auch in der Damaskus-Schrift, wo jemand, der »offen oder im verborgenen *ein einziges Wort der Thora Moses' in welchem Ding auch immer übertritt*, vom Rat der Gemeinde ausgestoßen sein soll«, niemand »Gemeinschaft mit ihm eingehen soll in Arbeit oder Besitz« und er »sich der reinen Speise der Versammlung nicht nahen soll«.[11]

Die Parameter dieser oben erwähnten Ächtung erinnern an die Passage aus dem Jakobusbrief, die denjenigen, der »das ganze Gesetz hält und sündigt in *einem*« für »ganz schuldig« erklärt und der nachdrücklichen Forderung folgt, »*zu tun* das Königliche Gesetz nach der Schrift« – das All-Gerechtigkeits-Gebot (2,8 ff.). Sie spiegeln auch den zornigen Konflikt wider, der – unmittelbar nach dem »Jerusalemer Konzil« und direkt vor Timotheus' Beschneidung – zwischen Barnabas und Paulus ausbricht, weil Johannes Markus »sich in Pamphylien von ihnen abgesondert hatte und nicht mit ihnen gezogen war zu dem Werk« (Apostelgeschichte 15,38).

Mit den »übrigen Juden« oder denen »aus der Beschneidung«, von denen Paulus in seiner Version der Ereignisse – in der es gleichfalls zum Bruch mit Barnabas kommt – redet, sind eindeutig die *jüdischen Apostel* und anderen Persönlichkeiten gemeint, die auf derlei Dinge achten und sich Jakobus' Autorität beugen. Also »heuchelten« *alle* jüdischen Mitglieder der Urkirche, das heißt, *alle* scheinen bezüglich der Frage, ob es statthaft sei, »mit den Heiden zu essen«, Jakobus' Weisungen gehorcht zu haben (Galater 2,13).

Paulus macht die Streitfrage an der Beschneidung fest, und so erzürnt ist er über die von ihm geschilderten Ereignisse – und so ängstlich, wie er zu Beginn des Briefes erklärt, daß die Gemeinde, die er in Galatien gegründet hat, sich gleichfalls von ähnlichen Forderungen verführen lassen könnte (Galater 1,6–12) –, daß er im weiteren Verlauf des Briefes nicht müde wird, gegen die Praxis der Beschneidung und allgemein gegen die Juden zu wettern. Aus seiner Darstellung geht nicht nur eindeutig hervor, daß Jakobus das allmächtige Oberhaupt der Urkirche ist, dem alle, einschließlich Petrus, Gehorsam schulden, sondern auch, daß das »Jerusalemer Konzil« und das, was dort vermeintlich gutgeheißen worden war, nicht ganz dem entspricht, was Paulus diesbezüglich behauptet oder was der Verfasser der Apostelgeschichte darüber zu berichten hat.

Ebenso klar ist, daß die Beschneidung und die Einhaltung des Gesetzes in gewissem Sinne als unabdingbare Voraussetzung für die ordentliche oder vollkommene Zugehörigkeit zur frühen Bewegung oder Gemeinde (wie immer man die Sache bezeichnen möchte) angesehen wurden. Dies entspricht völlig den – in so vielen Punkten parallelen – Informationen, die wir aus Qumran besitzen und die tatsächlich besagen, daß man zuerst zum *Judentum übertreten mußte* und erst dann den Anspruch erheben konnte, der *Erbe* von dessen Traditionen zu sein. Mit anderen Worten: Bevor jemand von sich behaupten konnte, »Erbe« der Verheißung des Gesetzes – einschließlich der Propheten – zu sein (Galater 3,29), mußte er das Gesetz auf sich nehmen. Man konnte beispielsweise nicht am Messianismus der messianischen Bewegung teilhaben, ohne sich zuvor den Traditionen der Religion unterworfen zu haben, die eben diesen Messianismus hervorgebracht hatte.

Man mag sich nun diesem Gedankengang anschließen oder auch nicht – jedenfalls kann kein Zweifel daran bestehen, daß die Mehrzahl »derer« in Jerusalem die Sache genau so sahen. Mit Sicherheit sahen sie die Juden »Antiochias« (wo immer es gelegen haben mag) so – zumindest, wenn sie von den »etlichen von Jakobus«, die aus Jerusalem angekommen waren und offensichtlich dessen Standpunkt vertraten, zu einem entsprechenden Verhalten angehalten wurden. Paulus ist über diese für ihn unerfreuliche Situation so empört, daß er sowohl Petrus als auch Barnabas des Heuchlertums bezichtigt: »So daß auch Barnabas verführt wurde, mit ihnen zu heucheln«, das heißt, »sich absonderte, weil er die Partei, die auf der Beschneidung bestand, fürchtete« (Galater 2,12 f.).

Dies sind die Fragen, die Augustinus beschäftigten – und auf die Hieronymus lediglich mit den Worten einging, solche Passagen seien »außerordentlich schwierig zu deuten«.

Vor Gott abgesondert oder Nasiräer sein

Der Ausdruck »sich absondern« oder »Absonderung«, der auf Petrus' Handlungsweise nach Ankunft der Repräsentanten des Jakobus bezogen wird, findet sich, wie bereits weiter vorn angemerkt, auch an entscheidenden Stellen der zwei organisatorischen Texte aus Qumran, die als die Gemeinderegel und die Damaskus-Schrift bekannt sind. Erstere verwendet das Wort in der Auslegung der Prophezeiung vom »Weg in der Wüste«, die in der christlichen Tradition mit den Aktivitäten Johannes' des Täufers in Verbindung gebracht wird; letztere in Auslegung von Hesekiel 44,15, worauf sich die Verheißung der »Söhne des Zadok« oder der »zadokitischen Priesterschaft« stützt, und im Zusammenhang mit den sogenannten »Drei Netzen des Belial«.[12]

Während das zweite dort genannte »Netz« (auch »Schlinge«) in »Reichtümern« besteht – ein Thema, das die Grundlage der Anspielungen des Jakobusbriefes auf die »Armen« und »die Reichen« bildet –, betreffen das erste und das dritte »Netz« jeweils »Unzucht« und »Verunreinigung des Tempels«. Die wahrhaft Gerechten der Gemeinde – »Gottes Gemeinde« oder die »vollkommenen Heiligen« beziehungsweise »die Vollkommenen des Weges« –, die *wahren* »Söhne des Zadok«, werden angewiesen, »sich abzusondern von den Söhnen des Abgrunds« und »hinauszugehen aus dem Lande Juda und im Land Damaskus zu leben«; und in der Gemeinderegel: »sich abzusondern von den Siedlungen der Ungerechten und in die Wüste hinauszuziehen und Gottes Weg zu bereiten«.[13]

Tatsächlich ist es der Damaskus-Schrift zufolge gerade diese unrichtige »(Ab-)Sonderung« im Tempel, was das Problem der »Unreinheit« schafft – die nicht richtige »Sonderung von Reinem und Unreinem«, insbesondere die *nicht richtige Absonderung* von Leuten, die »bei einer Frau während ihrer Periode liegen« oder aus Neigung oder Familientradition *ihre eigenen Nichten oder Cousinen heiraten.* Die Damaskus-Schrift fügt hinzu: »Wer immer sich diesen naht, soll nicht frei sein von ihrer Unreinheit.«[14]

Wie bereits gesagt, beziehen sich die mit derlei Praktiken zusammenhängenden Anspielungen auf »Unzucht« und »Unreinheit« meiner Ansicht nach auf die Herodianer. Das gleiche gilt für die »Reichtümer«. Dieses Thema der »Absonderung« spielt auch in den »Zwei Briefen über als Gerechtigkeit angerechnete Werke« oder *»MMT«* eine entscheidende Rolle – Texten, die der Streitfrage um die Darbringung von Tempelgeschenken und -opfern durch Nichtjuden ebenfalls Beachtung schenken und auch einzelne Punkte aus Jakobus' Weisungen für überseeische Gemeinden (Apostelgeschichte 15,13 ff.) behandeln.[15] Ersteres, wie das »bei einer Frau während ihrer Periode liegen« der Damaskus-Schrift, verstößt natürlich gegen die Regeln richtiger »Sonderung von Reinem und Unreinem, Heiligem und Weltlichem«, um die es hier geht.[16]

Diesen entscheidenden Passagen des Galaterbriefes nach zu urteilen, scheinen Petrus und andere zur Bewegung gehörende Juden außerhalb von Palästina – oder »in der Diaspora«, wie man heute sagen würde – derlei Dingen gegenüber eine etwas laxe Haltung einzunehmen. Dementsprechend werden sie von der offenbar »eifrigeren« oder »zelotischeren« Jerusalemer Gemeinde – so jedenfalls werden Jakobus und seine Anhänger später (Apostelgeschichte 21,20), tituliert: als »Eiferer *(Zêlôtai)* für das Gesetz« –, zu einer strikteren Befolgung dieser Regeln angehalten.

Daher also ziehen Jakobus und seine Abgesandten die Juden von »Antiochia« – sei es der syrischen Stadt, sei es Edessa im Königreich der Osrhoener – zur Rechenschaft. Wie jeder, der den größten Teil seines Lebens in *der Diaspora* verbringt, scheint Petrus etwas lässiger in derlei Dingen zu sein, sich aber dennoch, sobald er zur Rede gestellt wird, sofort der Autorität des Jakobus zu beugen. Und das gleiche gilt für Barnabas – wer immer er gewesen sein mag.

Wir haben gerade in der parallelen Schilderung der Apostelgeschichte gesehen, daß Barnabas mit »Johannes Markus« abreist – demselben »Johannes Markus«, von dem weiter oben im Zusammenhang mit »dem Haus« von *Jakobus' Mutter* die Rede gewesen war –, woraus ersichtlich wird, daß Barnabas und Johannes Markus nicht mehr mit Paulus zusammenarbeiten werden, das heißt, daß sie ihn fortan meiden. »Johannes Markus« war offenbar nach Jerusalem zurückgekehrt (Apostelgeschichte 13,13 – zwei Kapitel vor der Darstellung der »Jerusalemer Konferenz«), um über Paulus – und vermutlich auch über die weniger strenge Version des Evangeliums, die er unter den Heiden verkündete – Bericht zu erstatten.

Um ein solches »Meiden«, eine solche »Exkommunikation« scheint es letztlich in den Passagen zu gehen, in denen die Jerusalemer Abgesandten nach Antiochia kommen, um zu überprüfen, ob die Weisungen Jakobus' – wie immer sie auch gelautet haben mögen – gewissenhaft befolgt werden. Dies ist, wie wir gleichfalls gerade gesehen haben, das Verhalten, das die Qumran-Rollen der Gemeinde hinsichtlich jemandem vorschreiben, der »offen oder im verborgenen« das Gesetz in einem auch noch so kleinen Ding bricht: nämlich mit dem Übeltäter keine »Tischgemeinschaft« und keine Gemeinschaft »in Arbeit« (im Sinne von *Dienst* oder *Sendung*) und »Reichtümern« oder Besitz einzugehen. Wenngleich diese in der Gemeinderegel vorgeschriebenen Sanktionen für in Palästina oder »im Lande Damaskus« lebende Gemeinden zu gelten scheinen, hält uns nichts davon ab, sie durch Extrapolation auch auf eine Situation zu beziehen, wie sie sich hier in »Antiochia« ergibt.

Jetzt greift Paulus Petrus und *die anderen Juden*, die sich seinem Verhalten anschließen, mit folgenden Worten an (und *darauf* bezogen sich Augustinus' Bedenken):

> Als ich aber sah, daß sie nicht *richtig wandelten* nach der Wahrheit des Evangeliums[17], sprach ich zu Petrus vor allen öffentlich: Wenn du, der du ein Jude bist, heidnisch lebst und nicht jüdisch, warum zwingst du dann die Heiden, jüdisch zu leben [was in diesem Kontext offensichtlich »das Gesetz einzuhalten« und »sich beschneiden zu lassen« bedeutet]? (Galater 2,14)

Wie Petrus reagiert, verrät uns Paulus nicht. Statt dessen stürzt er sich zur Erbauung seiner galatischen Kirche sofort in eine lange Diatribe über das Gerechtwerden »nicht durch des Gesetzes Werke, sondern durch den Glauben an Jesus Christus« (Galater 2,16 und 3,11). Dies geht ein paar Kapitel so weiter und gipfelt schließlich in einigen der wichtigsten und berühmtesten Formulierungen christlicher Theologie überhaupt – insbesondere zum Thema Beschneidung (wovon die ganze Argumentation überhaupt ausgegangen war), über den Erlösungstod Christi und darüber, daß Christus »den Fluch des Gesetzes« auf sich genommen habe.

Von besonderer Relevanz werden diese Passagen im Zusammenhang mit den Verfluchungen sein, die sich, wie bereits geschildert, in Gemeinderegel und Damaskus-Schrift finden, vor allem in der jüngst veröffentlichten letzten Spalte des letztgenannten Textes und der dort dargestellten pfingsttäglichen Neubesiegelung des »Neuen Bundes im Land Damaskus«.[18] Paulus beendet seine Attacke auf Petrus mit dem Ausruf: *»Wenn Gerechtigkeit durch das Gesetz kommt,* dann ist Christus vergeblich gestorben« (Galater 2,21). Andauernd vermischt er symbolische Aussagen mit rationaler Theologie, und zwar auf eine Weise, die den nüchternsten Betrachter verwirren würde. Paulus gibt dies selbst zu, wenn er von seiner »bildlichen Ausdrucksweise« spricht und »die zwei Bündnisse« oder »Testamente« heraufbeschwört: dasjenige Hagars, »vom Berge Sinai in Arabien« *(das jüdische)*, und das neue »der Verheißung« Saras, »der Freien ... nach dem Geist geboren« (Galater 4,24–29).

In den erzählenden Passagen des Galaterbriefes, von denen aus er zu seiner Erörterung des Christentums, des Todes Christi und des Wertes der Gnade gegenüber dem Gesetz überleitet, stellt Paulus also Jakobus und seine Repräsentanten als seine eigentlichen Adressaten oder »Gesprächspartner« vor. Je mehr er – explizit und implizit – von sich selbst verrät, desto konkreter erscheint, ihm gegenübergestellt, auch die Gestalt des Jakobus. Petrus und die übrigen jüdischen Apostel werden zu bloßen Statisten in dieser archetypischen Konfrontation zwischen Paulus und Jakobus; aber Jakobus wird nicht lediglich durch die (wenn auch skizzenhafte) Darstellung seines doktrinären Standpunkts charakterisiert – er erweist sich dabei auch (wie Paulus unumwunden zu verstehen gibt) als *die* zentrale Persönlichkeit der Urkirche.

Der Nachfolger Jesu und der Begriff *»Wahrer Prophet«*

Jakobus' Status wird auch in der frühen Kirchenliteratur in mannigfaltiger Weise verdeutlicht – vor allem in den von Eusebios überlieferten Schriften Clemens' von Alexandria und Hegesippus'. Wie wir gesehen haben, legen des weiteren die Pseudoklementinen und, bis zu einem gewissen Grad, das Thomasevangelium Zeugnis darüber ab.

Ganz anders die Apostelgeschichte, so wie sie uns heute vorliegt. Im Laufe dieser Untersuchung wird sich allerdings herausstellen, daß zumindest *in der Quelle*, aus der die Verfasser der Apostelgeschichte schöpften, der Aufstieg des Jakobus zum Oberhaupt der Urgemeinde durchaus behandelt worden war.

Die erste Frage, die sich in diesem Zusammenhang stellt, lautet: Wie wurde das Oberhaupt der Urkirche und der gesamten Christenheit ermittelt? Tatsächlich gibt es darauf nur zwei mögliche Antworten. Die erste lautet: durch *direkte Ernennung* – das heißt dadurch, daß Jesus die Angelegenheit seiner Nachfolge zu Lebzeiten persönlich regelte und daß diese Verfahrensweise in der Urkirche weitergeführt wurde. So stellen die Evangelien die Sache, zumindest auf ihre Weise, auch tatsächlich dar – aber ebenso tut es dies (mit anderem Ergebnis) das Thomasevangelium. Die zweite Möglichkeit lautet: durch eine Wahl oder eine Art Konsens, sei es der gesamten Gemeinde oder nur ihrer wichtigsten Vertreter – und dies ist die Methode, die laut Apostelgeschichte zur Regelung der *Nachfolge Judas Ischarioths* angewandt wurde.

Die Situation wird vielleicht verständlicher, wenn man sie im analogen Kontext einer jüngeren »Gemeinde« betrachtet, die sich gleichfalls als Erbe der Verheißung Abrahams versteht: des Islam. Auch dort wurde die Regelung der Nachfolge des Propheten Mohammed als eine dringliche Frage empfunden. Der frühe Islam – der sich bis zu einem gewissen Grad im Lichte der Geschichtsschreibung entwickelte – stellt es so dar, als sei das Problem auf zweierlei Art und Weise gelöst worden. Die eine Tradition, die von der »Schia« anerkannt wird, geht von einer Nachfolge innerhalb der Familie des Propheten aus, also einem Familien-Kalifat (*Kalif* bedeutet auf arabisch tatsächlich »Nachfolger«). Dies entspricht natürlich dem Standpunkt jener frühen Christen, die Jakobus als den rechtmäßigen Nachfolger Jesu betrachteten.

Die zweite Überlieferung, der die »orthodoxere« oder bekanntere Strömung des Islam anhängt, die »Sunna«, besagt, der Nachfolger des Propheten sei von der gesamten Gemeinde gewählt worden – oder zumindest von deren qualifizierteren Mitgliedern, den sogenannten »Gefährten des Propheten«. Diese sind natürlich die islamische Entsprechung dessen, was im Christentum als »Apostel« bezeichnet wird (die tatsächlich auch nicht viel mehr als »Gefährten« Jesu waren). Die sunnitische Tradition stellt somit eine etwas weniger emotionale Weise dar, die Situation zu betrachten.

Auch der Umstand, daß Mohammed »der Prophet« genannt wird, besitzt gewisse Anklänge im frühen Christentum. Im »Judenchristentum« – oder »Ebionitismus«, wie wir diese Bewegung weiter oben genannt haben – spielte der Begriff »wahrer Prophet« nämlich eine wichtige Rolle. Tatsächlich wurden sowohl Jesus als auch Mohammed von ihren jeweiligen Anhängern meiner Ansicht nach – jedenfalls bis zu einem gewissen Grad – in diesem Sinne betrachtet, wobei der Anspruch der einen Gruppe, wie ich glaube, von demjenigen der jeweils anderen resonanzartig verstärkt und bekräftigt wurde.[19]

Der Begriff »wahrer Prophet« – oder zumindest die Prophezeiung, auf der er basiert – kommt auch in den Qumran-Rollen vor. Diese Prophezeiung (5. Moses 18,15 ff.) gehört zu den in den Qumran-Texten anzutreffenden biblischen Belegtexten für den Messianismus, und auf sie stützt sich die Vorstellung, daß dereinst ein Prophet das von Moses bestimmte Erbe antreten würde.[20] Für die Ebioniten – und für manche der nach ihnen kommenden Christen – *ist Jesus dieser Prophet.* Für den Islam, der wiederum nach dem Christentum kam, ist Mohammed nicht nur »der wahre Prophet«, sondern er verkörpert auch *das Siegel der Propheten.*[21] Er ist darüber hinaus, um mit Paulus zu sprechen, ein zweiter »Apostel der Heiden« (»Völker«/»Stämme«) – waren die Araber doch auch ein solches »Volk«.

Diese Doktrin scheint durch die Judenchristen und die Ebioniten zu »Elkesai« oder »Elchasai« (1./2. Jahrhundert) und seinen Anhängern, den Elchasaiten, gelangt zu sein – einer Sekte, die von allen christlichen Häresiologen besprochen wird.[22] Durch sie und weitere »ebionitenartige«, die tägliche »Taufe« praktizierende (»hemerobaptistische«) nordsyrische Gruppen gelangte die Lehre im 3. und 4. Jahrhundert zu Mani und den Manichäern – dies vor allem in den Sümpfen des südlichen Irak, wo, wie wir sehen werden, die sogenannten »Sabäer der Sümpfe« lebten – und erreichte schließlich im 7. Jahrhundert den »Propheten« Mohammed und den Islam.

Für ihre jeweiligen Anhänger sind Jesus wie Mohammed durchaus im wörtlichen Sinne »der wahre Prophet«. Im Islam entwickelte sich die Nachfolge »des Propheten« auf die zwei beschriebenen Weisen. Im Urchristentum scheint sich ein durchaus analoger Prozeß abgespielt zu haben. Beide Strömungen lassen sich in den erhaltenen Berichten über *Jakobus' Nachfolge auf seinen Bruder* nachweisen – die Tradition der direkten Ernennung durch Jesus und diejenige der Wahl durch die Gemeinde. Aufgrund der Auferstehungslehre und der Tatsache, daß Jesus vor seiner »Himmelfahrt« noch eine gewisse Zeit auf der Erde geweilt haben soll, ließe sich im Christentum noch eine dritte Strömung anführen, die sich in den verschiedenen nachösterlichen Manifestationen äußert. Wie wir sehen werden, spielte Jakobus – auf die eine oder andere Weise – in allen diesen Nachfolge-Traditionen eine Rolle.

Die Einsetzung Jakobus' in frühen Kirchentexten

Eusebios ist die beste Quelle für diese Traditionen, die sowohl *Jakobus' direkte Einsetzung* als auch seine *Wahl* – in diesem Falle zum »Bischof« – bezeugen. Im 1. Kapitel des zweiten Buches seiner *Kirchengeschichte* schreibt Eusebios:

> Jakobus, den die Vorväter aufgrund seiner überragenden Tugend den Gerechten zubenannten, war der erste, der *in das Amt des Bischofs der Jerusalemer Kirche gewählt wurde.*[23]

Die Reihenfolge, an die sich Eusebios hierbei hält, ist von Bedeutung. Vor der zitierten Passage, am Ende des ersten Buches, werden nacheinander Kephas, Thaddäus und Jakobus erwähnt, worauf die Geschichte der Bekehrung des Königs von Edessa folgt, an der »Thaddäus« und (Judas) Thomas beteiligt sind.

»Kephas«, »Thaddäus« und »Jakobus« erwähnt Eusebios im Zusammenhang mit seiner Erörterung der »Siebzig« – »von denen nirgends eine Liste überliefert ist« –, im Unterschied zu den »Aposteln«.[24] Eusebios rechnet Jakobus, ebenso wie Kephas und Thaddäus, zu diesen »Siebzig« (eindeutig die Zahl der »Jerusalemer Kirche« oder »Versammlung«) und weist ihn – unter Berufung auf den Ersten Brief an die Korinther (15,7), wo Paulus von der Jakobus zuteil gewordenen nachösterlichen Jesus-Erscheinung berichtet – erstmals als »einen der sogenannten Brüder des Heilands« aus. Weil Kephas im Ersten Korintherbrief gleichfalls in diesem Kontext erwähnt wird, wundert sich Eusebios über die Tatsache, daß Clemens von Alexandria im 2. Jahrhundert Kephas als »einen der siebzig Jünger« betrachtete, »der denselben Namen trug wie der Apostel Petrus«, ihn aber als von diesem verschieden ansah.

Von »Thaddäus«, über den er an dieser Stelle gleichfalls berichtet – und den er, anders als Matthäus' und Markus' Apostellisten, auch zu den »Siebzig« zählt –, leitet Eusebios direkt auf die Geschichte des (von ihm um das Jahr 29 n. Chr. angesetzten) Briefwechsels mit »König Agbarus, dem berühmten König der Völker [*Ethnôn*] jenseits des Euphrats« über, mit dem er das erste Buch abschließt.[25] Unmittelbar im Anschluß an diese Ereignisse referiert er – am Anfang des zweiten Buches, also genau an der richtigen Stelle – die Traditionen bezüglich der *Wahl des Jakobus zum Bischof der Jerusalemer Kirche*, die, wie er es formuliert, »gleichzeitig mit der Auslosung« des Nachfolgers vom »Verräter Judas« stattfand.

Die Reihenfolge, an die er sich im 1. Kapitel des zweiten Buches hält, ist gleichfalls relevant. Nachdem er die Auslosung des Ersatzmanns für den »Verräter Judas« – Matthias (Apostelgeschichte 1,26), den er als »einen der Jünger des Herrn« (vermutlich wieder einer dieser »Siebzig«) bezeichnet – erwähnt hat, kommt er auf die Ernennung der »Sieben Verwalter des gemeinsamen Gutes« zu sprechen, die durch »Handauflegung von seiten der Apostel« erfolgt sei – eine Prozedur, die in den Pseudoklementinen speziell als die Methode beschrieben wird, mit der Jakobus Boten für Auslandsreisen bestimmte. Dies wiederum leitet zu einer Anspielung auf Stephanus (»einen von ihnen«) über, der *»von den Mördern des Herrn«* gesteinigt worden sei, »als sei er einzig zu diesem Zweck geweiht worden«.[26]

Bemerkenswerter-, aber keineswegs zufälligerweise wird sich herausstellen, daß *die Wahl des Nachfolgers Judas'* und *die Steinigung des Stephanus* ebenso *wie die Handauflegung* direkte Entsprechungen in der Lebensgeschichte des Jakobus aufweisen und tatsächlich »Stellvertreter« oder Überarbeitungen entscheidender Elemente derselben darstellen. Unmittelbar nachdem er die verschiedenen von Clemens von Alexandrien überlieferten Traditionen über Jakobus' Wahl und Ernennung zum Bischof von Jerusalem referiert hat, berichtet Eusebios von der Entsendung des Thaddäus durch Thomas zu König Agbarus von Edessa, »dem Großen König der Völker jenseits des Euphrats«. Es vergehen acht Kapitel (und damit fast zehn Jahre), ehe er die Enthauptung des »Apostels Jakobus« erwähnt – und das auf recht konventionelle Weise, in direkter Anlehnung an die Apostelgeschichte. Dies wiederum leitet geradewegs zur *Enthauptung des Theudas* und zur Hungersnot über.[27]

Wie eigentlich klar sein sollte, weiß Eusebios oft weit besser, was hinter den von ihm geschilderten Ereignissen wirklich vor sich geht, als es auf den ersten Blick den Anschein hat. Beispielsweise schreibt er im 12. Kapitel des ersten Buches über die Ernennung des Nachfolgers des »Verräters Judas«:

> Die Tradition berichtet auch, daß Matthias an die Stelle des Judas unter die Apostel aufgenommen wurde, und derjenige, der durch die Auslosung mit ihm geehrt worden war, soll seinerseits unter die Siebzig aufgenommen worden sein.

Der – bei Eusebios namenlose – unterlegene Kandidat wird in der Apostelgeschichte (1,23) als »Joseph, genannt Barsabas, mit dem Zunamen Justus« vorgestellt. Später (Apostelgeschichte 15,22) überbringt er als »Judas, mit dem Zunamen Barsabas«, in Begleitung von Silas, Paulus und Barnabas, einen *Brief* mit Jakobus' Weisungen für überseeische Gemeinden von Jerusalem nach Antiochia. Wie wir aufzeigen werden, ist dieser erste »Barsabas mit dem Zunamen Justus« eine Überschreibung Jakobus', während sich hinter dem zweiten, »Judas, mit dem Zunamen Barsabas«, Jesu dritter Bruder verbirgt: »Judas« oder »Judas von Jakobus«.

Selbst der Vorname des ersten Barsabas, »Joseph«, begegnet uns im Zusammenhang mit Jakobus wieder; so schreibt Eusebios, letzteren habe man »den Bruder des Herrn genannt, weil er *der Sohn Josephs* hieß«. Obwohl Eusebios bereit ist, im Falle des Jakobus Josephs Vaterschaft zu akzeptieren, in bezug auf Jesus bestreitet er sie entschieden und zitiert dazu Matthäus (1,18), »die Jungfrau« sei, »ehe er [Joseph] sie heimholte, schwanger von dem Heiligen Geist« *(sic)* gewesen![28] Der Ausdruck *»das Los werfen«*, den sowohl die Apostelgeschichte als auch Eusebios im Zusammenhang mit der Ernennung des Judas-Nachfolgers verwenden, wird später in den Evangelien wiederkehren, wenn es heißt, die römischen Soldaten hätten über Jesu »Kleider« »das Los geworfen« (Johannes 19,24 und Parallelen)[29], und das »Amt« (*Episkopê*), das laut Apostelgeschichte hier neu besetzt wurde, wird sich in Wirklichkeit als dasjenige des »Bischofs« oder »Aufsehers« der palästinischen Urgemeinde erweisen.

Wahl oder Auslosung?

Bevor wir uns dem zuwenden, was Eusebios über Jakobus' Einsetzung in dieses Amt »mit den« oder »durch die Apostel(n)« berichtet, wäre noch etwas über die Wahl und/oder »Auslosung« als solche zu sagen. In dem uns betreffenden Zeitraum begegnet uns eine solche Prozedur erstmals in der Geschichte der Makkabäerfamilie. Dort steht sie in direktem Zusammenhang mit dem Hohenpriesteramt und der Frage, wer es bekleiden sollte. Später wird das Verfahren von der »Zelotenbewegung« – wie manche sie nennen – übernommen. Nachdem der Tempel im 2. Jahrhundert v. Chr. befreit worden war, wurde er im Zuge seiner Wiederweihe vom jüdischen religiösen Helden Judas Makkabäus gereinigt. Zum Andenken an dieses Ereignis feiern die Juden seither *Chanukka*, das »Fest der Wiederweihe«.

Judas leitete diesen feierlichen Akt wie ein mächtiger Vizeregent, aber Josephus berichtet, der Makkabäer sei »zum Hohenpriester gewählt« worden. Er wiederholt diese Behauptung sogar dreimal[30], und dies, obwohl in keinem der verschiedenen alttestamentlichen Bücher, welche die Geschichte des Judas Makkabäus, seines Vaters Mattathias und seiner Brüder Johannes, Simon und Jonathan – bekannte

Namen, die nicht ohne Grund Eingang in die Schriften des frühen Christentums gefunden haben – zu erzählen vorgeben, etwas Ähnliches berichtet wird.

Von einer Art Abstimmung sprechen die Makkabäerbücher schon, und zwar da, wo es heißt, Judas' zweiter Bruder, Simon, sei von Priesterschaft und Volk zum Hohenpriester ausgerufen worden (1. Makkabäer 14,41). Dies könnte schlichte promakkabäische Propaganda sein, aber um *eine Art Abstimmung* handelte es sich dabei durchaus, und mit Sicherheit um eine Wahl per Akklamation – ein Verfahren, von dem auch die Evangelien im Zusammenhang mit Jesus berichten.[31] Laut Erstem Buch der Makkabäer nimmt Simon diese Ernennung »auf ewige Zeit« an, »bis [dereinst] ein glaubwürdiger Prophet erstände« und die Angelegenheit endgültig regeln werde. Hier sehen wir zweifellos eine weitere Spur der Vorstellung vom »wahren Propheten«, die sich wie ein roter Faden durch die gesamte Geschichte dieses Zeitabschnitts zieht. Aus der Perspektive der christlichen Tradition und der im Hebräerbrief skizzierten Hohenpriesterschaft Jesu muß Johannes der Täufer zweifellos als jener »Prophet« angesehen werden.

In der »Zelotenbewegung« aber gewinnt diese Idee einer »Wahl« überragende Bedeutung. Nach Josephus' Darstellung fordern die Revolutionäre von 4 v. Chr. bis 66/70 n. Chr. in jedem neuen Aufstand immer wieder, daß *vom Volk* ein Hoherpriester von *größerer Reinheit* und »Frömmigkeit«, als die ihnen aufgezwungenen herodianischen Hohenpriester besaßen, *gewählt werde*. Manchmal handelt es sich dabei um eine regelrechte Abstimmung; zu anderen Gelegenheiten findet offenbar eher eine »Wahl durch Losentscheid« statt.[32] In seiner Schilderung der nach dem Tod des Herodes ausgebrochenen Unruhen von 4 v. Chr. bis 7 n. Chr. etwa sagt Josephus, die »religiös-politischen« Revolutionäre hätten eine *Hohepriesterwahl* gefordert. Dabei scheint es sich um eine »Wahl durch Losentscheid« gehandelt zu haben.

Eine ähnliche »Auslosung« fand nach Josephus' Schilderung in der Höhle statt, in der er und seine Gefährten sich nach einer der vielen Niederlagen dieses gescheiterten Organisators des galiläischen Widerstands versteckt hatten. Laut Losentscheid sollten, wie Josephus in leicht verschwörerischem Ton mitteilt, sich alle Überlebenden nacheinander umbringen. Doch Josephus und ein Kumpan verzichteten darauf, sich für den typischen letzten Ausweg solcher »Vierte-Philosophie«-Bewegungen zu entscheiden, und ergaben sich dem damaligen Oberbefehlshaber der römischen Truppen in Palästina und künftigen Kaiser Vespasian.[33]

Im Rahmen seiner Schilderung der »letzten Tage« – das heißt der letzten Tage des Tempels, 66 bis 70 n. Chr., insbesondere aber nach 68, als die Ereignisse sich zu überstürzen begannen und die verbliebenen von den Herodianern ernannten Hohenpriester getötet worden waren – berichtet Josephus, »die Neuerer« hätten als letzten Hohepriester vor der Erstürmung der Stadt durch die Römer einen gewissen »Phanni« oder »Phineas«/»Pinhas« gewählt, einen Mann niederer Herkunft.[34] Josephus spricht im Zusammenhang mit dieser Periode immer wieder von den »Neuerern« – den politischen und religiösen Reformern und/oder Revolutionären, die oberflächlich sämtlich unter dem Oberbegriff »Zeloten« zusammengefaßt werden, obwohl überhaupt nicht klar ist, was damals unter diesem Terminus verstanden und ob er auch nur annähernd konsequent zu deren Bezeichnung verwendet wurde. Wenn man aber bedenkt, welch große symbolische Bedeutung der Name »Pinhas«/»Phineas« für das Zelotentum allgemein besaß, fragt man sich, wie »zufällig« die Auslosung eines »Phanni« gewesen sein kann.

Wie wir gesehen haben, war Pinhas der sprichwörtliche Enkel des Aaron, der Sohn von dessen Sohn Eleazar – der »Lazarus« der Evangelien, ein in jener Zeit beliebter Name – und ein direkter Vorfahr des »Zadok« aus der Ära Davids. Er galt als Prototyp des »zelotischen« Priesters schlechthin, und tatsächlich existierte eine mit ihm verknüpfte Redivivus-Tradition, die sich nicht allzusehr von derjenigen unterschied, auf die sich die Evangelien berufen, um Johannes den Täufer mit Elia in Verbindung zu bringen: einem weiteren priesterlichen Vorläufer, der in »der Wüste von Damaskus« besonderen »Eifer« an den Tag legte.[35] Es existierte außerdem eine parallele »Regenmacher«-Tradition, die sich an Pinhas' Namen knüpfte und die nicht nur Bezüge zu ähnlichen Überlieferungen um Elia und, durch ihn, um Jakobus aufweist, sondern auch zu einer weiteren interessanten Gestalt, die Teil dieses Komplexes regenmachender *Zaddiks* ist: Honi dem Kreismacher – so genannt wegen *der Kreise, die er angeblich zeichnete, um Regen herbeizurufen.*[36]

Das archetypische Ereignis im Leben des Pinhas – das, wie wir gesehen haben, zur Stützung der makkabäischen Ansprüche auf das Hohepriesteramt herangezogen wurde – war, als er, der Nachkomme Aarons, »aus Eifer für Gott« Abtrünnige tötete, die sich mit Fremden verheiratet hatten, und dadurch das *Wüstenlager* der Israeliten vor Verunreinigung bewahrte. Zum Lohn wurde ihm und »seinem Samen« der »Bund des ewigen Priestertums« und das Recht, »Sühne zu schaffen für die Kinder Israel«, gewährt (4. Moses 25,13). Dieser Bund wird im Ersten Buch der Makkabäer (2,27) zugunsten von Judas Makkabäus' Vater, dem vermutlichen Urvater der ganzen Familie, angeführt: Mattathias oder Matthias. Dies ist – vielleicht nicht zufällig – auch der Name des Kandidaten, dem in der Apostelgeschichte »durch Losentscheid« *Judas Ischarioths* vakantes »Amt« zugesprochen wird.

Wenn daher Paulus, als er seine Gemeinde als »Abrahams Samen« bezeichnet, behauptet, seine Anhänger seien nun »alle Kinder Gottes durch den Glauben an Christus Jesus«, »nicht Jude noch Grieche, nicht Knecht noch Freier,... nicht Mann noch Weib«, sondern »alle eins in Christus Jesus« (Galater 3,28 f.), so stellt dies das genaue Gegenteil der oben geschilderten Ereignisse dar. Diese kosmopolitische paulinische »Heiden«-Mission ist gleichsam die spiegelbildliche Umkehrung und Negation des rund zweihundertfünfzigjährigen Kampfes Palästinas gegen Fremdherrschaft, Hellenisierung und die – zu Recht oder Unrecht – empfundene Verunreinigung durch die Vermischung mit (mehr oder weniger) »überseeischen« Völkern. Daß Paulus von seinen Zeitgenossen mißverstanden wurde, dürfte somit kaum jemanden überraschen.

Auch daß sie, wie der »Wir-Bericht« in der Apostelgeschichte (23,12) beschreibt, danach trachteten, ihn zu töten, ist eigentlich nicht weiter verwunderlich. Vom Standpunkt der nationalistischen Juden aus betrachtet, war Paulus schließlich ein »vaterlandsloser Verräter«, der jenen Kräften zum Sieg verhalf, gegen die sie und ihre Vorfahren, seit Matthias rund zwei Jahrhunderte zuvor das Banner der Revolte gehißt und das gereinigte Hohepriesteramt angenommen hatte, unermüdlich ins Feld gezogen waren. Matthias tat dies, wie das Erste Buch der Makkabäer berichtet und Josephus wiederholt, durch »Eifer für das Gesetz« und durch Berufung auf den in Numeri Pinhas gewährten »Bund«. Während Matthias, wie wir gesehen haben, Abtrünnige auf dem Altar zu Modein tötete, wendete Pinhas die Verunreinigung des Lagers – und den damit zusammenhängenden Zorn Gottes – dadurch ab, daß er Juden tötete, die sich *mit Heiden vermischt hatten.*

Nichts könnte den zentralen Konflikt jener Zeitspanne – und die in den Qumran-Texten zum Ausdruck kommende Geisteshaltung – besser veranschaulichen. Dies ist *das Ethos* der Qumran-Dokumente. Und wie wir glauben, wird sich herausstellen, daß dies auch das Ethos der von Jakobus angeführten Bewegung war, deren Anhänger – sogar in der Apostelgeschichte – größtenteils sowohl »Priester« (6,7) als auch »Eiferer [›Zeloten‹] für das Gesetz« (21,20) genannt werden.

Paulus gebraucht in seinen Briefen ebenfalls konsequent den Begriff »Eifer«, aber es ist offensichtlich, daß er durchaus um die andere Bedeutung weiß, die dieser Terminus bei seinen Gegnern besitzt. Jedesmal kehrt er *deren* Gebrauch des Wortes – im Sinne von »Eifer der Vorfahren«, »Eifer für ihre Sitten«, »Eifer für Tradition und Gesetz« – um und bezeichnet damit vielmehr *den Eifer für seine* [Paulus'] *Mission* oder *den Eifer für seinen neugefundenen Glauben an Christus Jesus*, durch dessen »Gnade« er beauftragt worden sei, den Heiden zu predigen. Ebenso hat er die Anweisung erhalten, eine Gemeinde zu gründen, die sich nicht auf das Gesetz, sondern auf den »Glauben an Christus Jesus« stützt – eine Gemeinde, in der es, wie es etwa der Epheserbrief (2,19) formulieren würde, »keine Gäste und Fremdlinge mehr« gibt.[37]

Pinhas dagegen erhält nach Darstellung des Buches Numeri die ewige Priesterschaft für sich und seine Nachkommen aufgrund des *Eifers (zêlos)*, den er unter Beweis stellte, als er *Abtrünnige tötete* und *die Verunreinigung des Lagers von Israel abwehrte.* Für überzeugte »Zeloten« war das Töten von Abtrünnigen – wozu auch Paulus gehörte – keine Sünde, sondern vielmehr eine tugendhafte Handlung. Priester vom Schlage des Pinhas duldeten jeden Mord, solange er im Interesse der Gerechtigkeit und der Läuterung – beziehungsweise der Abwehr von Verunreinigung – diente. Dies ist das Ethos der »Zelotischen«/»Messianischen Bewegung« – das hier keineswegs verherrlicht, sondern nur verdeutlicht werden soll –, und dieses Ethos stand in vollkommenem Widerspruch zur paulinischen Mission. Die beiden befanden sich geradezu auf Kollisionskurs. Jetzt braucht man nur noch Jakobus in das Gesamtbild einzufügen, um zu begreifen, was sich in den vierziger bis sechziger Jahren des ersten nachchristlichen Jahrhunderts in Jerusalem und im gesamten Mittelmeerraum unter denen abspielte, für die derlei Dinge von essentieller Bedeutung waren.

Als »die Zeloten« oder *»Sikarier«* als den letzten Hohenpriester vor der Zerstörung des Tempels besagten »Phanni«, einen Mann einfacher Abstammung, ermittelten, geschah dies nach Auskunft Josephus' »durch Losentscheid«, was, wie die Aufständischen behauptet haben sollen, »eine altehrwürdige Praxis« gewesen sei.[38] Als der Snob, der er ist – und seinem Temperament nach nicht sonderlich verschieden von Paulus –, wettert Josephus mit größter Empörung gegen diese Wahl und behauptet, Phanni sei niedrigster Herkunft und kaum ein Priester zu nennen gewesen. Vielleicht protestiert er aber ein bißchen zu laut. Und möglicherweise war Phanni einfach zu »arm«.

Hinter dieser »Wahl« steckt mehr, als es den Anschein hat. Es ist nicht immer klar, inwieweit sich eine solche »Ermittlung durch das Los« von einer regelrechten Abstimmung unterscheidet. Die »Sikarier« stellen die Auslosung hier eindeutig als die alte Verfahrensweise zur Wahl von Hohenpriestern dar. Wie wir gesehen haben, berichten

Apostelgeschichte und – auf sie gestützt – Eusebios, Matthias, der Nachfolger Judas' (man beachte selbst hier die scherzhafte Umstellung der Namen aus der ursprünglichen Makkabäergeschichte!), sei durch das Los gewählt worden (1,26). Eine solche Prozedur hatte etwas Magisches oder Mystisches an sich, als offenbarte sich in ihr Gottes Wille. Daß in dieser »Endzeit« – unmittelbar bevor jene, die Josephus jetzt »Zeloten« nennt, die Hohenpriester des »Establishments« (insbesondere diesen für den Tod des Jakobus verantwortlichen Ananus, in dem wir den »Frevelpriester« der Qumran-Rollen vermuten) abschlachteten – Phanni gewählt wurde, ist offensichtlich mehr als nur ein bloßer symbolischer Akt.[39]

Josephus berichtet auch, die Partisanen von Masada – die er immer wieder als »Sikarier« tituliert – hätten vor ihrer letzten Verzweiflungstat, dem Massenselbstmord, mehrfach »das Los geworfen«, um diejenigen zu ermitteln, die ihren Kameraden und deren Angehörigen den Tod geben sollten.[40] Wie wir gesehen haben, waren die »Sikarier« (»Meuchelmörder«) – so genannt nach dem Krummdolch *(sica)*, den sie unter ihrem Gewand verborgen trugen – der extremistische Flügel der Zelotenbewegung.

Tatsächlich haben archäologische Grabungen in Masada eine Tonscherbe zutage gefördert, die bei eben einer solchen »Wahl« – derjenigen des Eleazar ben Jair (natürlich so genannt nach Aarons Sohn, des Pinhas Vater) – benutzt worden sein könnte. Wie im Zusammenhang mit »Jakobus und Simon« zur Zeit der rund 25 Jahre zurückliegenden Hungersnot identifiziert Josephus ihn als »Nachkommen des Judas, der wiederum ... als Quirinus zur Volkszählung nach Judäa beordert worden war, zahlreiche Juden dazu gebracht hatte, daß sie sich weigerten, an der Zählung teilzunehmen«. Eleazar war der Anführer der letzten knapp 900 Verteidiger von Masada, deren Massenselbstmord Josephus so detailliert beschreibt.

Interessanterweise kehrt Josephus, wenn er die sogenannten Untaten dieser Extremisten – »denen Gott die verdiente Strafe zuteil werden ließ« – schildert, die »Gerechtigkeit«-/»Frömmigkeit«-Dichotomie (»liebe deinen Nächsten« und »liebe Gott«), die diesen Gruppen soviel bedeutet zu haben scheint, gerade *gegen* sie. Nicht nur sagt er, sie »wetteiferten geradezu, sich gegenseitig in der *Gottlosigkeit* und im *Mangel an Gerechtigkeitssinn gegenüber den Mitmenschen* zu überbieten«, sondern berichtet auch, sie hätten »jene ausgeraubt, die reicher waren als sie«.[41]

Josephus rekonstruierte für uns zudem Eleazars letzte Ansprache, die um die zentralen Themen jener Zeitspanne kreist und mit der gleichen Art von Details ausgeschmückt ist, die man auch in Thukydides' paralleler Darstellung von Perikles' Leichenrede findet. Die Tatsache, daß Josephus seinerzeit für die Römer jüdische Kriegsgefangene verhört hatte, könnte erklären, woher er diese Informationen bezieht. Wie wir sahen, hätte er eigentlich selbst auf eine durchaus ähnliche Weise den Tod finden sollen. Allerdings wäre es absurd gewesen zu erwarten, daß ein so charakterloser Mensch wie Josephus sein Schicksal dem »Los« überlassen könnte.

Dieser Begriff des Verrats und der Untreue ist in der Literatur des uns interessierenden Zeitabschnitts weit verbreitet – und zwar nicht nur in dem wohlbekannten Sinne, in dem die Verfasser der Evangelien oder der Apostelgeschichte ihn auf jemanden beziehen, den sie *Judas*, den »Verräter« nennen (Lk. 6,16), sondern auch in den Handschriften vom Toten Meer erscheint der Ausdruck »Verräter« immer wieder. Hier wird der Begriff auf jene angewendet, die den Gerechten Lehrer oder die Gemeinde auf irgendeine Weise »verraten« und sogar als »Verräter des Neuen Bundes«[42] bezeichnet werden – aber dieser »Verrat« bedeutet, wie schon gesagt, fast das genaue Gegenteil dessen, was wir vom Neuen Testament her kennen.

Die Wahlen, mit denen wir es in dieser Periode also zu tun haben – wie die in der Apostelgeschichte (1,26) und in Anlehnung daran in Eusebios' *Kirchengeschichte* erwähnte »Auslosung« des Nachfolgers Judas *Ischarioths* –, sind also wahrscheinlich, ungeachtet all ihrer wunderbaren oder übernatürlichen Untertöne, durchweg Wahlen im gewöhnlichen Sinne des Wortes. Wie im Falle der in Masada durchgeführten »Auslosung« haben nicht nur beide es offenbar mit »Sikariern« zu tun, sondern sie finden auch in unmittelbarer zeitlicher Nähe eines *Selbstmords* statt: desjenigen Judas' oder desjenigen der *sikarischen* Erben Judas' des Galiläers.[43] Das Problem mit dieser Wahl um die Nachfolge Judas *Ischarioths* ist wahrscheinlich die Tatsache, daß die Apostelgeschichte sie nicht nur auf das falsche »Amt«, sondern auch auf die falsche Person bezieht. Was wir in einer Erzählung wie der Apostelgeschichte an dieser Stelle erwartet hätten, wäre die »Wahl« des Oberhaupts der ganzen Gemeinde *in der Nachfolge Jesu* gewesen. Eusebios faßt sie natürlich genauso auf, indem er sie als Einleitung seines Berichts über die Wahl des *Jakobus* verwendet.

Petrus' Bezugnahme auf die Psalmen 69 und 109

An diesem Punkt stellt der Verfasser der Apostelgeschichte die Wahl von Judas' Nachfolger als etwas so Wichtiges dar, daß sie mit zwei Bibelstellen, aus den Psalmen 69 und 109, in Verbindung gebracht werden muß: Wir sollen, mit anderen Worten, glauben, das Ereignis sei entweder in der Heiligen Schrift vorgezeichnet gewesen – wie dies bei besonders bedeutsamen »Ur-Geschehnissen« normalerweise der Fall ist –, oder aber es werde durch sie erklärt. Folgende Worte legt die Apostelgeschichte dem Petrus in den Mund:

> Es mußte das Wort der Schrift erfüllt werden, welches zuvor gesagt hat der Heilige Geist durch den Mund Davids über Judas, der den Weg zeigte denen, die Jesus fingen[44] (1,16).

Die Passagen aus diesen Psalmen werden dabei, wie üblich, völlig aus ihrem eigentlichen Kontext herausgerissen. Keine von beiden paßt im entferntesten auf die Situation Judas' oder seines Nachfolgers.

Dies sollte eigentlich nicht weiter überraschen, ist es doch die normale Vorgehensweise der neutestamentlichen Schriftexegese, doch wer mit der Materie nur wenig bewandert ist, könnte sich darüber wundern. In diesem Fall ist der Verfasser offensichtlich so vorgegangen, daß er das Alte Testament nach passenden Stellen abgesucht hat, und wann immer ein Wort oder ein Satz sich auch nur halbwegs in den Gang der Handlung einfügen oder auf das jeweils beschriebene Ereignis beziehen ließ, gab er sich zufrieden. Ein ähnliches Verfahren wird in den Qumran-Rollen und namentlich in den *Peschers* angewandt – wenngleich in letzteren auf nicht ganz so krasse Weise, stimmt der Tenor der Interpretation in der Regel doch immer mit demjenigen der zugrundeliegenden Passage überein.

Die Ähnlichkeit ist hier wichtig, da sie die Vermutung nahelegt, daß solches Material von damals in Umlauf befindlichen *Peschers* des Qumran-Typus übernommen worden sein könnte. In den Qumran-Texten wird gewöhnlich (wenngleich nicht immer) eine bestimmte Passage aus der Schrift – also beispielsweise Kapitel 1 und 2 von Habakuk oder Psalm 37 – mehr oder weniger vollständig zitiert. Beide genannten Stellen sind von sich aus *»Zaddik«*-Texte, das heißt, sie handeln unter anderem von den Aktivitäten und dem Schicksal des »Zaddik« oder »Gerechten« – was bekanntlich Jakobus' Beiname ist. Wie auch die Verfasser der Evangelien oder, im vorliegenden Fall, der Apostelgeschichte, durchsuchte der qumranische Exeget wahrscheinlich die Heilige Schrift gezielt nach aussagekräftigen Textstellen, die auf irgendeine Weise mit dem gegenwärtigen oder früheren Leben der Gemeinde sowie mit wichtigen Ereignissen oder für sie charakteristischen Doktrinen in Zusammenhang gebracht werden konnten. In diesem Sinne »fand« man die Lehre oder das Schicksal der Gemeinde und einiger ihrer wichtigsten Anführer oder Feinde.

In der frühen Kirchenliteratur wurde mit Jakobus genauso verfahren. Eusebios beharrt unter Verweis auf Hegesippus darauf, daß wichtige Beinamen Jakobus', wie »der Gerechte« oder »*Oblias*« (»Schutz des Volkes«), sich – wie in den Qumran-Rollen – finden ließen, indem man die Bibel durchforschte, und zwar insbesondere die Propheten und die Psalmen. Gestützt auf Hegesippus, seine Quelle des 2. Jahrhunderts, geht Eusebios sogar so weit, eine alttestamentliche Passage – diesmal allerdings nicht aus den Psalmen, sondern aus den Propheten – auf Jakobus' Schicksal zu beziehen, ebenso wie die Apostelgeschichte die genannten Stellen mit Ereignissen in Verbindung bringt, die um ihre Version vom Schicksal Judas' kreisen. Wie wir unten sehen werden, behandelt Eusebios die Umstände vom Tod des Jakobus sogar – wie die Evangelien es in bezug auf den Tod Jesu tun – auf der Grundlage eines weiteren »*Zaddik*«-Textes: des Buches Jesaja (3,10).

Das Neue Testament verfährt normalerweise etwas anders. Auch wenn es mit der Heiligen Schrift auf die gleiche Weise umgeht wie die Qumran-*Pescharim* oder die genannten Texte in bezug auf Jakobus und Judas *Ischarioth*, ordnet es die exzerpierten Passagen in der Regel und fügt sie zu einer Erzählung zusammen. Anstatt, wie die *Pescharim* aus Qumran es häufig tun, einem bestimmten biblischen Text in seinem genauen Hergang, mit allen Ereignissen, historischen Anspielungen und so weiter bis zu seinem Abschluß zu folgen, bedienen sich die Evangelien einzelner alttestamentlicher Stellen, um daraus eine Lebensgeschichte neu zusammenzusetzen – in diesem Falle die Geschichte Jesu. Zitate, vor allem aus den Propheten und Psalmen, werden auf eine ziemlich zusammenhanglose Art aneinandergereiht – Hauptsache, sie können in irgendeiner Weise auf die Erzählung bezogen werden oder dazu beitragen, den Gang der Ereignisse voranzutreiben. Eine der wichtigsten biblischen Stellen, die als der Geschichte Jesu zugrunde liegend dargestellt und zu deren Entwicklung verwendet werden, ist jene im Buch Jesaja (53), einer der sogenannten »Leidender-Knecht«-Texte. Erwartungsgemäß handelt es sich dabei (wie im Falle der zuvor erwähnten, auf Jakobus bezogenen Stelle 3,10) um einen »*Zaddik*«Text. Er ist bei sämtlichen vier Evangelien der gleiche; schließlich versuchen sie alle, die gleiche oder eine parallele Geschichte zu erzählen.

Die in der Apostelgeschichte im Zusammenhang mit der *Auslosung des zwölften Apostels* zitierten Passagen stammen, wie bereits gesagt, aus den Psalmen (69 und 109). Diese Textgattung ist für die Evangelien gleichfalls eine beliebte Quelle für das Leben Jesu. Was in der Apostelgeschichte (1,20) als »seine Behausung soll wüst werden und niemand sei, der in ihr wohne« wiedergegeben wird, ist im Original in

Wirklichkeit im Plural formuliert (»ihre Wohnstatt«/»ihre Zelte«) – und nebenbei bemerkt handelt es sich bei diesem Urtext um einen *extrem zionistischen* Psalm, der am Ende sogar die Hoffnung äußert, »die Städte Judas [wiederaufzu]bauen« und »darin [zu] bleiben« (69,36 f.).

Im Original heißt es – was im Zusammenhang mit den Wüsten-»Lagern« Qumrans und mit den »Rechabitern« (die, wie wir aufzeigen werden, in einer wesentlichen Beziehung zu Jakobus und den im Matthäusevangelium [27] geschilderten Aktivitäten Judas *Ischariots* stehen) noch zusätzliche Relevanz besitzt – »*ihr* Lager soll verwüstet werden, und niemand soll wohnen in *ihren* Zelten« (69,26).[45] Psalm 69 ist gleichfalls ein »*Zaddik*«-Text, der Anspielungen auf »die Armen« und »die Elenden« enthält, ganz zu schweigen von berühmten Stellen, die sich auch in den Evangelien finden, wie »sie geben mir … Essig zu trinken für meinen Durst«, »ich bin fremd geworden meinen Brüdern und unbekannt den Kindern meiner Mutter« – aber nichts, was sich beim besten Willen in welchem Sinne auch immer auf *Judas Ischarioth* beziehen ließe – ganz im Gegenteil.[46]

Tatsächlich enthält der Text eine Anspielung auf »von der Tiefe verschlungen werden«, die für die Weise, wie in den Qumran-Texten die Vernichtung des Gerechten Lehrers dargestellt wird, von größter Bedeutung ist. Diese erscheint im Kontext von »nicht in den Tiefen des Meeres *versinken*«, sondern »aus dem Schlamm *errettet*« werden – Wendungen, die sowohl im Zusammenhang mit Qumraner »Errettungs«-Metaphorik als auch mit Evangelienberichten, in denen die Apostel *ihre Netze* ins Meer *werfen* oder Petrus »sich ins Meer wirft« oder »im Meer versinkt« (Johannes 21,6–11 und Matthäus 14,30 – einschließlich der Anspielung auf »rette mich«), von besonderer Bedeutung sind.[47]

Die Beziehung zu Psalm 109 (einem weiteren »Leidender-Knecht«-Text in der Art des Buches Jesaja 53) schiene in den – für die Gemeinde des Jakobus wie für die Qumran-Rollen natürlich hochbedeutsamen – Anspielungen auf »die Armen« und »die Elenden« (109, 16–22) zu liegen. Der Psalm verwendet nicht nur beliebte Qumranismen wie »Falschheit« und »lügende Zunge«, sondern er besitzt auch den ganzen Charakter eines »Verfluchungs«-Textes von der Art, wie man sie in Qumran antrifft.[48] Tatsächlich ist seine gesamte Grundhaltung höchst unchristlich, rachsüchtig, zornerfüllt und vollkommen unbarmherzig – wieder eher zu Qumran passend.

Die Aussage »sein Amt soll ein anderer empfangen« (109,8), die zweite Belegstelle, die Petrus in der Apostelgeschichte (1,20) auf die Wahl des Nachfolgers Judas' bezieht, wird – wie die meisten alttestamentlichen Anspielungen in den Evangelien – völlig aus ihrem eigentlichen Kontext herausgelöst zitiert. Die Situation, die dort – wie in Psalm 69 – beschrieben wird, ist ein Umzingeltsein von Widersachern, und der Wunsch, der zum Ausdruck gelangt, ist, daß ebenso wie er (»der Arme«) von einem *bösen* Ankläger verurteilt wird, auch dieser Feind erbarmungslos »gerichtet« werde (109,7–20). Das Ganze hat wirklich nicht das geringste mit der Wahl eines Ersatzmanns für Judas zu tun, dafür aber – insofern es auf eine irgendwie beschaffene *amtliche Funktion* anspielt (in diesem Falle »Richtersein«) – um so mehr mit *Jakobus' Funktion* als »Bischof« oder »Aufseher der Jerusalemer Kirche«. Tatsächlich ist dies genau *die Bedeutung des griechischen Wortes*, mit dem Lukas in der Apostelgeschichte (1,20) den entsprechenden Ausdruck aus dem Psalm übersetzt: *»Episkopê«*, das heißt *»Episkopat«* oder *»Amt des Bischofs«*!

Der dem zugrundeliegende hebräische Terminus aus Psalm 109,8 (*Pekuddah*, »Amt«, in der Apostelgeschichte *»Episkopat«*) ist aus der Wurzel *P-K-D* abgeleitet: »befehlen«, »Weisungen erteilen«. Dieser Begriff ist in Qumran außerordentlich weit verbreitet, insbesondere in der Damaskus-Schrift, wo er sowohl auf den sogenannten *»Mebakker«* oder »Aufseher« als auch auf eine ihm analoge Gestalt bezogen wird: den »Priester *Muphkad*« oder den »Hohenpriester, der die Lager befehligt«. Der »Aufseher« oder *»Mebakker«* ist im großen und ganzen kaum von »Befehliger der Lager« zu unterscheiden (oft ist sogar von der »Versammlung der Lager« die Rede), und er hat in Fragen des »Richtens« stets das letzte Wort. Von ihm heißt es auch, er habe Macht über »alle Geheimnisse der Männer und ihrer unzähligen Zungen«, und ihm obliege es, »die Armen *[Ebionim]* und die Elenden *['Ani]* zu unterstützen.[49] Diese Wurzel *P-K-D* wird in Qumran außerdem mit dem Begriff *»Heimsuchung«* in Verbindung gebracht: Gott »sucht« die Welt »heim«, um *ihr Befehle zu erteilen*.[50]

Psalm 109 spielt auch wiederholt auf »Kleider« (»Hemd« usw.) an, einen weiteren Begriff, der in den Berichten um den Tod Jakobus' und Jesu eine wichtige Rolle spielt; in den Evangelien des Matthäus (27, 35) und des Markus (15,24) beispielsweise »werfen« die römischen Soldaten »das Los« um Jesu »Kleider« – dies unmittelbar nach der Anspielung auf »Essig zu trinken geben« aus dem obenerwähnten Psalm 69,22.[51] Der Psalm endet mit einer Anspielung *auf die Seele* [nicht in den deutschen Bibelübersetzungen, A. d. Ü.] des »Armen« (wieder *Ebion*). Diese Stelle ist die biblische Referenz für viele parallele Anspielungen auf »die Seele des Armen« *(Ebion)*, die sich in den Qumran-Hymnen finden – Texten, die zahlreiche Bilder aus diesen und parallelen Psalmen enthalten.[52]

Im Kontext dieser Anspielung auf die Übernahme von Judas' »Episkopat« durch Matthias taucht in der Apostelgeschichte auch die Tradition um den Selbstmord Judas' auf. Dieser wird auf dunkle und äußerst rätselhafte Weise mit einem Acker namens *»Akeldamach«* in Verbindung gebracht: das heißt »Blutacker« (Apostelgeschichte 1,19). Die Bedeutung dieser Anspielungen auf »Blut« (hebräisch *»dam«*) wird uns später klarwerden, wenn vom »Kelch des Neuen Bundes« in Jesu Blut und vom »Neuen Bund im Land Damaskus« die Rede sein wird. Aber das Szenario, das die Apostelgeschichte hier entwirft, stimmt mit demjenigen des Matthäusevangeliums überhaupt nicht überein. Dort nämlich *»hob sich* Judas« – nach viel Gerede um »Blut« und »Blutgeld« (später spricht auch Pilatus vom »Blut dieses Gerechten«, 27,24) – »davon und ... erhängte sich selbst« (27,5).[53]

Laut Apostelgeschichte (1,18 f.) stürzte Judas dagegen im *»Akeldamach«* oder »Blutacker« vornüber und »ist mitten entzweigeborsten, und all sein Eingeweide ist ausgeschüttet«. Dies, wie der Text verkündet, »zum Lohn für seine Ungerechtigkeit« (griechisch *Adikias* – man beachte das Wortspiel mit dem hebräischen *»Akeldamach«*), was uns wieder zu Josephus' Bericht über den Selbstmord der *»Sikarier«* von Masada zurückführt. Als er nämlich deren »Ungerechtigkeit [wieder *Adikias*] gegen ihre Mitmenschen« beklagte, äußerte Josephus die Hoffnung, sie möchten ihren gerechten »Lohn« empfangen. Die sprachlichen Beziehungen; die zwischen diesen zwei Schilderungen eines *»Sikarier«-Selbstmords* bestehen, dürften damit evident sein.

Der Selbstmord Judas *Ischarioths* und die Neubesetzung seines »Amtes«

Nach diesen zwei Zitaten aus den Psalmen wird in der Apostelgeschichte »das Los geworfen«, und der Mann, der daraufhin Judas' »Amt« oder »Episkopat« übernimmt, soll »ein Zeuge Seiner Auferstehung mit uns [den Aposteln] werden« (1,22) – eine Aussage, die uns *in allen Überlieferungen um Jakobus* wiederbegegnen wird. Unserer Ansicht nach überschreibt der Verfasser der Apostelgeschichte hier einen anderen, ihm bekannten Bericht, der an dieser Stelle in Wirklichkeit *Jakobus* eingeführt und nähere Angaben zu *dessen* Person gemacht hatte. Dies würde auch zu den zwei – zuvor besprochenen – sehr nationalistischen jüdischen Psalmen passen, welche die Apostelgeschichte jetzt statt dessen auf die Wahl von *Judas Ischarioths* Nachfolge bezieht.

Nach der Apostelgeschichte (1,23) soll dieser Nachfolger – unter zwei Kandidaten – durch das Los bestimmt werden. Der eine von ihnen, der den vielsagenden Namen *Joseph Barsabas* »mit dem Zunamen Justus« trägt, kommt in der Bibel nie wieder vor. Wie wir gesehen haben, taucht »Barsabas« in der Apostelgeschichte (15,22) zwar noch einmal auf, jedoch dort als »*Judas* mit dem Zunamen Barsabas«. Wir haben es abermals mit den Namen der Brüder Jesu zu tun. Diese durch Jakobus veranlaßte Entsendung des »Judas Barsabas« nach »Antiochia« wird uns noch auf verdächtige Weise an die syrische Legende um Thomas (»Judas Thomas«) erinnern, der »Thaddäus« zu König Agbarus nach Edessa schickt.[54]

Da »Judas Barsabas« einer der zwei Boten ist, die laut der Apostelgeschichte am Ende des »Jerusalemer Konzils« mit der schriftlichen Fixierung von Jakobus' Weisungen ausgesandt werden, muß er zuallermindest in Parallele zu jenem Personenkreis gesetzt werden, den Paulus im Brief an die Galater (2,12) als »etliche von Jakobus« tituliert und dessen Auftauchen in Antiochia, gepaart mit der Forderung, die Juden sollten sich *jeglicher Tischgemeinschaft mit Heiden enthalten,* Paulus' erbitterten Ausbruch gegen »die der Beschneidung« und allgemein die »Beschneidung« provoziert. Unserer Ansicht nach ist er (Judas Barsabas) mit dem »Thaddäus« oder »Judas Thomas« der Agbarus-Legende oder mit »Judas dem Zeloten« der damit zusammenhängenden syrischen Quellen identisch.

Alle diese Zunamen wie »Barsabas«, »Barnabas« und »Barabbas« sind wichtig und treten oft in Verbindung mit den Namen der Angehörigen Jesu auf. »Barabbas« ist in den Evangelien sogar eine Art Ersatzmann für Jesus selbst. Er ist der Mann, der »im Aufruhr« verhaftet worden war, weil er »einen Mord begangen« hatte (Markus 15,7 und Parallelen). In Johannes' Augen (18,40) macht ihn dies zu einem »Räuber« *(Lêstês)* – das Wort, das Josephus immer dann gebraucht, wenn er von Revolutionären spricht[55]; und *er* ist der Mann, den die Menge der Schrift zufolge Jesus vorzieht. In manchen Texten heißt er sogar »Jesus Barabbas«, wobei *Barabbas* richtig als Zuname mit der Bedeutung »Sohn des Vaters« erkannt wird.

Für »Barsabas« findet sich keine so unmittelbare aramäische Entsprechung – es besteht allerdings ein Zusammenhang mit dem Begriff »Saba«/»Sabäer«, dem wir später begegnen werden und der etwas mit täglichem Baden/Untertauchen zu tun hat. »Barnabas« wiederum würde – falls es ein wirklicher Name ist und nicht lediglich eine weitere Um-Schreibung – soviel wie »Sohn des Propheten« bedeuten. Entscheidend dabei ist, daß solche Namen des öfteren im Zusammenhang mit den Angehörigen von Jesu Familie oder mit Jesus selbst auftreten. Barnabas etwa kommt häufig in Verbindung mit »Joseph«

vor, dem Namen des Vaters oder Bruders Jesu. »Joseph, genannt Barnabas, mit dem Zunamen Justus«, der unterlegene Kandidat bei der »Wahl« um die Neubesetzung von Judas' »Bischofsamt«, ist, wie wir gesehen haben, eine durchsichtige »Überschreibung« *Jakobus' des Gerechten*. In diesem Falle sind die Hinzufügung des Kognomens »Justus« (»der Gerechte«) und die Verwendung des Wortes *»Episkopê«* zur Bezeichnung des zu besetzenden »Amtes« die entscheidenden Indizien.

Mit anderen Worten: In diesen einleitenden Passagen der Apostelgeschichte erfahren wir von einer Wahl durch das Los für die Neubesetzung eines höheren Amtes innerhalb der Urkirche, die wegen des Verrats und Selbstmords eines Mannes, der Judas oder »der Ischarioth« genannt wird, erforderlich geworden war, und der unterliegende Kandidat entpuppte sich als ein gewisser *Justus* – hier enthält der griechische Text merkwürdigerweise die transliterierte *lateinische* Version von Jakobus' Zunamen. Der siegreiche Kandidat trägt außerdem, wie Judas *Ischarioth* selbst, einen typisch makkabäischen Namen, »Matthias« – obwohl es im Kreis der Apostel bereits einen »Matthäus« gibt. Dieser Matthäus wiederum wird im Markusevangelium (2,14) »Levi, der Sohn des Alphäus« genannt, wobei »Alphäus« – wie Lebbäus, Kleophas und *»Oblias«* – ein weiterer Name ist, der in Verbindung mit den Angehörigen Jesu auftritt. Wie der Joseph, »genannt Barsabas, mit dem Zunamen Justus«, kommt dieser Matthias in der ganzen Bibel nicht mehr vor – seine einzige Funktion besteht darin, die etwas konstruierte Apostel-Zwölfzahl wieder aufzufüllen.

Die *Sikarier* und die Christen

All das könnte reiner Zufall sein, aber falls nicht, ist es ausgesprochen merkwürdig. Tatsächlich ist schon der Zuname »Ischarioth«/»Iskariot«, der dem Judas beigelegt wird, in sich sehr seltsam. Manche haben ihn als eine Herkunftsbezeichnung deuten wollen, aber jeder Versuch, einen Ort zu ermitteln, auf den er sich beziehen könnte, ist gescheitert. Andere haben darin einen kontrahierenden Satz-Namen gesehen, etwa *»Isch sche hischir auto«* – »der Mann, der ihn verkauft hat« –, was, so scharfsinnig und passend es auch sei, doch ziemlich weit hergeholt erscheint.

Die beste Parallele für die Bedeutung dieses Zunamens ist *»Sikarios«* – die Bezeichnung, mit der Josephus, wie wir gesehen haben, die radikalen »Neuerer« oder Anhänger der *Vierten Philosophie* oder

»Zelotenbewegung« versieht – das hieße also (in entstelltem Griechisch): »Judas der Sikarier«. Die meisten Konsonanten und Vokale der zwei Wörter »Sikarios« und »Iskariot« stimmen überein. Lediglich die ersten zwei Buchstaben, *»s«* und *»i«*, sind umgestellt und das auslautende *»s«* durch ein *»t(h)«* ersetzt worden. Durchaus vergleichbare Umstellungen und Abwandlungen treten bei Namen wie den bereits erwähnten »Kleophas«, »Alphäus« und »Lebbäus« auf sowie bei dem Beinamen »Oblias«, dem wir noch im Zusammenhang mit Jakobus begegnen werden.

Die – wie schon mehrfach geschildert – nach dem »arabischen« Krummdolch (Josephus nennt ihn »persisch« und sagt, er habe der kurzen römischen *»sica«* geähnelt, nur sei er kleiner gewesen), den sie unter ihrem Gewand trugen, so genannten *Sikarier* wurden nach dem Untergang des Tempels (70 n. Chr.) gleichsam zur vorherrschenden revolutionären Partei, und zwar *vor allem im Ausland*. Das heißt, sie waren, wie die sogenannten *»Christen«*, *missionarisch* tätig![56] Josephus bezeichnet sie nicht nur ausdrücklich als die in den Selbstmord von Masada verwickelte Gruppe, sondern er bringt sie gleichzeitig auch mit der Weigerung in Zusammenhang, »als Quirinus zur Volkszählung nach Judäa beordert worden war, an der Zählung teilzunehmen«. Dies ist eine äußerst wichtige Verbindung, die solcherart bislang noch nie hergestellt worden war.

Ja, sie ist, wenn wir so wollen, ein Eingeständnis – an Bedeutung durchaus demjenigen vergleichbar, das gegen Ende des sechsten Buches, nach dem Untergang des Tempels, gemacht wird –, daß der wichtigste Beweggrund, der die Juden zum Aufstand gegen Rom veranlaßte, die »Stern-Prophezeiung« war. Dieselbe Verbindung knüpft auch das Lukasevangelium hinsichtlich der Geburt von Christus (*Christos* – 2,2–11). Lesen wir, was Josephus schreibt:

> Zu jener Zeit [während des Zensus des Quirinius] hatten sich die *Sikarier gegen alle verbündet, die sich der Römerherrschaft fügen wollten, und benahmen sich gegen sie in jeder Hinsicht wie gegen Feinde, beraubten sie ihrer Reichtümer … Nach ihrer Auffassung bestand zwischen solchen Leuten und den Fremden kein Unterschied, hatten sie doch* in so würdeloser Weise *die Freiheit* verraten, die *die Juden* bis zum letzten verteidigten, und *der römischen Knechtschaft den Vorzug gegeben.*[57]

Er faßt hier nicht nur mit wenigen Worten die Situation in Palästina zusammen, wobei er alle Kollaborateure (einschließlich sich selbst) als »Feinde« brandmarkt, sondern er verwendet jetzt auch anstelle der Bezeichnung »Vierte Philosophie« oder »Zeloten« den Terminus *»Sikarioi«*. Nicht weniger wichtig ist sein Gebrauch der Wörter »Freiheit« und »Knechtschaft«, die bei Paulus die entgegengesetzte (und »vergeistlichte«) Bedeutung erhalten. Wie Josephus – wieder unter Ausspielung der »Armen«-Metaphorik und unter Parodierung von Wendungen wie »Reichtümer rauben« (die in den Qumran-Texten das genaue Gegenteil bedeuten) – es darstellt, hatten diese Leute nichts anderes im Sinn, als »die Reichtümer« derjenigen Klassen, die sich mit den Römern arrangieren wollten, »zu rauben«.

Nach dem Selbstmord in Masada (73 n. Chr.) folgt Josephus in seiner Erzählung anderen Sikariern nach Ägypten und Kyrene (Libyen): Orten, die auch in der Apostelgeschichte eine gewisse Rolle spielen. Hier sagt er dann:

> Jene *Sikarier*, die sich dorthin hatten flüchten können, waren nicht damit zufrieden, daß sie ihr Leben hatten retten können, sondern sie betätigten sich wieder auf umstürzlerische Weise und beredeten viele von denen, die sie aufgenommen hatten, *einen Aufstand für die Freiheit zu wagen*, die Überlegenheit der Römer nicht anzuerkennen und *außer Gott niemand als Herrn über sich zu dulden*.

Das also ist eindeutig das zwiefache *politisch-religiöse Programm*, das er an anderer Stelle sogar als gefährlicher als die Aktivitäten »der Räuber und Banditen« bezeichnet hatte. Ebenso klar ist auch, daß er hier unter *»Sikarier«* das gleiche verstanden wissen will, was er in *Altertümer* die *Vierte Jüdische Philosophie* nennt (und das er bislang mit keinem spezifischen Namen versehen hatte): die Bewegung *Judas' und Saddoks*, die, wie er erklärt, *»einen unbändigen Willen zur Freiheit* hatten, behaupteten sie doch, Gott sei *ihr einziger Herr und Meister*... Der Tod ihrer Verwandten und Freunde gilt ihnen nichts, und keinerlei entsprechende Befürchtung kann sie dazu bringen, irgendeinen *Mann* ›Herr‹ zu nennen.«

Die »Freiheit«, von der Josephus hier wiederholt spricht, ist politische, nationale Freiheit, nicht jene »Freiheit vom Gesetz« oder »Freiheit in Christus Jesus«, die Paulus so verherrlicht. Josephus greift diese Idee, »keinen *Mann* ›Herr‹ zu nennen«, in seiner Beschreibung der nach Ägypten geflohenen Sikarier wieder auf:

> Man war allgemein verwundert über ... ihre seelische Haltung. Denn obgleich sie alle möglichen Folterungen und Verstümmelungen auszuhalten hatten, einzig damit sie *Cäsar als Herrn an-*

erkannten, wurde kein einziger von ihnen schwach,... sondern sie blieben in ihrer Gesinnung unerschütterlich, als wären sie unempfindlich gegen Martern, ja als freuten sie sich sogar noch darüber. Am meisten Bewunderung zollten die Zuschauer aber den Knaben, von denen sich keiner bewegen ließ, *Cäsar als seinen Herrn zu bezeichnen*.

Eine vollkommenere Darstellung »christlicher« Märtyrergesinnung wäre kaum denkbar.

Doch der »Wahnwitz der *Sikarier*«, den Josephus mit einer »Pest«[58] vergleicht, fuhr in Kyrene weiter fort, Verwirrung zu stiften, und wiegelte »eine ansehnliche Zahl von *Armen*« auf. Diese wurden, wie gehabt, mit dem Versprechen »in die Wüste« hinausgelockt, »dort Wunderzeichen und allerhand Erscheinungen« vorgeführt zu bekommen – dies auch noch im nordafrikanischen Kyrene, Lukas' wahrscheinlicher Heimat. Aus eigenen Erfahrungen schöpfend, macht sich Josephus nun daran, die – in Evangelienberichten um »Judas« so wichtigen – Begriffe »Komplott«/»Verschwörung« und »Verrat« mit diesen *»Sikariern«* in Verbindung zu bringen. Deren wichtigster Anführer in Kyrene, ein charismatischer Revolutionär namens Jonathan, war, wie sich später herausstellt, »ein Feind von Josephus« gewesen und hatte versucht, ihn durch falsche Anschuldigungen zu belasten, und überhaupt »die *Sikarier* gelehrt, ungerechtfertigte Klagen gegen andere Leute vorzubringen«.[59]

Man sollte sich an dieser Stelle unbedingt vergegenwärtigen, daß *»Sikarios«* ein Quasi-Anagramm und möglicherweise eine bewußte pejorative Abwandlung von *»Christianos«* (griechisch »Christ«) darstellt. Dies ist nicht nur eine These der vorliegenden Arbeit – sogar Josephus scheint den Terminus hier in einem verallgemeinerten Sinne zu verwenden, das heißt: Für ihn sind alle Leute von der Art, die *falsche Anschuldigungen vorbringen* oder *andere verraten*, »Sikarier«. Jonathan »verschwor sich« mit Catullus, dem römischen Statthalter von Kyrene, »die Reichen unter den Juden fälschlich zu verklagen« und »hinrichten zu lassen«. Abermals sehen wir hier eine Umkehrung des wahren Sachverhalts, wie ihn die Qumran-Rollen und vergleichbare Quellen schildern.

»Diese hinterhältige Bezichtigung bezog sich auch auf Josephus, den Verfasser des vorliegenden Buches.« Jedoch dank der »Fürsprache« seines Gönners Titus hatte diese »Verleumdung« nicht den gewünschten Erfolg, und Jonathan wurde »so bestraft, wie er es verdient hatte: Er wurde erst gefoltert und dann bei lebendigem Leib verbrannt!« Catullus seinerseits

> sah unentwegt die Geister der von ihm Ermordeten neben sich ... Dieser Zustand verschlimmerte sich immer mehr, und am Ende *verwesten seine Eingeweide und traten ihm aus dem Leib*... ein schlagendes Beispiel dafür, daß die göttliche Vorsehung die Übeltäter der gerechten Strafe zuführt.[60]

Eine auffälligere Ähnlichkeit mit dem Ende, das die Apostelgeschichte dem von ihr so genannten »Judas *Ischarioth*« zuschreibt (»... mitten entzweigeborsten und all seine Eingeweide ausgeschüttet«), wäre überhaupt nicht vorstellbar. Und damit läßt Josephus seinen *Jüdischen Krieg* ausklingen.

Im *Krieg* tauchen die *Sikarier* erstmals zur Zeit des Felix auf (53–60 n. Chr.), als Jakobus in Jerusalem durchaus »das Sagen hat«. Auch wenn sie ansonsten nicht von den »Zeloten« zu unterscheiden sind, ist die erste offene Aktion, die Josephus ihnen zuschreibt, *die Ermordung des Hohenpriesters Jonathan*, des Sohnes jenes Ananus, der nach Darstellung der Evangelien zusammen mit seinem Schwiegersohn Kaiphas mitverantwortlich für Jesu Kreuzigung war. Ja, wichtiger noch – er ist der Bruder des Ananus ben Ananus, der sieben Jahre später den Tod des Jakobus veranlaßt.

Der Vater, »(H)Annas« – das zweite *»a«* hat im Zuge der Transliteration seine Stelle gewechselt –, wird in den Evangelien des Lukas (3,2), Johannes (18,13) und in der Apostelgeschichte (4,6) erwähnt. Er ist der Stammvater eines sehr wichtigen Geschlechts herodianischer Hoherpriester. Dieser Ananus erhielt das Amt (7–15 n. Chr.) nach Joazar ben Boethus (dem Hohenpriester, den Judas und *Saddok* in der Frage um die Zahlung der römischen Steuer bekämpft hatten), im Anschluß an den Zensus-Aufstand; wie Josephus ausdrücklich vermerkt, ernannte ihn Cyrenius um die gleiche Zeit zum Hohenpriester, als »Antipas und Philippus ihre jeweilige Tetrarchie übernahmen«.[61] Vier bis fünf Söhne von ihm hatten später gleichfalls, bis zur Zerstörung des Tempels im Jahre 70 n. Chr., das Hohepriesteramt inne.

Jonathan ist derjenige, der 55 n. Chr. von den *Sikariern* ermordet wurde. In Verbindung mit der bereits erwähnten »Tempelmauer-Affäre« führt dieses Ereignis unwiderruflich zu Jakobus' Tod. Tatsächlich liefert uns Josephus in *Altertümer* seine Erklärung des Namens »Sikarier«, unmittelbar bevor er Agrippas II. Niederlage in der »Tempelmauer-Affäre« (62 n. Chr.) schildert. Es ist auch kein uninteressanter – und, unserer Ansicht nach, ebensowenig ein zufälliger – Umstand, daß diese sogenannten *»Sikarier«* ihren ersten offiziellen Auftritt gerade im Zusammenhang mit der Beseitigung eines Verwandten ebenjenes Ananus/ (H)Annas haben, der an der Vernichtung Jesu beteiligt gewesen sein soll. Und sieben Jahre später wird der nächste Sohn dieses Ananus (neben Agrippa II.) für den Tod des Jakobus verantwortlich sein – »des *Zaddik* des Oppositionsbündnisses«.

Wir erkennen eine gewisse innere Logik in der Abfolge dieser Ereignisse: die Ermordung Jonathans, die »Tempelmauer-Affäre«, der Justizmord an Jakobus, die von der niederen »zelotischen« Priesterschaft erzwungene Unterbindung »römischer« oder sonstwie »ausländischer« Tempelopfer, der Aufstand gegen Rom und so fort – ja sogar der zwischen dem Tod des Jakobus und dem Ausbruch des Krieges erfolgte Brand von Rom, für den die Christen verantwortlich gemacht wurden.[62] Dieser Kreislauf von Gewalt und Gegengewalt ist – so (im landläufigen Sinne des Wortes) »unchristlich« er auch erscheinen mag – nach unserer Auffassung absolut charakteristisch für alle *echten schriftlichen Selbstzeugnisse* dieser »oppositionellen Bewegung« oder »messianischen« Tradition – einschließlich der Handschriften vom Toten Meer.

Ebenso charakteristisch ist er für die weiter oben besprochenen Passagen aus den Psalmen 69 und 109, die Petrus laut der Apostelgeschichte angeblich auf die Ermittlung eines Ersatzmannes für den »Selbstmörder Judas« bezieht. Noch einmal – es sind »die *Sikarier*«, die wahren Erben der von »Judas *dem Galiläer*« gegründeten Bewegung, die 73 n. Chr. in Masada Selbstmord begehen. Ich wiederhole, der auffälligen Übereinstimmungen sind viele – *zu viele* –, und die Bezeichnung *Christianos* gewinnt immer mehr das Aussehen einer antinomistischen »überseeischen« Variation der andernorts gebräuchlichen *»Sikarios«* – oder einer leicht zu durchschauenden Codebezeichnung für diese.

Analog dazu sind etwa die – nationalistischen, fremdenfeindlichen, gesetzesorientierten – »Zeloten« die spiegelbildliche Entsprechung von Paulus' kosmopolitischer, prorömischer und antinationalistischer Gesinnung. Die Beziehung, die in der Apostelgeschichte zwischen Judas *Ischarioth* und Matthias hergestellt wird, läßt zugleich auch den Namen Judas Makkabäus' und dessen Vater Mattathias anklingen, beides »Pinhas-orientierte« Vorläufer, deren kompromißlos fremdenfeindliches Verhalten im Ersten Buch der Makkabäer gefeiert wird. Ja, man fragt sich, ob Judas »der Verräter«, der im Neuen Testament Selbstmord begeht, außer einer Parodie auf den Gründer der *Sikarier-/Zeloten*-Bewegung nicht auch ein bösartiges Wortspiel auf »Jude« und »Judentum« darstellt. Dieser mögliche (etymologisch durchaus begründete) Nebensinn ist im Laufe der Jahrhunderte immer wieder erkannt worden, so daß dem Epitheton »Judas« tatsächlich etwas von dieser Konnotation anhaftet. Alle diese Gesichtspunkte gilt es zu berücksichtigen, wenn es uns gelingen soll, die Evangelienberichte und diese Überschreibungen im Anfangsteil der Apostelgeschichte richtig zu verstehen.[63]

Eine letzte Frage sollte jetzt noch angeschnitten werden. Wir haben bereits gesehen, daß Hippolytos in seiner Beschreibung der »Essener«, die unserer Ansicht nach eine vervollständigte Version der widersprüchlichen Angaben darstellt, die Josephus in *Krieg* und *Altertümer* liefert, eine radikalere Gruppe hervorhebt, die er als »Zeloten« oder »*sikarische* Essener« bezeichnet. Abgesehen davon, daß sie sich weigern, »irgendeinen *Mann* ›Herr‹ zu nennen«, und sich durch keine Marter dazu bewegen lassen, »von Götzenopfern zu essen« (in Josephus' *Krieg* heißt es lediglich »verbotene Dinge zu essen«, aber hier scheint Hippolytos' Version die *genauere* zu sein), drohen sie, jeden zu töten, der in ihrer Anwesenheit »von Gott oder seinen Gesetzen spricht« und »sich weigert, sich beschneiden zu lassen«.

Origenes definiert *»Sikarier«* (im selben Abschnitt, in dem er uns von der fehlenden Passage aus Josephus' *Krieg* berichtet, die den Untergang Jerusalems nicht Jesus, sondern Jakobus zuschrieb) als diejenigen, die *andere gewaltsam beschneiden. »Sikarier«* bedeutet demnach nicht nur »Meuchelmörder«, sondern auch »jemand, der andere zwangsweise beschneidet«. Dio Cassius teilt uns mit, daß das Verbot solcher Zwangsbeschneidungen, auf dessen Einhaltung laut Origenes die Richter seinerzeit sehr streng achteten, unter Nerva in Kraft getreten sei (96–98 n. Chr.).[64] Hieronymus seinerseits zitiert im Zusammenhang mit seiner Behauptung, Origenes habe sich »mit einem Messer kastriert«, Paulus' Kritik an den »Zeloten« (Römer 10,2) und erklärt spöttisch, er (Origenes) habe, als er dies tat, »aus Eifer um Gott, aber *mit Unverstand*« gehandelt.[65]

Wie dem auch sei – eines steht ganz außer Frage: nämlich daß die Wahl des Nachfolgers *»Judas Ischarioths«* genau an dem Punkt der Geschichte des Urchristentums stattfindet, an dem wir erwartet hätten, von Jakobus' Wahl zum Bischof der Jerusalemer Kirche zu erfahren. Das »Amt« oder »Episkopat«, das hier neu besetzt wird (wobei der unterlegene Kandidat *»Justus«* heißt) hätte dasjenige des Oberhaupts der jungen Christenbewegung *sein müssen* – und nicht bloß die belanglose Stelle eines Lückenbüßers im »Zwölf-Apostel«-Konzept, der in der ganzen folgenden Geschichte des Christentums nicht die geringste Rolle mehr spielt. Nach unserer Ansicht sind sich die Verfasser der Apostelgeschichte sehr wohl dieser Tatsache bewußt, und alles, was wir in dieser Passage vorfinden, einschließlich dessen, was die zwei von Petrus angeführten Psalmen implizit und explizit enthalten, ist eine Überschreibung dieser ihnen durchaus bekannten Wahl des Jakobus. Die Apostelgeschichte *weiß* um die historische Wahrheit, doch ist sie bestrebt, sie zu neutralisieren und unkenntlich zu machen.

Als die Apostelgeschichte endlich doch (elf Kapitel später, nach Beseitigung des unbedeutenden Ersatzmannes oder Doubles »Jakobus', des Johannes Bruder«) die Existenz dieses Jakobus einräumt – »des Gerechten« oder »*Justus*«, wie er in allen späteren Überlieferungen heißen wird –, tut sie es, wie wir gesehen haben, auf eine Weise, als habe sie ihn bereits irgendwo anders vorgestellt. Jede gute Erzählung hätte dies verlangt. Tatsächlich *hatte* sie – oder zumindest die ihr zugrundeliegende Quelle – ihn schon vorgestellt: ganz am Anfang sogar, dort, wo wir jetzt dieses lustige kleine Divertimento über die »Neubesetzung von Judas *Ischarioths* Amt« *(Episkopê)* vorfinden – jenes »Amt«, das in allen frühchristlichen Traditionen *Jakobus* innehat. Mit Sicherheit war es nicht das »Amt« des kurzlebigen Judas oder dasjenige seiner gleichermaßen bedeutungslosen und kurzlebigen Nachfolger. Nach Aussage der frühen christlichen Überlieferung, wie Eusebios und andere sie uns mitteilen, *war das Amt, um das es dabei tatsächlich ging, das Episkopat*.

9

Die Wahl des Jakobus in der frühen Kirchentradition

Eusebios' Bericht von der Wahl des Jakobus

Über die Wahl des Jakobus berichtet Eusebios, wie wir gesehen haben, direkt im Anschluß an seine Mitteilungen über »den Verräter Judas«, die Wahl des Matthias durch das Los und die Steinigung des Stephanus

> durch *die Mörder des Herrn*, wodurch er der erste war, der die von seinem Namen bezeichnete Krone [*stéphanos* bedeutet auf griechisch »Krone«] davontrug, welche die siegreichen Märtyrer Christi erringen.

Wie die Wahl des Matthias spiegelt auch die Steinigung des Stephanus ein wichtiges Ereignis im Leben des Jakobus wider, und im weiteren Verlauf unserer Untersuchung werden wir uns mit dieser Transposition judenchristlicher Geschichte und der Vereinnahmung palästinischer Märtyrer durch die Heidenkirche eingehender beschäftigen. Für den Anfang sollte man sich allerdings vergegenwärtigen, daß Eusebios' Verherrlichung dieser »siegreichen Märytrer Christi« die gleichen Grundelemente aufweist wie Josephus' Schilderung der »zelotisch«/»sikarischen« Märtyrer in Ägypten und Kyrene.

Dann wendet sich Eusebios erstmals Jakobus zu und führt ihn, parallel zu den genannten Ereignissen, mit den folgenden Worten ein:

> Gleichfalls zur selben Zeit wurde Jakobus, genannt der Bruder unseres Herrn, weil er auch der Sohn Josephs heißt ...[1]

Nun wird ihm aber sofort bewußt, daß er hier ein Problem hat, und so unterbricht er seine Erzählung und erklärt:

> Joseph nämlich galt als der Vater Christi, denn, wie das heilige Schrifttum der Evangelien berichtet, »als die Jungfrau mit ihm verheiratet wurde, erfand sich's, ehe er sie heimholte, daß sie schwanger war von dem Heiligen Geist«.

Auch wenn manche derlei als historische Mitteilung auffassen, handelt es sich dabei offensichtlich um eine ganz andersgeartete Information.

Eusebios geht an das Problem auf ähnliche Weise heran wie ein Jahrhundert zuvor Origenes, der als erster die Theorie aufgestellt zu haben scheint, Jakobus sei vielleicht deswegen »der Bruder des Herrn« genannt worden, weil er der Sohn Josephs und einer *anderen Frau* war. Mit anderen Worten: Sowohl Eusebios als auch Origenes sind bereit, die Leichtgläubigkeit des Lesers insoweit überzubeanspruchen, daß sie einerseits suggerieren, Jakobus sei *Josephs Sohn* durch eine andere Mutter gewesen, während sie andererseits Josephs Vaterschaft in bezug auf Jesus leugnen – womit die letzte Grundlage für Jakobus' »Bruder«-Beziehung zu Jesus hinfällig wird. Jakobus ist also *nicht* »der Bruder Jesu«, ja er ist nicht einmal dessen »Vetter«! Und damit ist noch nichts über die Leichtgläubigkeit ausgesagt, die es erfordert, den Heiligen Geist als Vater *von wem oder was auch immer* zu akzeptieren.

Der Leser wird zugeben, daß dies wie eine äußerst umständliche Ausrede klingt, und tatsächlich läßt sich nicht bestreiten, daß die Evangelienberichte ungeachtet ihrer bald zweitausendjährigen Popularität oftmals überaus phantastische Züge aufweisen – wenn »Phantasie« überhaupt der richtige Ausdruck ist. Zudem schickt Eusebios seiner Beschreibung des Stephanus, wie wir schon gesehen haben, die folgenden Worte voraus:

> Er war außerdem, nach unserem Herrn, der erste, der zum Zeitpunkt seiner Weihe, als sei er einzig zu diesem Zweck geweiht worden, *von den Mördern des Herrn zu Tode gesteinigt wurde.*[2]

Womit er natürlich wieder *die Juden* meint.

Wenn wir uns für einen Augenblick von den historischen Fesseln dieser Darstellung losreißen und uns bewußtmachen, wie unwahrscheinlich es ist, daß der historische Stephanus – ein *Grieche* – in Palästina auf Betreiben jener Gruppe, welche die Apostelgeschichte (6,1) »die Hellenisten« [Luther »griechische Juden«, A. d. Ü.] nennt, zu Tode gesteinigt worden sein soll, dann erkennen wir auch, daß die Steinigung des Stephanus eine Kopie von Jakobus' Schicksal ist, so wie Josephus und – nach diesen einleitenden Worten – es ebenfalls Eusebios schildert. Und so wie bei Josephus vom »unbändigen Freiheitswillen« der *»Sikarier«* in *Ägypten* und *Kyrene* die Rede war, nennt die Apostelgeschichte (6,9) den Gemeindeverband dieser Hellenisten »die Synagoge der *Libertiner«* und der *»Kyrenäer* und *Alexandriner.«* Wieder einmal zeigt sich, daß sich unter der Oberfläche der Apostelgeschichte mehr abspielt, als es auf den ersten Blick den Anschein hat!

Dann fährt Eusebios fort:

> Ebendieser Jakobus, den die Alten aufgrund der Unübertrefflichkeit seiner Tugend »der Gerechte« zubenannten, war daher, wie berichtet wird, der erste, der in das Episkopat [*Episkopê*] der Kirche zu Jerusalem gewählt wurde.

Hier gebraucht Eusebios exakt dasselbe griechische Wort, *Episkopê* (»Bischofsamt« oder »Episkopat«), das die Apostelgeschichte gerade zur Bezeichnung desjenigen »Amtes« verwendet hat, in *das der Nachfolger Judas Ischarioths gewählt wurde* (1,20).

Die Vermutung, hinter der in der Apostelgeschichte erwähnten Wahl des Judasnachfolgers verberge sich in Wirklichkeit die Wahl des Jakobus, ist damit praktisch bestätigt. Nicht nur überschneidet sich das jeweils verwendete Vokabular auffällig; darüber hinaus gebraucht Eusebios zur Bezeichnung dieser »Kirche«, die Jakobus zu ihrem Oberhaupt wählt, das Wort *»Ekklêsia«* oder »Versammlung« – abermals dasselbe Wort, das Josephus auf die »Versammlung« jenes »Simon« bezieht, der Anfang der vierziger Jahre des ersten nachchristlichen Jahrhunderts den Herodianern als Ausländern den Zutritt zum Tempel verwehren möchte. Eusebios teilt uns diese Dinge ganz unumwunden mit, auch wenn er uns einstweilen verschweigt, wer die unmittelbare Quelle seines Wissens ist: Clemens von Alexandria oder Hegesippus.

Ebensowenig besteht für ihn ein Zweifel hinsichtlich der Gleichzeitigkeit dieses Ereignisses mit der Niederlage des »Justus«, der Wahl des Matthias und der Steinigung des Stephanus, die in den ersten sieben Kapiteln der Apostelgeschichte geschildert werden. Desgleichen ist ihm durchaus bewußt, daß Jakobus ebendiesen Zunamen trug, »der Gerechte« (auf lateinisch »Justus«), und zwar offenkundig aufgrund seiner *unübertrefflichen Tugend oder Rechtschaffenheit*. Ebensowenig hält er mit der Information hinter dem Berg, daß tatsächlich *eine Wahl stattfand*. Ob es sich dabei um den gleichen Vorgang wie bei einer der oben beschriebenen anderen, »zelotisch«/»sikarischen« Auslosungen handelte oder eher um etwas in der Richtung der etwas phantastischen Wahl des unbekannten Matthias, mit dem die Apostelgeschichte beginnt, dürfte kaum von Belang sein. Wir sind jetzt im Besitz dieses wichtigen fehlenden Gliedes in der Kette der christlichen Geschichte und Tradition, und es befindet sich räumlich und zeitlich genau an der Stelle, an dem wir es vermutet hatten.

Nun beginnt Eusebios mit einer detaillierten Schilderung der Wahl des Jakobus, eines Ereignisses, das für seine Quellen von größter Bedeutung zu sein scheint. Dabei gibt er dem, was er gerade gesagt hat, jetzt eine etwas andere Richtung. Die Quelle, auf die er sich im folgenden bezieht, ist Clemens von Alexandria, der rund anderthalb Jahrhunderte nach den fraglichen Ereignissen lebte (um 150–215).

> Im sechsten Buch seiner *Hypotyposeis* [»Skizzen«] berichtet er: »Nach der Himmelfahrt des Heilands wetteiferten Petrus, Jakobus und Johannes, obgleich sie [alle drei] vom Heiland ausgezeichnet worden waren, miteinander nicht um die Ehre, sondern erwählten *Jakobus den Gerechten* zum Bischof von Jerusalem.«

Obwohl mittlerweile so viel Zeit verstrichen ist, daß sich bereits eine Orthodoxie herausbilden konnte, bestätigte Clemens, daß eine Art Wahl stattgefunden habe, allerdings nicht unter Beteiligung der ganzen Kirche oder Versammlung, sondern lediglich ihrer *wichtigsten Drei*. Diese identifziert er in Übereinstimmung mit dem Evangelienkonzept der »inneren Drei« als Petrus, Jakobus und Johannes – wobei an dieser Stelle eindeutig der *andere* Jakobus gemeint ist, »der Apostel Jakobus«. Dieser Teil von Clemens' Werken ist nicht mehr erhalten.

Nun referiert Eusebios jedoch eine andere Überlieferung, diesmal aus dem nächsten, siebten Buch von Clemens' *Hypotyposeis*, und diese Darstellung verwendet die paulinische Version der zentralen Drei aus dem Brief an die Galater und dem Ersten Korintherbrief, in denen kein *anderer Jakobus* erwähnt wird. Diese Tradition kreist um die nachösterlichen Erscheinungen Christi und das, was Clemens als »die Gabe des Wissens« bezeichnet:

> Nach der Auferstehung gewährte der Herr *Jakobus dem Gerechten und Johannes und Petrus* die Gabe des Wissens. Dieses gaben sie an die anderen Apostel, und die anderen Apostel gaben es an die Siebzig weiter, zu denen auch Barnabas gehörte.

Nun haben wir es also mit einer neuen zentralen Triade zu tun. Hier geht es nicht mehr um die Drei – Petrus, Jakobus und Johannes –, die bei den Synoptikern Zeugen von Jesu Verklärung auf dem Berg werden, sondern um Jakobus den Gerechten (der jetzt, wie im Brief an die Galater [2,9] an erster Stelle genannt wird), Johannes und Petrus. Clemens gibt nicht nur auch Jakobus' – im Galaterbrief fehlenden – Zunamen an, sondern er nimmt sich zudem die Freiheit, Paulus' »Kephas« in das traditionellere »Petrus« zurückzuverwandeln (obwohl er im vorangegangenen Buch, wie wir bereits sahen, zugegeben hatte, daß es »zwei dieses Namens gab«, wobei der eine – Kephas – »einer der Siebzig« oder ein »Jünger« war).

Aus der Einsicht heraus, daß Clemens mit seinen Angaben im sechsten und siebten Buch eine gewisse Verwirrung gestiftet hat, zitiert Eusebios jetzt auch die nötige Klarstellung:

> Nun gab es *zwei* Jakobusse: Der eine, genannt *der Gerechte, wurde von der Zinne* [oder dem *Flügel*] *des Tempels hinabgestoßen* [*blêtheis*] und mit einem Wäscherschlegel zu Tode geprügelt, und der andere wurde *enthauptet.*

Dies ist in der Tat eine äußerst interessante Aussage, denn erstens zeigt sie, daß bereits Clemens um die Verwechslungen zwischen den beiden Jakobussen wußte, und zweitens ist sie die erste uns vorliegende Bezeugung zweier zentraler Elemente, in den Schilderungen von Jakobus' Tod: *»von der Zinne des Tempels hinabgestürzt«* und *»mit einem Walk- oder Wäscherschlegel zu Tode geprügelt«*. Beides wird im weiteren Verlauf unserer Diskussion eine wichtige Rolle spielen.

Vorläufig sollte festgehalten werden, daß Clemens die zwei Dinge als getrennte, wenn auch aufeinanderfolgende Ereignisse darstellt. Damit löst er unabsichtlich ein Rätsel, das Forscher und Kommentatoren von jeher beschäftigt hat. Nach Aussage des Josephus wurde Jakobus 62 n. Chr. zu Tode gesteinigt. In welcher Beziehung allerdings eine solche Steinigung zu der neuen Behauptung steht, man habe ihm mit einem Walkschlegel den Schädel zertrümmert, ist vorerst nicht ersichtlich. Es wäre an dieser Stelle auch angebracht, auf die Quasi-Parallele hinzuweisen, die der »vornüber stürzende« Judas *Ischarioth,* der »mitten entzweigeborsten ist und all sein Eingeweide ausgeschüttet hat« (Apostelgeschichte 1,18), darstellt.

Wie wir sehen werden, läßt sich nachweisen, daß in Jakobus' Leben *beide* Ereignisse, die *Steinigung* und der *Sturz vornüber,* stattgefunden haben – wenn auch zu unterschiedlichen Zeitpunkten. Clemens weiß das Anfang des 3. Jahrhunderts leider nicht mehr und zieht die zwei – *ursprünglich voneinander abhängigen* – Begebenheiten zu einem einzigen Ereignis zusammen. Dennoch zeigt Eusebios, daß schon Clemens diese problematischen Überschneidungen bewußt waren – wie ihm selbst vermutlich auch.

Was wir durch Eusebios von Clemens' Tradition bezüglich der nachösterlichen Übermittlung innerhalb der Urkirche erfahren, ist gleichfalls von Interesse. Übermittelt wurde das Wissen (»nach der Auferstehung«) Clemens zufolge »Jakobus dem Gerechten und Johannes und Petrus«, und zwar genau in dieser Reihenfolge. Indem er *Jakobus den Gerechten* an erster Stelle nennt, will er uns vermutlich zu verstehen geben, daß ihm entweder die erste Erscheinung zuteil wurde oder daß er der wichtigste war, oder beides – wahrscheinlich letzteres. Indem er außerdem gleich zweimal betont, daß »sie dieses [Wissen] an *die anderen Apostel* und *die anderen Apostel* es an die Siebzig weitergaben«, gibt er implizit zu verstehen, daß Jakobus, wie Johannes und Petrus, *ein Apostel* war. Nicht nur das – die Zahl der Apostel scheint für ihn zu diesem Zeitpunkt unbestimmt zu sein.[3] Und über Stephanus verliert er kein einziges Wort.

Bevor er dieses Thema verläßt und sich Thomas (das heißt *Judas* Thomas) und Thaddäus zuwendet – zwei weiteren Aposteln (oder Jüngern, je nachdem), die mit dem »Bruder«-Problem zusammenhängen –, zitiert Eusebios noch eine andere autoritative Aussage über die Wichtigkeit des Jakobus. Er erklärt:

> Auch Paulus spricht von ebendiesem Gerechten, wenn er sagt: »Von den anderen Aposteln aber sah ich keinen außer Jakobus, des Herrn Bruder.«

Mit dieser Stelle – die berühmteste Bezeugung der Historizität und Existenz des Jakobus, die sich in den paulinischen Briefen findet – haben wir uns natürlich schon ausgiebig befaßt. Nicht nur haben wir hier, wieder durch das Wort »anderen«, einen klaren Hinweis darauf, daß Jakobus (wie nach Clemens' Auffassung) *zu den Aposteln* zu rechnen ist, wir sehen auch, daß Eusebios in seinen einleitenden Worten zum Pauluszitat aus dem Galaterbrief (1,19) zur Bezeichung Jakobus' lediglich dessen Zunamen »der Gerechte« (oder »Justus«) verwendet. Vermutlich liegt das daran, daß er sich zu Eusebios' Zeit (4. Jahrhundert) bereits so sehr eingebürgert hatte, daß Eusebios die zwei Namen praktisch als gleichbedeutend empfand. Wie sich allerdings noch erweisen wird, benutzt Hegesippus bereits im 2. Jahrhundert Jakobus' Zunamen in dieser Weise, woraus wir schließen können, daß die Gleichsetzung schon früh erfolgt sein muß.

Thaddäus, Judas Thomas und die Bekehrung der Osrhoener

Wie bereits angedeutet, läßt Eusebios in seiner *Kirchengeschichte* seiner ersten Erwähnung von Jesu nachösterlicher Erscheinung vor Jakobus einen Bericht folgen, wie die Edessaner von Judas Thomas und Thaddäus bekehrt wurden. Diese Episode, die er »aus den öffentlichen Archiven der Stadt Edessa übernommen« und selbst aus dem Syrischen übersetzt haben will[4], ist teils historisch, teils märchenhaft und insgesamt sehr interessant. Sie wird gewöhnlich als die Geschichte der Bekehrung König Agbars (in manchen lateinischen Texten »Acbar« genannt) oder Abgars angesprochen und mit einem Reich in Verbindung gebracht, das Eusebios als dasjenige der »Osrhoener« – das heißt der »Assyrer« – bezeichnet.

Diese Episode fehlt zwar in der Apostelgeschichte – obwohl, wie wir sehen werden, sie eigentlich doch darin zu finden ist –, jedoch ist sie durch andere, syrische Quellen dokumentiert und stellt zweifellos den Versuch dar, über die Ausbreitung des »Christentums« in Nordsyrien und Mesopotamien Rechenschaft abzulegen.[5] Laut Apostelgeschichte 11,26, der die Enthauptung des »Jakobus, des Johannes Bruder«, die Einführung des wirklichen Jakobus und die Erwähnung eines Propheten namens »Agabus« folgen, der zwecks Weissagung der Hungersnot »von Jerusalem nach Antiochia« kommt, »wurden die Jünger zuerst in Antiochia Christen genannt«. Eusebios zufolge »herrschte der ruhmreiche Agbarus über die Völker jenseits des Euphrats« – wobei zu beachten ist, daß er für »Völker« das Wort *»Ethnê«* verwendet, dasselbe Wort, das Paulus auf die Empfänger seiner *missionarischen Bemühungen* bezieht [und das in diesem Sinne gewöhnlich mit »Heiden« übersetzt wird, A.d.Ü.].

Die Geschichte hat sich vermutlich sogar noch weiter entwickelt und ist auf die *Missionierung Indiens* ausgedehnt worden, die noch immer in Mythen und Legenden mit dem Namen »Thomas« in Verbindung gebracht wird – obwohl es fraglich ist, ob irgendein realer Thomas (wer immer dieser geheimnisvolle Apostel auch gewesen sein mag) je wirklich so weit kam. Sie wird wahrscheinlich auch mit einer weiteren Bekehrung im Osten in Verbindung gebracht, und zwar mit derjenigen Königin Helenas von Adiabene. Es ist schwierig, die verschiedenen Grenzen und Königreiche in diesem Gebiet und eine Gruppe untergeordneter Herrscher, die das römische Recht als »die Könige der Völker« [oder »Stammesherrscher«, griechisch »Ethnarchen«, A.d.Ü.], bezeichnet, genau auseinanderzuhalten. Die hebräische Entsprechung dieses Terminus taucht auch an einer entscheidenden Stelle der Damaskus-Schrift auf, wo »der Lügner« und sein »Schwätzen«, die »Fürsten Judas« und »das Gift ihrer Sitten« besprochen werden. Hier werden die »Ottern« aus »ihr Wein ist Drachengift und verderbliches Gift der Ottern« (5. Moses 32,33) ausdrücklich mit den *»Königen der Völker«* identifiziert.[6]

Josephus erzählt die Geschichte von der Bekehrung Königin Helenas unmittelbar vor der Theudas-Episode und der Erwähnung der Hungersnot. Eusebios wiederholt sie, wobei er in diesem Zusammenhang bisweilen von der »Königin der Osrhoener« spricht. Die genaue Ausdehnung dieses Adiabene – es dürfte in etwa dem heutigen irakischen Teil Kurdistans entsprochen haben – und speziell die Frage, wie weit es in das Territorium von Edessa und das »Land der Edessaner« hineinreichte beziehungsweise sich mit diesem überschnitt, läßt sich anhand der uns zugänglichen Quellen nicht eindeutig entscheiden.

In syrischen Quellen wird Königin Helena als *Abgarus' Gemahlin* vorgestellt.[7] Der Name *Agbar* oder *Abgar* ist etwas unbestimmt, wurde er doch, wie »Herodes« in Palästina sowie »Aretas« in Petra und Transjordanien, von vielen Herrschern in dieser Region getragen. Ebenso werden wir dem Namen – oder Titel – »Monobazos« bei den männlichen Mitgliedern von Helenas Familie immer wieder begegnen. Man sollte sich gegenwärtig halten, daß »Abgar« *viele* Gemahlinnen hatte und daß Josephus außerdem Helenas Ehemann Monobazos (der, wie er sagt, »den Beinamen Bazäus führte«) zugleich für deren Bruder hält.[8]

Wie dem auch sei, die zwei Bekehrungen – Agbars und Helenas – ähnelten sich jedenfalls auf verblüffende Weise, und sie ereignen sich auch gleichzeitig, ebenso wie diese zwei Pufferzonen zwischen Rom und den persischen Parthern aneinandergrenzen. Der einzige Unterschied ist der, daß Helena sich Josephus zufolge nicht zum Christentum, sondern zum *Judentum* bekehrt. Allerdings fragt sich, inwieweit sich die zwei Religionen zu diesem Zeitpunkt bereits erkennbar voneinander unterschieden haben mögen.

Nach Josephus' Version gelangen zwei Männer in den Harem eines mit Königin Helenas Gemahl verbündeten Königs. Der eine von ihnen, »Ananias«, trägt den Namen des Mannes, den Paulus laut Apostelgeschichte (9,17) im Rahmen seiner eigenen Bekehrung in »Damaskus« (gleichfalls in Syrien) kennenlernt. Er spielt auch in Eusebios' Schilderung der Bekehrung der Edessaner eine Rolle, und zwar als Bote beim Briefwechsel mit Agbar. Der zweite Mann wird nicht namentlich genannt, aber beide scheinen eine Doktrin zu verkünden, nach der die Beschneidung keine unabdingbare Voraussetzung für die Erlösung darstellt, da Helena diesen Brauch verabscheute. In Josephus' Worten lautete diese Lehre, »die Verehrung Gottes ... sei wichtiger als die Beschneidung«.[9] Klingt das nicht irgendwie vertraut? Wieder einmal dreht sich der Streit darum, ob die Beschneidung nötig sei oder nicht.

Josephus' Version ist natürlich weit detaillierter und genauer als die Legende König Agbars, die uns über Eusebios und syrische Quellen erreicht hat. Daß es sich dabei um eine sehr alte Legende handelt, geht aus dem hohen Wert hervor, den Eusebios ihr beimißt, sowie aus seiner Bemerkung, er habe sie »von den Alten« übernommen. Auf jeden Fall stammt sie nicht aus seiner Zeit. Wie wir aufzeigen werden, lassen sich Spuren dieser Erzählung sowie der Geschichte Königin Helenas – die eindeutig alt *ist* – in der Apostelgeschichte nachweisen. Daraus folgt aber, daß zur Entstehungszeit des letztgenannten Textes bereits eine Version dieser Geschichte in Umlauf war, die sich auf die unnachahmliche »Apostelgeschichte-Manier« parodieren ließ. Eusebios seinerseits erzählt sie stolz »wortwörtlich« nach, wie er sie in den Archiven von Edessa vorgefunden hat. Dabei identifiziert er Thomas richtig als »Judas« – was er bislang nicht getan hatte (und was, zumindest explizit, nicht einmal die Evangelien tun) –, wodurch er einen weiteren Beleg für die Zuverlässigkeit und das Alter seiner Quelle liefert.

Die Geschichte selbst schafft es, in bezug auf »Thaddäus« die Begriffe »Apostel« und »die Siebzig« geschickt miteinander zu kombinieren – was keine geringe Leistung ist. Wie Eusebios nämlich referiert, »entsandte Judas, der auch Thomas ist, Thaddäus, der als Apostel einer der Siebzig war, zu [Agbar]«. In den Apostellisten von Matthäus und Markus kommt »Thaddäus« unmittelbar nach »Jakobus, des Alphäus Sohn« und direkt vor »Simon Kananäus« (bei Lukas »Simon, genannt Zelotes«) vor. In manchen Matthäusmanuskripten heißt er »Lebbäus, zubenannt Thaddäus«. Im Lukasevangelium aber verwandelt sich »Thaddäus« plötzlich in »Judas[, den Bruder] von *Jakobus*«! [10] Der zeitliche Rahmen der Begebenheit um Agbarus ist »nach der Himmelfahrt«, und die Geschichte selbst gibt an, die in ihr geschilderten Ereignisse hätten sich (nach der syrischen Zeitrechnung) 29 bis 30 n. Chr. zugetragen, was bedeuten würde, daß die Kreuzigung Jesu zeitlich kurz davor anzusiedeln wäre – eine interessante Zusatzinformation.

Josephus wiederum erzählt seine Geschichte von Königin Helena unmittelbar vor seiner Erwähnung des »Theudas« und setzt sie in Beziehung zur »großen Hungersnot, die Judäa heimsuchte« (die er kurz vor der Kreuzigung der zwei Söhne Judas' des Galiläers ansetzt, 48 n. Chr.) und die, wie er schreibt, Helena und ihr Sohn durch Hilfsmaßnahmen zu lindern versuchten.[11] Eusebios geht ebenso vor, wobei er die von Josephus entlehnte Geschichte Theudas' als Ausgangspunkt seiner eigenen Erzählung über Helena und die Hungersnot nimmt, die er mit einer Schilderung der prachtvollen Grabdenkmale ausschmückt, die ihre Familie in Jerusalem besitzt.[12]

Nun behauptet die Apostelgeschichte (11,29 f. – die letzten Verse vor der Enthauptung des »Jakobus«), nach Jerusalem sei Paulus zum erstenmal – zusammen mit Barnabas – zurückgekehrt, um die Gelder zu überbringen, die in Antiochia für die Opfer *der Hungersnot* gesammelt worden waren. Eusebios glaubt, die zwei Berichte über eine Hungersnot hingen miteinander zusammen, was zweifellos korrekt ist, aber er glaubt auch, diese Hungersnot habe einen Bezug zur Enthauptung des »Jakobus, des Johannes Bruder« (lies: »Judas, des Jakobus Bruder«). Schließlich führt die Apostelgeschichte im Zusammenhang mit der Hungersnot einen angeblichen »Propheten« ein, den sie »Agabus« nennt. Er kam, wie »Thaddäus«, »Judas Barsabas« und andere vermutliche Abgesandte »von Jakobus«, »von Jerusalem nach Antiochia« und weissagte »durch den Geist« *die Hungersnot* (11,28).

Dieser »Prophet« wird in der Apostelgeschichte noch einmal auftauchen, und zwar unmittelbar, bevor Paulus seine Reise nach Jerusalem unternimmt, um Jakobus zu sprechen. Auch hier »kommt er herab aus Judäa«, diesmal allerdings nach Cäsarea, und rät Paulus davon ab, nach Jerusalem zu ziehen, weil er in dem Fall in Ketten nach Rom geschickt werden würde (21,10–13). Trotz aller – bewußten und unbewußten – Entstellungen und Fehlinformationen läßt sich meiner Ansicht nach sagen, daß »Agbarus« und Königin Helena hier, und wenn auch »getarnt«, einen Auftritt in der Apostelgeschichte haben. Wie wir erkennen werden, verbirgt sich hinter diesem »Agabus«, der in der Apostelgeschichte die Hungersnot voraussagt, der Name, den syrische Quellen Königin Helenas Ehemann gaben: »Agbarus« oder »Abgarus«.

So harmlos für sich genommen diese Travestie auch sein mag, sie veranschaulicht auf eindringliche Weise, wie leichtfertig die Apostelgeschichte mit historischen Informationen umgeht. Wie sich noch erweisen wird, *tritt Helena tatsächlich in der Apostelgeschichte auf*, dies aber in einer so überraschenden Gestalt, daß man sie unvorbereitet nicht erkannt hätte. Die Indizien, die auf ihre Spur deuten werden, sind die Hungersnot und die Finanzbeauftragten, welche die Königin im Zusammenhang mit ihren Hilfsmaßnahmen entsendet. Diese Erkenntnisse liefern weitere Belege dafür, daß die Agbarus-Legende tatsächlich *alt ist* und keineswegs eine späte Erfindung des selten besonders fruchtbaren Geistes Eusebios' darstellt. Diese verstreuten Mitteilungen gewähren uns einen hervorragenden Einblick in die Arbeitsweise der Apostelgeschichte, und zwar vor allem in bezug darauf, wie dieser Text mit Fakten umgeht, die wir anhand anderer Quellen überprüfen können.

Für die zweite Prophezeiung, welche die Apostelgeschichte mit diesem »Propheten mit Namen Agabus« in Verbindung bringt, werden wir gleichfalls eine Parallele in judenchristlichen Legenden sowie noch eine zusätzliche bei Josephus finden, aber sie werden nichts mit Paulus' Abenteuern in Cäsarea zu tun haben, ebensowenig damit, daß er, wie die Apostelgeschichte behauptet, in Ketten nach Rom geschafft wird (21,10–14). Im Gegenteil, diese Parallelen sind *zwei sehr geheimnisvolle »prophetische« Aussagen*, die Jakobus betreffen: einmal die Prophezeiung, die nach dem Tod des Jakobus in judenchristlichen Quellen auftaucht und die Judenchristen zur Flucht über den Jordan nach Pella veranlaßt; zweitens die bei Josephus geschilderte jammervolle Weissagung Jesus ben Ananus', der nach dem Tod des Jakobus siebeneinhalb Jahre lang durch Jerusalem irrte und den Untergang der Stadt ankündigte, bis er schließlich von einem römischen Geschoß am Kopf getroffen und getötet wurde.

Wie dem auch sei – jedenfalls können wir aus all diesen Überschneidungen und Wechselbeziehungen einige Schlüsse ziehen. Nehmen wir einmal an, daß der Terminus »Thomas« außer auf »Zwillingschaft« auf einen *Bruder Jesu* verweist. Nehmen wir weiterhin an, daß »Judas Thomas«, »Thaddäus« und »Theudas« miteinander identisch sind. Anhand anderer Quellen, wie den pseudoklementinischen *Homilien* und *Rekognitionen*, werden wir aufzeigen, daß Jakobus in seiner Funktion als Oberhaupt der Jerusalemer Kirche ganz ohne Zweifel Apostel und andere Emissäre mit Instruktionen nach Übersee entsandte. Paulus bestätigt dies unabsichtlich, wenn er im Brief an die Galater (2,12) die »etlichen von Jakobus« erwähnt, die nach Antiochia kommen, um dort nach dem Rechten zu sehen, ebenso aber auch, wenn er sich im Zweiten Korintherbrief (3,1–8) mißgünstig-abfällig über die Empfehlungsschreiben äußert, mit denen seine Widersacher ausgestattet sind.

Ein weiterer Hinweis darauf wäre seine parallele Anspielung auf »des Herrn Brüder und Kephas«, die, wie er selbst, mit Frauen reisen (1. Korinther 9,5). Zu den in diesem Fall gemeinten »Brüdern des Herrn« kann Jakobus nicht gehören, da nirgends davon die Rede ist, daß er reisen würde; soweit feststellbar, scheint er die ganze Zeit in Jerusalem zu bleiben. Wichtig ist weiterhin die Frage, welches »Antiochia« jeweils gemeint ist. Josephus spricht in seinem Bericht über die Bekehrung Königin Helenas und ihrer Söhne sogar von einem dritten »Antiochia«: dem am oberen Ende des Persischen Golfs gelegenen Charax Spasini.[13]

Nehmen wir schließlich an, daß unsere Quellen (wie bei einer mündlichen Überlieferung kaum anders zu erwarten) größtenteils entstellt sind und darüber hinaus das Bestreben verraten, Jakobus' Führerrolle soweit wie möglich zu verschleiern – ja am besten alle Spuren seiner Existenz zu tilgen. Dann können wir uns ein neues Szenario ausmalen, in dem es vielmehr *Jakobus ist, der Judas*, das heißt »Judas von Jakobus« oder »Judas, ein Bruder des Jakobus« (in der Apostelgeschichte gar »Judas Barsabas«) *auf die Reise geschickt* hat, und zwar *nach Edessa*, was unter anderem mit der Bekehrung der Edessaner endet – einem Ereignis, das in unserem gesamten Quellenmaterial, einschließlich der Apostelgeschichte, seine Spuren hinterlassen hat. Wir werden uns des weiteren ein Szenario vorstellen können, in dem der Inhalt dieser geheimnisvollen Korrespondenz sich in dem (oder den) – gleichfalls an einen sehr wichtigen und frommen König adressierten – Brief (Briefen) widerspiegelt, der in der Qumran-Forschung als *»MMT«* bekannt ist. Damit werden wir uns noch eingehender befassen.[14]

Zwei weitere Tatsachen bestätigen dieses Szenario und runden das Bild noch zusätzlich ab: erstens die Überschneidung zwischen »Theuda[, dem Bruder oder Vater] des Gerechten« und »Addai« in den zwei Apokalypsen des Jakobus und zweitens die Identifikation des in verschiedenen syrischen Quellen erwähnten Mannes, der »den Edessanern die Wahrheit predigte«, als »Judas der Zelot«.[15] Diese Kennzeichnung, »der Zelot«, die jetzt dem Namen jenes »Judas« hinzugefügt wird, wird auch einen Großteil der Verlegenheit, der Verwirrung und der Überschreibungen erklären, denen wir in all diesen Quellen begegnen. Zudem werden sich auf denselben Beinamen Verwechslungen und Unstimmigkeiten zurückführen lassen, die im Umfeld einer anderen Gestalt auftreten: des *zweiten* oder *dritten Bruders Jesu*, »Simeon« oder »Simon«.

Dieser Mann wird sowohl in Lukas' Apostellisten als auch in einem dem Kirchenschriftsteller Hippolytos von Rom (um 160–235) zugeschriebenen Werk unter anderem »Simon Zelotes [der Zelot]« genannt.[16] Simon Zelotes ist höchstwahrscheinlich auch der Mann, der in der obenerwähnten Erweiterung »Judas *Ischarioths*« um einen Vater oder Bruder namens »Simon *Ischarioth*« im Johannesevangelium (6,71, 12,4 usw.) erscheint. In der Apostelliste des Lukasevangeliums beispielsweise treten »Judas, [der Bruder] des Jakobus« und »Judas Ischarioth, welcher ihn hernach verriet«, in dieser Reihenfolge hintereinander auf – und zwar direkt nach »Simon, genannt Zelotes« (6,15 f.). Es ist wieder einmal die Verfänglichkeit des »Zeloten«-, »Sikarier«- und »Bruder«-Motivs, was all diese Probleme verursacht.

Die Bezeichnung »Zelot« [beziehungsweise »Eiferer«, A.d.Ü.] wird in der Apostelgeschichte (21,20) auch auf Jakobus – oder zumindest auf die Mehrzahl der Mitglieder seiner »Jerusalemer Kirche« – angewandt. Ja, wenn man nur genau hinsieht, findet sie sich auch in Josephus' Schilderung von der Bekehrung Königin Helenas von Adiabene.[17] Eusebios wiederum erwähnt Helena ein zweites Mal – im zweiten Buch seines Werkes – im Kontext der anläßlich der Hungersnot erfolgten Hilfsaktion des Barnabas und Paulus (12. Kapitel), und zwar nachdem er deren Mission zunächst (8. Kapitel) in Verbindung mit der Enthauptung von »Jakobus, des Johannes Bruder« erwähnt hatte. Dies folgt nicht nur unmittelbar nach dem Bericht über die Enthauptung des Theudas und die Hungersnot unter Claudius (11. Kapitel), sondern Eusebios setzt Barnabas' und Paulus' Mission auch ausdrücklich in Beziehung zu Helenas Hilfsmaßnahmen.

Im 13. Kapitel referiert er dann die merkwürdige Geschichte einer *zweiten* Helena, der Reise- und Lebensgefährtin des Simon *Magus*. In Anlehnung an Justinus Martyr und Irenäus schildert er Simon *Magus* als eine Art frühen Rasputin und berichtet, er und diese Helena hätten bei ihren römischen Anhängern göttliche Verehrung genossen, obgleich Helena Justinus zufolge »vorher in einem Bordell im phönikischen Tyros gelebt hatte«.[18] Ähnlichen Verunglimpfungen Königin Helenas werden wir später gleichfalls in der Apostelgeschichte begegnen. Auch rabbinische Quellen äußern ernste Bedenken hinsichtlich Helenas Keuschheit.[19] Außerdem behauptet Simon *Magus* in den Pseudoklementinen, die – wie auch Eusebios an dieser Stelle – ausgiebig auf die Beziehungen zwischen ihm und Petrus eingehen, er sei die Gott übersteigende »Große« oder »Verborgene Macht«, also soviel wie »der Christus« oder »der Stehende«. Er ist der Jünger eines gewissen »Dositheos« (wahrscheinlich mit Josephus' »Doetus« und dem »Dorkas« der Apostelgeschichte identisch), der wiederum ein Anhänger Johannes' des Täufers ist.[20]

Gelegentlich nimmt Simon *Magus* die *Persönlichkeit des Paulus* an. Angesichts der diesbezüglich dürftigen Quellenlage kommen weitergehende Aussagen nicht in Betracht. Dennoch ist die Möglichkeit nicht von der Hand zu weisen, daß zwischen diesen zwei »Helenas« eine engere Beziehung besteht, als auf den ersten Blick erscheinen mag.

Andere Bezeugungen von Jakobus' Wahl oder direkter Einsetzung zum Nachfolger Jesu

Auch Eusebios spricht in seiner *Kirchengeschichte* in verschiedenerlei Kontext von der direkten Einsetzung Jakobus' und liefert uns in dem Zusammenhang wertvolle Informationen über dessen Charakter und Person. Im 23. Kapitel des zweiten Buches seines Werkes greift er in der Einleitung des längeren Berichts, der das Gerüst seiner ausführlichen Erörterung Jakobus' bilden wird, die Frage von dessen Ernennung zum Oberhaupt der Urgemeinde wieder auf. Wie der Leser sich erinnern wird, hatte er in der vorherigen Besprechung dieses Gegenstands, zu Beginn des zweiten Buches, folgende Worte benutzt:

> Ebendieser Jakobus, den die Alten aufgrund der Unübertrefflichkeit seiner Tugend »der Gerechte« zubenannten ... war, wie geschrieben steht, der Erste, der in das Episkopat der Kirche zu Jerusalem gewählt wurde.

Interessant ist diese Mitteilung nicht nur wegen der bereits hervorgehobenen Verwendung des Wortes *»Ekklêsia«* oder »Versammlung« für »Kirche« sowie *»Episkopê«* für »Episkopat« oder »Bischofsamt«, sondern auch wegen des auf Jakobus bezogenen Ausdrucks »der Erste« sowie wegen der ausdrücklichen Feststellung, all dies sei »geschrieben« oder schriftlich dokumentiert.

Jetzt wiederum formuliert er es folgendermaßen:

> Dem Jakobus, des Herrn Bruder,... wurde *das Episkopat* von Jerusalem *von den Aposteln zugesprochen*.

Hier ist wieder allgemein von »den Aposteln« die Rede, also nicht lediglich von den zentralen Drei.

Diese neueste Formulierung könnte eine Umformung oder Zusammenziehung dessen sein, was er zu Beginn des zweiten Buches gesagt hatte, und zwar entweder, mit Clemens' Worten, die zentrale Triade (der *Petrus, Jakobus und Johannes* der Evangelien) habe »Jakobus den Gerechten zum Bischof von Jerusalem erwählt«, oder aber, weiter oben, Jakobus der Gerechte sei in das Episkopat der Kirche zu Jerusalem »gewählt worden« – was implizit bedeuten würde: *»durch die ganze Versammlung«*.

Diese hätte nun, da »Versammlungen« im Judentum in der Regel 70 Personen umfassen, aus den »Siebzig« bestanden. Diese Zahl war ursprünglich die Anzahl von Menschen, die zusammen mit Jakob nach Ägypten zogen, und später derjenigen, die mit Moses den Berg Sinai bestiegen, um das Gesetz entgegenzunehmen (2. Moses 1,5 und 24,1). Diese (in der Stephanusepisode der Apostelgeschichte auf sieben reduzierten) »Siebzig« werden im Alten Testament sogar oft »Älteste« genannt – und das gleiche ist etwa in der Apostelgeschichte der Fall, wenn es heißt, daß Paulus und Barnabas die Spenden für die Opfer der Hungersnot »den Ältesten« nach Jerusalem überbringen (11,30), oder, weiter unten in der Schilderung des »Jerusalemer Konzils«, daß Paulus »die Apostel und die Ältesten« aufsucht (15,4–8). Derselbe Ausdruck verleiht der »Wir-Bericht«-Szene der Apostelgeschichte (21,18 ff.), wo Paulus zur letzten Konfrontation vor Jakobus und den »versammelten Ältesten« (*Presbyteroi* – Presbyter) tritt, besondere Lebendigkeit.

Die in diesen Szenarien häufig so wichtige Zahl »Siebzig« war nach rabbinischer Tradition auch die Anzahl der »Völker« oder Sprachen der Erde. Diese spezielle Konnotation klingt in der – direkt nach der Wahl des Ersatzmanns für Judas folgenden – Pfingstszene an, bei der die Hauptwirkung der Herabkunft des Heiligen Geistes das »Zungenreden« ist – also die Beherrschung der zur weltweiten Verbreitung der heidenchristlichen Botschaft notwendigen »Zungen«![21] Auch die Parallele zu Moses, der den versammelten Ältesten das Gesetz übergibt, darf hier nicht übersehen werden.

In der – von Eusebios im 1. Kapitel des zweiten Buches zitierten – zweiten Version von Clemens' Bezeugung der Ernennung Jakobus' wurde implizit gesagt, Jakobus habe sein Amt *direkt von Jesus* empfangen, und zwar *nach der Auferstehung*: »Nach der Auferstehung gewährte der Herr Jakobus dem Gerechten und Johannes und Petrus die Gabe des Wissens«, und so weiter. Zusätzliche Bestätigung erfährt dieser Gedanke, wenn Eusebios gegen Ende seiner *Kirchengeschichte*, im siebten Buch, auf den »Thron des Jakobus« zu sprechen kommt.[22] Dort variiert er diese Aussage nur geringfügig, indem er sagt:

> Jakobus, der, wie die Heilige Schrift zeigt, allgemein *der Bruder Christi* genannt wurde, war *der Erste, der das Episkopat Jerusalems* [und zwar] *von unserem Heiland selbst empfing.*

Hier ist nicht davon die Rede, daß dies »nach der Auferstehung« geschehen sei, allerdings fügen manche Manuskripte (nach »Heiland selbst«) noch »und den Aposteln« hinzu. Dies ist das erste Mal, daß wir statt dem gewohnten »Bruder des Herrn« der Formulierung »Bruder Christi« begegnen. Zum erstenmal erfahren wir hier auch von diesem *Thron des Jakobus* (und nicht etwa Jesu). Über diese Reliquie schreibt Eusebios, sie sei »bis zum heutigen Tag [in Jerusalem] erhalten«, und erklärt:

> Die dortigen Christen behandeln sie mit größter Liebe und Aufmerksamkeit und zeigen dadurch allen, welche Verehrung heilige, von Gott ausgezeichnete Männer in der Vergangenheit genossen und noch heute genießen.

Diese Aussage scheint etwas widerzuspiegeln, was sich in den Apostolischen Konstitutionen findet – einem wahrscheinlich in Syrien entstandenen Text des 2. oder 3. Jahrhunderts, der unter anderem berichtet, nicht Thaddäus oder Judas Thomas, sondern »Judas Zelotes« habe den Edessanern »die Wahrheit gebracht«.

Dieses Werk weist zahlreiche Parallelen zu manchen organisatorischen Texten aus Qumran auf, insbesondere der Damaskus-Schrift. In den Apostolischen Konstitutionen ist das Amt des Bischofs Gegenstand ausführlicher Erörterungen, und dort finden wir auch einen Hinweis auf die *direkte Ernennung* Jakobus', der stark an die oben zitierte Mitteilung des Eusebios erinnert. Am Anfang einer dem Jakobus zugeschriebenen langen Rede, die Anweisungen für künftige Bischöfe enthält, heißt es:

> Ich, Jakobus, *der Bruder Christi an dem Fleische*, aber dessen Diener im Hinblick auf den Einzigen Eingeborenen Gottes und der eine *durch den Herrn selbst* und den Aposteln *ernannte Bischof von Jerusalem*, verfüge ...[23]

Hier haben wir also den »Bruder Christi« der obigen Eusebios-Passage – und auch noch *nach dem Fleisch* – als auch die Ernennung «durch den Herrn selbst«; die Worte »und den Aposteln« scheinen, wie die entsprechende Hinzufügung in den Eusebios-Manuskripten, ein eher diplomatisch begründeter Zusatz zu sein. Wie wir sehen werden, dürfte es sich bei dieser Passage um die Quelle einer ähnlichen Mitteilung handeln, die sich, ein halbes Jahrhundert nach Eusebios, bei Epiphanios findet.

Eusebios liefert also zwei weitere Argumente gegen die Annahme, Jakobus sei von den inneren Drei in sein Amt eingesetzt worden: zum einen durch die Aussage, daß Jakobus »von den Aposteln« gewählt wurde; zum anderen, daß es *Jesus selbst* war, der ihn zu seinem Nachfolger bestimmte. Das alles ist zugegebenermaßen verwirrend, aber es spiegelt eben die Verwirrung wider, die in der frühen Kirche allgemein bezüglich der Nachfolge Jesu herrschte. *Daß* Jakobus *diese Nachfolge antrat* und *das Bischofsamt erhielt*, steht außer Zweifel; die einzige Frage ist nur, zumindest soweit es Eusebios und seine Quellen betrifft, *wie* und *wann er es erhielt*.

Außer an den bereits angeführten Stellen spricht Eusebios noch ein weiteres Mal von Jakobus' Jesus-Nachfolge. In der längeren Passage, die sich an seine Mitteilung anschließt, Jakobus sei »von den Aposteln in das Episkopat der Kirche zu Jerusalem gewählt worden« (2,23), zitiert Eusebios unter anderem auch Hegesippus, »welcher der Zeit der Apostel am nächsten lebte« (um 90–180 n. Chr.) und ähnliches zu berichten weiß. Im fünften Buch seiner »Denkwürdigkeiten« schreibt dieser nämlich:

> Jakobus aber, der Bruder des Herrn, der, *da es viele dieses Namens gab, von den Tagen des Herrn an bis heute von allen »der Gerechte« zubenannt war*, erhielt mit [oder »von«] den Aposteln die Regierungsgewalt über die Kirche.[24]

Nicht nur betont Eusebios, daß Hegesippus »die genauesten Angaben über ihn [Jakobus] macht«, was zweifellos zutrifft, sondern es besteht auch hier keinerlei Zweifel darüber, daß Jakobus die »Regierungsgewalt« oder das Episkopat *erhielt*. Unklar ist in dem Zusammenhang nur, ob er das Amt »[zusammen] mit« oder »von den Aposteln« erhielt. Falls »von«, müssen wir wieder davon ausgehen, daß irgendeine Art von Wahl stattgefunden hat – je nachdem, wie man »Apostel« verstehen will. Wie im Zusammenhang mit der Übergabe der Spenden an die »Ältesten« durch Paulus (Apostelgeschichte 11,30) oder mit dem Auftritt des letzteren vor »den Aposteln und den Ältesten« anläßlich des »Jerusalemer Konzils« (Apostelgeschichte 15,2) könnte mit dem Terminus einfach die *ganze Versammlung* gemeint sein – und davon gehen wir auch aus.

Hieronymus (348–420), ein weiterer Gelehrter, der wie Origenes einen großen Teil seines Lebens in Palästina verbrachte, schöpft gleichfalls aus Hegesippus, dessen Werke er offenbar aus erster Hand kannte. Seiner Meinung nach aber war Jakobus, »der genannt wird des Herrn Bruder und zubenannt ist ›der Gerechte‹«, *nicht*, »wie manche meinen, der Sohn Josephs und einer anderen Ehefrau«. Gestützt auf eine Bemerkung im Johannesevangelium, entscheidet sich Hieronymus für die sogar noch absurdere Lösung, Jakobus sei »der Sohn Marias, *der Schwester der Mutter des Herrn*« gewesen.[25] Bei Johannes ist sie natürlich nicht lediglich die Schwester der Mutter Jesu, sondern »Maria, des Kleopas Frau« (19,25).

Maria hat, mit anderen Worten, eine Schwester, die gleichfalls »Maria« heißt und die Frau dieses omnipräsenten »Kleopas« ist, der an anderer Stelle als Josephs Bruder und damit als der Onkel Jakobus', Jesu und der anderen Brüder angesehen wird – alles äußerst passend. Einstweilen wollen wir uns aber damit begnügen festzustellen, welche exegetischen Verrenkungen die Kommentatoren schon im 2. Jahrhundert zu vollführen bereit waren, um die göttliche Sohnschaft und die überweltliche Natur Jesu Christi zu retten.

Wie Eusebios liefert Hieronymus zwei Versionen von Jakobus' Wahl oder Ernennung zum Bischof der Jersualemer Kirche – seine eigene Schlußfolgerung aus dem, was er gelesen hat, und ein direktes Zitat aus Hegesippus –, die beide mehr oder weniger dem entsprechen, was wir bei Eusebios erfahren. Seiner Ansicht nach aber erfolgte Jakobus' »Ernennung« oder »Wahl zum Bischof von Jerusalem durch die Apostel« *unmittelbar nach der Passion Jesu*.

Bedeutsam ist hier der zeitliche Rahmen des Ereignisses, die Tatsache also, daß Jakobus »*unmittelbar* nach der Passion unseres Herrn« *von den Aposteln* zum Bischof von Jerusalem *gewählt* wurde.[26] Wie wir meinen, ist dies die fehlende *Ernennungsepisode*, die wir mit Fug und Recht am Anfang der Apostelgeschichte erwartet hätten, an deren Stelle aber der uns heute vorliegende Text statt dessen den widersinnigen und unverständlichen Bericht von der Wahl des Nachfolgers Judas *Ischarioths* bringt. Dies würde auch erklären, warum Jakobus elf Kapitel später so beiläufig in die Handlung eingeführt wird, als müßten wir wissen, wer er ist. Bis zu dem Punkt stimmen Hieronymus und wir miteinander überein.

Die zweite Version, die er uns anbietet, ist, wie er schreibt, ein Zitat:

> Hegesippus, welcher der Zeit der Apostel am nächsten lebte, schreibt im fünften Buch seiner »Denkwürdigkeiten [das folgende könnte aus Eusebios übernommen sein]: »Nach den Aposteln wurde Jakobus, des Herrn Bruder, zubenannt der Gerechte, zum Oberhaupt der Kirche zu Jerusalem bestimmt. Viele hießen damals Jakobus ...«

Der einzige wirkliche Unterschied zu der Version dieser Hegesippus-Stelle, die Eusebios liefert, ist die Präposition »nach«, und *die* ließe sich ebensogut als »mit« oder »von« lesen. Nach Ansicht Hieronymus' erhielt Jakobus die Leitung der Kirche »nach den Aposteln«, was vermutlich »*nach deren Ernennung*« heißen soll. Laut Eusebios erhielt er sie »[zusammen] mit« oder »von« ihnen. Gegenwärtig haben wir keine Möglichkeit, diese kleineren Widersprüche aufzulösen, aber wir sollten sie zwecks späterer Analyse im Gedächtnis behalten.

Ein anderer älterer Zeitgenosse Hieronymus', Epiphanios (367–404), Bischof von Salamis, gibt zu, Eusebios gelesen zu haben, aber ob er Hegesippus aus erster Hand kannte oder nur durch Vermittlung des Eusebios, läßt sich, wie in bezug auf Hieronymus, nicht entscheiden. Er gibt weiterhin an, Clemens gelesen zu haben, sowie ein ansonsten unbekanntes Werk: die bereits mehrfach erwähnten »Aufstiege des Jakobus« – angeblich Reden, die Jakobus von den Stufen des Tempels aus hielt.

Dieses Motiv der »Stufen des Tempels« wird später noch eine wesentliche Rolle spielen[27], aber das Wort »Aufstiege« besitzt noch eine andere wichtige Bedeutung, wie zum Beispiel im Begriff der biblischen »Gradual-« oder »Aufstiegspsalmen« erkennbar [Psalmen 119–134, im Deutschen gewöhnlich »Stufenpsalmen« genannt, A.d.Ü.]. Aus der Kabbala kennen wir die Tradition der »Aufstiege«, das heißt der Aufstiege zu den unterschiedlichen Stufen neuplatonischer Erleuchtung oder *»Gnosis«* – zu den höheren Himmelssphären oder *»Hechalot«*, wie die Literatur dieser Tradition genannt wird. Gleichgültig, ob es sich bei diesem verschollenen Buch um ein Werk jüdischer Mystik handelte oder nicht – es könnte durchaus Überlieferungen um Jakobus gegeben haben, die sich mit dieser mystischen Tradition und der Vorstellung, mit Hilfe des Heiligen Geistes zu höheren Sphären aufzusteigen, in Einklang bringen ließen.[28]

Wie Eusebios (der sich dabei auf Hegesippus stützt) referiert auch Epiphanios Jakobus' verschiedene Beinamen oder Epitheta, darunter »der Gerechte« und *»Oblias«*, was er mit »Mauer« übersetzt. Eusebios wiederum übersetzt das Wort mit »Schutz« oder »Bollwerk«. Über die Nachfolge des Jakobus erfahren wir von Epiphanios genau das gleiche, was Epiphanios diesbezüglich gesagt hatte: nämlich »er [sei] der Erste, der das Amt des Bischofs« – wieder »Episkopat« – erhielt.[29] Epiphanios geht es hier weniger um die Frage, wer Jakobus dieses Amt übergab, als vielmehr darum zu betonen, daß er »der Erste« war – ein Terminus, der sich auch bei Paulus und in den Evangelien, insbesondere aber, wie wir noch sehen werden, in den Qumran-Rollen findet. Auch hier besteht also kein Zweifel daran, daß Jakobus der *erste* Bischof oder Aufseher ist.

Für Epiphanios ist dieses Amt nicht auf Jerusalem allein beschränkt, sondern besitzt eher allgemeine Geltung – was die damalige reale Situation unserer Ansicht nach getreuer widerspiegelt. Offenbar ist Epiphanios nicht bereit, sich darauf festzulegen, daß Jakobus »von den Aposteln erwählt« wurde – ebensowenig von den inneren Drei allein oder von der gesamten »Jerusalemer Versammlung« (was mehr oder weniger das Bild ist, das die Apostelgeschichte von der Wahl des Nachfolgers des Selbstmörders Judas zeichnet). Die implizite Aussage ist vielmehr wieder, daß Jakobus sein Amt *direkt von Jesus* erhielt.

Die direkte Einsetzung Jakobus'

Bestätigt wird diese Vermutung durch eine zusätzliche Information, die Epiphanios im Anschluß an seine Mitteilung liefert und die sich in keiner der bislang von uns besprochenen Quellen fand, nämlich daß Jakobus

> der Erste war, dem der Herr seinen Thron auf Erden anvertraute.[30]

Dies ist zweifellos eine äußerst interessante Information. Leider verschweigt uns Epiphanios, wo er dieses Material – wie viele andere bemerkenswerte Details, die wir von ihm erfahren – herhat, wenngleich es an das anklingt, was wir weiter oben von Eusebios gehört haben, woraus sich wiederum schließen ließe, daß die ungenannte Quelle Hegesippus war. Andererseits könnte es auch aus den »Aufstiegen des Jakobus« übernommen sein, aus denen Epiphanios viele interessante Informationen dieser Art schöpft. Aber woher dieses Material auch stammen mag – es liefert uns jedenfalls einen weiteren Hinweis darauf, welch hohes Ansehen Jakobus noch zur Zeit des Epiphanios und des Hieronymus, Anfang des 5. Jahrhunderts, im ganzen östlichen Mittelmeerraum genoß.

Und wieder erfahren wir, daß es Jesus selbst war, der »seinen Thron auf Erden« seinem Bruder Jakobus anvertraute – auch wenn nicht klar ist, ob er dies tat, während er noch *auf der Erde weilte*, oder aber auf irgendeine andere Weise. Jedenfalls spielt das Bild des »Throns« in dieser Mitteilung eine zentrale Rolle. Es erinnert auch an die Ernennungsepisode aus dem Thomasevangelium:

> Wohin ihr euch auch begebt [vermutlich nach Jerusalem], *geht zu Jakobus, dem Gerechten, um dessentwegen Himmel und Erde geworden sind*.

Nicht nur ist dies die Schilderung einer direkten Ernennung zu Jesu Lebzeiten – die interessanterweise auch jemandem zugeschrieben wird, der wahrscheinlich auf irgendeine Weise mit Jakobus' drittem Bruder, »Judas«, zusammenhing –, sie enthält außerdem, wie wir bereits sahen, mehr oder weniger erkennbares kabbalistisches Gedankengut: nämlich die Idee der Präexistenz des »Gerechten« oder *»Zaddik«* und die Aussage, daß er »die Welt stützt«. Dies ist auch die implizite Bedeutung von Eusebios' – wieder auf Hegesippus basierender – Behauptung, daß Jakobus' ununterbrochene Anwesenheit in Jerusalem »ein starkes Bollwerk« oder einen »Schutz für die Stadt dargestellt habe«.[31]

Die »Thron«-Metaphorik ist immer wichtig – möge sie sich nun auf die Idee des »Bischofsthrons« oder auf den kabbalistischen Begriff »himmlischer Thron« beziehen, dessen mystische Erkenntnis das Ziel der sogenannten *Merkabah-Mystik* darstellt. Sogar Mohammed gebraucht noch das Bild des »Throns« und beweist im Koran an mehr als einer Stelle – und das gleiche tut die spätere islamische Tradition –, daß er zumindest bis zu einem gewissen Grad mit der (auch bei Paulus bezeugten) »Mystik der Himmlischen Aufstiege« vertraut war.[32]

Es gibt noch zwei *»Direkte-Ernennungs«*-Szenen, mit denen wir uns noch gar nicht befaßt haben. Die erste findet sich im äußerst wichtigen ersten Buch der pseudoklementinischen *Rekognitionen* (1.43). Auch wenn sie vielleicht nicht gerade den exaktesten Bericht darstellt und stellenweise an der gleichen Fabulierlust wie die Apostelgeschichte krankt, ist die in ihr überlieferte Schilderung der Einsetzung des Jakobus doch die vernünftigste und überzeugendste, die wir besitzen.

In diesem Text wird Jakobus außerdem nicht nur wiederholt als »Bischof« bezeichnet, sondern sogar, wie wir gesehen haben, als »Bischof der Bischöfe« oder »Erzbischof«. Ebendort, unmittelbar bevor Petrus zum Exkurs über die Identität der ebionitischen Vorstellung des »wahren Propheten« mit dem neutestamentlichen »Christus«-Begriff ausholt, wird auf die selbstverständlichste und unumwundenste Weise überhaupt auf die Führerrolle des Jakobus hingewiesen:

> Die Kirche des Herrn, die in Jerusalem gestiftet worden war, gedieh aufs fruchtbarste und wuchs, da sie von den höchst Gerechten Weisungen des Jakobus regiert wurde, *den der Herr zu deren Bischof geweiht hatte.*

Nicht nur ist hier eindeutig von einer direkten Ernennung die Rede, sondern diese Einsetzung scheint auch – wie in der oben zitierten Thomasstelle und in Epiphanios' Mitteilung, Jesus habe dem Jakobus seinen »Thron auf Erden« anvertraut – *zu Jesu Lebzeiten* erfolgt zu sein. Die Wendung »gedieh aufs fruchtbarste und wuchs« entspricht ähnlichen Aussagen, die in der Apostelgeschichte immer wieder auftauchen und dort die Funktion von Übergängen oder Bindegliedern zwischen selbständigen Episoden erfüllen.[33] Der entscheidende Unterschied besteht darin, daß in der Apostelgeschichte die »höchst Gerechten Weisungen« und die »Weihe« des Jakobus fehlen – wenngleich vielleicht nicht ganz.

Auch diese Betonung der »Gerechtigkeit« und der »Regierungsgewalt« des Jakobus findet sich in fast allen übrigen Quellen wieder. Das gleiche gilt aber in bezug auf die Rolle des *»Mebakker«* oder »Aufsehers« in den Qumran-Rollen, und zwar namentlich in der Damaskus-Schrift, die im Zusammenhang mit den Aufgaben des *»Mebakker«* interessanterweise ausdrücklich von dessen »Weisungen« oder »Urteilen« spricht.[34]

Taschenspielertricks in der Apostelgeschichte

Jetzt sind wir in der Lage, uns wieder der Apostelgeschichte zuzuwenden und die Weise zu würdigen, wie der Text diese äußerst wichtige Wahl oder Ernennung Jakobus' behandelt (beziehungsweise nicht behandelt). Wie wir gesehen haben, berichtet die Apostelgeschichte nicht, wie ein Nachfolger Jesu als Führer der Messianischen Gemeinde – mag man sie nun die christliche, zelotische, essenische, Jerusalemer Versammlung oder wie auch immer nennen – gewählt wurde, sondern sie schildert die Wahl eines Nachfolgers für das Amt des *Judas*.

Nach der Einleitung – die, wie im Evangelium des Lukas, an Theophilus (»Gottlieb« – auf hebräisch vielleicht sogar »Johannes«) gerichtet ist und bezeichnenderweise den paulinischen »Heiligen Geist« beschwört – erfahren wir, wie »die Jünger« (vermutlich »mit den Aposteln«) diese Wahl durchführen. In Vers 1,15 wird deren Zahl mit »bei hundertzwanzig« angegeben, aber das sollte lediglich als eine Proforma-Annäherung betrachtet werden, die vermutlich die Anzahl der Angehörigen der »Jerusalemer Versammlung« darstellen soll. Ansonsten werden diese »Jünger«, wie wir gesehen haben, als »die Siebzig« bezeichnet.

Jesus gibt den Aposteln (die er, wie wir hören, »erwählt hatte«) »Autorität« oder »Weisung durch den Heiligen Geist«, bevor »er aufgenommen ward« – mit anderen Worten: Die Apostel empfangen von Jesus als dem noch auf der Erde weilenden Auferstandenen vor dessen Himmelfahrt »Autorität« oder »Befehlsgewalt« (1,2). Dies hat eine Parallele in der Mitteilung Hegesippus' (und deren verschiedenen Widerspiegelungen), Jakobus habe »zusammen mit den Aposteln die Regierungsgewalt über die Kirche« erhalten – ganz zu schweigen von der Verwendung des Wortes »Weisung« oder »Befehl«, womit in den Qumran-Texten ein zentraler Aspekt der Funktion des »*Mebakker*« bezeichnet wird.

Wie der Verfasser in der Apostelgeschichte weiterhin berichtet, befiehlt Jesus den Aposteln, »daß sie nicht von Jerusalem weichen«, weil sie »nicht lange nach diesen Tagen ... die Kraft des Heiligen Geistes empfangen« werden, welcher »auf [sie] kommen wird« (1,4–8). (Hervorzuheben ist hier die Verwendung des Wortes »Kraft«, das in den Mitteilungen über Jakobus eine immer wichtigere Rolle spielen wird.) Dies soll sich zu Pfingsten ereignen, an welchem Tag der Heilige Geist über die ganze Gemeinde herabsteigen wird. Der erste Teil dieser Anweisungen, *nach Jerusalem zu gehen* oder *nicht von dort zu weichen*, entspricht der Aussage in der zuvor zitierten Passage des Thomasevangeliums , in der die Jünger auf die Frage, wer »groß über [sie] sein« würde, von Jesus die Antwort erhalten: »Wohin ihr gekommen sein werdet [womit vermutlich Jerusalem gemeint ist], geht zu Jakobus, dem Gerechten.«

Nach 40 Tagen – die sie offenbar auf dem Ölberg verbracht haben – und Jesu Himmelfahrt »kehrten [die Apostel] nach Jerusalem zurück« (Apostelgeschichte 1,12). Im folgenden Vers zählt Lukas sie wieder namentlich auf, und die Namen sind die uns vertrauten, einschließlich »Matthäus« und »Thomas«, aber »Judas *Ischarioth*« oder »der Sohn des Simon *Ischarioth*« fehlt. Die letzten drei, »Jakobus, des Alphäus [Kleophas?] [Sohn], und Simon Zelotes und Judas, des Jakobus [Bruder]«, sind für uns, wie wir gesehen haben, von besonderem Interesse, da sie mit den Namen dreier Brüder Jesu identisch sind. Mit diesem Themenkomplex werden wir uns an anderer Stelle eingehend befassen, und vorläufig genügt es, wenn wir sagen, daß wir es hier wahrscheinlich mit einer entstellten Bezeugung der *Brüder Jesu als Apostel* zu tun haben.

Bei Paulus sind wir bereits auf mehrere Stellen gestoßen, aus denen implizit hervorging, daß Jakobus zu den Aposteln zu rechnen sei, auch wenn Paulus deren genaue Zahl nicht angibt – zumindest im Galaterbrief nicht. Im Ersten Brief an die Korinther (15,5) teilt er zwar mit, Jesus sei nach seiner Auferstehung »den Zwölfen« erschienen, aber das ist wahrscheinlich eine spätere Interpolation, da es zu dem Zeitpunkt ja nur *elf* Apostel gegeben haben müßte.

Im Zusammenhang mit der Rückkehr der Apostel nach Jerusalem

erwähnt die Apostelgeschichte (1,14) ein Haus mit einem »Obergemach« – vermutlich dasselbe, in dem den Evangelien zufolge das Letzte Abendmahl stattgefunden haben soll –, wohin sie sich begeben oder wo sie »samt den Frauen und *Maria, der Mutter Jesu, und seinen Brüdern*« zu wohnen scheinen. Hier wird Maria nicht als die »Mutter des Johannes Markus« bezeichnet, wie jene Maria, der wir in der Apostelgeschichte (12,12) unmittelbar vor der ersten Erwähnung Jakobus' in einem ähnlichen Jerusalemer »Haus«, gleichfalls im Zusammenhang mit »den Brüdern«, begegnen. Von diesem »Haus« werden wir noch mehrmals hören, und zwar nicht nur im Johannesevangelium, sondern auch in den *Rekognitionen*.[35]

Bei Matthäus wird eine parallele Maria »die Mutter des Jakobus und Joses« [Luther: »Joseph«, A.d.Ü.] genannt (27,56); bei Markus »Maria, die Mutter Jakobus' des Kleinen und des Joses und Salome« (15,40); und bei Lukas »Maria, des Jakobus Mutter« (24,10). Anderswo (15,47) nennt Markus sie lediglich »des Joses [lies ›Jesus‹?] Mutter«, und der völlig verwirrte Matthäus bezeichnet sie zu guter Letzt schlicht als *»die andere Maria«* (27,61). Damit finden wir in der Apostelgeschichte sogar im Vorfeld der Auslosung um die Neubesetzung von Judas' »Amt« (*»Episkopê«*, »Episkopat«) wenigstens *eine* Anspielung (wahrscheinlich aber auch *zwei* weitere) auf die Brüder und die Familie Jesu.

Pfingsten und die *Zungen*-Metaphorik

Nun können wir uns den Ereignissen zuwenden, die diese Wahl einrahmen. Petrus, so erfahren wir, »tr[it]t auf unter den Brüdern« – wieder ist »die Versammlung« gemeint – und beantragt, daß eine Wahl abgehalten werde (Apostelgeschichte 1,15–22). Ich meine, wir können gefahrlos sagen, daß dies dem entspricht, was wir bei Hegesippus, Clemens und Eusebios gehört haben: nämlich daß Petrus und die anderen Apostel nicht um das Episkopat oder das Aufseheramt stritten, sondern zurücktraten und Jakobus den Gerechten, den Bruder Jesu, erwählten.

Jetzt spricht Petrus vom *anderen* Judas, also nicht »Judas, des Jakobus [Bruder]«, von dem in der Aufzählung der im Haus der Maria anwesenden Apostel die Rede gewesen war; vielmehr nennt er ihn hier – unter Berufung auf die oben besprochenen Psalmen-Stellen – »Judas, der den Weg zeigte denen, die Jesus fingen«, und beschreibt seinen Tod mit erkennbarer Liebe zum blutrünstigen, wenn auch phantastischen Detail, wobei er zweimal auf Judas' angeblichen

»Sturz« hinweist (1,16–25). Dieses Schicksal bezeichnet Petrus, wie wir schon gehört haben, als »Lohn für seine Ungerechtigkeit« – die vermutlich der »Gerechtigkeit« des Jakobus gegenüberzustellen ist. Auf einige Parallelen, die zwischen derlei Angaben und den unterdrückten Details um Jakobus' Leben und Tod bestehen, haben wir bereits hingewiesen.

In der Apostelgeschichte ereignet sich dies etwas mehr als 40 Tage nach der Auferstehung, aber noch vor Pfingsten, das 7 × 7 + 1 oder 50 Tage nach Pessach oder Ostern gefeiert wird (die Juden nennen diesen Tag *Schawu`ot* oder »Wochenfest«). Im Zusammenhang damit schildert die Apostelgeschichte einige sogar noch phantastischere Begebenheiten, von denen keine als historisch bezeichnet werden kann, die aber alle mit der (im paulinischen Selbstverständnis so zentralen) Herabkunft des Heiligen Geistes auf die gesamte Gemeinde in Zusammenhang stehen. Später berichtet sie von der letzten Reise, die Paulus (bevor er als Gefangener nach Rom gebracht wird) nach Jerusalem unternimmt, um dort den Pfingsttag zu erleben, der offenbar mit einer Zusammenkunft der ganzen Gemeinde gefeiert wurde (Apostelgeschichte 20,16).

Nach Auskunft der unschätzbaren Damaskus-Schrift scheint Pfingsten auch in Qumran der Zeitpunkt einer alljährlichen Gemeindevollversammlung und ein sehr wichtiger Feiertag gewesen zu sein. Abgesehen von den »Verfluchungen«, die im Zusammenhang mit dem Tod Judas *Ischarioths* und der angeblichen Schuld der Juden an Jesu Kreuzigung auch in der Apostelgeschichte eine wichtige Rolle spielen, stellt dieses Fest hier das genaue Gegenteil der hellenisierten Angelegenheit dar, welche die Apostelgeschichte daraus macht. Der letzten Spalte der Damaskus-Schrift zufolge ist es ein Tag des Wiederbekennens zum Bund Moses' und der »Verfluchung« all jener, die »das Gesetz ablehnen« oder »nach rechts oder links von der Thora abweichen«[36] – Wendungen, die auf die traditionelle Idee von *Schawu`ot* als dem Fest zum Gedächtnis der Übergabe der *Thora* an Moses verweisen, die 50 Tage nach dem Auszug aus Ägypten auf dem Berg Sinai erfolgte.

Nach der überarbeiteten Darstellung der Apostelgeschichte bedeutet Pfingsten hingegen die *Herabkunft des Heiligen Geistes auf die ganze Gemeinde* und, damit einhergehend, die Aussendung der *neuen Mission zu allen Völkern*. Begleitet wird das Ereignis von einem »Brausen wie eines gewaltigen Windes«, »Zungen, zerteilt wie von Feuer« und Sprechen »in anderen Zungen, wie der Heilige Geist ihnen gab auszusprechen« (Apostelgeschichte 2,1–4). Solchen Bildern begegnen wir auch im Jakobusbrief. Dort werden sie auf einen Gegner bezogen, der seine »Zunge … das unruhige Übel, voll tödlichen

Giftes … nicht zähmen« kann, das Ganze eingebettet in Metaphern wie »starke Winde« und Anspielungen auf »Prahlen«, »Fluchen« und »eine Welt voll Ungerechtigkeit« (3,1–10).

Die Anspielungen auf »starke Winde« und »eine Welt voll Ungerechtigkeit« zeigen den Zusammenhang zwischen diesen Zeilen des Jakobusbriefes und entsprechenden Wendungen in den ersten zwei Kapiteln der Apostelgeschichte besonders deutlich.[37] Das Bild des »tödlichen Giftes« findet sich wiederum in parallelen Passagen der Damaskus-Schrift, in denen vom »Geschwätz« des »lügenden Schwätzers« oder »Windbeutels« die Rede ist oder es von diesem heißt, er »wandle im Geist« oder »verschütte« oder »gieße aus Wind« – wobei zu bedenken ist, daß »Wind« und »Geist« auf hebräisch durch ein und dasselbe Wort bezeichnet werden.[38] Wichtig ist das Bild des »tödlichen Giftes« auch im Zusammenhang mit Paulus' – gleichfalls von »Fluchen« begleiteten – Aussagen, das Gesetz bringe nicht das Leben, sondern den Tod: sogar den Tod Christi.[39]

Tatsächlich hat die »Zungen«-Metaphorik des Jakobusbriefes in Qumran eine grundsätzliche Parallele im »Lügen« und »Schwätzen«, das dem Widersacher des Gerechten Lehrers zugeschrieben wird.[40] Auf hebräisch ist »Zunge« die normale Bezeichnung für »Sprache«, und so wird das Wort auch im Zusammenhang mit dem *Mebakker* oder Aufseher verwendet, wenn es von ihm heißt, er wisse »alle Geheimnisse der Menschen und all ihre vielen *Zungen*.[41] Eben seine »Urteile« werden in der letzten Spalte der Damaskus-Schrift im Kontext der pfingsttäglichen Zusammenkunft der Bewohner der Wüstenlager zur Bestätigung der Exkommunikation der Gesetzesbrecher angeführt.

Die »Wind«-Metapher besitzt in den gerade besprochenen Passagen sowohl der Apostelgeschichte als auch des Jakobusbriefes, in denen von der »Zunge« oder den »Zungen« die Rede ist, klarerweise eine besondere Relevanz. Das gleiche gilt für eine weitere Wendung, mit der am Anfang und am Ende der Damaskus-Schrift die Aktivitäten des Lügners beschrieben werden, nämlich: »gießt aus über Israel die Wasser des Lügens«.[42] Die erste Spalte der Kairoer Damaskus-Schrift berichtet, dieser Schwätzer oder Spötter habe

> die Grenzsteine, die die Ersten – die »Ahnen« – aufgestellt hatten, entfernt und so *die Wege der Gerechtigkeit* zunichte gemacht [abermals der Vorwurf der »Ungerechtigkeit«],

und habe sie so »in die Irre gehen lassen, in eine pfadlose Wüste« und »die Flüche Seines Bundes« auf sie herabgerufen. Dies sind dieselben Bilder, die in der oben erwähnten letzten Spalte der Damaskus-Schrift

– wieder im Zusammenhang mit der genannten Pfingstversammlung der Wüsten-»Lager« – gebraucht werden, wenn jene, die »sie in die Irre gehen ließen in einer weglosen Wüste« und welche die »Grenzen, die für uns niedergelegt waren, überschreiten«, »verflucht« und »ausgestoßen« werden und nicht mehr der »Gesellschaft« der anderen teilhaftig sein sollen.

Hier in der Apostelgeschichte beschwört auch Petrus in einer seiner Schriftauslegungen à la Qumran ausdrücklich das Bild des »Ausgießens«/»Vergießens«. (Ebenso übrigens auch Jesus in den verschiedenen Darstellungen des Letzten Abendmahls, wenn er von seinem »Blut des neuen Bundes« spricht, »das für die Vielen vergossen wurde«.) Anstelle aber der »Wasser des Lügens«, die in der Damaskus-Schrift »über Israel ausgegossen« werden, *wird jetzt der Heilige Geist über die Jerusalemer Gemeinde ausgegossen* (2,17 f. und 2,33). Die gleiche Anspielung taucht wieder auf, wenn die Apostelgeschichte (10,45) diesen Vorgang auch auf die Heiden bezieht. Petrus führt sogar »den Propheten Joel« an, bei dem es heißt:

> Da will ich ausgießen von meinem Geist auf alles Fleisch, und eure Söhne und eure Töchter sollen weissagen und ... Gesichte sehen. (Apostelgeschichte 2,17; Joel 3,1–5)

Bemerkenswert ist, daß in dieser – gewohnt zionistischen und irredentistischen – Joel-Prophezeiung Bilder wie »Wein trinken« und »Trunkenheit«, »Gold und Silber in ihre Tempel bringen«, »Lose werfen« und »ihr Blut reinigen« vorkommen.[43] Genau an diesen zwei entscheidenden Stellen der Damaskus-Schrift, in denen von »sie anschwätzen« oder »die Wasser des Lügens über Israel ausgießen« die Rede ist, werden zur Verdammung jener, die »lügnerische Gesichte« oder »Prophezeiungen sehen«, weitere biblische Passagen angeführt – insbesondere, wie in Spalte 8, eingebettet in Anspielungen auf »Wein«, »Gift«, »Nattern« und »Heiden«/»Völker«, »in Windigkeit wandeln« oder Wendungen wie »der Geist und der Sprudler von Lügen, die auf sie einschwätzen«.[44]

In seiner langen Rede, in der er sich gegen den spöttischen Vorwurf verteidigt, dieses pfingsttägliche »Zungenreden« sei auf »jungen Wein« und »Trunkenheit« zurückzuführen, führt Petrus nun mehrere Psalmen an. Im selben Atemzug bezeichnet er David als einen »Propheten« – vermutlich, weil David als der Verfasser der Psalmen galt. Das erste Zitat, Psalm 16,9, enthält wieder eine vielsagende Anspielung auf »Zunge«, diesmal *Davids Zunge* (Singular).[45]

Außerdem zitiert Petrus eine kurze Passage aus Psalm 132, einem weiteren extrem zionistischen Psalm über David, der eine vielsagende Anspielung auf die *»Ebionim«* oder »Armen« enthält. In dieser Passage findet sich wieder eine Anspielung auf den »Thron«, diesmal Davids Thron – der jetzt derjenige »Christi« und nach ihm vermutlich derjenige seines Nachfolgers Jakobus sein soll (Apostelgeschichte 2,30). In Fortführung dieser »Thron«-Metaphorik zitiert Petrus nun Psalm 110 (mit der berühmten Stelle »Du bist ein Priester ewiglich nach der Weise Melchisedeks«), wo davon die Rede ist, daß »deine Feinde zum Schemel deiner Füße« gemacht werden – ein in den Qumran-Texten gebräuchliches Bild, das in den Evangelien auch Jesus zugeschrieben wird.[46]

In diesem Zusammenhang erhebt Petrus die gleichen Vorwürfe gegen die Juden wie Paulus' Erster Brief an die Thessalonicher (2,15), das heißt, er klagt sie an, Jesus »ans Kreuz geschlagen und getötet« zu haben (Apostelgeschichte 2,23). Er wiederholt dies im Vers 2,36, wo er »das ganze Haus Israel« wissen läßt, »daß Gott diesen selben Jesus, *den ihr gekreuzigt habt*, zum Herrn und Christus gemacht hat«. Später, in 4,10 und 5,30, wirft er den Oberpriestern und dem Sanhedrin oder Hohen Rat das gleiche vor (in Apostelgeschichte 4,8 waren es die »Obersten des Volkes und die Ältesten Israels«).

In der letztgenannten Anklagerede ist ausdrücklich von »an das Holz hängen« die Rede, wovon Paulus im Brief an die Galater (3,13) spricht und woraus er seinen theologischen Kernsatz ableitet, Jesus habe »uns vom *Fluch des Gesetzes* erlöst«. Bei diesen Auslegungen biblischen Materials wird der eigentliche Sinn des zugrundeliegenden Textes fast immer verdreht oder in sein Gegenteil verkehrt. Diese Strategie, die Argumente des Gegners zu entstellen und anschließend gegen ihn selbst zu richten, findet sich in fast sämtlichen polemischen Passagen der Qumran-Texte, der Apostelgeschichte und des Jakobusbriefes wieder – wobei ein besonders gutes Beispiel hierfür das »Ausgießen der Wasser des Lügens auf Israel« der ersten Spalte der Kairoer Damaskus-Schrift samt allen dazugehörigen Varianten wäre.[47]

Wie dem auch sei – der Sieger dieser entscheidenden Wahl zur Neubesetzung von Judas' »Amt« oder »Episkopat« ist Matthias. Man ist versucht, den Namen des unterlegenen Kandidaten, »Joseph Barsabas, zubenannt Justus« (so auch im griechischen Text, obwohl »Justus« lateinisch ist), umzudrehen und »Justus Barsabas, des Josephs Sohn« zu lesen. Aber auch ohne das zu tun, muß die ganze Geschichte auf den Kopf (beziehungsweise auf die Füße) gestellt werden. Weder dieser Matthias – ein Name, der in dieser Periode erstmals in Verbindung mit *Judas Makkabäus' Vater* auftaucht – noch »Joseph

Barsabas« kommen im Neuen Testament je wieder vor (»*Judas* Barsabas« allerdings schon).

Tatsächlich wird Matthias in den Pseudoklementinen sogar mit *Barnabas* gleichgesetzt.[48] Wie immer man all diese (so eng mit der zelotisch/sikarischen Bewegung Judas' des Galiläers und der Makkabäer verbundenen) »Judasse« und »Matthiasse« einordnen mag – die Wahl, um die es hier eigentlich geht, ist diejenige Jakobus' des Gerechten zum Bischof der »Jerusalemer Kirche«: ein Amt, dem im bodenständigeren, palästinischen Kontext der Damaskus-Schrift, umgeben von Anspielungen auf den »Neuen Bund im Land Damaskus«, die »Stern-Prophezeiung« und andere messianische Begriffe, der »*Mebakker*« entspricht.

Apostelgeschichte versus Pseudoklementinen

Das zweite Kapitel der Apostelgeschichte schließt mit der folgenden Schilderung:

> Und sie waren täglich und stets beieinander einmütig im Tempel und brachen das Brot hin und her in den Häusern, nahmen die Speise [»die reine Speise« Qumrans?] mit Freuden und lauterem Herzen, lobten Gott und hatten Gnade *bei dem ganzen Volk* [eine eindeutige Bestätigung der Popularität dieser Bewegung]. Der Herr aber tat hinzu täglich, die gerettet wurden, zu der Gemeinde. (2,46 f.)

Dies ist genau das Bild, das die pseudoklementinischen *Rekognitionen* von den regelmäßigen Tempelbesuchen Jakobus' und seiner Gemeinde zeichnen sowie von den Debatten oder Gesprächen, die Jakobus im Tempel oder auf dessen Stufen mit den Oberpriestern führt. Mit folgenden Worten leiten die *Rekognitionen* (in Parallele zum Petrusbericht der Apostelgeschichte) die letzte *auf den Tempelstufen* stattfindende Debatte vor Paulus' *tätlichem Angriff auf Jakobus* ein:

> Die Priester ... schickten uns oft Nachricht, sie wünschten, sich mit uns über Jesus zu unterreden, ob Er der Prophet gewesen sei, den Mose vorhergesagt hatte [das heißt »der Wahre Prophet« oder »der Ewige Christus«; nach Johannes – 12,34 – »der Prophet aus dem Gesetz, der ewig lebt«]. Aber während sie häufig solche Bitten an uns richteten und wir nach einer passenden Gelegenheit suchten, gedieh die Kirche in Jerusalem aufs fruchtbarste und

wuchs ... [hier folgt das bereits zitierte: *da sie von den höchst Gerechten Weisungen des Jakobus regiert wurde, den der Herr zu deren Bischof geweiht hatte*]. (1.43)

Dies entspricht den verschiedenen »Erfolgsmeldungen«, die im ersten Teil der Apostelgeschichte immer wieder auftauchen und die verschiedenen, oft mythologischen oder phantastischen Episoden miteinander verbinden. Im Vorspiel zum tätlichen Angriff auf »Stephanus« heißt es wiederum in der Apostelgeschichte:

> Sie alle trafen sich einmütig in der Halle Salomos [das heißt *im Tempel*]. Von den anderen aber wagte keiner, sich zu ihnen zu tun; *doch das Volk pries sie hoch. Desto mehr aber wuchs die Zahl derer, die da glaubten an den Herrn, eine Menge Männer und Frauen.* (Apostelgeschichte 5,12 f.)[49]

Hier ist die Übereinstimmung mit den Pseudoklementinen nicht zu übersehen. Lediglich fehlen in der Apostelgeschichte die ähnlich propagandistischen Aussagen über Jakobus' Amtsführung.

Interessanterweise greifen die *Rekognitionen* viele der in diesem Teil der Apostelgeschichte vorkommenden Motive auf – wie beispielsweise die gemeinsame Kasse (4,35–5,10) und die Rede Gamaliels (5,34–40), der hier als ein heimlicher Gönner der Gemeinde dargestellt wird. Wie in manchen Handschriften des Matthäusevangeliums heißt der bei Lukas »Judas von Jakobus« genannte Apostel »Lebbäus« statt »Thaddäus«. Nachdem er gesprochen hat, nimmt »Simon Kananäus« den Platz *auf den Tempelstufen* ein, dann »Barnabas, der auch Matthias zubenannt war« und »die Stelle des Judas als Apostel [*sic*] eingenommen hatte« und schließlich Gamaliel.[50]

In der syrischen Übersetzung dieser Passage heißt »Barnabas« nun »Barabbas, welcher Apostel wurde an Stelle des Verräters Judas«. Selbst die Überlagerungen und Verwechslungen verraten eine gewisse innere Logik, und man könnte spekulieren, daß der Verfasser der *Rekognitionen* seine – auch der Apostelgeschichte zugrundeliegende – Quelle auf ebenso tendenziöse und eigenwillige Weise modifizierte wie diese.

Nach Gamaliels Rede – und den darin enthaltenen Anachronismen um Theudas und Judas den Galiläer – erwähnt die Apostelgeschichte abermals, daß die Apostel sich andauernd im Tempel aufhielten:

> Und sie hörten nicht auf, *jeden Tag im Tempel und in den Häusern* zu lehren und zu predigen das Evangelium ... (5,42)

Der Vers 6,1 wiederum leitet das »Murren« der Hellenisten wider die Hebräer, das schließlich mit Stephanus' Steinigung endet, mit einer Reprise des »Vermehrungs«-Themas ein: »In den Tagen aber, da der Jünger viel wurden ...«

Die Sprache ist hier fast wortwörtlich die der *Rekognitionen*; wieder ist das einzige, was fehlt, *die Wahl des Jakobus*. Die Worte, mit denen die Pseudoklementinen hier den an den »Erzbischof Jakobus« gerichteten Wunsch der Oberpriester referieren, im Tempel oder auf dessen Stufen mit der jungen christlichen Gemeinde zu diskutieren, besitzen gleichfalls direkte Parallelen im 3. bis 5. Kapitel der Apostelgeschichte. Sie harmonieren auch vollkommen mit der Bitte der Oberpriester, die sich in der von Eusebios zitierten längeren Hegesippus-Passage über die letzten Tage des Jakobus findet. In diesem Bericht – der bis zu einem gewissen Grad auch von Epiphanios und Hieronymus referiert wird – begeben sich die Oberpriester zu Jakobus und bitten ihn, sich auf einen »Flügel« oder die »Zinne des Tempels« zu *stellen* und das Volk zu beruhigen.

Das Hegesippus-Zitat lautet bei Eusebios folgendermaßen:

> ... weswegen manche glaubten, *Jesus sei der Christus* [daß Jesus »der Christus sei«, ist auch das Hauptthema der Rede, die Jakobus an der entsprechenden Stelle der *Rekognitionen* hält]. Aber die obenerwähnten Häretiker glaubten weder an die Auferstehung noch daran, daß *Er kommen werde, jedem gemäß seiner Werke zu geben* [man beachte hier die »jakobinische« Betonung der »Werke« und vergleiche mit Jakobus 2,15–26 und 5,7 f.], doch diejenigen, die daran glaubten, taten dies *wegen Jakobus* [bis hierher stimmt der Bericht weitgehend mit den Pseudoklementinen überein]... Es entstanden Unruhen unter den Juden und Schriftgelehrten und Pharisäern, die da meinten, das ganze Volk laufe Gefahr, auf Jesus als den Christus zu warten. Also versammelten sie sich und sprachen zu Jakobus: »Wir flehen dich an, das Volk zu zügeln, das um Jesu willen vom Weg abirrt, als sei er der Christus. Wir flehen dich an, überzeuge alle, die sich zum Pessachfest hier einfinden, von der Wahrheit über Jesus; denn alle gehorchen dir. Denn wir und das ganze Volk bezeugen, daß du gerecht [oder »der Gerechte«] bist und *die Person nicht ansiehst*. Überzeuge daher das Volk, daß es nicht um Jesu willen in die Irre gehe, denn alles Volk und wir vertrauen [oder gehorchen] dir. Stelle dich daher auf einen Flügel [oder »die Zinne«] des Tempels, auf daß du gut sichtbar seist und deine Worte für alle Menschen klar zu vernehmen.[51]

Dem folgt die (wieder von Hegesippus entlehnte) Beschreibung vom Angriff auf Jakobus und von dessen Sturz – diesmal nicht von »den Stufen«, sondern vom Flügel oder der Zinne des Tempels. Dies ist die Reihenfolge, in der auch die Pseudoklementinen die Ereignisse schildern, obwohl Jakobus dort lediglich von den Stufen des Tempels stürzt und auch die Art des Angriffs ein wenig anders ist. Auch stirbt Jakobus nicht daran. Wir vertreten die Ansicht, daß die Darstellung der Pseudoklementinen eher die historische Wahrheit wiedergibt als die entsprechenden Schilderungen der frühen Kirchenschriftsteller, die alle mehr oder weniger voneinander abhängig sind und, wie wir noch sehen werden, eindeutig versuchen, bestimmte *peinliche* Aspekte dieses Angriffs zu vertuschen.

Diese Hegesippus-Eusebios-Version der Ereignisse ähnelt durchaus dem, was wir in den Pseudoklementinen und sogar in der Apostelgeschichte finden. Sie liefert zudem ein überzeugendes Indiz für die Authentizität der entsprechenden pseudoklementinischen Darstellung – oder zumindest der ihr zugrundeliegenden Quelle. In diesem Sinne stellt die pseudoklementinische Überlieferung eine *ursprünglichere Version* der Episode dar, die bereits zu Hegesippus' Zeit (2. Jahrhundert) erste Mutationserscheinungen an den Tag legt.

Der Begriff »In-die-Irre-Gehen/-Geführtwerden«, dem wir in diesem Hegesippus zugeschriebenen Bericht zweimal begegnet sind, spielt in den Qumran-Manuskripten eine sehr wichtige Rolle. Große Aufmerksamkeit sollten wir ebenso allen Anspielungen auf »stehen« schenken – wie zum Beispiel, wenn Jakobus auf dem Flügel oder den Stufen des Tempels steht –, da sie, wie wir sehen werden, oft einen Bezug zur judenchristlichen oder ebionitischen Doktrin des »Stehenden« haben, die sich auch in den Pseudoklementinen findet und von der weiter vorn bereits im Zusammenhang mit Simon *Magus* die Rede war.[52]

Ein weiterer Punkt, auf den wir unsere Aufmerksamkeit richten sollten, ist der große Respekt, den die Oberhäupter der Jerusalemer Gemeinde beim Volk offenbar genießen. Unsere Autoren hätten keinen Grund, in dieser Richtung zu übertreiben – ganz im Gegenteil. Wie wir hier erfahren, besitzt Jakobus eine solche Popularität, daß das herodianische »Establishment« davon überzeugt ist, das Volk werde alles tun, was er ihm »befiehlt«. Es heißt sogar ausdrücklich: »Alle gehorchen dir« – was bedeutet, Jakobus ist *der* volkstümliche Führer, und die Massen werden alles tun, was er sagt. Dies entspricht genau dem, was Josephus über die Situation und die Ereignisse um den Tod Johannes' des Täufers berichtet. Wie wir uns erinnern, hieß es da, Herodes Antipas habe befürchtet, daß das Volk befolgen würde, was Johannes verlangte, und insbesondere, der Täufer würde sich zum

Anführer einer Revolte aufschwingen. Ein ähnliches Bild zeichnen die Evangelien von Jesus, dessen Popularität nach ihrer Darstellung so groß war, daß die Hohenpriester allerlei Listen anwenden mußten, um nach vielen Versuchen endlich doch seiner habhaft werden zu können. Es kann kaum ein Zweifel daran bestehen, daß dies tatsächlich die *reale Situation* war.

Alle diese Zeugnisse werden im Zusammenhang mit Jakobus' »*Zaddik*«-Natur und allgemein dem Begriff »Gerechter« verständlich – und das gleiche gilt für den Gerechten Lehrer Qumrans, der in seinem »*Zaddik*«-Sein eine solche Ähnlichkeit mit Jakobus aufweist. Unsere These lautet, daß Jakobus »der *Zaddik*« des Oppositionsbündnisses war, was aber bedeutet, daß alle – einschließlich der Herrschenden – ihm Respekt und *Gehorsam* schuldeten.

Weitere Parallelen zwischen Apostelgeschichte und Pseudoklementinen

Wir sollten festhalten, daß sich die am Ende des ersten Buches der pseudoklementinischen *Rekognitionen* geschilderte Debatte zwischen den Priestern und Jakobus vor dem Angriff ereignet, der dazu führt, daß Jakobus »von den Stufen des Tempels hinuntergestürzt« wird und »sich ein Bein bricht«. Vorausgegangen waren die – gleichfalls von der Tempeltreppe aus gehaltenen – Reden der anderen Apostel und Gamaliels. Dies ist auch die Reihenfolge, der wir in der Apostelgeschichte begegnen. Dort folgt auf Gamaliels Rede, mit der diese verbalen Konfrontationen auf dem Tempelberg enden, die Rede des Stephanus, welcher wiederum dessen *Steinigung* folgt – in deren Zusammenhang dann Saulus oder Paulus eingeführt wird (Apostelgeschichte 5,34–8,1).

In den Pseudoklementinen spricht Jakobus »von einer erhöhten Stelle aus, so daß alles Volk ihn sehen kann«. Diese Ansprache hat viel mit derjenigen gemeinsam, die bei Hegesippus/Eusebios referiert wird und nach deren Ende *er* (Jakobus) gleichfalls *gesteinigt wird*. Besonders deutlich wird die Parallele in Jakobus' Antwort auf die Frage, »was das Tor zu Jesus« sei:

> Er sitzt im Himmel *zur Rechten der Großen Macht*, und er ist im Begriff zu kommen auf den Wolken des Himmels.[53]

Die Wendung »sitzt zur Rechten der Großen Macht« ist exakt die gleiche, die das Bild vom »Fußschemel« aus Psalm 110,1–3 begleitet, das Petrus im parallelen Bericht der Apostelgeschichte – gleichfalls im größeren Kontext verbaler Konfrontationen auf dem Tempelberg – verwendet, als er der *jüdischen Menge* (nicht den Hohenpriestern!) die Ermordung Jesu vorwirft (2,30–35).

Dieses Bild – das dem Buch Daniel (7,13) entlehnt ist und den für die spätere sektiererische »Christus«-Vorstellung so wichtigen Begriff der »Großen Macht« enthält – meint offensichtlich den Erlöser Jesus, *der in Macht auf den Wolken des Himmels mit den himmlischen Heerscharen kommt*. Dies entspricht bis zu einem gewissen Grad auch dem, was Jakobus den *Rekognitionen* zufolge an dieser Stelle seiner Rede von den Stufen des Tempels aus sagt. Hier liefert Jakobus die biblischen Belege für *zwei Ankünfte*, deren erste, bescheidenere, bereits stattgefunden hat. Die zweite aber wird »in Herrlichkeit« und Macht erfolgen, das heißt, Jesus wird als Messias auf den Wolken des Himmels mit den himmlischen Heerscharen ankommen, und er wird herrschen über die, »welche an ihn *glauben* und *alles tun*, was Er befohlen hat«. Bemerkenswert ist hier die aufschlußreiche »jakobinische« Kombination von *»glauben«* und »(gute Werke) *tun*« oder, um mit Jakobus (2,22) zu sprechen, das Zusammenwirken des Glaubens mit den Werken – eine Kombination, die zu einem späteren Zeitpunkt sogar in den Koran einfließt.[54]

Was Jakobus zu Pessach im Tempel verheißt – daß der Messias »in Macht auf den Wolken des Himmels mit den himmlischen Heerscharen kommt« –, betrachtet auch Hieronymus als die entscheidende Verkündigung. Diese Verheißung bildet auch den inhaltlichen Höhepunkt der Qumraner Kriegsrolle und ist der Grund, weswegen sie – trotz der scheinbaren Fremdartigkeit und Spezifität ihres Vokabulars – wahrscheinlich als ein *jakobinisches* Werk betrachtet werden sollte.[55] Den Evangelien zufolge wird Jesus – in der, wie wir sehen werden, retrospektiven Darstellung seiner Erwiderungen auf den im »Haus des Hohenpriesters« vom Hohen Rat geäußerten Vorwurf der »Gotteslästerung« – in der Nacht vor seiner Hinrichtung die gleiche Vision haben (Matthäus 26,64 und Markus 14,62). Noch wichtiger aber ist die Tatsache, daß dies auch die Vision ist, welche die Apostelgeschichte (7,55) dem Stephanus – unmittelbar vor *seiner Steinigung* und vor Paulus' Auftritt – zuschreibt.[56]

Meiner Ansicht nach sind alle diese Schilderungen tatsächlich in den zwei Versionen der Rede vorgezeichnet, die Jakobus nach Darstellung der pseudoklementinischen *Rekognitionen* und der obengenannten frühkirchlichen Quellen vor dem auf ihn erfolgenden Angriff beziehungsweise seiner Steinigung im Tempel hält. Auf diese Zusammenhänge wollen wir im folgenden näher eingehen.

DRITTER TEIL

Jakobus' Rolle im Jerusalem seiner Zeit

10
Jakobus' Rechabitertum und Nasiräertum

Der Abort für den Hohenpriester, der Hurenlohn und Judas *Ischarioths Blutgeld*

Nachdem wir Jakobus' Wahl oder Ernennung – »Weihe« oder »Ordinierung«, wie Hieronymus schreibt – zum Oberhaupt der Jerusalemer Kirche/Versammlung skizziert haben, sind wir eher in der Lage, uns einige Gedanken über seine Person und die Rolle zu machen, die er zu seinen Lebzeiten in Jerusalem gespielt haben muß. Zu diesem Zweck werden wir am besten (von uns aus gesehen) »vorn« anfangen, also mit den Zeugnissen der frühen Kirchenschriftsteller, und, immer weiter in die Vergangenheit zurückschreitend, mit den eher zeitgenössischen Texten aus Qumran enden. Mehrere Aussagen, die sich auf die Person des Jakobus und auf wichtige Ereignisse in seinem Leben beziehen, finden wir außerdem auch in der talmudischen Literatur.

Eine davon läßt die bekannte Episode aus Matthäus anklingen, in der Judas *Ischarioth* seine unrechtmäßig erworbenen »Silberlinge in den Tempel« wirft und die Hohenpriester davon »den Acker eines Töpfers [den ominösen »Blutacker«, wie er hier und in der Apostelgeschichte heißt] als Begräbnisplatz für die Fremden« kaufen (Matthäus 27,7). Die Anspielung auf die »Fremden« stellt eine in diesem Zusammenhang wichtige Parallele zu den »Heiden« oder den »Völkern« des paulinischen Korpus und ebenso der Qumran-Texte dar.

Die erwähnten talmudischen Zeugnisse kreisen um einen Mann namens Jakob von Sihnin oder Kfar Sechania, einer angeblich in Galiläa gelegenen Ortschaft. Hierbei gilt es, sich gegenwärtig zu halten, daß die Termini *»Sikarier«* und »Galiläer«, wie bereits besprochen, häufig verwechselt werden (sowie daß »Jakobus« natürlich die latinisierte griechische Form des hebräischen Namens »Jakob« ist). Hinzu kommt noch die nicht zu bestreitende lautliche Ähnlichkeit von *Sikarier* und *Sihnin*.

In einer dieser Geschichten sucht Jakob einen berühmten talmudischen Rabbi auf, um ihn von einem Schlangenbiß zu heilen[1], was an die am Ende der Apostelgeschichte geschilderte Episode erinnert, in der Paulus auf dem Weg nach Rom in Malta Zwischenstation macht und *sich* dort *selbst* von einem Schlangenbiß *»heilt«* (Apostelgeschichte 28,3–6 – obwohl es in Malta überhaupt keine Giftschlangen gibt). Sie läßt außerdem eine andere – von Eusebios dem Papias (um 60–135 n. Chr.) zugeschriebene – Geschichte um einen »Justus, genannt Barsabas« (ohne »Joseph« oder »Judas«) anklingen.[2] Anstatt von einer Schlange gebissen zu werden, trank dieser »Justus Barsabas« – der offensichtlich mit dem »Judas, zubenannt Barsabas«, der in der Apostelgeschichte Jakobus' Epistel nach »Antiochia« bringt, gleichzusetzen ist – »Gift, erlitt aber durch die Gnade des Herrn keinen Schaden«.

Die berühmteste dieser talmudischen Geschichten um Jakob von Kfar Sechania enthält eine Parallele zur neutestamentlichen Debatte um die Frage, ob es statthaft sei, Judas *Ischarioths* »Blutgeld« in den Tempelschatz zu legen (Matthäus 27,6). Der berühmte Rabbi Elieser ben Hyrkanos soll häretische Neigungen gehabt haben und wurde an einem Punkt sogar als vermeintlicher *heimlicher Christ* von seinen Mitrabbis *exkommuniziert*. Diesem Mann nun erzählt Jakob eine Geschichte über »Jesus den Nazoräer«, in der es nicht um einen »Verräterlohn«, sondern um einen »Hurenlohn« geht.

In diesem Zusammenhang führt er zwei biblische Stellen an: einmal im Fünften Buch Mose (23,19), wo es heißt, man dürfe »keinen Hurenlohn in das Haus des Herrn bringen«, und dann im Buch Micha (1,7): »Denn sie sind von Hurenlohn zusammengebracht und sollen auch wieder zu Hurenlohn werden.« Alle von »Dirnen« oder »Huren« handelnden Geschichten aus diesem Zeitraum sind sehr wichtig, da sie meist auf eine Verurteilung der *Unzucht* hinauslaufen und Angriffe gegen das »Establishment« und seine Sexualbräuche darstellen. Jakobs – recht derbe und durchaus unterhaltsame – Episode schildert, was Jesus der Nazoräer von Spenden an den Tempel durch Prostituierte (die in den Qumran-Texten als eine besondere Klasse unreiner Menschen galten) hielt.

Tatsächlich widerspricht sie parallelen Behauptungen der (uns heute vorliegenden) Evangelien, Jesus habe »Tischgemeinschaft« mit »Sündern« und – bezeichnenderweise – »Zöllnern«, das heißt Steuereinnehmern gepflegt, ja *regelrecht mit ihnen gespeist*, und »den Hohenpriestern und den Ältesten des Volkes« Dinge gesagt wie: »Die Zöllner und Huren *mögen eher ins Reich Gottes kommen als ihr*«, oder: »Die Huren und Zöllner *glaubten*« Johannes dem Täufer (Matthäus 21,31 f.). In der talmudischen Geschichte verraten Jakob und

Jesus nicht nur die charakteristische feindselige Haltung gegenüber den Hohenpriestern und dem »Establishment«, die wir mittlerweile von solchen »Oppositions«-Führern zu erwarten gelernt haben, sondern Jesus bringt auch den Prostituierten oder Huren – ganz anders als in den Evangelien – äußerst wenig Sympathie entgegen.

Wir haben bereits die Vermutung geäußert, daß solche Geschichten in den Evangelien tatsächlich auf die Herodianer gemünzt sind, die nicht nur die eigentlichen Steuereinnehmer der Römer in Palästina waren, sondern deren berühmteste weibliche Repräsentanten (etwa Herodias, Drusilla, Berenike und Salome, die durchweg in den Evangelien vorkommen) auch von »oppositionellen« Gruppen der beschriebenen Art als *nicht besser als Prostituierte* angesehen wurden. In Qumran gelten sie schlicht als *Unzüchtige* oder *Ehebrecherinnen*, das heißt, sie lassen sich scheiden, heiraten mehrmals und vermählen sich mit ihren Onkeln.[3]

Also handelt diese talmudische Geschichte auf einer anderen Ebene davon, daß die herodianische Aristokratie dem Tempel Geschenke macht – was sie zweifellos regelmäßig und auf protzige Art und Weise wirklich tat. Jakob verrät bei seiner Erzählung einen beträchtlichen Sinn für Humor. Nachdem er die Diskussion auf provozierende Weise mit einem Verweis auf das Fünfte Buch Mose (23,19) und den »Hurenlohn im Haus des Herrn« eröffnet hat, nutzt er die momentane Verblüffung Eliesers aus und stellt die rhetorische Frage, ob es denn »statthaft wäre, solch einen Lohn zum Bau eines *Klosetthäuschens für den Hohenpriester* zu verwenden«.

Hier sollte darauf hingewiesen werden, daß dieser Aussage über die Einnahmen von Tempeldirnen (17 f.) im Fünften Buch Mose (23) die Verfluchung »Bileams des Sohnes Be'ors [Beors]« und das Verbot voraufgehen, Edomiter (ein Terminus, der später häufig zur Bezeichnung der Herodianer verwendet wird) bis ins dritte Glied in die »Gemeinde des Herrn« aufzunehmen (23,1–9). Dem folgen eine Anspielung auf »gegen die Feinde ziehen und ein Lager aufschlagen« (eine Wendung, die auch in der Kriegsrolle von Qumran auftaucht), die Bemerkung, daß »Gott mit dir zieht inmitten deines Lagers« (die sich gleichfalls in der Kriegsrolle findet) und das Gebot: »Dein Lager soll heilig sein« (23,19–24). In ebendiesem Kontext wird das Thema der Latrinen erörtert, die sich Moses zufolge – durchaus im Einklang mit dem, was Josephus und Hippolytos über die »Essener« berichten, sowie mit den entsprechenden Angaben der Qumran-Literatur – außerhalb des Lagers befinden sollen. Von diesen Dingen geht das Fünfte Buch Mose (23) direkt zur Frage des »Hurenlohns« über.[4]

Das Thema »Latrinen« aufgreifend, beantwortet Jakob seine eigene

Frage mit einem angeblichen Zitat »Jesus' des Nazoräers«: »Da er aus Unrat entstanden, mag er dem Unrat dienen« – womit er zu verstehen gibt, daß es durchaus rechtens wäre, von solchem Hurengeld »einen Abort« oder ein »Klosetthäuschen für den Hohenpriester zu bauen«. Jakobs Frage ist nicht nur wegen ihrer Unverfrorenheit, ja ihres verächtlichen Sarkasmus bemerkenswert – sie hat auch einen interessanten Bezug zu einem Ausspruch Jesu, der sich in der kanonischen Literatur findet und der im wesentlichen den Zweck verfolgt, die jüdischen Reinheitsgebote zu lockern oder, wie Markus es formuliert, festzustellen, daß »alle Speisen rein« sind. Die ganze Diskussion, die sich an der Frage des »Essens mit ungewaschenen Händen« entzündet, endet mit dem inzwischen sprichwörtlichen »Nicht das, was in den Mund gelangt, macht den Menschen unrein«; das nämlich »geht aus durch den natürlichen Gang und wird ausgeworfen«. Sondern »das, was zum Munde herausgeht, das macht den Menschen unrein« (Matthäus 15,17 f. und Markus 7,15–20).[5]

Was es hier festzuhalten gilt, sind einmal die pauschalen Schlußfolgerungen, die Jesus zur Frage der Reinheit zieht, und dann die »Klosett«-Metaphorik. Auch in Matthäus' Version verwendet Jesus die für die Evangelien so charakteristischen Ausdrücke »auswerfen« oder »hinunterwerfen«, die, wie wir sehen werden, in frühkirchlichen Überlieferungen über den Tod des Jakobus eine ebenso wichtige Rolle spielen wie in den Qumran-Schriften in den Anspielungen auf das Ende des Gerechten Lehrers. Bei Matthäus folgt auf Jesu Rede über das »Hinabwerfen« *(ekballetai)* verunreinigter (verdauter) Speise in den Abort und die Erklärung, daß »alles rein ist«, die Episode über das »kanaanitische Weib« (beziehungsweise die »Griechin aus Syrophönizien«), in der Jesus zögert, wie er sagt, »den Kindern das Brot zu nehmen und es vor die Hunde zu werfen« (*ballein*, 15,26).

Interessanterweise ist in der Mosesstelle über den »Hurenlohn« (5. Moses 23,18), den Jesus der Nazoräer in der zuvor angeführten Geschichte Jakobs von Kfar Sechania als »Unrat« ansieht, auch von »Hundegeld« die Rede – was allgemein im Sinne von »männlicher Prostitution« verstanden [und von Luther auch entsprechend übersetzt, A.d.Ü.] wird.

Markus geht noch weiter. Er beginnt ebenfalls seine Rede zur »Reinsprechung aller Speisen und Dinge« mit der Bemerkung, die Jünger kämen »vom Marktplatz« und äßen, ohne sich zuvor, »wie die Pharisäer und *alle Juden*« es tun, die Hände gewaschen zu haben (7,2–5). Auch Paulus verwendet in seiner Erwiderung auf Jakobus' Weisungen für überseeische Gemeinden bezüglich »Götzen geopferter Speise« das Bild vom Marktplatz:

> Alles ist erlaubt … Alles, was feil ist auf dem Fleischmarkt, das esset, und forschet nicht nach, auf daß ihr das Gewissen nicht beschweret. (1. Korinther 10,23 ff.)

Die Relevanz dieser Paulusschen Aussage wird uns gleich evident werden.

Anders als Matthäus bezieht Markus das Wort »[aus]werfen« an dieser Stelle zwar nicht ausdrücklich auf die unreinen Dinge, die durch den Bauch und dann in den Abort gelangen (7,19), dafür aber gebraucht er es in der unmittelbar folgenden Episode – seiner Version vom »Hinauswerfen *(ekballê)* des unreinen Geistes« aus der Tochter der Syrophönizierin (7,24 ff.). Markus bezieht das Verb auf diese Situation, während Matthäus es gerade auf die Latrine bezogen hat. Jedenfalls ist das »Hinauswerfen« (Austreiben) von Dämonen oder unreinen Geistern die spezifische Macht, die Jesus den Aposteln allgemein für den Umgang mit reinen und unreinen Dingen verleiht.[6]

Jetzt wieder wie Matthäus, verwendet Markus das »Hinwerfen« auch in der zweiten Hälfte der Episode, wo vom »Brot der Kinder« die Rede ist, »das den Hunden hingeworfen *[ballein]* wird« (7,27 ff.).[7] Die gleichen Ausdrücke und Themen werden uns im 21. Kapitel des Johannesevangeliums wiederbegegnen, wenn Jesus nach seiner Auferstehung am Galiläischen Meer erscheint und die Apostel (von Jesus »Kinder« genannt) dort ihre Netze ins Wasser »werfen«. Wie wir sehen werden, kommen diese Szenen bei Matthäus, Markus und Lukas schon früher vor, sei es, wenn Jesus seine Hauptapostel entlang des Galiläischen Meers auswählt, sei es, wenn er den Zwölfen »Vollmacht gibt, die bösen Geister auszutreiben [*ekballein*, ›hinauszuwerfen‹]« (Markus 3,15 und Parallelen).

Bei allen diesen Themenkomplexen werden wir in den Evangelien die typische Umkehrung der Wertigkeiten zugunsten der paulinischen »Heidenmission« feststellen. Dies geht auch klar aus dem hervor, was Jesus zur Bekräftigung der Aussage, »das, was in den Mund gelangt, macht den Menschen nicht unrein«, sondern »wird wieder ausgeschieden« (Matthäus 15,11–17), *»den Pharisäern«* sagt, nämlich: »Alle Pflanzen, die mein himmlischer Vater nicht gepflanzt hat, die werden ausgerissen« (15,13). Die jüdischen Reinheitsgebote, wozu »die Hände waschen« und »Trinkgefäße und Krüge und Kessel waschen« (Markus 7,4) gehören, sind solche »Pflanzen«.

Diesem Standpunkt wird wiederum in einer Folge von Parabeln widersprochen, die sich gleichfalls bei Matthäus finden und um »das Unkraut auf dem Acker« und den »Feind, der die böse Saat sät« kreisen (13,24–41). Diese sind so ziemlich die einzigen antipaulinischen

Gleichnisse der ganzen Evangelien und gipfeln in der charakteristischen Verurteilung derer, »die da Unrecht *tun*«: *Sie* sollen »in den Feuerofen geworfen werden *[balusin]*« (13,41 f.). Wie wir noch sehen werden, kehren diese zentralen Begriffe, namentlich »der Feind«, »tun«, »die Gerechten« – die »leuchten werden wie die Sonne in ihres Vaters Reich« (man beachte die pluralische Prädizierung *göttlicher Sohnschaft*) – und »das Feuer« sowohl im Jakobusbrief als auch im *Pescher* Habakuk wieder.

Dem läßt Matthäus eine weitere Parabel folgen, in der das Himmelreich mit »einem Netz« verglichen wird, »das ins Meer geworfen wird«, und in der – wie im Johannesevangelium (21) – wiederholt von »[weg]werfen« (*blêtheisê* – 13,47–50) die Rede ist. Das Element, das dieses Gleichnis (in dem es wieder um »Fische« – *verdorbene Fische* – geht) mit dem »Unkrautacker« verbindet, ist das »werden sie in den Feuerofen geworfen *[balusin]*« und »da wird Heulen und Zähneklappern sein« (13,50). Hier werden »die Bösen [die verdorbenen Fische] von den Gerechten geschieden«, während in den Qumran-Handschriften umgekehrt davon gesprochen wird, *die Gerechten von den Ungerechten zu scheiden.*[8]

Noch erstaunlicher als alle diese Beispiele ist die thematische und die Bilder betreffende Umkehrung, die man in Matthäus' Darstellung von Judas *Ischarioths* Selbstmord feststellt. Sogar in dieser Fassung wird evident, daß die Episode ebensosehr mit »den Hohenpriestern« und dem »Tempelschatz« zu tun hat wie Jakob von Kfar Sechanias Geschichte um den »Hurenlohn« und »des Hohenpriesters Klosetthäuschen«:

> Aber die Hohenpriester nahmen die Silberlinge und sprachen: Es ist nicht rechtens, daß wir sie in den Gotteskasten legen; denn es ist *Blutgeld*. (27,6)

Diese Passage enthält nicht nur eine Anspielung auf das Verbot von »Blut«, das in den jüdischen Speise- *und* Sexualgesetzen gilt, sondern auch einen Verweis auf Paulus' Behauptung im Ersten Brief an die Korinther (10,23 – erstmals ausgesprochen in 1. Korinther 6,12): »Mir ist alles erlaubt.« Dies ist im wesentlichen der Standpunkt, den Jesus Matthäus zufolge in der Episode um »die ungewaschenen Hände« einnimmt, indem er erklärt, nichts, »was in den Mund gelangt, mache den Menschen unrein«. Vielmehr »geht es in den Bauch und *wird ausgeschieden*«. Wie Paulus es im Ersten Korintherbrief – unmittelbar nach seiner Erklärung, »alles sei erlaubt« und unter Zusammenfassung von Speise- und Sexualverboten – formuliert:

> Die Speise ist für den Bauch und der Bauch für die Speise; Gott wird aber sowohl jenen als diese zunichte machen. Der Leib dagegen ist nicht für die Unzucht, sondern für den Herrn. (6,13)

Das in diesen beiden Fällen zentrale Thema des »Blutes« wird auch in der Lehre vom »Kelch des Neuen Bundes in seinem Blut« wiederkehren, die Paulus diesen »Sondergenehmigungen für Christen« im Ersten Korintherbrief (10,16–11,25) folgen läßt. In Lukas' (von Matthäus, Markus und Johannes leicht variierter) Version vom »Letzten Abendmahl«, in der »Judas *Ischarioth*« wiederholt erwähnt wird, lautet die entsprechende Formulierung, wie wir gesehen haben: »Dieser Kelch ist der Neue Bund in meinem Blut, das für euch vergossen wird« (Lukas 22,20). Wie wir aufzeigen werden, stellt dies eine Übersetzung und esoterische Umformulierung des hebräischen Ausdrucks »Neuer Bund im Lande Damaskus« dar, der sowohl in der Damaskus-Schrift als auch im Habakuk-Kommentar aus Qumran anzutreffen ist: *»Dam«*, das hebräische Wort für »Blut«, entspricht der ersten Silbe des griechischen Wortes »Damaskus«, und *»Chos«*, das hebräische Wort für »Kelch«, der letzten.[9]

Diese Ächtung des »Blutes«, die ein essentieller Bestandteil des »Ersten Bundes« ist, der auf dem Berg Sinai (bei Paulus »in Arabien«) mit Moses geschlossen wurde, und ebenso jenes sagenhaften anderen, der zuvor Noah zuteil wurde[10], wird auch das erste und wichtigste Element der Liste von Verboten sein, die Jakobus für überseeische Gemeinden ausspricht – und denen Paulus im Ersten Brief an die Korinther (6–11) zu widersprechen scheint. Zwei weitere sind »Unzucht« (worauf Paulus unmittelbar nach seiner ersten Erklärung »Alles ist mir erlaubt« anspielt) und »Götzenopferfleisch«, das Paulus anschließend verächtlich zerpflückt (1. Korinther 10,28).

Das Blutverbot verweist auch auf Jakobus' extremes Nasiräertum und strengen Vegetarismus, ganz zu schweigen von seiner »lebenslangen Jungfräulichkeit« oder seinem »jungfräulichen Lebenswandel«, wie Epiphanios schreibt (möglicherweise die Wurzel späterer christlicher »Jungfrau-Maria«-Neuerungen – abermals Umkehrungen).[11] Alle diese Dinge wiederum werden sich als charakteristisch für eine neue Gruppe erweisen, die viele solche »nasiräischen« Merkmale besitzt: die biblischen »Rechabiter«, die beispielsweise auch für ihre *Ächtung des Weingenusses* bekannt waren – wiederum etwas, was früher Kirchenschriftstellern zufolge auch auf Jakobus zutraf.

Die Bezeichnung »Nasiräer« – wörtlich »Geweihter« oder »Ausgesonderter« – leitet sich aus einer hebräischen Wurzel ab, die »[sich] *absondern*« oder »[sich] *fernhalten von*« bedeutet. Wir sollten uns vergegenwärtigen, daß die in Jakob von Kfar Sechanias Geschichte auf Jesus und, wie es scheint, allgemein auf Jakobus' Anhänger angewandte Bezeichnung »Nazoräer« dieses Wort (»Nasiräer«) anklingen läßt. »Nazoräer« (in der Heiligen Schrift oft »Nazarener«) hat auf hebräisch eine etwas andere Grundbedeutung: nämlich »bewahren« oder »Bewahrer«. Dieser Terminus wird in der Bibel bisweilen – vor allem in Übersetzungen – mit »aus« oder »von Nazareth« umschrieben.[12]

Nicht nur wird diese »nasiräische« Gesinnung mitunter als »nazoräisch« bezeichnet, sondern man sollte sich auch bewußtmachen, daß beide Termini das hebräische *»Nezer«* anklingen lassen, wie die – mit einer Metallplatte und den darin gravierten Worten »Gott geweiht« (oder »Heilig vom Herrn«) geschmückte – »Krone« der Hohenpriester hieß. Sowohl die »Krone« oder das »Diadem« als auch diese Worte werden in frühkirchlichen Überlieferungen über Jakobus eine besondere Rolle spielen. Auf hebräisch bedeutete *»Nezer«* außerdem *das ungeschorene Haupthaar der Nasiräer* – ihre »Krone« sozusagen –, das der Tradition zufolge auch die *Haartracht des Jakobus* war. Als besonders wichtig wird sich dies im Zusammenhang mit der Steinigung des Stephanus (dessen Name auf griechisch gleichfalls »Krone« bedeutet) erweisen, mit der die Apostelgeschichte den tätlichen Angriff auf Jakobus – beziehungsweise *dessen* Steinigung – »überschreibt«.[13]

Diese Anspielungen auf »Blut« (oder »Wein«) während des Letzten Abendmahls tauchen nicht nur in der textuellen Umgebung Judas *Ischarioths* auf; wie wir gesehen haben, berichtet Matthäus anschließend auch von der Beratung der Hohenpriester, die mit dem Beschluß endet, vom »Blutgeld«, das Judas in den Tempel »geworfen« hatte, »des Töpfers Acker als Begräbnisstätte für Fremde« zu kaufen (Matthäus 27,5 f.). Diese Episode wird bei Markus und Lukas in das – bei Matthäus fehlende – Jesus zugeschriebene Gleichnis von der »armen« Witwe umgewandelt, die ihre »zwei Scherflein« in den »Gotteskasten« (oder »Opferstock«) »wirft«.[14]

Gewisse Anklänge finden sich auch in der Jesus zugeschriebenen Aussage bezüglich der unreinen Dinge des Bauches, die »ausgeschieden werden«. Nach unserer Überzeugung entsprechen die parallelen Äußerungen, welche die rabbinische Tradition Jesus zuschreibt – und die im wesentlichen auf die Forderung nach extremer Reinheit und Reinlichkeit hinauslaufen –, eher dem, was der *historische Jesus* tatsächlich sagte, als jedes dieser anderen Zeugnisse, die offensichtlich eine retrospektive Aufbereitung von Paulus' diesbezüglichem theologischen Standpunkt darstellen.

Wir sollten uns auch vergegenwärtigen, daß in Matthäus' »Töpfersacker« oder »Blutacker« eine halbe Anspielung auf das weiter oben im selben Evangelium erzählte Gleichnis vom »Unkraut auf dem Acker« (13,36) steckt.[15] Noch passender sogar ist der »*Töpfer*«-Teil dieser »*Acker*«-Anspielung. Sie wird uns erlauben, all diese ineinander verschlungenen Materialstränge zu entwirren und sie mit den »Rechabitern« in Verbindung zu bringen – einem Namen, der sich wahrscheinlich (ebenso wie »Ebioniten«, »Nazoräer« und »Essener«) letztlich als eine weitere Bezeichnung für die Mitglieder von Jakobus' »Jerusalemer Kirche« erweisen wird.

Die Rechabiter, ihre Weinabstinenz und der Kelch Blut beim Letzten Abendmahl

Nachdem er diesen »Töpfersacker« mit dem »Blutacker« gleichgesetzt hat (27,7 f.), kündigt Matthäus an, er werde eine Stelle aus Jeremia zitieren – dem Propheten, der als erster mit einiger Ausführlichkeit von diesen »Rechabitern« sprach –, tut es aber dann doch nicht. Statt dessen führt er eine Passage aus dem *Propheten Sacharja* an, die er folgendermaßen paraphrasiert:

> Da [das heißt, als die Hohenpriester die Silberlinge, die Judas *Ischarioth* in den Opferstock des Tempels geworfen hatte, nahmen und davon den Töpfersacker kauften, »genannt der Blutacker bis auf den heutigen Tag«] ward erfüllt, was gesagt ist durch den *Propheten Jeremia*, da er spricht: »Sie haben genommen die dreißig Silberlinge, den Preis, zu dem geschätzt war der Verkaufte, welchen sie kauften von den Kindern Israel, und haben sie gegeben für den Töpfersacker, *wie mir der Herr befohlen hat.*« (27,9 f.)

Um Matthäus' scheinbaren Irrtum bezüglich der Quelle dieses Zitats zu verstehen, müssen wir uns zunächst dem Prädikat des letzten Teilsatzes, »den Töpfersacker, wie mir der Herr befohlen hat«, zuwenden: »befehlen« (oder »gebieten«) beziehungsweise »einen Befehl erhalten«. Dieses Verb erscheint im ganzen Buch Sacharja nicht ein einziges Mal, dafür aber spielt es, wie wir sehen werden, eine zentrale Rolle im Vers 35,1–19 des Buches Jeremia, wo *Jeremia* von Jonadabs, des Sohnes Rechabs, »Gebot« an seine Nachkommen spricht, keinen Wein zu trinken, keinen »Acker« zu bestellen und keine festen Häuser zu bauen. Ebensowenig kommt das Wort »Töpfersacker« an der Originalstelle im Buch Sacharja (11,12 f.) vor, sondern nur in Matthäus' Paraphrase.

Ganz anders das Bild, das die Apostelgeschichte (1,18 f.) von den Ereignissen zeichnet: Weder basiert es auf dem Buch Sacharja 11,12 f., noch kommen darin irgendwelche »Töpfer« vor. Wie wir uns erinnern, »erhängt sich« Judas Ischarioth hier nicht »selbst«, sondern »stürzte vornüber und hat all sein Eingeweide ausgeschüttet«. Außerdem kauft er sich »um den Lohn seiner Ungerechtigkeit« *selbst* einen »Acker«, der »genannt wird in ihrer Sprache: Akeldamach, das heißt Blutacker«. Auch ist kein Wort davon gesagt, daß Judas *Ischarioth* 30 Silberlinge in den Tempel »geworfen« oder daß die Hohenpriester »dafür« irgend etwas gekauft hätten. Unserer Ansicht nach stammt letzteres Element aus der obenerwähnten talmudischen Geschichte Jakob von Sihnins, in der *die Priester* keinen Blutacker, sondern ein *Klosett* kaufen – wobei das entscheidende Bindeglied das »Blutgeld« oder die »blutige« Unzucht ist (der »Hurenlohn« von 5. Moses 23,18).

Was bei Sacharja (11,13) allerdings vorkommt, ist die Formulierung »warf sie ins Haus des Herrn, dem Töpfer hin«, und Matthäus wußte dies offensichtlich, da er daraus die zentralen Wendungen und Bilder seiner Darstellung bezieht. Die vollständige Sacharjapassage lautet folgendermaßen:

> Und der Herr sprach zu mir: »Wirf's hin dem Töpfer! [deswegen *»wirft«* Judas in Matthäus 27,5 *die Silberlinge in den Tempel*] Ei, eine treffliche Summe, deren ich wert geachtet bin von ihnen!« Und ich nahm die dreißig Silberstücke und warf sie ins Haus des Herrn, dem Töpfer hin.

»Töpfer« [Luther: »Schmelzer«] wird an dieser Stelle gewöhnlich als Umschreibung für »Schatzhaus« aufgefaßt. So hat es offensichtlich auch Matthäus verstanden, da er daraus seine Version entwickelt, in der *Judas Ischarioth die Silberstücke in den Tempel wirft* – ganz zu schweigen von deren Variante bei Markus und von Lukas' Episode um die *arme* Witwe, die ihr Scherflein in den Opferstock (das heißt *»in den Tempelschatz«*) »wirft«. Ebenso versteht das Wort die griechische Septuaginta, die bezeichnenderweise auch das – in der heutigen Fassung des Matthäusevangeliums fehlende – entscheidende Verb »werfen«, *»enebalon«*, verwendet.[16]

Bei Matthäus (27,6) nehmen die Hohenpriester jetzt

> die Silberlinge und sprachen: Es ist nicht rechtens, daß wir sie in den Gotteskasten legen; denn es ist *Blutgeld*.

Das »rechtens« bringt uns wieder zu Jakobs Anekdote zurück, in der Jesus seine Ansicht äußert, es sei »nicht rechtens«, »Hurenlohn in das Haus des Herrn, deines Gottes, zu bringen« (bei Sacharja 11,13, das »Haus des Herrn«). Es verweist ebenso auch auf deren Gegenstandpunkt, der durch Paulus' pauschales »Alles ist mir erlaubt« (1. Korinther 6,12 und 10,23) repräsentiert wird sowie durch die sich anschließende Variation über Matthäus' Speisen, die »durch den Bauch in den Abort geworfen werden«. Wie wir uns erinnern, hieß es da: »Die Speise ist für den Bauch und der Bauch für die Speise; Gott wird aber sowohl jenen als diese zunichte machen« (1. Korinther 6,13). Wie wir gesehen haben, schloß sich an die Erlaubnis von 10,23 eine bissige Anspielung auf eines der Hauptelemente von Jakobus' Weisungen für überseeische Gemeinden an – »Götzen geopferte Speisen« –, während ihrer ersten Formulierung (6,12) ein Verweis auf ein weiteres solches Verbot folgte: nämlich »Unzucht«.

Diese – auf Jakobs Deuteronomium-Zitat »Hurenlohn in das Haus des Herrn bringen« (23,18) verweisende – Stelle lautet: »Der Leib ist nicht für die Unzucht, sondern für den Herrn« (1. Korinther 6,13), und weiter unten: »Wer aber Unzucht treibt, der sündigt an seinem eigenen Leib« (6,18). Die Verurteilung der »Unzucht« gipfelt in der Warnung, »die Glieder Christi [zu] nehmen und Hurenglieder daraus [zu] machen« oder statt »*ein* Geist mit dem Herrn« »*ein* Leib mit einer Hure zu sein« (6,16 f.).[17] Wir haben es hier nur mit einer Variation der profaneren rabbinischen Überlieferung zu tun, der zufolge Jesus *die Annahme von Hurenlohn durch den Tempel* verurteilt und statt dessen empfiehlt, davon *ein Klosetthäuschen für den Hohenpriester zu bauen*. Paulus hat lediglich die Sache nach gewohnter Manier allegorisiert oder »vergeistlicht«.

Desgleichen sollte man sich vergegenwärtigen, daß Paulus' dem vorausgehende Bemerkung »aber ihr seid abgewaschen, ihr seid geheiligt [und] gerecht geworden durch den Namen des Herrn Jesus Christus« (1. Korinther 6,11) eine schlichte Umkehrung und Vergeistigung der Matthäusschen (15,2–20) Diskussion der Frage um das »Händewaschen vor dem Essen« (in der sich auch die vielsagende Erwähnung von »Unzucht« und »Ehebruch« findet, Matthäus 15,19) darstellt. Wiederbegegnen wird uns dieses Motiv des »Sich-nicht-Waschens« im Zusammenhang mit den Aussagen früherer Kirchenautoren über Jakobus' Badegewohnheiten sowie mit Josephus' Bemerkung, die »Essener« zögen es vor, »ungewaschen zu sein«.[18] Umkehrenden Bezug darauf nimmt auch die nach Judas' Selbstmord folgende berühmte Szene um Pontius Pilatus, der sich »das Blut dieses Gerechten« von den Händen wäscht (Matthäus 27,24).

Das Motiv des »Anhängens« oder »Sichanschließens«, das Paulus im Ersten Brief an die Korinther (16,6 f.) sowohl auf die »Hurenglieder« als auch auf »das Haus des Herrn« bezieht, spielt außerdem in den Qumran-Texten eine wichtige Rolle; ihm werden wir im *Pescher* Nahum und in der Damaskus-Schrift begegnen, wo von *Fremden* oder *Ausländern* die Rede ist, die der Gemeinde »anhängen« oder »sich anschließen«.[19] Und was noch bezeichnender ist, ihm geht eine Anspielung auf das Verbot der drei Netze des Belial voraus, hier »Unzucht« und »Befleckung des Tempels« sowie der an die Männer des »Establishments« gerichtete Vorwurf, sie »schliefen mit ihren Frauen während ihres Monatsflusses«. In der Damaskus-Schrift wird letzteres zum Bindeglied zwischen dem Vorwurf der »Unzucht« und der »Befleckung des Tempels«, und darin sind sie alle, ob wörtlich oder allegorisch verstanden, unauflöslich miteinander verbunden.[20]

Nicht nur enthält dies explizit das zentrale Motiv des »Blutes«, sondern es führt uns auch zu Judas' Äußerung »Ich habe übel getan, daß ich unschuldig Blut preisgegeben habe« und zur Weigerung der Hohenpriester, das »Blutgeld« in den »Gotteskasten« zu legen (Matthäus 27,4 ff.)[21], ganz zu schweigen von Pilatus' »Unschuld am Blut dieses Gerechten« (Matthäus 27,24). Als er von diesem Entschluß der Hohenpriester spricht, statt Judas' Silberlinge in den Tempelschatz zu legen, »*damit* den Töpfersacker als Begräbnisplatz für Fremde« zu kaufen (in der Anekdote Jakob von Kfar Sechania »*damit*« das Klosett des Hohenpriesters zu bauen), verwendet Matthäus den »Töpfer« aus der Sacharjapassage, die er als biblischen Beleg angeführt hatte (in der Jakobepisode wurde das Deuteronomium zitiert), um daraus seinen entscheidenden Begriff des »Töpfersackers« zu entwickeln (Matthäus 27,7 ff.).

Das einzige, was sich von all diesen Elementen in der Apostelgeschichte wiederfindet, ist der »Akeldamach«, der »Blutacker«, dessen Name ebensosehr mit Judas *Ischarioths* angeblichem »*blutigem Sturz*« zusammenhängt wie mit dem »Blutgeld« (in der obigen rabbinischen Tradition über Jesus *ha-Nozril*/»den Nazoräer« oder »Bewahrer« war es »der Hurenlohn«), mit dem er angeblich gekauft worden ist.

Und um den Kreis zu schließen, sind die »Töpfer«, auf die sich der Name von Matthäus' »Töpfersacker« bezieht, in der rabbinischen Überlieferung außerdem *Rechabiter*. Von diesen »Rechabitern«, die wir bereits im Zusammenhang mit Jakobus' Nasiräertum und Weinabstinenz – ganz zu schweigen von seiner sexuellen Enthaltsamkeit – erwähnt hatten, heißt es in der rabbinischen Tradition und ebenso in unserer Jeremiastelle, daß sie ihres Vaters, Jonadabs, des Sohnes

Rechabs, »Gelübde hielten«, »keinen Wein zu trinken, keinen Acker zu bestellen und keine festen Häuser zu bauen«; und darüber hinaus scheinen sie »Töpfer« gewesen zu sein. Das Verb, mit dem in der rabbinischen Tradition dieses »Halten« (oder »Wahren«) des Eides ausgedrückt wird, ist *»linzor«*, in dem dieselbe hebräische Wurzel steckt wie in *Nozrim* – im Talmud die »Christen« – und im obenerwähnten Terminus *Nazoräer*/»Wahrer«.[22] Interessanterweise wendet Matthäus diesen (in der rabbinischen Anekdote um des Hohenpriesters Klosett gleichfalls vorkommenden) Terminus »Nazoräer« jetzt (26,71) in bezug auf Jesus an – und dies unmittelbar nach dem »Letzten Abendmahl« und vor der Erwähnung des »Töpfersackers« und der »Handwaschung« des Pilatus.

Aus ebendieser »Töpfer«- und »Acker«-Metaphorik – ganz zu schweigen von der Anspielung auf »den Propheten Jeremia« – entwickelt Matthäus mit großer Geschicklichkeit seine Version aus dem Buch Sacharja. Mittlerweile sollte der Grund für diese »irrige« Erwähnung Jeremias klar sein: Bei Jeremia werden »Jonadab, der Sohn des Rechab« (des sprichwörtlichen »Vaters der Rechabiter«), und dessen »Haus« vorgestellt. Die *»Rechabiter«*, erfahren wir dort, werden so genannt, weil sie »dem Gebot [ihres] Vaters Jonadab gehorcht hab[en] und *alle seine Gebote gehalten* und *alles getan, was er [ihnen] geboten hat*« (35,18 – man beachte die Betonung des *»Tuns«*), darunter »in Zelten wohnen« (35,10) und *»im Lande leben wie Fremdlinge«* (35,7). Dies ist die eigentliche Quelle des *»befohlen«* oder *»geboten«*, das jetzt in Matthäus' (27,9 f.) Version von Sacharja erscheint – und das im alttestamentlichen Original ebensowenig vorkommt wie der »Töpfersacker«.

Diese Jeremiastelle verbirgt sich nicht nur hinter »haben sie gegeben für den Töpfersacker, wie mir der Herr befohlen hat« (Matthäus 27,10), sondern sie ist auch die Wurzel des »Töpfersackers zum Begräbnis von Fremden« aus Matthäus 27,7. Unserer Ansicht nach war sie zudem der biblische Beleg, den die von Matthäus und Lukas verwendete ursprünglichen Quelle über Jesus und Jakobus eigentlich anführte. Diese Passage aus Jeremia war, mit anderen Worten, die Autorität, die ursprünglich an dieser Stelle herangezogen wurde – eine Quelle, die Matthäus dann überarbeitet, von der er aber die verräterischen Spuren ihrer eigentlichen Herkunft – der Episode um die *Söhne des Jonadab, des Sohnes Rechabs* (Jeremia 35,1–18) – nicht vollständig tilgt.

An dieser Stelle verwendet Jeremia für (die Gebote) »bewahren« oder »halten« nicht das später von der rabbinischen Tradition übernommene – und für unsere Untersuchung so wichtige – Wort *»lin-*

zor«, sondern dessen gebräuchlicheres Synonym *»schomer«* oder *»schomerton«* (35,18). Dieses Verb liegt wiederum dem Ausdruck zugrunde, mit dem die Gemeinderegel die »Söhne des Zadok« definiert – *»Schomrei ha-Brit«* oder »Wahrer des Bundes«[23] –, eine parallele Gruppe von *Wüstenlager-* und *Zelt*bewohnern. Später werden wir diese Bund-Wahrer aus Qumran mit den »Nasiräern« oder »Wahrern des Gebotes ihres Vaters«, die sich hinter der Bezeichnung »Nazoräer« verbergen, identifizieren, wodurch sich alle diese parallelen Termini letztlich als bloße Variationen ein und desselben Themas erweisen werden.

Zu beachten ist, welcher Nachdruck in diesen Mitteilungen über die Treue, mit der die Rechabiter *die Gebote ihres Vaters halten*, auf das »Halten«/»Wahren« und das »Tun« gelegt wird. Beide Begriffe werden sich als zentrale Aspekte der jakobinischen wie der Qumran-Tradition erweisen. Analoges gilt für die Anspielungen auf »den Vater« oder »ihren Vater«, denen wir später in den Traditionen um Jesus und die »Gebote« *dessen* »Vaters« wiederbegegnen werden (Johannes 10,18 und 14,31). Es ist, wie schon gesagt, das in Jeremias Bezeugung der *Rechabiter* so häufig vorkommende Wort »Gebote« und »gebieten« – ganz zu schweigen vom »Töpfersacker« –, was Matthäus' (27,10) Version der Sacharjaverse bedingt.

Den Rechabitern wird geboten: »Ihr sollt keinen Wein trinken, kein Haus bauen, keine Saat aussäen und keinen Weinberg pflanzen oder besitzen, auf daß ihr lange *lebet auf dem Boden, wo ihr als Fremdlinge weilt«* (Jeremia 35,6–9). Diese Anspielungen sowie die Tatsache, daß die Rechabiter als »Töpfer« galten, sind der textuelle Grund dafür, daß die Hohenpriester im Evangelium des Matthäus (27,7) »eines Töpfers Acker als Begräbnisstätte für Fremde« kaufen – wozu Matthäus eine Belegstelle aus Jeremia zu liefern behauptet, während er in Wirklichkeit eine kontrahierte Paraphrase von Sacharja 11,12 f. gibt (zu beachten ist dabei die Übernahme der Wörter »Acker«, »Boden« und »Fremde«). Dies ist der »Acker«, den sowohl Matthäus als auch Lukas anschließend als »den Blutacker« bezeichnen. Diese Anspielungen auf »leben« und »auf dem Boden« oder »im Land wohnen« werden uns später in der Qumraner Damaskus-Schrift wiederbegegnen, wo von »leben« oder »wohnen im Land Damaskus« die Rede ist.[24]

Eine zusätzliche Bestätigung dieser Überschneidungen und Zusammenziehungen finden wir in den Worten »bis auf den heutigen Tag«: Bei Matthäus ist »dieser Acker genannt der Blutacker bis auf den heutigen Tag« (27,8), während im Buch Jeremia (35,6) »unseres Vaters« – Jonadabs, des Sohnes Rechabs – Gebot, *keinen Wein zu trin-*

ken, die Spezifikation *ad-`olam* (»in Ewigkeit« oder »immer«) hinzugefügt wird. Weiter unten gebraucht Jeremia, als er mitteilt, die Rechabiter seien »dem Gebot ihres Vaters gehorsam gewesen«, sogar exakt den gleichen Wortlaut wie Matthäus – »bis auf den heutigen Tag« (35,14).

Bemerkenswert ist weiterhin die im Zusammenhang mit dem Versuch, die Rechabiter zum Weintrinken zu verleiten, vorkommende Erwähnung von »Bechern« und »Krügen« (35,5). Die »Krüge« bedürfen keiner weiteren Erklärung; die Anspielung auf die »Becher« *(chosot)* wird für unsere Zeitspanne von außerordentlicher Wichtigkeit sein, insbesondere im Zusammenhang mit den verschiedenen umgekehrten Metaphern, die aus dem Gebot, »keinen Wein zu trinken«, hervorgehen. Wir werden dem Begriff in verschiedenen Erscheinungsformen wiederbegegnen, darunter im Bild vom »Zorn des Weinbechers des Herrn«, der sowohl in zentralen Texten Qumrans als auch in der Offenbarung gebraucht wird.[25]

Dies sind unserer Ansicht nach die Passagen, die ursprünglich in der den uns bekannten Berichten zugrundeliegenden Quelle – die auch die in der heutigen Apostelgeschichte fehlende Einführung des Jakobus enthielt – zitiert wurden. Diese Quelle verwendete einen Teil oder den vollständigen Text der Jeremiapassage (35,1–19) über die Rechabiter (ebenso wie dies später frühe Kirchenschriftsteller tun werden), um Jakobus – und ebenso Jesus, der sich in der Hinsicht wohl nicht allzusehr von ihm unterschied – in seinem Besonderssein zu charakterisieren. Matthäus übernahm einiges Material auch aus Quellen wie jener, die der Jakobanekdote über das Klosett des Hohenpriesters zugrunde liegt, und überarbeitete es; die Apostelgeschichte verwendete die Quellen der frühkirchlichen Berichte über den Tod des Jakobus, um daraus das Märchen vom Selbstmord oder »Sturz« der Gestalt zu stricken, die beide Texte »Judas Ischarioth« nennen.

»Der Kelch des Neuen Bundes in seinem Blut« und »Keinen Wein trinken«

Weiter unten werden wir sehen, daß die rabbinische Tradition diese »Rechabiter« – die wir als »Protoessener« ansehen möchten – mit dem Hohenpriester oder der Hohenpriesterklasse in Verbindung bringt, indem sie erklärt, daß die »Töchter der Rechabiter die Söhne der Hohenpriester heirateten« und *vice versa*. Nicht nur entspricht diese Weigerung des »Hauses Rechab«, »Wein zu trinken«, exakt dem, was frühkirchliche Quellen über Jakobus aussagen, sondern auf sie spielt – in abermaliger Umkehrung – auch das bei den Synoptikern (Matthäus, Markus, Lukas) während des *Letzten Abendmahls* (und vor Judas' Verrat) ausgesprochene *neue* Gebot Jesu an, *den Wein* »zu trinken« – wobei der Wein in diesem Fall *sein* Blut symbolisiert (Matthäus 26,27 und Parallelen).[26]

Noch einmal: Matthäus' Betonung des »Blutes« ist von entscheidender Bedeutung. Auf den Zusammenhang mit dem Terminus »Damaskus« und dem »Neuen Bund, errichtet im Land Damaskus« der Qumraner Damaskus-Schrift haben wir bereits weiter vorn hingewiesen. Tatsächlich beginnt Matthäus seine Schilderung von Judas' Verrat und weiterem Schicksal damit, daß er im Kontext des Letzten Abendmahls parallele Vorstellungen anklingen läßt – man beachte hierbei die vielfältigen Anspielungen auf »Speise« und »essen«, die Paulus im Ersten Brief an die Korinther (6,13 und 10,16) wieder aufgreift.[27] In diesem Augenblick nimmt Jesus das Brot, segnet es und fordert alle auf zu essen. Dann nimmt er den Kelch und fordert alle auf zu trinken – und exakt die gleichen Worte gebraucht Paulus im Ersten Korintherbrief (10,16). Jetzt ist das »Blut« »das Blut des Neuen Bundes«.

Im Zusammenhang damit verwendet Matthäus sogar den Begriff »vergießen«, dem wir gleichfalls in der Damaskus-Schrift begegnen, wenngleich dort in leicht abgewandelter Form und bezogen auf den »ideologischen« Gegner: den »Mann des Lügens« oder den »lügenden Schwätzer« (wörtlich »Hervorsprudler«/»Ausgießer von Lügen«). Weiter verfeinert wird das Bild in der Apostelgeschichte, wenn es vom Heiligen Geist heißt, daß er »*ausgegossen wird* auf alles Fleisch« – das heißt auf die Apostel und die ganze Pfingstgemeinde (Apostelgeschichte 2,17 f.). Jetzt bezieht Matthäus den Begriff nicht – wie in der Damaskus-Schrift und den Qumran-Texten – auf das »Hervorsprudeln« oder »Ausgießen von Lügen«, sondern auf das »Blut des Neuen Bundes, welches *vergossen wird* für die Vielen zur Vergebung der Sünden« (26,28). Sogar der Ausdruck »die Vielen« verweist auf die Qumran-Schriften, wo er, wie wir gesehen haben, zur Bezeichnung der einfachen Gemeindemitglieder dient.[28]

Natürlich bewegen wir uns jetzt in einer Welt der fast reinen Allegorisierung, der thematischen Abwandlung und der wiederholten Wortspiele. Jetzt ist Judas derjenige, der »unschuldig Blut preisgibt« (Matthäus 27,4). Wir erkennen hierin nicht nur eine indirekte Anspielung auf das *Verzehren von Blut beim Essen*, das Paulus als »unschuldig« oder zumindest als nicht direkt strafbar ansieht, sondern wie wir außerdem noch sehen werden, wird dieses »Preisgeben« in der Qumraner Damaskus-Schrift in fast entgegengesetzter Bedeutung gebraucht – an einer Stelle sogar explizit im Zusammenhang mit dem »Verzehren von Blut«.[29] Judas empfängt das »Blutgeld«, den (Huren-) »Lohn«, den die Hohenpriester nicht in den Tempelschatz zu legen bereit sind, sondern dazu verwenden, den Töpfersacker (beziehungsweise in der Geschichte von Jesus dem Nazoräer den Abort des Hohenpriesters) zu kaufen, der fortan als der »Blutacker« bekannt ist.

All das endet bei Matthäus, wie wir gesehen haben, damit, daß Pilatus beteuert, er sei »unschuldig am Blut *dieses Gerechten*«, und an Jesu Statt Barabbas freigibt, während die jüdische Volksmenge ausruft: *»Sein Blut* komme über uns und unsere Kinder« (Matthäus 27,23 ff.). Es ist ein bemerkenswerter Umstand, daß die Termini »Gerechter« *(»Zaddik«)*, »unschuldig« und »Blut« hier dem vielleicht brutalsten *römischen Statthalter* in den Mund gelegt werden, der den Quellen zufolge je nach Palästina entsandt wurde.

In Matthäus' Abendmahlsszene »nimmt« Jesus »den Kelch« und heißt »alle« den Wein »trinken«, der »[s]ein Blut des Neuen Bundes ist« (26,28 – in Lukas [22,20] ist vom »Kelch des Neuen Bundes in [s]einem Blut« die Rede). Auf ebendiese »Wein«-, »Kelch«- und »Blut«-Metaphorik spielen, wie wir noch sehen werden, die im Wort »Damaskus« enthaltenen Begriffe »Blut« und »Kelch« an – ganz zu schweigen vom »Kelch des Herrn« und dem »Kelch des Zorns Gottes«, die im Zusammenhang mit Jakobus und dem Tod des Gerechten Lehrers von Qumran erwähnt werden.[30]

Bei Matthäus und Markus allerdings widerspricht sich Jesus bereits im nächsten Vers plötzlich selbst mit den überraschenden Worten:

> Ich sage euch: *Ich werde von nun an nicht mehr von diesem Gewächs des Weinstocks trinken* bis an den Tag, da ich's neu trinken werde *mit euch in meines Vaters Reich*. (Matthäus 26,29 / Markus 14,25)

Es kann kaum ein Zweifel daran bestehen, daß hier im wesentlichen das »Gebot« wiederholt wird, das im Buch Jeremia (35,6, 8 und 14) die Söhne der Rechabiter von »ihrem Vater Jonadab« erhalten: nämlich »keinen Wein zu trinken«. Selbst die Worte »Wein«, »Weinberg«/»Weinstock«, »Vater« und »bis an den Tag« finden sich in den genannten Jeremiapassagen. Bemerkenswert sind namentlich

> die Worte Jonadabs, des Sohnes Rechabs, der seinen Nachkommen geboten hat, daß sie keinen Wein trinken sollen … und sie trinken keinen Wein bis auf diesen Tag, denn sie gehorchen ihres Vaters Gebot. (35,14)

Wir haben bereits gesehen, daß dieses »gehorchen ihres Vaters Gebot« in Matthäus' (27,10) Paraphrase von Sacharja (11,13) als »der Herr hat befohlen/geboten« wieder auftaucht.

Noch offensichtlicher ist dies in den Passagen des Ersten Korintherbriefes (10–13), in denen vom »Kelch ... der Gemeinschaft des Blutes Christi« und »trinken des Herrn Kelch« die Rede ist – den »Kelch des neuen Bundes in meinem Blut«, wie es im Lukasevangelium heißt, der »des Herrn Tod verkündigt«.[31] Hier heißt es:

> Wer daher dieses Brot [das heißt »von seinem Körper«] ißt oder *den Kelch des Herrn in unwürdiger Weise trinkt*, wird am Leib und am Blut des Herrn *schuldig werden*... Denn wer auf diese Weise davon ißt und trinkt, ißt und trinkt *sich selber zum Gericht*... (1. Korinther 11,27 ff.)

Abgesehen von persönlichen Ressentiments auf seiten Paulus' äußert sich hierin nichts anderes als der »Vergeltungs«-Gedanke, dem wir im *Pescher* Habakuk – aber interessanterweise auch in der Johannesoffenbarung – im Zusammenhang mit dem Symbol des »Kelches« wiederbegegnen werden. Ebenso erkennen wir darin schlicht Pontius Pilatus' Erklärung wieder, er sei »unschuldig am Blut dieses Gerechten« (dies nach einer ganzen Reihe von Anspielungen auf den »Kelch« und das »Blut«, die Matthäus dem vorausgeschickt hat), und insbesondere die Szene, in der *er* (und nicht, wie zuvor in den Evangelien oder bei Paulus, »die Juden«) sich »die Hände wäscht«, während die jüdische Menge, wie die obenerwähnten Nachkommen Jonadabs, des Sohnes Rechabs, das »Blut« auf sich und ihre »Kinder« nehmen (Matthäus 27,24 f.). All diese Ausdrücke und Wendungen werden wir im *Pescher* Habakuk in der Schilderung vom Tod oder der Vernichtung des Gerechten Lehrers (einer Parallele zum obenerwähnten »Tod des Herrn«) wiederfinden – einschließlich etlicher Wortspiele auf *»Kelch«/»Kelch des Herrn«*, Anspielungen auf den »Körper«, des ausdrücklichen Gebotes »zu trinken« und des »Gegessen- oder Verschlungenwerdens« (in diesem Fall vom »Kelch des Zorns Gottes«).

Dieses »Trinken vom Kelch des Herrn« – auf das im Hebräerevangelium im Zusammenhang mit Jesu nachösterlicher Erscheinung vor Jakobus angespielt wird – kombiniert Paulus jetzt im Ersten Brief an die Korinther (10 f.) mit wiederholten Aufforderungen, »alles zu essen, was feil ist auf dem Fleischmarkt«, oder »alles zu essen, was euch vorgesetzt wird, und nicht nachzuforschen, auf daß ihr das Gewissen nicht beschweret« (10,25 ff. – »Gewissen« ist bei Paulus eine beschönigende Umschreibung für »Gesetz«), worin schließlich sogar das eingeschlossen wird, was Jakobus in seinen Weisungen für überseeische Gemeinden ausdrücklich verbietet, nämlich »Götzenopferfleisch« (10,28). Man sollte allerdings beachten, daß Jakobus in diesem Zusammenhang ebenfalls den Genuß von »Blut« untersagt, und dies ist natürlich sowohl wörtlich als auch symbolisch zu verstehen.[32]

Das Ganze ist ein weiteres Beispiel für eine klassische neutestamentliche Umkehrung – allerdings eine sehr weitreichende: eine absolut verblüffende diametrale Umdeutung von Jeremias Charakterisierung der Rechabiter, die *das Gebot ihres Vaters halten, keinen Wein zu trinken, keinen Acker zu besitzen* und *nur in Zelten zu wohnen,* »auf daß [sie] lange lebe[n] in dem Lande, in dem [sie] umherziehe[n]«. Ebenso wie diese – purgierte oder zurechtgemachte – Beschreibung die im 1. Kapitel der Apostelgeschichte geschilderte Wahl zur Neubesetzung des Amtes des Aufsehers oder *»Mebakker«* (»Bischof«) einleitet, wird sie auch eine gute Einführung für Jakobus' Nasiräertum liefern – ist doch dieses Nasiräertum im wesentlichen eine bloße Variante des »Rechabitertums« (ganz zu schweigen von den »priesterlichen« Konnotationen, die, wie wir sehen werden, beide Begriffe besitzen).

Eine – wenngleich entferntere – Parallele hierzu findet sich auch im »Neuen Bund im Land Damaskus«, in dessen Zusammenhang in der Damaskus-Schrift von des *Mebakker* Beherrschung »aller Menschenzungen« die Rede ist (und dessen Mitglieder *in den Wüstenlagern* wahrscheinlich *in Zelten lebten*). All diesen Merkmalen, die Jeremia seinen »Rechabitern« zuschreibt, werden wir nun in frühkirchlichen Charakterisierungen Jakobus' wiederbegegnen – ganz zu schweigen von einer von Eusebios dem Hegesippus zugeschriebenen und von Epiphanios rekapitulierten Tradition, die den Augenzeugen der Steinigung und des Todes Jakobus' (dessen sogenannten »Vetter« – oder Bruder – Simeon bar Kleophas) als *»einen der Priester der Söhne Rechabs, einen Rechabiter«* identifiziert![33]

Jakobus als *»Zaddik«* – seine Gerechtigkeit

Zusätzlich zu dem in den Briefen an die Galater und Korinther sowie der Apostelgeschichte enthaltenen Material zu Jakobus besitzen wir, wie wir bereits gesehen haben, ungefähr drei Zeugnisse über die Rolle, die Jakobus in den vierziger bis sechziger Jahren des ersten nachchristlichen Jahrhunderts in Jerusalem spielte: die Aussagen von Eusebios, Epiphanios und Hieronymus. Sie alle überschneiden sich und stützen sich wahrscheinlich auf Hegesippus, Clemens oder beide. Obgleich Eusebios als der etwas frühere Autor mehr Material liefert – und dabei nach eigener Aussage Hegesippus zitiert –, sind Epiphanios' und Hieronymus' Berichte stellenweise exakter, und zwar insbesondere dann, wenn es um Jakobus' hohepriesterliche Aktivitäten auf dem Tempelberg geht.

Trotz ihrer gelegentlichen Ungenauigkeiten werden wir die berühmte Jakobusbezeugung aus Eusebios' *Kirchengeschichte* ausführlich referieren (wie wir es zum Teil auch bereits getan haben) sowie sie, wann immer nötig, anhand der bisweilen exakteren Angaben Epiphanios' und Hieronymus' vervollständigen und gegebenenfalls korrigieren. Ergänzend werden wir auch Material aus Origenes, den Pseudoklementinen und, bis zu einem gewissen Grad, aus den zwei Jakobusoffenbarungen aus Nag Hammadi heranziehen können. Origenes gibt als seine Quelle Josephus an: einen Josephustext, den auch Eusebios und Hieronymus erwähnen und den möglicherweise alle drei (mit Sicherheit aber Origenes und Hieronymus) in Cäsarea sahen, der aber leider nicht mehr erhalten ist. Hieronymus könnte von den zwei erstgenannten Autoren (die er interessanterweise als *Häretiker* zu betrachten scheint)[34] abhängig sein. Die Quellen der Pseudoklementinen – insbesondere der (aus den *Homilien* getilgten) Passagen der *Rekognitionen*, die von Jakobus und der Frühzeit der Jerusalemer Urkirche handeln – sind nicht bekannt.

Das erste, was im Zusammenhang mit all diesen Berichten auffällt, ist die Verknüpfung des Attributs überragender Tugend oder Gerechtigkeit (hebräisch *Zedek*, griechisch *Dikaios*) mit der Person des Jakobus und, damit einhergehend, der Zuname »der Gerechte«, der stets seinem Namen hinzugefügt und bisweilen sogar an dessen Statt gebraucht wird. Zur Vermeidung von Unklarheiten, die aus der Verwendung griechischer, lateinischer oder englischer (beziehungsweise deutscher) Termini erwachsen könnten, ist es oftmals sinnvoll, den – wie wir gesehen haben, diesen allen zugrundeliegenden – hebräischen Ausdruck *»Zaddik«* zu benutzen. Besonders hilfreich ist diese Verfahrensweise, wenn es darum geht, parallele Termini aus den Qumran-Rollen auszuwerten, so beispielsweise »Lehrer der Gerechtigkeit« oder »Gerechter Lehrer«, »Söhne des Gerechten« oder »Söhne der Gerechtigkeit«.[35]

Diesem Epitheton begegnen wir sogar in der Bezeugung Jakobus', die Origenes, Eusebios und Hieronymus in der ihnen vorliegenden Josephushandschrift gesehen haben wollen. Zwar findet sich diese – laut Eusebios aus dem *Jüdischen Krieg* stammende – Passage in unserem heutigen Josephus nicht, doch zitiert der Kirchenschriftsteller sie folgendermaßen:

> Und diese Dinge widerfuhren den Juden als Rache für Jakobus den Gerechten, welcher der Bruder Jesu, genannt der Christus, war, denn die Juden töteten ihn ungeachtet seiner überragenden Gerechtigkeit.[36]

Auf den ersten Blick mag es unklar erscheinen, ob »die Juden« *Jakobus* ungeachtet seiner überragenden Gerechtigkeit töteten oder aber *Jesus* – so stark erinnert letzteres an die Bedeutung, die christlicherseits traditionell dem Tod Jesu zugeschrieben wird. Bei näherer Betrachtung erkennen wir aber, daß Eusebios – beziehungsweise der ihm vorliegende Josephus – zweifellos *Jakobus* meint.

Origenes äußert sich diesbezüglich in vergleichbarem Sinne, auch wenn er behauptet, die von ihm paraphrasierte Josephusstelle stamme aus *Altertümer*. Da letztgenannter Text aber, anders als *Krieg*, keine ausdrückliche Schilderung der Zerstörung des Tempels enthält, dürfen wir in diesem Falle wohl Eusebios' Aussage den Vorzug geben. Origenes referiert die genannte Überlieferung mit folgenden Worten:

> In so hohem Ansehen stand Jakobus wegen seiner Gerechtigkeit beim Volk, daß Josephus, der Verfasser der *Zwanzig Bücher über die Altertümer der Juden*, zur Begründung dafür, daß die Menschen so großes Unheil erlitten und sogar der Tempel dem Erdboden gleichgemacht wurde, erklärte, diese Dinge seien ihnen aufgrund des *Zorns Gottes* widerfahren *ob der Dinge, die sie Jakobus, dem Bruder Jesu, der da genannt wird der Christus, anzutun gewagt hätten*.

Dann fügt er hinzu:

> Das Verwunderliche ist, daß er [Josephus], obgleich er Jesus nicht als den Christus anerkannte, dennoch Zeugnis darüber ablegte, *wie groß des Jakobus Gerechtigkeit gewesen sei*; und er erklärt, die Menschen glaubten, diese Dinge seien ihnen wegen [dem, was] Jakobus [angetan worden war,] widerfahren.[37]

Dies ist eine äußerst interessante Information und schwerlich etwas, was sich Origenes oder Eusebios selbst ausgedacht haben würden, widerspricht es doch der orthodoxen kirchlichen Doktrin, der zufolge der Untergang Jerusalems, wie Origenes selbst einwendet, nicht durch *Jakobus'*, sondern durch *Jesu* Tod verursacht worden sei.

Es kann also kein Zweifel daran bestehen, daß beide Autoren dieses Zeugnis in den ihnen bekannten Josephushandschriften *mit eigenen Augen gesehen hatten.* Wie bereits angemerkt, enthält auch die uns vorliegende Fassung der *Altertümer* Informationen über Jakobus; über diesen speziellen Punkt findet sich darin jedoch nichts. Wohl schreibt Josephus in *Altertümer* Entsprechendes über die »Gerechtigkeit« Johannes' des Täufers, und das Motiv der *Gerechtigkeit* ist in der Tat der gemeinsame rote Faden, der sich durch all diese Traditionen verfolgen läßt. So erklärt er in diesem Text, das Volk habe die Niederlage, die Herodes Antipas (das heißt »Herodes der Tetrarch«) gegen König Aretas erlitt, auf Johannes' Tod zurückgeführt.

Auch Hieronymus liefert uns eine Version dieser Tradition über Jakobus:

> Derselbe Josephus berichtet von einer Überlieferung, der zufolge dieser Jakobus beim Volk *als so fromm gegolten und ein solches Ansehen genossen habe,* daß die Leute den Untergang Jerusalems auf seinen Tod zurückführten.[38]

Aus dieser Aussage geht allerdings nicht klar hervor, ob Hieronymus die Josephusstelle tatsächlich selbst gelesen hat oder ob er lediglich die Worte seiner zwei Vorgänger wiederholt.

Eusebios referiert auch verschiedene frühkirchliche Überlieferungen über den Tod des Jakobus. Alle diese Berichte weisen – zumindest so, wie er sie wiedergibt – zwei Merkmale auf, die unsere besondere Aufmerksamkeit verdienen: Sie liefern nämlich ein überzeugendes Indiz für die Authentizität von Hegesippus' sehr detaillierter Charakterisierung Jakobus' sowie für die einstige Existenz eines viel umfangreicheren exegetischen Werkes über den Tod des Jakobus von der Art der Qumraner *Pescharim,* auf dem diese basiert haben dürfte. Das erste Merkmal ist die Anspielung auf eine wichtige Bibelstelle: das Buch Jesaja (3,10 f.). Nicht nur entspricht diese Passage exakt denjenigen, die in den *Pescharim* zu Habakuk und Psalm 37 auf den Tod des Gerechten Lehrers bezogen werden; wie wir sehen werden, stützt sich außerdem erstgenanntes *Pescher* terminologisch erkennbar auf sie.[39]

Wie diese ist sie eine »*Zaddik*-Passage«, die den Ausgangs- und Mittelpunkt der exegetischen Ausführungen des *Pescher* oder Kommentars darstellt. Das gleiche gilt für Jesaja 53,1–12, die berühmte Passage über den »leidenden Knecht«, die in der frühchristlichen Überlieferung auf den Tod Jesu bezogen wurde. Auf diese Stelle – sowie auf das Buch Habakuk (2,4), »der Gerechte aber wird durch seinen Glauben leben«, und das Erste Buch Mose (15,6), »Abraham glaubte dem Herrn, und das rechnete Er ihm zur Gerechtigkeit« – stützte sich später die christlich-theologische Ausdeutung des Todes Jesu. Jesaja 3,10 f. aber ist, soweit wir wissen – außer auf den Gerechten Lehrer Qumrans –, nie *auf jemand anderen bezogen worden als auf Jakobus.*

Das zweite Merkmal, das für die Authentizität der Überlieferung spricht, hängt mit dem ersten zusammen: Es ist die Tatsache, daß dieser wichtige Begriff »*Zaddik*« auf Jakobus angewandt wird. Der Terminus wird im Neuen Testament auch auf Jesus bezogen, und wie wir gesehen haben, gehen die Evangeliendarstellungen sogar so weit, diesen zentralen Begriff palästinischer Religiosität dem Pontius Pilatus und dessen Frau in den Mund zu legen (Matthäus 27,19 und 24)! Natürlich wurde dasselbe Epitheton in den exegetischen Texten Qumrans auf den Gerechten Lehrer oder *Moreh ha-Zedek* angewandt, das unumschränkte Oberhaupt dieser Gemeinde.

Läßt man den qumranischen Lehrer der Gerechtigkeit einmal außer acht, kann man mit Fug und Recht behaupten, daß das Attribut »gerecht« sogar noch besser auf Jakobus' Persönlichkeit paßt als auf diejenige Jesu und daß da, wo es auf die – äußerst mythologisierte – Gestalt des letzteren angewandt wird, eine Verwechslung oder eine retrospektive Vereinnahmung fremder Traditionen stattgefunden haben dürfte. Mit Sicherheit ist die Überlieferung, die den Untergang Jerusalems auf den Tod Jakobus' des Gerechten« zurückführt, sowohl chronologisch als auch »ideologisch« stimmiger als diejenige, die den Tod Jesu als dessen Ursache hinstellt.

Eusebios beginnt seine Charakterisierung Jakobus' mit den Worten, dieser sei

> aufgrund der unübertrefflichen Weisheitsliebe [wörtlich »Philosophie«] und Frömmigkeit [wörtlich »Gottergebenheit«], die er zu seinen Lebzeiten unter Beweis stellte, allgemein als der Gerechteste aller Männer angesehen worden.

Mit »Philosophie und Gottergebenheit« meint er ohne Zweifel das, was wir als »Gerechtigkeit-/Frömmigkeit«-Dichotomie bezeichnet haben: die zwei zentralen Tugenden, die sich für die Person Jakobus' als ebenso wesentlich erweisen werden, wie sie es bei Josephus für Johannes den Täufer und im Neuen Testament für Jesus sind. Eine ebenso große Rolle spielen die zwei Begriffe in Josephus' Charakterisierung der Essener und in den Qumran-Texten.[40]

In seiner berühmten Beschreibung der Essener (in *Krieg*) sowie in derjenigen Johannes' des Täufers (in *Altertümer*) läßt Josephus keinen Zweifel daran aufkommen, was diese Dichotomie konkret implizierte: »Gerechtigkeit« ist »Gerechtigkeit gegen die Menschen«, also die Summe der sozialen Verpflichtungen des einzelnen gegenüber seinen Mitmenschen. Diese Forderung wird häufig in einem einzigen Gebot zusammengefaßt, das bereits aus dem Buch Leviticus (19,18) bekannt ist und oft als die Quintessenz der Lehre Jesu angesehen wird: »Du sollst deinen Nächsten lieben wie dich selbst.«[41] Wir können es daher am treffendsten als das *Gerechtigkeitsgebot* bezeichnen.

Wie außerdem aus dessen Verwendung in den Qumran-Schriften und im Neuen Testament deutlich werden wird, besaß dieses Gebot auch eine ökonomische Dimension. Es war nicht möglich, *seinen Nächsten wie sich selbst zu lieben*, solange man ökonomische Unterschiede zwischen sich und seinem Nächsten machte oder, um es mit einfachen Worten zu formulieren, solange man *reicher war als sein Nächster*. Dies erklärt nicht nur die extrem antagonistische Haltung gegenüber »den Reichen«, sondern auch die grundsätzliche Hervorhebung »der Armen«, die in sämtlichen mit Jakobus (und Jesus) in Beziehung stehenden Traditionen – und ebenso in denjenigen um den Gerechten Lehrer, die sich in allen Qumran-Texten finden – festzustellen ist.[42] Dies spielt natürlich in den Namen »Ebioniten« oder »die Armen« und alle seine Variationen hinein.

Die zweite Tugend, »Frömmigkeit« oder »Frömmigkeit gegen Gott«, faßte in sich die Gesamtheit der spezifisch religiösen Verpflichtungen des einzelnen *gegenüber Gott* zusammen. Dies wurde, und wird noch immer, durch den Begriff der »Liebe« zum Ausdruck gebracht – das heißt, »du sollst lieben Gott, deinen Herrn, von ganzem Herzen, von ganzer Seele und von ganzem Gemüt«: »Gott lieben«, das zweite *Liebesgebot*. Auch diese zweite Tugend ist ein wesentlicher Aspekt von Josephus' Charakterisierung sowohl der Essener als auch Johannes' des Täufers. Eben unter ihrem Oberbegriff listet er alle spezifisch rituellen oder sakramentalen »essenischen« Verhaltensregeln auf, wie zu baden, sich nicht mit Öl zu salben und nur Leinen zu tragen. Nach Darstellung der Evangelien bildet diese Tugend auch einen der zwei Hauptpfeiler von Jesu Lehre.[43]

Auch Justinus Martyr (um 100–165 n. Chr.), ein gleichfalls aus Palästina gebürtiger Zeitgenosse des Hegesippus, der Mitte des 2. Jahrhunderts in Asia Minor wirkte, bezeichnete diese zwei Gebote als die Quintessenz der Lehre Jesu.[44] Wie wir gesehen haben, stellen sie die ethische Basis jeglicher gegen die römisch/herodianische Hegemonie opponierenden Gruppierung dieser Periode dar. Beide durchziehen sämtliche mit Jakobus zusammenhängenden Traditionen sowie den mit seinem Namen assoziierten neutestamentlichen Brief.[45] Eine ebenso grundlegende Rolle spielen sie in den Qumran-Texten, insbesondere in der Damaskus-Schrift, die in gewissem Sinne als eine »oppositionelle Apostelgeschichte« bezeichnet werden könnte. Ihr (zumindest implizites) Vorkommen bei Eusebios ist ein weiterer Beleg für die Authentizität dieser – aus dem für uns so wichtigen Zeitraum, dem 1. Jahrhundert, stammenden – Zeugnisse, die er referiert.

Analoges gilt für die Passage aus dem fünften Buch von Hegesippus' »Denkwürdigkeiten«, die Eusebios wörtlich zitiert: »Er wurde von den Tagen des Herrn an bis heute [eine Zeitspanne von vielleicht 100 Jahren] *von allen ›der Gerechte‹* genannt.« Die nähere Bestimmung »von allen« ist ein weiterer Beleg für Jakobus' Popularität. Hegesippus wiederholt diese Bezeugung der überragenden Gerechtigkeit des Jakobus – selbst in dem von Eusebios' bewahrten kleinen Teil seines Werkes – noch zwei weitere Male. Es kann kaum ein Zweifel daran bestehen, daß Jakobus im (Hegesippus wohlvertrauten) palästinischen Kulturkreis noch 100 Jahre nach seinem Tod allgemein als Gerechter bekannt war und als solcher »von allen« hoch geachtet wurde.

Diese »Gerechtigkeit« – und die mit ihr assoziierten Spekulationen – ist nicht nur der Grund für das Epitheton, das immer an Jakobus' Namen angefügt wird, sondern sie stellt offenbar auch ein wesentliches Element aller mit Jakobus zusammenhängenden Überlieferungen dar, und zwar in sogar noch stärkerem Maße, als dies für seinen mutmaßlichen Bruder Jesus gilt. Auch wenn die Apostelgeschichte an drei verschiedenen Stellen den Begriff »der Gerechte« auf Jesus bezieht, galt eher der (bereits im Namen *Jesus* implizite) Begriff der »Heilandschaft« oder der auf irgendeine Weise damit assoziierten »Gottessohnschaft« oder der *»Christos«*-Begriff – ganz zu schweigen von »der Nazarener« oder *»Nozri«* – als das spezifische Charakteristikum Jesu.[46]

Diese »Gerechtigkeit« ist natürlich auch das grundlegende Attribut des »Lehrers der Gerechtigkeit« – der zentralen Gestalt der Qumran-Texte. Wenn Jakobus nicht mit ihm identisch ist, dann ist er mit Sicherheit eine parallele Gestalt oder einer aus einer langen Reihe von Männern, die diesen Titel trugen, denn Jakobus verkündete zweifellos eine *Lehre der Gerechtigkeit*. Als die Quintessenz dieser Lehre galt – wie sowohl der Jakobus zugeschriebene Brief als auch parallele Abschnitte der Damaskus-Schrift belegen – das Gebot »Du sollst deinen Nächsten lieben wie dich selbst«.[47] Das gleiche gilt für den Begriff »Arme«, eine der wichtigsten Selbstbezeichnungen der Gemeinschaft von Qumran und der Name entweder der eigentlichen Jerusalemer Gemeinde um Jakobus oder jener sich auf ihn berufenden späteren Gruppe, von denen frühe Kirchenschriftsteller berichten.

Jakobus als »heilig vom Mutterleibe an« und als Nasiräer

Nach Eusebios' – und ebenso Hieronymus' – Zeugnis identifiziert Hegesippus unseren Jakobus, »da es viele dieses Namens gab«, durch die zusätzliche Information: »Er war heilig vom Mutterleibe an.«[48] Das hier mit »heilig« übersetzte griechische Wort *hagios* besitzt eine andere Bedeutung als Jakobus' zwei andere Attribute »fromm« und »gerecht«. Es entspricht einem dritten hebräischen Begriff, *»kedosch«*, und wird der Untermauerung der weiter unten vorgeschlagenen These dienen, daß Jakobus auch Hoherpriester war. Im Plural, *Kedoschim*, bezeichnet es das, was auf deutsch »die Heiligen« genannt wird.

Im Singular wie im Plural ist es ein in hebräischen Gebeten und in den Qumran-Texten häufig vorkommendes Wort. Wenn in der Mehrzahl gebraucht, dient es häufig zur Bezeichnung der »Heiligen« oder »himmlischen Heerscharen, die auf den Wolken des Himmels kommen«, wozu auch »die Engel und Geister« gehören. In diesem Sinne wird der Terminus in der Kriegsrolle verwendet, und zwar namentlich in der überaus wichtigen Passage in Spalte 11 f. (wiederholt in 21 f.) im Zusammenhang mit der Auslegung der »Stern-Prophezeiung«. Eine Parallele hierzu werden wir weiter unten in der Verkündigung erkennen, die Jakobus Hegesippus zufolge zum Pessach des Jahres 62 n.Chr. im Tempel aussprach – »Ihr werdet sehen des Menschen Sohn sitzen zur Rechten der Kraft und kommen in den Wolken des Himmels« –, eine weitere Äußerung, die in den Evangelien *Jesus* zugeschrieben wird.[49]

Hieronymus referiert zudem noch eine Überlieferung um Jakobus' »Heiligkeit«, die sich ansonsten in keiner anderen Quelle findet:

> Ebendieser Jakobus, welcher der erste Bischof von Jerusalem und als Justus bekannt war, stand bei den Menschen in einem solchen Ansehen der Heiligkeit, daß sie ernsthaft [oder »eifrig«] danach strebten, den Saum seines Gewandes zu berühren.[50]

Diese Tradition ist von nicht zu überschätzender Relevanz. Auch sie wird im Neuen Testament retrospektiv auf Jesus bezogen, und zwar einschließlich der Motive »berühren« und »Saum« oder »Fransen seines Gewandes«!

An dieser Stelle sollte darauf hingewiesen werden, daß die Fransen oder Quastenbesätze von Kleidungsstücken im Judentum von jeher als außerordentlich heilig oder geweiht galten. Einen wichtigen – besonders übertriebenen – Beleg dafür stellt die Episode um eine *seit zwölf Jahren ununterbrochen menstruierende* Frau dar, die »seines

[Jesu] Kleides Saum berührt« (Lukas – 8,44–47 – verwendet das Wort »berühren« in vier Versen *fünfmal*; Markus – 5,27–31 – *viermal*). Darauf spürt Jesus, wie »eine Kraft« – dieselbe, auf die gerade in Jakobus' Pessach-Verkündigung vom Menschensohn, der »zur Rechten der großen Macht« sitzt, angespielt worden ist – »von ihm geht«. In einem anderen solchen Fall heilt Jesus die Kranken am Galiläischen Meer (hier »Genezareth« genannt), die »ernsthaft danach streben, den Saum seines Gewandes zu berühren«, auf daß sie »gesund würden« (Matthäus 14,36 und Markus 6,54)«[51]

Die (in Matthäus 9,20 wiederholte) Geschichte von der Frau mit der übertriebenen Monatsblutung erinnert stark an die Episode, in der Jesus – nach seiner zuvor erwähnten Rede von Reinheit und Ausscheidungen – für die Syrophönizierin oder Kananäerin »Geister hinauswirft«/»Brotkrumen hinwirft«. In beiden Frauen erkennen wir andeutungsweise die Karikatur Helenas von Adiabene, die nach Auskunft rabbinischer Quellen wegen ihrer Unreinheit drei aufeinanderfolgende, jeweils sieben Jahre währende nasiräische Bußgelübde auf sich genommen haben soll. Einer weiteren, leicht rassistischen Anspielung auf sie – die gleichfalls mit dem Genitalbereich zu tun hat – werden wir auch in der Apostelgeschichte begegnen.[52]

Bei Matthäus folgt diese Geschichte Jesu vielsagender Rede über »neuen Wein in alten Schläuchen«, die zerreißen, so daß der neue »Wein verschüttet [»vergossen«] wird« (Matthäus 9,16 f. und Parallelen), der man einen gewissen Bezug zu der geschilderten Einstellung der Rechabiter gegenüber Wein und dem ganzen damit zusammenhängenden Themenkomplex nicht absprechen kann. Und die Episode selbst enthält eine kaum verhüllte Anspielung auf das Verbot des Umgangs mit menstruierenden Frauen, das in den Schlüsselpassagen der Damaskus-Schrift über »Verunreinigung« des Tempels und »Unzucht« ausgesprochen wird.

So wie ihn Eusebios und Hieronymus zur Charakterisierung Jakobus' verwenden, besitzt der Terminus »heilig« allerdings eine etwas andere Bedeutung. Hier ließ sich auch, wie oben im Kontext des Nasiräertums, der äquivalente Ausdruck »geweiht« verwenden, das heißt »geweiht« oder »ausgesondert vom Mutterleibe an«. Tatsächlich gehörte zur traditionellen Kleidung des Hohenpriesters eine leinene Mitra oder Kopfbedeckung [Luther: »Kopfbund«] mit einer goldenen Stirnplatte, in die die Worte »Heilig dem Herrn« eingraviert waren (2. Moses 28,36 ff.) – im Sinne von »Gott geweiht«: »*Kedosch*« bedeutet »heilig« *und* »geweiht«. Diese Kopfbedeckung mit der Goldplatte hieß, wie wir bereits gesehen haben, »die Heilige Krone«, »*Nezer ha-Kodesch*« (2. Moses 29,6 und 3. Moses 8,9), und ebenso wurde, wie gleichfalls schon gesagt, die »Krone« (das heißt die ungeschorenen Haare) der Nasiräer bezeichnet.

Noch einmal: Die Verwendung des Wortes *»Nezer«* wird sich, in Verbindung mit dessen impliziten Anklängen an die »Heiligkeit« oder »Geweihtheit« des Hohenpriesters, als äußerst relevant erweisen. Umgekehrt ist »Geweiht-« oder »Getrenntsein« (»Ausgesondertsein«) das bestimmende Kriterium dessen, was allgemein als »Nasiräertum« oder »Nasiräat« bezeichnet wird, wobei »Nasiräer« aus derselben hebräischen Wurzel abgeleitet ist wie *»Nezer«*. Tatsächlich ist dies der Sinn, in dem Epiphanios den Begriff »heilig« auf Jakobus bezieht. Er nennt Jakobus sogar einen »Nasiräer«, womit er *»geweiht«* meint – und dadurch zeigt, daß er die Bedeutung der dem Begriff zugrundeliegenden hebräischen Wurzel richtig versteht.[53]

In diesem Sinne läßt sich das Wort als ein Quasi-Synonym für »heilig« betrachten, und daran denken Hegesippus und Hieronymus offensichtlich, wenn sie Jakobus auf griechisch als *»hagios«* bezeichnen. »Heilig dem Herrn« besitzt also sowohl »priesterliche« als auch »nasiräische« Konnotationen, und ihre Verbindung wird von noch größerer Relevanz sein, wenn Epiphanios und Hieronymus übereinstimmend erklären werden, Jakobus habe »die Mitra« des Hohenpriesters – hebräisch *»Nezer ha-Kodesch«* – getragen und im Tempel das Allerheiligste *betreten dürfen.*[54]

Interessanterweise nennt Epiphanios im Zusammenhang mit Jakobus' »Nasiräertum« Johannes den Täufer als ein weiteres Beispiel für solche »Gott geweihten Menschen«. Dabei zitiert er Lukas (1,15), wo der Engel vom noch ungeborenen Johannes prophezeit, er werde »Wein und starkes Getränk ... nicht trinken« – was wieder auf die Sitte der oben besprochenen sogenannten »Rechabiter« verweist und mit dem übereinstimmt, was alle Quellen von Jakobus aussagen. Lukas (7,33) zitiert Epiphanios allerdings nicht; dort heißt es vom Täufer weiter, er habe – im Gegensatz zu Jesus (*sic*) – »nicht Brot gegessen und keinen Wein getrunken«. Dies ist eine bemerkenswerte Information, die sich in keiner anderen Charakterisierung Johannes' findet, nicht einmal bei Josephus. Wenn wir »Brot« durch »Fleisch« ersetzen – im hebräischen oft austauschbare Begriffe –, dann bedeutet die Aussage dieser Lukasstelle natürlich, daß Johannes (im Gegensatz zu Jesus) ein »Rechabiter« oder »Nasiräer« *und* Vegetarier war, womit wir praktisch alle Bestimmungen beisammen hätten, die sich auch in den bekannten Überlieferungen über Jakobus finden.

Erinnern wir uns außerdem daran, daß rabbinischen Quellen zufolge »die Söhne« oder »Töchter der Rechabiter« die Kinder der Hohenpriester heirateten und Altardienst versahen, so erkennen wir

1 Münze des Antiochos Epiphanes, um 167 v. Chr., Daniels »Elftes Horn«, das den Makkabäeraufstand auslöste.
2 Der römische Feldherr Pompeius, dessen Truppen 63 v. Chr. den Tempel stürmten.
3 Makkabäerzeitliche Gräber in Modein.

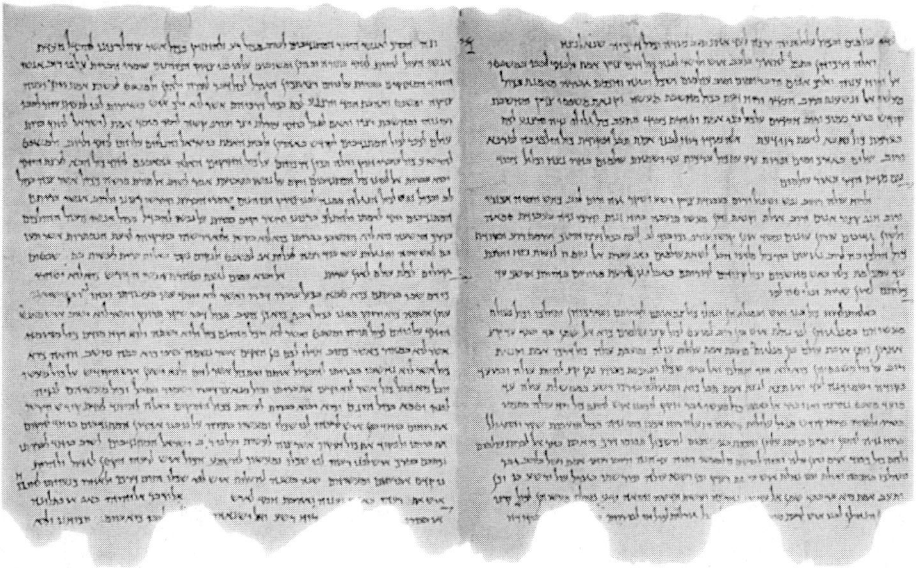

4 Vierte und Fünfte Spalte der Qumraner Gemeinderegel, darin Beschreibung des rituellen Untertauchens und der Taufe durch den »Heiligen Geist«.
5 Qumran, eines der rätselhaften Wasserbecken, vermutlich ein Badeteich für rituelle Waschungen

6 Qumran, Eingang zum künstlichen Abflußkanal, der das Regenwasser zu den Zisternen leitet.

7 Der abfließende Winterregen ergießt sich über die Klippen des Wadi Qumran und füllt die Zisternen.

8 Qumran, Ansicht des Wasserauffangbereichs am Fuß des Wasserfalls, im Hintergrund das Tote Meer.

9 Qumran, einer der vielen Badeteiche, dieser hält noch heute das Wasser.
10 Rituelles Untertauchen bei den südirakischen Mandäern,
Jüngern Johannes' des Täufers.

11 Ruinen der in der Syrischen Wüste am Karawanenweg nach Nordsyrien
gelegenen arabischen Stadt Palmyra.

12 Die jenseits des Toten Meeres im transjordanischen Peräa gelegene Festung Machärus; hier wurde Johannes der Täufer hingerichtet.

13 Luftaufnahme von Cäsarea, seit der Zeit Herodes' des Großen Sitz der römischen Prokuratoren.

14 Jerusalem, südliche Tempelmauer: möglicherweise die Treppe, auf der Jakobus mit den Oberpriestern debattierte und von der aus Paulus, an der Seite des römischen »Oberhauptmanns«, zur Volksmenge sprach.
15 Zinne des Tempels, von der aus Jakobus »hinabgestoßen« worden sein soll.

16 Das unterhalb der Zinne des Tempels im Kidron-Tal gelegene Grab, in dem nach frühchristlicher Tradition Jakobus bestattet worden sein soll.
17 Innenraum des »Jakobsgrabs«, Kidron-Tal.

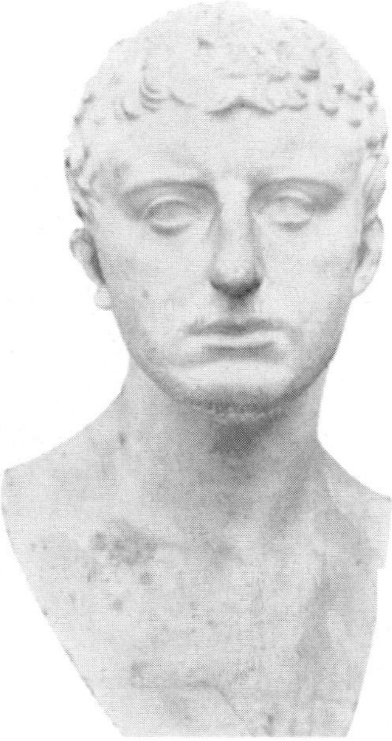

18 Mutmaßliche Büste des jüdischen Historikers Flavius Josephus.
19 Porträtbüste von Neros Frau Poppäa, die Josephus eine Audienz gewährte und 66 n. Chr., kurz vor Ausbruch des jüdischen Aufstands, von Nero zu Tode getreten wurde.
20 Wandmalerei aus römischer Katakombe mit Bileam, der auf den Stern deutet, das Sinnbild der »Stern-Prophezeiung«.

eine weitere – und wenn auch nur esoterische – Verbindung zur Hohenpriesterschaft, die frühe Kirchenquellen Jakobus zuschreiben. Bei Lukas (1,15) heißt es von Johannes weiterhin, er werde »*schon vom Mutterleibe an* erfüllt werden *mit dem Heiligen Geist*«. Auch das ist eine schlichte Umformulierung dessen, was wir von Hegesippus gerade über Jakobus erfahren haben, nämlich, er sei »heilig vom Mutterleibe an« gewesen. Damit mehren sich die Übereinstimmungen zwischen dem, was die Evangelien ausdrücklich oder implizit von Jesus oder dem Täufer aussagen, und bekannten Fakten über das Leben und die Person des Jakobus.

»*Heilig vom Mutterleibe an*« und Jesus, der *Nazoräer*

Bemerkenswert ist an dieser Lukasstelle nicht nur der Gebrauch der Wendung »vom Mutterleibe an«, die uns zu Hegesippus' – von Eusebios und Hieronymus referierter – Originalaussage zurückführt, Jakobus sei »heilig vom Mutterleibe an« gewesen, sondern darüber hinaus auch die Tatsache, daß Lukas hier zudem das Wort »heilig« übernimmt, jedoch in der neuen Variante, die für die paulinische Heidenmission eine so zentrale Bedeutung besitzt: »Heiliger Geist« (*Pneuma Hagion* – auch im Griechischen dasselbe Wort). Paulus wiederum kombiniert die andere Bedeutung des Wortes (»ausgesondert«) und »Mutterleib« zu einer neuen Aussage, indem er im Brief an die Galater (1,15) von sich erklärt, *er selbst* sei »von [s]einer Mutter Leib an ausgesondert« oder »auserwählt« worden, und dem in 1,16 noch die Behauptung draufsetzt, »daß [Gott] Seinen Sohn offenbarte in [ihm]«.

Die Verbindung dieser zwei Elemente, »Mutterleib« und »Heiliger Geist«, wird nun zum Ausgangspunkt von Lukas' – und erst recht Matthäus' – Bericht von Jesu Geburt (Lukas 1,26–42). Beide Berichte greifen auch noch ein drittes Element aus Jakobus' Biographie auf: lebenslange (oder »immerwährende«) »Jungfräulichkeit«, die Epiphanios, gestützt auf palästinische Traditionen, als impliziten wesenhaften Aspekt von Jakobus' *extremem Nasiräertum* begreift.[55] Auch dieser Aspekt wird nun also vereinnahmt und in den Schilderungen von Jesu übernatürlicher Geburt mit den zwei anderen kombiniert – wobei sich alle drei auch im Protevangelium des Jakobus wiederfinden, in dem erstmals die Doktrin von Marias »immerwährender Jungfräulichkeit« verkündet wird und das dem *Jakobus* zugeschrieben ist.

Bei Matthäus ist *nicht Jakobus*, sondern Maria die »Jungfrau«, die, wie sich herausstellt, »schwanger war vom Heiligen Geist« (1,18). Lukas zufolge wiederum ist Jesus ein »Heiliges« (*Hagion*), welches

Maria, »die eine Jungfrau war«, »in ihrem Leib empfing«, als »der Heilige Geist über [sie]« kam (1, 27–35). Abermals verbinden sich hier also die zwei Elemente »*Mutterleib*« und »*Heiliger Geist*«.

Dann zitiert Lukas, indem er das »wie denn geschrieben steht im Gesetz des Moses« auf des Jesusknaben Verbringung »nach Jerusalem« bezieht (»auf daß sie ihn darstellten dem Herrn«), eine Stelle aus Exodus: »Jedes männliche Kind, das den Mutterleib öffnet [das heißt »jede männliche Erstgeburt«, Luther], soll *dem Herrn geheiligt* heißen«[56] (Lukas 2,22 f. – praktisch die gleiche Wendung also, die laut Exodus und Leviticus auf der Mitra [»*Nezer*«] des Hohenpriesters geschrieben steht). Wieder einmal werden Aussagen, die älteste Traditionen auf das Leben und die Person des Jakobus beziehen, in mehr oder weniger verändertem Sinne auf andere – das neutestamtentliche oder paulinische Ethos besser verkörpernde – Personen und Situationen angewandt.

Epiphanios geht noch einen Schritt weiter, indem er all diese Termini nicht mit *Nasiräer*, sondern *mit Nazareth* in Verbindung bringt und behauptet, Jesus sei »in Nazareth im Mutterleib empfangen worden«.[57] Jetzt sind wir vom »Nasiräat« nach »Nazareth« gelangt, und von da, wie sich zeigen wird, zum »Nazarener« oder »Nazoräer«. Letztere Begriffe leiten sich, wie wir gesehen haben, aus einer etwas anders lautenden hebräischen Wurzel ab, nämlich »*N-TZ-R*« (nicht »*N-Z-R*«). Dem damit verwandten hebräischen Verb *linzor* – »halten«/»wahren« oder »beobachten« – sind wir bereits im Zusammenhang mit den Rechabitern begegnet, wenn es beispielsweise hieß, daß sie »die Gebote ihres Vaters Jonadab, des Rechabs Sohn, *hielten*«.

Ebendiese Vorstellung liegt nun dem Titel »der Nazoräer« (*Nazoraios*) zugrunde, mit dem Lukas (24,19) und dann wieder, durch Petrus' Mund in der Apostelgeschichte (2,22) Jesus – den er »einen Mann« und »einen Propheten« nennt – belegt. An letztgenannter Stelle bezeichnet er ihn als »den Mann, von Gott unter euch erwiesen durch Werke der Kraft) – und dies inmitten von Hinweisen auf »Galiläer«, »Reden in anderen Zungen« (der hebräische Ausdruck für »Sprachen«), »neuen Wein«, den Heiligen Geist, der »ausgegossen wird auf alles Fleisch«, und den Vorwurf, die Juden hätten Christus ans Kreuz geschlagen. Wir erkennen hierin nicht nur Anspielungen auf den ebionitischen und elchasaitischen Begriff vom »Ur-Adam« (dem »ersten Mann«) und vom »wahren Propheten«, sondern man sollte sich auch gegenwärtig halten, daß »*Elchasai*«, wie der Stifter der letztgenannten Tradition genannt wurde, auf aramäisch und syrisch soviel wie »Verborgene Kraft« bedeutet.[58]

Matthäus (26,71) greift diesen Titel »der Nazoräer« (*Nazoraios*) auf, unmittelbar nachdem Jesus die Prophezeiung von »des Menschen Sohn, der zur Rechten der Kraft sitzt und kommen wird in den Wolken des Himmels« ausgesprochen hat (26,64 – wie wir gerade gesehen haben, genau die Worte, die frühkirchliche Quellen dem Jakobus zuschreiben) und nachdem Jesus (26,69) als »der Galiläer« (*Galilaios*) bezeichnet worden ist – wie ja auch in der Apostelgeschichte kurz vor Erwähnung dieses Titels von »Galiläern« (2,7 – *Galilaioi*) die Rede ist. Fast unmittelbar nach Nennung dieses Titels wendet sich Matthäus Judas zu und berichtet uns von dem »Blutacker«. An der soeben genannten Stelle, in der Matthäus Jesus als »den Galiläer« bezeichnet, spricht Markus wiederum – wahrscheinlich zu Unrecht – von »Jesus de[m] Nazarener« (*Nazarênos* – 14,67; ebenso 16,6).[59] Übersetzt wird dies oft in Anlehnung an Markus – aber, wie wir gesehen haben, entgegen Matthäus und Lukas – mit »Jesus der *Nazrener*« oder aus der »Sekte der *Nazrener*«.

Die irrige Vorstellung, »Jesus der *Nazoräer*« habe irgend etwas mit »Nazareth« zu tun, setzte Matthäus in die Welt, indem er am Ende der Kindheitsgeschichte Jesu zur Begründung dafür, daß Joseph mit seiner Familie »ins galiläische Land [*Galilaias*] zog und in der Stadt, die da heißt Nazareth [*Nazaret*], wohnte«, die Prophezeiung anführte: »Er soll Nazarener heißen« (2,22 f.). Dies kann aber nicht die wirkliche Etymologie des Epithetons sein, da sich die Wörter »Nazareth« und »Nazoräer« selbst in griechischer Schreibung deutlich voneinander unterscheiden.[60]

Auf ebendiese biblischen Passagen stützt sich Epiphanios bei seinem recht umständlichen Versuch, den Terminus »Nazoräer« mit der Stadt »Nazareth« in Verbindung zu bringen. Zu diesem Zweck zitiert er Matthäus' Geschichte, Jesus sei in Nazareth aufgewachsen, und fügt darüber hinaus, jetzt auf Lukas gestützt, die aufschlußreiche Aussage hinzu, Jesus sei »*in Nazareth im Mutterleib empfangen worden*«. Nicht nur ist dies eine durchsichtige Abwandlung der schon mehrfach erwähnten Traditionen um Männer, die »vom Mutterleibe an geweiht« oder »Nasiräer« waren – die Passage enthält darüber hinaus die interessante Anmerkung:

> Früher wurden alle Christen Nazoräer genannt. Eine kurze Zeit lang hieß man sie auch Jessäer [das heißt »Essener«], bis man in Antiochia schließlich begann, die Jünger als Christen zu bezeichnen.[61]

Das Problem ist, daß es im Alten Testament gar keine Stelle gibt, die »Er soll Nazoräer heißen« lautet, und es nicht klar ist, auf welche Passage sich Matthäus bezogen haben könnte. Vermutlich aber war die eine oder andere Stelle gemeint, in der von einem »Nasiräer« die Rede ist. Auch wenn Matthäus diese autoritative Äußerung »den Propheten« zuschreibt, sind typische alttestamentliche Gestalten dieser Art Samuel und Simson. Wieder irrt Matthäus wahrscheinlich. Zweimal heißt es in der Bibel von Simson ausdrücklich, »der Knabe wird ein Nasiräer [»Geweihter«] Gottes sein« (Buch der Richter 13,5 und 7), und einmal (16,17) erklärt Simson selbst: »Ich bin ein Nasiräer Gottes *vom Mutterleibe an.*« In Anbetracht der Tatsache, daß hier die zwei wichtigen Begriffe »Nasiräer« und »Mutterleib« zusammentreffen, darf man wohl vermuten, daß dies die Vorlage von Matthäus' Überarbeitung war – ganz zu schweigen von den verschiedenen Anspielungen auf »Mutterleib«, die sich in frühen christlichen Texten im Zusammenhang mit Paulus und Jakobus finden. Vom »Mutterleib« ist außerdem auch in den Qumran-Hymnen die Rede.[62]

Natürlich ist Simsons Verhalten das *genaue Gegenteil* dessen, was von einem guten Nasiräer erwartet wurde, doch zumindest *einige* charakteristische Merkmale eines echten Nasiräers oder eines »Geweihten« oder »Ausgesonderten« – so etwa, daß »kein Schermesser über sein Haupt kommen soll«, und seine Weinabstinenz – sind auch in dieser alttestamentlichen Parodie beibehalten.[63]

Ein weiteres Problem ist die Tatsache, daß in diesen zwei hebräischen Wortgruppen – »Nasiräer« und »Nazoräer«/»Nazareth« – eigentlich zwei verschiedene Konsonanten vorkommen, »*z*« und »*tz*«, die im Griechischen durch ein und denselben, »*z*«, wiedergegeben werden (allerdings erwähnt Epiphanios in diesem Zusammenhang auch eine weitere Gruppe, »die Nasaräer«, deren Name mit einem anderen Konsonanten, »*s*«, geschrieben wird – Hippolytos obenerwähnte »Naassener«, wahrscheinlich eine griechische Variante von »Essener«).[64]

Auf hebräisch bedeuten diese zwei parallelen Wörter in der einen Schreibung, das heißt mit »*tz*« wie in »*Nazoräer*«, einfach »Wahrer«/»Halter«; in der anderen, »Nasiräer« (hebräisch *Nazir*, mit »*z*«), »*geweiht*« oder »*ausgesondert*«/»*auszusondernd*«. Im Christentum wechselt dies wiederum oft mit dem Terminus »Nazarener«, obwohl die genannte Matthäusstelle in Wirklichkeit »Er soll Nazoräer heißen« lautet. Dies hängt zwar wahrscheinlich mit Markus' Verwendung des Wortes »Nazarener« (1,24 usw.) und einer Verwirrung dieser Begriffe zusammen, allerdings gebraucht Markus an einer Stelle auch »Nazoräer«.[65] Alle diese Termini lassen sich auf das beziehen, was auf hebräisch ansonsten als *Nazir* oder »Nasiräer« bezeichnet wird – ein »Geweihter« oder »Ausgesonderter«. »Aus

Nazareth [stammend]« können sie, wie mehrfach in den Evangelien impliziert, *nicht* bedeuten, wenngleich derlei »Wortspiele« oder »Volksetymologien« wahrscheinlich einen durchaus beabsichtigten Zweck erfüllten.

Nach der Apostelgeschichte zu urteilen, scheint die »nasiräische« Lebensweise im Urchristentum sehr *en vogue* gewesen zu sein, denn als Paulus bei seinem letzten Aufenthalt in Jerusalem Jakobus zur berühmten entscheidenden Auseinandersetzung begegnet, erzählt ihm dieser von einigen Büßern im Tempel, die »ein Gelübde auf sich genommen haben« – womit kein lebenslängliches, sondern ein zeitlich begrenztes Nasiräat gemeint ist (Apostelgeschichte 21,18–23). Die dabei vorgeschriebene Lebensweise wird in Numeri und, in größerer Ausführlichkeit, im *Talmud* beschrieben.[66]

Wenn wir diese Episode als in irgendeiner Weise symptomatisch betrachten dürfen, dann scheint es in der Tat, daß das Nasiräat in der Jerusalemer Urgemeinde *wirklich* hoch angesehen war. Ähnliches schiene auch in bezug auf jene *Sikarier*-artigen Meuchelmörder zu gelten, die das Gelübde ablegen oder »schw[ö]ren mit einem Fluch wider sich selbst, weder zu essen noch zu trinken, bis sie Paulus getötet hätten« (Apostelgeschichte 23,12).[67] Auch aufgrund seiner immer mitschwingenden Nebenbedeutung des »Gesondertseins« oder der »Trennung« dürfte der Begriff »Nasiräat« im Denken und religiösen Verhalten der Urkirche eine ebenso große Rolle wie für die Qumran-Gemeinde gespielt haben, die von sich – wie die Evangelien von Johannes dem Täufer – erklärten, sie »sonderten sich ab von den Wohnstätten der Männer der Ungerechtigkeit und begaben sich in die Wüste, um dem Herrn einen Weg zu bereiten«.[68]

In einer anderen Episode aus der Apostelgeschichte – die in der einen oder anderen Weise mit der gerade erwähnten zusammenhängen könnte – »schert sich Paulus«, bevor er von Korinth »nach Syrien« weiterreist, *aufgrund eines Gelübdes* »in Kenchreä den Kopf« (18,18).[69] »Sich den Kopf zu scheren« ist ein sehr wichtiger Aspekt des *zeitlich begrenzten* Nasiräats, ebenso wie »kein Schermesser über sein Haupt kommen« zu lassen ein zentrales Merkmal des *lebenslänglichen* Nasiräertums ist, wie es von Jakobus und anderen »rechabitischen« Persönlichkeiten berichtet wird.

Im Gegensatz dazu findet das Scheren oder Rasieren des Kopfes beim zeitlich begrenzten Nasiräat, wie es in der gerade angeführten Episode aus der Apostelgeschichte erwähnt wird, in der Jakobus Paulus eine Buße auferlegt, damit sich zeige, »daß es nicht so sei, wie über [ihn] berichtet wird, sondern daß [er] selber auch nach *dem Gesetz leb[t] und es häl[t]*« (21,24 – man beachte hier das leitmotivische

»halten)«, bei Abschluß des Gelübdes statt, das heißt in der Regel nach sieben Tagen. Aber natürlich ist *doch* einiges an dem, »was über« Paulus' (Nicht-)Einhaltung des Gesetzes – jenes Gesetzes, das er im Brief an die Galater (3,10–13) als einen »Fluch« bezeichnet – und über das, was er andere diesbezüglich lehrt, »berichtet wird«. Und eine Reaktion ebendarauf stellen die Weisungen dar, die Jakobus laut Apostelgeschichte (21,25) für die überseeischen Gemeinden ausspricht.

Wie dem auch sei, Paulus trägt jedenfalls die Kosten für die »vier Männer, die ein Gelübde geleistet haben«. Gemäß Jakobus' ausdrücklicher Anweisung hätte dazu gehört, »daß sie ihr Haupt scheren«, aber es ist nicht klar, ob Paulus diese Prozedur tatsächlich auf sich nimmt, da kurz vor Abschluß der Zeremonien Juden »aus der Landschaft Asien« ihn im Tempel sehen und wütend über ihn herfallen (21,26 f.). Nach Auskunft der Apostelgeschichte hatte Paulus tatsächlich – in Kenchreä, dem Hafen an der ägäischen Seite des Isthmos von Korinth – ein solches Gelübde auf sich genommen (18,18). Nach unserer Ansicht aber ergibt die geographische Angabe »in Kenchreä« im Kontext des »Scherens des Kopfes« überhaupt keinen Sinn, und tatsächlich mischt die Apostelgeschichte an dieser Stelle Ereignisse in den Handlungsablauf, die in Wirklichkeit erst später, im Jerusalemer Tempel, stattgefunden haben, wo das »Scheren des Hauptes« oder »Rasieren des Kopfes« Teil der Reinigungsriten war, die im Zusammenhang mit einem zeitlich begrenzten Nasiräat – wie von Jakobus in der Apostelgeschichte (21,24) angedeutet – vorgeschrieben waren.

Ein ähnlicher Brauch scheint auch in den Islam eingeflossen zu sein, wo Jakobus' Weisungen für überseeische Gemeinden gleichfalls in Ehren gehalten werden.[70] Zum Abschluß seiner Wallfahrt (Hadsch) läßt sich der Hadschi, der islamische Pilger – so wie Jakobus' Anhänger in Jerusalem –, zum Zeichen dafür, daß er in Mekka gewesen ist und alle vorgeschriebenen Riten durchgeführt hat, den Kopf rasieren. Jetzt erkennen wir, daß eine solche zeitweilige »nasiräische Lebensweise« – zumindest nach Darstellung der Apostelgeschichte – auch in Jakobus' Jerusalemer Gemeinde oder Versammlung eine Rolle spielte und daß die Bezeichnung »Nazoräer«, die deren Anhängern (mit Bezugnahme auf diese und zweifellos auch andere sie kennzeichnende Sitten und Gebräuche) beigelegt wurde, wahrscheinlich nicht zufällig oder willkürlich gewählt war.

Die in diesem – zeitweiligen oder lebenslänglichen – Nasiräat implizite Idee des »Geweiht-« oder »Ausgesondertseins« spielt sowohl in mit Jakobus zusammenhängenden Überlieferungen als auch in der Qumran-Literatur eine überragende Rolle. In letzterer bildet die Vorstellung des »Ausgesondertseins«, wie wir gesehen haben, den Leitgedanken der Exegese von Jesaja 40,3, der Stelle »macht in der Steppe eine ebene Bahn«, die in den Evangelien auf die Lehrtätigkeit Johannes' des Täufers bezogen wird. In der Qumraner Gemeinderegel wird diese Bibelstelle zweimal angeführt, und die Zeit, diesen »Weg in der Wüste zu bereiten«, »um sich von all jenen abzusondern, die nicht von der Ungerechtigkeit abgekehrt sind«, und alles »zu tun«, was »befohlen« wurde (man beachte hier die deutlichen jakobinischen und rechabitischen Anklänge), schiene die Gegenwart zu sein.[71] Außerdem wird in den Hymnen, wie wir gesehen haben, direkt auf die Vorstellung des »Heiligseins vom Mutterleibe an« angespielt.

In Qumran wird die Gemeinde nicht nur »die Gemeinschaft der Heiligkeit« genannt und deren Mitglieder »die Männer der Heiligkeit«, »die Männer der vollkommenen Heiligkeit« oder »die Vollkommenen des Weges«; eine weitere Bezeichnung für diejenigen, die dieser Bewegung folgen, lautet »die Söhne des Zadok« – was, wie wir gesehen haben, die dem griechischen Terminus »Sadduzäer« zugrundeliegende hebräische Wurzel darstellt.[72] In der Qumraner Gemeinderegel werden »die Söhne des Zadok« entweder als »die Priester, die den Bund *wahren*« definiert oder, allgemeiner, als »die Wahrer des Bundes« schlechthin – wobei die in beiden Formulierungen anklingenden »rechabitischen« Untertöne evident sein dürften. In der Damaskus-Schrift sind »die Söhne des Zadok» jene, die gerettet werden und andere durch die Praxis der Rechtfertigung (des »Gerechtmachens«) retten werden, oder – jetzt in eschatologischen Begriffen – jene, »die in den letzten Tagen *stehen werden*«.[73] In diesem Text spielt die Idee der »Trennung« oder »Sonderung« eine entscheidende Rolle, und zwar nicht nur als »Hinausgehen aus dem Land Juda, um im Land Damaskus *zu wohnen*« (man beachte wieder den »rechabitischen» Nachdruck auf »im Land wohnen«), sondern auch als die – nicht korrekte – »Scheidung» von Reinem und Unreinem, »Heiligem und Weltlichem« im Tempel.

Wie man sich entsinnen wird, ist dies die Grundlage des Vorwurfs der »Befleckung des Tempels«, von der weiter oben in der Damaskus-Schrift die Rede war und die das letzte der »drei Netze des Belial« ausmacht – wobei die Idee der »Befleckung des Tempels« selbst an Jakobus' Weisungen für überseeische Gemeinden erinnert, und zwar namentlich an seine Warnung vor »Befleckung durch Götzen« (Apostelgeschichte 15,20). Dieser Vorwurf der »Befleckung des Tempels« wiederum steht in der Damaskus-Schrift in Zusammenhang mit »Unzucht« und dem »Blut«, welches das »Schlafen mit Frauen während ihrer Periode« impliziert – eine Praxis, die der Text zu beidem (Unzucht und Blut) in Beziehung setzt – sowie mit dem ursprünglichen Vergehen *nicht richtiger Trennung,* sowohl im Körper als auch im Tempel: Gedanken, in denen auch Paulus schwelgt.[74] Mit einfachen Worten: Die Menschen achten – nicht nur im Tempel, sondern auch andernorts – nicht auf die rechte »Trennung« von reinen und unreinen Dingen. Deswegen ist der Tempel *befleckt.*

Parallele Andeutungen haben wir bereits bei Paulus gefunden, der im Zweiten Brief an die Korinther (6,15 f.) die rhetorische Frage stellt: »Was für Einklang besteht zwischen Christus und Beliar [man beachte die Entstellung des »Belial« der Damaskus-Schrift]... *zwischen dem Tempel Gottes und den Götzen?«* Paulus greift hier nicht nur das in Jakobus' Verbot von »Götzenopferfleisch« implizite Motiv der *Götzenverehrung* auf, sondern er läßt sogar das »rechabitische« Gebot der Damaskus-Schrift anklingen, »hinauszugehen aus dem Land Juda, um im Land Damaskus *zu wohnen*«:

> Darum ziehet aus ihrer Mitte aus und sondert euch ab ... und rühret nichts Unreines an ... Wir wollen uns reinigen von aller Befleckung ... indem wir die Heiligung vollenden in der Furcht Gottes (2. Korinther 6,17–7,1).[75]

Wie schon gesagt, sind die sprachlichen Übereinstimmungen hier absolut überzeugend, und beinahe jedes Wort und jeder Ausdruck aus dieser Passage des Zweiten Korintherbriefes findet sich auch in der *Qumraner Damaskus-Schrift.*

Dies gilt insbesondere für die Anspielung auf die »Vervollkommnung/Vollkommenheit der Heiligkeit«, die in der Damaskus-Schrift tatsächlich als alternative Bezeichnung für die Gemeinde gebraucht wird.[76] Auffällig ist hier nicht nur die nasiräisch/jakobinische Betonung des »Heiligseins« oder der »vollkommenen Heiligkeit« – des gleichen Begriffs, der auf der »Mitra« (*Nezer*) des Hohenpriesters erscheint –, sondern auch die Metapher der »Adoptiv-*Sohnschaft*«, die Paulus in diesem Kontext gebraucht: »und ich will euch ein Vater sein, und ihr sollt mir Söhne und Töchter sein, spricht der Herr« (2. Korinther 6,18), die in den Qumran-Hymnen im Kontext des »Heiligseins vom Mutterleibe an« in fast identischer Form verwendet wird.[77]

Sogar noch wichtiger ist, sich den Kontrast bewußtzumachen, in dem diese Worte zu Petrus' Äußerung in der berühmten Episode um die Herabkunft des »Himmlischen Tischtuchs« stehen: »Aber Gott hat mich gelehrt, keinen Menschen gemein oder unrein zu nennen« (Apostelgeschichte 10,28). Solche Aussagen sind das genaue Gegenteil dessen, was man in den Qumran-Texten findet, so beispielsweise in den »Zwei Briefen über als Gerechtigkeit angerechnete Werke« (sonst auch etwas nichtssaggend »*MMT*« genannt), die ich an anderer Stelle mit einem *jakobinischen* Standpunkt in Verbindung gebracht habe. In diesen Briefen ist das Problem, wie in der Damaskus-Schrift, genau das Entgegengesetzte: die *Befleckung des Tempels* durch unreine – vor allem von *Heiden* dargebrachte – Geschenke oder Opfer. In ihnen finden nicht nur zwei weitere »jakobinische« Kategorien Erwähnung – Unzucht und Götzenopferspeisen –, sie enden auch mit der direkten Anführung der berühmten Passage des Ersten Buches Mose (15,6), der zufolge Abraham (in diesem Falle nicht durch Glauben, sondern durch »Werke«) »gerechtfertigt wurde«.[78]

Das »Gebot«, das Petrus in der Apostelgeschichte erhält, ist der Lebensregel dieser vegetarischen »Rechabiter« genau entgegengesetzt: »Schlachte und iß« (10,13), und dies im Kontext der Tatsache, daß Jesus »von Nazareth« (nicht *Nazoräer* – 10,38) heißt, »die Gläubigen aus der Beschneidung« erstaunen, »daß der Heilige Geist über die Heiden *ausgegossen* worden war) (10,45), und die Juden angeklagt werden, Jesus »ans Holz gehängt und getötet« zu haben (10,39). Hier kehren wir zur Streitfrage um die »Tischgemeinschaft« mit Heiden zurück, welche die Urgemeinde so sehr beschäftigte und Paulus' im Galaterbrief sich äußernden Konflikt mit Jakobus verschärfte – dem eigentlichen Problem, das dem Disput um die Heidenmission zugrunde lag.

Nasiräer, Nazareth und Nazoräer

Im Christentum beruht Jesu (ihm von Markus und Lukas zugeschriebenes) »Naz(a)renertum« auf dem Versuch, dieses Epitheton mit einer galiläischen Stadt »Nazareth« in Verbindung zu bringen, deren Existenz für die fragliche Periode ansonsten nirgendwo bezeugt ist. Sie wird dadurch also zum Wohnort des künftigen Messias erklärt. Daher wird das von Matthäus eigentlich angeführte »Er soll Nazoräer heißen«, wie wir gesehen haben, im landläufigen Sprachgebrauch zu »Er soll Naz(a)rener heißen«, und beides wird so gedeutet, als beziehe es sich darauf, daß die Familie Jesu »in das Gebiet von Galiläa«, in die Stadt Nazareth zieht oder auswandert. (Man beachte die abermalige Parallele zu qumranischen »Auswanderungen» aus »dem Land Juda, um im Land Damaskus zu wohnen«.)

Wie oben ausgeführt, ringt Epiphanios mannhaft mit der Frage, in welcher Weise die »Sekte der Nazoräer« – mit der er sowohl Jakobus als auch, nach ihm, Simeon bar Kleophas in Verbindung bringt – mit »Nazareth« zusammenhänge. Die Apostelgeschichte (24,5) verwendet denselben Ausdruck, wenn ein »gewisser Tertullus« den nach seiner Konfrontation mit Jakobus von der römischen Obrigkeit verhafteten Paulus als »eine *Pest* und als *Anstifter von Unruhen* für alle Juden auf dem Erdkreis und als Vorkämpfer der *Sekte* [wörtlich »Häresie«] *der Nazoräer*« tituliert.[79] Das einzige konkrete Resultat von Epiphanios' Ausführungen ist die Information, daß die »Sekte der Nazoräer« zu seiner Zeit (im 4. Jahrhundert) noch immer existierte; ihr Verbreitungsgebiet umfaßte nach seinen Angaben das transjordanische Pella (wo, natürlich, Johannes der Täufer gewirkt hatte und schließlich hingerichtet worden war), das weiter nördlich gelegene Gebiet von Dekapolis (dem »Zehnstädtebund«, zu dem auch Damaskus gehörte – wohin laut Epiphanios' die Jünger nach Jakobus' Tod flohen, »da Christus sie geheißen hatte, Jerusalem zu verlassen«) –, die Damaskus-Region selbst (die er aus welchen Gründen auch immer als »*Kochaba*« bezeichnet, hebräisch für »Stern«) und reichte nach Norden bis hinauf nach Aleppo (Beroia).[80] Dies stimmt natürlich besser mit der qumranischen Idee eines »Neuen Bundes im Land Damaskus« überein als mit einer angeblichen *Auswanderung nach Galiläa,* auf die sich dem Matthäusevangelium zufolge die Termini »Nazrener« oder »Nazoräer« beziehen sollen.

Aus der simplifizierenden Gleichsetzung einer Sektenbezeichnung mit einer geographischen Herkunftsangabe ergeben sich aber auch weitere Probleme. Das erste ist die Tatsache, daß, während die von Matthäus angeführte Schriftstelle eindeutig auf »*Nasiräer*« (*Nazir*, mit »*z*«) verweist (die Begriffe »Nazoräer« oder »Nazrener« kommen im ganzen Alten Testament nicht vor), »Nazareth«, wie wir gesehen haben, auf hebräisch mit »*tz*« geschrieben wird, also von der Wurzel abgeleitet ist, deren Grundbedeutung »(ein)halten«/»wahren« lautet – zumeist im Sinne von »das Gesetz« oder »den Bund wahren« oder »*die Bräuche der Vorfahren in Ehren halten*«, obwohl bisweilen auch die Nebenbedeutung »geheimhalten« mitschwingt.[81] Um die Sache noch mehr zu komplizieren, gibt es auch ein weiteres hebräisches Wort, das mit demselben Konsonanten (»*tz*«) geschrieben wird: »*Nezer*« (»Sproß«/»Reis«/»Zweig«) – ein im Kontext messianischer Prophezeiungen äußerst wichtiger Begriff.[82]

Im Christentum ist der Begriff »Nazrener« fast zu einem zweiten Namen der Religion selbst geworden. Jesus wird »der Naz(a)rener« genannt, auch wenn niemand genau weiß, warum oder was das Wort eigentlich bedeuten soll. Von »Nazareth« läßt es sich, wie wir gesehen haben, unmöglich ableiten – jedenfalls nicht auf grammatisch korrekte Weise. Von Jesus wird ausgesagt, er komme »aus Nazareth«. Deswegen werden seine Anhänger als »Nazrener« oder »Nazarener« bezeichnet – und damit hat es sich. In seiner anderen – und wahrscheinlich ursprünglichen – Form »Nazoräer« dient das Wort in den semitischen Sprachen des Nahen Ostens seit alters her zur Bezeichnung der »Christen«. Da »Christus« und seine Ableitungen »Christentum«, »Christ« und dergleichen eindeutig griechischen Ursprungs sind, wird im Hebräischen, Arabischen, Syrischen usw. lieber der semitische Terminus »Nazoräer« verwendet. Epiphanios und Hieronymus beispielsweise (Hippolytos spricht, wie wir gesehen haben, von »Naassenern«) – ganz zu schweigen von der Apostelgeschichte – verstehen das Wort als eine alternative Bezeichnung für Christen in Palästina, wo der griechische Ausdruck »*Christianos*« unverständlich gewesen wäre. Es existiert sogar ein nichtkanonisches »Nazoräer-Evangelium« (wobei das »*z*« hier natürlich für das hebräische »*tz*« steht).

Aber die im Hebräischen durch diesen (von einer Wurzel »[ein]halten«/»wahren« abgeleiteten) Terminus vermittelte Vorstellung – nämlich »Einhalter«/»Wahrer des Bundes«, wie in der Gemeinderegel die »Söhne des Zadok« definiert werden, oder anders gesagt »die Gesetzestreuen« – impliziert das genaue Gegenteil dessen, was wir mittlerweile als das paulinische »Evangelium« oder das »Christentum« kennen. Für Paulus wäre das Einhalten solcher Gebote, selbst die Beschneidung, das äußere Zeichen des Bundes, auf sich zu nehmen, »ein Fluch«. Wie er es im Brief an die Galater (3,21) formuliert, kann »das Gesetz« kein »Leben verleihen«, sondern nur den Tod. (Er mag unter einem bestimmten Blickwinkel vielleicht sogar recht haben, aber das ist gar nicht die Frage. Was uns hier beschäftigt, ist nicht »recht« oder »unrecht«, sondern lediglich, was damals wirklich geschah.) Nach Paulus' Überzeugung kann nur die Gestalt, die er »Christus Jesus« nennt, »Leben verleihen«.[83]

Aufgrund dieser Bezeichnung werden Christen auf hebräisch bis auf den heutigen Tag »*Nozrim*« genannt – was entweder »die Anhänger des ›Sprosses‹/›Zweigs‹« oder »die Halter«/»Wahrer« bedeuten mag. Von »Nazareth« läßt sich der Terminus schwerlich ableiten, wohl aber möglicherweise »Nazareth« *von ihm*: Das heißt, es könnte eine Stadt in Galiläa gegeben haben, die nach dem hebräischen Wort für »Nazoräer« benannt war – aber nicht umgekehrt, wie die Evangelien es offenbar eher verstanden wissen möchten. Auch auf arabisch werden Christen nach diesem Terminus als »*Nasrani*» bezeichnet (hier ist aus dem »*z*« ein »*s*« geworden).

Ein anderes arabisches Wort, »*Nusayri*«, definiert die Anhänger einer noch heute im Norden Syriens existierenden Sekte. Diese werden auch »die *Alawi*« genannt. Letztere Bezeichnung leitet sich in gewissem Sinne von »Ali« ab, dem Namen von Mohammeds Schwiegersohn und – zumindest nach schiitischer Auffassung – rechtmäßigem Nachfolger. Durch ihren Namen bekunden die Alawi also ihren Glauben an Ali als den eigentlichen Nachfolger des »wahren Propheten« des Islam.[84] Diese *Nusayri/Alawi* sind eine imamistische (das heißt schiitische) syrische Sekte mit christlichen Untertönen. Die »*Imam*«-Vorstellung wiederum hat gewisse Beziehungen zum judenchristlichen Begriff des »Geheimen« oder »Ur-Adams«, der die ganze pseudoklementinische Literatur durchzieht. All das ist nicht sehr klar, aber jedenfalls scheinen die Termini »Nasiräer«/»Nazoräer« schon lange mit dem Ideal des »Christus« assoziiert gewesen zu sein, wobei letzteres Wort auf den ersten Blick wie der Versuch wirkt, den Begriff des »Ur-Adams« aus seinem semitischen Kontext ins Griechische zu übertragen.[85]

Was die Stadt »Nazareth« anbelangt, so haben wir bereits darauf hingewiesen, daß Josephus sie in seinen – *äußerst* detaillierten – Werken nicht ein einziges Mal erwähnt. Josephus war ja nach den Unruhen von 66 und 67 n.Chr. als militärischer Kommandant (oder wenigstens Kommissar) Galiläas eigenen Angaben zufolge für die Befestigung dieser Region verantwortlich gewesen. Er zählt alle Städte und Ortschaften auf, mit denen er in dieser Eigenschaft etwas zu tun hatte. Nazareth gehört nicht zu ihnen. Ebensowenig kommt ein solcher Ortsname irgendwo im Alten Testament vor. Der Hauptort Galiläas war in der uns interessierenden Zeitspanne vielmehr »Sepphoris«, eine nicht weit vom heutigen »Nazareth« gelegene Stadt.

Eine beträchtliche Rolle spielt Sepphoris aber in der Geschichte Judas' *des Galiläers,* des Begründers von Josephus' »Zeloten«-/»Sikarier«-Bewegung.[86] In *Altertümer* stellt Josephus klar, daß Judas *nicht aus Galiläa,* sondern aus dem heutigen Golan stammte. Diese im Altertum »Gaulanitis« genannte Landschaft ist das nördlich des Galiläischen Meeres nach Syrien angrenzende Gebiet, um dessen Kontrolle sich heute Syrer und Israelis streiten. Judas stammte aus einer der Städte, die Josephus dort befestigte, Gamala, so genannt, weil der steile Hügel, auf dem sie erbaut war, dem Buckel eines Kamels (auf hebräisch und arabisch »*gamal*«) ähnelte.

Dieser Stadt war im Zuge der römischen Rückeroberung Galiläas ein tragisches Schicksal beschieden. Josephus berichtet vom Massenselbstmord, zu dem sich die Einwohner nach dem Zusammenbruch seiner unzulänglichen Verteidigungsstrategie entschlossen. Es ist eine erschütternde Beschreibung, und diese kollektive Verzweiflungstat – ebenso wie das spätere Schicksal Masadas – scheint charakteristisch für das Ende vieler Städte in dieser Region gewesen zu sein. Vielleicht ist dies auch eine weitere Konnotation des Terminus »Galiläer« – mit Sicherheit klingt sie in der Schilderung von »Judas *Ischarioths*« Selbstmord an. Wie wir gesehen haben, scheint Eusebios »Galiläer« (in Anlehnung an Hegesippus) als eine alternative Bezeichnung für »Zelot« oder »Christ« verstanden zu haben.[87] Mit Sicherheit kann »Galiläer« nicht mit mehr Recht als Herkunftsbezeichnung Judas' des Galiläers aufgefaßt werden als »Nazoräer« in bezug auf Jesus.

Wir haben gesehen, daß diese zwei Titel von Matthäus (26,69 ff.) – und bis zu einem gewissen Grad auch von Markus (14,67) – parallel gebraucht werden. Im Falle Jesu scheinen *Nazoräer* und *Galiläer* zwei »esoterische« Termini zu sein, die auf eine Zugehörigkeit zur »Messianischen« oder »Zelotenbewegung« verweisen. »Nazareth« könnte, falls es überhaupt je existiert hat, ein kleines Dorf in der Nähe von Sepphoris gewesen sein. Andererseits könnte »Nazareth« auch erst später entstanden sein, als sich ein ideologischer Bedarf danach spürbar machte.[88]

Im Zusammenhang mit Judas »dem Galiläer« besitzt Sepphoris auch insofern eine besondere Bedeutung, als Josephus berichtet, dessen Anhänger seien in das dortige Waffenlager eingedrungen, um sich mit Kriegsgerät zu versehen. Bemerkenswert ist hier die Parallele zu Lukas (22,36 ff.), wo Jesus seine Anhänger – kurz nachdem er vom »Kelch des Neuen Bundes in [s]einem Blut« gesprochen hat und »Judas, der Sohn des Simon *Ischarioth*« (wie es in Johannes 13,26 heißt), hinausgegangen ist, angeblich um »ihn auszuliefern« oder »zu verraten« – auffordert, sich zu bewaffnen. Bevor Judas der Galiläer *seine* Anhänger bewaffnet, beschreibt Josephus das Ende eines Rabbis oder Lehrers (der Ausdruck, den er dafür gebraucht, ist »Sophist«), den er als »ausgezeichnete[n] Kenner der althergebrachten Gesetze« bezeichnet und »Judas, den Sohn des Seppheraios« nennt.[89] Dies hat offensichtlich ebensoviel mit dem Ortsnamen »Sepphoris« zu tun, wie »Nazareth« mit Jesus zu tun haben soll.

Dieser »Sophist« oder »Rabbi«, den Josephus »Judas Seppheraios« nennt, feuert junge Leute dazu an, einen römischen Adler, den Herodes »wider Gottes Gesetz« über dem Eingang des Tempels hatte anbringen lassen, herunterzureißen und damit etwas für die Sache der Freiheit zu tun, wodurch sie sich »den Lohn« verdienen würden, »den das Gesetz frommen Werken zuerkennt« – das ist »Werkgerechtigkeit« par excellence –, da sie, wenn sie stürben, »sich in Einhaltung und Beobachtung des Vätergesetzes geopfert haben« würden. Bemerkenswert ist wieder die aufschlußreiche Betonung des »(Ein)haltens«/»Wahrens« und »Beobachtens«.

Dieser Rabbi ist später kaum von Judas dem Galiläer zu unterscheiden, auch wenn Josephus zufolge Judas Seppheraios zusammen mit einem anderen »Rabbi«, den er (ein weiterer makkabäischer Name!) Matthias nennt, (»wegen Gottesfrevels, unter dem Vorwand des *Gesetzeseifers* begangen«) bei lebendigem Leib verbrannt wird, während Judas der Galiläer weiter seinen Aktivitäten nachgeht und Josephus nichts über sein Ende berichtet. Hier könnte ein Irrtum auf seiten Josephus' (oder seiner Quellen – er kam schließlich erst 40 Jahre nach den geschilderten Ereignissen auf die Welt) vorliegen, da es später, in *Altertümer*, heißt, nur Matthias sei verbrannt worden. Hier in *Krieg* gibt Josephus an, dem Volk sei es lieber gewesen, wenn die Rabbis und deren Anhänger verbrannt würden, als daß »eine größere Anzahl von Menschen unter der Sache zu leiden hätten« – ein Standpunkt, der auch in Kaiphas' berühmter Äußerung zum Ausdruck kommt: »Es frommt uns mehr, daß *ein* Mensch [nämlich Jesus] sterbe, als daß das ganze Volk verderbe« (Johannes 11,50).

Nazara und Kochaba: die »Zweig-« und die »Stern-Prophezeiung«

Analog dazu haben die Christen – in Verkennung der weltanschaulichen Implikationen dieses Begriffes – zu allen Zeiten geglaubt, »der Naz(a)rener« sage etwas über Jesu Herkunft aus. Auch Julius Africanus (170–245 n.Chr.) spricht von zwei Dörfern, zu denen Jesu Angehörige – die Gruppe, die bei frühen Kirchenschriftstellern »die *Desposyni*«[90] genannt werden – in Beziehung gestanden hätten. Er lokalisiert diese Ortschaften in Judäa und nennt sie »Nazara und Kochaba«. Er sagt, die Verwandten und Nachkommen Jesu stammten von dort und hätten auch dort gelebt. Dörfer oder gar Städte dieses Namens lassen sich für diese Periode in Judäa jedoch nicht nachweisen. Epiphanios verlegt Kochaba, wie wir gesehen haben, nach Syrien, in die Gegend von Damaskus. Julius Africanus aber könnte an das gedacht haben, was in Matthäus 19,1/Markus 10,1 »das Gebiet von Judäa jenseits des Jordans« genannt wird und was sich sehr schön in all diese Berichte über Aktivitäten in Transjordanien und der sogenannten »Damaskus«-Region einfügt.[91]

Beide Namen besitzen messianische Untertöne. »*Nazara*« hängt entweder mit »Zweig« oder mit »Nasiräer« (*Nazir*) und verwandten

Begriffen zusammen – mit welchem von beiden, läßt sich, wie wir gesehen haben, anhand der griechischen Transliteration nicht ermitteln. Ableitungen aus diesen Wurzeln sind in der messianischen Literatur weit verbreitet und finden sich auch in den im Osten gebräuchlichen Bezeichnungen für »Christen« sowie in Jesu Beinamen »der Nazoräer« wieder. »Kochaba« wiederum hängt offensichtlich mit dem hebräischen Wort für »Konstellation« oder »Stern« zusammen, woher im 2. Jahrhundert ein anderer messianischer Revolutionär, »Bar Kochba«, seinen Namen herleitet, auch wenn er aus einer anderen Ortschaft in dieser Region zu stammen scheint: »Koseba«.[92]

Von der in diesem Namen anklingenden »Stern«-Symbolik war schon ausführlich die Rede, vor allem im Zusammenhang mit Schriften aus Qumran, wo die »Stern-Prophezeiung« dreimal, stets in sehr wichtigem Kontext, angeführt wird: in der Damaskus-Schrift, in der Kriegsrolle und in der Sammlung von messianischen Belegtexten, die als die »*Testimonia*« bezeichnet wird.[93] Dieser »Stern« ist ein äußerst wichtiges messianisches Symbol; er basiert auf dem Vierten Buch Mose (24,17): »Es wird ein Stern aus Jakob aufgehen und ein Zepter aus Israel aufkommen, die Welt zu beherrschen.« Deswegen wurde diese Verheißung, zusammen mit der »Held-(»Silo«-)Prophezeiung« über »das Zepter«, um das »sich die Völker scharen werden«, und »den Stab« (1. Moses 49,10), auch die »Weltherrscher-Prophezeiung« genannt.[94]

Wenn es eine Verheißung gibt, die den großen Einfluß von Orakelsprüchen oder Weissagungen auf den Gang der Geschichte und den menschlichen Geist unter Beweis stellt, so ist es die »Stern-Prophezeiung«. Dies ist um so interessanter, als sie im Alten Testament nicht einmal mit einem jüdischen Propheten in Verbindung gebracht wird, sondern mit einem heidnischen: »Bileam«. Anspielungen auf »Bileam«, der im *Talmud* als einer der archetypischen »Feinde« gilt, werden im Laufe unserer Untersuchung immer wieder auftauchen – desgleichen Wortspiele, die sich auf den archetypischen Feind »Belial« (Paulus' »Beliar«) und die Bedeutung von dessen Namen (hebräisch *ball`-`Am*, »verschlingt« oder »verzehrt das Volk«) beziehen.[95]

Derlei Wortspielen mit der Bedeutung dieses Namens sind wir im paulinischen Korpus bereits in verschiedenen wichtigen Kontexten, in Wendungen wie »essen« oder »mit dem Mund verschlingen«, begegnet. Von sogar noch größerer Bedeutung wird die Wortgruppe um die Wurzel *B-L-`* aber in den Qumran-Texten sein, insbesondere wenn von der Vernichtung des Gerechten Lehrers und seiner – geistigen und weltlichen – Widersacher die Rede sein wird; ebenso wie das um die hebräische Wurzel *Z-D-K* kreisende Wortfeld »Gerechtigkeit« im Zusammenhang mit den Anhängern und den Aktivitäten des Gerechten Lehrers von großer Wichtigkeit ist. Wir werden aufzeigen, daß diese mit *ba-la-`a* oder »Verschlucken»/»Verschlingen« zusammenhängenden Begriffe auf die Herodianer und deren Söldlinge gemünzt sind (entscheidend wird hierbei die Tatsache sein, daß »Bileam« und der sprachlich damit verwandte »Bela'« – wie in der Bibel der erste *edomitische* König heißt – als Söhne des Be`or (Beor) bezeichnet werden) und namentlich auf deren charakteristische Aktivität verweisen, »das Volk zu verzehren«.

Der Zweite Petrusbrief – ein von Qumran-Metaphern wimmelnder Text – sagt von Bileam (wie es oben in der Apostelgeschichte in bezug auf Judas *Ischarioth* hieß), daß »er den Lohn der Ungerechtigkeit liebte« (2,15); analog dazu ist im Brief des Judas (1,11) im Zusammenhang mit demselben »Lohn« von Bileams »Irrtum« (oder »Verirrung«) die Rede. In der Johannesoffenbarung wird Bileam als Lehrender dargestellt (2,14); was dort außerdem von ihm ausgesagt ist – daß er »den Söhnen Israels eine Falle stell[te], so daß sie *Götzenopferfleisch* aßen und *Unzucht* trieben« –, besitzt die auffälligsten Parallelen in der äußerst wichtigen Metapher von den »drei Netzen des Belial«, die sich in der Damaskus-Schrift findet und einen Bezug zu Jakobus' Weisungen für überseeische Gemeinden herstellt. Alle diese Passagen verraten ein gewisses Verständnis der durch die verwendete Terminologie bedingten Implikationen. In der talmudischen Literatur finden sich gewisse Hinweise darauf, daß die Bezeichnung »Bileam« auf Paulus angewandt wurde.[96]

Mag diese Metapher nun tatsächlich auf Paulus bezogen worden sein oder auch nicht – die »*Stern-Prophezeiung*« jedenfalls genießt in den Qumran-Texten die größte Wertschätzung. In der Kriegsrolle wird sie direkt mit einem messianischen »keinen bloßen Adam« in Verbindung gebracht.[97] In der Damaskus-Schrift wird »der Stern« mit dem »Zepter« und dem »Stab« (*Mehokkek*) in Verbindung gebracht und als »der Ausleger der *Thora*, der nach Damaskus kam« definiert. Da das Wort aber von seiner hebräischen Wurzel her »Verfügung« oder »Gesetzgeber« bedeutet, gilt dies auch für den »Stab« oder »*Mehokkek*«. Er wird ebenfalls als »der Ausleger der *Thora*« definiert, der »verfügte«, wie sie »wandeln sollten im Zeitalter der Ungerechtigkeit«, als sie hinauszogen, um »bis zum *Aufstehen* dessen, der am Ende der Tage Gerechtigkeit herabgießt« oder »lehrt«, »im Land Damaskus zu wohnen«.[98]

Nicht nur geht dieser Erklärung die Anspielung auf »jene« voraus,

> welche die Grenze beseitigen und Israel in die Irre führen [vgl. oben 2. Petrus 2,15]... indem sie Auflehnung gegen die durch Moses Hand übermittelten Gebote Gottes predigen... und Lügen prophezeien, um Israel von der Gefolgschaft Gottes abzubringen;

sondern auf dieses Material wird auch ausdrücklich im Neuen Testament angespielt, und zwar im Zusammenhang mit einem Lehrer geradezu entgegengesetzter Art, der nach Damaskus kam und »die Juden, die in Damaskus wohnten, in Verwirrung brachte, indem er bewies, daß [Jesus] der Christus war« (Apostelgeschichte 9,22). Eine wichtige Rolle spielt das Bild des »In-die-Irre-Führens« in den von den Synoptikern Jesus zugeschriebenen Kleinen Apokalypsen, wo »viele falsche Propheten aufstehen und viele irreführen werden« (Matthäus 24,5 und 11). Vor allem im *Pescher* Habakuk – und ebenso in der Damaskus-Schrift – ist dies das kennzeichnende Merkmal des »Lügners«, der »viele in die Irre führt«.[99]

Josephus erkennt, daß die »Stern-Prophezeiung« die eigentliche treibende Kraft des Aufstands gegen Rom von 66 bis 70 war. Wie wir aufgezeigt haben, war diese Prophezeiung der entscheidende Beweis dafür, daß es sich bei dem Aufstand nicht lediglich um einen politischen Kampf oder Befreiungskrieg handelte – wie die Sache normalerweise dargestellt wird –, sondern um eine *messianische* und/oder religiöse Bewegung. Josephus untergrub den revolutionären Impetus dieser Weissagung, indem er sie auf den künftigen römischen Kaiser Vespasian bezog. Dies ist ihm so gut gelungen, daß die gesamten Ereignisse von da an weitgehend mißverstanden worden sind. Wie wir wissen, wurde Josephus zum Lohn für geleistete Dienste in die römische Kaiserfamilie aufgenommen.

Der Dienst, den Josephus seinen mächtigen Gönnern erwies, bestand darin, die sanktionierende Kraft dieser Prophezeiung von unbekannten charismatischen Volksführern abzulenken und auf die Ereignisse zu richten, die im Aufstieg des römischen Kaisers Vespasian gipfelten, des Stammvaters der Flavierdynastie. Das rabbinische Judentum schließt sich, getreu seinen pharisäischen Wurzeln, dieser Deutung an und bezieht die Prophezeiung – durch die Person seines Begründers, Rabbi Jochanan ben Zakkais – gleichfalls auf Vespasian. Paulus bezieht sie natürlich auf seine übermenschliche Erlösergestalt, die er »den Christus« oder »Christus Jesus« nennt, einen Mann, den er ausschließlich durch die visionären Erlebnisse kannte, die er als seine privaten »Offenbarungen« (*Apokalypseis* – 2. Korinther 12,1 und 7) hinstellt.

Es ist zweifellos ebenso wahr, daß wir diese Prophezeiung nicht nur im Zusammenhang mit dem Ausbruch der Aufstände gegen Rom, sondern auch mit den ersten Anfängen des Christentums betrachten müssen. Diesbezügliche Anklänge erkennen wir nicht nur im »Stern von Bethlehem« des Matthäusevangeliums (2,2–10) – wo, »da sie den Stern sahen, sie hoch erfreut wurden« –, sondern ebenso auch im Namen des jüdischen Revolutionsführers des folgenden Jahrhunderts, »Simon *Bar Kochba*«. Unweit von Qumran, in Höhlen der Judäischen Wüste, wurden Briefe dieses legendären Helden entdeckt. Hier lautet sein Name nicht »Bar Kochba«, »der Sohn des Sterns«, sondern »Bar Kosiba«, was eindeutig beweist, daß der Titel »Kochba« bewußt angenommen worden war und nicht etwa einen Familiennamen darstellte.

Die talmudischen Schriften machen sich die lautliche Ähnlichkeit von »Choziba« und »*Chazav*«, »lügen«, zunutze, um Simons Ansprüche auf den Status eines Messias zu verhöhnen, indem sie erklären, »ein Lügner« sei »aus Israel hervorgegangen«.[100] Nicht nur liefert dies eine weitere Bestätigung der entschieden antimessianischen Haltung der Rabbis, sondern es stellt auch eine deutliche Parallele zur Weise dar, wie Qumran dieselbe Bezeichnung, »Lügner«, auf den Widersacher des Gerechten Lehrers bezieht, der in so vielfacher Hinsicht an Paulus erinnert.

Gestützt auf Josephus, verstehen Sueton, Tacitus und andere römische Geschichtsschreiber nach ihnen diese »Weltherrscher«-Prophezeiung als die treibende Kraft hinter dem Aufstand gegen Rom: Das heißt, die Juden ließen sich durch eine in alten Texten überlieferte mehrdeutige Weissagung – »daß aus Palästina ein Weltherrscher hervorgehen« würde – in die Irre führen.[101] Diese Deutung aber, wie Josephus und diese anderen Geschichtsschreiber eifrig betonen, war falsch.

Als der Erbe des Pharisäertums, von dem sowohl Paulus als auch Josephus gleichfalls ihre geistigen Wurzeln herleiten, vertritt das rabbinische Judentum denselben Standpunkt. Natürlich ist die diesbezügliche Haltung Qumrans *diametral* davon verschieden. Mißverständnisse sind in dieser Hinsicht ganz ausgeschlossen, und dies dürfte vermutlich auch der Grund dafür gewesen sein, daß diese Texte schließlich in Höhlen versteckt wurden und dort liegenblieben. Es gab keine Überlebenden, die sie hätten zurückholen können. Das war der Preis, den eine alternative Deutung dieser Prophezeiung kostete: die apokalyptische Auslegung der Kriegsrolle, auf die sich auch Jakobus bezog, als er am Pessachfest des Jahres 62 n.Chr. im Tempel »des Menschen Sohn« verkündigte, »der sitzt zur Rechten der Kraft und kommen wird in den Wolken des Himmels«.

Auch die Damaskus-Schrift spielt – durch den »Lügner«, der »im Geist wandelt« oder »Windigkeit ausgießt« und »lügnerische Visionen« sieht oder »Lügen prophezeit« – auf die »lügende« Deutung von derlei Weissagungen an.[102] Im rabbinischen Judentum wird Bar Kochba – alias »*Bar Choziba*« – deswegen »der Lügner« genannt, weil er (wie aus seiner spektakulären Niederlage und der Katastrophe, die daraus resultierend über sein Volk hereinbrach, hervorgeht) offenbar kein Messias gewesen war. Paulus, dessen fortwährende Beteuerungen, er »lüge nicht«, mehr als auffällig sind, geht auf Nummer Sicher, indem er die »Weltherrscher«-Prophezeiung auf die jenseitige Heilandsgestalt bezieht, die er »den Christus« nennt. Mit einer solchen Auslegung riskierte er nicht allzuviel, und so wird es auch niemanden verwundern, daß es gerade *seine* Deutung war, welche die letzten 19 Jahrhunderte – zumindest am erfolgreichsten – überlebt hat.

Jakobus' kontra Paulus' Nasiräertum

Dies zeigt die große Bedeutung dieser Dinge. Hinzu kommt aber, daß sie mit weiteren komplexen Fragen zusammenhängen. Nach Aussage des Eusebios, Epiphanios und Hieronymus ist Jakobus ein lebenslänglicher Nasiräer. Er war außerdem Vegetarier. Wie Eusebios es unter Bezugnahme auf Hegesippus formuliert:

> Er trank keinen Wein und kein starkes Getränk, ebensowenig aß er Fleisch. Kein Schermesser kam über sein Haupt, noch salbte er sich mit Öl, und er ging nicht ins Bad.

Wie immer man diese Aussage auch verstehen mag – sie trifft zweifellos auf einen »Nasiräer« zu, einen »Abgesonderten« oder »Geweihten«, »heilig vom Mutterleibe an«. Tatsächlich bezeugt sie sogar mehr als bloßes Nasiräat. Die Bestimmungen »nicht mit Öl salben«, »nicht ins Bad gehen« und »kein Fleisch essen«, das heißt Vegetarier sein, gehen über das hinaus, was normalerweise unter dem Lebenswandel eines Nasiräers – ja selbst eines Rechabiters – verstanden wurde. Als ein zusätzliches Merkmal wird Epiphanios auch noch *sexuelle Enthaltsamkeit* nennen – »lebenslange Jungfräulichkeit«, wie er es formuliert. Sämtliche genannten Autoren wiederum werden von Jakobus bezeugen, daß er »keine Wolle, sondern nur Leinen« trug, was Rückschlüsse auf seine Rolle im damaligen Jerusalem und insbesondere auf sein *Priestertum* gestattet – also auf die Tatsache, daß Jakobus der »Hohepriester der Opposition« war.

Alle diese Merkmale werden in diesen Quellen offenbar damit in Zusammenhang gebracht, daß er »geweiht« oder »heilig vom Mutterleibe an« oder »von sehr großer Heiligkeit« war. Es ist keine uninteressante Parallele, daß Paulus, unmittelbar bevor er im 2. Kapitel des Galaterbriefes über seine Differenzen mit Jakobus – oder zumindest mit »etlichen« seiner Boten oder Gesandten – spricht, betont, (auch) er sei durch Gott »von [s]einer Mutter Leibe an ausgesondert« worden. Die »etlichen von Jakobus« tauchen in der Apostelgeschichte und in den Paulusbriefen von Zeit zu Zeit immer wieder auf und »machen Unruhe« (Apostelgeschichte 15,19) in Paulus' Gemeinden, insbesondere indem sie »auf der Beschneidung bestehen« und die Einhaltung der strengen Reinheitsgebote fordern, die eine »Tischgemeinschaft« oder das »Essen mit Heiden« – und damit die ganze Heidenmission – unmöglich machen würden.

Auf die Parallelen, die zwischen dieser von Paulus angesprochenen Art von »Absonderung« und der »Absonderung« oder dem Lebenswandel »vollkommener Heiligkeit« und der »Vervollkommnung des Weges«, die Gemeinschaften wie die Qumraner verlangten, haben wir bereits mehrfach hingewiesen. Nicht nur werden diese Wendungen in den Qumran-Schriften ausdrücklich gebraucht, sondern sie sind darüber hinaus auch in allen Charakterisierungen Jakobus' implizit. Über dieses »Nasiräat« oder »Geweihtsein vom Mutterleibe an« spricht Paulus, wenn er erklärt, Gott habe ihn auf ebendiese Weise »auserwählt« und habe »Seinen Sohn in [ihm] offenbart«, das Evangelium, das er »unter den Heiden verkündigte«, sei das Resultat einer direkten »Offenbarung [*Apokalypsin* – Galater 1,15 f.] Jesu Christi« und wer immer, und sei er auch »ein Engel des Himmels«, ein dem seinigen wiedersprechendes Evangelium predige, möge »verflucht sein« – und dies im selben Atemzug, in dem er von seinem »übermäßigen Eifer [oder »Zelotentum« – *Zêlôtês*] für die väterlichen Satzungen« spricht (1,6–14).

Diese erstaunliche Behauptung sowie seine Beteuerungen, er »lüge nicht« und suche nicht »Menschen zu gefallen«, bettet Paulus in Anspielungen auf »Damaskus« und »Arabien« ein. In Anbetracht des Kontextes kann man nur schließen, daß Paulus durchaus um die parallelen Aussagen weiß, die sich um die Person Jakobus' ranken, und daß er seine eigene Bedeutung herauszustreichen versucht, indem er das gleiche von sich selbst behauptet. Natürlich besaßen diese Ansprüche in seinem Fall weit geringere Bedeutung – zumindest was seine »nasiräische« Lebensweise anbelangte. Doch wenn es ums »Prahlen« geht, wie Paulus selbst triumphierend bekräftigt, steht er in nichts zurück.[103]

11
Jakobus' Vegetarismus, Enthaltung von Blut und Weinabstinenz

»Gott lieben«, »Götzenopfer« und Jakobus' Vegetarismus

Jakobus' Nasiräat oder »Heiligkeit vom Mutterleibe an« ist nicht die einzige ihm zugeschriebene Eigenschaft, die durch Paulus vereinnahmt oder in ihr Gegenteil verkehrt wird. Während es von Jakobus eindeutig heißt, er habe sich jeglichen Fleischgenusses enthalten, empfiehlt Paulus, wie wir bereits gesehen haben, im Ersten Brief an die Korinther:

> Alles, was feil ist auf dem Fleischmarkt, das esset, und forschet nicht nach, auf daß ihr das Gewissen nicht beschweret. (10,25)

Detailliert legt Paulus diese seine Auffassung im 6. bis 10. Kapitel des Ersten Korintherbriefes dar, wo er offensichtlich einen bestimmten Punkt aus Jakobus' Weisungen für die überseeischen Gemeinden diskutiert: das Verbot »des Götzenopfers« (8,1, 8,10 und 10,29).[1]

Nicht nur schickt er dieser Diskussion eine Bemerkung über ein weiteres solches Verbot, das der »Unzucht«, voraus, sondern er gebraucht auch die gleiche »Netz«-Metaphorik, der wir, in der Johannesoffenbarung, im Zusammenhang mit Bileam – »der den Balak lehrte, den Söhnen Israels eine Falle zu stellen [wörtlich »werfen«, *ballein*], so daß sie *Götzenopferfleisch* aßen und *Unzucht trieben*« – und mit den »drei Netzen« begegnet sind, die Belial in der Damaskus-Schrift als »drei Arten von Gerechtigkeit aufstellt«, um darin Israel zu fangen. Das – hier mit »Falle« oder »Netz« wiedergegebene – griechische Wort, das in der soeben erwähnten Stelle der Johannesoffenbarung (2,14) gebraucht wird, bedeutet wörtlich »Fallstrick« oder »Stein des Anstoßes«.

Im Ersten Brief an die Korinther (7,35) formuliert es Paulus folgendermaßen:

> Dies sage ich aber zu eurem eignen Nutzen, nicht um eine *Schlinge* über euch zu *werfen* [epibalô], sondern damit ihr wohlanständig seid und ohne Ablenkung *dem Herrn dienen* könnt.

Er meint damit, wie eigentlich klar sein sollte, daß er nicht versucht, irgend jemanden vom jakobinischen Unzuchtsverbot oder, wie er sich ausdrückt, »seiner Jungfräulichkeit« abzubringen. Mit diesem Wort spielt er auf eine weitere Eigenschaft an, die Epiphanios Jakobus zuschreibt: nämlich dessen lebenslängliche *Jungfräulichkeit* (die nach unserer Auffassung nachträglich auf Maria bezogen wurde).

Wenn Paulus also bestreitet, ein »Netz« oder eine »Schlinge« über irgend jemanden werfen zu wollen, dann meint er damit (er spricht hier gleichermaßen über Männer wie über Frauen): Wer seine »Jungfräulichkeit« (Jakobus' und möglicherweise auch Jesu Lebensweise) nicht beherrschen kann, der täte vielleicht besser daran zu heiraten. Sogar das Wort »Nutzen«, das er hier gebraucht, wird weiter unten in seiner Diskussion um die »Götzenopfer« wiederkehren (10,28–33 [Luther: »das, was frommt«, A.d.Ü.]), und das »dem Herrn dienen« wird uns im *Pescher* Hababuk und im Johannesevangelium wiederbegegnen. Daß Paulus in diesem Kontext bewußt ist, daß manche ihm den Vorwurf eines solchen »Netzwerfens« gemacht haben könnten – ebeso wie er sich an anderer Stelle gegen die Bezeichnung »Lügner« und »Feind« zu verteidigen bemüßigt fühlt –, ist wahrhaft aufschlußreich.[2]

Wie wir gesehen haben, spielt das Verbot der »Unzucht« in der Damaskus-Schrift eine zentrale Rolle, desgleichen die »Befleckung des Tempels« oder, wie Jakobus es formuliert, die damit zusammenhängende »Befleckung durch Götzen« (Apostelgeschichte 15,20). Dies spiegelt sich auch in Paulus' »Haus« wider, »das wir von Gott haben, ein Haus, nicht mit Händen gemacht, das ewig ist im Himmel« (2. Korinther 5,1).

Im folgenden Kapitel taucht das Gebot »Darum gehet aus von ihnen und sondert euch ab« und »rühret kein Unreines [Ding] an« im Zusammenhang mit der berühmten Frage auf: »Was für Einklang besteht zwischen Christus und Beliar ... Dem Tempel Gottes und den Götzen?« (6,15 ff.). Nicht nur geht dieser Frage die – für die in der Damaskus-Schrift vorgenommene Deutung der »Netze« des Belial als »drei Arten von Gerechtigkeit« relevante – Erwähnung von »Gerechtigkeit und Gesetzlosigkeit« voraus, sie verweist auch auf das Verbot, Tempel oder Körper (in Paulus' allegorisierender Dialektik parallele Begriffe) durch unreine Speisen zu beflecken.

Für Paulus hängen alle diese Themen unauflöslich miteinander zusammen, und die eine Antwort, die er *sämtlichen* Weisungen des Jakobus entgegenhält, lautet: »Alles ist mir erlaubt« (1. Korinther 6,12 und 10,23). Auch wenn »nicht alles heilsam ist« oder, wie er es im Ersten Korintherbrief (8,1) formuliert, »aufbaut«, vertritt hier Paulus im wesentlichen erneut seinen Standpunkt zu »Freiheit« und »Knechtschaft«, das heißt: Freiheit vom Gesetz oder Knechtschaft unter ihm.

Der Begriff des »Bauens«, den Paulus im ganzen Ersten Korintherbrief immer wieder gebraucht, hängt aufs engste mit seinem Selbstverständnis als »Baumeister« oder »Erbauer« einer Gemeinde zusammen (3,9–14). Umgekehrt liefert derselbe Begriff den Kontext einer schmähenden Aussage, die im *Pescher* Habakuk auf den Widersacher des Gerechten Lehrers bezogen wird; den »Hervorsprudler von Lügen, der *viele in die Irre führte,* indem er *eine wertlose Stadt auf Blut erbaute* und *eine Versammlung auf Lügen errichtete*«.[3]

Der Leser muß sich gegenwärtig halten, daß wir es bei Paulus mit einem der geschicktesten Rhetoriker zu tun haben, welche die abendländische Kultur je hervorgebracht hat. Griechische Philosophen wie Platon hätten ihn vielleicht eher als einen »Sophisten« bezeichnet, und tatsächlich ist seine Methode reine Sophistik – aber gekonnte und sehr kreative. Paulus ist äußerst »*sophisticated*«, besonders im Vergleich zu manchen seiner weniger geschickten, eher grobschlächtigen Gegner.

So wütend wird Paulus, nachdem er Leute, die Bedenken haben, »im Götzenhause zu Tisch zu sitzen«, im Ersten Brief an die Korinther (8,10) als »schwach« tituliert hat, daß er herausplatzt:

> Darum, wenn Speise meinem Bruder Anstoß bereitet, so will ich in Ewigkeit kein Fleisch mehr essen, damit ich meinem Bruder nicht Anstoß [Ärgernis] bereite. (8,13)

Dies ist dasselbe Thema, das er bereits in 6,11 ff. angesprochen hatte – dort im Kontext von »sich abwaschen lassen«, »rechtfertigt« und »geheiligt werden« –, bevor er in 6,16 zu »Unzucht« und »mit einer Dirne *ein* Leib werden« übergegangen war. Gegipfelt hatte jene Passage in der Feststellung, »die Speisen [seien] für den Bauch und der Bauch für die Speisen«, und der indirekten Anspielung auf den »Abort«.

Jetzt, nach seinen Ausführungen über »die Liebe zu Gott« (Frömmigkeit), »die Liebe, die aufbaut« und »schwaches Gewissen, das befleckt wird« (in 8,10 wird es zum »schwachen Gewissen«, das »aufgebaut« [Luther: »bestärkt«] werden muß), schließt er mit den Worten:

> Speise [wörtlich »Fleisch][4] aber wird uns nicht Gott wohlgefällig machen. Weder sind wir im Nachteil, wenn wir nicht essen, noch sind wir im Vorteil, wenn wir essen. (8,8)

Hier führt Paulus außerdem den Begriff »zum Straucheln/Stolpern bringen« oder »Stein des Anstoßes« ein – in 8,13 »Anstoß bereiten« [Luther: »verführen«]: denselben Begriff, der im Jakobusbrief in bezug auf jenen verwendet wird, der »das ganze Gesetz hält, aber in *einem* strauchelt« und damit »in allem schuldig« wird (2,10). Jetzt richtet er sich gegen jene, die Bedenken haben, »im Götzenhause zu Tisch zu sitzen«, und ist gleichbedeutend damit, »den schwachen Bruder zu Fall« zu bringen oder, vielleicht noch prägnanter, dessen »schwaches Gewissen zu verletzen« (8,9–12).

Wem aber ist – wie oben im Falle Bileams, der laut Johannesoffenbarung »eine Falle« oder ein »Ärgernis« (*skandalon*) »auswirft« – Paulus' Stärke ein »Stein des Anstoßes« oder ein »Ärgernis«? Wer sind diese »schwachen Brüder« mit einem »schwachen Gewissen« (stets eine Umschreibung für jene, die »das Gesetz halten«), die soviel Aufhebens um Tischgemeinschaft und den Verzehr unreiner Speisen machen, wo derlei Dinge doch keinerlei Bedeutung haben – die sich Gedanken um »Götzenopferfleisch« machen, wenn es gleichfalls nicht die geringste Bedeutung hat?

> Was nun das Essen des Götzenopferfleisches betrifft, so wissen wir, daß es keinen Götzen in der Welt gibt und daß es keinen Gott gibt außer *einem*[5]... aber etliche essen es, weil ihr *Gewissen* bis jetzt noch *am Götzen haftet, als Opferfleisch, und da ihr Gewissen schwach ist, wird es befleckt.* (8,4–7)

Eine geschicktere Behandlung des Themas »Götzenopferfleisch« wäre kaum vorstellbar. Diese Passage muß nicht nur als eine Replik auf die in der Apostelgeschichte aufgelisteten Verhaltensregeln, die Jakobus für die überseeischen Gemeinden aufstellt, verstanden werden, sondern darüber hinaus auch als eine zwar denkbar unauffällig formulierte, aber nicht minder *direkte Attacke* gegen Jakobus selbst.

Dieses Thema diskutiert Paulus unter den zwei Oberbegriffen »Liebe« und »aufbauen«, die er gleich zu Anfang des Kapitels einführt (1. Korinther 8,1 ff.). Wie er es formuliert, »bläst das Wissen [griechisch: *Gnôsis*, in Qumran: *Da`at*]« um das »Götzenopfer(fleisch) auf, aber die Liebe baut auf« (8,1). Man beachte im folgenden Vers die sarkastische Anspielung auf jene, »die das Ansehen haben«. Im *Pescher*

Habakuk werden wir einer ähnlichen Attacke begegnen, die den gleichen Begriff des »Aufgeblasenseins« aus dem Buch Habakuk (2,4) verwendet und zur eminent wichtigen Auslegung der Stelle »der Gerechte aber wird durch seinen Glauben leben« überleitet. Dort wird der Ausdruck, wie hier, umgedreht und zur Drohung gebraucht: »Vervielfachen werden sie auf sich ihre Sünden, und ihr Gericht [das heißt ihr *endzeitliches* Gericht] wird sie nicht erfreuen.«[6]

Dem »Wissen« oder der »Erkenntnis«, das beziehungsweise die solche Leute an den Tag legen, setzt Paulus »Gott lieben« (8,3) entgegen; das eine der zwei »Liebesgebote«, die, wie oben ausgeführt, die »Gerechtigkeit-/Frömmigkeit«-Dichotomie ausmachen. Für Josephus' Essener und Johannes den Täufer bedeutet »Gott lieben« die Gesamtheit dessen, was der einzelne Gott schuldig ist. Im Jakobusbrief (1,12) wird denen, die Gott lieben, »die Krone des Lebens« verheißen; in 2,5 sind »die Armen« von Gott »erwählt als Erben des Reichs, welches er denen verheißen hat, die Ihn lieben«.

Ein deutlicherer Angriff auf solche »aufgeblasenen« Leute mit »Wissen« – dieselben, die laut dem Brief an die Galater (2,2–9) »das Ansehen haben« oder »für Säulen angesehen werden«, zu denen Paulus auch Jakobus rechnet – wäre nicht vorstellbar. Die Anspielung auf das »Wissen« oder die »Erkenntnis« (»*Gnosis*«), über die sich Paulus hier unverkennbar lustig macht, hat ihr Gegenstück in der Ermahnung an »alle Kenner der Gerechtigkeit«, die am Anfang der Damaskus-Schrift ausgesprochen wird.

Paulus' Attacke gegen Jakobus' Nasiräertum und Vegetarismus im Römerbrief

Im Römerbrief bekräftigt Paulus dieses »Liebes«-Thema und verknüpft es mit dem Thema »essen«, wobei er wieder beides gegen Jakobus verwendet. Nachdem er im 11. Kapitel auf »die Zweige« und »die Wurzel« und im 12., in seiner Version der Bergpredigt, auf »den Leib» und »die Glieder« angespielt hat, und nachdem er im 13. Kapitel seine staatserhaltenden Ansichten zum Thema »Steuern« geäußert hat, bringt Paulus wieder das Motiv der »Liebe« zur Sprache. Man kann sich wohl kaum etwas Absurderes vorstellen, als von »guten Werken«, »Gericht«, »einander lieben« und »Gewissen« im Kontext der Frage der *Zahlung von Steuern an Rom* zu sprechen (Römer 13,2–8)! In 13,9 zitiert Paulus sogar explizit dieses zweite Liebesgebot: »Du sollst deinen Nächsten lieben wie dich selbst.« Jakobus bespricht es dagegen im Kontext der Aufforderung, ein »Täter, kein »Übertreter« des Gesetzes zu sein, *»das ganze Gesetz zu tun* [halten]«, des »unbarmherzigen Gerichts«, das über den ergehen wird, der es nicht tut, und der Verurteilung dessen, der »Freund der Welt sein will«, statt »Gottes Freund«.

Auch die Damaskus-Schrift beruft sich auf dieses Gebot, das Jakobus »das Königliche Gesetz nach der Schrift« nennt (und wir den zweiten Teil der »Gerechtigkeit-/Frömmigkeit«-Dichotomie). Dort ist der Kontext »der Neue Bund im Land Damaskus«, »Beflecktes von Reinem trennen«, »die heiligen [das heißt *»Gott geweihten«* (*N-Z-R*)/*»Gott geheiligten«*, dieselbe Wurzel, der wir im Zusammenhang mit Jakobus' Nasiräat begegnet sind] Dinge genau entsprechend der Vorschrift aufstellen«, »sich von allem Befleckten absondern«, »seinen Heiligen Geist nicht beschmutzen« und »in allen Dingen in vollkommener Heiligkeit wandeln«.[7] Die Bedeutung ist hier natürlich das genaue Gegenteil dessen, was Paulus im Zweiten Brief an die Korinther (6,14–7,1) sagt, wo er im Zusammenhang mit »Christus« und »Beliar« gleichfalls von »absondern« und »die Heiligung vollenden in der Furcht Gottes« spricht.[8]

In einer weiteren gewundenen, aber deutlichen Erwiderung auf Jakobus verlangt Paulus jedoch:

> Seid niemandem etwas schuldig, außer daß ihr einander liebt, denn wer *den anderen liebt, hat das Gesetz erfüllt*... Die Liebe fügt dem Nächsten nichts Böses zu, daher ist die Liebe des Gesetzes Erfüllung. (Römer 13,8 ff.)

Auch das ist im Neuen Testament zu einem integralen Bestandteil der Lehre Jesu geworden. Nun greift Paulus wieder das Thema »essen« und »Speisen« auf und führt es, wie gewohnt, im Widerspruch zur jakobinischen Lehrmeinung aus:

> Wer ißt, der verachte den nicht, der nicht ißt... das haltet vielmehr für recht, dem Bruder nicht *Anstoß oder Verführung* [»Ursache zum Straucheln«] *zu bereiten*... Ich weiß und bin's gewiß im Herrn Jesus, daß *nichts an und für sich unrein ist – sondern nur für den, der urteilt, etwas sei unrein.* Für den ist es unrein. Wenn aber um der Speise [des Fleisches] willen dein Bruder in Betrübnis gerät, wandelst du nicht mehr der Liebe gemäß. Bringe durch deine Speise [dein Fleisch] den nicht ins Verderben ... Zerstöre nicht *um einer Speise [des Fleisches] willen das Werk Gottes.* (Römer 14,3–20)

In dieser Passage lassen sich fast alle Motive wiederfinden, die wir bisher nicht behandelt haben. Paulus kombiniert nicht nur den Begriff des »Strauchelns«/»Stolperns« mit dem des »Anstoßgebens«/»Ärgerniserregens«, sondern er spielt auch auf jenes »Richten« an, das im Jakobusbrief eine so wichtige Rolle spielt und in den Qumran-Texten die spezifische Funktion des »*Mebakker*« darstellt. Außerdem ist der für Qumran so bedeutsame Begriff des »Gehens«/»Wandelns« ins Negative verkehrt (vergleiche diese Verwendung mit der Apostelgeschichte [21,24], wo Jakobus zu Paulus sagt: »Dann werden alle erkennen ... daß du ebenfalls als einer wandelst, der das Gesetz hält«), desgleichen der Begriff des »Werkes« – die Damaskus-Schrift selbst ist an jene »Kenner der Gerechtigkeit« adressiert, »die die Werke Gottes verstehen«.[9]

Daß Paulus hier auf die Frage des »Verzehrs von *Fleisch*« Bezug nimmt, ist unbestreitbar. Dabei rutscht ihm folgende Feststellung heraus, die offenkundig seinen persönlichen Standpunkt widerspiegelt:

> Der eine glaubt, alles essen zu dürfen; der Schwache aber ißt nur Gemüse. (Römer 14,2)

Daß dies gegen Jakobus gerichtet ist, erscheint gleichfalls unbestreitbar. Ebenso klar sollte sein, daß Paulus seinen Angriff in eine scheinbar einlenkende, um Ausgleich bemühte Aussage kleidet. Aber das, worum es dabei eigentlich geht, ist wieder einmal die Tatsache, daß Jakobus Vegetarier ist. In Paulus' Augen ist dieser Vegetarismus nichts anderes als *Schwäche*. Sein grundsätzlicher Standpunkt lautet, daß solche Dinge wie religiös begründete Diätvorschriften keine Bedeutung haben, da *alles*, was es auf dem (Fleisch-)Markt zu kaufen gibt, wie er uns erklärt hat, *rein* ist.

Damit erkennen wir aber, daß die von Hegesippus referierten und von Eusebios, Hieronymus und anderen bewahrten Traditionen über Jakobus durchaus ernst genommen zu werden verdienen. Es ist ebenso klar, daß diese Traditionen etwas darüber aussagen, inwiefern er als »heilig« oder »geweiht vom Mutterleibe an« angesehen wurde, also den Begriff des lebenslangen Nasiräertums oder Nasiräats, der in der Jerusalemer Versammlung und überhaupt im frühen Christentum eine so wichtige Rolle gespielt zu haben scheint, näher bestimmen.

Diese Vorstellung liefert bis zu einem gewissen Grad auch den Hintergrund zu Paulus' letztem Konflikt mit Jakobus und dessen »Jerusalemer Versammlung«, der den Höhepunkt der Apostelgeschichte (Kapitel 21 bis 23) bildet und in dessen Verlauf Paulus von der wütenden Volksmenge angegriffen und aus dem Tempel verjagt wird. Dies hängt offenkundig mit dem gegen Paulus gerichteten Vorwurf zusammen, Heiden oder deren Opfergaben in den Tempelbezirk gebracht zu haben – ein Hauptgrund »zelotischer« Klagen gegen die herodianische Hohepriesterschaft und ähnlicher Tiraden in den Handschriften vom Toten Meer.

Die Tatsache, daß Paulus von sich das gleiche behauptet, was über Jakobus ausgesagt wurde – er sei vom Mutterleib an »ausgesondert« gewesen –, und gleichzeitig in der Frage der »Sonderung von Reinem und Unreinem« den genau entgegengesetzten Standpunkt vertritt, macht alle diese Anspielungen um so interessanter und läßt Paulus' Einstellung ihnen gegenüber entsprechend unaufrichtiger erscheinen.

Die obige Passage aus Paulus' Brief an die Römer liefert uns nicht nur einen zusätzlichen Beleg für Jakobus' – von allen alten Quellen bezeugten – Vegetarismus, sondern auch dessen implizite Begründung: Er war zweifellos Bestandteil einer auf äußerste Reinheit abzielenden Lebensführung oder, wie Paulus und die Qumraner Damaskus-Schrift es beide formulieren, des »Wandelns in vollkommener Heiligkeit«, oder der »Vervollkommnung des Weges« – und letzter wiederum hatte einen, wenn auch indirekten, Bezug zur Streitfrage um die Annahme oder Verweigerung *verunreinigter Geschenke und Opfer im Tempel.*

Befleckung in den Wüstenlagern

Selbst nach den nur fragmentarischen und verworrenen Berichten zu urteilen, die uns erreicht haben, scheint auch Johannes der Täufer – wie wir aus Lukas' Bemerkung, er habe »keinen Wein getrunken und kein Brot [Fleisch] gegessen«, ersehen konnten – ein vergleichbares Reinheitsideal gehabt zu haben. Das Problem im Zusammenhang mit Johannes' mutmaßlichem Vegetarismus ist die von den zwei anderen Synoptikern behauptete Tatsache (Lukas sagt davon wohlweislich kein Wort), er habe sich von »Heuschrecken« ernährt (Matthäus 3,4 und Markus 1,6). Hätte er das wirklich getan, dann wäre er da, wo er gelebt haben soll, also in der Wüste von Judäa, sehr schnell verhungert.

Aus anderen Quellen über Johannes erfahren wir diesbezüglich sehr wenig, und manche haben die Vermutung geäußert, die »Heuschrecken« seien durch eine falsche Übersetzung eines hebräischen oder aramäischen Wortes in den griechischen Text des Neuen Testaments gelangt.[10] Ein ähnliches Problem begegnet uns in der Apostelgeschichte im Zusammenhang mit einer der Weisungen, die Jakobus an die überseeischen Gemeinden richtet: nämlich, sich »von Ersticktem zu enthalten«; auch diesem Ausdruck dürfte ein Übersetzungsfehler zugrunde liegen. *Eine* Hypothese lautet, daß Johannes »Johannisbrot« aß; doch es sind diesbezüglich auch andere Möglichkeiten vorgeschlagen worden. Epiphanios referiert – und verwirft – eine Passage aus dem »Ebioniten-Evangelium«, der zufolge sich Johannes von »wildem Honig« und »in Öl getunkten mannaartigen vegetarischen Fladen« ernährt habe.[11]

Aber trotz aller Übersetzungsprobleme und falscher Transliterationen dürfte wohl feststehen, daß Johannes der Täufer einer dieser wüstenbewohnenden vegetarisch lebenden Männer war, die Josephus als Schwindler, Gaukler oder Betrüger betrachtet, weil sie unter dem Vorwand religiöser »Erneuerung« den Aufruhr predigten. Genau das sagt Josephus, als er in *Altertümer* von Johannes spricht – wenngleich das Bild, das er von ihm zeichnet, weit freundlicher ausfällt, als wir es sonst in solchen Zusammenhängen von ihm gewöhnt sind. Einen ähnlichen Schluß müssen wir auch aus Lukas' Bezeugung ziehen, und zwar insbesondere aus seiner Bemerkung, Johannes sei »schon vom Mutterleibe an« heilig gewesen (1,15).[12]

Wie sich herausstellt, war einer der ersten dieser »vegetarischen Aufrührer« oder »Volksverhetzer« kein Geringerer als Judas Makkabäus. Wie es im Zweiten Buch der Makkabäer (5,27) im Rahmen der Schilderung vom Beginn der revolutionären Aktivitäten Judas Makkabäus' im Jahre 167 v.Chr. heißt:

> Judas aber, der auch der Makkabäer heißt, tat sich mit neun andern zusammen und *zog sich in die Wüste zurück*. Er lebte mit seinen Begleitern im Gebirge nach Art wilder Tiere, und sie *nährten sich beständig von Kräutern, um nicht an der Verunreinigung teilnehmen zu müssen.*

Nehmen wir diese Aussage beim Wort, können wir sie ebensogut auf sonstige wüstenbewohnende »Zeloten« des fraglichen Zeitraums beziehen und finden zugleich eine Erklärung für diese so weitverbreitete »Zivilisationsflucht«: Wieder ging es darum, der »Verunreinigung« oder »Befleckung« durch unreine Menschen zu entgehen.

Wie wir gesehen haben, war Judas Makkabäus der wichtigste Anführer des großen jüdischen nationalen Befreiungskampfes des 2. Jahrhunderts v.Chr., dessen im Judentum noch heute durch *Chanukka*, das Fest der *Weihe* oder *Wiederweihe des Tempels*, gedacht wird. Nach Darstellung des Ersten Makkabäerbuches teilte sich Judas die Verantwortung für diese Ereignisse mit anderen Mitgliedern seiner Familie, so mit deren Begründer, dem Empfänger des archetypischen »Bundes des Pin(e)has«, Mattathias oder Matthias – jenem Namensvetter des Mannes, der laut Apostelgeschichte zum *Nachfolger Judas'* gewählt wurde (und dessen Wahl wir als die »Überschreibung« von Jakobus' Ernennung zum Nachfolger seines Bruders erklärt haben).

Das Erste Buch der Makkabäer enthält die Geschichte der Familie, aber diese Episode über Judas' Leben in der *Wüste* und die Bemerkung über seine *vegetarische* Ernährung fehlt darin. Das Zweite Buch der Makkabäer (dessen Wert manche wegen gewisser offensichtlicher märchenhafter Zutaten niedriger einstufen) beschreibt die Ereignisse ausschließlich aus Judas' Blickwinkel; für die anderen Mitglieder der Familie interessiert es sich nur peripher, und den Stammvater »Matthias« erwähnt es überhaupt nicht.

Nach Auffassung des Zweiten Makkabäerbuches ist Judas der rechtmäßige Nachfolger des vorausgegangenen Hohenpriestergeschlechts, das aufgrund der Intervention einer *fremden Macht* – in diesem Falle der seleukidischen Erben Alexanders des Großen (deren Hauptstadt bezeichnenderweise *Antiochia* war) – ausgerottet worden war. Judas ist ein messianischer Priesterkönig von der Art, wie in der späteren Literatur Jesus dargestellt wird. Diese Tatsache erklärt wahrscheinlich seine vegetarische Lebensweise – und ebenso diejenige Johannes' des Täufers, wenn wir ihn in die makkabäische Tradition aufrührerischer prophetenartiger Volksführer stellen, die nach einer reineren, durch keinerlei Kontakt mit Ausländern befleckten Priesterschaft verlangen.

Für Judas' Empfinden *ist der Tempel verunreinigt worden* – ein Vorwurf, dem wir in der Qumran-Literatur immer wieder begegnen werden und der, wie wir gesehen haben, bis zu einem gewissen Grad auch in den Schriften des Ur- und Frühchristentums anklingt. Das Tempelopfer ist befleckt, später ganz eingestellt worden. Zur Zeit Johannes' des Täufers, der »Zeloten«, des Jakobus und Qumrans wird man den Grund dafür in der Tatsache sehen, daß heidnische Geschenke und Opfer für den Tempel angenommen worden waren.

Diese Auffassung drückt sich sogar in der obenerwähnten Episode aus der Apostelgeschichte aus, in der Paulus, nachdem Jakobus ihm laut Apostelgeschichte (21,23 f.) die »*nasiräische*« Buße auferlegt hat, aus dem Tempel hinausgeworfen wird. Hier wird das Problem der *Befleckung des Tempels* ausdrücklich mit der *Zulassung von Heiden* in Verbindung gebracht: »Er hat Griechen in den Tempel geführt und diese heilige Stätte entweiht« (21,28) – ein in dieser Zeitspanne sehr aktuelles Problem, wie die Aufstellung steinerner Warntafeln bezeugt, die Ausländern das Betreten des Tempels bei Todesstrafe untersagten. Bislang sind auf der Stätte des Tempels zwei solche Tafeln aufgefunden worden.[13]

Ob zufällig oder absichtlich – die Apostelgeschichte (21,30) benutzt eine Abwandlung der Worte, mit denen die Damaskus-Schrift die verwandte Forderung formuliert, »sich abzusondern von den Söhnen des Abgrunds und sich fernzuhalten [*lehinnazer*] von befleckten, bösen Reichtümern ... und vom Tempelschatz«.[14] Die Worte, die in letztgenanntem Text – unter Bezugnahme auf das Buch Maleachi (1,10) – gebraucht werden, sind »die Türen versperren«; in der Apostelgeschichte werden »die Türen« hinter Paulus »zugeschlossen«. Und tatsächlich wird Paulus, als laut Apostelgeschichte (24,1–8) einige Älteste im Zusammenhang mit dieser Episode beim römischen Statthalter Felix vorstellig werden, nicht nur beschuldigt, ein »Vorkämpfer der Sekte der Nazoräer« und ein »Anstifter von Unruhen für alle Juden auf dem Erdkreis« zu sein, sondern auch – diesmal von »Tertullus« – angeklagt, »versucht [zu haben], den Tempel zu entweihen«: die gleichen Worte, mit denen die Damaskus-Schrift die gegen das »Establishment« gerichteten Vorwürfe der drei Netze des Belial formuliert. Nur richtet sie jetzt das »Establishment« gegen Paulus.

Zur Zeit von Judas Makkabäus' »Wüsten«-Aufenthalt wurde das »Greuel der Verwüstung«, von dem Daniel spricht und das in den Jesus zugeschriebenen neutestamentlichen Prophezeiungen eine so wichtige Rolle spielt, vom seleukidischen Eroberer Antiochos Epiphanes im Tempel aufgestellt, wodurch dieser entweiht wurde. Antiochos gilt allgemein als das »elfte Horn«, das böse »Augen hatte und ein großsprecherisches Maul«, von dem in Daniels apokalyptischer Darstellung dieser folgenschweren Ereignisse die Rede ist (7, 20). Auf ähnliche Weise wird er im Ersten und im Zweiten Makkabäerbuch geschildert.[15]

In diesem »Greuel der Verwüstung« dürfen wir höchstwahrscheinlich ein hebräisches Wortspiel mit einem griechischen Namen vermuten, in diesem Fall den Namen der Statue des olympishen Zeus, die Antiochos, wie man weiß, im Tempel – beziehungsweise in dem, was davon übriggeblieben war – aufgestellt hatte. Also ist der Tempel nicht nur zerstört und verlassen, sondern auch durch *Götzenbilder entweiht und befleckt worden.* Dies ist der Hintergrund von Judas' »Wüsten-Vegetarismus«. Abermals geht es um die Einhaltung strengster Reinheitsgebote. Judas darf nicht lediglich als ein Krieger betrachtet werden, sondern als eine Art »priesterlicher Zelot«, der wahrscheinlich die strengen Reinheitsvorschriften des Nasiräats beobachtete – oder zumindest diejenigen, die der Heilige Krieg verlangt. Aber zwischen den beiden besteht ohnehin kein allzu großer Unterschied.

Wollen wir uns ein Bild von diesen Regeln verschaffen, so ist die Qumraner Kriegsrolle wahrscheinlich eines der besten Handbücher überhaupt. Der Text zeichnet ein denkbar einfaches Bild: *In den Wüstenlagern* (die es, wie in jüngerer Zeit veröffentlichte neue Handschriften aus Qumran bezeugen, wirklich gegeben hat) *galten die strengsten Reinheitsvorschriften,* und zwar deswegen, weil man glaubte, daß die himmlischen »Heiligen«, die Heerscharen der Engel, von denen Daniel und andere prophetische Visionäre sprechen, zusammen mt den heiligen Kriegern in diesen Lagern wohnten. In den Worten der Kriegsrolle:

> Kein Knabe und keine Frau soll ihre Lager betreten von der Zeit an, zu der sie Jerusalem verlassen und in den Krieg ziehen, bis sie zurückkehren. Und kein Lahmer, Blinder oder Verkrüppelter und kein Mann, der mit einer bleibenden Schwäre in seinem Fleisch oder mit Unreinheit in seinem Leib behaftet ist – all diese sollen nicht mit ihnen in den Krieg ziehen, vielmehr sollten sie alle Männer sein, *die sich freiwillig zum Krieg gemeldet haben* und *vollkommen in Geist und Körper sind* [hier wieder unser »Vollkommenheits«-Ideal]. Und kein Mann, der am Tage des Krieges *geschlechtlich unrein* ist, soll mit ihnen hinabziehen, *denn die heiligen Engel begleiten ihre Heerscharen.*[16]

Dies ist das Bild, das die in Qumran aufgefundenen Texte von den »Wüstenlagern« zeichnen. Die Kategorien von Menschen, denen der Zutritt zu diesen heiligen »Lagern« verwehrt ist – Blinde, Lahme, Krüppel oder sexuell Unreine –, sind genau die Arten von Menschen, mit denen Jesus den Evangelien zufolge immer wieder zu tun gehabt haben soll.

»Der Hohepriester, der [diese Lager] befehligt« – eine Art hohepriesterlicher Feldherr – herrscht gemeinsam mit dem »*Mebakker*«, den wir bereits als etwas wie einen *Aufseher* oder *Bischof* identifiziert haben.[17] Die gleichen extremen Reinheitsgebote, die das zeitlich begrenzte oder lebenslange Nasiräat, Wüstenaufenthalte oder das Leben in den in Qumran beschriebenen Wüstenlagern regelten, gehörten zweifellos auch zum Begriff dessen, was in dieser Periode unter einem »*Zaddik*« oder »Gerechten« verstanden wurde. Sie erleichtern uns außerdem das Verständnis der diesem Vegetarismus zugrundeliegenden – vergleichsweise einfachen und nachvollziehbaren – Idee.

Der erste *Zaddik*, Noah, und »beim Namen genannt werden«

Sowohl der Vegetarismus als auch das Ideal des »*Zaddik*« gehen auf die Geschichte Noahs zurück, des ersten *Zaddik* der Heiligen Schrift. In der Genesis wird Noah als »gerecht und vollkommen in seiner Zeit« und daher als die erste Retter- oder Heilandsgestalt der Menschheit charakterisiert – als was er seither in der jüdischen Mystik auch tatsächlich gegolten hat. Noah ist nicht nur der erste »*Zaddik*«, sondern auch das biblische Urbild eines zweiten Ideals, das den Denkern der Zweiten Tempelperiode derart wichtig war und im Vokabular von Qumran eine so zentrale Stelle einnimmt: der »Vollkommenheit«. In der Gedankenwelt des Rabbinismus spielt dieser Begriff eine oft nur untergeordnete Rolle; das Matthäusevangelium hingegen stellt ihn als eine der wichtigsten Botschaften der Bergpredigt dar: »Darum sollt ihr vollkommen sein, gleichwie euer Vater im Himmel vollkommen ist« (5,48).

Kurz zuvor hatte Jesus gesagt: »Wenn eure Gerechtigkeit nicht *besser ist* als die der Schriftgelehrten und Pharisäer, werdet ihr nicht in das Himmelreich kommen.« Eingeleitet wird letztere Stelle durch die antipaulinische, an Jakobus gemahnende Verurteilung dessen, der »nur das geringste von diesen Geboten übertritt und die Leute so lehrt«: »Der«, so erklärt Jesus, »wird *der Kleinste* heißen *im Himmelreich*« (5,19 f.). Noah rettet die Menschheit kraft seiner »Gerechtigkeit« und »Vollkommenheit«, und die ganze Menschheit stammt von seinen Nachkommen ab – so lautet zumindest die mythologische Botschaft der Genesis, welche die Bibliophilen der Zweiten Tempelperiode so sehr geliebt zu haben scheinen.

Das Buch Jesus Sirach bezeichnet in seiner berühmten Aufzählung der »frommen Männer« (*Anschei-Hesed*) Noah als »den *Zaddik*« (44,17 – abermals die »Gerechtigkeit-/Frömmigkeit«-Dichotomie). Diese Lobpreisung schließt Pinhas ein, der »für den Herrn eiferte«, und endet, zumindest in der hebräischen Fassung, mit einer Beschwörung der »Söhne des Zadok«.[18] Dieses Buch war lange Zeit nur durch eine griechische Rezension bekannt. Dann wurde in der *Genisa* der Kairoer Esra-Synagoge – wo Solomon Schechter auch die für uns jetzt so wichtige Damaskus-Schrift entdeckte – eine hebräische Version des Textes gefunden. Später sind auch einzelne Fragmente der hebräischen Fassung aufgetaucht, und zwar – merkwürdigerweise – in Masada sowie natürlich in Qumran.

In der rabbinischen Literatur besitzt Noah einen so hohen Rang, daß zur Verdeutlichung dessen, was mit seiner »Vollkommenheit« gemeint war, behauptet wurde, er sei »beschnitten auf die Welt gekommen«![19] Dies zeigt, welch großes Ansehen er genoß (und auf welch primitive Weise man versuchte, dem Begriff »Vollkommenheit« beizukommen); nicht einmal das Christentum ist je so weit gegangen, von Jesus – einem »Nachfolger« dieser urzeitlichen Gerechten, die in der Literatur als übernatürliche Erlösergestalten dargestellt werden – Vergleichbares zu behaupten.[20]

Noah spielt natürlich auch in den Qumran-Handschriften eine wichtige Rolle, wie überhaupt in der gesamten apokryphen oder sektiererischen Apokalyptik. Die Damaskus-Schrift führt ihre Doktrin von der Präexistenz, dem Vorauswissen und der Vorbestimmung mit folgenden Worten ein:

> Er [Gott] wußte um ihre Werke, bevor sie erschaffen wurden, und Er haßte ihre Geschlechter ... Und Er wußte die Jahre des [Be-] *Stehens* und die Zahl und die Bedeutung der Zeitalter aller Ewigen Wesen und Wesenheiten, bis hin zu dem, was da kommen würde in ihren Zeitaltern in allen Jahren der Ewigkeit. Und in ihnen allen erschuf Er Sich *Menschen, die beim Namen genannt wurden,* auf daß ein Rest im Lande überleben möchte und das Antlitz der Erde anfüllen mit Seinem Samen. Und *Er tat ihnen Seinen Heiligen Geist kund durch die Hand Seines Messias,* und Er [der Heilige Geist] ist Wahrheit, und *in der rechten Auslegung Seines Namens [sind] ihre Namen [zu finden]*; und jene, die Er haßt, *die führt Er in die Irre.*
>
> Und nun, meine Söhne, hört mir zu, und ich werde den Schleier von euren Augen nehmen, auf daß [ihr] sehet und begreift *die Werke Gottes* [»Wer Augen hat zu sehen, der sehe«, wie es in den Evangelien heißt[, damit ihr das erwählen mögt, was [Ihm] wohlgefällt, und das verwerfen, was Er verabscheut, damit ihr *vollkommen wandeln möget auf allen Seinen Wegen* ... Sie wurden in ihnen [den »Netzen« oder Sünden] gefangen, weil sie die Gebote Gottes nicht hielten ... Alles Fleisch auf dem trockenen Land ging zugrunde; sie wurden so, als wären sie nie gewesen, weil sie *ihren eigenen Willen taten* und nicht *hielten die Gebote ihres Schöpfers.*[21]

Aus diesen Zeilen ließe sich sehr viel herauslesen, was für eine Erörterung der Unterschiede zwischen Paulus und Jakobus von Belang wäre; wir wollen uns indes darauf beschränken, auf den »Heiligen Geist« hinzuweisen, der »durch die Hand Seines Messias« (hier im Singular gebraucht)[22] offenbart wird, sowie auf die Betonung der zwei Begriffe (die Gebote) »halten« und »tun«, denen wir auch im Zusammenhang mit den Geboten, die Jonadab, des Rechabs Sohn, *seinen* Nachfolgern erteilt, begegnet sind.

Eine wichtige Rolle spielt diese Dichotomie auch im Jakobusbrief sowie allgemein in der Qumran-Literatur, wo sie vor allem zur Charakterisierung der »Söhne des Zadok« verwendet wird. Wie wir uns erinnern, wird dieser Terminus – abgesehen von seiner eschatologischeren Bedeutung, die sich in der Damaskus-Schrift findet – normalerweise nach der Definition der Gemeinderegel als »die Wahrer des Bundes« (*Schomrei ha-Brit*) verstanden. Dies ist natürlich gleichbedeutend mit »*Nozrei ha-Brit*« – ebenfalls »die Halter« oder »Wahrer des Bundes«. In beiderlei Kontext sind die »*Nozrim*« oder »Nazoräer« »Wahrer des Bundes«, also das genaue Gegenteil dessen, was wir nach zwei Jahrtausenden paulinischer Indoktrinierung unter »Naz(a)renern« oder Anhängern von »Jesus *dem Nazarener*« für gewöhnlich verstehen.

Das alles spielt natürlich stark ins Esoterische, aber was uns an diesen einleitenden Spalten der Damaskus-Schrift in erster Linie interessiert, ist deren Charakterisierung dessen, was ein wahrer »Sohn des Zadok« ist und was er der Theorie nach *tut*. *Daß* dieser Text davon handelt, ist auch der Grund dafür, daß er häufig als das »Zadokidische Dokument« bezeichnet wird, was – wäre nicht seine andere, ebenso wichtige Doktrin: »der Neue Bund im Land Damaskus« – sogar ein besserer Name für ihn sein könnte. Da aber das »Damaskus«-Motiv in jeder Untersuchung des palästinischen Urchristentums eine wichtige Rolle spielt, ist es letztlich gleichgültig, welche von beiden Bezeichnungen wir verwenden.

Noah ist also einer dieser uranfänglichen oder wahren »Söhne des Zadok« – ja, sieht man von seinem möglichen Vorgänger Adam ab, sogar der erste von ihnen. Er ist auch der erste *Zaddik*, der »den Glauben im Lande hält« und »für das Land Sühne tut«.[23] Wir erkennen darin eine Reminiszenz an die Idee der »Säule«, die Paulus im Galaterbrief mit Jakobus in Verbindung bringt, sowie an deren Abwandlung, die »Bollwerk«- oder »Schutz«-Metapher, die in der frühen Kirchenliteratur auf dessen Anwesenheit in Jerusalem bezogen wird.

Eine weitere Bestimmung, mit der die Damaskus-Schrift diese Ur-Gerechten vom Schlage eines Noah belegt, ist deren »Beim-Namengenannt«-Sein.[24] In der Genesis wird diese Macht, »Namen zu geben«, Adam zugeschrieben (2,19 f.). Im Koran heißt es diesbezüglich: »Daraufhin lehrte [Gott] Adam die Namen von allem Sein.«[25] Auch die Apostelgeschichte verrät starkes Interesse am »Namen« oder »Namengeben« und schreibt die Macht dazu Jesus zu – den Paulus im Ersten Brief an die Korinther (15,45 ff.) dementsprechend auch als den »Anderen« oder »Zweiten Menschen« und den »Letzten Adam« bezeichnet. Ebenso wichtig ist für die Apostelgeschichte – wie auch für die Pseudoklementinen – die heilbringende Kraft des »Namens Jesu« (4,12)[26], und dieser Begriff wird gleich zu Anfang eingeführt, als die Aktivitäten der Jerusalemer »Säulen«-Apostel – zu denen wir auch Jakobus zählen sollten – beschrieben werden (2,21, 3,16 usw.).

Manche würden eine solche seinstiftende »Macht« oder »Kraft« des Nennens als magisch bezeichnen – und genau das ist ja eine der Anklagen, die Josephus gegen viele dieser subversiven Volksführer und Schwindler erhebt: nämlich sie seien Magier oder Zauberer. Zu welchem Schluß man diesbezüglich auch gelangen mag, eines steht fest: Die Gestalt Noahs ist für das Verständnis des *»Zaddik«*-Ideals und der Person des Jakobus, die später dessen Verkörperung werden wird, von außerordentlicher Bedeutung.

Wie wir gesehen haben, handelte Noah in der Passage des *Sohar*, die der Auslegung der Bibelstelle »Der *Zaddik* ist die Säule der Welt« (Sprüche 10,25) gewidmet ist, so, »daß er ein Vollkommenes Ebenbild des Himmlischen Ideals war … eine Verkörperung des *Friedensbundes* der Welt«. Jesus Sirach gewährt diesen »Friedensbund« Noahs auch jener archetypischen Verkörperung des »zelotischen« Hohenpriesters, Pin(e)has, sowie allen seinen Nachkommen, einschließlich der späteren »Söhne des Zadok«.[27] Selbst wenn man sich der Meinung anschließen will, der *Sohar* sei ein vergleichsweise spätes Werk, sind solche Informationen doch äußerst aufschlußreich – insbesondere, wenn man die Handschriften vom Toten Meer zum Vergleich heranzieht.

Noch deutlicher wird die Bedeutung dieser Zusammenhänge in dem »Pinhas« überschriebenen Abschnitt, der sich gegen Ende des *Sohar* findet und in dem der Verfasser seine Vertrautheit mit der Vorstellung des »leidenden *Zaddik*« verrät. Dort heißt es:

> Wenn Gott wünscht, der Erde Heilung zu gewähren, schlägt Er einen Gerechten … zur Sühne … mit Leiden …, und bisweilen verbringt dieser all seine Tage im Leiden, auf daß er *das Volk beschütze.*[28]

Auch wenn sie mehr als 1000 Jahre nach den frühchristlichen Berichten über Jakobus' hervorragende »Gerechtigkeit« formuliert worden sind, eignet solchen Aussagen ein merkwürdig prophetischer Charakter. So wird zum Beispiel der Ausdruck »Schutz des Volkes« oder »der Menschen« auch in Hegesippus' (von Eusebios zitierter) Beschreibung von Jakobus' »*Zaddik*«-Natur erscheinen.

Der Erste Petrusbrief beispielsweise, ein weiterer Text voll typischer qumranischer Bilder und Wendungen, legt große Bedeutung auf die Idee des »Leidens um der Gerechtigkeit willen« (2,19–3,14). In diesem Zusammenhang spricht auch er von Noah und der Sintflut, die er als »Rettung durch das Wasser« bezeichnet – ein Bild, mit dem er dann zu seiner Darlegung des neuen christlichen Ideals der Taufe überleitet (3,20 f.). Doch dieser – an die »in der Zerstreuung (Diaspora)... in Asien weilenden Erwählten« (man beachte wieder das »rechabitische« *Weilen/Wohnen*) adressierte – Brief gebraucht auch Wendungen wie »zuvor ersehen, ehe der Welt Grund gelegt war, aber offenbart zu den letzten Zeiten« (1,20), »der kostbare Eckstein« (2,7), »der Name Christi« (4,14), »vollkommen machen« (5,10) sowie:

> und bauet auch ihr euch als lebendige Steine zum geistlichen Hause und zur heiligen Priesterschaft, zu opfern geistliche Opfer, die Gott angenehm sind. (1. Petrus 2,5)[29]

Wie die obenerwähnte Vorstellung vom »leidenden *Zaddik*« besitzt dies in der Idee der geistlichen »Sühne« und des geistlichen »Tempels«, die in der Qumraner Gemeinderegel auf die Mitglieder des Rates der Gemeinde bezogen wird, eine fast wörtliche Entsprechung. Zu beachten ist auch der Nachdruck, mit dem im Ersten Petrusbrief das Gebot ausgesprochen wird, »heilig zu sein« und »heilig in allem eurem Wandel« (1,5 f.), aus dem sich, wie wir sehen werden, letztlich Jakobus' Priesteramt herleiten lassen wird.

Schließlich spricht der Erste Brief des Petrus (5,8) vom »Widersacher« (den er mit dem griechischen »*Diabolos*« gleichsetzt) als von dem, der »verschlingt« – ein metaphorischer Ausdruck, der sich in den Qumran-Texten, die von der Vernichtung des Gerechten Lehrers handeln, als fundamental wichtig erweisen wird. Der Brief spricht weiterhin von der Schönheit des »verborgenen Menschen im Herzen« (3,4). Diese Aussagen über das Ideal des »*Zaddik*« und über Noah als eine Verkörperung des »Friedensbundes der Welt« verweisen nicht nur auf die parallele Metaphorik der östlichen Vorstellung vom »Ur-Adam« oder dem »geheimen Menschen« – auf die Paulus zuvor im Ersten Brief an die Korinther (15,45 ff.) angespielt hat –, sondern ebenso auf deren westliche Weiterentwicklung, die der hellenistische Begriff »Christus« darstellt.

Enthaltung von Blut

Das rabbinische Judentum begnügt sich nicht damit, Noahs »Vollkommenheit« – vielfach *in körperlich-materiellen, nicht etwa geistigen Kategorien* – zu erklären, sondern postuliert darüber hinaus in seinem Namen einen allgemeinen Bund: den »Noachidischen Bund«. Dieser – an mehreren Stellen des *Talmud* behandelte – Begriff bezeichnet im wesentlichen das, was Gott von der *ganzen* Menschheit, ungeachtet nationaler Unterschiede und Trennungen, verlangt. Der Grund dafür ist, daß durch die Sintflut Noah – und nicht mehr Adam – zum Stammvater aller Menschen geworden ist. Dementsprechend schildert diese Literatur, wie Noah die grundlegenden Gesetze verkündet, die alle Menschen *als* Menschen zu befolgen haben, selbst wenn sie nicht dem Mosaischen Bund angehören.[30]

Der Mosaische Bund hingegen, das heißt das angeblich dem Moses – und durch Moses dem Volk Israel – verkündete Gesetz, galt nach Auffassung dieser Tradition *ausschließlich für Juden*, also *für Menschen, die in diesen Bund hineingeboren worden waren.* Dies ist eine sehr wichtige Unterscheidung. Paulus verrät in seinen Briefen ein starkes Interesse an den Konsequenzen und Implikationen einer solchen Anschauung: Schließlich wendet sich seine Missionstätigkeit an Gruppen, die theoretisch unter den Oberbegriff des – wie es im rabbinischen Judentum heißen würde – »Noachidischen Bundes« fallen. Paulus legt sichtlich großen Wert darauf zu betonen, daß seine Gemeinden *nicht* in den Mosaischen Bund aufgenommen werden sollten, daß sich seine Anhänger also – im Gegensatz zu dem, was die Jerusalemer Führung offensichtlich diesbezüglich meinte – *nicht beschneiden lassen dürfen.* Dann nämlich würden sie unter die Jurisdiktion des Mosaischen Bundes und namentlich des *Gesetzes* fallen – war die Beschneidung doch das physische Zeichen dieses Bundes (Galater 5,1–9). All das muß den modernen Leser zweifellos recht seltsam anmuten, aber für die damaligen Menschen waren dies *echte* Probleme und Fragen von wirklich brennender Bedeutung.

Nach der Logik des Alten Testaments konnten Noah und seine Familie kein Fleisch gegessen haben, da sie andernfalls *keine* Tiere mehr gehabt hätten, die sie nach der Sintflut wieder hätten aussetzen können. Auch solche Überlegungen mögen uns etwas albern erscheinen, aber für Menschen – gleich welcher Epoche –, die nicht gewohnt sind, Mythen und Märchen von historischen Berichten zu unterscheiden, werden sie zu ernstzunehmenden Argumenten und Streitfragen. Ein weiteres Problem, das sich im Zusammenhang mit dieser alttestamentlichen Erzählung stellt, ist die Frage, ob Noah (wie es 1. Moses 7,2 heißt) von den reinen Tierarten je sieben Paare und von den unreinen nur ein Paar bei sich hatte, oder aber ob (wie 1. Moses 6,19 ff. behauptet) *jede* Tierart durch ein einziges Paar vertreten war. Diese Diskrepanz beruht nach allgemeinem wissenschaftlichen Konsens auf der Tatsache, daß der endgültige Text eine ältere, »unlogische« Tradition bewahrte, gleichzeitig aber eine spätere Verbesserung aufnahm, die dieser widersprach: Irgndwann hatte nämlich ein gescheiter Redaktor erkannt, daß dem Noah – da er nach glücklich überstandener Sintflut einige dieser reinen Tiere opferte – keine Exemplare der betreffenden Art mehr übriggeblieben wären, die er hätte aussetzen können. Wenn schon nichts anderes, ist dies ein hübsches Beispiel dafür, welche Probleme sich ergeben, wenn man archetypische Mythen wörtlich nimmt oder mit Tatsachenberichten verwechselt.

Jedenfalls besteht kein Zweifel, daß Noah in der Genesis nach Zurückgehen der Flut ein Opfer darbringt und eine Art Pakt mit Gott schließt. Dabei verspricht Gott, die Welt nicht wieder zu zerstören – oder, wie Er es formuliert, »hinfort nicht mehr die Erde [zu] verfluchen um der Menschen willen« (1. Moses 8,21). Schon wenige Verse später ist aus dieser Abmachung aber bereits ein »Bund« geworden. Dies ist der »Bund«, den Rabbis und andere gegen Ende der Zweiten Tempelperiode so eifrig zu erläutern und mit Leben zu erfüllen bestrebt sind.

Nachdem er wieder festes Land erreicht hat, bringt Noah nach Aussage der Genesis also die reinen Tiere und Vögel Gott zum Opfer dar, wodurch dieser gnädig gestimmt wird, und erhält anschließend die Erlaubnis, *»alles, was sich regt und lebt«* – also Fleisch – zu essen. Die einzige Einschränkung, die Gott diesbezüglich ausspricht, lautet: »Allein esset *das Fleisch nicht mit seinem Blut, in dem sein Leben ist«* (1. Moses 9,4). Bekanntlich leiten die Juden daraus bis zum heutigen Tag die autoritative Begründung für einen ganzen Komplex von Geboten her, welche die Schlachtung, die Zubereitung und den Verzehr von Tieren regeln und die vor allem gewährleisten sollen, daß *kein Blut verzehrt werde* – da das Blut als der Sitz des Lebens gilt und daher nicht verzehrt werden darf. Im Islam ist die Situation mehr oder weniger die gleiche. Im Christentum ist diese Rücksichtnahme dank Paulus und seinen dialektischen Ausführungen im Römer- und im Ersten Korintherbrief völlig unter den Tisch gefallen.

Dies trifft aber *nicht* für das palästinische Urchristentum zu – ganz im Gegenteil. All diese Fragen waren mit ein wesentlicher Grund für die Kontroversen, die wir unter dem Oberbegriff »Tischgemeinschaft mit Heiden« erörtert haben. Und das gleiche gilt für die Qumran-Gemeinde und ihre Texte, insbesondere die Damaskus-Schrift. In der Passage, die mit der oben angeführten Forderung, »in Vollkommenheit zu wandeln auf allen Seinen Wegen« und »die Gebote Gottes zu halten«, und der Offenbarung des »Heiligen Geistes durch die Hand Seines Messias« beginnt, wird als Grund dafür, daß die Kinder Israel nach der mosaischen Periode »abgeschnitten wurden«, die Tatsache angegeben, daß »sie in der Wüste … *Blut* aßen« – und »jeder Mann *tat*, was ihm selbst recht erschien«.[31]

Während Paulus den Begriff des »Abschneidens« im Brief an die Galater (5,12) zu einem derben Kalauer (»*ver*schneiden«) mißbrauchen wird, bezeichnet die Damaskus-Schrift Abraham und die anderen »Wahrer des Bundes« an dieser Stelle als »Freunde« oder »Lieblinge Gottes«. Dies ist genau der Ausdruck, den der Jakobusbrief in seiner Auseinandersetzung mit seinem geistigen Widersacher gebraucht – dem Mann, der lehrt, Abraham sei nicht durch Werke, sondern »durch Glauben gerecht« geworden (Galater 3,6–29). Ebendiesem Widersacher hält der Jakobusbrief vor:

> Willst du nicht begreifen, du törichter [oder »leerer«] Mensch, daß *der Glaube ohne Werke* tot ist? Ist nicht Abraham, unser Vater, *durch Werke gerecht geworden …?* Da siehest du, daß *der Glaube zusammengewirkt hat mit seinen Werken* und *durch die Werke der Glaube vollkommen geworden ist,* und so ist die Schrift erfüllt, die da spricht: »Abraham hat Gott geglaubt, und das ist ihm zur Gerechtigkeit gerechnet« und ward *»ein Freund Gottes«* geheißen. (Jakobus 2,20–23)

Diese Belegstelle aus dem Ersten Buch Mose (15,6) ist auch ein Eckstein von Paulus' berühmten Diskussionen in den Briefen an die Galater (3,6) und die Römer (4,3), wo sie allerdings natürlich im genau entgegengesetzten Sinne gedeutet wird.

Der Begriff des »Blutes« und seines Verzehrs spielt in der Qumran-Literatur demnach eine beträchtliche Rolle. In anderen Texten dieser Gemeinde wird sehr abfällig vom »Hervorsprudler von Lügen, der viele in die Irre führte, indem er eine wertlose Stadt auf Blut erbaute« und von »einer Stadt aus Blut« gesprochen.[32] Wir werden noch Gelegenheit haben, solche Andeutungen mit Paulus' innovativer Doktrin von der »Gemeinschaft des Blutes Christi« und seiner Umdeutung des »Neuen Bundes« im Ersten Korintherbrief (10 f.) in Verbindung zu bringen. Lukas erweitert den Begriff, wie wir gesehen haben, zum »neuen Bund in meinem Blut, das für euch vergossen wird« (22,20).

»Vergießen« von Blut war ohne Frage ein zentraler Bestandteil jeglicher jüdischer Ritualpraxis – und ist dies auch bis zu einem gewissen Grad später für die Muslime geworden. Selbst in den Geschichten um Abrahams Opferung seines Sohnes Isaak (im Islam wird daraus Ismael), die Jakobus (2,21) als Beleg dafür heranzieht, Abraham sei »durch Werke gerecht« geworden, gibt es nicht den geringsten Hinweis darauf, daß der – auch nur symbolische – Verzehr von dessen Blut gestattet worden wäre. In der Noahepisode wird dies, wie wir gesehen haben, sogar ausdrücklich verboten:

> Allein esset das Fleisch nicht mit seinem Blut, in dem sein Leben ist! Auch will ich euer eigen Blut, das ist das Leben eines jeden unter euch, rächen und will es von allen Tieren fordern und will des Menschen Leben fordern von einem jeden Menschen. (1. Moses 9,4 f.)

Wenn die Damaskus-Schrift das »Abgeschnittensein« der Kinder Israels »in der Wüste« auf deren »Verzehr von Blut« zurückführt, bezieht sie sich auf die Bibelstelle im Vierten Buch Mose (11,31 f.), wo erzählt wird, daß das Volk die von Gott gesandten Wachteln aß. Anders als die Verfasser von Exodus und der Psalmist, die diese Episode (2. Moses, 16,13 und Psalm 105,40) als Beispiel für Gottes Fürsorglichkeit anführen, betrachtet das Buch Numeri das Essen der Wachteln als etwas Verwerfliches. Die Damaskus-Schrift ihrerseits ist über diesen »Verzehr von Blut« so erzürnt, daß sie die Episode noch weiter ausschmückt und die Worte hinzufügt, die Israeliten seien »in diesen Dingen irregeführt worden« und sie hätten »wider *die Gebote Gottes* gemurrt«.[33]

In der Genesis-Erzählung scheint die Erlaubnis, Fleisch zu essen, in gewissem Sinne mit dem Opfer zusammenzuhängen, das Noah nach der Sintflut darbrachte, das heißt, nur nach Durchführung dieses Opfers war es – zumindest so, wie man in der Zweiten Tempelperiode die Sache sah – statthaft, wieder Fleisch zu essen. Ich wiederhole: Während der Dauer der Sintflut und ihres erzwungenen Aufenthalts in der Arche aßen weder Noah noch seine Begleiter irgendwelches Fleisch. Nach Noahs Sühneopfer erhielten sie wieder die Erlaubnis dazu – mit der Einschränkung allerdings, daß sie sich *des Blutes enthielten.*

»Den Menschen gefallen« oder »der Welt Freundschaft« bei Paulus und Jakobus

Aus all dem zeichnen sich zwei Schlußfolgerungen ab. Die eine betrifft Jakobus' Instruktionen für die überseeischen Gemeinden, die zweite Paulus' Vorgehensweise. Jakobus' Weisungen für überseeische Gemeinden werden in der Apostelgeschichte in drei verschiedenen Versionen referiert.[34] In allen Fällen werden sie als das Resultat des sogenannten »Jerusalemer Konzils« dargestellt. Die Episode beginnt in 15,1 ff. mit der lakonischen Bemerkung:

> Und etliche kamen herab von Judäa und lehrten die Brüder: Wenn ihr euch nicht beschneiden lasset nach der Weise des Mose, so könnte ihr nicht selig werden. Da sich nun ein Zwiespalt erhob ... ordneten sie an, daß Paulus und Barnabas und etliche andere hinaufzögen nach Jerusalem ... um dieser Frage willen.

Man beachte wieder die allgegenwärtigen »etlichen« und die Betonung des »Selig-« oder »Gerettetwerdens«.

Wie gewohnt stellt die Apostelgeschichte es so dar, als sei Paulus und Barnabas in Jerusalem ein freundliches Willkommen bereitet worden. Dem widerspricht der Bericht, den Paulus im Galaterbrief von der Ereignissen gibt – falls wir die zwei Schilderungen als parallel betrachten dürfen –, natürlich vollkommen: Wie wir uns erinnern, behauptete Paulus da, aus eigenem Antrieb oder aufgrund einer privaten »Offenbarung« nach Jerusalem gereist zu sein. Erst *nach* diesen Verfügungen oder einer irgendwie beschaffenen Einigung setzt uns Paulus davon in Kenntnis, daß diese allgegenwärtigen »etlichen« »von Jakobus« sind, und verrät, daß sie »aus der [Partei der] Beschneidung« waren (Galater 2,12). Die Apostelgeschichte kehrt die Abfolge der Ereignisse um und stellt das, was in Wirklichkeit die Resultate sind, als die Ursache dar; desgleichen erscheint es zumindest zweifelhaft, daß Paulus – nach seiner im Galaterbrief erwähnten vierzehnjährigen Abwesenheit – in Jerusalem besonders herzlich empfangen worden sein soll.

Doch wie dem auch sei – das Ergebnis der Konferenz, wie die Apostelgeschichte es schildert, wird mit den an die Damaskus-Schrift gemahnenden Worten eingeführt: »Gott weiß Seine Werke von Ewigkeit her«, aber während es in der Damaskus-Schrift dann heißt, »die Erwählten Israels« seien »beim Namen genannt« worden, sind es in der Apostelgeschichte jetzt »die Heiden, über welche Mein Name genannt ist« (15,16 f.). Jakobus fällt dann eindeutig »Urteile«, wie es oben in der Damaskus-Schrift vom *»Mebakker«* ausgesagt wurde. Er »verfügt«:

> Darum urteile ich, daß man denen, die aus den Heiden zu Gott sich bekehren, nicht Unruhe mache, sondern schreibe ihnen, daß sie sich enthalten sollen *von Befleckung durch Götzen* [vgl. oben 2. Korinther 6,16] und von *Unzucht* und vom *Erstickten* und vom *Blut.* (15,19 f.)

Im »Schreiben«, das Jakobus laut Apostelgeschichte durch »Judas Barabas« nach Antiochia überbringen läßt, findet sich die etwas andere Formulierung »daß ihr euch enthaltet vom Götzenopfer und vom Blut und vom Erstickten und von Unzucht« (15,29). Sechs Kapitel später (Apostelgeschichte 21,25) wird im Rahmen der endgültigen Konfrontation zwischen Jakobus und Paulus, zum Abschluß des Vortrags, den jener diesem hält, die letztgenannte Formulierung wiederholt und abermals betont, was Heidenchristen (hier wieder »rechabitisch«/»nasiräisch« gesprochen) »beobachten« beziehungsweise wessen sie »sich enthalten« sollen.

An diesem Punkt schickt Jakobus Paulus in den Tempel, damit er »sich reinigen« und zusammen mit den vier anderen, die offenbar eine Art Nasiräer-Gelübde auf sich genommen haben, das »Haupt scheren« lasse. Paulus soll, wie wir uns erinnern, alle in diesem Zusammenhang entstehenden Kosten tragen, da man offensichtlich davon ausgeht, daß er eine ganze Menge mehr Geld hat als die vier Büßer. Die Begründung, die Jakobus laut Apostelgeschichte (21,24) Paulus für diese Anweisung gibt, ist einfach, aber im Hinblick auf all das bisher Besprochene äußerst vielsagend: »So werden alle erkennen, daß es nicht so sei, wie ihnen über dich berichtet wird, sondern daß du ebenfalls als einer wandelst, der das Gesetz hält.«

An anderer Stelle sind wir bereits der Wendung »auf dem Weg wandeln« begegnet. Sie ist natürlich ein in Qumran weitverbreiteter Ausdruck – ist doch »das Gesetz halten« das Kriterium, nach dem die Gemeinderegel den Begriff der »Söhne des Zadok« definiert; desgleichen sind wir ihr in der Damaskus-Schrift begegnet, in der zuvor zitierten Definition der »Freunde Gottes«. Wir können sie also in unseren Bestand an derlei parallelen Ausdrucksweisen aufnehmen.

Sie ist natürlich auch eine zentrale Aussage im Jakobusbrief, wo sie die Attacke auf den »törichten«/»leeren Menschen« einleitet und die Grundlage der Verurteilung der »Übertreter des Gesetzes« darstellt (2,8–14). Aber wie wir wissen, tut Paulus natürlich nichts dergleichen. *Er* »hält« nicht »das Gesetz« – oder höchstens nach außen hin, und wenn es in irgendeiner Weise seiner Mission nutzt. Wie Paulus wirklich über das Gesetz denkt, sagt er im Galaterbrief kurz und bündig: In seinen Augen ist es »ein Fluch« (3,10–13).

Nach diesem Angriff auf die »Übertreter des Gesetzes« folgt im Jakobusbrief eine Anspielung auf Abraham als »Freund Gottes« (auch im Islam – als dem Erben des nichtorthodoxen Christentums – ein zentrales Motiv) sowie auf Paulus' Argumentation, Abrahams *Glaube* sei »ihm zur Gerechtigkeit angerechnet worden«. Wie man sich erinnern wird, benutzt Paulus diese Genesis-Stelle (15,6) zur Untermauerung seiner Doktrin von der »Rechtfertigung durch den Glauben« und zur Begründung seines vollständigen Bruchs mit dem bis dahin gültigen jüdischen oder Mosaischen Gesetz.[35] Doch der Islam geht noch einen Schritt weiter. Er greift zwar Paulus' Idee des »Glaubens« auf, führt aber im Namen Abrahams einen Angriff nicht nur gegen die mosaische Tradition, sondern ebenso auch gegen das Christentum. Ebenso wie Paulus im Römer- und im Galaterbrief damit argumentiert, Abraham sei, obgleich er *vor* Moses und dem Inkrafttreten des Gesetzes lebte, doch irgendwie »gerettet« worden, vertritt Mohammed den Standpunkt, »Abrahams Religion« habe *vor* Judaismus *und* Christentum existiert, und der Islam stelle lediglich die Rückkehr zu Abrahams ursprünglichem Monotheismus dar.

Nach Paulus' Auffassung wurde Abraham »durch seinen Glauben gerechtfertigt« oder »gerettet«, und der »Glaube an Christus Jesus«, den er seinen Gemeinden predigt, ist der »Glaube Abrahams«. Deswegen sind er und seine bekehrten Heiden alle »Söhne« oder »Kinder Abrahams«, während Mohammed (ein »wahrer Prophet« der Heiden oder Völker) den Standpunkt vertritt, die Araber, *sein* Volk, bräuchten sich nicht lediglich als *geistige* Erben Abrahams zu verstehen – wie dies Paulus' hellenistische Konvertiten tun müssen (als »in den guten Ölbaum gepfropft«, wie es im Römerbrief so schön heißt) –, da sie gemäß den genealogischen Angaben der Genesis als Nachkommen Ismaels dessen *wirkliche*, leibliche Erben seien.

Der eigentliche Unterschied ist aber die Tatsache, daß Mohammed dies in wahrhaft *jakobinischer* Manier mit einem extremen »Werkgerechtigkeits«-Ansatz kombiniert. Wie der Koran in seiner »komprimierten Definition« des Islam wiederholt gebietet: »Glaubet und tut gute Werke« – es fehlt nicht einmal die (auch für die Qumran-Texte charakteristische) »jakobueske« Betonung des »Tuns«. Nichts könnte die Lehre vom »Zusammenwirken von Glauben und Werken«, die Jakobus dem »leeren Menschen« vorhält, besser zum Ausdruck bringen als dies.

Und wie es im Jakobusbrief – nach dem Angriff auf »die Zunge« als »eine Welt voll Ungerechtigkeit« und »ein kleines Glied«, das »sich großer Dinge rühmt« (3,5 f.) – man beachte die Anspielung auf Paulus' Bild vom »Leib« und dessen »Gliedern«, deren eines er selbst sei (1. Korinther 12,14–27) –, weiterhin heißt:

> Wenn ihr aber bitteren Eifer und *Zanksucht in eurem Herzen* habt, so rühmet euch nicht und *lüget nicht wider die Wahrheit*! Diese Wahrheit kommt nicht von oben herab, sondern sie ist irdisch, sinnlich, teuflisch ... Wer einen Bruder verunglimpft oder einen Bruder richtet, der *verunglimpft das Gesetz* und *richtet das Gesetz.* Wenn du aber das Gesetz richtest, so bist du nicht *Täter des Gesetzes,* sondern Richter. (Jakobus 3,14–4,11)

Im Rahmen dieser Zurechtweisung betont Jakobus: »Wißt ihr nicht, daß *der Welt Freundschaft* Feindschaft wider Gott ist? Wer Freund der Welt sein will, der erweist sich als *Feind Gottes«* (4,4). So bezeichnend ist diese – auf dem »Freundschafts-Thema« aufbauende und auf Paulus' Berufung auf Abraham als den »Freund« oder »Liebling Gottes« verweisende[36] – Attacke, daß sie tatsächlich eine der lehr- und aufschlußreichsten Anspielungen in der Geschichte dieser Zeitspanne überhaupt darstellt.

Der Ausdruck »Feind Gottes« läßt die Bezeichnung »Feind« anklingen, die von ebionitischer Seite auf Paulus angewandt wird. Das beste Beispiel hierfür ist der im Tempel erfolgende Angriff des »Feindes« Paulus auf Jakobus, von dem die *Rekognitionen* berichten.[37] Paulus verrät sein Wissen darum, daß manche ihn in judenchristlichen Kreisen als »den Feind« titulierten, als er im Brief an die Galater (4,16) fragt: »Bin ich denn damit euer Feind geworden, daß ich euch die Wahrheit vorhalte?« Damit verrät er implizit aber auch seine Kenntnis des – gleichfalls in der obigen Metapher der »Zunge« widergespiegelten – stehenden Attributs »lügnerisch«/»lügend«, das in der Qumran-Literatur auf den »Feind« bezogen wird (wie er dies bereits weiter oben, im Zusammenhang mit seiner Begegnung mit »Jakobus, des Herrn Bruder«, getan hatte, Galater 1,19 f.).

Im Galaterbrief (4,17–25) leitet dies direkt über zu einer Attacke auf jene, die »eifrig sind« – andere »auszuschließen« –, und auf den Mosaischen Bund »vom Berg Sinai ... in Arabien«, »der zur Knechtschaft gebiert«.[38] Interessanterweise verwendet er hier auch den gleichen Begriff »hinauswerfen«/»ausstoßen« *(ekballô),* den Josephus' »Essener« in bezug auf Abtrünnige gebrauchen und den die Evangelien auf die »Macht« beziehen, die Jesus seinen Hauptaposteln verleiht: »Stoß die Magd hinaus mit ihrem Sohn«, nicht aber den Freien, der nach dem Geist und der Verheißung geboren wurde – »und das ist bildlich gesprochen«. Hier spricht Paulus von Abrahams zwei Ehefrauen Hagar und Sara und deren zwei Söhnen Isaak und Ismael.

Das »sich zum Feind der Welt machen« – das genaue Gegenteil dessen, was ein echter Sohn Abrahams tun sollte: nämlich »sich zum Freund Gottes machen« – und der Vorwurf, die »Zunge« »rühme sich«, trifft natürlich auf vieles zu, was sich in den Paulusbriefen findet, insbesondere wenn Paulus von seinen eigenen Leistungen spricht.[39]

Im Ersten Brief an die Korinther, jenem Schreiben, in dem er sich als »Baumeister« oder »Erbauer« der Kirche vorstellt, sich mit Jakobus' Weisungen für überseeische Gemeinden auseinandersetzt und schließlich seine Doktrin von der Gemeinschaft des Blutes Christi verkündet, legt Paulus die seiner Arbeitsweise zugrundeliegende Idee klipp und klar dar. Manche könnten diese »Philosophie« als zynisch oder eigennützig verurteilen. Diejenigen, die einen Gefallen an ihr finden, würden sie lediglich als pragmatisch bezeichnen, aber wie wir sehen werden, kann in den Beziehungen zur Führung der Jerusalemer Kirche oder zu Qumraner Persönlichkeiten wie dem *»Mebakker«* oder »Hohenpriester, der die Vielen befehligt«, oder den Bewohnern der Wüstenlager nicht allzuviel Pragmatismus herrschen: *Diese* Menschen sahen die Dinge nur schwarz oder weiß.

Im Ersten Korintherbrief (9,3 f.) erklärt Paulus – eindeutig als Entgegnung auf diese und ähnliche Vorwürfe – unmittelbar nach seiner Stellungnahme zum Thema »Götzenopferfleisch« und Vegetarismus: »Denen, die über mich zu Gericht sitzen, antworte ich: Haben wir nicht das Recht, zu essen und zu trinken?« – und dies unmittelbar vor einer Anspielung auf »des Herrn Brüder und Kephas« (9,5). Hier sollte noch einmal darauf hingewiesen werden, daß »zu Gericht sitzen« und »Urteile« aussprechen laut Qumran-Literatur das spezifische Amt und das Vorrecht des *»Mebakker«* war.

Dann wendet sich Paulus wieder den Themen »sich rühmen«/»prahlen«, »Autorität« und »Freiheit« zu:

> Daß ich das Evangelium predige, darf ich mich nicht rühmen, da dies eine mir auferlegte Pflicht ist … Denn wiewohl ich *frei bin von jedermann,* habe ich doch mich selbst *jedermann zum Knecht* gemacht, auf daß ich ihrer viele gewinne. Den Juden bin ich wie ein Jude, *auf daß ich die Juden gewinne.* Denen, die unter dem Gesetz sind, bin ich geworden wie einer unter dem Gesetz – *wiewohl ich selbst nicht unter dem Gesetz bin* –, auf daß ich

> die, so unter dem Gesetz sind, gewinne. Denen, die ohne Gesetz sind, bin ich wie einer ohne Gesetz geworden – wiewohl ich nicht ohne das Gesetz bin vor Gott, sondern bin in dem Gesetz Christi –, auf daß ich die, so ohne Gesetz sind, gewinne. Den Schwachen bin ich geworden wie ein Schwacher, auf daß ich die Schwachen gewinne. Ich bin allen alles das geworden, damit ich auf alle Weise etliche rette. (1. Korinther 9,16–22)

Noch nie dürfte eine Philosophie des »Sich-zum-Freund-der-Welt-Machens« mit größerer Unverfrorenheit dargelegt worden sein. Tatsächlich hat sich Paulus durch diese Darlegung seiner »Philosophie des Gewinnens« möglicherweise als der *erste moderne Mensch* erwiesen. Nun bleibt seinem Kontrahenten im Jakobusbrief nichts anderes übrig, als diese Selbstdarstellung umzukehren und sie zur Schimpfbezeichnung »der Feind Gottes« umzuformen. Wir finden hier nicht nur wieder eine Anspielung auf Paulus' »Knechtschaft«-/»Feindschaft«-Dichotomie, sondern ebenso auf die »Schwäche« oder das »schwache Gewissen« – beides Umschreibungen für »kein Götzenopferfleisch essen« oder »nur Gemüse essen«.

Das Problem des Blutes und das Verbot, im Tempel heidnische Geschenke und Opfer darzubringen

Doch Paulus geht noch weiter – er gebraucht jetzt Metaphern aus dem Bereich der griechisch-römischen Athletik, die seinen palästinischen Zeitgenossen ein absoluter Greuel war. Die Anhänger des Judas Makkabäus – mit deren Flucht in die »Wüste«, durch die sie sich gerade solchen weltlichen Verunreinigungen entziehen wollten, wir die gegenwärtige Diskussion eröffnet haben – sollen ganz besonders über die Tatsache empört gewesen sein, daß in Jerusalem ein griechisches Gymnasium eröffnet wurde, in dem Männer nackt Sport trieben, so daß Leute mit einem Hang zum Opportunismus versuchten, ihre Beschneidung zu verbergen oder sie sogar irgendwie wieder rückgängig zu machen (1. Makkabäer 1,15 f.). Judas' Reaktion darauf war, alle *zwangsweise beschneiden zu lassen.*

Dann fährt Paulus mit den Worten fort:

> Wißt ihr nicht, daß die, so in der Kampfbahn laufen, die laufen alle, aber [nur] einer empfängt den Siegerpreis? Lauft so, daß ihr ihn erlangt! Ein jeglicher aber, der da kämpft, enthält sich aller Dinge; jene nun, daß sie einen vergänglichen Kranz *[stephanon]*

> empfangen, wir aber einen unvergänglichen. Ich laufe aber so, nicht als aufs Ungewisse; ich fechte so, nicht als der in die Luft schlägt. (1. Korinther 9,24 ff.)

Ein deutlicheres Bekenntnis zum Sieg um jeden Preis als diese Passage dürfte kaum vorstellbar sein, und wie wir wissen, *hat* Paulus gewonnen. Man kann nur Vermutungen darüber anstellen, welchen Eindruck eine derartige Ankündigung auf die Führung der Jerusalemer Kirche gemacht haben muß. Eines aber ist sicher: Einen solchen Mann unter ihrem »Fußvolk« (wenn dieser Ausdruck gestattet ist) zu haben – selbst einmal Paulus' kostbares römisches Bürgerrecht und seine ebenso wertvollen Beziehungen zum Jerusalemer »Establishment« außer acht gelassen – dürfte *jede* Führung vor erhebliche Probleme gestellt haben.

Diese »Verfügungen« oder »Urteile«, die Jakobus als Bischof von Jerusalem ausspricht, betreffen namentlich das Thema »Blut«, das, wie wir gesehen haben, auch für Qumran und den »Noachidischen Bund« ein wichtiges Problem darstellt. Zwei weitere zentrale (auch für Jakobus' Biographie relevante) Themen sind »Unzucht« und »Götzenopferfleisch« – letzteres von Bedeutung für die zwei damit zusammenhängenden Probleme der »Tischgemeinschaft mit Heiden« und der »Götzenverehrung«. Nun könnte man annehmen, daß das Verbot, Blut zu verzehren – insbesondere, wenn es so vehement wie in Qumran ausgesprochen wird –, auch das »mysterienreligiöse« Phänomen einbezöge, das Paulus die *Gemeinschaft mit dem Kelch des Blutes Christi* nennt und im Ersten Brief an die Korinther (10,14–11,30) in seinen Begriff von Messianismus und vom Tod des messianischen Führers einführt. Die Synoptiker erklären bekanntlich, diese »Blut-Gemeinschaft« sei von Jesus selbst während des Letzten Abendmahls gestiftet worden. (Wir dürfen darin vermutlich ein Pessachmahl sehen, bei dem ja »Blut« – an den Türpfosten der Häuser der Israeliten – eine wichtige Rolle spielte.)

Somit schiene sich Jakobus' Weisung, »sich vom Blut zu enthalten«, auch auf den *Verzehr des Blutes des gekreuzigten Messias* zu beziehen, und mag dieser Vorgang auch noch so symbolisch gemeint sein; hinzu käme selbstverständlich das übergeordnete, allgemeingültige »noachidische« Verbot von Menschenopfern und dem Verzehr von Menschenblut überhaupt. Dies führt uns natürlich wieder zum Ausgangspunkt zurück und damit zum merkwürdigen Umstand, daß Jakobus Abrahams Bereitschaft, *seinen Sohn Isaak zu opfern,* als Beleg dafür anführt, »daß der Glaube zusammengewirkt hat mit seinen Werken« (Jakobus 2,21 f.). Dies ist nicht nur für sich genommen eine ziemlich bemühte Argumentation, sondern sie hat auch eine Parallele in der paulinischen Behauptung, Gott habe der Welt zuliebe »seinen eingeborenen Sohn geopfert« (eine Parallele übrigens, die im Brief an die Hebräer – 11,17 – ganz ausdrücklich gezogen wird). Diese Auffassung mag auch die Bereitschaft der Verteidiger von Masada – jener, die Josephus als »Sikarier« bezeichnet – gefördert haben, *ihre Kinder zu opfern:* eine Tat, durch die sie möglicherweise dem von Jakobus angeführten Beispiel Abrahams zu folgen meinten.

Das Motiv des »Götzenopfers« spielt in den Paulusbriefen auch in die Frage der Tischgemeinschaft mit Heiden und verbotener Speisen sowie – mittelbar – in Paulus' abfälliger Bemerkung über Jakobus' Vegetarismus hinein. Auf der anderen Seite aber verweist es auf das Verbot der »Götzenverehrung« – ein Thema, mit dem sich gleichfalls die Qumraner Tempelrolle beschäftigt. Dort wird im Zusammenhang mit der Frage der *Befleckung* des Tempels eine Variante dieses Themas angeführt: »Götzen geopferte Häute«. Dies folgt der Aufzählung der Personengruppen, *denen der Zutritt zum Tempel verwehrt ist,* wie Aussätzige, Blinde, Lahme, Menschen mit einem unreinen Ausfluß und andere mehr – also genau jener Personenkreis, mit dem Jesus nach Auskunft der Evangelien besonderen Umgang pflegt und gemeinsam speist. Die implizite Bedeutung dieser Passage ist, daß Leute, die Opfergeschenke in solchen »Häuten« in den Tempel tragen, als gleichermaßen unrein zu behandeln sind.

Ebenso klar sollte sein, daß das Verbot solcher »Häute« oder »götzenverehrerischer« Geschenke darauf abzielt, Heiden den Zutritt zum Tempel zu verwehren. Bestätigt wird diese Vermutung durch parallele Äußerungen, die sich im kürzlich veröffentlichten *»MMT«* finden – den »Zwei Briefen über als Gerechtigkeit angerechnete Werke«. Letztgenannter Text ist nicht nur im Zusammenhang mit unserer Diskussion von Bedeutung, sondern auch wegen seiner Erwähnung von »Werken«, die »euch als Gerechtigkeit werden angerechnet werden«, sowie der Forderung, zu »tun die Werke der *Thora*«.[40] Die Beziehung zu den bisherigen Themen unserer Diskussion sollte gleichfalls evident sein. Wie wir schon oben angemerkt haben, sind auch diese Briefe primär mit der Frage heidnischer Opfergaben im Tempel befaßt, und sie verbieten nicht nur die Einführung solcher heidnischen »Häute« in den Tempel, sondern behandeln auch explizit das jakobinische Motiv des »Götzenopferfleisches«.

Paulus beweist im Zweiten Brief an die Korinther (6,14–7,1) – der Passage, in der von »Beliar« und den »Götzen im Tempel Gottes« die Rede ist –, daß ihm die Zusammengehörigkeit all dieser Dinge durchaus bewußt ist. Indem er die »Geliebten« (»Freunde«) ermahnt, sich von »jeder Befleckung des Fleisches und des Geistes [zu] reinigen und die Heiligung [zu] vollenden«, erklärt Paulus:

> Ziehet nicht an einem fremden Joch mit Ungläubigen; denn was für Verbindung hat die Gerechtigkeit und die Gesetzlosigkeit, oder was für Gemeinschaft hat das Licht mit der Finsternis? Und was für Einklang besteht zwischen Christus und Beliar, oder wieso hat der Gläubige Teil mit dem Ungläubigen? Und was für eine Vereinbarung besteht *zwischen dem Tempel Gottes und den Götzen?* Wir aber sind *der Tempel des lebendigen Gottes ...* Darum »ziehet aus ihrer Mitte aus und sondert euch ab«, spricht der Herr, und »rühret nichts Unreines an [Jesaja 52,11], so will ich euch aufnehmen und ich will euch ein Vater sein, und ihr sollt mir Söhne und Töchter sein«.[41]

Hier finden wir also nicht nur die »Licht«-/Dunkel«-Metaphorik, sondern auch die *pluralische* Gottessohnschaft der Qumran-Hymnen. Paulus kennt alle »richtigen« Motive, nur kehrt er sie um oder gebraucht sie – zumindest wenn wir die Qumran-Literatur als Maßstab unserer Beurteilung nehmen[42] – in höchst tendenziöser Weise.

Die Anspielung auf das Buch Jesaja (52,11) – als Überleitung auf das für das christliche theologische Christusbild so wichtige 53. Kapitel jenes Buches – gäbe einen äußerst aufschlußreichen *Pescher* im Stile Qumrans ab. Wie auch die Tempelrolle und *MMT* spielt Jesaja 52,11 auf die Sauberkeit der »Geräte des Herrn« an, und solch ein *Pescher* könnte in der Vorstellung der »rechtfertigenden« Tätigkeit des »leidenden Zaddik« von Jesaja 53,11 gipfeln. Eine analoge Anspielung auf die »rechtfertigende« Tätigkeit der Söhne des Zadok, »jener, die mit Namen aufgerufen sind, in den letzten Tagen zu stehen«, geht in der Damaskus-Schrift der Erwähnung der »drei Netze des Belial« voraus.

Ja, so wie Paulus hier auf diese Themen anspielt, haben sie durchaus Bezug zur Erörterung der »Befleckung des Tempels« im Abschnitt »Die drei Netze des Belial« der Damaskus-Schrift, der auch eine (ebenso für die gesamte Literatur um Jakobus charakteristische) Verurteilung der »Unzucht« und der »Reichtümer« enthält. Aber das Motiv der »Befleckung des Tempels« läßt sich auch mit einem weiteren wichtigen Problem dieses Zeitraums in Verbindung bringen: *der Einstellung des Opfers und der Ablehnung von Weihegeschenken, die von Heiden stammten.* Es kann kein Zweifel daran bestehen, daß Paulus hier (wenigstens zum Teil) auf diese Situation reagiert und daß er durchaus mit ihr vertraut ist.

Josephus erklärt uns im *Krieg,* diese von den »Revolutionären«

plötzlich ausgesprochene Weigerung sei durchaus eine »Neuerung« gewesen. Wie er behauptet, hätten »die Juden schon von alters her ... Weihegaben von fremden Völkern angenommen« und sie hätten »niemals den *gotteslästerlichen* Schritt unternommen, irgend jemanden daran zu hindern, Opfer darzubringen«[43] – dies seine genauen Worte.

Wichtig ist hierbei nicht nur die Verwendung des Wortes »gotteslästerlich«, das im Zusammenhang mit Jakobus' Prozeß und Steinigung eine große Rolle spielen wird, sondern auch das Motiv der *Einstellung aller Opferhandlungen im Namen von Heiden* und *der Ablehnung von deren Geschenken an den Tempel,* das Josephus' Schilderung der Auseinandersetzungen durchzieht, die in den fünfziger und sechziger Jahren im Tempel stattfanden und schließlich im Aufstand gegen Rom gipfelten. Dies ist die Zeit, während der Jakobus im Tempel und – wie frühe Kirchenberichte wiederholt betonen – *in der ganzen Stadt* den stärksten Einfluß ausübte. Es war eben die Einstellung dieser Tempelopfer und die Weigerung, solche Geschenke anzunehmen – die von manchen als »Befleckung des Tempels« angesehen wurden – von seiten der niederen Tempelpriesterschaft,

> was zum Krieg gegen die Römer führte, denn die im Namen dieser Nation und des Kaisers dargebrachten Opfer wurden von nun an zurückgewiesen.[44]

Der endgültige Triumph der Hellenisierung

Doch das ist noch nicht alles. Mit diesem Themenkomplex hängt noch ein weiteres Problem zusammen: nämlich die Zulassung – beziehungsweise die *Nicht*zulassung – von Heiden in den Tempel. Auch diese Streitfrage beschäftigt die Gemüter während des ganzen zwanzigjährigen Zeitraums, der zum Aufstand gegen Rom führt. Eine entscheidende Rolle spielt sie auch im Kontext von Paulus' Aktivitäten, und zwar sowohl in seiner eigenen Erklärung, er sei von Gott »vom Mutterleibe an berufen« worden, »Seinen Sohn in [sich] zu offenbaren« und »das Evangelium zu verkündigen unter den Heiden«, als auch in der Episode aus der Apostelgeschichte, in der Paulus aus dem Tempel geworfen wird (wohin ihn, wie bereits mehrfach ausgeführt, Jakobus geschickt hatte). Außer daß »er ... wider unser Volk, wider das Gesetz und wider diese Stätte« lehre, wird ihm insbesondere vorgeworfen: »Dazu hat er auch *Griechen in den Tempel geführt und diese heilige Stätte entweiht*« (Apostelgeschichte 21,28 und 24,6).

Daß dies zu jener Zeit ein ernstes Problem darstellte, bestätigt Josephus' Mitteilung über die Warntafeln, die im Tempel aufgestellt wurden und die Ausländern bei Todesstrafe verboten, den geweihten Bezirk zu betreten. Ebenso läßt es sich auch aus dem gerade erwähnten Zwischenfall um Paulus erschließen, von dem die Apostelgeschichte berichtet. Wie bereits erwähnt, sind seither zwei solche, in griechisch und hebräisch beschriftete, Warntafeln entdeckt worden, und was darin den Ausländern mitgeteilt wird – sie würden sich im Falle einer Übertretung ihren Tod selbst zuzuschreiben haben –, entspricht genau, nur mit umgekehrten Vorzeichen, dem Matthäusschen Pilatus, der *sich die Hände* »vom Blut« Jesu *wäscht* (zu beachten sind dabei noch die zusätzliche charakteristische Umkehrung des Sachverhalts, daß die Juden »sich vor dem Essen die Hände waschen«, und das Motiv des »Blutes«).

In der obigen Passage des Zweiten Korintherbriefes (6,14–7,1) aber argumentiert Paulus damit, daß die Gemeinde der Lebendige Tempel *ist*. Anderswo setzt er diese Gemeinde, wie wir gesehen haben, mit den »Gliedern« des Leibes Christi gleich (1. Korinther 12,12–27). Bei Paulus finden sich zahlreiche ineinandergreifende Bilder dieser Art, und es ist zwar nicht immer einfach, aber sehr nützlich, sie in ihre Elemente aufzulösen. Durchweg verwendet Paulus für die Gemeinde die Metapher des »Gebäudes«, sowohl als vergeistlichter Tempel als auch als Leib Christi.

Während man Paulus einen Imagisten oder Symbolisten nennen könnte, verfechten seine Gegner einen buchstabengläubigen Realismus, und dies schafft eine oft unüberwindliche Kluft. Wie Paulus nicht müde wird zu betonen, »baut« er an einer Gemeinde, in der Griechen und Juden in Eintracht miteinander leben können (Galater 3,28).[45] Wie der Epheserbrief, den manche zum paulinischen Genre zählen, es formuliert, gibt es in ihr »keine Gäste oder Fremdlinge« mehr. Unter Verwendung von Begriffen aus der Qumraner Gemeinderegel und des Paulusschen Ersten Korintherbriefes betont Epheser (2,19–22), Jesus Christus sei der kostbare »Eckstein«, die Propheten und Apostel »der Grund« und die Mitglieder der Gemeinde »der Bau«, und all dies wachse »ineinandergefügt zum Heiligen Tempel in dem Herrn«.

Alle sind gleich und frei in Christus Jesus oder, wie es im Galaterbrief (2,4) formuliert wird, besitzen »die Freiheit, die wir haben in Christus Jesus«. Dies ist die direkte Erwiderung auf die geschilderten Szenen im Tempel und auf all die besprochenen Probleme. Diejenigen, die Paulus aus dem Tempel ausschließen möchten, bringen damit ihr Wissen um die Tatsache zum Ausdruck, daß er *Fremde hin-*

einführen möchte – ob real oder »geistlich«. Daß er es zumindest im *geistigen* Sinne tut, ist unbezweifelbar. Wie er im Ersten Brief an die Korinther (2,10–15) betont, lehrt er »geistliche Sachen für geistliche Menschen«.

All dies war für den hellenistischen Geist durchaus nachvollziehbar. *Der Verzehr von Blut* war ein integraler Bestandteil der Zeremonien einer Vielzahl hellenistischer Mysterienkulte, die alle *ein* Ziel anstrebten: die Überwindung des Todes – dasselbe Ziel, das Paulus in seinen Briefen nennt (1. Korinther 15,54–57) und das nach seinen Worten letztlich darin besteht, mit Jesus ins Grab zu fahren oder »mit Christus gekreuzigt« zu werden (Galater 2,19).[46] Mit Sicherheit *nicht* verständlich waren solche Dinge aber in einem palästinisch-jüdischen Milieu.

Die letzte Aussage sollte geringfügig eingeschränkt werden: Qumran kannte in der Tat den Begriff der vergeistlichten Gemeinde, des vergeistlichten Tempels, des vergeistlichten Opfers und der vergeistlichten Sühne, ebenso wie wir in der Gemeinderegel das Bild des Gemeinderates als Tempel finden. Paulus' Metapher liest sich zwar ein wenig umständlicher – die Gemeinde *ist* Jesus, Jesus ist der Tempel, daher *ist* die Gemeinde der Tempel –, das Resultat ist aber das gleiche. In der Gemeinderegel findet sich sogar die Metapher der »drei Priester« des Gemeinderates als des »Allerheiligsten« des Tempels. Aber weiter war das palästinisch-jüdische Denken nicht bereit zu gehen. Ebensowenig verstand irgend jemand das Gesetz je als Metapher; eine Ausnahme stellte diesbezüglich Philon von Alexandria dar, doch andererseits waren seine Argumente bereits stark hellenisiert – und sie wurden auf alle Fälle nicht in Palästina vorgetragen, was ein wichtiger Unterschied ist.

In den Augen der *in Palästina* lebenden Juden versuchte Paulus in der Tat, Heiden in den – vergeistlichten oder realen – Tempel zu bringen. Daher wurden – wieder, wie es scheint, in *nasiräisch* beeinflußten Kreisen – Pläne geschmiedet, Paulus zu töten. Doch es ist wenig vorstellbar, daß Jesus eine Lehre vertreten haben sollte, die implizierte, daß *Fremde Aufnahme in den Tempel fanden* oder *Blut verzehrt wurde* (gleich ob real oder symbolisch), und trotzdem der volkstümliche Führer gewesen sein könnte, als welcher er gemeinhin dargestellt wird. Ein solcher Widersinn wäre nur in der stets boshaften Vorstellung jener möglich gewesen, die für die Verfälschung der Evangelien und der Apostelgeschichte verantwortlich sind. Solche Unterstellungen zielten zweifellos darauf ab, der Messianischen Bewegung in Palästina »die Zähne zu ziehen« und sie in ihr eigenes Gegenteil zu verkehren.

So gesehen stellte Paulus den endgültigen Triumph jenes Hellenisierungsprozesses dar, gegen den die Juden bereits zwei Jahrhunderte zuvor, unter Judas Makkabäus, ins Feld gezogen waren und den sie seitdem ununterbrochen bekämpft hatten. Aus Paulus' Perspektive war es naheliegend, die Lehren des Judaismus mit denen des Hellenismus auszusöhnen – und nützlich war es zudem. Aus jüdisch-palästinischer, vor allem »zelotischer« Perspektive betrachtet war ein solches Unterfangen aber frevelhaft. Daher der Konflikt: Die durchaus realen, gegen Paulus gerichteten »Komplotte« wurden zu *gemeinjüdischen Ränken* gegen Jesus oder den Messias umgedichtet.

Ebenso reale Komplotte wurden auch gegen Jakobus geschmiedet, aber auf seiten des herodianischen, *quasi*jüdischen »Establishments«, *nicht etwa der jüdischen Massen.* Die Quellen lassen diesbezüglich keine Zweifel aufkommen. Die Anhänger von Jakobus' Jerusalemer Kirche werden – und zwar von keiner geringeren Autorität als der Apostelgeschichte selbst – mehrheitlich als »Eiferer für das Gesetz« beschrieben (21,20 – zu Beginn der Episode um Paulus' Hinauswurf aus dem Tempel). Den einzigen Ausweg aus dem Dilemma, das diese aufschlußreiche Formulierung beinhaltet, bieten uns die Handschriften vom Toten Meer, indem sie ein unverfälschteres Bild vom jüdischen Leben und Denken in den zwei Jahrhunderten um die Zeitenwende skizzieren.

Der Simon, der Herodianern als Fremden den Zutritt zum Tempel verbieten möchte

Zunächst haben wir also die »Zeloten«- oder »Sikarier«-artigen Gruppen, die Paulus töten möchten, weil er Heiden in den Tempel bringt. Wenn er sie auch nur »geistlich« oder allegorisch hineingebracht hat, so war es doch zweifellos sein Wunsch, sie dort als »Erben nach der Verheißung« einzuführen – wie er es im Brief an die Galater (3,29) formuliert.

Josephus berichtet von einem solchen Zelotenführer, den er »Simon« nennt. Dieser Simon konnte immerhin eine »Versammlung« in Jerusalem sein eigen nennen.[47] Die Zeit sind die frühen vierziger Jahre. Das Wort, das Josephus im griechischen Text für »Versammlung« gebraucht, *»Ekklêsias«*, ist dasselbe, das in der Apostelgeschichte und unseren frühen Kirchenquellen zur Bezeichnung der Jerusalemer »Kirche« oder »Versammlung« verwendet wird. Dieser Simon also, dem Josephus eine »überaus gründliche Kenntnis des Gesetzes« bescheinigt, ist das Oberhaupt einer eigenen Kirche in

Jerusalem und ein Zeitgenosse des Simon Petrus der Apostelgeschichte.

Und was möchte dieser Simon tun? Er wünscht nicht, *Heiden in die Gemeinde zuzulassen,* wie der Apostelgeschichte (10,1–11,18) zufolge dem Petrus im Anschluß an die Vision des himmlischen Tischtuches in Joppe aufgetragen wird. Hier lernt Petrus, und zwar direkt bevor er die Boten des römischen Hauptmanns Cornelius empfängt, »keinen Menschen unrein oder gemein zu heißen« (10,28). Ganz anders Josephus' Simon: *Er* möchte den Herodianern den Zutritt zum Tempel (»der nur gebürtigen Juden gehörte«) mit der Begründung verweigern, sie seien Nichtjuden und unrein. Natürlich waren sie das tatsächlich – vor allem Agrippa I., der für den Tod des Täufers verantwortliche Bruder der Herodias und der Vater der drei Prinzessinnen Berenike, Mariamne und Drusilla, die nach jüdisch-messianischen Maßstäben nichts Bessers als »Huren« verkörperten.

Mit einem Wort: Josephus' Simon möchte das genaue Gegenteil dessen tun, was der Simon der Apostelgeschichte – der gleichfalls als Oberhaupt einer eigenen »Versammlung« in Jerusalem dargestellt wird – tut. Während Simon Petrus nach Aussage von Paulus' Reisegefährten Lukas lernt, daß er »keinen Menschen [mehr] gemein oder unrein« heißen oder irgendwelche Unterschiede zwischen Juden und Heiden machen darf sowie daß ihm jetzt erlaubt ist, verbotene Speisen zu essen – »Was Gott gereinigt hat, das heiße du nicht gemein« –, möchte Josephus' Simon nicht nur Unterschiede zwischen Juden und Heiden *machen,* sondern auch dies bis zum Extrem treiben und *gleichfalls Pseudojuden* wie die Herodianer aus dem Tempel verbannen.

Ich vertrete nun die These, daß Josephus' Simon *der entmythologisierte Simon* des Neuen Testaments ist, ebenso wie Josephus' Johannes *der entmythologisierte Täufer* der Evangelien ist. Außerdem versuchen die gleichen »Zeloten« der folgenden Generation nicht nur, Agrippas I. Sohn Agrippa II. vom Tempel auszuschließen, sondern auch dessen Schwester Berenike. Berenike wird später, wie wir uns erinnern, die Geliebte von Vespasians Sohn Titus, dem Zerstörer Jerusalems und des Tempels (eine Tatsache, die zu verschleiern Josephus nach Kräften bemüht ist – schließlich bekam er seine Adoption in die römische Kaiserfamilie nicht umsonst!).

Wohl aber referiert er, getreu seiner Schwäche für sexuelle Andeutungen, daß Berenike Gerüchten zufolge ein inzestuöses Verhältnis mit ihrem Bruder Agrippa II. gehabt haben soll.[48] Dies ist auch durchaus das Bild, das man aus dem »Wir-Bericht« der Apostelgeschichte gewinnt, wo Berenike mit Agrippa II. – scheinbar als dessen Gemahlin – auftritt und sich leutselig mit Paulus unterhält (25,13–26,30).

Das gleiche tut ihre Schwester Drusilla, welche die Apostelgeschichte (24,24) mit ziemlicher Unverfrorenheit lediglich als »eine Jüdin« vorstellt, obwohl sie mittlerweile, nach einer Reihe sexueller Abenteuer, der *jüdischen Religion vollends entsagt* (dies teilt uns Josephus ausdrücklich mit) und Neros Freigelassenen, den berüchtigten Statthalter Felix (52–60 n. Chr.), geheiratet hatte.

Natürlich wird all dies in den zweiten Punkt der »drei Netze des Belial« der Damaskus-Schrift und den Jakobusbrief einfließen: »Unzucht«, ein Vorwurf, den Paulus jeglichen gegenteiligen Behauptungen zum Trotz gleichfalls zu verharmlosen versucht, da er selbst mit eindeutigen »Unzüchtigen« Umgang pflegt – vor allem mit genannter Berenike, Agrippa II., Drusilla und Felix. Johannes den Täufer, der zwei Jahrzehnte zuvor genau aufgrund von derlei Konfrontationen seinen Kopf verloren hatte, könnte man sich schwerlich in freundschaftlichem Gespräch mit solchen Leuten vorstellen – geschweige denn Jakobus, von dessen kompromißlos enthaltsamer Lebensweise wir ja bereits ausgiebig erfahren haben. Paulus aber plaudert mit ihnen – es besteht kein Grund, die Aussage der Apostelgeschichte in diesem Punkt anzuzweifeln – mit gewohnt weltgewandt-höflicher, ja fast schon schmeichlerischer Beflissenheit.

Ebenhier (24,6) bestätigt die Apostelgeschichte zum zweitenmal, daß Paulus ausdrücklich der »Befleckung« oder »Entweihung des Tempels« *angeklagt ist,* und bezeichnet Drusilla kurz darauf als »eine Jüdin« – ohne irgendwelche näheren Erklärungen abzugeben. Aber was für eine Jüdin konnte Drusilla schon gewesen sein? Nur die Großmutter ihres Vaters, Mariamne, war eine »Einheimische« gewesen, wie Josephus es formuliert, während ihre übrigen Vorfahren idumäische Araber oder Griechen waren. Die Apostelgeschichte sagt nichts darüber aus, inwiefern sie diese Bezeichnung verdient, ebensowenig verrät sie – was sogar noch wichtiger ist –, daß sie *eine Herodianerin* war.

Lukas stellt die Sache in der Apostelgeschichte folgendermaßen dar: Nachdem er sich mit Felix *mehrmals* über »Gerechtigkeit« und das »zukünftige Gericht« unterhalten hat – merkwürdige Themen für ein Gespräch mit dem blutrünstigen Felix (24,22–26) –, erzählt Paulus Agrippa II. und Berenike ausführlich von seiner Vision auf der Straße nach Damaskus und von der Heidenmission und stellt dann die respektvolle Frage: »Glaubst du, König Agrippa, den Propheten? Ich weiß, daß du glaubst« (26,27). Darauf entgegnet Agrippa II.:

> »Es fehlt nicht viel, du wirst mich noch bereden und mich zum Christen machen.« Paulus aber sprach: »Ich wünschte vor Gott,

es fehle nun viel oder wenig, daß nicht allein du, sondern alle, die mich heute hören, solche würden, wie ich bin, ausgenommen diese Fesseln.« (26,28 f.)

An diesem Punkt gehen Agrippa II. und dessen Gemahlin Berenike – die künftige Mätresse Titus', des Zerstörers des Tempels – mit Festus (60–62 n. Chr.) beiseite und sagen mehr oder weniger das gleiche, was die Quellen dem Pontius Pilatus und anderen römischen Statthaltern in den Mund legen: »Dieser Mensch hat nichts getan, was des Todes oder der Fesseln wert sei« (26,31).

Festus war Felix' Amtsnachfolger, und als er starb, verschworen sich König Agrippa II. und der Hohepriester Ananus, *Jakobus zu beseitigen.* Wie um die Parallele zu dem, was Jesus widerfuhr, noch deutlicher herauszustreichen – der einzige Unterschied besteht darin, daß Paulus im Gegensatz zu Jesus der Oberschicht angehört und das römische Bürgerrecht besitzt –, läßt die Apostelgeschichte Agrippa hinzufügen: »Dieser Mensch hätte losgegeben werden können, wenn er sich nicht auf den Kaiser berufen hätte« (26,32). Das Szenario, das hier entworfen wird – ein Gespräch mit hochrangigen Herodianern, kombiniert mit Anhörungen vor dem römischen Statthalter –, ist genau das gleiche wie im Evangelium des Lukas: des Mannes also, der *auch als der Verfasser der Apostelgeschichte gilt.*

Nach dem, was wir aus der Apostelgeschichte erfahren, konnte Paulus von Glück sagen, daß er *nicht* »losgegeben« wurde, da »die Juden ... ihm einen Hinterhalt legen [wollten], auf daß sie ihn unterwegs umbrächten« (25,2 f.). Weiter oben hatten wir bereits erfahren, daß ähnliche Partisanen oder *»Sikarier«*/»Zeloten«

sich zusammenrotteten und *mit einem Fluch wider sich schworen, weder zu essen noch zu trinken, bis sie den Paulus getötet hätten* (23,12).[49]

An diesem Punkt intervenieren Paulus' »Schwestersohn« – offenbar ein Mann mit einem gewissen Einfluß (obwohl die Apostelgeschichte es interessanterweise vorzieht, weder ihn noch seine Mutter namentlich vorzustellen) –, und informiert den römischen »Oberhauptmann« der Zitadelle über diese Dinge.[50] Dieser stattet Paulus daraufhin mit einer riesigen Eskorte aus – 200 Soldaten, 200 Wurfspeerträger und 70 Reiter – und läßt ihn in die Hafenstadt Cäsarea bringen. Die Essenz des Briefes, den dieser Oberhauptmann an Felix schreibt (und den die Apostelgeschichte wörtlich zitiert), ist äußerst aufschlußreich:

> Diesen Mann, der von den Juden ergriffen worden ist und von ihnen beinahe getötet worden wäre, habe ich, indem ich mit der Truppe herbeikam, herausgeholt, da ich vernahm, daß er ein römischer Bürger ist. (23,27)

Dieses Motiv der »Juden«, die Paulus zu töten wünschen, obwohl er nichts getan hat, was des Todes würdig wäre, ist offenbar in die Evangelienberichte um den Tod »Jesu« eingeflossen. Das Problem ist dabei nur, daß – während es in Paulus' Fall, sofern man nur statt »Juden« »Zeloten«/»Sikarier« liest, einen Sinn ergibt – es in bezug auf Jesus völlig absurd ist (außer wir wollen unter »Juden« die *Herodianer* und deren Komplizen verstehen).

Im Verlaufe der Wirren, die dem Tod des Jakobus folgen (und die im Aufstand gegen Rom gipfeln), wird König Agrippa II. – der in diesen Passagen der Apostelgeschichte auftritt und der unserer Ansicht nach zusammen mit dem Hohenpriester Ananus für Jakobus' Tod verantwortlich ist – schließlich ebenso wie seiner Schwester der Zutritt zum Tempel, ja überhaupt die Einreise in die Stadt Jerusalem verwehrt, und dies, obwohl sein Urgroßvater Herodes und sein Vater Agrippa I. am Bau des Heiligtums beteiligt gewesen waren. Tatsächlich war dieses Bauwerk gewissermaßen gerade rechtzeitig fertiggestellt worden, um 70 n. Chr. von den Römern zerstört werden zu können.[51] Unmittelbar vor Jakobus' Tod, Anfang des Jahrzehnts, hatten ähnliche »Zeloten« bereits *eine Mauer errichtet, um Agrippa II. den Blick auf die Opferhandlungen zu versperren,* die im Innenhof des Tempels durchgeführt wurden. Wie wir uns erinnern, hatte es nämlich zu den Gewohnheiten des Königs gehört, mit seinen Gästen auf einer Veranda zu speisen, von der aus man die Kulthandlungen bequem mitverfolgen konnte.[52] Es wäre interessant zu erfahren, was für Speisen er dabei zu sich nahm und wer bei diesen Anlässen seine Gäste waren.

Ganz abgesehen davon, daß »Zeloten«-Gruppen wie diejenige um Simon (das Oberhaupt einer eigenen Jerusalemer »Versammlung«) ihn nicht einmal als Juden betrachtet hätten, sowie von den Gerüchten um seine inzestuöse Beziehung zu seiner Schwester, waren dies die Umstände, die dazu führten, daß die »Neuerer« oder Revolutionäre Agrippa und Berenike aus Jerusalem vertrieben und deren Paläste in Brand steckten.

Welch extreme Reinheit solche Tempel-»Eiferer« während des ganzen Jahrhunderts forderten, geht, wie bereits angedeutet, mit besonderer Eindringlichkeit aus der Qumraner Tempelrolle hervor. Manche bezeichnen diesen Text als ein »Zweites Gesetz«, da es von weit mehr handelt als nur dem Tempel und weil es in der ersten Person abgefaßt ist – so, als ob Gott selbst (vermutlich zu Moses und dem ganzen Volk) spräche. In der Spalte, die den Ausschluß bestimmter unreiner Personengruppen aus dem Tempel behandelt (und der das Verbot der Einführung »Götzen geopferter Häute« in den heiligen Bezirk folgt), wird der Bau einer Mauer verlangt (von der Art, wie sie schließlich, um 61 n. Chr., tatsächlich gegen Agrippa II. errichtet wurde), damit der Tempel von jemandem, dessen Identität der Text mit einer Ableitung aus der Wurzel *»Bela'«* oder *»Balla« (»verschlucken«/»verschlingen«)* umschreibt, nicht einmal »gesehen« werde.

Dieser Terminus hängt natürlich mit »Belial« und der ganzen *»B-L-`«*-Wortfamilie zusammen. Diese – aus der hebräischen Verbwurzel für »verschlingen« abgeleitete – Wortgruppe steht mehr oder weniger in Opposition zu einem parallelen Feld um die Wurzel *Z-D-K* oder »Gerechtigkeit«. Wie wir gesehen haben, verrät der Verfasser des Ersten Petrusbriefes seine Kenntnis dieser Sprache, wenn er 5,9 den Terminus »Feind« auf den *»Diabolos«* – in den Qumran-Texten *»Belial«* – bezieht und dem eine Anspielung auf »verschlungen werden« folgen läßt (die Konsonantengruppe *B-L-`* vermittelt im Hebräischen stets die Bedeutung *»verschlingen«* oder *»verzehren«*). Auch Paulus gebraucht diesen Begriff im Brief an die Galater (5,11–15), und zwar unmittelbar nachdem er vom »Ärgernis des Kreuzes« gesprochen und den Wunsch geäußert hat, seine beschneidungswütigen Widersacher würden »sich lieber gleich verschneiden lassen«, sowie das Gerechtigkeits-Gebot »Liebe deinen Nächsten wie dich selbst« angeführt hat.

Doch auch der im Neuen Testament mehrfach vorkommende »Bileam« hängt damit zusammen. Nicht nur wird »Bileam, der Sohn Be`ors« im Zweiten Petrusbrief (2,15) – einem Text voll typischer Qumran-Metaphern, der Noah als den »Prediger der Gerechtigkeit« bezeichnet (2,5) – und im Judasbrief (1,11) erwähnt, sondern die Johannesoffenbarung (2,14) sagt – im Zusammenhang mit dem *»Diabolos«* (2,10), und »Satan« (2,13) – auch, daß Bileam »Balak lehrte, den Söhnen Israel eine Falle zu stellen [wörtlich »werfen«, *ballein*], so daß sie *Götzenopferfleisch* aßen und *Unzucht trieben*«.[53]

Das ist natürlich die Sprache der »drei Netze des Belial« aus der Qumraner Damaskus-Schrift. In den Worten der Damaskus-Schrift »fängt ... Belial Israel, indem er drei Arten von Gerechtigkeit aufstellt«.[54] Das einzige, was jetzt noch fehlt, ist das dritte Netz, »Reichtümer«, aber indirekt wird in dieser Passage der Offenbarung, im Jakobusbrief und anderswo (und erst recht in diesen Geschichten über Berenike, Agrippa I. und Agrippa II.) selbst *darauf* angespielt. Nicht nur sind diese Darstellungen durchweg parallel – sondern das, was in der Damaskus-Schrift »Befleckung des Tempels« genannt wird, entspricht auch der Formulierung »Götzenopfer(fleisch)« in *MMT* (»Götzen geopferte Häute«), 1. Korinther und Apostelgeschichte; und die These, die wir eingangs aufgestellt hatten (daß Paulus im gleichen begrifflichen und weltanschaulichen Kontext operiert wie die Handschriften von Qumran), die wir aus seiner Verwendung von Termini wie »Götzenopferfleisch« und »Beliar« abgeleitet hatten, erweist sich somit als korrekt.[55]

Als die »Zeloten« oder »*Sikarier*« im Zuge der Radikalisierung und »Jakobisierung« des Aufstands endlich wirklich die Kontrolle über den Tempelberg an sich rissen, war das erste, was sie nach Josephus' Auskunft taten, die Schuldurkunden zu verbrennen, »um die Armen gegen die Reichen aufzuwiegeln«.[56] Wie bereits gesagt, verbrannten sie außerdem die Paläste der Herodianer, darunter auch den der Berenike und den ihres Bruders Agrippa II. – vermutlich denjenigen, von dem aus er beim Essen dem Tempelopfer zugeschaut hatte. Später steckten sie auch die Paläste der von den Herodianern eingesetzten Hohenpriester in Brand, während die Priester selbst, darunter auch Jakobus' Widersacher Ananus, alle abgeschlachtet worden zu sein scheinen.

Was uns bislang beschäftigt hat, war der eigentliche Beweggrund dafür, daß sich die niederen Priester entschlossen, von Ausländern, einschließlich des Kaisers, in Auftrag gegebene Opferhandlungen nicht mehr durchzuführen und fortan von diesen dargebrachte Geschenke an den Tempel zurückzuweisen. Diese Geschenke haben nicht nur einen Bezug zu Paulus' Heidenmission und der Weise, wie sie diese Gesichtspunkte und Wertvorstellungen in ihr Gegenteil verkehrte, sondern ihre Zurückweisung widersprach auch der Sitte und den Ansichten der für den Tod von Personen wie Jakobus verantwortlichen amtierenden Hohenpriester. Die Zurückweisung der Geschenke und die Weigerung, diese Opfer durchzuführen, war der Akt, zu dem sich die niederen Priester (oder »Leviten«, wie sie von manchen genannt werden) *dreieinhalb Jahre nach dem Tod des Jakobus* entschlossen.

Das dem folgende Gemetzel, in dessen Verlauf die meisten oder fast alle Hohenpriester umgebracht und deren Paläste sowie diejenigen der Herodianer verbrannt wurden, gipfelte in der Ernennung des einfachen Mannes Phineas zum neuen Hohenpriester. Wenn auch *post festum,* spricht der stark paulinisierte Erste Petrusbrief demgegenüber die folgende Empfehlung aus:

> Seid aller menschlichen Ordnung untertan um des Herrn willen, es sei dem Kaiser als dem Oberherrn oder den Statthaltern als denen, die von ihm gesandt werden, um die Übeltäter zu bestrafen und die zu beloben, die das Rechte tun. Denn so ist der Wille Gottes, daß ihr das Rechte tut ... Fürchtet Gott! Ehret den Kaiser! [2,13–17; vergleiche Paulus in Römer 13,1–8, der die gleiche Empfehlung sogar mit dem »All-Gerechtigkeits«-Gebot begründet].

Bemerkenswert ist in diesen Kontexten die Umkehrung des qumranischen Begriffs »Gottesfurcht«, der nicht nur in der Tempelrolle, in der Passage über die Verteidigung des Tempels vor unreinen Personen, sondern auch am Ende der Damaskus-Schrift erscheint.[57] Gleichfalls um diese Zeit, unmittelbar vor Ausbruch des Aufstands, erlangten die niederen Priester oder Leviten Josephus zufolge das Recht, *die weißen Leinengewänder der Hohenpriester zu tragen.*[58] Dies ist eine der letzten »beklagenswerten Neuerungen«, die Josephus gegen Ende der *Altertümer* erwähnt, bevor er alle Hohenpriester aufzählt, die von Salomons Zeiten bis in seine Gegenwart amtiert haben.

Auch die Apostelgeschichte ist an der »Zahl der Priester« interessiert, die sich der neuen Bewegung anschließen. Wie es in der Vorgeschichte der Steinigung des Stephanus heißt:

> Und das Wort Gottes wuchs, und die Zahl der Jünger mehrte sich in Jerusalem sehr, und *eine große Menge der Priester* wurden dem Glauben gehorsam. (6,7)[59]

Im gleichen Sinne bezeichnet die Apostelgeschichte später (21,20) die Mehrzahl von Jakobus' Anhängern als »Eiferer für das Gesetz« – ein typisch priesterliches Attribut, das, wie wir gesehen haben, sowohl auf die makkabäischen Ansprüche auf das Hohepriesteramt als auch auf den Eifer des Pinhas zurückgeht, aufgrund dessen seinen Nachfolgern die Priesterwürde für alle Zeiten zuerkannt worden sein soll. Um dies in den richtigen Kontext zu stellen, sei daran erinnert, daß dieselben frühen Kirchenschriftsteller, mit deren Werken wir uns hier beschäftigen, nicht nur betonen, daß Jakobus die Kopfbedeckung des Hohenpriesters trug, sondern auch, daß er in *weißes Leinen* gekleidet ging. Man kann sich nicht des Eindrucks erwehren, daß alle diese Themen auf irgendeine Weise miteinander zusammenhängen und daß die Qumran-Texte, wie immer man sie auch datieren mag, den Schlüssel zur Klärung dieser Zusammenhänge darstellen.

Eine Neubewertung von Noahs und Jakobus' Vegetarismus

Wir verfügen jetzt über das nötige Rüstzeug, um den Vegetarismus, der im Zweiten Buch der Makkabäer dem Judas Makkabäus und in den verschiedenen frühen Kirchenquellen – sowie, auf süffisant sophistische Weise, in den Paulusbriefen – dem Jakobus zugeschrieben wird, zu erklären. Judas begibt sich mit neun Gefährten *in die Wüste* und ißt dort nichts anderes als »Kräuter, um nicht an der Verunreinigung teilnehmen zu müssen« – er ernährt sich also rein vegetarisch. Johannes der Täufer – der gleichfalls sowohl bei Josephus als auch in den Evangelien als »ein Gerechter« bezeichnet wird – verhält sich ebenso.[60] Auch von Jakobus heißt es – weil er »heilig« oder »geweiht« ist »von seiner Mutter Leib an« (und vermutlich des weiteren, weil er »ein *Zaddik*« war) –, er habe sich des Weins, starker Getränke und tierischer *Nahrung* enthalten. Wie wir gleich erfahren werden, *salbte er sich auch nicht mit Öl, trug keine Wolle, sondern nur Leinen, und führte ein geschlechtlich enthaltsames Leben.*

Was den Verzicht auf Fleischgenuß und die rein vegetarische Ernährung anbelangt, wäre für die dem Ideal *äußerster Reinheit und vollkommener Gerechtigkeit* nacheifernden Wüstenbewohner als Grund die »noachidische« Anschauung denkbar, daß – da im Tempel das Opfer überhaupt nicht mehr oder nur *unrichtig,* von unreinen Männern ohne Anspruch auf »Gerechtigkeit«, durchgeführt wurde – die Noah gewährte Erlaubnis, Fleisch zu essen, als außer Kraft gesetzt angesehen wurde. Dieser Gedanke geht auf die Geschichte des ersten *Zaddik,* Noah, zurück. Wie wir gesehen haben, durfte Noah, solange die Sintflut andauerte, kein Fleisch essen; die Erlaubnis dazu wurde ihm erst dann erteilt, als er wieder das Festland erreicht und ein *richtiges* Opfer durchgeführt hatte. Allerdings wurde ihm geboten, das Blut fortzugießen und erst dann das Fleisch zu essen, da das Blut als der Sitz des »Lebens« des Tieres galt. Erst nach dieser ausdrücklichen Erklärung durfte er wieder Tiere verspeisen. Manche könnten diese Erlaubnis allerdings in dem strengeren Sinne verstanden haben, daß sie *nur im Zusammenhang* mit einem richtigen, von *gerechten Hohenpriestern im Tempel* durchgeführten Opfer ihre Gültigkeit bewahrte.

Aber selbst wenn dies nicht der Fall gewesen sein sollte, hielt man es vielleicht für passender, wenn jene, die das Gebot der »All-Gerechtigkeit« (Matthäus 3,15) und die strengen Reinheitsvorschriften der »vollkommenen Heiligkeit« oder der »Vervollkommnung des Weges« befolgten, dem Genuß tierischer Kost entsagten. Dies war zweifellos bei Judas Makkabäus der Fall. Solange der Tempeldienst vorschriftsgemäß vollzogen wurde, war Judas wahrscheinlich kein Vegetarier; er wurde erst zu einem, als man den Tempel aus irgendeinem Grund für befleckt hielt oder als das Opfer eingestellt wurde und, wie es in der Jesus zugeschriebenen Kleinen Apokalypse heißt, »der Greuel der Verwüstung an der heiligen Stätte stand« (Matthäus 24,15).

Dies scheint auch auf jene zuzutreffen, die Paulus als »schwach« bezeichnet oder denen er ein »schwaches Gewissen« unterstellt. Wenngleich Paulus die Meinung solcher Leute nicht teilt und der Ansicht ist, es sei besser, damit diese »Freiheit nicht zu einem Anstoß gerate für die Schwachen« (1. Korinther 8,9), sich *verbotener Dinge* zu enthalten. Was ihn selbst betrifft, so erklärt er großspurig, »wenn Speise meinem Bruder Anstoß bereitet, so will ich in Ewigkeit kein Fleisch [mehr] essen« (1. Korinther 8,13). Doch wie er im Brief an die Römer (4,2) eindeutig zu verstehen gibt, meint er das natürlich in keiner Weise ernst.

Häufig werden Jakobus' Vegetarismus und die besonderen Ernährungsvorschriften vieler der charismatischen Revolutionäre oder »Neuerer« als eine Art asketischer Übung gedeutet. Doch wie wir gesehen haben, trifft diese Erklärung nicht zu. Der Vegetarismus ist vielmehr eine der Forderungen der »All-Gerechtigkeit« und »vollkommenen Heiligkeit«. Ebenso wie jene, die sich dem Ideal der »Gerechtigkeit gegen ihre Mitmenschen« und der »Vervollkommnung des Weges« verschrieben hatten, ein Leben äußerster Armut führten, da es nicht *gerecht* gewesen wäre, zwischen sich und seinem Nächsten ökonomische Unterschiede zu machen; ebenso zweifelten jene, die den Geboten äußerster Reinheit gehorchten – insbesondere als das Tempelopfer eingestellt oder von Personen von fragwürdiger Reinheit durchgeführt wurde, die keine *wahren Söhne des Zadok* waren –, an der Zulässigkeit des Fleischgenusses.

Die Erlaubnis dazu war Noah ja erst gewährt worden, als er ein richtiges Opfer durchgeführt und sich zum Bund bekannt hatte. Dabei hatte von jeher die Einschränkung gegolten, »das Leben«, das heißt *Blut,* »nicht zu verzehren«. Für diejenigen, die in den Wüstenlagern lebten und dort – zur Vorbereitung auf die in der Qumran-Literatur so plastisch beschriebenen »letzten Tage« – diese strengen

Reinheitsvorschriften befolgten, dürfte dies ein wichtiges Problem gewesen sein. Paulus seinerseits kann – ganz wie es im Jakobusbrief (3,8) vom Widersacher heißt – seine »Zunge nicht zähmen« und verhöhnt genau solche Leute, die als »Schwache im Glauben... nur Gemüse essen« (Römer 14,2), während er gleichzeitig seinen Gemeinden eine Pseudotoleranz gegenüber diesen Vegetariern predigt, die in Wirklichkeit eine Mischung aus Verachtung und Mitleid ist. Paulus kennt keinerlei Respekt oder Ehrfurcht vor der überragenden »Frömmigkeit« und »Gerechtigkeit« dieser Männer – er bescheinigt ihnen lediglich ein »schwaches Gewissen«.

Das letzte, was Jakobus laut Apostelgeschichte den überseeischen Gemeinden gebietet, ist, »daß sie sich enthalten sollen... vom Erstickten« (wobei »sich enthalten« einer der typischen »nasiräischen« Ausdrücke ist, die uns in der Damaskus-Schrift begegnen). Das griechische Wort, das hier mit »Ersticktes« wiedergegeben wird – und das fraglos die Übersetzung eines semitischen Terminus ist –, gibt uns einige Rätsel auf. Wieder darf man vermuten, daß ein idiomatischer Ausdruck, eine Formulierung, die nur in ihrem spezifischen kulturellen Kontext verständlich war, beim Übergang von einer Sprache in die andere entstellt oder sonstwie unrichtig wiedergegeben worden ist. Das Wort, das uns jetzt im griechischen Original der Apostelgeschichte begegnet, macht jedenfalls nicht allzuviel Sinn, und es fällt auch auf, daß Paulus in seiner Replik auf Jakobus' Weisungen im Ersten Korintherbrief nicht explizit darauf eingeht.

Doch eine Erklärung liegt verhältnismäßig nahe, und sie weist in zwei verschiedene Richtungen. »Ersticktes« könnte sich durchaus auf das ursprüngliche Verbot beziehen, das Noah gegenüber im Ersten Buch Mose (9,4 f.) ausgesprochen wurde. Wie wir uns erinnern, sagt Gott hier: »Allein esset das Fleisch nicht mit seinem Blut, in dem sein Leben ist... Ich will von allen Tieren und von einem jeden Menschen Rechenschaft fordern.« Es ist interessant, daß Gott hier gleichfalls die Tiere einschließt, das heißt Tiere, *die anderer Tiere Blut vergossen haben* (wie man vermuten darf, haben auch sie »das Lebensblut« verzehrt).

So kann man den Ausdruck »Ersticktes« als eine Reprise des – von Jakobus im Rahmen dieser Weisungen bereits ausgesprochenen – Verbots, *Blut zu verzehren,* und zugleich als eine Anspielung auf das allgemeingültige »noachidische« Verbot des Totschlags auffassen, das bereits in der Bibel in diesem unmittelbaren Zusammenhang ausgesprochen wird. So ist im Ersten Buch Mose (9,6) – zumindest in bezug auf den Menschen oder »Adam« – von Blutrache oder »Vergießen von Blut« die Rede.

Die zweite mögliche – und vielleicht überzeugendere – Erklärung aber basiert auf der Tatsache, daß die meisten Raubtiere ihre Beute durch »Ersticken« (Würgen) töten. Dies trifft mit Sicherheit auf alle Großkatzen und auf Rudeljäger wie Wölfe und dergleichen zu. Ebenso trifft es zu, daß dies die vom Menschen verwendete »normale« Methode ist, Geflügel zu schlachten – ganz zu schweigen von der althergebrachten Sitte, solche geschlachteten Tiere »aufzuhängen«. Es gibt auch eine dritte, damit zusammenhängende Möglichkeit: nämlich einfach die Tatsache, daß die Adressaten des Jakobusschen Sendschreibens Tiere nicht auf die für jüdische Begriffe rituell richtige Weise, also mit dem Schächtmesser, schlachteten.

Wie dem auch sei – dieses von Jakobus ausgesprochene Verbot zielte wahrscheinlich auf das ab, was gemeinhin als »Aas« bezeichnet wird. Als einem »noachidischen« Verbot dürfte ihm somit umfassendere, über die Grenzen des jüdischen Gesetzes hinausgehende, allgemeine Gültigkeit zugeschrieben worden sein, da es nicht nur auf die »rituell falsche« Weise geschlachtete, sondern auch verendete oder von Raubtieren geschlagene Tiere umfaßt hätte. Wie im Falle von Johannes' »Heuschrecken« liegt dem »Erstickten« also lediglich eine ungenaue – oder schlicht falsche – Übersetzung ins Griechische eines bislang nicht ermittelten *semitischen Originals* zugrunde.

Eine grundsätzliche Bestätigung dieser Hypothese finden wir übrigens wieder einmal im Koran, dem Erben vieler dieser typisch judenchristlichen und insbesondere »ebionitischen« Traditionen und Begriffsbildungen. Im Koran begegnet uns nicht nur wiederholt das »jakobinische« Gebot: »Glaubt an Allah, die Letzten Tage und tut gute Werke« (dies im Zusammenhang mit einer – Mohammed bekannten und von ihm respektierten – jüdischen Gruppe ausgesprochen, die nach Art der Qumran-Gemeinde *in Höhlen allnächtliche Wachen hält*), sondern auch allgemein eine starke durchgängige Idee der »Werkgerechtigkeit«, das heißt der Vorstellung, daß der Mensch nicht durch das Eintreten anderer oder kraft einer irgendwie beschaffenen paulinischen »Gnade« gerettet wird, sondern einzig durch seine eigenen Werke.[61]

Im Koran findet sich auch eine Variante von Paulus' Behauptung, er sei ein »Apostel für die Heiden« – jetzt einer der Titel »des Propheten« (das heißt des in den Pseudoklementinen entwickelten ebionitischen Begriffs »wahrer Prophet«) des Islam. Für Mohammed ist der »Islam« – genauso wie Paulus es im Römerbrief von seiner Sorte Christentum behauptet – »Abrahams Religion« oder »der Glaube Abrahams«.[62] Gleichfalls im Koran werden Jakobus' Weisungen für überseeische Gemeinden fast im genauen Wortlaut der Apostelgeschichte wiedergegeben. Tatsächlich sind diese – anders als im abendländischen Christentum – *die Grundlage sämtlicher islamischer Speisevorschriften* geworden. Wie Mohammed schreibt:

> Euch ist nur verboten: das, was verendet ist, und Blut und Schweinefleisch, und was Götzen geopfert ist. (2.174, 5.4, 16.116 usw.)

Das Verbot von Schweinefleisch ist natürlich ein zentraler Bestandteil der jüdischen Speisevorschriften. Es war in Jakobus' Weisungen für überseeische Gemeinden zweifellos vorausgesetzt, da es als so selbstverständlich galt, daß es nicht der ausdrücklichen Erwähnung bedurfte. Aber die interessanten Punkte von Mohammeds Aufzählung sind »was Götzen geopfert ist«, »Blut« und »Verendetes« oder »Aas«. Ersteres ist offensichtlich das gleiche, was Jakobus in der Apostelgeschichte »Götzenopfer(fleisch)« nennt – worüber Paulus im Ersten Korintherbrief so viele unaufrichtige Worte verliert und worauf auch in *»MMT«* (einem Text, den wir später als »jakobinische(n)« Brief(e) an einen offenbar judaisierten »arabischen« Monarchen aus Nordsyrien – auch Abrahams Heimat – identifizieren werden) eingegangen wird. »Blut« gehört gleichfalls zu den von Jakobus verbotenen Dingen und ist hier schon hinreichend erörtert worden.

Das dritte aber, das arabische Wort für »Aas«, ist der Schlüssel. Es stellt zweifellos eine bessere, treffendere Übersetzung dessen dar, was Jakobus in seiner semitischen Muttersprache ursprünglich gesagt haben dürfte, als was uns in der griechischen Version (die ja nur *einen* Aspekt des eigentlich Gemeinten abdeckt: Tiere, die durch Abdrücken der Luftröhre getötet worden sind) erreicht hat. Der allgemeinere Begriff »Aas« bezeichnet zweifellos eher das, was eigentlich gemeint war, und »Aas« finden wir auch im arabischen Text. Es ist eine unbestreitbare Tatsache, daß viele dieser Traditionen des *jakobinischen* Christentums vom Islam bewahrt worden sind – dessen ahnungslosem, aber zweifellos ähnlich apokalyptischem und kompromißlosem Erben.

Gestützt wird dies auch durch die pseudoklementinischen *Homilien,* in denen es (7.8) nicht nur heißt, Petrus habe (wie Jakobus) täglich gebadet und sich rein vegetarisch ernährt, sondern auch, er habe gelehrt, »sich vom Tisch der Dämonen zu enthalten [vergleiche Paulus in 1. Korinther 10,21], das heißt von Götzen geopferten Speisen, Kadavern von Tieren, *die erwürgt oder gerissen worden sind,* und vom Blut« – womit unsere These der Übertragung in den Islam bestätigt ist.[63]

Alle Einzelpunkte dieser Weisungen hängen also, wie wir vermutet hatten, irgendwie mit dem Noachidischen Bund zusammen. Nach Darstellung der rabbinischen Literatur umfaßt dieser Bund eine Vielzahl ethischer und moralischer Verhaltensregeln, deren wichtigste die drei Verbote von Götzenanbetung, Unzucht und Totschlag oder Mord sind. Alle drei sind, mehr oder weniger explizit, auch in den Weisungen enthalten, die Jakobus für die überseeischen Gemeinden ausspricht – und dies selbst nach der recht tendenziösen Darstellung der Apostelgeschichte.

Wir haben schon wiederholt darauf hingewiesen, daß das Gebot, sich »von Götzen geopferten Dingen« oder »Speisen« zu enthalten, lediglich einen Begleitaspekt oder eine Variante des allgemeineren Verbots von Götzenanbetung darstellt. Eine Bestätigung dieser Vermutung liefern uns die Paulusbriefe. Dies ist zweifellos auch die Intention der Anspielung auf die »drei Netze des Belial« in der Damaskus-Schrift, wofür im übrigen auch die Aussage der Johannesoffenbarung spricht, »Bileam« habe »Balak gelehrt,... Israel zu täuschen«. Daß diese sogenannten »Propheten« Heiden aus transjordanischen Gebieten wie Syrien, Peräa (Moab) und Idumäa sind, ist gleichfalls interessant, wenn wir bedenken, daß Paulus sich laut der Apostelgeschichte auch als eine Art »Lehrer oder Prophet« verstand (13,1).

Tatsächlich ist in dieser Hinsicht auch Paulus' Behauptung, vom »Stamme Benjamin« zu sein, von Bedeutung, dient doch »Benjamin« bisweilen als Variante des Namens »Belial«/»Bileam«. Bela' ist den alttestamentlichen Geschlechterlisten zufolge (was immer man von deren Zuverlässigkeit auch halten mag) nicht nur ein edomitischer König, sondern auch – genau wie *Bileam* – »der Sohn Be`ors«. Darüber hinaus ist er der *erstgeborene Sohn Benjamins* (1. Moses 46,21 und 1. Buch der Chronik 7,6)! Wir haben in der Tempelrolle im Zusammenhang mit Personengruppen, *denen der Zutritt zum Tempel verwehrt ist,* nicht nur bereits einen damit identischen Terminus oder Namen gefunden, sondern es wird auch die Bezeichnung »Söhne des Belial« im Alten Testament an wenigstens vier verschiedenen Stellen ausdrücklich auf *Benjaminiter* bezogen (Buch der Richter 19,22, 20,13 usw.).

Aus diesen und ähnlichen Gründen glauben wir, daß auf Paulus Termini aus dem Wortfeld »Belial/Bileam/Bela'« angewendet wurden – wie dies auch hinsichtlich aller Herodianer geschah. Natürlich könnten die »Herodianer« aufgrund ihrer edomitischen oder idumäischen Ursprünge oder Beziehungen bereits selbst solche Bezeichnungen für sich beansprucht und damit versucht haben, ihre recht zweifelhafte jüdische Abstammung zu belegen – waren doch sowohl Edoms Ahn, Esau, als auch Ismael *Nachkommen Abrahams.* Den gleichen Anspruch erhebt Paulus in den Briefen an die Römer (11,1) und an die Philipper (3,5) für sich. Er bezeichnet sich selbst nie als einen »Juden«, sondern schlicht als einen »Israeliten« oder »Hebräer« (in Philipper 3,5 als »Hebräer von Hebräern«), wozu ihn seine – reale oder symbolische – »benjaminitische« Abstammung natürlich berechtigt hätte.[64]

Im Römerbrief (11,1) fügt er dem interessanterweise (und wie Mohammed nach ihm) »vom Geschlecht« oder »Samen Abrahams« hinzu. Zu diesem Zeitpunkt hatte die Zugehörigkeit zu einem bestimmten Stamm – außer im Falle der Priester und Leviten – bei den Juden keine praktische Bedeutung mehr. Bezeichnenderweise finden sich in den Qumran-Texten, in denen der Terminus »Jude« bereits in Gebrauch ist, keinerlei solche Angaben (wie denn die realen Stammesverbände bereits rund *700 Jahre vorher* aufgehört hatten zu existieren). Darüber hinaus enthält die rabbinische Literatur – und mit Sicherheit die Kriegsrolle – Hinweise darauf, daß die Bezeichnung »Benjaminiter« auf alle aus *Übersee stammenden Personen* oder *Diaspora*-Juden bezogen wurde. Paulus' Behauptung, er sei vom »Stamme Benjamins«, schiene in diesem Kontext also eher eine Vernebelungstaktik und umgekehrte Polemik darzustellen, die den Zweck verfolgte, etwas, das von seinen Gegnern als Pejorativum gemeint gewesen sein könnte, im Gegenteil zur eigenen Aufwertung zu gebrauchen.

Was die arabischen Beziehungen der Herodianer anbelangt, kommt noch hinzu, daß Herodes' Mutter *eine Araberin aus Petra* war und daß seine Schwester den Idumäer Kostobar geheiratet hatte, dessen Nachkommenschaft systematisch mit der herodianischen Linie vermischt wurde.[65] Was ihr »Arabertum« anbelangt, machen auch die Herodianer den Eindruck von Vorläufern Mohammeds. Im Zusammenhang mit Paulus – ursprünglich »Saulus« – gibt es zudem einen weiteren Grund, weswegen in diesen an relativ naive ausländische Leser gerichteten Schreiben ausdrücklich von Benjamin die Rede ist: Passenderweise war der »Ur-Saul(us)«, Davids Vorgänger auf dem Thron, aus dem Stamm Benjamin (Apostelgeschichte 13,21) – und damit dessen späterer Namensvetter Paulus auch.

Die Anwendbarkeit von Jakobus' (ebenso wie Qumrans) Verurteilung der »Unzucht« auf diese Sachlage bedarf gleichfalls keiner weiteren Erklärung, und ihre Bedeutung haben wir bereits ausführlich erörtert. Sie geht weit über die recht oberflächlichen Anspielungen hinaus, deren Paulus sie in seinen Briefen – gleichsam der Form halber – würdigt, obwohl auch der primäre Sinn des Wortes mehr oder weniger explizit zur Sprache kommt. Wenn Jesus beispielsweise in zentralen Passagen der Evangelien »mit Zöllnern [Steuereintreibern] und Sündern zusammensitzt« oder positiv von »Huren« spricht, dann verfolgt dies keinen anderen Zweck, als die Ge- beziehungsweise Verbote, die Jakobus in seinen Weisungen (und desgleichen die Qumran-Literatur) ausspricht, zu entkräften: also zu zeigen, daß Jesus, der liebende und vergebende Messias, solche Menschen nicht nur nicht verurteilte, sondern auch sogar mit ihnen »Tischgemeinschaft« pflegte und *mit ihnen aß* – immer ein wichtiges Motiv.

Dies ist auch das Resultat der »Tischtuch-Version«, die Petrus in der Apostelgeschichte zuteil wird und durch die er gerade rechtzeitig lernt, keine Unterschiede zwischen »Heiligem und Weltlichem« zu machen, bevor er in Cäsarea das Haus des römischen Hauptmanns Cornelius aufsucht. Wie wir dort erfahren, war Cornelius

> ein *gerechter* und *gottesfürchtiger* Mann und *von gutem Ruf beim ganzen Volk der Juden* (Apostelgeschichte 10,22; vergleiche oben 1. Petrus 2,13) –

ebenso wie es von Felix, dem Bruder von Neros Lieblingsfreigelassenem Pallas und erbarmungslosen Abschlächter zahlloser Führer des Widerstands, gleichfalls in der Apostelgeschichte später heißt, daß »er recht genau um *die Lehre* [oder *»den Weg«*] wußte« (24,22). Beide Behauptungen sind schlicht und einfach hanebüchen.

Der Besuch, den Petrus dem Cornelius in Cäsarea abstattet – zu welchem Anlaß er noch einmal erklärt, »Gott ha[be ihm] gezeigt, daß [er] keinen Menschen gemein oder unrein nennen soll«, während der »fromme« römische Zenturio »fastet und betet« (Apostelgeschichte 10,30) –, entspricht, wie wir sehen werden, demjenigen, den sein Namensvetter Simon, das Oberhaupt einer eigenen Versammlung in Jerusalem, laut Josephus Agrippa I., und zwar gleichfalls in Cäsarea, macht. In der Version, welche die Apostelgeschichte von diesen Ereignissen liefert, erklärt Petrus nicht nur, »daß es ein unerlaubt Ding ist einem *jüdischen* Mann, umzugehen mit einem Fremdling oder zu ihm zu kommen«, sondern auch, daß »in jeglichem Volke, wer *Ihn fürchtet* [wieder unser »gottesfürchtig«, diesmal auf einen *römischen Hauptmann* bezogen] und *Gerechtigkeit tut,* Ihm angenehm« ist (10,28 und 35).[66]

Die Apostelgeschichte schreibt Petrus sogar eine karikaturhafte

Version der Eigenschaft zu, die allen Quellen zufolge ein charakteristisches Merkmal Jakobus' war: daß er »die Person nicht ansah« (worauf auch implizit in dem gegen Paulus gerichteten Vorwurf angespielt wird, er versuche, »den Menschen gefällig zu sein«, Galater 1,10 und Jakobus 2,4). Wie Petrus in seiner Rede erklärt, ist es *Gott,* der »die Person nicht ansieht« (Apostelgeschichte 10,34). Anders als Petrus will Simon, *der bei Josephus Agrippas I. Palast in Cäsarea inspiziert,* die Herodianer nicht etwa akzeptieren, sondern als unrein *aus dem Tempel aussperren.* Agrippa, der Josephus zufolge bei den Juden einen hervorragenden Ruf als Wohltäter genoß, überschüttete diesen Simon mit Geschenken und entließ ihn dann. Der Simon der Apostelgeschichte seinerseits lernt, keine Unterschiede zwischen den Menschen zu machen oder »keinen Menschen unrein zu heißen«!

Aber diese »Tischgemeinschafts«-Szenen in den Evangelien sind aus genau demselben Grund so beliebt, weswegen strenggläubige, reinheitsversessene Juden nie begriffen haben, wie sehr Ausländer im allgemeinen instinktiv den Wunsch verspürten, sie in Verlegenheit zu bringen. Der »Mann auf der Straße« möchte überall auf der Welt das Gefühl haben, daß »Huren«, »Steuereintreiber« und »Sünder«, wie er selbst einer ist, gesellschaftsfähig sind, und selbstgefällige Frömmler mit der Nase in den Schlamm des Alltags stecken. Die vermutlich hellenistischen Verfasser dieser Evangelienszenen scheinen das durchaus begriffen zu haben und schlugen aus diesem Bedürfnis Kapital – wie dies auch Paulus offenkundig tat. Was muß es doch für ein Vergnügen gewesen sein, »den Messias« Palästinas so darzustellen, als *verkehre er* mit solchen Leuten, und dabei genau zu wissen, daß das Gegenteil der Fall war, daß diese Personengruppen für die Qumran-Gemeinde und ähnliche Gemeinschaften ein Greuel und der Inbegriff des zu Meidenden waren! Und was wäre es für diese Autoren erst für eine Befriedigung gewesen, im nachhinein feststellen zu können, daß sie die halbe Welt dazu gebracht haben, derlei *fast 2000 Jahre lang für wahr zu halten!*

Aber diese Szenen enthalten auch eine politische Botschaft. Die Herodianer jener Zeit waren, wie wir gesehen haben, die römischen Steuereinnehmer in Palästina. Als die Steuerpächter, als die sie im Prinzip fungierten, besaßen sie für Rom wenigstens zum Teil insofern einen Wert, als sie auf möglichst effektive Weise Geld eintrieben und weiterleiteten. Wenn etwas davon in ihre eigene Tasche floß, dann um so besser. Aber natürlich kommt noch hinzu, daß die herodianischen Prinzessinnen, denen wir bislang begegnet sind, als »Huren« galten – allen voran Berenike, Titus' spätere Mätresse, deren »Reichtum« sogar nach Josephus' Eingeständnis unglaublich war. Und es kann kaum ein Zweifel daran bestehen, daß ihre Schwester Drusilla – Felix' »jüdische« Gemahlin, von der die Apostelgeschichte spricht – gleichfalls über ein Vermögen verfügte. Was hätte sie, abgesehen von ihrem königlichen Blut, Felix auch sonst zu bieten gehabt?

Wenn es von Jesus heißt:

> Des Menschen Sohn ist gekommen, *ißt und trinkt*... ein Fresser und Weinsäufer, *der Zöllner und Sünder Freund* (Matthäus 11,19 und Lukas 7,34) –

und dies unmittelbar, nachdem von Johannes dem Täufer gesagt worden ist, er »aß nicht Brot und trank nicht Wein« –, dann behauptet die Bibel implizit, daß Jesus im Gegensatz zu seinem mutmaßlichen Bruder Jakobus *eine positive Meinung* von solchen Menschen hatte. Außerdem machte Jesus auch keinerlei Aufhebens um Reinheits- und Speisegebote, noch machte er deswegen in Fragen der Tischgemeinschaft irgendwelche Unterschiede zwischen Personen oder Nationen – was im Klartext bedeuten soll, daß Jesus ein »Paulinist« war oder daß Paulus *Jesus besser kannte* als dessen engste Gefährten!

Tatsächlich kann man fast so etwas wie eine Faustregel aufstellen: Wann immer eine Aussage Paulus' – der nach eigenem Eingeständnis Jesus nie leibhaftig sah und keinerlei direkte Kenntnis von dessen Lehre hatte – eine Parallele in den Evangelien besitzt, kann man unbesorgt davon ausgehen, daß sie von ersterem in die Textredaktion der letzteren eingeflossen ist, und nicht umgekehrt. Der ungeschulte Leser, der nichts von derlei Kunstgriffen und der Überzeugungskraft literarischer »Umschöpfung« ahnt, kehrt das Verhältnis normalerweise um. Es ist schließlich kein Zufall, daß Jesus diese »Kleinen« oder »Einfältigen« – das heißt Menschen, die weder etwas wissen noch irgendwelche Ansprüche auf Wissen erheben – über alle anderen stellt (Matthäus 18,14 und Parallelen).[67]

Einer solchen wichtigen Rede sind wir bereits weiter oben begegnet; dort wurden Jesus die Worte in den Mund gelegt:

> Was zum Munde eingeht, das macht den Menschen nicht unrein; sondern was zum Munde ausgeht, das macht den Menschen unrein. (Matthäus 15,11; Markus 7,15)

Diesbezüglich befragt, gerät Jesus so sehr in Erregung, daß er fast alles aufzählt, was nach dem »noachidischen Gesetz« verboten ist: nämlich »arge Gedanken, Mord, Ehebruch, Unzucht, Dieberei, falsches Zeugnis und Lästerung« (Matthäus 15,19 und Markus 7,22). Was hingegen

»zum Munde eingeht, das geht in den Bauch und wird durch den natürlichen Gang *ausgeworfen*«.

Der neutestamentliche »Überarbeiter« steigert sich aber so sehr in das Thema hinein, daß er Jesus abschließend behaupten läßt: »Das ist es, was den Menschen *verunreinigt;* aber essen mit ungewaschenen Händen *verunreinigt den Menschen nicht*« (Matthäus 15,20 und Parallelen). Wegen der antinomistischen Neigungen eines alten Wortdrechslers muß der arme Jesus als Schmutzfink dastehen, der etwas bestreitet, was mittlerweile eine Grundregel der modernen Hygiene ist! Die Frage nach der tatsächlichen Relevanz des Gesetzes einmal hintangestellt – Textmaterial dieser Art als »das Wort Gottes« oder als »eine Offenbarung des Heiligen Geistes« zu betrachten ist, um es noch einmal zu sagen, schlicht unsinnig. Weit erbaulicher und aufschlußreicher ist es, wenn man es als die bösartige und böswillige Polemik ansieht, die es tatsächlich darstellt.

Da der durch das griechische Wort für »Ersticktes« bezeichnete Begriff durchaus auch Menschen einschließen kann – und da der Verfasser der Noahepisode das Töten von Tieren ganz offensichtlich als eine Art Mord oder zumindest Totschlag betrachtet –, finden wir nun in Jakobus' Weisungen für überseeische Gemeinden drei zentrale Aspekte des noachidischen Gesetzes wieder: das Verbot von Götzenanbetung, Totschlag und Unzucht. Doch dies ist nicht weiter verwunderlich. Wenn sich diese Episode wirklich so – oder zumindest so ähnlich – zugetragen hat, wie die Apostelgeschichte sie darstellt, dann braucht es uns nicht zu überraschen, daß »der *Zaddik*« und »vollkommene« Jakobus das, was als die Rahmenbedingungen des seinem archetypischen Vorgänger Noah zugeschriebenen Bundes angesehen wurde, zur Voraussetzung des Heils für Personen und Gemeinden machte, die sich noch nicht – oder noch nicht vollständig – dem *Mosaischen* Bund oder Gesetz verschrieben hatten.

Häufig werden solche Menschen, wie wir im Falle des römischen Hauptmanns Cornelius – einem besonders extremen Beispiel – gesehen haben, als »Gottesfürchtige« bezeichnet. Ein »Gottesfürchtiger« schiene demnach jemand zu sein, der sich der jüdischen Gemeinde oder »Synagoge« (wie die Apostelgeschichte es vielfach ausdrückt – 13,15 usw.) angeschlossen, aber das Mosaische Gesetz noch nicht vollständig, bis zur letzten Konsequenz, auf sich genommen hat.

Daß auch in Qumran ein solcher Status bekannt war, können wir aus dem Begriff *»ger-nilveh«* oder »ansässiger Fremder« erschließen, oder auch aus dem verwandten Terminus *»Nilvim«,* »Die sich verbinden«, der in der Damaskus-Schrift im Kontext der eschatologischen (»die letzten Tage« betreffenden) Auslegung des »zadokidischen Bundes« aus dem Buch Hesekiel gebraucht wird. Wir haben nicht nur bereits gesehen, wie wichtig dieser Begriff in Paulus' Ausführungen zum »Sichverbinden«/»Sichvereinigen« mit »einer Dirne Leib« oder mit »Gott« ist, die im Ersten Brief an die Korinther (6,13–20) seiner Erörterung zum Thema »Speisen für den Bauch« folgen, sondern im Buch Esther wird der Begriff »die sich verbinden« oder »anhängen« auch speziell auf Nichtjuden angewandt, die in irgendeiner näheren Beziehung zur jüdischen Gemeinde stehen (9,27).

Es sollte weiterhin hervorgehoben werden, daß dieser Begriff des »Gottesfürchtigen« sowohl in der Damaskus-Schrift – im Zusammenhang mit *»Jescha'«*/»das Heil sehen« – als auch in der Tempelrolle (in der obenerwähnten Passage über den Ausschluß unreiner Personen aus dem Tempel) eine wichtige Rolle spielt.[68] Daß Jakobus mit diesen Weisungen die Bedingungen des Noachidischen Bundes auf den Heilsstatus solcher gottesfürchtigen *»ger-nilveh*s« oder *»Nilvim«* beziehen sollte, ist also nicht nur nicht verwunderlich, sondern auch absolut folgerichtig und nachvollziehbar.

Die Rechabiter als *Halter, Täter* und – wieder einmal – Töpfer

Dieses Wüstenleben, das die »Absonderung von den Söhnen des Abgrunds« impliziert und bezweckt, nicht *an deren Unreinheit teilzuhaben* oder *mit ihnen* oder denjenigen, die in Kontakt mit ihnen stehen, *Umgang pflegen* zu müssen[69], entspricht, wie wir gesehen haben, der *rechabitischen* Lebensweise – wenn es nicht sogar bis zu einem gewissen Grad direkt von ihr abgeleitet ist. Es ist schwer zu sagen, ob es während der Zweiten Tempelperiode tatsächlich noch echte »Rechabiter« gab, aber wie wir sehen werden, gebraucht Eusebios' Quelle Hegesippus im 2. Jahrhundert diesen Terminus zur Bezeichnung der Nachfolger oder Anhänger des Jakobus.

Es ist ein merkwürdiger Begriff, der einige Rätsel aufgibt. Die erschöpfendste Charakterisierung der Rechabiter findet sich, wie wir wissen, im 35. Kapitel von Jeremias, wo Jonadab, der Sohn des Rechab, seinen Nachkommen gebietet: »Ihr sollt niemals Wein trinken, keine Saat aussäen und keinen Weinberg pflanzen noch besitzen, sondern in Zelten sollt ihr wohnen euer Lebtag, damit ihr lange lebt in dem Lande, wo ihr als Fremdlinge weilt.« Dies führt uns in das neunte vorchristliche Jahrhundert zurück, da Jonadab als ein Verbündeter des israelitischen Königs Jehu vorgestellt wird, eines vom Propheten Elisa erwählten Herrschers.

Wir haben bereits gesehen, welchen Nachdruck Jeremia in seiner

Lobeshymne auf Jonadabs Nachkommen auf die zwei Begriffe »halten« und »tun« legte – das heißt, sie »*hielten* die Gebote ihres Ahns« oder »gehorchten seinen Vorschriften und *taten* alles, was er ihnen geboten hatte«. Die »Rechabiter« sind also eine der ersten Gruppen sogenannter »Halter« (oder »Wahrer«) – womit in der Qumraner Gemeinderegel der Begriff »Söhne des Zadok« definiert wird. Das Verhalten dieser Rechabiter – zu denen Jeremia selbst in näherer Beziehung gestanden zu haben scheint – kontrastiert stark mit demjenigen der übrigen israelitischen Zeitgenossen des Propheten (um 650 v. Chr.), die im Begriffe stehen, wegen ihrer »Treulosigkeit« von Gott vernichtet zu werden.

Im Zweiten Buch der Könige (10) begegnet uns Jonadab als Freund Jehus. Sein »Herz«, lesen wir da, ist gegen Jehu so »aufrichtig« wie dessen Herz gegen ihn. Gemeinsam merzen sie die letzten Überreste der »Baal-« oder »Götzenverehrung« aus. Bemerkenswerterweise ist dies – abgesehen von der Episode im Buch Numeri um Pinhas' »Eifer« und Elias »brennenden Eifer« im Zweiten Buch der Könige – die einzige Stelle des Alten Testaments, wo ausdrücklich von (in diesem Falle Jehus und Jonadabs) »Eifer für den Herrn« die Rede ist (2. Könige 10,16). Damit ist Jonadab, Rechabs Sohn, auch ein »Eiferer für Gott«, ein prototypischer »Zelot«. Darüber hinaus enthält er sich, wie Jakobus und andere Nasiräer, des Weins und anderer starker Getränke. Ob es 700 bis 800 Jahre später noch immer Rechabiter im engeren Sinne des Wortes gab, ist eine offene Frage, aber die Übereinstimmungen zwischen deren Lebensweise und derjenigen, welche die frühen Quellen dem Jakobus zuschreiben, dürften nicht von der Hand zu weisen sein.

Wie bereits gesagt, ähnelt diese Lebensweise der Rechabiter in mancherlei Hinsicht auch derjenigen der Nasiräer – deren »klassische« Beschreibung sich im Vierten Buch Mose (6,1–21) findet. Die zwei für uns relevanten Punkte lauten dort:

> [Der Nasiräer] soll sich des Weins und starken Getränks enthalten; Würzwein und starken Würztrank soll er auch nicht trinken, auch nichts, was aus Weinbeeren gemacht wird; er soll weder frische noch gedörrte Weinbeeren essen … Bis die Zeit um ist, während der er dem Herrn zu Ehren Enthaltung [oder »Absonderung«] übt, soll kein Schermesser auf sein Haupt kommen. (6,3–5)

Die Parallelen zur Beschreibung, die alle frühen kirchlichen Quellen, auf Hegesippus gestützt, von Jakobus liefern, sind evident:

> Er war heilig von seiner Mutter Leib an; er trank keinen Wein noch starkes Getränk, noch aß er Fleisch; kein Schermesser berührte sein Haupt, noch salbte er sich mit Öl ...[70]

Dem fügt Epiphanios noch hinzu: »Er starb jungfräulich im Alter von sechsundneunzig Jahren«, was auf das »lange Leben im Lande« verweist, das laut Jeremia den Rechabitern verheißen wurde.

Aber auch der auffällige Nachdruck, den das Buch Numeri in seiner Beschreibung der Nasiräer auf deren »Enthaltsamkeit von Wein und starkem Getränk« und von allem, »was aus Weinbeeren gemacht wird«, legt, erinnert an die Lebensweise der Nachkommen des Jonadab, die diese totale Weinabstinenz zu einem Fetisch gemacht zu haben scheinen, zum Sinnbild ihrer nichtseßhaften Lebensweise und ihres Nichthängens an materiellen oder zumindest »unbeweglichen« Gütern (wie Feldern und Weinbergen).

In Jakobus' Fall kehren das Motiv der Wein- und allgemeinen Alkoholabstinenz wie dasjenige des ungeschorenen Haupthaars im Zusammenhang mit dem Begriff des »Geweiht-« oder »Ausgesondertseins« wieder. Beide sind, wie wir gesehen haben, auch *priesterliche* Attribute, die sogar in Hesekiels »zadokidischer Verfassung« (44,20 f.) angesprochen werden. Für die Rechabiter scheint das »lange Haar« keine so zentrale Bedeutung gehabt zu haben wie die »Weinabstinenz« – allerdings haben wir bereits darauf hingewiesen, daß die Motive »ungestutzte Rebe« und »ungeschnittenes Haar« (ganz zu schweigen von der *»Krone«, »Nezer«*, der Hohenpriester) im Hebräischen miteinander verwandt sind.[71]

Wie wir gesehen haben, ist sich Eusebios durchaus der Tatsache bewußt, daß das »Rechabiter«-Motiv etwas mit Jakobus und/oder seinen engsten Angehörigen zu tun hat. In der Schilderung vom Tod des Jakobus, die Hegesippus' Charakterisierung von dessen tugendhafter Lebensweise folgt, gelangt das »rechabitische« Ideal deutlich zum Ausdruck. Wie Eusebios referiert, weiß Hegesippus außerdem, daß die »Rechabiter vom Propheten Jeremia erwähnt werden« (und anders als Matthäus oben im Zusammenhang mit Judas *Ischarioth* nennt er *den richtigen Propheten*). In diesem Bericht ruft »ein Priester von den Söhnen des Rechab«, das heißt ein »rechabitischer Priester«, denen, die Jakobus steinigen, zu, sie sollten damit aufhören, denn »Justus« (hebräisch *»Zadok«*) oder »der Gerechte betet für euch«. Wie es sogar heißt, wiederholt Jakobus »kniend« den Ausruf, den Lukas (23,34) Jesus zuschreibt: »Vater, vergib ihnen, denn sie wissen nicht, was sie tun.«

In Epiphanios' parallelem Bericht, in dem ausdrücklich gesagt wird, daß Jakobus »ein Nasiräer war und daher mit der Priesterschaft verbunden«, erfahren wir auch den Namen dieses »rechabitischen Priesters«: Simeon bar Kleophas.[72] Das heißt also, Simeon bar Kleophas, der »Vetter« und Nachfolger Jakobus' als Oberhaupt der Jerusalemer Gemeinde und zweifellos auch der gesamten frühen östlichen Christenheit, war nach Epiphanios' Ansicht ein »rechabitischer Priester« – was immer man auch aus dieser Bezeichnung herauslesen mag.

Wie ich meine, läßt sich daraus *ziemlich viel* herauslesen, insbesondere wenn man das uns bekannte Material aus Qumran parallel zu diesen frühen Kirchenberichten über die Judenchristen oder »Ebioniten« studiert. Wenn wir alle Stellen, in denen der Terminus auftaucht, genau untersuchen – wie das die alten Exegeten auch getan haben –, dann stellen wir fest, daß die Rechabiter oder deren Vorfahr in irgendeiner Weise mit »halten«/»wahren« und »Eifer« in Verbindung gebracht werden.[73]

Auch in dem unter Jakobus' Namen überlieferten Brief spielt der Begriff des »Haltens«/»Wahrens«, ganz zu schweigen vom *Tun*, eine zentrale Rolle. Das gleiche gilt für die Qumraner Definition der »Söhne des Zadok«, die, wie wir uns erinnern, »die Wahrer« [»Halter«] des Bundes sind. In der Gemeinderegel wird diese Bezeichnung auch auf »die Priester« bezogen, ganz zu schweigen von dem Gebot, *»sich abzusondern* von allen Männern der Ungerechtigkeit, die den Weg des Bösen wandeln«.[74] Insofern kann man all diese Termini – »Nazoräer«, »Söhne des Zadok«, »Rechabiter« und dergleichen mehr – als teilweise parallele Bezeichnungen oder als Variationen über ein und dasselbe Thema verstehen.

Im Jakobusbrief und in Qumran begegnen wir einer weiteren Variante: »Tun« oder »Täter«. Sie findet nicht nur im Jakobusbrief und in der Qumran-Literatur wiederholt Verwendung, sondern überhaupt in Texten, die das Ideal der »Werkgerechtigkeit« vertreten, wie beispielsweise dem Koran. »Täter der *Thora«* ist ein zentraler Begriff des *Pescher* Habakuk. Ganz besonders deutlich zeigt sich dies in der Exegese des Buches Habakuk (2,3), der Bibelstelle, die in Qumran als autoritativer Beleg für die sogenannte »Hinauszögerung der *Parusie«* gilt – das heißt die Hinauszögerung der Letzten Tage und der Ankunft des verherrlichten Christus. Dieser Begriff ist auch eine der Voraussetzungen der Auslegung von Habakuk 2,4, »der Gerechte wird durch seinen Glauben leben« – woraus ja Paulus in den Briefen an die Galater und Römer seine theologischen Ausführungen entwickelt, was wiederum verdeutlicht, daß wir es hier mit einem von dem seinigen diametral verschiedenen Ansatz zu tun haben.[75]

Wir atmen in diesem Zusammenhang die dünne Luft abgehobener theologischer Diskussion, bei der jede Seite »ihre« biblischen Belege gegen die andere ins Feld führt, jede Seite die von der anderen angeführten Belege umdeutet und gegen sie wendet. Im Jakobusbrief werden diese »Täter« (»des Wortes« oder »des Werkes« – 1,23 ff.), die *»das Königliche Gesetz gemäß der Schrift wahren«*, ganz im Geiste Qumrans den »Übertretern des Gesetzes« gegenübergestellt (2,8 f.).[76]

Wie schon erwähnt, ist dieser Ausdruck »*›`Osei ha-Torah‹*« (»*Thora*-Täter«) als eine mögliche etymologische Grundlage des Terminus »Essener« vorgeschlagen worden.[77] Diese Bezeichnung hat den Forschern von jeher Rätsel aufgegeben, da sie sich weder im Neuen Testament noch im *Talmud* findet. Dafür verwenden sie Josephus und sein älterer jüdischer Zeitgenosse Philon von Alexandria, der Verfasser der bereits erwähnten *Legatio ad Gaium* (»Gesandtschaft zu Gaius«). Dessen Neffe, der in der Apostelgeschichte (4,6) genannte (Tiberius) Alexander, war Titus' Statthalter und Ratgeber, als dieser den Tempel zerstörte. Berenike war in erster Ehe mit einem Verwandten von ihm (wahrscheinlich seinem Bruder) verheiratet, und mit einem weiteren scheint ihre Schwester vermählt gewesen zu sein: die dritte herodianische Prinzessin, Mariamne, die sich von ihrem vorigen Ehemann, dem Sohn des *herodianischen Tempelschatzmeisters*, scheiden ließ, um einen offenbar noch *reicheren* Mann zu ehelichen.

Eine mögliche Herkunft des Namens »Essener« ist das aramäische Wort für »Fromme« (hebräisch *Hassidim, Chassidim*), doch so inhaltlich passend diese Ableitung auch wäre, sie läßt sich nicht schlüssig beweisen. Epiphanios glaubt in dem Sektennamen einen Verweis auf »Jesus« oder dessen Vorfahren »Jesse« zu erkennen, versteht ihn also im Sinne von »Jesusianer« oder »Jessener«.[78] Aber auch diese Erklärung wirkt recht bemüht. *»`Osei ha-Torah«* oder *»`Osäer«* (bei Epiphanios »Ossäer« oder »Ossener«) paßt am besten und hat den zusätzlichen Vorteil, daß es nicht nur hebräisch ist, sondern tatsächlich in dieser Form in den Qumran-Texten gebraucht wird. Falls diese Etymologie stimmt und damit der Name »Essener« wirklich vom hebräischen Wort für »Täter« abgeleitet ist, besitzen wir nun eine weitere Parallele nicht nur zu den »Nasiräern«, sondern ebenso auch zu den »Nazoräern«, »Rechabitern« und den »Söhnen des Zadok«.

Eine weitere Bibelstelle im Ersten Buch der Chronik (2,55), identifiziert die Rechabiter als »Keniter«. Ihr Geschlecht wird auf Kaleb, den Sohn Hurs aus Ephratha, zurückgeführt (2,50). Letzteres ist im Zusammenhang mit Jesu angeblichem Geburtsort von Bedeutung, da »Ephratha« im Alten Testament mit Bethlehem gleichgesetzt wird.[79]

Nun galten die »Keniter« als das am Sinai ansässige Volk Jethros, bei dem Moses eine Zeitlang lebte und dessen Tochter er heiratete; in diesem Sinne konnten Moses' Nachkommen bis zu einem gewissen Grad als »Keniter« verstanden werden. Später sollen sie beim Stamm Juda gelebt haben.[80] Was uns nun vor allem interessiert, ist die Tatsache, daß diese »Keniter« als Metallarbeiter oder Schmiede galten, das heißt »Töpfer« waren (beide wurden im Hebräischen als *»Jozrim«* bezeichnet – ein Wort, das direkt zum Terminus *»Nozrim«* für »Christen« überleitet, welcher wiederum mit dem Wortfeld »Nazoräer/Nazarener« zusammenhängt).

Damit schließt sich der Kreis. Wenn wir uns jetzt wieder der rabbinischen Tradition zuwenden, der zufolge »die Töpfer Rechabiter waren, die das Gelübde ihres Vaters hielten«, einer Glosse zum Ersten Buch der Chronik (4,23), erkennen wir, daß diese »Wanderhandwerker« oder »Töpfer« auch als Abkömmlinge des Stammes Juda galten. Diese Überlieferung ist zwar etwas dunkel, aber sie berichtet weiter von ihnen, »sie hielten sich in Pflanzungen und Umzäunungen« auf und arbeiteten »in der Werkstatt des Königs«, bei dem sie gleichfalls »gewohnt« haben sollen. Dies aber führt uns wieder zur Werkstatt des »Töpfers im Hause des Herrn« im Buch Sacharja (11,13) zurück, worauf im Matthäusevangelium (27,9) im Zusammenhang mit Judas *Ischarioths* Selbstmord angespielt worden war.

Im Ersten Buch der Chronik (4,22) findet sich auch ein etwas unklarer Hinweis auf eine vorherige Beziehung zum transjordanischen Moab – dem »Peräa«, in dem später Johannes der Täufer wirkte – und vielleicht zu »Bethlehem«. In der katholischen Vulgata heirateten sie, wie Davids Vorfahr, Frauen aus »Moab, bevor sie vor langer Zeit nach Bethlehem zurückkehrten«. Diese Berichte bringen sie ebenfalls mit einer Gegend oder einer Stadt namens »Koseba« (»Chozeba«) in Verbindung (1. Chronik 4,22). Darauf könnte der Name des späteren messianischen Volksführers Bar Kochba zurückgehen.

Wie dem auch sei – als wesentliche Punkte können wir festhalten: Die »Rechabiter« hatten keinen festen Wohnsitz, lebten in Zelten, und – dies vor allem – sie hingen nicht an materiellen Gütern. Nicht nur gab ihnen »ihr Vater Jonadab, der Sohn des Rechab« Gebote und Verhaltensregeln, die »sie hielten« (*linzor*), sondern er war auch ein »Eiferer für den Herrn«, der sich eindeutig an Jehus endgültiger Ausrottung der Götzenverehrung beteiligt hatte. Die Betonung der Nichtseßhaftigkeit seiner Nachkommen und der Tatsache, daß sie »keine Weinberge pflanzten«, sollte offensichtlich ihre Nichtanhaftung an materiellen Dingen und damit ihren »Eifer für Gott« aufzeigen. Die Verurteilung dessen, der »der Welt Freund sein will« statt

»Gottes Freund«, orientiert sich also in gewissem Sinne an solchen Menschen. Demgegenüber wird Jesus in den Evangelien als ein »Wein saufender *Freund von Zöllnern und Sündern*« tituliert (Matthäus 11,19 und Lukas 7,34).

Ob es diese Rechabiter zu Jakobus' Zeiten noch gab, ist letztlich irrelevant. Auch Jakobus, so erfahren wir von Eusebios, Epiphanios und Hieronymus, »enthielt sich von Wein und starkem Getränk«, und »kein Schermesser kam über sein Haupt« – in seinem Falle, weil er »ein Nasiräer« war, »ausgesondert von seiner Mutter Leib an«: ein *Nasiräer von Geburt*. Des weiteren war er, wie die Termini »heilig« oder »geweiht« bisweilen implizieren, ein »Priester«, ja unseren Quellen zufolge sogar ein *Hoherpriester*. Wenn wir Eusebios' und Epiphanios' (offensichtlich auf Hegesippus sich stützende) Berichte miteinander kombinieren, dann hatte Jakobus auch einen Bruder, einen der *Desposyni* oder palästinischen Angehörigen Jesu (wir erinnern uns an Julius Africanus' Mitteilung, diese hätten aus zwei Ortschaften in Judäa oder Transjordanien namens »Nazara und Kochaba« gestammt), der – dies wird unsere These sein – ein »rechabitischer« Priester war.

Was bedeutet das? Alle drei, Eusebios, Epiphanios und Hieronymus, werden jetzt gleich nicht nur erklären, daß Jakobus Priester war, sondern sogar die Mitra eines *Hohenpriesters* trug. Natürlich wird der Leser bereits bemerkt haben, daß wir seit längerem genau *darauf* hinarbeiten: Jakobus' Anspruch auf die Hohepriesterwürde zu bestätigen. Ein weiteres Argument, das wir dafür heranziehen werden, ist die in allen Quellen enthaltene Information, daß Jakobus »keine Wollkleidung trug, sondern nur Leinen«: das heißt die Leinengewänder, welche die Priester im Tempel trugen.[81]

Die Söhne oder Töchter der Rechabiter als Hohepriester

In der Qumran-Literatur wird der Terminus »Söhne des Zadok« auf »die Priester« bezogen, »die die Wahrer des Bundes waren« oder einfach »den Bund hielten/wahrten«; wir haben vom priesterlichen Verhalten der Essener« gehört; in der Apostelgeschichte ist von einer »Vielzahl« von Priestern (»die Vielen« von Qumran?) die Rede, die sich der Jerusalemer Bewegung um Jakobus anschließen; wir haben »die Zeloten-Bewegung« selbst auf ihren Anspruch auf »den Eifer des Pinhas«, mit dem bereits die Makkabäer ihr neues Priestertum legitimieren wollten und der in der einzigen historischen Mitteilung, die wir über Jonadab, des Rechab Sohn, besitzen, eine Parallele hat. Schließlich haben wir im Hebräerbrief die im Namen Jesu erhobenen

Ansprüche auf die Hohepriesterwürde – »Du bist ein Priester in Ewigkeit nach der Ordnung Melchisedeks« (5,6 und so fort, gepaart mit der wiederholten Betonung seiner »Vollkommenheit«) –, die sogar das ungeschulte Auge als eine Variation der (in diesem Falle esoterischen, nicht buchstäblichen) »Zadok-Sohnschaft« erkennen dürfte.

Weiterhin haben wir eine frühere Mitteilung über einen zu Davids und Sauls Zeiten lebenden »Rechab« – unseren ersten überhaupt –, die möglicherweise unser Diskussionsthema betreffen könnte: nämlich, er sei ein Benjaminiter gewesen und habe in irgendeiner Beziehung zu den »Be`oritern« (Beerothiter) gestanden (2. Buch Samuel 4,2). Auch wenn dies eine negative Mitteilung ist, berühren wir damit wieder vertraute Themen. In dieser Passage ist auch von »gastweise wohnen« die Rede, von »ansässigen Fremden« also (4,3). Eine wichtige Rolle spielt das Motiv der »ansässigen Fremden« im Zusammenhang mit dem bereits erörterten Bericht des »Gottesfürchtigen« und demjenigen «derer, die sich verbinden«, dem wir im Buch Esther und andernorts begegnet sind – womit gleichfalls Heiden bezeichnet werden, die in irgendeiner näheren Beziehung zur jüdischen Gemeinde stehen, sich aber nicht unbedingt verbindlich und endgültig zum Mosaischen Gesetz bekennen.

Besonders stark tritt dieses Motiv des »ansässigen Fremden« (*ger-nilveh*), wie wir gesehen haben, in einem anderen Qumran-Text hervor, dem *Pescher* Nahum. Dies ist ein äußerst wichtiger Text, der an Bedeutung fast dem *Pescher* über den Propheten Habakuk gleichkommt. Auch er ist ein *»Zaddik«*-Text, das heißt, in der ihm zugrundeliegenden biblischen Passage kommt, ebenso wie im Habakuk-Text, das hebräische Wort »Zaddik« oder »Gerechter« vor – Jakobus' Beiname. In diesem *Pescher* werden die ansässigen Fremden (*ger-nilvim*) mit zwei weiteren esoterischen Begriffen in Verbindung gebracht: zunächst der »Stadt aus Blut«, eine Wendung, die, wie wir bereits vorgeschlagen haben, auf die Tatsache anspielen könnte, daß Paulus »eine Gemeinde baut«, die sich – wenn auch nur symbolisch – »auf Blut« gründet, das heißt auf das Trinken vom »Kelch von Christi Blut«. Für den Qumraner Puristen oder den »Zeloten« dürfte eine derartige Praxis – ob real oder nur symbolisch durchgeführt – verdammenswürdig gewesen sein.

Der zweite Begriff findet sich auch im *Pescher* Habakuk: »die Schlichten von Juda, *die Thora tun*«. Der Begriff »Schlicht« entspricht nicht nur demjenigen der »Kleinen«, den wir von den Evangelien her kennen, sondern auch dem der – dort wie in der Qumran-Literatur allgemein – weitverbreiteten *»Ebionim«*/»die Armen« oder »Sanftmütigen«.

Das letzte, was wir im Alten Testament über die Rechabiter erfahren, ist, daß einer ihrer Nachkommen, Malkia, der Sohn des Rechab, zur Zeit des Esra und des Nehemia aus dem Exil zurückkehrte (Buch Nehemia 3,14 – um 450 v. Chr.). Ihm wurde die Aufgabe übertragen, eines der Stadttore Jerusalems zu reparieren – und zwar das »Dungtor«, was auch nicht uninteressant ist, da dieses, wie der Name impliziert, das »ärmste« aller Tore war. Später scheint es »das Essenertor« genannt worden zu sein. Malkia ist eine der 24 priesterlichen Ordnungen, die im Ersten Buch der Chronik (24) aufgezählt werden. Wenn es sich dabei um dieselbe Gruppe handelt wie im Falle von »Malkia, dem Sohn des Rechab«, dann ist dies der Beleg für eine weitere genealogische Verbindung der Rechabiter zur Priesterschaft, die zu Jesu und Jakobus' Zeit amtierte.

Aber in dieser Mitteilung über das »Reparieren von Toren« haben wir auch einen impliziten Hinweis auf ihre handwerklichen Fähigkeiten, und das bringt uns wieder zu unseren Töpfern, Schmieden und Wanderhandwerkern zurück. In diesem Zusammenhang sei auch an die Zimmerei erinnert, die mit Jesus (Markus 6,3) oder dessen Vater (Matthäus 13,55) in Verbindung gebracht wird.[82] Und im Buch Nehemia (3,31) wird dieser Malkia tatsächlich als »der Sohn des (Gold)schmieds« bezeichnet!

Dies bringt uns wieder einmal zur rabbinischen Literatur zurück und bestätigt nicht nur diese Mitteilungen über die *rechabitische* Lebensweise, sondern stellt auch abermals eine – wenngleich noch so schwache – Verbindung zum Hohenpriesteramt und dem *Dienst am Altar* her. Nehmen wir einmal an, daß diese »Wildnis-Verweiler« oder nomadischen Töpfer – Menschen, die aus einem Bestreben nach äußerster Reinheit, und um sich allen weltlichen Verstrickungen zu entziehen, bewußt ein nichtseßhaftes Leben führten und sich des »Wein«-Genusses in jeglicher Form enthielten – irgendwann tatsächlich, wie die rabbinischen Quellen bezeugen, in irgendeine nähere, verwandtschaftliche Beziehung zu den Hohenpriestern traten. Dann liefern uns diese Mitteilungen nicht nur eine Bestätigung dieser Hypothese, sondern auch einen Hinweis darauf, *wie* es zu dieser Verbindung kam.

In einer *Midrasch* – einem auslegenden Text – zu unserer »Rechabiter-Passage« aus dem Buch Jeremia (35) erfahren wir, daß »die Söhne des Rechab mit den Töchtern der Hohenpriester verheiratet wurden« und – wenigstens während der unmittelbar der Kompilation des fraglichen Textes vorausgehenden Zeitspanne – »im Tempel Dienst taten«. Eine andere talmudische Überlieferung stellt die Sache umgekehrt dar: nämlich, daß »die Töchter der Rechabiter *die Söhne der Hohenpriester* heirateten«. Letzteres bringt uns aber ganz in die Nähe dessen, was im Lukasevangelium über die Herkunft Johannes' des Täufers berichtet wird, der »keinen Wein trank« und sich auf eine Weise kleidete, wie sie für die wüstenbewohnenden Nachkommen dieser »Töpfer« charakteristisch war.[83] Wie dem auch sei – in diesen rabbinischen Quellen haben wir äußerst wichtige Belege für die Tatsache, daß wildnisbewohnende Gruppen wie solche »Rechabiter« (die man in anderem Kontext ebenso auch als »lebenslängliche Nasiräer« oder vielleicht sogar »Nazoräer« bezeichnen könnte) *im Tempel Dienst taten.*

Tatsächlich will der spanische Reisende Benjamin von Tudela um das Jahr 1165 in Arabien, nördlich des Jemen, viele solche jüdische »Rechabiter« angetroffen haben, die (wie Jakobus) »kein Fleisch aßen, sich des Weins enthielten«, »in Höhlen lebten« und unentwegt fasteten, da sie »um Jerusalem und Zion trauerten«.[84]

12
Jakobus' Bade- und Kleidegewohnheiten

Jakobus' Leinengewänder und seine *Jom-Kippur*-Sühne

Der nächste Punkt, über den alle diese frühen Kirchenquellen übereinstimmend berichten – daß Jakobus nur Leinen trug und gewohnt war, »das Heiligtum« oder »den Tempel« *allein* zu betreten –, wird jetzt wichtiger denn je, verweist er doch auf Tempeldienst und Priesterwürde. Der – bei Eusebios am ausführlichsten zitierte – Hegesippus-Text lautet folgendermaßen:

> Er *salbte sich nicht mit Öl*, und er ging *nicht ins Bad.* Einzig er durfte *den Heiligen Ort betreten*, denn er trug keine Wolle, sondern Leinen, und er *pflegte den Tempel allein zu betreten*, und oft fand man ihn kniend vor, für das Volk um Vergebung bittend, so daß *seine Knie schwielig wurden wie die eines Kamels* durch sein unentwegtes Knien vor Gott, mit dem er für das Volk um Vergebung bat.[1]

Die Weise, wie unsere drei Hauptinformanten mit dieser äußerst wichtigen Mitteilung umgehen, verrät einiges sowohl über deren Denkweise als auch darüber, was sie in der (oder den) ihnen vorliegenden Quelle(n) ursprünglich sahen. Hieronymus, der offensichtlich aus derselben Quelle wie Eusebios schöpft – vielleicht sogar aus Eusebios selbst, wenngleich dies fraglich ist –, schließt sich in der Hinsicht der Eusebiosschen Hegesippus-Version an, daß er Jakobus' »Betreten des Tempels« kausal von der Tatsache abhängig macht, daß er »keine Wolle«, sondern nur Leinen« trug. Während nun aber Eusebios davon spricht, daß Jakobus »das Heiligtum« oder »den Heiligen Ort« betrat, verwendet Hieronymus an dieser Stelle den enger umrissenen Begriff »Allerheiligstes«.

Bedenkt man, daß die zwei Termini, die in Eusebios' Zeit vorkommen – »Heiliger Ort« und »Tempel« –, auch auf griechisch unterschiedlich lauten, können wir, meine ich, den Schluß ziehen, daß Hieronymus, der des Hebräischen mächtig war, diesbezüglich vertrauenswürdiger ist. Darüber hinaus wird aus Hieronymus' Version (»Allerheiligstes«) klar, wovon an dieser Stelle die Rede ist: nämlich vom Sühneopfer, das der Hohepriester einmal im Jahr im Allerheiligsten durchführen durfte, um Gott mit den Sünden des ganzen Volkes zu versöhnen.

Bei diesen Sünden handelte es sich entweder um kollektiv begangene oder um Unterlassungssünden, das heißt um solche Verstöße gegen das Gesetz, deren sich der einzelne nicht bewußt war oder deren Vermeidung nicht in seiner Macht lag. Sünden, um die der einzelne wußte oder die er im Rahmen seiner Handlungsfreiheit begangen hatte, konnten natürlich auf die normale Weise gesühnt werden.

Dies ist bis zum heutigen Tag die Bedeutung des jüdischen Versöhnungsfestes oder *Jom Kippur*. Damit wird ersichtlich, daß diese etwas verworrenen Berichte von einem *Jom-Kippur*-Sühneopfer sprechen, das Jakobus durchgeführt zu haben scheint. Dieses Opfer wurde vom Hohenpriester einmal im Jahr im Allerheiligsten vollzogen (2. Moses 30,10 und 3. Moses 16,34 – wobei letzterem das absolute, sowohl für das Haus Israel als auch für die in ihm weilenden Fremden (*ger*) geltende Verbot, »Blut zu essen«, folgt, 3. Moses 17,10 f.).

Die dieses »Sühneopfer« betreffenden Reinheitsvorschriften waren noch strenger als gewöhnlich und schlossen eindeutig »baden« ein (3. Moses 16,4). Normalerweise trug der Hohepriester acht Kleidungsstücke aus feinem Leinen und Wolle. Doch am Tag der Entsühnung trug er nur vier leinene: einen Leibrock, Beinkleider, einen Gürtel und einen »Kopfbund«. Diese sollten weiß sein und – gemäß der Vorschrift im Dritten Buch Mose (16,4), daß sie »heilig« sein sollten – aus grobem, unverfeinertem Leinen bestehen. Die Betonung der »Heiligkeit« ist im Zusammenhang mit Jakobus sehr wichtig, und diese sind eindeutig die Kleider, die Jakobus den Quellen zufolge aufgrund seiner besonderen Heiligkeit auch *alltags* trug.

Jom Kippur wurde am Zehnten des siebten Monats gefeiert (3. Moses 16,29), nachdem sich das Volk durch Bußriten zu Beginn dieses heiligen Monats auf diesen höchsten jüdischen Feiertag vorbereitet hatte. Fünf Tage später begann das einwöchige Laubhüttenfest, das in Erinnerung an den Aufenthalt in der Wüste nach dem Auszug aus Ägypten begangen wurde und – am achten Tag – mit einem alljährlichen Neubekenntnis zur *Thora* oder dem Gesetz abschloß.

Wie Hieronymus es formuliert:

> Ihm allein war es *gestattet, das Allerheiligste zu betreten*, denn wahrlich, *er trug keine wollenen Gewänder, sondern nur Leinen*, und *er ging allein in den Tempel* und betete für das Volk, und zwar so eifrig, daß *seine Knie die Härte von Kamelknien erlangt haben sollen*.

Hieronymus wiederholt hier alles, was wir bereits von Eusebios erfahren haben, doch er gibt uns zusätzlich die wichtige Information, was mit »Heiligem Ort« gemeint war.

Epiphanios formuliert das Ganze wieder etwas anders, und mögen seine Angaben bisweilen auch etwas phantasievoll sein, er hat doch den Vorzug, den Zusammenhang des Geschilderten mit dem *Jom-Kippur*-Sühneopfer zu erkennen. Nachdem er mitgeteilt hat, daß Jakobus »ein Nasiräer« und daher »geweiht« war, schreibt er – und verrät dadurch sein Verständnis der wahren Bedeutung der Dinge, die er referiert:

> Doch wir erfahren weiterhin, daß er auch *das Priesteramt gemäß der Alten Priesterschaft* ausübte. Aus diesem Grund war es ihm gestattet, einmal im Jahr das Allerheiligste zu betreten, so wie es das Gesetz der Schrift zufolge den Hohenpriestern gebot.

In seiner zweiten Version dieses Berichts formuliert er dies folgendermaßen:

> Einzig Jakobus war es gestattet, einmal im Jahr das Allerheiligste zu betreten, denn er war ein Nasiräer und stand mit der Priesterschaft in Verbindung... Jakobus war ein ausgezeichnetes Mitglied der Priesterschaft ... Jakobus trug außerdem ein Diadem [den mit einer Stirnplatte geschmückten »Kopfbund« der Hohenpriester, *Nezer*] auf dem Kopf.[2]

In seiner ersten Version hatte es diesbezüglich geheißen:

> Schon viele vor mir haben dies von ihm berichtet: Eusebios, Clemens und andere. Er durfte außerdem, wie die soeben genannten vertrauenswürdigen Männer in denselben Geschichtswerken bezeugt haben, die Mitra tragen.

Hier hat Epiphanios »Mitra« anstelle von »Leinen«, und wir müssen eine Entscheidung treffen, wer als zuverlässiger zu gelten hat: Eusebios/Hieronymus oder Epiphanios. Es ließen sich wahrscheinlich für beide Seiten Argumente vorbringen, aber »Leinen« ist etwas konservativer. Andererseits besteht in allen alttestamentlichen Beschreibungen »die Mitra« oder Kopfbedeckung des Hohenpriesters ohnehin aus Leinen (2. Moses 28,39 und Parallelen). Da sowohl Hieronymus als auch Epiphanios diese Kopfbedeckung kausal mit der Tatsache in Verbindung bringen, daß er das Allerheiligste des Tempels betreten durfte, können wir wohl schließen, daß Jakobus wirklich Leinen trug – wobei die Behauptung, er habe die (mit einer Stirnplatte mit den darin eingravierten Worten »Heilig dem Herrn« versehene) hohepriesterliche Mitra getragen, durchaus auch zutreffen kann.

Jedenfalls fügt Epiphanios dem die Information hinzu, daß »er nur einen Leinenumhang trug«, und bringt dies mit der »Leinwand« in Verbindung, die der Jüngling in der merkwürdigen Episode um Jesu Verhaftung im Evangelium des Markus (14,51) zurückläßt. Außerdem versteht Epiphanios, wie schon gesagt, daß diese Informationen, wie immer man sie im einzelnen auslegen mag, mit wenigstens einem *Jom-Kippur*-Sühneopfer zusammenhängen, das Jakobus vollzogen hat. Wir sagen »einem«, weil es das ist, womit wir es zu tun zu haben scheinen, allerdings immer vorbehaltlich der Möglichkeit, daß es sich dabei auch um eine gewohnheitsmäßige Praxis gehandelt haben könnte oder daß mehrere solche Opfer durchgeführt worden sein könnten. Auf alle Fälle sprechen alle unsere Quellen von *wenigstens einer Entsühnung*.

Nun macht sich Epiphanios an eine ausführliche Analyse dieser Informationen und kommt in diesem Zusammenhang auf Jesu Hohepriesterschaft zu sprechen – jene Priesterschaft, die der Hebräerbrief als »nach der Ordnung Melchisedeks« kennzeichnet (5,6 und 7,15–22). Diese, fährt der Hebräerbrief fort, bringt den Menschen

> immerwährendes Eintreten ... [durch] einen Hohenpriester ... der *heilig* ist, unschuldig, *unbefleckt, von den Sündern abgesondert* und *höher*... (7,25 f.)

Die Formel »ein Priester in Ewigkeit nach der Ordnung Melchisedeks« (hebräisch *Malkizedek*, das heißt »König der Gerechtigkeit«) stammt aus Psalm 110,4. Derselbe Psalm gebraucht auch das Bild »deine Feinde zum Schemel deiner Füße machen« (110,1), das sich sowohl in der Apostelgeschichte als auch in der Qumran-Literatur wiederfindet, sowie die Wendung »heilig vom Mutterleib an«, der wir im Zusammenhang mit Jakobus – als Kennzeichen eben eines solchen Priesters – begegnet sind (110,3). Epiphanios zieht aus alledem den orthodoxen Schluß:

> Und er sitzt auf dem Throne Davids und hat Davids Krone fortgenommen und sie, zusammen mit dem Hohenpriesteramt, seinen eigenen Dienern übergeben, den Hohenpriestern der katholischen Kirche.

Dieser Anspielung auf den »Thron« sind wir bereits weiter oben im Zusammenhang mit Jakobus begegnet, aber Epiphanios scheint die hier gemeinte Priesterschaft als von derjenigen Jakobus' verschieden zu betrachten: *Sie* war lediglich »die Priesterschaft nach der alten Priesterordnung«, wenngleich nicht auszuschließen ist, daß die zwei Ordnungen als einander überschneidend betrachtet wurden.[3]

So wichtig ist offenbar das Motiv des »auf Knien für das ganze Volk um Vergebung bittenden« Jakobus, daß es in allen Schilderungen von Jakobus' Tod wiederkehrt – der Episode, in der Epiphanios anstelle des »Priesters von den Söhnen des Rechab, eines Sohnes der Rechabiter«, von dem Eusebios spricht, den Namen »Simeon bar Kleophas« einsetzt. Weiter unten werden wir sehen, daß die zwei Motive von Jakobus' »Knien« und seinen »Leinengewändern« in Berichten um Jesu Tod wiederauftauchen.[4] Auch wenn nicht auszuschließen ist, daß Epiphanios »Leinen« und »Stirnplatte« – beides charakteristische Attribute hohepriesterlicher Kleidung – verwechselte, fällt es schwer zu glauben, daß er sich den »Simeon bar Kleophas« als Augenzeugen von Jakobus' Tod ganz allein ausgedacht haben soll. Aus diesem und weiteren Gründen scheint Epiphanios zumindest in diesem Zusammenhang zusätzliche Quellen herangezogen zu haben, die Eusebios nicht verwertet hat.[5] Auch die Tatsache, daß alle Quellen Jakobus' »Gebet für das ganze Volk« mit seiner Entsühnung im Tempel und mit seiner anschließenden Steinigung in Verbindung bringen, wird von Bedeutung sein, wenn es darum gehen wird, seine Steinigung mit der Sühnehandlung *im Allerheiligsten* in Verbindung zu bringen. Bei Epiphanios ruft Simeon bar Kleophas den Steinigenden zu: »Haltet ein, er spricht um euretwillen die wunderbarsten Gebete«; bei Eusebios heißt es lediglich: »Der Gerechte betet für euch« – wobei »der Gerechte«, wie wir gesehen haben, anstelle des eigentlichen Namens »Jakobus« gebraucht wird.

Das Bild des frommen Jakobus, der so lange im Allerheiligsten »Gott anfleht« oder »betet«, bis »seine Knie so hart wie die Schwielen an den Knien eines Kamels werden«, ist dermaßen originell, daß man sich kaum vorstellen kann, Hegesippus habe es sich einfach ausgedacht. Es sind oftmals gerade solche anschaulichen Details und Mikro-Informationen, die der gesamten Aussage Glaubwürdigkeit verleihen.

Ob Jakobus' »schwielige Knie«, die den Hornhäuten eines Kamelknies ähnelten, auf eine einzige *Jom-Kippur*-Entsühnung, auf mehrere solche oder aber auf Jakobus' Gewohnheit, täglich im Tempel zu beten, zurückgeführt werden sollten, ist eine Frage, die der Leser sich selbst wird beantworten müssen. Allerdings kann man sich leicht vorstellen, daß Jakobus zu einer bestimmten Gelegenheit tatsächlich in das *Allerheiligste* des Tempels ging, um für das ganze Volk Sühne zu tun, und daß er so »heilig« und »fromm« war, daß er den ganzen Tag »auf den Knien« lag und Gott um Vergebung anflehte. Mit anderen Worten: Seines war das gerechte Gebet eines Priesters/*Zaddiks*.

Dies ist *eine* Möglichkeit, die Sache zu sehen. Es mag auch andere geben. Über diese Stelle ist bereits viel Spott ergossen worden, namentlich in der christlichen Forschung, aber das war *vor* der Entdeckung der Handschriften vom Toten Meer. Inzwischen kennen wir nicht nur die geistesgeschichtlichen Hintergründe, vor denen das Bild einer »oppositionellen« gerechten (oder »zadokidischen«) Hohenpriesterschaft mit einemmal an Plastizität gewinnt, sondern wir haben im *Pescher* Habakuk auch eine – dunkle – Anspielung auf, wie es scheint, tödliche Auseinandersetzungen zwischen den Anhängern des Gerechten Lehrers (die dort als »die Armen«/»*Ebionim*« bezeichnet werden) und dem Frevelpriester.[6]

Aber die Details dieses Szenarios drängen sich förmlich auf als Vorbereitung der Ereignisse um Jakobus' Hinrichtung. Sie erweisen sich als so klar und von so bezwingender Glaubwürdigkeit, daß sie die Evangelienberichte vom Tod Jesu diesbezüglich völlig in den Schatten stellen. Beispielsweise ist gerade dies – das Allerheiligste, vor der Steinigung, oder anschließend die Steinigung selbst – der räumlich-zeitliche Kontext, in dem man sich vorstellen kann, daß die im Neuen Testament dem Jesus und in leicht abgewandelter Form dem Stephanus zugeschriebene Bitte: »Vater, vergib ihnen, denn sie wissen nicht, was sie tun« (Lukas 23,43 und Apostelgeschichte 7,59), *wirklich*, nämlich von Jakobus, ausgestoßen wird.

Die Apostelgeschichte liefert in diesem Zusammenhang das etwas rätselhafte Detail, daß »die Zeugen« ihre »*Kleider*« ausziehen und Paulus zu Füßen legen, bevor sie sich daranmachen, Stephanus zu steinigen (7,57). Diese Szene der *Steinigung des Stephanus*, bei der jener »niederkniet« und »betet«, werden wir noch mit der *Steinigung des Jakobus* und dem »Gebet«, das *er* unseren Quellen zufolge spricht, in Verbindung bringen – und dort zusätzlich auch von einer »Wäscherkeule« erfahren, »zum Walken von *Kleidern* bestimmt«.

Der Hintergrund von Jakobus' Sühnehandlungen im Tempel

Der Hinweis, Jakobus habe »nur Leinen getragen«, muß auch im Zusammenhang mit Josephus' Mitteilung betrachtet werden, in den letzten Jahren vor der Zerstörung des Tempels – also gegen Ende der Periode, während der Jakobus in Jerusalem »herrschte« – hätten die Angehörigen der niederen Priesterschaft das Recht erlangt, »Leinen« zu tragen. Josephus gibt kein genaues Datum für dieses Ereignis an, aber es ist offensichtlich, daß er es als eine »Neuerung« und als einen weiteren Nagel im Sarg des Tempels betrachtet, da, wie er es formuliert, »all dies den althergebrachten Gesetzen widersprach und wir uns durch eine solche Gesetzesübertretung zwangsläufig die verdiente Strafe zuziehen würden«.[7] Er meint natürlich eine *göttliche* Bestrafung in Form der bald darauf erfolgten Zerstörung des Tempels.

Ganz in dem gleichen Sinne äußert er sich, wie wir gesehen haben, zu einer anderen »Neuerung«, die während des gleichen Zeitraums eintrat: nämlich der Weigerung ebendieser niederen Tempelpriester, weiterhin Opferhandlungen im Namen von Römern und anderen Ausländern durchzuführen – ein Schritt, der zum Auslöser des Aufstands gegen Rom wurde. In seiner Schilderung der Ereignisse der fünfziger Jahre – der Zeit, da Felix nach Palästina entsandt wurde – spricht Josephus von den »Banden von Räubern und Schwindlern, die die Massen täuschten. Felix aber ließ täglich eine große Anzahl von ihnen ergreifen und hinrichten.[8] Wie wir uns erinnern, hatte Josephus berichtet:

> Jene, die das Volk zu täuschen wünschten, und die religiösen Schwindler, die unter dem Vorwand göttlicher Inspiration *Neuerungen* und *einen Wechsel in der Regierung herbeiführen wollten*, überredeten die Massen zu Wahnsinnstaten und *lockten* sie mit dem Versprechen *in die Wüste hinaus*, Gott würde ihnen *die Zeichen der Freiheit* offenbaren.[9]

Der gleichen Sprache bedient sich Paulus, wenn er im Galaterbrief auf jene anspielt, die »eingeschlichen waren, auszukundschaften unsere *Freiheit*, die wir haben in Christus Jesus«. Man kann sagen, daß Paulus, dessen Begriffe von »Freiheit« und »Knechtschaft« ganz offenkundig nichts mit Politik zu tun haben, hier einfach das, was solche »Schwindler« und »Neuerer« in der materiellen Welt verlangten, ins Spirituelle überträgt. Philon tut in seiner allegorischen Auslegung alttestamentlichen Materials genau das gleiche. Paulus aber spricht nach eigener Aussage, »wie der Heilige Geist [ihn] lehrt, und erläutert Geistliches mit Geistlichem« (1. Korinther 2,13) und durch »Bildliches« (Galater 4,24).

Nachdem er vom Angriff des »Ägypters« – mit dem Paulus der Apostelgeschichte zufolge verwechselt wird – auf den Tempel berichtet hat, faßt Josephus die Situation mit folgenden Worten zusammen:

> Die Betrüger und die Räuber rotteten sich zusammen und stachelten *Viele* zum Aufruhr auf, indem sie sie beschworen, ihre *Freiheit* einzufordern, und drohten, jeden zu töten, der *sich der römischen Herrschaft unterwarf*, und jeden niederzumachen, der sich freiwillig in die *Sklaverei* schickte.

Dabei zogen diese Leute, wie Josephus weiter berichtet, durch ganz Judäa und »plünderten die Häuser der Reichen und ermordeten deren Besitzer«.[10] Und als schließlich der eigentliche Aufstand ausbrach, verbrannten die »Neuerer«, wie wir uns erinnern, alle Schuldverschreibungen, um »die Armen gegen die Reichen aufzuwiegeln«.

Später verbrennen sie nicht nur die Paläste der Herodianer und Hohenpriester, sondern töten letztere – die Herodianer hatten mittlerweile die Stadt verlassen und sich ins römische Feldlager zurückgezogen – auch fast bis auf den letzten Mann. Der Leser muß sorgfältig auf das zu jener Zeit verwendete Vokabular achten, desgleichen auf alle Überschneidungen, die sich, ungeachtet des jeweiligen konkreten Kontextes, zwischen den verschiedenen Quellen feststellen lassen; gleichzeitig darf er sich nicht vom Nebel bewußter Verfälschung in die Irre führen lassen.

Mit den Worten »die *Werke* der *Räuber verseuchten die Stadt* mit Unreinheit« schildert Josephus in *Altertümer* die Situation, die sich unter Felix entwickelte, zu dessen Amtszeit auch in Cäsarea ähnliche Konflike zwischen den – von den Legionären unterstützten – Griechen und den Juden ausbrachen.[11] Wie wir uns erinnern, war Cäsarea der Schauplatz der freundschaftlichen Gespräche, die Paulus laut Apostelgeschichte mit Felix und dessen angeheirateten herodianischen Verwandten führte, sowie von Paulus' Gefangenschaft in »Herodes' Palast«. Nach der Ermordung von Ananus' Bruder Jonathan durch die »Sikarier«, wie Josephus die radikalste Gruppe dieser Revolutionäre nennt,

> mordeten sie weiter, und nicht nur in anderen Teilen der Stadt, sondern in manchen Fällen sogar im Tempel; denn … sie betrachteten nicht einmal dies als eine *Entweihung*. Dies ist mei-

nes Erachtens auch der Grund, warum sogar Gott selbst sich *aus Abscheu vor ihrer Frevelhaftigkeit* von unserer Stadt abwandte und warum Er, *da Ihn der Tempel kein unbefleckter Wohnort mehr dünkte*, die Römer über uns brachte und *läuterndes Feuer über die Stadt*, während Er *uns* nebst unseren Frauen und Kindern *der Sklaverei preisgab*, denn Er wünschte *uns mit diesen Leiden zu züchtigen.*

Nicht nur wird der Vorwurf der »Lästerung«, der, wie wir sehen werden, gegen Jakobus – und in den Evangelien gegen Jesus – erhoben wurde, jetzt gegen die Radikalen gerichtet, sondern alle Leiden der Juden sind zudem durch die *Sikarier* verschuldet.

So beschreibt Josephus retrospektiv die Ereignisse der fünfziger Jahre – Ereignisse, in denen Paulus und Jakobus eine entscheidende Rolle spielten. Natürlich kehrt er dabei die Aussagen jener, die diese »Neuerungen« anstrebten, gegen sie selbst. Wie eigennützig und oberflächlich seine Geschichtsbetrachtung ist, fällt insbesondere durch ihre Parallelität zu den Evangeliendarstellungen von Christi Tod ins Auge. Der gleichen Sprache werden wir auch in der Damaskus-Schrift begegnen, dort allerdings im Zusammenhang mit den »Suchern nach Reibungslosigkeit« und den anderen Kollaborateuren, die »den Gerechten« und »alle Wandler in Vollkommenheit mit dem Schwert« angriffen. Aus diesem Grund, wie es auch da heißt, »entzündete sich der Zorn Gottes wider ihre Gemeinschaft und verwüstete all ihre Menge, denn *ihre Werke waren unrein* vor Seinem Angesicht«, und »Er lieferte sie aus dem rächenden Schwert der Vergeltung des Bundes« – letzteres ein in der Damaskus-Schrift häufig wiederkehrendes Motiv.[12]

In den gleichen Tönen spricht Josephus, als die römische Garnison der Zitadelle (dieselbe Garnison, die sieben Jahre zuvor Paulus im Tempel vor der aufgebrachten jüdischen Menge gerettet hatte) in den ersten Tagen des Aufstands massakriert wird – mit Ausnahme des Hauptmanns, der einwilligt, sich beschneiden zu lassen:

> Und von solch einem Makel der Schuld befleckt, konnte die Stadt nicht anders als vor einer Heimsuchung des Himmels bangen, wenn nicht vor der Rache Roms.[13]

Josephus befindet sich natürlich in der vorteilhaften Position, den Ausgang der Ereignisse, die er schildert, bereits zu kennen. Das gleiche gilt für das Christentum, wenn es den Untergang der Juden auf den Tod Jesu Christi zurückführt. Wie Eusebios, Konstantins Vertrauter und einer der Väter der christlichen Kirche, wie wir sie heute kennen, nicht müde wird zu erklären:

> Die Göttliche Gerechtigkeit ereilte sie schließlich und bestrafte sie für die Verbrechen, die sie an Christus und den Aposteln begangen hatten, *indem sie das ganze Geschlecht dieser Übeltäter vom Antlitz der Erde vertilgte.* Doch die Zahl der Plagen, welche die gesamte Nation heimsuchten ... die ungeheuren Zahlen von Männern, Frauen und Kindern, die durch Schwert und Hungersnot und unzählige andere Todesarten das Leben verloren ... und die letztendliche Zerstörung durch das Feuer, all dies, sage ich, kann jeder, der es wünscht, *in der von Josephus geschriebenen Geschichte* ausführlich nachlesen ... Solcherart also war die Vergeltung, die der *Schuld und dem Frevel der Juden an Gottes Christus folgte.*[14]

Eusebios empfindet keinerlei Mitleid, weder mit den Frauen und Kindern noch mit den Abertausenden von Verhungernden; tatsächlich ist er so trunken von Theologie, daß er in diesem unendlichen Leiden förmlich schwelgt.

Aber die eigentliche Wahrheit über die uns interessierende Zeitspanne ist zweifellos in diesen Schilderungen Josephus' und dessen offenkundigen Verdrehungen der wirklichen Weltanschauung der »Neuerer« zu finden. Und wie diese Weltanschauung aussah, läßt sich nun, wie schon mehrfach betont, aus den Handschriften vom Toten Meer sowie aus einem richtigen Verständnis der von Jakobus dem Gerechten angeführten Gemeinde erfahren. Gegen Ende der Amtszeit Felix' – des Mannes, der wahrscheinlich Paulus' Rechtsersuchen an Rom arrangierte – »entzündete sich«, so Josephus,

> auch zwischen *den Hohenpriestern einerseits und den Priestern und den Anführern des Volkes von Jerusalem andererseits* ein *klassenkämpferischer Streit,* so daß jeder von ihnen eine Schar verwegener Neuerer um sich sammelte, die, wo sie sich trafen, sich gegenseitig mit Beschimpfungen und *Steinwürfen überschütteten.* Und es fand sich niemand, *der sie zurechtgewiesen hätte.*[15]

Hier erleben wir Josephus in einem Augenblick seltener Offenheit.

In dieser Passage erkennen wir die lediglich etwas anders ausgeleuchtete Schilderung wieder, die Pseudoklementinen und Apostelgeschichte – wenn auch noch so tendenziös – von den Auseinandersetzungen auf dem Tempelberg einschließlich solcher Ereignisse wie der Steinigung des Jakobus geben. Sogar die Bemerkung, es habe »sich niemand gefunden, der sie zurechtgewiesen hätte« wird in der Version der frühkirchlichen Quellen umgekehrt, wenn Jakobus' Nachfolger, der »rechabitische Priester« Simeon bar Kleophas, diejenigen *zurechtweist*, die Jakobus steinigen.

Nicht nur haben wir in dieser Passage die Hohenpriester, die von den niederen Priestern bekämpft werden – welche wiederum die »Anführer der Volksmassen« sind und »mit Steinen werfen« –, sondern erfahren auch gleich im Anschluß, daß die Hohenpriester »in ihrer Dreistigkeit so weit gingen«, ihre Knechte »auf die Tennen zu schicken und die *den ärmeren Priestern zustehenden Zehnten wegnehmen* zu lassen, was zur Folge hatte, daß diese verhungerten. *So machte die Gewalttätigkeit der widerstreitenden Parteien alle Gerechtigkeit zunichte.*«[16] Man kann sich durchaus vorstellen, daß diese Passage auf den Tod Jakobus' »des Gerechten« bezogen wurde, des Anführers der Partei, die sich – in Qumran wie im frühen Christentum – »die Armen« nannte.

Von der Tatsache, daß die niederen Priester das Recht erlangten, Leinen zu tragen, berichtet Josephus im Kontext dieser Ereignisse und Unruhen. Auch wenn alle diese Fakten noch weiterer Klärung und Auswertung bedürfen, kann man schon jetzt sagen, daß sich Jakobus' Rolle als Priester der von revolutionären Agitatoren aufgewühlten Massen deutlich abzuzeichnen beginnt. Nirgends findet sich hierfür eine bessere Erklärung als in den Texten Qumrans, der Literatur einer jener Gruppen, die gerade solche »Neuerungen« anstrebten. So stoßen wir dort auch auf das Motiv der reichen Hohenpriester, die den Zehnten der armen Priester »stehlen«.[17] Außerdem betrachteten deren Urheber den Tempel als »befleckt« – allerdings nicht aus den Gründen, die Josephus zu unterstellen versucht, oder denen, die Paulus und frühe christliche Theologen nach seinem Vorbild, wenngleich aus einer etwas anderen Perspektive, erfolgreich unterstellt *haben*.

Befleckt ist der Tempel, weil *befleckte Opfergaben und Spenden in den Tempelschatz gelangen*, weil Unzüchtige Zutritt zum Tempel erhalten, weil keine richtige »Absonderung von heiligen Dingen« vorgenommen wird und weil Beziehungen zu Ausländern und zu genau den Leuten unterhalten werden, an die sich die paulinische Mission richtet: den Heiden.

In diesem Kontext erscheint Paulus' letzter Gang in den Tempel, mit dem er zeigen soll, »daß es nicht so sei, wie berichtet wird«, daß er nicht »nach dem Gesetz leb[e] und wandl[e]«, als ein bloßer Vorwand, um in Wirklichkeit die Interessen der herodianischen Familie im Tempel wahrzunehmen. Der Vorwurf, den die aufgebrachte Menge laut Apostelgeschichte Paulus macht, ist, daß *er Fremde in den Tempel führt*. Und auf die eine oder andere Weise tut er das wirklich. Den gleichen empörten Schrei stoßen zweifellos die radikalen »Zeloten« oder *»Sikarier«* aus, die hinter den von Josephus beschriebenen Unruhen in Jerusalem stehen. Nach Darstellung der Apostelgeschichte sind die Anhänger des Jakobus eine Mischung aus – offenkundig niederen – »Priestern« und anderen *»Eiferern für das Gesetz«* (21,20). Genau den gleichen Eindruck gewinnen wir aber aus der Schilderung, die Josephus von der Konfrontation und den Steinwürfen auf dem Tempelberg Anfang der sechziger Jahre gibt.

Jakobus und *Banus*

Doch die Mitteilung, Jakobus habe »nur Leinen getragen«, ist auch im Zusammenhang mit einem Mann von Interesse, den Josephus schlicht *»Banus«* nennt und bei dem es sich offensichtlich um einen weiteren dieser »Wüstenbewohner« handelt, welche die Zeichen der »bevorstehenden Freiheit« oder »Erlösung« verkündigen. Von diesem Mann spricht Josephus mit der gleichen offenkundigen Sympathie, die seine Charakterisierungen von Johannes dem Täufer und Jakobus verraten. Ohne je zu erklären, was der Name bedeute, erzählt Josephus von *Banus*, er habe »in der Wüste gelebt« und »nichts anderes gegessen, als was von sich aus wuchs« – was nur bedeuten kann, daß er *Vegetarier* war. Das Bild, das er von ihm zeichnet, hat viel mit den frühchristlichen Jakobusdarstellungen gemein.[18]

»Banus« ist wahrscheinlich überhaupt kein Eigenname, sondern in Wirklichkeit ein Titel, vergleichbar dem Jakobus beigelegten Epitheton *»Zaddik«* oder *»Zadok«*. Auch wenn die Forschung bislang zu keiner definitiven Deutung des Wortes gelangt ist, dürfte es wahrscheinlich eine Entlehnung aus dem Lateinischen darstellen und auf *Banus'* charakteristischste Aktivität, das »Baden«, verweisen. Andernfalls könnte es sich dabei – wie bei Jakobus' anderem Titel, *»Oblias«*/»Schutz des Volkes« – um einen Decknamen handeln.

Doch *Banus* ist Josephus' Aussage zufolge nicht lediglich Vegetarier, sondern er weist auch »rechabitische« Züge auf, da er nichts *anbaut*. Wie Judas Makkabäus vor ihm ißt er *nur wildwachsende Pflanzen*. Wieder einmal laufen mehrere unserer thematischen Stränge zusammen. *Banus* muß um die Mitte der fünfziger Jahre »in der Wüste« gewirkt haben; um diese Zeit jedenfalls verbrachte Josephus, der 37 n. Chr. geboren war, nach eigenen Angaben drei Jahre bei ihm. Wenn das zutrifft, dann würde es auch erklären, warum er diesem Mann eine so wohlwollende Behandlung angedeihen ließ, obwohl er doch ansonsten gegenüber derlei religiösen »Hochstaplern und Betrügern«, die das Volk »in die Wüste« führen, mehr als kritisch eingestellt ist. Auch Johannes dem Täufer und Jakobus scheint Josephus eine ähnliche Zuneigung entgegengebracht zu haben – doch damit sind die Gemeinsamkeiten noch keineswegs erschöpft.

Drei Jahre sind auch die Zeitspanne, die Paulus laut Galaterbrief in »Arabien und dann wieder in Damaskus« verbracht haben will (1,17 f.). Etwa so lange dauerte gleichfalls das Noviziat bei der Bewegung, welche die Qumran-Manuskripte beschreiben, einer weiteren dieser »in der Wüste« oder »zu Damaskus« weilenden Gemeinden.[19] Wie immer man diese Anspielung Paulus' auf »Arabien« auch verstehen mag – solche »Wüsten«-Gegenden Judäas und Transjordaniens waren nicht gerade dicht besiedelt. Josephus muß seine Kenntnisse über die »Essener« während genau dieses Zeitraums gesammelt haben (wie er denn auch in seiner *Vita* schreibt, er habe die drei Sekten – Pharisäer, Sadduzäer und Essener – »ausprobiert« und dabei große Entbehrungen auf sich genommen).

Von *Banus* berichtet Josephus weiter, er habe täglich gebadet und sei vollkommen keusch gewesen. Genau das gleiche sagt Epiphanios *über Jakobus* aus, wenn er wiederholt von seiner »Jungfräulichkeit« spricht und erklärt, er sei »im Alter von sechsundneunzig Jahren jungfräulich« gestorben. Dies wiederum führt uns zu Mitteilungen Josephus' und Hippolytos' über das unglaublich hohe Alter, das die »Essener« aufgrund ihrer enthaltsamen Lebensweise erreichten:

> Ihre Langlebigkeit – die meisten von ihnen werden älter als hundert Jahre – rührt von ihrer einfachen Ernährung und der Regelmäßigkeit ihrer Lebensweise her.[20]

Gewisse Übertreibungen bezüglich der Langlebigkeit dieser »alten, ehrwürdigen Männer«, die, wie Epiphanios berichtet, die »nasiräische« Lebensweise pflegten, können wir wohl verzeihen. Ähnlich behauptet Eusebios, gestützt auf Hegesippus, »*Simon*, des *Klopas* [*sic*] Sohn«, sei, »im Alter von hundertzwanzig Jahren unter Trajan gekreuzigt worden«. Dies würde das Ereignis etwa in das Jahr 106/107 verlegen.[21] Derlei Übertreibungen und fehlerhafte Überlieferungen von Daten brauchen uns indes – insbesondere im Hinblick auf die bereits angezeigten Überschneidungen von Traditionen um »Simon«/»Simeon bar Kleophas« und »Petrus« – nicht allzusehr zu stören. Unter Bezugnahme auf ein Werk, das er »Die Reisen des Petrus« nennt – also die Pseudoklementinen –, sagt Epiphanios, die Ebioniten hätten von Petrus geglaubt, er habe *zölibatär gelebt,* täglich die Taufe empfangen und sich *vegetarisch* ernährt. Der Grund, den die Ebioniten ihm zufolge für letzteres angaben, ist wichtig: weil tierische Kost *»das Resultat von Geschlechtsverkehr«* war.[22]

Epiphanios zufolge – er gibt uns hierfür zwar keine Quelle an, aber aufgrund der Detailliertheit der Information können wir davon ausgehen, daß er sich auf Hegesippus bezieht – *»verehrten* alle Söhne *Josephs* [an gegebener Stelle werden wir »Joseph« mit »Kleophas« identifizieren] die *Jungfräulichkeit* und die *nasiräische Lebensweise«*.[23] Indem er die »Jungfräulichkeit« dieser lebenslänglichen Nasiräer mit der Doktrin der Heiligen Jungfrau« in Verbindung bringt, weist uns Epiphanios den Weg zum Verständnis einer weiteren Umkehrung, die wir bereits mehrfach erwähnt haben. Aber etwas, was in bezug auf Jakobus und auf Männer wie *»Banus«*, die in der Wüste gemäß einem Ideal äußerster Reinheit leben, durchaus nachvollziehbar ist, ergibt keinen Sinn mehr, wenn von uns verlangt wird, »das Gefäß zu verehren, in dem das Heil des Menschengeschlechts weilte« – Worte, die Epiphanios auf Maria bezieht, die aber besser auf Jakobus zutreffen.

Wie Epiphanios kategorisch behauptet: »Sie hatte *mit keinem Mann* geschlechtlichen Umgang.«[24] Aber das ist – außer im theologischen Sinn gesprochen – natürlich Unsinn, und tatsächlich ist einfach Jakobus' *Keuschheit* auf Maria übertragen worden und in den Mythos der »jungfräulichen Geburt« eingeflossen. Trotz oberflächlicher Versuche, dies zu widerlegen, ist es so gut wie sicher, daß Maria, wer immer sie auch gewesen sein mag, mindestens *vier Söhne* und *zwei Töchter* hatte. In Wirklichkeit verhält es sich so, daß *Jakobus keinen geschlechtlichen Umgang mit Frauen hatte:* ein weiterer Fall von retrospektiver theologischer Inversion eines – nach unserem Dafürhalten – *realen* Details aus dem Leben des Jakobus.[25]

Jakobus' und *Banus'* »keuscher« Lebenswandel stand zweifellos in Beziehung zum Ideal äußerster Reinheit und der Abscheu vor »Unzucht«, die wir bereits als wesentliche Elemente aller Jakobusbezeugungen – und natürlich des Qumran-Ethos – kennengelernt haben. Doch es gibt auch ein weiteres Element, das alle diese wüstenbewohnenden »Zeloten« betraf. Wie die Gemeinderegel – in der gleichfalls von rituellem Untertauchen oder Baden in Bächen, Flüssen und Teichen und vom »Gereinigtwerden durch den Heiligen Geist« die Rede ist – es in Auslegung der Prophezeiung vom »Weg in der Wüste« aus dem Buch Jesaja (40,3) formuliert:

> *[Der Weg]* ist das Studium der *Thora*, die Er durch die Hand Moses geboten hat ... und [er] soll sein wie ein *Eiferer für das Gesetz*, dessen Zeit *der Tag der Rache* ist.[26]

In der Qumraner Kriegsrolle wird dies mit etwas anderen Worten ausgedrückt, aber der Sinn ist der gleiche. Dieser Text erklärt, daß Gott »mächtige Werke vollbringen wird durch die Heiligen Seines Volkes« (die auch in der Gemeinderegel erwähnten »Geweihten«). Wie wir gesehen haben, soll keine Frau, kein Knabe, kein Blinder, Krüppel oder »mit Befleckung seines Leibes Geschlagener« bei ihnen sein, wenn sie in die *Wüstenlager*, *»in den Krieg«* ziehen – »niemand, der durch einen körperlichen Ausfluß unrein ist« (die gleiche Regel galt für den Hohenpriester, wenn er zu Jom Kippur das Allerheiligste betrat).

> Und zwischen ihren Lagern und dem Ort, der als Abtritt dient, soll immer ein Abstand von ungefähr 2000 Metern sein, und in keinem ihrer Lager soll anstößige Nacktheit zu sehen sein.

»Sie alle werden Männer sein, zum Krieg bereite Freiwillige, *vollkommen in Geist und Körper* [hier wieder unser paulinischer »Geist-«/»Körper«-Begriff] und gewappnet für *den Tag der Rache*... denn die Heiligen Engel sind zusammen mit ihren Heerscharen.«[27]

Dem folgt, in Auslegung der »Stern-Prophezeiung«, die Schilderung der himmlischen Heerscharen, die zusammen mit einer messiasartigen Gestalt nach Art des Buches Daniel (7,13) »auf den Wolken« daherkommen und »Gericht ausgießen werden wie Regen über alles, was auf Erden wächst«. Die zentralen Termini dieser Verkündigung entsprechen nicht nur den Worten Jesu in der Bergpredigt (einschließlich der »Vollkommenheits«-Forderung – Matthäus 5,45–48), in den Kleinen Apokalypsen und im »Palast/Haus des Hohenpriesters«, sondern auch – und in sogar noch stärkerem Maße – denen, die Jakobus im Zuge jener Ereignisse, die entweder in Paulus' tätlichem Angriff auf ihn oder in seinem Sturz vom Flügel des Tempels und seiner anschließenden Steinigung gipfeln, im Tempel ausspricht.

Auch der Jakobusbrief gipfelt in einer Regenmetapher, welche die »Ankunft des Herrn« mit der Ankunft des Regens vergleicht (5,4–8) und mit einer Anspielung auf Elias wunderwirkendes Regengebet schließt (5,16 ff.).[28] Weiter unten werden wir von einem anderen *»Zaddik«* hören: Honi oder Onias – einem Vorläufer Jakobus', der möglicherweise mit dessen (oder zumindest mit Johannes' des Täufers) Familie in Verbindung stand – und der (wie in Josephus' Beschreibung der Sabbatbräuche der Essener) Kreise zeichnete, um Regen herbeizuführen. Epiphanios wird – im Zusammenhang mit seiner zweiten Erwähnung der Tatsache, daß Jakobus die hohepriesterliche Mitra und niemals wollene Kleidung trug – berichten, wie er einmal »während einer Dürre die Hände zum Himmel erhob und betete, und prompt schickte der Himmel Regen«.[29]

Die Tatsache, daß *Banus* nur Dinge ißt, »die von selbst wachsen«, läßt sich am besten mit der Mitteilung aus dem Zweiten Buch der Makkabäer erklären, als das Opfer im Tempel eingestellt wurde, sei Judas Makkabäus in die Wildnis gezogen, habe in Höhlen gewohnt – ein weiteres beliebtes »Wüstenaufenthalts«-Motiv – und sich, »um nicht an der Verunreinigung teilzuhaben«, nur von »wilden Kräutern« ernährt. Zusätzlich sehen wir hier die Erweiterung des »Vegetarismus«-Motivs zur rechabitischen Lebensweise von Menschen, die, um weltlichen Anhaftungen und Befleckungen – und zweifellos »Reichtümern« – zu entgehen, nichts anbauten und es sogar verschmähten, sich dauerhafte Wohnungen zu errichten. Auch sie lebten mit Sicherheit in Höhlen, Zelten oder Unterständen von der Art, wie sie wahrscheinlich ebenfalls dem Qumraner »Wüstenlager«-Ethos entsprachen. Alle diese Dinge hängen miteinander zusammen und werden mit einer bestimmten, vom jeweiligen Betrachter und dessen spezifischer Perspektive abhängigen Nomenklatur bezeichnet – daher die Vielzahl von Titeln und Namen, denen wir in diesem Zusammenhang begegnen.

Zweifellos hielten sich alle diese Gruppen nicht *gleichzeitig* in der Wildnis auf. Die Wüste ernährt nur wenige Menschen auf einmal. Hinzu kommt, daß niemand, der draußen »in der Einöde« lebt, lange verborgen bleiben kann. Wenn irgendwo eine klosterähnliche oder sonstige Ansiedlung entsteht, spricht sich das sehr schnell herum. Da es so wenige seßhafte Einwohner gab, dürften alle diese Gruppen nicht nur von der Existenz, sondern auch von der Bedeutung oder spezifischen Zielsetzung der jeweils anderen gewußt haben. Das gleiche gilt noch heute für jeden, der an den Ufern oder in der Nähe des Toten Meeres lebt, oder beispielsweise für einsame Schürfer in jeder dünnbesiedelten Region der Welt. Jede Gemeinschaft, jede Einzelperson, die irgend etwas Ungewöhnliches tut, ist allen anderen *bekannt*. Das gleiche trifft noch heute auf nomadisierende Gruppen wie etwa die Beduinen zu.

Auf alle Fälle können sich unmöglich hinter *allen* diesen verschiedenen Bezeichnungen unterschiedliche Gemeinschaften verborgen haben. Wann immer sich die Beschreibungen – und wenn auch noch so geringfügig – überschneiden, muß man folglich davon ausgehen, daß dieselben oder zumindest nah verwandte Bewegungen gemeint sind. Das gleiche läßt sich von diesen verschiedenen Gruppen sagen, die durchweg mit folgenden Charakteristika in Verbindung gebracht werden: dem makkabäischen Ideal, sich von nicht angebauten Pflanzen zu ernähren; dem Leben in Höhlen; den Bestrebungen, die »Letzten Tage« herbeizuführen; dem Aufenthalt in Wüstenlagern, wie sie in der Qumran-Literatur beschrieben werden. Sie alle erinnern an die Hetztiraden, die Josephus (natürlich um seine römischen Gönner positiv zu beeindrucken) über derlei Gruppen vom Stapel läßt – obwohl er in seiner Jugend selbst längere Zeit mit ihnen verlebt hat. Paulus tat dies zweifellos ebenfalls; daher auch seine gründlichen Kenntnisse über sie.

Noch eine letzte Anmerkung zu *Banus'* Kleidung, die eine Verbindung zu unserem jakobinischen »Leinen«-Motiv knüpft – ebenso wie das Motiv »nicht angebaute Nahrung« eine Beziehung zum rechabitischen Verzicht auf Ackerbau herstellt. Bedenkt man, wie wenig Material wir genaugenommen über *Banus* und Jakobus besitzen, ist die Anzahl der Überschneidungen und Gemeinsamkeiten zwischen den beiden wahrhaft erstaunlich. Über *Banus'* Kleidung berichtet Josephus nämlich, daß er nur *»Gewänder«* trug, *»die auf Bäumen wuchsen«*. Trotz der Unbeholfenheit in der Formulierung ist die Bedeutung dieser Aussage offensichtlich: Josephus meint »pflanzliche« Kleidung (im Gegensatz etwa zu *wollener*) – das heißt, *»Banus«* und andere »Priester« trugen nur Gewänder aus pflanzlichen Fasern oder *Leinen*.

Nicht nur sind *»Banus«* und Jakobus offensichtlich Zeitgenossen, sondern die Beziehungen zwischen ihnen beiden – ebenso wie Josephus' Beziehung zu ihnen und die Mäßigung, die er in ihrer Beschreibung an den Tag legt – zeichnen sich auch zunehmend deutlicher ab. Wir haben bereits festgestellt, daß sich Josephus in den neunziger Jahren, als er die *Altertümer* schrieb, sicherer fühlte, als es noch unmittelbar nach dem Aufstand der Fall gewesen war. Er konnte es sich leisten, sich über Personen, die er im Zusammenhang mit seinen Aktivitäten im Umfeld solcher charismatischer »Wüsten«-Bewohner kennengelernt haben mochte, etwas offener zu äußern. Im nachhinein betrachtet – denkt man an die Hinrichtung seines Gönners (Neros Sekretärs und möglicherweise Paulus' Bekannten) Epaphroditus und ein, zwei weiterer mutmaßlicher Christen im Haushalt des damaligen Kaisers Domitian, darunter Flavius Clemens (vielleicht »unser literarischer Clemens) und möglicherweise dessen Frau, Flavia Domitilla, sowie an die neuen Vorwürfe, die gegen Josephus selbst vorgebracht wurden – könnte dieses Gefühl von Sicherheit allerdings trügerisch gewesen sein.[30]

Von *»Banus«* – was immer dieser Name bedeuten mag – erfahren wir weiterhin, daß er häufig *badete,* genauer: »Er badete häufig tags wie nachts *in kaltem Wasser.*« Josephus stellt es – insbesondere mit Rücksicht auf seine griechisch-römischen Leser – so dar, als habe dies den Zweck gehabt, seine Keuschheit zu bewahren. *Banus* selbst könnte die Sache indes auch anders gesehen haben.

Aus diesem Zeitabschnitt besitzen wir mehrere Hinweise auf »Täglichbadende« oder *»Hemerobaptisten«*, wie Eusebios sie nennt, während er berichtet, daß »Jakobus der Gerechte wie der Herr und aus demselben Grund den Märtyrertod erlitt« und daß Simeon einstimmig zum »Bischof« der »Kirche« (*Ekklêsia* – diesmal ohne die Einschränkung »von Jerusalem«) gewählt wurde. Eusebios nennt sieben »Sekten, die früher unter den Juden existierten«. Zusätzlich zu den uns bereits vertrauten Pharisäern, Sadduzäern, Essenern und Samaritanern führt er noch die »Galiläer, Hemerobaptisten und Masbuthäer« an[31]. Die Frage nach der Bedeutung des Wortes »Masbuthäer« sei für den Augenblick zurückgestellt, aber »Galiläer« könnte sowohl die Anhänger Judas' des *Galiläers* bezeichnen – die sogenannten *»Zeloten«* und *»Sikarier«* der »Vierten Philosophenschule«– als auch jene, die nach Auskunft der Apostelgeschichte nicht in Palästina, sondern in Antiochia erstmals »Christen« genannt wurden. Die »Hemerobaptisten« schließlich waren »Täglichbadende«.

Die von der rettenden *Gerechtigkeit* und *Vollkommenheit* des ersten *Zaddik*, Noah, herbeigeführte Sintflut wird in unseren Texten häufig metaphorisch mit der Taufe in Verbindung gebracht. Das griechische Wort für »Taufe«, *baptisma*, bedeutet wörtlich und zuerst das, was im Judentum als *rituelles Untertauchen* bezeichnet wird. Die Handschriften vom Toten Meer sind voll von direkten oder esoterischen Anspielungen auf »Taufe« und rituelles Untertauchen. Wenn die Siedlung bei Qumran irgend etwas mit den Praktiken der in den unweit von dort aufgefundenen Texten beschriebenen Gemeinde zu tun hatte, dann liefert die erstaunlich hohe Anzahl von (durchweg den rabbinischen Vorschriften für derlei Anlagen entsprechenden) rituellen Badeteichen einen weiteren Beleg für diese Praxis – einen Beleg zudem, der in einer Wüstenregion, in der das Wasser bestenfalls knapp war und nicht einmal ganzjährig geflossen zu sein scheint, um so eindrucksvoller ist.

Ein unlängst veröffentlichter Text, den Professor Wise und ich »Taufhymne« überschrieben haben, beschreibt sogar ein derartiges rituelles Untertauchen und »Reinigen mit reinigendem Wasser«.[32] Sowohl in hellenistischen als auch in arabischen Texten finden wir Beschreibungen von solchen – syrischen – Badenden, die mit dem Gesicht zur aufgehenden Sonne stehen und diese zu verehren scheinen. Die irakischen Mandäer, die sich als Nachkommen von Anhängern Johannes' des Täufers verstehen, beschreiben sich in ihrer Literatur auf ähnliche Weise.[33] Im Irak wurden sie ursprünglich »Sabäer« genannt, nach dem syrischen Wort *Sabu`a*, »die Gewaschenen«. Aus derselben Wurzel ist auch *»masbuta«*/»baden« oder »untertauchen« abgeleitet, womit der Name von Eusebios' geheimnisvollen »Masbuthäern« geklärt sein dürfte.

Zu Epiphanios' Zeit – und wir sollten uns in diesem Zusammenhang daran erinnern, daß er aus Palästina stammte – hatten sich diese »hemerobaptistischen Sekten« bereits fest etabliert. Die meisten von ihnen wirkten seinen Angaben zufolge im transjordanischen Gebiet und weiter nördlich in Syrien; von dort aus breiteten sie sich in Richtung Nord- und Südirak aus, wo es noch heute Mandäer gibt – die ihre Priester *»Nasuraiya«* (das heißt *Nazoräer*) nennen. Epiphanios zufolge machten die »Ebioniten« – die er zusammen mit einer weiteren Gruppe, den sogenannten »Sampsäern«, gleichfalls in Transjordanien ansiedelt – reichlichen Gebrauch von Wasser, »da sie glauben, sie könnten sich durch die Taufe (*baptisma*, das »Untertauchen«) reinigen«.[34] Diese »Sampsäer« (das heißt »Sabäer«), die er auch mit einer weiteren Gruppe gleichsetzt, die er »Elchasaiten« nennt, entwickelten sich aus den »Ossäern« aus Peräa (oder Moab), also aus der Region jenseits des Toten Meeres, dem früheren Schauplatz der Aktivitäten Johannes' des Täufers – und desgleichen der verschiedenen Gruppen von »Nazoräern«.

Hier stimmt Epiphanios mit den offensichtlich älteren Apostolischen Konstitutionen überein, einem anonymen syrischen Werk des 3. Jahrhunderts, das wahrscheinlich zeitgleich mit den Pseudoklementinen entstand und bisweilen ebenfalls Clemens zugeschrieben wird. Dieser Text sagt über die Essener, daß »sie sich [wie unsere *nasiräischen* Rechabiter] *absonderten und den Gesetzen ihrer Väter gehorchten*«; und er schließt, wie Eusebios, Hemerobaptisten und Masbuthäer in seine Aufzählung der *jüdischen* Sekten ein. Interessanterweise bezeichnen die Apostolischen Konstitutionen letztere Gruppe als *»Basmothäer«*.[35]

Zuletzt gehen diese nordsyrischen, täglich badenden vegetarischen Gruppen, die von manchen »Elchasaiten« und von anderen »Sabäer« genannt werden, in südirakischen Gruppen wie den Manichäern und den Mandäern auf, letztere wurden in späteren arabischen Texten als »die *Subba*« oder »die Sabäer der Marschen« bezeichnet – der Marschen nämlich, welche die Mündungen von Euphrat und Tigris säumen[36].

Tatsächlich sind es erst arabische Texte und der Islam, die uns ein richtiges Bild von diesen »Sabäern« verschaffen. Im Koran und in der islamischen Rechtstheorie sind die (von der Tradition irrtümlich als ein »südarabisches Volk« angesehenen) »Sabäer« eine der drei Gruppen früher »Monotheisten«, denen Mohammed begegnete. Wie die Christen und die Juden gelten sie als »Schriftbesitzer«, als ein »Volk des Buches« oder »Schriftvolk«.[37] Bereits zwei Jahrhunderte vorher betrachtete Epiphanios die – mit den nordsyrischen und irakischen »Elchasaiten« identischen – »Sampsäer« als ein »Mittelding« zwischen Juden und Christen, und alle diese Gruppen sind vegetarische »Baptisten« oder »Untertaucher«.[38]

Sogar Plinius der Ältere berichtet bereits Anfang der siebziger Jahre von einer in Nordsyrien ansässigen Gruppe, die er die *»Nazerini«* nennt.[39] Lukian von Samosata, ein hellenistischer Reisender und Schriftsteller des 2. Jahrhunderts, der Jesus verächtlich als »Magier« und »Aufrührer« titulierte, liefert uns ein wunderbar anschauliches Bild von »Täglichbadenden«, die er selbst im nördlichen Syrien, an den Ufern des Euphrats, beobachtet hat. Sie beteten zur aufgehenden Sonne und »tauften« sich selbst in der Morgenröte. Sie aßen nichts als wildes Obst, Milch und Honig – wahrscheinlich die gleiche Nahrung, die Johannes der Täufer zu sich nahm.[40] Wie diese und *Banus* – und wahrscheinlich auch Jakobus –, »gürteten sich« Josephus' Essener »die Lenden mit Leinentüchern und badeten ihren Leib zur Reinigung nur in kaltem Wasser«.[41] Abermals stellen wir diese Betonung der »Kleidung« fest – diesmal der Leinenschürze oder »Badebekleidung«.

Hippolytos (um 160–235 n.Chr.) berichtet ein Jahrhunder später, das Buch eines gewissen »Elchasai« sei nach Rom gebracht worden, und er charakterisiert den Glauben der Anhänger dieses *Elchasai* als eine Inkarnationslehre, der zufolge Jesus »unentwegt in viele Körper eingegossen, zu vielen [verschiedenen] Zeiten manifestiert« werde.[42] Dies ist natürlich nichts anderes als die schiitische *»Imam«*-Doktrin, die wir bereits zum »Ur-Adam« der ebionitischen Pseudoklementinen in Beziehung gesetzt haben. Hippolytos schreibt *Elchasai* (den er einen »gerechten Mann« nennt) auch die Doktrin des »Stehenden« zu – die sich gleichfalls in den Pseudoklementinen findet und eine der Variationen des »Ur-Adam«-Begriffs darstellt –, die *Elchasai den Sobiai übermittelt* habe. Und damit sind wir wieder bei den täglich badenden oder hemerobaptistischen »Sabäern« angelangt.

Auch Epiphanios führt die Doktrin des »Stehenden« auf *Elchasai* zurück und erklärt, die Ebioniten hätten sie von diesem übernommen. Wie er schreibt, »glauben sie, Christus sei eine unsichtbare sechsundneunzig Meilen hohe Adam-artige Gestalt« (hier wird die Zahl 96 statt auf *Jakobus'* Lebensjahre auf *Christi* Körpergröße bezogen), nachdem er zuvor berichtet hatte: »Sie sagen, Christus sei Adam, der erste Mensch, der erschaffen wurde.« Weiter oben hatte er erklärt, Christus sei eine rund »sechsundneunzig Meilen« hohe »Kraft« – wieder der »Kraft«-Begriff, dem wir in den Evangelien begegnet sind. Er »geht in Adam ein« – in den Evangelien geschieht dies in Gestalt »einer Taube« – und »kleidet sich in den Leib Adams«, »indem Er Adam ablegt und ihn dann wieder anzieht, ganz wie es Ihm beliebt«.[43]

Es sollte hier auch angemerkt werden, daß die »Naassener« – von denen Hippolytos berichtet und die er für eine frühere Gruppe von »Priestern« zu halten scheint, welche *die Lehren des Jakobus befolgten* – die mehr oder weniger identische Doktrin des »vollkommenen Mannes« kennen. Sie nennen ihn »Mann«/»Mensch« oder »Adam« – abermals die in den Pseudoklementinen ausgeführte »Ur-Adam«-Idee –, bisweilen sogar »des Menschen Sohn«.[44] Den Pseudoklementinen zufolge, die anzunehmen scheinen, Simon *Magus* habe diese Doktrin – gemeinsam mit einem anderen Samaritaner namens Dositheos – von Johannes dem Täufer kennengelernt, »ist der Stehende die Erhabene Kraft, die über dem Schöpfergott steht und als der Christus begriffen werden kann«, oder »die Große Kraft des Hohen Gottes [das heißt, mit anderen Worten, Christus], die höher ist als der Schöpfer der Welt.«[45]

Diese Doktrinen sind nicht nur sogar noch in der uns heute vorliegenden Fassung der Evangelien zu erkennen (etwa in den Erwähnungen der »Großen Kraft« und den wiederholten Anspielungen auf »stehen«), sondern auch Paulus selbst bestätigt ihr hohes Alter, indem er erklärt, daß Adam »der erste Mensch« (das heißt der »Ur-Adam«) und Jesus, »des Menschen Sohn« oder »der Herr des Himmels«, »der zweite Mensch« und »himmlisch« oder »ein himmlischer« ist – eben das, was er auch »den letzten Adam« nennt (1. Korinther 15,45–49). Dies wiederum bedeutet, daß die Kenntnis dieser Doktrinen und ihre Gleichsetzung mit dem »Christus« der Endredaktion der Evangelien voraufgeht – und tatsächlich finden sich in den Qumran-Texten Anklänge an die »Ur-Adam«-Idee und häufige Anspielungen auf den Begriff des »Stehens«.[46]

All diese Gruppen praktizieren nicht nur das rituelle Untertauchen, sondern das gleiche trifft auch auf die Sekte zu, die Hippolytos – in Anlehnung an Josephus und andere – »Essener« nennt. Nach Hippolytos' langer Beschreibung dieser Gruppe, die, wie wir gesehen haben, zusätzliche, bei Josephus fehlende Informationen enthält, lehnen es die Essener nicht nur ab, »sich mit Öl zu salben«, sondern sie tragen außerdem »Leinengürtel, die ihre Schamteile verbergen« – vielleicht der wahre Grund dieser ständigen Erwähnungen von »Kleidung« – und *»sie waschen sich«* wie *Banus* und Jakobus, *»in kaltem Wasser«*. Mit diesen häufigen kalten Bädern bezwecken die »Essener«, so Hippolytos, sich zu reinigen *und* geschlechtliche Regungen zu unterdrücken. Schließlich erklärt Hippolytos, abermals wie vor ihm Josephus, aber mit aufschlußreicheren Worten: »Den Tod verachtend, frohlocken sie, wenn sie ihren [Lebens]*Lauf mit einem guten Gewissen* zu Ende bringen können« (siehe dagegen Paulus' »Wettlauf«-Metapher in 1. Korinther 9,24 und Galater 5,7).

> Und versuchte man selbst, solche Menschen zu foltern, um sie dazu zu bewegen, böse wider das Gesetz zu sprechen oder etwas *zu essen, was einem Götzen geopfert wurde*, so hätte man keinen Erfolg, denn eher erdulden solche Menschen *Martern und den Tod*, als daß sie *gegen ihr Gewissen handeln*.[47]

Hier sehen wir also, daß die »Essener« aus »Gewissens«-Gründen eher bereit sind, Folter und Tod auf sich zu nehmen, als gegen eines der von Jakobus in seinen Weisungen für überseeische Gemeinden (und ebenso von *MMT*) ausgesprochenen Verbote, nämlich »Götzenopferfleisch zu essen«, zu verstoßen – Skrupel, die Paulus so verächtlich als Ausdruck von »Schwäche« bezeichnet. Wie Paulus es formuliert, nachdem er »die Liebe Gottes« (das heißt »Frömmigkeit«) beschworen hat und kurz bevor er herablassend empfehlen wird, das »schwache Gewissen« seiner Gegner nicht zu verletzen« (1. Korinther 8,1–13):

> Etliche essen es, weil ihr Gewissen noch am Götzen haftet, als Götzenopferfleisch, und da ihr Gewissen schwach ist, wird es befleckt. (8,7)

Wir haben hier nicht nur wieder die allgegenwärtigen »Etlichen« (»von« oder *wie* »Jakobus«), sondern auch ein überzeugendes Indiz für die Identität dieser Essener, Judenchristen und Qumran-Sektierer mit Paulus' Gegnern aus der Jerusalemer Kirche. Damit aber erkennen wir, wie wichtig Hippolytos' Version von Josephus' Bezeugung der »Essener« »wirklich ist.

Zusätzliche Informationen, die es uns ermöglichen, Licht in diese Verwirrungen und Überschneidungen zu bringen, finden wir beim muslimischen Geographen Al-Biruni (973–1048). Dessen Vorgänger, der Enzyklopädiker, den die Muslime »*Fihrist*« nennen (um 995), betrachtete die Sabäer als die in Irak überlebenden Nachkommen der babylonischen »*Sternen*verehrer«. Anders als er identifiziert Al-Biruni *zwei* Gruppen von Sabäern in Nordsyrien, in und um Abrahams Haran – woher auch die Elchasaiten kamen (die im *Fihrist* als »die Überreste der jüdischen Stämme« bezeichnet werden, »die in Babylon verblieben«).[48]

Dies ist exakt die Region um Edessa Orrhoë – Antiochia-Kalirrhoe, der Schauplatz der Bekehrung von Eusebios' Agbarus, dem »König der Völker jenseits des Euphrats«, der sich auch in irgendeiner Weise als Nachkommen Abrahams verstanden zu haben scheint. Desgleichen Königin Helena und ihre Söhne, in der Gegend um Haran und weiter südlich in Adiabene.

Für die Wichtigkeit all dieser Traditionen spricht übrigens auch die Tatsache, daß Hippolytos den Berg, auf dem die Arche Noah nach der Sintflut landete, im »Land der Adiabener« ansiedelt. Laut Al-Biruni behaupteten diese »Sabäer«, sie seien die Nachfahren »eines anderen, von Lamech verschiedenen Sohnes Methuschelachs [Methusalems], mit Namen ›*Sabi*‹« – daher die Bezeichnung *Sabäer* –, der ihnen einen »Göttlichen Bund« gab (das ist wieder der »Noachidische Bund«, zu dessen Geboten jetzt wahrscheinlich auch das *Baden* gehörte), und sie führten ihren Stammbaum ebenfalls bis auf Seths Sohn Enos (oder Enosch) zurück. »*Enosch*« aber, was auf aramäisch »Mensch« bedeutet (man beachte die Anklänge an »erster Mensch«/»Ur-Adam«), war einer der Namen, mit dem diese östlichen hemerobaptistischen Gruppen *Johannes den Täufer* bezeichneten.[49]

Wie die Manichäer – eine weitere, im 3. Jahrhundert entstandene, vegetarische elchasaitische Gruppe, bei der das Baden allerdings eher verpönt war – wendeten sich die Sabäer Al-Biruni zufolge »beim Gebet zum Nordpol«, beziehungsweise, wie er es auch anders formuliert, beide Gruppen blickten, während sie beteten, »zur Mitte der Himmelskuppel, zu ihrem höchsten Punkt«.[50] Dies ist aber exakt die Nord-Süd-Ausrichtung der Gräber von Qumran, die den Gelehrten seit der Entdeckung der Manuskripte in nahe gelegenen Höhlen Rätsel aufgibt.[51] Allmählich scheint sich ein übergreifendes Netz von »*Bade*-Gemeinden« abzuzeichnen, die durchweg Beziehungen zu nasiräerartigen oder nazoräischen Gruppen beiderseits des Toten Meeres und im nördlichen Syrien, in der Region um Haran und Edessa, aufweisen. Wenn dies der Grund für die nord-südliche Ausrichtung der Begräbnisstätten in Qumran ist, kann man die Qumran-Gemeinde einfach als eine weitere »sabäisch/masbuthäisch/sampsäisch/nazoräisch/rechabitisch/ebionitisch/essenische« Gemeinschaft betrachten.

Im südlichen Irak – einer Region, die wir im weiteren Verlauf dieser Untersuchung mit Mitgliedern der Familie Helenas von Adiabene und ihres Mannes (Agbarus, nach der syrischen Überlieferung) in Verbindung bringen werden – gehen diese Traditionen auf die Mandäer und Manichäer über und fließen von da in den Islam ein. Tatsächlich könnte Mohammed diese Gegend im Rahmen seiner Handelsreisen besucht haben und dort »Sabäern« begegnet sein, und wir werden aufzeigen, daß er auf jeden Fall die nordsyrischen und edessanischen Traditionen um Judas Thomas, Jakobus und Addai kennt – Männer, die er durchweg als »arabische« Propheten bezeichnen wird.

Der aus der Region von Basra (auch »Mesene« genannt), dem Mündungsgebiet von Euphrat und Tigris, gebürtige Mani (216–277 n.Chr.) liefert tatsächlich das fehlende Bindeglied zwischen diesen sabäisch/elchasaitischen Gruppen und dem späteren Islam. Basra oder Mesene – in seleukidischer Zeit auch »Antiochia« genannt – ist der von Josephus als »Charax Spasini« bezeichnete Schauplatz der Bekehrung von Königin Helenas Lieblingssohn, dem »einziggeborenen« Izates. Mani soll dort in einer »elchasaitischen« *(sabäischen)* Familie zur Welt gekommen sein.[52] Auch hinsichtlich seiner Ehrentitel ein Vorläufer Mohammeds, wurde er von seinen Anhängern als »Bote Gottes« und »das Siegel der Propheten« bezeichnet – ein Ausdruck der für alle Gruppen des elchasaitisch/ebionitischen Typus charakteristischen Idee des »wahren Propheten«. Die am weitesten fortgeschrittenen Anhänger Manis wurden *»Siddik«* genannt, das ist das hebräische *»Zaddik«* – »die Gerechten«. Diese *Siddiks* lehrte Mani (ganz im Sinne Jakobus'),

> *Reichtümern die Armut* vorzuziehen, *Unzucht und geschlechtliches Verlangen zu unterdrücken, sich von der Welt abzusondern,* sich zu *enthalten* [vermutlich starker Getränke – in den Qumran-Texten *lehinnazer*], unablässig zu fasten und so viele Almosen zu geben wie irgend möglich.

Er »verbot ihnen« außerdem, »irgendwelchen Besitz zu erwerben außer Speise für einen Tag und Kleidung für ein Jahr. Weiterhin untersagte er [den *Siddiks*] *den Geschlechtsverkehr* und befahl ihnen, unaufhörlich durch die Welt wandernd, seine Lehren zu verkündigen und *die Menschen auf den rechten Weg zu führen*«.[53]

In den Motiven »sexuelle Enthaltsamkeit«, »Armut«, »Ablehnung von Reichtümern und Unzucht« sowie »Abstinenz« erkennen wir die ethische Grundhaltung, die frühe Kirchenschriftsteller dem Jakobus zuschrieben; und das Verbot, irgendwelchen Besitz zu erwerben, ist natürlich nichts anderes als eine Variation der *rechabitischen* Lebensweise, deren Ethos sich auch bei den Mandäern bemerkbar machte. Jedoch während Mani zwar am Vegetarismus festhielt, aber das rituelle Untertauchen oder »Baden« abschaffte, spielte letzteres bei den Mandäern weiterhin eine zentrale Rolle. Sie halten an diesem Brauch – einschließlich der *essenischen* Sitte, eine spezielle leinene »Badekleidung« zu tragen – bis zum heutigen Tage fest. Bezüglich der (möglicherweise etymologisch miteinander zusammenhängenden) Namen »Mani« und »Mandäer« sei nebenbei an den bereits erwähnten »Manahen, des Tetrarchen Herodes Ziehbruder« erinnert, der in der Apostelgeschichte (13,1) zu Paulus' Gefährten in Antiochia gerechnet wird.

Diese »Mandäer« sind nicht nur größtenteils Handwerker, insbesondere Metallarbeiter und *Zimmerleute* – vor allem Konstrukteure von Booten, die sie in südirakischen Marschen benutzten –, sondern sie befolgen auch das rechabitische *Weinverbot* (das gleichfalls in den Islam aufgenommen wurde), und dies, obwohl die Rebe in ihrer Literatur eine größere Rolle spielt.[54] Gleichfalls »rechabitisch« ist ihre Sitte, die Priester in provisorischen Schilfhütten oder -unterständen zu weihen. Sie nennen sich bis zum heutigen Tag *»Nazuraiya*/Nazoräer«, und nach Auskunft des *Fihrist* (10. Jahrhundert) wurde auch *ihre* Religionsgemeinschaft von »Elchasai« – arabisch *»Al-Hasih«* – gegründet.[55] So überrascht es auch nicht weiter zu erfahren, daß das »Taufbad« bei ihnen eine extrem wichtige Rolle spielt und daß sie eine hochentwickelte Doktrin des »Verborgenen« oder »Geheimen Adams« besitzen, den sie mit Adams »drittem Nachkommen« oder Enkel *Enosch* (aramäisch für »Mensch«) identifizieren – der Bibel zufolge dem ersten Menschen, der »den Namen des Herrn anrief« (1. Moses 4,26).

Das aber ist natürlich nichts anderes als unsere ursprüngliche elchasaitische Lehre vom Christus, der in viele Körper eingegossen wird, und die »naassenische« (Epiphanios) Doktrin vom »vollkommenen Menschen« oder »Adam«. In der ebionitischen Terminologie der Pseudoklementinen ist dies der »Ur-Adam« oder »Stehende«, und in der – all diesen Lehren und Gruppen folgenden – schiitischen Richtung des Islam ist es »der *Imam*« oder »Vor-Steher«.

Die Mandäer verehren auch Johannes den Täufer. Sie nennen ihn »Jahja as-Sabi« (wie der obenerwähnte Onkel Noahs, »Sabi«), und sein Vater ist *»Abba Saba Zachariah«*. Sie behaupten weiterhin, Johannes sei der Schüler des *»Enosch«* oder »Menschen« (hebräisch *»Adam«*) gewesen.[56] Etwas in dieser Richtung implizieren die Synoptiker wahrscheinlich, indem sie Johannes als *Elia redivivus* darstellen.

Epiphanios (der Daniels Vater »Sabaa« nennt) zufolge ist Elia durch Davids Hohenpriester Zadok ein Nachfahre des Pinhas und gehört somit demselben Priestergeschlecht an wie die Makkabäer. Damit wird Elia aber nicht nur in die »Pinhas-*redivivus*«-, sondern auch in die »Regenmacher«-Tradition eingereiht werden, die am Ende des Jakobusbriefes beschworen und von Epiphanios auch auf Jakobus selbst bezogen wird.[57] Wie sein jüngerer Zeitgenosse Jonadab, Rechabs Sohn, wird auch Elia als »Eiferer für den Herrn Zebaoth« bezeichnet (1. Könige 19,10 und 14) – eine Ausdrucksweise, nicht unähnlich derjenigen, der wir im Jakobusbrief in der auf Elia gemünzten Bemerkung über das »viel vermögende Gebet des *Gerechten*« begegnet sind (5,16).

Banus', Johannes' des Täufers und Jakobus' Bade-, Nahrungs- und Kleidegewohnheiten

Diese »Taufbad«-Tradition geht, zumindest in der abendländisch-christlichen Überlieferung, auf Johannes den Täufer zurück – welche Bedeutung auch immer man retrospektiv den Baderiten zuschreiben mag, nach denen er und viele dieser einander nahestehenden Gruppen benannt werden. Johannes selbst wurde in Machärus hingerichtet, einer makkabäisch/herodianischen Festung im transjordanischen Moab oder Peräa, die (jenseits des Toten Meeres) fast direkt gegenüber den Badeteichen Qumrans liegt.

Johannes' Kleidung und Nahrung spielen in allen erhaltenen Berichten über seine Aktivitäten eine äußerst wichtige Rolle. In den berühmten Passagen des Matthäus- und des Markusevangeliums heißt es von ihm, er habe *»ein Kleid von Kamelhaaren* und einen ledernen Gürtel *um seine Lenden«* gehabt, und seine Speise seien »Heuschrecken und wilder Honig« gewesen (Matthäus 3,4 und Markus 1,6). Es sind Ausdrücke und Wörter wie »um seine Lenden« und »wild«, was die Verbindung zu Beschreibungen unserer anderen Vegetarier und »Hemerobaptisten« wie Jakobus und/oder die »Essener«, Masbuthäer und sonstigen »Badenden« herstellt. Dieser Teil der Beschreibung geht auf Elia zurück, von dem es nämlich heißt: »Er hatte langes Haar und einen Ledergurt um seine Lenden« (2. Könige 1,8).

Wie wir gesehen haben, muß man im zweiten Teil der Beschreibung Johannes' mit Ungenauigkeiten rechnen, die zustande kommen können, wenn schlecht verstandene aramäische oder hebräische Termini ins Griechische übertragen werden. Sowohl Josephus als auch Hippolytos betonten die Tatsache, daß die »Essener« aus Schamhaftigkeit und Keuschheit *sogar beim Baden* »Leinen um ihre Lenden« trugen. Das gleiche Merkmal findet sich in den Beschreibungen der nordsyrischen Masbuthäer und der »Elchasaiten«, bis hinunter zu den südirakischen Mandäern, »den *Subba* der Marschen« – und dies gilt selbst heute noch.

In seiner ausführlichen Behandlung der »Essener« spricht Hippolytos im Zusammenhang mit ihren »Waschungen *in kaltem Wasser*« von »Leinengürteln«, die sie trugen, »um ihre Schamteile zu verbergen«. Josephus wiederum erwähnt die »Leinentücher«, mit denen die Essener »ihre Lenden gürteten«, bevor sie »ihren Körper in kaltem Wasser badeten«.[58] Der einzige Unterschied zu Johannes dem Täufer ist, daß die Evangelisten – mit der Absicht, ihn als einen *Elia redivivus* zu porträtieren – den essenischen »Leinengürtel« durch den »Ledergürtel« aus der Eliageschichte ersetzt haben. Es ist unmöglich zu sagen, was von beiden der Wahrheit entspricht, aber da das Charakteristikum Johannes' und der Essener das »Baden« ist – was in den alttestamentlichen Schilderungen von Elias archetypischem »übergroßem Eifer« nicht der Fall ist –, versuchten die Evangelisten unserer Ansicht nach, auf diese Weise gerade dies zu vermitteln.

Wenn es allerdings um Johannes' Diät geht, ist es, wie schon angemerkt, überaus fraglich, ob er in Zeiten des Jahres, in denen es weder Heuschrecken noch wilden Honig gibt, von einer solchen Kost hätte leben können; hinzu kommt noch, daß man Insekten kaum als die rechte Nahrung für einen strikten Befolger des Gesetzes – was solche wüstenbewohnenden »Wahrer« normalerweise waren – angesehen hätte. Epiphanios' verschollenes »Ebionitenevangelium« erklärte, Johannes habe »wilden Honig« und »in Öl gebackene Küchlein« gegessen – was mit Lukians Beschreibung der nordsyrischen Hemerobaptisten übereinstimmt, die sich von »wilden Früchten, Milch und Honig« ernährten und »unter freiem Himmel« schliefen.[59] Die Angaben des Ebioniten-Evangeliums ergeben – in Verbindung mit der Schilderung von Judas' Leben in der Wüste aus dem Zweiten Buch der Makkabäer, in dem es heißt, »er aß nichs als wilde Kräuter« – mit Sicherheit ein überzeugenderes Bild von der Ernährung solcher Wüstenbewohner als die sehr unwahrscheinlichen und sogar beleidigenden »Heuschrecken«.

Tatsächlich dürften uns Josephus' Angaben zu »*Banus'*« Eß- und

Kleidegewohnheiten eine bessere Vorstellung dessen geben, was Johannes unter solchen Umständen gegessen oder getragen haben dürfte, als die volkstümlicheren neutestamentlichen Beschreibungen. Wie man sich erinnern wird, berichtet Josephus, daß *»Banus«* in der Wüste lebte und nur Gewänder trug, die auf Bäumen wuchsen [*Leinen*]; er aß nichts anderes, als was von selbst wuchs [»wilde Pflanzen«/rechabitische Kost] und badete unablässig, Tag und Nacht, in kaltem Wasser, um sich seine Keuschheit zu bewahren«[60] – letzteres analog zu dem, was Epiphanios über Jakobus' sexuelle Enthaltsamkeit aussagt.

Auch alles übrige, was im Neuen Testament über Johannes den Täufer erzählt wird, muß mit größter Vorsicht betrachtet werden. In allen Punkten ist Josephus vorzuziehen. So berichtet er beispielsweise, daß Johannes

> ein edler Mann war, der die Juden anhielt, nach Vollkommenheit zu streben, indem er sie ermahnte, *Gerechtigkeit gegeneinander und Frömmigkeit gegen Gott* zu üben und so zur Taufe zu kommen. Dann werde, verkündigte er, diese Waschung Gott angenehm sein, weil sie dieselbe nur *zur Heiligung des Leibes*, nicht aber zur *Sühne für ihre Sünden* anwendeten; die Seele sei nämlich dann ja *schon vorher durch ein gerechtes Leben entsündigt* worden.[61]

Wir haben hier nicht nur wieder die »Gerechtigkeit«-/»Frömmigkeit«-Dichotomie und die Betonung des *»Tuns«*, sondern diese Beschreibung von Johannes' Taufe ist auch das genaue Gegenteil der neutestamentlichen und ohne Frage *zuverlässiger*. Sie stimmt außerdem mit den Aussagen der Qumraner Gemeinderegel überein.[62]

Da er die »wunderbare Anziehungskraft« sah, die »Johannes auf die Volksmassen ausübte«, fürchtete Herodes (das heißt Herodes Antipas), »er möchte sie zum Aufruhr treiben«, und ließ ihn nach Machärus bringen, einer Festung im Grenzgebiet zwischen seinem Reich und demjenigen des arabischen Königs Aretas, Petra. Dort ließ er Johannes hinrichten: kein Wort über Herodias oder den verführerischen Tanz von deren Tochter Salome, und dies, obwohl Josephus ansonsten nicht im geringsten mit Informationen über diesen Personenkreis geizt. Ebensowenig ist davon die Rede, daß Johannes' Kopf Salome und Herodias oder sonst jemandem *auf einer Schüssel* überbracht worden wäre – ein Detail, das im Lukas- und Johannesevangelium ohnehin fehlt.

Auch bei Josephus soll im größeren Kontext der Hinrichtung Johannes' »jemandem jemandes Kopf geschickt werden«. Dort aber ist es Kaiser Tiberius, der – erzürnt über die Niederlage, die der *arabische König Aretas* von Petra dem Herodes Antipas beigebracht hat – befiehlt, daß ihm dessen (Aretas') Kopf nach Rom gebracht werde. Die Niederlage des Herodes aber, so berichtet Josephus, betrachten die Juden als die gerechte Strafe für die Tötung Johannes' des Täufers – ein weiterer Beleg für die *Verschiebungen* und *Umkehrungen*, welche die Evangelisten so gern an der historischen Wahrheit vornehmen.

Damit sollte klar sein, daß Josephus' Bericht den *entmythologisierten* Johannes beschreibt, auch wenn die phantastischeren Evangeliendarstellungen mit den »Geburtstagspartys«, welche die Römer so liebten (und die selbst heute noch ein größeres Publikum ansprechen), und den schmeichelhaften Porträts der Herodianer mit Sicherheit größere Bestsellerqualitäten besaßen. Die »Taufe« und/oder »Waschung«, von der Josephus im Zusammenhang mit Johannes berichtet, war schlicht ein Übergießen mit oder Untertauchen in – zweifellos, wie in den Berichten über *Banus* und die »Essener« – *kaltem* Wasser, das den Körper reinigen sollte, nachdem »die Seele schon vorher durch ein *gerechtes Leben entsündigt* worden war«. Dies ist auch die diesbezügliche Auffassung Qumrans – desgleichen diejenige, die der *entmythologisierte Jakobus*, den wir hier nach und nach erarbeiten wollen, vertreten hat.

Wie tendenziös diese neutestamentlichen Berichte sind, zeigt etwa die Behauptung, die sich bei Markus findet (er liefert die ausführlichste biblische Darstellung der Johannesgeschichte): »Herodes fürchtete den Johannes, *weil er wußte, daß er ein Gerechter war* und *heilig*« (6,20) – und zwar *»heilig vom Mutterleibe an«*, wie es im Lukasevangelium (1,15) von Johannes (und in den frühen Kirchenquellen von Jakobus) heißt. Herodes erkennt Johannes, mit anderen Worten, angeblich als einen *»Zaddik«* und als »heilig« an, und zwar »heilig« im Sinne von »nasiräisch« und »priesterlich«, wie wir es aus den Jakobusdarstellungen der frühen Kirchenschriftsteller erschlossen haben.

Daß Herodes »den Johannes fürchtet«, erklärt zwar auch Josephus, aber nicht etwa, weil er ihn als »einen *Zaddik* und als heilig« erachtet hätte. Josephus zufolge »fürchtet Herodes den Johannes« wegen dessen Einfluß auf das Volk, das »durch seine Worte entflammt wurde« und »bereit zu sein schien, Johannes in allem zu folgen«. Die Hinrichtung wurde also nach reiflicher Überlegung beschlossen. Wie Josephus schreibt:

> Herodes hielt es für besser, ihn *rechtzeitig aus dem Wege zu räumen*, als beim Eintritt einer Wendung der Dinge in Gefahr zu ge-

raten und dann, wenn es zu spät sei, *Reue empfinden zu müssen.*

Johannes' Tötung ist also eine Präventivmaßnahme, und damit haben wir abermals eine Umkehrung, wie sie das Neue Testament vor allem im Zusammenhang mit politischen Themen gern vornimmt. Zu beachten ist auch das Motiv der »Reue«, das in den Evangeliendarstellungen von Johannes' »Philosophie der Reue« (die in Josephus' Bericht fehlt, aber vermutlich wirklich ein Teil seiner Botschaft war) abermals umgekehrt wird.

Aber nicht nur das: Wie wir gesehen haben, tanzt Salome keineswegs anläßlich von Herodes' Geburtstagsfeier – wie »amüsant« eine solch geschickte Um-Schreibung auch gewesen sein mag.[63] *Sie* ist es, Salome, die mit dem Bruder dieses Herodes, »Philippus«, dem Tetrarchen der direkt südlich von Damaskus gelegenenen Trachonitis, verheiratet ist – nicht ihre Mutter. Ohne Zweifel *protestierte* Johannes, der in diesen Gegenden *jenseits des Jordans* tätig war, gegen derlei Unsitten und mußte deshalb sterben. Als dieser Philippus »kinderlos stirbt«, wie Josephus es formuliert, heiratet Salome Aristobulos, den Sohn des Herodes von Chalkis und Neffen Agrippas I.[64] Alle diese Dinge werden im Neuen Testament in bekannter Weise auf den Kopf gestellt.

In dieser Hinsicht trifft auf die Evangelisten das zu, was Josephus in seiner Einleitung zum *Jüdischen Krieg* als die zwei Hauptfehler aller Geschichtsschreiber seiner Periode bezeichnet: »Liebedienerei gegen die Römer und Verunglimpfung der Juden«. Josephus hat diesbezüglich völlig recht, auch wenn er es, wie sich bald herausstellt, in seinem eigenen Werk dann keineswegs besser macht; behält man aber diese Mängel im Gedächtnis, ist es nicht allzu schwierig, »falsche Münzen von echten zu scheiden«.

Hier müssen wir uns mit *Banus'* Untertauchen, Johannes' »Waschungen« und Jakobus' Badegewohnheiten auseinandersetzen. Wie wir gesehen haben, berichtet Josephus, daß *Banus* um das Jahr 53 n.Chr. in der Wüste lebte, rein pflanzliche Kleidung trug, sich vegetarisch, und zwar nur von *wild* wachsenden Pflanzen, ernährte und *regelmäßig, tags und nachts badete.*

Nicht nur kennen wir von Qumran (und dem Islam) her die Sitte der »ganznächtigen« Wachen[65] – die meisten dieser Dinge hätten sich ebensogut auch von Johannes dem Täufer aussagen lassen. Die Taufe, die Johannes spendete, war mit Sicherheit ein Untertauchen oder eine Art »Waschung«. Tatsächlich verwendet Josephus an dieser Stelle zwei verschiedene Wörter, von denen eines eher »Taufe«, das andere eher »Eintauchen« oder »Abspülung« bedeutet.[66] Mitte der fünfziger Jahre aber, also zu der Zeit, als Josephus sich bei *Banus* aufgehalten haben will, war Johannes bereits tot. Nach Darstellung des Neuen Testaments wurde der Geist des Täufers augenblicklich in Jesus wiedergeboren – und dies, obwohl letzterer, folgt man der Chronologie der Evangelien, zum Zeitpunkt von Johannes' Hinrichtung (laut Josephus um 35/36 n.Chr.) aller Wahrscheinlichkeit nach schon gestorben war.

Damit bleibt uns nur noch Jakobus übrig. Wir haben bereits auf mehrere mögliche Überschneidungen der Traditionen um ihn und Jesus hingewiesen, und dieses Motiv des »Badens« könnte eine weitere sein. Mitte der fünfziger Jahre war Jakobus durchaus am Leben und stand der Jerusalemer Gemeinde vor. Die Pseudoklementinen verlegen ihn zusammen mit allen seinen Anhängern – deren Zahl mit rund »fünftausend« angegeben wird – in die Gegend von Jericho, unweit vom Jordan und dem Toten Meer.[67] Wie *»Banus«* trug er ganz ohne Zweifel *nur Leinen* – und nicht »Kamelhaar« oder »Leder«, wie es Johannes der Täufer den Evangelien zufolge getan haben soll. Nach Epiphanios' Auskunft war Jakobus außerdem »keusch«, und das gleiche galt für »alle Söhne Josephs« – oder für seine Amtsbrüder aus der *Rechabiter*-Priestertradition.

Alle Überlieferungen betonen Jakobus' Verurteilung der »Unzucht«. Was *»Banus«* anbelangt, so erfahren wir von Josephus, daß die »kalten Bäder«, die er wie »die *Essener*« regelmäßig nahm, in Beziehung zu seiner sexuellen Enthaltsamkeit standen. Wie wir gleichfalls gesehen haben, geht Epiphanios sogar so weit, das Tragen ausschließlich »pflanzlicher« Kleidung damit zu begründen, daß tierische Produkte wie Wolle letztlich durch Geschlechtsverkehr entstanden seien – obwohl dies in Jakobus' Fall auch mit seinem Vegetarismus und seinem Priesteramt zusammengehangen haben könnte. Nach Josephus' und Hippolytos' Angaben lehnen die meisten »Essener« außerdem die Ehe ab: »Sie adoptieren anderer Männer Kinder« und »erachten die geschlechtliche Enthaltsamkeit und die Zügelung der Leidenschaften für eine besondere Tugend.«[68]

Nach der zuvor zitierten Hegesippus-Stelle »salbte sich Jakobus nicht mit Öl, noch *ging er ins Bad*«. Epiphanios schreibt an der entsprechenden Stelle: »Er wusch sich niemals *in einem Bad*«, wodurch er uns den Schlüssel zu diesen scheinbaren Widersprüchen liefert.[69] Laut Josephus und Hippolytos ist dieser Brauch, »sich nicht mit Öl zu salben«, ein typisches Merkmal der »Essener«, galt doch das Einölen des Körpers offensichtlich als eine griechisch-hellenistische und somit »verunreinigende« Sitte. Beide Autoren liefern uns diese Information gleich zu Beginn ihrer Beschreibung der »Essener«, wenn es heißt, daß sie »Reichtum verachten ... und allen Besitz miteinander teilen [Hippolytos fügt hier noch »mit den Armen teilen« hinzu], so daß ... niemand *reicher* ist als die anderen«. So können wir schließen, daß dieser Verzicht darauf, sich den Körper einzuölen, wie dies in den griechisch-römischen Thermen üblich war, eindeutig mit ihrem Armutsideal zusammenhing, das jeden Luxus ausschloß – das heißt in diesem Zusammenhang: die *luxuriösen* oder *beheizten* Badehäuser, wie man sie in den herodianischen Palästen in Jericho, Herodion oder Masada antrifft.

Diese eigentümliche Weigerung Jakobus' *und* der »Essener«, »sich mit Öl zu salben« – eine Abneigung, von der wir sonst im Zusammenhang mit *keiner* anderen Person oder Gemeinschaft hören – wäre in meinen Augen schon genug, um Jakobus als Angehörigen dieser Gruppe auszuweisen (wie immer man diese nun definieren möge). Eine etwas seltsam anmutende Bemerkung Josephus' wirft noch zusätzlich Licht auf die Tatsache, daß die Essener Öl als »Verunreinigung« ansahen, nämlich: »Sie zogen es vor, ungewaschen zu bleiben«, oder, wie es in manchen Übersetzungen heißt, »zogen es vor, *eine trockene Haut* zu behalten« (was eindeutig heißen soll: »Sie salbten sich nicht mit Öl«).

Josephus und Hippolytos wiederholen also mehrfach, daß die Essener »sich nicht mit Öl salbten« und »in kaltem Wasser badeten«. Damit dürfte unserer Ansicht nach einwandfrei geklärt sein, wie wir uns Jakobus' Badegewohnheiten vorzustellen haben: Weder *salbte er sich mit Öl* noch nahm er *warme Bäder* – beides römische Sitten; wohl aber *badete er* wie *»Banus«*, die »Essener« und andere Nazoräer« in *kaltem Wasser*.

Essener, Zeloten und Nazoräer

Auch der Kontext, in dem Josephus diese Informationen liefert, ist interessant. Von ihm besitzen wir zwei Beschreibungen der Essener, die eine im *Krieg*, die andere in *Altertümer*. Beide beginnen mit einer Erörterung der Aktivitäten Judas' des Galiläers zur Zeit des Zensus des Cyrenius – mit dem das Lukasevangelium die Geburt »Jesu« datiert. Bemerkenswert an der entsprechenden Passage in *Krieg* ist der Umstand, daß sie implizit verspricht, über diese Sekte oder Bewegung zu berichten, tatsächlich aber, wie wir gesehen haben, die sogenannten »Essener« sehr ausführlich beschreibt, die Sadduzäer und Pharisäer hingegen mit wenigen Sätzen abhandelt, über Judas' revolutionäre Sekte aber kein einziges Wort mehr verliert.

In den später entstandenen *Altertümern* kürzt Josephus seine Darstellung der »Essener« drastisch zugunsten dieser, wie er sie jetzt nennt, »Vierten Philosophie« (oder »Philosophenschule«). Tatsächlich nimmt er aus *Krieg* einen Abschnitt seiner Beschreibung der »Essener« und fügt sie in *Altertümer* seiner Erörterung der »Vierten Philosophie« Judas' des Galiläers hinzu. Es handelt sich dabei um den Abschnitt, in dem es heißt, sie seien eher bereit, »die qualvollsten Todesarten« zu erleiden, als – wie Hippolytos schreibt – *»einem Götzen geopferte Dinge zu essen«*. Josephus schreibt hingegen nur »als verbotene Dinge zu essen.«[70]

Was Josephus als das Wesentliche an Judas' Sektierern anzusehen scheint, ist die Tatsache, daß »sie mit unerschütterlicher Leidenschaft *an der Freiheit hängen* und *Gott allein als ihren Herrn und König anerkennen*«; und »da sie Gott als ihren einzigen Herrn betrachten, weigern sie sich, den Römern Steuern zu bezahlen und sich irgendeinem sterblichen Herrscher zu unterwerfen«. In Ermangelung eines besseren Terminus nennen viele diese Neuerer der »Vierten Philosophenschule« »Zeloten«, auch wenn Josephus selbst diese Bezeichnung vor Ausbruch des Aufstands gegen Rom *überhaupt* nicht und danach eigentlich nur im Zusammenhang mit *einer* von mehreren rivalisierenden subversiven Gruppen gebraucht – und zwar derjenigen, die den Hohenpriester Ananus, Jakobus' Henker, bekämpft.

Zuletzt lassen diese Zeloten die aufsässigen »Idumäer« in die Stadt ein, die sich sofort daranmachen, alle Hohenpriester zu massakrieren, und schließlich den Tempel besetzen.[71] Im Verein mit diesen Idumäern erscheinen »die Zeloten« Josephus sogar noch blutdürstiger als »die *Sikarier*«, die sich zuletzt in die Festung Masada zurückziehen.[72] Aber das Gemeinsame zwischen seiner ersten Beschreibung der »Essener« und seiner späteren Charakterisierung der »Neuerer« Judas' des Galiläers ist:

> Sie unterziehen sich auch jeder möglichen Todesart und machen sich selbst nichts aus dem Tod ihrer Verwandten und Freunde, wenn sie nur *keinen Menschen als Herrn anzuerkennen* brauchen.

Dies sind genau die Worte, die Hippolytos im Zusammenhang mit den »Essenern« gebraucht, die »sich weigern, *dem Gesetz zu lästern* oder *einem Götzen geopferte Dinge zu essen*«. Letzteres erkennen wir aber unmittelbar als ein Merkmal der Anhänger Jakobus' wieder, von denen die Apostelgeschichte in ihrer Schilderung ziemlich genau des gleichen Zeitpunkts berichtet.

In Hippolytos' Josephusversion gibt es, wie wir uns erinnern, verschiedene Gruppen von »Essenern«. Die radikalsten unter ihnen – die sogar jeden töten, »der sich weigert, den Ritus der Beschneidung auf sich zu nehmen« – »heißen Zeloten oder *Sikarier*«.

> Einige haben in ihrer Disziplin so sehr nachgelassen, daß diejenigen, die *die alten Bräuche* befolgen [man beachte die »rechabitische« Note], es sogar ablehnen, *sie zu berühren*, und wenn sie zufällig mit ihnen in Kontakt kommen, *waschen sie sich augenblicklich*, als hätten sie einen Angehörigen eines fremden Volkes berührt.[73]

Auch sie »weigern sich« – wie Josephus' »Zeloten« – »*irgendeinen Menschen Herr* zu nennen außer der Gottheit, und versuchte man auch, sie zu foltern oder zu töten«. Natürlich ist die diesbezügliche Haltung des Christentums, wie wir es heute kennen, das genaue Gegenteil – zumindest was diesen einen Punkt anbelangt, »*keinen Menschen* Herr zu nennen« (der Grund dafür, daß Jesus mehr als »ein Mensch«, als überirdisch vorgestellt wird?).

An einem Punkt schildert Josephus, wie die »Essener« den jungen Herodes ermahnen, »die Gerechtigkeit zu lieben und Frömmigkeit gegen Gott zu üben«. Er wiederholt dies im Zusammenhang mit der abschließenden Initiation, durch die der Novize nach dreijähriger Probezeit zur »reinen Speise« der Gemeinde zugelassen wird. Er soll nicht nur schwören, daß er keines ihrer Geheimnisse verraten wird, und »folterte man ihn auch zu Tode«, und »Lügner anprangern«, sondern er muß auch

> die *entsetzlichsten Eide* auf sich nehmen, daß er erstens *Frömmigkeit gegen Gott* und zweitens *Gerechtigkeit gegen die Menschen üben wird.*[74]

Dies ist natürlich genau das, was Johannes der Täufer nach Auskunft der *Altertümer* lehrte.

Der Leser wird hierin sofort die zwei Liebesgebote wiedererkennen, die da heißen: »Du sollst Gott lieben«, und: »Du sollst deinen Nächsten lieben wie dich selbst.« Sie bilden nicht nur die Quintessenz von Johannes' des Täufers Lehre, sondern (nach Auskunft der Evangelien) auch derjenigen Jesu – und dies, wie bei Paulus oben im Brief an die Römer (13), als »logische« Folge seiner Haltung zur Frage der *Zahlung der römischen Steuer.*[75] Sie spielen auch für Jakobus eine zentrale Rolle, und der unter seinem Namen überlieferte Brief macht dies hinlänglich deutlich, indem er sie beide ausdrücklich anführt (Jakobus 2,5–8).

Jetzt können wir diese zwei Gebote als die Grunddoktrin des Oppositionsbündnisses identifizieren, wobei »Frömmigkeit« die Gesamtheit der Pflichten des einzelnen gegenüber Gott – seine *kultisch-rituellen Verpflichtungen* – und »Gerechtigkeit« die Gesamtheit der Pflichten des einzelnen gegenüber seinen Mitmenschen darstellt: seine *sozialen Verpflichtungen*. Genauso deutet sie auch Josephus in seiner Charakterisierung der »Essener«.

Für diejenigen, die wie Jakobus und die Männer von Qumran das »All-Gerechtigkeits«-Gebot und das Ideal der »Vervollkommnung des Weges« befolgten, besaß das zweite Liebesgebot auch eine eindeutig wirtschaftliche Komponente. Daher ihre Selbstbezeichnung »die Armen« und ihre Forderung, »nicht reicher als sein Nächster zu sein«, wobei der implizite Grundgedanke der war, daß man unmöglich »seinen Nächsten lieben« oder gegen ihn »Gerechtigkeit üben« könne, solange man ökonomische Unterschiede zwischen sich und ihm mache.

Zu diesen Schwüren gehörte Josephus zufolge auch die Ermahnung: »Immer werden sie die Ungerechten hassen und am Kampf der Gerechten teilnehmen.« Solche Eide ähneln nicht nur den Selbstverwünschungen, die Jakobus zu Beginn der pseudoklementinischen *Homilien* die Ältesten aussprechen läßt (wer lügt, »soll verflucht sein im Leben und im Sterben und mit immerwährender Strafe bestraft werden«), sondern sie erinnern darüber hinaus auch an die Ausdrucksweise, deren sich Paulus im Ersten Brief an die Korinther (9) bedient, wenn er davon spricht, »so zu laufen, daß man den Preis erlangt«, und »*zu kämpfen* so wie einer, der nicht in die Luft schlägt«. Diese Ermahnung beweist auch die Identität der dort vertretenen Haltung mit der Weltanschauung Qumrans, wo wir vom »immerwährenden Haß gegen die Söhne des Abgrunds« hören und erfahren, daß jene, »die Götzen aufgestellt haben oder in Verstocktheit des Herzens wandeln, keinen Teil haben werden am Haus der *Thora*«.[76]

Noch einmal – dies ist das genaue Gegenteil der Botschaft, die in der Bergpredigt Jesus in den Mund gelegt wird, und zwar auch dort im Kontext des Liebesgebotes und als Replik auf jene, die »ihren Nächsten lieben, aber ihre Feinde hassen« (eindeutig die Haltung Qumrans, der Zeloten und der Essener): »Liebet eure Feinde; segnet, die euch fluchen; tut wohl denen, die euch hassen« (Matthäus 5,43).[77] All dies ist recht vielsagend im Zusammenhang mit dem »Feind« Paulus, der – trotz aller anderslautenden Beteuerungen – in der Regel nicht mehr »Liebe zu seinen Feinden« beweist als die Qumran-Autoren.

Josephus erklärt also nicht nur, daß die Leute, die er »Essener« nannte, »Verächter des Reichtums« waren – wir erkennen in seiner Darstellung dieser Sekte auch weitere Überschneidungen mit der Qumran-Gemeinde und mit Jakobus. Wir erinnern uns beispielsweise, daß Josephus behauptet:

> Ihre Langlebigkeit – die meisten von ihnen werden älter als hundert Jahre – rührt von ihrer einfachen Ernährung und der Regelmäßigkeit ihrer Lebensweise her.

Dies stimmt, wie wir gesehen haben, mit dem überein, was Eusebios und Epiphanios – Übertreibungen abgerechnet – über das hohe Alter berichten, das die Oberhäupter der palästinischen Urkirche aufgrund ihrer *»nasiräischen Lebensweise«* erreicht haben sollen: Jakobus 96 und Simon bar Kleophas 120 Jahre – und selbst dann starben beide nicht etwa an Altersschwäche, sondern eines gewaltsamen Todes![78]

Darüber hinaus führt Josephus die »Wasch«- und »Badefreude« der Essener ausdrücklich als einen Aspekt »ihrer Frömmigkeit gegen die Gottheit« an. Hierin sehen wir einen weiteren krassen Widerspruch zum paulinisierten »Jesus«, der in den Evangelien empfielt, »sich vor dem Essen *nicht* die Hände zu waschen«. Nachdem die Essener – nach Art von Lukians »Hemerobaptisten« oder »Sabäern« am Oberlauf des Euphrats und allgemein der Elchasaiten und Sabäer – *die Sonne betend begrüßt* und den ganzen Vormittag lang gearbeitet haben, *»kleiden sie sich«*, so Josephus, *»in Leinen* und *baden in kaltem Wasser«*, um sich vor dem gemeinsamen Mahl zu reinigen.

So gewissenhaft sind diese »Essener« laut Josephus und Hippolytos, daß sie nicht nur, um ihren Darm zu entleeren, eine abgeschiedene Stelle aufsuchen und ein Loch graben, sondern sich anschließend auch noch »waschen, als hätten sie sich beschmutzt«.[79] Desgleichen muß sich ein Älterer, wenn er, selbst versehentlich, von einem Jüngeren berührt wird, »am ganzen Körper waschen, *als sei er von einem Fremden berührt worden*«. Hippolytos erwähnt zusätzlich noch die Verpflichtung, sich zu waschen, »nachdem man« mit einem *Unbeschnittenen* »in Berührung gekommen ist«. Dies erinnert natürlich an die *»sikarischen* Essener«, die (gleichfalls Hippolytos zufolge) Menschen unter Androhung des Todes beschneiden!

An dieser Stelle wird man sich erinnern, daß Petrus laut Apostelgeschichte (10,28) genau den gegenteiligen Standpunkt vertritt. Nachdem er durch seine Tischtuch-Vision gelernt hat, »keine Speise gemein zu nennen«, formuliert Petrus nach Betreten des *Hauses* des *römischen* Hauptmanns in Cäsarea seine Erkenntnis folgendermaßen um: »Ihr wißt, daß es ein unerlaubt Ding ist einem jüdischen Mann, *sich einem Fremdling [allophylos] anzuschließen* oder *zu ihm zu kommen*; aber Gott hat mir gezeigt, keinen Menschen *gemein oder unrein* zu heißen.« Das sind fast exakt die gleichen Worte, wenngleich jetzt mit umgekehrtem Vorzeichen, die Josephus und Hippolytos oben gebraucht haben, einschließlich des Begriffs *allophylos* (»Fremder« oder »Heide«), den Josephus gleichfalls in seinem griechischen Text verwendet. Desgleichen findet sich hier wieder der Begriff »sich anschließen«/»verbinden«/»zusammentun«, der in Qumran in der Regel in bezug auf das Haus Gottes oder allgemein das Judentum gebraucht und im Ersten Brief an die Korinther (6) im Zusammenhang mit dem »Körper einer Hure« oder »dem Herrn« (das heißt »dem Leib Christi«) verwendet wird.

Hinzu kommt, daß in den pseudoklementinischen *Homilien* allen diesen Punkten widersprochen wird, da Petrus dort, wie wir gesehen haben, nicht nur alle Weisungen Jakobus' für überseeische Gemeinden buchstabengetreu befolgt, sondern auch wie jener Vegetarier ist, täglich badet und »die Sonne betend begrüßt«. Ja, mehr noch: In diesem Text erklärt Petrus ausdrücklich – und in direktem Widerspruch zu seinem »Alter ego« in der Apostelgeschichte: »Wir nehmen unsere Speise nicht am selben Tisch zu uns wie Heiden ... da sie unrein leben.«

Der Jakobusbrief spielt, wie wir uns erinnern, zweimal auf dieses »Frömmigkeits«-Gebot (»du sollst Gott lieben«) an, und zwar im Zusammenhang mit den »Armen«, den »Vollkommenen«, den »Vollendeten«, denen im Gegensatz zu den »Reichen« die »Krone des Lebens« beziehungsweise »das Reich« zuteil werden soll, »welche [beziehungsweise welches] der Herr verheißen hat denen, die Ihn liebhaben« (Jakobus 1,12 und 2,5). Die Damaskus-Schrift führt dasselbe Gebot unmittelbar nach der Aufforderung an, »sich abzusondern von den Söhnen des Abgrunds«, seinen »Heiligen Geist« nicht zu beschmutzen und »in vollkommener Heiligkeit zu wandeln«. Sie tut dies durch eine Paraphrase aus dem Zweiten Buch Mose (20,6), wo von der *»Chesed* [›Frömmigkeit‹ – in diesem Kontext soviel wie ›liebende Fürsorge‹, ›Gnade‹]« die Rede ist, »die [Gott] *übt bis ins tausendste Geschlecht* an denen, *die [Ihn] lieben* und *[S]eine Gebote halten*«.[80]

Die Qumran-Hymnen bezeichnen die in diesem Sinne »Ausgesonderten« als »erwählt von ihrer Mutter Leib an«, womit Gott also »ein Vater ist all den Söhnen [Seiner] Wahrheit«. Dann verheißen sie – im Kontext von »den Namen [Gottes] lieben«, »gerechtfertigt sein« und »geläutert sein vom Heiligen Geist« – abermals denen, die [Gott] »lieben« und Seine Gebote »halten«, die Gnade (wieder *»Chesed«*), »für immer« in Seiner Gegenwart *»zu stehen«*.[81]

Desgleichen ist der neutestamentliche Erste Johannesbrief praktisch eine Predigt über die »Vollkommenheit«, die »Liebe Gottes« (die in fünf Kapiteln an die sechsmal erwähnt wird) und das »Halten Seiner Gebote« (4,8–5,3).[82] Dieses Motiv der »Liebe zu Gott« zieht sich auch durch sämtliche Paulusbriefe (wo es stets im entgegengesetzten Sinne zu den Essenern und Qumran ausgelegt wird). Wir haben bereits gesehen, daß Paulus seine Diskussion von Jakobus' (und der »Hippolytos-Essener«) Verbot, »Götzenopferfleisch zu essen«, und der Verunreinigung des »schwachen Gewissens« seiner Gegner mit Anspielungen auf »die Liebe, die aufbaut«, »Liebe zu Gott« und »Nichtaufgeblasensein« begonnen hatte (8,1 ff.).

In einer besonders aufschlußreichen Passage des Briefes an die Römer (3,13–5,5), in der er von der »Rechtfertigung durch den Glauben« spricht – wozu jetzt auch *»durch das Blut* [das heißt Jesu ›Blut‹] Gerechtfertigtsein« gehört – und davon, daß Abraham sein Glaube »zur Gerechtigkeit gerechnet wurde«, lesen wir von der »Liebe Gottes«, die *»ausgegossen* ist in unser Herz durch den Heiligen Geist, welcher uns gegeben ist«.

Wir haben bereits darauf hingewiesen, daß in Qumran parallele Metaphern gebraucht werden. In der Gemeinderegel ist beispielsweise davon die Rede, den Körper durch Waschung zu reinigen und »ihn zu heiligen durch läuterndes Wasser«:

> Und dann wird Gott durch Seine Wahrheit *alle Werke des Menschen* läutern und *ihn reinigen unter den Söhnen des Menschen*, allen Geist der Ungerechtigkeit in seinem Fleisch vollkommen machen und ihn *durch den Heiligen Geist von allen bösen Werken reinwaschen. Ausgießen* wird er *auf ihn den Geist der Wahrheit wie Taufwasser* [, das ihn] *von allen Greueln des Lügens* [läutert], und er soll eingetaucht werden in den Geist der Reinigung, auf daß er den Aufrechten veranlasse, die Erkenntnis des Höchsten zu fassen und *die Weisheit der Söhne des Himmels, zu lehren die Vollkommenen des Weges, die Gott auserwählt hat zu immerwährendem Bund.* Und *alle Herrlichkeit Adams* [derselbe »ebionitisch«/»elchasaitische« Ausdruck, dem wir in der Damaskus-Schrift im Kontext der Definition der »Söhne des Zadok« und des »Hauses des Glaubens«, das Gott in Israel erbauen werde, begegnet sind] *wird ihnen zuteil werden.* Und keine Ungerechtigkeit wird hinfort sein, und alle Werke der Täuschung werden verbannt werden.[83]

Hier haben wir also einmal den Gedanken der Läuterung der Seele durch den Heiligen Geist in Verbindung mit Untertauchen in Wasser, der eine Beziehung zu Johannes' des Täufers Lehre (wie wir sie von Josephus her kennen) herstellt, und zum anderen eine Anspielung auf den ebionitisch/elchasaitischen Begriff »Ur-Adam«, der bei all diesen Taufsekten in Nordsyrien und im südlichen Irak eine so zentrale Rolle spielte und im Christentum mit dem neutestamentlichen Bild »des Christus« identifiziert wird, der (in Gestalt einer »Taube«) auf Jesus herabsteigt.

Wir haben bereits gesehen, daß das Lukasevangelium – das vielleicht »paulinischste« aller Evangelien – von Johannes dem Täufer aussagt, er sei »vom Heiligen Geist erfüllt« und (wie Jakobus und der Gerechte Lehrer von Qumran) »heilig von seiner Mutter Leib an« gewesen. In der – gleichfalls von Lukas verfaßten – Apostelgeschichte legt Paulus in Ephesus seine Auffassung vom »Getauftsein durch den Heiligen Geist« (wie Evangelien und Apostelgeschichte es nennen) im Zusammenhang mit einem gewissen Apollos dar, der vor *seiner Abreise nach Korinth* »im Weg des Herrn« lehrte, aber »nur von der *Taufe des Johannes* wußte« (18,25).

Als er nach Apollos' Abreise in Ephesus ankommt, stellt Paulus die Sache mit den Worten klar: »Johannes hat getauft mit der Taufe der Reue« (19,4 [Luther u.a. haben hier »der Buße«, A.d.Ü.]). Abgesehen davon, daß hier der ursprüngliche Sinn von Josephus' Bemerkung über Herodes Antipas, er befürchte, gegebenenfalls »Reue empfinden zu müssen«, Johannes den Täufer nicht rechtzeitig getötet zu haben, geradezu auf den Kopf gestellt wird, machen die Worte »Taufe der Reue« deutlich, daß von der Taufe *Johannes' des Täufers* die Rede ist, die in Markus 1,4 und Lukas 3,3 genau so beschrieben wird.

Obwohl dies normalerweise als die Taufe eines gewissen »Apostels Johannes« aus Ephesus verstanden wird, bezeichnet der Ausdruck unserer Ansicht nach schlicht die – bei Josephus ausführlich beschriebene – Wassertaufe, die Johannes der Täufer spendete. Paulus hingegen (so die Apostelgeschichte) tauft die Menschen »auf den Namen des Herrn Jesus Christus«, und als er »die Hände auf sie legte, kam der Heilige Geist auf sie, und sie *redeten in Zungen* und *weissagten*« – die wohlbekannten Markenzeichen der paulinischen Mission (Apostelgeschichte 19,5 f.). Dies ist die gleiche Taufe durch den Heiligen Geist, die am Pfingsttag über die Jünger in Jerusalem (2,18) und etwas weiter, 10,45, nach Petrus' Tischtuch-Vision in Cäsarea auf neubekehrte Heiden »ausgegossen wurde« – und zwar wieder mit den gleichen Resultaten.

Am Anfang des Ersten Briefes an die Korinther spielt Paulus auf

Probleme an, die – diesmal nicht wie oben in Ephesus, sondern *in Korinth* – im Zusammenhang mit einem gewissen Apollos aufgetreten seien (1,12 und 3,5). Im Verlaufe ebendieser Diskussion erklärt Paulus zudem, daß er kraft des Heiligen Geistes »geistliche Dinge auf geistliche Weise lehrt« (2,13). Zur Veranschaulichung dessen spricht er dann von »Gottes Ackerfeld« und »Gottes Bau« und schließt mit der Metapher, er selbst »habe [auf diesem Acker] gepflanzt, Apollos [habe] begossen« (3,6). Dieses Bild bestätigt aber erneut, daß Apollos' Taufe (oder »Johannes' Taufe«) in erster Linie mit *Wasser* oder einer *Waschung des Körpers* zu tun hatte.

Dieses Bild des »Waschens« oder »Badens« verwendet Paulus – der Apostelgeschichte zufolge – auch dann, wenn er es selbst ist, der bei seiner Begegnung mit Ananias in Damaskus »mit dem Heiligen Geist erfüllt« und »getauft wird und reingewaschen von seinen Sünden« (Apostelgeschichte 9,18 und 22,16). Der (zur paulinischen »Schule« gerechnete) Titusbrief bringt diese »erneuernde Waschung« abermals mit dem »Ausgießen des Heiligen Geistes« sowie mit der *»Gottesliebe«* des Heilands in Zusammenhang – oder, wie es da heißt, dem Gerettetwerden »nicht um der *Werke der Gerechtigkeit* willen, sondern nach seiner Barmherzigkeit« (oder »Gnade«, hebräisch *Chesed* – 3,5). Dies sind wieder fast die genauen Worte der Qumraner Damaskus-Schrift.

Im Ersten Brief an die Korinther (6,11) formuliert Paulus dies – im Kontext seiner Ausführungen über »die Speise, die für den Bauch, und de[n] Bauch, der für die Speise ist« sowie über das »eines Geistes sein mit Gott« – mit folgenden Worten:

> *Aber ihr seid abgewaschen,* ihr seid *geheiligt,* ihr seid *gerecht geworden* durch den Namen des Herrn Jesus Christus und durch den Geist unseres Gottes [das heißt also, wieder »Taufe durch den Heiligen Geist«].

Direkt daran anknüpfend spricht Paulus dann, wie wir gesehen haben, vom »Körper« und der »Unzucht«. Analog dazu berichtet Josephus über die Essener, daß sie »ihre Lenden mit Leinentüchern gürten und ihren Körper in kaltem Wasser waschen«, und bringt diese Sitte später, als er von ihr im Zusammenhang mit *Banus'* durchaus vergleichbarer Gewohnheit spricht, mit sexueller Enthaltsamkeit oder »Sichenthalten von Unzucht« in Verbindung.

Jakobus' Baden und Johannes' Kleidung: Abschließende Betrachtungen

Diese Beschreibungen sind der Schlüssel nicht nur zum Verständnis von *Banus'* Beziehung zu den Essenern, sondern ebenso auch zur richtigen Deutung von Hegesippus' Mitteilung, Jakobus habe »nur Leinen getragen, nie seinen Körper mit Öl gesalbt und nie ein Badehaus betreten«. Das Problem dabei war, wie wir gesehen haben, das *Baden*.

Dieser Mitteilung folgt in allen Quellen, die sich auf Hegesippus stützen, die Information, Jakobus habe, mit der hohepriesterlichen Kopfbedeckung angetan, den Tempel betreten und im Allerheiligsten »kniend gebetet«, so daß »seine Knie schwielig wie die Haut *eines Kamels* wurden«. Es lohnt, Epiphanios' (bereits auszugsweise angeführte) Darstellung in voller Länge zu zitieren:

> Ich finde weiterhin [in meinen Quellen], daß er auch das Priesteramt gemäß der *Alten Priesterschaft* [das heißt der »rechabitischen« oder »nasiräischen« – möglicherweise auch derjenigen, die im Hebräerbrief als die »Priesterschaft nach der Ordnung Melchisedeks« bezeichnet wird] ausübte. Aus diesem Grunde war es ihm gestattet, *einmal im Jahr das Allerheiligste zu betreten*, so wie es das Gesetz der Schrift zufolge den Hohenpriestern gebietet. Er durfte außerdem, wie die obenerwähnten vertrauenswürdigen Männer – Eusebios, Clemens und andere – in ihren Darstellungen berichten, das hohepriesterliche Diadem [das heißt die »Krone«, *»Nezer«*] auf dem Kopf tragen.[84]

Wenn Jakobus aber tatsächlich regelmäßig auf den Tempelberg stieg (wie dies sogar die Apostelgeschichte von den »inneren Drei« oder von Paulus' »Säulen« berichtet), dann nahm er auch mit Sicherheit das rituelle Reinigungsbad, das dort vorgeschrieben war. Jeder, der auf den Tempelberg stieg und dort irgendwelche sakralen Handlungen vornahm, mußte sich zuvor einer solchen rituellen Reinigung unterziehen – *und dies galt sogar für Ausländer*. Erst recht wäre vor Betreten des inneren Tempelhofes ein rituelles Untertauchen erforderlich gewesen, und den Priestern stand dort zu diesem Zweck eine große unterirdische Badeanlage zur Verfügung.[85] Gleich zwei solche Untertauchbecken waren dem Hohenpriester vorbehalten, und das eine, das nur zu *Jom Kippur* benutzt wurde, befand sich auf dem *Dach* der Kammer, in der die *Häute geopferter Tiere* aufbewahrt wurden. Selbst letzteres hat eine gewisse Beziehung zu Jakobus und dem Motiv der »Götzen geopferten *Häute*«, dem wir in *MMT* und der Tempelrolle begegnet sind.

Um so mehr hätte das Badegebot gegolten, wenn Jakobus, wie Epiphanios beteuert, tatsächlich ein Jom-Kippur-Sühneopfer durchführte – das heißt ein Sühneopfer, das der Hohepriester einmal im Jahr für das ganze Volk im Allerheiligsten vollzog. Wie wir gesehen haben, waren die Reinheitsvorschriften im Zusammenhang mit diesem Ritual ganz besonders streng, und das Dritte Buch Mose (16,4) erklärt *ausdrücklich*, daß der Hohepriester bei diesem Anlaß, bevor er die »heiligen« Gewänder aus grobem, unverfeinertem Leinen anlegt, »seinen Leib mit Wasser abwaschen« soll. Tatsächlich tauchte der Hohepriester im Verlaufe der Kulthandlungen zum Versöhnungsfest nicht weniger als *fünfmal* im Badebecken unter![86]

Es kann also überhaupt kein Zweifel daran bestehen, *daß* Jakobus badete, und was wir über *»Banus«* und die Essener erfahren haben – nämlich daß sie sich »in kaltem Wasser« wuschen –, liefert uns den Schlüssel zum Verständnis dieser etwas verworrenen, aber dennoch brauchbaren Mitteilungen über den Herrenbruder. Im Falle von *»Banus«* bringt Josephus, wie wir uns erinnern, diese kalten Bäder mit sexueller Enthaltsamkeit in Verbindung. Selbst eine zweite Gruppe von »Essenern«, von denen er und Hippolytos berichten, die sich insofern von der ersten unterscheidet, als sie die Heirat zuläßt, gestattet sexuelle Aktivitäten ausschließlich zum Zweck der Fortpflanzung. Jedenfalls gehören alle diese Personen und Gruppen zu derselben Bewegung (oder zumindest zu ähnlichen Bewegungen), und bei Jakobus und *Banus* dürfte es sich mit ziemlicher Wahrscheinlichkeit um *ein und dieselbe* Person handeln. Das Bemerkenswerte an Jakobus ist in diesem Zusammenhang also die Tatsache, *daß* er badete – und nicht etwa, daß er *nicht* gebadet hätte.

Daß Jakobus über die »Essener« das gleiche aussagt, was frühe Kirchenschriftsteller von Jakobus berichten, ist ein weiterer Beleg für diese These – insbesondere ihr angebliches »Ungewaschensein«. Josephus meinte genausowenig, die Essener seien »schmutzig« gewesen, wie die frühen christlichen Autoren es von Jakobus meinten – oder gemeint hätten, wenn sie ihre Quellen richtig verstanden hätten. Tatsächlich badeten die Essener ebenso häufig wie alle Hemerobaptisten. Der Schlüssel zu dieser Deutung ist die – in allen Quellen vorkommende – Mitteilung über das »kalte Wasser«. Letzteres wird (verständlicherweise) mit Enthaltung von »Unzucht« in Verbindung gebracht, ein Merkmal, das nach all unseren Quellen ebenso wesentlich zu Jakobus gehörte wie in Qumran zum Gerechten Lehrer.

Epiphanios stellt diesen Zusammenhang zwischen Jakobus' Badesitten, sexueller Abstinenz und ausschließlich linnener Kleidung sogar explizit her. Wie wir uns erinnern, berichtet er: »Er [Jakobus] starb jungfräulich im Alter von sechsundneunzig Jahren. Kein Schermesser kam über sein Haupt. Er ging nicht ins Badehaus. Er aß kein Fleisch, und er trug kein Untergewand, sondern verwendete nur ein Leinentuch.«

Wir wir gleichfalls oben gesehen haben, bringt Epiphanios dies mit dem Jüngling in Verbindung – den manche für Johannes, den »Jünger, den Jesus liebhatte«, halten –, der laut Markus (14,51 f.) bei Jesu Verhaftung »die Leinwand«, die er »auf der bloßen Haut trug«, zurückließ und »nackt davonfloh«. Dies wiederum erinnert stark an den »Leinengurt« oder »-schurz«, den Josephus' und Hippolytos' Essener beim Baden trugen.

Gleichsam »zur Sicherheit« wiederholt Epiphanios diese Bezeugung ein zweites Mal, wenn er davon spricht, Jakobus' Knie seien infolge seines unablässigen Kniens vor Gott (wozu ihn seine *übermäßige Frömmigkeit* bewog) »so hart wie die eines Kamels geworden«:

> Deswegen riefen sie ihn nicht mehr bei seinem Namen, sondern nannten ihn nur noch »den Gerechten« [möglicherweise »Zadok«]. Er wusch sich nie in einem Bad[ehaus], noch aß er Fleisch.

Dem fügt Ephiphanios das merkwürdige Detail hinzu: »... noch trug er Sandalen.«[87]

Es ist nicht klar, aus welcher mißverstandenen oder entstellten Quelle er das haben könnte – wenngleich angemerkt werden sollte, daß die Priester im Tempel (insbesondere nachdem sie sich gereinigt hatten) keinerlei Schuhwerk trugen, sondern barfuß gingen. Hippolytos seinerseits erklärt im Zusammenhang mit dem »Aufseher« der Essener (in der Qumran-Literatur »der *Mebakker*« genannt), zu dessen Aufgaben die Verwaltung des gemeinsamen Eigentums gehörte, daß kein Essener »*zwei* Röcke oder *zwei* Paar Sandalen« besaß. Dem Volk, »das hinausging, daß es sich von ihm taufen ließe« (und das er mit »Otterngezücht« anredet!), erteilt Johannes in der Wüste praktisch das gleiche Gebot bezüglich der Frage »*ein* oder *zwei* Röcke« und spricht anschließend allgemein von Jesu »Schuhen« (Lukas 3,11, 9,3 und Parallelen). Josephus wiederum schreibt:

> Sie wechseln ihre Gewänder und Sandalen nicht eher, als bis sie in Fetzen fallen oder völlig abgetragen sind.[88]

Doch erst die Verknüpfung von »niemals mit Öl salben« und »niemals ins Bad gehen«, die bei Eusebios und Hieronymus vorgenommen wird, schließt diesbezüglich den Kreis, denn eines ist sicher: Wenn Jakobus auf die beschriebene Weise in den Tempel ging, dann badete er auch. Da die Information an diesem Punkt (wie im Falle von Josephus' »ungewaschenen« Essenern) mit der Zusatzbestimmung »sich nie mit Öl salben« und »nur Leinen tragen« verknüpft wird (die auch – wie Jakobus' »Aasverbot« – in Hesekiels neuen Vorschriften für »die Söhne des Zadok« genannt wird, 44,15–31), kann man, wahrscheinlich verbindlich, sagen: Was Jakobus nicht tat, war, nach griechisch-römischer Sitte *heiß zu baden*; ebensowenig *salbte er sich* – nach der gleichen Sitte – *mit Öl. Kalt* hat er allerdings durchaus gebadet, und zwar (wie *»Banus«* und die »Essener«), regelmäßig, und wahrscheinlich zusätzlich noch bei der geringsten rituellen Verunreinigung. Da Jakobus unseren Quellen zufolge gewohnt war, *täglich* in den Tempel zu gehen, nahm er auch wenigstens einmal täglich ein vorschriftsmäßiges rituelles Bad.

Es ist interessant festzustellen, daß unsere neutestamentlichen Quellen in der Beschreibung von Johannes' des Täufers Kleidung wahrscheinlich gleichfalls auf Details aus Jakobus' Lebensgeschichte anspielen – beziehungsweise diese umkehren. Wir haben bereits gesehen, daß dies im Zusammenhang mit Jesu Biographie mehrfach der Fall ist. Immer und immer wieder hören wir, daß Jakobus »keine Wolle, sondern nur Leinen trug«, und direkt im Anschluß daran (und zwar in allen unseren Quellen), daß »seine Knie« aufgrund der unablässigen Gebete, mit denen er sich im Allerheiligsten an Gott wandte, so hart wie die Schwielen »eines *Kamels*« geworden waren.

Indem sie Johannes »ein *Kleid* von *Kamel*haaren« zuschreiben, scheinen Matthäus und Markus eine spielerische Kollage zusammengestellt zu haben, die dann zur »biblischen Wahrheit« geworden ist. Zuerst nehmen sie die Mitteilung aus dem Zweiten Buch der Könige (1,8), Elia habe »einen Ledergurt um seine Lenden« getragen – obwohl das Johannesevangelium ausdrücklich bestreitet, Johannes der Täufer sei Elia gewesen, und obwohl er wahrscheinlich (wie all die anderen Hemerobaptisten) in Wirklichkeit nur »einen Leinengürtel um seine Lenden« trug. Das Lukasevangelium wiederum greift die bei Hippolytos referierte Information auf, die Essener hätten nicht einmal »zwei Röcke« gehabt, und macht daraus *Johannes'* Gebot – eine der populärsten neutestamentlichen Aussagen überhaupt: »Wer zwei Röcke hat, der gebe dem, der keinen hat« (Lukas 3,11 – in 9,3 ist es Jesus, der das »essenische« Gebot ausspricht).

Alle drei Synoptiker greifen das Motiv der »Sandalen« (oder

»Schuhe«) auf, mit dem sie zweifellos auf den messianischen »Führerstab« (*Mehokkek*) anspielen, der »nicht von den Füßen Judas weicht, bis der Herrscher [*Schilo*] kommt«[89], sowie auf das »die Feinde zum Schemel deiner Füße machen« von Psalm 110 – demselben extrem zionistischen Psalm, der dann den »Priester nach der Weise Melchisedeks« erwähnt und ihn als »heilig vom Mutterleibe an« charakterisiert (110,3 f.). Zusammengenommen werden diese Fragmente zu Johannes' (auch noch im Kontext seines »mit Wasser Taufens« erfolgreicher) sprichwörtlicher Äußerung über Jesu »Schuhriemen, die zu lösen [er] nicht würdig« sei (Lukas 3,17 und Parallelen).

Im Zusammenhang mit den zwei Jakobusmotiven »*Jom-Kippur*-Sühneopfer« und »keine Sandalen« sollte noch darauf hingewiesen werden, daß gläubige Juden noch heute zu *Jom Kippur* keine Lederschuhe tragen und daß, wie es scheint, nicht nur die Priester sich im heiligen Bezirk barfuß aufhielten, sondern jeder, der den Tempel betreten wollte, nach der rituellen Reinigung die Sandalen auszog – ein weiterer Brauch, der in den Islam eingeflossen ist. Aber wichtiger noch – die Bußen, welche die rabbinische Tradition besonders Stranggläubigen für *Jom Kippur* vorschreibt, sind genau die Verhaltensweisen, die unsere frühen Kirchenquellen mit Jakobus in Verbindung bringen: *keine Schuhe tragen, nicht* (zum Vergnügen) *baden*, den Körper *nicht mit Öl einreiben*, sich des *Geschlechtsverkehrs enthalten*.[90]

Damit dürfen wir also mehr oder weniger kategorisch behaupten, daß Johannes *keine* Wolle, geschweige denn sonstiges tierisches Haar trug. Das aber bedeutet, daß er wahrscheinlich auch nicht mit Matthäus' und Markus' »Kleid von Kamelhaaren und einem ledernen Gürtel um seine Lenden« bekleidet war. *Was* er getragen haben dürfte, war die Art von Kleidung, die für alle »Wüstenbewohner«, von Jakobus über die Essener bis hin zu »*Banus*«, charakteristisch war.

Damit können wir eine letzte Schlußfolgerung ziehen: Das »Kamel«, das in dieser Beschreibung der Kleidung Johannes' des Täufers vorkommt, ist einfach ein Detail aus den frühchristlichen Bezeugungen der *übermäßigen Frömmigkeit Jakobus'*. Die Beschreibung kombiniert also das Jakobusmaterial »keine Wolle, sondern nur Leinen tragen« mit der Information, daß Jakobus' Knie aufgrund seines unablässigen Betens im Tempel »so hart wie die Haut eines Kamels« geworden waren. Was im Zusammenhang mit Jakobus durchaus stimmig und nachvollziehbar ist, ergibt aber in diesen Aussagen über Johannes keinen Sinn. Auch darf ein so anschaulicher Vergleich wie die »Kamelhaut« nicht leichtfertig abgetan werden. Auf alle Fälle sind die Übereinstimmungen und sprachlichen Überschneidungen auffällig. Wenn es zutrifft, daß das »Kamel« der einen Überlieferung retrospektiv dasjenige der anderen bedingt, dann haben wir darin nicht nur einen weiteren Beleg für das Alter und die Zuverlässigkeit dieser Traditionen über Jakobus – die zumindest ebenso alt sein müssen wie die Evangelienberichte über Johannes –, sondern auch den Beweis, daß *echtes* historisches und sprachliches Material über Jakobus nachträglich in die Charakterisierungen zentraler neutestamentlicher Gestalten eingearbeitet worden ist.

Was Josephus' »*Banus*« und »Essener« anbelangt, können wir davon ausgehen, daß sie die gleichen Bräuche beachteten – insbesondere die Sitte, nur Leinen zu tragen und kalt zu baden. Dies können wir auch von Jakobus annehmen, das heißt, daß er nur Leinen trug und regelmäßig kalte Bäder nahm, um sich – wie Epiphanios erklärt und wie Josephus von *Banus* bezeugt – »seine Keuschheit zu bewahren«. Wir können davon ausgehen, daß keiner von ihnen Bäder von der Art betrat oder gar benutzte, wie man sie in Masada und allgemein in Herodianerpalästen gefunden hat – Einrichtungen, die bis zu einem gewissen Grad die sexuelle Freizügigkeit und die inzestuösen Ausschweifungen ihrer Besitzer widerspiegelten. Ebensowenig benutzte einer von ihnen im Zusammenhang mit seinen kalten Waschungen Öl oder salbte sich, wie dies in den griechisch-römischen Thermen üblich war, die während dieses Zeitraums in Palästina – vor allem aber bei den Herodianern – eine gewisse Beliebtheit genossen zu haben scheinen.[91]

Das letzte Wort hat in diesem Zusammenhang – wieder einmal – Epiphanios. Am Ende seiner Version von Hegesippus' »sieben jüdischen Häresien [Sekten]«, die an die Stelle von Eusebios' redundanten »Masbuthäern« die »Herodianer« setzt, schreibt er:

> Heute sind nur noch wenige Nazoräer zu finden, und diese leben in Oberägypten und, jenseits davon, in Arabien, aber die verbleibenden Ossäer [Essener], die, wie ihre *Vorfahren, oberhalb des Toten Meeres* und *jenseits davon mit den Sampsäern* [das heißt den *Sabäern*] leben, pflegen nicht mehr jüdische Bräuche. *Mittlerweile sind sie mit den Ebioniten verschmolzen.*[92]

Historisches Zwischenspiel

Nachdem wir Jakobus' Wahl oder Ernennung zum Oberhaupt der Jerusalemer Versammlung rekonstruiert haben, sind wir eher in der Lage, sein plötzliches Auftauchen im 12. Kapitel der Apostelgeschichte zu verstehen. An diesem Punkt heißt es von Petrus, er sei gerade aus dem Gefängnis entflohen, in das ihn »Herodes« hatte werfen lassen. Wie bereits gesagt, handelt es sich hierbei höchstwahrscheinlich um *Herodes* Agrippa, auch bekannt als Agrippa I., weil er von Caligula zum »König« ernannt worden war. Es könnte aber auch dessen Bruder gemeint sein, *Herodes* von Chalkis, von dem man weiß, daß er mit Unruhestiftern strenger verfuhr. Der mit seiner Nichte Berenike, Agrippas I. Tochter, verheiratete Herodes von Chalkis erbat sich – und erhielt – von Claudius die Aufsicht über die hohepriesterlichen Gewänder, wodurch er sich auch die Kontrolle über die Ernennung der Hohenpriester sicherte.[93]

Sein Sohn, Aristobulos, heiratete Salome (dieselbe, die sich nach Aussage des Neuen Testaments Johannes' des Täufers Kopf ertanzt haben soll), nachdem *deren* Ehemann, »Philippos der Tetrarch, kinderlos gestorben war«. Später erhielten die beiden ein anderes romhöriges Kleinkönigreich, das weiter im Norden gelegene »Unter-« oder »Klein-Armenien«, das entweder ins Reich des Gemahls Helenas von Adiabene eingebettet war oder an dieses angrenzte. Mit Paulus' Beziehungen zu den Herodianern werden wir uns noch befassen. In den Pseudoklementinen führt Paulus den Angriff auf Jakobus an, und in der Apostelgeschichte ist er in die Steinigung des Stephanus verwickelt – falls es sich dabei nicht überhaupt um ein und dasselbe Ereignis handelt. Im Römerbrief spricht Paulus, wie wir uns erinnern, von seinem Vetter oder »Stammverwandten Herodion«, direkt nachdem er Grüße an alle »Hausgenossen des Aristobulos« ausgerichtet hat. Wenn dieser Aristobulos mit dem Sohn Herodes' von Chalkis identisch ist, dann braucht uns der Einfluß, den Paulus bereits in vergleichsweise jungen Jahren in Jerusalem ausübte, nicht weiter zu verwundern – und ebensowenig sein Umgang mit den obersten Priestern, die ja von der Gunst von Paulus' Verwandtem Herodes von Chalkis abhängig waren. Aus all dem gewinnt man den Eindruck, daß Paulus zumindest ein Aristokrat mit guten Beziehungen zu den regierenden Herodianern war.

Im Zusammenhang mit seinem letzten Aufenthalt in Jerusalem (vermutlich um 60 n.Chr., da Jakobus noch am Leben ist und der römische Statthalter Felix unmittelbar davorsteht, wieder nach Rom zurückzukehren) erfahren wir aus der Apostelgeschichte, daß Paulus dort eine Schwester und einen Neffen hat – einen Neffen, der über ausreichend gute Beziehungen zu den Römern verfügt, um den Hauptmann der Zitadelle von einem Plan (vermutlich *»sikarischer«* oder *nasiräischer* »Zeloten«), Paulus zu ermorden, in Kenntnis zu setzen. Als Folge dieser Mitteilung wird Paulus mit einer starken römischen Eskorte zur Mittelmeer-Hafenstadt geschickt, die der erste Herodes nach Augustus »Cäsarea« genannt hatte – dem durch und durch hellenisierten Zentrum römischer Verwaltungstätigkeit, das römische Prokuratoren wie herodianische Herrscher dem ständig von Unruhen erschütterten Jerusalem als Residenz vorzogen.

Die Zurückhaltung der Apostelgeschichte bezüglich der Identität von Paulus' Neffen – und desgleichen von dessen Schwester – ist verdächtig. Möglicherweise handelte es sich bei letzterer um Kypros (3), so genannt nach Herodes' Mutter, Kypros (1), und dessen Tochter, Kypros (2). Bezeichnenderweise war diese Kypros (3) mit dem *Tempelschatzmeister* Helkias verheiratet, einem Nachkommen eines anderen, gleichnamigen Helfershelfers des Herodes.[94] In Kürze werden wir auf dieses Thema zurückkommen, aber einstweilen genüge der Hinweis, daß Paulus' rund zwei Jahrzehnte vorher – bevor er für »vierzehn Jahre« ins Ausland fuhr – erfolgte Infiltration der »Messianischen Bewegung« für seine Gegner äußerst besorgniserregend gewesen sein dürfte.

Wenn unsere Interpretation der Qumran-Texte korrekt ist, kommt auch in ihnen Sorge über diese Unterwanderung zum Ausdruck.[95] Zunächst einmal begegnen wir einer extremen Ablehnung der »Nichten-Heirat« und überhaupt Heirat mit nahen Verwandten – in Qumran »Inzest« genannt –, die so charakteristisch ist für die Herodianer im allgemeinen und im besonderen für die im vorliegenden Werk am häufigsten erwähnte Linie, zu der Herodias, Salome, Berenike, Drusilla und Agrippa II. gehören (und die auch die Verfasser des Neuen Testaments am meisten interessiert). Auf die ungeheure Rolle, die das – auf den geistigen Widersacher des Oberhaupts der Gemeinde, des »Gerechten Lehrers«, bezogene – Epitheton »der Lügner« in Qumran spielt, wollen wir an dieser Stelle lediglich kommentarlos hinweisen.

Johannes' des Täufers Interesse am Thema »Unzucht« ist natürlich evident. Schließlich verliert er, wenn wir unseren Texten Glauben schenken dürfen, gerade aufgrund seiner Kritik daran sein Leben. Alle an der Vernichtung Johannes' in irgendeiner Weise beteiligten Personen sind auch in die verschiedenen Arten von »Unzucht« verwickelt, welche die Verfasser der Qumran-Schriften so sehr beschäftigen. Denn dieses Interesse kommt nicht nur in einem bestimmten Text zum Ausdruck, sondern es durchzieht auch die gesamte Qumran-Literatur und erreicht schier obsessive Ausmaße.

Dieselben Personen haben zudem irgendwie mit dem Untergang des Mannes zu tun, den sowohl das Neue Testament als auch Josephus »Theudas« nennen und zu dessen Tod wir in der Enthauptung des »Jakobus, des Johannes' Bruder« (wie er im Neuen Testament genannt wird) eine Parallele erkennen. Ebenso sind sie – wenn man der Apostelgeschichte Glauben schenken darf (und es besteht kein Grund, an der Realität der von ihr dargestellten Antagonismen zu zweifeln) – in die Einkerkerung Petrus' verwickelt, die in die Einführung (oder Wiedereinführung) »Jakobus', des Bruders Jesu« mündet.

Es ist gleichfalls möglich, »Petrus« bis zu einem gewissen Grad zu entmythologisieren. Wie wir gesehen haben, erklärt Epiphanios, daß auch Petrus den Ebioniten zufolge ein »Hemerobaptist« war, der »jeden Tag badete, bevor er auch nur ein Stück Brot aß«. Das gleiche Bild zeichnen von ihm die pseudoklementinischen *Homilien*.[96] Rekapitulieren wir die wenigen Dinge, welche die Apostelgeschichte über »Petrus« weiß oder bereit ist, uns mitzuteilen, bevor er ganz aus der Handlung verschwindet. Nach der Episode, durch die Jakobus eingeführt wird, hat Petrus nur noch einen einzigen, recht unbedeutenden Auftritt (Apostelgeschichte 15,7–14, wo er auch »Simeon« genannt wird). Hier wird er bezüglich der Frage der »Beschneidung« auf einmal als Verfechter des paulinischen Standpunkts dargestellt, der den, wie die Apostelgeschichte sie jetzt abwertend bezeichnet, »Pharisäern« widerspricht – das heißt »pharisäischen« Christen (15,5)!

Paulus nennt diese Leute im Galaterbrief »etliche von Jakobus«. Dies ist das sogenannte »Jerusalemer« oder »Apostelkonzil«, bei dem Jakobus im Anschluß an Petrus' Rede seine »Gebote« für die Heiden von »Antiochia und Syrien und Kilikien« (hier scheint »Antiochia« also außerhalb von »Syrien« zu liegen) ausspricht. Der Brief mit diesen Weisungen wird zwei Bevollmächtigten anvertraut, einem Judas, jetzt auch *»Barsabas«* genannt, und einem Silas (Apostelgeschichte 15,22 f.). Um die Verwirrung komplett zu machen, begeben sich mit ihnen auch *Barnabas* und Paulus auf die Reise.

Wenn die erste Erwähnung eines »Barsabas« (im Zusammenhang mit der »Wahl zur Neubesetzung von Judas' Amt) in Wirklichkeit auf einen Bruder Jesu namens »Jakobus« verwies, können wir diese zweite wahrscheinlich auf einen anderen »Bruder« beziehen – diesmal »Judas«. Mit ihrem Motiv der »Epistel« erinnert diese Episode allmählich stark an Geschichten aus »Edessa Orrhoë« oder »Antiochia-Kallirhoe« über Judas Thomas und Thaddäus – der in den neutestamentlichen Apostellisten auch »Lebbäus« oder »Judas von Jakobus« genannt wird.[97] Um diese recht phantasievolle Version der Ereignisse noch weiter zu komplizieren, werden »Judas und Silas« zudem als »Propheten« bezeichnet (15,32) – aber andererseits geht die Apostelgeschichte recht freizügig mit derlei Termini um.

Das »Epistel«-Motiv verstärkt noch den Eindruck, daß zwischen diesem »Judas« und dem »Judas dem Zeloten«, der in syrischen Quellen wie den Apostolischen Konstitutionen – ganz zu schweigen von Eusebios' »Thomas« (»Judas Thomas«) – im Zusammenhang mit der Bekehrung von »König Augarus« oder »König Agbarus« erwähnt wird, eine gewisse Beziehung besteht.[98] Diesem Motiv werden wir auch in *»MMT«* begegnen, dem (oder den zwei) – offenbar an einen sich für *Abrahams* »Heilszustand« interessierenden König gerichteten – »Brief(en)«, in denen gleichfalls von »Götzen geopferten Dingen«, »Heidenopfern« und »Häuten« (»Götzen geopferten Häuten«?) im Tempel die Rede ist. Der Galaterbrief nennt die von Jakobus nach »Antiochia« entsandten Repräsentanten nicht namentlich; klar ist dabei nur, daß sie *nicht* mit Paulus und Barnabas reisen und daß ihre Ankunft zum Auslöser des Streits zwischen Paulus einer- und Petrus und Barnabas andererseits bezüglich der Frage der *Tischgemeinschaft mit Heiden* wird. Wie der *echte* Petrus diesbezüglich dachte, haben wir weiter oben aus den pseudoklementinischen *Homilien* erfahren.

Dieser (wahrscheinlich anachronistische) Auftritt Petrus' während des »Jerusalemer Konzils« ist das letzte, was wir von ihm in der Apostelgeschichte hören – einem »Buch« des Neuen Testaments, das vorgeblich von *allen* Aposteln handelt. Doch wie bereits angemerkt, ist darin nicht einmal von Petrus' Rom-Aufenthalt die Rede, wie denn überhaupt nichts von seinem weiteren Schicksal berichtet wird. Praktisch zeitgleich mit Jakobus' plötzlichem Erscheinen treten Petrus und der *andere* Jakobus einfach von der Bühne ab. Man kann gefahrlos sagen, daß die Apostelgeschichte sehr bestrebt ist, die zwischen Paulus und anderen »apostolischen Säulen« wie Petrus bestehenden Differenzen unter den Teppich zu kehren. Ihr Verfasser kennt die wahre Geschichte – oder ahnt zumindest etwas davon – und möchte sie irgendwie harmonisieren.

Zu diesem Zweck greift er auf das eine – von seiner Perspektive aus – positive Element in Paulus' Darstellung des Petrus zurück, also auf seine ursprüngliche Bereitschaft, mit Heiden zu essen oder »Tischgemeinschaft« zu pflegen. In seinem letzten kurzen Auftritt (wie er – nachdem er, um sein Leben zu retten, außer Land geflohen war – wieder nach Jerusalem zurückgekehrt ist, wird nicht weiter erklärt) gebärdet sich Petrus mit einemmal als Advokat der Heiden (und damit implizit von Paulus' Heidenmission) und als Gegner derjenigen, die diese Heiden erst dann als »Erben« der Verheißungen des Bundes akzeptieren möchten, nachdem sie sich haben beschneiden lassen oder zum Judentum übergetreten sind. Dadurch erscheint Petrus bis zu einem gewissen Grad mitverantwortlich für Jakobus' Weisungen an überseeische Gemeinden, aber wir können dies getrost als einen Anachronismus oder eine Interpolation ansehen – oder beides.

Auf jeden Fall aß der *echte* Petrus, wie wir gesehen haben, wahrscheinlich nie »am selben Tisch mit Heiden« (und zwar weil »sie unrein leben«), sondern befolgte Jakobus' Weisungen aufs gewissenhafteste. Dies stimmt mit dem Bild, das Paulus im Brief an die Galater (2,10–14) von der Situation skizziert, genau überein und könnte sogar der Grund für die Vermischung von »Kephas« und »Petrus« sein, die uns in diesem Brief aufgefallen ist. Tatsächlich liefern uns diese Bemerkungen in den pseudoklementinischen *Homilien* ein genaueres und sogar vollständigeres Bild von Jakobus' Weisungen für überseeische Gemeinden als die Apostelgeschichte – und erklären zugleich auch, worüber Paulus sich so echauffiert, wenn er im Ersten Brief an die Korinther (10,21) dem »Tisch des Herrn« den »Tisch der Teufel« gegenüberstellt. Für die *Homilien* ist »der Tisch der Teufel« gleichbedeutend mit »Götzen geopferter Speise«.[99]

13
Jakobus als Hoherpriester der Opposition und *Oblias*

Jakobus als *Oblias* oder »Schutz des Volkes«

Sowohl Eusebios als auch Epiphanios teilen uns, wieder auf Hegesippus gestützt, mit, daß Jakobus zwei wichtige Beinamen besaß. Mit dem ersten sind wir bereits vertraut: »der Gerechte«. Dabei handelt es sich um eine Übersetzung des hebräischen *»Zaddik«* über das griechische *»Dikaios«* und das lateinische *»Justus«*. Der zweite ist *»Oblias«*. Beide Namen beziehen sich auf Jakobus' »Heiligkeit von seiner Mutter Leib an« (welche wiederum mit seiner nasiräisch/rechabitischen Lebensweise als Erfüllung des ersten »Liebesgebotes« zusammenhängt: Jakobus' »Frömmigkeit gegen Gott«) sowie auf die Tatsache, daß er bei wenigstens einer Gelegenheit das Allerheiligste betreten hat, um ein *Jom-Kippur*-Sühneopfer für das ganze Volk durchzuführen.

Keiner von beiden Autoren ist imstande, den zweiten Beinamen, *»Oblias«*, exakt wiederzugeben, und so liefern sie nur eine annähernd griechische Transliteration. Ebensowenig ist es bislang gelungen zu ermitteln, was dieses merkwürdige Epitheton genau bedeutet beziehungsweise auf welchem hebräischen Wort es eigentlich basiert (obgleich Eusebios und Epiphanios beide ganz offensichtlich zu wissen *glaubten*, was es bedeutete). Natürlich könnte es sich dabei um eine weitere Variation über das hebräisch/griechische *B-L-*`-Thema *»Belial«/»Diabolos«* handeln, möglicherweise – deutet man das anlautende *O* als entstelltes Alpha privativum – etwa im Sinne von »gegen den Teufel« oder »gegen Belial [seiend]« zu verstehen.

Dieselbe Wurzel *B-L-*` liegt dem rätselhaften Namen *»Lebbäus«* zugrunde, der sich in der Apostelliste mancher Handschriften des Matthäusevangeliums im Zusammenhang mit dem Apostel »Thaddäus« findet – einem Mann, der, wie wir aufzeigen werden, gleichfalls zu Jakobus' und Jesu Familie gehörte. Desgleichen werden wir nachweisen, daß »Lebbäus« mit »Alphäus« zusammenhängt (wie in den Apostellisten der *Vater* »Jakobus' des Jüngeren« genannt wird: eindeutig eine Entstellung des Namens von Jesu »Onkel«, »Kleophas«). Jedenfalls dürfte es sich bei »Oblias« und »Lebbäus« um Varianten desselben Grundbegriffs handeln; dafür jedenfalls spricht das auffällige Auftreten der Konsonanten *B* und *L* in der hebräischen oder griechischen Namensform.

»Laos« bedeutet auf griechisch »Volk« oder »Nation«, aber ein Wort, das auch nur entfernt an *»Lias«* anklänge, gibt es in dieser Sprache nicht. Ähnliche Probleme hatten wir bereits mit dem Namen *»Banus«* gehabt und waren zu dem Schluß gelangt, daß er etwas mit dem lateinischen Wort für »Bad« [*balneum*] zu tun haben könnte – wofür, wenn schon nicht die Etymologie, so doch eine der charakteristischen Aktivitäten seines Trägers sprechen würde. Analog dazu schiene die erste Silbe von *»Oblias«* – trotz der unbestreitbaren Absurdität, hebräische mit griechischen Wortstämmen zu vermischen – auf ein Wort mit der Bedeutung »Schutz«, »Bollwerk« oder »Stärke«/»Kraft« zurückzugehen (auf hebräisch *»`oz«* oder *»ma`oz«*).

Obwohl sie hinsichtlich seiner exakten Ableitung offenkundig im dunkeln tappen, verstehen sowohl Eusebios als auch Epiphanios das Wort *»Oblias«* genau in diesem Sinne. Unmittelbar nachdem er mitgeteilt hat, daß Jakobus unentwegt im Tempel »kniete und für das Volk um Vergebung flehte [also eine Art *Jom-Kippur*-Sühne durchführte], so daß seine Knie so schwielig wie die eines Kamels geworden waren«, schreibt Eusebios:

> Aufgrund seiner überragenden Gerechtigkeit wurde er »der Gerechte« [*Dikaios*] und »Oblias« genannt, was auf griechisch soviel wie »Schutz des Volkes« und »Gerechtigkeit« [*Dikaiosynê*] bedeutet.

Dem fügt er hinzu: »... wie die Propheten in bezug auf ihn erklären.«[1]

Dies ist ein sehr wichtiger Zusatz, geht aus ihm doch hervor, daß sich Jakobus' zwei Zunamen im Alten Testament finden lassen, und zwar insbesondere bei den Propheten, aber auch im Psalter, der – wie in Qumran (und *später* wiederum *im Islam*) – zu jener Zeit als eine prophetische Komposition angesehen wurde. Dem Betriff *»Zaddik«* sind wir bereits durch einen großen Teil der vorliegenden Arbeit nachgegangen. Er taucht in der hebräischen Heiligen Schrift immer wieder auf, insbesondere in jenen zwei Episoden der Genesis, die um *»Zaddikim«* (Mehrzahl von *Zaddik*) und die »Flucht« oder »Rettung« Noahs und Lots kreisen. Wie wir gesehen haben, werden viele biblische »Zaddik«-Passagen in den Qumran-Texten aufgegriffen und exegetisch mit Begebenheiten aus dem Leben des Gerechten Lehrers in Verbindung gebracht.[2]

Wiederholt begegnet man auch dem Begriff »Rechtfertigung«, der im Hebräischen durch eine Verbalkonstruktion ausgedrückt wird, die aus dem Wort »*Zedek*«/»Gerechtigkeit« oder »*Zaddik*«/»Gerecht(er)« abgeleitet ist und wörtlich soviel wie »gerecht machen« bedeutet. Der Leser sollte stets die den hebräischen Wörtern jeweils zugrundeliegenden Wurzeln im Auge behalten, die wie in den meisten semitischen Sprachen – etwa Aramäisch, Syrisch und Arabisch – stets aus drei Konsonanten aufgebaut sind. In unserem Fall lautet die Wurzel also *Z-D-K*.

In den Qumran-Texten, in denen der Gerechte Lehrer (*Moreh* oder *Joreh ha-Zedik*) stets im Zusammenhang mit der Exegese zentraler biblischer »*Zaddik*«-Passagen erwähnt wird, werden wir auch mit anderen Wortgruppen dieser Art zu tun haben. Zwei von ihnen, *R-Sch-`*/»böse« oder »schlecht« und *B-L-`*/»verschlingen«, werden beispielsweise immer auf einen Hohenpriester des »Establishments« bezogen, der offenbar für die Vernichtung des Gerechten Lehrers verantwortlich war. Die erste Wurzel kehrt nicht nur die in des letzteren Namen enthaltene *Gerechtigkeit* um, sondern auch dessen charakteristische »rechtfertigende« Aktivität, bedeutet also soviel wie jemanden »böse machen« oder »verdammen«. Die zweite bedeutet »verschlingen« (im Sinne von *essen*) oder »verzehren« (im Sinne von *zunichte machen*).

Andere wichtige »*Zaddik*«-Bibelstellen werden im Neuen Testament aufgegriffen und auf Jesus bezogen. Die wichtigsten von ihnen enthalten das Buch Jesaja (53,11) – wo sowohl »der Gerechte« als auch »rechtfertigen« (»*lehazdik*«, wörtlich »gerecht machen«) vorkommen – und das Erste Buch Mose (15,6) über den »Glauben, der Abraham zur Gerechtigkeit gerechnet wurde«. Dies ist die *wörtliche* Formulierung im hebräischen Original, woraus Paulus »Abraham wurde durch den Glauben gerechtfertigt« macht (Römer 3,24–4,2) – was in Jakobus 2,21–24 wiederum zu »Abraham wurde durch die *Werke* gerechtfertigt« wird (so auch in *MMT*). Man muß sich allerdings unbedingt gegenwärtig halten, daß das »biblische« Verb »rechtfertigen« – trotz seiner landläufigen Bedeutung von »(sich) entschuldigen«, »Gründe für ein bestimmtes Verhalten anführen« – die durch das Griechische vermittelte Wiedergabe eines hebräischen Ausdrucks ist, der soviel wie »gerecht machen« oder »gemacht werden« bedeutet.

Jesaja 53,11 (»Mein Knecht, der Gerechte, wird viele gerecht machen«) und das Erste Buch Mose (15,6) sind zwei oder drei Säulen, auf denen die frühchristliche Theologie ruht. Die dritte ist das Buch Habakuk (2,4), »der Gerechte wird durch seinen Glauben leben« – ein weiteres zentrales Element paulinischer Theologie, das bis zu einem gewissen Grad auch im Jakobusbrief (2,23) eine Rolle spielt. Diese Passage aus Habakuk legt Paulus, zusammen mit 1. Moses 15,6 in den Briefen an die Galater (3,11) und an die Römer (1,17 und 4,2–5,5), aus.

Sie wird auch im *Pescher* Habakuk zitiert, wo sie die textuelle Grundlage von dessen eschatologischer Darlegung der »Letzten Zeiten« oder der »Letzten Generation« abgibt. Dieser Kommentar zu den ersten zwei Kapiteln von Habakuk liefert die Qumraner Sicht der fraglichen Passage, die, wie man sich vorstellen kann, eher *jakobinisch* als *paulinisch* ist. Aus dieser Perspektive ist die Gültigkeit von Habakuk 2,4 – und ebenso von 2,3, der Ankündigung der sogenannten »Verzögerung der Parusie« – auf die »Täter der *Thora* im Hause Juda« beschränkt. Mit anderen Worten: Diese zwei Passagen gelten *nicht* für die »Nicht-Täter der *Thora* im Hause Juda« und erst recht nicht für die »Nicht-Täter der *Thora*« außerhalb des Hauses Juda – also die Adressaten und Nutznießer der paulinischen *Heidenmission*.

Laut Epiphanios war Jakobus, zubenannt »der Gerechte«, das älteste der sechs Kinder »Josephs« von einer Frau – nicht Maria –, deren Namen er entweder nicht weiß oder verschweigt. Jakobus war nicht nur »ein Nasiräer« und »geweiht von seiner Mutter Leib an«, sondern er wurde auch »*Oblias*« genannt, was Epiphanios zufolge »Festung« oder »Mauer« bedeutet.[3] Die Bestimmung »des Volkes« (aus dem griechischen »*Laos*«?), die Eusebios' Erklärung (»Schutz des Volkes«) zusätzlich enthält, fehlt bei ihm zwar, aber ansonsten stimmen die beiden Autoren hinsichtlich der vermutlichen Bedeutung dieses rätselhaften Beinamens, wie man sieht, weitgehend miteinander überein.

An einer späteren Stelle gibt Eusebios eine etwas abweichende Übersetzung des Wortes – »Bollwerk« –, die sich allerdings noch immer in das Bedeutungsfeld »Mauer«/»Festung« oder »Schutz« einfügt. Jedenfalls hängt dieser Beiname mit Jakobus' extremer Frömmigkeit sowie mit der Tatsache zusammen, daß er im Tempel als Priester oder *Oppositions-* beziehungsweise *Gegen*hoherpriester fungiert. Sowohl Eusebios als auch Epiphanios erwähnen das Epitheton in ebendiesem Kontext.

Interessanterweise liefert Eusebios die zweite Deutung dieses Beinamens, nachdem er berichtet hat, daß

> die Juden nach der Himmelfahrt unseres Heilands, nicht zufrieden mit dem *Verbrechen*, das sie an ihm begangen hatten, anfingen, *Pläne* gegen seine Jünger zu schmieden.

Dann fährt er fort:

> Die Mitglieder der Jerusalemer Kirche erhielten durch eine von vertrauenswürdigen Personen offenbarte Prophezeiung den Befehl, die Stadt vor Ausbruch der Kriege [gegen Rom] zu verlassen, und ließen sich in einer Stadt in Peräa namens Pella nieder.

Pella ist eine jenseits des Jordans am Nordrand von Peräa (oder »Moab«) gelegene Stadt, die zur sogenannten »Dekapolis« gehörte, einem Verband von zehn halbautonomen hellenistischen Städten. Die Festung Machärus beispielsweise, wo Johannes der Täufer hingerichtet wurde, liegt südlich der Dekapolis in Peräa. Eusebios schließt mit den Worten:

> Und da, als sei die königliche Hauptstadt der Juden und das ganze Land Judäa plötzlich von allen *Heiligen Männern* verlassen worden, ereilte sie endlich, da sie *verabscheuungswürdige Verbrechen wider den Christus* und Seine Apostel verübt hatten, das göttliche Strafgericht und *vertilgte* diese verderbte Generation restlos vom Antlitz der Erde –[4]

eine reizende, typisch Eusebiossche Bemerkung.

Diese »*Vergeltung für die Schuld der Juden und ihre Frevelhaftigkeit gegen den Christus Gottes*« – die den Tod von über einer Million Menschen durch das Schwert, Hungersnot und dadurch bedingte kannibalistische Akte nach sich zog – erfolgte »erst vierzig Jahre nach *ihren Verbrechen gegen Christus*«, weil, wie Eusebios jetzt erklärt, die Anwesenheit der

> meisten Apostel und Jünger in Jerusalem die Zerstörung der Stadt verzögerte. Der wichtigste unter den Überlebenden war Jakobus selbst, bekannt als der Bruder des Herrn, der erste Bischof der Stadt. Indem sie in Jerusalem verblieben, umgaben sie den Ort gleichsam mit dem stärksten Bollwerk [»Schutz«].[5]

Nun zitiert Eusebios die Passage aus dem *Jüdischen Krieg*, in der Josephus berichtet, daß »Schwindler und Männer, die Lügen über Gott verbreiteten, das erbarmungswürdige Volk irreführten«, und zwar insbesondere hinsichtlich »eines Sterns, der *wie ein Schwert* über der Stadt stand«. Bei Matthäus wird dieser – jetzt völlig friedfertige – »Stern« zum *Stern über Bethlehem* (2,2–10); und in der (in den Qumran-Schriften so häufig angeführten) »Stern-Prophezeiung« ist er wieder der Messias. Auch Josephus erwähnt in der von Eusebios zitierten Passage die »Stern-Prophezeiung«: nämlich, daß »einer aus ihrem Lande zum Herrn der Welt aufsteigen werde«, und bezieht sie auf Vespasian – eine Tatsache, auf die jetzt auch Eusebios hinweist.[6]

In derselben Passage berichtet Josephus des weiteren von einem gewissen »Jesus ben Ananias«, einem einfachen Bauern, der »vier Jahre vor Beginn des Krieges«, zum Laubhüttenfest des Jahres 62 n.Chr., begann, durch die Stadt zu irren und lauthals deren bevorstehende Zerstörung zu verkünden. Dies ist aber – nach Darstellung der *Altertümer* – der genaue Zeitpunkt von Jakobus' Steinigung! Wie unser »Evangelien-Jesus« wird auch *dieser* »Jesus« verhaftet und der jüdischen Obrigkeit vorgeführt.

Diese aber

> vermutete zu Recht, der Mann fühle sich von einer höheren Macht getrieben, und so führten sie ihn zum römischen Statthalter. Dort wurde er *gegeißelt, bis ihm das Fleisch in Fetzen von den Knochen hing*, aber er bat nicht um Milde und vergoß keine Tränen [wieder unser wohlbekanntes »essenisches Verhalten], sondern antwortete auf jeden Schlag nur mit dem lauten Ausruf: »Wehe, wehe über Jerusalem!«[7]

Dies nimmt nicht nur Jesu Verhalten vor Pilatus vorweg, so wie die Synoptiker es schildern, sondern es liefert auch die Vorlage für die Kleinen Apokalypsen, welche die Synoptiker Jesus zuschreiben – nur daß der »Wehe«-Ruf *hier* natürlich im Zusammenhang mit Jakobus' bereits eingetretenem Tod ausgestoßen wird, und nicht als Ankündigung von Jesu bevorstehender Kreuzigung.

Zwei spätere Eusebiossche Manuskripte zitieren den Rest von Josephus' Bericht über Jesus ben Ananias. Dabei wird deutlich, daß sich die geschilderten Ereignisse unter Albinus zutrugen, unmittelbar nach der Steinigung des Jakobus.

> Er verfluchte nie jene, die ihn täglich schlugen [Jesus: »die andere Wange hinhalten«], noch segnete er jene, die ihm Speise gaben, sondern wiederholte immer nur denselben klagenden Ausruf: »Wehe, wehe über Jerusalem« und »Wehe der Stadt, wehe dem Volk und dem Tempel«.

Josephus gibt genau an, wie lange dieser Jesus mit seinem Wehklagen fortfuhr – nämlich »sieben Jahre und fünf Monate« (das heißt ungefähr bis zum Pessachfest von 70 n.Chr.) –, bevor er, unmittelbar vor der Einnahme der Stadt, von einem Wurfgeschoß am Kopf getroffen wurde. Josephus nimmt dies zum Anlaß für einen üblen Witz, indem er behauptet, der Mann habe da »Wehe auch mir« hinzugefügt und sei »alsbald verstorben«.

Bei Josephus wird dieser »Jesus« – nach ausgiebiger Geißelung – vom römischen Statthalter wieder auf freien Fuß gesetzt. Interessanterweise wird Jesu Doppelgänger, »Jesus Barabbas«, ein Mann, »der während des Aufruhrs einen Mord begangen hatte«, in den Evangelien gleichfalls vom römischen Statthalter freigelassen (Matthäus 27,16–26 und Parallelen); und im altrussischen Josephus widerfährt Jesus das gleiche.[8] Welche Schlüsse man aus diesen merkwürdigen Überschneidungen auch ziehen mag – ihre Parallelität zu den Ereignissen um Jesu Verhaftung ist nicht von der Hand zu weisen.

An gegebener Stelle werden wir mehr über *Jesus ben Ananias'* Beziehung zur geheimnisvollen Prophezeiung zu sagen haben, welche die Mitglieder der Jerusalemer Versammlung zur »Flucht« über den Jordan und ins peräische Pella veranlaßte. Sowohl Eusebios als auch Epiphanios erwähnen diese Weissagung – Epiphanios, wie wir gesehen haben, im Zusammenhang mit den »Katastrophen«, die den Untergang Jerusalems begleiteten.[9] *Beide* Prophezeiungen wiederum – diejenige, die Jesus ben Ananias *unmittelbar nach dem* Tod des Jakobus (und danach sieben Jahre lang immer wieder) ausspricht, und diejenige, die Jakobus' Anhänger zur Flucht über den Jordan treibt – werden sich zu einer *dritten* in Beziehung setzen lassen, die »ein Prophet mit Namen Agabus« laut Apostelgeschichte dem Paulus macht, bevor dieser, um 60 n.Chr., seine letzte Reise nach Jerusalem antritt und es dort zur endgültigen Konfrontation mit Jakobus kommt (21,10).[10]

Wie wir uns erinnern, hatte ebenjener »Agabus« bereits Anfang der vierziger Jahre in »Antiochia« etwas prophezeit: nämlich »daß eine große Hungersnot über den ganzen Erdkreis kommen würde« (Apostelgeschichte 11,28). Dieser Weissagung folgt – in der Apostelgeschichte, nicht aber im Galaterbrief – gleichfalls eine Reise des Paulus nach Jerusalem. Diese »Hungersnot« wiederum steht im Zusammenhang mit der Enthauptung des Theudas (zu der die Hinrichtung »Jakobus', des Johannes Bruder« eine Parallele bildet, Apostelgeschichte 12,2), der präventiven Kreuzigung der zwei Söhne Judas' des Galiläers und der Bekehrung Königin Helenas von Adiabene, deren zwei Verwandte, Monobazos und Kenedäus, zuletzt eine so wichtige Rolle in der ersten Phase des Aufstands gegen Rom spielen werden.

Dies ist der Kontext, in dem Eusebios zum zweitenmal von Jakobus als einem »Bollwerk« oder einer »Festung« für Jerusalem spricht. Interessanterweise besitzen die zwei griechischen Termini, die Eusebios hier verwendet, beide militärische Konnotationen, bezeichnen sie doch einen »befestigten Stützpunkt« oder ein »festes Bollwerk«. Paulus, der in seiner Attacke gegen jene, die »euch mit Briefen schrecken«, eine gute Kenntnis militärischer Terminologie verrät, »vergeistlicht« die Sache wieder einmal:

> Denn die Waffen, mit denen wir streiten, sind nicht fleischlich, aber mächtig [genug] im Dienste Gottes, zu *zerstören Befestigungen.* (2. Korinther 10,4)

Aber was genau bedeutet diese »Mauer« oder »Befestigung«, die in Jakobus' zweitem Beinamen *»Oblias«* enthalten sein soll? Inwiefern läßt sich der Terminus, wie Eusebios behauptet – und wie es im Falle des anderen hebräischen Jakobustitels, *»Zaddik«*, tatsächlich zutrifft – »in der Heiligen Schrift finden«? Dies ist eine wichtige und schwer zu beantwortende Frage.

Es gibt verschiedene Möglichkeiten. Zunächst einmal muß man sich vergegenwärtigen, daß die Begriffe *Schutzwall, Festung* oder *Bollwerk* zum selben größeren Wortfeld gehören wie die *Säule,* die Paulus bereits auf Jakobus, Kephas und Johannes bezogen hat – die Männer, die in Jerusalem »für etwas gelten« (Galater 2,9). Doch es gibt im Hebräischen auch weitere Wörter, die mehr oder weniger als Synonyme dafür dienen können. Diese finden sich nicht nur im Psalter und bei den Propheten – und bis zu einem gewissen Grad im Neuen Testament –, sondern erscheinen auch in der Qumran-Literatur, und zwar in der Gemeinderegel und in den Hymnen.

Festung, Felsen, Bollwerk und *Eckstein* in der Qumran-Literatur

In der Qumraner Hymnenrolle lassen sich viele der Metaphern wiederentdecken, denen wir bereits in unseren frühchristlichen Jakobusquellen begegnet sind. Die Bezeichnung »Hymnen« ist möglicherweise etwas irreführend, da sie an – den biblischen Psalmen vergleichbare – unzusammenhängende Preis- oder sonstige Gesänge denken läßt. Diese Handschrift aber – sie wurde in Höhle 1 aufgefunden, der ersten Höhle überhaupt, die man (1947) in Qumran entdeckte – erzählt auch etwas wie eine durchgehende Geschichte. So berichtet der Text von einigen Erlebnissen seines Erzählers, bei dem es sich um eine historische Gestalt zu handeln scheint.

Dieser »Ich-Erzähler« bezeichnet sich selbst wiederholt als »den Armen« oder *»Ebion«* – ein Begriff, dem wir im Zusammenhang mit Jakobus' Anhängern ja schon wiederholt begegnet sind – und spricht des weiteren mehrfach von der »Seele des Armen«, womit er offenbar, wie es auch in den alttestamentlichen Psalmen der Fall ist, sein »lebendiges Fleisch« oder sein »Leben« meint.[11] An einer entscheidenden Stelle der Damaskus-Schrift beispielsweise erfahren wir, daß »die Seele des Gerechten [*Zaddik*] und aller Wandler in Vollkommenheit« »mit dem [offenbar vom Lügner geführten] Schwert verfolgt« oder angegriffen wird.[12]

Darüber hinaus ist in den Hymnen wiederholt von »gerechten Werken« die Rede, von »Vollkommenheit«, »dem Weg«, »Frömmigkeit« – man findet sogar die interessante Wendung »die Armen der Frömmigkeit« *(Ebionei-Chesed)* sowie eine Anspielung auf »die Seele des Elenden« –, von »Eifer für die Gerechtigkeit«, »Eifer« wider »die Suche nach Reibungslosigkeit« und »Eifer« gegen alle »lügnerischen Deutungen«.[13] Im Text ist außerdem auch eine deutliche Note von Prädeterminiertheit und Vorauswissen zu erkennen, die durchaus an Paulus in seinem Römerbrief (8,28–9,11) erinnert, wo gleichfalls von »Gott lieben« *(Frömmigkeit)*, »sich absondern«, »die Wahrheit sagen« und »nicht lügen« die Rede ist, oder auch an den berühmten Prolog des Johannesevangeliums – ganz zu schweigen von der dort gleichfalls vorkommenden »Licht«-Metaphorik.

Johannes beispielsweise schreibt:

> Am Anfang war das Wort, und das Wort war bei Gott … Alle Dinge sind durch dasselbe gemacht … In ihm war das Leben, und das Leben war das Licht des Menschen. Und das Licht scheint in der Finsternis … Wie viele Ihn aber aufnahmen, denen gab Er Macht, Gottes Kinder zu werden … Und das Wort ward Fleisch und wohnte unter uns. (1,1–14)

In den Qumran-Hymnen lesen wir:

> Du hast die Erde erschaffen durch Deine Macht, und die Meere und die Tiefe … Du hast alle ihre Bewohner geformt durch Deine Weisheit … In der Weisheit Deines Wissens bestimmtest Du ihr Ende, noch ehe sie waren … Was kann ich sagen, was nicht vor-

hergewußt, und was aussprechen, was nicht vorhergesagt wäre … auf daß du Deine Macht durch mich offenbaren mögest? Offenbart hast Du Dich mir in Deiner Macht *als vollkommenes Licht* [hier natürlich wieder unser wohlbekannter »Macht«-/Kraft«-Begriff].[14]

Und mein Licht soll aufstrahlen in Deiner Herrlichkeit, denn gleichwie Licht aus der Finsternis leuchtet, also erleuchtest Du mich … Du weißt um mich seit meines Vaters Zeiten … Denn mein Vater wußte um mich nicht, und meine Mutter verließ mich und gab mich Dir preis, denn *Du bist der Vater aller Söhne Deiner Wahrheit.*[15]

Denn Du [hast ausgegossen] Deinen Heiligen Geist über mich … hast [den Geist des Menschen] bestimmt, noch ehe Du ihn erschaffen … *Du allein erschufst den Gerechten, hast ihn vom Mutterleibe an bestimmt,…* vor Dir in immerwährender Wohnung zu *stehen* [wieder »stehen«!], für immer erleuchtet von vollkommenem Licht, wo nie wieder Finsternis sein wird in unendlichen Äonen der Glückseligkeit.[16]

Die zwei letzten Zitate sprechen nicht nur von mehrheitlicher Gottessohnschaft, sondern wir begegnen darin auch wiederholt der wichtigen Aussage, die unsere frühen Kirchenquellen auf Jakobus beziehen: nämlich daß er »heilig von seiner Mutter Leib an« war. In der Passage, in der er Gott als den »Vater aller Söhne [S]einer Wahrheit« bezeichnet, führt der Verfasser der Hymnen das Thema mit den folgenden Worten weiter aus:

Erwählt [hast Du] mich vom Schoße an, von meiner Mutter Leib an hast Du mich vollkommen gemacht, und von der Brust an jener, die mich empfing, haben Deine Segnungen [immer] auf mir geruhrt.

Anders gesagt: »Du allein«, wie es oben heißt, »erschufst den Gerechten, hast ihn vom Mutterleibe an bestimmt«. Nichts könnte die Bedeutung der Aussage, Jakobus sei »von seiner Mutter Leib an geweiht« oder »ein Nasiräer« gewesen, besser wiedergeben als diese Passagen.

Aber unser Text geht noch weiter und gebraucht dieselben zum »*Oblias*«-Wortfeld gehörenden Termini »Stärke«, »Festung« und »Schutz«, denen wir in der orthodoxen Kirchenliteratur im Zusammenhang mit Jakobus und »Petrus« begegnet sind. Wir finden darin sogar die uns von Petrus' Namen her so vertraute »Fels«-Metaphorik, die Parallelen sowohl in allen Jakobusbezeugungen besitzt als auch in diesen Hymnen, wo sie auf deren anonymen Verfasser – vermutlich den Gerechten Lehrer selbst oder eine vergleichbare Gestalt – bezogen wird.

Wie es die Qumran-Hymnen in zwei aufeinanderfolgenden Abschnitten (und auf die eine oder andere Weise auch mehrfach sonst) formulieren:

> Doch ich werde sein wie einer, der zu einer befestigten Stadt kommt und gestärkt ist hinter einer starken Mauer, bis daß er errettet wird, und ... auf Dich werde ich mich stützen, mein Gott, denn du legst [den] *Grund auf Fels* und ... erbaust *ein Bollwerk der Stärke*, das nicht wanken wird, und ... seine *Pforten werden schützende Tore sein*, die den Zugang mit unzerbrechlichen Gitterstäben der Stärke verwehren.[17]

> Denn Du hast mich gestützt mit Deiner Stärke, Du hast Deinen Heiligen Geist über mich ausgegossen ... und mich vor den Schlachten des Bösen gestärkt ... Du hast mich zu einer Festung der Stärke gemacht, zu einer starken Mauer, und meinen Bau auf Fels gegründet, und meine Grundfesten sind wie ewige Grundfesten ... und all meine Trutzwälle sind wie befestigte Mauern, die nicht wanken in ihren Grundfesten.[18]

Wir erkennen auf den ersten Blick, daß dies die gleichen Metaphern sind, die in frühen Kirchenquellen auf Jakobus angewandt werden. Aber in diesen Hymnen finden wir auch die Essenz dessen, was sich hinter Jakobus' merkwürdigem Beinamen *»Oblias«* verbirgt, der ja – zumindest nach Auskunft unserer Kirchenschriftsteller – etwas wie »Schutz«, »Schild« oder »Starke Mauer« bedeutet.

Alle diese Metaphern erscheinen in den Qumran-Hymnen, wo sie direkt oder indirekt zur Person des Verfassers und »Ich-Erzählers« in Beziehung gesetzt werden. Wie wir gesehen haben, bedeutet *»lias«* etwas wie »Volk« oder – wenn es die Paraphrase eines hebräischen Originals ist – »dem Volk« beziehungsweise, wie Eusebios es in Anlehnung an Hegesippus übersetzt, »des Volkes«. Epiphanios versteht *»Oblias«* schlicht im Sinne von »Mauer« oder »Festung« (griechisch *Teichos*)[19], was genau den in der Qumraner Hymnenrolle gebrauchten Bildern entspricht. Welches hebräische Wort soll dann das griechische *»Ob-«* wiedergeben? Wie wir gesehen haben, ist das, was ihm am nächsten käme, *»`oz«* (»Stärke«, »Kraft«) oder eine damit zusammenhängende Ableitung (die auch in den Hymnen verwendet wird): *»ma`oz«*, »Schild« oder »Schutz«. Dieses Wort *»`oz«* kommt, häufig in Verbindung mit der Phrase »dem Volk«, in den biblischen Psalmen in sehr interessanten Zusammenhängen vor.

In Psalm 29 wird es an zwei Stellen gebraucht, und zwar in Verbindung mit Bildern und Wendungen, die für Qumran relevant sind. Im ersten Fall, »Bringet dem Herrn … Stärke dar« (29,1), leitet es das Bild der »Stimme des Herrn« ein, welche »die Zedern des Libanon zerbricht« (29,5), dem »die Stimme des Herrn läßt die Wüste erbeben« (29,8) folgt. Der »Libanon« und »die Zedern des Libanon« spielen in vielen Qumraner *Pescharim* eine sehr wichtige Rolle[20], während »ein Rohr, das in der Wüste schwankt«, das Bild ist, mit dem das Neue Testament Johannes den Täufer beschreibt (Matthäus 11,7 und Lukas 7,24). Schließlich endet der Psalm mit der Zusicherung, daß »der Herr«, der »seinen Thron über der Flut« hat, »seinem Volk Kraft geben wird« (29,10 f.).

In Psalm 61 wird der genaue Ausdruck der Qumran-Hymnen, »eine Festung der Stärke« [Luther: »ein starker Turm«, A.d.Ü.], in Verbindung mit dem Bild des »Felsens« gebraucht (61,3 f.), einem Bild, das auch in Psalm 62 eine wichtige Rolle spielt. Dieser folgende Psalm enthält nicht nur drei Anspielungen auf das »Heil« – *»Jescha`«* oder *»Jeschu`a«* (62,2–8) –, sondern sie spricht auch von »Gnade« (»Frömmigkeit«, *Chesed*) und davon, daß Gott »einem jeden nach seinen Werken vergilt« (62,13). »Stärke«/»Kraft« *(`oz)* kommt gleichfalls wiederholt in Psalm 68 vor, dem sich der durch und durch messianische Psalm 69 anschließt; darin finden wir zwei Aussagen, die in den Evangelien mit Jesus in Verbindung gebracht werden – »Eifer um [meines Vaters] Haus verzehrt mich« (69,10) und »sie geben mir Essig zu trinken für meinen Durst« (69,22) –, und Anspielungen auf »den Gerechten«, »verschlingen«, »die Armen«, »die Elenden« und »Heil« kommen mehrfach vor (69,16–34).

In Psalm 68 finden wir – wieder im Zusammenhang mit »Heil« (68,20) und den »Gerechten« (68,4) – »Stärke«, »Stärke dem Volk« und sogar den Satz »Seine Stärke ist in den Wolken« (68,29 und 36), der mit seiner »Regen«-Metaphorik die Ankunft der »himmlischen Heerscharen *in Macht* auf den Wolken« heraufbeschwört (68,35). Diese letzte Anspielung, die wieder den Begriff »Macht« einschließt und im Neuen Testament auf die bevorstehende Wiederkehr Jesu bezogen wird, bildet nicht nur den Kern von Jakobus' messianischer Verkündigung im Tempel – die alle frühen Kirchenschriftsteller zu seinem Tod in Beziehung setzen –, sondern ebenso der gleichgesinnten Prophezeiung in der Qumraner Kriegsrolle, wo es vom Messias (auch in Anlehnung an Daniel) heißt, er komme »auf den Wolken des Himmels« mit den himmlischen Reitern oder himmlischen Heerscharen und bringe Gericht »wie Regen«.[21]

Ein weiterer wichtiger Begriff aus diesem »Festungs«-Wortfeld, der uns in Qumran begegnet, ist »der kostbare Eckstein«, womit *der Eckstein des Tempels* gemeint ist. Er findet sich an einer entscheidenden Stelle der Gemeinderegel, wo er in Verbindung mit vergeistlichter »Tempel«-Metaphorik auftritt, wie sie allgemein auf den Rat der Gemeinde bezogen wird.

Letzterer wird auch, wie man sich erinnern wird, als eine »Ewige Pflanzung« bezeichnet – ein Bild, das Paulus implizit heraufbeschwört, wenn er davon spricht, daß Apollos das von ihm Gepflanzte »begossen hat« und er selbst der Baumeister ist, der den Grund zu Gottes Bau gelegt hat (1. Korinther 3,6–12). Die gleichen Bilder vom »Grund« und »Eckstein« finden sich auch im Brief an die Epheser (2,19–22), in dem die Gemeinde metaphorisch als »der Heilige Tempel« und »die Behausung Gottes« beschrieben wird. Wie die Apostelgeschichte (4,11 – wiederholt in 1. Petrus 2,7) Petrus in bezug auf Jesus sagen läßt: »Das ist der Stein, von euch Bauleuten verworfen, der zum Eckstein geworden ist« (Psalm 118,22).

Inmitten von Anspielungen auf »als heilig ausgesondert sein« – wieder unsere »nasiräische Schlüsselwendung« – und vergeistlichte »Sühne«-Metaphorik werden die Mitglieder dieses Rates als ein »süßer Duft«/»ein Wohlgeruch von Gerechtigkeit«, »ein Haus der Vollkommenheit und Wahrheit für Israel« und schließlich wieder als »eine befestigte Mauer, ein kostbarer Eckstein, der nicht in seinen Grundfesten wanken wird« charakterisiert. All dies im Kontext des Gebotes, mit dem im Neuen Testament die Sendung Johannes' des Täufers beschrieben wird:

> Sondert euch ab von den Behausungen der Männer der Ungerechtigkeit und gehet in die Wüste, den Weg des Herrn zu bereiten, gleichwie geschrieben steht: »In der Wüste bereitet dem Herrn den Weg, macht in der Steppe eine ebene Bahn unserm Gott!« (Jesaja 40,3)[22]

Wäre eine größere Annäherung an die Bilderwelt der ersten »Christen« überhaupt vorstellbar?

Damit dürfte klar sein, daß diese in der Qumraner Gemeinderegel verwendeten Metaphern eine exakte Parallele zu den Attributen bilden, die Jakobus bei unseren frühen Kirchenschriftstellern besitzt – und zwar nicht nur, was den in irgendeiner Weise mit seiner *»Zaddik«*-Natur zusammenhängenden rätselhaften Beinamen *»Oblias«*, sondern ebenso sein »Schutz-des-Volkes«-, »Starkes-Bollwerk«- oder »Befestigte-Mauer«-Sein anbelangt.

Eine weitere (auf den ersten Blick vielleicht etwas weit hergeholt erscheinende, aber zweifellos ein Körnchen Wahrheit enthaltende) mögliche Erklärung könnte lauten, daß der Titel *»Oblias«* – den Eusebios und Epiphanios bei Hegesippus (2. Jahrhundert) fanden – eine Entstellung des griechischen Namens *»Onias«* ist oder zumindest in irgendeiner Weise damit zusammenhängt. Aber selbst wenn dies nicht zutreffen sollte, hat Jakobus doch fraglos eine Beziehung zu einem Mann aus dem 1. Jahrhundert v.Chr., der in der talmudischen Literatur als »Honi *der Kreismacher*« bezeichnet wird; und diese Beziehung ist darin zu sehen, daß ein anderer Name dieses Mannes – der Name, den Josephus gebraucht – »Onias *der Gerechte*« lautet, das ist: »Onias der *Zaddik*«.

Es ist interessant, festzustellen, wie der Begriff »Gerechter« in dieser Zeitspanne verwendet wird. Der erste, der auf diese Weise bezeichnet wird, ist ein gewisser Simeon *der Gerechte* (um 200 v.Chr. oder früher). Dieser Mann spielt nicht nur in der talmudischen Überlieferung eine wichtige Rolle, sondern auch in der Apokryphe des Alten Testaments: Ecclesiasticus oder das (nach seinem angeblichen Verfasser so genannte) Buch Jesus Sirach.

Jahrhundertelang war Jesus Sirach nur in einer griechischen Fassung und parallelen Rezensionen bekannt, wenngleich schon immer vermutet worden war, daß früher einmal auch ein hebräisches Original existiert haben mußte. Tatsächlich wurde 1896 in der *Genisa* der Kairoer Esra-Synagoge unter zahllosen anderen mittelalterlichen hebräischen Handschriften (darunter zwei Rezensionen der unschätzbaren Damaskus-Schrift) auch genau ein solches Original aufgefunden. Ergänzende Fragmente dieses hebräischen Jesus Sirach wurden nicht nur, 50 Jahre später, in Qumran entdeckt, sondern auch (1964) in den Kasematten von Masada, wo im Jahre 73 n.Chr. *die jüdischen »Sikarier«*, um der römischen Knechtschaft zu entgehen, *Selbstmord begingen*.

Worin die Beziehung des Buches Jesus Sirach zu Qumran besteht, ist schwer zu sagen, aber höchstwahrscheinlich hängt sie mit dem

Titel »*Zaddik*« zusammen, den Simeon in seiner Eigenschaft als Hoherpriester der unmittelbar den hellenistischen »Befleckungen« und dem daraus resultierenden Makkabäeraufstand voraufgehenden Periode besaß. Dies verweist nicht nur auf Jakobus, sondern auch auf mehrere weitere Personen, insbesondere auf einen Mann des folgenden Jahrhunderts, der – nach den Kreisen, die er zeichnete, *um Regen herbeizuführen* – »Honi der Kreismacher« genannt wurde.

Jesus Sirach ist das einzige datierte Buch der Bibel. Es wurde 132 v.Chr. von einem Enkel des Mannes, dessen Namen es trägt, vermutlich in Ägypten verfaßt. Nicht nur trägt der – mit überschwenglichen Worten charakterisierte – »Simeon« oder »Simon«, mit dem das berühmte Preislied auf »berühmte Männer« schließt, den Beinamen »der Gerechte«, sondern er wird auch dabei beschrieben, wie er in seinen prachtvollen hohepriesterlichen Gewändern, die »wie die Sonne glänzten, die des Königs Tempel bestrahlt« (50,7) ein *Jom-Kippur*-Sühneopfer durchführt: und zwar, wie wir vermuten dürfen, ein *gerechtes*. Die hebräische Version dieses Lobgesangs erklärt ausdrücklich, daß wir es hier mit »*Anschei-Chesed*«/»Männern der Frömmigkeit« oder »*Chassidim*« zu tun haben – also mit Adepten des ersten Teils unserer »Frömmigkeit«-/Gerechtigkeit«-Dichotomie – und nicht mit den »berühmten Männern« der griechischen Übersetzung.

Der Text bezieht sowohl den Terminus »Söhne des Zadok« als auch den »Bund des Pinhas« – jenen »Zeloten-Bund«, der später auch dem archetypischen Stammvater des Makkabäergeschlechts, Mattathias, zugesprochen wurde (1. Makkabäer 2,27 und 2,54) – auf die Hohepriesterschaft Simeons des *Zaddik* und seiner Nachkommen, »solange der Himmel besteht«.[23] Dieses Loblied auf »die Männer der Frömmigkeit« vergangener Generationen erwähnt nicht nur den »Friedensbund« Noahs, sondern beginnt in der hebräischen Rezension auch mit einer Anspielung auf Noah als »den Gerechten«, der »vollkommen und gerecht in seiner Zeit« war und mit dem »immerwährende Bünde geschlossen wurden« (44,17 ff.). Es schließt mit einem – wieder auf Simeon gemünzten – Zitat aus Psalm 148,14: »Er erhöhte das Horn seinem Volk, ein Ruhm für alle Seine Frommen« (*Chassidim* – Jesus Sirach 51,15).

Begreiflicherweise wird der Priesterschaft Pinhas' und Elias große Beachtung geschenkt. Letzterer wird wegen seines »Wortes«, das (vergleiche Johannes den Täufer in den Evangelien) »eine lodernde Fackel« genannt wird, und wegen seines »Eifers« gepriesen. Pinhas, den Jesus Sirach als (nach Aaron und Eleazar) »Dritten in Ehren« bezeichnet, wird gleichfalls wegen seines »Eifers« gepriesen sowie dafür, daß »er standhaft blieb, als das Volk aufbegehrte« – Worte, die an die Qumraner Damaskus-Schrift erinnern.[24] Gelobt wird er außerdem wegen des Sühneopfers, das er für Israel durchführte und um dessentwegen mit ihm und seinen Nachkommen der »Friedensbund« Noahs geschlossen wurde, der ihm »Gewalt über den Tempel und das Volk ... und das Hohepriestertum in Ewigkeit« verlieh (45,23 f.). Über diesen »Friedensbund« haben wir gerade in der Qumraner Kriegsrolle gelesen.

Simeon der *Zaddik* stammte nicht nur von einem Onias ab, sondern er war selbst auch der Vater eines Onias (wie sich denn die Namen »Simon« und »Onias« in seinem Geschlecht überhaupt abzuwechseln scheinen[25]). Simeons Sohn Onias spielt im Zweiten Buch der Makkabäer – sowohl in der Einführung seines Helden Judas als auch gegen Ende – eine wichtige Rolle, und er scheint der unmittelbar vor Ausbruch des Makkabäeraufstands amtierende Hohepriester gewesen zu sein. Das Zweite Makkabäerbuch spricht ausdrücklich von seiner »Frömmigkeit und vollkommenen Einhaltung des Gesetzes« und bezeichnet ihn etwas später als »Beschirmer seiner Landsleute« und »eifrigen Verfechter der Gesetze« (3,1 und 4,2). Eine genauere Parallele zu Jakobus ließe sich kaum vorstellen.

Onias' Martyrium unter Antiochos Epiphanes (175–163 v.Chr.), Daniels Elftem Horn »mit einem großsprecherischen Maul« (7,8) – das bezeichnenderweise in Antiochia stattfand (2. Makkabäer 4,34) –, löst den von Judas angeführten Aufstand aus. Zusammen mit dem Propheten Jeremia kehrt dieser Onias am Ende der Geschichte noch einmal aus dem Jenseits zurück, um Judas das messianische Schwert der Vergeltung zu überreichen – vermutlich als Zeichen der Anerkennung sowohl seiner hohepriesterlichen als auch seiner rächenden Aktivitäten (15,26). Nach Auffassung des Zweiten Makkabäerbuchs besteht also keinerlei Bruch zwischen Onias' und Judas Makkabäus' Hoherpriesterschaft. Dementsprechend spielt Judas' Vater, Mattathias, hier auch – anders als im Ersten Buch der Makkabäer – überhaupt keine Rolle: Judas ist der *direkte* Erbe des heiligmäßigen Onias. Und Onias scheint nicht nur, wie sein Vater Simeon, den Zunamen »der *Zaddik*« zu tragen: Die Bezeichnung »Beschirmer seiner Landsleute«, die ihm im Zusammenhang mit seinem »Eifer für das Gesetz« beigelegt wird – ganz zu schweigen von seinem Märtyrertod – nimmt den Titel *»Oblias«* vorweg, der zwei Jahrhunderte später dem Jakobus verliehen werden wird (wobei auch die lautliche Ähnlichkeit dieser Bezeichnung mit dem Namen »Onias« nicht übersehen werden sollte).

Im folgenden Jahrhundert tritt ein weiterer »Onias der *Zaddik*« auf:

»Honi der Kreismacher«, der ebenfalls, in wenigstens zweierlei Hinsicht, als »Vorläufer« Jakobus' anzusehen ist: erstens aufgrund seines Zunamens »der Gerechte« und zweitens wegen der Tatsache, daß ihm die Fähigkeit nachgesagt wird, *Regen zu machen*. Drittens erleidet er, wie Jakobus, den Märtyrertod, und dazu auch noch durch Steinigung.[26] Einzeln mögen diese Übereinstimmungen nicht allzuviel Gewicht haben, aber zusammengenommen sind sie einfach zu verblüffend, um als bloße Zufälle abgetan zu werden.

In der talmudischen Überlieferung ist Honi der Vater eines weiteren »Gerechten«, der einen kuriosen Beinamen trägt: »Hanan *der Verborgene*«. Er scheint nicht nur ebenfalls ein *Regenmacher* gewesen zu sein, sondern er ist auch in gewisser Weise mit Johannes dem Täufer identisch, leitet sich der Name »Hanan« doch von »Jochanan« (hebräisch »Gott tröstet«) – eben »Johannes« ab. Der *Talmud* bezeichnet Hanan (bisweilen auch »Hanin«) als den Sohn einer Tochter Honis und erklärt auf seine typisch pikareske Manier, daß man ihn deswegen »›den Verborgenen‹ nannte, weil er sich gern *im Abort versteckte*« – was an die weiter oben besprochenen talmudischen Klosett-Überlieferungen um »Jesus den Nazoräer«, Jakobus und die »Essener« erinnert.[27]

In Wirklichkeit steht dieses Attribut »verborgen« wahrscheinlich in Beziehung zur bereits erwähnten Tradition vom »verborgenen« oder »geheimen Adam«, die letztlich in den schiitischen Begriff »verborgener *Imam*« eingeflossen ist. Insofern besitzt es einen »Redivivus-Aspekt«. Im *Sohar* heißt es vom ersten *Zaddik* Noah, der »nach Gerechtigkeit strebte«, zweimal, daß er »sich *versteckte*« oder »verborgen war in der Arche am Tage des Zorns des Herrn, dem Feind zu entrinnen«.[28] Die Anspielung auf den »Feind« – ein Terminus, der in der judenchristlich/ebionitischen Tradition auf Jakobus' Angreifer, *Paulus*, bezogen wird – ist in diesem Kontext besonders interessant.

Im *Talmud* findet sich im Zusammenhang mit diesem Honi auch eine »Rip-van-Winkle«-Tradition, die wiederum natürlich eine implizite Redivivus-Beziehung von der Art vermittelt, wie sie bei den Synoptikern zwischen Elia und dem Täufer besteht. Honi, so heißt es, schlief unter einem *Johannisbrotbaum* ein und wachte 70 Jahre später wieder auf, als sein Enkel noch lebte und der Baum Früchte trug! Wir haben bereits gesehen, daß bestimmte Überlieferungen zufolge »Johannisbrot« (und nicht »Heuschrecken«) die eigentliche Nahrung *Johannes' des Täufers* darstellte.[29] Schließlich kennt der *Talmud* einen weiteren regenmachenden Enkel Honis – einen Zeitgenossen Jakobus', den er »Abba Hilkiah« nennt. Offensichtlich war die Regenmacher-Tradition, die zu all diesen priesterlichen *Zaddiks* gehört, wichtig, und weitere Beispiele werden noch im Zusammenhang mit Königin Helenas »Nasiräat« und Bekehrung folgen. So wie wir sie hier analysieren, besitzt sie auch einen gewissen Zusammenhang mit der »*Oblias*«- oder »Bollwerk«-Tradition, die mit Jakobus' Namen verknüpft ist.

Wie in der Qumraner Kriegsrolle erkennbar, haftete solchem »Regen« häufig die Konnotation eines endzeitlichen Gerichts an. In der Kriegsrolle wird dieses »Gericht« mit der Ankunft des messianischen »Königs der Herrlichkeit« und der himmlischen Heerscharen (»auf den Wolken«) in Verbindung gebracht und »fällt herab auf alles, was auf Erden wächst, wie Regen« – das heißt, es fällt, wie es in der Bergpredigt heißt, unterschiedslos »auf Gerechte und Ungerechte« (Matthäus 5,45). Dies ist auch die Bedeutung der Sintflut, die mit den *rettenden* Taten des Ur-*Zaddik* Noah in Verbindung steht. Dieser Zusammenhang zwischen der »Ankunft des Menschensohnes« (»Jesus«, aber auch »Mensch«/»Adam«) und »den Tagen Noahs« und »in die Arche hineingehen« wird später in Matthäus' Kleiner Apokalypse (24,37 ff.; desgleichen Lukas 17,26 f.) sogar ausdrücklich hergestellt; und in Jesus Sirachs Loblied auf frühere »Männer der Frömmigkeit« wird sogar Hesekiels »Vision der Herrlichkeit« des Wagens Gottes mit dem apokalyptischen Gericht in Verbindung gebracht (Jesus Sirach 49,8 ff., basierend auf Hesekiel 13,11 ff. – der für Qumran so wichtigen Passage über die »lügenden Schwätzer« – und 38,22).[30]

Auch Pinhas, der Inbegriff *eifernden Priestertums*, wurde, wie wir gesehen haben, in einigen Apokryphen als einer dieser archetypischen Regenmacher beschrieben. Da dies gleichfalls eine Redivivus-Tradition war, scheint sie auch zur »Ur-Adam«-Tradition zu gehören, worauf sogar Jesus Sirach (49,19) in seiner Vorstellung Simons des *Zaddik* mit den Worten hinweist, daß »über jedem Geschöpf Adam steht« – was vermutlich auch der Grund dafür ist, daß das Preislied nicht mit Adam beginnt.

Das gleiche gilt für Pinhas' mutmaßlichen Nachkommen, Elia, dessen »Eifer« Jesus Sirach ebenfalls ausdrücklich hervorhebt. Elias wunderbares Regenmachen, auf das Jesus Sirach (48,3) ebenso anspielt, wird auch, wie wir gesehen haben, im letzten Kapitel des Jakobusbriefes im Kontext verschiedener apokalyptischer Wendungen – »Regen«, »der Tag, da der Herr [auf den Wolken?] kommt«/»der Herr Zebaoth [»der Heerscharen«]... mit Macht« – erwähnt: »des Gerechten Gebet«, das den »Regen« bringt (Jakobus 5,4–18).

Tatsächlich knüpft diese Anspielung auf Elias regenmachendes Gebet direkt an eine parallele Tat an, die Epiphanios dem Jakobus zuschreibt. Nachdem er von Jakobus' »Nasiräat« gesprochen hat sowie davon, daß er sich nie die Haare schnitt, nur Leinen trug und »mit der Priesterschaft verbunden« war und in dieser Eigenschaft einmal im Jahr das Allerheiligste betrat, um »aus seiner übermäßigen Frömmigkeit Gott um Vergebung anzuflehen«, teilt er uns mit:

> Und einmal, während einer Dürre [45–48?], erhob er die Hände zum Himmel und betete, und sofort schickte der Himmel Regen ... Also nannten sie ihn nicht mehr bei seinem Namen, sondern sein Name war fortan »der Gerechte«.[31]

Die Verbindung, die hier zwischen Jakobus' Zunamen »der Gerechte« oder »der *Zaddik*« und seiner »Regenmacherei« hergestellt wird, ist äußerst wichtig. Dem Jakobusbrief zufolge war dieses »Gebet des Gerechten« so wirkungsvoll, daß Elia nicht nur »ein Gebet betete«, damit es regnete, sondern auch eines, »daß es nicht regnen sollte« (Jakobus 5,18).

Honi – oder »Onias der Gerechte«, wie Josephus ihn nennt – erhielt seinen anderen Zunamen, »der Kreismacher«, aufgrund *der Kreise, die er zeichnete* und aus denen er nicht wieder heraustrat, *bis der Regen eingesetzt hatte.* Von ähnlichen Kreisen erfahren wir bei Josephus und Hippolytos im Zusammenhang mit den »Essenern«, die um der strikten Einhaltung der Sabbatruhe willen nicht einmal zur Verrichtung ihrer Notdurft einen bestimmten Radius überschritten – eine Verhaltensweise, die in der rabbinischen Tradition über Hanan *den Verborgenen,* »der sich im Abort versteckte«, parodiert wird. Qumran ist nicht nur auf extreme Weise mit solch peinlicher Einhaltung von Reinheitsgeboten befaßt – gibt es doch sogar genau an, in welcher Entfernung sich die Latrinen vom »Lager« befinden sollten[32] –, sondern wir sahen auch bereits eine Karikatur solcher Anliegen in der recht zotigen rabbinischen Tradition über Jakob von Kfar Sechania (oder Sihnin) und Jesus' des Nazoräers Empfehlung an die Hohenpriester, sich vom »Hurenlohn« ein Aborthäuschen zu bauen.

Aber die Beziehungen reichen sogar noch weiter. Wenn Honi der Vater Hanans des Verborgenen ist – und Hanan Johannes dem Täufer entspricht –, dann ist Jakobus wahrscheinlich ein Nachkomme Honis. Abermals liefert uns die rabbinische Tradition, der zufolge »die Söhne« oder »Töchter der Rechabiter« »die Söhne« oder »Töchter der Hohenpriester heirateten«, eine zusätzliche Basis zum besseren Verständnis solcher Beziehungen. So heißt es im Lukasevangelium, Jesus sei mit Johannes dem Täufer verwandt gewesen, und zwar dergestalt, daß deren beider Mütter – »Töchter von Priestern« – Cousinen waren (1,36). Wenn wir – die Frage nach der konkreten Beziehung Jakobus' zu Jesus, ganz zu schweigen von der Historizität von »Jesus« selbst, einmal außer acht lassend – das uns vorliegende Material beim Wort nehmen, dann würde diese Information Jakobus den Gerechten und Josephus' »Onias den Gerechten« (den talmudischen »Honi den Kreismacher«) in eine direkte genealogische – und erst recht eine geistesgeschichtliche – Linie stellen.

Epiphanios formuliert diese These folgendermaßen: Nach seinen Aussagen zum »Schermesser, das nie über sein Haupt kam« und so fort erklärt er ausdrücklich, daß Jakobus

> *kein zweites Gewand* trug, sondern nur einen leinenen Mantel verwendete, wie es im Evangelium heißt: »Der Jüngling ließ aber die Leinwand fahren und floh nackt davon« [Markus 14,51 – dies ist die »Badekleidung« der »Essener«]. Denn es waren Johannes und Jakobus und Jakobus, diese drei, die sich dieses Lebenswandels befleißigten: die zwei Söhne des Zebedäus und Jakobus, der Sohn des Joseph und des Herrn Bruder [man beachte, wie Epiphanios die zwei »Jakobusse« an dieser Stelle gruppiert]... Aber einzig Jakobus durfte einmal im Jahr das Allerheiligste betreten, *denn er war ein Nasiräer* und *mit der Priesterschaft verbunden*. Daher war Maria in zweifacher Weise mit Elisabeth verwandt, und Jakobus war ein ausgezeichnetes Mitglied der Priesterschaft, weil einzig die zwei Stämme miteinander verbunden waren, der königliche Stamm mit dem priesterlichen und der priesterliche mit dem königlichen; ebenso wie früher, zur Zeit des Exodus, Nachschon, der Sproß vom Stamme Juda, eine frühere Elisabeth, Tochter Aarons, zum Weibe nahm (2. Moses 6,23).[33]

Sieht man von der Überlagerung der zwei »Jakobusse« und einigen Unstimmigkeiten ab, ist dies ein außerordentlich klares Zeugnis, das zudem mit den talmudischen Traditionen über die Heiratsverbindungen zwischen »den Söhnen der Rechabiter und den Töchtern der Hohenpriester« (oder umgekehrt) übereinstimmt. Wir erkennen nicht nur eine lautliche Ähnlichkeit zwischen dem Namen »Nachschon« und Hippolytos' »Naassenern«, sondern auch, daß Elisabeth in Exodus *Aarons Frau* und *Nachschons Schwester* ist, nicht *Nachschons Schwester* und *Aarons Tochter*, was in gewisser Weise diese Umkehrungen von »Söhnen« und »Töchtern« widerspiegelt, die uns in den talmudischen Überlieferungen bezüglich der Rechabiter begegnen.

An anderer Stelle weiß Epiphanios, gestützt auf die *Anabathmoi Iakobou*, nicht nur zu berichten, daß Herodes *kein* Jude war, sondern ein *Ausländer*, er stellt darüber hinaus auch die These auf, daß Alexander Jannäus – der mächtigste unter den vorangegangenen makkabäischen Priesterkönigen – die Vereinigung von priesterlichem und königlichem Geschlecht vorwegnahm, die man bei Jakobus und Jesus wiederfindet.[34] Die gleiche Kombination von priesterlicher und königlicher Abstammung, die in der Qumraner Damaskus-Schrift postuliert wird, hat die Kommentatoren seit jeher vor ein Rätsel gestellt, aber in dieser Aussage Epiphanios' über Jakobus' Abstammung erkennen wir im Ansatz eine durchaus parallele Auffassung.

In der Damaskus-Schrift – und bis zu einem gewissen Grad in der Gemeinderegel, wo sie mit dem für ebionitische Gruppen so wichtigen Begriff des »Propheten« oder »wahren Propheten« verknüpft wird[35] – ist von einer messianischen »Wurzel des Pflanzens« die Rede, die »von Israel und von Aaron« sowie ein »Messias von Aaron und Israel« sei. Letzterer wird in der Damaskus-Schrift an drei verschiedenen Stellen *im Singular* erwähnt, und zwar in Verbindung mit dem Verb »aufstehen«/»aufrecht stehen«.[36] Wie wir gesehen haben, kann »stehen« auf hebräisch einfach »aufstehen«, »sich erheben« bedeuten. Es kann aber auch, konkreter, wie in der »Gebeine«-Passage im Buch Hesekiel (37,10), »auferstehen« oder »wiedererweckt werden« bedeuten – also »aus dem Staub (wieder)erstehen«. Falls letztere Bedeutung gemeint ist, dann bringt die Damaskus-Schrift an dieser Stelle natürlich die Hoffnung auf eine messianische Wiederkehr zum Ausdruck.

In diesem Sinne sollte man außerdem an die Beziehung denken, die im ebionitischen Christentum und bei anderen »hemerobaptistischen« Gruppen wie den sogenannten »Elchasaiten« »zwischen dem Begriff des ›Stehenden‹ und demjenigen des »Ur-Adams« und der »Macht«/»Kraft« oder »verborgenen Kraft« besteht – durchweg Termini, denen wir mittlerweile sowohl im Ur- und Frühchristentum als auch in diesen Texten aus Qumran begegnet sind. Um derartige Vorstellungen geht es bei solchen äußerst interessanten Wechselbeziehungen.

Die von Lukas referierte Geschichte von Johannes' Geburt – sowie die darin behauptete Verwandtschaftsbeziehung zwischen Elisabeth und Jesu Mutter Maria – deutet gleichfalls, zumindest ansatzweise, diese Art von doppelter, königlich-priesterlicher Abstammung an. Daß die eifernden makkabäischen Priesterkönige, die Vorläufer dieser unserer Helden, die gleiche Kombination priesterlicher und königlicher Ämter in sich vereinigen, spricht für die Verwandtschaft dieser Vorstellungen. Die urchristliche Version dieser Anschauung, nämlich die Präsentation Jesu als »eines [Hohen-]Priesters ewiglich nach der Ordnung Melchisedeks« (ein Begriff, der offenbar auch bei den Makkabäern sehr *en vogue* war) wird in einem Brief dargelegt, der bezeichnenderweise »an die Hebräer« Roms gerichtet ist (Hebräer 7,16–26).

Auch wenn keineswegs klar ist, aus wessen Feder der Brief stammt – es läßt sich nicht bestreiten, daß Epiphanios sich bei seinen Schlußfolgerungen auf genau diese Idee stützt. Die gleiche Anschauung – und sogar das weltanschaulich begründete Interesse an Melchisedek – findet sich auch in den Qumran-Texten.[37] Dies wiederum bestätigt unsere Deutung der Qumran-Dokumente, der zufolge der makkabäische und der urchristliche Ansatz ineinanderfließen und die Qumran-Texte keine wesentlichen inhaltlichen Abweichungen untereinander aufweisen. Weit davon entfernt, antimakkabäisch zu sein – wie das Gelehrtenkartell, das die Qumran-Rollen »vierzig Jahre« lang kontrollierte, apodiktisch behauptet hat –, verraten die Texte durch ihre unversöhnliche Ablehnung jeglicher Form von Kompromiß oder Arrangement ganz im Gegenteil eine tiefe Geistesverwandtschaft mit dem makkabäischen Ethos.

Ganz im Gegenteil: Die Schriftrollen sind anti*herodianisch*, betrachten sie Herodes doch als einen »Ausländer« *und* einen »Brecher des Bundes«, den die Römer zum König ernannt haben. Damit einhergehend sind sie auch aufs schärfste gegen die etablierte Priesterschaft eingestellt, die sie als »befleckt« ansehen, weil sie von Herodes und seinen Erben – oder den römischen Statthaltern *in Absprache mit diesen* – eingesetzt wurden. Diese Priesterschaft ist das – uns von den Evangelien und von Josephus her vertraute – pharisäisch/sadduzäische »Establishment«.

Der zadokidische Bund und der »*Zaddik*«-Begriff

Dies führt uns direkt zurück zu Honis Tod, seiner Regenmacherei und dem Grund für seinen Titel »*Zaddik*«. In Übereinstimmung mit der unbeugsam kompromißlosen Einstellung, die alle Handschriften vom Toten Meer zum Ausdruck bringen, zeichnete sich Honi nicht nur durch sein Regenmachen, sondern auch durch seine kategorische Ablehnung *jeglichen Arrangements oder Kollaborierens mit Ausländern* aus. Die Kreise, auf die sein zweiter Beiname anspielt (ob er durch sie realen oder nur metaphorischen, »eschatologischen« Regen herbeiführte, tut hier nichts zur Sache), zeichnete er talmudischen Quellen zufolge während einer besonders schweren Dürre. Wie wir uns erinnern, ist dies laut Epiphanios auch der Hintergrund von Jakobus' Regenmachen, und damit sind wir im Besitz eines Schlüssels zum Verständnis des neuen *»Zaddik«*-Begriffs, dem wir während unserer Periode mit zunehmender Häufigkeit begegnen: Weil Honi »ein Gerechter« war, schrieb man ihm – wie Elia – Macht über die irdische *und* die himmlische Sphäre zu.

Wirklich greifbar scheint diese Vorstellung erstmals bei Hesekiel geworden zu sein. Ebenso wie Jesaja ist Hesekiel ein für die Verfasser der Qumran-Texte äußerst wichtiger Prophet. Er ist nicht nur für den »zadokidischen Bund« verantwortlich, von dem in einem Anhang zu seinen sonstigen ekstatischen, apokalyptischen Prophezeiungen – einem Anhang über den idealen oder den neuerbauten Tempel (Hesekiel 40–48) – die Rede ist, sondern dieses Material dient in Qumran auch als theoretische Grundlage des Begriffs einer »Priesterschaft«, die, wie wir gesehen haben, als »die Söhne des Zadok« bezeichnet wird.

Manche könnten diese »Söhne des Zadok« schlicht als die leiblichen Nachkommen des ersten Zadok betrachten, des zu Davids und Salomos Zeiten amtierenden ersten Hohenpriesters des Ersten Tempels. Dies schiene auch die normative Definition der sogenannten »Sadduzäer« der herodianischen Epoche zu sein, jener »Sadduzäer« also, die wir von der berühmten Darstellung der Evangelien her kennen und über die Josephus schreibt, sie seien in allem von den Pharisäern beherrscht gewesen, hätten aber hinsichtlich der »Auferstehung« eine von ihnen abweichende Lehrmeinung vertreten.[38]

Bei Hesekiel aber stehen die Söhne des Zadok *in Opposition* zu einer bis dahin im Tempel herrschenden etablierten Priesterschaft, die strenggenommen gleichfalls als vom ersten Zadok abstammend und somit als legitim betrachtet werden könnte (44,6–15). Doch bei Hesekiel hat der Begriff »Söhne des Zadok« nicht nur eine genealogische, sondern auch eine qualitative Komponente. Diese »Zadokiden« sind »die Heiligen« oder »Geweihten« – man beachte abermals die »nasiräische« Terminologie –, die *»hielten*, was ihnen *zu halten aufgegeben war«*. Mit anderen Worten: Sie waren »Wahrer« oder – konkreter – »Wahrer des Bundes« (Hesekiel 44,15 und 48,11). Aber darüber hinaus widersetzten sie sich *der Zulassung von Heiden in den Tempel.* Trotz Josephus' ziemlich ungeschickten gegenteiligen Beteuerungen läßt Hesekiel diesbezüglich kaum Zweifel aufkommen, indem er, wie wir sahen, zweimal erklärt:

> Und sage zu dem *widerspenstigen Geschlecht*, dem Hause Israel: So spricht Gott der Herr: Genug nun *all eurer Greuel*, Haus Israel! Habt ihr doch *Fremde, Unbeschnittene an Herz und Leib,*

> *hereinkommen lassen, so daß sie in meinem Heiligtum waren und es entweihten,...* und *habt so meinen Bund gebrochen... und habt nicht gehalten, was euch bezüglich meiner Heiligen Dinge zu halten aufgegeben war...* Kein Fremder, unbeschnitten an Herz und Leib, soll in mein Heiligtum hereinkommen, keiner von all den Fremden, die unter den Israeliten wohnen [das heißt kein »ansässiger Ausländer«]. (44,6–10)

An dieser Stelle sei auf die »Widerspenstigkeit« oder »Aufsässigkeit gegen Gott« hingewiesen, der wir bei Jesus Sirach gerade im Zusammenhang mit Pinhas begegnet sind und die ein zentrales Motiv der Qumran-Rollen darstellt.[39] Hesekiel fährt dann fort und erklärt, nach einem Verweis auf die Götzenanbeterei des bisherigen priesterlichen »Establishments« (44,12), daß die neuen »Wahrer« oder »Söhne des Zadok ... keine Wolle an sich tragen« dürfen, sondern nur

> linnene Kopfbunde auf dem Haupte und linnene Beinkleider an den Lenden tragen; sie sollen sich nicht mit etwas gürten, *was den Schweiß fördert...* noch sollen sie ihr Haupt kahl scheren ... oder Wein trinken ... Sie sollen mein Volk zwischen *heilig und nichtheilig, unrein und rein* unterscheiden lehren ... (44,15–23)

Wie bereits gesagt, schließt Hesekiel in seine Verhaltensregeln für Priester sogar das »Aasverbot« ein, das wir von Jakobus' Weisungen für überseeische Gemeinden her kennen:

> Von irgendwelchen verendeten oder zerrissenen[40] Tieren aber, seien es Vögel oder Vierbeiner, dürfen die Priester nicht essen. (44,31)

Dieses Verbot, »Fremde in den Tempel einzulassen, daß sie ihn entweihen«, entspricht genau der Haltung, die Josephus dem Simon, dem Oberhaupt einer eigenen Jerusalemer »Versammlung« oder »Kirche« (*Ekklêsia*), zuschreibt. Dieser lehnt es ab, *Herodianer* in den Tempel einzulassen. Qumran greift zur Charakterisierung seiner *neuen* »Söhne des Zadok« außerdem zwei zentrale Elemente aus Hesekiels Beschreibung auf: Erstens werden diese Zadokiden, wie wir gesehen haben, als »die Wahrer des Bundes« *par excellence* definiert; und zweitens lehnen sie heidnische Gaben sowie im Auftrag von Heiden durchgeführte Opferhandlungen im Tempel ab.

Letzteres ist natürlich die Haltung der sogenannten »Zeloten« oder »Sikarier« aus der niederen Priesterschaft, die 66 n.Chr. die Einstellung der von Römern und anderen Ausländern in Auftrag gegebenen Opfer erzwingen und dadurch den Krieg gegen Rom auslösen. In Anbetracht der Tatsache, daß der prototypische Vorfahr Zadoks, Aarons Enkel Pinhas, das Lager dadurch vor Verunreinigung bewahrte, daß er Abtrünnige – womit konkret Israeliten gemeint waren, die Nichtjuden heirateten – tötete, dürften die Herodianer (beiderlei Geschlechts) aufgrund ihres analogen Verhaltens gleichfalls als solche »befleckende Abtrünnige« angesehen worden sein.

Die Damaskus-Schrift fügt den soeben skizzierten qualitativen Aspekten noch einen eschatologischen hinzu. In ihrer Auslegung des »zadokidischen Bundes« aus dem Buch Hesekiel (44,15) definiert sie »die Söhne des Zadok« als diejenigen, die *»am Ende des Tages stehen«* oder *»aufstehen* werden«; sie, heißt es weiter, werden *»die Gerechten rechtfertigen* und *die Bösen verdammen«*. Wir sehen darin nicht nur den eigentlichen Kern der von Paulus entwickelten »Rechtfertigungstheologie«, sondern die Betonung »der letzten Zeiten«/ »letzten Tage« wendet auch die ganze Exegese ins Eschatologische. In Verbindung mit dem – wie oben beschrieben so wichtigen – Begriff des »Stehens« oder »Aufstehens« erhalten wir ein Bild, das durchaus den im Neuen Testament vorgestellten Szenarien ähnelt, in denen übernatürliche Erlöser- oder Heilandsgestalten wie Jesus oder sogar »Petrus« am »Jüngsten Gericht« teilnehmen.

Nach Auffassung Qumrans gibt es zwei Gattungen von Menschen, die in »das Reich« oder die himmlische Wohnstatt der Gerechten eingehen: erstens die *lebenden* Gerechten, zweitens die *toten* Gerechten. Da erstere – zumindest der Theorie nach – zu Lebzeiten in das Reich Gottes eingehen, dürfte eine *Auferstehung* für sie nicht erforderlich sein. Paulus ringt im Ersten Brief an die Korinther (15,51–57) mit diesem Problem, das er »ein Geheimnis« nennt, nachdem er auf die Vorstellungen vom »ersten« und »zweiten Adam« und vom »Ur-Adam« und dem »letzten Menschen« angespielt hat. Auf ebensolche Menschen dürfte sich die Aussage der Damaskus-Schrift »am Ende der Zeit stehen« (im Sinne von »weiterbestehen«, »weiterleben«) am ehesten beziehen. Die gerechten Toten müßten hingegen zuerst auferstehen oder wiedererweckt werden. Wenngleich dies in den uns vorliegenden Quellen nirgends ausdrücklich gesagt wird, ist das zweifellos die implizite Vorstellung.

Mit »Söhne des Zadok« scheint daher – ausgehend von der Hesekiel-44,15-Exegese der Damaskus-Schrift – auf eschatologischer Ebene eine Klasse übernatürlicher Quasi-Erlösergestalten gemeint zu sein. Die – an vielen der hier erörterten Motiven reichen – Jakobusoffenbarungen aus dem oberägyptischen Nag Hammadi schreiben ihrem angeblichen Verfasser zweifellos eine ähnliche Rolle und Natur zu.[41] Wir sagen »übernatürlich«, weil jeder, der gestorben und wiederauferstanden ist, bis zu einem gewissen Grad als – wie Paulus im Ersten Korintherbrief (15,52 ff.) impliziert – der natürlichen Sphäre entrückt betrachtet werden muß. Das Christentum sieht natürlich »Jesus« als eine solche Gestalt an – wenngleich in seinem Falle hinzukommt, daß er dem Neuen Testament zufolge nicht nur durch eine übernatürliche Auferstehung und Himmelfahrt, sondern auch durch eine übernatürliche *Geburt* ausgezeichnet ist. Dies geht über die Auffassung Qumrans hinaus, die, soweit sie uns bekannt ist, eher zum Begriff »Adoptivsohnschaft« tendiert, der mehr »judenchristliche« Gruppen kennzeichnet.[42]

Dies führt uns zu den etymologischen Beziehungen zwischen den hebräischen Wörtern »Zadok« und *»Zaddik«*. Selbst der Laie auf dem Gebiet der Semitistik wird erkennen, daß beide Wörter auf derselben Wurzel, *Z-D-K*, basieren. »Zadok« ist ein Eigenname; *»Zaddik«* ist ein substantivisches Verbalnomen. Der Doppelkonsonant in letzterem wird in der hebräischen Schreibung nicht wiedergegeben, sondern muß vom Kenner der Grammatik erschlossen werden; außerdem sind die Vokale *»o«* und *»i«* in der Qumraner Variante des hebräischen Alphabets nicht voneinander zu unterscheiden. Damit haben wir es bei *»Zadok«* und *»Zaddik«* – was ihre hebräische Schreibung während der fraglichen Periode anbelangt – in Wirklichkeit mit *ein und demselben Wort* zu tun. Diese Tatsache ist den damaligen Bibelexegeten mit Sicherheit nicht entgangen, zumal sie keine Gelegenheit ausließen, wann immer es ihren exegetischen Zwecken diente, mit Worten zu spielen und die grammatikalischen und lexikalischen Möglichkeiten der ihnen vorliegenden Texte bis zum Äußersten auszuschöpfen.

Dieser Umstand spiegelt sich auch in der griechischen Schreibung des wohlbekannten Wortes »Sadduzäer« wider. Es bedarf keiner großen philologischen Kenntnisse, um festzustellen, daß es auf einer Ableitung aus derselben hebräischen Wurzel *Z-D-K* beruht: in diesem Falle »Zadok« oder sogar »Zadduk«. Aufgrund der gerade skizzierten Eigentümlichkeiten der hebräischen Schrift – und insbesondere der *Qumran*-hebräischen, in der die Vokale *i, u* und *o* praktisch nicht voneinander zu unterscheiden sind – läßt sich »Sadduzäer« aber ebensogut auch vom Wort *»Zaddik«* herleiten.

Tatsächlich spricht in unserer Deutung des »Sadduzäer«-Problems – hier die Qumraner *Sadduzäer*, die, wie wir gesehen haben, eine gerechtigkeitsorientierte Interpretation von Hesekiels »zadokidischem Bund« vertraten, und da die »Establishment«-*Sadduzäer* der herodianischen und vielleicht sogar noch früheren Zeit, die nur auf einer genealogischen Beziehung zum »Zadok« der Vorzeit beharrten – sehr viel für den Schluß, daß die eine Gruppe eine esoterischere Auffassung des »zadokidischen Bundes« vertrat und ein qualitatives Kriterium (»Gerechtigkeit«) verlangte, das sogar eschatologische Dimensionen annahm. Selbst die Apostelgeschichte, Josephus und die Pseudoklementinen betonen, »die Sadduzäer« seien »im Gericht härter und liebloser« gewesen »als alle anderen Juden« – was immer mit »Gericht« in diesem Kontext auch gemeint gewesen sein mag.[43] Das im Hebräerbrief erörterte »Priestertum ewiglich nach der Ordnung Melchisedeks« (in dem sich gleichfalls die Wurzel *Z-D-K* verbirgt) ist lediglich eine weitere eschatologische Fortführung dieser Vorstellung.

Josephus verlegt den Mann, den er *»Sadduk«* oder *»Saddok«* nennt, an den Anfang des ersten nachchristlichen Jahrhunderts. Saddok ist – zusammen mit Judas dem Galiläer – der Anführer des Aufstands gegen die römische Besteuerung Palästinas. Diese Revolte begleitet den Zensus des Quirinius/Cyrenius des Jahres 6/7 n.Chr., mit dem Lukas die Geburt *Jesu Christi* datiert. Ob historisch oder nicht – der Lukasbericht bringt die Umstände um Jesu Geburt mit dem Steueraufstand in Palästina und damit implizit mit der (in den gleichen Zeitraum fallenden) Entstehung der Bewegung, die mit dem Namen Judas' und *Saddoks* verknüpft ist, in Verbindung. Handelt es sich bei diesem Kampfgenossen Judas' des Galiläers, von dem Josephus in seinen *Altertümern* berichtet, diesem Mitbegründer der Bewegung und Gegner der römischen Steuer, um einen Mann namens »Zadok« – oder aber um einen Lehrer, der (wie der »Gerechte Lehrer« in den Qumran-Texten und natürlich Jakobus in der christlichen Überlieferung) den Titel »der *Zaddik*« trägt? Das einzige, was sich dazu sagen läßt, ist, daß sich die Verwirrung um die Herkunft des Terminus »Sadduzäer« sogar in diesem Zusammenhang manifestiert.

Die gleiche Unklarheit herrscht bezüglich Jakobus' Beinamen »der Gerechte«, von dem Epiphanios berichtet, er sei so sehr mit Jakobus identifiziert worden, daß er dessen eigentlichen Namen verdrängt habe. Ebendies läßt sich auch aus Hegesippus' Bericht erschließen. Haben wir es hier lediglich mit dem Epitheton »der Gerechte« *(Zaddik)* zu tun, oder können wir daraus schließen, daß auf Jakobus sogar der (vom Schriftbild her identische) hebräische Name »Zadok« angewandt wurde? Wir vermögen diese Frage nicht zu beantworten, aber wie bereits erwähnt, dient in den römisch-jüdischen Katakomben das Wort »Justus« als lateinische Entsprechung des hebräischen »Zadok«. Womit sich der Kreis abermals schließt.

Hesekiels neue Philosophie des *Gerechten*

Dies führt uns zu Hesekiels Definition des »Gerechten« oder *»Zaddik«*. Hesekiel beginnt seine Erörterung des Begriffs[44], nachdem er einen neuen »Immerwährenden Bund« verkündigt hat, den Gott anstelle desjenigen, der gebrochen wurde, mit Israel schließen will (11,18–21 und 16,60–63). Er charakterisiert »den Gerechten« als jemanden, der »nach [Gottes] Gesetzen lebt und [S]eine Gebote hält, daß er danach *tut*« (18,9 und 21) – die Qumraner Definition der »Söhne des Zadok«, die sich auch im Begriff »Täter der *Thora*« widerspiegelt, mit dem im *Pescher* Habakuk die Auslegung der Bibelstelle »der Gerechte wird durch seinen Glauben leben« eingeführt wird.[45] Zu den Merkmalen dieses Gerechten gehört interessanterweise, daß er keine Götzen anbetet und »nicht liegt bei einer Frau in ihrer Unreinheit« (18,6 und 15) – genau der Vorwurf, den die Damaskus-Schrift in den »drei Netzen des Belial« unmittelbar nach ihrer Auslegung des Zadokidischen Bundes gegen das »Establishment« erhebt.[46]

In seiner ausführlichen Definition des »Gerechten« widerspricht Hesekiel außerdem ausdrücklich dem Mosaischen Gesetz, so wie es bis dahin verstanden worden war. Entgegen den bis dahin geltenden Verfügungen von Leviticus und Deuteronomium, sollen »die Missetaten der Väter« *nicht mehr »an den Söhnen heimgesucht« werden.* Hier wird vielmehr der Begriff der individuellen Verantwortung eingeführt. Der Gerechte, wie Hesekiel es formuliert, soll nicht um die Sünden eines anderen willen leiden. Er soll nicht sterben.

> Denn nur wer gesündigt hat, der soll sterben. *Der Sohn soll nicht tragen die Schuld des Vaters, und der Vater soll nicht tragen die Schuld des Sohnes.* (18,20)

In dieser erstaunlichen Passage erkennen wir nicht nur wieder einmal die Betonung des »Tuns« – die einen parallelen Ausdruck im Jakobusbrief findet (oder, wie Hesekiel schreibt: »Darum will ich euch richten, einen jeden nach seinem Weg« – 18,30) –, sondern auch die Vorstellung der Rechtfertigung: daß der Gerechte oder *Zaddik* »gerecht gemacht [oder »gerechtfertigt«] wird durch seine *Taten*«. Damit befinden wir uns mit Hesekiel auf sehr vertrautem Terrain.

Schließlich gebraucht der Text zur Erklärung dessen, wie Gott beabsichtige, »jeden zu richten nach seinem Weg« (das heißt »nach dem, was er *tut*«), das Bild des *neuen Herzens* und *neuen Geistes*, die sich das Haus Israel »machen soll« und wozu die »Umkehr« oder

Reue die wichtigste Voraussetzung ist (18,30 ff.). Oder wie Hesekiel schreibt:

> Kehrt um und kehrt euch ab von allen euren Übertretungen ... Darum bekehrt euch, so werdet ihr leben.

Es kann kaum ein Zweifel daran bestehen, daß diese Passage für die Entwicklung des Begriffs »Gerechter« oder »*Zaddik*« und insbesondere für die Spekulationen um das »Gerechtigkeits«-Ideal, denen man in den Handschriften vom Toten Meer begegnet, von wesentlicher Bedeutung gewesen ist. Ebenso bedeutungsvoll ist sie aber für den *jakobinischen* Standpunkt innerhalb der Entwicklung des Ur- und Frühchristentums. Ihr Vokabular harmoniert vollkommen mit demjenigen des Jakobusbriefes und der Qumran-Rollen.

Ebenso interessant ist die direkte Negation des deuteronomistischen Vergeltungsbegriffs, welche die Entwicklung des »*Zaddik*«-Ideals darstellt. Zugleich wird damit auch der späteren christlichen Vorstellung, ein ganzes Volk könnte an irgendeiner historischen Tragödie »schuldig« sein, im voraus widersprochen. Damit erweist sich – falls es dieses Beweises überhaupt bedürfte – das von Matthäus gezeichnete Bild eines Volkes, das (nachdem sich Pilatus mit den Worten »Ich bin unschuldig am Blut dieses *Gerechten*« »die Hände gewaschen hat«) unisono ausruft: »Sein Blut komme über uns und unsere Kinder«, natürlich als vollkommen absurd. Absurd deswegen, weil der archaische Begriff »erbliche Blutschuld« längst durch diese Hesekielstelle aufgehoben worden ist und, wie es in der Damaskus-Schrift heißt, »jeder Mann *stehen soll auf seinem eigenen Wachturm*«.

Doch es gibt noch einen weiteren Aspekt dieser neuen, uns erstmals bei Hesekiel begegnenden »*Zaddik*«-Idee, der unsere Aufmerksamkeit verdient. Er betrifft die Ebioniten oder »Armen«, die an der Tradition der Führerschaft Jakobus' festhielten und offenbar auf dessen Jerusalemer Gemeinde oder die palästinische Christenheit zurückgingen. Irgendwo jenseits des Toten Meeres »in Arabien« und der »Damaskus«-Region ansässig (also im heutigen Jordanien und Syrien), scheinen sie ihre Blütezeit im 2. bis 3. Jahrhundert gehabt zu haben und verschwanden im 4. oder 5. Jahrhundert, nachdem eine Reihe angesehener Großkirchenväter, darunter Irenäus, Hippolytos, Origenes, Eusebios, Epiphanios und Hieronymus, sie mit vernichtender Polemik überschüttet hatten.

Aus den Werken dieser rechtgläubigen Schriftsteller sowie aus Texten wie den Pseudoklementinen können wir nicht nur eruieren, daß die Ebioniten Jakobus verehrten, sondern auch, daß sie Jesus als einen bloßen Menschen betrachteten, auf natürliche Weise von Joseph und Maria gezeugt, und daß sie an der Praxis der Beschneidung festhielten, »weil auch Jesus beschnitten gewesen« sei. Sie befolgten »die *Thora* Moses« auf recht gewissenhafte Weise und betrachteten Paulus als einen Ketzer, »einen Verräter des Gesetzes« und den fleischgewordenen »Feind«.[47] Neben der Idee des »vollkommenen Menschen« oder »Ur-Adams« und dem Begriff »wahrer Prophet« zeichnen sich bei ihnen, vor allem in den Pseudoklementinen, zwei weitere interessante Vorstellungen ab. Zum einen haben wir die »Gegensatzpaare« – *Licht* gegenüber *Finsternis, Wahrheit* gegenüber *Lüge, Gerechtigkeit* gegenüber *Bosheit, die Armen* gegenüber *den Reichen, den Weg gerade machen* gegenüber *in die Irre führen, den Freund* gegenüber *dem Feind* und so fort –, die sich alle im Qumran-Korpus wiederfinden.

Die andere Vorstellung ist die der »falschen Perikopen [Schriftabschnitte] in der Bibel«; diese tritt in der Qumran-Literatur zwar nicht so klar zum Vorschein, um so deutlicher aber – in Verbindung mit dem Qumraner/ebionitischen »Lügen«/»Lügner« usw. – im Islam. Nach Auffassung der Ebioniten – zumindest jener späterer Ausprägung, die in der pseudoklementinischen Literatur (2. Jh.) greifbar werden – waren in das Alte Testament, vor allem in das Pentateuch oder das »Gesetz«, irgendwann falsche oder unechte Passagen eingefügt worden.[48] Wie wir gerade in der Hesekielschen Erörterung des *»Zaddik«* oder »Gerechten« gesehen haben, könnte eine solche Vorstellung aus Hesekiels entschiedenem Widerspruch gegen die deuteronomistische Idee abgeleitet worden sein, daß »die Missetaten der Väter an den Söhnen heimgesucht werden« – oder wie Qumran es in seiner Auslegung des »zadokidischen Bundes« besonders prägnant formuliert:

> Und sie gruben einen Brunnen reich an Wasser, und wer sie verwirft [»die Gebote Gottes ... *die verborgenen Dinge, von denen ganz Israel abgeirrt ist*... die der Mensch – »der Adam« – *tun muß, auf daß er durch sie lebe*]... Aber Gott entsühnte in seinen wundersamen Geheimnissen ihre Sünden und vergab ihre Greuel, und Er baute ihnen ein Haus des Glaubens in Israel [die zwei paulinischen Metaphern »bauen« und »Haus«], wie seit ältesten Zeiten keines gestanden hat. Jenen, die daran festhalten, ist es bestimmt, siegreich zu leben [die »Standhaftigkeit«, die Jesus Sirach an Pinhas lobt. Paulus seinerseits spielt im Ersten Korintherbrief (15,55) zur Erklärung des »Geheimnisses« der Un-

sterblichkeit auf das »siegreich« an, nachdem er in 15,45–49 den Begriff des »Ur-Adams«/»ersten Menschen« angeführt hat], und alle Herrlichkeit Adams wird ihnen zuteil werden.

> Aber bei Vollendung des Zeitalters der Anzahl dieser Jahre wird kein Festhalten mehr sein am Hause Juda, sondern jeder Mensch wird stehen auf seinem eigenen Wachturm [nach Art von Hesekiels »*Zaddik*«, und siehe Habakuk 2,1 – man beachte auch wieder den Begriff des »Stehens«].[49]

Wir wissen nicht, ob sich die Qumraner Sektierer, welche die Lehren eines Meisters befolgten, den sie »gerecht« oder »den Gerechten« nannten, aller Implikationen von Hesekiels Text bewußt waren; sicher ist aber, daß sie den neuen Nachdruck, den er auf den Begriff »Gerechter« und das Ideal der »Gerechtigkeit« legte, durchaus begrüßten. Natürlich spielten für die Männer von Qumran Hesekiels Vision vom Tempel und die damit zusammenhängende Idee des »Wahrens des Bundes«, desgleichen seine »neuen Söhne des Zadok« (so wie *sie* den Begriff verstanden) eine fundamentale Rolle. Und das gleiche gilt für die »Jerusalemer« Gemeinde um Jakobus und für jene Erben dieser Gruppierung, die Irenäus, Hippolytos und Eusebios »Ebioniten« nennen.

Die Steinigung Honis des Kreismachers

Honi, auch bekannt als »Onias der Gerechte«, war ein ebensolcher »*Zaddik*«, wie es der rabbinischen Tradition zufolge Simeon (um 200 v. Chr.), der eindrucksvollste Hohepriester des voraufgegangenen Priestergeschlechts, gewesen war. Offenbar war Honis »Gerechtigkeit« so wirkmächtig, daß der Himmel entsprechend seinem Gebet und/oder den Kreisen, die er zeichnete, Regen zurückhielt oder spendete. So formuliert es, wie wir gesehen haben, der Jakobusbrief im Zusammenhang mit Elias gleichermaßen archetypischen regenmacherischen Aktivitäten:

> Des Gerechten Gebet vermag viel, wenn es ernstlich ist. (Jakobus 5,16).

Nach Auffassung dieses Briefes besitzt Elia – »ein schwacher Mensch wie wir« – die gleiche Mittlerkraft wie Jakobus, denn

> er betete ein Gebet, daß es nicht regnen sollte, und es regnete nicht auf Erden *drei Jahre und sechs Monate.* [Im Ersten Buch der Könige (18,1) heißt es nur »drei Jahre«. Die Zählung ist eher die aus dem Buch Daniel (7,25), »eine Zeit und zwei Zeiten und eine halbe Zeit«, die möglicherweise auch in bezug auf die Zeitspanne zwischen Jakobus' Tod im Herbst des Jahres 62 und dem Ausbruch des Aufstands 66 n. Chr. von Bedeutung ist.] Und er betete abermals, und der Himmel gab Regen, und die Erde brachte ihre Frucht. (Jakobus 5,17 f.)

Damit *endet* der Jakobusbrief nicht nur mit diesem Verweis auf das wirkmächtige Gebet des »Gerechten«, das Regen zu bringen vermag, sondern er hatte auch diesen Regen bereits metaphorisch mit dem endzeitlichen Gericht, »da der Herr kommt« (5,7), in Verbindung gebracht. Wie wir gesehen haben, wird Jakobus als einer dieser Ur-Gerechten, Regenmacher und »Säulen« dargestellt, deren Dasein der Grund und die Voraussetzung für den Bestand der Welt ist. Das Thomasevangelium hatte diese Auffassung in seiner Version von Jakobus' direkter Ernennung zum Nachfolger Jesu, wie wir uns erinnern, folgendermaßen formuliert: »Wohin ihr auch gekommen sein werdet [vermutlich Jerusalem], geht zu Jakobus, dem Gerechten, um dessentwillen Himmel und Erde entstanden.«

Außer Hanan dem Verborgenen (den manche als gleichbedeutend mit Johannes dem Täufer betrachten) führte, wie wir gesehen haben, auch Abba Hilkiah, ein weiterer Enkel Honis, während der Zeitspanne, in der Jakobus in Jerusalem herrschte, Regen herbei. Während einer Dürre wandten sich die Vertreter des Jerusalemer »Establishments« an diesen Nachkommen Honis, doch er wies sie verächtlich ab. Die Rabbis erzählen die gleiche Geschichte im Zusammenhang mit Hanan dem Verborgenen (dem sie auch nachsagen, er habe »sich immer auf dem Abort versteckt«). Erst als man kleine Kinder zu ihm aufs Feld schickte, damit sie ihn um Hilfe anflehten, sorgte er endlich für Regen.

Unseren judenchristlichen und frühkirchlichen Quellen zufolge wandte man sich auch an Jakobus in ähnlicher bittender Weise, und zwar, laut den Pseudoklementinen, damit er sich auf den Stufen des Tempels an theologischen Debatten beteilige, und zuletzt, damit er zum Tempel komme und die Jerusalemer Massen beruhige, die »Jesus als den Christus ansahen« – beziehungsweise auf eine messianische Rückkunft warteten.[50]

Über die Steinigung Onias' des Gerechten (die Jakobus' Steinigung vorwegnimmt) berichtet Josephus an einer entscheidenden Stelle seiner Geschichte vom Ende der jüdischen Unabhängigkeit. Es dürfte daher nützlich sein, die Ereignisse, die dazu führten, kurz zu rekapitulieren. Nach dem (von den 160er bis zu den 140er Jahren v. Chr. andauernden) Makkabäeraufstand ging die Rolle des Führers der jüdischen Unabhängigkeitsbewegung, da Judas selbst offenbar keine Kinder hatte, auf die Erben seines Bruders Simon über. Der erste von diesen war Johannes Hyrkanos (134–104 v. Chr.), Simons Sohn, der, wie Josephus erklärt, »einzig in seiner Person drei überaus hohe Würden vereinigte, nämlich das Herrscheramt über das Volk, das Amt des Hohenpriesters und das Prophetentum«.[51]

Der nächste war Alexander Jannäus oder Jannai (103–76 v. Chr.) – auch »Jonathan« genannt –, Johannes' dritter Sohn, der nach dem Tod seines Bruders dessen Witwe Salome Alexandra heiratete. Wie schon Johannes vor ihm hatte er Probleme mit den Religionsparteien, die sich während dieser Zeitspanne herausgebildet zu haben scheinen, und zwar insbesondere mit den Pharisäern. Dies ist die erste bekannte Erwähnung der »Pharisäer«, einer Partei, die größtenteils *gegen die Makkabäer opponierte.* Wie wir bereits gesehen haben, waren die Pharisäer – trotz ihres Anspruchs auf peinliche Einhaltung des Gesetzes – von jeher bereit, sich mit Ausländern zu arrangieren und Fremdherrscher, insbesondere von Ausländern eingesetzte Hohepriester, zu akzeptieren, solange diese nur einen zufriedenstellenden Stammbaum vorweisen konnten und sie selbst (die Pharisäer) mit gebührender Achtung behandelt wurden und die eigentliche Macht im Staate behielten. Dies ist mit Sicherheit die Situation während der Übergangszeit zur herodianischen Epoche.

Salome Alexandra und ihr ältester Sohn, Hyrkanos II. (76–31 v. Chr.), die in einem jüngst veröffentlichten kalendarischen Text aus Qumran negativ erwähnt zu werden scheinen[52], waren die einzigen Makkabäer, die mit einiger Berechtigung als »Pharisäer« bezeichnet werden können. Tatsächlich war ihr Onkel, ein gewisser Simeon ben Schetach, einer der Bewahrer der pharisäischen Tradition und (der rabbinischen Überlieferung zufolge) ein Erbe Simeons des *Zaddik*, dem ein paar Jahrzehnte später das berühmte pharisäische Zweigespann, Hillel und Schammai, folgte.[53]

Ihr zweiter Sohn, Aristobulos II. (67–49 v. Chr.), war impulsiver und überhaupt aus anderem Holz geschnitzt, ähnelte er doch, zumindest in Fragen der nationalen Unabhängigkeit und hinsichtlich seines Eifers, eher seinem revolutionären Großonkel Judas. Wenn es zur Krise kommt, zeigen die Menschen, auf welcher Seite sie stehen. Diese Krise trat inmitten der im Zusammenhang mit Onias dem Gerechten/Honi dem Kreismacher überlieferten Ereignisse ein, seinem Regenmachen und schließlich seiner Steinigung durch die pharisäischen Anhänger Hyrkanos' II. (bei Josephus wird das »Regenmachen« als solches den Anhängern Aristobulos' II. gewährt).[54]

In Ermangelung einer besseren Bezeichnung nennen wir Aristobulos' Partei die »sadduzäisch/protozelotische« – oder »puristische Sadduzäer« –, um sie von den kompromißbereiteren Sadduzäern der herodianischen (und möglicherweise auch der prämakkabäischen) Zeitspanne zu unterscheiden, die uns von Josephus und dem Neuen Testament her vertraut sind. Wie die Pharisäer, mit denen sie verbündet waren, erhoben letztgenannte »Sadduzäer« keinen Anspruch auf nationale Unabhängigkeit, betrachteten »Eifer« nicht als notwendige Eigenschaft eines Hohenpriesters und waren an »Gerechtigkeit«-orientierten, »zelotischen« oder eschatologischen Auslegungen von Hesekiels »zadokidischem Bund«, wie sie in Qumran – und vermutlich auch unter den Anhängern des Judas Makkabäus und seines Großneffen Alexander Jannai – zirkulierten, nicht im mindesten interessiert. Ihnen genügte ein angeblich einwandfreier Stammbaum – »angeblich« deswegen, weil wir von Esra und Nehemia her wissen, daß viele der aus dem Babylonischen Exil zurückkehrenden Priestergeschlechter keinen Nachweis über ihre Abstammung erbringen konnten und manche von ihnen überhaupt keine Priester waren.[55]

Damit gab es in Wirklichkeit *zwei* Gruppen von »Sadduzäern«. Die eine bildete zusammen mit den Pharisäern und den Herodianern das »Establishment«, das uns in den neutestamentlichen Darstellungen begegnet, und läßt sich am ehesten als »herodianische Sadduzäer« bezeichnen. Wie die Pharisäer, von denen sie Josephus zufolge beherrscht wurden, sind sie extrem kompromißbereit. Anders als die Pharisäer aber hören sie, als der Tempel 70 n. Chr. zerstört wird, ihrer *raison d'être* beraubt, auf zu existieren.

Die anderen »Sadduzäer« – als deren beste Beispiele Judas Makkabäus, dessen Vater Mattathias, Alexander Jannai und dieser Aristobulos II. gelten können – sind durchweg eher auf Widerstand aus, fremdenfeindlich, kompromißlos und »Eiferer für das Gesetz«: »Zeloten«, die zweifellos einer »Pinhas-artigeren« Auslegung von Hesekiels »zadokidischem Bund« anhingen (den »Friedensbund« hatte Pinhas sich und seinen Nachkommen, wie wir uns erinnern, dadurch verdient, daß er Abtrünnige tötete, die sich mit Fremden eingelassen und infolgedessen das Lager Israels befleckt hatten). Aus diesen »puristischen Sadduzäern« der Makkabäerzeit werden die späteren »messianischen Sadduzäer« der herodianischen Epoche. Sie entwickeln sich im ersten nachchristlichen Jahrhundert zu sogenannten »Zeloten«, »Essenern« oder »*Sikariern*« und »palästinischen Christen«

oder Mitgliedern von Jakobus' des Gerechten »Jerusalemer Kirche« und vertreten eine esoterischere Deutung des Zadokidischen Bundes, die auf »Gerechtigkeit« und/oder »Eifer« basiert – den zwei Attributen, die in frühen »christlichen« Berichten im Zusammenhang mit Jakobus am häufigsten genannt werden.

Ihre Haltung war konsequent: Sie verweigerten jede Kooperation mit Fremdherrschern, lehnten von Ausländern dargebrachte Geschenke und im Auftrag von Ausländern durchgeführte Opfer im Tempel ab (nach Auffassung Jakobus' und der Qumran-Gemeinde eine Form der »Befleckung« oder des »Götzendienstes«) und betrachteten die Herodianer als Nichtjuden und Unzüchtige, deren Autorität in Palästina unter keinen Umständen akzeptiert werden dürfe. Ihrer Ansicht nach durften die Herodianer den Tempel nicht betreten und konnten die von diesen oder den Römern ernannten Hohenpriester nicht als rechtmäßig gelten. Mit dem Sturz und der fast völligen Vernichtung der Makkabäer durch Herodes und dessen Vater (die wenigen Überlebenden wurden, wie wir uns erinnern, der herodianischen Familie einverleibt) tauchte ein neues Autoritätsprinzip auf und gewann immer mehr an Bedeutung: das messianische. Begründet wurde es mit messianischen oder quasi-messianischen Passagen der Schrift, die in der Qumran-Literatur eine äußerst wichtige Rolle spielen. *Kompromißlos und absolut unbeugsam*, zeichnete sich diese Bewegung außerdem durch eine apokalyptische Erwartung der »letzten Zeiten«/»letzten Tage« aus.

Die skizzierten Ereignisse spiegeln sich im Qumraner *Pescher* Nahum wider, einem Kommentar über das prophetische Buch Nahum .Ein »zelotischerer«, kompromißloserer und apokalyptischerer Text dürfte kaum vorstellbar sein. Alexander Jannai scheint mit einem seleukidischen König namens Demetrios (um 85 v. Chr.) Schwierigkeiten bekommen zu haben. Von antinationalistischen Gruppen wie den Pharisäern ermutigt, versuchte Demetrios, Palästina wieder unter seleukidische Kontrolle zu bringen. Alexander floh mit, wie Josephus berichtet, »sechstausend seiner Anhänger« in die Wüste.[56] Das *Volk* seinerseits wurde schließlich der – von den Pharisäern gutgeheißenen oder zumindest akzeptierten – Intervention durch Ausländer überdrüssig und eilte Alexander zu Hilfe (dies widerlegt die Theorie, die Pharisäer seien die populärste Partei Palästinas gewesen – was antinationalistische Parteien, einst wie heute, wenn überhaupt, dann nur in seltensten Fällen sind).

Der Mythos von der Volkstümlichkeit der Pharisäer (der zu einem Leitmotiv der späteren Geschichtsschreibung wurde) entstand erst, nachdem die Pharisäer mit den Herodianern und der Hilfe römischer

Truppen die Macht an sich gerissen hatten, und festigte sich, als sie nach der Zerstörung des Tempels nebst den paulinischen Christen zu den einzigen verbleibenden Juden gehörten, welche die Römer zu dulden bereit waren. In ihrer späteren rabbinischen Ausprägung befleißigten sie sich auch dann noch einer konsequent proromischen Politik, als die Herodianer selbst bereits den Weg allen Fleisches gegangen waren.

Damit nähern wir uns dem zeitlich-historischen Rahmen des Todes von Honi dem Kreismacher. Allem Anschein nach ist Alexander Jannai »der grimmige Löwe« des *Pescher* Nahum, »der Rache nimmt an den Suchern nach Reibungslosigkeit [den Pharisäern und ihren Mit-Trittbrettfahrern] und dabei Menschen lebendig aufhängt, was in Israel seit ältesten Zeiten nicht mehr geschehen ist«. Die – in den meisten älteren Übersetzungen fehlende, aber sehr wichtige – erste Spalte des *Pescher* hatte bereits ein gewaltiges apokalyptisches Gericht in Form von Sturm, Erdbeben und Überschwemmung (Nahum 1,3–7) auf »die Kitim« herabbeschworen und deren völlige Vertilgung »vom Antlitz der Erde« gefordert. Es wird an diesem Punkt klar, daß dieser Kommentar einen retrospektiven Standpunkt einnimmt, da »die Kittim« *nach* »den Griechen« kommen. Dann ergreift der *Pescher* die Gelegenheit, jegliches »Aufhängen bei lebendigem Leib« (römisch gesprochen, »Kreuzigen«) zu verdammen – etwas, woraus Paulus im Brief an die Galater (3,13) Kapital zu schlagen bemüht ist und was die Apostelgeschichte »Petrus« als Hauptvorwurf gegen »die Juden« in den Mund legt (5,30 und 10,39).[57]

Alexander starb 76 v. Chr., und während ihrer folgenden elfjährigen Regierungszeit steuerte seine Witwe einen entschiedenen Gegenkurs zur *antipharisäischen* Politik, die ihr Mann betrieben hatte. Die von ihr begünstigten Pharisäer wiederum rächten sich erbarmungslos an den Anhängern Alexanders. Dies war die Zeit der römischen Expansion in dem östlichen Mittelmeerraum, die in zahlreichen Qumran-Texten ihre Spuren hinterlassen hat.[58] Cäsars Konkurrent Pompeius machte der schon geschwächten seleukidischen Herrschaft in Syrien ein Ende. Dann zog er hinab ins heutige Transjordanien, wo er auf den arabischen König von Petra und, im südlichen Transjordanien und Palästina, auf die Überreste der ehemaligen Edomiter traf, die jetzt »Idumäer« genannt wurden. Man schrieb ungefähr das Jahr 65 v. Chr.

Wie wir gesehen haben, pflegte Herodes' Vater Antipater – nicht zuletzt durch seine Ehefrau Kypros, eine adlige »Araberin« und wahrscheinlich eine Verwandte des Königs von Petra – Kontakte sowohl zu »Arabern« als auch zu »Idumäern« Ebenso unterhielt er aber auch Beziehungen zu den Griechen in palästinischen Küstenstädten wie

Gaza und Askalon und war natürlich am dort abgewickelten Handel mit Gewürzen, Weihrauch und balsamischen Ölen beteiligt. Josephus bescheinigt ihm »sehr großen Reichtum« – die Quelle seines Einflusses und ein wichtiges Motiv, das bei der Lektüre der Qumran-Rollen und von Texten jakobinischer Grundhaltung nicht übersehen werden darf.[59] Infolge dieses Einflusses wurde er zum *ersten* römischen Prokurator in Palästina und sicherte sich und seinen Nachkommen als Lohn für seine Dienste das römische Bürgerrecht (das bei Lage der Dinge sogar noch mehr wert gewesen sein dürfte als »der Bund des Pinhas«).

Was uns zu den unmittelbaren Umständen von Honis Tod führt. Salome Alexandras pharisäerfreundlicher Politik und ihrer Beziehungen zu Ausländern wie Antipater und Aretas von Petra überdrüssig, rebellierte Alexander Jannais Sohn Aristobulos, sobald seine Mutter gestorben war, gegen seinen pharisäernden Bruder Hyrkanos II. Als Verfechter derselben Wertvorstellungen wie sein Vater gleich ihm beim Volk beliebt, lieferte er seinem Bruder *in der Nähe von Jericho* eine Schlacht und besiegte ihn; dann zwang er ihn, ihm die Hohepriester- und die Königswürde zu überlassen, und machte den pharisäischen Übergriffen auf die ehemaligen Anhänger seines Vaters ein Ende. Herodes' Vater Antipater ließ seine Beziehungen in »Arabien« spielen und verschaffte Hyrkanos II. Asyl in Petra, bei König Aretas. Schließlich gelingt es ihm, Pompeius, der nach seinem Armenienfeldzug bereits in Syrien einmarschiert war, und dessen Adjutanten Aemilius Scaurus – der in den Qumran-Texten als »Mörder« tituliert wird – für seine Sache zu gewinnen.

In der Zwischenzeit suchen der neue König Aristobulos und seine Anhänger, die »protozelotischen, puristischen Sadduzäer« (bei denen es sich größtenteils um Priester gehandelt zu haben scheint), bezeichnenderweise *im Tempel* Zuflucht. Zunächst kehrt Antipater mit einer aus Aretas' arabischen Kriegern und den wenigen Anhängern, die dem Kollaborateur Hyrkanos verblieben sind, bestehenden Streitmacht zurück, belagert Jerusalem und bereitet sich auf die Erstürmung des Tempels vor. An diesem Punkt unterbricht Josephus seine Erzählung, um uns von den Wundern Honis oder Onias' zu berichten, den er jetzt nicht nur »einen gerechten Mann« nennt, sondern auch als »Gott wohlgefällig« bezeichnet, das heißt als »Geliebten« oder »Freund Gottes« – ein Titel, der uns gleichfalls vom Jakobusbrief und der Qumraner Damaskus-Schrift her bekannt ist.

Zur Abwechslung stimmt Josephus' Geschichte mehr oder weniger mit dem überein, was der *Talmud* über Honi (den er ebenfalls als einen »Gerechten« bezeichnet) zu erzählen weiß. Doch erst Josephus'

Anwendung der Bezeichnung »Freund« oder »Geliebter Gottes« auf Honi deckt sich *vollkommen* mit der Weise, wie in der Damaskus-Schrift »zadokidische« Geschichte dargestellt und wie im Jakobusbrief (2,23 und 4,2) von Abraham gesprochen wird. Josephus schreibt folgendermaßen über Honi:

> Ein gewisser Onias, ein gerechter und Gott wohlgefälliger Mann, der, als er einst bei einer Dürre Gott um Regen gebeten hatte, augenblicklich erhört worden war, *verbarg sich*, weil er kein Ende des Streites absah.[60]

Wir haben hier nicht nur »des *Zaddiks* Gebet … das Regen bringt« aus Jakobus (5,16 ff.), sondern auch das Motiv des »Sichverbergens«, dem wir bereits weiter vorn im Zusammenhang mit Noah und der Sintflut begegnet waren. Der talmudische Honi blieb »siebzig Jahre« lang *verborgen*, weil es so lange dauerte, bis die Frucht des Johannisbrotbaums (oder möglicherweise sogar einer Palme), unter dem beziehungsweise der er schlief, reifte. Am Ende dieser Zeitspanne wachte er auf und *aß die Frucht*.

Das Motiv des (Sich)verbergens taucht auch im Zusammenhang mit Honis mutmaßlichem Erben auf, Johannes dem Täufer, dessen Mutter sich im Kindheitsbericht des Lukasevangeliums »fünf Monate verbarg« (1,24), und ebenso im *Talmud* mit Honis Enkel »Hanan dem Verborgenen« (der, wie wir uns erinnern, angeblich deswegen so genannt wurde, weil »er sich im Abort versteckte«). Das Protevangelium des Jakobus – eine dem Jakobus zugeschriebene Kindheitserzählung (die, wie wir gesehen haben, den ersten Beleg der Doktrin von der immerwährenden Jungfräulichkeit Marias enthält) – berichtet dagegen, Elisabeth habe *Johannes* vor Herodes »in einer Gebirgshöhle *verborgen*«. *Herodes*, der Johannes töten will – möglicherweise das Vorbild des parallelen, aber nun auf *Jesus* bezogenen Motivs im Matthäusevangelium (2,13) –, fragt jetzt dessen Vater Zacharias: »Wo hast du deinen Sohn *versteckt*?«[61]

Der Koran greift diese Motive auf, bringt dabei aber Johannes und Jesus völlig durcheinander. Diesem Text zufolge »ziehen sich« *sowohl* Elisabeth *als auch* Maria zurück, und jetzt ist es Maria, die »sich an einem entlegenen Ort [der »Gebirgshöhle« des Protevangeliums des Jakobus] *verbirgt* (19.23). Nun ist es Maria, die *Gott »geweiht« wird, noch während sie sich im »Mutterleib« befindet*, und *sie* braucht jetzt – wie Noah in der obenerwähnten jüdischen mystischen Tradition – »Schutz« gegen »Satan« oder »den Widersacher« (3.37). Dies ist die gleiche Art von Transposition, der wir im Zusammenhang mit Jakobus' – im Protevangelium des Jakobus auf Maria übertragener – »lebenslänglicher Jungfräulichkeit« begegnet sind.

Bei Mohammed nun nimmt »der Geist« für Maria »die Gestalt eines *vollkommenen Mannes*« an (Koran 19.18 – hier erkennen wir unsere Verbindung zwischen dem naassenisch/ebionitisch/sabäischen Begriff »vollkommener Mensch« und »Heiliger Geist«); und an anderer Stelle, wo von der Verkündigung der »verborgenen Dinge« die Rede ist und davon, daß Johannes, wie Maria, immer »keusch« ist (das heißt »jungfräulich« – Koran 3.40–47 und 21.92), sagt Mohammed: »Vor Allah ist Jesus *Adam gleich*« (3.60). Mohammed stellt ausdrücklich eine Verbindung zwischen Johannes' Vater, Johannes, Jesus und Elia her und bezeichnet sie (mit typischem Qumran-Wort) als »zu den Gerechten gehörig« (6.86), Johannes selbst als »einen Propheten *der Gerechten*« (3.40).

Noch aufschlußreicher sogar ist der Umstand, daß auch der »Johannisbrotbaum« (der im *Talmud* mit Honis 70 Jahre währendem Schlaf assoziiert wird) jetzt in Mohammeds Darstellung von Johannes' Beziehung zu Jesus einfließt – nur daß es diesmal *Maria* ist, die *sich unter den Baum setzt* und die *»reife Frucht« ißt*, die von ihm herabfällt.[62] Nichts wäre besser geeignet, die zwischen all diesen Traditionen bestehenden wechselseitigen Beziehungen nachzuweisen. Auf irgendeine Weise sind sie sämtlich Teil eines erkennbaren Ganzen, und die Geschichte Honis und seiner Nachkommen hängt irgendwie mit diesen Überlieferungen über Johannes, Jesus und Jakobus zusammen. Ebenso klar dürfte sein, daß alle diese Motive später gleichfalls in die schiitische Doktrin des »verborgenen Imam« oder »Stehenden« einfließen.

Die Einstellung von durch Ausländer in Auftrag gegebenen Opferhandlungen

Doch nun zurück zu Aristobulos und seinen priesterlichen Anhängern, die, im Tempel eingeschlossen, von Hyrkanos' Streitkräften belagert werden. Wie Josephus berichtet, machen Hyrkanos' Männer Honi ausfindig und führen ihn ins Lager. An dieser Stelle erklärt Josephus ausdrücklich, daß sie sich Honis besondere Mittlerkräfte – die er zu anderer Gelegenheit durch »Herbeibeten« des Regens unter Beweis gestellt hatte (worauf auch die erste Spalte des *Pescher* Nahum anzuspielen scheint – der *Talmud* vergleicht die Wirksamkeit von Honis Gebet sogar mit derjenigen Elias!) – zunutze machen wollen. Hyrkanos' Anhänger verlangen nun, daß er seine Kräfte dazu einsetze, »über Aristobulos und dessen Parteigänger den Fluch herabzurufen«. Als Honi sich weigert, steinigen sie ihn.

Dies ist eine äußerst paradigmatische Episode und Konfiguration von Parteien und Kräften. Die Zeit ist, wie wir gesehen haben, Pessach 65 v. Chr., zwei Jahre bevor Pompeius' römische Truppen – mit Unterstützung der *Pharisäer* – den Tempel stürmen, der nationalistischen Makkabäerherrschaft ein Ende bereiten und die Epoche der *Herodianer* einläuten. Dies ist die *einzige* »synedrische« Steinigung, von der Josephus vor der Steinigung von Honis mutmaßlichem Erben, Jakobus, berichtet – auch einem dieser wahrscheinlich *rechabiterartigen* »Priester«. Aus dieser ganzen 250 Jahre währenden Zeitspanne, die im Untergang des Tempels gipfelt, erwähnt er eigentlich nur noch *eine* andere nennenswerte Steinigung: nämlich diejenige des Menahem, eines weiteren Sohnes oder Enkels Judas' des Galiläers, die, rund vier Jahre nach Jakobus' Tod, gleichfalls auf dem Tempelberg stattfindet. Zu dieser Steinigung kam es, nachdem Menahems *»sikarische«* Anhänger – oder, wie Josephus sie an anderer Stelle bezeichnet, »Räuber« – in das Waffenarsenal eingedrungen waren und Masada eingenommen hatten und Menahem selbst den »königlichen« Purpur angelegt hatte; doch es handelt sich dabei nicht im entferntesten um einen so »amtlichen« Akt wie im Falle des Jakobus.[63]

Hinsichtlich Honis hatte der *Talmud* bereits von der Exkommunizierung berichtet, die Simeon ben Schetach – der archetypische Vorfahr der Pharisäer und Bruder Alexandra Salomes, Alexander Jannais Frau und Aristobulos' und Hyrkanos' Mutter – ihm angedroht hatte. Im Zusammenhang mit diesen Konfrontationen vergleicht der *Talmud* Honi (nicht, wie das Neue Testament, Johannes den Täufer) mit *Elia* und läßt Simeon ben Schetach diesbezüglich erklären, er allein habe »die Schlüssel zum Regen« besessen und daher »den Namen des Himmels« mißbrauchen dürfen.[64] Dies legt den Schluß nahe, daß die Steinigung Honis eine Reaktion auf die »Blasphemie« war, die Hyrkanos' pharisäische Anhänger im Besitz solcher »Kräfte« und »Schlüssel« sahen.

Wie Josephus weiter berichtet, hatten die »eifernden« Priester, welche die Mehrzahl der im Tempel eingeschlossenen Anhänger Aristobulos' II. ausmachten, ihren Belagerern Tiere für die Durchführung der Pessach-Opfer abkaufen wollen, waren aber von ihnen betrogen worden. Darüber empört, rächten sie diesen »Frevel gegen Gott« (und damit implizit auch Honis Steinigung), indem sie jetzt selbst *um Regen baten* – in diesem Falle um göttlichen »Regen« als eschatologische Vergeltung, wie Noahs Sintflut oder der Regen, der in der ersten Spalte des *Pescher* Nahum über die Römer beschworen wird.

Aristobulos' Anhänger sind, mit anderen Worten, als fromme Priester gleichfalls *»regenmachende Mittler«*. Daraufhin sendet Gott, so Josephus, »einen heftigen Orkan«, der das ganze Land verwüstet und damit »die Ermordung Onias' rächt«.[65] Alle diese Details, insbesondere die göttliche Rache, die der Steinigung Onias' auf dem Fuße folgt, nehmen die Ereignisse um Jakobus' Tod vorweg.

Nun holt Herodes' Vater den römischen Feldherrn Pompeius ins Spiel, damit dieser vollende, was durch Honis Steinigung unterbrochen worden war. Nach Josephus' Darstellung eilten beide Brüder, der ältere, Hyrkanos, und der jüngere, Aristobulos, Pompeius entgegen, der gerade von Damaskus herab nach Transjordanien zog, um von dort in Palästina einzumarschieren, und versuchten, ihn durch Geschenke jeweils für sich zu gewinnen. Aristobulos aber »wurde der Liebedienerei bald überdrüssig und konnte es nicht länger ertragen, sich [vor den Römern] zu erniedrigen«.[66]

Dies ist ein Wendepunkt in der jüdischen Geschichte und ein weiteres Beispiel »puristisch sadduzäischer«/»zelotischer« Geisteshaltung. Nun übertrug Antipater seine Loyalität und Hyrkanos' Sache, als deren Anwalt er auftrat, vom arabischen König Aretas von Petra auf Pompeius und seine Adjutanten – darunter namentlich Aemilius Scaurus, Pompeius' Stellvertreter (der in dem oben erwähnten Qumran-Text über die »priesterlichen Dienstklassen«, wie wir uns erinnern, als »Mörder« tituliert wird).[67] Herodes' Vater weiß seine Beziehungen zu Pompeius, seinen Adjutanten und deren Nachfolgern, wie Gabinus und dessen rechter Hand Marcus Antonius, der (zweifellos wegen der Höhe ihrer Schmiergeldzahlungen) eine besondere Vorliebe für *Herodianer* entwickelt, klug zu nutzen. Aristobulos wird verhaftet und schließlich nach Rom geschickt, während seine Anhänger zum letzten Widerstand – wieder einmal – *im Tempel Zuflucht suchen.*

Wir schreiben das Jahr 63 v.Chr. Pompeius' Truppen belagern jetzt den Tempel, und wie Josephus schreibt, ist der Römer über die Tapferkeit der jüdischen Verteidiger verblüfft und kann nicht umhin, sie zu bewundern. Während die römischen Wurfmaschinen Geschosse auf den Tempel herabregnen ließen, gingen die Aristobulos-treuen Priester ungerührt ihren religiösen Obliegenheiten nach, als fände überhaupt keine Belagerung statt. Sie verrichteten die täglichen Opferhandlungen und Reinigungen mit der größten Sorgfalt und Gewissenhaftigkeit und unterbrachen diese nicht einmal, als die Römer schließlich den Tempel erstürmten:

> Da verharrten zahlreiche *Priester* [Aristobulos' Anhänger], ohne sich stören zu lassen, bei ihren kultischen Verrichtungen, auch

wenn sie die Feinde mit gezückten Schwertern gegen sich vorstürmen sahen. Inmitten ihrer Trankopfer, und während sie Weihrauch verbrannten, wurden sie niedergemacht, und die Sorge um den Gottesdienst galt ihnen mehr als ihre eigene Rettung.[68]

Dies sind offenkundig überaus eifrige und fromme »zadokidische« Priester, aber wie Josephus beiläufig hinzufügt: »Die meisten fanden übrigens den Tod durch Gegner aus ihrem eigenen Volk« – das heißt durch die pharisäischen Anhänger des abtrünnigen Hyrkanos, der mit Hilfe von Herodes' Vater Antipater die Römer überhaupt ins Land geholt hatte.

Die Unaufhaltsamkeit der Ereignisse ist erschütternd. Das gleiche Muster wird noch einmal 37 v.Chr. ablaufen, wenn Herodes selbst, jetzt mit der Unterstützung römischer Truppen, die ihm Marcus Antonius, der Freund seines Vaters, zur Verfügung gestellt hat, Jerusalem stürmt und der makkabäischen Herrschaft ein für allemal ein Ende bereitet. Wieder sind es Pharisäer, Pollio und Sameas – wahrscheinlich das Rabbinergespann Hillel und Schammai –, die dem Volk raten, »Herodes [und den Römern] die Tore zu öffnen«. Für diesen Dienst werden sie gebührend belohnt, und Herodes »zieht sie«, wie man sich vorstellen kann, »allen anderen vor«.[69] Wie schon bei anderer Gelegenheit ignoriert das Volk jedoch diesen Rat und entscheidet sich für den Widerstand, was abermals zeigt, daß die pharisäische Politik des *Sicharrangierens mit Fremdherrschaft* keineswegs populär war.

Das gleiche zeigt sich noch einmal 66 n. Chr. Wie wir uns erinnern, verrät Josephus, daß es »die Oberpriester [die *herodianischen* Sadduzäer], die angesehensten Pharisäer und die Herrschenden [die *Herodianer* selbst]« – und, wie er hinzufügt, »alle Friedenswilligen waren«, die den vor der Stadt lagernden römischen Kommandanten Cestius auffordern, mit seinen Truppen in die Stadt einzumarschieren und den Aufstand niederzuschlagen.

Dieser Aufstand aber war, wie wir wissen, von denselben »eifernden« niederen Priestern ausgelöst worden, welche die weitere Ausführung von Opferhandlungen im Auftrag von Römern – einschließlich des Kaisers – und anderen Ausländern im Tempel eingestellt und deren Geschenke zurückgewiesen hatten. Interessanterweise war der Mittler zwischen der kooperationsbereiteren »Friedens«-Koalition in der Stadt und den römischen Truppen außerhalb ein geheimnisvoller Herodianer (»ein Verwandter Agrippas«), den Josephus »Saulus« nennt. Diesem »Saulus« sind wir bei Josephus bereits an anderer Stelle begegnet; so heißt es in *Altertümer*, nach der Steinigung Jakobus' hätten Saulus, dessen Bruder Kostobar und ein weiterer Verwandter, Antipas, »je eine Rotte verbrecherischer Menschen angeführt« und bedienten sich ihrer, »um Gewalt zu üben ... und Schwächere auszuplündern«.[70] Man kann nicht umhin, eine gewisse Verbindung zu Paulus zu sehen, der laut Apostelgeschichte ja ursprünglich gleichfalls »Saulus« hieß und nach der Steinigung des »Stephanus« und vor seiner Bekehrung in Jerusalem ein ähnlich ungebärdiges Verhalten an den Tag legte.

Dieses Bild einer »eifernden« niederen Priesterschaft, die – nicht lange nach Jakobus' Steinigung – die weitere Ausführung durch Römer und andere Ausländer bestellter Opferhandlungen verweigert, reproduziert bis zu einem gewissen Grad die der Steinigung Honis (»Onias' des Gerechten«, des »Freundes Gottes«) folgenden Ereignisse sowie Honis Weigerung, jene zu verfluchen, die im Tempel einen gleichgearteten Eifer unter Beweis stellten. Diese priesterlichen Anhänger des nationalistischeren, letzten wirklichen makkabäischen Priesterkönigs Aristobulos lassen zum Erstaunen der Römer selbst dann nicht von ihren Opferhandlungen zu Ehren Gottes ab, als sie von den eingedrungenen Anhängern der gegnerischen Partei angegriffen und schließlich niedergemacht werden.

Sie sind der Prototyp späterer »Zeloten«, der gleichen Klasse von Priestern, die ein Jahrhundert zuvor Judas Makkabäus' Aktivitäten unterstützt hatten und die sich nach Darstellung der Apostelgeschichte (in diesem Fall unmittelbar *vor der Steinigung des Stephanus*) der Bewegung Jakobus' anschließen, eines anderen solchen »frommen *Zaddiks*« und »gerechten« Hohenpriesters, dessen Anhänger sogar die Apostelgeschichte als »Eiferer für das Gesetz« bezeichnet (6,7 und 21,20). Sie sind nicht nur für den Krieg gegen Rom verantwortlich, sondern sie stellen auch eine exakte Verkörperung der sich in den Qumran-Rollen äußernden Einstellung dar: eines absolut unbeugsamen Willens zur Reinheit und zum kompromißlosen Widerstand, der sich tatsächlich am besten mit dem Wort »Eifer« zum Ausdruck bringen läßt.

Im ersten nachchristlichen Jahrhundert ist zu ihrer Geisteshaltung und Weltanschauung noch zusätzlich ein messianisches Element getreten. Dies zeigt sich nicht nur im Grundtenor der meisten in Qumran aufgefundenen Texte und der dem Neuen Testament zugrundeliegenden – und in diesem im Geiste eines spiritualisierteren hellenistischen Messianismus überarbeiteten – Quellen, sondern auch in Josephus' Identifizierung der messianischen Prophezeiung als der eigentlichen treibenden Kraft hinter dem Aufstand gegen Rom.

Wir haben es hier mit einem entscheidenden Augenblick jüdischer

Geschichte zu tun. Seine Bedeutung liegt nicht nur in seiner paradigmatischen Vorstellung dieser unbeugsamen, kompromißlosen Haltung priesterlichen und apokalyptischen »Eifers«, sondern auch in seiner definitorischen Vorwegnahme der Situation, die fortan die jüdische Existenz bestimmen würde. Ab der Steinigung Honis und der sich kurz darauf anschließenden Massakrierung »zelotischer« Tempelpriester ist die römische Macht eine Tatsache, mit der jede Partei rechnen und nach der sie sich – kooperierend oder opponierend – orientieren muß. Alle Widerstand leistenden Parteien wurden früher oder später eliminiert.

Jakobus als *Freund Gottes* oder *Oblias* und der Untergang Jerusalems

Nun sind wir eher in der Lage nachzuvollziehen, warum die frühen Kirchenväter Jakobus' Beinamen *»Oblias«* für so wichtig hielten und dessen Bedeutung mit »Schutz des Volkes« oder »Festung« angaben – ja, warum sie erklärten, Jakobus sei für Jerusalem etwas wie eine *Festungsmauer* oder ein *starkes Bollwerk* gewesen. Es kann kaum ein Zweifel daran bestehen, daß dies mit seiner *»Zaddik«*-Natur zu tun hatte oder, wie unsere Quellen es formulieren, mit seiner »unerreichten Gerechtigkeit«, die ihn zum »Freund« oder »Geliebten Gottes« machte.

Es gibt, wie bereits angedeutet, auch eine andere mögliche Interpretation dieses rätselhaften Beinamens. Wir können »Oblias« mit der hebräischen Wurzel *B-L-`* in Verbindung bringen, mit deren Ableitungen die Feinde oder Widersacher solcher »Gerechten« oder »gerechten Lehrer« bezeichnet werden. Als solche Ableitungen haben wir Namen von »Feinden« par excellence – wie »Belial«, »Bileam« und sogar den griechischen *»Diabolos«*/»Teufel« – kennengelernt. So könnten wir Jakobus als den – aufgrund seiner *»Zaddik«*-Natur – *Gegner* schlechthin solcher Feinde begreifen, *»Oblias«* also im Sinne von *A*[nti]*diabolos*« oder »*A*[nti]*belial*« verstehen.

Interessanterweise hebt der Jakobusbrief im Zusammenhang mit Elias Regenwunder und somit seinem Mittlersein zwischen Mensch und Gott nicht nur die Vorstellung des »regenbringenden Gebets des Gerechten« hervor, sondern er führt auch in seiner Abgrenzung von der »Zunge« oder »dem Feind Gottes« den »Freund-Gottes«-Begriff an (Jakobus 3,5 und 4,4). Tatsächlich empfiehlt er, nachdem er das Negativbild »der Welt Freund sein wollen und Gottes Feind werden« entworfen hat, ausdrücklich: »So seid nun Gott untertänig und widersteht dem Teufel« (*Diabolos* – Jakobus 4,7). Im Zweiten Brief an die Korinther – wo er die »Geliebten« anredet, die sich absondern sollen, um »in der Furcht Gottes die Heiligkeit zu vollenden«, und das von den Qumran-Hymnen gezeichnete Bild Gottes als des »Vaters aller Söhne der Wahrheit« anklingen läßt – tut Paulus das gleiche (6,17 ff.). Wir haben es hier offensichtlich wieder mit den judenchristlich/ebionitischen »Gegensatzpaaren« zu tun.

Nach biblischer Vorstellung ist Abraham der archetypische »Freund« oder »Geliebte Gottes«. In seiner Attacke gegen den Menschen, dessen »Zunge« nicht zu zähmen und »ein unruhiges Übel voll tödlichen Giftes« ist (Jakobus 3,8)[71], legt der Jakobusbrief seinen Standpunkt dar, dem zufolge solch ein Mensch – worunter zweifelsfrei Jakobus' »negatives Gegenstück« zu verstehen ist – dadurch »der Welt Freund« geworden ist, daß er einen zu oberflächlichen oder pragmatischen Lehransatz vertrat.

Dies sollte mit Paulus' Beteuerungen verglichen werden, er versuche nicht, »Menschen gefällig zu sein«, und »das Evangelium, das von [ihm] gepredigt ist«, sei »nicht von menschlicher Art« (Galater 1,10 f.). Dabei scheint dieser Mensch, der »seine Zunge nicht zu zügeln wußte«, nicht nur gelehrt zu haben, daß »Abraham durch den Glauben gerechtfertigt« wurde, sondern auch außerstande gewesen zu sein, sich innerhalb der Gemeinde an die notwendige Disziplin zu halten. Indem er sich also als »Freund der Welt« erwies, machte sich dieser »törichte Mensch« »zum Feind Gottes« (Jakobus 2,20–4,4).

Wie wir gesehen haben, kennt die Damaskus-Schrift ebenfalls den Begriff vom »Freund« oder »Geliebten Gottes« und bezieht ihn insbesondere – im Zusammenhang mit der Tatsache, daß die Kinder Noahs nach der Sintflut »die Gebote ihres Schöpfers nicht hielten« und »in die Irre gingen« – auf Noah, dann aber auch auf Isaak und Jakob, »die Erben des Bundes ewiglich«. Jene, die wie Abraham »die Gebote Gottes hielten« – und bezeichnenderweise *kein Blut verzehrten* –, werden »Geliebte« oder »Freunde Gottes« genannt. Und wir erinnern uns, daß die Damaskus-Schrift drei Spalten weiter, im Kontext des »Neuen Bundes im Land Damaskus« und der Aufforderung, sich »abzusondern von den Söhnen des Abgrunds«, auch das Gerechtigkeits-Gebot anführt: »Liebe deinen Nächsten wir dich selbst.«

Direkt danach zeigt die Damaskus-Schrift, daß dies gleichfalls konkret bedeutet, keine finanziellen Unterschiede zwischen sich und seinem Nächsten zu machen, indem sie gebietet, »die Hand des Elenden und des Armen [*Ebion*]« zu »stärken«, und abschließend die Ermahnung ausspricht, »in diesen Dingen in *vollkommener Heiligkeit* zu wandeln«. Im Zusammenhang damit führt sie das Fünfte Buch

Mose (7,9) an, wo denen, die »Gott lieben« – das Frömmigkeits-Gebot – und »seine Gebote halten«, verheißen wird, daß sie »bis ins tausendste Glied« leben und sich der Barmherzigkeit Gottes erfreuen sollen.[72] In gleicher Weise spricht der Jakobusbrief zu den »geliebten Brüdern«, wobei er in fünf Versen viermal »die Armen« erwähnt. Die Aufforderung lautet hier, zu »erfüllen das königliche Gebot nach der Schrift: *Liebe deinen Nächsten wie dich selbst* [das Gerechtigkeits-Gebot]«, und die Verheißung: »Gott hat die Armen erwählt auf dieser Welt, daß sie am Glauben reich seien und Erben des Reichs, welches Er verheißen hat denen, die Ihn lieben« (2,2–8). Die sprachliche Übereinstimmung zwischen den zwei Textstellen könnte nicht genauer sein.

Natürlich ist Abraham auch im Islam der archetypische »Freund Gottes«. Mohammed gebraucht das Wort »Freund« auf die gleiche Weise wie den neuen Terminus »Islam« oder »Hingebung [an Gott]«, den er im Koran entwickelt – und in dem wir Jakobus' Gebot »Seid Gott untertänig und widersteht dem *Diabolos*« (4,7) wiedererkennen. In diesem Sinne sind der »Freund« des Jakobusbriefes und der Qumran-Rollen und der »Muslim« – der Mann, »der sich Gott unterwirft« – im wesentlichen parallele Begriffe. Jakobus zufolge ist Abraham deswegen »ein Freund«, weil er *sich unterwarf* und ihm sein Glaube daher »zur Gerechtigkeit gerechnet« wurde (2,21 ff.); der Damaskus-Schrift zufolge wiederum deswegen, weil »er nicht erwählte seines eigenen Geistes Willen« und »Gottes Gebote hielt«.[73]

Abraham, Isaak, Ismael und Jakob »unterwarfen sich« nach Mohammeds Auffassung alle und sind daher sämtlich als »Muslime« zu betrachten (Koran 2.134). In der Damaskus-Schrift wiederum steht zu lesen, daß Abraham »ein Freund Gottes wurde, weil er Gottes Gebote hielt«, und ebensolches gilt für Isaak und Jakob. Daher sind sie gleichfalls alle »Halter«/»Wahrer [des Bundes]« oder »Freunde Gottes und Erben des Bundes ewiglich«. Wie der Orkan oder sintflutartige Regen, der nach Onias' des Gerechten Tod über das Land hereinbricht, zeigt, ist nach Josephus' Ansicht Honi ebenfalls ein solcher »Freund«. Damit aber sind diese Männer, zumindest soweit es die Gemeinderegel betrifft, auch durchweg »Söhne des Zadok« – so daß sich »Söhne des Zadok« einfach als ein weiteres »Fast-Synonym« für »Freunde« oder »Geliebte Gottes« erweist.

Wir erinnern uns, was Eusebios im Kontext seiner Schilderung von Gottes Vergeltung für »die Verbrechen wider unseren Heiland« über Jakobus' Funktion als »Schutzwall« oder »Festung« geschrieben hatte:

> Die Vorsehung hatte ihre Vernichtung *bis vierzig Jahre nach ihren Verbrechen gegen Christus* aufgeschoben, denn während dieser ganzen Zeit waren die meisten Apostel und Jünger, darunter auch Jakobus ... noch am Leben, und durch ihre Anwesenheit umgaben sie die Stadt mit *dem stärksten Bollwerk.*[74]

Aber gleichgültig, wie man die Tendenziosität und/oder Historizität dieses Berichts beurteilen mag – Jakobus' Rolle als »starkes Bollwerk«, »Schutz des Volkes« oder »*Oblias*« war komplexer als lediglich die eines »Schildes«. Sie hing ebensosehr mit seiner »*Zaddik*«-Natur und der Vorstellung des »*Zaddik* als Säule der Welt« zusammen, wie sie in der zweiten Genesis-Episode über »*Zaddikim*« (die erste betraf Noah) zum Ausdruck kommt: die »zehn Gerechten«, in der *Abraham* gleichfalls *eine zentrale Rolle spielte.*

Als eine der »Säulen« bezeichnet Paulus Jakobus, wie wir gesehen haben, an einer entscheidenden Stelle des Galaterbriefes: nämlich während er von der Legitimität seiner Heidenmission und seiner Einstellung gegenüber denen spricht, die vor ihm Führer oder Apostel waren. Nicht nur stellt Paulus klar, daß ihm »nichts daran liegt, wer sie einst gewesen sind«, sondern auch daß, wie er es formuliert, »Gott das Ansehen der Menschen nicht achtet« (Galater 2,6–9). Auch der Jakobusbrief warnt davor – im selben Atemzug, in dem er vom »königlichen Gesetz nach der Schrift« (»Liebe deinen Nächsten wie dich selbst«) spricht –, »die Person anzusehen« (2,9). Wer nämlich so handelt, der spricht sich selbst sein Urteil als »Gesetzesbrecher« – auch im Qumraner *Pescher* Habakuk ein wichtiger Begriff.[75]

Wie wir uns erinnern, hatte Paulus im Brief an die Galater bereits festgestellt, daß »das Evangelium«, das er predigt, »von keinem Menschen« stammt, sondern »eine Offenbarung Jesu Christi« ist (1,11 f.). In diesem Kontext greift er das Motiv »der Welt Freund sein« aus dem Jakobusbrief auf und erklärt:

> Aber wenn auch ein Engel vom Himmel euch ein anderes *Evangelium* predigen würde, als wir euch gepredigt haben, *der sei verflucht.* Wie wir schon zuvor gesagt haben ... Wenn jemand euch ein anderes Evangelium predigt, *als ihr es [von mir] empfangen habt, der sei verflucht.* (1,8 f.)

Anscheinend äußerst zufrieden mit seiner eigenen Intransigenz, stellt er dann die Frage: »*Suche ich denn jetzt* Menschen zu *gewinnen* oder Gott? Oder *suche ich überhaupt, Menschen gefällig zu sein?*« (1,10) Klingt das aber nicht (fragen *wir*) wie ein Eingeständnis des Wissens, daß gegen ihn der Vorwurf der »Allerweltsfreundschaft« erhoben wurde?

Betrachtet man diese Passagen des Galaterbriefes – in deren Anschluß Paulus erklärt, er habe sich »nach Arabien« begeben und sei dann »wieder nach Damaskus zurückgekehrt«, und Jakobus als »den Bruder des Herrn« bezeichnet –, dürfte offensichtlich sein, daß Paulus die im Jakobusbrief zum Ausdruck gelangende Meinung über den Mann, der »sich *zum Feind Gottes*« gemacht hat, durchaus kennt. Ebenso klar wird im Brief an die Galater (4,16), daß er um den gegen ihn geäußerten Vorwurf weiß, er sei ein »Feind« (ein Vorwurf, der, wie es scheint, auch in der »ebionitischen« Tradition gegen Paulus erhoben wird).

Wir haben auch bereits darauf hingewiesen, daß ein zentrales Motiv dieser Passagen »die Wahrheit sagen« ist und daß Paulus mehrfach »bei Gott« beteuert, er »lüge nicht« (Galater 1,20 und 4,16). Beides verweist aber auf die Qumraner Attacken gegen den »Lügner« und die Bemerkungen des Jakobusbriefes über die Zunge, die »voll tödlichen Giftes [ist]«, und darüber, daß »aus *einem* Munde Loben und Fluchen« hervorgeht (3,8 ff.). Ebenso spielen diese Stellen, scheinbar abermals durchaus bewußt, auf die unnachsichtigen »Verfluchungen« jener an, die nach rechts oder nach links von der *Thora* abweichen, denen wir in der letzten Spalte der Damaskus-Schrift und ähnlichen Qumraner Texten begegnen.[76]

Nicht nur erwidert Paulus im Galaterbrief (1,8 f.) das Kompliment – »Wenn jemand euch ein anderes Evangelium predigt, als ihr es von uns empfangen habt, der sei verflucht« –, dort (3,10–13) führt er dieses »Verfluchen«, wie wir gesehen haben, auch noch einen Schritt weiter, indem er es zum theologischen Fundament seines Christusbildes macht. Insofern er »am Holz hanget« (Paulus' euphemistische Umschreibung für »gekreuzigt sein«), hat »Christus«, indem er »ein Fluch für uns« wurde, »uns erlöst von dem Fluch des Gesetzes«. Interessanterweise schreibt Paulus dies, unmittelbar nachdem er – wie Jakobus (2,23) – aus dem Ersten Buch Mose (15,6) zitiert hat (»Abraham hat Gott geglaubt, und das ist ihm zur Gerechtigkeit gerechnet«), und in direktem Zusammenhang mit »der Gerechte wird aus seinem Glauben leben« (Galater 3,11). Den gleichen Gedanken bringt der *Pescher* Habakuk zum Ausdruck, und zu gegebener Zeit werden wir sehen, wie wichtig alle diese Traditionen um Abraham für die »jakobinischen« Gemeinschaften des Ostens tatsächlich waren.

Denkt man an die – auf Abrahams »Feilschen« mit Gott zurückgehende und durch Hesekiels Worte »der Gerechte soll nicht mit dem

Sünder gerichtet werden« bestätigte – Tradition, Gott hätte um zehn Gerechter willen eine ganze Stadt verschont (1. Moses 18,23–29), begreift man, daß dies wahrscheinlich genau die Bedeutung war, die Jakobus' Anhänger in dessen Anwesenheit in Jerusalem sahen: Dadurch, daß er dort lebte, versah er die Stadt mit einem »festen Grund« oder einem »starken Bollwerk«. Als er, »der Gerechte« par excellence, beseitigt wurde, konnte Jerusalem nicht länger bestehen und war dem Untergang geweiht. Deswegen folgen in allen Versionen dieser Tradition der Einmarsch der römischen Truppen und die Zerstörung der Stadt unmittelbar auf den Tod des Jakobus.

Genauso stellt auch Eusebios den Sachverhalt dar, wenn er von der Wahl Simeon bar Kleophas' zum Nachfolger Jakobus' als »Bischof der Jerusalemer Gemeinde« oder zum »zweiten Bischof« der Urkirche berichtet. Da Jerusalem mittlerweile in Trümmern lag, ist es schwierig, sich Simeon lediglich als *zweiten Bischof Jerusalems* vorzustellen. (Ob Simeon der Vetter Jesu ist, wie Eusebios behauptet, oder aber dessen zweiter oder dritter Bruder – gleichfalls »Simon« oder »Simeon« –, soll uns weiter unten beschäftigen.) Eusebios schreibt:

> Nach dem Martyrium des Jakobus und der ihm *unmittelbar folgenden* Eroberung Jerusalems kamen einer glaubwürdigen Überlieferung zufolge alle noch lebenden Apostel und Jünger des Herrn sowie die leiblichen Verwandten des Herrn aus allen Richtungen zusammen ... um zu erörtern, wen sie zum würdigen Nachfolger des Jakobus erwählen sollten, und stimmten einmütig für Simeon bar Kleophas.[77]

Im Qumraner *Pescher* Habakuk finden wir eine mehr oder weniger gleiche Abfolge von Ereignissen. Im Kontext seiner Schilderung der Vernichtung des Gerechten Lehrers durch den Frevelpriester spricht der Text von der Zerstörung Jerusalems und den »letzten Priestern Jerusalems«, deren »Reichtümer und Güter in den letzten Tagen ... den Zusätzlichen der Heiden [*Jeter ha-`Amim*] preisgegeben werden sollen«. Letztere setzt der Kommentar mit »der Armee der Kittim« gleich, die in Zorn und Wut daherkommt, alles zerstörend, was auf ihrem Weg liegt, *und »alle Völker* mit Furcht und Schrecken erfüllt«. Die Parallelität im Ablauf der Ereignisse – einmal bezogen auf Jakobus, einmal auf den Gerechten Lehrer von Qumran – ist nicht zu übersehen.[78]

Josephus über den Zusammenhang zwischen Jakobus' Tod und dem Untergang Jerusalems

Es gibt noch einen weiteren Gesichtspunkt, den es im Zusammenhang mit Jakobus' Beinamen »*Oblias*« zu berücksichtigen gilt, und, wie zu Beginn des vorliegenden Werkes erwähnt, wurde er bereits im 3. Jahrhundert vom alexandrinischen Theologen Origenes erkannt. In zwei seiner Schriften, *Contra Celsum* und dem Kommentar zum Matthäusevangelium, behauptet Origenes, in seiner Handschrift von Josephus' *Altertümern* eine Passage gefunden zu haben, die den Tod des *Jakobus* – nicht Jesu – für den Untergang Jerusalems verantwortlich machte.[79] Auch Eusebios scheint in seiner Aussage von Josephus' Werken eine ähnliche Mitteilung gelesen zu haben – allerdings nicht in *Altertümer*, sondern in *Jüdischer Krieg*. Nach der uns heute vorliegenden Fassung dieses Textes zu urteilen, dürfte sich die fragliche Passage am ehesten in der knappen Beschreibung von Festus' Amtszeit als Prokurator befunden haben. Im folgenden Jahrhundert behauptet Hieronymus – der ebenso wie die zwei erstgenannten Schriftsteller Zugang zu palästinischen Quellen besaß –, gleichfalls diese Passage zu kennen, obwohl nicht klar ist, ob er sie selbst im Original sah oder sie nur durch die Werke seiner zwei Vorgänger kannte. Er schreibt:

> Derselbe Josephus referiert die Überlieferung, dieser Jakobus sei von solcher Heiligkeit gewesen und habe bei den Menschen ein so hohes Ansehen [als Gerechter] genossen, daß man *den Untergang Jerusalems als die Folge seines Todes ansah.*[80]

Nach orthodox-christlicher Auffassung soll Jesus sowohl den Untergang Jerusalems als auch die Zerstörung des Tempels vorausgesagt haben, und Origenes' Empörung über diese in der ihm zugänglichen Josephusausgabe vorkommende Passage (und desgleichen Eusebios' diesbezügliche Bedenken) könnte durchaus mit ein Grund dafür sein, daß sie sich in keiner der heute noch existierenden Rezensionen von Josephus' Werken mehr findet. Nach landläufiger Ansicht weissagt Jesus in den Kleinen Apokalypsen, wenn er von der Umzingelung Jerusalems durch ein feindliches Heer und der Zerstörung des Tempels spricht, implizit auch die Zerstörung der ganzen Stadt.[81]

Diesbezüglich schreibt Origenes in *Contra Celsum:*

> Doch zu jener Zeit gab es keine Armeen, die Jerusalem belagert hätten … denn die Belagerung begann unter Nero und dauerte bis in die Regierungszeit Vespasians hinein, dessen Sohn *Titus Jeru-*

> *salem, wie Josephus sagt, wegen Jakobus' des Gerechten zerstörte,* des Bruders Jesu, genannt der Christus; aber in Wirklichkeit, wie die Wahrheit offenbar macht, *Jesu Christi wegen, des Sohnes Gottes.*[82]

Seine These formuliert Origenes weiter oben in derselben Schrift sogar noch drastischer, indem er seinen Adressaten Celsus als »einen Juden« attackiert, der bereit sei anzuerkennen, daß »Johannes in der Wüste taufte«, nicht aber »die Herabkunft des Heiligen Geistes auf Jesus in Gestalt einer Taube« zu akzeptieren – was schon in sich eine äußerst interessante Information darstellt.

Indem er Celsus also auf die Beschreibung von Johannes' Taufpraxis aufmerksam macht, die Josephus in *Altertümer* liefert – und die natürlich, nähme man seine Aufforderung beim Wort, in Wirklichkeit allem widersprechen würde, was er selbst über Johannes und sein Taufen behauptet[83] –, macht sich Origenes diesen Hinweis auf Josephus zunutze, um die Frage nach »der wahren Ursache des Untergangs Jerusalems und der Zerstörung des Tempels« aufzuwerfen. Dann erklärt er, Josephus habe in *Altertümer* gesagt,

> daß diese Katastrophen den Juden *zur Strafe für den Tod Jakobus' des Gerechten* widerfuhren, des Bruders Jesu, genannt der Christus, weil die Juden ihn getötet hatten, obwohl er ein Mann von überragender Gerechtigkeit gewesen war.

Er räumt ein, daß Josephus,

> wenn er auch nicht an Jesus als den Christus glaubte … trotz allem nicht weit von der Wahrheit entfernt war … denn er hätte sagen sollen, daß die Verschwörung gegen Jesus die wahre *Ursache all des Unheils war, das über die Menschen hereinbrach,* denn sie hatten Christus getötet, der *ein Prophet* war [die ebionitische Idee vom »wahren Propheten«].»[84]

Aber noch nicht zufrieden mit der Behauptung dessen, was seither praktisch *die* offizielle kirchliche Deutung vom Tod Christi gewesen ist, beweist Origenes, wie sehr ihn das Thema beschäftigt, indem er seine These noch einmal in etwas anderer Formulierung vorbringt.

Auf den Umstand Bezug nehmend, daß Paulus – *»ein wirklicher Jünger Jesu«* – einräumte, »dieser Jakobus sei der Bruder des Herrn gewesen«, führt er eine neue Einschränkung ein, die sich weder in den paulinischen Schriften noch in den Evangelien findet: Diese Bruderbeziehung habe »nicht in etwaigen *Blutsbanden* bestanden oder darin, daß sie gemeinsam aufgewachsen wären, sondern in [Jakobus'] *Tugend und Frömmigkeit*«. Damit wird eine neue Vorstellung eingeführt: nämlich, daß Jakobus und die anderen Brüder keine *leiblichen*, sondern symbolische oder »Adoptiv«-Geschwister waren. Dies vorausgeschickt, interpretiert Origenes Josephus' Aussage über Jakobus noch ein zweites Mal.

> Wenn er [Josephus] also sagt, es sei auf Jakobus' Tod zurückzuführen, daß die Juden mit der Zerstörung Jerusalems heimgesucht wurden – um wieviel einsichtiger wäre es doch zu sagen, daß dies Jesu Christi wegen geschah, von dessen Göttlichkeit so viele Kirchen, von einer Flut von Sünden bekehrt, Zeugnis ablegen, indem sie sich dem Schöpfer *angeschlossen haben.*[85]

Dies ist wieder der Begriff des »Sichanschließens« oder »-verbindens«, der in den Qumran-Texten eine so wichtige Rolle spielt. Die Damaskus-Schrift und bis zu einem gewissen Grad auch der *Pescher* Nahum sprechen, wie wir uns erinnern, von bestimmten Personen, die sich der Wüstengemeinde – deren Mitglieder »Priester« genannt und (mit »rechabitischen« Worten) als die »Büßer Israels, die aus dem Land Juda auszogen, um im Land Damaskus zu weilen«, definiert werden – »angeschlossen« hatten. Auch Paulus spielt auf diesen Begriff an, wenn er empfiehlt, sich »mit den Gliedern Christi« zu verbinden, und nicht mit denen «einer Hure« (1. Korinther 6,16 f.).

Origenes' Empörung über diese Passage war sicherlich mit dafür verantwortlich, daß sie aus allen von da an tradierten Josephus-Handschriften getilgt wurde. Es ist interessant festzustellen, wie weit entwickelt dieser theologische Ansatz zu Origenes' und Eusebios' Zeiten bereits war. Was immer man von der Historizität solcher Evangelienstellen halten mag, in denen Jesus den Untergang Jerusalems, die Zerstörung des Tempels oder beides voraussagt, es läßt sich nicht bestreiten, daß derlei »Vergeltungsspekulationen« stark an Josephus erinnern, der dieselben Katastrophen mit der »Vierten Philosophie« Judas' und Saddoks in Verbindung bringt.

Sogar die Behauptung, jener Männer wegen sei »das Volk versklavt und in alle Welt zerstreut und Jerusalem von den Heiden niedergetrampelt worden«, ähnelt so stark den entsprechenden Vorwürfen, die diese Kirchenväter – allerdings im Zusammenhang mit dem Tod Jesu – gegen die Juden erhoben, daß Argwohn mehr als angebracht erscheint. Bei Eusebios – und jetzt ebenso bei Origenes – wird die Anschuldigung lediglich geringfügig abgewandelt, und zwar dahingehend, daß die Zerstörung des Tempels und der Verlust der nationalen Eigenständigkeit »die Vergeltung waren, die den Verbrechen und Freveln der Juden *wider Gottes Christus* folgte«.[86]

Natürlich ist des einen Logik des anderen Unsinn. Origenes mag es einsichtig erscheinen, solche Katastrophen auf den – nach offizieller christlicher Chronologie 40 Jahre zuvor erfolgten – Tod Jesu Christi zurückzuführen. Josephus aber, der die fraglichen Ereignisse selbst miterlebte, erklärt nach übereinstimmender Aussage Origenes' und Eusebios', daß die Mehrzahl der Juden diese Katastrophen auf etwas anderes zurückführten: nämlich auf *den Tod des Jakobus.*

Dies wäre eine weit *nachvollziehbarere* Erklärung, da Jakobus – wenn wir Josephus diesbezüglich Glauben schenken können – 62 n. Chr. starb, also rund siebeneinhalb Jahre vor dem Einmarsch der römischen Armee in Jerusalem und der endgültigen Zerstörung der Stadt (70 n. Chr.). *Dies* wäre ein zeitlicher Rahmen, in dem die breite Bevölkerung einen logischen Nexus von Ursache und Wirkung erkennen könnte – genauso, wie es im Falle der göttlichen Vergeltung für den Tod eines früheren »Gerechten«, Honi, geschehen war, oder der Niederlage, die Herodes Antipas im Krieg gegen einen späteren arabischen König Aretas (den Paulus im Zweiten Brief an die Korinther – 11,32 f. – im Zusammenhang mit seiner Flucht aus Damaskus erwähnt) erlitt und die das jüdische Volk nach Auskunft Josephus' darauf zurückführte, was Herodes Johannes dem Täufer angetan hatte. Aber den Untergang Jerusalems und die Zerstörung des Tempels mit dem Tod Jesu zu begründen wäre in etwa so, als wollte man heutzutage behaupten, die Ermordung Präsident McKinleys (1901) sei die Ursache für den Ausbruch des Zweiten Weltkrieges oder die Ermordung Abraham Lincolns (1865) der Grund dafür gewesen, daß Theodore Roosevelt 1904 zum Präsidenten gewählt wurde.

Was die Glaubwürdigkeit der Überlieferung, Jerusalem sei wegen Jakobus vernichtet worden, außerdem erhöht, ist der Umstand, daß sie *überraschend* ist und der landläufigen »orthodoxen« Auffassung widerspricht. Sie stimmt zudem eher mit der Weise überein, wie die menschliche Psyche arbeitet, was auch erklärt, warum alle Kommentatoren so bedacht sind zu betonen, daß der Untergang Jerusalems *unmittelbar* nach dem Tod des Jakobus erfolgte. Und wie wir schon eingangs feststellten, ist gerade die Unerwartetheit einer Überlieferung ein Argument für ihre Authentizität – einfach deswegen, weil sie überlebt hat, obwohl sie dem widerspricht, was die Mehrheit seit vielen Generationen gewöhnt ist, als ein unumstößliches Dogma oder die »reine Wahrheit« anzusehen. In der Geschichtsschreibung sind es oftmals gerade solche überraschenden, unerwarteten Überlieferungen, in denen man am ehesten einen historischen Kern vermuten darf.

In seinem erst in jüngerer Zeit entdeckten Kommentar zu Matthäus referiert Origenes die These, Jerusalem sei infolge von Jakobus' Tod zerstört worden, mit größerem Gleichmut und auch unter stärkerer Herausarbeitung der Person des Jakobus:

> In so hohem Ansehen stand Jakobus wegen seiner Gerechtigkeit beim Volk, daß Josephus, der Verfasser der *Zwanzig Bücher über die Altertümer der Juden*, zur Begründung dafür, daß die Menschen so großes Unheil erlitten und sogar der Tempel dem Erdboden gleichgemacht wurde, erklärte, diese Dinge seien ihnen aufgrund des Zorns Gottes widerfahren *ob der Dinge, die sie Jakobus, dem Bruder Jesu*, der da genannt wird der Christus, *anzutun gewagt hätten.*

Dies wiederholt er, vielleicht zum fünftenmal:

> Und das Wunderbare ist, daß er, obgleich er Jesus nicht als den Christus anerkannte, dennoch *die Größe von Jakobus' Gerechtigkeit* bezeugte, indem er sagte, die *Leute* glaubten, sie hätten all dieses Unheil wegen Jakobus erlitten.[87]

Eusebios wiederum formuliert die gleiche These mit folgenden Worten (ob er dabei von Origenes abhängig ist, läßt sich nicht mit Bestimmtheit sagen):

> Ein so bewundernswerter Mann war Jakobus und so allseits gerühmt wegen seiner Gerechtigkeit, daß sogar die Gebildeteren unter den Juden die Ansicht vertraten, dies sei die Ursache der unmittelbar folgenden Belagerung Jerusalems gewesen, deren einziger Grund nämlich die gegen ihn verübten Verbrechen gewesen seien. Josephus hat außerdem nicht gezögert, [anderswo] in seinen Werken dieses weitere Zeugnis hinzuzufügen: »Diese Dinge«, sagt er, »widerfuhren den Juden als Vergeltung dafür, daß sie Jakobus, den Bruder des Mannes, der Christus genannt wird, *trotz seiner überragenden Gerechtigkeit erschlagen hatten.*«[88]

Selbst noch im 5. Jahrhundert äußert sich Hieronymus – auch wenn er den Schwerpunkt dabei eher auf Jakobus' »Heiligkeit« (das heißt sein Nasiräat) als auf seine Gerechtigkeit legt – durchaus im gleichen Sinne wie Eusebios und Origenes, was den Eindruck erweckt, als hätten diese verschiedenen Kommentatoren in den Werken Josephus' tatsächlich eine entsprechende Aussage gefunden. Dennoch zögert Eusebios nicht, die Passage, die er mit eigenen Augen gesehen zu haben erklärt, in seiner *Kirchengeschichte* umzuinterpretieren und den Juden wiederholt vorzuhalten, der Verlust ihres Tempels und ihrer Heimat sei die Strafe für das, was *sie Jesus angetan hätten*.

Aber den Tod des Jakobus für die Zerstörung des Tempels verantwortlich zu machen ist natürlich nicht nur wegen der weit größeren zeitlichen Nähe der zwei Ereignisse, sondern auch wegen der ständigen Betonung von Jakobus' Gerechtigkeit und der damit zusammenhängenden »*Oblias*«-/»Bollwerk«-/»Schutz«-Metaphern nachvollziehbarer. Am Ende seines Zitats aus Hegesippus' Bericht läßt Eusebios den zeitlichen Abstand zwischen den zwei Ereignissen sogar noch weiter zusammenschrumpfen, indem er schreibt: »Unmittelbar danach [das heißt, nachdem Jakobus von der Zinne des Tempels hinabgestoßen und gesteinigt worden war] marschierte Vespasian in Judäa ein und eroberte es.«

Überschneidungen in den Berichten über Jakobus' und Jesu Tod

Doch bevor wir zu einer Auswertung dieser umfangreichen Zeugnisse über die Umstände und Ursachen von Jakobus' Tod schreiten, sollte noch einmal ausdrücklich festgestellt werden, daß in keiner erhaltenen Fassung von Josephus' Werken eine solche Passage vorkommt, wie unsere frühkirchlichen Quellen sie referieren. Wohl schildert Josephus im zwanzigsten Buch seiner *Altertümer* den Tod des Jakobus. Aber dem folgt *nicht* die Beschreibung des Kriegsausbruchs gegen Rom oder gar der Zerstörung des Tempels; vielmehr endet das Buch – und damit das ganze Werk – ziemlich abrupt nach diesen Mitteilungen über den Tod des Jakobus und die Situation in Jerusalem unmittelbar *vor* dem Aufstand. Mit gewohner Sorgfalt liefert Eusebios uns eine wörtliche Abschrift dieser Josephusschen Bezeugung von Jakobus' Tod. Josephus datiert den Tod des Jakobus in das Jahr 62 n. Chr., unmittelbar nach dem Tod des Festus – des römischen Prokurators, der gegen Ende der Apostelgeschichte (24,27–26,32) im Zusammenhang mit Paulus erwähnt wird – und bevor Albinus, dessen Nachfolger (62–64 n. Chr.), in Palästina eintrifft.

Auch wenn Josephus anmerkt, daß »dieses Ereignis die eifrigsten Beobachter des Gesetzes erbitterte« und diese sich daraufhin bei Albinus und Agrippa II., dem nominellen König, beschwerten, erwähnte er weder Jakobus' überragende *Gerechtigkeit*, noch – wie er es im Zusammenhang mit dem Tod Johannes' des Täufers und Antipas' Niederlage getan hatte – daß *die Mehrzahl der Bürger den Untergang Jerusalems als die Folge dessen ansahen, was man ihm angetan hatte.*

Dies stellt uns vor ein Rätsel. Das Werk, in dem Josephus am ehesten von dieser Koinzidenz gesprochen haben würde, wäre *Jüdischer Krieg*, in dem ja ausdrücklich von diesen Ereignissen und ihren Nachwirkungen die Rede ist. Aber in *Jüdischer Krieg* wird Jakobus mit keinem Wort erwähnt, und ebensowenig diese anderen vom Neuen Testament her bekannten, für uns so wichtigen Gestalten wie Johannes der Täufer, Simon (das Oberhaupt einer eigenen Jerusalemer Versammlung), Simon *Magus* oder »der Ägypter«, der so viele »*Sikarier*« in die Wüste hinausführte – und für den Paulus irrtümlich gehalten wird (Apostelgeschichte 21,38). Ebensowenig erwähnt dieses Werk Honi, *Saddok*, Jakobus und Simon (die zwei Söhne Judas' des Galiläers) oder die zwei pharisäischen Väter (hinter denen sich wahrscheinlich das berühmte Rabbinergespann Hillel und Schammai verbirgt), die Herodes' künftige »Größe« prophezeien und deren außenpolitisches Kredo »Öffnet den Römern die Tore Jerusalems« gelautet zu haben scheint.

Es gibt keine Erklärung für diese offensichtlichen, konsequenten Lücken in *Jüdischer Krieg* (die in *Altertümer* aufgefüllt werden); man kann nur, wie bereits gesagt, vermuten, daß sich Josephus in den siebziger Jahren, so kurz nach den geschilderten Ereignissen, noch nicht so sicher fühlte, wie er es zur Zeit der Entstehung von *Altertümer*, in den neunziger Jahren, sein würde, und deswegen bestimmte Informationen zurückhielt. Entweder das, oder ihm stand bei der Abfassung des späteren Werkes zusätzliches Material zur Verfügung – vermutlich die römischen Archive Agrippas II., den er in der *Vita* mit gebührender Servilität erwähnt.[89] Eine letzte denkbare Erklärung schließlich könnte lauten, daß Josephus – da er nach eigenem Eingeständnis am Aufstand gegen Rom teilgenommen hatte – bemüht war, seine verfänglichen Beziehungen zu subversiven Gestalten wie dem geheimnisvollen »*Banus*« (auf dessen Ähnlichkeit – um nicht mehr zu sagen – mit Jakobus und dem Gerechten Lehrer von Qumran wir bereits ausgiebig hingewiesen haben) so weit wie möglich zu verschleiern.

Wie wir gesehen haben, scheint Josephus auch Jesus in sein buntes, verwirrendes Personarium aufgenommen zu haben, was offenbar eine der Ursachen dafür war, daß seine Werke überhaupt weitertradiert wurden und in katholischen und griechisch-orthodoxen Kirchenkreisen ein so erstaunliches Ansehen genossen. Wenn die meisten Fachleute diese Bezeugung, die sich auch in *Altertümer* findet, als eine Interpolation betrachten, so deswegen, weil Josephus die Ansicht zu vertreten scheint, Jesus sei mehr als nur »ein Mensch/Mann« gewesen – wieder unsere ebionitisch/elchasaitische Vorstellung vom *Ur-Adam!* –, und behauptet, er sei »der Christus gewesen«. Hinzu kommt noch, daß er dessen Anhänger »Christen« nennt und von seiner Auferstehung »am dritten Tag« spricht.

Bedenkt man Josephus' grundsätzliche Einstellung gegenüber solchen »Betrügern oder Hochstaplern«, die das Volk »in die Wüste hinausführen, um ihm die Zeichen der bevorstehenden Befreiung zu zeigen«, erscheint es äußerst fraglich, ob er sich ausgerechnet über Jesus in (nach späteren christlich-theologischen Begriffen) so linientreuer Weise geäußert haben würde. Die Frage ist nur dabei, ob die Jesusbezeugung eine vollkommen neue christliche Schöpfung ist, die in den Josephustext in jene Passage, welche die zahlreichen »Katastrophen« erwähnt, die sich während Pilatus' langer Amtszeit ereigneten, eingefügt wurde, oder aber ob es sich dabei lediglich um die Überarbeitung eines weniger orthodoxen Originals handelt. Mit anderen Worten: Es könnte sein, daß Josephus an dieser Stelle *wirklich* etwas über einen Mann namens »Jesus« berichtete – aber in Anbetracht seiner sonstigen Einstellung gegenüber solchen »Wundertätern« kann man getrost davon ausgehen, daß es *nicht das* war, was sich jetzt in seinen Ausgaben befindet.

Wie wir gleichfalls schon gesehen haben, schildert Josephus unmittelbar nach dieser recht orthodoxen Jesusbezeugung eine bizarre, aber zweifellos aufschlußreiche Episode, die wie eine deftige Parodie früher christlicher Kindheitserzählungen erscheint – falls sich solche zu diesem Zeitpunkt bereits herausgebildet hatten. Diese Begebenheit, die mit der angeblichen Verbannung der Juden während der Regierungszeit des Tiberius (14–37) endete, bezeichnet Josephus als ein »Unglück, welches die in Rom lebenden Juden traf«. Andere römische Geschichtsschreiber wie Sueton berichten ebenfalls von einer solchen Vertreibung, doch datieren sie diese in die Regierungszeit Claudius' (41–54) und begründen sie bezeichnenderweise damit, daß *die Juden für einen gewissen »Chrestus« Propaganda gemacht hatten.*[90]

Anstatt uns von dieser Verbannung unmittelbar nach seiner problematischen Bezeugung Jesu als des »Christus« zu berichten, schaltet Josephus an dieser Stelle die – vordergründig völlig irrelevante und zusammenhanglose – Begebenheit von »Mundus und Paulina« ein. Wie wir uns erinnern, handelt diese Geschichte von einer reichen, tugendhaften und frommen Frau namens »Paulina« und einem jungen Mann namens »Mundus«. Dieser bestiche einen Priester des Isistempels, damit dieser der Frau einrede, der Gott Anubis habe sich in sie verliebt, und Paulina fällt darauf herein: Sie teilt ihrem Ehemann mit, ein Gott *wünsche, ihr beizuwohnen*, und begibt sich am Abend zum Tempel. Prompt springt Mundus aus einem Versteck hervor und vergnügt sich als vermeintlicher Anubis die ganze Nacht lang mit ihr. Als Tiberius von der Geschichte erfährt, läßt er die bestechlichen Priester kreuzigen (man beachte die Parallele zu Jesus), den Isistempel einreißen, das Kultbild der Göttin in den Fluß werfen und *verbannt Mundus*.

Erst nach diesem Einschub befaßt sich Josephus mit der Vertreibung der Juden aus Rom. Bei diesem Ereignis geht es, wie wir uns erinnern, um eine weitere *reiche* und *fromme* Frau, Fulvia, die zum Judentum übergetreten ist, und um einen Lehrer, der bezeichnenderweise wegen Übertretung des jüdischen Gesetzes aus Palästina verbannt wurde. Zusammen mit *drei anderen* – ungenannt bleibenden – *Männern* überredet dieser Lehrer Fulvia, Gold und Purpur (die Attribute der Königswürde) als Opfergabe an den Tempel nach Jerusalem zu schicken. Doch anstatt die Spende weiterzuleiten, machen der Lehrer und seine drei Helfershelfer sie zu Geld und verjubeln den Erlös. Wegen dieser ziemlich weit hergeholten Geschichte werden 4000 Juden zwangsweise eingezogen und nach Sardinien abkommandiert sowie eine noch größere Anzahl, die sich » dem Gesetz ihrer Ahnen zuliebe weigerten, Kriegsdienst zu leisten«, mit noch härteren Strafen bedacht.

Diese Geschichten – denen die Schilderung weiterer (offensichtlich messianischer) »Unruhen« unter den Samaritanern und deren Niederschlagung durch Pilatus folgt[91] – haben etwas sehr Rätselhaftes. Es läßt sich unmöglich sagen, was hinter ihrer Oberfläche wirklich vor sich geht, aber wenigstens in der Mundus-und-Paulina-Episode scheint Josephus prickelnde Belanglosigkeiten zur Überschreibung ernster zu nehmender Ereignisse zu verwenden. Hinzu kommt, daß eine Parodie christlicher Verkündigungs- und Empfängnislegenden, wie sie das Mundus-und-Paulina-Intermezzo darstellt, durchaus typisch für Josephus und ähnlich gesinnte Autoren wäre.

Es ist auch möglich, daß in älteren Josephusversionen an dieser Stelle etwas ganz anderes stand. Wie eine Analyse des Altrussischen Josephus zeigt, könnte der Text ursprünglich eine viel längere Passage über Jesus enthalten haben, die aber irgendwann durch diese merkwürdigen Anekdoten ersetzt wurde. Wenn derlei Substitutionen vorgenommen wurden, achtete man, um die Paginierung des Manuskripts beibehalten zu können, häufig darauf, gleichlange »Ersatzpassagen« einzufügen.

Die kuriose Sammlung von Zitaten, die als »Altrussischer Josephus« bekannt ist, steht bei den meisten Forschern zwar nicht gerade in hohem Ansehen, aber nichtsdestoweniger sollten alle derartigen Quellen nach dem gleichen methodologischen Ansatz behandelt werden. Talmudische Quellen sind in der Regel auch nicht von viel größerer historischer Zuverlässigkeit, ebensowenig die Evangelien und der erste Teil der Apostelgeschichte. Wie man aber beispielsweise in der Islamwissenschaft erkannt hat, stellen Traditionen, die nach orthodoxer Auffassung als verderbt oder von zweifelhafter Autorität gelten, oft genug die frühesten Überlieferungsschichten dar. Aus diesem Grunde sollte man sich hüten, Quellenmaterial, das bei oberflächlicher Betrachtung als fehlerhaft oder von fragwürdiger »doktrinärer Korrektheit« erscheint, vorschnell zu verwerfen.

Mit genau einem solchen Fall haben wir es bei dem gerade angesprochenen Material aus dem Altrussischen Josephus zu tun. Diese durch osteuropäische, vor allem altrussische Traditionen überlieferte gekürzte Version oder Zusammenfassung von Josephus' *Jüdischem Krieg* enthält etliches, was dem Historiker Grund zum Argwohn gibt. Dennoch verdienen die darin enthaltenen – zum Teil verblüffenden – Informationen über Johannes den Täufer und Jesus durchaus eine nähere Untersuchung. Der »altrussische Johannes« möchte das Volk, wie viele andere Charismatiker seiner Zeit, zum Aufruhr treiben: Er führt seine Anhänger hinaus in die Wüste, wo sie »ihre Freiheit einfordern« sollen und er ihnen »den Weg des Gesetzes« weist, und er ernährt sich von »Halmen, Wurzeln und Früchten«.[92] Wie Jakobus und andere Nasiräer/Rechabiter ist er also *Vegetarier* und *enthält sich alkoholischer Getränke.*

Jesus wird lediglich als »der Wundertäter« bezeichnet, und seine Darstellung ist äußerst verblüffend, denn wir erfahren, daß das Volk sich danach sehnte, »das römische Joch abzuwerfen«, und von diesem namenlosen »Wundertäter« verlangte, daß er »die römische Armee vernichtete«. Er wird zuerst von den Römern verhaftet, gegeißelt und gefoltert, aber dann – ähnlich wie Jesu Alter ego oder Doppelgänger, Jesus Barabbas, in den Evangelien – wieder freigelassen. Ansonsten ist die Charakterisierung Jesu wenig ergiebig.

Nach Auskunft der Evangelien wurde Barabbas »um eines Aufruhrs, welcher in der Stadt geschehen war, und um eines Mordes willen« verhaftet (Lukas 23,19 und Markus 15,7). Weiterhin haben wir den bereits erwähnten Jesus ben Ananias, der laut Josephus in den letzten Jahren vor Ausbruch des Krieges gegen Rom verhaftet worden war, weil er – unmittelbar nach dem Tod des Jakobus beginnend – tagaus, tagein die *Zerstörung Jerusalems* prophezeite. Diese Passagen sind so überraschend, daß sie einen stutzen lassen, denn wenn sie unecht sind – wofür vieles spricht –, dann fragt man sich, wer ein Interesse an derlei Fälschungen gehabt haben könnte. Aber wie dem auch sei – die Tatsache, daß Jakobus' Tod in so großer zeitlicher Nähe zum Untergang Jerusalems und zur Zerstörung des Tempels eintritt (und daß diese Ereignisse irgendwie als mit seinem Tod wesentlich zusammenhängend betrachtet werden), paßt wieder ausgezeichnet mit dem Material zusammen, mit dem wir es hier zu tun haben.

Interessanterweise nennt Josephus Jakobus, als er weiter unten in seinen *Altertümern* von dessen Tod berichtet, »den Bruder des Jesus, der Christus genannt wird«, Worte, die in der weiter oben besprochenen früheren Erwähnung Jesu in jenem Werk fehlen. Es sollte hier angemerkt werden, daß in Eusebios' Version der verschollenen Passage aus Josephus, die die Belagerung Jerusalems als die Strafe für »ihre Verbrechen gegen ihn« (das heißt *Jakobus*) bezeichnete, Jakobus der »Bruder des Mannes« genannt wird, »der Christus heißt, den die Juden trotz seiner überragenden Gerechtigkeit erschlagen hatten« – wobei der Name »Jesus« also nicht auftaucht.

In Origenes' Version begegnen wir der Formulierung »Jakobus, der Bruder des Jesus, der Christus genannt wird«, genau wie in der gerade angeführten Jakobusbezeugung aus den *Altertümern* (in der uns heute vorliegenden Form). Dies wird nicht die einzige Tradition um den Tod des Jakobus bleiben, die später in Überlieferungen um Jesus assimiliert worden ist. Wie wir sehen werden, sind die Worte, die dem Gekreuzigten – und ebenso dem gesteinigten Stephanus – in den Mund gelegt werden, nach einhelliger Auskunft der drei Hauptkommentatoren Eusebios, Epiphanios und Hieronymus genau die Worte, die Jakobus im Augenblick seiner Steinigung ausgesprochen haben soll: »Herr, vergib ihnen, denn sie wissen nicht, was sie tun.«

Ananus' Tod und der Tod des Jakobus

In der uns vorliegenden Fassung des *Jüdischen Krieges* bringt auch Josephus die Zerstörung Jerusalems mit jemandes Tod in Verbindung, aber interessanterweise ist dieser Jemand *nicht Jakobus*, sondern dessen Feind und Verhängnis, der Hohepriester Ananus. Dieser – zusammen mit Agrippa II. für den Tod des Jakobus verantwortliche – Ananus war, wie wir gesehen haben, der Sohn des Ananus («(H)Annas«), der den Evangelien zufolge bei der Verurteilung Jesu eine Rolle spielte. Als der wechselhafte Beobachter, der er ist, bedient sich Josephus bei seiner Charakterisierung des Ananus in *Krieg* servilster Lobhudeleien; in seiner zwei Jahrzehnte später entstandenen *Vita* hingegen schmäht er ihn mit solcher Heftigkeit, daß man sich geradezu fragt, ob er über dieselbe Person redet. Josephus hatte während seiner Amtszeit als militärischer Kommissar Galiläas persönlich mit Ananus zu tun gehabt und war möglicherweise auch an dessen nicht hundertprozentig sauberen Geschäften beteiligt gewesen.[93]

Da Ananus sich tatsächlich als der Erzschurke unserer Geschichte und als der Hauptverantwortliche für die »Verschwörung« zur Beseitigung Jakobus' entpuppt und da diese Diskrepanzen so auffällig sind, dürfte es angeraten sein, sie einer näheren Betrachtung zu unterziehen. In seinem Haß gegen Ananus, der in Bestrebungen verwickelt gewesen war, ihn von seinem Kommandoposten in Galiläa abzusetzen, behauptet Josephus, diese seine politischen Gegner hätten im wesentlichen mit »Bestechung« gearbeitet, und Ananus sei folglich »korrupt« gewesen. Er gibt sogar zu verstehen, Ananus »habe konspiriert«, ihn töten zu lassen – ein Motiv, das an die Weise erinnert, wie die Evangelien die Beziehungen des »Establishments« zu Pilatus im Zusammenhang mit der Hinrichtung Jesu charakterisieren.

In *Krieg* jedoch spricht Josephus von Ananus in völlig anderen Tönen. Er schildert ihn als eine »ehrenhafte und außerordentlich gerechte Persönlichkeit« – die gleichen Worte, die alle unsere Quellen für die Person Jakobus' finden (ja praktisch dessen »*Zaddik*«-Titel!), werden nun auf dessen Todfeind Ananus bezogen. Dann fährt Josephus in seiner Lobpreisung mit den Worten fort:

> Obgleich von hoher Geburt und hohem Rang und trotz der Ehrenstellung, die er sich verschafft hatte, verfuhr er auch *mit Menschen untersten Ranges gern wie mit seinesgleichen.* Die *Freiheit liebte er* in besonderem Maße und nicht weniger die Herrschaft des Volkes, und das *Wohl des Gemeinwesens galt ihm immer mehr als sein eigener Vorteil.*[94]

Aber auch das sind fast exakt die Tugenden, die von allen Quellen dem Jakobus zugeschrieben werden. Besonders die Bemerkung, Ananus sei »mit Menschen untersten Ranges wie mit seinesgleichen« verfahren, paraphrasiert die Aussage, Jakobus habe »das Ansehen der Person nicht geachtet«, die wir bereits wiederholt gelesen haben und der wir noch einmal in Schilderungen von Jakobus' Tod begegnen werden – ganz zu schweigen von deren zusätzlicher Aufbereitung, die uns Paulus weiter oben vorgeführt hat. Abermals scheinen wir es hier mit Umkehrungen und Umdeutungen zu tun zu haben, und zwar diesmal zugunsten von Ananus, Jakobus' Henker.

Während der ersten Phase der Rebellion, 66 bis 68 n. Chr., hat Ananus zusammen mit einem anderen sehr engen »Freund« Josephus', dem Oberpriester Jesus ben Gamala, die Macht in Jerusalem inne. Josephus referiert von beiden lange Reden, die nachweisen sollen, daß sie »Freunde« Roms waren, die lediglich versuchten, dem Wahnsinn jener Extremisten zu steuern, die den Tempel in ihre Gewalt gebracht hatten – und die Josephus hier erstmals »Zeloten« nennt. Obwohl diese Männer nach seinen Worten von sich behaupteten (wie Jakobus' Anhänger in der Apostelgeschichte), »Zeloten [das heißt Eiferer] für gute Werke« zu sein, waren sie in Josephus' Augen vielmehr »Eiferer für das Böse und Zeloten der Befleckung«: Man beachte, wie er die Ausdrucksweise der Qumraner Tiraden gegen das »Establishment« übernimmt, aber sie – wieder einmal – im umgekehrten Sinne gebraucht.

Überhaupt ist seine ganze Schilderung der Ermordung der Oberpriester durch die »Zeloten« von »Befleckung des Tempels«, »plündern«, »Beute« und anderen charakteristischen Begriffen durchsetzt, denen wir in den Handschriften des Toten Meers – insbesondere im *Pescher* Habakuk, aber auch in der Damaskus-Schrift – allenthalben begegnen, jedoch stets mit umgekehrter Bedeutung.[95]

Wie wir gesehen haben, ist dies der Moment, in dem jene, die Josephus jetzt ausdrücklich »Zeloten« nennt, die Hohenpriester absetzen. Unter Verwendung einer eigenen altehrwürdigen Verfahrensweise, dem »Loswerfen« – dem wir auch bei der Wahl Jakobus' zum »Bischof« oder der Wahl zur Ermittlung von Judas' Nachfolger begegnet sind –, wählen sie zum neuen Hohenpriester einen Angehörigen des niedersten Geschlechts und Standes, einen Mann namens Phanni (das ist Phineas, Pinhas). Auch wenn das »Niedere-Herkunft«-Motiv von uns schon weiter oben hervorgehoben worden ist, haben wir es an der Stelle noch nicht mit der Tatsache in Verbindung gebracht, daß die »Rechabiter« allen Überlieferungen zufolge »Handwerker« waren – nach späteren Traditionen sogar ausdrücklich »Maurer«.

Diese »Zeloten« rufen jetzt eine weitere Gruppe von aufrührerischen und extrem gewalttätigen Männern – nach Josephus' Ansicht sogar noch gewalttätiger als sie selbst – in die Stadt, mit denen sie, wahrscheinlich durch ihre jeweiligen transjordanischen Beziehungen, verbündet zu sein scheinen. Dieser Ausdruck, »die Gewalttätigen« oder »die Gewalttätigen der Heiden«, wird in den Qumran-Rollen – insbesondere im *Pescher* zu Psalm 37, ebenso wie der *Pescher* Habakuk ein typischer »*Zaddik*«-Text – zur Bezeichnung jener verwendet, die für den Tod des »Gerechten Lehrers« am »Frevelpriester« Rache üben.[96]

Josephus nennt diese aufrührerischen oder »gewalttätigen Heiden« »Idumäer«, und sie sind zu diesem Zeitpunkt mit Sicherheit prorevolutionär und antirömisch. Später, als sich die Sache der Revolutionäre zum Schlechten wendet, überredet sie Titus persönlich zur Übergabe.[97] Von den »Zeloten« in die Stadt geführt, rennen sie wie wahnsinnig durch die engen Gassen und eilen den von den orthodoxen Hohenpriestern *im Tempel* eingeschlossenen Zeloten zu Hilfe. Dann metzeln sie alle Hohenpriester nieder, darunter namentlich Josephus' »Freunde« Ananus und Jesus ben Gamala. Nachdem sie ihre nackten Leichname beschmutzt und entweiht – und möglicherweise sogar auf sie uriniert oder ihnen die Geschlechtsteile abgeschnitten – haben, »werfen« (*ballusin*) sie sie von der Stadtmauer hinab, »daß sie, unbestattet, ein Fraß für Hunde und wilde Tiere würden«.[98]

An diesem Punkt ergreift Josephus die Gelegenheit, das ganze jüdische Volk pauschal anzuklagen, indem er die Zerstörung Jerusalems und des Tempels als Folge des »frevelhaften« Todes von Jakobus' Widersacher Ananus (nicht, wie es in den christlichen Quellen heißt, von Jakobus oder gar Jesus) bezeichnet. Er schreibt:

> Doch will ich meinen, Gott habe die Stadt wegen ihrer *Befleckung* dem Verderben geweiht und habe *den Tempel völlig im Feuer reinigen wollen*, und deshalb, so glaube ich, hat er jene hinweggeholt, die *ihre größten Verteidiger und Beschützer* waren,… die noch kurz vorher das heilige Gewand getragen und in hohen Ehren gestanden hatten bei den Menschen in aller Welt …[99]

Wir sehen hier also sowohl den Qumraner Begriff der »Befleckung« als auch die ansonsten dem Jakobus zugeschriebene »Schutzschild«-Funktion – nur beides, wie gewohnt, ins Gegenteil verkehrt.

An dieser Stelle vergleicht Josephus außerdem den »Frevel«, den die Behandlung von Ananus' Leichnam durch die Zeloten und Idumäer darstellt, mit dem Über-Nacht-Hängenlassen von Gekreuzigten:

> Ja, sie gingen in ihrem verbrecherischen Handeln bis zum Äußersten und *warfen die Leichen unbestattet hinaus*, obwohl den Juden so viel daran gelegen ist, ihre Toten beizusetzen, daß sie sogar die Leichen von Gekreuzigten noch vor Sonnenuntergang abnehmen und bestatten.

Man kann sich nicht des Eindrucks erwehren, daß es in der parallelen Schilderung von Jesu Kreuzigung im Johannesevangelium (19,31–37) *genau darum* geht (ganz zu schweigen vom impliziten Vorwurf der Frevelhaftigkeit *dieser bestimmten* Kreuzigung). Einzelne Elemente der erwähnten Johannesstelle tauchen auch in Schilderungen von Jakobus' Tod auf, insbesondere das Motiv »die Beine brechen«, wenngleich mit geringfügig anderer Konnotation, dann das Brechen von Jakobus' Schädel mit einem Walkschlegel sowie die ständige Wiederholung des »Hinaus-/Hinunterwerfens«.

Dies ist zweifellos merkwürdig, und zwar insbesondere, wenn man bedenkt, daß Josephus in seiner später entstandenen *Vita* Ananus der Bestechlichkeit bezichtigt. Die Tatsache, daß alle diese frühen Kirchenväter, so etwa Origenes, Eusebios, Hieronymus, einmütig erklären, eine Josephushandschrift gesehen zu haben, die den Untergang Jerusalems auf den Tod – nicht Jesu und wahrscheinlich auch nicht Ananus', sondern – *Jakobus'* zurückführte, kompliziert das Problem nur noch mehr.

Josephus schließt seine Lobeshymne mit der Behauptung, Ananus habe gewußt, »daß der Römer Macht nichts gewachsen war«, und (wie Jesus in den Evangelien) vorhergesehen, »daß die Juden vernichtet werden« würden. Dann schreibt er die Zerstörung Jerusalems und den läuternden Tempelbrand den frevelhaften Handlungen zu, welche »die Zeloten« und »die Idumäer« am Leichnam Ananus' begangen hatten. Diese Details stimmen nicht nur vollkommen mit jenen Passagen der Qumran-Rollen überein, welche die Vernichtung des Frevelpriesters den »Gewalttätigen der Heiden« zuschreiben, die (wie »die Idumäer«) »am Fleisch seiner Leiche« Rache übten für das, was er dem Lehrer der Gerechtigkeit angetan hatte – sondern sie besitzen auch fast genaue Entsprechungen in dem, was in all diesen Quellen über Jakobus den Gerechten und namentlich den Zusammenhang zwischen dessen Tod und der Zerstörung Jerusalems ausgesagt wird.

In der Passage der *Altertümer*, in der von der unrechtmäßigen Verurteilung Jakobus' (die »auch die eifrigsten Beobachter des Gesetzes erbitterte«) die Rede ist, schildert Josephus Ananus als »von heftiger und verwegener Gemütsart« und als einen »Sadduzäer« – das heißt natürlich einen *»Establishment«*-Sadduzäer –, somit »im Gericht härter und liebloser als alle anderen Juden«. Wenn wir zu diesen Umkehrungen noch die Parallele heranziehen, die sich in der Mitteilung äußert, die Juden hätten stets Sorge getragen, Gekreuzigte vor Sonnenuntergang abzunehmen, um sie ordentlich zu bestatten – ein zentrales Element in der Evangeliendarstellung der Kreuzigung Jesu –, dann sollte eigentlich klar sein, daß wir uns bei diesen Berichten auf wahrhaft heiklem Boden bewegen.

Eine für alle akzeptable Auflösung dieser zahlreichen Widersprüche und Überschneidungen wird zwar vermutlich nie erzielt werden, aber es ist zumindest soviel sicher, daß Josephus in derjenigen Fassung seines *Krieges*, die im hebräisch- und aramäischsprachigen Raum – vor allem in Edessa und Adiabene – zirkulierte (und die er nach eigenen Angaben *vor* der romanhafteren griechischen Version schrieb), das, was er in der erhaltenen Fassung über den für die Ermordung Jakobus' verantwortlichen Hohenpriester berichtet, von *Jakobus* ausgesagt haben könnte. Und dies ist um so wahrscheinlicher, wenn der geheimnisvolle *»Banus«* – ein Mann, den Josephus ganz besonders geschätzt zu haben scheint – irgend etwas mit Jakobus zu tun hat. Und darauf beruht, wie bereits gesagt, in der Tat unsere These.

VIERTER TEIL

Der Tod des Jakobus

14
Die Steinigung des Jakobus und die Steinigung des Stephanus

Die Überlieferungen vom Tod des Jakobus

Somit sind wir endlich in der Lage, die unterschiedlichen Schilderungen vom Tod des Jakobus zu analysieren und sie nicht nur zu den religiös-politischen Verhältnissen im damaligen Jerusalem, sondern auch zum Tod des Hohenpriesters Ananus, zum Tod des Gerechten Lehrers der Qumran-Rollen und – so merkwürdig dies auch klingen mag – zum Tod des Stephanus (so wie die Apostelgeschichte ihn beschreibt) in Beziehung zu setzen. Der beste Ausgangspunkt für unsere Untersuchung sind, wieder einmal, die frühen Kirchenschriftsteller und Josephus. Die ergiebigste unter diesen Quellen, abermals Eusebios, enthält auch fast alle benötigten Zitate aus älteren Werken – in erster Linie von Hegesippus, daneben aber gleichfalls von Clemens von Alexandria und Josephus.

Komplementäres Material finden wir bei Epiphanios und Hieronymus. Desgleichen finden sich in den pseudoklementinischen *Rekognitionen* Informationen über Auseinandersetzungen, die auf dem Tempelberg zwischen Jakobus und den Hohenpriestern sowie zwischen Jakobus und der lediglich als »der Feind« bezeichneten anonymen Gestalt stattgefunden haben. Und zwischen den Zeilen der Apostelgeschichte und der Pseudoklementinen werden auch weitere Details zum Vorschein kommen, die uns gestatten werden, ein klares Bild der wirklichen Ereignisse zu erarbeiten. Die Handschriften aus dem oberägyptischen Nag Hammadi, die gleichfalls aus diesen – aber offenbar auch aus sabäischen oder manichäischen – Quellen schöpfen, werden uns zur Vervollständigung dieses Bildes noch zusätzliches anschauliches Material liefern.

Da Eusebios' Bericht der mit Abstand detaillierteste ist, empfiehlt es sich, mit ihm den Anfang zu machen und nur bei Bedarf ergänzendes Material aus den anderen heranzuziehen. Eusebios referiert uns drei verschiedene Schilderungen vom Tod des Jakobus: Die erste stammt von Clemens, die zweite von Hegesippus und die dritte von Josephus. Bei allen dreien handelt es sich also um *außerbiblische* Quellen. Die ersten zwei zeugen – trotz offensichtlicher Entstellungen – in geringerem Ausmaß von der charakteristischen retrospektiven Umdeutung im Sinne eines späteren religiös-historischen Konsenses als die inhaltlich parallelen Passagen der Apostelgeschichte.

Dies wirft die Frage auf, warum die Apostelgeschichte ein so folgenschweres Ereignis wie die – drei Jahrzehnte nach dem Tod des angeblichen illustren Vorgängers »Jesus« erfolgende – Ermordung Jakobus', des »Bischofs von Jerusalem«, nicht referiert. Wußte ihr Verfasser nicht, was Jakobus widerfahren war? Dies wiederum führt uns zur bereits mehrfach gestellten, nicht minder verblüffenden Frage zurück, warum die Apostelgeschichte die gleichermaßen wichtige Wahl oder Ernennung Jakobus' zum Nachfolger seines berühmten Verwandten ebensowenig erwähnt.

Man könnte darauf antworten, daß dies eben nicht das Anliegen der Apostelgeschichte war. Das eigentliche Bestreben dieses Textes, der *»Acta Apostolorum«*, war die »Akte« oder »Aktivitäten« des Heiligen Geistes in seiner Entfaltung in und mittels der Urgemeinde darzustellen, bis hin zu deren Höhepunkt, der Berufung und der darauffolgenden missionarischen Tätigkeit des Apostels Paulus. Der Text endet – fast zeitgleich mit dem Tod des Jakobus – zwei Jahre nach Paulus' Ankunft in Rom (60 n.Chr.) und schließt nach einer sehr skizzenhaften Schilderung von dessen dortigen Aktivitäten mit den Worten: »Paulus aber ... lehrte von dem Herrn Jesus Christus mit allem Freimut ungehindert« (28,30 f.).

Dennoch klingt diese Antwort unbefriedigend, und wir fragen uns weiterhin, warum die Apostelgeschichte all diese wichtigen Ereignisse aus der Ur- und Frühzeit der Kirche aus ihrem Bericht ausspart. Eine andere mögliche Antwort könnte lauten, daß Jakobus kein »Apostel« war, aber auch sie befriedigt nicht. Hinzu kommt, daß der traditionelle Titel dieses neutestamentlichen Buches, *»Apostel*-Geschichte«, durchaus irreführend ist, insofern der Text die meisten ursprünglichen »Apostel« ignoriert und statt dessen den recht zweifelhaften Parvenü Paulus zunehmend in den Vordergrund stellt, bis er als der eigentliche Held und Liebling der Geschichte dasteht. Gleichwohl werden wir an gegebener Stelle nachweisen, daß Jakobus *doch* »ein Apostel« war – was immer der Terminus seinerzeit auch bedeutet haben mag.

Wie wir gesehen haben, unterschlägt die Apostelgeschichte eine Unzahl äußerst wichtiger Informationen. Sie tut dies systematisch, nach Maßgabe ihres recht tendenziösen historiographischen (wenn man diesen Begriff in diesem Zusammenhang überhaupt verwenden darf) Anliegens, die Geburt, den Siegeszug und die alles überragende Wichtigkeit des Heidenchristentums aufzuzeigen, oder, wie es im Vers 28,28 heißt, »kund[zutu]n, daß den Heiden gesandt ist dieses Heil Gottes« – ganz zu schweigen, natürlich, von der Metamorphose des paradigmatischen »Heidenapostels« selbst, des ursprünglichen »Feindes« der ersten »Christen« Palästinas: jenes Mannes also, der in Vers 7,58 als »Saulus« vorgestellt wird und sich später in »Paulus« verwandelt.

Nicht nur wird die direkte Einsetzung Jakobus' und dessen Wahl zum Oberhaupt der Bewegung in Palästina unterschlagen – und durch die recht bedeutungslose und wahrscheinlich erfundene Wahl des Nachfolgers des sprichwörtlichen »zwölften Apostels« *Judas* ersetzt –, wir erfahren auch nichts über Petrus' Missionsreisen, ebensowenig darüber, wie er nach Rom kam, was er anderswo, beispielsweise in Antiochia (worüber wir im Galaterbrief konkret informiert werden), tat und schließlich, wie er zu Tode kam. »Bedeutungslos« nennen wir die Wahl des Judasnachfolgers deswegen, weil weder Matthias noch *Joseph* Barsabas Justus (den die Apostelgeschichte später »*Judas* Barsabas« nennt), die zwei Kandidaten um das vakante Amt des »Judas«, später irgendeine Rolle spielen. Jakobus allerdings drängt sich im 11. Kapitel unseres Textes auf eine so beiläufige und zugleich energische Weise in die Handlung ein, daß nur zwei Schlußfolgerungen möglich sind: Entweder war er bereits an früherer Stelle eingeführt worden, oder aber der Verfasser konnte seine allgemeine Bekanntheit voraussetzen. Gleichzeitig wird sein Doppelgänger und Namensvetter, der rätselhafte »Jakobus, *des Johannes Bruder*«, ein für allemal aus dem Spiel genommen.

Ebensowenig erfahren wir etwas über den soeben erwähnten Johannes, über seine Aktivitäten, darüber, was er in Asia Minor eigentlich tut – falls er wirklich dort angekommen ist, und nicht irgendein anderer Johannes –, und unter welchen Umständen er stirbt. Des weiteren lesen wir auch nichts über die anderen Apostel (wer immer diese im einzelnen auch gewesen seien) – lediglich ein paar knappe und dazu noch stark mythologisierte Mitteilungen über Philippus und seine Begegnungen mit Simon *Magus* und einem »äthiopischen« Eunuchen (8,4–40), über den wir später mehr zu berichten haben werden. Alle übrigen Apostel sind bloße Namen: Matthäus, Bartholomäus, Andreas, Thaddäus – falls letzterer überhaupt von »Thomas« oder »Judas Thomas« oder »Judas, des Jakobus Bruder«, abgegrenzt werden kann. Ihre einzige Funktion scheint darin zu bestehen, dem abstrakten (und ohnehin höchstwahrscheinlich gleichfalls mythologischen) »Zwölf-Apostel«-Begriff etwas Blut einzuflößen. Selbst Matthias, um dessen Wahl die Apostelgeschichte zu Beginn so viel Aufhebens macht, löst sich einfach in nichts auf.

Wir erfahren noch nicht einmal, was Paulus nach seiner Ankunft in Rom tat – wenn man von einem kurzen Hinweis im Brief an die Römer (15,24–28) absieht, dem zufolge er nach Spanien gereist sein könnte. Wir erfahren nichts über seinen Tod (diesbezüglich müssen wir uns auf die Kirchenväter verlassen) und natürlich ebensowenig über den Tod des Jakobus, der – nach dem zu schließen, was wir aus anderen Quellen wissen – in einer Schilderung der Frühzeit der Kirche in Palästina eigentlich eine zentrale Stellung eingenommen haben müßte. Mit diesen historiographischen Mängeln der Apostelgeschichte haben wir uns bereits ausgiebig befaßt; wenn sie hier noch einmal rekapituliert werden, dann um durch den Kontrast die Bedeutung des – reichhaltigen und kohärenten – *außerbiblischen* Materials hervorzuheben. Es kommt nicht eben häufig vor, daß man so exakte Informationen über neutestamentliche Gestalten aus anderen Quellen als dem Neuen Testament erhält.

Selbst eine – im Kontext des Neuen Testaments – so unbestreitbar wichtige Persönlichkeit wie beispielsweise Paulus wird zu einem bloßen Schemen, sobald man *außer*biblische Quellen heranzieht. Und die – im Neuen Testament sogar noch stärker mythologisierte und retrospektiv überarbeitete – Geschichte Jesu ist praktisch inexistent, sobald man sich nichtkanonischen Schriften zuwendet. Zwar findet sich in letztgenannten Quellen einiges Material über Petrus und Thomas, Judas Thomas und Thaddäus, doch der größte Teil davon – wenn auch nicht alles – ist offenbar ebenso stark mythologisch verbrämt.

Wenn man von der Charakterisierung Johannes' des Täufers absieht, zeichnet sich bei Josephus – bedenkt man den Umfang und Detailreichtum dieser Quelle – nur Jakobus als eine wirklich greifbare, historische Gestalt ab. Hinzu kommt noch, daß die zusätzlichen Informationen, die man dabei erhält, stets überraschend, ja verblüffend sind. Und genau das ist es, was diese außerbiblischen Berichte über Jakobus' Tod so eindrucksvoll macht.

Jakobus' *gebrochene Beine* und seine Pessach-Verkündigung im Tempel

Den Tod des Jakobus schildert Eusebios an zwei verschiedenen Stellen. Die erste Bezeugung, die er uns referiert, stammt aus dem siebten Buch der *Hypotyposeis* (»Skizzen«), einem im Original nicht erhaltenen Werk Clemens' von Alexandria. Unmittelbar davor hatte er aus dem sechsten Buch desselben Werkes zitiert, in dem es hieß, Petrus, Jakobus und Johannes seien von Jesus zwar bevorzugt worden, doch sie hätten nicht um die Ehre gewetteifert, sondern einstimmig »Jakobus den Gerechten zum Bischof von Jerusalem erwählt«. Clemens ist sich offenbar der seinem eigenen Bericht und der Apostelgeschichte inhärenten Schwierigkeiten bewußt und fügt erklärend hinzu:

> Nun gab es *zwei* Jakobusse: Der eine, genannt *der Gerechte, wurde von der Zinne* [oder dem *Flügel*] *des Tempels hinabgestoßen [blêtheis]* und mit einem Walkschlegel zu Tode geprügelt, und der andere wurde *enthauptet.*[1]

Diese Mitteilung greift Eusebios ein paar Kapitel später, in seiner Erörterung der »Ränke und Verbrechen *der Juden*« gegen Paulus – und desgleichen gegen Jakobus –, wieder auf und schreibt:

> Unfähig, das Zeugnis des Mannes, der aufgrund seiner erhabenen Gesinnung und Frömmigkeit von *jedermann als der Gerechteste überhaupt* erachtet wurde, noch länger zu ertragen, erschlugen sie ihn, wobei sie sich die herrschende Anarchie zunutze machten, um nach der Macht zu greifen, denn zu jener Zeit war Festus [Prokurator 60–62 n.Chr.] in Judäa gestorben, wodurch die Provinz ohne Statthalter oder Prokurator blieb.

Daß nach Festus' Tod im Jahre 62 das Land ohne Statthalter blieb, erwähnt auch Josephus in seinem Bericht über den Tod des Jakobus. In der Apostelgeschichte war bereits von den Diskussionen die Rede gewesen, die dieser Festus mit Paulus führte (24,27–26,32). Weiter schreibt Eusebios:

> Was die Weise von Jakobus' Tod anbelangt, haben wir bereits mit Clemens' Worten gesagt, daß er »von einem Flügel des Tempels hinabgestoßen *[beblêsthai]* und mit einer Keule erschlagen wurde«.[2]

Hieronymus betont, daß dies im wesentlichen alles ist, was seinerzeit aus den – uns nicht mehr vorliegenden – Zeugnissen Hegesippus' und Clemens' zum Thema bekannt war, doch er fügt dem noch ein wichtiges neues Element hinzu, das sich in keiner älteren Quelle findet. Indem er, wie er selbst angibt, Material aus dem zwanzigsten

Buch von Josephus' *Altertümern* mit Daten aus dem siebten Buch von Clemens' »Skizzen« kombiniert, schreibt er:

> *Hinabgestoßen* von einer Zinne des Tempels, *mit gebrochenen Beinen*, aber noch immer halb lebendig, hob er die Hände zum Himmel und sagte: »Herr, vergib ihnen, denn sie wissen nicht, was sie tun.« Dann erhielt er mit einem Walkschlegel, einer Keule, wie Wäscher sie verwenden, *um nasse Gewänder zu walken*, einen Schlag auf den Kopf und verschied.[3]

Das Detail über Jakobus' Stoßgebet stammt aus Hegesippus, wenngleich es ebenfalls – dort allerdings im Zusammenhang mit Stephanus – in der Apostelgeschichte erscheint und ursprünglich durchaus auch bei Clemens vorgekommen sein könnte. Doch darüber hinaus erhalten wir mehrere neue Informationen: erstens die detaillierteren Angaben zum »Walkschlegel« und zweitens und vor allem *das absolut neue Element der gebrochenen Beine* (*Jakobus'*, nicht *Jesu* – im Johannesevangelium sehen die römischen Soldaten, wie wir uns erinnern, davon ab, *Jesus die Beine zu brechen*). Dies ist eine äußerst wichtige Information, und wir wissen nicht, woher Hieronymus sie bezieht, wahrscheinlich aber von Hegesippus.

Auf jeden Fall liefert uns diese Mitteilung einen der letzten Schlüssel zur Feststellung dessen, was in dieser für das Welt- und Selbstverständnis des christlichen Abendlandes so wichtigen Zeitspanne wirklich geschah. Zwar können wir auch *ohne* diese Information – lediglich durch die Analyse anderer Elemente aus diesen einander überschneidenden Traditionen um Jakobus' (und Jesu) Tod – ermitteln, was sich damals wirklich ereignete, aber *mit* ihr sind wir imstande, das Szenario, das wir hier mehr hypothetisch entwickeln, auch fast unumstößlich zu *beweisen*.

Damit wenden wir uns also wieder dem historischen Durcheinander um den Tod von Jakobus' Erzfeind, dem Hohenpriester Ananus, zu und der Verwechslung dessen, was Josephus *in bezug auf ihn* gesagt zu haben scheint, und dessen, was er anderen Traditionen zufolge *in bezug auf Jakobus* sagte. So kennt beispielsweise Hieronymus, wie wir gesehen haben, die Überlieferung, die den Untergang Jerusalems dem Tod des Jakobus zuschreibt:

> Derselbe Josephus referiert die Tradition, dieser Jakobus sei von einer solchen Heiligkeit gewesen und habe beim Volk so hohes Ansehen genossen, daß der Untergang Jerusalems seinem Tod zugeschrieben wurde;

doch in der *uns vorliegenden Fassung* des *Jüdischen Krieges* findet sich die scheinbar irrelevante Bemerkung, die Juden »br[ä]chen« den Gekreuzigten »die Beine«, um sicherzustellen, daß sie vor Sonnenuntergang ordentlich bestattet würden, wie wir gerade gesehen haben, unmittelbar vor der Schilderung dessen, was *Ananus' Leiche angetan wurde.* Beide Mitteilungen wiederum gehen Josephus' Lobeshymne auf *Ananus'* »Gerechtigkeit und Frömmigkeit« sowie seiner Behauptung voraus, die Beseitigung dieses »Wohltäters seiner Landsleute« habe Jerusalems Zerstörung unvermeidlich gemacht. Wie wir gesehen haben, behauptete Josephus in diesem Zusammenhang sogar, *Ananus habe die Zerstörung der Stadt vorausgesagt.* Erneut verrät die Verwirrung von Themen die Überlagerungen und Überschreibungen, mit denen wir es in diesen bisweilen widersprüchlichen, ja vollkommen inkompatiblen Berichten zu tun haben.

Doch wenden wir uns wieder dem detailliertesten uns vorliegenden Bericht über Jakobus zu. Eusebios schreibt: »Hegesippus aber, der zur ersten Generation nach den Aposteln gehört, liefert das genaueste Zeugnis über ihn« (nämlich Jakobus). Dem läßt er ein langes Zitat aus (wie er uns mitteilt) »dem fünften Buch von Hegesippus' *Denkwürdigkeiten*« folgen. Dabei handelte es sich offensichtlich, da Eusebios uns später mitteilt, Hegesippus' Werk habe lediglich »aus fünf Büchern« bestanden[4], um das *letzte* Buch der *Denkwürdigkeiten*, weswegen wir annehmen können, daß dieses Material etwas wie den Höhepunkt und krönenden Abschluß des Ganzen darstellte – wie dies ja bis zu einem gewissen Grad auch in Josephus' *Altertümern* der Fall ist.

Nach der Bemerkung, daß Jakobus' Beinamen »*Zaddik*« und »*Oblias*« sich in der Heiligen Schrift finden ließen und daß »sogar die Propheten von ihm kündeten«, zitiert Eusebios aus Hegesippus' sehr detailliertem Bericht von Jakobus' Tod die folgende kurze Passage:

> Etliche aus den sieben Sekten des Volkes, die ich in meinen *Denkwürdigkeiten* bereits erwähnt habe, fragten ihn [Jakobus] daher: »Was ist das Tor [oder »der Weg«] Jesu?«

Wie wortgetreu sein Zitat ist, beweist Eusebios, indem er sogar Hegesippus' textinternen Querverweis beibehält – auch wenn er uns an dieser Stelle nicht mitteilt, welches diese »sieben Sekten« eigentlich waren. Er holt dies später in einer Passage nach, in der seine Mitteilung über die Ernennung Simeon bar Kleophas' zum Nachfolger Jakobus' aus irgendeinem Grunde einen Exkurs über Hegesippus' Leben auslöst.

Von Hegesippus' Aufzählung dieser Sekten haben wir bereits weiter oben gesprochen. Eusebios teilt uns an dieser Stelle nicht nur mit, daß Hegesippus Hebräisch beherrschte, sondern auch, daß er »ein konvertierter Hebräer« war. Es kann somit kaum ein Zweifel daran bestehen, daß Hegesippus die palästinischen Traditionen sehr gut kannte, aber aus einer Gruppe stammte, die wir in Ermangelung eines besseren Ausdrucks »Judenchristen« nennen sollten.

Hegesippus erklärt von diesen Sekten oder »Häresien« – die er aus irgendeinem Grund als »gegen den Stamm Juda und den Messias eingestellt« beschreibt –, daß sie »die Auferstehung« leugneten und bestritten, »daß er [das heißt offenkundig, »der Messias«] bald kommen werde, einem jeden zu vergelten gemäß seiner Werke«. »Jene aber, die daran glaubten«, schreibt Hegesippus dann explizit, »taten dies wegen Jakobus«.[5] Diese Bemerkung ist nicht nur ein beredtes Zeugnis von Jakobus' Einfluß in Jerusalem (und damit auch seines Status als »der *Zaddik*«), sie ist auch eine unmißverständliche Darlegung der klarsten mit Jakobus assoziierten Doktrin überhaupt: der *Werkgerechtigkeit*, deren Leugnung Hegesippus offenbar als »häretisch« betrachtet.

Den – neben dem Jakobusbrief selbst – vielleicht prägnantesten Ausdruck dieser Doktrin findet man, wie wir uns erinnern, im Koran, der das jakobinische Gebot »*glaubt* und *tut* gute Werke« mehrfach wiederholt.[6] Hier verkündet Mohammed, eindeutig der Erbe mancher dieser Untergrund-Überlieferungen, immer und immer wieder die Lehre vom Heil durch »Werke« und nur durch »Werke« – das heißt: Nur die eigenen Werke, die im Himmel verwahrt werden oder, wie er es formuliert, die »ihr vor euch sendet«, werden den Menschen am Tage des Gerichts »retten«. Keine Fürbitte irgendeines Vermittlers kann da helfen, noch wäre es beispielsweise möglich, daß ein anderer »für *deine* Sünden stirbt«.[7] Dies ist der Grund-Glaubenssatz des Islam, und welcher Quelle er entstammt, dürfte mittlerweile klar sein.

Hinzu kommt, daß diese Vorstellung eines, der »ankommt, einem jeden zu vergelten gemäß seiner Werke«, die Hegesippus hier ausdrücklich als wesentlichen Bestandteil von Jakobus' Lehre bezeichnet, auch eine zentrale Rolle in der apokalyptischen Verkündigung spielt, die Jakobus (wieder Hegesippus zufolge) zu Pessach – vermutlich des Jahres 62 n.Chr., möglicherweise aber auch bereits früher – im Tempel ausspricht: die Prophezeiung der bevorstehenden Ankunft des Messias und der himmlischen Heerscharen mit Macht auf den Wolken des Himmels. Die Erwähnung der »Macht«/»Kraft« erinnert in diesem Kontext – ebenso wie in den Evangelien – an den »ebionitisch«/»elchasaitischen« Begriff »verborgene« oder »große Kraft«.[8]

Diese Verkündigung ist der Höhepunkt des Hegesippusberichts und leitet unmittelbar zu Jakobus' Tod über. Die Umstände, unter denen Jakobus sie Hegesippus zufolge ausspricht – im Tempel, zu Pessach, dem jüdischen nationalen Befreiungsfest –, sind überaus bedeutsam. Jakobus wird vom pharisäisch/sadduzäischen »Establishment« aufgefordert, die versammelten Volksmassen Jerusalems zu beruhigen; daraufhin hält er seine Rede. Es ist, als zündete man in einem überfüllten Saal einen Brandsatz und riefe dann »Feuer«.

Eusebios über Jakobus' Popularität

Diese Ansprache setzt Jakobus in unmittelbare Beziehung zur Botschaft der Qumraner Kriegsrolle – dem berühmten »Krieg der Söhne des Lichts gegen die Söhne der Finsternis« –, deren Auslegung der »Stern-Prophezeiung« in *eben der gleichen messianischen Verkündigung* gipfelt (es fehlt nicht einmal »die Ankunft der himmlischen Heerscharen auf den Wolken des Himmels«). Darauf wird – auf vergleichbar apokalyptische und eschatologische Weise – im letzten Kapitel des Jakobusbriefes angespielt, und zwar im Zusammenhang mit dem »Heil bringenden Gebet des Gerechten« und der Fähigkeit Elias, dem Himmel zu gebieten, sowohl Regen zu spenden als auch den Regen zurückzuhalten.

All dies bildet eine sehr wirkungsvolle Konfiguration von Belegen. Die Identifizierung der Verkündigung des endzeitlichen messianischen Gerichts, die Jakobus ausspricht – in welcher der Messias, wie bei Daniel, »auf den Wolken des Himmels« die himmlischen Heerscharen anführt –, mit dem apokalyptischen »Gericht«, das in der Qumraner Kriegsrolle »ausgegossen wird gleich einem gewaltigen Regen auf alles, was wächst«, schiene demnach auf ein *authentisches* Element aus Jakobus' Biographie zu verweisen.

Nun schildert Eusebios (mit den Worten Hegesippus') die Bestürzung des pharisäisch/sadduzäischen »Establishments« angesichts des ausbrechenden »Tumults« – ein Begriff, dem wir in Josephus' Bericht über die Amtszeit Pontius Pilatus' als Prokurator von Judäa und das Aufkommen der von Judas und *Saddok* initiierten Bewegung bereits wiederholt begegnet sind.[9] Denselben Begriff gebraucht Josephus in *Krieg* im Zusammenhang mit dem Auftreten Jesu, und als er berichtet, Pontius Pilatus habe das (auf den Standarten seiner Truppe angebrachte) Bildnis des Kaisers in die Stadt Jerusalem gebracht, woraufhin zahllose Juden zu ihm nach Cäsarea gekommen seien, um ihn anzuflehen, diese Bilder wieder aus dem Tempel entfernen zu lassen.

Auf ein verabredetes Signal hin zücken Pilatus' Soldaten, die sich verkleidet unter die Menschenmenge gemischt hatten, Keulen und prügeln viele Bittsteller zu Tode.[10]

Etwas beeinträchtigt wird Hegesippus' Schilderung des »Tumults«, der im Zusammenhang mit Jakobus' Verkündigung ausbrach, allerdings durch die retrospektive Einführung der paulinischen »Christus«-Idee. Dieser Begriff erscheint sonst in keinem mit Jakobus irgendwie zusammenhängenden Text – weder in seinen Weisungen für überseeische Gemeinden noch in der Apostelgeschichte, noch in seinem Brief, noch in Paulus' Schilderungen seiner Probleme mit Jakobus oder mit Leuten »jakobinischer« Geisteshaltung. Abgesehen davon aber macht Hegesippus' Bericht einen unverfälschten, durchaus realistischen Eindruck.

Das jüdische »Establishment«, so Eusebios/Hegesippus, »befürchtete, das ganze Volk würde jetzt Jesus als den Christus [lies: »Messias«; der griechische Terminus »Christus« war zu dem Zeitpunkt in Palästina – außer als Übersetzung des naassenisch/ebionitischen Begriffs vom »vollkommenen Menschen«/»Ur-Adam« – noch nicht gebräuchlich] erwarten«. Deswegen schicken sie nach Jakobus und sagen:

> »Wir flehen dich an, zügle das Volk, denn es wird hinsichtlich Jesu irregeführt, als sei er der Christus.«

Hierin sehen wir abermals eine anschauliche Bezeugung von Jakobus' Rolle als »Schutz« oder »Bollwerk des Volkes«, die aus seinem Status als *»Zaddik«* im damaligen Jerusalem erwächst.

Daß die Schriftgelehrten oder Sadduzäer und Pharisäer neutestamentlicher Ausprägung eine solche Bitte an Jakobus richten, wird von allen Quellen übereinstimmend bestätigt. Die gleiche Situation liefert den Hintergrund zu den Debatten, die den pseudoklementinischen *Rekognitionen* zufolge die von Jakobus angeführten Apostel auf den Stufen des Tempels mit dem Tempel-»Establishment« führen. Einer solchen Konstellation begegnen wir auch im Zusammenhang mit Jakobus' mutmaßlichem Vorläufer, Honi dem Kreismacher, der ein Jahrhundert zuvor aufgefordert wird, Regen zu machen beziehungsweise die versammelte Volksmenge, die sich gegen die römische Herrschaft empört, zu beruhigen – sowie mit einem anderen mutmaßlichen Nachfolger Honis und Zeitgenossen Jakobus', einem gewissen »Abba Hilkiah«. Wie im *Talmud* berichtet wird, beordern die Vertreter desselben »Establishments«, da sie selbst sich vor Abba Hilkiah fürchten, »zwei Schüler« zu ihm, während er auf dem Feld arbeitet, damit sie ihn bitten, Regen zu machen. (In einer parallelen Episode schicken die gleichen Leute »kleine Kinder, daß sie den Saum seines [Hanans des Verborgenen, des Sohnes *von Honis Tochter*] Gewands berühren«.[11] Die Schroffheit, mit der Abba Hilkiah in dieser Episode aus dem talmudischen Traktat *Ta`anith* die »Establishment«-Rabbis behandelt, liefert einen weiteren Beleg für die Existenz von Oppositions-*Zaddiks*, die beim Volk Macht und Ansehen besaßen und den Pharisäern und Herodianern feindlich gesonnen waren.

In Hegesippus' Bericht sehen sich die Schriftgelehrten und Pharisäer gezwungen, nicht nur Jakobus' Ansehen beim »Volk« und seine Rolle als charismatischer Führer anzuerkennen, sondern auch diese auszunutzen, um die allgemeine messianische Erregung und Erwartung zu dämpfen. Dieses Szenario eines allgemeinen, grassierenden Messianismus wird nicht nur durch Josephus bestätigt, wenn er den engültigen Ausbruch des Aufstands gegen Rom dem Einfluß der messianischen »Stern-Prophezeiung« auf die jungen Männer, »die für sie eiferten«, zuschreibt[12], sondern auch durch den unleugbar messianischen Geist der Qumran-Handschriften. Wie der Grundtenor seiner messianischen Verkündigung letztlich auch gewesen sein mag – pazifistisch und romfreundlich wie beim Jesus der Evangelien und in den Paulusbriefen oder aggressiver und eschatologischer, wie bei Josephus und in den Qumran-Rollen erkennbar –, es scheint festzustehen, daß Jakobus' Popularität als *»Zaddik«* des »Oppositionsbündnisses« so groß war, daß sogar das »Establishment« nicht umhinkonnte, sie anzuerkennen und (selbst wenn es versuchte, sie für seine Zwecke zu mißbrauchen) sich ihr zu beugen.

Das gleiche Bild zeichnet sich auch in den *Anabathmoi Iakobou* ab, die gleichfalls, wie die Pseudoklementinen, die überragende Rolle unterstreichen, die Jakobus bereits zwei Jahrzehnte früher, Mitte der vierziger Jahre, im Tempel und in ganz Jerusalem spielte. Wie in den *Rekognitionen*, mit denen dieses Werk ohne Zweifel auf irgendeine Weise zusammenhängt, wird Jakobus hier als eine Persönlichkeit von gewaltigem Einfluß bei den Massen dargestellt. In Übereinstimmung mit dem Titel dieses verschollenen Textes (»Die Aufstiege des Jakobus«) gipfelt die erwähnte Szene in den *Rekognitionen* in einer auf den Stufen des Tempels geführten Debatte. Selbst in der Apostelgeschichte sind trotz vielfältiger Überarbeitung noch Spuren dieser Debatten zu erkennen, wenn wir vom Kommen und Gehen der Urchristen auf dem Tempelberg lesen und vom gewaltigen Interesse, das die dabei verkündeten und erörterten messianischen Themen bei den Menschen erregen.

Die Kapitel 3 bis 6 der Apostelgeschichte liefern eine retrospektive und extrem paulinisierte, antisemitische Version dieser im Tempel oder auf dessen Stufen stattfindenden Debatten. Auch wenn es in ihnen dem neutestamentlichen Text zufolge um die Lehre des übernatürlichen »Christus« und um die Verurteilung der Juden als »Christusmörder« geht – und die zentrale Gestalt des Jakobus durch eine purgiertere »zentrale Triade«, bestehend aus Petrus, Jakobus und »dessen Bruder Johannes«, ersetzt worden ist –, schimmert doch durch das Ganze ein Bild der wahren historischen Situation und der messianischen Unruhe hervor, welche den Zeitraum von den vierziger bis zu den sechziger Jahren des ersten nachchristlichen Jahrhunderts nachweislich kennzeichnete.

Hegesippus seinerseits faßt die an Jakobus gerichtete Bitte der Pharisäer und Schriftgelehrten mit folgenden Worten zusammen:

> Wir flehen dich an, überzeuge all die Menschen, die um Jesu willen zum Pessachfest kommen, denn wir setzen all unser Vertrauen in dich. Denn wir und das ganze Volk bestätigen dir, daß du der Gerechte bist und *das Ansehen der Menschen nicht achtest*. Überzeuge daher das Volk, daß es sich nicht bezüglich Jesu *irreführen lasse*, denn *wir und das ganze Volk schulden dir Gehorsam*.

Das ist wieder eine äußerst aufschlußreiche Aussage, denn sie beweist, welchen Einfluß und welches Ansehen Jakobus bei der breiten Bevölkerung besaß, und macht zugleich deutlich, daß dies mit seinem Status als »vollkommen Gerechter« oder »der Gerechte« oder »Zadok« *par excellence* zusammenhing. Allerdings widerspricht sie gänzlich dem, was Josephus uns kurz zuvor über Jakobus' Widersacher Ananus erzählt hat: nämlich daß »er auch mit Menschen untersten Ranges gern wie mit seinesgleichen verfuhr«. Es fällt schwer, angesichts solch eklatanter Lügen und Verdrehungen, wie sie uns von prorömischen, »Establishment«-freundlichen Autoren vorgesetzt werden, nicht in schallendes Gelächter auszubrechen.

Den Evangelien zufolge ist auch Jesus einer, der »das Ansehen der Menschen nicht achtet« (Markus 12,14 und Parallelen). Bemerkenswerterweise erwähnen die Synoptiker aber diesen Charakterzug gleichsam zur Einführung und Begründung der unmittelbar folgenden – prorömischen und offenkundig paulinisierten – Stellungnahme Jesu bezüglich der *Steuerfrage*; berücksichtigt man all diese Umkehrungen und Verdrehungen, kann man daraus aber nur schließen, daß Jakobus in dieser Hinsicht den *genau entgegengesetzten Standpunkt* vertrat. Matthäus und Markus zufolge äußert Jesus sein berühmtes

»Gib dem Kaiser, was des Kaisers ist ...« als Reaktion auf den Versuch der »Pharisäer und *der Leute des Herodes*, ihn zu fangen« oder »zu Fall zu bringen« (22,15 und 12,13); bei Lukas tut er das gleiche gegenüber »Leuten, die angestiftet waren, sich zu stellen, als wäre es ihnen um die Gerechtigkeit zu tun,... so daß sie ihn der Gewalt des Statthalters *ausliefern* könnten« (20,20).

Beachten sollte man bei diesen Variationen nicht nur die implizite Parallele zum archetypischen Verräter *Judas*, der »ihn [das heißt Jesus] ausliefert«, sondern auch die Anspielung auf Belial und seine »Netze« sowie auf Bileam und Balak, die »Israel eine Falle stellen« (Offenbarung 2,14). Desgleichen sei wieder daran erinnert, daß der Begriff »ausliefern«/»überliefern« in den Qumran-Texten – insbesondere in der Damaskus-Schrift – weit verbreitet ist, dort aber auf Gott bezogen wird, der die Erde mit Zerstörung »heimsucht« und die Menschen, die das Gesetz gebrochen und vom Bund abgefallen sind, dem Verderben »ausliefert«.

Bevor wir uns Jakobus' eigentlicher Verkündigung zuwenden, sollten wir an dieser Stelle von Fragen, die das »Establishment« den Evangelien zufolge Jesus stellt, noch einige zusätzliche Punkte hervorheben. Unmittelbar nachdem die Pharisäer und Herodianer versucht haben, »Jesus zu fangen«, richten »die Sadduzäer« an ihn Fragen bezüglich der »Auferstehung«, die ganz offensichtlich auf Josephus' Charakterisierung dieser »philosophischen Schule« basieren (Matthäus 22,23–27 und Parallelen). Aber das Beispiel, das die Sadduzäer als Argument für ihre These anführen, ist unsinnig: Wenn eine Frau nacheinander sieben Brüder heiratet, wessen Frau wird sie dann bei der Auferstehung sein? Dies ist eine offenkundige – und dazu noch böswillige – Parodie auf die Geschichte der »zelotischen« »Sieben Brüder«, die im Zweiten Buch der Makkabäer, dem radikaleren der beiden Makkabäerbücher, erzählt wird. In dieser Episode erleiden sieben Brüder einer nach dem anderen unbeschreibliche Martern, aber, *von ihrer Mutter ermutigt*, »verachten sie ihr Leben um Seiner Gebote willen ... in der Hoffnung, es [das Leben] für ewig wiederzuerlangen« (7,1–42).[13]

Wenn man vom Buch Daniel (12,2 f.) absieht, ist dies die früheste direkte Anspielung auf die Auferstehungslehre, der wir in der ganzen Bibel begegnen; bezeichnenderweise erscheint sie im Kontext einer »Heiliger-Krieg«-Ideologie, was sie als eine ursprünglich »puristisch-sadduzäische« Doktrin ausweist. In der genannten Episode aus den Evangelien wird sie – und der Zustand der Auferstandenen – trivialisiert und von »herodianischen Sadduzäern« (wie wir sie jetzt nennen dürfen) ins Lächerliche gezogen. Bei Lukas bezeichnet Jesus jene, die der Auferstehung teilhaftig geworden sind, als »Kinder der Auferstehung« und sogar als »Gottes Kinder« (20,36), was also den »Söhnen des Zadok« entspräche, so wie die Qumraner Damaskus-Schrift den Terminus versteht.

Nicht minder interessant ist die – diesem Gespräch mit »gewissen Sadduzäern« folgende – Antwort, die Jesus, gefragt, was »das vornehmste Gebot im Gesetz« sei, den Pharisäern (bei Markus »einem der Schriftgelehrten«) gibt: nämlich die zwei Liebesgebote (»Du sollst Gott lieben« und »Du sollst deinen Nächsten lieben wie dich selbst«), die uns mittlerweile als *die* gemeinsame ethisch-religiöse Richtlinie sämtlicher »oppositionellen« Gruppen der Herodianerzeit wohlvertraut sind. Alle drei Synoptiker schließen diese Serie von Fragen, die das »Establishment« an Jesus richtet, mit der Identifizierung des »Christus« als des »Sohnes Davids« (Matthäus 22,41–45 und Parallelen). Dabei zitieren sie das unverhohlen nationalistische »Lege deine Feinde unter deine Füße« aus dem hochbedeutsamen messianischen Psalm 110, der, wie oben dargelegt, auch zweimal im Hebräerbrief angeführt wird (1,13 und 10,13).[14] Nicht nur bezeichnet dieser Psalm seine Hauptperson als »ein[en] Priester ewiglich nach der Weise Melchisedeks«, der »zur Rechten [Gottes] sitzt« und seine »Macht ausstreckt aus Zion«, sondern er sagt von diesem Mann bezeichnenderweise auch, er sei »heilig vom Mutterleib an« (110,3 f.).

Doch nun zurück zur Beziehung dieser Passagen zu Jakobus. Jakobus' Widerstand gegen das herodianisch/pharisäische »Establishment« (und damit auch gegen die römische Obrigkeit) in den um »Jesus« kreisenden Kunstmärchen und Mythologisierungen wird nicht nur trivialisiert und in sein Gegenteil verkehrt, sondern wir sehen abermals auch, daß mit Jakobus assoziierte Traditionen – wie »das Ansehen der Menschen nicht achten« oder »vom Mutterleib an heilig« und somit auch »ein Priester« oder »Hoherpriester sein« (ob »von den Söhnen Rechabs« oder »nach der Weise Melchisedeks« spielt dabei keine Rolle) – retrospektiv vereinnahmt und der Charakterisierung Jesu dienstbar gemacht werden können. Natürlich wäre es denkbar, daß sich diese Prädikate *sowohl* auf Jakobus *als auch* auf Jesus beziehen ließen, aber wenigstens bei oberflächlicher Betrachtung scheinen sie auf ersteren weit eher zuzutreffen; was *Jesus* anbelangt, könnten die Ansichten diesbezüglich auseinandergehen.

Die von Eusebios hier aufbewahrten Traditionen, die Jakobus als beim Volk beliebt sowie als »Zaddik, der das Ansehen der Menschen nicht achtet« – insbesondere (wie sein Alter ego Ananus bei Josephus oder wie Jesus in den Evangelien) was »Reichtümer« oder »Armut« anbelangt – ausweisen, unterstützen nicht gerade die Ansprüche der römisch-katholischen Kirche auf das Primat und die Legitimität der von Petrus ausgehenden Linie (die Eusebios auch vorstellt). Eusebios referiert sie hier nur, *weil er sie in seinen Quellen so vorgefunden hat*. Wenn wir sie so ernst nehmen, wie sie es verdient, erweist sich diese Bezeugung von Jakobus' (und des »Zaddik«-Begriffs überhaupt) Popularität und Einfluß bei den Massen als unschätzbar wertvolle Hilfe zum Verständnis der wahren Situation im Vorkriegs-Jerusalem – und desgleichen einiger merkwürdiger und gänzlich unerwarteter Passagen in den Qumran-Rollen.

Rechnet man die retrospektive Deutung christlicher Theologen, die bereits im 2. und 3. Jahrhundert vom hohen Alter des »Christus«-Begriffs überzeugt waren, ab, kann man sich vorstellen, daß der Gegenstand, den Jakobus, um die sich in messianischer Erwartung verzehrenden Volksmassen zu beruhigen, zu Pessach im Tempel erörtern sollte, das Wesen und die Bedeutung des *Messias-Begriffs* waren. Eben darum kreisen die Debatten auf den Tempelstufen, die, wie in den pseudoklementinischen *Rekognitionen* dargestellt, im tätlichen Angriff des »Feindes« Paulus auf Jakobus gipfeln. Die von Eusebios zitierten *Anabathmoi Iakobou* fügen dem noch die zwei Streitpunkte »Legitimität der herodianischen Priesterschaft« und »Einstellung des Opfers« hinzu. Diese Streitfragen bereiten die Bühne für die endgültige Vernichtung Jakobus'.

Jakobus' Verkündigung im Tempel und die Versuchung Jesu

Nun setzt Eusebios, gestützt auf Hegesippus, seine Schilderung dieser tumultuarischen Ereignisse fort:

> »Stelle dich daher auf die Zinne des Tempels, auf daß du, hoch oben, gut sichtbar seist und deine Worte für alles Volk klar zu vernehmen, denn wegen des Pessachfests haben sich alle Stämme und auch zahlreiche Heiden hier eingefunden.« So veranlaßten die obenerwähnten Pharisäer und Schriftgelehrten Jakobus, sich auf des Tempels Zinne zu stellen [das heißt darauf zu »stehen« – abermals unser Begriff des »Stehenden«], und riefen dann laut zu ihm hinauf: »O Gerechter, dessen Worten wir alle Gehorsam schulden: Da die Menschen um des gekreuzigten Jesu willen in die Irre gehen, sage uns, was ist das Tor zu Jesus?« Und er antwortete mit lauter Stimme: *»Was fragt ihr mich nach des Menschen Sohn? Er sitzt jetzt im Himmel zur Rechten der Großen Macht und ist im Begriff zu kommen auf den Wolken des Himmels.«*

Das hier mit »Zinne« wiedergegebene griechische Wort *pterygion* (das auch mit »Flügel« oder »Brüstung« übersetzt werden kann) wird in diesem Bericht zweimal wiederholt. Dies stellt eine unbezweifelbare Verbindung zur berühmten Geschichte von der Versuchung Jesu her, bei der wir exakt der gleichen Formulierung begegnen: »Da stellte der Teufel *[»Diabolos«]* ihn auf die Zinne *[pterygion]* des Tempels« (Matthäus 4,5 und Lukas 4,2). Diese Episode beginnt bekanntlich damit, daß Jesus nach seiner Taufe durch Johannes »vom Heiligen Geist in die Wüste geführt« wird, wo er 40 Tage lang »vom Teufel versucht wird« (Matthäus 4,1 f. und Lukas 4,2). Markus (1,13), spricht statt vom *»Diabolos«* von *»Satan«* und berichtet, Jesus sei vom Geist nicht wie bei Matthäus und Lukas »geführt« sondern »getrieben« worden (wörtlich »hinausgestoßen«, *ekballei*).

Diese Vermischung der Termini *»Diabolos«* und »Satan« in ein und demselben Textkorpus ist, wie wir gesehen haben, typisch für Qumran, desgleichen für Paulus, die Johannesoffenbarung und interessanterweise den Koran.[15] Bei Markus heißt es außerdem – wie später auch bei Matthäus (4,11) –, »und die Engel dienten ihm«, was genau dem entsprach, was wir, dort allerdings auf »Adam« bezogen, in der zweiten Sure des Korans lesen. Dort heißt es: »[Gott sprach zu den Engeln:] *›Fallt vor Adam nieder!‹ Und sie taten es*; nur *Iblis … weigerte sich*« (2.35). Dies ist natürlich die »Ur-Adam«-Idee der Elchasaiten, der Ebioniten, Simon *Magus'* und Paulus', die nun, statt wie in den Evangelien auf Jesus, auf Adam selbst und dessen Status (»Stand«, »Stehen«) bezogen wird. Dieser *»Iblis«* ist außerdem niemand anderer als der *»Belial«* der Qumran-Manuskripte – der *»Diabolos«* des Neuen Testaments.

Die von den Synoptikern geschilderte »Versuchung Jesu« ist nichts anderes als eine gehässige Parodie auf Josephus' »Betrüger und falsche Propheten, die die Menschen in die Wüste hinausführen, um ihnen die Zeichen und Wunder ihrer bevorstehenden Freiheit zu zeigen«. In den Evangelien des Matthäus (4,3) und des Lukas (4,3) sagt der »Teufel« zu Jesus sogar: »Bist du Gottes Sohn [die neue, »west-christlichere« Version des Begriffs vom »Ur-« oder »zweiten Adam« oder der »verborgenen Kraft«], so sprich zu diesem Stein, daß er Brot werde.« Was natürlich genau die Art von »Zeichen und Wundern« ist, die Josephus im Zusammenhang mit den »falschen Propheten« verdammt. Im weiteren Verlauf der Evangelien vollbringt Jesus allerdings durchaus solche Wundertaten, und zwar bekanntlich sogar genau diese Vervielfältigung von Broten in der Wüste, die er in der »Versuchungsepisode« zu leisten ablehnt (Matthäus 15,33 und Markus 8,34)!

Doch kehren wir zu unserem eigentlichen Thema zurück. Nach

einer zweiten mißglückten Versuchung »stellt« der Teufel »ihn [Jesus] auf die Zinne des Tempels« und fordert ihn heraus: »Bist du Gottes Sohn, so wirf dich von hier hinunter« (*bale* mit folgendem *katô* – in der von Eusebios referierten Jakobusepisode: *kataballô*). Die Übereinstimmung zwischen dieser Jesus- und der Jakobusepisode ist nicht nur hinsichtlich des Szenarios, sondern auch der Wortwahl fast perfekt; der einzige Unterschied besteht darin, daß Jakobus tatsächlich *»hinabgestürzt«* wird – bei Hegesippus *von der Zinne* und in den Pseudoklementinen, wie wir noch sehen werden, »mit dem Kopf voran« *von den »Stufen« des Tempels*.

Die implizite Botschaft dieser – insofern *späten* – Evangelienszene lautet, daß das, was Jakobus widerfuhr, *böse* oder das Resultat einer »teuflischen Versuchung« war. Jesus hätte so etwas nicht getan! In der umgeschriebenen Version, welche die Evangelien von dieser Geschichte liefern, wird Jesus vom Teufel nur *herausgefordert*, »sich« – à la Simon *Magus* – »hinabzustürzen«. Doch obwohl der Teufel (*»Diabolos«*) ihm unter anderem »alle Königreiche der Welt und ihre Herrlichkeit« anbietet, lehnt Jesus ab und erteilt ihm die sprichwörtliche Abfuhr: »Hebe dich weg von mir, Satan« (Matthäus 4,10 und [nicht in den deutschen Übersetzungen, A.d.Ü.] Lukas 4,9).

Auch die Anspielung auf Simon *Magus* ist durchaus angebracht. Nicht nur schreiben die Pseudoklementinen, wie wir gesehen haben, Simon *Magus* eine Variation der Doktrin vom »Ur-Adam«/»Stehenden« zu, sondern Simon soll sich außerdem im Rahmen seiner Auseinandersetzungen mit Petrus in Rom aus großer Höhe »hinabgestürzt« haben, um die Volksmenge mit seiner Wunder-»Kraft« zu beeindrucken.[16] (Beachtung verdient ebenfalls die Parallele aus der Damaskus-Schrift, wo von jenen die Rede ist, »die festhalten am Haus des Glaubens«, das Gott »in Israel für sie erbaute«, und denen »ewiges« oder »siegreiches Leben« verheißen ist. Dies wiederum leitet die eschatologische Auslegung von Hesekiels »zadokidischem Bund« ein, wo die gleiche »Herrlichkeit« in »und alle *Herrlichkeit Adams wird ihnen zuteil werden*« wieder auftaucht (was abermals den Begriff »Ur-Adam« anklingen läßt).[17]

Ein weiterer interessanter Punkt ist die Tatsache, daß das Johannesevangelium (das Jesu Versuchung durch den Teufel *nicht* erwähnt) an dieser Stelle Johannes den Täufer ausdrücklich (und in Übereinstimmung mit Josephus) erklären läßt, er »taufe [nur] mit Wasser« und er sei »nicht der Christus« – das heißt nicht die Verkörperung des »Ur-Adams«, »der zweite Adam« oder »der Herr aus dem Himmel«, wie Paulus es formuliert. Er beteuert außerdem, er sei *weder Elia* (das heißt, er macht keinen Regen) noch »der Prophet« (er ist nicht der ebionitische »wahre Prophet«), und erklärt: »Aber [einer] *steht* mitten unter euch, den ihr nicht kennet« (abermals der ebionitisch/elchasaitisch/sabäische Begriff des »Stehenden«), »des ich nicht wert bin, daß ich seine Schuhriemen auflöse« – vermutlich weil dieser »Stehende« so erhaben war (Johannes 1,25 f.). Zu beachten ist auch, daß in Matthäus' und Lukas' Version von Jesu Zurückweisung der »Herrlichkeit«, die »alle Königreiche der Erde« darstellen, Markus' »Satan« wieder auftaucht.

Da diese Evangeliumsschilderungen von Jesu Versuchung gleichzeitig so polemisch und symbolisch und so eindeutig gegen jene gerichtet sind, die in die Wüste hinausgehen, um Wunder zu tun oder, wie Josephus erklärt, »um den Menschen dort die Zeichen ihrer *bevorstehenden Freiheit* zu zeigen« (man beachte wieder die umgekehrte Anspielung auf diesen Sachverhalt, die Paulus' dialektische Ausführungen zur »Freiheit« vom Mosaischen Gesetz darstellen), kann kaum ein Zweifel daran bestehen, daß derjenige, der *zuerst* und *ursprünglich* »auf die Zinne des Tempels gestellt« wurde – so erstaunlich das auf den ersten Blick auch erscheinen mag – *Jakobus war*, der diesen von Hegesippus im 2. Jahrhundert festgehaltenen Überlieferungen zufolge von dieser erhöhten Stelle aus die nach dem Messias lechzenden Volksmassen beruhigen sollte.

Die neutestamentlichen Aufbereitungen dieser verschiedenen Motive sind, um es noch einmal zu sagen, eindeutig gegen jene gerichtet, die weltliche »Königreiche« zu errichten suchen, und stellen somit auch Cäsars Macht auf Erden in Frage. Das ist aber genau der Punkt, um den es in der Polemik um die Frage der römischen Steuer geht, in deren Verlauf es von Jesus (nicht Jakobus) heißt, er »achte das Ansehen der Menschen nicht«, und die »Establishment«-Parteien Jesus (wieder nicht Jakobus) eine Reihe von Fragen stellen, denen bei Matthäus und Markus (Lukas spricht davon an einer anderen Stelle) die Erwähnung der Gerechtigkeit-Frömmigkeit-Dichotomie und insbesondere das »Du sollst lieben deinen Nächsten wie dich selbst« folgt. Und genau das ist, wie schon gesagt, die Reihenfolge, an die sich Paulus im »antizelotischen« 13. Kapitel des Römerbriefes hält, wenn er das Gerechtigkeits-Gebot als Grund dafür anführt, »jedermann« zu geben, »was [man] ihm schuldig ist« (13,6–9).

In diesen Evangeliendarstellungen seiner Diskussion mit dem »Establishment« empfiehlt Jesus, zumindest wie es vordergründig erscheint, »*Cäsar*« Steuern zu geben«, was die »zadokidischen«, nasiräischen Revolutionäre natürlich geschlossen mit Entschiedenheit ablehnen. Tatsächlich war nach Josephus' Auskunft die von Judas und »*Saddok*« gegründete »Galiläer«- oder »*Sikarier*«-Bewegung gerade als Reaktion auf die römische Steuerschätzung ins Leben gerufen worden. Doch Lukas (23,2) zufolge lautete die gegen Jesus vorgebrachte Anklage: »Er macht unser Volk abwendig und *verbietet [ihm], Cäsar Steuern zu geben*, und spricht, er sei Christus, ein König.«

Vor dem Hintergrund all dieser polemischen Umkehrungen und Verdrehungen dürfte also klar sein, daß die Geschichte von Jesus, der vom Teufel »auf die Zinne des Tempels gestellt wird« und es ablehnt, sich »versuchen« zu lassen und »sich hinabzustürzen« *(kataballô)*, eine der beliebtesten Episoden um Jesus, die sich in der uns heute vorliegenden Fassung der Evangelien findet, wahrscheinlich ursprünglich ein Element der Traditionen um Jakobus war, auf den sie – wie das damit zusammenhängende Motiv des *Untergangs Jerusalems* – im übrigen auch *weit besser paßte*. Gleichzeitig sollte damit auch offenkundig werden, daß sich die Menge an außerbiblischem Material über Jakobus, die in die kanonische Jesusgeschichte aufgenommen wurde, kontinuierlich erhöht.

Ein weiterer interessanter Aspekt dieser Hegesippuspassage, die Jakobus (der »das Ansehen der Menschen nicht achtet«) »auf der Zinne des Tempels stehend« darstellt, ist die Tatsache, daß die Pharisäer und Schriftgelehrten in ihr anstelle des Eigennamens, Jakobus, den Terminus »der Gerechte« (»Zadok«?) verwenden – wozu sich in der obenerwähnten Stelle bei Lukas (20,20) über die »*Spione, die sich stellten*, als wäre es ihnen um die *Gerechtigkeit* zu tun« eine Parallele findet. Tatsächlich verwendet Hegesippus' Bericht, wenigstens in den direkten Reden, selten wieder den Namen »Jakobus«, sondern eher die Umschreibung »der Gerechte«. Dieser schwerlich zufällige Umstand stellt eine Verbindung zu den »Wortspielen« mit der Wurzel »*Z-D-K*« her, die sich in den Qumran-Schriften um die Gestalt des »*Gerechten Lehrers*« ranken.

Wir haben bereits darauf hingewiesen, daß die Wendung »das Tor« oder »die Tür zu Jesus« gleichbedeutend mit »der Weg Jesu« sein könnte. Tatsächlich bezeichnet sich im Evangelium des Johannes (10,9) Jesus selbst als »die Tür«, womit er »das Tor zum Heil« oder »zur Erlösung« zu meinen scheint. Analog dazu erscheint am Ende der berühmten Bergpredigt – unmittelbar vor der Warnung »vor den falschen Propheten, die in Schafskleidern zu euch kommen, inwendig aber reißende Wölfe sind« (Bilder, die im antipaulinischen Unkrautgleichnis in ihren Grundzügen wiederkehren werden) – die an die obige Johannesstelle anklingende »Pforte« in Verbindung mit dem »schmalen Weg, der zum Leben führt« (Matthäus 7,13 ff.).[18]

Diese Anspielung krönt eine lange Reihe von polemischen Ausführungen der (fast unmittelbar auf die Matthäussche »Versuchungsepisode« folgenden) Bergpredigt, in denen auf die eine oder andere Weise die meisten für das vorliegende Werk relevanten Themen zur Sprache kommen. Am wichtigsten im Kontext der obengenannten Fragen ist Jesu polemische Transmutation des Gerechtigkeits-Gebots »Liebe deinen Nächsten« in »Liebe deine Feinde«, in deren Zusammenhang wieder ausdrücklich auf die »Zöllner« (»Steuereintreiber«) angespielt wird (5,43–47). Außerdem gebraucht Jesus, wie wir gesehen haben, die »Regen«-Metapher der Kriegsrolle (5,45), der die Formulierung des »qumranischen« und judenchristlichen Ideals des »vollkommenen Adams« folgt: »Darum sollt ihr vollkommen sein, gleichwie euer Vater im Himmel vollkommen ist« (5,48). Das Ganze endet schließlich mit der »noachidischen« Anspielung auf den »Platzregen« und »die steigenden Wasser« sowie »die wehenden Winde«, die aber dem »Haus ... [das] auf den Felsen gegründet« ist, nichts anhaben können (7,24 f.).

Im Rahmen seiner Erörterung der Gruppe, die er die »Naassener« (und Epiphanios »Sebuäer«) nennt, knüpft auch Hippolytos das Bild der »Tür« oder »Pforte« an die Lehre vom »Ur-Adam«. Nachdem er berichtet hat, daß sie, wie Jahrhunderte später Al-Birunis »Sabäer«, zur »Kuppel des Himmels« (das heißt nach Norden) gewandt beten, erklärt Hippolytos, daß nach Auffassung der Naassener »Adam der Ur-[»Erste«]Mensch« ist und Jesus »die wahre Pforte«, durch die der vollkommene Mensch eintritt. Wie diese Sekte offenbar glaubte, »kann der vollkommene Mensch nicht *gerettet werden*, es sei denn, daß er wiedergeboren werde«.[19] In all diesen Darstellungen wird das »Tor zu Jesus« also auf irgendeine Weise zum »vollkommenen Menschen« in Beziehung gesetzt.

In Hegesippus' Version der Ereignisse zieht es Jakobus scheinbar vor, statt die Frage nach dem »Tor zu Jesus« zu beantworten, das apokalyptischere und »biblischere« Bild vom »Menschensohn« zu verkünden, der »im Himmel zur Rechten der Großen Kraft sitzt und im Begriff ist zu kommen auf den Wolken des Himmels.« Darin erkennen wir nicht nur wieder die Lehre von der »großen« oder »verborgenen Kraft«, sondern auch die Tatsache, daß nach Jakobus' Auffassung *»der Menschensohn«* offenbar dieses »Tor zu Jesus« oder »des vollkommenen Adams« ist. Bevor wir weitergehen, müssen wir uns jedoch vergegenwärtigen, daß »Menschensohn« oder »Sohn des Menschen« auf hebräisch »Sohn Adams« (auf aramäisch »Sohn Enoschs«) heißt; damit aber ist die Erwähnung der unmittelbar bevorstehenden Ankunft des »Menschensohns auf den Wolken des Himmels« – die der Kriegsrolle, wie wir noch sehen werden – im wesentlichen nichts anderes als eine »explosivere« Version der Idee vom »Ur-Adam« oder

»Vollkommenen Adam«. Wie Paulus es im Ersten Brief an die Korinther (15,45 ff.) auf seine unnachahmliche Weise formuliert:

> Wie geschrieben steht: »Der erste Mensch, Adam, wurde zu einer lebendigen Seele«, und der letzte Adam zu einem lebendig machenden Geiste ... Der erste Mensch ist von der Erde und irdisch; der andere Mensch ist vom Himmel.

Die von Hegesippus dem Jakobus zugeschriebene Verkündigung – die wir mit einem brennenden Streichholz verglichen haben, das in ein explosionsbereites Gemenge von Pessach-Pilgern geworfen wird – ist zugleich unmittelbar und extrem kraftgeladen. Erkennt man nur ihren aggressiv apokalyptischen, messianischen Charakter, wird sie zur zentralen Proklamation einer der erstaunlichsten Episoden überhaupt, von denen die Geschichte der Religion zu berichten hat. Und heute, da die Handschriften vom Toten Meer nach rund 19 Jahrhunderten wieder zum Vorschein kommen, sind wir imstande festzustellen, daß die von Hegesippus dem Jakobus zugeschriebene Äußerung in der Kriegsrolle nicht nur eine fast wörtliche Entsprechung besitzt, sondern daß diese auch exakt an der Stelle auftritt, an der die messianische »Stern-Prophezeiung« ausgelegt wird.

Bevor wir das Motiv »Tor«/»Tür«/»Pforte« verlassen, sollten wir noch darauf hinweisen, daß Lukas (13,24 ff.) die Metapher der »engen Pforte« kennt und sie, wie Matthäus (7,25) und die obenerwähnte Stelle der Damaskus-Schrift über die »Herrlichkeit Adams«, mit dem Bild des »Hauses« verbindet – und im Anschluß daran vom »Verschließen der Tür« spricht (jetzt in diametral anderem Sinne, als es in der Apostelgeschichte [21,30] und, wie man sich erinnern wird, in der Damaskus-Schrift – dort gegen »die Söhne des Abgrunds« oder »Belials« – gebraucht worden war). Und wichtiger noch: Das Evangelium kombiniert dieses Bild kurz darauf mit dem gleichen Begriff des [Hinaus-]Geworfenwerdens« (*ekballô*) aus dem »Reich Gottes«, dem wir gerade in Markus' Version der Versuchungsepisode begegnet sind, in der Jesus »in die Wüste getrieben« oder »geworfen wird«, auf daß er von »*Satan* versucht« werde. Jetzt aber wird dieser Begriff gegen *Juden* verwendet (Lukas 13,28). Dies wiederum leitet unmittelbar über zu den berühmten Aussprüchen »Die Letzten werden die Ersten sein, und die Ersten werden die Letzten sein« (Lukas 13,30), und »Wer sich selbst erhöht, der soll erniedrigt werden« (14,11, in 18,14 wiederholt) – die wir bereits (neben anderen Dingen) als propaulinische Attacke gegen die »Säulen« der Jerusalemer Kirche entlarvt haben – und pauschalen Angriffen auf Jerusalem, »die ... *töte[t] die Propheten und steinig[t], die zu [ihr] gesandt werden*« (13,34). Genau an dieser Stelle findet sich auch das Bild der Henne, die ihre Jungen schützend unter ihren Flügeln hält, das in den Qumraner »Hymnen der Armen« durchaus wiederzukehren scheint.

Diese lange – hinsichtlich ihrer Ausführlichkeit Matthäus und Markus überlegene – Passage des Lukasevangeliums beginnt mit Problemen um »essen« und »sich nicht waschen« (11,37) und Anspielungen auf »das Blut des Zacharias« (11,51) und dasjenige der »Galiläer«, das »Pilatus mit ihrem Opfer vermischt hatte« (13,1). Nachdem sie entschieden für Personengruppen, die vom Tempel ausgeschlossen werden, wie »die Armen, die Krüppel, die Lahmen und die Blinden« (14,13), und gegen Vater, Mutter, »Brüder und Verwandte (14,12) Partei ergriffen und sogar das gemeinsame Speisen mit »Zöllnern und Sündern« über die »neunundneunzig Gerechten in der Wüste« (15, 1–7) gestellt hat, endet sie (wie Jakobus' von Hegesippus/Eusebios referierte Rede im Tempel) mit der Berufung auf die »kommenden Tage des Menschensohnes« und/oder auf den Tag, »wenn des Menschen Sohn kommt« (13,22–18,8), die sie mit den ersten zwei *Zaddik*-Rettungs- und -Heilsepisoden der Genesis (Noah und Lot) kombiniert, wobei sie die »Tage [der Ankunft] des Menschensohnes« mit den »Zeiten Noahs« vergleicht und »in die Arche gehen« mit »Feuer und Schwefel«, die »vom Himmel herab[regnen]«, in Verbindung bringt (17,25–29).

Jakobus' Verkündigung vom Menschensohn, der auf den Wolken des Himmels kommt, und die Schriftrollen vom Toten Meer

Die zeitlich/kausale Aufeinanderfolge der Vernichtung des Gerechten, Jakobus', des Auftauchens fremder Armeen und der Verwüstung und Zerstörung des Landes durch letztere, die wir in unseren frühkirchlichen Quellen finden, besitzt eine exakte Parallele in einem anderen berühmten apokalyptischen und eschatologischen Text aus Qumran, von dem wir schon wiederholt gesprochen haben: dem *Pescher* Habakuk. Wie schon angemerkt, erläutert dieser *Pescher* die ersten zwei Kapitel des Propheten Habakuk in eschatologisch-apokalyptischen Begriffen und enthält namentlich Paulus' Schlüssel-Belegtext – »der Gerechte aber wird durch seinen Glauben leben« (Habakuk 2,4) –, den er im Sinne eines apokalyptischen Endzeitgerichts deutet.

Die behandelten Themen sind (wenngleich vielleicht nicht ganz in dieser Reihenfolge): die Vernichtung des »Gerechten Lehrers« durch den »Frevelpriester«, den dafür »der Kelch der Vergeltung des Herrn erreichen wird«; die Verwüstung des Landes durch fremde Armeen, genannt »die *Kittim*« oder »die Zusätzlichen der Völker«; und die Verheißung, daß die Schätze »der letzten Priester Jerusalems, die Reichtümer sammelten und mit den erbeuteten Gütern der Völker wucherten«, »in den letzten Tagen den Händen der Armee der *Kittim ausgeliefert/preisgegeben/überantwortet* werden« sollen.[20] In der letzten Spalte werden sie alle schließlich eschatologisch verdammt und »von der Erde vertilgt« – wie überhaupt Abtrünnige und Götzenanbeter, »alle Heiden, die Stein und Holz huldigen«, die »sie am Tage des Gerichts nicht *retten* werden«.[21]

Man sollte stets darauf achten, wie in der Qumran-Literatur das Wort »Völker« (das im Hebräischen nicht immer mit »Heiden« identisch ist) gebraucht wird, und zwar insbesondere in der Fügung »die Könige der Völker« (griechisch *»Ethnê«*), die sich sowohl in der Damaskus-Schrift findet als auch in der römischen Verwaltungssprache, wo häufig von solchen (insbesondere östlichen) »Völkern« und deren »Königen« die Rede ist. Meiner Ansicht nach bezeichnet dieser Terminus, wenn er in einem palästinischen Kontext gebraucht wird, die »Herodianer«, auf deren ausbeuterische Praktiken und übel erworbene Reichtümer der *Pescher* Habakuk hinweist. Ist er auf Außenseiter und von weither kommende Fremde bezogen, wie etwa in »die Zusätzlichen der Völker«, so wird dieser Terminus speziell mit der »Armee der *Kittim*«, das heißt »der Römer«, gleichgesetzt. Rufen wir uns an dieser Stelle auch wieder ins Gedächtnis zurück, daß Paulus, wie schon mehrmals angemerkt, den parallelen Titel »Apostel der Heiden« (*Ethnê*, wörtlich »Völker«, dasselbe Wort wie oben) für sich beansprucht.[22]

Jeder, der mit der Bibel vertraut ist, wird sofort erkennen, daß Jakobus' Erwiderung auf die Frage der Pharisäer und Schriftgelehrten, so wie Hegesippus sie referiert, eine Anspielung auf die berühmte messianische Passage aus dem Buch Daniel (7,13) darstellt:

> Ich sah in diesem Gesicht in der Nacht, und siehe, es kam einer mit den Wolken des Himmels wie eines Menschen Sohn [auf hebräisch »Sohn Adams« – im aramäischen Original »Sohn Enoschs«].

Erst recht wird jeder auch nur ein wenig in der christlichen Theologie Bewanderte diesen Titel »des Menschen Sohn« oder »Menschensohn« als eine der wichtigsten Formulierungen überhaupt erkennen, die gemeinhin als biblische Umschreibungen für »Jesus« angesehen werden. Was allerdings meist übersehen wird, ist die Tatsache, daß die Qumraner Kriegsrolle in exakt dem gleichen begrifflichen und textuellen Rahmen operiert.

Bevor ihre eigentliche Auslegung kommt, wird in der 11. Spalte dieses Textes die »Stern-Prophezeiung« aus dem Buch Numeri in voller Länge zitiert: »Es wird ein Stern aus Jakob aufgehen und ein Zepter aus Israel aufkommen ...« Dann wird sie im Detail analysiert. In den drei voraufgehenden Spalten aber wird die Situation »in den Lagern«, wo »die heiligen Engel mit unseren Heerscharen sind« und »die Vollkommenen an Geist und Körper sich rüsten für den Tag der Rache«, beschrieben und »das Königreich« als »des Gottes Israels« spezifiziert.[23]

Es ist letzterer, der »all die mächtigen Krieger stärkt« und »befestigt«, indem Er »Krieg führt durch die Heiligen Seines Volkes«. Letztgenannte sind mit fast hundertprozentiger Sicherheit gleichbedeutend mit den *»Kedoschim«* oder »Heiligen« des Buches Daniel (7, 21), und zu ihnen würden zweifellos auch all jene gehören, die, wie Jakobus und Johannes der Täufer, durch eine »nasiräische« Lebensweise dem Ideal der »Heiligkeit vom Mutterleibe an« nacheifern. Aus diesem Grunde »soll alle unziemliche Lüsternheit von den Lagern verbannt sein« (»da die heiligen Engel bei ihren Heerscharen sind«); darüber hinaus werden die Kriegsgewänder der Priester (die aus »Leinen« sein sollen und zu denen wahrscheinlich auch die von Hegesippus/Eusebios im Zusammenhang mit Jakobus erwähnte »leinene Kopfbedeckung« oder »Mitra« gehörte) in großer Ausführlichkeit beschrieben. Diese Gewänder dürfen anschließend nicht »im Tempel« getragen werden, noch dürfen sich diese Priester »mit dem Blut der Nationen der Eitelkeit [oder »Leere] verunreinigen.[24]

Hier finden wir auch die ersten Anspielungen auf »die Form Adams und die Geschlechter seines Samens«, und »die Macht« Gottes – wie in Jakobus' Verkündigung von »des Menschen Sohn, der sitzt zur Rechten der Großen Macht« – wird wiederholt erwähnt; desgleichen Gottes »mächtige Werke und Wunder«. Anders als in den Evangelien aber, wo die gleichen Worte zur Charakterisierung von Jesu friedlicheren und »hellenisierteren« »Taten« in Chorazin, Sidon und Tyrus gebraucht werden (Matthäus 11,20–23 und Parallelen), handelt es sich bei den »Taten« oder »Werken«, von denen *hier* die Rede ist, um militärische Siege, wie Davids Überwindung Goliaths oder den Untergang der Streitwagen des Pharao im Roten Meer.

Immer und immer wieder betont der Text, daß diese militärischen Siege von den irdischen »Heiligen des Bundes« mit Hilfe der »heiligen Engel« und der »Heerscharen der himmlischen Heiligen« *auf den Wolken* erreicht wurden. Dies wird folgendermaßen ausgedrückt:

> Die Kraft ist aus Dir, nicht aus uns. Unsere Stärke und die Kraft unserer Hände vollbringen keine *mächtigen Werke* außer durch Deine Kraft und die Kraft Deiner mächtigen Tapferkeit.[25]

Zu beachten ist hier, abgesehen vom aufschlußreichen »Kraft«-/ »Macht«-Vokabular, die inhärente Streitlust der Äußerung. Sie ist ein zentrales Kennzeichen des typischen Qumraner Ethos. Wir erkennen sogar eine aggressive Version des paulinischen »Gnaden«-Begriffs, wenn Gott hier mit den Worten gepriesen wird:

> *Gerettet* hast Du uns durch deine Gnade und nicht aufgrund unserer Werke, denn wir haben gefehlt und schändlich gesündigt.[26]

In seiner ritualisierten Formelhaftigkeit tut dieses Bußbekenntnis dem grundsätzlichen »Werkgerechtigkeits«-Ethos des Textkorpus keinen Abbruch. Dennoch liefert es einen hervorragenden Einblick in die palästinischen Wurzeln, aus denen Paulus seinen spirituelleren, nichtmilitärischen Begriff »Gnade« gezogen hat.

Davids Sieg über Goliath stellt die grundsätzlich *davidischen* Weichen für das, was in der Kriegsrolle nun folgt – einschließlich der Interpretation der »Stern-Prophezeiung«. Dies ist ein für die Qumran-Exegese – und wie man ohne Übertreibung sagen darf: für die ganze Welt – absolut entscheidender Augenblick. Nicht nur steht diese Interpretation unter dem messianischen Vorzeichen »kein bloßer Adam«, was unumstößlich beweist, daß die »Stern-Prophezeiung« in Qumran *messianisch verstanden wurde*[27]; sie entwickelt jetzt außerdem das Danielsche Bild von »eines Menschen Sohn«, der mit den himmlischen Heerscharen »auf den Wolken des Himmels« ankommt, oder verheißt, wie das Matthäusevangelium (und vor ihm, wie wir gesehen haben, mit ähnlichen Worten Jakobus) es formuliert: »Sie werden kommen sehen des Menschen Sohn in den Wolken des Himmels mit großer Kraft und Herrlichkeit« oder »sitzen zur Rechten der Kraft und kommen in den Wolken des Himmels« (24,30, 26,64 und Parallelen).[28]

Der jeweilige Kontext dieser zwei Evangelienstellen ist relevant: im ersteren Fall die Kleine Apokalypse, die Jesus vor seiner Gefangennahme auf dem Ölberg ausspricht, nachdem er beim Anblick des Tempels verheißen hat, daß »nicht ein Stein auf dem anderen bleiben« wird; im zweiten Fall die Rede, die Jesus vor dem »ganzen

Hohen Rat« (Sanhedrin), bestehend aus »Oberpriestern und Ältesten«, im »Palast« oder »Hof des Hohenpriesters« in der Nacht von Pessach hält. Der Raum, in dem der Sanhedrin normalerweise auf dem Tempelberg tagte, wurde »die Kammer aus behauenem Stein« genannt, aber talmudischen Quellen zufolge befand sich dieser »Palast« oder »Hof des Hohenpriesters« während der Zeitspanne, in der Jesu – und später Jakobus' – Verhandlung stattgefunden haben soll, außerhalb des Tempels (man beachte hier die Wiederholung der Motive »Stein« und »Pessach«).[29]

Die zweite soeben zitierte Verkündigung (die in fast identischer Form bei allen drei Synoptikern wiederkehrt) ist wortwörtlich diejenige, die Jakobus zu Pessach von den Stufen oder der Zinne des Tempels aus vor der versammelten Volksmenge ausgesprochen haben soll. Wieder scheinen – den Verfassern der Evangelien offenbar bekannte – entscheidende Momente aus dem Leben des Jakobus retrospektiv in die prorömische und antijüdische Biographie von »Jesus« eingearbeitet worden zu sein. Es wäre natürlich möglich, das Verhältnis umzukehren und das Gegenteil zu behaupten, aber die extreme Unwahrscheinlichkeit einer *mitternächtlichen Versammlung des Hohen Rates* im »Palast des Hohenpriesters« in der Nacht des Pessachfestes dürfte mit einiger Entschiedenheit gegen diese zweite Möglichkeit sprechen. Der Leser mag indes seine eigenen Schlüsse ziehen.

Überraschenderweise beschwört die Kriegsrolle nun durch Zitierung des Buches Jesaja (31,8), »durch *keines Mannes* Schwert, durch *keines bloßen Adams* Schwert«, ausdrücklich den Begriff »Ur-Adam« herauf und verknüpft damit alle diese Motive – das Davidische, den »Stern«, »des Menschen Sohn«, den »Vollkommenen Adam« und den »Messias« – zu einer einzigen großen Verkündigung, die zuletzt das Bild der »Wolken« und des »Regens« in eins faßt und das endzeitliche Gericht, wie wir gesehen haben, als ein »Kommen auf den Wolken« und »Ausgießen von Regen über die ganze Erde« beschreibt.

Daß die Kriegsrolle alle diese Motive zur Auslegung der »Stern-Prophezeiung« zusammenfaßt und miteinander verbindet, ist der beste Beweis für die Richtigkeit unserer bisherigen Vorgehensweise, den wir uns nur wünschen können. Keine gedrängtere Darstellung hätte uns dafür hinreichend vorbereitet, und ohne sie wären wir nicht imstande gewesen, das Vorhandensein all dieser Motive als solches überhaupt zu erkennen. Dieser – von einer Anspielung auf »die Form Adams« eingeleiteten – Exegese folgt eine längere Beschreibung der himmlischen Heerscharen, wie sie sich in einer solchen Detailliertheit in keiner anderen Quelle findet. (Am Ende der Rolle wird sie noch einmal wiederholt.)

Wie wir hier erfahren, »vereinigt sich« der messiasartige Führer »mit den Armen« (*»Ebionim«*, zweimal wiederholt – wieder unsere jakobinischen »Ebioniten«) und »den im Staub Gebeugten«, »gegen die *Kittim*« aufzustehen und Gottes »wahres Gericht über alle Söhne des Menschen« zu rechtfertigen.[30] Die relevante Stelle lautet:

> Durch die Hand Dein[es/er] Messias[se]... auf daß Du Deinen Namen im Angesicht Deiner Feinde verherrlichen und überwältigen mögest Belials Legionen, die Sieben Nationen der Eitelkeit[31], und durch die Hand der Armen Deiner Erlösung, mit der Fülle Deiner *Wunder-Kraft* hast Du ein *Tor der Hoffnung* [wieder die »Tor«-Metapher] dem furchtsamen Herzen [geöffnet]... denn Du wirst die Niedergeschlagenen im Geiste [ein Synonym für die »Armen im Geiste«, Matthäus 5,3] aufrichten, die wie eine flammende Fackel in der Spreu sein werden, das Böse unaufhörlich zu verzehren, bis die Bosheit vertilgt ist.

In der Auslegung, die sich in der Damaskus-Schrift findet, ist dieses »Zepter« der messianische »Führer«, der auch in einem anderen Fragment, »Der messianische Führer [*Nasi*]«, erwähnt wird.[32] Wie es in der Damaskus-Schrift heißt, »wird« er »die Söhne Seths völlig vernichten« – eindeutig ein (auch in 4. Moses 24,17 vorkommendes) Synonym für »die Sieben Nationen der Eitelkeit«. Zusätzlich zur wiederholten Verwendung des Wortes »Kraft«/»Macht« ist auch das Bild der »Fackel in der Spreu« hervorzuheben: das gleiche Bild, das Johannes der Täufer im Matthäusevangelium auf den »Stärkeren« – gemeint ist Jesus – bezieht, der »nach [ihm] kommt« und dessen Schuhe er (Johannes) angeblich nicht würdig war zu tragen:

> Er wird euch mit dem Heiligen Geist und mit Feuer taufen. Und Er hat seine Worfschaufel in der Hand [Worte, denen wir gerade in der Kriegsrolle wiederholt begegnet sind]; Er wird seine Tenne fegen und den Weizen in seine Scheune sammeln; aber die Spreu wird Er verbrennen mit unauslöschlichem Feuer. (Matthäus 3,11 f.)

Die Anspielungen auf »Weizen sammeln«, »verbrennen« und »Feuer« werden natürlich in der Sequenz von Parabeln wiederkehren, die sich im Unkrautgleichnis – dem einzigen echten judenchristlichen Gleichnis des Neuen Testaments – an die Erwähnung des »Feindes« anschließen (Matthäus 13,24–50). Die Begriffe »brennen« und »Feuer« spielen auch andernorts in der Qumran-Literatur – sowie später im Koran – in eschatologischen Kontexten, und zwar namentlich im Zusammenhang mit dem »Letzten/Jüngsten Gericht«, eine äußerst wichtige Rolle.[33]

An dieser Stelle wird die obenerwähnte Passage aus dem Buch Jesaja (31,8) in die Auslegung eingeführt, wodurch zum einen impliziert wird, daß der Messias »mehr als ein Mensch, mehr als ein bloßer Adam« ist, zum anderen dieser Messias mit der Überwindung der *Kittim* – hier eindeutig die Römer – durch »das Schwert« in Verbindung gebracht wird.

> Und seit jener Zeit verkündigtest Du die Macht Deiner Hand über die Kittim mit den Worten: »Und Assur soll fallen durch keines Menschen Schwert, aber durch das Schwert keines bloßen Adams wirst Du es verzehren [wörtlich »essen«/»fressen«].

Die Vorstellung des »Verzehrens« oder »Fressens« – der wir bereits im *Pescher* Habakuk in der Charakterisierung der Kittim und ihrer Aktivitäten als Steuereintreiber begegnet sind – erwächst aus dem Bild der »lodernden Fackel«, welche »die Spreu verzehrt«, mit dem »die Armen im Geiste« beschrieben wurden und das jetzt direkt auf die Situation des »Sterns«/»Messias« und seiner Gefolgsleute, der »Armen *(Ebionim)* und »im Staub Gebeugten«, bezogen wird.

> Denn durch die Hand der Armen und die Hand der im Staub Gebeugten [»der Armen im Geiste«] werden die Feinde aus allen Ländern und die Mächtigen der Völker erniedrigt werden, so daß ihnen *der Lohn der Bösen zuteil werden* wird ... zur Rechtfertigung des Gerichts Deiner Wahrheit über alle Söhne des Menschen, auf daß Dir ein ewiger Name werde unter den Völkern.[34]

Diese Vorstellung, etwas für den »Großen Namen« Gottes zu tun, begegnet uns am deutlichsten im Buch Hesekiel 36,20–23, dem herrlichen Höhepunkt von Hesekiels apokalyptischen Visionen (in denen auch der »Menschensohn« angesprochen wird), der vom gleichen vehementen und kompromißlosen Nationalismus geprägt ist, den wir hier antreffen, und das berühmte »Aufstehen« der Knochen zu einer »ungeheuren und unermeßlichen Armee« schildert. Nicht nur dieser apokalyptische Ton, in den sich die Exegese hineinsteigert, besitzt eine Parallele in der wiederholten Erwähnung des »Tages des Gerichts«, die sich am Ende des *Pescher* Habakuk findet, sondern auch der im Zusammenhang mit dem »Lohn der Bösen« auftretenden Anspielung auf die »Rechtfertigung des Gerichts« entspricht eine parallele Formulierung im selben *Pescher*, wo es heißt, daß sie »die Verurteilung des Bösen« über den »Frevelpriester« verhängten und »Rache nahmen am Fleisch seines Leichnams«. Ja, dieser »Lohn der Bösen« (einschließlich der Anspielung auf »fressen« im Sinne von »vernichten«) entspricht außerdem der Ausdrucksweise des Buches Jesaja (3,9 ff.), der Passage, die in der ganzen frühen Kirchenliteratur auf den Tod des Jakobus und hier im *Pescher* Habakuk ebenso auf die Vernichtung der »Armen« bezogen wird.

Wie in den Evangelien im Zusammenhang mit der »Ankunft des Menschensohnes« ausgesagt, wird der Messias laut der Kriegsrolle mit Hilfe »der Armen« und »im Staub Gebeugten« Gericht halten über »die Mächtigen der Völker«. Nicht nur wird die »Stern-Prophezeiung« in diesen entscheidenden Teilen der Qumraner Kriegsrolle im Sinne von Daniels (7) »eines Menschen Sohn« gedeutet (der gleichfalls den Kern von Jakobus' Pessach-Verkündigung ausmacht), sondern damit einher geht auch die Anführung des biblischen Belegs dafür, daß es ein »Mehr als Mensch« oder »Das Schwert eines Höheren Adams« ist, was diesen Sieg über alle fremden Armeen und das endgültige eschatologische Gericht herbeiführen soll. Wieder erkennen wir eine Verknüpfung nationalistischer und »zelotischer« messianischer Kriegergesinnung mit der – jedenfalls oberflächlich betrachtet – spirituelleren »Ur-Adam«-Idee hemerobaptistischer »ebionitisch«/»essenischer« Gruppen. Dies ist eine folgenschwere Vermischung, und sie charakterisiert die religiös-historische Situation im Jahre 62 n.Chr. auf fast vollkommene Weise.

Nun leitet die Kriegsrolle direkt zu einer ausführlichen Beschreibung der »Ankunft der himmlischen Heerscharen auf den Wolken des Himmels« über, die von wahrhaft überwältigender ekstatischer Schönheit und brillanter Wortgewalt ist:

> Denn Du wirst streiten mit ihnen aus dem Himmel ... denn die Mehrzahl dieser Heiligen sind im Himmel und lobpreisen in Deiner Heiligen Wohnstatt zusammen mit der Heerschar Deiner Engel Deinen Namen, zusammen mit *den Erwählten des Heiligen Volkes, die Du für Dich ausgesondert*... für die Du niedergeschrieben den Bund Deines Friedens und über die Du herrschen wirst in allen ewigen Zeitaltern.[35]

Die Häufigkeit, mit der hier der Terminus »die Heiligen« wiederholt wird, macht deutlich, daß von einer heiligen Armee die Rede ist, bestehend aus nasiräerartigen, von Gott »ausgesonderten« »Geweihten« von der Art, wie wir sie weiter vorn im Zusammenhang mit Jakobus' »Heiligkeit« besprochen haben. Zusätzlich scheint der noachidische »Friedensbund«, der diesen »heiligen Erwählten« gewährt wird, demjenigen zu entsprechen, der in der (in Qumran wie in Masada aufgefundenen) hebräischen Fassung von Jesus Sirach den »Söhnen des Zadok« und im Buch Numeri den Nachkommen des Pinhas für alle Ewigkeit zuteil wird. Abermals erweist sich, daß diese »Heiligen«, »Nasiräer« oder »Geweihten« und »Söhne des Zadok« praktisch miteinander identisch sind.

Jetzt schlägt der Text einen vollends kriegerischen Ton an und ruft offen zum Kampf – oder, wie man ihn wohl (islamisch gesprochen) nennen muß, zum »Heiligen Krieg« – auf:

> Denn Du hast befohlen den Heerscharen Deiner Erwählten [in der Damaskus-Schrift: »der Söhne des Zadok«] in ihren Tausenden und ihren Myriaden, zusammen mit Deinen Heiligen und der Armee Deiner Engel, die mächtig sind in der Schlacht, zusammen mit den Erwählten des Himmels und deinen Segnungen, zu zerschmettern die Feinde des Landes mit der Gewaltigkeit Deiner Gerichte.

Die verwendeten Bilder sind jetzt rein antagonistisch, militärisch und eschatologisch und liefern die Begründung für die »Qumran-Lager«-artigen Gemeinschaften:

> Denn Du bist ein schrecklicher Gott in der Herrlichkeit Deines Reiches, und die Versammlung Deiner Heiligen weilt unter uns, uns ewige Hilfe zu leisten. Verachten werden wir Könige und schmähen die Mächtigen, denn unser Gott ist heilig, und unser ruhmreicher König [»Sein Messias«] ist mit uns, zusammen mit den Heiligen, die mächtigen Heerscharen der Engel stehen unter seinem Befehl[36] und der tapfere Krieger ist inmitten unserer Versammlung [oder »Kirche«], und die Heerscharen Seiner Geister [im Islam: »Dschinns«] sind mit unseren Kämpfern und unseren Reitern.

Schließlich wird die Ankunft der himmlischen Heerscharen mit Wolken verglichen, wodurch ersichtlich wird, daß wir endgültig bei Daniel angelangt sind, dem neutestamentlichen »Menschensohn in den Wolken des Himmels mit großer Kraft und Herrlichkeit« und der Verschmelzung aller »Regen«- und »Gericht«-Metaphern, die wir bislang nachverfolgt haben:

> Wie Wolken sind sie, Wolken von Tau, die die Erde [bedecken], wie wolkenbruchartiger Regen, der Gericht ergießt über alles, was da wächst auf Erden.

Hier wird das Bild des »Regens«, wie wir in unserer Darstellung des »*Zaddik*« als Regenmacher angekündigt hatten, mit dem nahenden eschatologischen Gericht in Verbindung gebracht, und allmählich kristallisiert sich heraus, daß wir es mit einem weit kunstvolleren Universum poetischer Metaphern und Symbole zu tun haben, als es zu Beginn vielleicht den Anschein gehabt hatte. Natürlich operiert Paulus in demselben poetischen Universum der Allegorie und Metapher – aber mit diametral verschiedener Zielsetzung. Die Anspielung auf »das Gericht«, das über alles ergossen wird, »was da wächst auf Erden«, hat eine Parallele bei Matthäus, wo Gott gleichermaßen »regnen läßt über Gerechte und Ungerechte« (5,45), sowie in den Passagen, welche die Ankunft des Menschensohnes mit »Noahs Zeiten« vergleichen (Matthäus 24,37 f., Markus 13,26 f. und Lukas 21,27).

Gleichsam zur Sicherheit wird dieser »Regen«-Vergleich am Ende der Kriegsrolle fast wortwörtlich wiederholt. Hier verkündet der Text, nachdem er beteuert hat, daß Gott »Seinen Bund mit uns hält und uns *die Pforten des Heils [Jeschu`ot]* viele Male öffnet«, noch einmal:

> Denn Dein ist die Macht und in Deinen Händen, heilig ist die Schlacht … für unseren Herrscher, und der ruhmreiche König ist mit uns. Die H[eerschar Seiner Geister ist mit unseren Fußsoldaten und Reitern. Wie Wolken sind sie, Wolken von Ta]u, die die Erde bedecken, wie wolkenbruchartiger Regen, der Gericht ergießt [über alles, was da wächst. Stehe auf, Held]… zerschmettre die Nationen, deine Feinde, und verzehre schuldiges Fleisch mit deinem Schwert [wobei letzteres eindeutig eine messianische Anspielung darstellt].[37]

Hier erkennen wir nicht nur die von Josephus' *Sikariern* oder »Zeloten« verfochtene Idee »kein Herrscher als Gott«, sondern es kann auch kaum ein Zweifel an dem messianischen Impetus dieser Passage bestehen, ganz zu schweigen von ihrer (unter den gegebenen Umständen vielleicht unvermeidbaren) wahrhaft erschreckenden inhärenten Aggressivität. Die hier verwendete, in sich neuartige Metaphorik greift noch einmal das messianische »Schwert« der »Kein-bloßer-Adam«-Passage aus dem Buch Jesaja (31,8) und sogar die Anspielung auf »verzehren«/»fressen« wieder auf.

Das Gericht, das wie »Regen [gleichermaßen] über Gerechte und

Ungerechte« fallen soll, wird in der Kriegsrolle und allgemein in den Qumran-Texten vielfach auch »der Tag der Vergeltung« genannt. Die Zeugen und Vollstrecker dieses »Gerichts« sind die Heerscharen der himmlischen Heiligen und die Erwählten von Israel – in der Damaskus-Schrift »Söhne des Zadok« – oder die »Heiligen« der Gemeinschaft »der Erwählten«, die »Gottgeweihten«.

Das Bild der himmlischen Heerscharen und des nahenden apokalyptischen Gerichts bei Jakobus

Dies ist fast exakt das Bild, das man aus den frühkirchlichen Schilderungen von Jakobus' Pessach-Verkündigung vom »Menschensohn, der auf den Wolken des Himmels kommt« gewinnt – wobei sich die gegenüber der Kriegsrolle komprimiertere Form der Aussage aus dem allgemein gedrängteren Stil dieser Berichte erklärt. Daß eine solche Verkündigung dem Jakobus (an den sich gleichfalls die »Regenmacher«-Tradition knüpfte) – und dazu noch an einem so entscheidenden Punkt seines Lebens – zugeschrieben wird, ist wahrhaft verblüffend; doch die Parallelen, die sich in Jakobus-bezüglichen Quellen finden, gehen sogar noch weiter.

Der Jakobusbrief ist außerdem, wie wir bereits gesehen haben, ganz von den Begriffen »tun« und »Täter« durchdrungen – Termini, die im Hebräischen aus derselben Wurzel wie die im Wortschatz Qumrans so wesentlichen »Werke« *(ma`asim)* abgeleitet sind. In diesem Brief ist das »Heil« nicht lediglich, wie bei Paulus, »ein freies Geschenk des Glaubens«; vielmehr »wird ein *unbarmherziges Gericht* über den ergehen, der nicht *Barmherzigkeit getan* hat« (Jakobus 2,13). Im letzten Kapitel holt der Verfasser – Jakobus oder wer auch immer – zu einer allumfassenden, vollkommen kompromißlosen apokalyptischen Verheißung aus. Den Anfang macht eine Verdammung *der Reichen*: »Wohlan nun, ihr Reichen, weinet und heulet über das Elend, das über euch kommen wird« (5,1).

Die Verdammung der »Reichen« ist, wie wir gesehen haben, auch ein zentraler Aspekt der Qumraner Weltanschauung, und vielleicht am deutlichsten gelangt er in der Damaskus-Schrift, im Abschnitt »Die drei Netze des Belial«, zum Ausdruck. Ebenso aber ist sie auch ein zentrales Motiv der Lehre jener Gruppe, bei der Jakobus' Name in höchstem Ansehen stand: der »*Ebionim*« oder »Armen«. Das gleiche galt ohne Zweifel auch für die Anhänger des Gerechten Lehrers, wie der im Qumran-Korpus allenthalben vorkommende Terminus »die Armen« sowie mehrere parallele Bezeichnungen eindeutig belegen.

Die vernichtende Tirade des Jakobusbriefes gegen »die Reichen« – die, wie wir gesehen haben, auch die Behauptung enthält, diese hätten »den Gerechten getötet« (5,6)[38] – gipfelt in der apokalyptischen Verkündigung: »Der Herr kommt bald« (5,8). Daß damit der allgemein so genannte »Herr der Heerscharen« gemeint ist, war bereits vier Verse weiter oben eindeutig aus dem Text hervorgegangen (5,4). Es ist derselbe »Herr der Heerscharen«, auf den die Kriegsrolle anspielt, wenn sie von der Ankunft des Herrn – oder möglicherweise sogar des messianischen »Königs« – mit den himmlischen Heerscharen auf den Wolken des Himmels spricht. Das gleiche gilt implizit für die Verkündigung eines anderen solchen »Gerechten«, Jakobus', von der die frühen Kirchenschriftsteller berichten – »des Menschen Sohn sitzend zur Rechten der Großen Kraft« –, sowie für deren neutestamentliche Parallelen.

Wie in diesen anderen Kontexten begegnet uns im Jakobusbrief sogar das charakteristische messianische Motiv der »Pforte« oder »Tür«: »Siehe, der Richter steht vor *der Tür*« (5,9). Damit haben wir auch wieder das Bild des »Stehens«, eingebettet in die Schilderung des endzeitlichen apokalyptischen Gerichts, das sogar mit der Metapher des »Frühlings-« und des »Herbstregens« (mit dem das Gericht implizit verglichen wird) schließt. Der Geist dieser Jakobuspassage ist rachsüchtig, kompromißlos und entspricht vollkommen der Gesinnung, die in der Qumraner Kriegsrolle zum Ausdruck kommt.

Wie es im Jakobusbrief heißt:

> Euer Gold und Silber ist verrostet, und ihr Rost wird wider euch Zeugnis geben und wird euer Fleisch fressen wie Feuer. Ihr habt brennendes Feuer als Schätze gesammelt in den letzten Tagen! (5,3)

Wir erkennen hier nicht nur das in der Bergpredigt Jesus zugeschriebene Bild von »den Motten und dem Rost«, welche die irdischen Schätze »fressen« (Matthäus 5,19 f.), sondern ebenso auch das gleiche »Fressen« oder »Verzehren« des Fleisches mit »einem Schwert«, dem wir in der Kriegsrolle und in der »Kein-bloßer-Adam«-Prophezeiung aus dem Buch Jesaja (31,8) begegnet sind.

Derlei sprachliche Parallelen sollten nicht leichtfertig abgetan werden. Zu beachten sind in diesem Zusammenhang auch »die letzten Tage« und »das brennende Feuer«, die – wie schon angemerkt – in der gesamten Qumran-Literatur, insbesondere im *Pescher* Habakuk, aber auch im Koran immer wieder vorkommen. Durch diese Anspielungen erweist sich der Jakobusbrief als durch und durch apokalyptisch und eschatologisch gestimmt; und wie im Falle der Auslegung des Habakukverses (2,4) im gleichnamigen *Pescher* und der Ausdeutung des »zadokidischen Bundes« in der Qumraner Damaskus-Schrift befinden wir uns wieder einmal in der Welt der »letzten Generation« oder der »Endzeit«. An ebendieser Stelle beschwört der Jakobusbrief »den Herrn der Heerscharen«:

> Siehe, der Arbeiter Lohn, die eure Felder abgeerntet haben, welcher von euch zurückbehalten worden ist, schreit laut, und das Rufen der Schnitter ist vor die Ohren des Herrn der Heerscharen gekommen. (5,4)

Interessanterweise wird hier das hebräische Wort für »Heerscharen«, *»Sabaoth«* oder *»Zebaoth«, direkt ins Griechische transliteriert.* Eine Parallele hat dieser Schrei nach Vergeltung in Matthäus' Schilderung von Jesu (nicht Johannes') Attacke (der wenig später seine Verkündigung »des Menschensohnes in den Wolken des Himmels mit großer Kraft und Herrlichkeit« folgt) gegen die »Schlangen und Otterngezüchte«, die hoffen, »der höllischen Verdammnis [zu] entrinnen« (Matthäus 23,33–38 – ähnlich auch in Lukas 11,45–52).

Die Vergeltung, nach der hier geschrien wird, ist für »das Blut des gerechten Abel« (man beachte an dieser Stelle das vielsagende Attribut »gerecht«) und »das Blut des Zacharias, des Sohnes Barachjas«, der »zwischen Tempel und Altar« getötet wurde. Mit Letztgenanntem dürfte, wie wir weiter oben sahen, jener »Zacharias« gemeint sein, den die Zeloten im Tempel töteten, nachdem sie – unserer Ansicht nach als Rache für Jakobus' Tod – viele Hohepriester massakriert hatten. Dieser Schrei nach Vergeltung gipfelt in der erschütternden Verdammung Jerusalems und der Juden insgesamt, »die die Propheten töten und steinigen, die zu [ihnen] gesandt sind« – was, wenn man von den hier erörterten Ereignissen absieht, in klassischer Zeit nie wirklich geschehen ist. Propheten mögen in Israel gelitten haben, aber nur wenige von ihnen – wenn überhaupt – wurden je wirklich »getötet« oder »gesteinigt«.

Dies verweist nicht nur deshalb auf *Jakobus'* Steinigung (wobei Jesu unmittelbar folgende Bemerkung über den Tempel, von dem »kein Stein auf dem andern bleiben wird«, möglicherweise das »Steinkammer«-Motiv und damit die »Lästerungs«-Verhandlungen des Hohen Rates, insbesondere gegen Jakobus, anklingen läßt), sondern auch schon diese Rede Jesu endet bei Matthäus mit der Prophezeiung der Zerstörung des Tempels: »Euer Haus soll euch wüste gelassen werden« (23,38).[39] Es ist auch möglich, »der Arbeiter Lohn« in

Jakobus' Anspielung auf die Ankunft des »Herrn der Heerscharen« als eine umgekehrte Parallele zum »Hurenlohn« in der hohepriesterfeindlichen Geschichte des »Jakob von Kfar Sechania« zu verstehen.

Jakobus fährt fort:

> Ihr habt den Gerechten verurteilt, getötet; er widersteht euch nicht. So harret nun geduldig, ihr Brüder, bis zur Wiederkunft des Herrn! Siehe, der Landmann wartet auf die köstliche Frucht der Erde und harrt geduldig ihrethalben, bis sie Herbstregen und Frühjahrsregen empfange. So *harret auch ihr geduldig, stärket eure Herzen*, denn *die Wiederkunft des Herrn* ist genaht. *Seufzet nicht widereinander*, ihr Brüder, damit ihr nicht gerichtet werdet! *Siehe, der Richter steht vor der Tür.* (Jakobus 5,6–9).

Hier vereinigen sich also die Motive »Tor«, »Regen« und »Stehen«, denen wir gerade in diesen frühen Kirchenquellen und der Qumraner Kriegsrolle begegnet sind. Wichtig ist allerdings auch die Empfehlung, »geduldig zu harren *der Ankunft des Herrn der Heerscharen*«, der, wie implizit zu verstehen gegeben wird, die angedrohte Vergeltung üben und Gericht halten wird. Dies ist der Grundgedanke des Höhepunkts und Endes des *Pescher* Habakuk, der gleichfalls vom eschatologischen Gericht handelt und zu Geduld rät, wobei er den biblischen Beleg für die Doktrin liefert, die in der christlichen Eschatologie als »die Hinauszögerung der Parusie« bekannt ist. Der genannte Belegtext (dem unmittelbar »der Gerechte aber wird durch seinen Glauben leben« folgt) ist das Buch Habakuk (2,3), »Wenn sie sich auch hinzieht, so harre ihrer«, und seine Exegese enthält die Behauptung, daß sich »die letzten Tage länger als alles hinziehen [werden], was die Propheten geweissagt haben«.[40]

Das Gebot »stärket eure Herzen«, das im Jakobusbrief im Zusammenhang mit der »Wiederkunft des Herrn« und dem »Gericht« ausgesprochen wird, findet sich auch in genau dieser Form in der Kriegsrolle und in der Damaskus-Schrift und liefert eine weitere überzeugende Parallele zum »Schutz«-/»Stärkung«-/»Festung«-Begriff, der den frühkirchlichen Berichten zufolge durch Jakobus' Beinamen zum Ausdruck gebracht wird. Das »widereinander seufzen« (oder »murren«) begegnet uns außerdem auch in der Gemeinderegel und (wie es scheint, an der Stelle, an der sich die beiden Texte überschneiden) in der Damaskus-Schrift, wo es als Verstoß gegen die Gruppendisziplin mit einer dreißigtägigen Buße geahndet wird.[41]

Weiter zuvor in jenem Kapitel, in dem er das Gerechtigkeits-Gebot (»Liebe deinen Nächsten«) und das Frömmigkeits-Gebot (»Liebe

Gott«) anführt, erklärt Jakobus, daß es die Reichen sind, welche die Armen unterdrücken, indem sie sie »vor Gericht ziehen« (2,6). Wieder in der Qumraner Damaskus-Schrift ist die Strafe für den, durch dessen Verschulden jemand von einem Gericht der Heiden zum Tode verurteilt worden ist, der Tod.[42]

Die Anspielung auf die Wiederkunft des Herrn der Heerscharen zum abschließenden Jüngsten Gericht und die damit einhergehende Verdammung der Reichen, die »den Gerechten verurteilt und getötet« haben, endet bei Jakobus mit der Erinnerung an die Wirksamkeit des »ernsthaften Gebetes des Gerechten«. Wie wir gesehen haben, führt der Brief zu diesem Zweck Elia als einen Mann an, der die Macht hatte, durch Beten den Regen zu bannen und durch abermaliges Beten den Himmel zu veranlassen, »Regen zu geben« (5,16 ff.).

Die Steinigung des Stephanus in der Apostelgeschichte

Fassen wir also zusammen: Nachdem ihn die Jerusalemer Obrigkeit auf »die Zinne« oder »die Stufen des Tempels« geschickt hatte, damit er die offenbar explosive messianische Erwartung des Volkes beschwichtige, verkündigte Jakobus von dort aus den Messias, der »zur Rechten der Kraft steht«, und dessen unmittelbar bevorstehende apokalyptische Ankunft »mit den himmlischen Heerscharen auf den Wolken des Himmels«. Nun gilt es, im Zusammenhang mit diesem Ereignis noch einen letzten Punkt zu analysieren, der dazu beitragen kann, die »historische Methode« der Apostelgeschichte noch weiter zu verdeutlichen. Insbesondere hilft er uns, das Geheimnis um den Angriff zu lüften, den der jüdische Pöbel im Tempel auf einen Mann verübt haben soll, den die Apostelgeschichte »Stephanus« nennt.

In bedeutungsvoller Übereinstimmung mit dem im ersten Buch der pseudoklementinischen *Rekognitionen* geschilderten Angriff auf Jakobus wählt die Apostelgeschichte genau diesen Augenblick, um Paulus einzuführen. Sogar noch enger wird die Parallele, wenn man bedenkt, daß Stephanus das gleiche Schicksal wie Jakobus ereilt: die Steinigung. Hinzu kommt, daß die Person, die in der Apostelgeschichte Zeuge dieser Steinigung wird (Saulus), sich anschließend zu *Paulus* entwickelt; während der Zeuge der Steinigung Jakobus' bei Eusebios – wie wir uns erinnern – »einer der Priester der Söhne Rechabs, der *Rechabim*« ist (Eusebios bewahrt hier tatsächlich den – lediglich griechisch transliterierten – hebräischen Plural). Wie wir aber wissen, ist dieser Augenzeuge bei Epiphanios niemand anderer als Simeon bar Kleophas, Jakobus' naher Verwandter und direkter Nachfolger als Oberhaupt der Jerusalemer Kirche.

In der Version der Apostelgeschichte findet sich eine weitere Umkehrung, wie sie die Entwicklungsgeschichte des Mannes erforderlich macht, der ursprünglich der »Feind« der christlichen Kirche in Palästina war. Während sowohl Epiphanios' Simeon als auch Eusebios' »rechabitischer Priester« die Steinigung mißbilligen und dagegen Einspruch erheben, billigt Paulus sie durchaus. Wie es in der Apostelgeschichte heißt:

> Und die Zeugen legten ab ihre Kleider zu den Füßen eines Jünglings, der hieß Saulus ... Saulus aber hatte Wohlgefallen an seiner [Stephanus'] Tötung. (7,57–8,1)

Bekanntlich verwandelt sich »Saulus« nach Beginn seiner missionarischen Aktivitäten natürlich in »Paulus«.

Weiter unten werden wir noch mehr zu dieser Episode zu sagen haben. Zunächst aber sollten noch ein paar Punkte im Zusammenhang mit der ihr voraufgehenden Rede des Stephanus angemerkt werden. Diese Ansprache, die fast wörtlich aus Josuas Abschiedsrede an die in Sichem versammelten jüdischen Stämme (Josua 24,2–24) übernommen zu sein scheint, enthält eine (auf Josua 24,32 beruhende) fehlerhafte Angabe zur geographischen Lage von Abrahams Grab. Wie Josua im Alten Testament scheint Stephanus hier – so bizarr dies aus dem Munde eines offenbar heidnischen Konvertiten auch klingen mag – den *Juden* (die jetzt seine Verfolger sind) ihre *eigene* Geschichte zu erzählen.

Die Rede endet mit dem gegen sämtliche Juden – wie man vermuten kann, einschließlich der Oberhäupter der Jerusalemer Kirche – gerichteten erkennbar »paulinischen« Vorwurf, daß sie »allezeit dem Heiligen Geist widerstreben« (7,51). Unter Bezugnahme auf die Prophezeiung vom »Kommen des Gerechten« (wovon im Jakobusbrief im Zusammenhang mit der Verurteilung der Reichen die Rede gewesen war) klagt nun auch Stephanus die Juden an, die Propheten getötet und Christus ermordet zu haben. Dies sind die Worte, die ihm die Apostelgeschichte zuschreibt:

> Welchen Propheten haben eure Väter nicht verfolgt? Und sie haben getötet, die da zuvor verkündigten das Kommen des Gerechten, dessen Verräter und Mörder ihr nun geworden seid. (7,52)

Wir haben nicht nur gesehen, daß Jesus im Zusammenhang mit dem »Blut des gerechten Abel« und der Verheißung von der Zerstörung des Tempels die gleichen Vorwürfe ausgesprochen haben soll, sondern auch Petrus wurden bereits weiter oben in der Apostelgeschichte ähnliche Anklagen in den Mund gelegt, nämlich: »Ihn habt ihr durch die Hand der Gesetzlosen ans Kreuz geschlagen und getötet« (Apostelgeschichte 2,23). Aber die – im chronologischen Sinne – Ur-Vorwürfe dieser Art dürften wohl von Paulus im Ersten Brief an die Thessalonicher (sofern authentisch) ausgesprochen worden sein. Paulus zufolge haben die Juden nicht nur »den Herrn Jesus getötet«, sondern auch »ihre eigenen Propheten« (1. Thessalonicher 2,15). Diese Worte stellen lediglich eine geringfügige Abwandlung von Jakobus (5,6) dar – wo es allerdings »die Reichen« sind, die »den Gerechten verurteilt und getötet« haben.

Dieser gegen die Juden erhobene Vorwurf, sie hätten »den Herrn Jesus und ihre eigenen Propheten getötet«, ist im Laufe der Jahrhunderte unaufhörlich – und unverifiziert – mit den schrecklichsten Resultaten wiederholt worden. Selbst der normalerweise antipaulinisch eingestellte Koran greift diese Behauptung gedankenlos auf und bezichtigt die Juden mehrfach, »alle Propheten getötet« zu haben – und das, obwohl, wie schon gesagt, im Alten Testament kaum ein Prophet vorkommt, für dessen Tod die Juden nachweislich verantwortlich gemacht werden könnten. Aber wenn es um Schuldzuweisungen geht, ist Historizität kein Kriterium für Wahrheit.

Diesen Vorwurf erhebt Paulus im Ersten Thessalonicherbrief (abermals vorbehaltlich der Authentizität dieses Briefes) im Kontext von Anspielungen auf die bereits besprochene Frage »den Menschen oder Gott gefallen«. Wie wir uns erinnern, ging es oben darum, ob man sich, wie Abraham, zum »Freund Gottes« oder aber »zum Freund der Welt« machen sollte. Im Ersten Brief an die Thessalonicher wiederum ist der Kontext interessanterweise die Tatsache, daß Paulus verwehrt wird, »den Heiden [»Völkern] zu predigen, damit sie gerettet werden« (2,16). Wir sehen also, daß Paulus hier lediglich abermals auf den Vorwurf antwortet, den der Jakobusbrief gegen den Mann erhebt, der lehrt, »Abraham sei durch seinen Glauben gerettet worden«, und der, indem er versucht, ein Freund der Menschen zu sein, statt wie Abraham zum »Freund Gottes« zum »*Feind* Gottes wird«.

Wieder kehrt Paulus diesen Vorwurf um, indem er ihn gegen diejenigen richtet, die »uns wehren, den Völkern zu predigen, damit sie *gerettet werden*« (man beachte hier die Parallele zu Apostelgeschichte 15,1, »Da kamen etliche aus Judäa herab und lehrten: Wenn ihr euch nicht beschneiden laßt, könnt ihr nicht *gerettet werden*«, was unmittelbar zur Einberufung des Jerusalemer Apostelkonzils führt). Diejenigen, die das Missionieren von Heiden verbieten, dürften (wie im Brief an die Galater) die Oberhäupter der Jerusalemer Kirche sein, mit denen Paulus im Streit liegt. Mit diesen in einen Topf werden nun, abermals in Umkehrung der obigen Jakobusstelle, die Juden im allgemeinen geworfen. Jetzt sind *sie* es, die *»Gott nicht gefallen und allen Menschen feind sind«* (1. Thessalonicher 2,15).

Dies ist die logische Folge des Vorwurfs, sie hätten »den Herrn Jesus getötet und ihre eigenen Propheten«. Bei Jakobus waren es »die Reichen«, die »den Gerechten töteten«; bei Paulus/Stephanus wird daraus *das jüdische Volk als Ganzes.*

Doch damit ist die Bedeutung dieser Passage der Apostelgeschichte noch keineswegs ausgeschöpft:

> Er aber voll Heiligen Geistes sah auf gen Himmel und sah [wie Jakobus] *die Herrlichkeit Gottes* und *Jesus stehen zur Rechten Gottes* und sprach: *Siehe, ich sehe den Himmel offen und des Menschen Sohn zur Rechten Gottes stehen.* (7,55)

Dies sind natürlich fast genau jene Worte, die Jakobus nach Auskunft der frühen Kirchenquellen am Pessachtag im Tempel ausgesprochen haben soll: Es fehlt weder das »zur Rechten Gottes« noch »des Menschen Sohn« (der in der Kriegsrolle zwar nicht ausdrücklich erwähnt, aber implizit durchaus gegenwärtig ist) – ganz zu schweigen vom zweimaligen Vorkommen des Verbums »stehen« (das abermals auf die Doktrin des »Stehenden« verweist).

Doch die Parallelen sind damit noch nicht zu Ende. Die nächsten Worte sind schlicht Variationen jener, denen wir in der Geschichte vom Tod Jakobus' begegnen: Wo dieser »hinuntergestoßen« *(ballô)* wird, wird Stephanos »hinausgestoßen« *(ekballô)* und ruft kurz darauf exakt die Worte aus, die diese frühen Kirchenschriftsteller dem Jakobus und die Evangelien dem Jesus – als dessen letzte Worte am Kreuz – zuschreiben.

Die Stephanusepisode endet folgendermaßen:

> Sie schrien aber *laut auf* und hielten ihre Ohren zu und stürmten einmütig auf ihn ein, *stießen ihn* [ekballôu] zur Stadt hinaus und steinigten ihn … Stephanus, *der betete … kniete aber nieder* und schrie *laut*: Herr, behalte ihnen diese Sünde nicht! (Apostelgeschichte 7,56–59)

Noch einmal – dies sind fast die genauen Worte, die in der von Eusebios zitierten Hegesippuspassage dem Jakobus und natürlich in den Kreuzigungsszenen der Evangelien dem Jesus zugeschrieben werden. Es ist unmöglich, die Parallelen, die zwischen den Schilderungen von Jakobus' Steinigung und derjenigen der Steinigung der wenig greifbaren, rätselhaften Gestalt namens »Stephanus« bestehen, zu übersehen.

Nicht nur die wichtigen »jakobinischen« Verben »beten« und »fallen«/»stürzen« kehren hier wieder, sondern auch das – bei Hegesippus zweimal erwähnte – »laute Rufen« und das allgegenwärtige Motiv »Knie«/»knien«. »Stephanus« [beziehungsweise »Stephanas«, A.d.Ü.] ist außerdem der Name des *ersten Heiden*, den Paulus in Griechenland *bekehrt* (1. Korinther 1,16 und 16,15). Wie wir gesehen haben, bedeutet dieser Name auf griechisch »Krone« und stellt damit eine Parallele zum Wort dar, mit dem im Hebräischen nicht nur der »Kopfbund« oder die »Mitra« des Hohenpriesters, sondern auch, im übertragenen Sinne, die *Haartracht der Nasiräer* bezeichnet wird – beides wiederum im Zusammenhang *mit Jakobus* relevante Motive.

Was ist der Grund für all diese Übereinstimmungen? Was steckt hinter diesen verschiedenen Überschneidungen und Umkehrungen? Wie im Falle der Wahl des Nachfolgers »Judas *Ischarioths*« (ganz zu schweigen von dessen verdächtigem »Sturz«, von »Jakobus, des Johannes Bruder« und ein paar anderen Gestalten – so »Agabus«, dem »Eunuchen« der äthiopischen Königin, »Cornelius« und Petrus – haben wir es hier mit einer weiteren in der *offiziellen Geschichtsschreibung* erfolgenden Substitution zu tun, die unmittelbar darauf abzielt (und dazu beiträgt), Jakobus aus dem biblischen Kanon so weit wie irgend möglich »hinauszuredigieren«: Wobei der uns aktuell beschäftigende Fall, die Geschichte des Stephanus, den Zweck hat, einen äußerst peinlichen tätlichen Angriff Paulus' auf Jakobus, von dem mittlerweile nur noch die pseudoklementinischen *Rekognitionen* Zeugnis ablegen, zu überschreiben.

Damit sind wir jetzt in der Lage, die offiziell überlieferte Erzählung zugunsten dieser anderen merkwürdigen Zeugnisse aus der frühen Kirchengeschichte zu *de*konstruieren und die wahre Geschichte des Judenchristentums oder der Jerusalemer Gemeinde Jakobus' des Gerechten zu *re*konstruieren. Die Autoritäten, die wir gegeneinander werden antreten lassen, sind die Quellen, die irgendwie in die romanhaften Schilderungen der pseudoklementinischen Literatur eingeflossen sind, und das Material, das sich in den nicht minder romanhaften ersten 15 Kapiteln der Apostelgeschichte findet.

Die »Umstrickung« oder »Verschlingung« des Gerechten durch den Bösen bei Eusebios und in Qumran

Jakobus' Verkündigung von »des Menschen Sohn, der auf den Wolken des Himmels kommt«, wird der von Eusebios bewahrten Überlieferung zufolge von den Massen mit dem – in den Evangelien (Matthäus 21,9–15 und Parallelen) mit Jesu Ankunft in Jerusalem in Verbindung gebrachten – begeisterten Ausruf »Hosianna dem Sohn Davids« begrüßt (was auf hebräisch wörtlich »Hilf« oder »Rette (uns), Sohn Davids« bedeutet). Was immer man von dieser Reaktion halten mag – »dieselben Pharisäer und Schriftgelehrten« fragen sich bei Hegesippus/Eusebios jedenfalls, ob es klug gewesen sei, Jakobus an einem solchen Festtag ein solches Podium zur Verfügung zu stellen, und schmieden ein Komplott:

> Sie sprachen miteinander und sagten: »Es war ein Fehler, Jesus eine solche Bezeugung zu verschaffen, aber laßt uns hinaufgehen und *ihn* [Jakobus] *hinabstürzen* [hier *kataballô*], so daß sie [das Volk] sich ängstigen und ihm nicht glauben werden.« Und sie *riefen aus:* »Oh! Oh! Selbst der Gerechte hat sich geirrt [»läßt sich täuschen«]!«

Nicht nur wird an dieser Stelle Jakobus' Titel »der *Zaddik*« (oder *Zadok*«) anstelle seines eigentlichen Namens verwendet und erscheint abermals das Verb »stürzen«/»stoßen«, das die Apostelgeschichte im Kontext des Angriffs auf Stephanus gebraucht, sondern auch das Verb »ausrufen«/»laut rufen«/»schreien« findet sich hier – sogar zweimal – wieder, und zwar beide Male auf die Pharisäer und Schriftgelehrten bezogen, als sie sich an Jakobus wenden. Genau *die gleichen Worte*, »sie schrien laut auf«, verwendet die Apostelgeschichte in bezug auf die »Ältesten und die Schriftgelehrten« des Sanhedrin, die sich »die Ohren zuhielten und einmütig auf Stephanus einstürmten und ihn zur Stadt *hinausstießen*« (7,56).[43]

Selbst in den wenigen Zeilen, mit denen die Apostelgeschichte die durch das Sanhedrin erfolgte Verurteilung und die Steinigung des Mannes beschreibt, den sie »Stephanus« nennt – ohne eine richtige Einleitung, ohne ein Wort der Erklärung, wo Stephanus herkam oder wer er eigentlich war –, sind also die Berührungspunkte zwischen den zwei Episoden so stark, daß wir fast von deren *Identität* sprechen können. Die Übereinstimmungen sind, wie wir gesehen haben, *exakt*, denn die Apostelgeschichte wiederholt das »laut aufschreien« noch einmal im Zusammenhang mit Stephanus' letzten Worten – »*Er kniete aber nieder und schrie laut*: Herr, behalte ihnen diese Sünde nicht!« (7,59). In Hegesippus' Bericht wiederum ist es Jakobus, der »laut ausruft: ›Warum fragt ihr nach des Menschen Sohn? Er sitzt im Himmel zur Rechten der Großen Kraft‹«.

Es ist auch nicht ohne Bedeutung, daß im Jakobusbrief »das Gebet des Gerechten, das viel vermag« und die »Ermordung des Gerechten« im Kontext einer Anspielung auf die Ankunft des Herrn der Heerscharen und auf den endzeitlichen, eschatologischen Regen erwähnt werden. In der Apostelgeschichte gehen parallele Anspielungen auf die »Ermordung des Gerechten« – womit in diesem Fall Jesus gemeint sein soll – und »jener, die Seine Ankunft weissagten« der Ermordung des Stephanus voraus. In Eusebios' Abschrift von Hegesippus' Bericht finden wir die parallele Behauptung, daß die Pharisäer und Schriftgelehrten durch ihre Untat – die Steinigung Jakobus' des Gerechten –

> die Prophezeiung erfüllten, die in Jesaja geschrieben steht: »Laßt uns den Gerechten hinwegnehmen, denn er ist uns ein Greuel, weswegen sie die Frucht ihrer Werke essen werden.«[44]

Die Stelle, auf die hier angespielt wird, aus dem Buch Jesaja (3,10), lautet aber in der uns vorliegenden Form: »Sage dem Gerechten, es ist alles gut, denn sie [die Bösen] werden die Frucht ihrer Werke essen« [anders in den deutschen Übersetzungen, A.d.Ü.]. Wieder einmal stehen wir vor einem Problem: Unterschiedliche Handschriftentraditionen bewahren – im vorliegenden Falle sogar diametral – verschiedene Versionen entscheidender Textstellen. So wie Eusebios sie zitiert, findet sich die Passage in der Fassung der griechischen Septuaginta. Entweder sie oder die den modernen Übersetzungen zugrundeliegende kanonische Version ist also geändert, entstellt oder mit einer bestimmten exegetischen Absicht überarbeitet worden.

In Qumran kommt es häufig vor, daß Bibelstellen geringfügig modifiziert werden, damit sie die angestrebte Auslegung zulassen und bestätigen. Ähnliches könnte in diesem Fall auch in frühchristlichen Texten geschehen sein. Entscheidend ist aber, daß sich hier das Vokabular, das den Qumraner Sektierern und dem frühen Christentum soviel bedeutete, deutlich abzeichnet. Hier – wie auch in Qumran – geht es um den Konflikt zwischen dem Bösen und dem Gerechten, dem von jenem Böses angetan wird; es fehlt nicht einmal das vielsagende »essen« (»fressen«/»verschlingen«), das in diesem Falle Strafe oder Vergeltung impliziert. Ähnliche Passagen finden sich auch in verschiedenen Texten aus Qumran, so etwa am Anfang des *Pescher*

Habakuk, wo die Worte »der Böse umstrickt den Gerechten« die Exegese eröffnen (Habakuk 1,4 – siehe auch Habakuk 1,13, wo außerdem von »verschlingen« die Rede ist).

Solche Textstellen werden in Qumran in der Regel dahingehend interpretiert, daß dem Gerechten Lehrer etwas Schreckliches widerfährt. Das gleiche trifft auf diese Eusebiospassage zu, und zwar mit Bezug auf Jakobus. Dies ist ein überzeugendes Indiz dafür, daß die gleiche Art von Bibelexegese, ja zum Teil dieselben Belegstellen, die in den Qumran-Texten auf den Gerechten Lehrer bezogen wurden, im frühen Christentum mit Jakobus in Verbindung gebracht wurden. Hegesippus sagt praktisch das gleiche wie wir, wenn er Jakobus' Beinamen mit der Bemerkung erläutert: »Wie die Propheten über ihn verkünden.«

Der *Pescher* Habakuk erklärt, »der Zaddik ist der *Moreh ha-Zedek*« (das heißt der Gerechte Lehrer). Im *Pescher* zu Psalm 37, einem weiteren »*Zaddik*«-Text, werden Passagen wie »der Böse stellt dem Gerechten nach« (37,12) oder »der Böse lauert auf den Gerechten und sucht ihn zu töten« (37,32) im gleichen Sinne ausgelegt. Somit erklären die Qumran-Exegeten den Terminus »*Zaddik*« in praktisch jeder biblischen Belegstelle als gleichbedeutend mit »der Gerechte Lehrer«. Einen parallelen Vorgang sehen wir, wenn der Vers 3,10 aus dem Buch Jesaja von frühen Kirchenschriftstellern auf Jakobus bezogen wird – und natürlich etliche andere alttestamentliche Stellen von den Evangelisten mit Jesus in Verbindung gebracht werden. Das also scheint Hegesippus mit den Worten gemeint zu haben, »wie die Propheten über ihn verkünden«.

Sehen wir uns aber auch die anderen Begriffe an, die diese entscheidenden Passagen über »wichtige Todesfälle« enthalten, so können wir sogar noch weiter gehende Schlüsse ziehen. Die Begriffe »gerecht« und »böse« (gleichgültig, wo sie in der Bibel vorkommen) werden in Qumran fast ausnahmslos als »der Gerechte Lehrer« und »der Frevelpriester« gedeutet. Auf Jakobus' Lebensgeschichte bezogen, wären damit jeweils Jakobus selbst und dessen Widersacher, der Hohepriester Ananus, gemeint. In einem Fall wird der im zugrundeliegenden Text (Habakuk 1,13) vorkommende »Böse« als der zweite Feind des Gerechten Lehrers, »der Lügner«, und andere Personen ähnlicher Überzeugung gedeutet, offenbar die »Verräter«, die auch das Neue Testament kennt. Von ersterem heißt es, er »verwirft die *Thora* inmitten der ganzen Versammlung«; auf Jakobus' Biographie übertragen, könnte mit diesem »Lügner« Paulus gemeint sein.

Der tatsächliche Wortlaut von Vers 1,13 des Buches Habakuk ist, »Der Böse verschlingt [»*balla*`« – gebraucht im Sinne von »vernichten« und analog dem oben besprochenen Verb »(fr)essen«/»verzehren«] den, der gerechter ist als er«.[45] Wie schon angemerkt, scheinen die drei Konsonanten dieser Wurzel, *B-L-`* (aus der auch die hebräischen Namen »Belial« und »Bileam« abgeleitet sind), so seltsam es anmuten mag, auch in griechische Schilderungen von Jakobus' Tod einzufließen – sei es in Form des Verbs *»ballô«*, »werfen« oder »hinab-/hinunterstürzen«, sei es im Substantiv *»Diabolos«*, »Teufel«. Diese parallelen, wenn auch etwas späteren Termini spielen in den Evangelien und überhaupt im ganzen Neuen Testament eine sehr wichtige Rolle.

Derlei Schlüsselwörter sind in den Qumran-Schriften Legion, und sie scheinen das Kriterium zu verraten, nach dem die Sektierer die zu interpretierenden Texte auswählten. Wichtige »Reizwörter« dieser Art sind etwa »die Armen« *(Ebionim)*, »die Sanftmütigen« oder »Elenden« (*`Ani*, in Psalm 37,14 ein Synonym für »die Armen«), »Libanon« (Habakuk 2,17), »Komplotte/Ränke schmieden«, »Beute«, »Reichtümer«, »Zorn«/»Grimm«, »Vollkommenheit« und andere mehr. In Psalm 37 etwa finden wir: »*Fällt* er auch, so *stürzt* er doch nicht« (24), und: »Aber das Heil der Gerechten kommt von dem Herrn, *Schutz* ist Er ihnen in der Not« (39). Die gleiche Wendung, »Schutz am Tage der Not«, steht ebenfalls im Buch Nahum (1,7), einer weiteren Passage, die in den Qumran-Texten ausgelegt wird.[46]

Wäre der Qumraner Exeget auch auf das 3. Kapitel von Habakuk eingegangen (tatsächlich hört er am Ende des 2. Kapitels auf), so hätte er sich höchstwahrscheinlich auf vertrautem Terrain gefühlt; dort nämlich finden wir »Zorn«, »zu fressen den Elenden« (Habakuk 3,14), Gott, der in Seinem »Wagen des Heils« fährt und mit Seinem Messias auszieht »um des Heils willen« (*Jescha`* – Habakuk 3,8 und 13). In »zu fressen den Elenden« *(`Ani)* begegnet uns wieder das mittlerweile vertraute Verb »essen«/»fressen«. Es ist ohne weiteres möglich, daß auch zu solchen Passagen *Pescharim* existierten, die aber entweder nur mündlich tradiert wurden oder jedoch inzwischen verlorengegangen sind. Das gleiche läßt sich über einen Propheten wie Jesaja sagen, von dem in Qumran etliche Passagen, die uns auch von frühchristlichen Texten her vertraut sind, in entsprechenden *Pescharim* kommentiert wurden.

Sieht man sich die Umgebung der Jesaja-3,10-Stelle an, die Hegesippus oben auf den Tod des Jakobus bezog, findet man durchaus ähnliche Begriffe: so zum Beispiel die »Libanon«-Metapher (Jesaja 2,13), die in Qumran gern mit dem Untergang des Tempels und der Priesterschaft in Verbindung gebracht wird. Tatsächlich enthält selbst das bruchstückhafte Qumran-Korpus zu fast jeder biblischen Stelle, die den Namen »Libanon« enthält, eine Exegese. Solche Passagen kommen vor allem bei Jesaja und Habakuk vor, daneben aber auch im Buch Nahum (1,4), dort im wichtigen Kontext eines apokalyptischen endzeitlichen »Gerichts« mit »Orkan« und »Flut«/»Überschwemmung«. In der rabbinischen Literatur ist der »Sturz der Zedern des Libanon« eine Metapher für die Zerstörung des Tempels, namentlich desjenigen von 70 n. Chr., wobei das *tertium comparationis* die vom hebräischen Wort implizierte »Weißheit« ist, die auf die *weißen Leinengewänder* der Tempelpriester anspielt – sowie natürlich die Tatsache, daß der Tempel ursprünglich aus *Zedernholz* erbaut gewesen war.[47]

Gleichfalls bei Jesaja begegnen uns Anspielungen darauf, daß das Volk »irregeführt und Dein Weg verschlungen wird« (3,12), auf »die Zunge« (3,8), darauf, daß »das Gesicht des Elenden zertreten« wird und »die Armen beraubt« werden (3,14 f.; beide Stellen gebrauchen das »`*Ani*« von Habakuk 3,14, und die zweite besitzt eine genaue Entsprechung in der Damaskus-Schrift und dem *Pescher* Habakuk)[48], »der Herr der Heerscharen Jerusalem und Juda Stütze und Stab wegnehmen wird) (3,1), »Fremde das Land verzehren« (1,7, das heißt es »fressen«, wieder genau wie im *Pescher* Habakuk zu Habakuk 1,16 f. und in der Kriegsrolle, oben, zu Jesaja 31,8), »waschen« und »reinigen« (1,16 und 4,4) und »Götzen« (2,18).

Der Kontext dieser Anspielung auf die »Götzenverehrung« ist besonders interessant. Ebenso wie am Ende des *Pescher* Habakuk haben wir es hier mit einer eschatologischen Verurteilung der Götzen zu tun. Das apokalyptische Material am Ende des Jakobusbriefes, das »die Reichen« verdammt, benutzt die gleichen Wendungen: »euer Gold und Silber ist zerfressen ... euer Fleisch wie von Feuer verzehrt« (5,2 f.). Analog dazu sagt das Buch Jesaja (2,20): »Jedermann wird wegwerfen seine silbernen und goldenen Götzen ... zu den Maulwürfen und Fledermäusen«, und spielt unmittelbar danach auf das allgemeine apokalyptische Bild des Sichverkriechens in »Felsspalten und Steinklüfte vor dem Schrecken des Herrn ... wenn Er sich aufmachen wird, zu schrecken die Erde« (2,18–21) – was mehr oder weniger dem feurigen Erdbeben und der Sintflut der (im Qumraner *Pescher* Nahum gleichfalls ausgelegten) Stelle aus dem Buch Nahum (1,5–8) entspricht. All diese Stellen könnten leicht als prophetische Empfehlung gedeutet werden, aufgrund einer unmittelbar bevorstehenden »feurigen« Katastrophe aus Jerusalem zu fliehen.[49]

In Vers 3,12 des Buches Jesaja findet sich sogar die eminent wichtige »Qumraner« Verbwurzel *B-L-*`, »verschlingen«. Sie tritt *unmittelbar im Anschluß* an die von Hegesippus auf Jakobus' Tod bezogene

Passage (3,9 ff.) auf, und ihr schließt sich »das Volk in die Irre führen« an, worauf sowohl am Anfang als auch in der letzten Spalte der Damaskus-Schrift im Kontext der vom »Lügner« verfochtenen Lehrmeinung angespielt wird. Ob zufällig oder nicht – es folgt im Buch Jesaja (3,13) all diesen wichtigen Begriffen eine weitere Anspielung auf »stehen«: »Der Herr *steht auf, zu richten die Völker*.«

Es ist schwer zu glauben, daß solch ein glückliches Zusammentreffen bedeutungsträchtiger Bilder unsere Sektierer *nicht* auf Anhieb angesprochen hätte. Der Kreis von Ableitungen aus der Wurzel *B-L`* spielt, wie wir bereits angedeutet haben, im Kontext der Vernichtung des Gerechten Lehrers von Qumran eine überragend wichtige Rolle – und das gleiche wird sich im Zusammenhang mit Jakobus erweisen. In Qumran wird diese Wurzel nicht nur zur Bezeichnung dessen verwendet, was der »Frevelpriester« dem »Gerechten Lehrer« angetan hat, sondern sie umschreibt auch die Vergeltung, die Gott an dem übt, der »den Gerechten Lehrer verschlungen hat«.

Wie es der *Pescher* Habakuk formuliert: Ebenso wie der Frevelpriester »ihn« oder »sie [die Anhänger des Gerechten Lehrers, hier »die *Ebionim*« genannt, obwohl das Wort als solches an dieser Stelle des zugrundeliegenden Habakuktextes gar nicht vorkommt] verschlungen hat«, ebenso »wird er den Lohn empfangen, den er den Armen gezahlt« – und dies wird immer wieder mit der Vorstellung göttlicher Vergeltung verquickt: Für das, was er dem Gerechten Lehrer angetan hat, »wird Gott ihn zur Vernichtung verdammen«.[50]

Der gleiche Gedanke wird auch durch eine andere, für die parallelen Kontexte, mit denen wir es hier zu tun haben, äußerst bedeutungsvolle Metapher ausgedrückt: das Bild des »Kelches« – das, wie wir im folgenden noch aufzeigen werden, die göttliche Vergeltung symbolisiert – beziehungsweise des »Kelches von Gottes Zorn«, der »zu ihm gelangen« oder »ihn verschlingen« soll. Eines solchen Bildes bedient sich auch Paulus, wenn er seinen Begriff vom »Kelch des Neuen Bundes in seinem [Christi] Blut« entwickelt; dieser Formulierung fügt Lukas in Vers 22,20 bemerkenswerterweise noch hinzu: »das für euch vergossen wird«.

Dieser Begriff der Vergeltung ist auch der gedankliche Kontext der »Pseudo-Jesaja«-Stelle, welche die frühchristlichen Exegeten auf den Tod des Jakobus beziehen: »Laßt uns den Gerechten hinwegnehmen, denn er ist uns ein Greuel.« In der als kanonisch überlieferten Form lautet der sich daran anschließende Vers folgendermaßen:

> Wehe dem Bösen! Ihn trifft Unglück, denn der Lohn *[Gamul]* seiner Hände wird ihm angetan werden. (Jesaja 3,11)

Genau jenes Wort, *»Gamul«* oder »Lohn«, gebraucht der *Pescher* Habakuk in exakt dem gleichen Sinne; wenn er vom »Frevelpriester« schreibt, er »trachtete, die Armen zu vernichten« und »verschlang ihn«: den Gerechten Lehrer. Und deshalb, heißt es dann, »wird er den Lohn empfangen, den er den Armen gezahlt hat«. Hier haben wir also wieder das Wort *»Gamul«* (»Lohn«), auf das wir gerade in Jesaja 3,11 und weiter vorne, im Zusammenhang mit den »Armen«, in der Kriegsrolle gestoßen sind. Daß wir uns in diesen Versen um Jesaja 3,10 – jene Bibelstelle, die in der frühen Kirchenliteratur auf den Tod des Jakobus bezogen wird – in einem ähnlichen exegetischen Bezugssystem wie die Qumran-Autoren befinden, dürfte hiermit offenkundig sein.

Die Schlußfolgerung ist daher einfach. Da sich die Formulierung »er erhält den Lohn, den er [anderen] gezahlt hat« in dem vom gleichnamigen *Pescher* behandelten Habakuktext nirgends findet, ist es evident, daß die Qumraner Exegeten sie aus dem Buch Jesaja (3,10 f.) kannten und sie in die Schilderung *des Todes ihres »Gerechten Lehrers«* einbauten. Mit anderen Worten: Die Jerusalemer Gemeinde Jakobus' des Gerechten und die Gemeinde von Qumran verwendeten exakt dieselbe Bibelstelle auf exakt die gleiche Weise und bezogen sie auf die Ermordung ihres jeweiligen Oberhaupts: Jakobus' des Gerechten beziehungsweise des Gerechten Lehrers. Ein überzeugenderes Indiz für die Identität der beiden Gruppen könnte man sich gar nicht wünschen.[51]

Hegesippus über den Tod des Jakobus

Folgendermaßen endet die von Eusebios zitierte Hegesippussche Schilderung der Steinigung Jakobus' des Gerechten:

> Also gingen sie hinauf und *stürzten* [»stießen«] *den Gerechten hinunter* [*kataballô* – und wieder Jakobus' Titel anstelle des Eigennamens!] und sagten untereinander: »Laßt uns Jakobus den Gerechten *steinigen.*« Und da der *Sturz* ihn nicht getötet hatte, begannen sie ihn zu steinigen.

Dies stellt eine fast vollkommene Parallele zur Schilderung der Steinigung des Stephanus in der Apostelgeschichte dar – einschließlich der Wiederholung des Wortes »steinigen« und des Verbs »stoßen«/»stürzen« (ganz zu schweigen von der vielsagenden Anspielung auf Jakobus' »Fall«/»Sturz«, der sowohl in Stephanus' »auf die Knie fallen« als auch in Judas *Ischarioths* blutigem »Sturz«, von dem zu Beginn der Apostelgeschichte die Rede ist, eine Entsprechung hat).

Wie wir uns erinnern, hält Stephanus in der Apostelgeschichte unmittelbar vor seiner Hinrichtung eine Ansprache, in der er den Juden vorwirft, sie hätten »das Gesetz empfangen, ... doch nicht gehalten«, sie hätten »alle Propheten getötet« und seien »Verräter«, weil sie den »Gerechten« getötet hätten (7,52 f.). Im *Pescher* Habakuk sind solche »Verräter« »Verräter des Neuen Bundes«. Deren positive Gegenspieler, »die Wahrer Seiner Gebote« – beziehungsweise wieder unsere »Söhne des Zadok« –, scheinen persönlich an Gottes »Vollzug des Gerichts über die Völker« teilzunehmen, wobei es hier der »Frevelpriester« ist, nicht das jüdische Volk allgemein, der verdammt und zwecks Abstrafung in die *Gehenna* geschickt wird. Interessant ist weiterhin der Umstand, daß der gleiche Vorwurf, den Stephanus den Juden allgemein macht – sie seien »Unbeschnittene an ihrem Herzen« (Apostelgeschichte 7,51) –, im *Pescher* Habakuk gegen den »Frevelpriester« erhoben wird.[52]

Im Zusammenhang mit der Schilderung vom Tod des Stephanus sei noch einmal auf die Parallele hingewiesen, die dessen Worte zu Jakobus' Pessach-Verkündigung von der »Ankunft des Menschensohnes auf den Wolken des Himmels« darstellen. Wie wir uns erinnern, erzählt die Apostelgeschichte:

> [Stephanus] aber voll Heiligen Geistes sah auf gen Himmel und sah die Herrlichkeit Gottes und Jesus stehen zur Rechten Gottes. Er *rief aus*: »Siehe, ich sehe den Himmel offen und des Menschen Sohn zur Rechten Gottes stehen« [mit emphatischer Wiederholung des Wortes »stehen«]. Sie *schrien aber laut auf* und... stürmten einmütig auf ihn ein, stießen ihn zur Stadt hinaus und *steinigten ihn*... Und [sie] steinigten Stephanus, *der betete*... und *er fiel auf die Knie und schrie laut: »Herr, behalte ihnen diese Sünde nicht!«* (Apostelgeschichte 7,55–59)

Hegesippus' Bericht von der Steinigung des Jakobus wiederum geht folgendermaßen weiter:

> Er aber wandte sich ab und *fiel auf die Knie* und sagte: »O Herr Gott und Vater, ich flehe dich an, *vergib ihnen, denn sie wissen nicht, was sie tun.*«

Diese kurzen Schilderungen der zwei Steinigungen enthalten so viele wichtige Übereinstimmungen und Parallelen, daß es schwerfällt zu entscheiden, welche am meisten hervorgehoben zu werden verdient. Auf das gemeinsame Motiv »auf die Knie fallen« haben wir bereits hingewiesen. Wir erinnern uns aber auch, daß dasselbe Motiv bereits im Zusammenhang mit Jakobus' eifrigem Gebet im Allerheiligsten des Tempels aufgetaucht war und daß Jakobus' daher rührende »Kamel-Knie« in allen Quellen ausdrücklich erwähnt werden. Ein weiteres gemeinsames Element ist das »laute Ausrufen« sowie natürlich die Tatsache, daß Jakobus an diesem Punkt – in allen uns vorliegenden Berichten – *anfängt zu beten*. Schließlich stimmen Jakobus' letzte Worte nicht nur sinngemäß mit denjenigen Stephanus' überein, sondern sind exakt die Worte, die in Vers 23,34 des Lukasevangeliums dem Gekreuzigten zugeschrieben werden.

Das Thema »hinunterstürzen« oder »-fallen« soll uns später beschäftigen, wenn wir durch Analyse des verwendeten Terminus zu ermitteln versuchen werden, ob Jakobus zu einem bestimmten Zeitpunkt »hinuntergestürzt wurde« oder »fiel«, oder beides. Dieses Motiv taucht wahrscheinlich zum erstenmal in den pseudoklementinischen *Rekognitionen* auf, im Zusammenhang mit Paulus' Angriff auf Jakobus. Die *Rekognitionen* erscheinen zunächst im Weströmischen Reich, in lateinischer Fassung, und zwar auf Betreiben des (mit Hieronymus befreundeten) Kirchenschriftstellers Rufinus von Aquileia (gestorben um 410 n. Chr.), der Ende des 4. Jahrhunderts sowohl dazu als auch zu den *Homilien* ein Nachwort schrieb.

Doch das Werk selbst geht zweifellos auf weit ältere Quellen zurück, darunter einige von denen, die Hegesippus erwähnt, Origenes und Epiphanios' sogenannte *»Anabathmoi Iakobou«*. Hieronymus kennt offensichtlich Teile davon (er nennt den Text »Die Reisen« oder »Die Lehre des Petrus«), aber zuletzt kam es zwischen ihm und Rufinus zum Bruch – wobei die Tatsache, daß letzterer diesen Text veröffentlicht hatte, mit eine Rolle gespielt haben könnte. Eine griechische Fassung der *Rekognitionen* ist nicht erhalten, wohl aber eine syrische, was gut mit Eusebios' Mitteilung übereinstimmt, er habe in syrischen Archiven bis dahin unbekanntes oder vergessenes Material gefunden.

Paulus' – *in den vierziger, nicht den sechziger Jahren erfolgter* – Angriff auf Jakobus, von dem der Text berichtet, nimmt strukturell die Stelle des Angriffs auf Stephanus ein, nach welchem Paulus sogar in der Apostelgeschichte eine Zeitlang die Rolle des christenfeindlichen tobenden Wüterichs spielt. Wie die *Rekognitionen* – sowohl in der lateinischen als auch in der syrischen Fassung – anschaulich schildern, handelt es sich auch in diesem Fall um einen regelrechten tätlichen Angriff, und das Resultat ist abermals Jakobus' »Sturz«, *nicht aber dessen Tod*. Tatsächlich ermöglicht es uns der »Sturz«, von dem sowohl bei Hegesippus/Eusebios im Zusammenhang mit Jakobus' Tod als auch in der Apostelgeschichte im Zusammenhang mit der Steinigung des Stephanus die Rede ist, die zwei Angriffe miteinander in Beziehung zu setzen und einige widersprüchliche Punkte zu klären.

Der »Sturz« aus großer Höhe, den Jakobus in den vierziger Jahren erleidet, endet nicht tödlich; vielmehr kann der Verletzte gerettet werden und flieht nach Jericho (also in die Gegend von Qumran), von wo aus er seinen Kampf fortsetzen wird. Dieses Element wird verfälscht und geistert – aus verschiedenen sprachlichen Gründen, die wir später werden nachvollziehen können – in entstellter Form durch alle Berichte über Jakobus' Tod, die uns in den Schriften der frühen Kirchenschriftsteller erreicht haben. Selbst in der uns vorliegenden Form stimmen diese Schilderungen in dem Punkt überein, daß nicht der *»Sturz«*, sondern erst die folgende *Steinigung* die Ursache von Jakobus' Tod war, und sogar die von der Apostelgeschichte eingeschobene Ersatz-Episode scheint diese Tatsache in verhüllter Form zu bewahren, wenn es heißt, daß Stephanus »auf die Knie fällt«/»stürzt« (und erst *anschließend* zu Tode gesteinigt wird) – und ähnliche Motive finden wir in der Zweiten Offenbarung des Jakobus aus Nag Hammadi. Doch selbst wenn man eine solche Interpretation für zu gewagt halten sollte, bewahrt diese Stelle auf jeden Fall das merkwürdige Motiv von Jakobus' »Knien«.

Folgendermaßen schildern die *Rekognitionen* den *(in den vierziger Jahren erfolgten)* tätlichen Angriff des »Feindes« Paulus auf Jakobus:

> Unser Jakobus begann darzulegen, ... daß seine [Jesu] zwei Ankünfte vorhergesagt sind: die eine, in Erniedrigung, die er bereits vollbracht hat; *die andere in Herrlichkeit* [siehe Apostelgeschichte 7,55: »Stephanus aber sah gen Himmel und sah *die Herrlichkeit Gottes*«]... Und als die Dinge so weit gediehen waren ... *drang ein Feind* [eine Randglosse in einer der Handschriften identifiziert diesen »Feind« als Paulus] *mit einigen anderen Männern in den Tempel* und fing an zu schreien [wieder unser »laut rufen«/»schreien«], ... um die Menschen aufzustacheln und Aufruhr zu stiften ... Daher begann er, mit seinem Geschrei alle zu verwirren ... und wie ein Wahnsinniger alle zum Mord aufzustacheln. (Vergleiche Apostelgeschichte 8,3)
>
> Auf beiden Seiten, bei den Prügelnden und den Geprügelten, brach ein Tumult aus. Viel Blut floß, und die Menschen suchten ihr Heil in der Flucht, und in dem großen Durcheinander griff der Feind

Jakobus an und warf ihn vom oberen Treppenabsatz [das Motiv der »Zinne des Tempels« anderer Berichte] kopfüber hinunter, und in der Annahme, er sei nun tot [die syrische Fassung ergänzt: »da er gestürzt war«], verzichtete er darauf, ihm weiter Gewalt anzutun [die »Gewalt«/»Gewalttätigen« der Qumran-Rollen]. Unsere Freunde aber hoben ihn auf, denn sie waren zahlreicher, ... und wir kehrten zu Jakobus' Haus zurück [das »Haus« in Jerusalem, wohin sich Petrus laut Apostelgeschichte 12,20 begibt, um für »Jakobus und die Brüder« eine Nachricht zu hinterlassen] und brachten die Nacht im Gebet zu. Dann zogen wir vor Tagesanbruch hinab nach Jericho, fünftausend Mann an der Zahl.[53]

Anschließend erfahren wir, daß »der Feind« von den Oberpriestern brieflich den Auftrag erhielt, sich nach Damaskus zu begeben, »um alle, die an Jesus glaubten, zu verhaften und mit Hilfe von Ungläubigen [ein typisch islamischer Ausdruck] die Gläubigen in Verwirrung zu stürzen« (vergleiche dies mit Apostelgeschichte 9,22: »Saulus aber ... brachte die Juden, die in Damaskus wohnten, in Verwirrung«)[54], woraus zweifelsfrei hervorgeht, daß wir es in diesem Bericht tatsächlich mit Paulus zu tun haben.

Dies ist der Angriff, den die Orthodoxie durch die in der Apostelgeschichte geschilderte Steinigung des Stephanus »überschrieb«. Unsere These lautet, daß *es überhaupt keinen »Stephanus« gab* – außer einem Korinther dieses Namens [eigentlich »Stephanas«, A.d.Ü.], dem ersten von Paulus bekehrten Griechen, oder »Stephanus, des Kaisers Sklaven«, der Josephus zufolge in der Umgebung von Jerusalem von wütenden »Zeloten« überfallen wurde (und der im übrigen durchaus mit dem Erstgenannten, Paulus' korinthischem Glaubensgenossen, identisch sein könnte).[55]

Der »Stephanus« der Apostelgeschichte ist – wie eine ganze Reihe anderer Personen dieses Textes, mit denen wir uns bereits befaßt haben (und weiterer, die noch kommen werden) – ein erfundener Lückenbüßer: eine fiktive Gestalt, deren einzige Funktion darin bestand, den in den vierziger Jahren erfolgten Angriff Paulus' auf Jakobus – ein Ereignis, das den frühen Kirchenschriftstellern offenbar solche Probleme bereitete, daß es nicht einmal ausgesprochen werden durfte (aber andererseits auch nicht vergessen werden konnte) – irgendwie zu »ersetzen«. Hierin besteht im übrigen auch der einzige wesentliche Unterschied zwischen den zwei Rezensionen der Pseudoklementinen: den *Rekognitionen* und den *Homilien*. Letztgenannte Textgruppe tilgt, wie wir gesehen haben, den peinlichen Zwischenfall und modifiziert den Gang der Handlung entsprechend.

Im Zuge der Metamorphose, die diese purgierte Version der Sache schließlich zu der uns heute in der Apostelgeschichte vorliegenden Episode machte, wurden bestimmte Elemente aus der *Steinigung des Jakobus* (die nach frühkirchlicher Tradition in den sechziger Jahren stattfand) übernommen. Weiter unten werden wir aufzeigen, wie sich die Details dieser zwei körperlichen Attacken miteinander in Einklang bringen lassen. Diese Episode aus der Apostelgeschichte wurde – wie bis zu einem gewissen Grad auch die Charakterisierung Jesu durch die Evangelisten – mit einer antisemitischen Patina versehen, die im Laufe der letzten zwei Jahrtausende die übelsten Konsequenzen nach sich gezogen hat. Wenn die Qumran-Gemeinde ihren Widersacher als »den Lügner« und das fleischgewordene »Lügen« titulierte – schmähende Bezeichnungen, die später vom Islam übernommen und pauschal auf Judaismus und Christentum bezogen wurden[56] –, dann *wußte* sie vermutlich, wovon sie redete.

Sehen wir nun, wie Eusebios den Bericht von Jakobus' Steinigung – die er in die sechziger Jahre datiert – abschließt (vergleichbare Darstellungen finden sich übrigens auch in einer Vielzahl von anderen Quellen, darunter Texten aus Nag Hammadi und manichäischen Schriften):

> Also hatten sie begonnen, ihn zu steinigen, als einer der Priester der Söhne Rechabs, der Sohn jener Rechabiter [Eusebios/Hegesippus verwendet hier, wie schon angemerkt, die lediglich transliterierte hebräische Pluralform *»Rechabim«*, was für das hohe Alter der Überlieferung spricht], von denen der *Prophet Jeremia* spricht [wie wir uns erinnern, sagt Matthäus – 27,9 – irrtümlicherweise das gleiche in bezug auf Judas, während da in Wirklichkeit Sacharja gemeint ist. In Matthäus 27,5 »wirft« Judas die Silberlinge »hin«], ausrief und sagte: »Haltet ein, der Gerechte betet um euretwillen!« Und einer von ihnen, der ein Wäscher war, nahm die Keule, mit der er die Wäsche zu walken pflegte, und schlug damit dem Gerechten auf den Kopf ... So erlitt er das Martyrium, und man begrub ihn dortselbst beim Tempel, und *sein Grabmal ist noch immer dort beim Tempel*... Und unmittelbar darauf begann Vespasian, sie zu belagern.

So also lautet der Bericht vom Martyrium des Jakobus, den Eusebios wörtlich aus Hegesippus übersetzt haben will. Sieht man von den Verwechslungen zwischen Tempel und Allerheiligstem und dem Mißverständnis bezüglich Jakobus' Badegewohnheiten ab, klingt diese Behauptung durchaus glaubwürdig.

Dem fügt Eusebios die – eigenen oder von Hegesippus übernommenen – frommen Worte hinzu: »Er wurde für Juden wie für Griechen zu einem wahrhaftigen Zeugen *[mártyros]* dessen, daß Jesus der Christus ist.« Anschließend referiert er die (verschollene) Passage aus Josephus, welche die Belagerung Jerusalems mit dem *Tod des Jakobus* in Verbindung bringt.

Jakobus' Grabmal, Judas *Ischarioths* Sturz und abermals der Blutacker

Die von Eusebios bewahrte Bezeugung eines Grab- oder Mahnmals, das zu Ehren Jakobus' an der Stelle errichtet wurde, »wo er gestürzt war«, ist interessant und nicht ohne Bedeutung. Eusebios (oder Hegesippus, wer von beiden, läßt sich nicht entscheiden) war offenbar der Ansicht, daß sich dieses Monument zu dem Zeitpunkt, als er darüber schrieb (also entweder im 4. oder im 2. Jahrhundert), noch an Ort und Stelle befand. Hätte Eusebios, der wie Hegesippus aus Palästina stammte, es nicht selbst gesehen, dann dürfte man erwarten, daß er dies irgendwie zu verstehen gegeben hätte. Genau das tut nämlich Hieronymus in seiner – scheinbar? – präziseren Version dieser Überlieferung:

> Sein Grabstein mit der Inschrift war bis zur Belagerung durch Titus und bis zum Ende von Hadrians Regierungszeit allgemein bekannt [was bedeutet, daß Hieronymus ihn selbst nicht gesehen hat].[57]

Läßt man Fragen der Chronologie einmal außer acht, so kann kaum ein Zweifel daran bestehen, daß *irgend jemand* irgendwann Jakobus' Grabstein oder Grabmal im Kidron-Tal *gesehen hat*. Dieses Tal verläuft direkt am Fuß der äußeren Umfassungsmauer des Tempels, und zwar unterhalb der Stelle, die in unseren Überlieferungen als »die Zinne des Tempels« bezeichnet wird. Von hier soll Jakobus einigen Bekundungen zufolge hinabgestoßen worden sein, und gleichfalls von hier hätte sich Jesus den Evangelien zufolge hinabgestürzt, wenn er den »Versuchungen des Teufels« erlegen wäre.

Noch heute finden sich im Kidron-Tal Grabmale aus der Zweiten Tempelperiode, darunter auch eines, das als »Grab des heiligen Jakobus« bekannt ist. Die Tradition, die Jakobus' Grab mit diesem Monument am Fuße des Ölbergs, direkt unterhalb der »Zinne des Tempels«, identifiziert, ist sehr alt, und Hieronymus scheint von ihr zu wissen, wenn er schreibt: »Manche unserer Autoren glauben, daß er auf dem Ölberg bestattet wurde, aber sie irren.« Die Bedeutung, die dieses Monument oder Grabmal für die Herausbildung der Legenden um die Umstände und die Art von Jakobus' Tod besessen hat, ist nicht zu unterschätzen. Selbst heute noch kann man, wenn man an der südöstlichen Ecke der Tempelmauer steht und ins Kidron-Tal hinunterblickt, am Fuße des Ölbergs das Grabmal deutlich erkennen.

Anhand der noch lesbaren, im Inneren der Kammer in Stein gemeißelten Inschrift läßt sich das Grab als der Bestattungsort der priesterlichen Dienstklasse der Bnei-Hesir identifizieren, eines der Priestergeschlechter, die mit Esra oder Nehemia aus der Babylonischen Gefangenschaft zurückkehrten (Nehemia 10,20). Dies spricht für sich genommen noch nicht gegen eine Beziehung zu Jakobus' Familie, da sich die Zugehörigkeit von Jakobus' priesterlichen Vorfahren mütterlicher- (wenn nicht väterlicher-)seits zu einem bestimmten Priestergeschlecht nicht mehr ermitteln läßt. Interessanterweise scheinen die in der Weiheinschrift vorkommenden Namen Mitglieder der Familie der sogenannten »Boethusianer« zu bezeichnen – jenes Priestergeschlechts, das Herodes aus Ägypten nach Palästina holte, nachdem er seine makkabäische Frau hatte hinrichten lassen, um deren (gleichfalls Mariamne genannte) Tochter zu heiraten.[58] In der nächsten Generation, zur Zeit des Zensus des Quirinius, sollte ein Joazar ben Boethus in der Streitfrage um die Zahlung der neu eingeführten römischen Steuer zum direkten Gegenspieler von Josephus' Judas und *Saddok* werden.

Tatsächlich könnte die (durch die Assoziation mit Jakobus' Bestattung implizierte) Übernahme dieses Grabmals der wahre Kern einer weiteren sehr beliebten, aber fast mit Sicherheit märchenhaften Tradition sein: der Geschichte Josephs von Arimathäa, der sein neues, aufwendiges Grab für *Jesu Bestattung* zur Verfügung stellt (Matthäus 27,57 und Parallelen). »Joseph von Arimathäa« ist ein weiterer Name ohne jeglichen historischen Gehalt, und der Ort, aus dem dieser Mann angeblich stammte, konnte nie überzeugend lokalisiert werden.[59] Bei dieser Episode könnte es sich also durchaus um ein weiteres Element aus Jakobus' Biographie handeln, das retrospektiv in Traditionen um Jesus eingearbeitet wurde.

Auf alle Fälle ist es durchaus vorstellbar, daß jemand, dem die Geschichte von Jakobus' »Sturz« bekannt war, beim Anblick des – von der Umfassungsmauer des Tempels aus so gut sichtbaren – Grabes im Kidron-Tal auf die Idee gekommen sein könnte, Jakobus sei von dieser »Zinne des Tempels« dort hinab»gestürzt« (während er in Wirklichkeit vom »Feind« Paulus nur von den *Stufen* des Tempels »gestürzt« worden war). Den »Sturz« von der Zinne hätte natürlich kaum jemand überlebt – was ja auch die implizite Bedeutung der »teuflischen Versuchung« ist, der Jesus bei Matthäus und Lukas ausgesetzt wird.

Das Motiv von Jakobus' »Sturz kopf-« oder »vornüber« kehrt, wie wir bereits gesehen haben, ebenfalls im blutrünstigen Bild wieder, das die Apostelgeschichte vom Tod des Judas *Ischarioth*, einer weiteren weitgehend mythologischen (und dazu noch mit einem merkwürdigen »Nachnamen« ausgestatteten) Gestalt, zeichnet. Auch diese Geschichte schließt mit der Erwähnung einer Begräbnisstätte: Gemeint ist der von der Apostelgeschichte und Matthäus so genannte »Blutacker«, den Matthäus als einen »Töpfersacker« identifiziert und der angeblich für die Bestattung von »Fremden« oder möglicherweise sogar von »Armen« bestimmt war. Interessanterweise knüpfen sich an diesen Acker außerdem, wie wir gesehen haben, »rechabitisch«-priesterliche – und, durch Extrapolierung, »essenische« – Traditionen.

Wir erinnern uns, daß die Geschichte dieses »Sturzes« am Anfang der Apostelgeschichte erzählt wurde – und zwar zur Begründung der Notwendigkeit, Judas' »Episkopat« durch eine Wahl neu zu besetzen – und daß der unterlegene Kandidat selbst im griechischen Text den lateinischen Beinamen »Justus« trug (1,23). Judas, so erfahren wir, »hat erworben einen Acker um den Lohn für seine Ungerechtigkeit und stürzte vornüber [das mit »vornüber« wiedergegebene griechische Wort entspricht ungefähr demjenigen, das in den Pseudoklementinen auf den Sturz des vom »Feind« – Paulus – angegriffenen Jakobus bezogen wird] und *ist mitten entzweigeborsten und hat all sein Eingeweide ausgeschüttet*«. Die Parallele zu Jakobus, dessen *Kopf* durch den Knüppelhieb des Wäschers »entzweigeborsten« ist, dürfte gleichfalls evident sein.

Wir befinden uns also wieder einmal im Reich der »Umdichtung von Wahrheit«. Auch wenn diese Geschichten zu unseren beliebtesten religiösen Kulturgütern gehören, lassen sich in ihnen bei aufmerksamer Betrachtung doch die überschriebenen ursprünglichen Elemente ausmachen. Was *genau* in diesem hypothetischen Original stand, ist zwar nicht mehr zu ermitteln; auf jeden Fall aber etwas über die Wahl Jakobus' zum neuen Oberhaupt der Gemeinde oder »Bischof« nebst, wie eigentlich klar sein dürfte, einigen Anspielungen auf das Schicksal, das ihn später ereilen sollte. Wie bereits mehrfach betont, muß jedes Material, das irgendeine Relevanz für die Familie Jesu, für die Brüder oder die Namensvettern irgendeines Verwandten des messianischen Führers besitzt, mit äußerster Vorsicht behandelt werden.

Beispielsweise haben wir in dieser Judastradition anstelle des »Wäschers« (oder »Walkers«) mit seinem Schlegel eine interessante parallele Anspielung auf »Töpfer«, und dies obwohl der »Töpfersacker« als solcher im Original der von Matthäus zitierten Prophezeiung – sei es von Jeremia, sei es von Sacharja – nirgendwo erscheint. Dieser »Wäscher«/»Walker« und dieser »Acker« haben beide etwas mit Tod oder Bestattung zu tun. Hinzu kommt noch der gesamte Themenkomplex »Rechabiter«, mit denen beide Traditionen gleichfalls irgendwie assoziiert sind. Weiterhin haben wir das – angeblich mit dieser »Prophezeiung« zusammenhängende – Motiv der Münzen, die in das Tempelschatzhaus »geworfen« *und* von den Priestern zurückgewiesen werden. Letzteres spiegelt eines der Hauptmotive dieser Zeitspanne (und zwar eines, das wir an gegebener Stelle gleichfalls mit Jakobus' Namen in Verbindung bringen werden) wider: nämlich *die Zurückweisung von durch Fremde dargebrachten Weihegeschenken und Opfergaben an den Tempel* – wodurch schließlich der *Krieg gegen Rom* ausgelöst wurde.

Im Vorbeigehen sei noch auf den Umstand hingewiesen, daß dieser »Töpfersacker« oder »Blutacker« – so genannt entweder wegen Jesu »Blut«, Judas' »Blut« oder des »Blutgeldes«, das Judas empfängt und *in das Tempelschatzhaus wirft* – letztlich etwas mit einem Begräbnisplatz *für Fremde* zu tun hat. Auf den ersten Blick mögen viele dieser Zusammenhänge weit hergeholt erscheinen, aber insgesamt betrachtet erweisen sie sich als einfach zu zahlreich, um als zufällig abgetan werden zu können. Ihre Trivialisierung in Episoden wie derjenigen um Judas' »ausgeschüttete Eingeweide« macht allmählich den Eindruck einer – und wenn auch noch so albern ausgeführten – bewußten Bösartigkeit. Doch der Leser wird zu gegebener Zeit diesbezüglich sein eigenes Urteil fällen können.

Interessanterweise sind es in Wirklichkeit nicht die »Oberpriester« der Herodianerzeit, die derlei Geld- oder Sachgeschenke zurückweisen, sondern die »zelotischere« *niedere Priesterschaft* der vierziger bis sechziger Jahre – die gleichen Männer also, die »Heiden« (einschließlich der Herodianer) den Zutritt zum Tempel verwehren, um diesen vor Verunreinigung zu bewahren. Dies erweist sich nicht nur als einer der wichtigsten Streitpunkte, die schließlich zum Aufstand führten (und als eine »Neuerung«, gegen die Josephus zu wettern nicht müde wird), sondern es ist tatsächlich auch, wie wir gesehen haben, der aktuelle Hintergrund der Vorwürfe, die unter dem Oberbegriff »drittes Netz des Belial« in der fünften Spalte der Damaskus-Schrift (und im Anschluß an die eschatologische Auslegung, die der »zadokidische Bund« in der vierten Spalte erfährt) gegen das

»Establishment« erhoben werden. In der sechsten Spalte dieses Textes, die diese »Befleckung des Tempels« erläutert, ist sogar konkret von »Befleckung des Tempel*schatzes*« die Rede. Auch wenn sie keine unanfechtbaren Beweise darstellen, sind derlei Parallelen doch außerordentlich aufschlußreich.

Wenn sich außerdem herausstellen sollte, daß Jakobus nicht lediglich eine dem Qumraner »Lehrer der Gerechtigkeit« analoge Persönlichkeit (dies mit Sicherheit), sondern *mit diesem identisch* war, dann werden die »drei Netze« »Reichtum«, »Unzucht« – wofür sich in bekannten Quellen über Jakobus Parallelen finden – und »Befleckung des Tempels« zu zentralen Sätzen *seiner* Lehre. Tatsächlich läßt sich seine in der Apostelgeschichte (15,20–29) als Resultat des Jerusalemer »Apostelkonzils« zitierte – und, wie wir aufzeigen werden, auch der *»MMT«*-Korrespondenz zugrundeliegende – Warnung vor »Götzenopferfleisch« oder »Befleckung durch Götzen« als lediglich *ein* wichtiger Aspekt des umfassenderen Themenkomplexes »Befleckung des Tempels« erkennen.

Bemerkenswert ist weiterhin die Tatsache, daß die Damaskus-Schrift in ihrer Erklärung dieser »Befleckung des Tempels« ausdrücklich das Motiv des »Blutes« anführt, und zwar in diesem Falle nicht dasjenige »des neuen Bundes im Kelch Seines Blutes«, sondern des *Menstruationsblutes*, und damit einhergehend den Vorwurf des *Beischlafs mit menstruierenden Frauen*.[60] Damit verknüpft der Text nicht nur den Vorwurf der »Unzucht« mit dem der »Befleckung des Tempels«, sondern gibt auf diese Weise auch implizit zu verstehen, daß es der Kontakt mit Heiden – beziehungsweise in diesem Fall mit deren Geschenken und Opfern – ist, was das Problem der »Befleckung des Tempels« überhaupt erst verursacht hat. Oder, wie die Damaskus-Schrift es in der fünften und achten Spalte im Rahmen ihrer Ausführungen zum Thema »Unzucht« und »Befleckung des Tempelschatzes« so deutlich formuliert: »Niemand, der ihnen [womit unserer Ansicht nach Herodianer und andere Fremde gemeint sind] naht, kann je wieder rein werden … es sei denn, er wurde dazu gezwungen.«[61] Matthäus aber setzt seinen »Blutacker«/»Töpfersacker« auch irgendwie zu »Heiden« oder »Fremden« in Beziehung.

Dieser »Blutacker«, das einzige gemeinsame Element der zwei ansonsten widersprüchlichen und wahrscheinlich bewußt entstellten Berichte von Matthäus und Lukas, besitzt gleichfalls interessante Parallelen in der Qumran-Literatur: die Anspielungen auf die »Stadt aus Blut«/»wertlose Stadt« oder die »auf Blut erbaute Versammlung« (»Kirche«), denen wir – in unterschiedlichen, aber analogen Kontexten – im *Pescher* Nahum und im *Pescher* Habakuk begegnen. Interessanterweise ist davon in ersterem im Zusammenhang mit der Entsendung von Emissären oder »Aposteln der Völker« die Rede; in letzterem wiederum wird die »Stadt aus Blut« von »Bau«-Metaphern begleitet und mit »Viele in die Irre führen«, »einen wertlosen Dienst vollbringen« und »eine Gemeinde [›Kirche‹] auf Lügen errichten« umschrieben – was wiederum als die Lehre des »lügenden Schwätzers/Sprudlers« bezeichnet wird.[62]

Als unseren vielleicht gewagtesten Versuch, eine Synthese zwischen der Gemeinde des Jakobus und jener von Qumran herzustellen, haben wir derlei Anspielungen des *Pescher* Habakuk mit Paulus' »Errichtung einer Kirche« auf der Gemeinschaft (oder der Teilhabe, dem Verzehr) des *Blutes Christi* identifiziert. Wie Lukas es in seiner Version vom Letzten Abendmahl (in der auch Judas *Ischarioth* eine zentrale Rolle spielt und unzweideutig verurteilt wird) formuliert: »Dieser Kelch ist der Neue Bund in meinem Blut, das für euch vergossen wird« (22,20).

Nicht nur ist die Vorstellung des »(Ver-/Aus-)Gießens« ein wesentlicher Aspekt des in der Apostelgeschichte verwendeten paulinischen Begriffs »Heiliger Geist«; der »Neue Bund« ist außerdem *der* Leitgedanke und die *raison d'être* der in der Wüste von »Damaskus« tätigen Gruppen, deren Lehren und Aktivitäten die Damaskus-Schrift beschreibt; und wie wir gesehen haben, ist »ausgießen« darüber hinaus das Wort, mit dem Qumran den »Lügner« am häufigsten charakterisiert: als den »Hervorsprudler [wörtlich »Ausgießer«] von Lügen«. Wir werden in diesem Zusammenhang noch einen Schritt weiter gehen und zeigen, daß sogar das Wort »Damaskus« (oder, in Qumran, »der Neue Bund im Land Damaskus«) von Paulus oder unseren Evangelien-Taschenspielern esoterisch umgedeutet und zum »Kelch des Neuen Bundes in meinem Blut« umformuliert wird (da *»Dam«* und *»Chos«* auf hebräisch »Blut« und »Kelch« bedeuten).

Wie wir uns erinnern, ist es ein und derselbe Korintherbrief, in dem Paulus nicht nur entschieden gegen Jakobus' am Ende des »Jerusalemer Konzils« ausgesprochenes Verbot, »Blut« und »Götzenopferfleisch« zu verzehren, Stellung bezieht, sondern des weiteren erstmals seinen Begriff »Teilhabe am Blut Christi« entwickelt – so widerlich diese Vorstellung »zelotisch« gesonnenen Gruppen wie der Qumran-Gemeinde auch erschienen sein muß, und ungeachtet der Tatsache, daß Jakobus, wie wir gesehen haben, einen solchen (wenngleich rituellen) »Verzehr von Blut« ausdrücklich *verbietet*. Und diese degoutante Doktrin wird in den kanonischen Schilderungen vom »Letzten Abendmahl« dann nachträglich Jesus in den Mund gelegt! Wenn etwas die Richtigkeit des in der Einleitung zum vorliegenden Werk angeführten Ausspruchs »Dichtung ist überzeugender als Geschichtsschreibung« beweist, dann das.

Diesen Begriff von der »Kommunion durch Christi Blut« entwickelt Paulus, wie wir gesehen haben, unter Verwendung von »Bau«-Metaphern, wobei er sich an einer Stelle (1. Korinther 3,10) sogar als den »Baumeister« bezeichnet. Im *Pescher* Nahum finden wir eine Variante dieser »Stadt aus Blut«: die »Stadt Ephraims« und »jener, die am Ende der Tage nach Reibungslosigkeit streben, die in Lüge und Ungerechtigkeit wandeln«.[63] Das Bild ist komplex, aber durchaus verständlich.

Damit schließt sich der Kreis, und wir sind wieder bei der »Stadt aus Blut«/»auf Blut erbauten Stadt« angelangt, die auf Paulus' Verständnis vom Tod Christi und der, wie er betont, vom *Blut Christi* geschaffenen »Gemeinschaft« oder »Kommunion« verweist. Soweit also die Konnotationen der Anspielung auf den »Blutacker« – nicht immer einfach nachzuvollziehen, mitunter esoterisch, aber bei sorgfältiger Analyse doch als wesentlicher Bestandteil der mit Überlagerungen, Wortspielen und doktrinären Umkehrungen arbeitenden judenchristlichen, antipalästinischen Polemik erkennbar.

Die wegen Blasphemie oder politischer Verschwörung gegen Jesus und Jakobus geführten Prozesse

Außer auf die genannten Parallelen zu Judas *Ischarioths* »Sturz vornüber« sollte aber noch einmal auf die parodistische Beziehung hingewiesen werden, in der dessen Selbstmord zur Verzweiflungstat der *sikarischen* Anhänger »Judas' des Galiläers«, der Verteidiger von Masada, steht sowie auf die darin implizite Verurteilung dieses früheren »Judas«.[64] Umgekehrt könnte die im Jakobusbrief hervorgehobene (durchaus »*sikarisch*« oder zumindest »zelotisch« anmutende) Bereitschaft Abrahams, seinen Sohn Isaak zu opfern, als ideologische Rechtfertigung für solch einen »Selbstmord« oder Märtyrertod (»Heiligung des Namens«, *Kiddusch ha-Schem*) angesehen worden sein. Der Jakobusbrief (und daran anknüpfend, wie so oft, der Koran) betrachtet etwas Derartiges natürlich als äußerste Prüfung des Glaubens dieses »Freundes Gottes« und als den Inbegriff von »Werkgerechtigkeit« schlechthin (2,21), während der Hebräerbrief dieselbe Episode umgekehrt als überzeugendsten Beweis des »Glaubens« Abrahams anführt (11,17).

Das für die Geschichte von Judas' »Verrat« so charakteristische Motiv der Verschwörung (ganz zu schweigen vom Begriff »preisgeben«/»ausliefern«, der in den Qumran-Texten und insbesondere in der Damaskus-Schrift immer wieder – allerdings in diametral verschiedenem Sinne – verwendet wird) und dasjenige der »Gotteslästerung«, das in den Evangelien im Zusammenhang mit Jesu Verhandlung wiederholt auftaucht, begegnen uns auch im entsprechenden »Jakobusszenario«. In Jakobus' Fall ist die Besetzung allerdings ein wenig anders – sind es doch Ananus und König Herodes Agrippa II., die »sich verschwören«. Die gleiche Sachlage ergibt sich auch im *Pescher* Habakuk, wenn es heißt, »der Frevelpriester verschwor sich, die Armen zu verderben«. Das bedeutet also, die Verschwörung fand zwischen dem herodianischen König und dem von ihm eingesetzten Hohenpriester statt, nicht – wie in den Evangelien dargestellt – zwischen den »Oberpriestern« und dem weitgehend mythologischen »Judas *Ischarioth*«, dessen Name mittlerweile sprichwörtlich für »Verräter« geworden ist.

Das Johannesevangelium erwähnt in der Verhaftungsszene sogar das Kidron-Tal (18,1), wo sich unterhalb der »Tempelzinne« jenes Grab befindet, das von der christlichen Tradition mit Jakobus in Verbindung gebracht wird. Die Apostelgeschichte erklärt allerdings, daß der Ölberg einen »Sabbatweg« von Jerusalem entfernt ist (1,12), womit wahrscheinlich gesagt werden soll, daß Jesus nicht über die »Sabbatgrenze« hinausging. Dies veranschaulicht unbeabsichtigterweise die sekundäre Natur dieser Berichte, verrät es doch (der Ölberg ist vom Osttor des Tempels oder den »Stufen«, die zum Südtor der Umfassungsmauer führten, zu Fuß in 15 Minuten zu erreichen) Kenntnis der – sowohl in der rabbinischen Literatur als auch in Qumran erwähnten – Bestimmung, daß der »Sabbatweg« ungefähr eine halbe Meile betrug.[65]

Es sollte noch darauf hingewiesen werden, daß in der dem Selbstmord »Judas'« voraufgehenden Matthäuspassage es der Hohepriester ist, der »den Christus« mit dem »Sohn Gottes« gleichzusetzen versucht (26,63 und Parallelen). Dies ist der Augenblick, da Jesus – wie Jakobus im Hegesippusbericht – ihm und dem ganzen Sanhedrin verkündigt, »daß ihr sehen werdet des Menschen Sohn sitzen zur Rechten der *Kraft* und *kommen in den Wolken des Himmels*« (26,64). Bei Lukas lautet die Frage des Hohen Rats: »Bist du denn Gottes Sohn?«, und in Jesu Antwort *sitzt* »des Menschen Sohn« lediglich *»zur rechten Hand der Kraft Gottes«* (22,69 f.).

An diesem Punkt »zerreißt der Hohepriester seine Kleider« und klagt Jesus der »Gotteslästerung« an. Er fragt die Oberpriester und die Mitglieder des Sanhedrin (die sich angeblich mitten in der Nacht »in seinem Palast« versammelt haben) nach ihrer Ansicht, und einmütig erklären sie ihn für »des Todes schuldig« (Matthäus 26,65 f.; Markus 14,64). Die gleiche Abfolge von Ereignissen begegnet uns aber im Zusammenhang mit Jakobus, der erst im Tempel »des Menschen Sohn« verkündigt (»der zur Rechten der Großen Kraft steht«) und anschließend von dem – vom Hohenpriester einberufenen – Sanhedrin der »Gotteslästerung« für schuldig befunden wird. In diesen Punkten überschneiden sich die zwei Berichte, so daß es den Anschein hat, daß aus der Jesusepisode bestimmte Elemente in die Jakobusgeschichte eingeflossen sind, oder umgekehrt – wahrscheinlich letzteres.

Aber wenn Jakobus wirklich als eine Art *Jom-Kippur*-Sühne in das Allerheiligste des Tempels trat, um den heiligen Namen Gottes auszusprechen – worauf sich im *Talmud* der Vorwurf der »Blasphemie« gründet[66] –, dann »paßt« Jakobus' *Steinigung*, die typische Strafe für Gotteslästerung, weit besser in den Kontext als Jesu *Kreuzigung*. Wie bereits angemerkt, ist die Kreuzigung nach römischer Rechtsauffassung eine der üblichen Strafen für Aufrührer und hat wenig, wenn überhaupt, mit Gotteslästerung zu tun. Bezeichnenderweise weigert sich Jesus bei den Synoptikern, irgendeine Frage bezüglich der im wesentlichen parallelen Termini »des Menschen Sohn«, »Christus« und »Sohn Gottes« – wenn man von knappen, wenig sachdienlichen Erwiderungen absieht – zu beantworten.

Aber die Parallelen gehen noch weiter; Matthäus schreibt:

> Da spien sie aus in sein Angesicht [anstatt ihm, wie es Jakobus widerfährt, den »Kopf« einzuschlagen – und entgegen dem »essenischen« Verbot, »auszuspeien in ihrer Mitte oder zur Rechten«] und schlugen ihn mit Fäusten [anstatt mit dem Walkschlegel]. (Matthäus 26,67 und Parallelen).

Direkt danach wird Jesus als »ein Galiläer« und »ein Nazoräer« bezeichnet (Matthäus 26,69 ff. – in Markus 14,70 / Lukas 22,69 ist es dagegen *Petrus*, der *irrtümlicherweise* für einen »Galiläer« gehalten wird), begeht Judas Selbstmord, kaufen die Hohenpriester den »Töpfersacker« und findet das Gespräch mit Pilatus statt.

In Übereinstimmung mit der Tatsache, daß die Kreuzigung die übliche Strafe für »Aufrührer« (und nicht für »Gotteslästerer«) darstellt, kommen – nach der bei Matthäus eingeschobenen Episode um die Verwendung von Judas *Ischarioths* »Lohn« – zwei eng zusammengehörige eher »politische« Streitpunkte zur Sprache: Jesu »Königswürde« und ob es nach dem Gesetz statthaft sei, Cäsar Steuern zu zahlen. Bei Lukas, der diesen zweiten Anklagepunkt hinzufügt, heißt es an dieser Stelle:

Diesen haben wir gefunden, wie er unser Volk abwendig macht und *[dem Volk] verbietet, dem Kaiser Steuern zu geben*, und *spricht, er sei Christus, ein König.* (23,2)

Dieser Vorwurf, er »verbiete, dem Kaiser Steuern zu geben«, ist, wie bereits angemerkt, schlichtweg unbegreiflich, wenn man bedenkt, daß die Evangelien sich die größte Mühe geben aufzuzeigen, daß Jesus *gerade das Gegenteil tut* (Lukas 20,22–25 und Parallelen).

Die Empfehlung, »die Steuer zu zahlen«, ist natürlich, wie wir ausführlich dargelegt haben, der Standpunkt, den *Paulus* im Brief an die Römer (13,6 f.) vertritt – und dafür keine geringere Begründung anführt als das Gerechtigkeits- oder Liebes-Gebot: »Du sollst deinen Nächsten lieben wie dich selbst« (13,9). Die gegenteilige Haltung, die Lukas zufolge Jesus vorgeworfen wird, paßt eher zu dessen folgender Verurteilung durch Pilatus wegen »Aufruhrs« (Lukas 23,24 und Parallelen) – und das gleiche gilt für die Haltung Qumrans, die sich in der Zurückweisung von durch Ausländer (einschließlich des Kaisers) dargebrachten Geschenken und Opfergaben an den Tempel äußert (wodurch wiederum *der Krieg gegen Rom ausgelöst wird*). Unserer Ansicht nach war dieses »dem Volk verbieten, die Steuer zu zahlen« die *wahre* Einstellung der messianischen Bewegung in Palästina und all ihrer *wirklichen* Vertreter – da es in Palästina nie einen Messianismus gegeben hat, der den *römischen Kaiser anerkannt hätte.*

Als nächstes will Pilatus von Jesus wissen, ob er der »König der Juden« sei (Matthäus 27,11 und Parallelen) – eine im Kontext der folgenden Verurteilung zur Kreuzigung (der Strafe für »Aufruhr«) durchaus angebrachte Frage. Die Kreuzigung wäre schwerlich wegen »Gotteslästerung« verhängt worden, eine Anklage, die eher auf Jakobus' Aussprechen des verbotenen Namens Gottes im Allerheiligsten zutrifft – und zu der die tatsächlich folgende »Steinigung« weit besser paßt. Wenn Jesus wirklich »ein [nicht von den Römern autorisierter] König« gewesen wäre (oder auch nur behauptet hätte, einer zu sein), dann hätte er sich *wirklich* des Aufruhrs und des Hochverrats schuldig gemacht.

Bei Lukas fragt Herodes sogar, ob Jesus »ein Galiläer« sei (23,6), was eindeutig heißen soll, da wir gerade von der *Streitfrage um die römische Steuer* und (indirekt damit zusammenhängend) von Judas *Iskarioth* (»dem *Sikarios*«) gesprochen haben: jemand vom Schlage Judas' des *Galiläers*. Daß Petrus bei allen drei Synoptikern durch »eine von des Hohenpriesters Mägden« als »ein Galiläer« identifiziert wird (Markus 14,66–69 und Parallelen), entspricht in etwa der kurzen Unterredung, die Petrus in der Apostelgeschichte mit der »Magd namens

Rhode« führt, nachdem er sich zum »Haus Marias, der Mutter des Johannes Markus« begeben hat, um eine Botschaft für Jakobus zu hinterlassen (Apostelgeschichte 12,13–17).

Pilatus wiederum wird im ganzen Neuen Testament in einer Weise dargestellt, als interpretiere er diese Bezeichnung so, als impliziere sie, daß Jesus *aus Galiläa stammt* – was Lukas nun ausnutzt, um eine (in den anderen Evangelien fehlende) Befragung durch »Herodes« einzuschieben, und zwar mit der Begründung, daß Galiläa zumindest theoretisch unter dieses »Herodes Obrigkeit gehörte« (23,7)! Diese eingeschobene Begegnung stimmt eher mit den wahrscheinlich historischen Gesprächen überein, die Paulus in der Apostelgeschichte (25,23–26,32) führt. Nach einem Gespräch mit dem römischen Statthalter Felix und dessen Gemahlin, der »Jüdin« Drusilla, unterhält sich *Paulus* mit *Herodes* (Agrippa II.) und dessen Gemahlin Berenike, der späteren Mätresse des Titus.

Theoretisch ist der »Herodes«, der Jesus verhört, derselbe »Herodes *der Tetrarch*« (Herodes Antipas), der unter vergleichbaren Umständen Johannes den Täufer verurteilte, da auch er die Verwaltungsgerichtsbarkeit im transjordanischen Peräa und östlich des Toten Meeres innehatte. Nun folgt in Matthäus 27,19–24 die Episode um Pilatus und dessen Frau, die »mit diesem Gerechten nichts zu schaffen haben« beziehungsweise »unschuldig am Blut dieses Gerechten« sein wollen (zweimal wiederholt – und offenkundig vom gleichen historischen Wahrheitsgehalt wie der unwiderstehliche Tanz, den Salome anläßlich von Herodes' »Geburtstagsparty« aufs Parkett gelegt haben soll) – eine Aussage, die, wie schon geschildert, terminologisch weit eher zur Jakobusgeschichte paßt als zum uns vorliegenden Jesusszenario. Diese Episode gipfelt, wie wir uns erinnern, in jenem entsetzlichen Aufschrei, der seither durch die ganze abendländische Geistesgeschichte gespukt hat: »Sein Blut komme über uns und unsere Kinder!« (Matthäus 27,15) – eine weitere Variation über das leitmotivische »Blut«-Thema.

Aber der eigentliche Grund all dieser literarischen Maskeraden und Taschenspielertricks ist ganz einfach erklärt. Josephus spricht ihn unumwunden aus, wenn er in seinem Vorwort zum *Jüdischen Krieg* erklärt:

> Vergleicht man den Krieg der Juden gegen die Römer nicht nur mit den Kriegen unserer Epoche, sondern auch mit allen, von denen wir Kenntnis haben …, so erscheint er uns als der gewaltigste von allen. Zu diesem Krieg nun haben Schriftsteller, *die gar nicht an ihm teilgenommen haben*, nach Sophistenart eine

> Darstellung gegeben, indem sie wahllos widerspruchsvolle Nachrichten sammelten, während *Augenzeugenberichte aus Liebedienerei gegen die Römer oder aus Haß gegen die Juden* verfälscht wurden. So kommt es, daß diese Schriften ein Durcheinander von Anklagen und Lobeshymnen darstellen, der historischen Treue aber keinen Raum geben.

Einen im historischen Sinne prophetischeren Kommentar könnte man sich gar nicht wünschen. Er faßt mit wenigen Worten die Situation zusammen, welche die Geschichtsschreibung jener Epoche kennzeichnet – und dies in einem Vorwort, in dem Josephus andererseits behauptet:

> Die Römer *steckten den Tempel gegen ihren Willen in Brand*... Zeuge dessen ist der Mann, *der das Werk der Vernichtung vollführte*, der Kaiser Titus, der während des ganzen Krieges *das einfache Volk bedauerte*, das die Rebellen unter ihrer Knute hielten ... *Und schuld an all unserem Unheil sind einzig wir selbst*.

Man vergleiche nur Josephus' Römer, die »gegen ihren Willen den Tempel in Brand stecken«, mit der Evangeliendarstellung römischer Statthalter und ihrer herodianischen Marionetten, die *gegen ihren Willen christliche Führer zum Tode verurteilen*. Die Parallele wird um so auffälliger, wenn man sich nur vergegenwärtigt, daß *Jesus* in den Evangelien, gemäß Paulus' oben ausgeführten Theorien, *der Tempel ist*![67]

Solcherart sind die Erkenntnisse, zu denen man gelangen kann, wenn man eine scheinbar belanglose Episode wie diejenige um Judas *Ischarioths* angeblichen »Sturz vornüber« (und nicht minder angebliches »ausgeschüttetes Eingeweide«) analysiert und zu der von frühen Kirchenquellen referierten Geschichte in Beziehung setzt, in der *Jakobus* – sei es von der Zinne, sei es von den Stufen des Tempels – »vornüber stürzt«.

Der Grund, weswegen wir in der Frage der historischen Wahrheit dem Jakobusmaterial – mit gewissen Einschränkungen – gegenüber den Evangelien den Vorzug geben möchten, ist der Umstand, daß es in sich stimmiger ist und *im größeren historischen Kontext mehr Sinn ergibt*. So einfach ist es: Dieses Material ist historisch nachvollziehbar, was man von der Schauermär von Judas *Ischarioths* »mitten entzweigeborstenem Bauch« nicht gerade behaupten kann – geschweige denn, was das angeht, von der Geschichte, in der Jesus vom Hohenpriester wegen »Gotteslästerung« verurteilt und von Pilatus'

Frau und anschließend von Pilatus selbst als ein »Gerechter« tituliert wird. Und das war derselbe Pilatus, den Philon von Alexandria als den blutrünstigsten aller Statthalter Palästinas bezeichnete. Tatsächlich hatte der historische Pilatus keinerlei Scheu, menschliches »Blut« zu vergießen, und wurde aus genau diesem Grund – ausgerechnet – vom gleichermaßen blutrünstigen und geistesgestörten Caligula seines Amtes enthoben.

Die Bezeugung des tätlichen Angriffs auf Jakobus und dessen »Sturz« im oder vom Tempel ist außerordentlich wichtig und nachvollziehbar, das heißt, einzelne Elemente daraus fügen sich in die historische Situation Palästinas ein und passen durchaus mit den Informationen zusammen, die wir aus anderen Texten besitzen. Bevor wir uns daranmachen, jene anderen Elemente, die *keinen* Sinn ergeben – und bei denen es sich um Überschreibungen, Vermischungen von Überlieferungen oder schlichte Fälschungen handelt –, aufzulösen, sollte darauf hingewiesen werden, daß diese Geschichten von »Judas *Ischarioth*«, »Stephanus«, »Maria, [der] Mutter des Johannes Markus«, »Johannes, des Jakobus Bruder« (und oft sogar die von Jesus selbst) dafür sprechen, daß unser Material über Jakobus' Tod und Bestattung an der Stelle seines »Sturzes« (was eine Verbindung zum »Töpfersacker«/»Blutacker« der »Judas«-Geschichte herstellt) *wirklich sehr alt ist.*

Wenn wir akzeptieren, daß dieses Material einen historischen Kern enthält – und Hegesippus liefert uns in der Hinsicht eine Fülle an Informationen (zu denen sich in den pseudoklementinischen *Rekognitionen*, den in Epiphanios' Exzerpten erhaltenen Teilen der verschollenen *Anabathmoi Iakobou* und den zwei Offenbarungen des Jakobus aus Nag Hammadi Parallelen finden) –, dann müssen wir auch zugleich akzeptieren, daß bestimmte Kernaussagen über Jakobus, darunter sein überall erwähnter »Sturz«, seine zu Pessach im Tempel ausgesprochene (in den Evangelien Jesus zugeschriebene) Verkündigung von »des Menschen Sohn, der auf den Wolken des Himmels kommt«, die Anklage wegen »Gotteslästerung«, seine »Steinigung« und die verschiedenen Anspielungen auf »den Gerechten«, »seine Knie«, die »Wirksamkeit seines Gebetes« und sein »auf die Knie fallen und beten« mindestens so alt sind wie die frühesten Überarbeitungen der Evangelienberichte und der Apostelgeschichte. Letztere enthalten das gleiche oder paralleles Material über ihre eigenen Helden – bisweilen auch ihre »Schurken«.

Die Traditionen über Jakobus waren also spätestens zum Zeitpunkt *des allerersten Erscheinens des parallelen Materials*, das sich jetzt in den Büchern des Neuen Testaments befindet, bekannt und erfuhren bereits erste Überschreibungen. Wann können wir diesen Zeitpunkt ansetzen? Dürfen wir sagen: wahrscheinlich vor 100 n. Chr.? Justinus Martyr beispielsweise, der in Samaria geboren wurde, aber später in Asia Minor lebte, scheint in den dreißiger Jahren des 2. Jahrhunderts bereits viele Evangelientraditionen und -geschichten zu kennen – insbesondere aus Matthäus und Lukas (wenn auch nicht genau in der uns heute bekannten Form) –, die er »die Erinnerungen der Apostel« nennt. Von der Apostelgeschichte verrät er allerdings, wenn überhaupt, so nur sehr geringe Kenntnis. Paulus erwähnt er mit keinem Wort – obwohl dieser eine der seinigen durchaus parallele Theologie vertritt. So kennt Justinus beispielsweise den Vers 3,10 aus dem Buch Jesaja in der oben angeführten Version der *Septuaginta*: »Laßt uns den Gerechten binden, denn er ist uns ein Greuel«; aber interessanterweise bezieht er die Stelle bereits auf den Tod *Jesu*, nicht *Jakobus'*.[68]

15
Der Tod des Jakobus in seinem historischen Kontext

Die Steinigung des Jakobus in anderen frühen Kirchenquellen

Nun präsentiert uns Eusebios die Passagen aus Josephus, die von Jakobus' Prozeß und Hinrichtung handeln, sowie diejenigen – bereits besprochenen –, die das Schicksal Jerusalems mit dem Tod des Gerechten in Verbindung bringen. Dieses Material findet sich zum größten Teil auch bei dem uns vorliegenden Josephus, und wenn es authentisch ist – wogegen nichts zu sprechen scheint –, liefert es ein überzeugendes Indiz für die Bedeutung, die Jakobus bereits zu Lebzeiten (sowie offenbar auch danach, wenigstens bis Anfang der neunziger Jahre, als Josephus seine *Altertümer* verfaßte) in Jerusalem besaß.

Von Jesus können wir leider nicht das gleiche behaupten; jedenfalls ist das Testimonium Flavianum – die (mit Sicherheit interpolierte) Bezeugung, die wir bei Josephus finden – nicht annähernd so beweiskräftig, und von den Evangelienberichten wollen wir gar nicht erst reden.

Bevor wir uns aber den zusätzlichen Informationen zuwenden, die uns Eusebios liefert, sollten wir die parallelen Angaben aus Clemens, Epiphanios, den zwei in Nag Hammadi aufgefundenen Jakobusoffenbarungen und Hieronymus mit dem von Eusebios bewahrten Hegesippusbericht vergleichen. Eusebios faßt das, was Clemens von Alexandria in der zweiten Hälfte des 2. Jahrhunderts über die Traditionen um den Tod des Jakobus wußte, mit folgenden Worten zusammen:

> Was aber die Umstände von Jakobus' Tod anbelangt ..., so berichtet Clemens: »Er wurde von der Zinne hinuntergeworfen *[beblêsthai]* und mit einer Keule totgeschlagen.«

Dies unterscheidet sich in nichts von dem, was Hegesippus 20 oder mehr Jahre zuvor festgehalten hatte.

Epiphanios fügt dem nicht viel mehr hinzu. Er korrigiert Eusebios' Aussagen zu Jakobus' Aktivitäten im Tempel, indem er klarstellt, daß Jakobus »einmal im Jahr« in das »Allerheiligste« ging und dort »aus maßloser Frömmigkeit« so lange betete, bis seine Knie »durch sein unablässiges Knien vor Gott so hart wie Kamelhaut wurden« – die eindeutige Schilderung einer *Jom-Kippur*-Sühne.

Wie wir gesehen haben, legt Epiphanios großen Wert auf die Mitteilung von Jakobus' Alter: »Er starb jungfräulich im Alter von sechsundneunzig«[1], was, wie im Falle des Alters seines Nachfolgers, Simeon bar Kleophas' – Hegesippus zufolge »einhundertzwanzig Jahre« –, schlicht als konkretisierende Reprise dessen aufgefaßt werden kann, was Josephus über die »Langlebigkeit« der »Essener« (wie er sie nennt) berichtet. Epiphanius zufolge herrschte Jakobus in Jerusalem »bis vierundzwanzig Jahre nach der Himmelfahrt Jesu«, wodurch sich, wenn Josephus den Tod des Jakobus richtig datiert, als Todesjahr Jesu 38 n.Chr. ergäbe – also ungefähr die Zeit, in der Josephus' zufolge *Johannes der Täufer* hingerichtet wurde.

Wenn es zur Beschreibung von Jakobus' Tod kommt, wiederholt Epiphanios im wesentlichen Eusebios' Bericht, wobei seine Sprache allerdings sogar noch stärker an die pseudoklementinische Schilderung des (in den vierziger Jahren erfolgten) Angriffs Paulus' auf Jakobus erinnert:

> Ein Walker schlug ihm mit einer Keule den Schädel ein, *nachdem man ihn kopfüber von der Zinne des Tempels gestoßen* und *hinabgestürzt hatte.* Und er, der nichts Unrechtes getan hatte, *fiel auf die Knie* und *betete für jene, die ihn hinuntergestürzt hatten,* und flehte Gott mit den Worten an: »Vergib ihnen, denn sie wissen nicht, was sie tun.«

Wir haben hier nicht nur das (sogar dreimal wiederholte) »hinunterstürzen/stoßen«, sondern auch das »Kopfüber«-Motiv, das aus der pseudoklementinischen Beschreibung von Paulus' (in den vierziger Jahren) auf »den Stufen des Tempels« auf Jakobus verübtem Angriff übernommen zu sein scheint. Das »fiel auf die Knie und betete« findet sich natürlich fast genau so am Ende der Stephanusepisode der Apostelgeschichte.

Epiphanios liefert uns jedoch auch neues Material:

> Simeon bar Kleophas aber, sein Vetter, der nicht weit davon entfernt *stand,* sagte: »Haltet ein, warum steinigt ihr den Gerechten? Seht, er betet für euch die wunderbarsten Gebete.«[2]

Zusätzlich zu dieser weiteren Anspielung auf den Begriff des »Stehens« haben wir abermals die Verwendung des Beinamens »der Gerechte« anstelle des Eigennamens und die aufschlußreiche Betonung des »Betens«. Doch anstelle des Eusebiosschen »einer der Priester der Söhne des Rechab« finden wir nun die verblüffende Erwähnung von Jakobus' »Vetter«, Simeon bar Kleophas.

Dürfen wir diese Tradition ernst nehmen? Sie ist äußerst originell, und es gibt nichts, was gegen sie spräche. Sie fügt sich auch durchaus in unsere bisherige Darstellung der historischen Abläufe ein. Aber woher kam diese Tradition, und warum findet sie sich nicht auch bei Eusebios? Eine konkrete Antwort läßt sich darauf nicht geben; wir können nur so viel sagen, daß Epiphanios allgemein detailliertere Informationen liefert als Eusebios (dafür ist er bei der Angabe seiner Quellen und in seiner Zitierungsweise nicht so gewissenhaft wie dieser).

Wie sein Zeitgenosse Hieronymus (der, was uns nicht zu verwundern braucht, eine persönliche Abneigung gegen ihn hegt) scheut sich Epiphanios nicht, verschiedene Quellen zu einem einzigen durchgehenden Bericht zu kontrahieren. Zweifellos genauer als Eusebios ist er aber mit seiner Angabe, Jakobus habe zur Durchführung einer *Sühnehandlung tatsächlich das Allerheiligste betreten,* sowie durch die Fülle an zusätzlichen Informationen, die er bezüglich Jakobus' »Nasiräat«, Vegetarismus, sexueller Enthaltsamkeit und dergleichen mehr liefert – und die uns bei der Entwirrung all dieser Übereinstimmungen so wertvolle Dienste geleistet haben. Darüber hinaus enthält sein Werk weit besseres Material zum palästinischen Sektenwesen im allgemeinen und zur Doktrin des »Ur-Adams« im besonderen. In seiner Darstellung der Ebioniten beispielsweise sagt er:

> Denn manche von ihnen sagen, *Christus sei Adam,* der Erstgeschaffene … *ein Geist, höher als die Engel und Herrscher von allen…* Er kommt hierher, wann er will, so wie er einst in Adam kam … Er kam auch in den letzten Tagen, legte Adams Leib an, erschien den Menschen, ward gekreuzigt, erstand auf und fuhr in den Himmel … doch sie sagen auch … *der Geist, der Christus ist, kam in ihn* und legte den Menschen an, der »Jesus« genannt wird.[3]

Diese Doktrin, auf deren Bedeutung wir bereits vorab hingewiesen hatten, scheint den für diese Zeitspanne charakteristischen Inkarnationsgedanken immer deutlicher zum Ausdruck zu bringen.

Angenommen, wir würden (wie bereits oben erschlossen) sagen, daß Eusebios mit »Rechabiter« etwas wie »Essener«, »Nasiräer« oder »Ebioniten« meinte, dann würde dies bedeuten, daß einer jener zahlreichen essenischen oder ebionitischen »Priester«, Jakobus' Vetter und Nachfolger, Simeon bar Kleophas, zum nächsten »Bischof der Jerusalemer Gemeinde« ernannt wurde (nur, daß es nach der Zerstörung des Tempels und Jerusalems selbstredend keine eigentliche »*Jerusalemer* Gemeinde« mehr gab).

Nehmen wir weiterhin an, wir würden anstelle dieser Bezeichnungen einen – insbesondere seit der Entdeckung der Schriftrollen vom Toten Meer – modernen Ohren vertrauteren Terminus verwenden: die Qumraner »Priester« oder »Söhne des Zadok«. Epiphanios schildert Jakobus als einen »nasiräischen« Priester, der offensichtlich sogar noch strengere Maßstäbe für Reinheit anlegt als gewöhnlich. Nun beginnen unsere Quellen, *vollkommen ineinanderzugreifen*. Über Simeon bar Kleophas werden wir an gegebener Stelle noch mehr zu sagen haben, aber schon jetzt täten wir gut daran, die Implikationen beider Berichte – ohne näher darauf einzugehen, woher die Informationen stammten (wahrscheinlich aber von Hegesippus) – zusammenzunehmen und festzuhalten, daß der Zeuge dieser Steinigung ein »rechabitischer Priester« *und* Jakobus' »Vetter« war.

Wir könnten auch einen weiteren interessanten Punkt aus diesem Gemisch einander überschneidender Quellen hervorheben. Wenn wir jetzt die Darstellung der Steinigung des Stephanus aus der Apostelgeschichte »auf« die von Epiphanios und Eusebios erzählte Geschichte der Steinigung Jakobus' »legen«, dann wird Simeon bar Kleophas beziehungsweise der rechabitische Priester zu Jakobus' (und vermutlich auch Simeons) ideologischem Widersacher *Paulus*. Wie Lukas (nachdem er bereits gesagt hatte: »Sie stießen ihn zur Stadt hinaus und steinigten ihn«) in der Apostelgeschichte schreibt:

> Und die Zeugen legten ab *ihre Kleider* zu den Füßen eines Jünglings, der hieß Saulus, und *steinigten Stephanus, der betete* [zum zweitenmal gesagt]... Saulus aber hatte Wohlgefallen an seinem Tode. (Apostelgeschichte 7,57–8,1)

Wir haben schon darauf hingewiesen, daß diese Wiederholung des »Steinigens« den Eindruck erweckt, als ob hier etwas eingeschoben oder hinzugefügt worden sei. Desgleichen wissen wir bereits um die Bedeutung des »Kleider«-Motivs, da in den Traditionen über Jakobus immer wieder von seiner bestimmten »Kleidung« die Rede ist (was in sich eine Anspielung auf die besondere Badekleidung der Essener enthält, wozu noch, in der Todesszene, das implizite Wortspiel vom

»Wäscher« hinzukommt, der »Kleider walkt«). Wie sollen wir diese merkwürdigen terminologischen und inhaltlichen Überschneidungen deuten? Können wir sie überhaupt anders denn als sinnlose Relikte älterer Traditionen verstehen? Warum sollten die Zeugen »ihre Kleider« irgendwo hinlegen?

Im Einklang mit den spiegelbildlichen Umkehrungen, die uns in dieser Literatur allenthalben begegnen (und mit denen sich auch dieses bestimmte Rätsel erklären lassen mag), nimmt Paulus hier den Platz seines Gegenspielers ein, des Nachfolgers Jakobus', Simeon bar Kleophas: Der einzige Unterschied besteht dabei darin, daß der eine »Wohlgefallen« an der Steinigung hat und der andere Einwände dagegen erhebt. In Kürze werden wir mehr über derlei interessante Gegenüberstellungen und umgekehrte Entsprechungen zu sagen haben, aber bevor wir versuchen, einige der in diesem Bericht enthaltenen Widersprüche aufzulösen, sollten wir einen Blick auf die zwei weiteren Quellen werfen, in denen wir paralleles Material dazu finden: erstens auf die zwei Jakobusoffenbarungen aus der gnostischen Bibliothek von Nag Hammadi und zweitens auf Hieronymus' Bericht.

Die Steinigung des Jakobus in Nag Hammadi

Die Texte von Nag Hammadi wurden etwa um die gleiche Zeit (1945/46) entdeckt wie die Schriftrollen vom Toten Meer. Anders als letztere waren die oberägyptischen Manuskripte in Kodex- oder Buchform geheftet, was auf eine spätere Praxis hinzudeuten scheint, und man hatte sie offenbar absichtlich versteckt. Sie entstanden im 3. oder 4. Jahrhundert in einem koptisch-ägyptischen Milieu und sind deutlich der Ausdruck etwas späterer antiorthodoxer Geistesströmungen als die Qumran-Manuskripte. Die Texte sind insofern »gnostisch«, als sie durchweg einen großen Nachdruck auf die Bedeutung des »Wissens« oder der »Erkenntnis« – der *Gnosis* – als Mittel zur Erlösung legen. In Qumran begegnet uns zwar ein ähnliches Interesse an *»Da`at«* – »Wissen« –, doch besitzt dieser hebräische Begriff nicht so geistige, spiritualisierte oder gar jenseitige Implikationen wie die griechische *Gnosis*.

Qumran ist im Gegenteil – wie aus manchen der dort aufgefundenen messianischen Verkündigungen ersichtlich – weiterhin an der Gegenwart interessiert und scheint demnach eine historische Phase zu repräsentieren, in der sich »diesseitige« messianische Hoffnungen noch nicht gänzlich zerschlagen hatten. So wie in den Qumran-Texten der Gerechte Lehrer, spielt Jakobus – der in der Nag-Hammadi-

Literatur als eine Art übernatürliche Erlösergestalt an die Seite Jesu tritt – in den Werken dieses oft »Establishment«-feindlichen ägyptischen Korpus eine zentrale Rolle.

In der – vermutlich nach dem dritten Bruder Jesu, »Judas Thomas« oder »Judas der Zwilling« – »Thomasevangelium« genannten Sammlung von Aussprüchen Jesu findet sich beispielsweise die schon mehrfach zitierte Passage über die direkte Ernennung Jakobus', die deutlich macht (wie Epiphanios und die *Rekognitionen* implizit auch zu verstehen geben), daß Jakobus noch zu Lebzeiten seines Bruders von diesem zu seinem Nachfolger bestimmt wurde. Wie wir uns erinnern, sagt Jesus den Jüngern: »Wohin ihr gekommen sein werdet, geht zu Jakobus, dem Gerechten, um dessentwegen Himmel und Erde geworden sind.«

Dieses apokryphe Evangelium hat das besondere Interesse der Fachgelehrten geweckt, weil es nach deren Ansicht ein frühes Stadium der Entwicklung repräsentiert, in dem Materialien zu Jesus noch in Form bloßer »Aussprüche« *(»Logia Iesu«)* tradiert wurden und sich die uns vertrautere Evangelienform der mit Kreuzigung und Auferstehung endenden »Geschichte Jesu« noch nicht herauskristallisiert hatte. So hat man spekuliert, daß ein hypothetischer Text »Q« (nach dem deutschen Wort *»Quelle«*) die Urform eines Teils des zusätzlichen Materials – insbesondere *Aussprüche* – darstellen könnte, das sich bei Lukas oder Matthäus, nicht aber bei Markus findet. Das Thomasevangelium gilt als eben eine solche »Logiensammlung«.

Darüber hinaus spielt diese bestimmte direkte Ernennung Jakobus', wie wir gleichfalls schon gesehen haben, auf mystische Vorstellungen an, wie sie einem ansonsten in der *Kabbala* begegnen – so die (auch in den Qumran-Hymnen angedeutete) Lehre von der Präexistenz des *Zaddik* oder den Begriff vom *Zaddik* als der »Säule der Welt«, den der mittelalterliche *Sohar* ausführt (und auf den Paulus im Galaterbrief sarkastisch anzuspielen scheint). Die zentrale Aussage dieser Passage aus dem Thomasevangelium kommt in Nag Hammadi auch – in etwas esoterischeren Wendungen – in der Ersten Jakobusoffenbarung zum Ausdruck:

> Zu dir wiederum wird er sagen: »Wohin wirst du gehen?« Du sollst ihm antworten: »Zum Ort, woher ich gekommen bin, dahin kehre ich zurück.« (34,16–20)

Wenn auch nicht der genaue Wortlaut der obigen Thomasstelle, so ist dies doch leicht als Variante des gleichen Themas zu erkennen.

21 Standbild Tiuts', des Zerstörers Jerusalems und des Tempels.
22 Standbild von Josephus' Gönner und Herausgeber Epaphroditus, der Nero bei seinem Selbstmord half und möglicherweise mit dem gleichnamigen »Bruder in Christus« identisch war, den Paulus im Brief an die Philipper (2,25 und 4,18) erwähnt.
23 Trajan (98–117), auf dessen Befehl hin Jesu »Vetter« Simeon bar Kleophas und die Nachkommen von Jesu drittem Bruder, Judas, hingerichtet worden sein sollen.
24 Hadrian (117–138), der – wie Trajan aus dem spanischen Italica gebürtige – Kaiser, der die letzte messianische Revolte niederschlug, den Bar-Kochba-Aufstand.

25 Höhle 4 (über das Wadi Qumran hinweg aufgenommen), Fundort des Hauptkontingents der Schriftrollen – im Hintergrund das Tote Meer.
26 Aufnahme der Nekropole von Qumran mit nord-südlich ausgerichteten Gräbern. In der Ferne ist das Tote Meer zu sehen.

27 Zeremonialtreppe, die zum Grabmal Königin Helenas von Adiabene und ihrer Söhne führt. Der Verfasser und seine Ehefrau steigen die Stufen hinab.

28 Innenraum des Grabs von Helenas Angehörigen, von Josephus und Eusebios mehrfach erwähnten nordsyrischen Konvertiten und Freiheitshelden.

29 Wandmalerei aus römischer Katakombe: Bileam mit Messias-Stern, auf die Jungfrau und ihren »eingeborenen Sohn« deutend. Josephus bezeichnet auch Königin Helenas Lieblingssohn Izates als »eingeboren«, das heißt »einzig geboren«.

30 Ausblick auf das »Land Damaskus«, Syrische Wüste.
31 Syrische Saleb, nomadisierende beduinische Kesselflicker, möglicherweise Nachfahren der judenchristlichen Rechabiter.

32 »Abrahams Teich« im nordsyrischen Edessa (»Antiochia-Kallirhoe«), der Hauptstadt des »Landes der Osrhoener«.
33 Ruinen von Pella, einer der Städte der transjordanischen Dekapolis, wohin Jakobus' Jerusalemer Gemeinde geflohen sein soll.

34 Das arabische Petra, wohin Paulus von »Damaskus« aus gereist sein könnte – wenngleich er möglicherweise auch weiter nach »Arabien« vorstieß.

35 Ruinen des hellenistischen Gerasa in der transjordanischen Dekapolis.

36 Die Mandäer, eine sabäische Taufzeremonie im südlichen Irak, Handauflegen.

37 Das dem Grab des Jakobus benachbarte sogenannte »Grab des Propheten Sacharja« – wahrscheinlich eher dasjenige eines reichen Kollaborateurs dieses Namens, dessen Leichnam die Revolutionäre von der Zinne des Tempels in das Kidron-Tal »hinabstießen«.

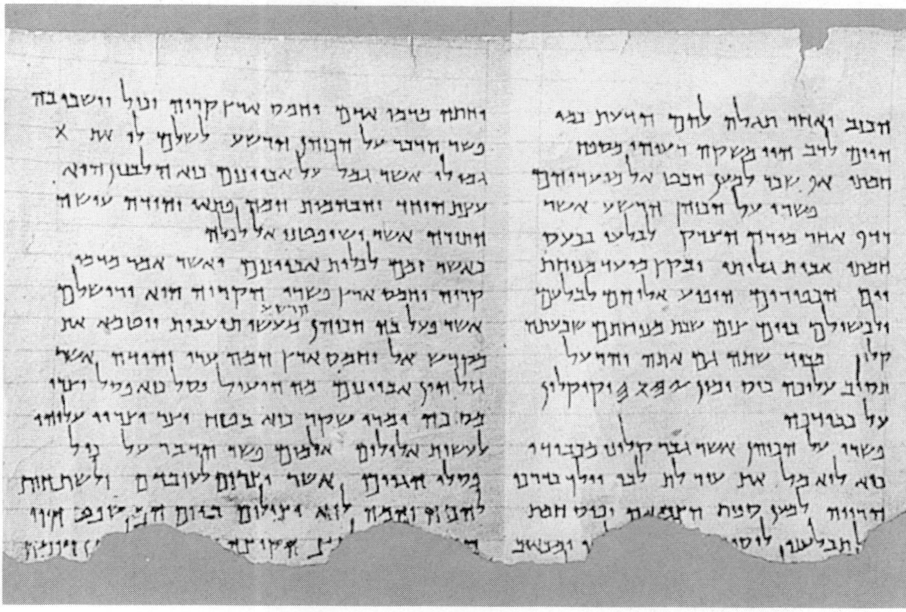

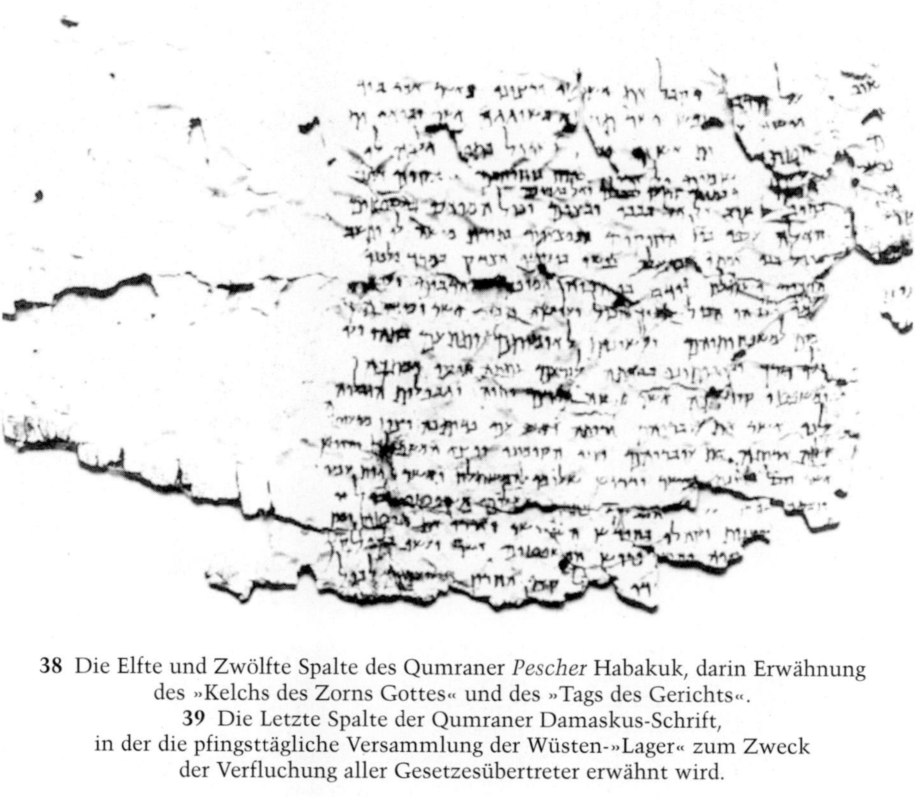

38 Die Elfte und Zwölfte Spalte des Qumraner *Pescher* Habakuk, darin Erwähnung des »Kelchs des Zorns Gottes« und des »Tags des Gerichts«.
39 Die Letzte Spalte der Qumraner Damaskus-Schrift, in der die pfingsttägliche Versammlung der Wüsten-»Lager« zum Zweck der Verfluchung aller Gesetzesübertreter erwähnt wird.

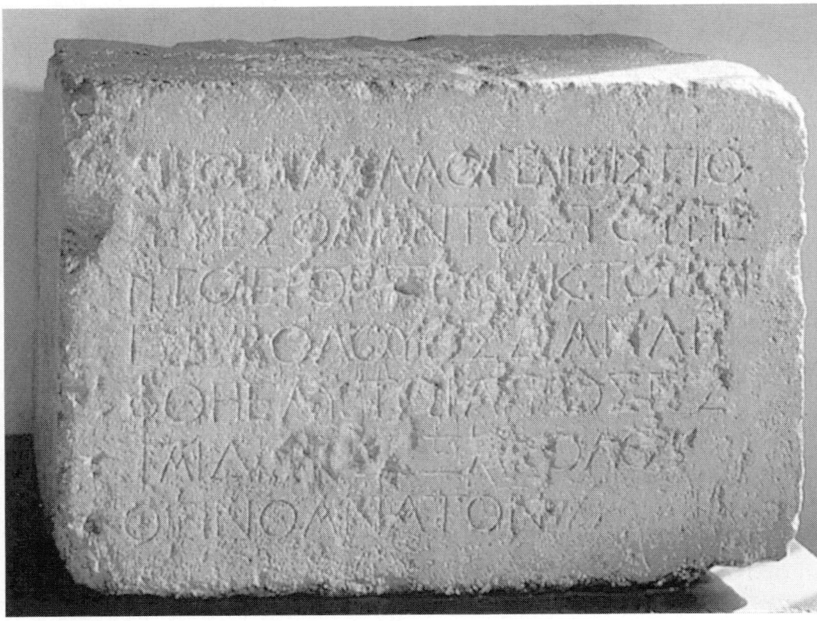

40 Im Tempel aufgefundene griechische Inschrift, die Nichtjuden das Betreten des heiligen Bezirks oder inneren Hofes bei Androhung der Todesstrafe untersagt.
41 Medaillon mit der angeblichen Darstellung Petrus' und Paulus'.
42 Jüdische Münze aus der Zeit des Aufstands gegen Rom, darauf »der Kelch« und die Legende »Jahr drei der Erlösung Zions«. Andere lesen »der Freiheit Zions«.

Trotz des stellenweise dürftigen Erhaltungszustands dieser Offenbarung lassen sich darin die meisten (uns bereits vertrauten) Motive der Jakobusgeschichte einwandfrei identifizieren. Die zentralen Begriffe »Vollkommenheit« und »Heil«/»Erlösung« werden ständig wiederholt, und Jakobus wird von Jesus durchweg als »mein Bruder« tituliert (wenngleich in dieser späten Phase der Tradition die *leibliche* Verwandtschaftsbeziehung sichtlich zugunsten einer *symbolischen* aufgegeben worden ist.[4] Jakobus' Beiname »der Gerechte« begegnet uns (32,2) ebenso wieder wie sein ständiges »Beten«, und der »Kuß«, den »Judas« im Neuen Testament Jesus gibt, erscheint hier offenbar als der eher mystische Kuß, den Jakobus und Jesus tauschen (31,2–32,10), was eine umgekehrte Beziehung zwischen Traditionen um Judas und solchen um Mitglieder von Jesu Familie – wieder insbesondere Jakobus – herstellt. All dies ereignet sich eindeutig im Verlaufe einer ersten nachösterlichen Jesuserscheinung, die *Jakobus* zuteil wird.

Jakobus' Hauptjünger heißt hier »Addai« – ein Name, über den in Kürze noch einiges zu sagen sein wird; in der Zweiten Offenbarung verwandelt er sich in »Theuda«, der als ein »Verwandter des Gerechten« identifiziert wird. Wir werden diesen Namen mit »Theudas« gleichsetzen und durch diesen mit dem Namen »Thaddäus« und letztlich »Judas Thomas« in Verbindung bringen. Diese Zweite Offenbarung soll Mariem, »einem der Priester«, diktiert worden sein (44,16). Um was für eine Art Priester es sich dabei handelte, wird zwar nicht erklärt, aber im Zusammenhang mit Jakobus taucht diese Gestalt bereits bei Hippolytos auf, und zwar im Kontext dessen, was dieser die »Naassener« nennt – womit die Essener, die Nazoräer oder beide gemeint sein dürften.

In seiner Erörterung der von den Naassenern (die er gleichfalls als »Priester« bezeichnet) vertretenen Doktrin vom »vollkommenen Menschen« oder »Ur-Adam« erwähnt Hippolytos allerdings nicht Mariem, sondern »Mariamme« (die hebräische Urform des Namens »Maria«); so erklärt er, »Jakobus, des Herrn Bruder« habe »Kernsätze« der Doktrin vom »Ur-Adam«/»vollkommenen Menschen« verkündet und »Mariamme zahlreiche Lehrreden übergeben«. Auch sein Zeitgenosse Origenes spricht von einer Gruppe, die sich um den Namen »Mariamme« scharte, scheint aber ansonsten nichts über sie zu wissen.[5]

In seiner umfangreichen Darlegung der Doktrin vom »Ur-Adam und des Geistigen, der wiedergeboren wird«, die er an anderer Stelle *das Tor* »zum vollkommenen Menschen« nennt und – vor allen anderen – diesen »Naassenern« zuschreibt, führt Hippolytos auch das

Thomasevangelium an und bringt Adam irgendwie mit jemandem oder etwas in Verbindung, den (oder das) er »Mariam« nennt. Dieser Gedanke wird gegen Ende der Ersten Jakobusoffenbarung (41,26) noch einmal ausdrücklich ausgesprochen.

Die Lehre des »Verborgenen« (oder jemandes, der etwas »verbirgt«) wird außerdem in beiden Offenbarungen (36,14 und 47,17) ausdrücklich erwähnt: in der ersten im Zusammenhang mit einer weiteren Anspielung auf »Addai« und der (uns bereits von Hegesippus und Clemens her vertrauten) Tradition, der Krieg gegen Rom sei unmittelbar nach dem Tod des Jakobus ausgebrochen (36,17 f.). Auf seinen – oder Jesu – Tod wird am Ende der Ersten Offenbarung mit den Worten »denn ein Gerechter wird durch Ungerechtigkeit zugrunde gehen« (43,21) Bezug genommen, was auf die oben zitierte Stelle im Buch Jesaja (3,10) anzuspielen scheint. Auf alle Fälle enthält es deutliche Anklänge an Aussagen, denen wir bereits in den frühkirchlichen Traditionen um den Tod des Jakobus und in den Qumran-Texten im Zusammenhang mit dem Tod des Gerechten Lehrers begegnet sind. Auch auf die daran anknüpfende Tradition von der »Flucht nach Pella« wird in dieser Offenbarung angespielt:

> Auch euch werden sie [das heißt die »Steuereinnehmer«] fangen, *aber verlaßt Jerusalem*, denn sie [die Stadt] ist es, die allen *Söhnen des Lichts* stets *den Kelch der Bitternis* reicht.

Nicht nur wird diese prophetische Aufforderung, Jerusalem zu verlassen, mit Anspielungen auf »Stärke«/»Kraft« und »Vollendung des Heils« eingeleitet; darüber hinaus besitzen auch die Termini »Kelch der Bitternis« und »Söhne des Lichts« Parallelen in den Qumran-Texten. Dieses Bild des »Kelches« wird sowohl im Zusammenhang mit dem Tod des Gerechten Lehrers als auch, wie wir bereits gesehen haben, für Paulus' Verständnis vom »Neuen Bund im Land Damaskus« oder vom »Kelch des Neuen Bundes in seinem Blut« sich als eminent wichtiges Symbol erweisen.

Die in Qumran gebrauchte Metapher des »Kelches« ist von vielen Kommentatoren in dem Sinne mißverstanden worden, als solle sie zum Ausdruck bringen, daß »der Frevelpriester« ein Säufer war! Wie ihre Verwendung im *Pescher* Habakuk und in anderen Qumran-Texten aber zeigt, bezeichnet das Wort vielmehr den »Kelch des Zorns Gottes«, den »der Frevelpriester« zur Strafe für das, was er dem »Gerechten Lehrer« angetan hat, wird trinken müssen.[6] Genauso wird diese Metapher gleichfalls in der Johannesoffenbarung benutzt:

> Auch er soll von dem Wein des Zornes Gottes trinken, der unvermischt eingeschenkt ist in seines Zornes Kelch. (10,10)[7]

Im 16. Kapitel der Johannesoffenbarung wird dieses Bild wieder aufgegriffen, und zwar dort in Verbindung mit »Lästerung« und »Blut«.

Auch der Terminus »Söhne des Lichts« ist uns von Qumran her geläufig, wo er immer wieder zur Bezeichnung der Mitglieder der Gemeinde gebraucht wird.[8] Und im Neuen Testament kommt der Begriff ebenfalls vor, so etwa im Johannesevangelium – 12,36 (»Kinder des Lichts«) –, wo er im Zusammenhang mit »des Menschen Sohn«, »Christus« und – wie in der Kriegsrolle – dem nahezu endzeitlichen Gericht auftritt.

Auch Paulus (1. Thessalonicher 5,5) verwendet den Begriff, und zwar gleichfalls im Kontext der »Ankunft des Herrn«, des eschatologischen Gerichts (4,16) und eines weiteren typischen Qumraner Terminus, »Söhne«/»Kinder des Tages« (in Qumran »Söhne der Morgendämmerung«). Diese Anspielungen auf »Tag« und »Morgendämmerung« müssen im Zusammenhang mit der überlieferten essenischen und/oder allgemein hemerobaptistischen, etwa sabäischen Sitte betrachtet werden, zur aufgehenden Sonne zu beten oder die Morgenröte zu verehren.[9] Außerdem kommen im Ersten Brief an die Thessalonicher die Begriffe »Zorn« und »Heil« ebenfalls vor (5,8 f.), und Paulus beendet den Brief (ebenso wie den Brief an die Römer und beide Korintherbriefe) mit einem »heiligen Kuß« an die Brüder – ein Bild, das, wie wir gleich sehen werden, für beide Jakobusoffenbarungen und für die Beziehung Jesu zu Jakobus kennzeichnend ist.

Auch der (von Paulus selbst oder von seiner »Schule« stammende) Epheserbrief erwähnt die »Kinder des Lichts« im allgemeinen Kontext einer »Licht-und-Dunkel«-Metaphorik (5,8). Darüber hinaus bezeichnet er Christus als »Gabe und Opfer, Gott zu einem lieblichen Geruch« (5,2). Dies ist exakt das gleiche Vokabular, das in der Qumraner Gemeinderegel auf die Mitglieder des Rates der Versammlung angewandt wird – »ein Haus der Heiligkeit für Israel und ein Fundament des Allerheiligsten für Aaron«. Auch diese Männer werden als »ein süßer Wohlgeruch« und »ein lieblicher Duft« bezeichnet, »der das Land entsühnt«.[10] Im Brief an die Epheser finden wir nicht nur die an Jakobus gemahnenden Ausdrücke »mit nichtigen Worten verführen« und »der Zorn Gottes« dieses Abschnitts der Ersten Jakobusoffenbarung, sondern auch die fast wörtlich mit der Gemeinderegel übereinstimmende Ermahnung, sich in »der Gemeinschaft der Heiligen« vor »Unzucht, ... schandbaren Worten und närrischen Dingen oder Scherzen« zu hüten (5,3–6).[11]

In der Ersten Jakobusoffenbarung wird diese prophetische Aufforderung, »Jerusalem zu verlassen«, Jesus (der im ganzen Text als »*Rabbi*«/»mein Lehrer« tituliert wird) zugeschrieben. In der frühchristlichen Überlieferung wird sie – und die sich daraus ergebende »Flucht nach Pella« – entweder Jakobus zugeschrieben oder aber als eine Begleiterscheinung beziehungsweise direkte Folge seines Todes dargestellt.[12] Wiederholt begegnen uns in der Ersten Offenbarung die Begriffe »fangen«/»ergreifen« aus den frühkirchlichen Schilderungen von Jakobus' Tod sowie (dies auch in der Zweiten Offenbarung) unser leitmotivisches »hinunter-« oder »hinauswerfen«.[13]

Die Zweite Offenbarung ist direkter, weniger metaphorisch gehalten und enthält viele der Detailinformationen über den Tod des Jakobus, mit denen wir mittlerweile durch die Berichte unserer frühen Kirchenschriftsteller vertraut sind. Diesem Text zufolge steht Jakobus nicht »auf der *Zinne*«, sondern auch, wie in den Pseudoklementinen, »auf den *Stufen* des Tempels«, und zwar konkret auf der »fünften Treppenflucht« (45,24). Ob er sich dort befindet, um seine »Lehrreden« zu halten, die von Hegesippus/Eusebios referierte Verkündigung auszusprechen oder im Rahmen irgendwelcher anderen »Aufstiege«, läßt sich nicht genau erkennen.

Wie bereits angedeutet, erinnern diese »Aufstiege« stark an die »Stufen« der jüdischen Mystik oder *Kabbala* oder an die sogenannte »*Hechalot*-Mystik«, die »Mystik der *Himmlischen Abstufungen*« (oder »Aufstiege«). Ja, in den Traditionen um Jakobus und seine mutmaßlichen Vorfahren und/oder Vorgänger, Honi den Kreismacher und Hanan den Verborgenen, finden sich etliche Motive, die diese mystische Überlieferung vorzuzeichnen scheinen – zumindest insofern, als jene Männer sämtlich sprichwörtliche »*Zaddiks*« sind.

Tatsächlich wird in beiden Offenbarungen (beispielsweise 46,15) auf die Vorstellung des »Verborgenen« angespielt, die später über die »Ur-Adam«-Doktrin in die »*Imam*«-Tradition des nordsyrischen und irakischen Schiismus einfließt. Ebenso angespielt wird auf sie in der Tradition um die »Söhne des Lichts«, die in der obenerwähnten Johannesstelle (12,34 ff.) mit der Frage beginnt: »Wer ist dieser Menschensohn?« Wie wir gleichfalls schon gesehen haben, spielt auch Paulus darauf an, wenn er im Zweiten Brief an die Korinther (12,2) von einem ihm bekannten »Menschen in Christus« spricht, der »vor vierzehn Jahren« – der im Galaterbrief angegebenen Zeitspanne zwischen Paulus' erster und zweiter Jerusalemer Begegnung mit Jakobus – »entrückt wurde« oder »bis in den dritten Himmel« aufstieg.

Eine sehr große Rolle spielt in beiden Jakobusoffenbarungen der »Kuß«, den Jesus dem Jakobus gibt – und der durchaus etwas mit der

Tradition des »verborgenen« Wissens (56,15) zu tun hat. In erster Linie geht es hierbei natürlich um die direkte Ernennung Jakobus' und das Motiv des »Geliebten« oder »Freundes«, also darum, daß Jakobus sich, wie Abraham, als der »Freund Gottes« erweist. Doch im Einklang mit den gnostischen Tendenzen dieser Offenbarungen wird daraus eine mystische Umarmung von der Art, durch welche die *»Gnosis«* oder »unmittelbare Erkenntnis« vom Lehrer auf den Adepten übertragen wird. Wie der Jüngling im Leinentuch, den Jesus gegen Ende des Markusevangeliums (14,51 f.) zu unterweisen scheint, wird auch Jakobus »entkleidet und wandelt nackt umher« (46,15).

Das mit einem solchen Kuß und allgemein der »Freund-Gottes«-Metapher zusammenhängende Motiv des »Geliebten«, das in Johannes' Darstellung des »Jüngers, den Jesus liebhatte« eine so große Rolle spielt, taucht hier wiederholt auf – allerdings eindeutig auf Jakobus bezogen (56,15–57,17). Auch in der – gleichfalls recht fragmentarischen – Zweiten Offenbarung wird große Bedeutung auf Jakobus' Beinamen »der Gerechte« gelegt; hier allerdings betont der Verfasser, daß Jakobus und Jesus nicht nur verschiedene Mütter hatten (also lediglich »Milch-« oder »Stiefbrüder« waren), sondern auch *verschiedene Väter* (50,11–51,25).[14]

Das mit Abstand interessanteste Material der Zweiten Offenbarung findet sich erstens am Anfang, in der Erwähnung von »Theuda« (Theudas), dem »Verwandten des Gerechten«, der, wie wir gesehen haben, im Gang der Handlung im wesentlichen die Stelle des »Addai« der Ersten Offenbarung einnimmt und der – wenn man von »Mareim« absieht – den einzigen vorkommenden Namen von einiger Bedeutung darstellt; und zweitens am Ende des Textes, in der Schilderung der Steinigung des »Gerechten«. Hier erhalten wir zahlreiche neue Details. Diese sind gewiß nicht alle als historisch zu betrachten, aber sie zeigen, wie lebendig und produktiv diese Tradition um die Steinigung des Jakobus im 2. und 3. Jahrhundert im Osten noch war.

Nach Bezugnahme auf die bevorstehende Zerstörung des Tempels und »die Richter«, die »zu Rate gingen« (60,20–25), berichtet der Text:

> An jenem Tag gerieten das ganze Volk und die Menge in Unruhe, und die Menschen erschienen miteinander uneins, und er erhob sich, nachdem er so gesprochen hatte, und ging von dannen. Doch er kehrte am selben Tag noch einmal zurück und sprach einige Stunden lang.

Dies schiene den Debatten auf den Tempelstufen zu entsprechen, von denen die pseudoklementinischen *Rekognitionen* berichten; dort heißt es, Jakobus sei nach seiner ersten Rede gegangen und am nächsten Tag zurückgekehrt.

> Und ich war bei den Priestern, doch ich verriet nicht, daß wir verwandt waren.

Es ist schwer zu sagen, wer der »Icherzähler« hier sein sollte, wenn nicht Simeon bar Kleophas, der Zeuge der Steinigung des Jakobus in Epiphanius' Hegesippusversion; es könnte ansonsten höchstens auf eine zwischen Jakobus und Jesus bestehende »verwandtschaftliche« Beziehung angespielt werden.

Interessant ist die Erwähnung der »Priester« natürlich im Zusammenhang mit der Tatsache, daß Jakobus' Jünger »Mareim« am Anfang der Apokalypse als »einer der Priester« bezeichnet wird, sowie mit dem ganzen Fragenkomplex um die Beziehung der »rechabitisch«/»nasiräisch«/»essenischen Priester« zu denen des Tempels. Sie knüpft außerdem an die bereits hervorgehobene merkwürdige Mitteilung der Apostelgeschichte an, viele »Priester« seien zum »Glauben« bekehrt worden.

Die »Verwandtschaftsbeziehung«, von der hier die Rede ist, besteht also entweder zwischen Jakobus und Jesus oder zwischen Simeon bar Kleophas und Jakobus – Genaueres läßt sich aus dem Kontext nicht erschließen.

> Denn sie alle schrien einmütig: »Kommt, laßt uns den Gerechten steinigen!« Und sie erhoben sich und sagten: »Ja, laßt uns diesen Mann töten, daß er aus unserer Mitte hinweggenommen sei, denn er ist uns ein Greuel.«

Dies entspricht aber fast wortwörtlich dem bei Eusebios bewahrten Hegesippusbericht, ja, es enthält sogar die Septuaginta-Version des Buches Jesaja (3,10 – »laßt uns den Gerechten beseitigen, denn er ist uns ein Greuel«), wobei das Zitat hier direkt in die Erzählung eingearbeitet ist.

Es ist ein interessanter Umstand, daß, obwohl diese Passage in der judenchristlichen biblischen Tradition, deren Erben wir sind, die genau gegensätzliche Bedeutung besitzt, der im 1./2. Jahrhundert (vermutlich in Alexandria) entstandene – von Qumranismen wie »der Weg der Heiligkeit«, »der Weg des Lichts«, »das unbeschnittene Herz« und so fort wimmelnde – Barnabasbrief gleichfalls die Stelle in der Version der Septuaginta anführt: »Laßt uns den Gerechten binden, denn er ist uns ein Greuel.« Hinzu kommt, daß das Zitat, wie später bei Justinus Martyr, nicht auf Jakobus', sondern auf Jesu Tod bezogen wird.[15] Tatsächlich stimmt nicht einmal die Version dieser Passage, die Justinus als Teil der Schrift seines Gegners Tryphon (Tarphon?) zitiert, mit der kanonischen Version überein.[16] Es ist schon sehr merkwürdig, welche Abwandlungen dieser entscheidende biblische Belegtext im Zuge seiner Rezeption erfahren hat. Man gewinnt fast den Eindruck, als ob manche Redaktoren der normativen biblischen Textüberlieferung zu verschleiern versucht hätten, wie diese Stelle im 1. Jahrhundert interpretiert worden war.

> Und als sie herauskamen, sahen sie ihn auf der Zinne des Tempels neben dem *unverrückbaren Eckstein* stehen.

Der »Eckstein« ist ein neues Element in der Geschichte vom Tode des Jakobus, aber kein gänzlich unerwartetes. Das Bild des »Steins« oder »Ecksteins« gehört als fester Bestandteil zu den frühchristlichen »Jünger-Metaphern« und ist in den Qumran-Rollen, wie wir gesehen haben, schier allgegenwärtig. Interessant ist darüber hinaus, daß das Bild des »unverrückbaren Ecksteins« im Barnabasbrief in Verbindung mit der schon wiederholt erwähnten Jesajastelle 3,10 auftritt.[17] Es kann also kaum ein Zweifel daran bestehen, daß Jakobus auch in dieser Offenbarung – wie in allen frühen Kirchenquellen – auf der Zinne oder vielleicht auch auf der Balustrade des Tempels steht.

> Und sie beschlossen, ihn von dieser Höhe *hinunterzustürzen*. Und *sie stießen ihn hinab*.

Wie in Epiphanios' Version des Hegesippusberichts – und übrigens ebenso bei Eusebios – wird hier der Begriff »hinunterstürzen« zweimal wiederholt.

Leider weist die Handschrift an dieser Stelle eine kurze Lücke auf; anschließend geht der Bericht mit folgenden Worten weiter:

> Und sie ... packten ihn [dies offenbar nach seinem »Sturz«] und [schlugen] ihn, während sie ihn am Boden entlangschleiften [dies entspricht in etwa der Behandlung, die Stephanus in der Apostelgeschichte widerfährt – ganz zu schweigen von Jesus in den Evangelien]. Sie zerrten ihm die Glieder auseinander und legten ihm einen *Stein auf den Unterleib*, und gegen den traten sie alle und sagten dazu: »Du bist vom Weg abgewichen.«

Hier finden wir nicht nur die gleiche Anspielung auf »irregeführt werden« oder »irren« wie im normativen Hegesippusbericht, sondern man kann darüber hinaus vermuten, daß damit eigentlich der bereits mehrfach erwähnte Vorwurf der Lästerung gemeint war. Wenngleich die mutmaßliche ursprüngliche Formulierung im Zuge mehrerer Übersetzungen von einer Sprache in die andere entstellt worden ist, vermittelt der jetzige Wortlaut doch noch immer den Begriff des theologischen oder doktrinären Irrtums.

Nun läßt unser Verfasser seiner blutdürstigen Begeisterung die Zügel schießen:

> Abermals zogen sie ihn hoch, da er noch immer am Leben war. Sie zwangen ihn, ein Loch zu graben. Dann hießen sie ihn, sich dort hineinzustellen. Nachdem sie ihn bis zum Bauch eingegraben hatten, steinigten sie ihn. [Dies ist wahrhaft originell, aber – außer in der Hinsicht, daß es die rabbinischen Vorschriften für den Vollzug der Steinigung reproduziert – vermutlich ganz und gar apokryph.] Er aber streckte die Hände aus und sprach das folgende Gebet, das er gewohnt war zu sprechen.

Mit dem Motiv des »Betens« betreten wir wieder vertrautes Terrain. Auf die grausigen Details dieses Berichts – das »sich selbst eine Grube graben« und den Stein, der Jakobus auf den Unterleib gelegt wird – werden wir im folgenden noch eingehen. Wie schon gesagt, spiegeln sich darin talmudische Schilderungen von derlei Prozeduren wider.

Das Gebet, das anschließend wiedergegeben wird, ist nicht »Vater, vergib ihnen, denn sie wissen nicht, was sie tun«, sondern ein völlig eigenständiges, eher »gnostisierendes«. Man könnte sich durchaus vorstellen, daß die für diesen Text verantwortliche Gemeinde dieses Gebet zum Gedenken an Jakobus' angebliche letzte Worte rezitierte. Es ist eine vollkommen originelle »Lehrrede« und könnte eine jener »Lehrreden« gewesen sein, die Jakobus, wie es am Anfang der Offenbarung heißt, »Mareim übergab«, oder aber auch eine Passage aus Epiphanios' *Anabathmoi Iakobou*. Dem Geiste nach, wenn auch nicht inhaltlich, unterscheidet es sich nicht allzusehr von der Rede, die Jakobus nach Darstellung der pseudoklementinischen *Rekognitionen* im Rahmen seiner Diskussionen auf den Stufen des Tempels hielt, bevor er von Paulus »hinabgestürzt« wurde.

Der thematische Schwerpunkt dieses Gebetes ist die Bitte um »Gnade«, »Heil«/»Erlösung« und »Auferstehung«. Interessanterweise verwendet es den (in anderen Berichten so eng mit Jakobus assoziierten) Begriff »Stärke« sowie die Begriffe »Licht«, »Kraft«/»Macht«

und »gerettet werden« – letzteres ein wichtiges Element der Schilderung der Vernichtung des Gerechten Lehrers, die sich im Qumraner *Pescher* Habakuk findet.[18] Und sogar noch interessanter ist die vielsagende Anspielung auf den »Feind«, der in der pseudoklementinischen Schilderung von Paulus' Angriff auf Jakobus erscheint.[19]

Jakobus' Bedeutung bei Hieronymus

Hieronymus' Material über die Steinigung des Jakobus ist, wenngleich sekundär und offensichtlich gekürzt, nicht minder interessant. Dies hängt nicht nur damit zusammen, daß Hieronymus sowohl Jakobus *als auch* Judas (dem »Herrenbruder«) breiten Raum in seiner Darstellung gewährt, sondern auch mit der Art, wie er Quellen kombiniert und zudem neues – und wichtiges – Material einführt, das uns zuletzt den Weg zu einer Synthese *all unserer Quellen* weisen wird.

Wir haben bereits gesehen, daß Hieronymus in seinem Kommentar zu Paulus' berühmter Jakobusbezeugung im Brief an die Galater die zusätzliche Detailinformation liefert, Jakobus sei »so heilig [gewesen], daß die Leute versuchten, [wenn er vorüberging,] die Fransen seines Gewandes zu berühren«. Nach Hieronymus' Auffassung steht Jakobus an Bedeutung einzig Simon Petrus nach; und Judas, den er (wie der nach ihm benannte neutestamentliche Brief) als »Bruder des Jakobus« identifiziert, gewährt er, nach Matthäus, den vierten Platz – womit er also sogar vor Paulus kommt, den Hieronymus auf den fünften Rang verweist. Hieronymus schreibt über »berühmte Autoren« der christlichen Literaturgeschichte, von ihren Anfängen bis zu seiner eigenen Zeit; bemerkenswerterweise rechnet er zu diesen auch die Nichtchristen Philon, Seneca und Josephus, denen er jeweils Platz elf bis dreizehn einräumt. Nicht minder bemerkenswert ist der Umstand, daß von den 135 Biographien, die sein Werk *Leben berühmter Männer* enthält, die Lebensbeschreibung des Jakobus an Umfang nur noch von derjenigen des Origenes übertroffen wird, daß sie also *sogar länger ist als die Abschnitte über Petrus oder Paulus*.

Anders als die Zweite Jakobusoffenbarung aus Nag Hammadi akzeptiert Hieronymus Joseph als den Vater des »Gerechten«. Wie sein ehemaliger Bekannter Epiphanios hält er allerdings an der These einer *zweiten Mutter* fest, wobei er lediglich als seine Kandidatin die absurde Maria, »seiner Mutter Schwester«, des Johannesevangeliums hinzufügt.[20] Dann wiederholt er die meisten Informationen über Jakobus' Person und Leben, denen wir bereits in anderen Quellen begegnet sind, ergänzt sie jedoch um das wichtige Detail, Jakobus sei

»*unmittelbar* nach der Passion unseres Herrn von den Aposteln zum Bischof von Jerusalem ernannt« worden. »Unmittelbar« ist dabei das entscheidende (und mit den diesbezüglichen Angaben der pseudoklementinischen *Rekognitionen* übereinstimmende) Wort; allerdings »regierte Jakobus« (Hieronymus zufolge) »die Kirche zu Jerusalem dreißig Jahre lang« – während Epiphanios, wie wir uns erinnern, nur von »vierundzwanzig Jahren« gesprochen hatte.

In Anlehnung an Hegesippus sagt er, daß Jakobus ein »Nasiräer« (»heilig von seiner Mutter Leib an«) war, sich des Wein- und Fleischgenusses enthielt, sich nicht mit Öl salbte, sich die Haare nicht schor und so fort. Er betont, daß er nur Leinen und keine »Wollgewänder« trug. Hier begegnet uns also wieder das allgegenwärtige Motiv der *Kleidung*, ebenso aber das »Knien« und das »Beten«: »Es heißt, daß seine Knie [wegen seines eifrigen Betens] so hart wie die eines Kamels geworden waren.« In einem Punkt jedoch stimmt er nicht mit Eusebios, sondern mit Epiphanios überein (den er ansonsten für »einen alten Narren« hielt):

> Einzig er besaß das Vorrecht, das Allerheiligste zu betreten ... und *ging allein in den Tempel* und *betete für das Volk*, und zwar mit solcher Inbrunst, daß seine Knie, wie es heißt, so schwielig wie die Knie eines Kamels geworden waren.

Um das Bild einer vollkommenen *Jom-Kippur*-Sühne zu erhalten, brauchen wir nur ein Wort zu ändern: »Er ging allein in das *Allerheiligste*« – nicht lediglich »in den Tempel«.

Hieronymus' Schilderung von Jakobus' Steinigung und Tod ist offenkundig aus den Angaben abgeleitet, die er im nicht mehr erhaltenen sechsten Buch von Clemens von Alexandrias *Skizzen* und im fünften Buch von Hegesippus' *Kommentaren* gefunden hatte. Neu in dieser Darstellung ist die Tatsache, daß er dieses Material (wie dies auch Eusebios zu tun versucht) mit der Bezeugung aus dem zwanzigsten Buch von Josephus' *Altertümern* kombiniert, die, wie er behauptet, auch im siebten Buch von Clemens' *Skizzen* enthalten war. Dies ist eine neue Behauptung, und um sich ein – wenngleich nur tentatives – Urteil über deren Richtigkeit zu machen, dürfte es von Nutzen sein, das, was Josephus in seiner berühmten Jakobusbezeugung (mit der er praktisch die *Altertümer* abschließt) tatsächlich sagt, *in extenso* zu zitieren.

Zuvor aber sollten wir uns ins Gedächtnis zurückrufen, was Hieronymus erklärt hatte:

> Derselbe Josephus referiert die Tradition, der zufolge dieser Jakobus von so großer Heiligkeit gewesen sei und ein solches Ansehen beim Volk genossen habe, daß die Zerstörung Jerusalems als die Folge seines Todes angesehen wurde –

dies in Verbindung mit seiner Aussage, Jakobus habe bei der Jerusalemer Bevölkerung einen solchen Ruf der Heiligkeit genossen, daß die Menschen – wie die rabbinische Tradition im Zusammenhang mit Honis »Enkel« berichtet – auf der Straße »versuchten, die Fransen seines Gewandes zu berühren«.

Interessanterweise wiederholt Hieronymus das, was er über »den Apostel Jakobus« gesagt hatte, noch einmal in dem Abschnitt, den er dem »christlichen Schriftsteller« Josephus widmet.

> Im acht[zehnten] Buch seiner *Altertümer* bezeugt er völlig freimütig, daß Christus von den Pharisäern wegen seiner großen Wundertaten getötet wurde, daß Johannes der Täufer wahrhaft *ein Prophet* war und daß Jerusalem *aufgrund der Ermordung des Apostels Jakobus* zerstört wurde.

Wie wir sehen, mehren sich die Indizien dafür, daß Jakobus (»der Herrenbruder«) *tatsächlich* als einer der Apostel galt – es sei denn, wir ziehen es vor anzunehmen, daß Hieronymus hier »Jakobus, *des Johannes Bruder*« meinte (der unter Herodes Agrippa oder Herodes von Chalkis *enthauptet* worden sein soll), wofür indes nicht das geringste spricht.

Interessant ist diese Passage auch deswegen, weil Hieronymus endlich erklärt, *wo* in Josephus' Werken sich seiner Meinung nach die Bezeugung des Untergangs Jerusalems als Folge von Jakobus' Tod befand: im achtzehnten Buch der *Altertümer*, also zwei Bücher *vor* der uns vorliegenden Schilderung vom Tod des Jakobus. Natürlich finden sich im achtzehnten Buch noch immer die Johannes- und Jesusbezeugungen, allerdings nicht mit dem genauen Wortlaut, den Hieronymus referiert, so heißt es da zum Beispiel nicht ausdrücklich, daß »Christus von den Pharisäern wegen seiner großen Wundertaten getötet wurde«, ebensowenig können wir feststellen, daß Josephus Johannes den Täufer als einen »Propheten« ansah – zumindest nicht, wenn wir von dem uns heute vorliegenden Text ausgehen.

Aber Hieronymus ist ein zu gewissenhafter Gelehrter, um einfach zu behaupten, es gebe eine bestimmte Textstelle, wenn er sie nicht mit eigenen Augen gesehen hat. Daher müssen wir annehmen, *daß* er das, was er referiert, auch tatsächlich gelesen hat. Vielleicht wurde mit den blödsinnigen Paulina-und-Fulvia-Episoden, die im achtzehnten Buch der verdächtig klingenden Mitteilung über die Kreuzigung Christi folgen, eine längere Passage überschrieben (wie Hieronymus sie in ebendiesem Buch gelesen haben will), die unter anderem auch die Begründung des Untergangs Jerusalems mit dem »Tod des Apostels Jakobus« enthielt.

In seiner langen biographischen Notiz über Jakobus erwähnt Hieronymus auch Paulus' Aussage, er habe in Jerusalem Jakobus gesehen (Galater 1,19), und erklärt, diese Mitteilung werde »sogar von der Apostelgeschichte bestätigt« – ohne allerdings ein Wort darüber zu verlieren, daß die zwei Bezeugungen, wie wir gesehen haben, einander fast völlig widersprechen. Er liefert außerdem Material aus einem nicht mehr erhaltenen apokryphen Evangelium – nicht demjenigen des Thomas, sondern aus einem, das er »das Evangelium nach den Hebräern« nennt. Hieronymus erklärt nicht nur, daß »auch Origenes häufig [von diesem Evangelium] Gebrauch machte«, sondern er zitiert auch ebenso, wie Eusebios es bei wichtigen Textstellen tut, sogar die relevante Passage, die Jesu erste nachösterliche Erscheinung mit Jakobus in Verbindung bringt – und die er (offenbar aus dem Hebräischen) »selbst ins Griechische und Lateinische übersetzt« haben will.[21] Diese Erscheinung erinnert stark an Lukas' Schilderung vom »Gang nach Emmaus«, und beide Episoden enthalten Elemente, die normalerweise – in den kanonischen Schriften – unter der Überschrift »Der ungläubige Thomas« subsumiert werden.

Parallelen zum »Thomas«-Material sind stets wichtig: zum einen wegen der großen Rolle, die diese Gestalt in der Nag-Hammadi-Literatur spielt, zum anderen wegen der Bedeutung *des Namens* (»Zwilling« – »*Didymus* Thomas« oder »Zwilling Zwilling« im Johannesevangelium) und der durch ihn implizierten Beziehung zu Jesu Verwandten oder Brüdern – ganz zu schweigen vom Namen »Judas Thomas«, der in der Widmung des Thomasevangeliums zusammen mit »*Didymus*« vorkommt, »Judas der Zwilling«, und mit dem der im Judasbrief und bei Hieronymus erwähnte »Bruder des Jakobus« gemeint sein dürfte.

Diese Überlieferung, die Hieronymus aus dem Hebräerevangelium zitiert, läßt sich auch mit der fehlenden Tradition in Verbindung bringen, Jesu erste nachösterliche Erscheinung sei Jakobus dem Gerechten zuteil geworden. Hier erfahren wir, daß Jesus »seine Grabtücher dem Knecht des Priesters gibt« (womit in den Qumran-Texten stets »der *Hohe*priester« gemeint ist)[22] – was insgesamt mehr Sinn ergibt als alles, was wir bislang in den Evangelien oder der Apostelgeschichte zum Thema »Kleidung« oder »Knecht des Hohenpriesters«

gelesen haben, da es der *zu Steinigende* war, der nackt sein mußte, und nicht »die Zeugen« oder *jene, welche die Steinigung durchführten.*

In derselben Passage begegnet uns ebenfalls »der Kelch des Herrn«, aus dem Jakobus auf irgendeine Weise getrunken haben soll – vielleicht im Rahmen des »Letzten Abendmahls«, vielleicht auch nur symbolisch. Über die Bedeutung, die dieses Bild in den Evangelien, der Johannesoffenbarung und den Qumran-Rollen im Zusammenhang mit dem »Gerechten Lehrer« *und* dem »Frevelpriester« besitzt, haben wir bereits gesprochen; bislang war aber nicht klar gewesen, daß diese Metapher in der Literatur gleichfalls direkt auf Jakobus bezogen werden konnte. In den Evangelien wird dieselbe Metapher auch zu den »zwei Söhnen des Zebedäus« (von denen einer eine so auffällige Ähnlichkeit mit Jakobus aufweist) in Beziehung gesetzt, wenn es heißt, sie wollten gleichfalls »den Kelch trinken«, den Jesus bald trinken würde (also das Martyrium erleiden – Matthäus 20,20–28 und Markus 10,35–45) – wenngleich uns von einem Märtyrertod des »Johannes, des Jakobus Bruder«, nichts überliefert ist.

Aber eine so direkte Verbindung der »Kelch«-Metapher mit Jakobus war uns, wie gesagt, bislang noch nicht begegnet. Der nächste Schritt ist vergleichsweise einfach, und wir werden ihn zu gegebener Zeit auch tun. Im Qumraner *Pescher* Habakuk wird das Bild des »Kelches« im Zusammenhang mit dem »Frevelpriester« – dem Hohenpriester des »Establishments« – in seiner Beziehung zum »Gerechten Lehrer« gebraucht, mit anderen Worten: Ebenso wie er dem Gerechten Lehrer/*Zaddik* »den Kelch gereicht« hatte, würde der »Kelch des Zornes Gottes« oder »des Herrn« auch zu ihm gelangen und er selbst ihn trinken müssen.

Im Gegensatz zu Epiphanios ist Hieronymus außerdem der Meinung, daß Jakobus »die Kirche von Jerusalem dreißig Jahre lang regierte«: nämlich (wie er uns mit gewohnter Exaktheit mitteilt) bis »zum siebten Jahr Neros, und wurde nahe dem Tempel bestattet, von welchem er *hinabgestürzt worden war*«. Abermals tritt das uns inzwischen vertraute Motiv des »Hinunterstürzens« in Verbindung mit Jakobus' Tod auf. Wie bereits erwähnt, fügt Hieronymus dem hinzu: »Sein Grabstein mit der Inschrift war bis zur Belagerung durch Titus und bis zum Ende von Hadrians Regierungszeit [um 138 n. Chr., damit auch bis zum Ende des Bar-Kochba-Aufstands] allgemein bekannt.«

Der Tod des Jakobus bei Josephus: oppositionelle und »etablierte« Sadduzäer

Um nachvollziehen zu können, wie Hieronymus die Jakobuspassage aus dem zwanzigsten Buch der *Altertümer* in seinen Bericht von Jakobus' Sturz von der Tempelzinne und anschließender Steinigung einbaut, wird es das Beste sein, Josephus' Bezeugung in voller Länge zu betrachten. Wenn sie verläßlich ist, stellt sie nicht nur das exakteste Material dar, das wir über Jakobus' Tod besitzen, sondern sie ermöglicht außerdem eine genaue Datierung dieser Ereignisse, die kurz darauf zum Ausbruch des Krieges gegen Rom führten.

Auch Eusebios zitiert diese Passage am Ende seiner Schilderung vom Tod des Jakobus (nachdem er diesen Tod mit der darauffolgenden Zerstörung des Tempels und der ganzen Stadt Jerusalem in Verbindung gebracht hat). Seine Version stimmt mit der uns heute vorliegenden Textform überein und lautet folgendermaßen:

> Bald darauf gelangte die Nachricht vom Tode des Festus [Apostelgeschichte 25,1–26,32] nach Rom, und nun schickte Cäsar [Nero] den Albinus als Landpfleger nach Judäa. Der König [Agrippa II.] aber entsetzte den Joseph wieder des Hohenpriesteramtes und übertrug dasselbe dem Sohne des Ananus, der gleichfalls Ananus [Ananus ben Ananus] hieß. Dieser ältere Ananus soll einer der glücklichsten Menschen gewesen sein. Er hatte nämlich fünf Söhne, die alle dem Herrn als Hohepriester dienten, nachdem er auch selbst diese Würde lange Zeit hindurch bekleidet hatte, und so etwas war noch bei keinem unserer Hohenpriester der Fall gewesen.[23]

Die Information über die Familie des Hohenpriesters Ananus – unseres Kandidaten für das »Amt« des »Frevelpriesters« – fehlt bei Eusebios, aber sie ist aus zweierlei Gründen interessant: erstens, weil Josephus an anderer Stelle, wie wir gesehen haben, das gleiche über Jakobus' Verderber, Ananus ben Ananus, sagt, nämlich daß die Zerstörung Jerusalems die Folge von dessen grausigem Tod gewesen sei; und zweitens, weil der ältere Ananus (»Hannas«), der lange (bis kurz vor der Ankunft des Pontius Pilatus oder sogar bis in dessen Amtszeit hinein) Hoherpriester war, nach Aussage der Evangelien eine wichtige Rolle bei der Verurteilung Jesu spielte (Lukas 3,2 / Johannes 18,3).

Bereits als junger Mann besaß Agrippa II. (49–93) kraft der Würde, die Caligula und Claudius seinem Vater Agrippa I. (37–44) verliehen hatten, das Privileg, jüdische Hohepriester zu ernennen – ein Privileg, das nach Herodes' Tod auf die römischen Statthalter oder Prokuratoren übergegangen war. Zuvor, während der Makkabäerzeit, hatte dieses Privileg überhaupt nicht zur Diskussion gestanden, da die Makkabäer die Königswürde und das erbliche Hohepriestertum in sich vereinigt hatten.

Erst nach der Machtergreifung des Herodes und der Ausrottung (oder teilweisen Assimilierung) der Makkabäer wurde dies zu einer Streitfrage. Herodes' Vater, der erste römische Prokurator in Palästina, baute sich mit Hilfe der Pharisäer ein Königreich auf, und Herodes war der erste, der darauf bestand, die Amtskleider der Hohenpriester unter seine Kontrolle zu bringen (wodurch er sich ein wichtiges Mittel zur innenpolitischen Einflußnahme in Palästina verschaffte). Tatsächlich zitiert Josephus am Anfang des zwanzigsten Buchs seiner *Altertümer* Claudius' (45 n. Chr. verfaßten) Brief »an das gesamte Volk der Juden«, in dem der Kaiser Agrippa II. – den er als »seinen lieben Freund« und als »einen Mann von größter Frömmigkeit« *(sic)* bezeichnet –, dessen Onkel Herodes von Chalkis und dessen (Herodes') Sohn Aristobulos (dem Ehemann jener Salome, die in den Tod Johannes des Täufers verwickelt war) das Vorrecht gewährt, die hohepriesterlichen Gewänder zu verwahren.[24]

Doch zurück zum – von Eusebios zitierten – Josephusschen Bericht:

> Der jüngere Ananus jedoch, dessen Ernennung zum Hohenpriester ich soeben erwähnt habe, war von heftiger und verwegener Gemütsart und gehörte zur Sekte der Sadduzäer, die, wie schon früher bemerkt, im Gericht härter und liebloser sind als alle anderen Juden.

Man könnte sich fragen, an was für ein »Gericht« Josephus dabei dachte – an ein menschliches oder ein endzeitliches? Es ist interessant, wie er hier die »Sadduzäer« charakterisiert, da er an anderer Stelle, wie wir uns erinnern, erklärt, die Sadduzäer der Herodianerzeit seien in allen Dingen von den Pharisäern dominiert worden. Und dies ist in der Tat der Eindruck, den man auch aus den Evangelien gewinnt. Die pseudoklementinischen *Rekognitionen* (die um die Ableitung des Namens »Sadduzäer« vom hebräischen Wort für »Gerechtigkeit« wissen) erklären vielmehr, daß die Sadduzäer sich »für gerechter als die anderen hielten und sich daher von der Versammlung des Volkes absonderten«. Demselben Text zufolge nahm diese Aufsplitterung des »Volkes in viele Parteien zur Zeit Johannes' des Täufers« ihren Anfang. Oder wie es in der syrischen Rezension heißt:

»Die Sadduzäer kamen zur Zeit des Johannes auf, und da sie Gerechte waren, sonderten sie sich vom Volk ab.«[25]

Es ist offensichtlich, daß es sich bei diesen *nicht* um jene Sadduzäer handelt, von denen Josephus und (aller Wahrscheinlichkeit nach in Anlehnung an ihn) die Evangelien berichten – und dies ist einer der Gründe dafür, weswegen ich (unter Heranziehung paralleler Bezeichnungen, die sich in den Schriftrollen vom Toten Meer finden) die Hypothese aufgestellt habe, es habe *zwei* Gruppen von Sadduzäern gegeben: die erste, die keinerlei Anspruch erhob, »gerechter« als alle anderen zu sein, sondern sich lediglich auf eine – wenig gesicherte – genealogische Beziehung zum »Zadok« von Davids Zeit (um 1000 v. Chr.) beriefen; und die zweite, eine oppositionelle Gruppe, die »Gerechtigkeit« als die entscheidende Bedingung des Heils betrachtete.[26] In ihrer Literatur, soweit wir sie von Qumran her kennen, verlangt sie tatsächlich die »Absonderung vom Volk«: eine immer und immer wieder erhobene Forderung, die mit dem – etwa in der Damaskus-Schrift ausgesprochenen – Vorwurf der »Befleckung des Tempels« begründet wird.

Letztgenannter Text kritisiert, wie wir gesehen haben, alle »Establishment«-Gruppen – Pharisäer, Sadduzäer und (während des entsprechenden Zeitraums) die mit ihnen verbündeten Herodianer –, weil sie im Tempel nicht die richtige Scheidung von Reinem und Unreinem beobachteten und »mit Frauen während ihrer Periode schliefen« beziehungsweise mit Leuten verkehrten, die das taten. Dies ist auch die eigentliche Bedeutung der Kritik, die man in den zwei »Briefen über als Gerechtigkeit angerechnete Werke« (oder »*MMT*«) ausgesprochen findet – Briefen, die offenbar an einen König gerichtet sind: falls an einen Makkabäer, möglicherweise Alexander Jannai; falls an einen Herodianer, Agrippa I., den Vater Agrippas II. (der in die Verurteilung des Jakobus verwickelt war).[27] Zu diesen Genannten gesellt sich noch ein dritter – vielleicht sogar noch wahrscheinlicherer – Kandidat: »Abgarus« oder »Agbarus« (Agbar), der große König der Völker »jenseits des Euphrats«, oder sogar König Helenas Lieblingssohn, »Izates« (falls sich die zwei überhaupt voneinander unterscheiden lassen).

Josephus bezeichnet die Pharisäer im dreizehnten Buch der *Altertümer* (der vielleicht frühesten Erwähnung überhaupt) als »nicht zu strengen Strafen neigend«. Gleichzeitig charakterisiert er die Sadduzäer, mit denen er Judas Makkabäus' Neffen Johannes Hyrkanos, den Vater Alexander Jannais (auf den wahrscheinlich »der zornige Löwe« des *Pescher* Nahum anspielt), in Verbindung bringt, als den Pharisäern »völlig entgegengesetzt«.[28] Aber wenn die Makkabäer »Sadduzäer« waren, können sie unmöglich solche vom »herodianischen« Typus gewesen sein. Alexander Jannais populärerer und nationalistischerer Sohn Aristobulos wurde von Parteigängern der Römer Brutus und Cassius vergiftet und dessen zwei Söhne, Alexander und Antigonos, wegen Aufruhrs von römischen Beamten enthauptet. Dies sind die einzigen Enthauptungen, von denen Josephus – abgesehen von denen einiger früherer Gegner des herodianischen Regimes und, im nächsten Jahrhundert, denen Johannes' des Täufers und »Theudas« – berichtet.

Wie bereits weiter oben erwähnt, ließ Herodes, nachdem er 37 v. Chr. mit militärischer Unterstützung Marcus Antonius' Jerusalem eingenommen hatte, die Mitglieder des bisherigen Sanhedrin hinrichten und verschonte dabei nur Pollio und Sameas, die zwei *Pharisäer*, die seinen Aufstieg zur Macht vorhergesagt und dem Volk empfohlen hatten, ihm »die Tore zu öffnen«: Dies also waren die neumodischen »Propheten« der Herodianerzeit, in die Paulus und die Apostelgeschichte so vergafft gewesen zu sein scheinen.[29] Wie Josephus sagt, »ehrte Herodes« die beiden »mehr als alle anderen«; aber der Herrscher »ließ nie davon ab, Rache an seinen Feinden zu üben«.

Als diese Feinde muß man den früheren sadduzäisch dominierten Sanhedrin sowie die Anhänger Aristobulos' II. und dessen beider Söhne betrachten. Herodes seinerseits »stellte überall Spione auf« (denen er sich bisweilen sogar selbst heimlich anschloß), »und groß war die Zahl jener, die offen oder im verborgenen zur Festung Hyrkania geführt und dort getötet wurden«. Dies ist exakt die Behandlung, die Herodes Antipas – in den Evangelien »Herodes der Tetrarch« genannt – ein bis zwei Generationen später Johannes dem Täufer in der (jenseits des Toten Meeres direkt Hyrkania gegenüberliegenden) Festung Machärus zuteil werden ließ.[30]

Diese »makkabäischen« oder »puristischen Sadduzäer« waren nun nicht lediglich »härter im Gericht« als andere; sie waren mit Sicherheit auch nie Kollaborateure gewesen, noch hatten sie irgend etwas mit den sogenannten »Sadduzäern« der Herodianerzeit gemeinsam. Letztere waren vielmehr eine bunt zusammengewürfelte Gruppe »reicher« Familien, die – oft durch Bestechung von Herodianern oder römischen Beamten – um das Hohepriesteramt wetteiferten, wobei sie zur Begründung ihres jeweiligen Anspruchs offenbar nichts anderes vorzuweisen hatten als ihre hohepriesterliche Abstammung – und Josephus zufolge bisweilen nicht einmal die. Mit Sicherheit aber erhoben sie keinerlei Anspruch auf »Frömmigkeit« oder »größere Reinheit«, wie es die sogenannten »galiläischen« Zeloten oder *»Sikarier«* taten.

Die Schriftrollen vom Toten Meer verfechten ein ähnlich kompromißloses Ideal der »Gerechtigkeit« und des absoluten, unerbittlichen »Gerichts«. Sie dulden keine Kompromisse, zeigen keinerlei Bereitschaft zum »Arrangement« – insbesondere mit Ausländern nicht –; sie verraten vielmehr stets einen flammenden und unbeugsamen Eifer, dem sogar der Tempel als »befleckt« gilt, weil die in ihm amtierenden »offiziellen« Hohenpriester weniger strenge Maßstäbe anlegen als sie: Es ist kaum vorstellbar, daß hier von der Makkabäerzeit die Rede sein sollte![31]

Unsere Annahme *zweier* Gruppen von Sadduzäern wird, wie wir bereits sahen, auch von der rabbinischen Tradition gestützt. Bei ihr ist ebenfalls von *zwei* Gruppen von »Sadduzäern« die Rede: den Anhängern des Boethus und der Gefolgschaft des *Saddok*.[32] Aber die Anspielung auf den Namen »Boethus« liefert (wie vorworren diese rabbinische Überlieferung auch ansonsten sein mag) den schlagenden Beweis dafür, daß wir uns in der Zeit der Herodianer und der Entstehung der *»Sikarier«*-/»Zeloten«-Bewegung befinden – jener Bewegung also, die von Judas dem Galiläer und dessen geheimnisvollem Mitstreiter *»Saddok«* begründet wurde. Dies war der Zeitraum, in dem sich die Sadduzäer in einen »Kriecher«- und in einen Widerstandsflügel *spalteten* (wobei sich letzterer vielleicht treffender als »*messianische* Sadduzäer« bezeichnen ließe). Und dies war auch die Zeit, in die nach christlicher Überlieferung »die Geburt Christi« fiel.

Um seine Vernichtung (oder Assimilierung) der makkabäischen Linie zu krönen, holte Herodes einen Hohenpriester aus Ägypten, Simeon ben Boethus, nach Palästina und heiratete später, nachdem er die letzte makkabäische Prinzessin – seine vorige Frau Mariamne I. – hatte hinrichten lassen, dessen Tochter, Mariamne II. Und es war der Sohn ebendieses Priesters, Joazar ben Boethus, der nach Darstellung Josephus' in der Streitfrage um die Bezahlung der römischen Steuer – das heißt um die Anerkennung der römischen Herrschaft in Palästina – die Gründer der *»Sikarier«*-/»Zeloten«-Bewegung, Judas und *Saddok*, bekämpfte.

Kehren wir nun zu Jakobus (einem Erben der »oppositionell-sadduzäischen« Tradition) zurück, so erfahren wir von Josephus (und können seine Ausführungen vielleicht besser verstehen):

> Zur Befriedigung dieser seiner Hartherzigkeit glaubte Ananus auch jetzt, da Festus gestorben, Albinus aber noch nicht angekommen war, eine günstige Gelegenheit gefunden zu haben. Er versammelte daher den Hohen Rat zum Gericht und stellte vor dasselbe den Bruder des Jesus, der Christus genannt wird, mit

Namen Jakobus sowie noch einige andere, die er der *Gesetzesübertretung* anklagte und *zur Steinigung führen ließ*.

Das aber erbitterte jene Bürger, die für *die rechtschaffensten und eifrigsten Beobachter des Gesetzes* gelten konnten, und sie schickten deshalb insgeheim Abgeordnete an den König mit der Bitte, den Ananus schriftlich aufzufordern, daß er für die Folge sich ähnliche Unterfangen nicht einfallen lasse, wie er auch jetzt durchaus im Unrecht gewesen sei. Einige von ihnen gingen sogar dem Albinus, der von Alexandria kam, entgegen und stellten ihm vor, daß Ananus ohne seine Genehmigung den Hohen Rat gar nicht zum Gericht habe berufen dürfen. Dem pflichtete Albinus bei und schrieb im höchsten Zorn an Ananus einen Brief, worin er ihm die gebührende Strafe androhte. Agrippa aber entsetzte ihn [Ananus] infolge dieses Vorfalls schon nach dreimonatigem Regiment seiner Hohepriesterwürde und ernannte an seiner Statt ...

Dies ist eine äußerst detaillierte Bezeugung, und in ihr schwingt zweifellos (sieht man vielleicht vom »Jesus, der Christus genannt wird« ab) der Klang historischer Wahrheit mit. Sie ist sachlich, nüchtern und bar aller Ausschmückungen. Sie enthält, durchaus in Übereinstimmung mit Josephus' vielfach recht farbloser Diktion, keine phantastischen Elemente, keinerlei Übertreibungen. Insbesondere die Mitteilung, Albinus habe sich auf der Anreise aus Alexandria befunden, als er von Jakobus' unrechtmäßiger Verurteilung durch Ananus in Kenntnis gesetzt wurde, besitzt alle Merkmale eines zuverlässigen historischen Berichts.

Da Josephus im folgenden offen darlegt, daß Albinus um keinen Deut besser als frühere Statthalter war und sich wie diese von denselben »reichen« sadduzäischen Hohenpriestern bestechen ließ, kann er mit Sicherheit nicht als Apologet dieses bestimmten römischen Beamten und somit als unzuverlässiger Berichterstatter abgetan werden; und so dürfen wir ihm auch in bezug auf diese eine (scheinbar) positive Reaktion Albinus' Glauben schenken: seinen Zorn über die Hinrichtung des Jakobus. Daß es Albinus dabei weniger um Jakobus' Schicksal als um die in Ananus' Handlungsweise implizite Mißachtung seiner Autorität ging, zeigt sich daran, daß er nach seiner Ankunft in Palästina den reichsten Hohenpriestern freie Hand ließ und bei der Verfolgung jener, die Josephus mittlerweile »*Sikarier*« nennt, mit ihnen gemeinsame Sache machte.

Wie Josephus berichtet, verbündeten sich die »reichen« sadduzäischen Hohenpriester mit »den verwegensten Männern« und holten sich von den Tennen der »ärmeren Priester« die diesen zustehenden Zehnten. Wie bereits angemerkt, teilt er uns dies an zwei Stellen mit: zuerst als etwas, was sich unter Felix ereignete, um 59 bis 60 n. Chr. – zum Zeitpunkt also, als Paulus laut Apostelgeschichte von Felix in Cäsarea in Schutzhaft genommen wurde –, dann noch einmal im Zusammenhang mit Albinus' Amtszeit, 62 bis 64 n. Chr., unmittelbar nach der widerrechtlichen Steinigung des Jakobus.

In beiden Fällen führen diese räuberischen Aktivitäten der Hohenpriester zu gewalttätigen Zusammenstößen, Steinwürfen und »Klassenhaß zwischen den Hohenpriestern auf der einen und den Anführern der Volksmassen von Jerusalem auf der anderen Seite«. Letztere sind genau die »Anführer«, welche die Urchristen laut Apostelgeschichte in Jerusalem (und insbesondere im Tempel) darstellen. Diese bezeichnet Josephus jetzt abermals als »Neuerer« – ein Begriff, der im Griechischen auch soviel wie »Revolutionäre« bedeuten kann.[33] Und genau solche – wenngleich obrigkeitlich sanktionierten – Steinwürfe werden in allen Quellen mit Jakobus' Tod in Verbindung gebracht.

Der ersten Schilderung derartiger Aktivitäten (59/60 n. Chr.) folgt die »Tempelmauer-Affäre«, die einen Protest gegen die »befleckenden« Eßsitten Agrippas II. darstellt (er liebte es, wie wir uns erinnern, sich die Tempelopfer anzusehen, während er auf seinem Balkon schmauste). Dieser Zwischenfall ereignete sich irgendwann nach 60 n. Chr., etwa um die gleiche Zeit wie sein und seiner Schwester Berenike Gespräch mit Paulus (Apostelgeschichte 25,13–26,32). Der zweiten Erwähnung solcher hohepriesterlichen Übergriffe folgt die Schilderung von – nach Jakobus' Steinigung um 64 n. Chr. ausbrechenden – Krawallen, deren Rädelsführer, ein gewisser Saulus, dessen Bruder Kostobar und deren beider Verwandter Antipas, wie Josephus schreibt, »Gewalt gegen das Volk verübten«. Im Jahre 64 n. Chr. räumte Albinus – als er erfuhr, daß der nächste Prokurator, Florus (64–66), auf der Anreise war – die Gefängnisse, indem er viele willkürlich hinrichten ließ, etliche aber auch nach »Zahlung von Bestechungsgeldern« freiließ, so daß, wie Josephus mißbilligend berichtet, »das Land von Räubern [*Lêstai*] überschwemmt wurde«.[34] Dies scheint der historische Hintergrund zu sein, auf den die Evangelien das – drei Jahrzehnte zurückliegende – Verhalten Pontius Pilatus' projizieren.

Viele dieser Dinge dürfte Josephus durchaus aus gut unterrichteter Quelle gewußt haben, denn wie er uns in seiner Autobiographie verrät, schloß er in Rom mit ebendiesem König Agrippa sehr enge Freundschaft und erhielt von ihm nicht weniger als 62 Briefe; so könnte er an etliche Informationen gelangt sein, die ihm zuvor nicht zugänglich gewesen waren. Zwei dieser – an »seinen lieben Freund Josephus« adressierten – königlichen Briefe zitiert Josephus in seinem Buch.[35]

Die Begriffe »Beobachter des Gesetzes« und »Gesetzesübertretung«, die wir in Josephus' Schilderung vom Tod des Jakobus finden, sind interessant und lassen entsprechende Ausdrücke im Jakobusbrief und im *Pescher* Habakuk anklingen.[36] Auf die hier implizite Aussage, daß es *zweierlei* Gesetz gebe, die *Thora* und das römische Verwaltungsrecht, spielt Paulus an, wenn er im Brief an die Römer (13,1–7) und im Ersten Korintherbrief (7,19) vom Gehorsam spricht, den man der Obrigkeit und – wie er es nennt – »Gottes Geboten« schulde, womit er im häufigsten Fall die römischen Gesetze meint. Bei Paulus und allgemein im Neuen Testament bedeuten die Wörter »rechtens« und »unrecht« oft genug »mit dem *römischen* Gesetz [und nicht etwa mit dem *Mosaischen*] übereinstimmend« beziehungsweise »nicht übereinstimmend«.

Das am Ende von Josephus' obiger Schilderung vom Tod des Jakobus vorkommende Motiv von »Ananus' Regiment« entspricht dem, was der *Pescher* Habakuk an einer Stelle über den »Frevelpriester« schreibt: nämlich er »regiere Israel«. Diese Aussage hat viele Kommentatoren verwirrt und sie zu der falschen Annahme verleitet, sie hätten es hier mit makkabäischen Priesterkönigen, nicht mit herodianischen Hohenpriestern zu tun. Aber wie wir Josephus' Bemerkung entnehmen können, ließe sich von allen Hohenpriestern sagen, sie hätten »Israel regiert«. Dies kommt am Ende der *Altertümer* noch einmal besonders deutlich zum Ausdruck, wenn Josephus alle Hohenpriester seit Davids Zeiten aufzählt und abschließend sagt:

> Einige von diesen [Hohenpriestern] *regierten noch unter Herodes* und seinem Sohn Archelaos; nach deren Ableben aber wurde der Staat aristokratisch verwaltet, während *das Regiment über das Volk* den Hohenpriestern anvertraut war.[37]

Auch die Aussage, daß Jakobus zusammen mit »einigen anderen« gesteinigt wurde, deckt sich mit dem, was in den Qumran-Texten über die verschiedenen Angriffe auf den Gerechten Lehrer und *dessen Kollegen* (von letzteren wird vielfach im Plural gesprochen) gesagt wird.[38] Nach unserer Überzeugung war Jakobus der Anführer dieser »ärmeren Priester«. Diese These wird gleichfalls – wenngleich in tendenziöser Weise – von der Apostelgeschichte gestützt, wenn es in Vers 6,7 heißt, »es wurden auch viele Priester dem Glauben gehorsam« –

wobei das Wort »gehorsam« das in Hegesippus' Bericht wiederholt auftretende »dem Gerechten gehorchen« anklingen läßt. Diese Priester könnten als »nasiräische« oder »essenische« Priester« bezeichnet werden. Auf alle Fälle waren sie laut Apostelgeschichte (21,20) »alle Eiferer für das Gesetz«. Somit war Jakobus »der *Zaddik*« des Oppositionsbündnisses, der Mittelpunkt, um den diese Unruhen und Auseinandersetzungen im Tempel kreisten und dessen Beseitigung im Jahre 62 n. Chr. den folgenden messianischen Aufstand unvermeidlich machte.

Die Verschwörung zur Beseitigung des Jakobus

Josephus' Bericht deutet ganz entschieden auf eine »Verschwörung« hin – also darauf, daß Ananus und Agrippa II. sich heimlich darauf verständigten, die durch das vorübergehende Fehlen eines römischen Statthalters bedingte Anarchie auszunutzen, um Jakobus aus dem Weg zu räumen. Die Freundschaft der beiden hatte sich Anfang der fünfziger Jahre in Rom gefestigt, als sie aufgrund früherer Unruhen beim Kaiser vorstellig geworden waren, was zur Folge hatte, daß Felix, Cäsars Freigelassener, als Statthalter nach Palästina entsandt wurde.[39] Felix' Bruder Pallas war Neros Geliebter, und fast unmittelbar nach Felix' Entsendung riß Nero, nachdem er seinen Verwandten Claudius hatte ermorden lassen, die Macht an sich – was den Gang der Ereignisse in Palästina noch weiter beschleunigt haben könnte.

»Verschwörung« ist durchaus auch der Begriff, den die Qumran-Rollen in bezug auf die Vernichtung des »Gerechten Lehrers« durch den »Frevelpriester« verwenden – das hebräische Wort, das dort gebraucht wird, lautet *»zemam«/»zammu«*, »er verschwor«/»sie verschworen sich«.[40] Derselbe Begriff kommt – wenngleich wieder im umgekehrten Sinne – auch in den Evangelien vor, namentlich im Zusammenhang mit Judas *Ischarioth* und den Hohenpriestern sowie in frühchristlichen Texten, wo er pauschal auf »die Juden« als Ganzes bezogen wird.

Was ist aber der Grund für diese »Verschwörung«, und worin könnte sie bestanden haben? In seiner Autobiographie bezeichnet Josephus Agrippa II. mit gebührender Ehrerbietung als »den letzten König der Juden« (was eine Parallele zum Qumraner Ausdruck »die letzten [Hohen]Priester Jerusalems« darstellt). Im selben Atemzug beklagt er sich bitterlich über die Rolle, die Agrippa bei der Rettung seines (Josephus') Feindes Justus von Tiberias gespielt hatte – des Mannes, der nach jüngeren messianischen Unruhen in Libyen oder

»Kyrene« neue Anklagen wegen Anstiftung zum Landfriedensbruch gegen ihn vorgebracht hatte (Anklagen, die indirekt zu Josephus' Ableben geführt haben könnten).[41]

Dieser Agrippa hatte fast ebenso gute Gründe, Jakobus' Beseitigung zu wünschen, wie der Hohepriester Ananus. Wenn wir Jakobus in das Zentrum der vom Tempel ausgehenden Agitation stellen, die sich gegen die Zulassung herodianischer Herrscher in den heiligen Bezirk und gegen die Annahme von Weihgeschenken und Opfergaben ausländischer Stifter (einschließlich des römischen Kaisers) richteten, dann hatten die Herodianer durchaus einiges, was sie Jakobus vorwerfen konnten – nicht zuletzt seine unablässigen Schmähreden gegen ihre »Reichtümer«.

Ja, die Tatsache, daß die Jakobusepisode, umgeben von mehreren anderen wichtigen Detailinformationen (die in *Krieg* größtenteils fehlen), praktisch am Ende der *Altertümer* auftritt, beweist, daß ihr noch größere Bedeutung beigemessen werden sollte, als es ansonsten vielleicht angebracht erschienen wäre. Wie bereits angedeutet, ist es wichtig, in welcher bestimmten Reihenfolge die Ereignisse im entscheidenden, letzten (20.) Buch der *Altertümer* geschildert werden.

Unmittelbar nach Jakobus' Tod startete Albinus also in Zusammenarbeit mit den Hohenpriestern eine Kampagne zur landesweiten »Ausmerzung« der *»Sikarier«* (die Josephus auch »Räuber« nennt).[42] Tatsächlich verwendet Josephus zur Bezeichnung der Anhänger der »Vierten Philosophie« im *Jüdischen Krieg* den Terminus *»Sikarioi«*, noch ehe er dafür das Wort »Zeloten« gebraucht, und in *Altertümer* kommt letzterer Begriff überhaupt nicht vor. Josephus bezieht den Terminus »Zeloten« (in *Krieg*) vielmehr zuallererst auf jene, welche die für den Tod des Jakobus verantwortlichen herodianischen Hohenpriester niedermetzelten und deren Paläste in Schutt und Asche legten – womit der Aufstand in seine virulentere oder »jakobinischere« Phase trat. Unserer Ansicht nach geschah dies als Rache für das, was diese »Establishment-Sadduzäer« *Jakobus angetan hatten*.

Die *»Sikarier«* wiederum – jene, die angeblich »arabische« Krummdolche unter ihren »Gewändern« trugen – werden, wie wir uns erinnern, erstmals im Zusammenhang mit der 55 n. Chr. erfolgten Ermordung von Ananus' Bruder erwähnt, des damaligen Hohenpriesters Jonathan.[43] Sie selbst nannten sich zweifellos nicht so, aber aus Josephus' Schilderung geht eindeutig hervor, daß sie – als radikale »Zeloten« – die Erben der von Judas dem Galiläer und *Saddok* gegründeten Bewegung waren. Ihr Ende finden diese Männer schließlich in Masada, wo sie lieber sich und ihre Angehörigen töten, als sich den Römern zu ergeben. In dieser Abfolge erscheint der Justizmord, den Ananus Anfang der sechziger Jahre an Jakobus verübt, als die Vergeltung für die Ermordung seines (Ananus') Bruders durch »die *Sikarier*« Anfang der fünfziger Jahre.

Im Kontext seiner Schilderung der Ermordung von Ananus' Bruder Jonathan durch »die Sikarier« erhebt Josephus in *Altertümer* die gleiche Anklage gegen extremistische Gruppen, die er in *Krieg* im Zusammenhang mit der rund zehn Jahre später erfolgten Massakrierung des Ananus ausgesprochen hatte. Hier hatte er, wie wir uns erinnern, erklärt:

> Doch will ich meinen, Gott habe diese Stadt [das heißt Jerusalem] wegen ihrer *Befleckung* dem Verderben geweiht, und deshalb, so glaube ich, hat Er jene hinweggeholt [wörtlich »abgeschnitten«], die *ihre größten Verteidiger und Beschützer* waren [gemeint sind Ananus ben Ananus und Josephus' Freund Jesus ben Gamala].[44]

In der Passage aus *Altertümer* geht er sogar noch weiter und krönt seine Ausführungen über die »Gesetzlosigkeit« der Zeloten mit einem jammervollen *»nostra culpa«*. Dies ist ohne Zweifel eines der Vorbilder jenes berühmteren Aufschreis »Sein Blut komme über uns und unsere Kinder!«, das uns in der christlichen Heiligen Schrift und dem sich daran anschließenden theologischen Schrifttum begegnet. In beiden Fällen werden diese – eigentlich gegen eine bestimmte extremistische Gruppe gerichteten – Anklagen auf *ein ganzes Volk* ausgeweitet.

Wie bereits ausgeführt, lautet Josephus' Schlußfolgerung aus Jonathans Ermordung:

> Und dies scheint mir der Grund gewesen zu sein, warum Gott, aus Abscheu über die Frevelhaftigkeit dieser Männer [das heißt der *Sikarier*], unsere Stadt verwarf. Der Tempel aber dünkte Ihn keine hinlänglich reine Wohnung mehr, und so brachte Er die Römer über uns und läuterndes Feuer über die ganze Stadt und schickte uns, unsere Frauen und unsere Kinder in die Knechtschaft, um uns durch Unglück zur Erkenntnis unserer Schuld zu bringen.[45]

Dies ist natürlich exakt der Vorwurf, den das Neue Testament und – nur geringfügig abgewandelt – die christliche Theologie seither gegen das jüdische Volk erheben. Josephus führt die Leiden der Juden hier zwar auf die terroristische Ermordung von Hohenpriestern des »Establishments« wie Jonathan und Ananus – und nicht etwa auf den Tod Christi – zurück; trotzdem weisen beide Vorwürfe (neben allen sonstigen Übereinstimmungen) eine wichtige Gemeinsamkeit auf: das »Sikarier«-Motiv (wenn wir *»Iskarioth«* als Quasi-Anagramm von *»Sikarios«* auffassen dürfen). Natürlich befleißigt sich Josephus hier der typischen kriecherischen Speichelleckerei des Unterworfenen[46], aber selbst das – für den Qumraner Standpunkt so wichtige – Motiv der »Befleckung des Tempels« (ganz zu schweigen vom paulinischen »Knechtschafts«-Motiv) wird in der obigen Passage aufgegriffen und verkehrt. Laut Josephus sind es jetzt die fanatischen, reinheitsbesessenen Extremisten, *die den Tempel beflecken,* nicht die *hohepriesterlichen Kollaborateure.*

Doch wir können noch einen Schritt weiter gehen und mit einiger Gewißheit sagen, daß der Grund, weswegen die Juden alles verloren, ihr inbrünstiger Messianismus war, und nicht etwa umgekehrt, wie das Neue Testament und die pharisäernde rabbinische Orthodoxie – das spiegelbildliche Gegenstück der christlichen Orthodoxie – uns weismachen möchten. Der letzte Schritt dieses Gedankengangs ist leicht getan: Man braucht lediglich diese »gesetzlosen« Banden von *»Sikariern«* und »Zeloten« als begeisterte qumranische Verfechter der »Stern-Prophezeiung« und damit als integralen Bestandteil der messianischen Bewegung zu identifizieren. Und genau dies tut Josephus, wie wir gesehen haben, am Schluß von *Krieg* in einer vielfach übersehenen, aber entscheidenden Passage, in der er die Zeichen und Wunder nennt, die den Untergang des Tempels ankündigten.

Diese Aufzählung schließt er mit der Bemerkung ab, zum Krieg hätten sich die Juden

> in besonderem Maße durch einen zweideutigen Orakelspruch veranlaßt gefühlt, der sich in ihren heiligen Büchern befand und der besagte, um diese Zeit werde einer aus ihrem Lande zum Herrn der Welt aufsteigen.[47]

»Zweideutig« war diese Prophezeiung natürlich nur insofern, als Josephus (und nach ihm der rabbinische Judaismus) sie auf den *Vernichter der Juden, Vespasian,* bezog. In seinem Gegenstück zu den neutestamentlichen »Kleinen Apokalypsen« hatte er in *Altertümer* geäußert, die Ausbreitung der von »Judas und *Saddok«* begründeten Bewegung (»von der bis dahin kein Mensch je gehört hatte«) »unter unseren jungen Männern, *die für sie eiferten,* [habe] unserem Staat den Untergang bereitet«. Mit anderen Worten: Weil die Juden so für die Weltherrscher-Prophezeiung und die sich daran anknüpfende messianische Bewegung *»eiferten«*, verloren sie alles – nicht umgekehrt.

Das Neue Testament stellt den wahren Sachverhalt implizit auf den Kopf, indem es den Anschein erweckt, als seien die Juden – als »die Mörder Christi« – insgesamt und überhaupt *antimessianisch* eingestellt gewesen. Aber wie wir gesehen haben, ist dies schlicht nicht wahr. Auf das »Establishment« einschließlich der pharisäischen Vorväter des heutigen rabbinischen Judaismus traf das mit Sicherheit zu. Aber durch die Unterstellung, *das jüdische Volk als ganzes* habe aufgrund seiner angeblichen Kollaboration mit den Römern Christus getötet, erwecken die Evangelien und das paulinische Korpus den Eindruck, als seien alle Juden eben auch Feinde des Messianismus gewesen – während in Wirklichkeit gerade das Gegenteil der Fall war. Gerade *weil* die jüdischen Massen so für den Messianismus »eiferten« – und nicht etwa, wie die Evangelien uns glauben machen möchten, weil sie das »Establishment« und/oder die römische Herrschaft unterstützt oder gutgeheißen hatten –, suchte Gott sie mit diesen Leiden und politischen Katastrophen heim. So jedenfalls sieht es Josephus.

In seiner Erklärung der Bedeutung der Weltherrscher-Prophezeiung schildert Josephus am Schluß von *Krieg* die Zeichen und Wunder, die Gottes Abkehr vom »befleckten« Tempel ankündigten – Mirakelgeschichten, die auf die abergläubischen Römer zweifellos einen großen Eindruck machten. Dazu gehörte die Erscheinung von »Wagen und bewaffneten Truppen, die kurz vor Sonnenuntergang durch die Wolken dahinjagten« – mit Sicherheit eine Anspielung auf die Ankunft der »himmlischen Heerscharen auf den Wolken des Himmels« aus Jakobus' Verkündigung und aus der Kriegsrolle. Weiterhin hören wir von einem »Gestirn, das in Gestalt eines Schwertes« – nicht, wie bei Matthäus, über Jesu Geburtsort Bethlehem, als Zeichen des Heils aller Menschen, sondern – *»über Jerusalem stand«, dessen Untergang verheißend.*[48]

In diesen Beschreibungen verkehrt Josephus die gegen die Obrigkeit gerichteten Vorwürfe des »Gottesfrevels« und der »Befleckung des Tempels« in den »Gottesfrevel« und die »Befleckung des Tempels«, die das von den *»Sikariern«* und »Zeloten« vergossene Blut bedingt habe. So sehr steigert sich Josephus in diese Anklagen gegen »die *Sikarier«*, daß er ihnen, selbst nachdem der Krieg bereits beendet ist, nach Ägypten und Libyen folgt, um im gleichen Sinne weiter gegen sie zu hetzen.[49] In diesem Zusammenhang haben wir uns sogar (wie im Falle von »Judas *Ischarioth«*) gefragt, ob hier nicht versteckte Anspielungen auf die Christen vorliegen könnten – stellten die zwei griechischen Wörter *»Sikarios«* und *»Christianos«* doch praktisch Akronyme voneinander dar; oder ob jene, die Josephus – insbesondere, aber nicht ausschließlich, in Palästina – abwertend *»Sikarier«* nennt, nicht andernorts, insbesondere in Übersee, als »Christen« bezeichnet wurden. Dies trifft mit Sicherheit auf »Judas« zu.

In der Damaskus-Schrift – und bis zu einem gewissen Grad auch im Qumraner *»MMT«* – wird der Vorwurf der »Befleckung des Tempels« gegen die Parteien des »Establishments« gerichtet und beruht unter anderem wahrscheinlich auf deren Annahme von Geschenken und Opfergaben nichtjüdischer Spender. Josephus zufolge sind es aber gerade »die Oberpriester und wichtigsten Phariäser« – ebenjene Gruppen, die das Neue Testament für die Verurteilung »Jesu Christi« verantwortlich macht –, die das Volk davon abzubringen versucht, solche »Geschenke und Opfer« zurückzuweisen, da dies der Stadt »den Vorwurf der Gottlosigkeit« einbringen würde.

Wie Josephus es darstellt, behaupten diese Kritiker, ein solches Verhalten sei »eine Neuerung in ihrer Religion«, da ihre Vorfahren stets Geschenke von Ausländern akzeptiert und niemandem verboten hätten, Opfer darzubringen oder selbst den Tempel auszuschmücken und (mit) Weihinschriften zu versehen.[50] Dabei unterläßt es Josephus aber, auf das Buch Hesekiel (44,1–15) hinzuweisen – eine für die Qumraner Damaskus-Schrift besonders wichtige Passage – und den Propheten, der bei solchen Extremisten und dieser »eifernden« niederen Priesterschaft das vielleicht höchste Ansehen überhaupt genoß.

Aber das ist grundsätzlich das Problem bei Josephus, der, wenn es um aufständische Gruppen geht, selten das ganze Bild vermittelt. Seine Darstellung variiert entsprechend dem, was seine Quellen sagen – und was das jeweils politisch Klügste zu sein scheint. Wie Paulus, der sich in doktrinären Fragen einer ähnlichen Verfahrensweise bedient, ist Josephus ein Apologet, der sich nicht im mindesten seiner Unaufrichtigkeit bewußt ist.

Der Angriff auf Jakobus und Saulus' ungebärdiges Verhalten

Wie wir schon an anderer Stelle sagten, ist es immer von Nutzen, die Parteien dieser Zeitspanne danach zusammenzufassen, wer ihre gemeinsamen Feinde sind. So können wir sagen, daß die Jerusalemer »Christen«, die »Zeloten«, die *»Sikarier«* und die für die Literatur von Qumran verantwortlichen »Messianisten« alle *die gleichen* Feinde haben: nämlich die Pharisäer und die Herodianer. Aber mehr noch – wenn man im letzten Buch der *Altertümer* die Abfolge der Ereignisse, die zum Justizmord an Jakobus führen und sich an diesen anschließen, genau betrachtet, so stößt man als erstes auf die im 6. Kapitel beschriebenen Unruhen der späten vierziger und frühen fünfziger Jahre, in deren Verlauf es zu – offenbar durch jeweils unterschiedliche messianische Erwartungen motivierten – Auseinandersetzungen zwischen Samaritanern und Juden kommt.

Eine wenn auch verzerrte Parallele haben diese Ereignisse in der Konfrontation zwischen Petrus und Simon *Magus*, die laut Apostelgeschichte (8,18–25) in Samaria stattfindet. Eine Folge dieser Unruhen ist die Tatsache, daß Ananus (der Sohn des Ananus, der Johannes [18,3–24] zufolge maßgeblich an Jesu Verhandlung beteiligt ist) zusammen mit einem anderen Hohenpriester namens Ananias nach Rom »zu Cäsar« entsandt wird. Dort festigt er in den letzten Monaten vor Claudius' Ermordung (um 53 n. Chr.) seine Beziehung zu Agrippa II. Ananus war zu dem Zeitpunkt lediglich Hauptmann des Tempels, während Ananias – der bisweilen mit Ananus verwechselt wird – der »reichste« Hohepriester war. Zweifellos aufgrund dieses seines »Reichtums« wird er im Anschluß an Jakobus' Steinigung von Albinus zum Mitstreiter im Kampf gegen die *»Sikarier«* erwählt.[51]

Man sollte außerdem berücksichtigen, daß Petrus nach diesem Aufenthalt in Samaria der Apostelgeschichte zufolge »auch zu den Heiligen kam, die zu Lydda wohnten«. Dies geschieht vor seiner »Tischtuch-Vision« in Joppe, die es ihm, wie wir gesehen haben, überhaupt erst möglich macht, den römischen Hauptmann »Cornelius« in Cäsarea zu besuchen. Bei Josephus ist Lydda der Schauplatz der gerade erwähnten messianischen Auseinandersetzungen zwischen Samaritanern und Juden. Laut Apostelgeschichte (9,32–43) heilt Petrus dort einen Gichtbrüchigen »mit Namen Äneas« und erweckt eine soeben verstorbene fromme Witwe »mit Namen Tabitha« (was die Apostelgeschichte mit »Dorkas« übersetzt) wieder zum Leben.[52] All das ohne ein Wort der Erklärung, als sei es absolut normal.

Wir müssen dies mit Josephus' paralleler Mitteilung über samaritanisch-jüdische *messianische Auseinandersetzungen* und *Plünderungen in Lydda* vergleichen. Josephus nennt den jüdischen Anführer der dort aktiven »Neuerer« oder »Revolutionäre« – »Dortus«! Dieser Mann, der den Angaben »eines gewissen Samaritaners« zufolge *vier Helfer* gehabt haben soll, wurde – vermutlich durch Kreuzigung – hingerichtet.[53] Was scheinen die Verfasser der Apostelgeschichte für eine boshafte Freude daran gefunden zu haben, historische Daten in bedeutungsloses Geschwätz zu verwandeln!

Im darauffolgenden 7. Kapitel des zwanzigsten Buches unterbricht Josephus seine Erzählung, um das komplexe Gewirr von Heiraten und Scheidungen (und deren private und politische Auswirkungen) Agrippas II. und seiner drei Schwestern Berenike, Drusilla und Mariamne III. zu skizzieren – durchweg Ereignisse, die in Qumran den Tatbestand der »Unzucht« erfüllten und sowohl im Jakobusbrief als auch in Jakobus' Weisungen für überseeische Gemeinden ihren Niederschlag gefunden zu haben scheinen. Dem schließt sich im 8. Kapitel die Schilderung an, wie der »Hohepriester in die Hände der Meuchler« fiel:

> Einige von diesen [*»Sikariern«*] nämlich zogen mit Dolchen unter den Kleidern nach Jerusalem, als wollten sie dort Gott anbeten, mischten sich dann unter Jonathans Dienerschaft und machten ihn nieder.

Im Zusammenhang mit seinen Klagen über »die Räuber [*»Lêstai«*], welche »die Stadt mit jeglicher Unreinheit und Gottlosigkeit befleckten«, wiederholt Josephus die uns mittlerweile vertraute Aussage:

> Gleichzeitig traten auch Gaukler und Betrüger auf und beredeten die Menge, ihnen in die Wüste zu folgen, wo sie mit Gottes Beistand offenbare Zeichen und Wunder tun würden.

In *Krieg* hatte dies, wie wir uns erinnern, noch etwas anders gelautet, nämlich: »Aus dem Wunsch heraus, revolutionäre Änderungen herbeizuführen, fordern sie die Menge auf, ihre Freiheit einzufordern«; und unter Vorspiegelung göttlicher Inspiration »führen sie die Menschen in die Wüste, indem sie ihnen weismachen, Gott würde ihnen dort die Zeichen ihrer nahenden Befreiung offenbaren«. Darüber hinaus »drohen sie jeden zu töten, der willens ist, sich der römischen Herrschaft zu unterwerfen«, töten die Reichen und plündern und verbrennen deren Häuser.[54]

An diesem Punkt schildert Josephus (in beiden Werken), wie brutal Felix mit einem dieser »Betrüger« oder »messianischen Führer« verfährt: dem namenlosen »Ägypter«, für den Paulus in Apostelgeschichte 21,38 – wieder von einem römischen Hauptmann – gehalten wird; der zeitliche Rahmen ist in beiden Fällen 59/60 n. Chr. Nicht nur bezeichnet Josephus diesen »Ägypter« als einen »Propheten« – er referiert auch, welche »Josua-mäßigen« Wunder er vollbringen möchte: nämlich *den Mauern von Jerusalem befehlen, daß sie einstürzen.* Laut *Krieg* »wünschte er, sich dort zum Tyrannen aufzuschwingen, mit seinen Gefährten als Leibwache«.[55]

Manche würden diesen »Ägypter«, der beiden Berichten zufolge in den ausbrechenden Wirren entkommen kann, mit Simon *Magus* identifizieren, von dem es auch hieß, er sei aus »Gitta« in Samaria gekommen.[56] Die Erlösergestalt der Samaritaner, genannt »der *Taheb*«, scheint eine Art »Josua *redivivus*« oder »wiedergeborener Josua« gewesen zu sein. Rund 25 Jahre vorher – wieder unter Pontius Pilatus und damit zeitlich mit unserer neutestamentlichen »Jesus«-Episode zusammenfallend – hatte sich Josephus zufolge unter der Führung einer messiasartigen Gestalt bereits ein anderer Aufstand in Samaria ereignet. Diese (verdächtig an die »Jesus«-Geschichte erinnernde) Revolte wurde gleichfalls von Pilatus brutal niedergeschlagen, wobei es auch zu einer Reihe von Kreuzigungen gekommen zu sein scheint – nur daß der Schauplatz nicht Golgatha, sondern der Garizim war, der *heilige Berg der Samaritaner.*[57] Tatsächlich verwechseln frühe Kirchenschriftsteller oft samaritanische Sekten, darunter solche, die auf Simon *Magus* und einen Kollegen von ihm, »Dositheos« (wahrscheinlich unseren »Dorkas« oder »Dortus«), zurückgehen, mit Gruppen um »Hemerobaptisten« wie Johannes den Täufer, Jakobus und andere »Essener«/»Ebioniten«.[58]

Auch die pseudoklementinische Literatur krankt an Verwechslungen zwischen den Aktivitäten Paulus' und Simon *Magus'*. Aus welchem Grund auch immer scheinen beide, Paulus und Simon, im Dienst der Herodianer gestanden zu haben – wobei Simon der Heirat zwischen Felix und Agrippas II. Schwester Drusilla Vorschub leistete. Diese Heirat erwähnt Josephus im 7. Kapitel und bezeichnet Simon als »einen Zyprioten« – eine Verwechslung, die wahrscheinlich mit Simons Herkunftsort, »Gitta«, oder aber mit der jüdischen Bezeichnung für Samaritaner, »Kuthäer« (*»Kittim«?*), zusammenhängt. Was Paulus anbelangt, werden wir zu gegebener Zeit die Hypothese aufstellen, daß er wahrscheinlich ein regelrechtes Mitglied dieser Familie war. Alle diese Episoden und Fragen scheinen also eine (mehr oder weniger enge) Beziehung zu Jakobus' Autorität bei den Massen Jerusalems – und damit auch zum Grund für seine letztendliche Beseitigung – zu haben.[59]

Diskussionen im Tempel und zunehmende Gewalt

Gleichfalls im 8. Kapitel des zwanzigsten Buches schildert Josephus die Kämpfe, die – nach diesen Auseinandersetzungen zwischen *Samaritanern* und *Juden* – zwischen den jüdischen und den gräkosyrischen Bewohnern von Cäsarea ausbrachen. Von letzteren sagt er, sie seien »stolz darauf [gewesen], daß sie den größeren Teil der dort stationierten römischen Soldaten stellten«! Bei Josephus ist dieser Konflikt in Cäsarea Teil der Hintergründe der Steinigung des Jakobus. In der Apostelgeschichte ist ein ähnlicher Konflikt Teil des Hintergrunds der Steinigung des Stephanus: Dort »murren« die »griechischen Juden in der Gemeinde« (die »Hellenisten«) gegen die »hebräischen«, weil bei »der täglichen Versorgung« ihre (das heißt die »griechischen«) Witwen übersehen wurden (*sic* – Apostelgeschichte 6,1). Bei Josephus wiederum geht es darum, daß die Juden Cäsareas die gleichen Bürgerrechte und Privilegien wie die dortigen (hellenistischen) »Syrer« oder »Griechen« verlangten.[60]

Nach Auskunft Josephus' ist dieser Konflikt so schwerwiegend, daß er »die Ursache all des Unglücks wurde, das später unsere Nation heimsuchte« – was er auch über verschiedene Ereignisse im Umfeld von Jakobus' Steinigung gesagt hatte. Nicht nur werden die griechischen Bürger Cäsareas schließlich Neros Sekretär für die griechische Korrespondenz »durch eine ungeheure Geldsumme« dazu bewegen, einen Brief zu schreiben, »in welchem *den Juden* die Gleichberechtigung aberkannt wurde«[61] (man beachte, wie dieses Motiv der »Gleichberechtigung« in der Vorgeschichte von Stephanus' Steinigung zugunsten der »griechischen« Mitglieder der Gemeinde verkehrt wird), sondern der römische Prokurator Felix macht darüber hinaus diesen Unruhen schließlich dadurch ein Ende, daß er »eine große Anzahl Juden niedermetzeln« läßt. Anschließend gestattet Felix seinen Soldaten, »etliche ihrer [der Juden] Häuser in Cäsarea, die mit Schätzen aller Art gefüllt waren, auszuplündern«. Daraufhin »richteten die gemäßigteren [das heißt fügsamen, kompromißbereiten] Juden, die um ihre Sicherheit besorgt waren, an Felix die Bitte, er möge ... sie verschonen« und »ihnen *Gelegenheit zur Sühne für die begangenen Fehler* geben«.[62]

Wie Josephus schildert, war die auch im folgenden Jahrzehnt (den sechziger Jahren) nicht nachlassende Grausamkeit dieser cäsareischen Legionäre einer der Hauptgründe, die zum endgültigen Ausbruch des Aufstands gegen Rom führten. Und so unglaublich es auch klingt, ist es gerade ein Hauptmann dieser brutalen Cäsareer Kohorte, den die Apostelgeschichte (10,22) – im Anschluß an Petrus' Reise nach Lydda und die »großen Werke«, die dieser dort vollbrachte – als »frommen und gottesfürchtigen Mann« beschreibt, der »dem Volk viel Almosen gab und [wie Jakobus] *unentwegt zu Gott betete«*. Um diese obszöne Parallele zu Jakobus zu vervollkommnen, wird er in der Apostelgeschichte (10,22) sogar als ein »*Zaddik* [gerechter Mann] und gottesfürchtig und guten Rufs bei dem ganzen Volk der Juden« bezeichnet! »Tabitha«, auch »Dorkas« genannt, war gleichfalls als »voll guter Werke und Almosen, die sie gab [hebräisch *»Zedakah«*]«, charakterisiert worden (8,36).

Es sollte hier auch angemerkt werden, daß besagter Hauptmann namens Cornelius zur »Kohorte, die da heißt Italische [*Italica*]«, gehörte (Apostelgeschichte 10,1), wobei *Italica* eine unweit des heutigen Sevilla gelegene Stadt im römischen Spanien war, der zwei Kaiser des folgenden Jahrhunderts entstammten: Trajan und Hadrian. Trajans Vater wiederum – gleichfalls mit Namen Trajan – hatte sich unter Vespasian und Titus im jüdischen Krieg hervorgetan.[63]

Interessanterweise ist »Cornelius« laut *Altertümer* auch einer der Boten, die aus demselben cäsareischen Milieu nach Rom entsandt werden mit der Bitte, daß die hohepriesterlichen Gewänder den Herodianern – Herodes von Chalkis, Aristobulos (dessen Sohn und der Gemahl der berüchtigten Salome) und dem noch minderjährigen Agrippa II. – überlassen werden mögen. Und an die *»Lex* Cornelia *de sicariis«* sei hier gleichfalls noch einmal erinnert.[64]

Der Apostelgeschichte zufolge wird Petrus gleichsam als Vorbereitung auf seinen Besuch bei Cornelius, »einem Hauptmann der italischen Kohorte«, auf dem Dach in Joppe die »Tischtuch-Vision« zuteil, durch die er lernt, erstens, daß es keine verbotenen Speisen gibt (siehe oben Paulus' »alles ist mir erlaubt« in 1. Korinther 6,12 und 10,23); zweitens, daß er bislang unrecht gehabt hatte zu meinen, er dürfe keine Tischgemeinschaft mit Heiden haben; und drittens, daß es falsch sei, »zwischen Reinem und Unreinem zu unterscheiden«. Da Gott *»das Ansehen der Person nicht achtet«*, insofern alle gleich sind in Jesus Christus, folgt daraus: »Gott hat auch den Heiden die Buße gegeben, die zum Leben führt« (Apostelgeschichte 10,1–11,18).

Hier haben wir nicht nur die so häufig zur Charakterisierung Jakobus' verwendete Formulierung »das Ansehen der Person nicht achten«, sondern auch das gleiche Wort »Buße« (oder »Sühne«), dem wir bereits in Josephus' obigem Bericht begegnet waren – wo es allerdings im Zusammenhang mit den »gemäßigteren Juden« Cäsareas gebraucht wurde, die Felix für das Verhalten ihrer Mitbürger um Vergebung bitten.

Wie Josephus in *Krieg* schreibt, waren

> die Räuber, die er [Felix] kreuzigen ließ, und die einfachen Leute, die mit diesen gefangengenommen und bestraft wurden, nicht zu zählen.[65]

Und das ist derselbe Felix, mit dem sich Paulus nach seiner Festnahme so leutselig unterhält. (Bei Felix' gleichfalls anwesender Frau Drusilla, die in der Apostelgeschichte – 24,24 – lediglich als »eine Jüdin« bezeichnet wird, handelt es sich, wie wir gesehen haben, in Wirklichkeit um eine herodianische Prinzessin, die Schwester Agrippas II.) Felix, so erfahren wir, »wußte gar nicht viel von *dem Weg*« (24,22) – ein Terminus, den die Apostelgeschichte stets zur Bezeichnung des palästinischen Christentums verwendet.[66] Darüber, daß er viele Anhänger dieses »Weges« hatte hinrichten lassen, verliert die Apostelgeschichte natürlich kein Wort.

Schließlich gelangen die Klagen der Juden von Cäsarea bis nach Rom, und Felix wird von Nero abgesetzt – allerdings dank seiner guten Beziehungen nicht weiter bestraft; neuer Prokurator wird Festus (60–62). Der Apostelgeschichte zufolge unterhält sich Paulus auch mit ihm – sowie mit König Agrippa II. und Berenike – sehr angeregt (und zwei Kapitel lang, 25,1 – 26,32) über allerlei jüdische Gegenstände und messianische Erwartungen. Berenike ist, wie wir wissen, gleichfalls Agrippas II. Schwester und soll Josephus zufolge inzestuöse Beziehungen zu ihrem Bruder unterhalten haben. Die äußerst »reiche« Dame wird später die Mätresse Titus', des Zerstörers des Tempels und Jerusalems.

Der Hohepriester – der hier ungenannt bleibt, aber weiter oben als »Ananias« vorgestellt worden war – bringt laut Apostelgeschichte (25,2) Klagen gegen Paulus vor. Zuvor (23,6–10) war Paulus vor den Hohen Rat gestellt worden, hatte es aber geschafft, durch geschickte Ausnutzung der unterschiedlichen Ansichten der Pharisäer und der Sadduzäer bezüglich der Frage der Auferstehung, die Ratsmitglieder gegeneinander aufzubringen. In Apostelgeschichte 24,15 hält er *Felix* einen Vortrag über dasselbe Thema!

Ebensowenig wie von Felix' brutalem Vorgehen verrät uns die Apostelgeschichte im Zusammenhang mit Paulus' Verhaftung und Überführung nach Cäsarea (wo er Vers 23,35 zufolge *im königlichen Palast Agrippas II.* wohnt!) etwas von dem Konflikt zwischen den hellenistischen und den jüdischen Bürgern der Stadt. Das einzige Problem scheint vielmehr darin zu bestehen, daß die Juden – namentlich der obenerwähnte Hohepriester Ananias und »ein Anwalt« mit dem lateinischen Namen Tertullus (24,1) – vor Felix Klagen gegen Paulus vorbringen; und die einzigen Konflikte, von denen wir erfahren, sind Diskussionen zwischen verschiedenen jüdischen Parteien (oder zwischen diesen und Paulus) über Fragen wie »die Auferstehung der Toten« (in 24,15 »der Gerechten und Ungerechten«).

In der früheren Episode hatte Ananias tatsächlich angeordnet, daß man Paulus »auf den Mund schlage« (23,2); im darauffolgenden Gespräch mit Felix bezeichnet er Paulus lediglich als »einen Anführer der Sekte der Nazoräer [»Nazarener«]« und »eine Pest … einen, der Aufruhr erregt unter allen Juden auf dem ganzen Erdboden« (24,5).[67] Das klingt ganz und gar nicht nach Paulus – wenngleich die Anklage auf gewisse andere Leute mit Sicherheit zutrifft.

Jedenfalls war Ananias zu dem Zeitpunkt (60 n. Chr.) wahrscheinlich nicht einmal Hoherpriester, und die hier geschilderte Situation dürfte sich in Wirklichkeit zehn Jahre früher zugetragen haben, als er tatsächlich dieses Amt innehatte und wegen der obenerwähnten messianischen Unruhen zwischen Samaritanern und Juden beim Prokurator Cumanus (48–52 n. Chr.) vorstellig wurde. Dies führte zur militärischen Intervention Quadratus', des Statthalters von Syrien, der daraufhin alle beteiligten Parteien, einschließlich Cumanus', nach Rom schickte, damit sie ihren Fall Claudius (nicht Nero!) vortrügen.

Derartige Transpositionen und chronologische Unstimmigkeiten sind in neutestamentlichen Berichten keine Seltenheit. Wie wir uns erinnern, ist dies der erste Auftritt Ananus' des Jüngeren (der damals lediglich Hauptmann des Tempels war), und als eine Begleiterscheinung dieser Appelle an Cäsar schlossen er und Agrippa II. in Rom enge Freundschaft; dies geschah um 54 n. Chr., unmittelbar vor Claudius' Tod.[68] Trotzdem stellt die Apostelgeschichte die grundsätzliche Streitfrage zur Abwechslung einmal richtig dar: »Befleckung des Tempels« (24,6), da Paulus vorgeworfen wird, Heiden (sowie zweifellos auch *Geschenke* von Heiden) in den Tempel gebracht zu haben – was er, wenn schon nicht konkret, so doch ideell zweifellos getan hatte. Tatsächlich ist Cäsarea (wie sich im Vorspiel zur letzten Konfrontation Paulus' mit Jakobus zeigen wird – vor dem Handgemenge im Tempel, das mit Paulus' Verhaftung und Überführung in Agrippas II. Palast in Cäsarea endet) ein wichtiges Zentrum paulinischer Missionstätigkeit.

Unserer Ansicht nach aber ist der *eigentliche* Grund für Jakobus' Tod und sind die wahren innerjüdischen Streitfragen (von denen die Apostelgeschichte lediglich die eher theoretische Meinungsverschiedenheit bezüglich der Auferstehung der Toten zur Kenntnis nimmt) in den nächsten Passagen des 8. Kapitels des zwanzigsten Buches von Josephus' *Altertümern* dokumentiert: in den Episoden also, die unmittelbar zu Jakobus' Steinigung und den sich daran anknüpfenden Ereignissen überleiten (9. Kapitel). Nichts davon kommt in der Apostelgeschichte in angemessener Form zur Sprache. Wie Josephus nämlich schreibt, gerieten jetzt auch die Hohenpriester mit den Priestern und den Vornehmsten aus der Volksmenge von Jerusalem [was der Bezeichnung »die Vielen« für die einfachen Mitglieder der Qumran-Gemeinde entspricht] in Streit, so daß jeder von ihnen eine Schar verwegener Gesellen und *Neuerer* um sich sammelte, die, wo sie sich trafen, sich gegenseitig mit Beschimpfungen und Steinwürfen überschütteten.

Dies ist natürlich die reale politische Situation in Jerusalem, gekennzeichnet von heftigen, zum Teil tätlichen Auseinandersetzungen zwischen zwei Parteien: den Hohenpriestern und denen »aus dem Volk«. Sie ist auch das Vorbild der Situation im Tempel, die nach Darstellung der frühen Kirchenschriftsteller in Jakobus' Steinigung gipfelt. Diese Dispute scheinen nicht nur der unmittelbare historische Kontext von Jakobus' Tod zu sein, sondern die ihnen folgenden Ereignisse führen auch zum Ausbruch des – von den cäsareischen Legionären unter Fadus (64–66), dem Nachfolger Albinus' (62–64), tatkräftig provozierten – Krieges gegen Rom und damit zur Zerstörung des Tempels. Das einzige, was uns zu tun bleibt, ist, Jakobus in den Mittelpunkt der »Volks«-Partei zu stellen.

Aber das ist noch nicht alles. An ebendiesem Punkt der *Altertümer* berichtet Josephus nämlich erstmals, daß

die Hohenpriester in ihrer Dreistigkeit und ihrem Übermut so weit gingen, daß sie sich nicht scheuten, ihre Knechte auf die Tennen zu schicken und die den Priestern zustehenden Zehnten wegnehmen zu lassen, was zur Folge hatte, daß die ärmeren Priester verhungerten.[69]

Wie wir uns erinnern, schildert Josephus solche Vorfälle noch einmal, unmittelbar nach seiner Schilderung der Steinigung des Jakobus, im Zusammenhang mit der Amtszeit des Albinus. Dieses »Berauben der Armen« – von dem der *Pescher* Habakuk im Zusammenhang mit den »Letzten Priestern Jerusalems« spricht – bringt Josephus nicht nur mit Ananias, sondern auch mit anderen Priestern in Verbindung:

Sie raubten die Zehnten, die den Priestern [darunter wahrscheinlich auch den »nasiräischen« oder »rechabitischen Priestern«, deren Oberhaupt Jakobus war] zustanden, und wer sich ihnen zu widersetzen wagte, wurde mit Schlägen mißhandelt ... So gingen die Priester, die sich sonst von den Zehnten ernährten, aus Mangel zugrunde.[70]

Josephus befindet sich hier gefühlsmäßig offenbar in einer zwiespältigen Situation. Einerseits sympathisiert er mit den hungernden niederen Priestern, die er wörtlich als »die Armen« bezeichnet. Er konnte deren Situation zweifellos nachvollziehen, entstammte er doch vermutlich deren Schicht; daher also seine gegen »die Oberpriester« gerichtete Kritik. Dann aber ruft er sich wieder zur Ordnung und setzt seine Schmähreden gegen »die Räuber« oder *»Lêstai«* fort, die, wie er jetzt sagt, den Aufstand gegen Rom auslösten. Zeitweise behandelt er Agrippa (seinen späteren Freund) und dessen Schwester Berenike wohlwollend, bei anderen Gelegenheiten wieder geizt er nicht mit Kritik.

Als junger Priester war Josephus Schüler des *»Banus«*, das heißt, er lebte drei Jahre lang bei ihm in der Wüste und »ahmte seinen Brauch nach ... Tag und Nacht in kaltem Wasser zu baden, um sich [wie Jakobus] seine Jungfräulichkeit zu bewahren«. Wir haben bereits die Vermutung geäußert, daß derlei Aktivitäten, von denen wir im Zusammenhang mit diesem Zeitgenossen und »Doppelgänger« Jakobus' erfahren, etwas wie eine vorbereitende Disziplin oder Grundausbildung für junge Priester – zumindest für solche »rechabitischer« Ausprägung – darstellten. Josephus steht emotional also zwischen zwei Stühlen, ist hin- und hergerissen zwischen seinen persönlichen Sympathien und seinem verständlichen Wunsch zu überleben. Beides wird in seinen verschiedenen widersprüchlichen Äußerungen offensichtlich.

Auch die nächste – unmittelbar der »Tempelmauer-Affäre« und damit der Steinigung des Jakobus vorausgehende – Episode, die er referiert, verrät diesen persönlichen Zwiespalt. Hier teilt uns Josephus mit, daß Festus (60–62 n. Chr.) wie Felix vor und Albinus (62–64 n. Chr.) nach ihm sein Bestes tat, um das Treiben dieser »Wüstenbewohner« oder »Betrüger« zu unterbinden. Die Apostelgeschichte spricht ebenfalls von Festus' Amtsführung in Judäa, und zwar im Zusammenhang mit Paulus' unrechtmäßiger Verhaftung wegen des Verdachts, selbst ein solcher »Betrüger« zu sein.

Josephus wiederum erzählt uns an dieser Stelle:

> Um diese Zeit trat wieder ein Gaukler auf, welcher der Menge *Erlösung* [hebräisch *»Jeschu'a«* oder *»Jescha'«*] und *Befreiung* von allem Elend verhieß, wenn sie ihm in die Wüste folgte. Festus aber sandte sogleich gegen den Betrüger und dessen Anhänger Fußsoldaten und Reiterei, die den ganzen Haufen niedermachten.[71]

Den Namen dieses neuen »Gauklers« verrät uns Josephus nicht; was wir von ihm diesbezüglich erfahren – daß Festus »den Betrüger und dessen Anhänger« unverzüglich niedermachen ließ –, ist sogar noch dürftiger als die Informationen über den »Ägypter«, von dem er kurz zuvor berichtet hatte. Es kann kaum ein Zweifel daran bestehen, daß diese Episode eine Reprise der voraufgegangenen darstellt, mit dem einzigen Unterschied, daß »der Ägypter« entkommen konnte – der namenlose »Gaukler« nicht. Was die Steinwürfe auf dem Tempelberg und die Ausplünderung der ärmeren Priester durch die »Reichen« anbelangt, scheint eine Wiederholung oder Komprimierung von Ereignissen vorzuliegen, die entweder auf redaktionelle Fehler in der Textüberlieferung oder auf Josephus' eigene Verschleierungsbestrebungen zurückzuführen sein dürfte.

Von all diesen Problemen und Konflikten erfahren wir in der Apostelgeschichte aber kein Wort – lediglich daß »die Juden« (und zwar *alle,* einschließlich offenbar nasiräerartiger »Meuchelmörder« oder *»Sikarier«*) danach trachteten, *Paulus zu töten,* weil er – selbst der recht einseitigen Darstellung der Apostelgeschichte zufolge – versucht hat, *Heiden in den Tempel zu führen.* Auch »die Juden« wenden sich mit einer schier endlosen Serie von Klagen gegen Paulus an Felix und Festus, und Paulus selbst wird schließlich durch die freundliche Intervention dieser römischen Statthalter gerettet – ganz zu schweigen von derjenigen Agrippas II. und seiner zwei eigensinnigen Schwestern. Es ist sogar möglich, daß Felix mit seinen guten Beziehungen zu Neros Hof tatsächlich den Weg dafür ebnete, daß Paulus, ein bis zwei Jahre nach seiner (Felix') Rückkehr nach Rom reisen konnte. Auf alle Fälle dürfte der Leser mittlerweile selbst erkennen, daß der Bericht der Apostelgeschichte ganz offensichtlich entstellt ist oder, um es sehr vorsichtig auszudrücken, gewisse Mängel aufweist.

Die »Tempelmauer-Affäre« von 62 n.Chr.

Damit können wir die »Tempelmauer-Affäre«, die wir bislang nur im Vorbeigehen gestreift hatten, einer näheren Betrachtung unterziehen. Sie ereignete sich fast zeitgleich mit Paulus' »Berufung an Cäsar« – oder »Augustus«, wie er in der Apostelgeschichte (25,21–25) genannt wird [nicht in den deutschen Übersetzungen, A.d.Ü.]. So wichtig war diese Konfrontation zwischen Tempelpuristen und jenen, die für die Zulassung der Herodianer in den Tempel eintraten, daß zwecks diesbezüglicher Entscheidung schließlich eine Delegation zum Kaiser entsandt wurde – zu der kein Geringerer als der von Agrippa II. ernannte Hohepriester gehörte, den Josephus ausdrücklich als Ismael ben Phabi (nicht, wie die Apostelgeschichte, als »Ananias«) identifiziert, sowie »Helkias«, der Aufseher des Tempelschatzhauses! Tatsächlich könnten auch Paulus und sogar Josephus selbst in die Einsprüche und Gesuche um diesen Zwischenfall, der unwiderruflich zu Jakobus' Tod führte, verwickelt gewesen sein.

Helkias' Vater oder Großvater – die genealogischen Zusammenhänge sind hier nicht ganz klar – war ein enger Vertrauter Herodes' gewesen. Herodes hatte ihn zum Gemahl für seine Schwester bestimmt, nachdem er diese gezwungen hatte, sich von ihrem Mann – dem Idumäer »Kostobar«, von dem wir später mehr hören werden und den Herodes verdächtigte, gegen ihn zu intrigieren – scheiden zu lassen; und seither sind diese zwei Geschlechter sehr eng miteinander verbunden.[72] Daß die Herodianer durch diese Sitte der Familie allgemein eine starke Kontrolle über die Finanzen ausübten, ist offensichtlich. Wenn sich des weiteren nachweisen läßt, daß Paulus tatsächlich ein »Herodianer« war, dann werden wir außerdem sehen, daß er genau dieser auf Kostobar und Herodes' Schwester Salome zurückgehenden Linie angehörte.

Dieser zweite oder dritte »Hilkias« war nun ein enger Vertrauter Herodes' von Chalkis und, wie es scheint, für die im Gefängnis erfolgte Hinrichtung von Agrippas I. Freund, Silas dem Älteren, persönlich verantwortlich.[73] Sein Sohn, Julius Archelaos, den Josephus gleichfalls in Rom kennenlernte und dem er in der Widmung von *Altertümer* als einem eifrigen Leser seiner Werke dankt, war eine Zeitlang mit der herodianischen Prinzessin Mariamne III. verheiratet, Agrippas II. dritter Schwester; später ließ sie sich von ihm scheiden und heiratete wahrscheinlich den sogar noch »reicheren« Alabarchen von Alexandria, Demetrios.

Wie wir uns erinnern, waren der jüdisch-hellenistische Philosoph Philon von Alexandria und dessen Neffe Tiberius Alexander, der Sohn des vorherigen Alabarchen, Philons Bruders Alexander, gleichfalls Mitglieder dieser märchenhaft reichen ägyptisch-jüdischen Familie. Tiberius Alexander, Titus' Oberbefehlshaber während der Belagerung Jerusalems, beaufsichtigte die Zerstörung des Tempels, während die Familie selbst den Handel im Roten Meer und bis zur südindischen Malabarküste kontrolliert zu haben scheint. Auf diesen Geschäftsbeziehungen beruhte ihr Reichtum – ein Reichtum, der bei einigen dynastischen und politischen Manövern dieser Epoche eine beträchtliche Rolle gespielt haben dürfte.

Zusammen mit diesen beiden – Ismael und Hilkias – wurden zehn weitere, ungenannt bleibende Beteiligte an der »Tempelmauer-Affäre« zum römischen Kaiser entsandt. Da deren Gesuche *exakt zur gleichen Zeit* eingereicht wurden wie (der Apostelgeschichte zufolge) Paulus' Berufung, ist es schwer vorstellbar, daß sie nicht irgendwie miteinander zusammenhängen sollen. Tatsächlich betreffen alle diese Eingaben auf die eine oder andere Weise *den Ausschluß von Heiden* beziehungsweise *von deren Geschenken aus dem Tempel* – die Streitfrage also, die zum Auslöser des Krieges gegen Rom wird. Die Herodianer wurden als »Ausländer« angesehen – und dies zumindest seit Simon, »das Oberhaupt einer eigenen Versammlung [*Ekklêsia*]«, in den vierziger Jahren seine Reise nach Cäsarea unternommen hatte. Die »Tempelmauer-Affäre« gehört thematisch in dieselbe Kategorie von Ereignissen, bildet sie doch eine exakte Parallele zur Absicht dieses geheimnisvollen »Simon«, Agrippas II. Vater als einem Nichtjuden den Zutritt zum Tempel zu verwehren.

Hier zeigt Josephus wieder, warum er in einer solchen Zwickmühle steckt: Er steht nämlich eindeutig auf der Seite der »zelotischen« Tempelpriester, welche die Mauer bauen, um Agrippa II. den Blick auf die Opferhandlungen zu versperren. So wie er die Affäre schildert (die nach seiner chronologischen Anordnung der Ereignisse *unmittelbar* der Steinigung des Jakobus vorausgeht), baute sich Agrippa II. im königlichen Palast zu Jerusalem einen sehr großen Speisesaal. Dieser Palast war offenbar von den Makkabäern, Agrippas Vorfahren großmütterlicherseits (Herodes' Frau Mariamne I. war eine Makkabäerin gewesen), errichtet worden und befand sich direkt gegenüber dem westlichen Portikus des Tempels. Da das Gebäude in bedeutender Höhe lag, hatte man von dort aus einen ungehinderten Ausblick auf die im Tempelbezirk stattfindenden Opferhandlungen.

Wie Josephus schreibt:

> Daran hatte der König seine Freude, und wenn er hier auf einem Polster lag, konnte er alles übersehen, was im Tempel vor sich ging. Als dies die Vornehmsten von Jerusalem [wer immer diese sein mochten] gewahrten, wurden sie sehr unwillig, weil es durchaus ungebräuchlich und ungesetzlich war, die Vorgänge im Tempel, besonders während der heiligen Handlungen, zu beobachten. Deshalb ließen sie oberhalb der Halle, welche im Inneren des Heiligtums gegen Westen lag, eine hohe Mauer aufführen [das heißt direkt über der heutigen »Klagemauer«].[74]

Mochte nun das Verhalten des Königs auch mit Sicherheit wenig geschmackvoll sein – insbesondere, wenn er dieses Schauspiel (wie man vermuten kann) in Gesellschaft von Heiden genoß und dabei verbotene Speisen aß –, so verstieß es doch nicht ausdrücklich gegen die Gesetze des Landes, zumindest nicht so, wie sie in der pharisäisch-talmudischen Überlieferung festgehalten sind. *Mischna Joma* 2,8 beispielsweise schildert, daß am Versöhnungstag die Menschen im Tempelhof standen (und wie wir annehmen dürfen, von dort aus die Opferhandlungen verfolgten). Verboten war nur, sich im Tempel aufzuhalten, während die eigentlichen priesterlichen Rituale vollzogen wurden.

Aber das Problem, mit dem wir es hier zu tun haben, ist komplexer, als es vordergründig den Anschein hat: Es hängt mit dem Versuch Simons (des Oberhaupts einer eigenen »Kirche« in Jerusalem) zusammen, Agrippa I. als Ausländer vom Tempel auszusperren. Und als die »zelotische« niedere Priesterschaft 66 n. Chr. beschließt, nicht einmal mehr Geschenke und Opfergaben von Ausländern zu akzeptieren, sind Agrippa II. und dessen Schwester, die Erzhure Berenike, sogar bereits aus Jerusalem verbannt worden – und ihre Paläste werden in der Euphorie der ersten Tage des Aufstands in Flammen aufgehen.[75]

Dies ist auch der Standpunkt, den die Qumraner Tempelrolle vertritt, eine Schrift, die wegen der vielen neuen und strengeren Vorschriften, die sie enthält, bisweilen auch als »das Zweite Gesetz« bezeichnet wird. Dieser Text (in dem, wie im Buch Deuteronomium, Gott selbst, in der ersten Person spricht) widmet nicht nur eine ganze längere Passage diesem Problem und einigen anderen damit zusammenhängenden Streitfragen; sondern er bedient sich bei deren Erörterung auch des Begriffs *»Bela`«* oder *»balla`«*, »verschlingen«. Wie wir bereits ausführlich dargelegt haben, verweist dieses Verb samt seinen Ableitungen mehr oder weniger direkt auf die Herodianer, da der biblische »Bela« nicht nur ein »Benjaminiter«, sondern auch der erste *edomitische König* war.

In der Tempelrolle wird ausdrücklich gefordert, daß eine hohe Mauer oder ein breiter Wall um den Tempel errichtet werde, damit das, was im heiligen Bezirk vor sich geht, weder gestört noch, wie es scheint, von Heiden und anderen unreinen Personen auch nur »gesehen« werden könne. In diesem Zusammenhang sei noch einmal daran erinnert, daß es sich bei diesen unreinen Personengruppen um genau diejenigen handelt, die im Neuen Testament als würdige Tischgenossen eines »Christus Jesus« erwähnt werden.[76]

Diese Weisung kann in direktem Zusammenhang sowohl mit Agrippas II. »Tischsitten« als auch mit dem Versuch betrachtet werden, dessen Vater als einem Ausländer den Zutritt zum Tempel zu verwehren.

Das Wortfeld um Belial und Bileam und die Johannesoffenbarung

Die Gruppe von Ableitungen aus der hebräischen Wurzel *B-L-`* ist recht komplex, doch hier mag es genügen, wenn wir uns auf die Wörter *Bela'*, *Bileam* und *Belial* konzentrieren, deren hebräische Grundbedeutung, wie wir gesehen haben, »verschlingen« oder »verzehren« lautet. In der Qumran-Literatur kommt hierzu noch die Nebenbedeutung »zerstören« hinzu. Wir haben dieses Begriffsfeld namentlich im Zusammenhang mit Paulus' Standpunkt zum Verzehr verbotener Speisen erkundet.

Nach Auffassung der Damaskus-Schrift sind es, wie wir gesehen haben, die »drei Netze des Belial«, die Israel dazu verführen, sich der »Unzucht«, des »Reichtums« und der »Befleckung des Tempels« schuldig zu machen. Die gleiche Anspielung einschließlich der gleichen »Netze« findet sich in der Johannesoffenbarung, einem Text, der mit dem Bild des »mit den Wolken« kommenden Messias beginnt (1,7) und demjenigen des »hellen Morgensterns« ausklingt (22,16).[77] Wir werden gleich sehen, daß diese »Netze« – abermals in ihrer Bedeutung verkehrt oder zumindest trivialisiert – in jenen »Netzen« wiederkehren, welche die Hauptapostel zurücklassen, um Jesus zu folgen. Wie wir uns erinnern, hieß es in der Offenbarung:

> Bileam lehrte den Balak, ein Netz vor die Söhne Israels zu *werfen [ballein]*, so daß sie *Götzenopferfleisch aßen und Unzucht trieben.* (2,14)

Sowohl der Zweite Brief Petrus', ein an »Qumraner« Metaphorik reicher Text, als auch der Judasbrief, in dem wir dem Bild des »Herrn« begegnen, der »mit viel tausend Heiligen kommt, Gericht zu halten über alle« (1,14 f.), kennen die Bedeutung des Namens und der Person »Bileams«, »der den Lohn der Ungerechtigkeit liebte« und die Menschen veranlaßte, »den geraden Weg zu verlassen« (2. Petrus 2,15 und Judas 1,11). Das gleiche gilt für die Rabbis, die Bileam als einen der vier »Feinde Gottes« betrachten und seinen Namen nach der Bedeutung der ihm zugrundeliegenden hebräischen Wurzel – *bala`-`am* – als »er, der das Volk verzehrte« erklären.[78]

Doch in dieser Passage der Johannesoffenbarung finden wir auch jene Hinweise, die wir benötigen, um die Kernaussage von Jakobus' Weisungen für überseeische Gemeinden – »sie sollen sich von Unzucht, Götzen geopferten Dingen, Ersticktem und Blut enthalten« – mit den parallelen Vorwürfen in Verbindung zu bringen, welche die

Damaskus-Schrift gegen das »Establishment« richtet: nämlich es habe den Tempel befleckt, indem es keine rechte »Scheidung von Reinem und Unreinem« vorgenommen habe, und dies am Beispiel des Verstoßes gegen die Sexualgesetze und durch den Begriff »Blut« zum Ausdruck bringt. Das gleiche werden wir in *»MMT«* feststellen, dem (oder den zwei) an einen König gerichteten Brief(en) über die »Rechtfertigung« Abrahams.

Das entscheidende Element war hier der Vorwurf der »Befleckung des Tempels«; die Johannesoffenbarung verwandelt diesen nun in Jakobus' zentrales Verbot von »Götzenopferfleisch« oder, wie die Apostelgeschichte es gleichfalls formuliert (wodurch die zwei Motive in eins zusammengefaßt werden), »Befleckung durch Götzen« (15,20). Wie wir gesehen haben, kämpft Paulus im Ersten Brief an die Korinther – namentlich in 8,3–13, unter dem Oberbegriff »Liebe zu« oder »Frömmigkeit gegen Gott«, und in 10,14–33 unter dem Oberbegriff »des Tisches des Herrn oder des Tisches der Teufel teilhaftig sein« – erbittert gegen dieses Verbot.

Paulus kennt auch den Namen »Beliar«, den er, wie wir gleichfalls schon gesehen haben, im Kontext von Gegensatzpaaren wie »Gerechtigkeit und Ungerechtigkeit«, »Tempel Gottes und Götzen« sowie von »sich absondern« und »kein Unreines anrühren ... und die Heiligung vollenden in der Furcht Gottes« gebraucht: Wir sprechen von seiner berühmten rhetorischen Frage: »Was hat Christus mit Beliar gemein?« und der sich daran anschließenden, von Qumraner Bildern und Anspielungen wimmelnden Passage aus dem Zweiten Brief an die Korinther (6,14–7,1). Wir stehen jetzt nicht nur unmittelbar davor, die verschiedenen in dieser Periode gebräuchlichen Codes zu »knacken«, sondern auch viele unserer anderen Rätsel zu lösen.

Der *Pescher* Habakuk verwendet den (wieder auf der hebräischen Wurzel *B-L-`* beruhenden) Begriff »verschlingen« oder »verzehren«, um bildhaft zum Ausdruck zu bringen, was der »Frevelpriester« dem »Gerechten Lehrer« angetan hat: Er »jagte dem Gerechten Lehrer nach, ihn zu verschlingen« oder »zu verzehren« *(bala`)* – mit anderen Worten, um das zu tun, was die Herodianer unentwegt den Menschen zufügten, nämlich, sie zu »verschlingen«, »verzehren« oder »vernichten«. Dafür, so der *Pescher* Habakuk, würde der »Frevelpriester« selbst »verschlungen« oder »vernichtet« werden, das heißt, Gott würde »ihn verzehren«.

Zwei Spalten weiter wird dieser Sachverhalt noch einmal in etwas abgewandelter Form ausgedrückt: Ebenso wie er »sich verschwor, die Armen zu vernichten«, so würde auch »Gott ihn zur Vernichtung verdammen«.[79] Die Vorstellung, daß Gott an diesem Prozeß beteiligt ist, ist sehr deutlich zu erkennen. Dies geht insbesondere aus dem vom *Pescher* gebrauchten Bild »den Kelch [nämlich den »Kelch des Zornes Gottes«] bis zur Neige trinken« – das heißt also, der göttlichen Vergeltung teilhaftig werden – hervor. Wie bereits angemerkt, wurde diese Metapher in der Anfangszeit der Qumran-Forschung dahingehend mißverstanden, als bedeute sie, daß der »Frevelpriester« ein Säufer war und deswegen bei einem Festgelage umgebracht worden sein mußte! Über diese Interpretation brauchen wir wohl kein weiteres Wort zu verlieren.

Aber auch die Johannesoffenbarung kennt das Bild des »Kelches«; sie bezieht es auf den, der »das Tier anbetet«:

> Der soll von dem Wein des Zornes Gottes trinken, der unvermischt eingegossen ist in seines Zornes Kelch. (14,10)

Zwei Kapitel weiter lesen wir:

> Denn sie haben das Blut der Heiligen und der Propheten vergossen, und Blut hast du ihnen zu trinken gegeben (16,6);

und wieder etwas weiter unten:

> Und die Städte der Völker [*Ethnê* – im Neuen Testament Paulus' »Heiden«; in den Qumran-Rollen, wie erläutert, die Herodianer] fielen, und Babylon der Großen [mehr »Bileam«-/»Belial«-Metaphorik] ward gedacht vor Gott, ihr den Kelch des Zornweins seines Grimms darzureichen. (16,19)

Nicht nur stellt dieser Name »Babylon« eine weitere Facette des Grundthemas »Bileam«/»Belial« dar; darüber hinaus findet sich das Bild des »Tiers« auch in den obenerwähnten Passagen aus der rabbinischen Literatur, die von Bileam und den anderen »Feinden Gottes« handeln. Hier wird das Bild des *»be`or«/»be`ir«* (hebräisch »Tier«, »Bestie«) mit *Bileams Vater Beor in Verbindung* gebracht.

Andeutungsweise scheint dieses Bild gleichfalls im Judasbrief vorzukommen; zumindest werden im Zusammenhang mit zwei weiteren dieser »Feinde«, Kain und Korah (von denen es heißt, daß sie »in den Irrtum des Bileam fallen«), »Tiere« erwähnt.[80] Bemerkenswerterweise erscheint an einer entscheidenden Stelle der Damaskus-Schrift, die, wie wir gesehen haben, von der »Abkehr vom Quell des Lebendigen Wassers«, der »Zurückweisung der Gebote Gottes« und dem Verrat an dem »Neuen Bund im Land Damaskus« spricht, auch ein weiterer solcher »Feind«: der in diesen rabbinischen Texten bisweilen als mit Paulus identisch aufgefaßte Gehazi.[81]

Das in der Johannesoffenbarung gebrauchte Bild des »(Aus-/Ver-)-Gießens« spielt in den Qumran-Schriften eine äußerst wichtige Rolle, und zwar vor allem dann, wie wir gesehen haben, wenn vom ideologischen Widersacher des Gerechten Lehrers die Rede ist, »dem Mann der Lüge«. Von ihm heißt es in der Damaskus-Schrift, daß er »den Grenzstein entfernt« und – ähnlich Belial – »über Israel die Wasser des Lügens ausgießt«. Im *Pescher* Habakuk trägt er auch eine alternative Bezeichnung, *»Mattif ha-Chazav«/»Hervorsprudler von Lügen«* oder wörtlich *»Ausgießer von Lügen«.*[82] Derselbe Begriff ist natürlich ebenfalls eine Lieblingsmetapher der Evangelien und der Apostelgeschichte, insbesondere wenn beim Letzten Abendmahl vom »Kelch« von Jesu Blut, das »vergossen wird«, die Rede ist oder wenn damit die Herabkunft des Heiligen Geistes umschrieben wird.

Das in der obigen Offenbarungsstelle damit verknüpfte Bild des »Kelchs des Zornweins seines Grimms« findet auch in den Qumran-Texten Verwendung. Tatsächlich dient exakt diese Wortverbindung, »der Zorn seines Grimms«, im *Pescher* Habakuk zur Umschreibung der Weise, wie der »Frevelpriester« den »Gerechten Lehrer« »verschlingt« oder »verzehrt«. Nicht nur wird in diesem Text im Zusammenhang mit dem Tod des Gerechten Lehrers mit den Begriffen »Zorn« und »Kelch« (hebräisch *»Cha`as«* und *»Chos«*) gespielt; darüber hinaus werden in der Damaskus-Schrift »Wein«, »Gift« und »Zorn« ebenso – und mit genau den gleichen Konnotationen – in Beziehung zueinander gesetzt, wie dies in der obigen Offenbarungsstelle geschieht.[83] Auf die Tatsache, daß die »Kelch«- und die »Blut«-Metapher – *»Chos«* und *»Dam«* – auch im Namen oder Begriff »Damaskus« zum Ausdruck gelangen, haben wir bereits mehrfach hingewiesen.

Natürlich hat diese »Kelch«-Metapher im Christentum, wie wir es heute kennen, eine noch weiter gehende Spiritualisierung erfahren und wird hier zum »Kelch des Neuen Bundes« im Blut Christi, »welches für euch vergossen worden ist«, oder zur »Heiligen Kommunion«, deren Begriff Paulus im Ersten Brief an die Korinther (10,16) und Jesus selbst beim Letzten Abendmahl (Lukas 22,20 und Parallelen) entwickeln.

Dennoch zeigen diese Bilder des »Zorns« und des »Weins« auch in der Offenbarung noch gewisse Spuren des eschatologischeren Sinnes, den sie in der Qumran-Literatur besitzen. Sie werden nicht nur mit der göttlichen Vergeltung assoziiert, sondern sogar ausdrücklich mit »Blut zu trinken geben« (Offenbarung 16,16) – wobei letzterem durch die implizite Anspielung auf das Mosaische (und jakobinische) Blutverbot, wie in Qumran, die Konnotation drohender Strafe eignete und mit Sicherheit nicht die soteriologische Komponente, welche die paulinische Umkehrung des Begriffs besitzt. Diesbezüglich werden wir uns erinnern, daß die Kinder Israel der Damaskus-Schrift zufolge in der Wüste »abgeschnitten wurden«, weil sie »gegen die Gebote Gottes gefrevelt« und »Blut gegessen« hatten.[84]

Sogar der »Lügner« wird in Qumran bisweilen mit diesem Begriffsfeld um »Belial«/»Bileam« und der Metapher des »Verschlingens« in Verbindung gebracht.[85] Allerdings trifft das auch auf den Namen »Benjamin« zu, der in der Apostelgeschichte und im Brief an die Philipper (3,5) zur Bezeichnung von Paulus' Abstammung gebraucht wird. Nicht nur werden die »Söhne des Belial« und die »Söhne Benjamins« im Alten Testament miteinander gleichgesetzt; darüber hinaus ist der wichtigste »Sohn Benjamins« *»Be`or«* – derselbe »Beor« also, der ansonsten in der Schrift in der Verbindung »Bileam, der Sohn des Beor« erscheint (4. Moses 22,5 und 5. Moses 23,4). Ja, um den Kreis zu schließen, gilt »Bela`«, im Alten Testament der erste edomitische König, gleichfalls als »der Sohn des Beor« (1. Moses 36,32 und 1. Chronik 1,43). Wir können sicher sein, daß den Exegeten dieser Zeitspanne nichts von jenen subtilen Zusammenhängen und wechselseitigen Beziehungen entgangen wäre.

Aber diese Passage aus der Offenbarung, der zufolge »Bileam Balak lehrte« – man beachte die in beiden Namen enthaltene *»B-L-`«*-Symbolik –, »ein Netz vor die Söhne Israels zu werfen, so daß sie Götzenopferfleisch aßen und Unzucht trieben«, liefert uns auch ein zusätzliches (und vielleicht sogar das entscheidende) Bindeglied, das uns gestattet, die in den frühen Kirchenquellen geschilderte Tötung Jakobus' mit der Vernichtung des Gerechten Lehrers in den Qumran-Schriften zueinander in Beziehung zu setzen. In diesem Abschnitt des 2. Kapitels der Offenbarung werden die Bezeichnungen »Satan« und »Teufel« – wie dies auch in Qumran vielfach geschieht – parallel verwendet und sind von Begriffen wie »Geduld«, »Trübsal«, »Werke«, »Armut«, »Reichtümer«, »angebliche Apostel«, die in Wirklichkeit »Lügner« sind, und »Morgenstern« eingerahmt.[86] Mittlerweile müßte der Leser imstande sein, diese Qumraner und/oder jakobinischen Anspielungen wiederzuerkennen.

In der Offenbarung ist Satan schlicht *»Satan«*, einfach aus dem griechischen Original transliteriert, wie es auch im Hebräerbrief erscheint (Offenbarung 2,13); »der Teufel« aber ist *»Diabolos«*, und der Begriff tritt in engstem räumlichen Zusammenhang mit dem – in Verbindung mit »Balak« und »Bileam« (2,10) verwendeten – Verb »werfen« *(bal-*

lein) auf. Es bedarf keines zu großen Scharfblicks, um die Beziehung dieser Ausdrücke zu denen, die in den Qumran-Texten um »Belial« und »verschlingen«/»verzehren« kreisen, sowie – durch diese – zum englischen Wort »devil« und dem deutschen »Teufel« zu erkennen.

Geht es um semitische Sprachen, so können zwei (von jeweils drei) gemeinsame Konsonanten als hinlängliches Indiz für eine etymologische oder entlehnungsbedingte Beziehung zwischen zwei Wörtern angesehen werden; ein offensichtliches Beispiel hierfür stellt etwa Paulus' »Beliar« für »Belial« im Zweiten Brief an die Korinther (6,15) dar. Damit ist diese entscheidend wichtige Anspielung auf »Belial« – wie sie sich in den parallelen Qumraner Materialien um »Netze« findet – implizit auch in der Johannesoffenbarung vorhanden.

So gestattet uns diese Offenbarungspassage über »Bileam und Balak« nicht nur, einen definitiven Zusammenhang herzustellen zwischen Jakobus' Weisungen für überseeische Gemeinden und den in der Damaskus-Schrift geäußerten Klagen um die »Söhne des Zadok« und die Irrtümer des »Establishments«, die im Vorwurf der »Befleckung des Tempels« gipfeln, sondern wir besitzen jetzt auch das nötige Rüstzeug, um die ständig wiederkehrenden Begriffe »hinunterwerfen« oder »hinauswerfen« (und Varianten) zu verstehen, denen wir in sämtlichen von uns behandelten Texten begegnet sind – und die wir in den frühkirchlichen Schilderungen vom Tod des Jakobus hervorgehoben haben, ohne bislang die ihnen real zugrundeliegende Verbindung festmachen zu können. Zu gegebener Zeit wird es uns zudem gelingen, alle diese verschiedenen Elemente mit dem (oder den) als *»MMT«* bekannten Brief(en) in Zusammenhang zu bringen.

Die im Laufe unserer Diskussion (und in den für uns relevanten biblischen und außerbiblischen Texten) immer wieder auftauchenden Verben »werfen«, »stürzen« (transitiv), »stoßen« und so weiter sind lediglich übersetzerische Varianten des einen griechischen Verbs *»ballô«*, dem je nachdem verschiedene Präfixe vorangesetzt werden können – *»kataballô«*, »hinab-« oder »hinunterstürzen/-werfen«, wie etwa in den Berichten vom Tod des Jakobus, *»ekballô«*, »hinauswerfen«/»hinausstoßen«, wie in der Stephanusepisode oder in Josephus' Beschreibung der »Essener« (dort in bezug auf Abtrünnige verwendet). Im Rahmen unserer Analyse von Jesu nachösterlichen Erscheinungen vor Jakobus und anderen werden wir später im »Auswerfen der Netze« und im »Hinauswerfen (das heißt Austreiben) von bösen Geistern«, wovon im Zusammenhang mit den Aposteln die Rede sein wird, weiteren (wenngleich nach unserer Auffassung parodistischen und abermals verdrehten) Abwandlungen und Verwendungsweisen dieser Verbwurzel begegnen.

Der Kreis hat sich geschlossen. So unglaublich es auch klingen mag – unsere Exegeten beziehen ein und dieselbe Symbolik auf die Vernichtung des Gerechten Lehrers wie auf die Steinigung des Jakobus, und sie bedienen sich dabei selbst in zwei völlig verschiedenen Sprachen (Hebräisch und Griechisch) desselben phonetischen Grundelements. In die europäischen Sprachen ist diese Wurzel (als »devil«, »diable«, »Teufel« usw.) über griechisch *»Diabolos«* gelangt: »der Verleumder«, aus dem Verb *»diaballô«* abgeleitet, wörtlich »vor-« oder »entgegenwerfen« (siehe Lukas 16,1).

Welche Befriedigung muß es unseren Schriftexegeten bereitet haben, diese zwei parallelen – hebräisch/griechischen – Begriffsfelder mit ihren jeweiligen »teuflischen« oder »dämonischen« Implikationen zur Beschreibung eines so wichtigen Ereignisses wie der Vernichtung des Gerechten Lehrers in Qumran und derjenigen des Jakobus in Jerusalem zu benutzen! Daß diese Terminologie zumindest im Zusammenhang mit dem Tod des Jakobus *bewußt* verwendet wurde, geht hinlänglich aus der Tatsache hervor, daß *der Sturz,* der in allen griechischen Quellen in diesem Kontext beschrieben wird, *wahrscheinlich überhaupt nie stattgefunden hat* – oder genauer gesagt: Er ereignete sich rund 20 Jahre *vor* Jakobus' Tod, und zwar, wie in den pseudoklementinischen *Rekognitionen* dokumentiert, als Folge des Angriffs, den »der Feind« Paulus auf ihn verübte.

Daß dieser »teuflische« oder »dämonische« linguistische Code speziell auf die Herodianer und deren Trabanten – zu denen man, wie immer deutlicher wird, auch Paulus zählte – bezogen wurde, trifft aus zwei Gründen mit Sicherheit zu: Erstens galten sie als *Ausländer,* als »Araber« oder »Idumäer« (Edomiter – auf die sich der *»Bela'«*-Code ursprünglich ja spezifisch bezog); und zweitens wurden ihre Methoden, durch die sie »das Volk verschlangen« oder »verzehrten«, als »teuflisch« betrachtet. Tatsächlich dürften die Herodianer, wie wir bereits vermutet haben, auch von sich aus Anspruch auf eine solche »benjaminitische« oder »edomitisch«/»abrahamische« Abstammung (da »Esau« ein Nachkomme Abrahams und Isaaks war) erhoben haben. Darüber hinaus können diese genealogischen Ansprüche – nebst denjenigen, die von möglicherweise auf »zelotischer« Seite gegen die Römer kämpfenden und an der Massakrierung der Hohenpriester beteiligten »idumäischen Arabern« erhoben wurden – als die Vorläufer der angeblichen »ismaelitischen« Abstammung angesehen werden, die Mohammed später im Namen *aller* Araber beanspruchen würde.[87]

Im Zusammenhang mit den verschiedenen Klassen von unreinen Personen, die durch ihr Betreten oder sogar – wie aus dem Kontext hervorzugehen scheint – schon durch bloßes »Ansichtigwerden« des Tempels oder der darin stattfindenden Opferhandlungen eine »Befleckung« bewirken würden, erklärt die Tempelrolle:

> Und ihr sollt eine große Mauer [oder »einen großen Wall«] von einhundert Ellen Breite errichten, um den Heiligen Tempel von der Stadt *abzusondern* [hier wieder der typische Begriff der »Sonderung« oder »Scheidung des Reinen vom Unreinen«], und [sie?] sollen nicht kommen [Plural, aber nicht spezifiert] *bela'* [oder *balla'*] und ihn *beflecken,* sondern macht Meinen Tempel heilig und fürchtet [dies ließe sich auch als »seht« lesen, wie im vier Zeilen weiter unten folgenden »nicht sehen«, wenngleich die Doppeldeutigkeit beabsichtigt sein könnte] Meinen Tempel.

Hier spricht Gott, wie es immer in diesen offenbarungsartigen – also nicht exegetischen – Texten der Fall ist, in der ersten Person. Dies verleiht der Tempelrolle den Status eines *neuen* Gesetzestextes, der hinsichtlich seiner Autorität mit jedem voraufgegangenen auf einer Stufe steht.

Die Bedeutung von *»Bela`«/»balla`«* (die zwei Wörter sind in hebräischer Schreibung nicht voneinander zu unterscheiden) ist umstritten; aber auch ohne eine genaue Übersetzung zu wagen, können wir doch sagen, daß seine Verwendung an dieser Stelle sehr bemerkenswert ist und daß der ganzen Passage eine große Eindringlichkeit innewohnt. Die »Gattungen« von unreinen Personen werden hier nicht eigens aufgezählt, allerdings ist am Ende der Spalte ausdrücklich von der »Absonderung« von Aussätzigen und Menschen mit offenen Geschwüren oder Ausflüssen die Rede. Mit Sicherheit aber erfüllte ein sprachliches Zeichen wie *»Bela`«* in einem so kraftgeladenen Kontext wie diesem eine *wichtigere* Funktion, als lediglich – wie es normalerweise verstanden wird – »plötzlich« zu bedeuten. Wenn wir heutzutage imstande sind, etwas von seinen durch die Zugehörigkeit zum *»Belial«-/»B-L-`«*-Wortfeld impliziten Konnotationen zu erahnen, können wir gewiß sein, daß dies die Menschen der damaligen Zeit erst recht konnten.

Interessanterweise wird direkt im Anschluß an diese Anspielung das kuriose Problem der Tempellatrinen erörtert – ein Thema, auf dessen große Bedeutung wir bereits weiter vorn im Zusammenhang mit Judas *Ischarioths* »Lohn« oder »Spende« an den Tempel hingewiesen haben. Konkret geht es hier um die Frage, wo die Latrinen einzurichten seien: nämlich 300 Ellen nordwestlich der Stadt – und in diesem Kontext spielt das »Sehen« (wie angekündigt) tatsächlich eine

Rolle, wird doch erklärt, der Grund für diese Entfernung sei, daß »er [der Tempel]« von diesem unreinen Ort aus »unter keinen Umständen zu sehen sein« dürfe.[88]

Dieser Themenkomplex »Vermeidung einer Befleckung des Tempels« oder »der Stadt des Tempels« setzt sich auch in der nächsten (XLII.) Spalte der Tempelrolle fort, und hier scheint der *»Be`or«*-Code aufgegriffen zu werden – in diesem Fall durch das Wort *»be`orot«*/»mit Häuten«. Dies ist eingestandenermaßen bis zum Extrem getriebene »linguistische Esoterik«, aber das Problem, um das es dabei – wie wir meinen, erkennbar – geht, ist »die Befleckung des Tempels« oder »der Stadt, in der Ich weile« durch Götzenanbeterei. Letzteres wird durch das *pars pro toto* »Götzen geopferte Häute« zum Ausdruck gebracht; daß es sich dabei um ein zufälliges Zusammentreffen von Reizwörtern *(Bela`* und *be'or)* handeln könnte, erscheint in einem so räumlich begrenzten Kontext von zwei aufeinanderfolgenden Spalten, die sich zudem mit so wichtigen Gegenständen befassen, äußerst unwahrscheinlich.

Der gleiche Themenkomplex kommt in *»MMT«* zur Sprache, einem Brief, der Themen wie heidnische Geschenke an den Tempel, »Götzen geopferte Dinge« und das Verbot, solche »Häute« in den Tempel zu bringen, behandelt und Jerusalem als »das heilige Lager« und »das erste aller Lager Israels« bezeichnet.[89] Auch wenn sie vordergründig von den »Behältern« oder »Gefäßen« spricht, in denen Dinge in den Tempel und sogar in seine Stadt eingeführt werden (es werden ausdrücklich »Wein«, »Öl« und »alle ihre Nahrungsmittel« erwähnt), knüpft die Tempelrolle diese Anspielung auch direkt an das Verbot von »Götzen geopferten Dingen« – diesen so wichtigen Aspekt von Jakobus' Weisungen für überseeische Gemeinden, wie sie in der Apostelgeschichte festgehalten und im Ersten Brief an die Korinther kritisch besprochen werden. Hinzu kommt noch, daß *»MMT«* sogar das jakobinische »Unzucht«-Verbot explizit aufgreift (weil sie alle »Söhne der Heiligkeit« sein sollen) und zudem durch die Weisung, »Hunde vom heiligen Lager [Jerusalem] fernzuhalten«, »weil sie Knochen fressen, an denen noch das Fleisch haftet«, auf das Aas-Verbot anspielt.[90]

Wieder fällt es schwer, an einen bloßen Zufall zu glauben (wenngleich sich dies nicht grundsätzlich ausschließen läßt), stellen »Häute« doch lediglich einen konkreten Einzelfall der allgemeineren »Dinge« dar, von denen in den Jakobus zugeschriebenen Weisungen die Rede ist – oder allgemein der »Speisen«, von denen Paulus im Ersten Brief an die Korinther (8–11) spricht, der Passage, die in der Formulierung seiner Doktrin von der »Gemeinschaft mit dem Blut Christi« gipfelt. »Häute« können natürlich nicht »Götzen geopfert« sein, wie es denn strenggenommen nicht möglich ist, sie wem auch immer zu »opfern« – wenngleich man sie durchaus *schenken* oder *stiften* kann. Auf jeden Fall stellen sie lediglich einen konkreten Aspekt der allgemeinen jakobinischen Kategorie »Götzen geopferte Dinge« dar – und fallen jetzt auch unter die gesetzeswidrigen Genehmigungen, die »Bileam« und »Balak« Israel erteilten.

Dies bindet also – absichtlich oder zufällig – einzelne Aspekte des in der Tempelrolle enthaltenen Materials (wozu auch das Sexualgebaren des Königs gehört) in unser »Bela`«-/»Belial«-/»Benjamin«-Begriffsfeld ein. Selbst wenn man die Tempelrolle für einen »zu« frühen (vorchristlichen) Text hält – eine weitverbreitete Ansicht –, lassen sich die genannten Anspielungen und Codewörter nicht wegdiskutieren; sogar wenn man sie in den Anfang der Herodianer datiert – und weitere Indizien wie die Gebote, daß der König »eine und nur eine Frau heiraten soll« und »sich nicht scheiden lassen darf«, daß diese Gemahlin »eine Jüdin sein soll«, sowie die explizite Verurteilung der »Nichten-Heirat« machen deutlich, daß wir uns *in,* und nicht *vor* der Herodianerzeit befinden[91] –, *sind* diese Vorwürfe zweifellos gegen Herodes, wenn schon nicht gegen seine Erben, gerichtet, und es ist nicht zu bestreiten, *daß* die Tempelrolle befürwortet, unreine Menschen (einschließlich Fremde wie Herodes) und deren Geschenke (hier als »Götzenopfer« bezeichnet) aus dem Tempel herauszuhalten.

Tatsächlich würde der hier geforderte »starke Wall« oder die »hohe Mauer« (und wenn auch nur als unausgesprochene Nebenwirkung) solche Personen – die hier direkt mit dem Wort *»Bela`«* in Verbindung gebracht werden – nicht nur aussperren, sondern sogar auch daran hindern, den »Tempel [oder was in ihm vorgeht] zu *sehen«*. Dies aber bringt uns zu unserer »Tempelmauer-Affäre« zurück, bei der es ja genau darum ging: nämlich Agrippa II. daran zu hindern, die Opferhandlungen zu *sehen,* während er auf seiner Terrasse schmauste.

Nun erkennen wir das eigentliche Problem, das in allgemeiner Form in der Tempelrolle und der Damaskus-Schrift zur Sprache kommt. Wie schon angemerkt, schneidet auch *»MMT«* das Thema »unreine Dinge und Geschenke von Ausländern im Tempel« an, und zwar ausdrücklich im Zusammenhang mit dem diesbezüglichen Verhalten des Königs. *Dieser* Text ist mit Sicherheit nicht »zu früh«, sondern datiert genau aus der Zeit, in der sich die uns beschäftigenden Ereignisse zugetragen haben.[92] Das Problem ist zwiefach. Es betrifft zum einen, wie in der Damaskus-Schrift, die unrichtige »Scheidung« oder »Sonderung« »reiner und unreiner Dinge« im Tempel und zum anderen die Zulassung von Nichtjuden – wobei die Herodianer lediglich einen speziellen Einzelfall darstellen – in den heiligen Bezirk.

Herodianer im Tempel und Berufungen an Cäsar

Zu all diesen Angelegenheiten finden sich in der uns vorliegenden Literatur – wie der Apostelgeschichte, den pseudoklementinischen *Rekognitionen* und den Werken der frühen Kirchenschriftsteller – Parallelen in Mitteilungen über Auseinandersetzungen zwischen der sogenannten »christlichen« Partei um Jakobus und den Hohenpriestern, bei denen das Volk »die Christen« unterstützt oder zumindest nahe dran ist, es zu tun. Später werden wir sehen, daß Simon, das Oberhaupt einer eigenen »Versammlung« (oder »Kirche«) in Jerusalem, in den vierziger Jahren versucht, dem Vater Agrippas II. den Zutritt zum Tempel zu verwehren, und dessen Residenz in Cäsarea inspiziert – was das letzte ist (oder zu sein scheint), was man von ihm erfährt. Wir werden diesen Mann als den *historischen Petrus* identifizieren und dessen »Versammlung« als die sogenannte Jerusalemer »Christen«-Gemeinde oder »Jerusalemer Kirche«; die zentrale Streitfrage wiederum, um die all diese Dispute kreisten, war die Aussperrung von Herodianern wie Agrippa I. und dessen (sogar noch verhaßterem) Sohn Agrippa II. – als Ausländern – aus dem Tempel.

Paulus entstellt und verharmlost natürlich diesen Konflikt in gewohnter Weise, indem er ihn – und die damit zusammenhängende Zurückweisung heidnischer Weihgeschenke und Opfergaben an den Tempel – ins »bedeutend Allgemeine«, Kosmopolitische hebt. Sein Hinauswurf aus dem Tempel, wo er als eine Art »Strohmann« der Herodianer auftritt, fällt in genau die gleiche Zeit wie diese anderen Ereignisse und ist lediglich ein konkretes Beispiel für die allgemeinen Unruhen, die durch diese Fragen ausgelöst worden waren.

Bezüglich Agrippas II. steht das Urteil der »zelotisch«/»messianischen« Extremisten – trotz Josephus' leicht zwiespältiger Haltung diesem König gegenüber – fest: Er wird des Inzests mit seiner Schwester Berenike (offenbar der »reichsten« Frau von Palästina und der späteren Mätresse des Titus) bezichtigt und aufgrund dieses Verbrechens zusammen mit ihr nicht nur aus dem Tempel, sondern überhaupt aus Jerusalem verbannt, und zwar von denselben zelotischen »Neuerern«, die zuvor die »Tempelmauer-Affäre« ausgelöst hatten (und ungeachtet der Tatsache, daß der Wiederaufbau des Tempels seinem Urgroßvater Herodes und zum Teil auch ihm selbst zu verdanken gewesen war).[93]

Es sollte ebenfalls angemerkt werden, daß »Inzest« in der Damaskus-Schrift ausdrücklich verurteilt wird und daß Agrippas und Berenikes Paläste, wie bereits geschildert, in der Anfangsphase des Aufstands niedergebrannt wurden – zur gleichen Zeit also, als nach

Auskunft Josephus' »zelotische« Partisanen versuchten, »die Armen gegen die Reichen aufzuwiegeln«, weswegen sie alle Schuldurkunden verbrannten. Als sich »die Idumäer« zwei Jahre später der Sache der »Zeloten« anschlossen, wurden – vermutlich als Rache für Jakobus – auch die Paläste der Hohenpriester in Schutt und Asche gelegt und etliche von ihren Eigentümern umgebracht.

Diese »Tempelmauer-Affäre« ging also unmittelbar der Steinigung des Jakobus voraus. Neben der in Rom erfolgten Konsolidierung der Beziehungen zwischen Agrippa II. und Ananus und den Bestrebungen eines gewissen Simon, des »Oberhaupts einer eigenen Kirche in Jerusalem«, in den vierziger Jahren, den Vater Agrippas II., Agrippa I., als einen Ausländer vom Tempel auszusperren, liefert sie den Hintergrund zu den katastrophalen Ereignissen, die bald darauf folgen sollten. Laut Josephus' Bericht – wer hinter den Unruhen und den Steinwürfen auf dem Tempelberg steckte, die der Affäre voraufgegangen zu sein scheinen (und von Provokationen wie Agrippas II. Eßgewohnheiten ausgelöst worden sein dürften), braucht uns momentan nicht zu beschäftigen – ließen »die Vornehmsten Jerusalems« oberhalb der westlichen Wandelhalle des inneren Hofes eine hohe Mauer errichten. Wie bereits angemerkt, dürfte Agrippas II. Verhalten sogar als noch anstößiger empfunden worden sein, wenn er, während er sich die Opferhandlungen ansah, ausländische Gäste bewirtete oder verbotene Speisen aß.

> Als sie [diese Mauer] vollendet war, versperrte sie nicht nur dem Ruheplatz des Königs, sondern auch dem westlichen Portikus außerhalb des Tempels, wo die Römer an Festtagen die Vorgänge im Tempel durch Soldaten überwachen ließen [die gleichen Soldaten, die laut Apostelgeschichte ein oder zwei Jahre zuvor zu Paulus' Rettung geeilt waren], jeden Ausblick. Hierüber geriet nicht nur Agrippa, sondern in noch höherem Grade auch der Landpfleger Festus in Erregung, und letzterer gab Befehl, die Mauer niederzureißen.

Offenbar von diesem Portikus aus marschiert der römische »Oberhauptmann« mit »Kriegsknechten und Hauptleuten« los, um Paulus, der gerade ohne viel Federlesens aus dem Tempel geworfen worden ist, aus den Händen der wütenden jüdischen Volksmenge zu befreien (Apostelgeschichte 21,30–33). Von diesem jüdischen Pöbel erklärt die Apostelgeschichte (wie auch mehrfach an anderer Stelle), daß er »ihn [Paulus] töten wollte«. Dieser Zwischenfall ereignet sich 59/60 n. Chr., unmittelbar nach dem Pfingstfest, einem Feiertag, der sowohl im Neuen Testament als auch in den Qumran-Rollen eine außergewöhnlich große Bedeutung besitzt.[94] Festus und Agrippa sind natürlich gleichfalls die Gesprächspartner, mit denen sich Paulus zwei, drei Kapitel später in der Apostelgeschichte so angenehm unterhält.

Interessanterweise erzählt Josephus im zwanzigsten Buch seiner *Altertümer* – direkt nachdem er von der Enthauptung des Theudas und der darauffolgenden (von Tiberius Alexander, dem Sohn des Alabarchen von Alexandria, während der Hungersnot von 46 bis 48 n. Chr. angeordneten) prophylaktischen Kreuzigung Simons und Jakobus', der zwei Söhne Judas' des Galiläers, gesprochen hat und unmittelbar bevor er von einem außerhalb Jerusalems erfolgten Angriff auf einen Sklaven des Kaisers namens »Stephanus« sowie den folgenden messianischen Auseinandersetzungen zwischen Samaritanern und Juden in der Umgebung von Lydda, die zur Ernennung Felix' zum Statthalter führen, berichtet –, einer der Soldaten, die den Tempel bewachten, habe am *Pessachtag,* auf dem Dach desselben Portikus stehend, »seine Tunika gehoben und der Volksmenge seine Schamteile gezeigt«. In *Krieg* heißt es dagegen, er habe sich umgedreht, sein Gewand gehoben und der versammelten Volksmenge *entgegengefurzt* (was sogar noch glaubwürdiger erscheint). Doch so oder so brachte der Legionär seine Meinung auf unzweideutige Weise zum Ausdruck.[95]

Bevor wir weitergehen, sei noch einmal auf die quasi-parallele Abfolge von Ereignissen hingewiesen, die sich in der Apostelgeschichte in der Erwähnung Judas' des Galiläers (Kapitel 5), der Steinigung des Stephanus (6–7) und Petrus' Auseinandersetzung mit Simon *Magus* in Samaria und anschließendem Aufenthalt in *Lydda* (8–9) beobachten läßt. Auch Tiberius Alexander, von dem Josephus berichtet, er sei der »Religion seines Landes« abtrünnig geworden, erscheint in der Apostelgeschichte im Zusammenhang mit Unruhen auf dem Tempelberg (4,6); und der Zirkel von jüdischen Überläufern und Herodianern, zu dem er selbst gehört, wird, je mehr sich die Ereignisse zuspitzen, desto größere Bedeutung erlangen.

Das anstößige Verhalten des sich entblößenden und/oder furzenden Legionärs löst bei der jüdischen Volksmenge eine veritable Stampede aus, in deren Verlauf angeblich Tausende (in *Krieg* spricht Josephus von »zehntausend«, in *Altertümer* von »zwanzigtausend«) niedergetrampelt werden – und das an *Pessach.* Wieder erklärt Josephus, daß es »bei früheren Statthaltern Judäas üblich gewesen war«, aus Angst vor revolutionären Aktivitäten – wörtlich »Neuerungen« – von seiten der Volksmassen an hohen Festtagen

> eine Abteilung bewaffneter Soldaten als Wache auf den Wandelhallen des Tempels zu postieren, damit etwaige aufrührerische Handlungen sofort niedergeschlagen werden könnten.[96]

An diesem Punkt der Erzählung – nachdem die Volksmenge Paulus in der Annahme, er habe Fremde in den Tempel gebracht, am Pfingsttag verprügelt hat – erwähnt die Apostelgeschichte auch »den Ägypter«. Josephus seinerseits spricht von diesem »Ägypter, der sich für einen Propheten ausgab«, unmittelbar nachdem er von »den Räubern« berichtet hat, die »Dolche unter ihren Gewändern« verbargen und Ananus' Bruder, den Hohenpriester Jonathan, ermordeten, und direkt von seiner Schilderung der blutigen Auseinandersetzungen zwischen den griechischen und den jüdischen Einwohnern von Cäsarea – wodurch sich das Ereignis in die Mitte der fünfziger Jahre datieren ließe.

In der Apostelgeschichte gelangt »der Oberhauptmann«, als er erfährt, Paulus könne Griechisch, zu dem Schluß, daß er

> nicht der Ägypter [ist], der vor diesen Tagen einen Aufruhr gemacht hat und führte in die Wüste hinaus viertausend Meuchelmörder [*Sikarier*] (21,28).

Dem Auftauchen des griechischen Wortes *»Sikarioi«* entspricht bei Josephus die Einführung des Terminus unmittelbar vor der »Tempelmauer-Affäre«, der in *Altertümer* wiederum der sich zur Amtszeit des Festus (60–62 n. Chr.) ereignende Auszug eines *zweiten* namenlosen »Gauklers« in die Wüste folgt. In *Krieg* hatte Josephus den Terminus *»Sikarier«*, wie wir uns erinnern, fünf Jahre eher eingeführt: zum Zeitpunkt von Jonathans Ermordung.[97]

Betrachtet man dieses Wort in der von der Apostelgeschichte verwendeten griechischen Schreibung, *sikarios*, verbleibt kaum ein Zweifel an dessen Beziehung zum Beinamen *»Iskarioth«*, mit dem die Evangelien (interessanterweise aber nicht die Apostelgeschichte) den geheimnisvollen »Judas« belegen, wobei der einzige wesentliche graphische Unterschied in der Umstellung des anlautenden Sigma und des folgenden Jota besteht; auf dessen zwar entferntere, aber doch gleichfalls erkennbare Ähnlichkeit mit dem griechischen *christianos* (»Christ«) haben wir bereits hingewiesen.

Über die fertiggestellte neue Tempelmauer erzürnt, befiehlt der Prokurator Festus, wie Josephus weiter berichtet, den Juden, sie wieder einzureißen; diese aber schicken »zehn vornehme Bürger aus ihrer Mitte« zusammen mit Ismael und dem zuvor erwähnten Tempelschatzmeister Helkias – *also insgesamt zwölf Männer* – zu Nero. In Rom tritt Neros Gemahlin Poppäa (die Josephus als »gottesfürchtig« charakterisiert – wie ansonsten Heiden tituliert werden, die sich auf irgendeine Weise der jüdischen Gemeinde angeschlossen haben, aber das Gesetz noch nicht in allen Punkten befolgen)[98] für *die Erbauer der Mauer* ein.

Diese Abgesandten läßt sie wieder heimkehren – allerdings mit Ausnahme Ismaels, des Hohenpriesters, und Helkias', die sie, offenbar mit Neros Einverständnis, »als Geiseln zurückbehält« (wohl in Erwartung eines Lösegelds, das die Familien der beiden auch zweifellos bald darauf entrichteten; bei derlei Entscheidungen spielten pekuniäre Erwägungen mit Sicherheit stets eine erhebliche Rolle). Solchen »Sympathisanten« innerhalb des Neronischen Haushalts oder Hofstaates sollte besondere Aufmerksamkeit gewidmet werden. Später, zu Domitians Zeit, gehörten, wie wir bereits gesehen haben, zur kaiserlichen Familie sogar *Christen:* Flavius Clemens und Flavia Domitilla. Wie im Falle (Flavius) Josephus' deutet das Pränomen dieser zwei auf deren Zugehörigkeit zum Geschlecht der Flavier. Und wie noch deutlich werden wird, hat auch Paulus gute Beziehungen zu hochgestellten Mitgliedern des Neronischen Haushalts.[99]

Als Agrippa II. von seiner Niederlage im Streit um die Tempelmauer erfährt, reagiert er mit der Auswechslung des Hohenpriesters. Damit stellt er die Weichen für eine Maßnahme, die er kurze Zeit später, als Festus (der Statthalter, welcher der Apostelgeschichte zufolge Paulus nach Rom schickt) plötzlich stirbt (62 n. Chr.), ergreift. Er ernennt augenblicklich einen neuen Hohenpriester, und diesmal, wie es scheint, mit der Absicht, *den Weg für Jakobus' Beseitigung zu ebnen.* Angesichts einer solchen Situation kann man nur den Schluß ziehen, daß Agrippa II. Jakobus als den für die vielfältigen Schwierigkeiten eigentlich Verantwortlichen ansieht, die er im Zusammenhang mit dem Tempel erlebt, und einen Hohenpriester ernennt, der eher die Bereitschaft aufbringt, ein solches Ärgernis ein für allemal aus der Welt zu schaffen.

Aber auch Nero scheint mittlerweile von diesen ständigen Beschwerden und Eingaben aus Palästina – zu denen gleichfalls Paulus' »Berufung an den Cäsar« gerechnet werden muß – genug zu haben, denn sein Verhalten den Juden gegenüber wird nicht nur zunehmend feindseliger; Florus (64–66), der letzte Statthalter vor Ausbruch des Krieges, erweckt darüber hinaus ganz den Eindruck, als versuchte er bewußt, die Juden zur Revolte zu treiben.[100]

An solchen Berufungen an Cäsar hatten wir diejenigen der »Hohenpriester« Ananias und Ananus, die im Jahrzehnt zuvor wegen der messianischen Unruhen und jüdisch-samaritanischen Auseinandersetzungen in Lydda zum Kaiserhof aufgebrochen waren, sowie diejenige des Paulus; aber auch Josephus war nach eigenen Angaben einmal in einer solchen Angelegenheit nach Rom gereist. Diese seine erste Reise in die Hauptstadt, so erzählt er uns in seiner *Autobiographie,* unternahm der Sechsundzwanzigjährige im Interesse »einiger [ihm] sehr befreundeter Priester«, die

> um die Zeit, als Felix Landpfleger von Judäa war ... einer ganz unbedeutenden Ursache wegen verhaftet ... und in Ketten nach Rom geschickt worden waren, wo sie sich vor dem Cäsar verantworten sollten.[101]

Dies geschah also ungefähr zur Zeit von Paulus' Festnahme im Tempel, seiner Schutzhaft im Palast Agrippas II. und seiner Diskussionen mit dem römischen Statthalter Felix und dessen Ehefrau Drusilla. Den Fall dieser ungenannt bleibenden »Priester« trägt Josephus nun derselben *Kaiserin Poppäa* vor, die sich offenbar nicht nur für religiöse Fragen interessierte, sondern auch eine Schwäche für junge Männer hatte. Tatsächlich geschah es nicht lange danach (65 n. Chr.), daß Nero ihr in einem Wutanfall – vermutlich weil sie schwanger war – in den Bauch trat und sie dadurch tötete.

Leider verrät uns Josephus nicht, wie die »ganz unbedeutende« Anklage, wegen der diese »Priester« so lange – offenbar fünf Jahre oder sogar noch länger – festgehalten wurden, lautete; wohl aber teilt er uns mit, daß sie (wie Jakobus) »wackere und ehrenwerte Männer« waren und aufgrund »ihrer Frömmigkeit gegen Gott« (das erste Element unserer »Frömmigkeit«-/»Gerechtigkeit«-Dichotomie) – zumindest während der Dauer ihres Arrests in Rom – vegetarisch lebten.

Unter ebendiesem Stichwort »Frömmigkeit gegen Gott« berichtet Josephus, wie wir uns erinnern, von den »Essenern«, daß sie »vor der Sonne aufstanden« und »zur aufgehenden Sonne beteten, ... während sie ihren Leib in kaltem Wasser badeten« und daß sie wie Priester beim Baden und beim Essen nur weißes Leinen trugen. Unter demselben Stichwort erzählt er uns auch, daß »die Essener« nur besonders zubereitete Speisen aßen und daß »sie in den Handwerkskünsten, die sie unablässig betrieben, sehr geschickt waren« (was für eine »rechabitische« Orientierung spricht).

Die »Priester«, in deren Interesse Josephus unmittelbar nach dem Tod des Jakobus – und einige Zeit nach seinem mehrjährigen Aufenthalt unter »Essenern« oder Anhängern des sogenannten *»Banus«*

– seine Reise nach Rom unternahm, müssen also »essenische« oder »rechabitische Priester« vom Schlag eines Jakobus gewesen sein. Dafür spricht auch die Tatsache, daß sie im Kerker nichts anderes als »Feigen und Nüsse« aßen, und zwar offenbar nicht nur, »um nicht an der Befleckung teilzuhaben«, sondern auch weil sie wie Jakobus und *»Banus«* die strengen Reinheitsgebote absoluten »Nasiräats« (oder, wenn es uns lieber ist, »Zelotentums«) befolgten. Wir können sicher sein, daß *sie* weder in Rom noch in Palästina »Götzen geopferte Dinge« aßen. Was Josephus anbelangt, so sei hier daran erinnert, daß er während dieses Romaufenthalts jene Beziehungen knüpfte, die ihm seinen späteren Verrat am jüdischen Volk ermöglichen sollten.

Auch wenn Josephus uns (untypischerweise) verschweigt, warum diese frommen Priester in Rom festgehalten wurden, fällt es schwer zu glauben, daß dies *nicht* irgendwie mit der »Tempelmauer-Affäre« oder zumindest mit dem Diebstahl der den »armen Priestern« zustehenden Zehnten durch die »reichen« Hohenpriester – und sogar mit Jakobus' Tod – zusammengehangen haben soll. Wir haben bereits die These aufgestellt, daß die »Tempelmauer-Affäre« den wahren Hintergrund der Beseitigung Jakobus' bildet. Aufmerksam gelesen, verrät sie nicht nur, was die eigentlichen Ursachen und Triebkräfte all dieser Ereignisse waren, sondern auch, warum Josephus ebendiesen Ereignissen gegenüber eine so zwiespältige Haltung einnimmt – und dies trotz seiner späteren Freundschaft zu Agrippa, der um 100 n. Chr. starb, also etwa während der Zeit der Veröffentlichung der *Altertümer* und der *Autobiographie.*[102]

Dies also ist der eigentliche Hintergrund der Beseitigung des Jakobus, zu der sich endlich eine Gelegenheit bietet, als – weil Festus gestorben und dessen Nachfolger Albinus noch nicht eingetroffen ist – Palästina vorübergehend ohne römischen Statthalter ist, woraufhin Agrippa Ananus zum Hohenpriester ernennt. Von all diesen Dingen erfahren wir aus dem parallelen Bericht der Apostelgeschichte allerdings nichts. In ihr werden sämtliche Unruhen im Tempel »personalisiert«, als bloße Reaktion auf *Paulus'* Person, Lehren und Aktivitäten hingestellt. Nicht nur erhält Paulus vom römischen »Oberhauptmann« angeblich die Erlaubnis, der jüdischen Volksmenge, »die ihn zu töten wünscht«, eine Bekehrungsrede zu halten – als er erfährt, daß Paulus das römische Bürgerrecht besitzt, zwingt er sogar »die Oberpriester« und den ganzen jüdischen Sanhedrin, ihn anzuhören. Hier läßt der Hohepriester – die Apostelgeschichte nennt ihn »Ananias«, aber das ist eindeutig ein Anachronismus – Paulus »auf den Mund schlagen«, worauf Paulus damit reagiert, daß er ihn (vermutlich wegen seiner weißen Leinengewänder) als »getünchte Wand« tituliert (Apostelgeschichte 23,3). Dann erklärt Paulus, er sei Pharisäer und werde wegen seiner Hoffnung auf die »Auferstehung der Toten« angeklagt; das Reizwort löst augenblicklich eine heftige theologische Diskussion zwischen den anwesenden Pharisäern und Sadduzäern aus (23,6–10).

Mehr oder weniger die gleichen Szenen wiederholen sich, wie die Apostelgeschichte in den folgenden Kapiteln berichtet, im Laufe der nächsten zwei Jahre auch in Cäsarea, wo Paulus sich (unter Felix und Festus) in Schutzhaft befindet. Von allen anderen Problemen aber – von den bewaffneten Auseinandersetzungen zwischen Juden und Samaritanern, von den Debatten, Schlägereien und Konflikten zwischen den Hohenpriestern und der jüdischen Bevölkerung, zwischen König Agrippa und den Tempelpriestern, zwischen den Bürgern Cäsareas und den Juden – erfahren wir nichts. Stets geht es scheinbar nur um Paulus' persönliche Schwierigkeiten mit dem jüdischen Volk – das darüber hinaus immer als ein homogenes Ganzes dargestellt wird.

Dieses Szenario ist eindeutig unglaubwürdig, insbesondere in Anbetracht der Tatsache, daß Jakobus während der zwei Jahre, die Paulus angeblich in Cäsarea in Gefangenschaft verbringt, offenbar ohne allzusehr von diesen Gruppen angefeindet zu werden, weiterhin in Jerusalem wirkt; daran ändert sich erst etwas, als Agrippa II. unter Ausnutzung der zeitweiligen Abwesenheit eines römischen Statthalters Ananus zum Hohenpriester ernennt und damit zur endgültigen Beseitigung des Mannes schreitet, den er offensichtlich als die eine Ursache all seiner verschiedenen Probleme (angefangen mit der »Tempelmauer-Affäre«) erkannt hat: *Jakobus' des Gerechten.* Ebenso merkwürdig ist der Umstand, daß Paulus während seiner ganzen zweijährigen Haftzeit weder von Jakobus noch von einem sonstigen Mitglied der Jerusalemer Gemeinde besucht wird – zumindest nicht nach Auskunft der Apostelgeschichte, die hingegen großen Wert darauf legt, Paulus' herzliche Beziehungen zu römischen Statthaltern und herodianischen Prinzessinnen und Königen (schwerlich die Gesellschaftsschicht, in der *Jakobus* verkehrt hätte) herauszustreichen.

Wenn wir Jakobus in den Mittelpunkt dieser verschiedenen Unruhen im Tempel stellen und ihn als den »Volks-*Zaddik*« – den Zaddik des Oppositionsbündnisses – identifizieren, Paulus dagegen statt als seinen *Mitstreiter* als seinen *Widersacher* innerhalb derselben Bewegung begreifen, erhalten wir ein weit glaubwürdigeres Bild von der damaligen Situation in Jerusalem. Dann wird auch Jakobus' Beseitigung als die unvermeidliche (und für das »Establishment« zwingend notwendige) Folge seiner Bedeutung als Verkörperung der »zelotischen« Kräfte unter der auf Reinheit bedachten niederen Priesterschaft im

Tempel verständlich. Die Schriftrollen vom Toten Meer beschreiben genau eine solche »zelotische« priesterliche oder puristische Strömung innerhalb eines größeren »oppositionellen« Kontextes sowie das ideologische und textliche Bezugssystem, auf dem sie fußen könnte: Insbesondere ihr Verständnis von einer nach dem Ideal der »Gerechtigkeit« ausgerichteten oppositionellen Hohepriesterschaft, das heißt »die Söhne des Zadok«, bezeichnete keine bloß genealogisch qualifizierten Hohenpriester, sondern Hohenpriester der »letzten Tage«, die ihre Legitimation aus einer höheren Gerechtigkeit und vollkommenen Heiligkeit ableiteten. Dadurch gewinnt das von uns entworfene Bild sogar noch mehr an Glaubwürdigkeit. In diesem Zusammenhang könnte man es sogar wagen, Jakobus als den Verfasser von *»MMT«* zu identifizieren, fügt sich dieser Text doch vollkommen in das ganze Spektrum der hier behandelten Fragen und Ereignisse ein. Ja, dies würde *»MMT«* – seiner Form nach eindeutig ein Brief – zu dem *wahren* sogenannten »Aposteldekret« (unseren »Weisungen für überseeische Gemeinden«) machen, das Jakobus am Ende des »Jerusalemer Konzils« von »Justus Barsabas« nach »Antiochia« überbringen läßt.

Durch Hinzuziehung ausgewählter Informationen aus der Apostelgeschichte erhöhen wir diese Glaubwürdigkeit sogar noch weiter. Beispielsweise erfahren wir dort – folgerichtig direkt vor der *Steinigung des Stephanus* –, daß eine große Anzahl von »Priestern« in Palästina zum sogenannten »Christentum« übertreten. Weiterhin werden die Anhänger von Jakobus' Jerusalemer Kirche – im Verlauf der abschließenden verbalen Konfrontation Jakobus' mit Paulus und unmittelbar bevor letzterer im Tempel vom wütenden Volk angegriffen wird – mehrheitlich als »Eiferer« oder »Zeloten *[Zêlôtai]* für das Gesetz« charakterisiert (21,20). Von ihrem religiösen Standpunkt aus war es unerträglich, daß Paulus »alle Menschen allenthalben lehrt wider unser Volk, wider das Gesetz und wider diese Stätte«, das heißt »wider« den Tempel, den »er [Paulus] entweiht hat«, indem er Fremde hineingeführt hat – nämlich »Griechen« (*Hellênes* – Apostelgeschichte 21,28).

16
Paulus' Attacke gegen Jakobus und der Angriff auf Stephanus

Gewalt in Jerusalem und die von Saulus angeführten Krawalle bei Josephus

Unmittelbar nach der Steinigung des Jakobus berichtet Josephus, wie wir uns erinnern, noch einmal, daß sich Ananias und die anderen Hohenpriester »mit den brutalsten Menschen verbündeten« und ihre Knechte zu den Tennen schickten, damit sie die den »ärmeren Priestern« zustehenden Zehnten raubten, wobei alle, die ihnen Widerstand zu leisten wagten, »mit Schlägen mißhandelt wurden«. Dies hatte zur Folge, daß jene, »die sich von alters her von den Zehnten ernährt hatten« – möglicherweise unsere puristischen »nasiräischen Priester« –, verhungerten.

Wie wir uns gleichfalls erinnern, ereigneten sich solche brutalen Übergriffe den *Altertümern* zufolge zweimal, unter zwei verschiedenen Statthaltern, im Abstand von ungefähr vier Jahren: einmal am Ende von Felix' Amtszeit, kurz vor der »Tempelmauer-Affäre« und dem Tod des Jakobus, und einmal unter Albinus, kurz *nach* der Steinigung des Jakobus. Dazwischen erfahren wir von ständigen tätlichen Auseinandersetzungen (und wechselseitigen Entführungen) zwischen den *»Sikarioi«* (*»Christianoi?«*) und den »reichen« Hohenpriestern (insbesondere Ananias) und den Versuchen der letztgenannten, mit Hilfe des neuen römischen Statthalters die Unruhen niederzuschlagen. Auch wenn derselbe Ananias in der Apostelgeschichte als Ankläger Paulus' auftritt (was einen historischen Kern haben kann, aber nicht muß), ist es unmöglich, diese Ereignisse *nicht* auf die eine oder andere Weise mit dem Tod des Jakobus in Verbindung zu bringen.[1]

Direkt im Anschluß daran berichtet Josephus, wie Agrippa II. (also einer der beiden Hauptverschwörer gegen Jakobus) sich daranmacht, zwei weitgehend heidnische Städte auszuschmücken: Berytos (das heutige Beirut) und das auf den syrischen Golanhöhen, an der Straße nach Damaskus gelegene Cäsarea Philippi, das er zu Ehren Neros (vorübergehend, wie wir annehmen dürfen) in »Neronias« umbenennt! Nachdem er ausdrücklich mitgeteilt hat, daß Agrippa II. im Zuge dieser Verschönerungsmaßnahmen (wie Herodes und Agrippa I. vor ihm) auch heidnische Statuen errichtete, räumt Josephus zum erstenmal ein:

> Dadurch erregte er aber den Unwillen seiner Untertanen, weil er ihnen das Ihrige nehme und eine fremde Stadt damit verschönere.

Das ist genau das, was man erwarten würde – daß diese Herrscher vom Volk gehaßt wurden –, aber jetzt gesteht Josephus nicht nur die Tatsache als solche ein, sondern gibt uns auch einen Grund dafür an: deren kosmopolitische Bindung an fremde Mächte und allgemein deren Kontakte zu Ausländern, wozu eben auch die Ausschmückung von deren Tempeln und Städten gehörte.[2]

Nicht nur tituliert Josephus diese *»Sikarier«* wie gewohnt als »Räuber« (*Lêstai* – derselbe Terminus, mit dem in den Evangelien die zwei Männer bezeichnet werden, zwischen denen Jesus gekreuzigt wird, Matthäus 27,38 und Parallelen), sondern er schildert außerdem, wie sie den römischen Statthalter Albinus durch Ananias zu zwingen versuchen, »Gefangene freizulassen«! Hier begegnet uns also wieder das von den verschiedenen Versionen der Passionsgeschichte her vertraute Motiv, nur diesmal unter Beteiligung von »Sikariern«. Hinzu kommt nun ein weiteres typisches Motiv der Evangelien, »Bestechung«: Als nämlich Albinus zwei Jahre später kurz davor steht, Jerusalem wieder zu verlassen,

> ließ er alle Gefangenen, die offenbar den Tod verdient hatten, hinrichten, während er diejenigen, die wegen leichterer Vergehen im Kerker saßen, gegen Entrichtung einer bestimmten Geldsumme freigab. So leerten sich zwar die Gefängnisse von Übeltätern, das Land aber füllte sich mit Räubern *[Lêstai]*.

Diese ständigen Wiederholungen vertrauter neutestamentlicher Motive in Verbindung mit römischen Statthaltern sind so auffällig, daß die Evangelienberichte allmählich etwas hohl klingen.[3]

Die gewalttätigen Auseinandersetzungen Priester gegen Priester eskalieren:

Jeder von ihnen sammelte eine Schar verwegener Menschen um sich, die sich gegenseitig in gröbster Weise schmähten und schließlich mit Steinen bewarfen.

Die Atmosphäre ist uns von den in frühen Kirchenquellen geschilderten – in Jakobus' Tod gipfelnden – Konfrontationen und Konflikten im Tempel vertraut; lediglich in der Erklärung, worum es bei diesen Unruhen und Debatten angeblich gegangen sei, besteht ein erheblicher Unterschied.

Insbesondere läßt Josephus seiner Beschreibung vom Tod des Jakobus eine äußerst interessante Mitteilung über einen gewissen »Saulus« und einen offenbar mit ihm verwandten »Kostobar« – den er in *Krieg* als Saulus' Bruder identifiziert – folgen. Gleichfalls in *Krieg* bringt er beide mit zwei weiteren interessanten Persönlichkeiten in Verbindung: dem mit ihnen ebenfalls »verwandten« Antipas, dem späteren Tempelschatzmeister, der entweder von »Zeloten« oder von *»Sikariern«* ermordet wird, und Philippus, dem Hauptmann von Agrippas II. Garde.[4]

Der Namensvetter und Vorfahr dieses Kostobar war, wie wir gesehen haben, mit Herodes' Schwester Salome I. verheiratet gewesen. Er war der *wirkliche* Idumäer in diesen herodianischen Genealogien. Herodes ließ ihn hinrichten, weil er befürchtete, er plane, ihn vom Thron zu stürzen. Danach heiratete diese erste Salome Herodes' Freund Helkias, den Vorfahr verschiedener Tempelschatzmeister (und vermutlich ersten Inhaber dieses Amtes). Wahrscheinlich auch ein Ahne des soeben erwähnten Antipas, war er darüber hinaus der Großvater oder Urgroßvater des Julius Archelaos, dessen Bekanntschaft Josephus später *in Rom* machen sollte. Julius wiederum war der Ehemann der herodianischen Prinzessin Mariamne III., bevor diese sich von ihm scheiden ließ und in die noch reichere Familie des Alabarchen von Alexandria einheiratete – die Familie des berühmten jüdisch-hellenistischen Philosophen Philon von Alexandria und dessen Neffen Tiberius, des Oberbefehlshabers der römischen Truppen, die den Tempel zerstörten.[5]

Diese beiden, Saulus und Kostobar, scharten, so Josephus, nur »eine Rotte verbrecherischer Menschen« um sich – zweifellos Männer gleichen Schlags wie jene, welche die Hohenpriester in Dienst genommen hatten. In diesem Zusammenhang sollte man sich an die schriftliche Erlaubnis, in Damaskus »Christen« zu verfolgen, erinnern, die der junge Paulus (noch »Saulus«) der Apostelgeschichte zufolge gleichfalls *vom Hohenpriester* erhält (9,1 f.). Die zwei Männer charakterisiert Josephus folgendermaßen:

> Die beiden stammten aus königlichem Geschlecht und standen ihrer Verwandtschaft mit Agrippa wegen in hohem Ansehen, waren aber übermütig und *gewalttätig gegen das Volk* und auf die *Ausplünderung der Schwächeren* erpicht.

Hier fügt Josephus seine stereotype, aber in diesem Kontext bezeichnende Erklärung hinzu:

> Von dieser Zeit an kam unsere Stadt aus den Drangsalen nicht mehr heraus, und alle Verhältnisse trieben dem Untergang zu.[6]

Eine sehr wichtige Rolle spielt das Motiv der – dem Volk oder dem Land angetanen – »Gewalt« in den Qumran-Texten, wo es namentlich im Ausdruck »die Gewalttätigen« erscheint. Diese Gewalt wird sehr detailliert beschrieben: Wir hören in diesem Zusammenhang von den »Armen« sowie den Hohenpriestern – hier als »die letzten Priester Jerusalems« bezeichnet, woraus meines Erachtens klar hervorgeht, daß wir uns in der Herodianerzeit befinden – und dem »Frevelpriester« (der »Vorteil zog aus« der Gewalt »der Völker«, was in diesem Kontext »Herodianer« bedeutet), die in den letzten Monaten vor der Zerstörung des Tempels und dem Untergang Jerusalems »Reichtümer« und »Beute sammeln«.

Von diesen »Gewalttätigen« erfahren wir nicht nur im *Pescher* Habakuk, sondern auch im *Pescher* zu Psalm 37, wo sie bezeichnenderweise »die Gewalttätigen der Heiden« genannt werden. Im *Pescher* Habakuk taucht der Ausdruck in besonders wichtigen Passagen auf, die von der Vernichtung des Gerechten Lehrers – und mit ihm einer Reihe von »Armen« – handeln. Der Text lautet folgendermaßen:

> Der Frevelpriester ... wurde hochmütig [wörtlich »aufgeblasen«], und er fiel ab von Gott und verriet die Gesetze um des Reichtums willen. Er plünderte und erraffte die Reichtümer der Männer der Gewalt, die selbst gegen Gott aufbegehrt hatten, und nahm [im Sinne von »zog Nutzen aus«] die Reichtümer der Völker [womit unserer Ansicht nach die Herodianer gemeint sind, die, wie man sich gegenwärtig halten sollte, zu dieser Zeit die römischen Steuereintreiber oder, genauer, Steuer*pächter* in Palästina waren], wodurch er sündige Schuld über Schuld auf sich lud.[7]

Diese Ausführungen werden in der nächsten Spalte durch den Hinweis auf »die letzten Priester Jerusalems« unterbrochen (auch die *Mehrzahl* dieser Priester scheint den Text in die Herodianerzeit zu verlegen). Unsere Autoren wußten vermutlich durchaus, wovon sie sprachen, wenn sie von diesen »letzten Priestern« erklärten, daß sie

> sich an der Beute der Völker bereicherten. Aber in den letzten Tagen sollen ihre Reichtümer zusammen mit ihrer Beute den Händen der Streitmacht der *Kittim* überantwortet werden.

Nun kehrt unser Text wieder zum »Frevelpriester« zurück, und es folgt – die bereits weiter vorne erörterte – Passage über die Vergeltung, mit der Gott ihn heimsuchen wird, »weil er sich verschwor, die Armen zu vernichten«:

> Und was das Wort der Schrift anbelangt: »Um des Blutes der Stadt und der Gewalt des Landes willen« [hier wieder unsere »Blut«-Metapher, jetzt aber mit dem vielsagenden Bild der »Gewalt« verknüpft], so lautet dessen Auslegung: Die »Stadt« ist Jerusalem, wo der Frevelpriester seine Werke der Greuel beging [im Gegensatz zu den »Werken der Gerechtigkeit« des Gerechten Lehrers], wobei er den Tempel Gottes befleckte, und die »Gewalt des Landes« spielt auf die Städte Judas an, wo er die Armen *[Ebionim]* ihres Unterhalts [ihrer »Reichtümer«] beraubte.[8]

Josephus' Saulus und Paulus' Beziehungen zu den Herodianern

Josephus' Bemerkung, Saulus sei »gewalttätig gegen das Volk« gewesen, ist nicht nur in bezug auf den in den Pseudoklementinen geschilderten Angriff des »Feindes« Paulus auf Jakobus von Bedeutung, sondern sie gestattet auch Rückschlüsse auf die wirklichen Ereignisse, die sich hinter der »Stephanus«-Episode verbergen. Wie wir gesehen haben, erwähnt Paulus in einer allgemein als authentisch geltenden Passage des Römerbriefes einen »Verwandten«, den er »Herodion« oder »kleinsten Herodes« nennt (16,11). Im selben Atemzug läßt er irgendwelche Personen grüßen, die er als »Hausgenossen« oder »Verwandte des Aristobulos« bezeichnet (16,10).

Agrippas I. Bruder und Nachfolger, der ursprünglich mit Agrippas I. Tochter Berenike verheiratete Herodes von Chalkis (44–49 n.Chr.), hatte einen Sohn namens Aristobulos, der mit der von der Geschichte Johannes' des Täufers her bekannten Salome verheiratet war. Gewiß verbrachten sie einen großen Teil ihres Lebens in Rom, aber als Nero Agrippas II. Reich auf Kosten von Herodes' von Chalkis

Herrschaftsgebiet vergrößerte, entschädigte er Aristobulos und Salome dadurch, daß er ihnen das in Nordsyrien und Asia Minor (also nicht weit von Paulus' Operationsbasis) gelegene Königreich Unter-Armenien gab.

Paulus besaß aber, wie allgemein die Herodianer, gleichfalls das römische Bürgerrecht – im damaligen Palästina durchaus eine Seltenheit. Die Apostelgeschichte macht bekanntlich viel Aufhebens um diese Tatsache, so zum Beispiel im kurzen, aber jovialen Gespräch, das sich nach dem Hinauswurf aus dem Tempel zwischen Paulus und dem römischen Oberhauptmann abspielt (Apostelgeschichte 22,26–29). Auch Josephus erhielt das römische Bürgerrecht – und wurde sogar durch Adoption in die römische Kaiserfamilie aufgenommen –, mußte jedoch im Gegensatz zu Paulus dafür einiges leisten. Die Herodianer hingegen hatten bereits im vorigen Jahrhundert – aufgrund der wertvollen Dienste, die Antipater und dessen Sohn Herodes dem Römischen Reich erwiesen hatten (tatsächlich war die Eroberung Palästinas zu einem guten Teil deren beider Bemühungen zu verdanken gewesen) – das römische Bürgerrecht pauschal und »für alle Zeiten« zugesprochen bekommen. Dieses Bürgerrecht verlieh Paulus als Diener der Hohenpriester bereits in vergleichsweise jungen Jahren einen großen Einfluß in Jerusalem und rettete ihn nach Auskunft der Apostelgeschichte wiederholt vor drohender Bestrafung und sogar vor dem Tod. Es fällt schwer, sich *Jesus* dabei vorzustellen, wie er, um Geißelung und Kreuzestod zu entgehen, seinen römischen Reisepaß zückt!

Eine der merkwürdigsten und, wie sich zeigt, aufschlußreichsten »paulinischen Rettungen« dieser Art ereignet sich, als ein Neffe Paulus' – dessen Namen die Apostelgeschichte uns zwar verschweigt, der aber in Jerusalem lebt und offenbar Zugang zu römischen Kreisen besitzt – eine »Verschwörung« der Juden aufdeckt, die das Ziel hat, »Paulus zu töten« (23,16). Die Verschwörer weisen alle Merkmale typischer »*Sikarier*« auf, außer daß sie einen verdächtig »nasiräisch« klingenden Eid ablegen: Sie »schwuren« nämlich, »mit einem Fluch wider sich, nichts zu genießen, bis [sie] den Paulus getötet haben« würden (23,14). Dieser Schwur wird im Laufe dieser Episode dreimal wiederholt, zum Teil noch ausgeweitet:

> ... Männer, die sich mit einem Fluch wider sich selbst verschworen haben, weder zu essen noch zu trinken, bis sie ihn [Paulus] getötet hätten. (Apostelgeschichte 23,21)

Dies ist eine äußerst delikate Information, und sie sollte im – gegensätzlichen – Kontext der allgegenwärtigen Qumraner »Verfluchungen« betrachtet werden, die Paulus im Brief an die Galater (3,13) geschickt ausnutzt und gegen deren Urheber kehrt, um seine grundlegende Synthese vom »Christus, der uns erlöst hat vom Fluch des Gesetzes« herzustellen.

Paulus' Neffe informiert den Oberhauptmann der römischen Tempelwache, der Paulus daraufhin mit »siebzig Reitern, zweihundert Kriegsknechten und zweihundert Schützen« nach Cäsarea zu Felix schickt, daß er dort »in Herodes' Palast gehalten« werde. Man beachte die exakten, offenbar historischen Details (sogar des Oberhauptmanns Brief an den Statthalter wird zitiert), durch die sich diese Passage von früheren stark mythologisch verbrämten Kapiteln der Apostelgeschichte abhebt.

Es wäre interessant zu erfahren, wer die – gleichfalls ungenannt bleibende, aber jedenfalls in Jerusalem ansässige – Mutter dieses jungen Mannes war, der so gute Beziehungen zu den Römern hatte, daß er deren Festungen betreten darf, und auf dessen Wort hin eine so erstaunliche Eskorte abkommandiert wird. Sechs Jahre später, als der Krieg gegen Rom ausbricht, scheint Josephus' »Saulus« ähnlich vertrauten Umgang mit dem römischen Oberbefehlshaber der Feste Antonia oder der Zitadelle zu pflegen.[9] Möglicherweise könnte es sich bei ihr um Kypros IV. gehandelt haben, die Frau des obenerwähnten Tempelschatzmeisters Helkias.[10] Damit wäre sie nicht nur die Schwester Saulus' *und* Kostobars, sondern auch die Mutter jenes gerade erwähnten Julius Archelaos, der später in Rom ein offenbar behagliches Leben führte und ein eifriger Leser der Werke des Josephus wurde.

Wenn diese Hypothese zutrifft – wofür sich allerdings keine eindeutigen Beweise vorbringen lassen –, dann entstammt Paulus einem wirklich einflußreichen Geschlecht, und dann ist es auch nicht weiter verwunderlich, daß sein Neffe (den wir tentativ als Julius Archelaos identifizieren können) so problemlos Zugang zur Tempelwache hatte. Wie wir gesehen haben, geht diese Linie – durch eine Tochter Herodes' und dessen makkabäische Frau, Mariamne I. – auf den Idumäer Kostobar zurück, den Ehemann von Herodes' Schwester Salome I. Die von den Qumran-Texten so entschieden verurteilte Endogamie wurde bei den Herodianern wahrhaft bis zur letzten Konsequenz getrieben!

Diese Hypothese stimmt gut mit dem Bild des »herodianischen Paulus« überein, der nach Darstellung der Pseudoklementinen in den vierziger Jahren den Angriff auf Jakobus anführt. Das einzige Problem ist das sich dabei ergebende zeitliche Intervall von rund zwei Jahrzehnten. Der Josephussche Saulus taucht, wie wir gesehen haben,

66 n.Chr. als der Vermittler zwischen der Jerusalemer »Friedenspartei« und den römisch-herodianischen Armeen, welche die Stadt belagern, wieder auf. Dieser Saulus ist gerade aus Agrippas II. Palast oder aber aus der Zitadelle entkommen, wo die gesamte Wache – mit Ausnahme des Hauptmanns, der, wie wir wissen, *zwangsweise beschnitten wurde* – in den ersten Tagen des Aufstands niedergemetzelt worden ist.[11]

Daß Saulus mit Kostobar und Antipas in Zusammenhang gebracht wird, ist mit Sicherheit genealogisch bedingt. Wie wir oben gesehen haben, war dieser jüngere Antipas auch eine Zeitlang Tempelschatzmeister, wurde aber, bevor »die Zeloten« mit ihren »idumäischen« Verbündeten die Stadt überrannten und die Hohenpriester, darunter Jakobus' Mörder Ananus, niedermetzelten, von »den Räubern« (den Sikariern, genauer, von einem »Johannes, des Dorkas Sohn«) ermordet.[12] In der Zwischenzeit floh Saulus mit seinem Bruder und Philippus in das Lager des römischen Feldherrn Cestius und von da zu Nero, der sich gerade, wie häufig der Fall, *in Korinth* aufhielt. Dort erstattete Paulus Bericht über die Situation in Palästina und machte nicht Cestius, sondern den damaligen Statthalter Florus (64–66 n.Chr.) für die Katastrophe verantwortlich. An diesem Punkt erhält der künftige römische Kaiser Vespasian den Auftrag, die jüdische Revolte in Palästina niederzuschlagen. Da dies zu einem Teil auch an der Empfehlung Saulus' gelegen zu haben scheint, könnte jener ihn begleitet haben, doch Josephus schweigt diesbezüglich, und wir erfahren nichts von seinem weiteren Schicksal.

Wenn Paulus tatsächlich nicht nur mit dem Herodianer Kostobar verwandt ist, sondern auch mit Herodes Antipas, das heißt »Herodes dem Tetrarchen« (wie der Name »Antipas« hier vermuten läßt), dessen »Ziehbruder« in der Apostelgeschichte (13,1) als einer der Gründer von Paulus' merkwürdiger Gemeinde von Antiochia (wo »die Christen erstmals Christen genannt wurden«) erwähnt wird, dann würde dies auch erklären, was Paulus in Damaskus tat, als er mit dem arabischen König Aretas (der zu dem Zeitpunkt gegen Saulus' mutmaßlichen Verwandten Herodes Antipas, der etwa um die gleiche Zeit Johannes den Täufer hinrichten ließ, Krieg führte) aneinandergeriet (2. Korinther 11,32). Laut Apostelgeschichte (9,22) waren es hingegen *»die Juden, die in Damaskus wohnten«*, mit denen Paulus, wie wir uns erinnern, Probleme bekam.

Wie dem auch sei – jedenfalls ist das, was wir aus der Apostelgeschichte über die letzten Jahre des Paulus erfahren, äußerst dürftig und verschwommen. Der Text weiß offenbar nichts über seinen Tod, oder wenn doch, so zieht er es vor, darüber zu schweigen – vermutlich weil die Umstände dieses Todes zu peinlich waren. Erst aus den frühen Kirchenquellen (die uns auch eine ziemlich hanebüchene Version von Petrus' Ende liefern) erfahren wir, daß Paulus (vermutlich auf Befehl von Nero) enthauptet wurde.[13] Die Erzählung der Apostelgeschichte endet – 62 n.Chr., dem Jahr von Jakobus' Tod – damit, daß Paulus sich in Rom unter leichtem Hausarrest befindet (wenn davon überhaupt die Rede sein kann – 28,30 f.).

Im Römerbrief – demselben Brief, in dem Paulus seinem »Verwandten Herodion« (höchstwahrscheinlich dem Sohn Salomes und Aristobulos', welcher letztere möglicherweise im vorausgehenden Vers erwähnt wird) Grüße ausrichten läßt –, äußerte Paulus auch seine Absicht, nach Spanien zu reisen (15,24–28), der Heimat Gallios und dessen Bruders Seneca. Dort war Galba, der 68 n.Chr. Nero auf den Thron folgte, Statthalter gewesen, und dort wurden, wie schon erwähnt, die späteren Kaiser Trajan (98–117) und Hadrian (117–138) geboren.

Nicht nur intervenierte Gallio, dessen Anwesenheit Anfang der fünfziger Jahre in Korinth mittlerweile archäologisch belegt ist, um Paulus zu retten – wobei er sogar zuließ, daß der jüdische Vorsteher der Synagoge in seiner Anwesenheit verprügelt wurde, weil er (Gallio), wie die Apostelgeschichte es so charmant formuliert, »sich um derlei Dinge [das heißt um jüdische »juristische Haarspaltereien«] nicht kümmerte« (18,17); sondern es existiert auch ein apokrypher Briefwechsel zwischen ihm, Seneca und Paulus.[14] Hier leistet sich die Apostelgeschichte eine weitere erstaunliche Umkehrung, indem sie Paulus' Gefolgsmann Sosthenes (1. Korinther 1,1) mit dem »Vorsteher der Synagoge« verwechselt, den Gallio vom Richterstuhl treibt und die Korinther verprügeln.

Seneca war der Tutor des jungen Nero und die graue Eminenz hinter dem Kaiserthron, bevor Nero ihn 65 n.Chr. zwang, Selbstmord zu begehen. Es besteht eigentlich kein Grund, einen Briefwechsel zwischen Seneca und Paulus pauschal auszuschließen, aber auch abgesehen davon hatte letzerer ganz offensichtlich ausgezeichnete Beziehungen zum neronischen Hof. Zuallermindest wäre an dieser Stelle sein »Bruder Epaphroditus« zu nennen, durch den er Grüße – »sonderlich aber die von des Kaisers Hause« – ausrichten läßt (Philipper 2,25 und 4,18).[15] Es ist schwer vorstellbar, daß es sich bei diesem »Epaphroditus« um jemand anderen als um Neros *gleichnamigen Privatsekretär* handeln sollte, dem Domitian später vorwarf, er habe Nero getötet oder ihm zumindest geholfen, Selbstmord zu begehen.

Derselbe Epaphroditus scheint ebenfalls Josephus' literarischer Gönner gewesen zu sein, und Josephus merkt in einer kurzen Widmung an, er habe »große Ereignisse und mancherlei Schicksale erlebt«. 95 n.Chr. ließ Domitian Epaphroditus (der auch *sein* Sekretär gewesen war) töten – ein bis zwei Jahre nach Erscheinen der *Altertürmer* und etwa um die gleiche Zeit, da er (Domitian) die Hinrichtung seines eigenen Onkels Flavius Clemens als heimlichen Christen veranlaßte. Was Josephus selbst anbelangt, so könnte er durchaus auch mit Domitian in Konflikt geraten sein.

Gleichgültig, ob *jeder* Leser *alle* diese Hypothesen akzeptieren kann – zumindest besteht kein Grund auszuschließen, daß Paulus nach seiner »Berufung an Cäsar« und seiner Reise an Neros Hof (um 60 n.Chr.) nicht *doch* nach Palästina zurückgefahren sein könnte. *Wenn* er es tat, dann natürlich mit Neros Einverständnis, das heißt als dessen Beauftragter. Vielleicht ist das der Grund, warum die Apostelgeschichte uns nichts von Paulus' weiterem Schicksal und Ende berichtet. Wie bereits gesagt, soll Paulus nach seiner »Berufung an Cäsar« noch wenigstens *eine* Reise nach Spanien geplant oder tatsächlich unternommen haben, und bei den Beziehungen, die er in Korinth und Rom hatte, wäre das auch nicht weiter verwunderlich gewesen. Und wenn er tatsächlich nach Palästina zurückkehrte, könnte dies um die gleiche Zeit geschehen sein, als Josephus' »Saulus«, kurz nach Ausbruch des jüdischen Aufstands, mit seinen Schlägertrupps durch Jerusalem zog.

Frühe Kirchentexte verlegen Paulus' Tod in das Jahr 68/69, also in die mittlere Phase des jüdisch-römischen Krieges. Hier erreichen wir allmählich eine gewisse Konvergenz mit Josephus' Saulus, der etwa um jene Zeit aus dem Gang der Geschichte verschwindet – allerdings nicht, ohne zuvor Nero einen abschließenden Bericht über die Ereignisse in Palästina geliefert zu haben und in irgendeiner Form an der Ernennung Vespasians zum Oberbefehlshaber beteiligt gewesen zu sein. Die Übereinstimmungen sind hier zu zahlreich, als daß man sie einfach ignorieren könnte.

Die Attacke gegen Jakobus und der Angriff auf Stephanus

Ob wahr oder nicht – all diese Informationen lassen sich bis zu einem bestimmten Grad mit dem vereinbaren, was wir in den pseudoklementinischen *Rekognitionen* über den in den vierziger Jahren im Tempel erfolgten Angriff Paulus' auf Jakobus erfahren, was wiederum einen gewissen Bezug zu dem Gewirr von Daten um die Steinigung des Jakobus in den sechziger Jahren aufweist. Hieronymus' Darstellung vom Tod des Jakobus enthält einige Details, die einen interessanten Zusammenhang zum – wenn schon nicht *in den sechziger*, so doch *in den vierziger Jahren* stattfindenden – Angriff des »Feindes« Paulus auf Jakobus herstellen, wie ihn die *Rekognitionen* schildern. Die bloße Feststellung der *Möglichkeit* eines solchen Angriffs jagt orthodoxen Theologen und Gläubigen seit bald 1700 Jahren eine Gänsehaut über den Rücken.

Die Abfolge der Ereignisse um diese zwei Steinigungen ist, so wie wir sie in der Apostelgeschichte und bei Josephus finden, eindeutig merkwürdig. Natürlich besteht zwischen ihnen ein zeitlicher Abstand von 20 Jahren, aber das gleiche gilt auch für die zwei Krawalle: den nach der Steinigung des Stephanus in den vierziger Jahren von Paulus angezettelten, den die Apostelgeschichte erwähnt, und den nach dem Angriff auf Jakobus von Saulus in den sechziger Jahren angeführten, von dem Josephus berichtet. Es ist fast so, als ob die zwei Texte die Chronologie des jeweils anderen von Grund auf umschrieben. Hinzu kommt, daß die Apostelgeschichte zwar die von Saulus angeführten Unruhen in die vierziger Jahre verlegt – während deren sie sich den Pseudoklementinen zufolge auch höchstwahrscheinlich wirklich ereignet haben –, aber die in den sechziger Jahren erfolgte Steinigung des Jakobus mit derjenigen des Stephanus überschreibt und in die vierziger Jahre transponiert. Josephus tut das gleiche mit den von Paulus in den vierziger Jahren angeführten Unruhen, indem er sie offenbar zwei Jahrzehnte später stattfinden läßt.

Wie soll man diese Widersprüche auflösen? Es gibt keine Erklärung, die für *jeden* Betrachter zufriedenstellend wäre. Nicht nur folgen bei Josephus die von Saulus angeführten Unruhen zeitlich ebenso der Steinigung Jakobus', wie die von Paulus angeführten in der Apostelgeschichte sich der Steinigung des Stephanus anschließen, sondern Josephus' wiederholte Hinweise auf das Motiv der »reichen« Priester, die ihre »ärmeren« Amtsgenossen berauben, stellen darüber hinaus einen direkten Zusammenhang zwischen diesen Ereignissen und dem Tod des Gerechten Lehrers her, wie er im Qumraner *Pescher* Habakuk geschildert wird. Hinzu kommt noch die Darstellung der Meinungsverschiedenheiten, welche die reichen Hohenpriester und ihre Schlägertypen im Tempel mit den »Vertretern des Volkes« austragen und die in diesen verschiedenen Texten stets von erbitterten Wortgefechten zu Handgreiflichkeiten übergehen und mit einer Steinigung enden, sowie der Brutalität, die »derlei »Gewalttätige« – gleichfalls ein charakteristischer Qumraner Terminus – sowohl bei Josephus als auch im Neuen Testament gegen das Volk anzuwenden bereit sind.

Der Leser muß sich des weiteren stets gegenwärtig halten, daß die

Evangelien und die Apostelgeschichte eher der Belletristik zuzurechnen sind, die Werke des Josephus hingegen der Geschichtsschreibung. Können wir annehmen, daß Josephus diese zwei Krawalle transponiert hat? Es dürfte schwer sein, sich dafür einen Grund vorzustellen. Dann haben wir auch das Problem der angeblichen, laut *Altertümer* in den vierziger Jahren erfolgten Kreuzigung der zwei Söhne *Judas'* des Galiläers, *Jakobus* und *Simon* (wie ja die drei Brüder Jesu heißen), die in *Krieg* zwar nicht erwähnt wird, aber die Kreuzigung der Enkel von Jesu Bruder Judas unter Domitian oder Trajan vorwegzunehmen scheint. Die Frage nach der Authentizität des Bildes, das die Apostelgeschichte entwirft, ist hingegen weit einfacher gelagert: Entweder man akzeptiert die Darstellung so, wie sie ist, mit all ihren phantastischen Zusätzen, Wiederholungen und Überschreibungen, oder aber man räumt ein, daß sie gewaltige Lücken, mißverstandene historische Angaben, wörtliche Übernahmen aus anderen Quellen und nicht selten absichtliche Entstellungen und regelrechte Falschaussagen enthält.

Gerade die letztgenannten Probleme begegnen uns leider in der Darstellung der letzten Konfrontation zwischen Paulus und Jakobus, der Festnahme und Schutzhaft Paulus' in Cäsarea sowie seiner »Berufung an Cäsar«. Im Zusammenhang damit erfahren wir von der angeblichen Absicht der Oberpriester, Paulus nach *»Sikarier«*-Manier zu ermorden, und von den großartigen »Verschwörungen«, die sie gegen ihn anzetteln: eine absolut unglaubwürdige Mitteilung, wenn man bedenkt, daß ebendiese Priester nach Auskunft der Apostelgeschichte ursprünglich mit Paulus *verbündet* gewesen waren und Josephus' zufolge während der fraglichen Periode einen erbitterten Kampf gegen *die Anführer der rebellierenden Jerusalemer Volksmassen* ausfochten.

Weiterhin haben wir Paulus' verschiedene theologische Ansprachen: eine, die er – wie Jakobus »auf den Stufen« des Tempels – einer jüdischen Volksmenge hält, die nach seinem Blut dürstet (Apostelgeschichte 21,40); und eine andere, die er vor den Oberpriestern und dem gesamten Sanhedrin hält. Ein weiteres fragwürdiges Detail ist die vom Hohenpriester Ananias, den sogenannten »Ältesten« (*Presbyteroi*) und einem gewissen »Tertullus« (kaum ein hebräischer Name!) vor Felix in Cäsarea ausgesprochene Anschuldigung, Paulus sei »ein Anführer der Sekte der Nazoräer«, »eine Pest« und »eine[r], der Aufruhr erregt unter allen Juden auf dem ganzen Erdboden« (Apostelgeschichte 24,5) – ein Vorwurf, der auf gewisse andere Leute zweifellos, schwerlich aber auf Paulus zutreffen dürfte.

Ein weiterer Punkt sind die ehrerbietigen Worte, die Paulus an

Felix – den Schlächter so vieler jüdischer Revolutionäre in Palästina und den Initiator oder zumindest Schürer des jüdisch-hellenistischen Konflikts in Cäsarea – richtet:

> Weil ich weiß, daß du in diesem Volk nun viele Jahre Richter bist, will ich unerschrocken mich verantworten. (24,10)

Mit nicht minder speichelleckerischen Worten hatte Tertullus seine angebliche Klage gegen Paulus eingeleitet:

> Daß wir in großem Frieden leben unter dir und viel Wohltaten diesem Volk widerfahren durch deine Fürsorge, edelster Felix, das erkennen wir an allewege und allenthalben mit aller Dankbarkeit. (24,3)

Vielleicht spricht Tertullus hier für die Griechen von Cäsarea; im Namen der *Juden* kann er unmöglich sprechen. Aber wenn diese Vermutung zutrifft, warum dann dieser angebliche Vorwurf gegen Paulus?

Dem entspricht die vollkommene Verwirrung, die in der Apostelgeschichte bezüglich der »hellenistischen« und jüdischen Mitglieder der Jerusalemer Urgemeinde herrscht: So wird Stephanus – vielleicht *der* Heidenchrist schlechthin, dessen typisch griechischer Name, wie wir uns erinnern, »Siegeskranz« oder »Krone« bedeutet (aber in der frühen Kirchenliteratur im Sinne von »Märtyrerkrone« gedeutet wird und eine gewisse Beziehung zu Jakobus' nasiräischer Haar-»Krone« aufweist) – als ein »Hebräer« vorgestellt, seine Gegner innerhalb der Gemeinde aber als »Hellenisten« oder »griechische Juden«. Nicht nur ist die Anzahl von Jahren, die Felix Paulus zufolge bereits als Statthalter im Land verbracht haben soll, leicht übertrieben; die Servilität, die Paulus dem Prokurator gegenüber (wenn wir der Apostelgeschichte diesbezüglich Glauben schenken dürfen) überhaupt bekundet, hinterläßt den Leser schier sprachlos. Andererseits ist dies genau der Umgangston, dessen sich der »Apostel« Machthabern gegenüber – zumindest, wenn er etwas von ihnen will – grundsätzlich befleißigt.

Der Vorwurf, Paulus versuche »den Tempel zu entweihen«, von dem wir in der Apostelgeschichte (24,6) und auch bereits weiter oben (21,28) erfahren haben, klingt allerdings authentisch. Zumindest lag dieser Vorwurf während des fraglichen Zeitraums gewissermaßen »in der Luft« – wie sowohl aus den Qumran-Rollen, als auch aus den in Josephus' *Krieg* geschilderten Ereignissen, die in der Einstellung von

Opferhandlungen im Namen von Ausländern gipfelten, deutlich hervorgeht. Indirekt erfahren wir davon sogar aus den Paulusbriefen. Aber die von »Tertullus« ausgesprochene Beschuldigung, Paulus sei ein »Nazoräer« und «erreg[e] Aufruhr auf dem ganzen Erdboden« (gegen die sich Paulus im 13. Kapitel des Römerbriefes ausdrücklich verwahrt), hätte sich weit eher gegen Jakobus und seine Masse »priesterlicher« Anhänger, »allesamt Eiferer für das Gesetz«, erheben lassen – und wurde höchstwahrscheinlich auch erhoben.

Dann erfahren wir, daß Felix und Drusilla (die in der Apostelgeschichte [24,24] als »eine Jüdin« bezeichnet wird) Paulus lauschen, wie er über »den Glauben an Jesus Christus«, »Gerechtigkeit« und »Enthaltsamkeit« und das »zukünftige Gericht« redet, und Felix sich – in der Hoffnung, »daß ihm von Paulus sollten Reichtümer gegeben werden« (*sic*) – *oft* mit Paulus bespricht. Dies endet schließlich damit, daß Felix, um »den Juden gefällig zu sein«, »Paulus gefangen zurück[ließ]«, damit der nächste Statthalter, Festus, ein Urteil in der Angelegenheit fälle (Apostelgeschichte 24,26 f.).

Aber Felix hat gar kein Interesse daran, »den Juden gefällig zu sein«, denn Josephus' Bericht zufolge waren es »die vornehmsten jüdischen Einwohner Cäsareas«, die »nach Rom gingen, um [vor Nero] gegen Felix Klage zu erheben« – und natürlich damit scheiterten. Tatsächlich erreichen die Juden mit diesen Beschwerden, wie wir gesehen haben, geradezu das Gegenteil des erhofften Resultats, wird doch die rechtliche Gleichstellung mit den griechischen Bürgern Cäsareas, die sie bis dahin genossen hatten, prompt aufgehoben. Und dies nicht etwa, weil sich *die Juden* eines Korruptionsversuchs schuldig gemacht hätten, sondern weil die *hellenistischen Bürger* Cäsareas, wie wir uns erinnern, Neros Sekretär für die griechische Korrespondenz bestechen! Josephus nennt diesen Mann »Beryllus«, aber auch Epaphroditus hatte vermutlich einen ähnlichen Posten inne. Josephus zufolge war dies – sowie allgemein die Brutalität der römischen Legionäre (solcher Leute wie »Cornelius«, des sogenannten »Hauptmanns der Kohorte, die da heißt Italische«) – die direkte Ursache der folgenden Katastrophe, denn die Juden von Cäsarea wurden aufgrund dieser Beschneidung ihrer Rechte »ungebärdiger denn je«, bis schließlich der offene Aufstand gegen Rom ausbrach.

Diese Auseinandersetzungen zwischen den griechischen und jüdischen Bürgern von Cäsarea haben, wie schon gesagt, ein (und wenn auch noch so undeutliches) Echo in der von der Apostelgeschichte geschilderten Steinigung des Stephanus – ebenso wie sich die Unruhen, die im Anschluß an die Mißhandlung des »kaiserlichen Sklaven Stephanus« durch »Aufständische« zwischen Samaritanern und Juden ausbrechen, in den wenig glaubwürdigen Geschichten über Konflikte zwischen Philippus, Petrus und Simon *Magus* in Samaria und, im Anschluß daran, in Lydda widerspiegeln. Desgleichen finden die verschiedenen im Zusammenhang damit erfolgenden Appelle an den Kaiser einen literarischen Niederschlag in den (angeblich durchweg *Paulus betreffenden*) Gesuchen an den römischen Statthalter von Cäsarea, von denen die Apostelgeschichte schreibt, sowie natürlich in Paulus' eigener »Berufung an Cäsar«, das heißt an den römischen Kaiser Nero.

Die Apostelgeschichte läßt Paulus außerdem bei mehreren Gelegenheiten in Cäsarea auftreten, ohne ein Wort über die explosive soziale und politische Situation zu verlieren, die dort zwischen Griechen und Juden herrscht. Vielmehr stellt der Text es so dar, als seien es Paulus eigene »griechische« Bekannte aus Cäsarea und andernorts (von denen einige ihn auf seiner letzten Reise nach Jerusalem, zu Jakobus, begleiten), die letztlich den Angriff auf ihn verursachen – wirft die Jerusalemer Volksmenge ihm doch vor, er habe »Griechen in den Tempel geführt« (21,28).

Die zwei Simons aus Josephus und der Apostelgeschichte sowie ihre Auseinandersetzungen in Cäsarea

Daß die Apostelgeschichte Drusilla schlicht als »eine Jüdin« charakterisiert, ist der Gipfel des Zynismus und zudem eindeutig irreführend, war doch die Frage, ob Herodianer wie sie überhaupt als Juden gelten konnte, *der* Streitgegenstand dieser Zeit schlechthin. Auch die (in den antijüdischen Passagen der Paulusbriefe so ausgiebig behandelte) Frage der Beschneidung spielt in den von Josephus geschilderten ehelichen Problemen von Drusilla eine wesentliche Rolle. Agrippa I., ihr Vater und derjenige Herodianer, der noch die größten Anstrengungen unternahm, seine Untertanen in dieser Hinsicht zufriedenzustellen, verlangte von Antiochos von Kommagene (eines weiteren, an Klein-Armenien und Paulus' Heimat Kilikien angrenzenden Königreichs in Asia Minor), daß sich dessen Sohn Epiphanes (der spätere Oberbefehlshaber der Makedonischen Legion im Krieg gegen die Juden), wollte er Drusilla zur Frau bekommen, erst beschneiden ließ. Als der Kommagener sich gegen diese Bedingung verwahrte, wurde Drusilla (angeblich eine große Schönheit) – nach dem Tod ihres Vaters von ihrem Bruder, Agrippa II., mit Azizus, dem König von Emesa – »der zur Annahme der Beschneidung bereit war« – verheiratet.

Doch auf Betreiben eines »Magiers« namens Simon, den Josephus als einen Freund Felix' bezeichnet, willigte Drusilla schließlich ein, »ihren Gatten zu verlassen und sich mit [*Felix*] *zu vermählen*«.[16] Gleichfalls an der Anbahnung dieser neuen Heirat beteiligt war Drusillas Schwester Berenike, Titus' spätere Mätresse, deren Ehe- und Sexualleben, wie wir gesehen haben, eine einzige Aneinanderreihung von Handlungen darstellte, welche die Damaskus-Schrift im Abschnitt über die »drei Netze des Belial« – und erst recht der Jakobusbrief – aufs schärfste verurteilt. Drusillas (und natürlich ebenso Berenikes) Verhalten ist »Unzucht« *par excellence*. Wie Josephus berichtet, war es Berenikes und Simons Bemühungen zu verdanken, daß »Drusilla schließlich ihre heimischen Gesetze übertrat und sich mit Felix vermählte«.[17]

Auch wenn er in manchen Handschriften »Atomus« genannt wird (wahrscheinlich eine entstellte Anspielung auf den – von allen Quellen mit Simon in Verbindung gebrachten – Begriff »Ur-Adam«), kann es sich bei diesem *Simon* um niemand anderen als um den berühmt-berüchtigten Simon *Magus* der Apostelgeschichte und der frühen Kirchenschriftsteller handeln – und zwar, wie wir hinzufügen möchten, um *den entmythologisierten Simon*. Josephus bezeichnet ihn als einen »Zyprioten«, doch dies dürfte auf eine weitere Fehlinterpretation des hebräischen Wortes »*Kittim*« oder »*Kitta*« zurückgehen, das ursprünglich zwar die Inseln Kreta oder Zypern bezeichnete, im Buch Daniel, im Ersten Buch der Makkabäer und in den Qumran-Rollen aber in einem weiteren Sinne gebraucht wird und allgemein auf Länder des Westens, insbesondere jenseits des Meeres, bezogen wird (ganz zu schweigen davon, daß noch im 12. Jahrhundert Juden wie der spanische Reisende Benjamin von Tudela »Samaritaner« noch immer »Kuthäer« nannten). Doch die Pseudoklementinen sowie Eusebios, der Zugang zu syrischen Quellen hatte, und andere frühchristliche Autoren identifizieren, wie wir gesehen haben, Simons Geburtsort korrekt als »Gitta« in Samaria.

Die Apostelgeschichte bringt mehrere solcher »Zyprioten« mit Paulus und dessen Lehrtätigkeit in Verbindung, darunter sogar Barnabas, den sie auch »Joses« nennt (4,36). Und im Rahmen seiner ersten Missionsreise mit Barnabas (die ihn angeblich auch noch *nach Zypern* führt) hat Paulus sogar – gleich Petrus – eine Auseinandersetzung mit einem »(Elymas) *Magus*« (13,8). Nicht nur nennt der Text diesen Mann »einen falschen Propheten, einen Juden, der hieß Bar-Jesus« und bringt ihn mit dem römischen Prokonsul in Zypern (namens »Sergius Paulus«) in Verbindung, sondern die Konfrontation zwischen Paulus und diesem »Kind des Teufels« (*Diabolos*) und

»Feind aller Gerechtigkeit« hat auch einen eindeutig mythologischen Charakter und erinnert verdächtig an den andernorts erfolgten Zusammenstoß zwischen Petrus und Simon *Magus*. Richtig entziffert, würde diese Episode zweifellos äußerst interessantes neues Material ergeben.[18]

Bezüglich der Konfrontationen zwischen Petrus und Simon *Magus* jedenfalls sind die Pseudoklementinen nachweislich zuverlässiger als die Apostelgeschichte, die Simons *Heimat*, Samaria, mit dem *Schauplatz* dieser Auseinandersetzungen verwechselt: nämlich (nach einhelliger Auskunft der Pseudoklementinen und Josephus') Cäsarea. Wenn wir jetzt Petrus als Josephus' »Simon« identifizieren (der zur gleichen Zeit in Jerusalem »eine eigene Versammlung« leitet, *Drusillas Vater Agrippa I. als einem Ausländer den Zutritt zum Tempel verwehren* möchte und nach Cäsarea eingeladen wird, damit er den königlichen Haushalt inspiziere), dann erhalten wir eine fast *vollkommene Übereinstimmung*; wir müssen lediglich, wie auch sonst in solchen Fällen, daran denken, *alle jeweiligen Prädikationen umzukehren*.

Josephus zufolge lud Agrippa I. Simon nach Cäsarea ein, auf daß dieser feststelle, »ob dort etwas gegen die Gesetze geschah«, und entließ ihn anschließend mit einem Geschenk.[19] Natürlich wird der Leser hierin sofort das reale Ereignis hinter dem Besuch erkennen, den »Petrus« dem römischen Hauptmann »Cornelius« in *Cäsarea* abstattet, unmittelbar nachdem er (Petrus) gelernt hat, keine Unterschiede zwischen Juden und Ausländern zu machen und »keinen Mann gemein oder unrein« zu nennen. Damit erkennen wir jetzt auch die wahre Natur der Konfrontation zwischen den zwei Simons – die in *Cäsarea* stattfand, nicht, wie die Apostelgeschichte behauptet, in Samaria. (In *Samaria* waren, wie wir uns erinnern, zuerst Konflikte zwischen »Galiläern« und »Samaritanern« und später zwischen »Juden« und »Samaritanern« ausgebrochen, die letztlich zur Kreuzigung eines gewissen »Doetus« oder »Dorkas« geführt hatten.)

Daß sowohl in der Apostelgeschichte als auch in den Pseudoklementinen Paulus und Simon *Magus* (die wahrscheinlich beide in Felix' Gefolge nach Rom kamen) gelegentlich miteinander verwechselt zu werden scheinen, ist ein weiterer interessanter Aspekt dieses Rätsels. Daß Felix, als er nach Rom abreiste, Paulus im Gefängnis zurückließ, weil er »den Juden eine Gunst« hätte erzeigen wollen (Apostelgeschichte 24,26; dieselben Worte, die in Vers 25,9, vielleicht mit größerer Berechtigung, auf Festus bezogen werden), klingt allerdings ziemlich weit hergeholt. Wahrscheinlicher ist vielmehr, daß Felix mit Hilfe seiner guten Beziehungen zum Neronischen Haushalt

Paulus den Weg für seine »Berufung an Cäsar« ebnete. Um so wahrscheinlicher wäre dies, wenn Paulus tatsächlich, wie von uns vermutet, ein Herodianer und Verwandter von Felix' Gemahlin Drusilla war und wenn deren zahlreiche Zusammenkünfte – die sich der Apostelgeschichte zufolge über »zwei Jahre« hinzogen – weniger theologisch-erbaulichen als vielmehr strategischen Gesprächen galten (was gleichfalls viel glaubwürdiger klingt).

In Rom angekommen, stellt Paulus zu seiner eigenen Verwunderung fest, daß er eine relative Freiheit genießt. Er

> blieb zwei volle Jahre in seiner eigenen Wohnung, ... predigte das Reich Gottes und lehrte von dem Herrn Jesus Christus mit allem Freimut ungehindert (Apostelgeschichte 28,30 f.).

Damit endet die Apostelgeschichte – ohne ein Wort über Paulus' weiteres Schicksal, über seine Hinrichtung, wenn er denn auf diese Weise den Tod fand, oder über seine etwaige Rückkehr nach Jerusalem. Das einzig Sichere ist der Eindruck, daß sein »Hausarrest« ihn in seinen Aktivitäten offenbar nicht sonderlich beeinträchtigte.

Der Grund für die Vermutung, »der Ägypter«, für den Paulus in der Apostelgeschichte vom römischen Hauptmann irrtümlich gehalten wird, sei in Wirklichkeit Simon *Magus*, ist der Umstand, daß es von diesem hieß, er habe seine magischen Künste in Ägypten erlernt. Daß Simon außerdem – als einer der Pseudo-»*Tahebs*« oder messianischen Schwindler – zusammen mit seinem Kollegen »Dositheus« (der den Pseudoklementinen zufolge gleich ihm ein ehemaliger Jünger Johannes' des Täufers war) für viele der Unruhen in Samaria, von denen Josephus berichtet und die sich, wenn auch indirekt, in der Apostelgeschichte widerspiegeln, verantwortlich zeichnete, akzentuiert diese Berührungspunkte nur um so mehr. Trotz aller Verdrehungen und Entstellungen läßt sich also die wahre Natur des Konflikts zwischen Simon und Simon *Magus* bei Josephus (und, wie wir vermuten, in der Apostelgeschichte) noch immer ungefähr erahnen. Diese – *in der palästinischen Küstenstadt Cäsarea*, nicht wie die Apostelgeschichte behauptet, im Innenland, in Samaria, sich abspielenden – Konfrontationen zwischen den beiden bilden einen thematischen Schwerpunkt der pseudoklementinischen Literatur.

Was sich in Cäsarea bis zum Zeitpunkt von Felix' Heirat mit Drusilla tatsächlich ereignet hat, läßt sich aber trotz all dieser phantastischen und romanartigen Zutaten recht deutlich anhand von Josephus' Schilderung erkennen und ziemlich zuverlässig rekonstruieren. Hinter den Anklagen, welche die jüdischen Hohenpriester laut

Apostelgeschichte bei den römischen Statthaltern Felix und Festus gegen Paulus vorbringen, dürften sich in Wirklichkeit die Beschwerden verbergen, die diese verschiedenen Gruppen – darunter auch dieselben Hohenpriester – in Rom dagegen erhoben, wie sich *römische Statthalter*, wie Cumanus, Felix und Festus, in Palästina verhielten, und zwar vornehmlich im Zusammenhang mit Konflikten in Lydda, Samaria und Cäsarea sowie mit der Jerusalemer »Tempelmauer-Affäre«.

Natürlich besitzt die »Tischtuch-Vision«, die Petrus laut Apostelgeschichte »auf einem Hausdach« in Joppe zuteil geworden sein soll, keinerlei historische Grundlage. Ebensowenig hat Petrus *einen römischen Zenturio namens Cornelius in dessen Haus* in Cäsarea *besucht. Tatsächlich* hat der Zelote »Simon« (der »Petrus» der Apostelgeschichte), der Agrippa I. den Zutritt zum Tempel verwehren wollte, Anfang der vierziger Jahre *dessen* »Haus« in Cäsarea aufgesucht, um festzustellen, »ob dort etwas gegen die Gesetze geschah«. Und daraus macht die Apostelgeschichte eine Episode, in der Petrus »geoffenbart« wird, daß er verbotene Speisen essen dürfe und daß es unrecht sei, Heiden zu diskriminieren! Nichts veranschaulicht die »historische Methode« der Apostelgeschichte unserer Ansicht nach besser als das.

Was aus diesem »Simon« wird, ist unklar, da wir bei Josephus keine weiteren Informationen über ihn erhalten – ebensowenig übrigens, wie wir in der Apostelgeschichte vom weiteren Schicksal des »Petrus« erfahren. Laut Josephus beschenkt Agrippa I. Simon und entläßt ihn. Wie wir wissen, kreist der Konflikt zwischen Simon und Petrus und Simon *Magus* der Apostelgeschichte zufolge um das »Handauflegen«, den »Heiligen Geist« und die Tatsache, daß der zweite Simon den Wunsch äußert, diese »Macht« zu kaufen (wieder unser Begriff »Macht« und möglicherweise eine Kontamination mit dem Bild, das man landläufig von Paulus hatte – 8,9–20). Das Ganze ereignet sich angeblich in »Samaria«; anschließend beruhigen sich offenbar alle wieder »und predigten das Evangelium vielen samaritanischen Dörfern« (8,25). Den Pseudoklementinen zufolge hingegen spielen sich diese Auseinandersetzungen in *Cäsarea* ab und kreisen um Streitpunkte wie den »Ur-Adam«, den »wahren Propheten« und die Natur Christi.

Berücksichtigt man aber das deutliche »Unzucht«-Motiv im Jakobusbrief und in den Qumran-Rollen – ganz zu schweigen von den Konflikten, die sich im voraufgegangenen Jahrzehnt aus dem gleichen Grund zwischen Johannes dem Täufer und denselben Herodianern abgespielt hatten –, kann man wohl risikolos sagen, daß die Auseinandersetzungen zwischen den zwei Simons in Cäsarea in erster Linie den Umstand betrafen, daß Simon *Magus* darauf hingewirkt hatte, daß sich die herodianische Prinzessin, welche die Apostelgeschichte lediglich als »eine Jüdin« identifiziert, von einem Mann, der, ausdrücklich um sie heiraten zu dürfen, die *Beschneidung* auf sich genommen hatte, scheiden ließ und statt dessen Felix ehelichte. Da Sueton berichtet, Felix habe *drei* Prinzessinnen geheiratet, scheint er eine ausgeprägte Vorliebe für derlei Damen gehabt zu haben. Interessanterweise kam der Sohn, den ihm Drusilla gebar und der – offensichtlich nach deren Bruder und Vater – den Namen Agrippa erhielt, »zur Zeit des Cäsars Titus bei einem Ausbruch des Vesuv … ums Leben«.[20]

Dieser »Simon *Magus*« war also – möglicherweise nicht anders als Paulus – ein Spießgeselle Felix', während Petrus, durchaus im Geiste Qumrans (und wie vor ihm Johannes der Täufer, der genau bei einer solchen Konfrontation den Kopf verlor), ein derart »unzüchtiges« Verhalten der Herodianer entschieden *bekämpfte.* Selbst Josephus sieht sich genötigt zuzugeben, daß eine von seiten der Frau eingeleitete Scheidung gegen die Gesetze des Landes verstieß und Drusilla damit »die Gesetze ihrer Ahnen übertrat«. Aus vielleicht dem gleichen Grund wurde der Mann, den die Apostelgeschichte »Jakobus, des Johannes Bruder« nennt, kurz vor der Gefangennahme Petrus' durch »König Herodes« und der Einführung Jakobus' enthauptet. Dieses Ereignis hat wahrscheinlich eine historische Grundlage, und zur Abwechslung einmal bringt die Apostelgeschichte – ob versehentlich oder mit Absicht – ihre verschiedenen »Herodesse« *nicht* durcheinander.

Meines Erachtens kann man risikolos annehmen, daß der »Simon«, der gegen die Zulassung Agrippas I. in den Tempel (den seine eigenen Vorfahren erbaut hatten) agitierte und der sogar so weit ging, dessen Palast in Cäsarea zu inspizieren, trotz Josephus' diesbezüglichem Schweigen früher oder später verhaftet wurde – wenn schon nicht von Agrippa I. selbst, dann mit Sicherheit von dessen weniger tolerantem und großmütigem Bruder und Nachfolger, Herodes von Chalkis (44–49). Der Vater jenes Aristobulos, der zuletzt die berüchtigte Salome heiratete, begann tatsächlich nach Agrippas I. frühem Tod damit, Unruhestifter – darunter interessanterweise auch einen gewissen »Silas«, der früher ein enger Vertrauter des letztgenannten gewesen war – ins Gefängnis werfen zu lassen.[21]

Diese vielen Übereinstimmungen mit Namen neutestamentlicher »Christen« sind zumindest auffällig. Sogar »Cornelius« taucht bei Josephus, wie wir gesehen haben, im Zusammenhang mit diesem Herodes von Chalkis auf. Wie wir uns erinnern, ist Cornelius der Überbringer eines Schreibens des Kaisers Claudius an den (zusammen mit Herodes von Chalkis regierenden) Vorgänger Felix', Cumanus (48–52), das Herodes und dessen Neffe Agrippa II. die Verwahrung der hohepriesterlichen Gewänder zugesteht.

Tholomäus – in den Evangelien »*Bar*tholomäus« – ist ein jüdischer »Räuberhauptmann«, der das transjordanische Peräa (wo wenige Jahre zuvor Johannes der Täufer enthauptet worden war) unsicher machte und »in Idumäa viel Unheil unter den Arabern stiftete«.[22] Der obengenannte »Silas« (dem offenbar ein gleichnamiger Sohn im Amt folgte) ist der Oberbefehlshaber von Agrippas I. (wahrscheinlich nicht allzu furchteinflößenden) Streitkräften, ebenso wie »Philippus«, »Saulus'« obenerwähnter Kollege, der General von Agrippas II. Armee ist. Derlei Namensvettern von Männern, die in der Apostelgeschichte größtenteils auf die eine oder andere Weise mit Paulus in Verbindung stehen, haben bei Josephus stets etwas mit *Herodianern* zu tun.

Sogar ein »Sim(e)on genannt Niger« erscheint in der Apostelgeschichte (13,1) zusammen mit Paulus und dem »Ziehbruder Herodes', des Tetrarchen«, als eines der Gründungsmitglieder von Barnabas' und Paulus' Gemeinde in »Antiochia« (»wo Christen erstmals Christen genannt wurden«). Bei Josephus wiederum ist »Niger« – mag die Namensgleichheit auch zufällig erscheinen – ein peräischer Anführer der »Idumäer«, der »in ihren Schlachten gegen die Römer außergewöhnliche Tapferkeit bewies«. Unmittelbar nach dem Aufstand dieser »Idumäer« und »Zeloten« und der Massakrierung Ananus' und der anderen Hohenpriester geriet Niger irgendwie in Konflikt mit ebenjenen »Zeloten« – möglicherweise wegen der Frage der Beschneidung. Josephus schildert seine Hinrichtung auf eine Weise, die unmittelbar an die entsprechende Passage der Passionsgeschichte denken läßt:

> Als sie ihn mitten durch die Stadt zerrten, schrie er laut und wies auf seine Narben. Und wie er vor die Tore geschleppt worden war, verzweifelte er an seiner Rettung … Sterbend verfluchte Niger sie [die Juden] und rief die Rache der Römer auf sie herab und wünschte ihnen zu den Greueln des Krieges noch Hunger und Pest und daß sie sich gegenseitig mit eigenen Händen umbrächten.

Letzteres erinnert natürlich stark an die Kleinen Apokalypsen der Evangelien. Josephus schließt den (zum Teil mit Sicherheit auf seinen Verhören von Kriegsgefangenen basierenden) Bericht mit den Worten:

> Und alles ließ Gott an den Verbrechern in Erfüllung gehen, ja es siegte die Gerechtigkeit, da sie schon bald unter sich in Streit geraten und die Wirkung ihres Wahnsinns verspüren sollten [man beachte hier die Anspielung auf den für viele Zeloten und die Qumran-Gemeinde so wichtigen Begriff »Gerechtigkeit«].[23]

Männer des Schlags von Niger, Philippus, Silas und Saulus (zu denen auch die Söhne Helenas, der Königin des an Armenien und Persien grenzenden obermesopotamischen Reiches Adiabene, gezählt werden sollten) lassen sich vielleicht am treffendsten als »herodianische Kriegsmänner« charakterisieren – zum Teil proromisch, zum Teil revolutionär eingestellt.[24] In seiner *Autobiographie* schildert Josephus, auf welch wunderbare Weise Philippus' »zwei Töchter« dem Gemetzel der Römer in Gamala – Judas' des Galiläers Geburtsort – entkommen können. In der Apostelgeschichte wohnt Paulus vor seiner Reise nach Jerusalem und seiner abschließenden Konfrontation mit Jakobus bemerkenswerterweise ein paar Tage lang in Cäsarea im Haus eines »Philippus, des Evangelisten«. Wie »Philippus, der *Strategos*« (Oberbefehlshaber) von Agrippas II. Streitkräften in Cäsarea, hat auch er »Töchter«, jetzt »vier Jungfrauen, die weissagten«. In ebendieses Haus kommt der »Prophet mit Namen Agabus« (Apostelgeschichte 21,8 ff.).

»Philippus, der Evangelist« ist problematisch, denn während er in den Evangelien zu den Aposteln gezählt wird, gilt er den frühen Kirchenschriftstellern lediglich als einer von »den Sieben« oder »ein Jünger«; auch die Apostelgeschichte bezeichnet ihn hier als »einen von den Sieben«. Vom Josephusschen »Silas« (über dessen Identität mit Paulus' gleichnamigem Reisegefährten wir nur Vermutungen anstellen können) wissen wir allerdings, daß er wirklich von »König Herodes« (Herodes Agrippa I.) – und dazu noch auf dessen Geburtstagsparty –, weil er es dem König gegenüber am schuldigen Respekt hatte fehlen lassen, ins Gefängnis geworfen wurde. Nach Agrippas Tod ließen ihn Herodes von Chalkis und der Tempelschatzmeister (offenbar Herodes' von Chalkis Busenfreund) Helkias hinrichten, und zwar scheinbar auf Agrippas Befehl hin, obwohl Josephus hier irren könnte.[25]

Im Kontext dieser Ereignisse äußert sich Josephus auch über die Brutalität der in Cäsarea stationierten Legionäre – zu denen zweifellos ebenfalls der »Cornelius« der Apostelgeschichte gehörte – mit weitgehend den gleichen Worten, die er im Zusammenhang mit dem Brief von Neros Sekretär für die griechische Korrespondenz, der die Gleichstellung der Juden Cäsareas aufhob, gebraucht hatte:

> Hier bereiteten sie den Juden in der Folgezeit schweres Unheil, indem sie zu dem Krieg, der unter Florus [64–66] ausbrach, den Anstoß gaben. Als daher Vespasian … Judäa erobert hatte, entfernte er sie aus der Provinz.[26]

Die Unzucht der Herodianerinnen

Agrippa I. starb unter mysteriösen Umständen im Jahre 44 n.Chr. Er war in Rom als »Ziehbruder« der zwei späteren Kaiser Caligula und Claudius aufgewachsen und von Tiberius, dessen bevorstehenden Tod er geweissagt hatte (wieder unser »Weissagungs«-Motiv), ins Gefängnis geworfen worden. Als Tiberius 37 n. Chr. starb, ließ Caligula Agrippa wieder frei und gab ihm das Königreich von dessen Großvater Herodes, und Claudius, der nach Caligulas Ermordung (41 n. Chr.) den Kaiserthron bestieg, bestätigte ihn in seiner Herrschaft.

Aber Agrippa I. scheint noch höhere Ambitionen gehabt zu haben, und es ist vermutet worden, daß sein Tod keine natürlichen Ursachen hatte. Wie schon erwähnt, scheint die Apostelgeschichte (12,23) darauf anzuspielen – bei Josephus stirbt er, kurz nachdem er in Cäsarea, »ganz in Silber gekleidet« und wie ein Gott strahlend, einer Theatervorstellung beigewohnt hat[27] –, und in der Tat könnte Agrippa sich bemüht haben, mit verschiedenen Kleinkönigen in Nordsyrien, Asia Minor, Armenien, Irak und, wegen der zahlreichen dort ansässigen Juden möglicherweise sogar in Persien ein römische Interessen bedrohendes Bündnis zu schließen. Doch seine Pläne scheiterten, und vermutlich ist er vergiftet worden. Aus Achtung vor dem Verstorbenen gab Claudius das Reich auf Kosten Herodes' von Chalkis (dessen Familie auf weiter zuvor geschilderte Weise entschädigt wurde) dessen Sohn, Agrippa II.

Agrippas I. andere Tochter, Berenike, ließ sich von ihrem Ehemann Polemon, dem König von Kilikien (Paulus' angeblicher Heimat), *scheiden* – und dies, obwohl auch er sich, wie Drusillas erster Mann, der Syrer Azizus, eigens hatte beschneiden lassen, um sie heiraten zu können. Sie ist es, die in der Apostelgeschichte an der Seite ihres Bruders Agrippa II. nach Felix' Abreise das »Richthaus« aufsucht, um Paulus zu befragen (25,23). Von ihr berichtet Josephus nicht nur, daß sie zuerst *mit ihrem Onkel*, dem obengenannten Herodes von Chalkis (von dem sie einen Sohn, Bernikianos, hatte) *verheiratet* gewesen war, sondern auch, daß sie, nachdem *sie sich*, wieder wie ihre Schwester Drusilla, von ihrem Mann Polemon *hatte scheiden lassen*, überhaupt »der jüdischen Religion entsagte«. Das heißt im Klartext: Sie bandelte mit Titus, dem späteren Zerstörer Jerusalems, an – womit das Thema »Beschneidung«, gleichfalls wie bei Drusillas Eheschließung mit Felix, endgültig vom Tisch war.

Doch während die Scheidung als solche nach rabbinischem Gesetz – zumindest dem Mann – erlaubt ist, wird sie in der Qumran-Literatur ohne jede Ausnahme verdammt. Josephus spricht tatsächlich von Berenikes »Lasterhaftigkeit« – »Unzucht«/»Unzüchtigkeit«, in der Sprache Qumrans – und fügt hinzu, Polemon habe sich ausschließlich »wegen ihres Reichtums« zur Beschneidung bewegen lassen. Drusilla hingegen entschuldigt Josephus mit dem Hinweis, sie habe sich unter dem Einfluß eines »Zauberers«, das heißt Simon *Magus'*, befunden, von dem sie nämlich überredet worden sei, ihrer Religion zu entsagen, dem Mann, der sich ihretwegen hatte beschneiden lassen, den Laufpaß zu geben und statt dessen den – zweifellos unbeschnittenen – Felix zu ehelichen.[28] In diesem Zusammenhang darf man nicht vergessen, daß Felix' Bruder Pallas nach Auskunft Suetons Claudius' *Schatzmeister* gewesen war.

Alle diese ehelichen und sexuellen Verfehlungen werden in den Qumran-Texten insgesamt als »Unzucht« verurteilt – das erste »Netz des Belial« (das zweite ist »Reichtümer«; das dritte betrifft, wie wir uns erinnern, die Zulassung der Herodianer in den Tempel). Auch Johannes der Täufer kritisierte die Herodianer wegen solch »unzüchtigen Verhaltens« und mußte deswegen sein Leben lassen. Die tendenziöse Schilderung der Evangelien von Herodes' »Geburtstags«-Feierlichkeiten und das damit einhergehende Bild Herodes' (Antipas), der »seinem Bruder keine Nachkommenschaft zeugen will« – ein ziemlich einfältiger Versuch, die herodianische »Unzucht« ausschließlich in alttestamentlich-biblischen Kategorien zu fassen –, sollte endgültig *ad acta* gelegt werden.

Es ist in diesem Zusammenhang nicht ohne Bedeutung, daß Titus nach Auskunft Suetons die größte Freude daran hatte, *Geburtstage zu feiern*, und daß er Jerusalem »anläßlich des Geburtstags seiner Tochter« einnahm. Sueton zufolge erfreute und ermutigte dies Titus' Soldaten so sehr, »daß sie ihn anschließend zum Imperator ausriefen«.[29] Auch Josephus geht auf Titus' Vorliebe für Geburtstagspartys ein:

> Während nun Titus in Cäsarea weilte, feierte er anläßlich des Geburtstags seines Bruders Domitian ein prächtiges Fest und ließ zu seinen Ehren wieder an zahlreichen gefangenen Juden die Todesstrafe vollziehen. Es waren über 2500, die seinerzeit teils im Kampf mit wilden Tieren, teils als lebende Fackeln und teils

Mann gegen Mann fechtend ums Leben kamen. Doch all dies und zahllose andere Todesarten dünkten die Römer noch eine zu geringe Strafe für die Juden. Dann zog Titus nach Berytos [Beirut] in Phönizien, einer römischen Kolonie, und hielt sich dort länger auf; er feierte nämlich den Geburtstag seines Vaters [Vespasian] und ließ deshalb großartige Spiele veranstalten und dabei unter ungeheurem Aufwand die größte Pracht entfalten. Auch hier kam es wieder in der nämlichen Weise wie vorher zur massenhaften Hinschlachtung von Gefangenen.[30]

Es ist nicht ohne Bedeutung, daß dieser Eifer für Geburtstagsfeierlichkeiten sich wahrscheinlich auf die Evangelienberichte vom Tod Johannes' des Täufers ausgewirkt hat. Man kann sagen, daß Herodias das Qumraner »Unzucht«-Verbot in zweierlei Hinsicht übertrat: erstens, indem sie sich scheiden ließ. Wie wir gesehen haben, verurteilt die Damaskus-Schrift im Abschnitt über die »drei Netze des Belial« ausdrücklich Polygamie *und* Scheidung. Der Frau war es laut jüdischem Recht, wie schon angedeutet, ohnehin untersagt, die Scheidung einzureichen. Aber nach Auffassung der Qumraner Tempelrolle war es ganz besonders verhängnisvoll, wenn der *König* sich scheiden ließ. Der König durfte nur *einmal* heiraten, solange er (oder seine Frau) lebte, und außerdem nur eine *Jüdin*.

Herodes hielt sich an keine dieser Vorschriften. Er hatte wenigstens *zehn* (meist heidnische) *Ehefrauen*, die ihm eine Heerschar von Nachkommen gebaren, und frönte seinen polygamen Neigungen so hemmungslos, daß Jerusalem schließlich ein Bild bot wie das heutige Königreich Saudi-Arabien – wenngleich sich eine bestimmte Linie, diejenige der zwei Agrippas, der Herodias, Berenike, Drusilla und Mariamne III. (offenbar weil ihre Mitglieder die einzigen waren, die dank der makkabäischen Großmutter Mariamne I. zumindest mit Einschränkungen als jüdisch und als königlichen Geblüts angesehen wurden), von dem ganzen Rest abhob.

Zweitens heiratete Herodias nicht lediglich *einen*, sondern sogar *zwei* Onkel.

Die Damaskus-Schrift beginnt ihren Exkurs über diese Gegenstände mit einem Zitat aus dem Buch ihres Lieblingspropheten, Hesekiel, und dessen Bemerkungen zu »lügnerischen Gesichten« und »törichten« Propheten, »die ihrem eigenen Geist folgen und doch keine Gesichte haben«. Bemerkenswert ist auch, daß Hesekiel hier (Kapitel 13) das Bild des »Platzregens« und des »Wirbelwinds« verwendet, um Gottes »Grimm« und Wut zu beschreiben, mit der Er die »Mauer« zerstört, welche die falschen Propheten »mit Kalk tünchen«

(13,11 ff. – eine wunderbare Metapher, die mehrere Spalten weiter fortgeführt wird).

Die Damaskus-Schrift beschwört auch Michas (2,6) Bild des »Geiferns« (= »Hervorsprudelns«/»Schwätzens«) herauf, wenn sie von den »lügnerischen Gesichten« und vom »Sprudler/Schwätzer, der gewißlich sprudeln/schwätzen wird« spricht – Aussagen, die im *Pescher* Habakuk durch das Bild vom »wertlosen Dienst« des lügenden Schwätzers und der »Nichtigkeit« seiner Werke wieder aufgegriffen wird.[31] Der Kontext der genannten Michastelle – Gottes zärtliche Fürsorge für »das Haus Jakob« und »der Feind«, der »im Geist und Lügen wandelt« und »[Jakobs] Kindern [Gottes] Schmuck raubt für immer« (Buch Micha 2,7–11) – dürfte Paulus' Feinde zweifellos sehr stark angesprochen haben. Die Passage stellt den judenchristlichen »Feind«-Begriff in einen eindeutigen biblischen Zusammenhang mit dem Qumran-Begriff »Lügender Schwätzer«/»Hervorsprudler von Lügen«. Und an dieser entscheidenden Stelle beschwört die Damaskus-Schrift gerade die Kombination dieser zwei Metaphern herauf:

> Auf diese Weise [das heißt so wie jene, die in die »drei Netze des Belial« verstrickt sind] haben sich die Erbauer der Mauer verhalten, auf die Weise des Schwätzers, von dem es heißt: »Er wird gewißlich schwätzen.« Zwiefach werden sie in Unzucht befangen sein, da sie ein zweites Weib nehmen, wenn das erste noch am Leben ist, während der Grundsatz der Schöpfung lautet: »Und schuf sie als Mann und Weib« [1. Moses 1,27] ... Und über den König steht geschrieben: »Er soll nicht viele Frauen nehmen« [5. Moses 17,17] ... Weiterhin beflecken sie den Tempel, weil sie nicht gemäß der *Thora* trennen, sie vielmehr bei einer Frau liegen während des Blutes ihrer Periode. Und jeder Mann heiratet die Tochter seines Bruders und die Tochter seiner Schwester [das Verbot der Nichten-Heirat], während Mose sprach: »Mit der Schwester deiner Mutter sollst du keinen Umgang haben. Wer das tut, schändet seine Blutsverwandte.« [3. Moses 19]
>
> Doch wenn die Gesetze wider die Unzucht auch für Männer geschrieben wurden, sollten sie auch auf die Frauen bezogen werden. Wenn daher eines Bruders Tochter die Blöße ihres Vaters Bruders aufdeckt, so ist sie gleichfalls eine Blutsverwandte. Weiterhin beflecken sie ihren Heiligen Geist, und sie tun ihren Mund auf mit einer Zunge voll Schmähungen [oder »einer lästernden Zunge«] wider die Gesetze des Bundes Gottes, indem sie sagen: »Sie sind nicht verbindlich.« Sie sprechen ein Greuel [oder »Lä-

> sterliches«] über sie. Sie alle sind solche, die Feuer anzünden und Brandpfeile zurüsten [Jesaja 50,11]. Ihre Netze sind Spinnennetze, und ihre Eier sind Natterneier [Jesaja 59,5]. Kein Mann, der ihnen naht, soll wieder rein werden, es sei denn, er tat es unter Zwang. Wie ein Verfluchtes soll sein Haus schuldig sein.[32]

Die Härte dieser letzten Sätze ist wahrhaft kennzeichnend für die während jener Zeitspanne herrschende Stimmung. Keinem Kenner des Neuen Testaments werden außerdem die sprachlichen Ähnlichkeiten entgehen, vor allem in der Anspielung auf die »Natterneier«, die ebensogut als das »Natterngezücht« gelesen werden kann, mit dem Johannes der Täufer die Pharisäer und Sadduzäer tituliert (Matthäus 3,7 und Parallelen). Dasselbe Wort schleudert Jesus den Pharisäern und Schriftgelehrten im Evangelium des Matthäus (12,34) entgegen, und noch einmal in Vers 23,33, wo er auch die »höllische Verdammnis« auf sie herabbeschwört.

Entscheidend aber ist hier, daß der Täufer Herodias wegen wiederholter Übertretungen dieser Verbote verurteilt (und dafür mit seinem Kopf bezahlt). Das ist es, was in den Schriftrollen von Qumran – wo uns so viele Parallelen zu den in den Evangelien und von Josephus Johannes dem Täufer zugeschriebenen Doktrinen begegnen – unter »Unzucht« eigentlich verstanden wird. Wir behaupten außerdem, daß dies auch die »Unzucht« ist, von der Jakobus' Weisungen für überseeische Gemeinden und der unter Jakobus' Namen überlieferte Brief sprechen. Die Tempelrolle behandelt diese Gegenstände in etwas gedrängterer Form und verbietet die Nichten-Heirat (die sie als »ein Greuel« bezeichnet) ganz ausdrücklich.[33]

Unsere These lautet also, daß ebenjenes »Unzucht«-Motiv den eigentlichen Kern der in der pseudoklementinischen Literatur geschilderten Konfrontation ausmachte, die sich zwischen Simon *Magus* und Simon Petrus *in Cäsarea* abgespielt zu haben scheint – und nicht in Samaria, wie es in der entstellten, verharmlosenden Version heißt, welche die Apostelgeschichte von dieser Konfrontation liefert. Ebensowenig kreiste sie, wie es in vielen jener Berichte dargestellt wird, um die Natur »des Christus« (wenngleich dieses Thema eine gewisse Rolle gespielt haben mag), sondern um *die Heirats-»Politik«* und *das Sexualverhalten* dieser Herodianerinnen – durch die so viele messianische Führer ihr Leben ließen.

In einem solchen Kontext wäre es also nicht verwunderlich, wenn der Simon der *Altertümer* (der »zelotische« Simon, der Herodianern als Ausländern den Zutritt zum Tempel verbieten möchte, nicht der neutestamentliche, der »lernt«, bezüglich Heiden keine Unterschiede zu machen) tatsächlich, wie in der Apostelgeschichte beschrieben, verhaftet worden und zuletzt zu fliehen gezwungen gewesen wäre – allerdings bestimmt nicht aus den dort angegebenen Gründen: nämlich Meinungsverschiedenheiten über die Natur des Christus und die Auferstehung. Dieser ist der *mythologisierte* Simon; der *echte* dürfte um einiges »diesseitiger« und realitätsbezogener gewesen sein.

Wir können außerdem den Schluß ziehen, daß eine solche Konfrontation zwischen Simon Petrus und Simon *Magus tatsächlich stattgefunden hat* und daß Simon *Magus* (als Josephus' »Simon« oder »Atomus«) wirklich im Dienst des römischen Statthalters und der herodianischen Familie stand – weswegen er auch, wie Paulus, zu guter Letzt nach Rom entschwindet. Weiterhin kann man folgern, daß er die Zulässigkeit der – auch von der Frau verlangten – Ehescheidung lehrte (wie Paulus im Ersten Korintherbrief zweimal sagt: »Alles ist mir erlaubt«) und wie Paulus den Standpunkt vertrat, die Beschneidung sei nicht wirklich erforderlich, eheliche und sexuelle Beziehungen zu Nichtjuden wie Felix oder Titus seien daher, wie man weiter vermuten kann, zulässig und sogar wünschenswert. In diesem Zusammenhang sollte man sich ins Gedächtnis zurückrufen, daß es von diesem Simon hieß, er habe sich als seine »Königin« eine gewisse *Helena* erkoren, die er, wie es in frühen Kirchenquellen heißt, in einem Bordell im phönizischen Tyros aufgelesen hatte![34]

Die pseudoklementinischen *Rekognitionen* wiederum erklären eindeutig, daß nach dem Blutvergießen im Tempel und der – durch die vom »Feind« Paulus angeführten Krawalle bedingten – Flucht der ganzen Gemeinde in die Region von Jericho (der Gegend von Qumran) *Jakobus* als das Oberhaupt der Urkirche *Petrus* nach Cäsarea *entsandte*, damit er dort Simon *Magus* zur Rede stellte. Der Stein des Anstoßes dürfte, wie zuvor für Johannes den Täufer, das Heiratsgebaren der herodianischen Familie gewesen sein. Wie Josephus' »zelotischer« Simon wäre Petrus – der entmythologisierte Petrus –, der frühen Kirchenquellen zufolge Simon zur Flucht nach Rom gezwungen haben soll, unseres Erachtens an das dem Standpunkt der Apostelgeschichte entgegengesetzte Ende des Spektrums möglicher Beurteilungen solcher Praktiken zu stellen, also in die Nähe Qumrans sowie Johannes' des Täufers und anderer Märtyrer der messianischen Bewegung.

Daß die Konfrontation zwischen Petrus und Simon die »Unzucht« der Herodianer, die Dinge, die Simon ihnen zu tun gestattete oder sogar empfahl, und die Einhaltung beziehungsweise Nichteinhaltung des Beschneidungsverbotes betraf, dürfte sich unserer Ansicht nach von selbst verstehen. Petrus *stritt nicht* – wie die Apostelgeschichte ihm tendenziös unterstellt – mit denen, die »auf Beschneidung bestanden« (11,2 f. und 15,7–11).

Die Apostelgeschichte und Petrus' Paulinisierung in Joppe und Cäsarea

Das gleiche läßt sich über den Besuch sagen, den Petrus der Apostelgeschichte zufolge in Cäsarea dem Haus des *römischen Hauptmanns Cornelius* abgestattet haben soll. Nichts könnte mit der historischen Wahrheit weniger übereinstimmen als diese Episode. Tatsächlich stellt sie die genaue Umkehrung der Wahrheit dar. Zunächst einmal dürfte klar sein, daß Simon Petrus' Besuch beim cäsareischen Legionär nichts anderes als eine »parallele Überschreibung« der Besichtigung von Agrippas I. Palast in Cäsarea ist, durch die Josephus' Simon feststellen soll, was dort an Gesetzeswidrigem geschieht.

Der von der Apostelgeschichte geschilderte Besuch Petrus' beim römischen Hauptmann verfolgt den genau entgegengesetzten Zweck. Wie wir uns erinnern, charakterisiert die Apostelgeschichte Cornelius als einen »Gerechten«: Er »war fromm und gottesfürchtig … und gab dem Volk viel Almosen und betete immer zu Gott« und war »guten Rufs bei dem ganzen Volk der Juden« (10,2 und 10,22). Wir erkennen hierin nicht nur fast alle Elemente der frühchristlichen Beschreibungen Jakobus' wieder, sondern staunen auch über den Zynismus, mit dem diese Merkmale ausgerechnet einem jener *in Cäsarea* stationierten *römischen Legionäre* beigelegt werden, von deren Brutalität und unaufhörlichen Provokationen, die schließlich zum Aufstand der Juden gegen Rom führten, Josephus uns ein erstaunliches Bild entwirft. Wären diese Angelegenheiten nicht so ernst – und hätte man sie nicht 2000 Jahre lang als »biblische Wahrheit« propagiert –, fiele es schwer, sie nicht mit einem bloßen ungläubigen Achselzucken abzutun.

In dieser Episode lernt Petrus, wie wir schon wiederholt betont haben, »nicht gemein zu nennen, was Gott gereinigt hat« und »keinen Menschen gemein oder unrein zu heißen« (Apostelgeschichte 10,15 und 28), das heißt also, kein Aufhebens um Speisegebote zu machen und niemanden aufgrund seiner Rasse oder Religionszugehörigkeit zu diskriminieren – eine zweifellos löbliche Einstellung, aber eben leider das exakte Gegenteil dessen, was Josephus' Simon tatsächlich zu seiner Besichtigung des königlichen Haushalts in Cäsarea veranlaßt und was Petrus in den *Homilien* predigt.

In der Apostelgeschichte erklärt Petrus weiter, »daß Gott die Person nicht ansieht« (10,34) – was eine nur geringfügige Abwandlung der Worte darstellt, die Paulus im Brief an die Galater (2,6) in seinem Angriff auf »apostolische Säulen« wie Petrus und Jakobus verwendet: »Gott achtet das Ansehen der Menschen nicht.« Wie wir gleichfalls schon gesehen haben, bedeutete dies in sich bereits eine Vereinnahmung der von Hegesippus *dem Jakobus* zugeschriebenen Charaktereigenschaft (»er sah die Person nicht an«), die Josephus wiederum in abermaliger Umkehrung der wahren Verhältnisse mit liebedienerischer Verlogenheit dem Erzfeind und Mörder Jakobus', Ananus, an den Leib dichtet, von dem er nämlich behauptet, daß »er auch mit Menschen untersten Ranges gern wie mit seinesgleichen verfuhr«.[35] Wieder fällt es schwer, derlei Behauptungen ernst zu nehmen.

Dann setzt Paulus im Galaterbrief seine Attacke gegen die »Säulen« damit fort, daß er »Kephas« und allgemein »die der Beschneidung« genau *der* Dinge bezichtigt, die Petrus der Apostelgeschichte zufolge seit seiner »Tischtuch-Vision« in Joppe *nicht* mehr tut: Speisegebote zu beobachten und »sich abzusondern von den Heiden«. Das Problem dabei ist nämlich, daß sich diese Vision nach der Chronologie der Apostelgeschichte *vor* der Begegnung mit Paulus in Antiochia ereignet haben soll; wenn Petrus (oder »Kephas«) also wirklich eine solche Vision zuteil geworden wäre, warum sollte Paulus ihm überhaupt ein solches Verhalten vorwerfen (ganz zu schweigen davon, daß die völlig mit der Charakterisierung Petrus' in den Pseudoklementinen übereinstimmt)?

Das Resultat dieser Episode der Apostelgeschichte besteht jedenfalls darin, daß Petrus Cornelius und dessen »Verwandten und nächsten Freunden« eine Rede hält, in der er – durchaus in paulinischer Manier – Jakobus' Lehre von der »Gerechtigkeit« durch »Werke« bis zur Einschließung aller Heiden verallgemeinert (und beiläufig mit der wohlbekannten Blutklage gegen »die Juden« schließt). So heißt es dort:

> Sondern in jeglichem Volk, wer *[Gott] fürchtet* und *Gerechtigkeit tut*, der ist Ihm angenehm ... Jesus *aus Nazareth*, ... der ist umhergezogen und hat *wohl [das heißt gute Werke] getan* und gesund gemacht alle, die vom Teufel [*Diabolos*] überwältigt waren ... im Lande der Juden und zu Jerusalem. Den haben sie *an das Holz gehängt und getötet* [letzteres mit unübersehbaren Anklängen an Galater 3,13]. (Apostelgeschichte 10,35–39)

Auch das Thema »Beschneidung« kommt an dieser Stelle des Galaterbriefes zur Sprache – ebenso wie in der Apostelgeschichte, als Petrus unmittelbar im Anschluß an die Corneliusepisode nach Jerusalem zurückkehrt, um von seinen Erlebnissen in Joppe und Cäsarea zu berichten, und

> die aus der Beschneidung [dies wieder dieselbe Formulierung wie in Galater 2,12] mit ihm stritten und sprachen: »Du bist gegangen zu Unbeschnittenen und hast mit ihnen gegessen.« (11,2 f.)

Die Karikatur von Petrus' Kritikern aus der »Jerusalemer Kirche« verfehlt nicht ihre Wirkung. Natürlich leisteten sich die angebliche »Jüdin« Drusilla und ihre Schwestern weit Schlimmeres, als mit Heiden nur zu *essen*.

Diese Episode nimmt nicht nur Petrus' angebliches, im Galaterbrief angedeutetes Verhalten vorweg – selbst die Formulierungen, welche die Apostelgeschichte dabei verwendet, lassen den Wortlaut anklingen, mit dem Paulus dort (unter implizitem Verweis auf Jakobus' Autoritätsstellung) Petrus kritisiert:

> Denn zuvor, ehe *etliche von Jakobus* kamen, aß er mit den Heiden; als sie aber kamen, *zog er sich zurück und sonderte sich ab*, weil er *die aus der Beschneidung* fürchtete. (Galater 2,12; vergleiche Apostelgeschichte 11,2)

Hier begegnet uns wieder der Begriff der »[Ab]Sonderung« oder »Trennung«, der in der oben zitierten Passage aus den »drei Netzen des Belial« und allgemein im Denken Qumrans – ebenso jedoch im Vokabular der »jakobinischen Christenheit« – eine so große Bedeutung besitzt. Die Anspielung auf die »Beschneidung« stellt nicht nur einen direkten Bezug zu den gerade besprochenen Ereignissen in Cäsarea und zu deren Nachspiel in Jerusalem her, sondern identifiziert auch die Anhänger des Jakobus unzweideutig als jene, »die auf der Beschneidung bestehen« (die »*Sikarioi*«?).

Da ihnen die Geschichte Cäsareas während dieses Zeitraums – die mehr oder weniger derjenigen einer weiteren Brutstätte griechischen Antisemitismus, Alexandria, entsprach – zweifellos bekannt war, müssen die Verfasser der Apostelgeschichte in einer wahrhaft schalkhaften Stimmung gewesen sein, als sie diese Szenen mit dem auf dem Hausdach in Joppe stehenden und anschließend den römischen Zenturio besuchenden Petrus erdichteten, oder vielleicht besser *um*dichteten. Unter Trajan (98–117 n.Chr.) wurden in Alexandria und Umgebung im Zuge offenbar messianischer Unruhen schätzungsweise[36] eine Million Juden umgebracht. Trajan und Hadrian stammten, wie wir uns erinnern, aus derselben südspanischen Stadt, Italica.

Was immer man aus dieser Anspielung auf »Italica« (Apostelgeschichte 10,1) auch schließen mag, es kann kaum ein Zweifel daran bestehen, daß die Corneliusepisode – ebenso wie die ihr in der Apostelgeschichte voraufgehende Stephanusepisode – *nie passiert ist*. Ja, ungeachtet dessen, was Petrus hier angeblich lernte oder verlernte, beweist die fragliche Episode in ihrer uns vorliegenden Form, daß Jesus zu seinen Lebzeiten keine verbindlichen Aussagen hinsichtlich der zwei miteinander zusammenhängenden Themen »verbotene Speisen« und »Tischgemeinschaft mit Heiden« machte und im Zusammenhang mit diesen Fragen *nie etwas lehrte*, was auch nur entfernt an das erinnert hätte, was ihm später zugeschrieben wurde!

Zumindest *das* haben die übereifrigen Fälscher der Apostelgeschichte erreicht – wenngleich es ganz offensichtlich nicht ihr Ziel gewesen war. Die Begründung ist ganz einfach. *Hätte* Jesus irgend etwas zu dem Thema gelehrt, dann hätte Petrus als sein angeblich ständiger Begleiter und engster Mitarbeiter *ohne Zweifel davon gewußt* und daher auch keine paulinisierende »Tischtuch-Vision« benötigt, die – praktischerweise gerade am Vorabend seines Besuches beim römischen Zenturio in Cäsarea – diese Angelegenheiten regelte. Da Petrus aber diese Dinge der Apostelgeschichte zufolge *nicht* weiß, hat Jesus sie auch *nicht gelehrt*. Um es noch einmal ganz klar zu sagen: Entweder hat Jesus diese Dinge *nicht* gelehrt, und dann *brauchte* Petrus diese Vision; oder Jesus *hat* sie gelehrt, und dann wäre die Vision *überflüssig* gewesen. Entweder oder – beides ist nicht möglich. Entweder ist diese Episode aus der Apostelgeschichte unwahr – oder aber die Evangelien irren, wenn sie erklären, Jesus habe Dinge gelehrt wie »Was zum Munde eingeht, das macht den Menschen nicht unrein, sondern was zum Munde ausgeht, das macht den Menschen unrein« (Matthäus 15,11, in der besprochenen »Ausscheidungs«-Episode), oder er habe mit »unreinen« Personen wie »Zöllnern«, »Sündern« (in Galater 2,15 als gleichbedeutend mit »Heiden« gebraucht) gegessen, sei »ein Fresser und Säufer« gewesen, habe »Huren« bevorzugt und so weiter.

Tatsächlich hat die »Tischtuch«-Episode der Apostelgeschichte keinen anderen Zweck, als die von Paulus im Galaterbrief referierte Episode, in der Petrus sich, als »etliche von Jakobus« nach Antiochia kommen, von der »Tischgemeinschaft« mit Heiden »zurückzieht«, zu erklären und letztlich zu entschärfen. Sie *paulinisiert* Petrus, indem sie ihm die Grundelemente des Paulusschen Ansatzes – »die Speise dem Bauche und der Bauch der Speise« und »beschnitten sein ist nichts, und unbeschnitten sein ist auch nichts« (1. Korinther 6,13 und 7,19) sowie den Begriff der »Taufe durch den Heiligen Geist« – in den Mund legt. Gleichzeitig (und unbeabsichtigterweise) beweist sie unumstößlich, daß Jesus in seinem ganzen Leben *nie etwas Derartiges gelehrt hat* – denn hätte er das getan, wozu bräuchte Petrus, angeblich sein engster Vertrauter, dann noch eine paulinische Vision, die ihm das bereits Gehörte bestätigt?

Natürlich hat die christliche Orthodoxie darauf eine – bereits in den Evangelien und in der Apostelgeschichte vorgezeichnete – Antwort parat: Petrus, der den Herrn in dessen letzter Nacht dreimal verleugnete (Matthäus 26,75 und Parallelen), hat Christi Lehre einfach *mißverstanden*. Die himmlische Stimme, die in dieser Episode der Apostelgeschichte die Herabkunft des Himmlischen Tischtuches mit den verbotenen Speisen begleitet – und durchaus der Stimme ähnelt, die Paulus ständig hört –, ertönt »zu drei Malen«, bevor Petrus den Sinn der Lehre erfaßt (Apostelgeschichte 10,16). Und als Petrus in den Evangelien versucht, wie Jesus »auf dem Wasser zu wandeln«, geht er wegen seines *ungenügenden Glaubens* unter – eine durch und durch »paulinische« Begründung (Matthäus 14,31 und Parallelen).

Tatsächlich aber verrät sich der *echte* Petrus selbst in der uns heute vorliegenden Form der »Tischtuch«-Episode durch die Beteuerung, er »habe noch nie etwas Gemeines oder Unreines gegessen« (Apostelgeschichte 10,15 und, geringfügig abgewandelt, 11,8). Letzten Endes thematisiert diese visionäre Episode das Grundproblem auf sehr elegante Weise, wenn sie Petrus dem römischen Hauptmann und dessen Familie erklären läßt: »Ihr wisset, daß es ein unerlaubt Ding ist einem jüdischen Mann, umzugehen mit einem Fremdling oder zu ihm zu kommen« (10,28) – und damit, ob absichtlich oder zufällig, eine direkte Beziehung zum Motiv des Besuches herstellt, den Josephus' »Simon« Agrippa I. (dem er als »einem Fremdling« den Zutritt zum Tempel verweigern möchte) in Cäsarea abstattet.

Auseinandersetzungen um die Beschneidung und das Ende in der Apostelgeschichte

Die »Beschneidung« war auch das Problem, das sowohl Drusillas als auch Berenikes Eheschließungen mit verschiedenen Fürsten aus Syrien und Asia Minor sowie mit Felix, dessen Bruder Pallas in Rom an den Schalthebeln der Macht stand, erschwerte. Wie man sehen kann, bildet sie auch den Kern von Paulus' Konfrontationen mit den »Etlichen von Jakobus«, die, wie im Galaterbrief geschildert, nach »Antiochia« kamen, um auf der Einhaltung der Reinheitsvorschriften zu bestehen, und von Petrus' Auseinandersetzung mit den gleichen

Männern »von der Beschneidung« im Anschluß an die »Tischtuch-Vision«, die ihm nicht nur erlaubt, mit den Heiden zu essen, sondern sogar das Haus des römischen Hauptmanns in Cäsarea zu betreten.

Als ein Resultat dieser eindeutig von Jakobus ausgehenden Interventionen »zogen sich« jene, die bis dahin – angeblich in »Antiochia« – mit Paulus engen Umgang gepflegt hatten, »zurück und sonderten sich ab«, weil sie »die aus der Beschneidung [und zwar innerhalb, nicht außerhalb der Urkirche] fürchtete[n]«. Eine solche Sanktion – die man als »Exkommunikation«, »Ächtung« oder auch schlicht »Ignorieren« bezeichnen kann – ist eine für Qumran charakteristische Form der Bestrafung.[37]

Es sollte auch angemerkt werden, daß die »Gemeinde zu Jerusalem« (die »Jerusalemer Kirche«) im Anschluß an die »Tischtuch«-Episode Barnabas nach »Antiochia« entsendet, wo, wie die Apostelgeschichte (wahrscheinlich richtig) erklärt, »die Jünger zuerst Christen genannt« wurden (11,26). Dem folgen einige Passagen, in denen immer neue Leute *aus Jerusalem in Antiochia* eintreffen, angefangen mit der Episode um »Barnabas und Paulus« selbst (Apostelgeschichte 11,22) und direkt gefolgt (11,27 ff.) von derjenigen, in der »Propheten von Jerusalem nach Antiochia [kommen]« – darunter auch jemand mit dem merkwürdigen (und mit Sicherheit entstellten) Namen »Agabus«, mit dem wir uns an gegebener Stelle eingehender beschäftigen werden.

Das Kapitel endet damit, daß Paulus und Barnabas nach Jerusalem zurückkehren, und zwar angeblich, um die für die Opfer einer von ebendiesem »Agabus« geweissagten Hungersnot (46–48 n.Chr.) gesammelten Spenden den dortigen Gemeindeältesten zu überbringen (11,29). Dem widerspricht aber Paulus selbst, wenn er im Brief an die Galater, wie wir gesehen haben, erklärt, er sei erst »vierzehn Jahre« nach seiner überstürzten Abreise (also wohl um das Jahr 51/52 n.Chr.) nach Jerusalem zurückgekehrt. Dem folgen im 12. Kapitel die völlig unzusammenhängende Mitteilung von der Hinrichtung des »anderen« Jakobus, *»des Johannes Bruder*[s]«, dann Petrus' wunderbare Befreiung aus dem Gefängnis und anschließende Flucht, die äußerst beiläufige Einführung des »eigentlichen« Jakobus sowie die Nachricht vom Ableben des – nicht näher identifizierten – »Herodes«, der »von den Würmern gefressen ward und den Geist aufgab« (Apostelgeschichte 12,23). Erwartungsgemäß aber verrät der Text im ganzen Kapitel mit keinem Wort, was Barnabas und Paulus in Jerusalem eigentlich taten; erst im letzten Vers erhalten wir die knappe Information, daß sie »nachdem sie die Gabe überbracht hatten«, nach Antiochia zurückkehrten »und ... Johannes, mit dem Zunamen Markus, ... mit sich nahmen« (12,25).

Kapitel 13 wendet sich wieder diesen sogenannten »Propheten und Lehrern der Gemeinde zu Antiochia« zu und stellt sie namentlich vor; zu ihnen gehören unter anderen Niger, Paulus und dieser mysteriöse Mann, der als »Ziehbruder Herodes', des Tetrarchen« bezeichnet wird. Dann folgen die Konfrontation mit dem »Kind des Teufels (»*Diabolos*«, das heißt »*Belial*«) und »Feind aller Gerechtigkeit«, Elymas *Magus*, und die lakonische Anmerkung: »Johannes aber wich von ihnen und zog wieder nach Jerusalem« (13,13). Schließlich kommen »etliche herab von Judäa und lehr[en] die Brüder: Wenn ihr euch nicht beschneiden lasset nach der Weise des Mose, so könnt ihr nicht selig werden« (15,1. Genau dieser Gedanke wird sich im Zusammenhang mit der Bekehrung von Königin Helenas von Adiabene Sohn wiederholen, die – Josephus und dem Talmud zufolge irgendwo in der Gegend des nordsyrischen Haran oder weiter östlich – stattfindet, als ein Lehrer ihn beim Lesen des Mosaischen Gesetzes antrifft).

Nach Darstellung der Apostelgeschichte führt die sich daraus entspinnende Kontroverse zum »Jerusalemer Konzil«, in dessen Verlauf Jakobus seine ausführlich behandelten Weisungen für überseeische Gemeinden (das sogenannte »Aposteldekret«) formuliert. Anschließend werden zwei Repräsentanten, Judas Barsabas[38] und Silas (»die auch Propheten waren«), zusammen mit Paulus und Barnabas beauftragt, Jakobus' Brief den »Vielen« in »Antiochia« zu überbringen (15,30). All dies scheint der wahre Grund für den Bruch zwischen Paulus und Barnabas zu sein, den die Apostelgeschichte auf einen Streit um Johannes Markus zurückführt – »jemand[en]«, wie Paulus meint, »der in Pamphylien von ihnen gewichen war und nicht mit ihnen gezogen war zu dem Werk« (15,38 f.).[39]

An diesem Punkt, im 16. Kapitel, schiebt sich der »Wir-Bericht« – ein in der ersten Person Plural gehaltenes »Reisetagebuch« – in den Gang der Handlung. Man kann also sagen, daß die Kapitel 11 bis 15 fast ausschließlich von immer neuen (größtenteils erfundenen) *Abgesandten* berichten, *die von Jerusalem nach Antiochia kommen*, um den Konflikt, der sich – wie im Galaterbrief dargestellt – nach Paulus' Rückkehr aus Jerusalem in »Antiochia« entzündet hatte, auszubügeln. Wie aus dem genannten Brief – und stellenweise auch aus der Apostelgeschichte – klar hervorgeht, kommen diese Abgesandten zumeist *direkt* »von Jakobus« und verfolgen Paulus, dessen Linientreue in Sachen Beschneidung, Tischgemeinschaft mit Heiden und Speisegebote sie zu Recht mißtrauen, auf Schritt und Tritt.

Paulus' laxe Auffassung von Sinn und Nutzen der Beschneidung dürfte Herodianerinnen, die sich mit nordsyrischen und kleinasiatischen Fürsten zu verheiraten wünschten, zweifellos sehr gelegen gekommen sein – und sie paßte sehr gut zu den Zielen, die Paulus (wie es scheint, in Übereinstimmung mit den Herodianern) allgemein im Osten anstrebte: eine Gemeinde aufzubauen, in der Griechen und Juden konfliktfrei nebeneinander leben konnten (Galater 3,28, 1. Korinther 12,13 usw.). Die Kapitel 16 bis 21 enthalten aber praktisch nichts anderes als die Schilderung einer einzigen ausgedehnten Reise durch Kleinasien und das griechische Festland, an deren Ende Paulus nach Jerusalem zurückeilt, um rechtzeitig zum Pfingstfest – offenbar dem Tag, an dem sich die urchristliche (ebenso wie die Qumraner) Gemeinde alljährlich zusammenfand – wieder da zu sein, wo sich die geschilderten Auseinandersetzungen mit Jakobus und dem jüdischen Mob im Tempel ereignen.

Zuletzt möchten wir im verbleibenden Teil der Apostelgeschichte noch eine Reihe von Punkten hervorheben und in Frage stellen: zum einen die Behauptung, »die Juden« von Jerusalem hätten »viele und schwere Klagen« gegen Paulus vorgebracht; dann Paulus' Entgegnung darauf, er »habe weder an der Juden Gesetz noch an dem Tempel, noch am Kaiser [s]ich versündigt« (Apostelgeschichte 25,7 f.). Ebenso möchten wir Festus' angeblichen Wunsch anzweifeln, »den Juden eine Gunst« zu erweisen (25,9). Kurz zuvor hatte die Apostelgeschichte ja von Felix' Hoffnung gesprochen, »daß ihm von Paulus sollte Geld gegeben werden« (24,26). Tatsächlich war die Situation genau umgekehrt, und eine jüdische Delegation begab sich nach Rom, um auch über *Festus'* Amtsführung Beschwerde einzulegen – und da dieser nicht über so gute Beziehungen wie Felix verfügte, hatte sie damit größeren Erfolg.[40]

Ebensowenig glaubwürdig ist das Bild eines Paulus, der sich mit Agrippa und dessen Schwester und ständiger Begleiterin, der »lasterhaften« Berenike, über seine missionarischen Aktivitäten und andere religiöse Gegenstände austauscht und den Fürsten mit den Worten umschmeichelt: »Glaubst du, König Agrippa, den Propheten? Ich weiß, daß du glaubst« (26,27). Wie wir uns erinnern, antwortet der Herodianer darauf: »Es fehlt nicht viel, du wirst mich noch bereden und mich zum Christen machen«, worauf Paulus erfreut erwidert: »Ich wünschte vor Gott, ... daß nicht allein du, sondern alle, die mich heute hören, solche würden, wie ich bin« (26,28 f.). Trotz ihres zweifellos historischen Kerns ist diese Szene ein hervorragendes Beispiel dafür, wie weit neutestamentliche Autoren bereit waren, in ihrer Umarbeitung der Grundlehren der messianischen Bewegung in Palästina und ihrer Aufbesserung des Image der herrschenden Elite zu gehen. An diesem Punkt stehen Berenike und Agrippa auf, gehen beiseite und reden miteinander: »Dieser Mensch hat nichts getan, was des Todes oder der Fesseln würdig wäre.« Und zu Festus wiederum: »Dieser Mensch hätte losgegeben werden können, wenn er sich nicht auf den Kaiser berufen hätte« (26,31 f.).

Das Bild eines Paulus, der Agrippa II. zu bekehren versucht, hätten zeitgenössische Messianisten zweifellos mit höhnischem Gelächter quittiert – mit genau der Reaktion also, die man in den Qumraner *Pescharim* in bezug auf den »lügenden Schwätzer« oder den »Mann der Lüge« antrifft. Nicht nur war Agrippa, zusammen mit dem von ihm eingesetzten Hohenpriester Ananus, *für den Tod des Jakobus verantwortlich*, sondern seine Schwester Berenike war außerdem die künftige Mätresse des Titus. Beide hatten Beziehungen zu Leuten wie Philons Neffen Tiberius Alexander, dem römischen Oberbefehlshaber während der Belagerung Jerusalems. Sie alle trugen zweifellos zu der letztendlichen Entscheidung der Römer bei, *den Tempel zu zerstören*. Tatsächlich war Agrippa II. bereits vier Jahre zuvor an dem Beschluß beteiligt gewesen, zur Niederschlagung des Aufstands Cestius' römische Truppen in die Stadt zu rufen. Am Ende setzt sich Agrippa, wie wir gleichfalls schon gesehen haben, zusammen mit anderen »Verrätern« wie Josephus nach Rom ab und führt dort fortan ein behagliches Leben als Privatier.

Die zelotischen »Neuerer« jagten nicht nur kurze Zeit nach dieser aufschlußreichen Szene, die uns die Apostelgeschichte schildert, Agrippa und Berenike aus Jerusalem hinaus, sondern deren beider Paläste wurden auch – ein deutliches Zeichen dafür, was die »messianischen Revolutionäre« von diesen Herodianern wirklich hielten – in den ersten Tagen des Aufstands, als dieselben zelotischen »Neuerer« »die Armen gegen die Reichen aufwiegelten«, in Brand gesteckt. *Daß* Paulus längere Gespräche mit Agrippa II., Berenike und Festus führte – ebenso wie er sich zuvor mit Felix und Drusilla unterredet hatte –, steht wohl außer Zweifel; *sehr* zweifelhaft ist allerdings, ob der Darstellung der Apostelgeschichte auch hinsichtlich der besprochenen Themen oder der dabei gefallenen Äußerungen der Beteiligten Glauben geschenkt werden kann. Wie bereits angedeutet, dürfte es sich bei den zahlreichen Unterredungen, die Paulus und Felix während eines Zeitraums von zwei Jahren (Apostelgeschichte 24,26 f.) führten, eher um politische Geheimgespräche als – wie die Apostelgeschichte uns weiszumachen versucht – um theologische Erörterungen gehandelt haben. Und höchstwahrscheinlich bestand zumindest *ein* Hauptzweck dieser Gespräche für Paulus darin, seinen römischen und herodianischen Oberherren die zentrale Rolle zu verdeutlichen, die Jakobus bei den jüdischen Massen und als Mittelpunkt der messianischen Agitation im Tempel spielte.

Wenn dies zutrifft, dann ist Paulus auch maßgeblich am »Komplott« zur Beseitigung und Ermordung Jakobus' beteiligt – was in Anbetracht der vielfältigen Differenzen, die er mit diesem hatte, der häufigen Schwierigkeiten, die das Oberhaupt der Jerusalemer Gemeinde ihm bereitete, und seines eingestandenen früheren feindseligen Verhaltens messianischen Führern gegenüber (1. Korinther 15,9 und Galater 1,13) im übrigen nicht weiter überraschend wäre. Paulus könnte Jakobus also als diejenige Gestalt identifiziert und denunziert haben, zu der die Unruhestifter in Jerusalem – mit Sicherheit die »Zeloten« unter ihnen, vielleicht aber auch die *Sikarier* – aufblickten.[41] Wenn Jakobus eine dem »Gerechten Lehrer« Qumrans analoge Persönlichkeit war und irgend etwas mit diesem gemeinsam hatte, dann dürfte es mit Sicherheit wirklich so gewesen sein. Unseres Erachtens ist dies der eigentliche Grund für Jakobus' Tod sowie für die Tatsache, daß an einer Stelle des *Pescher* Habakuk das gleiche Bild des »Verschlingens«, das zuletzt im Zusammenhang mit der »Verschwörung« des »Frevelpriesters« zur Vernichtung des »Gerechten Lehrers« gebraucht wird, auch auf die Aktivitäten des »Lügners« bezogen wird.[42] Natürlich stellt die Apostelgeschichte den Sachverhalt wieder einmal auf den Kopf und macht daraus *eine Verschwörung* der Zeloten und Hohenpriester mit dem Ziel, *Paulus zu verderben*!

Bemerkenswert ist auch Festus' Äußerung gegenüber Berenike und Agrippa II., er habe »erkannt, daß [Paulus] nichts getan hatte, was des Todes wert sei«, aber da »er selber sich auf den Kaiser berief«, habe er beschlossen, ihn nach Rom zu senden (Apostelgeschichte 25,21–25).

Es steckt mit Sicherheit mehr hinter diesen Ereignissen, als es oberflächlich den Anschein hat. Die Tatsache der Unterredungen als solche und der Raum, den die Apostelgeschichte ihnen widmet – rund sechs Kapitel, fast ein Viertel des gesamten Textes –, ist erstaunlich. Gespräche fanden mit Sicherheit wirklich statt, aber im Laufe der »zwei Jahre« ihrer Dauer dürfte erheblich mehr zur Sprache gekommen sein, als die Apostelgeschichte uns zu verraten bereit ist. Warum erfahren wir zum Beispiel mit keinem Wort, ob während dieser ganzen Zeit nicht jemand aus Jakobus' Jerusalemer Gemeinde nach Cäsarea kam und den »Häftling« Paulus besuchte (wir hören immer nur von seinen Kontakten zu römischen Würdenträgern und deren Protegés)? Und das ist nicht das einzige, worüber sich die Apostelgeschichte ausschweigt.

17
Die Wahrheit über den Tod des Jakobus

Der gegen Jakobus gerichtete Vorwurf der Gotteslästerung

In einigen Andeutungen des Kirchenvaters Hieronymus (4./5. Jahrhundert) finden wir den Schlüssel, der uns endlich gestattet, all diese Überlagerungen, Transpositionen und Widersprüche in den Berichten vom Ende des Jakobus zu durchschauen und aufzulösen. Auch wenn Hieronymus diesem Gegenstand nur einige wenige Sätze widmet, enthält seine Version vom Tod des Jakobus dennoch mehrere Details, die sich mit der pseudoklementinischen Schilderung des (in den *vierziger*, nicht in den sechziger Jahren erfolgten) Angriffs des »Feindes« Paulus auf Jakobus decken. Wie bereits gesagt, hat die bloße Vorstellung eines solchen Angriffs rechtgläubige Christen von jeher mit Schaudern erfüllt. Ist es möglich, daß Paulus *wirklich* etwas Derartiges tat – darf man den *Rekognitionen* diesbezüglich wirklich Glauben schenken? Wie wir sehen werden, ist es nicht nur möglich und sogar wahrscheinlich – es ist nicht einmal alles!

Obwohl wir einen Teil des Hieronymusberichts schon in einem anderen Kontext behandelt haben, verdient er es nichtsdestotrotz, noch einmal aufgegriffen und gründlicher analysiert zu werden. Wenn wir Hieronymus aufmerksam lesen, erkennen wir, daß wir auf dem Gebiet der biblischen Textkritik seit seiner Zeit noch keine allzu großen Fortschritte gemacht haben: Das meiste von dem, was wir diesbezüglich heute wissen, war ihm bereits vor 1500 Jahren bekannt. Zum Beispiel weiß er, daß Paulus vermutlich *nicht* der Verfasser aller ihm zugeschriebenen Briefe ist, daß der Hebräerbrief aus der Feder des Barnabas stammen könnte, daß der Verfasser des Judasbriefes der Bruder des Jakobus ist und daß der Jakobusbrief eigentlich in zu gutem Griechisch geschrieben ist, um wirklich vom »Herrenbruder« stammen zu können – alles Probleme, mit denen sich die Bibelforscher noch heute beschäftigen. Kurz gesagt, er ist ein durchaus »moderner«

Gelehrter (was vielleicht nichts anderes bedeuten soll, als daß er versucht, seinen Verstand zu gebrauchen). Dennoch ist im Umgang mit seinen Werken auch Vorsicht angeraten, verraten sie doch trotz allem eine orthodox-theologische Tendenz sowie den deutlichen Wunsch des Verfassers, die Kirche um jeden Preis vor möglicher Kritik zu schützen.

Seiner eigentlichen Schilderung vom Tod des Jakobus schickt Hieronymus die – wahrscheinlich direkt aus Hegesippus übernommene – Passage über dessen Nasiräertum voraus; sie sei zur Erinnerung hier noch einmal angeführt:

> Ihm allein war es gestattet, das Allerheiligste zu betreten, denn wahrlich, er trug keine wollenen Gewänder, sondern nur Leinen, und er ging allein in den Tempel und betete für das Volk, und zwar so eifrig, daß seine Knie die Härte von Kamelknien erlangt haben sollen.

Wir haben bereits erklärt, daß hier aller Wahrscheinlichkeit nach von einer *Jom-Kippur*-Sühnehaltung die Rede ist.

Wie Eusebios gibt auch Hieronymus an, an dieser Stelle Hegesippus zu zitieren, doch anders als Erstgenannter teilt er uns ausdrücklich mit, es sei das *Allerheiligste* des Tempels gewesen, was Jakobus »als einziger betreten« durfte. Beachten sollten wir auch die Wiederholung der wichtigen Motive »Knie«, »knien« und »Kleidung«, deren Bedeutung im Laufe unserer Erörterung immer deutlicher zutage getreten ist. Hieronymus betrachtet diese im Allerheiligsten durchgeführte Sühnehandlung als einen Aspekt von Jakobus' »priesterlichen« Aktivitäten und somit seiner Funktion als eine Art »Antihoherpriester« – nicht so sehr aber seines »hemerobaptistischen« Lebenswandels wegen oder der anderen Aspekte seiner »Frömmigkeit«, seines lebenslänglichen »Nasiräats« oder seiner »Heiligkeit«, die eher auf die Bräuche der sogenannten »Essener« (Josephus) oder der parallelen nordsyrischen und südirakischen »Sabäer«, »Elchasaiten« oder »Mandäer« verweisen.

Daran schließt sich bei Hieronymus folgende – nach seiner Auskunft aus Clemens und Josephus kompilierte – Passage an:

> Nach dem Tod des Festus, des Statthalters von Judäa, entsandte Nero als dessen Nachfolger den Albinus. Bevor dieser seine Provinz erreichte, nutzte der Hohepriester Ananias (*sic*), der jüngste Sohn des Priesters Ananus, die zeitweilige Anarchie aus, um ein Sanhedrin einzuberufen, und versuchte Jakobus zu zwingen, die

Behauptung, Christus sei der Sohn Gottes, öffentlich zu widerrufen.[1]

Hier ersetzt Hieronymus die übliche Chronologie von Jakobus' Tod – dem in allen anderen frühkirchlichen Berichten unmittelbar die Eroberung Jerusalems folgt – durch Josephus' Chronologie.

Mit »Ananias« meint er offensichtlich den »Hohenpriester Ananus ben Ananus«, aber die Verwechslung – wenn sie nicht überhaupt auf einen Kopistenfehler zurückgeht – ist aufschlußreich, da selbst die Apostelgeschichte, der die Person »Ananus« unbekannt ist, keine klare Unterscheidung zwischen Ananias und Ananus vornimmt – und ebensowenig Josephus. Beide waren äußerst »reich«, und von der entscheidenden Rolle, die Josephus zufolge »Ananias« in Absprache mit Statthaltern wie Albinus bei dem »Raub der den ärmeren Priestern zustehenden Zehnten« spielte, haben wir bereits gehört.

In seiner Verschmelzung der Josephusschen und der frühchristlichen Berichte (die Hieronymus in der Regel als ein Ganzes betrachtet und Clemens von Alexandria zuschreibt) lautet der – Josephus entnommene – Vorwurf, der vor dem versammelten Sanhedrin gegen Jakobus erhoben wird, er weigere sich, die Behauptung zu widerrufen, Jesus sei »der Sohn Gottes«. Dieser Vorwurf – wie überhaupt *die ganze Sanhedrin-Verhandlung* – fehlt zwar in den Bezeugungen von Eusebios, Epiphanios und Hegesippus, doch er führt uns direkt zurück zu den Evangelienberichten *vom Prozeß Jesu*.

Clemens' Darstellung dieser Ereignisse ist – außer möglicherweise in Form nicht ausgewiesener Zitate oder Paraphrasen bei Hieronymus und Eusebios – nicht mehr erhalten. Dennoch ist es, genau wie in den Evangelien, exakt dieser Punkt, der in Hieronymus' Schilderung direkt zur Anklage wegen Gotteslästerung führt – wofür die klassischen jüdischen Quellen als Strafe die Steinigung vorschreiben. Dieses Detail könnte einfach eine spätere Emendation oder aber Hieronymus' eigene Zutat gewesen sein. Den Vorwurf der Lästerung erwähnt Josephus mit Sicherheit nicht, wohl aber berichtet er natürlich von der Verhandlung als solcher.

Wie wir uns erinnern, fragen »die Pharisäer und Schriftgelehrten« bei Eusebios, sobald sich Jakobus auf »die Zinne des Tempels gestellt« hat, was »das Tor zu Jesus, dem Gekreuzigten« (oder »Aufgehängten«) sei, worauf Jakobus übergangslos seine Verkündigung ausspricht, der zufolge Jesus – den er hier als »des Menschen Sohn« tituliert – »zur Rechten der Großen Kraft sitzt und kommt auf den Wolken des Himmels« (was vermutlich »mit den himmlischen Heerscharen« bedeuten soll). Damit entwirft er das Szenario eines apokalyptischen Jüngsten Gerichts, das, wie wir gesehen haben, stark an die ausführliche Erörterung der »Stern-Prophezeiung« erinnert, die sich in der Qumraner Kriegsrolle findet.

In den meisten frühkirchlichen Schilderungen der Debatten auf den Tempelstufen, wie etwa derjenigen der pseudoklementinischen *Rekognitionen* (von denen sich auch in der Apostelgeschichte gewisse Spuren erkennen lassen), sind die jeweiligen Verfasser in erster Linie bestrebt aufzuzeigen, daß Jakobus darlegt, in welchem Sinne Jesus »der Christus« sein könnte – das heißt ein übernatürliches Wesen, eine Erlösergestalt, »sitzend zur Rechten der Großen Kraft«, aber mit deutlichen griechisch-hellenistischen Konnotationen. Auch die Bezeichnung »des Menschen Sohn« ließe sich mit Fug und Recht als hellenistische Variante des für die verschiedenen ebionitisch/nasiräisch/elchasaitischen Gruppen charakteristischen »Ur-Adam«-Begriffs auffassen.

Wir dürfen nicht vergessen, daß »des Menschen Sohn« auf hebräisch wörtlich »Sohn Adams« heißt – bedeutet »Adam« auf hebräisch doch »Mann«/»Mensch« –, und so wie es aussieht, befinden wir uns damit im selben ideologischen Milieu wie der Begriff »letzter Adam« oder »letzter Mensch«, den Paulus am Ende des Ersten Briefs an die Korinther entwickelt. Ebenso sollten wir uns gegenwärtig halten, daß der Terminus »der Christus« – als die griechische Entsprechung dessen, was in einem anderen ideengeschichtlichen Umfeld als »der Ur-Adam« oder »der erste« oder »letzte Mann/Mensch« heißt – mehr und mehr den Eindruck einer heidenchristlichen Anspielung auf das lautlich ähnliche palästinische Wortpaar *»Sikkarios«/»Iskarioth«* (oder umgekehrt) macht. Auch wenn sich keine stichhaltigen Beweise für die Richtigkeit dieser Hypothese vorbringen lassen, nimmt ihre Wahrscheinlichkeit doch stetig zu.

Paulus ist kraft seiner »Offenbarungen durch den Heiligen Geist« *der* Hauptverfechter der Idee einer übernatürlichen Person, mit der er – tatsächlich oder angeblich – in ständigem Kontakt steht und die er »Christus Jesus« nennt. Dabei *kann* es sich – wir wissen es allerdings nicht mit Sicherheit – um dieselbe Person handeln, die Hieronymus an dieser einen Stelle als den »Sohn Gottes« bezeichnet. Nach offizieller christlich-theologischer Lehrmeinung ist diese Identität natürlich eine unumstößliche Tatsache. Dies ist zwar *per se* nur ein geringfügiges Detail, doch kann es uns bei der Ermittlung dessen, was die frühen Kirchenschriftsteller eigentlich als Grund für den gegen Jakobus erhobenen Vorwurf der Gotteslästerung ansahen, von großem Nutzen sein.

Schließlich muß man sich gegenwärtig halten, daß all diese Termini im paulinischen Begriff »letzter Adam« oder im ebionitischen »Ur-Adam« zusammenfließen, und *ihnen* eignet zweifellos ein übernatürlicher Aspekt oder, anders ausgedrückt, eine Komponente von »göttlicher Sohnschaft«.

Der parallele gegen Jesus erhobene Vorwurf der Gotteslästerung

Wie bereits angedeutet, stellt »Blasphemie« oder »Gotteslästerung« im Judentum ein spezifisches Verbrechen dar. Wir erfahren darüber einiges im *Talmud*, der zumindest behauptet, Material zu enthalten, das aus der uns betreffenden Periode oder sogar noch früherer Zeit stammt. Ob dies tatsächlich zutrifft – beziehungsweise wie korrekt dieses etwaige alte Material tradiert worden ist –, mag dahingestellt bleiben. Im *Talmud* ist die für »Gotteslästerung« vorgesehene Strafe die Steinigung – im Alten Testament ist die Angelegenheit diesbezüglich allerdings weniger klar.[2]

Jesus erleidet also keineswegs den typischen Tod eines Gotteslästerers! Mit dieser Frage haben wir uns zwar bereits weiter vorne auseinandergesetzt, doch sollten wir den in den Evangelien gegen Jesus erhobenen Vorwurf jetzt eingehender untersuchen. Jesus mag tatsächlich, wie das Neue Testament bisweilen zu behaupten scheint (Matthäus 26,65 und Parallelen), wegen »Gotteslästerung« verurteilt worden sein, aber unter dem Aspekt der Anklage ist die Situation keineswegs klar und variiert von Evangelium zu Evangelium beträchtlich. Johannes beispielsweise legt den Vorwurf der jüdischen Menge in den Mund – »Er hat sich selbst zu Gottes Sohn gemacht« (19,7). Laut Matthäus (26,63) und Markus (14,61) ist es der Hohepriester, der »den Christus« mit »dem Sohn Gottes« gleichsetzt, aber beide Anklagen scheinen bloße retrospektive Emendationen darzustellen – die zweite jedenfalls gehört eher in die Jakobusepisode, die Hieronymus, auf Clemens von Alexandria gestützt, referiert.

Pilatus interessiert sich bei seinem Verhör Jesu den Evangelien zufolge erwartungsgemäß nur für den Anklagepunkt »Er macht sich selbst zum König«. Im Johannesevangelium (mit dem wir uns in diesem Zusammenhang bislang noch überhaupt nicht beschäftigt haben) wird der zögernde Pilatus vom jüdischen Pöbel zurechtgewiesen, ja, er bekommt von ihm in einer eindeutig tendenziösen Passage »seinen Job« erklärt: »Wer sich zum König macht, der ist wider Cäsar« – worauf Pilatus Jesus verurteilt.

Johannes zufolge warnt die Volksmenge Pilatus sogar, wenn er

Jesus freilasse, sei er nicht »Cäsars Freund« (19,12) – ein Terminus, dem man auf herodianischen Münzen wie denen Agrippas I., dessen Bruders, Herodes' von Chalkis, sowie Aristobulos', des Sohnes des Letztgenannten und der berüchtigten Salome, begegnet. Nach Darstellung des *Talmud* gebraucht sogar Rabbi Jochanan ben Zakkai die Formulierung »Freund Cäsars«, als er sich, nachdem er in einem Sarg aus Jerusalem hinausgeschafft worden ist, vor Vespasian demütigt und die »Weltherrscher-Prophezeiung« auf ihn bezieht.[3]

Sicherheitshalber läßt das Johannesevangelium an dieser Stelle sogar »die Oberpriester« erklären: »Wir haben keinen König außer Cäsar« (19,15). Insgeheim mögen sie das tatsächlich so gesehen haben, aber es ist fraglich, ob »die Oberpriester« – in der Apostelgeschichte Paulus' angebliche Ankläger vor Felix und Festus – dies (außer vielleicht in einer extremen Notlage, um ihre eigene Haut zu retten) so unverblümt und lautstark ausgesprochen hätten. Natürlich wäre dies mit Sicherheit der Wahlspruch Rabbi Jochanan ben Zakkais gewesen und ebenso seiner *pharisäischen* Anhänger nach und sogar schon vor dem Untergang des Tempels – schwerlich aber derjenige messianischer Revolutionäre, Qumraner Sektierer und jakobinischer Christen (falls überhaupt ein Unterschied zwischen diesen Gruppen besteht), solange der Tempel noch stand.

Wie die Oberpriester in dieser Szene beruft sich auch Paulus – als der wahre »Pharisäer«, der er nach eigener Aussage ist – in der Apostelgeschichte auf dieses bestimmte »Gericht«. Als Festus ihn fragt, ob er willens sei, »hinauf nach Jerusalem [zu] gehen und [s]ich daselbst [vermutlich von denselben »Oberpriestern«] richten [zu] lassen«, entgegnet Paulus:

> Ich stehe vor des Kaisers Gericht, da muß ich gerichtet werden! (Apostelgeschichte 25,10)

Die Antwort, die Jesus auf Pilatus' Frage: »Bist du der Juden König?« gibt – »Mein Reich ist nicht von dieser Welt« –, weist Johannes jedenfalls als spät aus, nachweislich später etwa als das frühe 2. Jahrhundert und den weiter zuvor erwähnten Briefwechsel zwischen Trajan und Plinius dem Jüngeren. Letzterer nämlich berichtete (jedenfalls Eusebios zufolge) in seiner Eigenschaft als Statthalter der kleinasiatischen Provinz Bithynien (112 n.Chr.) dem Kaiser, er habe auftragsgemäß Ermittlungen über die Christen angestellt und »keine Schuld an ihnen gefunden« – ebenso wie Pilatus bei Johannes erklärt: »Ich finde an ihm keine Schuld« (19,4–6; ähnlich Lukas 23,4–15).[4]

Auf alle Fälle ist es *zumindest* so spät wie vergleichbare – gleichfalls von Eusebios (jetzt wieder auf Hegesippus gestützt) beschriebene – unter Domitian (81–96 n.Chr.) durchgeführte Verhöre der Söhne (oder Enkel) von Jesu *drittem Bruder Judas*. Diese als einfache Landarbeiter dargestellten Männer beantworten die Fragen »über Jesus und sein Reich« mit fast exakt den gleichen Worten wie Jesus selbst im Johannesevangelium:

> Sie sagten, daß es nicht von dieser Welt sei noch irdisch, sondern himmlisch und paradiesisch [und dann verwirklicht werden würde], wenn *Er in Herrlichkeit kommen würde, zu richten die Lebenden und die Toten und einem jeden gemäß seiner Werke zu geben.* Da *fand* Domitian *an ihnen keine Schuld* und entließ sie verächtlich als Einfaltspinsel.[5]

Der Leser wird hierin sofort Jakobus' *Pessach*-Verkündigung vom »Menschensohn« wiedererkennen, »der in Herrlichkeit ankommt«; sogar das »jedem gemäß seiner Werke zu geben« stimmt exakt mit Hegesippus' entsprechender Passage überein.

Bei Lukas ist die vor Pilatus ausgesprochene Anklage, wie wir uns erinnern, sehr konkret:

> Diesen haben wir gefunden, wie er unser Volk abwendig macht und verbietet, dem Kaiser Steuern zu geben, und spricht, er sei Christus, ein König. (23,2)

Hier kombiniert Lukas Jesu »König-Sein« – auf das Pilatus in seiner Frage »Bist du der Juden König« anspielt – mit der »Christus«-Idee. Dann erwähnt Lukas nicht nur den gegen Jesu Alter ego Barabbas erhobenen Vorwurf des »Aufruhrs« und des »Mordes« (23,19), sondern spielt auch zweimal auf die Frage an, ob Jesus und seine Anhänger – in diesem Fall Petrus – »Galiläer« seien. Dabei ist ihm offenbar durchaus bewußt, daß dieser Terminus sowohl wörtlich als auch metaphorisch, im Sinne von »Sektierer« oder »Aufrührer« verstanden werden kann (22,59 und 23,6).

Nach seiner Schilderung ist es nun die jüdische Volksmenge, die sich der »Lästerung« schuldig macht (22,65: »Und viele andere Lästerungen sagten sie wider ihn«). Als sich »die Oberpriester und Schriftgelehrten« in der Sanhedrin-Szene versammeln, werden nacheinander die zwei Fragen gestellt: »Bist du der Christus?« und »Bist du Gottes Sohn?« (22,67–71) Und hier erfahren wir die einzige wirkliche Antwort, die Jesus – zumindest Lukas zufolge – dem Hohen Rat gibt:

> Aber von nun an wird des Menschen Sohn sitzen zur rechten Hand der Kraft Gottes –

worin wir natürlich wieder die Verkündigung erkennen, die Jakobus nach übereinstimmender Darstellung Eusebios', Hegesippus' und Hieronymus' am *Pessach*-Tag im Tempel ausspricht.

Lukas trennt den Vorwurf der »Gotteslästerung« – der für Pilatus und überhaupt die Römer letztlich völlig uninteressant ist – konsequent vom Tatbestand des Aufruhrs oder der Aufwiegelung, der nach römischem (*nicht jüdischem*) Recht mit der *Kreuzigung* geahndet wurde. Matthäus und Markus hingegen verbinden die zwei Fragen zu einer einzigen – »Bist du der Christus, der Sohn Gottes?« (26,63 und 14,61) –, zeigen dadurch also, daß sie »den Christus« und »den Sohn Gottes« im wesentlichen für zwei Aspekte ein und derselben »Sache« oder für gleichbedeutend halten.

Markus ist allerdings der einzige Synoptiker, der (wie dies Johannes tut) Jesus die Frage ohne Umschweife mit den Worten bejahen läßt: »Ich bin's.« Dem läßt er dann aber sofort die – wieder *Jesus*, nicht *Jakobus* zugeschriebene – Verkündigung folgen:

> und ihr werdet sehen des Menschen Sohn sitzen zur rechten Hand der Kraft und kommen mit des Himmels Wolken. (Markus 14,62; desgleichen Matthäus 26,64)

An diesem Punkt »zerreißt« der Hohepriester bei Matthäus und Markus »seine Kleider« und befindet Jesus der »Gotteslästerung« für schuldig, und »alle sprachen das Urteil über ihn, daß er des Todes schuldig wäre«.

Dies ist nicht weiter verwunderlich, da die Behauptung, Jesus sei »der Christus« oder »der Sohn Gottes« *theologisch* bedeutsam ist (und bis zum heutigen Tag den zentralen doktrinären Streitpunkt zwischen Christen und Juden ausmacht), zumindest oberflächlich betrachtet aber keine politischen Implikationen besitzt. Daher ist *dies* die Behauptung, die – wie in Hieronymus' Darstellung der Ereignisse, die in *Jakobus'* Steinigung gipfeln – den Tatbestand der »Gotteslästerung« erfüllt. Hervorzuheben ist auch wieder das Motiv der »Kleider« – hier »zerreißt« sie der Hohepriester, in der Stephanusepisode wurden sie, wie wir uns erinnern, Paulus zu Füßen gelegt.

Lukas seinerseits vermeidet nicht nur jede Erwähnung eines gegen Jesus erhobenen »Blasphemie«-Vorwurfs – bei ihm sind es vielmehr die Männer, die Jesus zum »Haus des Hohenpriesters« führen, die »Lästerungen« gegen *ihn* aussprechen (22,65) –, sondern er bedient sich außerdem des Motivs, Jesus sei »ein Galiläer«, um die eher politische Szene mit Pilatus durch ein eingeschobenes Gespräch mit »Herodes« (nämlich Herodes Antipas, dem Tetrarchen von Galiläa und Peräa) zu unterbrechen. Dieses Gespräch und die ganze Szene finden sich ausschließlich im Lukasevangelium und leiten unmittelbar zum Höhepunkt der »Gerichtsverhandlung« über: Jesu Verurteilung durch Pilatus.

Bei allen drei Synoptikern endet aber die – den geschilderten Ereignissen stets voraufgehende – Szene, in der Jesus »im Haus des Hohenpriesters« vor dem Sanhedrin der »Gotteslästerung« angeklagt wird, damit, daß »sie« (bei Matthäus und Markus »die Hohenpriester, die Ältesten und die Schriftgelehrten«, bei Lukas die Männer, die Jesus zum »Haus des Hohenpriesters« führen) »in sein Angesicht ausspeien und ihn schlagen«. Dies erinnert nicht nur an jene Passage der Apostelgeschichte, in welcher »der Hohepriester Ananias« einigen Männern befiehlt, »daß sie [Paulus] auf den Mund schlügen« (23,2), sondern auch an die verschiedenen Versionen von Jakobus' Martyrium. Matthäus ergänzt »mit Fäusten« (26,67). Bei Lukas »schlugen« die Männer, die Jesus hielten, »ihm ins Gesicht« (22,63 f.).

Markus und Lukas fügen dem das merkwürdige Detail »sie *verdeckten* ihm sein Angesicht« hinzu, wozu sich in der Zweiten Offenbarung des Jakobus aus Nag Hammadi eine Parallele findet: Wie wir uns erinnern, wird Jakobus dort gezwungen, ein Loch zu schaufeln und sich hineinzustellen, worauf er bis zu den Hüften (mit Erde) »*bedeckt*« und gesteinigt wird.[6] Tatsächlich sind das Szenario und die Abfolge der Ereignisse hier in den Evangelien exakt die gleichen wie in allen zuvor analysierten Beschreibungen vom Martyrium des Jakobus. Natürlich könnte dies der normale Ablauf aller Schauprozesse dieser Zeitspanne gewesen sein, aber in der Jakobusgeschichte folgt dem Vorwurf der »Lästerung« sofort die eher zu erwartende Steinigung, und dies ohne irgendwelche fadenscheinigen Versuche, die römische Obrigkeit oder deren einheimische Helfershelfer – trotz der Tatsache, daß die Kreuzigung zu jener Zeit in erster Linie *die »römische« Strafe für Aufruhr und subversive Aktivitäten* war – vom Verdacht der Beteiligung am (oder der Verantwortung für das) Geschehen zu befreien.

Jesus vor Herodes und Paulus vor Agrippa II. und Berenike

Lukas treibt – wie nicht anders zu erwarten, falls er wirklich Paulus' Reisegefährte war – diese literarische Vernebelungstaktik sogar noch weiter. Ebenso wie an anderen Stellen in den Evangelien aus »Jesus dem Nazoräer« oder »Nasiräer« »Jesus aus Nazareth« wird, »mißversteht« Lukas (aus Unwissenheit oder absichtlich) den Begriff »Galiläer« dahingehend, als habe er nur eine geographische Bedeutung und impliziere nicht vielmehr auch den Nebensinn »Aufrührer« oder »Revolutionär« (23,4 ff.). Gestützt auf seine offenbar gründliche Kenntnis Josephus', macht sich Lukas Pilatus' Frage, ob Jesus »ein Galiläer« sei, zunutze, um noch rasch ein Gespräch mit »Herodes« (das heißt Herodes Antipas), unter dessen »Obrigkeit« (23,7) Galiläa stand, einzuschieben.

Dieser Herodes, »Herodes, der Tetrarch«, ist derselbe, der seinerzeit in Peräa (das ebenfalls »unter seiner Obrigkeit« stand) die präventive Hinrichtung Johannes' des Täufers angeordnet hatte. Und vergessen wir nicht: Der »Ziehbruder« ebendieses Mannes ist ein *Gründungsmitglied* von Paulus' Gemeinde von »Antiochia«. Die Schilderung von Jesu Verurteilung und Hinrichtung geht in ihrer Verschleierung der römischen und/oder herodianischen Beteiligung sogar noch weiter als die bisher behandelten Szenen. Im Matthäusevangelium wird Pilatus von seiner Frau mit den Worten gewarnt: »Habe du nichts zu schaffen mit *diesem Gerechten*« (*sie* ist es also jetzt, die den »*Zaddik*«-Begriff gebraucht), weil sie an dem Tag »viel erlitten habe im Traum um seinetwegen« (27,19). Damit befinden wir uns wieder einmal in der römischen Welt des Aberglaubens und der »Geburtstagspartys«. Lukas fügt dem das aufschlußreiche Detail hinzu, Herodes und Pilatus, die bis dahin angeblich »einander feind« gewesen waren, seien »*an ebendiesem Tage* ... Freunde miteinander geworden« (23,12)!

Zu einem späteren (mit der Steinigung Jakobus' übereinstimmenden) Zeitpunkt scheinen Agrippa II. und der Hohepriester Ananus anläßlich der Reise nach Rom, die letzterer nach dem Überfall auf »des Kaisers Sklaven Stephanus« und den Kreuzigungen in Lydda unternahm, in Rom tatsächlich Freundschaft miteinander geschlossen zu haben – ebenso wie sich später der römische Statthalter Albinus und der »reiche« Hohepriester Ananias in Judäa näherkamen. Felix natürlich ist ein so guter Freund der Herodianer, daß er sogar eine ihrer Töchter heiratet: die »Jüdin« Drusilla. Bei Lukas jedoch erfüllt die Bemerkung über den »Freundschaftsbund« zwischen Römer und Herodianer (wie übrigens die ganze Episode) lediglich den Zweck, beide vom Verdacht irgendeiner Beteiligung am Justizmord an »Christus« reinzuwaschen. Deshalb schließt die Szene auch damit, daß Pilatus vor den »Hohenpriester[n] und d[en] Obersten und d[em] Volk« (angeblich) erklärt:

Ihr habt diesen Menschen zu mir gebracht als einen, der das Volk *abwendig mache*; und siehe, ich habe ihn vor euch verhört und *finde an dem Menschen der Sachen keine, deren ihr ihn beschuldigt; Herodes auch nicht*, denn er hat ihn uns zurückgesandt. Und siehe, *er hat nichts getan, was des Todes wert sei.* Ich will ihn also züchtigen lassen und losgeben. (Lukas 23,13–16)

Genauso *mußte* aber die Szene schließen, wenn das Christentum je hoffen können sollte, sich im Römischen Reich auszubreiten und Fuß zu fassen. Hätte die Gerichtsverhandlung nicht diesen Ausgang gehabt, dann hätte man ihn erfinden müssen – was ja auch zweifellos geschehen ist. Auf alle Fälle paßt er hervorragend in das Konzept der Szenen aus der Apostelgeschichte, in denen Agrippa II. (der – anders als der Tetrarch Herodes, der Jesus verhört und laut Markus [6,14] Johannes den Täufer hinrichten läßt – wirklich ein »König« war) und der römische Statthalter Festus Paulus befragen und das sogar noch glaubwürdigere Schlußurteil fällen:

Dieser Mensch hätte losgegeben werden können, wenn er sich nicht auf den Kaiser berufen hätte. (Apostelgeschichte 26,32)

Natürlich ist das bei Lukas eingeschobene Gespräch mit »Herodes« nichts anderes als ein zweiter Aufguß dieser gehaltvolleren Unterredung, die wir in der Apostelgeschichte finden. Deswegen werden die Beteiligten, Agrippa II. und Berenike, auch korrekt identifiziert – wir sagen »deswegen«, weil die Episode trotz gewisser unbestreitbarer Beschönigungen keine *hundertprozentige* Geschichtsklitterung oder Erfindung darstellt. Welches Schicksal Menschen erwartete, die sich das Mißfallen herodianischer Herrscher oder römischer Statthalter zugezogen hatten, zeigen die Apostelgeschichten am – allerdings mythologisierten – Beispiel Jakobus' (»des Johannes Bruders«) und Petrus' sowie Josephus in seiner unbeschönigten Darstellung vom Ende Johannes' des Täufers. Weitere Beispiele aus Josephus sind »Theudas« (in der Apostelgeschichte »Jakobus, des Johannes Bruder«), die Anhänger des »Ägypters«, die Felix unbarmherzig niedermetzeln läßt, und die zwei unter dem Statthalter Tiberius Alexander gekreuzigten Söhne Judas' des Galiläers, um nur einige wenige zu nennen.

Demgegenüber sind die Evangelienberichte, in denen etwa »König Herodes« Johannes den Täufer als einen »heiligen und gerechten Mann« betrachtet (Markus 6,20) oder Pilatus' Frau Jesus als einen »Gerechten« ansieht oder Herodes, »da … [er] Jesus sah, … sehr froh

[ward]; denn er hatte von ihm gehört und hoffte, *er würde ein [Wunder-]Zeichen von ihm sehen*« (Lukas 23,8 – und dies ist, wohlgemerkt, derselbe »Herodes«, der erst kurz zuvor Johannes den Täufer hat hinrichten lassen), bloße Ammenmärchen, bösartig tendenziöse allerdings, da sie (wie Josephus es in der Einleitung in *Krieg* klar ausspricht) den Zweck verfolgen, »den Römern zu schmeicheln und die Juden zu verunglimpfen«. Und um der Sache noch die Krone aufzusetzen, ist es bei Lukas (23,47) wieder einer dieser allgegenwärtigen »römischen Hauptleute«, der, als Jesus am Kreuz stirbt und eine dreistündige »Finsternis über das ganze Land« kommt, das Resümee zieht: »Fürwahr, dieser ist ein *Gerechter* gewesen«!

Aber das ist noch nicht alles; immer wieder zeigt sich, daß wesentliche Details aus der Geschichte Jakobus' – wie die Tatsache, daß er »*von allen* ein Gerechter« genannt wird oder daß er (wie Hieronymus oben berichtet) vor den Sanhedrin gestellt und der »Gotteslästerung« angeklagt wird – retrospektiv in die Schilderung vom Ende Jesu eingearbeitet werden. So können wir anhand von Josephus' Angaben nicht einmal bestätigen, daß Johannes der Täufer wirklich *vor* dem angeblichen Jahr von Jesu Kreuzigung enthauptet wurde – im Gegenteil: Wenn wir Josephus' Datierung folgen, scheint er erst *danach* gestorben zu sein.

»Herodes, der Tetrarch« amtiert als Statthalter des transjordanischen Peräa, und aus diesem Grund wird Johannes in der östlich des Toten Meeres gelegenen Festung Machärus enthauptet. Allerdings ist es keineswegs klar, wieviel Zeit dieser »König Herodes«, wie Markus es formuliert, tatsächlich in Jerusalem verbrachte. Zwar war er wirklich, wie Matthäus und Markus mehr oder weniger zu verstehen geben, der Halbbruder von Herodias' erstem Ehemann, aber damit endet auch jede Ähnlichkeit mit der historischen Persönlichkeit. Wie wir gesehen haben, wurde Herodias' erster Ehemann nie »Philippus« genannt, sondern »Herodes« (als Pränomen). Es war Herodias' Tochter Salome, die einen »Philippus« heiratete – den Tetrarchen von Trachonitis, einer östlich von Damaskus gelegenen syrischen Provinz – *und ihn überlebte*. Lukas' Episode über eine Unterredung Jesu mit »Herodes« ist, wie der ganze Rest, schlicht und einfach eine absurde Erfindung. Schlimmer noch, sie ist eine *bösartige* Erfindung, mit dem Ziel ersonnen, die Herodianer reinzuwaschen und »die Juden« als die Schuldigen hinzustellen.

Der Vorwurf der *Gotteslästerung* und Jakobus' *Jom-Kippur*-Sühne

Damit bleibt noch die Frage zu beantworten, was die Grundlage des gegen Jakobus erhobenen Vorwurfs der »Gotteslästerung« sein könnte – da es sich dabei um die einzige Anklage handelt, die durch den weiteren Hergang der Ereignisse verifiziert werden kann, während alle übrigen, insbesondere insoweit sie Jesus betreffen, schlichte Umschreibungen oder nachträgliche Vereinnahmungen von Elementen aus der Geschichte des Jakobus darstellen. Während der uns interessierenden Zeitspanne sind in der jüdischen Justizpraxis (wie sie sich im *Talmud* widerspiegelt) vor allem zwei Formen der Hinrichtung in Gebrauch. Die erste ist die Strafe für subversives oder aufrührerisches Verhalten: die Enthauptung, und wie wir bereits angedeutet haben, lohnt es sich durchaus, die verschiedenen von Josephus und dem Neuen Testament erwähnten Enthauptungen jener Zeit aufzulisten.

Die Enthauptung war auch bei den Römern eine übliche Form der Hinrichtung, aber bei Übeltätern aus den unteren Schichten wurde eher die Kreuzigung angewandt – zumindest war das so seit dem Spartakusaufstand (frühes 1. Jahrhundert v.Chr.), nach dessen Niederschlagung die Straße von Rom nach Neapel von einer durchgehenden Reihe von Kreuzen gesäumt wurde.[7] *Nicht* angewandt wurde diese Strafe bei Patriziern und anderen römischen *Bürgern*; diese wurden im Falle einer Verurteilung entweder verbannt oder durften sich – etwa durch Gift – selbst das Leben nehmen.

Die von Josephus erwähnten (und oft in den Evangelien und der Apostelgeschichte unter modifizierten Umständen wiederkehrenden) Enthauptungen – den Anfang machen die zwei Söhne Aristobulos' II., Antigonos und Alexander, die in den vierziger und den dreißiger Jahren von den Römern in Absprache mit den Herodianern hingerichtet wurden – sind relativ schnell aufgezählt und werden aus sehr spezifischen Gründen vollstreckt. Und bedenkt man Josephus' Vorliebe für reißerische Themen, ist es nicht wahrscheinlich, daß er sich welche hat entgehen lassen. Im ersten nachchristlichen Jahrhundert fanden Johannes der Täufer, Theudas und, laut Apostelgeschichte, »Jakobus, des Johannes Bruder« auf diese Weise den Tod.[8] All diesen Hinrichtungen gemeinsam ist der Umstand, daß ihre Opfer politischer oder speziell landfriedensbrechender Vergehen angeklagt wurden und daß die diese Strafen verhängenden Herrscher – Herodes Antipas und Agrippa I. oder Herodes von Chalkis – sich zumindest den Anschein zu geben versuchten, als richteten sie sich nach den jüdischen Bräuchen.

Strenggenommen war es der – unmittelbar nach Agrippas Tod entsandte – römische Statthalter Fadus (44–46 n.Chr.), der Theudas hinrichten ließ, aber Herodes von Chalkis war zu der Zeit König. »Jakobus, des Johannes Bruder« wiederum wurde, wie wir gesehen haben, gerade rechtzeitig aus dem Weg geräumt, um für den *echten* Jakobus Platz zu schaffen. Seine Enthauptung ordnete jemand an, den die Apostelgeschichte »König Herodes« nennt: entweder Agrippa I. oder Herodes von Chalkis; letzterer starb 49 n.Chr., etwa um die gleiche Zeit, als der römische Soldat sich am *Pessach*-Tag vor der jüdischen Volksmenge entblößte und damit eine Massenflucht auslöste und der kaiserliche Sklave Stephanus auf einer Straße außerhalb von Jerusalem zusammengeschlagen wurde.

Beide Enthauptungen scheinen in irgendeiner Weise mit der »Teuerung« der Jahre 46 bis 48 n.Chr. zusammenzuhängen: Josephus berichtet von der Hinrichtung des Theudas, unmittelbar bevor er die Hungersnot erwähnt; »Jakobus, des Johannes Bruder« wiederum stirbt in der Apostelgeschichte kurz danach. Die Chronologie der Apostelgeschichte ist hier offenbar falsch: Ein gutes Beispiel dafür ist die Tatsache, daß der Tod Agrippas I. (44 n.Chr.) ans Ende des 12. Kapitels gestellt wird, während »die Hungersnot« bereits am Ende des 11. Kapitels erwähnt worden war, wodurch der Text den Eindruck erweckt, als sei Agrippa I. *nach 46 n.Chr.* gestorben. Ein anderes ist der Anachronismus, den die Behauptung in Gamaliels Rede (5,36 f.) darstellt, Theudas sei vor dem Aufstand Judas' des Galiläers gestorben (gemeint ist natürlich, wie wir gesehen haben, in Wirklichkeit der Zeitpunkt vor der Kreuzigung der *zwei Söhne* Judas' des Galiläers).

Die zweite bei den Juden gebräuchliche Hinrichtungsart ist die Steinigung. Die Beispiele, die sich dafür anführen lassen, sind ebenso klar: Honi der Kreismacher (Onias der Gerechte), Stephanus und Jakobus der Gerechte. Der *Talmud Sanhedrin* beschreibt zwar noch einige weitere, sogar noch grausigere Tötungsarten (darunter etwa das Fallenlassen eines Steins auf die Herzgegend des Verurteilten)[9], doch die Steinigung war die spezifische Strafe für »Gotteslästerung« – worunter konkret der Mißbrauch des Namens des Herrn und insbesondere das Aussprechen des verbotenen Namens Gottes verstanden wurden.[10]

Die Behauptung, »der Sohn Gottes« zu sein, scheint hingegen nicht als ein solches Verbrechen angesehen worden zu sein. Auf jeden Fall findet sich außerhalb des Neuen Testaments keine einzige Quelle, die dafür sprechen würde. Im Gegenteil, während dieser Periode galten – wie verschiedene Texte, darunter das Buch der Weisheit und die Evangelien bezeugen – alle »Gerechten« als »Söhne Gottes«. Das gleiche gilt für die Hymnen aus Qumran, in denen der Gedanke der »Adoptivsohnschaft« eine zentrale Rolle spielt, sowie für den unlängst veröffentlichten Text »Der Sohn Gottes«.[11]

Daß diese Vorstellung, sei es bei der Verurteilung Jesu, sei es bei der Steinigung Jakobus', eine Rolle gespielt haben soll, ist aller Wahrscheinlichkeit nach die retrospektive Projektion der jüdisch-christlichen theologischen Grunddifferenz auf eine Situation und eine Zeit, in denen die Doktrin der Göttlichkeit Jesu sich mit ziemlicher Sicherheit noch gar nicht herausgebildet hatte. Auf alle Fälle eignete dem Begriff »Gottessohnschaft« während dieses Zeitraums nichts Anstößiges. Weiter vorne haben wir bereits auf dessen (und des »Menschensohn«-Begriffs) Beziehung zur Lehre vom »Sohn Adams« oder dem »Ur-Adam« und daher vom »Christus« hingewiesen.

Die andere Vorstellung, die diesen Texten zufolge bei der Verurteilung Jesu eine Rolle gespielt haben soll, nämlich daß *Jesus der Christus war*, scheint wiederum eher in der hellenistischen Welt als im jüdischen Palästina von Bedeutung gewesen zu sein, war doch der Begriff »Christus« allem Anschein nach während dieser Zeitspanne in Palästina noch völlig unbekannt. Selbst der Verfasser der Apostelgeschichte räumt, wie wir gesehen haben, ein, daß die »Christen« erstmals – wohl in den fünfziger Jahren – im syrischen Antiochia (falls tatsächlich dieses Antiochia gemeint sein sollte) so genannt wurden.

In den Qumran-Rollen findet sich keine Spur dieses Begriffes, auch wenn die – auf irgendeine Weise damit zusammenhängende Lehre vom »Ur-Adam« in ihnen nachweisbar ist. Darüber hinaus stoßen wir in der Kriegsrolle auf die – mit dem Begriff der Gottessohnschaft, des »Christus« und der Lehre vom »Ur-« oder »Zweiten Adam« verwandte – Vorstellung eines übernatürlichen »Messias«, der mit den himmlischen Heerscharen auf den Wolken des Himmels kommt, zu »vergießen Gericht wie Regen auf alles, was auf Erden wächst«. Dabei wird auch der Erzengel Michael auf irgendeine Weise in den Prozeß einbezogen, aber damit dürfte die äußerste Grenze der »Übernatürlichkeit«, zu der sich die Qumran-Literatur – und desgleichen wohl Jakobus – je verstiegen hat, auch erreicht sein.

Keiner von beiden Begriffen hat demnach – allen gegenteiligen Behauptungen des Neuen Testaments und der Kirchenväter (so nimmt sie Hieronymus, wie wir gesehen haben, beide in die Liste der gegen Jakobus erhobenen Vorwürfe auf) zum Trotz – bei etwaigen »Gotteslästerungs«-Prozessen gegen Jakobus oder Jesus irgendeine Rolle gespielt. Aber außer wir nehmen an, die eine oder die andere dieser Ideen hätte in der Tat die Jerusalemer Obrigkeit erzürnt, ohne irgendwelche Spuren in zeitgenössischen Quellen zu hinterlassen, läßt sich die Anklage wegen »Gotteslästerung« hinsichtlich der Person Jakobus' weit eher nachvollziehen als im Zusammenhang mit Jesus. Die Steinigung spricht mit Sicherheit dafür, daß gegen Jakobus ein solcher Vorwurf erhoben wurde. Der Grund dafür muß also in dessen »nasiräisch«-priesterlichen Aktivitäten zu suchen sein, insbesondere in der Tatsache, daß er den hohepriesterlichen »Kopfbund« mit der Aufschrift »Heilig dem Herrn« trug und daß er regelmäßig oder zumindest bei *einer* Gelegenheit das Allerheiligste betrat. Auch daß er (vermutlich im Rahmen eines Sühneopfers, das er als eine Art »Oppositions-« oder »Gegenhoherpriester« durchführte) so lange Gott um »Vergebung für das Volk« anflehte, daß »seine Knie schwielig wie Kamelknie wurden«, muß dabei berücksichtigt werden.

All diese Aktivitäten Jakobus' sind eindeutig dokumentiert und lassen den Vorwurf der »Gotteslästerung« – ganz anders als im Zusammenhang mit Jesus – in seinem Fall durchaus denkbar erscheinen. Zwar erfahren wir aus den Evangelien, Jesus habe bei einer Gelegenheit die Händler und Geldwechsler aus dem Tempel hinausgeprügelt – was zumindest nach Darstellung der Synoptiker der unmittelbare Anlaß seiner Verhaftung gewesen zu sein scheint – und sich auch sonst an der heiligen Stätte recht unbeherrscht aufgeführt[12], aber nichts am tradierten Jesusbild läßt den Vorwurf speziell der *»Gotteslästerung«* gerechtfertigt erscheinen. Aufrührerisch und subversiv kann man Jesus nennen, »gotteslästerlich« nicht – es sei denn, natürlich, auch er hätte *das Allerheiligste betreten. Jakobus* tat es, darin sind sich alle Quellen einig; und so erstaunlich es uns auch erscheinen mag, liefert dies einen nachvollziehbaren Grund für die Anschuldigung der »Blasphemie«.

Einmal im Jahr, zu *Jom Kippur*, dem Versöhnungstag, betrat der Hohepriester das Allerheiligste, um von Gott die Vergebung der vom Volk begangenen Sünden zu erflehen. Dies war die einzige Gelegenheit, zu der es – und zwar ausschließlich dem Hohenpriester – gestattet war, den heiligen Namen Gottes, der durch die vier hebräischen Buchstaben JHWH symbolisiert (und von vielen christlichen Gruppen fehlerhaft »Jehowa(h)« transkribiert) wird, auszusprechen; ansonsten galt der göttliche Name als so heilig, daß er über keines Menschen Lippen kommen durfte. Der Überlieferung zufolge hatten nur Moses und einige wenige Patriarchen vor ihm diesen Namen geoffenbart bekommen und ihn ausgesprochen.[13] Dies soll nicht heißen, daß die alten Juden nicht gewußt hätten, wie er auszusprechen war; *sie* wußten es – im Gegensatz zu den Christen – mit Sicherheit.

Mittlerweile haben aber auch sie vergessen, wie dieser Name lautet, und ersetzen ihn beim Gebet und bei der Lesung der Schrift seit langem mit dem hebräischen Wort für »Herr« (*»Adon«* – *»Adonai«*, »mein Herr«). Auf diesem Umstand beruht die falsche christliche Namensform »Jehowa«: Sie kam dadurch zustande, daß man die Konsonantenzeichen JHWH (*Jahweh*) irrtümlicherweise mit den Vokalen des Wortes für »Herr« (*Adonai*) las. Dies ist auch der Grund dafür, daß man in Übersetzungen des Alten Testaments allenthalben auf das Wort »der Herr« (für »Gott«) stößt: Im Originaltext stehen die vier heiligen Buchstaben – die Übersetzung aber gibt das »Ersatzwort« wieder, das die Juden an ihrer Stelle auszusprechen pflegen. In früheren Zeiten aber war es die Pflicht des Hohenpriesters, sich zu *Jom Kippur* in das Allerheiligste zu begeben (das ansonsten, außer zur Durchführung etwaiger Reinigungs- oder Reparaturarbeiten, nicht betreten werden durfte) und dort im Rahmen des Gebetes, mit dem er – vermutlich kniend – *im Namen des ganzen Volkes um Vergebung flehte*, den verborgenen Namen Gottes auszusprechen.

Deswegen haben wir schon wiederholt gesagt, daß etliche Details, die sich in unseren frühchristlichen Jakobusbezeugungen finden, ganz eindeutig an ein *Jom-Kippur*-Sühneopfer denken lassen. *Wenn* sich Jakobus einmal im Jahr allein in das Allerheiligste begab, dort kniend um die Vergebung der Sünden seines Volkes betete (»bis seine Knie so schwielig wie die eines Kamels wurden«) und wenn er wirklich, wie unsere Kirchenschriftsteller bestätigen, die weißen Leinengewänder und die Mitra des Hohenpriesters trug, dann führte er in der Tat eine solche Sühnehandlung durch.

Es ist müßig zu fragen, wie oder warum er das tat beziehungsweise was ihn dazu berechtigte. Aber *daß* er es tat, teilen uns unsere Quellen – wenn auch vielleicht unbewußt – unmißverständlich mit. Aus diesem Grund ist Jakobus von gehässiger »christlicher« Seite in jüngerer Vergangenheit als »der Papst der ebionitischen Phantasiewelt« tituliert worden.[14] Über diese Bezeichnung ließe sich streiten. Ohne Frage sind die Aktivitäten, die Jakobus hier zugeschrieben werden, weniger phantastisch als so manches, was die Evangelien uns im Zusammenhang mit Jesus und die Apostelgeschichte im Zusammenhang mit vielen Aposteln weismachen möchten – und was dieselben Kritiker, ohne mit der Wimper zu zucken, für bare Münze nehmen.

Wie Jakobus als »Gegenhoherpriester« eine solche Sühnehandlung vollzogen haben könnte

Aber auch abgesehen davon, haben wir nicht nur *eine*, sondern sogar *zwei* Möglichkeiten, diese Zeugnisse zu verstehen. Die erste ist, sie aus der »zelotischen« Perspektive zu betrachten. Seit den ersten Anfängen dieser Bewegung – ja bereits seit den Zeiten Judas Makkabäus' und dessen Vaters Mattathias (der dem Ersten Buch der Makkabäer [2,24–27] zufolge den »Eifer des Pinhas« bewies, als er Abtrünnige an dem Altar zu Modein tötete und die nationalen Traditionen seines Landes verteidigte) – sind die »Zeloten« nicht müde geworden, nach einem »frömmeren und reineren« Hohenpriester zu verlangen.[15]

Dies gipfelte schließlich darin, daß jene Männer, die Josephus ab dem Zeitpunkt, da der Aufstand in seine radikale Phase tritt (68 n. Chr.), »Zeloten« nennt, alle von den Römern und den Herodianern ernannte Hohenpriester massakrierten und deren Paläste (denn sie scheinen in der Tat sehr »reich« gewesen zu sein) anzündeten. Der Palast Agrippas II. war bereits niedergebrannt worden, desgleichen derjenige seiner Schwester Berenike. Sie wiederum wird sich darüber zweifellos bei ihrem neuen »Lebensabschnittsgefährten« Titus beklagt haben – ein Umstand, der bei der späteren Entscheidung, Jerusalem in Flammen aufgehen zu lassen und den Tempel zu zerstören, mit eine Rolle gespielt haben dürfte.

An diesem Zerstörungswerk beteiligt war, außer Titus als dem Hauptverantwortlichen, auch der Sohn des Alabarchen von Alexandria, der abtrünnige Jude Tiberius (offenbar so genannt nach dem gleichnamigen römischen Kaiser) Alexander, dem Vespasian das Kommando über die Streitkräfte anvertraut hatte, die den Tempel unter Titus belagerten. Die »Zeloten« oder radikalen »*Sikarier*« wählen in der letzten Phase des Aufstands zum Hohenpriester einen Mann niederer Herkunft namens »Phannius« (das heißt Phineas, Pinhas), von dem der empörte Josephus erklärt, er sei nicht einmal priesterlichen Geschlechts gewesen.

Die zweite mögliche Deutung betrifft die Schriftrollen vom Toten Meer. Diese postulieren eine neue Priesterschaft, die mit dem rätselhaften Terminus »Die Söhne des Zadok« bezeichnet wird. Zwar könnte diese Bezeichnung theoretisch auch eine genealogische Dimension besitzen, doch finden sich dafür keinerlei Hinweise. Die Texte erklären sie vielmehr in qualitativen oder eschatologischen Kategorien, indem sie diese »Priester« primär als »Wahrer des Bundes« beschreiben. Darüber hinaus enthält der Name, wie wir gesehen haben, eine deutliche Anspielung auf den Begriff »Gerechtigkeit« (hebräisch *»Zedek«*), und in der einzigen anderen echten Definition des Terminus, die wir in den Qumran-Rollen finden, heißt es von den »Söhnen des Zadok«, daß sie »die Gerechten rechtfertigen [das heißt »die Gerechten gerecht machen«] und die Bösen verurteilen.[16]

Wir erfahren außerdem, daß die Zeit ihrer Herrschaft vorherbestimmt ist und daß sie »die Erwählten Israels sind, *die am Ende der Tage stehen werden*«. Zu beachten ist hier die doppelte Anspielung auf die Idee der Aufer-»Stehung« und den bereits ausführlich behandelten ebionitisch/elchasaitischen Begriff vom »Stehenden«. Keine dieser Bestimmungen besitzt irgendwelche genealogischen Komponenten; ihnen allen eignet andererseits eine qualitative und sogar, wie bereits angedeutet, *eschatologische* Bedeutung, das heißt, sie betreffen die »letzten Dinge« oder »letzten Tage« – etwa den auch im *Pescher* Habakuk ausdrücklich angesprochenen »Tag des Gerichts«. Tatsächlich werden die »Erwählten Israels« im *Pescher* Habakuk in ebendiesem Sinne beschrieben: Wie Jesu Lieblingsapostel im Neuen Testament nehmen sie am Jüngsten Gericht teil oder, wie es dort heißt, an »Gottes Gericht vor vielen Völkern«.[17] Insofern kann man mit Fug und Recht behaupten, daß diese Qumraner Definitionen der »Söhne des Zadok« sogar eine »übernatürliche« Komponente besitzen.

Im Abschnitt »Die drei Netze des Belial« der Damaskus-Schrift werden diese neuen »zadokidischen« Priester eindeutig dem herrschenden »Establishment« oder der priesterlichen Hierarchie gegenübergestellt, und aus diesem Grunde haben wir sie als eine »Oppositions- [oder »Gegen«]-Hohepriesterschaft bezeichnet. In der Damaskus-Schrift werden »Priester« schlicht als »die Büßer Israels« definiert, »die das Land Juda verlassen haben, um im Land Damaskus zu weilen« oder »sich aufzuhalten«; und abgesehen von den zahlreichen esoterischen Implikationen, die diese Definition besitzt, sollte hier noch einmal die Anspielung auf das »rechabitische« Ideal des »[vorübergehenden] Weilens« hervorgehoben werden.[18]

Wie wir gesehen haben, ist in der Qumran-Literatur sogar von einem *»Mebakker«* oder »Aufseher« der Wüstenlager die Rede. Ihm scheint die Gestalt zu entsprechen, die als »der Hohepriester, der die Lager befehligt« bezeichnet wird, und seine Pflichten und Aktivitäten gleichen in allem denen eines »Bischofs« der frühen christlichen Kirche.[19] Tatsächlich entspricht der Terminus *»Mebakker«* dem »Bischof« frühchristlicher Texte – ebenso, wie sich auch deren jeweilige »Ämter« entsprechen.

Stellen wir nun Jakobus, dessen Anhänger die Apostelgeschichte eindeutig als »Eiferer für das Gesetz« charakterisiert, in eines (gleichgültig welches) dieser zwei Szenarien, so sind wir von einer fast vollkommenen Übereinstimmung nicht mehr weit entfernt. Zuallermindest haben wir nun nicht nur die Erklärung dafür, wie dieses Bild Jakobus' als einer Art »Oppositions-« oder »Gegenhoherpriester« entstehen konnte, sondern auch eine Begründung, wieso er zu bestimmten Anlässen – oder zumindest *ein*mal, im Jahre 62 n.Chr. oder davor – das Allerheiligste des Tempels hätte betreten dürfen und dort den ganzen Tag »auf den Knien« verbracht haben könnte: »der *Zaddik*« seiner Generation, *»Oblias«*/»das Bollwerk«/»der Schutz des Volkes«[20], der Gott anfleht, dem Volk zu vergeben (wie in allen ihn betreffenden Überlieferungen berichtet wird).

Der *Pescher* Habakuk schildert die Auseinandersetzung zwischen dem *»Zaddik«* oder »Lehrer der Gerechtigkeit« – der dort und in parallelen Passagen des *Pescher* zu Psalm 37 auch »der Hohepriester« genannt wird – und dem »Mann der Lüge«/»Hervorsprudler von Lügen«, der »inmitten ihrer ganzen Versammlung das Gesetz verwarf«. Er beschreibt außerdem auch einen weiteren Disput mit dem »Frevelpriester«, womit offenkundig der Hohepriester des »Establishments« gemeint ist, der am Ende für den Tod oder die Vernichtung des »Gerechten Lehrers« verantwortlich zeichnet. Er berichtet sogar (wenngleich in ziemlich dunklen Andeutungen) von den konkreten Ereignissen, die zum Tod des Lehrers der Gerechtigkeit führen, und von Auseinandersetzungen, die sich zu *Jom Kippur* zwischen diesem »Priester« und den Anhängern des »Lehrers«, den sogenannten »Armen«, abspielen. *Jom Kippur* scheint übrigens aufgrund kalendarischer Meinungsverschiedenheiten zwischen Qumran-Gemeinde und »Establishment« an unterschiedlichen Tagen gefeiert worden zu sein.

Den tragischen Ausgang dieses erbitterten Konflikts behandelt auch der *Pescher* zu Psalm 37, ein Kommentar, der um den Begriff *»Zaddik«* kreist (worin der Leser auf Anhieb Jakobus' Beinamen wiedererkennen wird). In der Schilderung dieser Auseinandersetzungen wird außerdem derselbe Begriff »stolpern lassen« oder »niederstoßen« verwendet, der uns auch im Jakobusbrief und in entsprechenden paulinischen und frühchristlichen Schriften begegnet.[21]

Wenn Jakobus als solch ein »Gegenhoherpriester« an *Jom Kippur* – sei es am selben Tag, an dem die Hohenpriester des »Establishments« das Fest begingen, sei es am Tag, den der Qumraner Kalender dafür vorschrieb – wirklich das Allerheiligste betrat, dann wird er im Rahmen der dort durchgeführten Bußhandlungen auch mit Sicherheit den heiligen Namen Gottes ausgesprochen haben. Trotz aller anderslautenden Behauptungen früher Kirchenschriftsteller – und allen späteren Versuchen, das uns vorliegende Material im Sinne eines theologischen Konsenses zu deuten –, dürfte dies mit größter Wahrscheinlichkeit zu genau den beschriebenen Resultaten geführt haben: der Einberufung des Sanhedrin, der (in den Evangelien retrospektiv auf Jesus bezogenen) Anklage wegen »Gotteslästerung« und der anschließenden Steinigung Jakobus'. Jene nicht näher identifizierten »Bürger«, die Josephus als »die rechtschaffensten [das heißt die ›Gerechtesten‹] aus dem Volke« bezeichnet, dürften daraufhin mit Sicherheit dem (noch nicht in Judäa eingetroffenen) Statthalter Albinus Boten entgegengesandt und ihn auf diesen Verstoß gegen das *römische Gesetz* hingewiesen haben – genau so, wie Josephus berichtet.

Josephus ist hier noch ganz in seiner »Vorkriegsstimmung«, das heißt, er ist bereit, solchen religiösen Führern wie *»Banus«* und Jakobus (insbesondere, wenn es sich dabei, wie wir vermutet haben, um ein und dieselbe Person, und zwar um seinen ehemaligen Lehrer, handelt) Verständnis und Wohlwollen entgegenzubringen. Es ist sogar die Vermutung geäußert worden (der ich, so sensationell sie auch vordergründig erscheinen mag, mehr und mehr geneigt bin, Glauben zu schenken), Josephus' Vater, »Matthias« oder »Matthäus«, sei der so schreibgewandte »Levi« dieses Namens, von dem die Evangelien sprechen (Lukas 3,24).[22]

Die gleiche Situation, daß sich das jüdische Volk beim römischen Statthalter beschwert, finden wir auch in den verschiedenen Versionen der Passionsgeschichte, hier allerdings mit umgekehrten Vorzeichen: Jetzt nämlich werden der Hohepriester, »der ganze jüdische Hohe Rat [Sanhedrin]« und die Volksmenge nicht müde, den römischen Statthalter Pilatus auf seine Pflicht hinzuweisen, Revolutionäre und Aufrührer (wie Jesus) hinrichten zu lassen. Andernfalls sei er, wie sie betonen, »Cäsars Freund nicht« (Johannes 19,12).[23]

Ganz anders das Anliegen jener, die Josephus »die Rechtschaffensten« unter den Juden nennt, »die eifrigsten Beobachter des Gesetzes«, die »es erbitterte«, was Jakobus angetan worden war. *Sie* erklären Albinus nämlich, daß der Hohepriester *überhaupt nicht berechtigt sei, ohne das Einverständnis des römischen Statthalters den Sanhedrin einzuberufen und die Todesstrafe zu verhängen*[24] und somit selbst nach römischem Recht ungesetzlich gehandelt habe: wieder einer dieser eklatanten Widersprüche zwischen den *wirklichen* Fakten dieser Zeitspanne und der Darstellung, die sie in den historischen Passagen des Neuen Testaments erfahren.

Tatsächlich erklärt der *Talmud*, daß der jüdische Sanhedrin die Todesstrafe zu dieser Zeit *überhaupt* nicht verhängte, weil er 40 Jahre vor dem Untergang des Tempels aus seinem bisherigen Versammlungsort, der auf dem Tempelberg gelegenen »Steinernen Kammer«

oder »Quaderhalle«, »verbannt worden war« – so die genaue Formulierung – und an einem anderen Ort, den der Text *»Hanut«* nennt, zu tagen pflegte. Auf diese Tatsache wird offenbar im *Pescher* Habakuk angespielt, wenn es heißt, daß der Frevelpriester

> den Gerechten Lehrer verfolgte, *ihn zu verschlingen mit seiner giftigen Wut in seinem Haus der Verbannung.* Und bei Vollendung des Ruhefestes des Tages der Sühnen [*sic,* das heißt des »Versöhnungsfestes«, *Jom Kippur*] *erschien er vor ihnen, sie zu verschlingen, und ließ sie straucheln* [*wörtlich* »stieß sie nieder«] *am Fastentag, dem Sabbat ihrer Ruhe …*

– wobei »sie« »die Armen« sind beziehungsweise »die Schlichten von Juda, welche Thora tun«, an denen der »Frevelpriester« »Gewalt« übte und deren »Nahrung er stahl«.[25] In der parallelen Josephuspassage wurden »noch einige andere« – womit in diesen Berichten stets die allgegenwärtigen Anhänger des Jakobus gemeint sind – gleichfalls »der Gesetzesübertretung angeklagt und zur Steinigung abgeführt«.

Da die drei Pronomina – »ihn«, »seiner« und »seinem« – (im obigen Zitat) im Hebräischen unbestimmt sind, werden wir an gegebener Stelle nachweisen können, daß sie von der Mehrzahl der Kommentatoren falsch bezogen worden sind und daß dieses mysteriöse »Haus der Verbannung« oder »Verbannte Haus« die im *Talmud* bezeugte Tatsache widerspiegelt, daß der Sanhedrin zur Zeit der Steinigung des Jakobus (und ebenso der Kreuzigung Jesu) statt an seinem traditionellen Versammlungsort, der auf dem Tempelberg gelegenen »Quaderhalle«, »in der Verbannung« tagte. Wir werden darin außerdem die Erklärung für den merkwürdigen Umstand erkennen, daß der Sanhedrin (der »Hohe Rat«) den meisten Evangelien zufolge »im Haus des Hohenpriesters« über Jesus zu Gericht sitzt, sowie aufzeigen, daß die verschiedenen Erwähnungen der »Wut« *(»cha`as«)* ebenso viele Anspielungen auf den »Kelch« *(»Chos«)* der göttlichen Vergeltung darstellen.[26]

Anders als die Proteste der Juden gegen Pilatus' Absicht, Jesus *nicht* hinzurichten, sind die Albinus vorgetragenen Proteste wegen der widerrechtlichen Hinrichtung des Jakobus wahrscheinlich historisch – doch war ihnen ein weit geringerer Erfolg beschieden als jenen. Nach anfänglicher Zurschaustellung gerechter Empörung schwenkte Albinus nämlich recht schnell auf den Kurs früherer Statthalter ein und *verbündete sich mit demselben Hohenpriester,* um mit vereinten Kräften »die *Sikarier*« auszurotten, und hinterließ das Land durch seine *»Freilassung von Gefangenen«* (so Josephus – und ein weiteres zentrales Motiv der Passionsgeschichte) in einem noch schlimmeren Zustand, als er es vorgefunden hatte. Ja, er hinterließ ein fast heilloses Chaos.

Hieronymus über den Sturz des Jakobus

Hieronymus setzt seinen – aus Josephus und frühen Kirchenquellen kompilierten – Bericht folgendermaßen fort:

> Als er [Jakobus] sich weigerte zu widerrufen, daß Christus der Sohn Gottes sei, befahl Ananius [*sic*], ihn zu steinigen.

Bei der Schilderung dieser Steinigung stützt sich Hieronymus ausschließlich auf frühkirchliche Quellen; lediglich die abschließende Bemerkung, »Jakobus sei von so großer Heiligkeit gewesen und habe ein solches Ansehen beim Volk genossen, daß die Zerstörung Jerusalems als die Folge seines Todes angesehen wurde«, bezieht er aus der ihm vorliegenden – mittlerweile verschollenen – Josephusversion. Wie wir uns erinnern, schreibt Hieronymus:

> *Hinabgestoßen* von einer Zinne des Tempels [diesem »hinabstoßen« oder »zum Straucheln bringen« sind wir gerade im *Pescher* Habakuk begegnet – es findet sich ebenso im Jakobusbrief und, durch diesen vermittelt, im paulinischen Korpus], *mit gebrochenen Beinen*, aber noch immer halb lebendig, hob er die Hände zum Himmel und sagte: »Herr, vergib ihnen, denn sie wissen nicht, was sie tun.« Dann erhielt er mit einem Walkschlegel, einer Keule, wie Wäscher sie verwenden, um *Gewänder* zu walken, einen Schlag auf den Kopf und verschied.

Nachdem er unter Bezugnahme auf Josephus die gerade erwähnte Tradition angeführt hat, Jerusalem sei aufgrund von Jakobus' Tod untergegangen, zitiert Hieronymus Paulus' berühmte Jakobusbezeugung aus dem Galaterbrief: »Von den andern Aposteln aber sah ich keinen außer Jakobus, des Herrn Bruder« (1,19) und fügt dem hinzu, auch »die Apostelgeschichte leg[e] von dieser Tatsache Zeugnis ab«. Doch das tut die Apostelgeschichte *gerade nicht*. In Wirklichkeit sagt sie das genaue *Gegenteil* dessen, was Paulus hier behauptet, nämlich: »Und er war mit ihnen [das heißt allen Aposteln] und ging ein und aus zu Jerusalem und predigte mit Freimut im Namen des Herrn Jesus« (9,28), während Paulus im Brief an die Galater ja gerade erklärt hatte, von »den andern Aposteln ... außer Petrus und Jakobus [woraus, wie wir bereits sahen, implizit folgt, daß Jakobus hier zu den Aposteln gerechnet wird] keinen gesehen« zu haben – und dies mit dem Eid bekräftigt, »[er] lüge nicht«, sowie durch die zusätzliche Information ergänzt:

> Ich war aber unbekannt von Angesicht den christlichen Gemeinden in Judäa. Sie hatten nur gehört: Der uns vormals verfolgte, der predigt jetzt den Glauben, welchen er vormals zu vernichten suchte. (Galater 1,22 f.)

Die Bedeutung dieser Aussage dürfte hinlänglich klar sein.

Hieronymus rundet seine Kurzbiographie Jakobus' – der in seiner Liste von 135 »Berühmten Männern« an Wichtigkeit einzig Petrus nachsteht – durch neue Traditionen ab, die er dem »Hebräerevangelium« entnimmt, einer Schrift, die er

> vor nicht langer Zeit ins Griechische und Lateinische übersetzt und der sich auch Origenes häufig bedient hat.

Dieses (verschollene) apokryphe Evangelium, so Hieronymus, berichtete nicht nur, Jesus habe *»seine Grabgewänder* dem Knecht des Hohenpriesters« übergeben, sondern enthielt auch die interessante Information, Jakobus sei *der erste gewesen, der Jesus nach der Auferstehung sah.* Hier wird das Thema »Kleider« oder »Grabgewänder« etwas weiter ausgeführt.

Hieronymus schließt seine Kurzbiographie Jakobus' mit der Information, daß Jakobus

> nahe dem Tempel bestattet wurde, von dem er *hinabgestürzt* worden war [wieder *kataballô*].

Hier begegnet uns also wieder das *B-L-`*-Motiv, diesmal nicht in seinem hebräischen Gewand – wo es den Begriff »verschlingen« und »zerstören« ausdrückt –, sondern in seiner griechischen Erscheinungsform, in der es *immer* in Verbindung mit Jakobus' »Tempelsturz« auftritt. Wie mittlerweile erkennbar sein dürfte, bildet die wiederholte Verwendung dieses Motivs in sämtlichen griechischen Quellen, die den Tod des Jakobus (oder auf ihn verübte Angriffe) beschreiben, eine genaue Parallele zu dessen ebenso regelmäßigem Auftreten in jenen Teilen der Qumran-Texte, die den Tod des Gerechten Lehrers behandeln: Dem griechischen »werfen«/»schleudern«/»stürzen« *(ballô)* dort entspricht, mit anderen Worten, hier das hebräisch/aramäische »verschlingen« *(B-L-`)*.

Dem gleichen sprachlichen Motiv werden wir auch in den verschiedenen mythologischen Passagen des Neuen Testaments begegnen, in denen Jesu Apostel in ihrer Eigenschaft als »Fischer« »ihre Netze auswerfen«, sowie in Anspielungen auf den *»Diabolos«* (hebräisch *»Belial«*), der »in den Feuerofen geworfen« werden soll (Matthäus 13,42–50). Wie schon angedeutet, besteht sogar die Möglichkeit, daß diese Verbwurzel dem Wort *»Oblias«* zugrunde liegt – also jenem Beinamen, der im Zusammenhang mit Jakobus' Funktion als »Beschützer des Volkes« vor der durch ebendiese Verbwurzel ausgedrückten »Teuflischkeit« (»*B-L-`*-keit«, sozusagen) eine so wichtige Rolle spielt. Das heißt also, wir könnten *»O-blias«* als A[nti]-Verschlinger« oder »Un-Widersacher« deuten. Zwar ist eine solche Ableitung eine bloße Hypothese, mithin unbewiesen, doch fügt sie sich sehr gut in den erkennbaren Kreis von sprachlichen Umkehrungen und Um-Umkehrungen ein, der dieses Wort umgibt.

Auch den Kreis von Ableitungen aus der hebräischen Wurzel *»B-L-`«* (in seiner Beziehung zur Vernichtung des Gerechten Lehrers und der daraus folgenden göttlichen Vergeltung) werden wir weiter unten eingehender analysieren. Gleichzeitig werden wir die – speziell im Hebräerevangelium aufbewahrten – Berichte über nachösterliche Erscheinungen hinsichtlich ihrer Beweiskraft für die Hypothese überprüfen, daß *Jakobus der Zeuge der ersten solchen Jesuserscheinung* gewesen ist.

Dem Gesagten fügt Hieronymus noch hinzu:

> Sein Grabstein mit der Inschrift war bis zur Belagerung durch Titus und bis zum Ende von Hadrians Regierungszeit [das heißt bis zur Zeit des Bar-Kochba-Aufstands] allgemein bekannt. Manche unserer Autoren glauben, daß er auf dem Ölberg bestattet wurde, aber sie irren.

Damit ist vermutlich das im Kidron-Tal unterhalb der Tempelzinne befindliche Grab gemeint, das von Pilgern jahrhundertelang mit Jakobus' Namen in Verbindung gebracht wurde. Wieder scheinen von der Jesusgeschichte her vertraute Grab-Motive in die Jakobusbiographie einzufließen (oder *vice versa*).

Doch das ist längst nicht die einzige thematische Wiederholung, die wir in Hieronymus' – trotz ihrer Kürze eine Fülle von Informationen enthaltende – Bezeugung erkennen. Die wichtigste unter diesen Reprisen ist das Motiv des »auf den Kopf Schlagens«, dem wir bereits im

Zusammenhang mit Jesus, Stephanus und, gleichfalls in der Apostelgeschichte, sogar mit Paulus begegnet sind. Was Jakobus betrifft, ist dieser Schlag mit einer Anspielung auf eine »Keule« verknüpft, »wie Wäscher sie verwenden, um Kleider zu walken«. In Verbindung mit dem Motiv der »Hände« wiederum (die Jakobus »zum Himmel hob«) erinnert dieses »Schlagen« bis zu einem gewissen Grad an Matthäus' »etliche aber schlugen [Jesus] ins Angesicht« (26,57).

Wie wir gesehen haben, stellt das bei Hieronymus dem Jakobus zugeschriebene »Stoßgebet« (ganz zu schweigen von dem bewußten Sühnegebet, das er in der *Jom-Kippur*-Szene im Allerheiligsten spricht) im Neuen Testament sowohl Jesu als auch Stephanus' letzte Worte dar (wobei Letztgenannter bezeichnenderweise gleichfalls, wie Jakobus, »niederkniet«). Das »Kleider«-Thema steht wiederum in Beziehung zum zweimal auftretenden Motiv der »Wäscherkeule« – ganz zu schweigen von Jesu »Grabgewändern«, von denen zuvor in Hieronymus' Zitat aus dem Hebräerevangelium die Rede war. Hier wird dieses Element mit dem neuen Motiv der »gebrochenen Beine« Jakobus' verknüpft (bei Hieronymus die Folge seines Sturzes »von der Tempelzinne«, in den *Rekognitionen* »von den Stufen des Tempels herab«). Das gleiche Motiv begegnet uns wieder am Ende der Kreuzigungsszene, als die Soldaten den zwei Schächern, die im Gegensatz zu Jesus noch nicht gestorben waren, »die Beine brachen«.

Bevor wir auf die Bedeutung dieser Themen eingehen und sehen, wie sie uns bei der Entwirrung des uns vorliegenden Wusts von Informationen und Überlieferungen helfen können, sollten wir noch einen Blick auf das Motiv des »Walkschlegels« werfen, das Hieronymus für so wichtig zu halten scheint, daß er sich trotz der Gedrängtheit seines Berichts genötigt fühlt, es durch eine Parenthese zu erläutern, es also gleich ein zweites Mal – in abgewandelter Form, als »Wäscherkeule« – zu erwähnen. Der gleichen Anspielung auf den »Walker« [bei Luther »Bleicher«, A.d.Ü.] werden wir noch in Markus' Schilderung von Jesu »Verklärung« begegnen; hier aber verweist die implizite Vorstellung des »Walkens« oder »Knüppelns« eindeutig auf die bereits erwähnte Beschreibung der Steinigungspraxis, die sich im *Talmud Sanhedrin* findet. In derselben rabbinischen Überlieferung werden wir auch relevantes Material zum Motiv des *Sturzes von der Tempelmauer* finden. Eine Mitteilung über ein solches »Stürzen« oder »Gestürztwerden« ist erhalten: Wird jemand vom Sanhedrin zum Tode – in diesem Fall durch Steinigung – verurteilt, seine Hinrichtung aber aufgrund *seiner Beliebtheit* nicht möglich ist, so sollen sich die Priester um ihn scharen und ihn stoßen, bis er von der Tempelmauer stürzt.[27]

Im *Mischna Sanhedrin,* dem talmudischen Traktat, der die richterlichen Instanzen des Judentums und deren jeweilige Kompetenzen behandelt, heißt es ausdrücklich:

> Wenn ein Priester [andere Versionen fügen hier die Worte hinzu: »und selbst ein Hoherpriester«] den Tempeldienst im Zustand der Unreinheit versieht,... müssen die jungen Priester ihn aus dem Tempel hinausführen und ihm *mit Keulen den Schädel zerschlagen.*[28]

Es sollte darauf hingewiesen werden, daß das hier mit »Keulen« übersetzte hebräische Wort eigentlich *»Reisigbündel«* bedeutet – und genau das gleiche Wort werden wir in den Pseudoklementinen in der Beschreibung von Paulus' Angriff auf Jakobus wiederfinden: Dort nämlich hebt »der Feind« eins der »Reisigbündel« – beziehungsweise einen der »Pfähle« – auf, die beim Tempelaltar liegen. (Es war üblich, solche »Reisigbündel« als Brennmaterial neben dem Altar aufzuschichten.)[29]

Aus dem Gesagten ließe sich also schließen, daß Jakobus (wie es in den talmudischen Quellen heißt) den Tempeldienst »im Zustand der Unreinheit« versah – oder daß er nicht befugt war, sich überhaupt im heiligen Bezirk aufzuhalten. Auch die obige Formulierung »den Schädel zerschlagen« entspricht exakt derjenigen, die wir in allen unseren Jakobusbezeugungen finden. Damit dürfte offensichtlich sein, daß bereits in frühchristlicher Zeit bestimmte Elemente dieser zwei Traditionen in die Jakobusgeschichte eingeflossen sind – oder umgekehrt.

Das, worauf es hier aber vor allem ankommt, ist die Aussage, daß der Priester »den Tempeldienst in einem Zustand der Unreinheit versieht«: Sie stellt nämlich eine bloße Umformulierung des in der Qumran-Literatur erhobenen (und – mit umgekehrter Bedeutung – sogar im paulinischen Korpus anklingenden) Vorwurfs der »Befleckung des Tempels« dar. Daß in den Jahrzehnten vor dem Ausbruch des Aufstands gegen Rom, insbesondere während der Zeit, da Jakobus in Jerusalem herrschte, rivalisierende »Priester«-Gruppen und deren jeweilige extrem gewaltbereite Anhänger (Josephus nennt sie »Männer der verwegensten Art«) im Tempel sich gegenseitig Beschuldigungen dieser Art an den Kopf warfen, geht aus Josephus' entsprechenden (in der Apostelgeschichte tendenziös aufbereiteten) Mitteilungen besonders klar hervor.

Hier erfahren wir also von einem Priester, der entweder zufällig-absichtlich von der Tempelmauer »hinunterstürzt« oder aus dem Tempel hinausgeführt und dem der Schädel eingeschlagen wird, weil er sich eines Verstoßes gegen den korrekten Tempeldienst schuldig gemacht beziehungsweise den Tempeldienst im Zustand der Unreinheit versehen hat. Dies stimmt sehr gut mit der Idee überein, daß Jakobus am höchsten religiösen Feiertag des jüdischen Jahrs *das Allerheiligste betrat* und dort im Namen des Volkes ein Sühneopfer darbrachte. Die Anhänger der gegnerischen Partei dürften ihn nicht einmal als einen richtigen Priester betrachtet haben; in den Augen seiner eigenen Anhänger jedoch war er von Geburt an »Gott geweiht« oder »heilig dem Herrn« und somit Hoherpriester kraft der »Vollendung seiner Heiligkeit«. Die – bereits erwähnten – in den Qumran-Texten angesprochenen Meinungsverschiedenheiten, die zwischen den Priestern des »Establishments« und ihren oppositionellen Gruppen andererseits bezüglich der korrekten kalendarischen Festlegung dieses Feiertages herrschten, dürften jene Differenzen noch weiter verschärft und das »Establishment« in seiner Meinung bestärkt haben, daß der Vorwurf der »Gotteslästerung« oder der »Unreinheit« durchaus legitim war.

Daher also rührt mit ziemlicher Sicherheit die in der frühen Kirchenliteratur anzutreffende Vorstellung, jemand habe Jakobus mit einer Keule den Schädel eingeschlagen – ganz zu schweigen von der Episode aus der Jakobusoffenbarung, in der Jakobus vor seiner Steinigung (exakt wie im *Sanhedrin*-Traktat als alternative Hinrichtungsweise beschrieben) bis zur Taille eingegraben wird (wobei noch die zusätzliche Möglichkeit besteht, daß Gotteslästerer, nachdem sie gesteinigt worden waren, tatsächlich – wie der *Talmud* bezeugt – auf diese Weise den Gnadenstoß erhielten). Daß Jakobus im Rahmen einer solchen *Jom-Kippur*-Sühnehandlung zweifellos den verbotenen Namen Gottes – und dazu noch im Allerheiligsten – ausgesprochen hätte, wäre noch erschwerend hinzugekommen und hätte seine Gegner nur noch in ihrem Entschluß bestärkt, ihn auf diese Weise zu vernichten.

Jakobus *brach sich* bei einem Sturz *die Beine*

Nun können wir uns Hieronymus' Information zuwenden, Jakobus sei von der »Mauer« oder der »Zinne des Tempels hinuntergestürzt worden« und daran zwar nicht gestorben, habe sich aber durch den Sturz »die Beine gebrochen«. Daß Hieronymus dieses Detail mit den frühchristlichen Berichten über den endgültigen Angriff auf Jakobus, der (anhand von Albinus' Amtsantritt) durch Josephus gelieferten genauen Datierung von Jakobus' Steinigung (62 n.Chr.) und der Einberufung des gesamten Sanhedrin zwecks Aburteilung Jakobus' kombiniert, liegt an seiner – möglicherweise falschen – Deutung der ihm vorliegenden Quellen.

Hieronymus' Mitteilung, die Anklage habe sich auf Jakobus' Behauptung gestützt, »Christus [sei] der Sohn Gottes«, beruht sowohl auf theologischer Überlieferung als auch auf der von älteren christlichen Autoren Jakobus zugeschriebenen Verkündigung vom »Menschensohn, der ankommt auf den Wolken des Himmels«. Josephus erwähnt diesen bestimmten Anklagepunkt in seiner Schilderung der von Ananus einberufenen Sanhedrin-Verhandlung gegen Jakobus mit keinem Wort. Aber durch die Zusatzinformation, Jakobus habe sich *beim Sturz*, den er *vor seiner Steinigung* erleidet, »die Beine gebrochen«, liefert uns Hieronymus – zweifellos unbewußt – den Schlüssel zum richtigen Verständnis all dieser Traditionen und Überschneidungen.

Wie bereits angedeutet, ist dieses Motiv – zusammen mit vergleichbarem Material aus Josephus – auf die makaberste Weise in die Schilderung von Jesu Kreuzigung eingearbeitet worden. Der Verfasser des Johannesevangeliums beispielsweise (dem Josephus' Ausführungen über die frevelhafte Behandlung, welche die Idumäer Ananus' Leichnam angedeihen ließen, bekannt gewesen zu sein scheint) verrät ein auffälliges Interesse an der Frage, wessen Beine »gebrochen« oder »nicht gebrochen« wurden, indem er in drei aufeinanderfolgenden Versen ebensooft darauf zu sprechen kommt (19,31 ff.). Anders als der *Talmud* und (darüber weiter unten) Josephus erklärt Johannes, daß, »weil es Rüsttag war und die Leichname nicht den Sabbat über am Kreuz [bleiben sollten], denn der Sabbat war ein großer« [nämlich *Pessach* – soweit fast Wort für Wort, was der *Pescher* Habakuk über *»Jom ha-Kippurim«* schreibt], die Soldaten hingingen und den »zwei Schächern« (*Lêstai*, »Räuber« – dasselbe Wort, das Josephus auf die *»Sikarier«* oder »Zeloten« anwendet), mit denen Jesus gekreuzigt worden war, »die Beine brachen«. Jesu Beine aber brauchten nicht gebrochen zu werden, da »er schon gestorben war« (19,32).

Interessanterweise geht dieser Passage – wieder einmal – eine Bemerkung über Jesu »Kleider« voraus. Wir erinnern uns: Zuerst »teilten« die römischen Soldaten die Kleider unter sich auf, dann »losten sie« um den Rock (wohlgemerkt, nicht, um den Nachfolger Judas *Ischarioths* zu ermitteln wie die Apostel in der Apostelgeschichte, oder um einen »zelotischen« Hohenpriester zu wählen wie bei Josephus, oder wie es die Priester auf dem Tempelberg regelmäßig taten, um die täglichen Pflichten unter sich aufzuteilen). Das Johannesevangelium begründet diese Auslosung vielmehr damit, daß »der Rock ungenäht« war, »von obenan gewebt durch und durch« und die Soldaten ihn daher nicht unter sich *aufteilen* konnten (19,23)!

Nicht nur stellte die Aufteilung der Kleider und das Loswerfen um den Rock Johannes (19,24) und Matthäus (27,35) zufolge angeblich die Erfüllung einer Prophezeiung aus Psalm 22,19 dar: »Sie haben meine Kleider unter sich geteilt und haben über meinen Rock das Los geworfen«, sondern auch Jesu folgender Ausruf »Mich dürstet« dient laut Johannes (19,28) der »Erfüllung der Schrift« – in diesem Falle Psalm 22,16.[30]

Aber Psalm 22 – der mit den berühmten Worten beginnt, die Matthäus und Markus an dieser Stelle Jesus gleichfalls in den Mund legen: »Mein Gott, mein Gott, warum hast du mich verlassen?« – enthält auch das Schlüsselmotiv, dem wir sowohl in den Qumran-Hymnen im Zusammenhang mit der »Adoptiv-« oder »Gottessohnschaft« der Gerechten als auch in den frühen Kirchentexten im Zusammenhang mit Jakobus' lebenslänglichem »Nasiräat« nachgegangen sind, nämlich:

> Du hast mich *aus meiner Mutter Leib* gezogen; du ließest mich geborgen sein an der Brust meiner Mutter. Auf dich bin ich geworfen von meiner Mutter Schoß an, du bist *mein Gott von meiner Mutter Schoß an.* (22,10 f.)

Diese (in fast identischer Form in den Qumran-Hymnen wiederkehrenden) Zeilen enthalten insbesondere die – für die Jakobus, Johannes dem Täufer und anderen Männern ihres Formats zugeschriebene »Heiligkeit« so zentrale – Anspielung auf den »Mutterleib« oder »Schoß«. Ein weiteres, mehrfach wiederkehrendes Motiv dieses wichtigen Psalms sind »die Elenden« (»Gebeugten«/»Sanftmütigen«) – in den Qumran-Texten gleichbedeutend mit »die Armen«: beides im ebionitischen Christentum eminent wichtige Begriffe – sowie die in den Qumran-Hymnen und der Damaskus-Schrift allgemein damit in Verbindung gebrachte »Seele« (22,21).

Aber Johannes knüpft an dieses Motiv der »gebrochenen« beziehungsweise eben »*nicht* gebrochenen Beine Jesu« einige extrem schaurige, doch seiner Ansicht nach zur »Erfüllung der Schrift« unumgängliche Details um den Tod Jesu. Erstens müssen die römischen Soldaten zwecks Erfüllung des Verses 12,10 aus dem Buch Sacharja (»mich, den sie durchbohrt haben«) Jesu »Seite mit einem Speer öffnen«, woraufhin »Wasser mit Blut heraus[ging]« (19,34). Dann werden diese beiden – von keinem Synoptiker erwähnten – Vorgänge zur

»Erfüllung« einer weiteren Schriftstelle erklärt, nämlich »Ihr sollt ihm kein Bein zerbrechen« (19,36) – tatsächlich eine Verschmelzung von Vers 12,46 aus dem Zweiten Buch Mose und Psalm 34,20.

Interessanterweise ist letztgenannter Text einer der um das Schicksal des *»Zaddik«* (auf den in den Versen 16 bis 22 dreimal angespielt wird) kreisenden Psalmen, die in Qumran und im frühen Christentum eine so hohe Wertschätzung besaßen. Wie Psalm 22 erwähnt auch er mehrmals die »Elenden« sowie deren »Seele« und »die Seele [oder »das Leben«] Seiner [das heißt Gottes] Knechte« (34,3 und 23) – durchweg zentrale Begriffe der Qumran-Hymnen. Aber sogar noch wichtiger: In der ersten Spalte der Kairoer Damaskus-Schrift heißt es vom »Lügner« und seinen Verbündeten, daß sie »die Seele des *Zaddik*« und einiger seiner Kollegen angreifen. Psalm 34 wiederum erklärt, daß »der Engel des Herrn sich lagert« (der Begriff »lagern« erinnert an die für Qumran so wichtige Idee der »Wüstenlager«) und diese »Elenden« und den Gerechten errettet, so »daß nicht eines seiner Gebeine gebrochen wird«.

Interessant ist, daß die Passagen des *Talmud*, welche die verschiedenen Arten von Hinrichtung behandeln (wie zum Beispiel die Steinigung im Falle von Gotteslästerung), derlei Abweichungen vom sonst üblichen Procedere (wie etwa den Verurteilten statt dessen in einen Abgrund stoßen) für solche Fälle empfehlen, in denen es wünschenswert wäre, daß der Leichnam des Verurteilten nach Möglichkeit unversehrt aussieht! Nicht minder interessant ist die talmudische Vorschrift, daß der Verurteilte während der Steinigung *nackt* sein soll – was nicht nur unser »Kleider«-Motiv erneut anklingen läßt, sondern im *Talmud* selbst langwierige Diskussionen darüber auslöst, wie zu verfahren sei, wenn die zu steinigende Person ein liederliches Frauenzimmer ist, deren Körper die Steiniger anziehend finden könnten![31]

Johannes aber verschweigt uns, daß der Kontext der zweiten Bibelstelle über »nicht zu zerbrechende Knochen«, Zweites Buch Mose (12,46), der Ausschluß von Fremden und *»Unbeschnittenen«* von der Teilnahme am *Pessach*-Mahl ist! Damit handelt diese »Beine-« und »Knochen-Passage« eigentlich vom Verzehr des *Pessach*-Mahls und besagt somit implizit, daß Jesus das neue *Pessach*-Mahl ist – womit wir wieder bei Paulus' »Kommunion mit« oder »Teilhabe an dem Leib und Blut Jesu Christi« wären.

Im Buch Exodus wird empfohlen: »Ihr sollt nichts von seinem Fleisch hinaus vor das Haus tragen und sollt keinen Knochen an ihm zerbrechen«, wobei die zweite Anweisung fast Wort für Wort mit dem obigen Johanneszitat übereinstimmt – nur daß hier nicht von Gekreuzigten, sondern vom *Pessach-Lamm* die Rede ist. Aber das eigentliche Thema dieser Exodusstelle ist, daß *kein »Ausländer* oder Tagelöhner ... davon essen« darf, nur der »Fremdling, der bei dir wohnt« (also der »ansässige Ausländer«) – und zwar unter der Voraussetzung, daß er *beschnitten werde* (12,45–48). Weiter heißt es:

> Kein Unbeschnittener soll davon essen. Ein und dasselbe Gesetz gelte für den Einheimischen und den Fremdling, der unter euch wohnt ... *Alles Männliche, das zu ihm gehört, soll beschnitten werden.* Dann mag er herzutreten, um zu feiern, und er gelte wie ein Einheimischer. (2. Moses, 12,48 f.)

Nichts könnte dem Geist des Christentums, wie wir es heute kennen, fremder sein, als das – ja, es widerspricht ihm geradezu. Warum fühlt sich Johannes aber dann bemüßigt, ein Stück aus einer Passage zu zitieren, die das genaue Gegenteil dessen aussagt, was er damit ausdrücken will? Zweifellos verstand er sich als Verfechter der gleichen allegorischen Bibelexegese, die Paulus in den Briefen an die Römer und die Galater vorführt (und die dort etwa darauf hinausläuft, daß die Kinder Israel die »Kinder der Dienstmagd« Hagar und die neuen Christen die »Kinder der Freien« Sara sind, oder daß Moses sein Antlitz nicht etwa deswegen verhüllt, damit die Kinder Israel nicht vom Glanz des ihm geoffenbarten Gesetzes geblendet werden, sondern damit sie nicht merken, daß *dieser Glanz verloschen ist*). Wir wir uns erinnern, war dieser allegorische exegetische Ansatz erstmals – im Zusammenhang mit dem Alten Testament – von Philon von Alexandria propagiert worden, dem Onkel jenes Tiberius Alexander, der zusammen mit Titus, Berenike und anderen die Verantwortung für *die Zerstörung des Tempels* trug.

Derlei »zitierbare« Textfragmente waren zweifellos in Form von Anthologien messianischer Belegstellen gesammelt. Eine solche Sammlung ist noch heute bekannt und wird »Pseudo-Epiphanios« genannt. Kürzere Kompilationen dieser Art fand man auch in Qumran, und die Exegeten der Gemeinde hätten an den obigen Passagen zweifellos ihre helle Freude gehabt. Das gleiche dürfte auf den Lehrer zugetroffen haben, der Josephus zufolge »Einlaß erlangte« bei den männlichen Mitgliedern des Haushalts Königin Helenas von Adiabene und ihres Sohnes Izates und ihnen erklärte, solange sie sich nicht beschneiden ließen, »könnten sie nicht gerettet werden«.[32] Die wahre Bedeutung dieser Episode wird uns noch im Zusammenhang mit Philippus' Bekehrung des »Kämmerers der Königin in Mohrenland« (Apostelgeschichte 8,27 ff.) ersichtlich werden. Welch ein Unterschied zum diesbezüglichen Verhalten abtrünniger herodianischer Prinzessinnen!

Das gleiche gilt für jene Lehrer, die Paulus so abfällig als »etliche von Jakobus« (Galater 2,12) oder »etliche, die herabkamen aus Judäa (Apostelgeschichte 15,1) tituliert – die sich laut Zweitem Brief an die Korinther selbst »Empfehlungsschreiben« ausstellen (3,1 und 10,12) und die vor allem Paulus' Gemeinden »die Beschneidung predigen« (Galater 5,11 f.). Aber Johannes ist an der eigentlichen Aussage des Textmaterials, das er verwendet – und dessen Sinn er in der Regel auf den Kopf stellt –, nicht sonderlich interessiert; es kümmert ihn wenig, daß diese Passagen, in ihrem ursprünglichen Kontext gelesen, nicht im entferntesten jene Aussage vermitteln, die er ihnen entlockt. Das einzige, was für ihn zählt, ist, daß sie sich formal in seine Erzählung einbauen lassen und seiner Verwendung bestimmter Schlüsselwörter oder -sätze den Anschein von Legitimität oder Prophetie verleihen. Und das gleiche gilt für die anderen Evangelisten.

Aber nichts könnte unaufrichtiger sein als die Weise, in der diese Autoren Sätze und Satzfragmente aus biblischen Passagen herausreißen, die das genaue *Gegenteil* dessen aussagen, was die Zitate in ihrem neuen Kontext auszusagen scheinen, und sich bei ihrem Tun auf die relative Unbelesenheit ihrer Leser verlassen zu dürfen glauben – sowie auf die Tatsache, daß kaum einer von ihnen imstande (oder willens) gewesen sein dürfte, im »heiligen Original« nachzuschlagen und sich dadurch ein eigenes Urteil zu bilden. Dies zeigt sich beispielsweise auch daran, wie Johannes vorgibt, Jesu »am Kreuz ungebrochene Beine« (Jakobus' Beine waren, wie wir uns erinnern, infolge des Sturzes von der Tempelmauer »gebrochen«) damit zu erklären, daß der Gekreuzigte *bereits gestorben* war und daß es sich auf alle Fälle *nicht geziemt hätte, das Pessach-Lamm derart zu entweihen.*

Auch Josephus bringt dieses Thema zur Sprache, als er berichtet, die Idumäer hätten *den Leichnam* des Hohenpriesters Ananus nackt (wobei vielleicht gerade diese *Nackheit* die Vergeltung für die Steinigung des Jakobus darstellen sollte) über die Stadtmauer geworfen und, den Schakalen zum Fraß, unbestattet liegenlassen. Wie wir uns erinnern, setzt er dieses »gottlose« Verhalten von der Gewissenhaftigkeit ab, mit der die Juden normalerweise mit ihren Toten verfahren, indem er anmerkt, daß sie sogar den Gekreuzigten »die Beine brachen«, damit sie nicht über Nacht hängenzubleiben bräuchten.[33] In den bereits erwähnten Passagen des *Sanhedrin-Traktats*, welche die Kreuzigung und die Steinigung behandeln, heißt es entsprechend (unter Anführung von 5. Moses (21,23):

> So soll sein Leichnam nicht *über Nacht an dem Holz bleiben*, sondern du sollst ihn am selben Tage begraben, denn ein *Aufgehängter ist verflucht bei Gott.*

Selbst das verfälscht Johannes dahingehend, daß es den Anschein hat, als ob dieses Gebot etwas mit dem »Sabbat« – und nicht lediglich mit der »Nacht« – zu tun hätte (dies wahrscheinlich, weil er gehört hat oder weiß, daß für die Juden der Sabbat bereits am Vorabend, bei Einbruch der Dunkelheit, beginnt); dementsprechend heißt es bei ihm: »damit nicht die Leichname am Kreuz bleiben *den Sabbat über*« (19,31). Dies setzt er dann in Beziehung zum »Rüsttag«, das heißt dem Vortag des *Pessach*-Festes, das er wiederum »den Sabbat« nennt. Aufgrund dieser »Information« haben Theologen und Bibelkundler im Lauf der Jahrhunderte immer wieder zu ermitteln versucht, wann *Pessach* auf einen Sabbat fiel, um auf diese Weise das exakte Datum der Kreuzigung Jesu festzulegen.

Auch wenn dies zugegebenermaßen an die zuvor zitierte Stelle aus dem *Pescher* Habakuk erinnert, die von den »armen« Anhängern des »Gerechten Lehrers« handelt, die der »Frevelpriester« »am Sabbat ihrer Ruhe« »zum Straucheln bringt«, hat das Motiv des Zerbrechens der Knochen von Gekreuzigten wahrscheinlich nichts mit irgendeinem »Sabbat« oder »Feiertag« zu tun, sondern ist mit ziemlicher Sicherheit die Johanneische Entstellung einer Randbemerkung, die Josephus im Zusammenhang mit der Behandlung von Ananus' Leichnam durch die »Zeloten« und deren Verbündete, die »Idumäer«, macht.

Analoges gilt für die Sonne, die sich (bei den Synoptikern) drei Stunden lang verfinsterte »bis zur neunten Stunde« (Matthäus 27,46 und Parallelen) – ein weiteres Phantasieprodukt, diesmal aber vermutlich von Josephus' geradezu *gegensätzlicher* Mitteilung angeregt. Im sechsten Buch seines *Jüdischen Krieges* schildert Josephus nämlich die unheilvollen Zeichen, die der Zerstörung des Tempels vorausgingen: eine Kuh, die zur *Pessach*-Zeit *(sic)* »mitten im Tempel ein Lamm zur Welt brachte«, »ein Gestirn, das in der Gestalt eines Schwertes über der Stadt stand, und ein Komet, der sich ein Jahr lang am Himmel zeigte«, »Streitwagen und gepanzerte Heerscharen, die über die Wolken und die umgebenden Städte jagten« und ein ehernes Tor des Tempels (so schwer, »daß zwanzig Männer Mühe hatten, es zu bewegen«), an eisernen Angeln befestigt und fest verriegelt, das um Mitternacht plötzlich von selbst aufging.

Der Albernheiten nicht genug, erzählt er des weiteren, daß, abermals zu *Pessach*,

> zur neunten Stunde [die Angabe der exakten – und identischen – Uhrzeit bei den Synoptikern dürfte nahezu als *Beweis* für deren Abhängigkeit von dieser Stelle zu werten sein] *ein so gewaltiges Licht den Altar und den Tempel erhellte, daß es schien, als sei heller Tag.* Dieses Schauspiel dauerte nahezu eine halbe Stunde ... und die Schriftgelehrten deuteten es als Vorzeichen der Ereignisse, die bald darauf eintreten sollten [nämlich, daß der Tempel von Gott verlassen und daraufhin zerstört wurde].[34]

Strenggenommen hat Johannes insofern recht, als jeder Feiertag im Sinne des Gesetzes wie ein Sabbat behandelt wurde, auch wenn er nicht auf einen Sabbat fiel. Aber der Punkt, um den es ihm hier eigentlich geht (nämlich, daß Gekreuzigten »die Knochen gebrochen« werden), hat weder mit dem Sabbat *qua* Sabbat noch mit irgendeinem Feiertag etwas zu tun, sondern hängt einfach damit zusammen, daß die Juden ihren Toten – wie Josephus bescheinigt – stets eine respektvolle Behandlung zuteil werden ließen und das Gebot aus dem fünften Buch Mose (21,23 »Sein Leichnam soll nicht über Nacht an dem Holz bleiben«) peinlich genau befolgten. Daß die Bemerkung »ein Aufgehängter ist verflucht bei Gott« die Vorstellungskraft christlicher Exegeten in erheblichem Maße beschäftigte, zeigen sowohl Petrus' Ausfälle gegen »die Juden«, von denen die Apostelgeschichte berichtet (5,30 vor dem Sanhedrin, 10,39 im Hause des Cornelius, wo Petrus kurz zuvor erklärt hat, »Gott [sehe] die Person nicht an«), als auch die theologische Nutzanwendung, die Paulus im Galaterbrief daraus zieht (3,12 f.).

Sogar noch verblüffender sind die terminologischen Übereinstimmungen mit der Schilderung vom Tod des Gerechten Lehrers und mehrerer seiner Anhänger, genannt »die Armen«, die wir vom *Pescher* Habakuk her kennen. Wie wir uns erinnern, hieß es dort – analog zu Johannes' Angabe, ein bestimmter Feiertag *(Pessach)* sei ein Sabbat gewesen – im Zusammenhang mit den Meinungsverschiedenheiten um das exakte Datum des Versöhnungstages, *Jom Kippur* sei ein »Fastentag, de[r] Sabbat ihrer Ruhe« (3. Moses 16,31). Bedenkt man zudem die überragende Bedeutung des jeweiligen Kontextes, in dem diese zwei Stellen stehen, sind die Parallelen wahrhaft erstaunlich.

Für Qumraner und ähnlich gesinnte Exegeten hätte Psalm 34 mit seinem »Gerechten«, der »Seele«, den »Elenden« und den »Knochen, die nicht zerbrochen werden« schier endlose Anknüpfungspunkte für die Schilderung vom Tod des Jakobus geboten, und man könnte sich durchaus vorstellen, wie ein *Pescher* zu diesem Thema ausgesehen hätte. Zu Psalm 37, einem weiteren »*Zaddik*«-Text, gibt es in der Tat einen Qumraner *Pescher*, in dem ganz in diesem Sinne argumentiert wird.[35] Darin üben, wie wir uns erinnern, »die Gewalttätigen der Heiden« Rache an dem »Frevelpriester« für das, was er dem »Gerechten Lehrer« – der hier auch als »der [Hohe]Priester«, das heißt »der Hohepriester der Opposition« bezeichnet wird – angetan hat.

Dem *Pescher* Habakuk zufolge gehörte zu dieser Rache am »Frevelpriester« auch »die Befleckung« oder Entweihung »des Fleisches seiner Leiche« – kein seltenes Motiv, wenn es um derlei Vergeltungsmaßnahmen geht.[36] Texte dieser Art sind in Qumran Gegenstand ausführlicher Kommentare, und man könnte sich durchaus einen vergleichbaren *Pescher* vorstellen, der auf den oben angeführten Psalm-34-Zitaten fußte. Bislang ist zwar nichts Derartiges aufgefunden worden, aber Johannes ist ohne Zweifel der Erbe ähnlicher Traditionen – deren Sinngehalt er auf typische Weise in sein Gegenteil verkehrt.

Ja, allmählich zeichnet sich die Erkenntnis ab, daß im Prinzip das gesamte Korpus »qumranartiger« Literatur *auf den Kopf gestellt wurde.* Wo könnten derlei zynische Machenschaften erfolgt sein? Höchstwahrscheinlich in hellenistischen Kreisen judenfeindlicher Städte wie Cäsarea und Alexandria – vielleicht sogar Rom –, in denen revolutionäre Literatur dieses Genres hinlänglich bekannt gewesen sein dürfte.

Zur endgültigen Klärung dieses Gewirrs widersprüchlicher Daten und ebenso widersprüchlicher, aber komplementären Details müssen wir uns nun dem in den pseudoklementinischen *Rekognitionen* geschilderten Angriff des »Feindes« (Paulus) auf Jakobus zuwenden. Selbst ohne Hieronymus' aufschlußreiche Information, Jakobus habe sich kurz vor seiner Steinigung durch den Sturz von der Tempelmauer »die Beine gebrochen« (ein Motiv, das, wenngleich mit umgekehrten Vorzeichen, in die Passionsgeschichte eingearbeitet worden ist), wäre es möglich gewesen, die verschiedenen Überlieferungen, die zu einer einzigen durchgehenden Geschichte verschmolzen wurden, auseinanderzudröseln; *mit* dieser Information aber wird unsere Darlegung lückenlos.

Was die frühen Kirchenschriftsteller – und zwar schon Clemens und Hegesippus, Mitte des 2. Jahrhunderts – durcheinanderbringen, ist die Tatsache, daß *zwei* tätliche Angriffe auf Jakobus stattfanden: einer in den vierziger Jahren, den die Apostelgeschichte mit dem Angriff auf Stephanus überschreibt (der wiederum Jakobus' in den sechziger Jahren erfolgte Steinigung »vorwegnehmend nachbildet«); und ein zweiter, der in den sechziger Jahren, nach der Verurteilung durch den Sanhedrin, zu Jakobus' Steinigung und Tod führte.

Diese zwei Angriffe sind in den Berichten früher Kirchenschriftsteller, zumindest in der uns heute vorliegenden Form, zu *einem einzigen* verschmolzen, der in den sechziger Jahren stattgefunden und zu Jakobus' Tod geführt haben soll, wobei *alle* diese Berichte die Elemente »Sturz«, »Steinigung« und »Zerschlagung des Schädels mittels eines Walkschlegels« bewahren. Zum Sturz von der Tempelzinne, den Jakobus all diesen Berichten zufolge erlitten haben soll, fügt Hieronymus – ganz der penible Wissenschaftler – das spezifische Detail der dadurch »gebrochenen Beine« hinzu, welches nun (samt der parallelen pseudoklementinischen Schilderung des früheren Angriffs Paulus' auf Jakobus) in neutestamentliche Berichte über den Tod Jesu eingeflossen ist.

Wir haben bereits gesehen, daß dieses »Stürzen« beziehungsweise »Hinab-« oder »Hinausgestürztwerden« in die Schilderung der Steinigung Stephanus' und des Selbstmords Judas *Ischarioths* (dessen *Bauch*, nicht *Schädel*, »mitten entzweibirst«) aufgenommen worden ist. *Tatsächlich gestürzt* ist Jakobus aber, wie in den Pseudoklementinen berichtet, in den vierziger Jahren, und zwar von den Stufen des Tempels, nachdem Paulus ihn angegriffen hatte, und er hat sich dabei, wie der Text uns eindeutig mitteilt, *ein Bein oder beide Beine gebrochen.*[37] Abgesehen davon sind in diesen frühkirchlichen Berichten über den Tod des Jakobus alle Elemente *beider* Attacken gegenwärtig und zu einem einzigen Angriff kontrahiert. Hieronymus hat, bewußt oder zufällig, das Element der »gebrochenen Beine« (das eigentlich zum – in den Pseudoklementinen geschilderten – *ersten* Angriff auf Jakobus gehört) in seine Beschreibung von Jakobus' (zwei Jahrzehnte später erfolgter) Steinigung eingebaut; er erwähnt also ausdrücklich, was bei allen anderen implizit gleichfalls verstanden werden kann. Sämtliche Elemente sind beisammen: der »Sturz vornüber«, die Mißhandlung mit Fäusten oder Knüppeln, die bizarre Steinigung und schließlich – bei Hieronymus – die »gebrochenen Beine«.

Wenden wir uns nun dieser pseudoklementinischen Schilderung von Paulus' Angriff auf Jakobus zu, der damit endet, daß letzterer von den »Stufen« (*nicht*, wie in späteren Berichten, der »Zinne«) »des Tempels« stürzt (und *nicht* daran stirbt), so sind wir endlich in der Lage, alle diese Rätsel zu entschlüsseln. Dieser Angriff ist *das* Ereignis, das Lukas' Apostelgeschichte sich so krampfhaft bemüht wegzuredigieren und das sie in sein genaues Gegenteil verkehrt: nämlich *in einen Angriff seitens der Juden auf den archetypischen Heidenchristen Stephanus* – bei Josephus »Kaiser Claudius' Sklave«; »der Erstling aus Achaia« bei Paulus. Nichtsdestoweniger benutzt die Apostelgeschichte diesen Angriff als das »Sprungbrett«, mit dem sie den

»Feind« Paulus (der bald zu ihrer eigentlichen Hauptperson wird) in die Handlung hineinkatapultiert.

Paulus' tätlicher Angriff auf Jakobus

Wir dürfen uns wahrhaft glücklich schätzen, daß wir die Pseudoklementinen besitzen. Entgegen der geringen Bedeutung, die orthodox gesonnene Fachwissenschaftler ihnen zubilligen, enthalten sie Spuren von Ereignissen, die für die Klärung der Geschichte des Ur- und Frühchristentums – wenn uns die Verwendung des Begriffs in diesem Zusammenhang überhaupt gestattet ist – von allergrößtem Wert sind. Beispielsweise enthalten die den *Homilien* vorausgeschickten Briefe Clemens' an Jakobus, Petrus' an Jakobus und Jakobus' an Petrus äußerst interessantes, insbesondere für die Beziehung des frühen Christentums zur Qumran-Gemeinde relevantes Material. Kein Wunder, daß Hieronymus sich mit Rufinus, dem wir die lateinische Übersetzung der Pseudoklementinen, die *Rekognitionen*, verdanken, überwarf!

Die in erster Linie von den – *in Cäsarea* und anderswo stattfindenden – Konfrontationen zwischen Petrus und Simon *Magus* handelnden, mehr oder weniger komplementären zwei Fassungen enthalten vermutlich Material aus den verschollenen *Predigten Petrus'* sowie aus einem Werk mit dem Titel *Die Reisen des Petrus*, das auch von Hieronymus erwähnt wird.[38] Wie wir schon gehört haben, enthalten sie wahrscheinlich des weiteren Teile der von Epiphanios verwendeten *Anabathmoi Iakobou*, der »Aufstiege [oder »Stufen«] des Jakobus«.

Es hätte keinen Sinn, die Textgeschichte der zwei Fassungen ermitteln zu wollen; wie im Falle der Evangelien und der Apostelgeschichte dürfte man auch hier nie zu einem für alle Seiten befriedigenden Ergebnis gelangen. Die von Petrus vertretenen Lehren sind ideengeschichtlich zwar nicht durchweg dem ersten nachchristlichen Jahrhundert zuzuordnen, ebensowenig sind sie aber »orthodox« im Sinne einer paulinisch-christlichen Orthodoxie. Der Text enthält, wie wir gesehen haben, eine Fassung von Jakobus' Weisungen für überseeische Gemeinden, die mit Sicherheit originalgetreuer ist als alles, was man diesbezüglich in der Apostelgeschichte findet, sowie die unumstößliche Bestätigung unserer Vermutung, daß Petrus *niemals* »Tischgemeinschaft« mit Heiden pflegte, daß er Hemerobaptist war, »jeden Morgen die Sonne betend begrüßte« und *Vegetarier* war. Des weiteren begegnen uns darin die Vorstellung des »Ur-Adams«

und diejenige des »wahren Propheten« – Ideen, die sich auch in der Qumran-Literatur wiederfinden und die sogar im Neuen Testament, wie es uns heute vorliegt, ihre Spuren hinterlassen haben. Diese zwei Lehren, die wahrscheinlich durch Vermittlung der Elchasaiten und der Manichäer in den Islam eingegangen sind, lassen sich auch mit dem Ebionitismus in Verbindung bringen.[39]

Ersterer Begriff – der, wie wir gesehen haben, sowohl im Koran als auch in den Paulusbriefen nachzuweisen ist – erinnert in vielfacher Hinsicht an die spätere schiitische Doktrin des *»Imam«*. Diese impliziert etwas wie einen Inkarnationsgedanken, der sich gleichfalls in den Traditionen um Johannes den Täufer wiederfindet und der – was uns kaum überraschen wird – viel mit der in den Qumran-Hymnen vertretenen Lehre vom präexistenten *»Zaddik«* gemeinsam hat.

Die damit assoziierte Lehre vom »Verborgenen« läßt sich, wie wir uns erinnern, auch mit Johannes in Verbindung bringen. In der Schia eignet dem Begriff *»Imam«* – der, ebenso wie bei den Ebioniten, Sabäern und Elchasaiten, mit der Vorstellung des »Stehenden« zusammenhängt – die Bestimmung des »Verborgenseins«: Es wird dort also vom »verborgenen *Imam*« gesprochen. In den pseudoklementinischen *Rekognitionen* äußert sich diese Tradition des »Verborgenen« in Aussagen wie: »Christus, der von Anbeginn war und immerdar, war stets, wenn auch heimlich, den Frommen gegenwärtig in all ihren Generationen« (1.52).[40]

Interessanterweise erfahren wir unmittelbar darauf – und hier wird das »Verborgensein«/»Verbergen« implizit auf *Doktrinen* übertragen –, daß »gewisse Jünger des Johannes«

> sich absonderten vom Volk und ihren eigenen Meister [das heißt Johannes] zum *Christus* erklärten [1.54 – eine Lehre, der die irakischen Mandäer noch heute anhängen].

Dem Begriff der »Absonderung« beziehungsweise des »Abgesondert-« oder »Geweihtseins« sind wir bereits weiter oben begegnet. Wenn wir nun in dieser und ähnlichen Textstellen das Wort »Christus« (ein griechischer Terminus, der nachweislich erstmals in den Paulusbriefen auftaucht) durch »Ur-Adam« oder, wie es bei Paulus heißt, »zweite[n] Mann/Mensch[en]« oder »letzte[n] Adam« ersetzen, dann dürften wir von der wahren Situation in dieser Zeitspanne nicht mehr allzuweit entfernt sein.

Das für das Thema der vorliegenden Arbeit mit Abstand relevanteste Material aus den Pseudoklementinen findet sich aber am Ende des Ersten Buches der *Rekognitionen*. Interessanterweise enthalten die

Homilien, die ansonsten inhaltlich (wenn schon nicht hinsichtlich der Anordnung des Stoffes) weitgehend mit den *Rekognitionen* übereinstimmen – und bisweilen sogar verläßlichere Informationen als diese liefern –, dieses Material *nicht*.

Dieses erste Buch erzählt, wie Clemens, der Sprößling einer aristokratischen römischen Familie – und möglicherweise identisch mit jenem »Flavius Clemens«, der, wie Epaphroditus (und vielleicht auch Josephus), um 95 n.Chr. unter Domitian hingerichtet wurde –, nachdem er Barnabas in Rom hat predigen hören, ihm nach Cäsarea (Palästina) folgt. Dort lernt er Petrus kennen, der sich gerade mitten in seinen Auseinandersetzungen mit Simon *Magus* befindet – wobei letzterer hier zweifelsfrei als Samaritaner identifiziert wird.[41]

Diese Erzählung ist als ein Bericht an »meinen Herrn Jakobus« abgefaßt (1.14). Das stimmt mit dem überein, was wir aus den zwei den *Homilien* vorausgeschickten Briefen – Petrus' und Clemens' – an Jakobus erfahren: nämlich daß letzterem regelmäßig schriftliche Rechenschaftsberichte zu übermitteln seien. Und am Ende dieses eminent wichtigen ersten Buches der *Rekognitionen* erteilt Jakobus (von dem es interessanterweise heißt, daß er *»auf einem Bein hinkte«*) dem Petrus, als er ihn von der Gegend um Jericho nach Cäsarea schickt, damit er Simon *Magus* entgegentrete, die Anweisung:

> Vergiß nicht, mir alljährlich einen schriftlichen Bericht von deinem Lehren und Tun zuzusenden, und dies insbesondere am Ende jedes siebten Jahres.[42]

Clemens seinerseits adressiert seinen den *Homilien* vorangestellten Brief an Jakobus an

> den Bischof der Bischöfe, der Jerusalem beherrscht ... und die Kirchen überall.

Der diesem voraufgehende Brief *Petrus'* an Jakobus beginnt mit einer durchaus ähnlichen Anrede. Und wenn jemand gleichsam ein Konzentrat Qumraner Gedankenguts sucht, kann er nichts Besseres tun, als Jakobus' Antwortbrief an Petrus lesen, der sich ebenfalls am Anfang der *Homilien* findet.

Diese Dokumente sind mit Sicherheit spätestens im 3. Jahrhundert entstanden. Origenes zitiert in seinem Genesiskommentar eine Passage aus den *Rekognitionen* (wodurch Rufinus, sein Bewunderer, überhaupt auf den Text aufmerksam geworden sein könnte), und Eusebios, der im Zusammenhang mit der Agbarus-Korrespondenz

Recherchen im Archiv von Edessa (Syrien) trieb, scheint auf alle Fälle mit einigen Fakten daraus vertraut zu sein. Interessant ist für uns vor allem die Tatsache, daß die *Rekognitionen* keinerlei Zweifel daran hegen, daß *Jakobus* – und *nicht* Petrus – der Bischof von Jerusalem oder der »Bischof der Bischöfe« (wie Clemens ihn nennt, also »Erzbischof«) war, mithin das Oberhaupt der gesamten damaligen Christenheit. Selbst in der Apostelgeschichte (Kapitel 12 und 15 ff.) wird diese Tatsache trotz jeglicher Überschreibungen und Bemäntelungsversuche jenseits allen Zweifels klar. Interessant ist auch der Umstand, daß die verläßlicheren Teile der Apostelgeschichte – also die in Kapitel 16 einsetzenden »Wir-Berichte« – so wie die Pseudoklementinen in der ersten Person Plural gehalten sind, also den Charakter eines Erlebnisberichts, *eines regelrechten Reisetagebuchs* besitzen.

In den *Rekognitionen* erzählt Petrus (der selbst gerade mitten in seiner Auseinandersetzung mit Simon *Magus* steckt) Clemens dann die Geschichte der Debatten, die sich auf den Stufen des Tempels zwischen Jakobus und den Hohenpriestern oder dem »Tempel-Establishment« abgespielt und die in dem von Paulus ausgelösten Handgemenge gegipfelt haben; in dessen Verlauf ergreift Paulus, wie wir uns erinnern, das »Reisigbündel«, Jakobus stürzt und bleibt – scheinbar tot – am Fuß der Tempeltreppe liegen. Es dürfte schwierig sein, eine so interessante und detaillierte Bezeugung zu entkräften, zumal man in ihr auch keinem der vielfältigen »Zeichen und Wunder« begegnet, an denen parallele neutestamentliche Berichte allzuoft kranken. Ganz im Gegenteil – mit ihrem nüchternen Realismus erinnert die Darstellung, zumindest im ersten Buch der *Rekognitionen*, fast an jene Sachlichkeit, mit der die Qumraner Schriften zur Sektendisziplin Verfehlungen wie etwa die Masturbation behandeln.[43]

Wie Petrus Clemens erzählt (und Clemens angeblich dem Jakobus referiert), werden die Oberhäupter der Jerusalemer Versammlung, ihnen voran Jakobus, vom Hohenpriester durch ausgesandte Priester gefragt, ob sie bereit seien, sich auf den Stufen des Tempels mit Vertretern der orthodoxen Priesterschaft in theologischen Rededuellen zu messen. Sie nehmen die Herausforderung an, und es folgen einige erste Debatten zwischen den Aposteln auf der einen Seite und Kaiphas und den anderen Hohenpriestern auf der anderen. Wie im parallelen Material im 5. Kapitel der Apostelgeschichte (das schließlich, im 7. Kapitel, in der Steinigung des Stephanus gipfelt) ergreift der Pharisäer Gamaliel das Wort für die Urchristen (1.65 ff. und Apostelgeschichte 5,34–39).

Endlich begibt sich Jakobus, »der Bischof [»Bischof der Bischöfe« in 1.68],... mit der ganzen Kirche zum Tempel hinauf« (1.66). Auch wenn der Inhalt dieser Streitgespräche nicht sonderlich aufschlußreich und, nicht anders als die Apostelgeschichte, weitgehend retrospektiv aufbereitet ist – so wird unter anderem über den »wahren Propheten« und die Natur des »Christus« gesprochen (wobei die zwei miteinander und dann mit dem »Ur-Adam« gleichgesetzt werden), Johannes' des Täufers Differenzen mit Simon *Magus* (seinem ehemaligen Jünger, gleich Dositheos) und dergleichen mehr –, sind einige historische Details äußerst interessant und überzeugend. Meiner Ansicht nach erhalten wir hier eine wahrheitsgetreuere Vorstellung von diesen Auseinandersetzungen im Tempel und davon, was wirklich in der Jerusalemer Urkirche vor sich ging, als durch das Bild, das die Apostelgeschichte diesbezüglich entwirft.

Als »der Bischof Jakobus«, wie wir beispielsweise erfahren, zum Tempel hinaufstieg, erwartete ihn »eine große Volksmenge, die sich seinetwegen schon mitten in der Nacht dort eingefunden hatte«. Solche Details überzeugen durch ihren glaubwürdigen Realismus. »Also erklomm er eine Anhöhe, auf daß alles Volk ihn sehen möchte« – hier haben wir also den »auf der Tempelzinne stehenden Jakobus« der frühen Kirchenschriftsteller –, und ergriff das Wort, so wie die Apostel es zuvor »auf den Stufen des Tempels« getan hatten. Damit beginnt Jakobus' – an die *Anabathmoi Iakobou* gemahnende – angeblich sieben Tage währende Rede.

Wir erkennen hierin sofort die von Hegesippus/Eusebios geschilderte Szene wieder, in der Jakobus von den »Pharisäern und Schriftgelehrten« aufgefordert wird, sich auf »die Zinne des Tempels« zu stellen, damit ihn das ganze Volk sehen könne – allerdings ist zumindest das Szenen*bild*, das die Pseudoklementinen zeichnen, erheblich glaubwürdiger. Das Ereignis, das alle anderen Quellen – so wie Hioronymus mit seiner Bemerkung über Jakobus' »gebrochene Beine« – in die sechziger Jahre verlegen, spielt sich tatsächlich in den vierziger Jahren ab. Wir fühlen uns auch unmittelbar an Josephus' Mitteilungen über (gleichfalls mit Ausschreitungen und Steinwürfen endende) Auseinandersetzungen zwischen rivalisierenden Gruppen von Priestern erinnert – denen des »Establishments« und denen, die von »den Armen« unterstützt werden. Mit einem Wort – die Berichte nähern sich mehr und mehr einander an.

Gerade als Jakobus »das ganze Volk« – einschließlich der Priester (vergleiche dies mit Apostelgeschichte 6,7, »Es wurden auch viele Priester dem Glauben gehorsam«) – für seine »Versammlung« gewonnen zu haben schien, betrat ein »Feind« zusammen mit einigen anderen Männern den Tempel und fing an, mit Jakobus zu disputieren (1.70). Eine Marginalie in einer der Handschriften erklärt, dieser

»Feind« sei Saulus gewesen. Dies findet im folgenden Abschnitt eine Bestätigung, als der »Feind«, nachdem er – wie Saulus in der Apostelgeschichte – von den Oberpriestern »Briefe« erhalten hat, die Gemeinde (die nach Jericho geflohen ist) *bis nach Damaskus verfolgt.*

Mit seinen Schreien, Schmährufen und Beschimpfungen verursachte dieser »Feind« im Tempel einen solchen Lärm, daß die Menschen nicht mehr hören konnten, was Jakobus sagte. Der »Feind«/Saulus führte sich »wie ein Wahnsinniger auf, stachelte alle zum Morden auf« und »ging mit üblem Beispiel voran, indem er einen starken Knüttel vom Altar ergriff«, woraufhin »ein Tumult ausbrach und auf beiden Seiten Schläge ausgeteilt und empfangen wurden«.

Man beachte den großen Detailreichtum dieser Passage – oftmals ein Zeichen von Authentizität. Den *Rekognitionen* zufolge wurde »viel Blut vergossen«; dann »ergaben sich alle einer kopflosen Flucht«, was der »Feind« ausnutzte: Er »stürzte sich auf Jakobus und warf ihn *kopfüber von der obersten Treppenstufe hinab*«. (Man beachte wieder die Details.) Dies ist natürlich Jakobus' »Sturz vornüber« von der Zinne des Tempels, über den Hieronymus und andere berichten.

Was wir bisher nacherzählt haben, stammt aus Rufinus' lateinischer Version der Pseudoklementinen. In der griechischen Rezension findet sich die geschilderte Episode nicht, wohl aber besitzen wir von ihr eine syrische Version. Darin lautet die zuletzt referierte Passage folgendermaßen:

> Ein gewisser Mann, der ein Feind war, betrat mit einigen anderen den Tempel und näherte sich dem Altar. Er rief aus und sprach: »Was tut ihr, o Kinder Israel? Laßt ihr euch so leicht von diesen Elenden mitreißen, die kopflos einem Magier [damit ist natürlich Jesus gemeint] nachlaufen?«[44]

Daraufhin entspann sich ein Disput, und gerade als »Jakobus, der Bischof« kurz davor war,

> ihn [mit Argumenten] zu besiegen, begann der Feind, zu lärmen und zu toben, so daß nichts von dem, was richtig und ruhig dargelegt wurde, angemessen durchdacht, verstanden und geglaubt werden konnte. Da erhob er ein Geschrei über die Schwäche und Narrheit der Priester, schmähte und rief aus: »Was zögert ihr? Warum ergreift ihr nicht sofort all diejenigen, die mit ihm sind?« Dann stürmte er los und ergriff als erster einen Feuerbrand [das heißt »das Reisigbündel« der talmudischen Passage über die jun-

gen Priester, die Knüppel ergreifen und jeden (»und wäre er auch ein Hoherpriester«), der im Zustand der Unreinheit den Tempeldienst versieht, verprügeln] und fing an, damit [die Leute] zu schlagen. Als sie das sahen, folgten die übrigen Priester seinem Beispiel. In der kopflosen Flucht, die daraufhin ausbrach, stürzten manche über andere, und andere wurden geschlagen.

Hier haben wir also die Parallele zu den jungen Männern »der verwegensten Art«, die im Auftrag der Hohenpriester die »ärmeren« Priester auf den Tennen verprügeln. Wie wir uns erinnern, spricht Josephus von ihnen, unmittelbar bevor er im zwanzigsten Buch der *Altertümer* den Herodianer namens »Saulus« einführt und von den verschiedenen Schlägereien zwischen »Zeloten« und Hohenpriestern berichtet. Dazu findet sich wiederum eine Parallele in den Schlägen, die Jakobus allen frühchristlichen Quellen zufolge verabreicht bekommt, sowie – in abermaliger Brechung – in den Mißhandlungen Jesu, von denen wir in den Evangelien hören.

Ein weiteres Motiv, das es in dieser Passage der Pseudoklementinen hervorzuheben gilt, ist die »Flucht«. Sie führt sowohl in der lateinischen als auch in der syrischen Rezension aus dem Tempel weiter bis nach Jericho. Wieder aufgegriffen wird dieses Motiv von den frühen Kirchenautoren, bei denen wir gleichfalls von einer »Flucht« der Jerusalemer Gemeinde Jakobus' des Gerechten erfahren. Diese späte »Flucht«, die einige Zeit vor der Zerstörung des Tempels (aber *nach* Ausbruch des Krieges, also in den späten sechziger Jahren) stattgefunden haben soll, führte die Urchristen nach frühkirchlicher Tradition ins transjordanische Pella. Die in den pseudoklementinischen *Rekognitionen* geschilderte wiederum findet Anfang der vierziger Jahre statt. Parallel dazu erzählt die Apostelgeschichte von einer ähnlichen »Flucht«, die sich nach der Steinigung des Stephanus und den sich daran anschließenden von Paulus angezettelten Unruhen ereignet haben soll (8,1). Der – ziemlich komprimierten und chronologisch auf den Kopf gestellten – Schilderung der Apostelgeschichte zufolge schloß diese »Flucht« angeblich die gesamte Gemeinde »außer den Aposteln« ein und mündete direkt in die Konfrontation zwischen Petrus und Simon *Magus* in »Samaria« (8,9–25).

Der Grund, warum »die Apostel« sich nicht an der Flucht beteiligt haben sollen, ist evident. Unmittelbar nach dem Ereignis (Apostelgeschichte 8,14) sind sie wieder in Jerusalem, als ob gar nichts geschehen wäre. Die in den Pseudoklementinen erwähnte Flucht betrifft gleichfalls die ganze – wie wir erfahren, »bei fünftausend« Seelen umfassende – Gemeinde, aber *sie* führt in die *Gegend von Jericho*. Dieselbe Zahl gibt auch die Apostelgeschichte an (übrigens ebenfalls im Kontext von Konfrontationen, die sich im Tempel – und wahrscheinlich auf dessen *Stufen* – zwischen den Aposteln und den Vertretern des »Establishments« abspielen!): »Und die Zahl der Männer ward bei fünftausend« (4,4).

Doch wenden wir uns wieder der syrischen Rezension zu:

> Viel Blut floß aus den Leibern der Getöteten. Jetzt *stürzte* der Feind Jakobus *von der obersten Treppenstufe hinab* [sowohl die lateinische als auch die syrische Fassung verwenden hier ausdrücklich das Wort für »Gipfel« oder »oberster Teil (der Treppe)«], aber da er wie tot liegen blieb, [wagte] er [das heißt der »Feind«] nicht, ihn ein zweites Mal zu schlagen.

Hierin erkennen wir natürlich den wahren Kern des Märchens von Judas *Ischarioths* »Sturz« und »geborstenem Bauch« – ganz zu schweigen von dessen »frühchristlichem Gegenstück«, das Jakobus' eingeschlagener Schädel darstellt. Der »Gipfel« der Treppe verwandelt sich in den Schilderungen von Jakobus' Steinigung zwar in »die Zinne des Tempels«, aber das leitmotivische »Stürzen« spielt in beiderlei Gruppe von Quellen eine zentrale Rolle.

Nach diesem blutigen Handgemenge begeben sich die Jünger mit dem scheinbar »leblosen Körper *Jakobus'*« in dessen *»Haus«* in Jerusalem; dort »bringen sie die Nacht *im Gebet* zu«. Dazu findet sich natürlich im 12. Kapitel der Apostelgeschichte eine Parallele im *»Haus* Marias, der Mutter *des Johannes Markus«*, das Petrus aufsucht, um eine Nachricht für »Jakobus und die Brüder« zu hinterlassen, und wo laut Apostelgeschichte gleichfalls »viele beieinander waren *und beteten*« (12,12–17). Der enge Zusammenhang zwischen den beiden Berichten dürfte unmittelbar evident sein; und ebenso evident dürfte für jeden denkenden Menschen sein, welcher bewußten – formalen und inhaltlichen – Entstellungen sich die Apostelgeschichte schuldig macht.

> Vor den versammelten Priestern versprach der Feind dann dem Hohenpriester Kaiphas, alle zu töten [in der lateinischen Rezension wie in der Apostelgeschichte »verhaften«], die an Jesus glaubten. Er machte sich nach Damaskus auf als einer, der Briefe von ihnen bei sich trug, so daß, wohin er auch käme, die Ungläubigen ihm helfen würden, die Gläubigen zu verderben. Dahin wollte er sich als erstes begeben, weil er glaubte, Petrus sei dorthin gegangen.[45]

In der lateinischen Übersetzung des Rufinus (des Jugendfreundes und späteren Gegners Hieronymus') lautet die relevante Passage, wie wir uns erinnern, folgendermaßen:

> Der Feind *griff Jakobus an* und *warf ihn vom oberen Treppenabsatz kopfüber hinunter*, und in der Annahme, er sei nun tot, verzichtete er darauf, ihm weiter Gewalt anzutun.

Was die Anwendung der Bezeichnung »Feind« auf Paulus anbelangt, so sei darauf hingewiesen, daß sogar in der purgierten Version dieser Ereignisse, die sich in den *Homilien* findet, Petrus – »ein hochgeachteter Jünger *des Mannes*«, wie es da heißt, wobei mit »Mann« (das heißt »Adam« oder »Ur-Adam«, gleichgesetzt mit »wahrer Prophet«) Jesus gemeint ist –, in seinem Brief an Jakobus erklärt:

> Etliche von den Heiden haben mein rechtmäßiges Lehren zurückgewiesen und sich lieber der gesetzlosen und unbedeutenden Lehre des Mannes angeschlossen, der mein Feind ist.[46]

Das in den *Rekognitionen* vorkommende Motiv des »für tot gehaltenen« oder »halbtoten« Jakobus wird in Hieronymus' Beschreibung vom späteren, in den sechziger Jahre erfolgten (und mit der *Steinigung* endenden) Angriff auf Jakobus wieder aufgegriffen. Wie wir gesehen haben, kombiniert diese Schilderung Material aus Josephus mit solchem aus frühen Kirchenschriftstellern, ergänzt das Ganze aber um die entscheidende Mitteilung, Jakobus habe sich bei dem Sturz »die Beine gebrochen« – und *die* stammt aus den pseudoklementinischen *Rekognitionen*: Ungefähr einen Monat nach den geschilderten Ereignissen erzählt Petrus in Cäsarea dem Zachäus nämlich, Jakobus sei noch »auf einem Fuß lahm« (1.73). Offensichtlich hat Hieronymus also jeweils die interessantesten Elemente der drei Quellen übernommen und zu einem neuen einheitlichen Bericht verschmolzen.

Dies führt uns zur bereits angesprochenen Passage des Johannesevangeliums zurück, in der die römischen Soldaten, nachdem sie Jesus Essig zu trinken gegeben hatten, »sahen, daß er schon gestorben war«, und *»brachen ... ihm die Beine nicht«*. Dafür aber *»brachen sie* [denen] *die Beine«*, die »mit ihm gekreuzigt« waren, und zwar weil »die Juden ... den Pilatus« gebeten hatten, »daß ihnen *die Beine gebrochen* würden« (19,31–34). Auf die Auffälligkeit dieser dicht aufeinanderfolgenden Wiederholungen des »Beinbruch-Motivs« haben wir bereits hingewiesen (man wird den Verdacht nicht los, daß Johannes mehr weiß, als er preisgibt). Hinzu kommt jedoch, daß unmittelbar davor – und direkt nachdem wir erfahren haben, die Soldaten hätten Jesu Kleider unter sich aufgeteilt, »damit die Schrift [nämlich Psalm 22,19] erfüllt würde« (19,24) – der Evangelist auch das »Haus«-Motiv anklingen läßt. Wie sich herausstellt, ist dieses »Haus« das »Haus« des »Jüngers, den Jesus liebhatte«, und in diesem Zusammenhang erwähnt Johannes nun auch Jesu Mutter sowie – eine weitere Absurdität, mit der wir uns noch befassen werden – *»seiner Mutter Schwester*, Maria, des Kleopas Frau« (19,25).

Wie wir gesehen haben, wird diese Frau bei Matthäus (27,56) als »Maria, die Mutter des Jakobus und Joses und die Mutter der Söhne des Zebedäus« bezeichnet; bei Markus (15,40) als »Maria, die Mutter von Jakobus dem Jüngeren und von Joses und Salome«. »Als nun Jesus«, wie es weiter bei Johannes heißt, »die Mutter sah und neben ihr den Jünger *stehen* [wieder unser ›Stehen‹!], den er liebhatte, sagt er zur *Mutter*: ›[Das ist] dein Sohn.‹ Hierauf sagt er zum Jünger: ›[Das ist] deine Mutter.‹ Und von jener Stunde an nahm sie der Jünger *in sein Haus*« (19,25 ff.). Dieses »Haus« ist eindeutig kein anderes als »das Haus des Jakobus«, in das sich den *Rekognitionen* zufolge die fliehenden Gemeindemitglieder mit dem verletzten Kirchenoberhaupt begeben – und zu dem wir eine Parallele im »Haus Marias« haben, *»der Mutter des Johannes Markus«*, das der aus dem Gefängnis *entflohene Petrus* laut Apostelgeschichte (12,12) aufsucht, um eine Nachricht für »Jakobus und die Brüder« zu hinterlassen!

Nicht nur begegnet uns in den ersten zwei genannten Textpassagen das wichtige Motiv, daß jemand »in ein Haus« in Jerusalem »genommen« oder »gebracht« wird, das in irgendeiner Weise zu Mitgliedern *der Familie Jesu* in Beziehung steht; darüber hinaus hat die in einer von beiden erwähnte Maria einen Sohn mit Namen »Johannes Markus«; in der anderen wird sie vom »Jünger, den Jesus liebhatte« (worunter gewöhnlich ein weiterer »Johannes« – der sogenannte *»Bruder des Jakobus«*, »der Sohn des Zebedäus« und der angebliche Verfasser des Evangeliums – verstanden wird) »in sein Haus« genommen. Aber als sei das Motiv des *Hauses*, das ihm in Jerusalem gehört, noch nicht genug, wird dieser Jünger nun *von Maria als Sohn adoptiert*, wodurch er zu Jakobus' und Jesu Bruder wird! Das ist nun wirklich zuviel des Guten. Und wir können auch sicher sein, daß diese zahlreichen Überschneidungen und Koinzidenzen alles andere als zufällig sind.

Das Haus, das Jakobus den Pseudoklementinen zufolge in Jerusalem besaß, ist das authentische oder zumindest das glaubwürdigste. Alle übrigen – einschließlich desjenigen, in dessen »Obergemach« sich »Maria, die Mutter Jesu, und seine Brüder ... einmütig beieinander im Gebet … aufzuhalten pflegten« (Apostelgeschichte 1,13 f.) – sind lediglich Abwandlungen oder Entstellungen dieses einen.

Die Flucht von Jakobus' Gemeinde nach Jericho

Doch nun zurück zu Rufinus' lateinischer Fassung der Pseudoklementinen, den *Rekognitionen*. Jakobus, der nicht tot, sondern *nur verletzt* oder »halb tot« ist, wird von seinen Anhängern, »nachdem der Abend gekommen war und die Priester den Tempel versperrt hatten,… zu *seinem [Jakobus'] Haus getragen*«. Dann »zogen sie« und mit ihnen an die 5000 andere – in der Apostelgeschichte die Zahl der Mitglieder der Urgemeinde und bei Josephus diejenige der »Essener« – »noch vor Tagesanbruch hinauf nach Jericho«. Dort erfahren sie *drei Tage später*,

> daß der Feind von Kaiphas, dem Oberpriester, den Auftrag erhalten hatte, alle, die an Jesus glaubten, zu verhaften und sich mit seinen Briefen nach Damaskus zu begeben, um auch dort mit Hilfe der Ungläubigen Verderben zu stiften unter den Gläubigen [vergleiche den Begriff des »Glaube[ns] an den Neuen Bund im Lande Damaskus« in der Damaskus-Schrift]. (1.71)

»Saulus«, verrät uns die Apostelgeschichte hingegen, der

> dazu hierher gekommen [war], um sie gefesselt vor die Hohenpriester zu führen,… gewann immer mehr an Kraft und brachte die Juden, die in Damaskus wohnten, [durch die Weise] in Verwirrung, [auf die] er bewies, daß dieser der Christus sei (9,21 f.).

Und natürlich »hielten die Juden« wieder einmal »einen Rat zusammen, daß sie ihn töteten«.

Als Jakobus, vom Feind Paulus von der »obersten Stufe der Tempeltreppe« gestoßen, »kopfüber hinabstürzte«, starb er den *Rekognitionen* zufolge nicht, sondern brach sich lediglich ein Bein (oder beide Beine). Dies geht auch eindeutig aus dem weiteren Gang der Handlung hervor – und zwar in beiden Rezensionen –, denn nach »dreißig Tagen« schickte Jakobus, als der Feind Paulus »auf dem Weg nach Damaskus durch Jericho kam« (und damit durch die Gegend, in der die Gemeinde Zuflucht gesucht hatte), Petrus nach Cäsarea mit dem Auftrag, Simon *Magus* zur Rede zu stellen. Diese Mitteilung, die ganze Gemeinde habe sich in der Umgebung von Jericho aufgehalten, läßt nicht nur an den Fundort der Qumran-Rollen denken, sondern auch an die in diesen Handschriften wiederholt erwähnten »Fluchten« oder »Auszüge« in »das Land Damaskus«.

Wieder erweisen sich die pseudoklementinischen *Rekognitionen* durch die Genauigkeit ihrer geographischen und topographischen Angaben der Apostelgeschichte als weit überlegen. Der einzige Zweifel, der nach Gegenüberstellung der *Rekognitionen* und der frühkirchlichen Überlieferungen verbleiben könnte, betrifft die Frage, ob Jakobus vom obersten Absatz der Tempeltreppe oder aber von der Zinne des Tempels stürzte – wahrhaft kein weltbewegender Unterschied; die Apostelgeschichte hingegen traktiert uns mit körperlosen Geistern, vom Himmel herabschwebenden Tischtüchern, Leuten, die sich angeblich auf dem Weg nach Gaza befinden und statt dessen in Cäsarea landen, Kämmerern aus Äthiopien, einem »Propheten namens Agabus« und weiteren solchen Absurditäten.

Nach der Steinigung des Stephanus (an dessen Tod Saulus »Wohlgefallen hatte«) »erhob sich«, wie uns die Apostelgeschichte mitteilt,

> an jenem Tage eine große Verfolgung über die Gemeinde *[Ekklêsia]* zu Jerusalem; und sie zerstreuten sich alle in die Länder Judäa und Samaria, *außer den Aposteln* (8,1).

»Philippus«, erfahren wir dann, »kam in die [namenlose] Stadt Samarias hinab und verkündigte ihnen den Christus« (8,5). Diese »Verkündigung des Christus« erinnert an die Prophezeiung des »wahren Propheten« und des »Ur-Adams« (beide waren, wie wir uns erinnern, mit dem »Christus« gleichgesetzt), die wir hier in parallelen Passagen der Pseudoklementinen finden.

Dort trieb er böse Geister aus, heilte Blinde und Lahme und begegnete Simon *Magus*, der, »als er die Zeichen und machtvollen Werke [wieder unser ebionitisch/elchasaitischer »Macht-«/»Kraft«-Begriff] geschehen sah«, sich taufen ließ (8,13). »Da aber die Apostel hörten zu Jerusalem, daß Samaria das Wort Gottes angenommen hatte, sandten sie zu ihnen Petrus und Johannes« (8,14). Dort kommt es zur bekannten unschönen Szene im Zusammenhang mit dem »Handauflegen« (das in dem den *Homilien* vorangestellten Brief des Clemens an Jakobus als diejenige Zeremonie beschrieben wird, durch die Petrus Clemens zu seinem Nachfolger als Bischof von Rom machte (19); zu Beginn der eigentlichen *Homilien* (1.6) empfängt Jesus »von Gott die Macht ... die Tauben hörend, die Blinden sehend zu machen ... und jeden bösen Geist auszutreiben«).

Hier in der Apostelgeschichte wird dieses »Handauflegen« als eine »Technik« zur Vermittlung des paulinischen »Heiligen Geistes« dargestellt, und Simon *Magus* – dem Petrus vorwirft, er sei »voll bitterer Galle und verstrickt in Ungerechtigkeit« – äußert zunächst den Wunsch, den Aposteln diese »Macht« abzukaufen (8,19–23). Dann »bereut« Simon, und die Episode endet damit, daß sie »vielen samaritanischen Dörfern das Evangelium predigten« (8,18 und 25). Bevor Paulus nun, der »noch mit Drohen und Morden wider die Jünger des Herrn schnaubte«, vom Hohenpriester seine Empfehlungsbriefe erhält und sich auf den Weg nach Damaskus macht, schiebt die Apostelgeschichte interessanterweise die kuriose Geschichte von Philippus und dem Kämmerer der äthiopischen Königin Kandake ein, der den Wunsch bekundet, »ins Wasser zu gehen« und sich taufen zu lassen (8,26–39).

In Kürze werden wir sehen, daß diese Episode mit der Bekehrung Königin Helenas von Adiabene (dem östlich von Edessa an der Grenze nach Persien gelegenen nordmesopotamischen Reich) zusammenhängt. Diese (wegen ihrer »Reichtümer« auch bei den talmudischen Autoren sehr beliebte) Fürstin entsendet während *der Hungersnot* Agenten – zu denen vielleicht auch Paulus gehört – nach Palästina und weiter nach Ägypten mit dem Auftrag, dort Getreide aufzukaufen.[47]

Diese und parallele Ereignisse schildern die *Rekognitionen* folgendermaßen: Jakobus, der infolge seines Sturzes von der Treppe des Tempels »noch immer auf einem Fuß lahm ist«, erhält, kurz nachdem Paulus, ohne ihm zu begegnen, auf dem Weg »nach Damaskus« durch Jericho gekommen ist, einen Brief aus Cäsarea, in dem ein gewisser »Zachäus« ihm mitteilt, daß »Simon, ein samaritanischer Magier aus dem Dorf Gitta, viele der Unsrigen in die Irre führt und Zwietracht sät«. Es lohnt sich, Simons Charakterisierung noch einmal zu zitieren:

> Er behauptete, *der Stehende* zu sein, mit anderen Worten, *der Christus* und *die Große Kraft* [Epiphanios zufolge die wörtliche Bedeutung des Namens *»Elchasai«*] im Himmel, die höher als der Schöpfer der Welt ist, während er gleichzeitig [hier fügt der syrische Text ein: »durch Zauberei«] viele Wunder wirkte. (Ps. *Rec.* 1.72)

Daraufhin entsendet Jakobus Petrus auf seine erste Missionsreise, wobei er ihm, wie wir bereits erfahren haben, einschärft, ihm (Jakobus) »alljährlich einen schriftlichen Bericht von [s]einem Lehren und Tun zuzusenden, und dies insbesondere am Ende jedes siebten Jahres«. Dies ist aus zweierlei Gründen für uns von Bedeutung: Zum einen scheint der Ausgangspunkt der ersten Missionsreise des Petrus irgendwo in der Gegend von Jericho (das heißt unweit von Qumran) zu liegen; zum anderen zeigt sich wieder eindeutig, daß die *Rekognitionen* Jakobus als das unumschränkte Oberhaupt der Urkirche ansehen, als den »Erzbischof«, dem sogar Petrus Gehorsam schuldet.

An dem hierzu parallelen Punkt der Apostelgeschichte hat Jakobus noch nicht einmal seinen ersten Auftritt gehabt (es sei denn natürlich – wofür vieles spricht –, er ist der *andere* »Jakobus«). Petrus reist also nach Cäsarea und quartiert sich in »Zachäus' Haus« ein. Als Zachäus sich nach Jakobus erkundigt, erfährt er – wie wir schon weiter oben –, daß der »Erzbischof auf einem Bein hinkt«, weil er sich, »als die Priester und der Hohepriester Kaiphas ihn in den Tempel riefen, auf den obersten Treppenabsatz stellte«, worauf »ein Feind all das tat, was [Petrus] bereits erzählt hat und jetzt nicht zu wiederholen brauch[t]« (1.73).

Kurioserweise hält es der Verfasser der Pseudoklementinen nicht für nötig, an der entsprechenden Stelle seines Berichts ausdrücklich zu erwähnen, daß Jakobus sich bei dem Sturz ein Bein (oder beide Beine) gebrochen hat; die Tatsache als solche scheint ihm so gewiß zu sein, daß er Petrus lediglich mitteilen läßt, 30 Tage nach dem Sturz »hink[e] Jakobus noch immer auf einem Bein«. Erst Hieronymus – gleichfalls ein Erbe palästinischer Überlieferungen – schreibt zwei oder mehr Jahrhunderte später, Jakobus habe sich bei dem (jetzt in die Schilderung seiner Steinigung und seines Todes eingearbeiteten) Sturz »die Beine gebrochen«. Nichts wäre geeigneter, uns die Verläßlichkeit und Detailtreue dieses – in den *Homilien* fehlenden – Ersten Buches der *Rekognitionen* vor Augen zu führen.

Wie die Episode um »Jakobus' Haus« in Jerusalem und die »wechselseitige *Adoption*« von Jesu Mutter und dem »geliebten« Apostel Johannes besitzt interessanterweise auch *diese* Episode eine Entsprechung in den Evangelien. Diese Parallele findet sich, wie wir uns erinnern, im 18. und 19. Kapitel des Evangeliums des Lukas (von dem ja gleichfalls die Apostelgeschichte stammen soll). Hier geschieht es, daß (nicht Jakobus, auch nicht Petrus, sondern) »*Jesus* nahe an Jericho kam« (18,35), so wie Paulus unmittelbar vor seiner – in den *Rekognitionen* nicht erwähnten – schicksalhaften Vision »nahe an Damaskus kam« (Apostelgeschichte 9,3). Aber wie Paulus in den Pseudoklementinen »zog [Jesus] hinein und ging durch Jericho« hindurch (Lukas 19,1). Der gleiche Weg also, nur in umgekehrter Richtung: Jesus ist nicht nach Damaskus oder Cäsarea unterwegs, sondern nach Jerusalem, wo ihn sein Schicksal ereilen wird.

Bei Lukas hat Jesus gerade die römischen Steuereinnehmer (»Zöllner«) für »gerechter« als jene erklärt, »die sich selbst gerecht dünken«, die den Buchstaben des Gesetzes beobachten und all diejenigen, die das nicht tun, »verachten« (18,9–14). Es ist der durch und durch paulinische Jesus, der so spricht. Der Lukassche »Zachäus« scheint zudem ein Heide zu sein; zumindest wird er in seiner Eigenschaft als »Zöllner« zum »Sünder« gemacht (19,7 – vergleiche aber Galater 2,15 zur paulinischen Gleichsetzung von Heiden und »Sündern«).[48]

So wie Jakobus' Anhänger im Vorspann zur berühmten »Jerusalemer Konferenz« (dem »Apostelkonzil«; Apostelgeschichte 15,5), werden in dieser Lukasepisode alle, die das Gesetz buchstabengetreu befolgen, von Jesus pauschal als »Pharisäer« bezeichnet. Auf sie bezieht Jesus – der Anwalt der »Ungerechten«, »Räuber«, »Ehebrecher« und »Zöllner« – den beliebten Sinnspruch: »Wer sich selbst erhöht, der wird erniedrigt werden, und wer sich selbst erniedrigt, der wird erhöht werden« (Lukas 18,11–14). In derselben Passage preist er den »reichen« Fürsten, der alle Gebote »hält« und »den Armen« gibt. Natürlich trifft diese Charakterisierung weit eher auf Königin Helena von Adiabene oder deren Sohn Izates zu als auf irgendeinen herodianischen Herrscher in Palästina, und hier bringt Jesus den nicht minder beliebten Sinnspruch vom »Kamel«, das »eher durch ein Nadelöhr geht, als daß ein Reicher in das Reich Gottes komme« (18,18–25).[49]

Nach dieser Einführung tritt »Zachäus« auf: »Und siehe«, heißt es bei Lukas, »der war ein Oberster der Zöllner und war reich« (19,2). Da dieser Zachäus »klein von Person war, [das ist kein Witz]... stieg [er] auf einen Maulbeerbaum, auf daß er [Jesus] sähe, denn allda sollte er durchkommen« (19,3 f.). Jesus jedoch ruft ihn herunter und teilt ihm ohne Umschweife (wie es in paulinisierenden Passsagen überhaupt seine Art ist) mit: »Ich muß heute in deinem Haus einkehren« (19,5). Dieses aber ist kein anderes als das Haus, das der Petrus der *Rekognitionen* in Cäsarea aufsucht – und zwar mit weit größerer Berechtigung, ist »Zachäus« doch der Anführer der dortigen gerade im Entstehen begriffenen (jüdischen oder sonstigen) messianischen Gemeinde.

Dies ist die gleiche Art von »Häuschen, wechsle dich«, das wir bereits im Zusammenhang mit »Jakobus' Haus« (*Rekognitionen*), dem »Haus Marias, der *Mutter des Johannes Markus*«, in dem auch Jakobus anzutreffen ist (Apostelgeschichte), und dem »Haus des geliebten Jüngers«, den Maria – »seiner [das heißt Jesu] Mutter Schwester« – adoptiert und bei dem sie einzieht (Johannesevangelium). Muß man da noch lange überlegen, wo die authentische Tradition liegt – und wo das heillose Durcheinander?

Als die jüdische Volksmenge – zu der hier vielleicht (und anderswo mit Sicherheit) auch die Apostel zu rechnen sind – »murr[t]… und spr[icht]: Bei einem Sünder ist er eingekehrt«, kündigt Zachäus an, er werde die Hälfte all seines Besitzes »den Armen« geben, und was er den Menschen abgepreßt habe, das wolle er »vierfältig wiedergeben« (19,8) – und das aus dem Mund des »Obersten der Zöllner«, das heißt höchstwahrscheinlich nach der in Palästina geübten römischen Praxis: des herodianischen Königs!

Ebenso wie Petrus bei seinem Aufenthalt im Haus des römischen Hauptmanns in Cäsarea (auf die Beziehung zu König Herodes Agrippa I. haben wir in diesem Zusammenhang bereits hingewiesen), ergeht sich Jesus nun in Paulinismen und erklärt: »Heute ist diesem Haus Heil widerfahren, denn auch er ist Abrahams Sohn.«[50] Auf die Bedeutung, die der Ausdruck »Söhne/Kinder Abrahams« allgemein für die genealogische Situation der Herodianer besaß, sind wir schon eingegangen. Zu gegebener Zeit werden wir sehen, wie wichtig er speziell für die Herrscher Nordsyriens, Edessas und Adiabenes (Abrahams angeblichem Geburtsort) war.

Aus irgendeinem Grund wird an dieser Stelle von Zachäus ausdrücklich gesagt, daß er »steht« oder »sich hinstellt« [in den deutschen Übersetzungen »trat vor«, A.d.Ü.], um diese seine kurze Rede zu halten (zuvor war er »auf einen Maulbeerbaum« gestiegen oder »eilends vorausgelaufen«): eine Parallele zur Anspielung auf den »Stehenden« in den Belehrungen, die Jakobus den *Rekognitionen* zufolge dem Petrus in der Nähe von Jericho erteilt, bevor dieser sich aufmacht, um in Cäsarea Simon *Magus* entgegenzutreten. Damit dürfte offensichtlich sein, daß diese Episode des Lukasevangeliums nichts anderes ist als eine Transformation und heidenchristliche Aufbereitung von Petrus' Aufenthalt in »Zachäus' Haus in Cäsarea«. Gleichzeitig sollte klargeworden sein, daß die gleiche Methode der retrospektiven Einarbeitung fremden Materials, der wir in der Apostelgeschichte nachgegangen sind, auch in den Evangelien ihre Spuren hinterlassen hat.

18
Petrus' Besuch bei Cornelius und Simons Besuch bei Agrippa

Paulus' Briefe vom Hohenpriester und der Weg nach Damaskus

Nun sollten wir uns genauer ansehen, wie Paulus in der Apostelgeschichte eingeführt wird und wie er sich dort verhält, nachdem Stephanus aus Jerusalem »hinausgestoßen« und »gesteinigt« worden ist und »die Zeugen ... *ihre Kleider* zu Füßen eines Jünglings namens Saulus« gelegt haben (7,56 ff.). Bis zu dem Punkt, an dem Paulus »auf dem Weg nach Damaskus« in Jericho Zwischenstation macht (*Rekognitionen* 1.71) – so wie Jesus, nur in umgekehrter Richtung reisend, es gerade bei Lukas getan hat –, hält sich die Apostelgeschichte an die gleiche Abfolge der Ereignisse wie die Pseudoklementinen.

An diesem Punkt erfolgt in den Pseudoklementinen ein Szenenwechsel, und wir hören, daß der »noch immer auf einem Bein hinkende« Jakobus Petrus nach Cäsarea schickt, damit er dort Simon *Magus* zur Rede stelle. Während Petrus also seine erste Missionsreise antritt, verläßt Jakobus' Gemeinde Jericho, um die in der Nähe der Stadt befindlichen Gräber einiger Glaubensbrüder zu besuchen, die sich durch ein Wunder »alljährlich von selbst neu weißten«, wodurch der Haß ihrer Feinde, da sie »dieses Zeichen Gottes sahen«, im Zaum gehalten wurde (1.71). In der Apostelgeschichte wiederum »war« Paulus in diesem Augenblick gerade »auf dem Weg und kam nahe an Damaskus« – so wie Jesus in der obigen Zachäusepisode »nahe an Jericho kam« –, als ihm plötzlich eine Vision zuteil wurde und ihn »ein Licht vom Himmel umleuchtete« (was natürlich das Gegenstück zu den »sich selbst weißenden Gräbern« darstellt).

Die Parallele zwischen dem »Licht vom Himmel«, das »ihn umleuchtete« (Apostelgeschichte), und den Gräbern der zwei Brüder, die sich durch ein Wunder »alljährlich von selbst neu weißten« *(Rekognitionen)*, darf nicht übersehen werden – ebensowenig die zusätzliche Parallele, die sich möglicherweise ergibt, als Paulus den Hohenpriester Ananias als »getünchte Wand« tituliert (Apostelgeschichte 23,3). Hinzu kommt, daß Paulus im Brief an die Galater diese Vision auf der Straße nach Damaskus mit keinem Wort erwähnt. Dort »zog« Paulus, wie wir uns erinnern, direkt »hin nach Arabien« – was immer er darunter auch verstehen mag – »und kam« danach »wiederum nach Damaskus« (1,18): Damit stimmt der Paulusbrief hinsichtlich der geschilderten Ereignisse nicht mehr mit der Apostelgeschichte überein, als es die Pseudoklementinen tun. Der Apostelgeschichte zufolge

> bestatteten gottesfürchtige Männer den Stephanus und hielten eine große Klage über ihn ... Saulus aber wütete wider die Gemeinde [*Ekklêsia*], ging hin und her in die Häuser und zog hervor Männer und Frauen und überantwortete sie ins Gefängnis [jedes neutestamentliche »überantworten« sollte entsprechenden Passagen der Qumran-Rollen gegenübergestellt werden, wo der Begriff allgemein auf Israel und speziell auf Abtrünnige und *Thora*-Brecher bezogen wird] (8,3).

Hier folgt in der Apostelgeschichte der bereits besprochene Exkurs um Petrus, Philippus und Simon *Magus* in Samaria, der damit endet, daß Philippus den »Kämmerer« (oder »Eunuchen«) der äthiopischen Königin Kandake tauft, »welcher war über ihre ganze Schatzkammer« (8,27 – wobei man sich hier fragen könnte, ob es je eine *»äthiopische* Königin« gegeben hat oder ob dies nicht einfach eine Reminiszenz an die alttestamentliche »Königin von Saba« darstellt, und warum eine solche Herrscherin ihren Schatzmeister überhaupt nach Palästina schicken sollte), woraufhin »der Geist des Herrn den Philippus [entrückte] und der Kämmerer ... ihn nicht mehr [sah] (9,39).

Dann zog Philippus »umher und predigte allen Städten das Evangelium, bis daß er kam nach Cäsarea«.

> Saulus aber schnaubte noch mit Drohen und Morden wider die Jünger des Herrn und ging zum Hohenpriester und bat ihn um Briefe nach Damaskus an die Synagogen ... (9,1 f.)

Die pluralische Form »Synagogen« – das Wort *synagôgê* kann griechisch auch allgemein »Zusammenkunft« oder »Versammlung« bedeuten – wäre ein weiteres Indiz für die Richtigkeit der Vermutung, daß mit »Damaskus« eher ein größeres Gebiet als lediglich eine Stadt gemeint ist. Die Qumraner Damaskus-Schrift versteht unter »Damaskus« jenes Territorium außerhalb des »Landes Juda«, in dem sich die Wüsten-»Lager« befanden, wohin die priesterlichen »Büßer« und andere »hinauszogen« und wohin auch der messianische »Stern« (oder »Ausleger der *Thora*«, wie er auch genannt wird) kam. Es ist das Gebiet, in dem »der Glaube«, »Pakt« oder »Bund«, genannt »der Neue Bund im Land Damaskus«, errichtet wurde – der Neue Bund, den »der Lügner zusammen mit den Männern des Krieges« verließ.[1]

Wie wir sehen werden, besitzt das griechische Wort *»Damaskos«* sogar noch weiter reichende Implikationen. Auf alle Fälle hat man Mühe, sich vorzustellen, ein »Damaskus« von der Art, wie die Apostelgeschichte es beschreibt, könnte gleich mehrere »Synagogen« besessen haben. In der Apostelgeschichte heißt es nun weiter:

> ... auf daß, wenn er dort [in Damaskus] etliche von der Lehre [wörtlich »vom Wege«] fände, Männer und Frauen, er sie gebunden führte nach Jerusalem (9,2).

Nachdem er vom »Licht umleuchtet« und (wie Petrus auf dem Hausdach in Joppe) von einer himmlischen Stimme angesprochen worden ist, wird Paulus – der sich inzwischen in Damaskus befindet, »im Haus des Judas«, »in der Gasse, die da heißt gerade« – von einem gewissen Ananias besucht (9,11). Diesem hatte »der Herr« den Auftrag gegeben, Paulus »die Hände aufzulegen« – genau wie (dem weiter oben erwähnten Brief des Clemens an Jakobus zufolge) Petrus dem Clemens »die Hände aufgelegt« und ihn damit zu seinem Nachfolger als »Bischof« von Rom gemacht hatte.

Die Einwohner dieses mysteriösen »Damaskus« erheben nun gegen den bekehrten Paulus die gleiche Anklage, von der wir bereits im Galaterbrief (1,23) erfahren haben:

> Ist das nicht, der zu Jerusalem die vertilgt hat, die [Jesu] Namen anrufen, und ist er nicht darum hergekommen, daß er sie gebunden führte zu den Oberpriestern? (9,21)

Man sollte sich gegenwärtig halten, daß Paulus' Beziehung zu den Oberpriestern weder in der »Establishment«-freundlichen Apostelgeschichte noch in den »Establishment«-feindlichen *Rekognitionen* je in Frage gestellt wird. Wie wir uns erinnern, verwendet die Apostelgeschichte den Begriff »Weg« zur Bezeichnung der christlichen Lehre oder Bewegung in Palästina. In ebendiesem Sinne kam das Wort etwa auch in der Passage vor, in der von Felix' Interesse an Paulus die Rede war (Apostelgeschichte 24,22). Dieser metaphorische Ausdruck – der in direktem Zusammenhang mit der Charakterisierung der Aktivitäten Johannes' des Täufers als »einen geraden Weg in der Wüste machen« (so auch zweimal in der Qumraner Gemeinderegel) steht – findet sich ebenfalls allgemein in der Qumran-Literatur.[2]

Lehrreich ist es auch, dem Motiv, daß Paulus Briefe von den Hohenpriestern *erhält*, dasjenige gegenüberzustellen, daß Jakobus (unser »Gegenhoherpriester« oder, wie die Qumran-Texte es formulieren würden, »der Hohepriester, der die Lager befehligt«) seinen Emissären, wie Petrus und Clemens, Briefe *gibt* und von ihnen periodische schriftliche Rechenschaftsberichte verlangt. Hinzu kommt, daß sowohl im »pseudoklementinischen« Brief des Petrus an Jakobus als auch in Jakobus' Antwortschreiben sehr deutlich zum Ausdruck gebracht wird, daß Unwürdige, insbesondere Heiden, unter keinen Umständen in den Genuß einer Belehrung kommen dürfen.

Jakobus schreibt sogar vor, daß jeder Kandidat eine sechsjährige Probezeit durchlaufe, bevor ihm erlaubt sei, in »das Wasser zu steigen, in dem die Erneuerung des Gerechten stattfindet« (*Homilien* 4.1 – man beachte das Tauf-Motiv). Im Gegensatz dazu legen die Evangelien Jesus gern Aussagen in den Mund wie: »Es ist nichts verborgen, was nicht offenbar werde, auch nichts Heimliches, was nicht kund werde und an den Tag komme« (Lukas 8,17), oder, wie Matthäus es formuliert: »Ich will aussprechen, was verborgen war von Anfang der Welt« (13,35).[3]

Natürlich nennt Jakobus' (den *Homilien* vorangestelltes) Antwortschreiben an Petrus – das alle Kennzeichen des Authentischen trägt, so auch die unumschränkte Autorität verrät, die Jakobus innerhalb der Urkirche genoß – die Beschneidung als eine unverzichtbare Voraussetzung für die Aufnahme in die Gemeinde und, mit Paulus (Galater 3,29) zu sprechen, den Antritt des »Erbes der Verheißung«. Wie Jakobus in seinem Brief an Petrus erklärt, berechtigt die »Einhaltung des Bundes« – in der Qumran-Literatur das definitorische Kennzeichen der »Söhne des Zadok« – dazu, »der Gemeinschaft der Heiligen [wozu auch die Engel gehören würden] teilhaftig zu werden«, und das gleiche leistet »eine fromme Lebensführung«. Der »Feind« oder »Lügner« aber, der offensichtlich den Geheimhaltungsschwur brach, »der soll [in abermaliger Umkehrung der Paulusschen Verwendung des Begriffes] *verflucht* sein im Leben und im Sterben und bestraft sein mit ewiger Verdammnis«.[4] Dies, erfahren wir, stürzte »die Ältesten [durchaus nachvollziehbarerweise] in tiefes Entsetzen«.

Apostelgeschichte und Pseudoklementinen: Gemeinsame Elemente und eine gemeinsame Quelle

Die Schlußfolgerung, die wir nun ziehen können, dürfte eigentlich evident sein. Wann immer die Apostelgeschichte Themen berührt, die Jakobus oder die Brüder oder sonstige Angehörige Jesu betreffen, beginnt sie zu vertuschen und zu unterschlagen und geht schließlich zur direkten Verbreitung von Fehlinformationen über – die bisweilen sogar entschieden ins Albern-Ammenmärchenhafte spielen. So unterhaltsam das Resultat bisweilen auch sein mag – insbesondere, wenn man sich während der Lektüre gegenwärtig hält, was die Streitfragen waren, an denen sich die Gemüter damals *wirklich* entzündeten –, es liegt ihm fast ausnahmslos eine böswillige Absicht zugrunde.

Da, wo zum Beispiel die Wahl des Jakobus zum Nachfolger Jesu hätte geschildert werden müssen, begegnet uns nur dumpfes Schweigen, und vom »historischen Jakobus« hören wir zum erstenmal im 12. Kapitel, nachdem der andere »Jakobus« aus dem Weg geräumt worden ist. Statt dessen erfahren wir von einer absurden Wahl, bei der ein gewisser »Joseph Barsabas Justus« (später »Judas Barsabas«) als Kandidat für die Nachfolge eines Mannes namens »Judas *Ischarioth*« aufgestellt wird. »Judas *Ischarioth*« wiederum war bereits als der Mann vorgestellt worden, der den Messias »überantwortet« oder »verraten« hatte, und die zwei Bestandteile seines Namens verweisen, wie wir gesehen haben, nicht nur auf Mitglieder der Familie Jesu, sondern auch auf eine revolutionäre Bewegung, die von einem *dritten* »Judas«, diesmal genannt »der Galiläer«, gegründet wurde. Wie sich außerdem herausstellt, hat letzterer wenigstens zwei Kinder oder Enkel, die den Märtyrertod erleiden und Namen tragen, die laut den Evangelien auch in der Familie Jesu vorkommen.

Den historischen Jakobus vorzustellen, läßt sich die Apostelgeschichte überhaupt erst herab, nachdem sie eine ganze Flut von anderweitigen Ereignissen vor uns ausgebreitet hat – so die Steinigung des Stephanus, Petrus' Begegnung mit Simon *Magus* in Samaria, Paulus' Vision auf der Straße nach Damaskus, Petrus' »Tischtuch-Vision« und anschließenden Besuch im Haus des »frommen und gottesfürchtigen« römischen Hauptmanns Cornelius (»der viel Almosen gab« – hebräisch *Zedekah* – »und immer zu Gott betete«), die von »König Herodes« zeitlich hervorragend veranlaßte Enthauptung des anderen »Jakobus« und Petrus' (anscheinend durch denselben »Herodes« initiierte) Verhaftung. Nach seiner wunderbaren Befreiung aus dem Gefängnis begibt sich Petrus zum »Haus Marias, der Mutter des

Johannes Markus«, um dort eine Nachricht für den *echten* Jakobus zu hinterlassen. Dann flieht er außer Landes und verschwindet damit – wenn man von einem nicht sonderlich glaubwürdigen Auftritt auf dem sogenannten »Jerusalemer Konzil« im 15. Kapitel absieht – praktisch endgültig aus der Geschichte. Bei dieser letzten Gelegenheit hören wir ihn (ohne zu erfahren, warum das über ihn verhängte Todesurteil plötzlich keine Rolle mehr zu spielen scheint) eine kurze Ansprache halten, in der er sich für Paulus und die Heidenmission stark macht.[5]

Die Umstände von Petrus' Verhaftung und wunderbarer Errettung sind durchaus bemerkenswert, insbesondere weil sie in einem so deutlichen Kontrast zur Situation stehen, die sich – vier Kapitel später – ergibt, als Paulus es ablehnt, sich auf eine ähnliche Weise befreien zu lassen. *Diese* Episode endet vielmehr damit, daß Paulus zuerst das Leben und dann (durch die Taufe) die Seele des Kerkermeisters rettet und zu guter Letzt von diesem sogar *in sein Haus eingeladen* wird und mit ihm *an einem Tisch ißt* (Apostelgeschichte 16,34). Im Zusammenhang mit Petrus ist die ausdrückliche Erwähnung der »Tischgemeinschaft« außerordentlich wichtig. Die Moral von der Geschichte ist leicht zu verstehen. Als der brave römische Bürger, der er ist, sorgt sich Paulus um das Wohlergehen seines Kerkermeisters und lehnt es sogar ab zu fliehen, als ein vom Himmel gesandtes Erdbeben ihm die Gefängnistore öffnet – dies in Übereinstimmung mit seiner im Brief an die Römer (13) dargelegten Lebensphilosophie. Petrus hingegen verursacht durch seine Flucht den Tod nicht nur eines, sondern sogar zweier Gefängniswärter (wobei es irrelevant ist, daß er im Gegensatz zu Paulus vermutlich *kein* römisches Bürgerrecht besaß).

Als der Verfasser der Apostelgeschichte Jakobus endlich *doch* einführt, tut er, wie wir gesehen haben, so, als müßten wir eigentlich wissen, wer er ist, oder als seien wir ihm im Text bereits begegnet. Wir erinnern uns: Weder wird er auch nur mit einem Wort vorgestellt noch der geringste Versuch unternommen, ihn vom anderen Jakobus, »des Johannes Bruder«, zu unterscheiden. Ja, ohne die anderen frühchristlichen Quellen – und ohne Josephus – wüßten wir nicht einmal, daß er der Bruder Jesu und das Oberhaupt der Urkirche in Palästina war.

Aber natürlich *war* in dem Manuskript, das dem (den) letzten Redaktor(en) der Apostelgeschichte vorlag, Jakobus bereits *vorgestellt worden*, und selbst im gründlich überarbeiteten Text, den wir heute besitzen, sind *noch Spuren dessen erkennbar*. In der – an einen gewissen »Theophilus« (»Gottlieb«) adressierten – Vorrede zu seinem Evangelium gibt Lukas zu, sich bei der Abfassung seiner Texte auf andere Darstellungen und ältere Quellen gestützt zu haben (1,1 ff.). Im Gegensatz dazu ist der (oder sind die) Verfasser der Apostelgeschichte (Lukas oder wer auch immer) auffällig bemüht, diese Tatsache zu verschleiern, doch mit nur geringem Erfolg: Denn spätestens im 12. Kapitel *muß* Jakobus in die Handlung eingeführt werden, damit er drei Kapitel später im »Jerusalemer Konzil« auftreten und die – vermutlich seinerzeit allgemein bekannten und unter seinem Namen überlieferten – Weisungen (das sogenannte »Aposteldekret«) aussprechen kann.

Hinzu kommt, daß es – nach Paulus' eigenem Zeugnis (Galater 2,12) – Jakobus ist, der die Boten (deren Namen uns im Augenblick nicht zu beschäftigen brauchen) zur Gemeinde von »Antiochia« geschickt hat (Apostelgeschichte 15,1). Für diese Emissäre hat die Apostelgeschichte viele Namen und kommt auf diese Episode immer wieder zu sprechen, stellt sie doch – bis zum Auftauchen des »Wir-Berichts« im nächsten Kapitel – eine der sehr wenigen verläßlichen Informationen dar, über die sie überhaupt verfügt. Und schließlich wird Jakobus auch benötigt, damit es im 21. Kapitel zur endgültigen Konfrontation zwischen ihm und Paulus kommen kann.

Die vorliegende Arbeit vertritt die These, daß die Verfasser der Apostelgeschichte und die Autoren der Pseudoklementinen aus derselben Quelle schöpfen. Beide Texte sind hellenistische Abenteuergeschichten, aber auch wenn sich – etwa im ersten Buch der *Rekognitionen* – zweifellos Berührungspunkte zwischen den zwei Erzählungen nachweisen lassen, bilden die Pseudoklementinen die gemeinsame Quelle oder Grundschrift *getreuer* nach als die Apostelgeschichte. Sie enthalten nicht nur weniger Märchenhaftes als diese, sondern sie machen sich auch in geringerem Maße der Verschleierung von Tatsachen und der glatten Erfindung schuldig. Besonders deutlich wird dies, wenn wir die Schilderung des Angriffs auf Jakobus, in dessen Verlauf die *Rekognitionen* den »Feind« (Paulus) einführen, der parallelen Passage der Apostelgeschichte gegenüberstellen: dem Angriff auf Stephanus, in dessen Verlauf »Saulus« (später Paulus) ins Spiel kommt. Ähnliches gilt aber auch für die Darstellung von Petrus' Lebensweise und Lehren – die das genaue Gegenteil dessen ist, was sich diesbezüglich in der Apostelgeschichte findet.[6]

Damit widersprechen wir der Ansicht der meisten Fachgelehrten, der zufolge die Pseudoklementinen »spät« seien. Doch in diesem Punkt *irren* die Experten einfach. Dazu läßt sich schlicht nichts anderes sagen. Es ist evident, daß die Pseudoklementinen der Apostelgeschichte (zumindest dem gesamten ersten Teil, also den »Nicht-Wir-Passagen« des Textes) erzählerisch – und erst recht dogmatisch und historiographisch – überlegen sind. Vielleicht ist das der Grund, warum Hieronymus so erzürnt war, als sein ehemaliger Freund Rufinus Ende des 4. Jahrhunderts seine (vermutlich auf einem syrischen Original basierende) lateinische Fassung der *Rekognitionen* im Westen des Reiches veröffentlichte. Es ist möglicherweise auch der Grund, warum keine griechische Version der *Rekognitionen* überliefert ist – der Text wurde direkt vom Syrischen ins Lateinische übertragen.

Zugegeben, die in den Pseudoklementinen enthaltenen direkten Reden sind wahrscheinlich nicht zuverlässiger als diejenigen der Apostelgeschichte (wenngleich es Ausnahmen gibt), aber das gleiche gilt für jene Reden, die Josephus »referiert« – und von den Evangelien wollen wir lieber ganz schweigen. Seit Thukydides war es in der griechisch-römischen Geschichtsschreibung allgemein üblich, an passenden Stellen des Berichts längere Reden einzufügen, die in möglichst geschliffener Form das zum Ausdruck brachten, was die jeweilige Person nach Ansicht des Verfassers in der betreffenden Situation gesagt haben dürfte – oder haben *sollte*. Das gleiche gilt für die zeitlich parallele (und auch ältere) hebräische Literatur. Deswegen bezeichnen wir diese ganze Literatur (gleich welcher Sprache) als »pseudepigraphisch«. In den Evangelien ist diese Verfahrensweise bis zur höchsten Vollendung getrieben worden, mit dem Resultat, daß kaum etwas von dem, was sich in diesen Texten findet, als verläßliche Darstellung dessen betrachtet werden kann, was Jesus wahrscheinlich (oder auch nur möglicherweise) gesagt hat. Und der erste Teil der Apostelgeschichte ist – wenngleich nicht minder bewundernswert in seiner Fabulierlust – sogar noch weniger überzeugend.

Ganz im Gegensatz dazu ist das erste Buch der pseudoklementinischen *Rekognitionen*, was die chronologische Anordnung der größeren Ereigniskomplexe, aber auch die Darstellung der einzelnen Begebenheiten anbelangt, äußerst zuverlässig – und das gleiche gilt für den ab dem 16. Kapitel eingearbeiteten »Wir-Bericht«, der den späteren Teilen der Apostelgeschichte den Charakter einer authentischen Reisebeschreibung verleiht, eines echten Augenzeugenberichts. Aber anders als die Pseudoklementinen, die diese Erzählperspektive konsequent durchhalten, springt die Apostelgeschichte unerklärlicherweise selbst in den späteren Kapiteln immer wieder zwischen der ersten und der dritten Person hin und her.

Im 15. Kapitel beispielsweise – nach der sogenannten »Jerusalemer Konferenz« und unmittelbar vor dem ersten »Wir-Einschub« – erklärt die Apostelgeschichte: »Und es beschlossen die Apostel und Ältesten *[Presbyteroi]* samt der ganzen Gemeinde [wieder *Ekklêsia*], aus ihrer

Mitte Männer zu erwählen und nach Antiochia zu senden mit Paulus und Barnabas«, damit sie Jakobus' Weisungen dorthin überbrächten. Diese Erwählten waren »Judas, mit dem Zunamen Barsabas, und Silas« (15,22) – hier also erneut unser geheimnisvoller »Barsabas«, der uns bereits im Zusammenhang mit der Wahl von Judas *Ischarioths* Nachfolger als »Joseph, genannt Barsabas, mit dem Zunamen Justus« begegnet ist.

Um die Angelegenheit noch weiter zu verwirren, erklären die *Rekognitionen* (1.60), daß Barnabas auch »Matthias« genannt wurde – also genau so wie der *siegreiche* Kandidat um die Neubesetzung von Judas' »Amt«. Stets hilfsbereit, gibt uns die Apostelgeschichte, als sie Barnabas einführt (4,36), zu verstehen, er heiße – wie der Joseph Barsabas Justus – mit Namen »Joses«, und identifiziert ihn als einen »Leviten, aus Zypern gebürtig«. »Joses« aber ist in den Evangelien auch der Name des *vierten* Bruders Jesu.

In der Apostelgeschichte (15,32) werden diese Abgesandten Jakobus' als »Propheten« bezeichnet (wie »Agabus« und die anderen, die laut Vers 11,27 aus Jerusalem nach Antiochia gekommen waren und angeblich die Hungersnot geweissagt hatten), und unmittelbar nach Zustellung des Jakobusbriefes (über dessen Wirkung wir nichts erfahren) geraten Paulus und Barnabas angeblich wegen Johannes Markus – des Mannes, »der sich in Pamphylien von ihnen getrennt [*»abgesondert«*] hatte« – »heftig aneinander« und trennen sich. Was aber der *wirkliche* Grund dieses Streits war, geht aus der Tirade im Brief an die Galater (2,11–21), in der Paulus Jakobus und Petrus der »Heuchelei« bezichtigt, unmißverständlich hervor.

Interessanterweise meldet sich die »Wir-Stimme« gerade an dem Punkt der Apostelgeschichte erstmals zu Wort, als Paulus zusammen mit seinen *neuen Reisegefährten* – dem schon erwähnten »Silas« und einem neuen Begleiter namens »Timotheus« (der wahrscheinlich mit dem »Titus« aus Galater 2,1 ff. identisch ist) – nach Europa übersetzt, auf das griechische Festland, wo er wahrscheinlich Stephanas trifft, seinen ersten Konvertiten (»die Erstlingsfrucht«) in Achaia (1. Korinther 16,15). Paulus läßt diesen Timotheus, den »Sohn einer jüdischen Frau, die gläubig war, aber eines griechischen Vaters« (die typische herodianische Mischung), beschneiden, und zwar ausdrücklich als Vorbereitung auf die Reise und natürlich wieder »um der Juden willen, die an jenen Orten waren« (Apostelgeschichte 16,1–4)!

Diese äußerst interessante Mitteilung hat eine Parallele im 2. Kapitel des Galaterbriefes, wo Paulus sich über die »etlichen falschen Brüder« empört, die »neben eingeschlichen waren, auszukundschaften unsere Freiheit, die wir haben in Christus Jesus, damit sie uns knechteten« – das heißt zu »Knechten« des Gesetzes machten – und betont, Titus, der mit ihm war, sei »als Grieche [wie er meint] nicht gezwungen [gewesen], sich beschneiden zu lassen« (Galater 2,3 f.).

Hier sollte darauf hingewiesen werden, daß nicht nur zwischen Titus und Timotheus Überschneidungen und Verwechslungen stattfinden, sondern auch zwischen Silas und Silvanus, bei denen es sich gegenteiligen Behauptungen zum Trotz wahrscheinlich um ein und dieselbe Person handelt.[7] Worauf es dabei ankommt, ist, daß sie Griechen beziehungsweise – in Silas' Fall – hellenistische Palästiner oder Herodianer sind und nach dem Eklat in Antiochia die einzigen, die, nachdem sich »die andern Juden«, darunter auch Barnabas, Petrus' »Heuchelei« angeschlossen haben (Galater 2,13), überhaupt noch bereit sind, mit Paulus zu reisen. Paulus spricht hier eindeutig von Juden *innerhalb* der Bewegung, nicht etwa von Außenseitern.

Die Quelle des Irrtums bezüglich Abrahams Grabes in der Rede des Stephanus

Nach einen Zwischenspiel von zwei, drei Kapiteln drängt sich der »Wir-Bericht« wieder nachdrücklicher und mit größerer Überzeugungskraft in den Gang der Handlung und beschreibt, wie Paulus »sich im Geiste vorsetzt ... [wieder] nach Jerusalem zu reisen« (19,21), wo es schließlich, im 21. Kapitel, zur entscheidenden Konfrontation mit Jakobus dem Gerechten kommt. Diese Episode endet bekanntlich damit, daß Paulus am Pfingsttag aus dem Tempel geworfen und um ein Haar von der aufgebrachten Menge gelyncht wird. Übrigens können sogar einzelne Teile des Materials aus der ersten Hälfte der Apostelgeschichte – trotz gewisser leitmotivischer Wiederholungen – hinsichtlich der darin enthaltenen chronologischen Angaben bis zu einem gewissen Grad ernst genommen werden.

Aber wenn es im ersten Buch der *Rekognitionen* heißt, Clemens, der erste oder zweite heidenchristliche »Papst«, sei in Rom Barnabas und danach in Cäsarea Petrus begegnet, besteht für uns kein Grund, dies in Zweifel zu ziehen. (Noch einmal – die linientreu-lehrhaften Gespräche müssen davon ausgenommen werden.) Im ersten Buch der *Homilien* hingegen lernt Clemens den Barnabas in Alexandria kennen (wohin sein Schiff angeblich von einem Sturm verschlagen worden ist), und von Jakobus ist – abgesehen von den vorangestellten Briefen sowie den folgenden knappen Mitteilungen über seine Führerschaft und seine Weisungen – nichts mehr zu erfahren.

In den *Rekognitionen* erzählt Petrus dem Clemens von dem kurze

Zeit zurückliegenden durch Paulus ausgelösten Handgemenge auf dem Tempelberg, in dessen Verlauf Jakobus verletzt (aber nicht getötet) worden ist. Die detaillierte – an Umfang und Anschaulichkeit jeder anderen vergleichbaren Quelle überlegene – Schilderung von Paulus' Angriff auf Jakobus verleiht dem Bericht eine besondere Überzeugungskraft. Um so deutlicher wird dies, wenn man daneben die wirre Beschreibung der parallelen Attacke auf »Stephanus« betrachtet, mit welcher der Verfasser der Apostelgeschichte diejenige auf Jakobus überschrieben zu haben scheint und die überhaupt keinen Sinn ergibt.

Rekapitulieren wir kurz die Abfolge der Ereignisse, wie die Apostelgeschichte sie referiert. Die mit der Steinigung endende Stephanusgeschichte (6. und 7. Kapitel) beginnt damit, daß die »griechischen Juden in der Gemeinde [die »Hellenisten«] wider die hebräischen murren« (6,1). Die Apostel, namentlich Petrus und Johannes, pflegten jeden Tag in den Tempel zu gehen, um »zu beten« (Apostelgeschichte 3,1 – des Letzteren »Bruder« Jakobus glänzt durch Abwesenheit). Wie in den Pseudoklementinen erörtern die »zentralen Zwei« – die Aussparung Jakobus' spricht Bände – in diesen Kapiteln religiöse Fragen mit dem Volk und disputieren mit den Oberpriestern. Selbst die Worte, mit denen die Handlung hier kommentierend unterbrochen wird – »der Herr aber tat hinzu täglich, die gerettet wurden, zu der Gemeinde« (Apostelgeschichte 2,47) – haben eine sinngemäße (und sinnvollere) Entsprechung in den pseudoklementinischen *Rekognitionen*:

> Die Kirche des Herrn, die in Jerusalem errichtet worden war, *gedieh aufs fruchtbarste und wuchs*, da sie von den höchst gerechten Weisungen des Jakobus regiert wurde ... (1.43)

Laut Apostelgeschichte verlangen die Hohenpriester von den Aposteln, daß sie aufhören, im Tempel »in dem Namen Jesu zu lehren« (4,18 und 5,28). Dem entsprechen in den frühen Kirchenquellen und den *Rekognitionen* die Debatten im Tempel und die Episode, in der die Hohenpriester den Wunsch äußern, Jakobus möchte vor der versammelten Volksmenge über Jesus sprechen.

Wie schon gesagt, geben die *Rekognitionen* die Zahl der Anhänger Jakobus', die nach der von Paulus ausgelösten Schlägerei im Tempel an einen nicht näher bezeichneten Ort nahe Jericho fliehen, mit »bei fünftausend« an (1.71). Offenbar aus derselben Quelle schöpfend, schreibt die Apostelgeschichte dazu:

> Aber viele unter denen, die dem Wort zuhörten, wurden gläubig; und die Zahl der Männer ward *bei fünftausend.* (4,4)

Hier folgt in beiden Texten eine Rede von Paulus' mutmaßlichem rabbinischen Lehrer, Gamaliel. Laut Apostelgeschichte (5,38) ist Gamaliel jemand, der im Umgang mit »diesen Menschen« eine konsequentere Politik fordert, während er den *Rekognitionen* zufolge (1.65) ein heimlicher Sympathisant ist. Es zeigt sich also, daß sich die zwei Texte an mehr oder weniger den gleichen Handlungsablauf halten und daß sie allem Anschein nach aus derselben Quelle schöpfen – wobei die *Rekognitionen* diese nicht nur getreuer reproduzieren, sondern auch in geringerem Maße durch tendenziöse Zusätze oder Umdeutungen entstellen.

Ein einschlägiges Beispiel: Laut der Apostelgeschichte verlegt Gamaliels Rede (die sich, wie schon gesagt, an Josephus anzulehnen scheint) den Aufstand Judas' des Galiläers fälschlicherweise in die Zeit *nach* der Enthauptung des Theudas (5,36 f.). Wie wir gesehen haben, genügt es, die Kreuzigung der *zwei Söhne Judas' des Galiläers*, die in Josephus' *Altertümern* unmittelbar nach *der Enthauptung des Theudas* erwähnt wird, einzufügen, um diese anachronistische Angabe zu korrigieren.

Josephus' Notiz über die Spannungen, die in den vierziger Jahren zwischen der syro-hellenistischen und der jüdischen Bevölkerung Cäsareas herrschten, ermöglicht uns außerdem, die nach Gamaliels Rede erwähnten Auseinandersetzungen zwischen »Hellenisten und Hebräern« in einen realistischeren historischen Kontext zu stellen. Die *Rekognitionen* ersparen es sich gleich ganz, von diesen angeblichen »griechisch-hebräischen« Streitigkeiten um die »tägliche Versorgung« der Gemeindewitwen zu erzählen, und gehen direkt zu Paulus' tätlichem Angriff auf Jakobus über.

Der Verfasser der Apostelgeschichte jedoch läßt nun »Stephanus« als einen der »Hebräer« auftreten, und dies, obwohl letztgenannte Gruppe ausschließlich aus Personen mit rein griechischen Namen besteht: »Philippus und Prochorus und Nikanor und Timon und Parmenas [man beachte diese zwei an platonische Dialoge erinnernden Namen] und Nikolaus, den Judengenossen von Antiochien« (6,5). Herodes' Ratgeber, der Geschichtsschreiber »Nikolaus von Damaskus«, der sich in Rom tatkräftig für seinen Herrn einsetzte und von dem Josephus viel Material übernahm, hätte sich geschmeichelt gefühlt.[8]

Die Pseudoklementinen hingegen (und zwar sowohl die *Homilien* als auch die *Rekognitionen*) listen an dieser Stelle die teils griechisch, teils hebräisch klingenden Namen der Mitglieder von »Zachäus'« Gemeinde auf, die Petrus in Cäsarea aufsucht. Zu ihnen gehören auch Clemens und Nikodemus (*Rekognitionen* 2.1). Wie bereits angedeutet, erinnert der (den Pseudoklementinen völlig unbekannte) »Stephanus« der Apostelgeschichte in vielfacher Hinsicht an Paulus' »Ur-*Heiden*christen«, den im Ersten Brief an die Korinther erwähnten »Stephanas« (»Achaias Erstlingsfrucht«).

Desgleichen sollte sich der Leser ins Gedächtnis zurückrufen, daß »Stephanus« auch der Name des Mannes ist, den Josephus als »Cäsars Diener« bezeichnet und der in irgendeiner Angelegenheit *aus Griechenland* (vielleicht Korinth?) nach Palästina kommt. Die Zeit ist um 50 n. Chr., das Land wird vom römischen Statthalter Cumanus regiert, und »die Neuerer« oder Partisanen überfallen diesen »Stephanus« in der Nähe von Jerusalem und verprügeln ihn: dies unmittelbar nach der Massenflucht, die im Tempel ausgebrochen war, nachdem ein römischer Legionär die Tunika gelüftet und der wegen des *Pessach*-Festes dort versammelten jüdischen Volksmenge seine – vermutlich unbeschnittenen – Genitalien gezeigt hatte. Im Zuge der nach dem Überfall auf Stephanus von Cumanus angeordneten Vergeltungsmaßnahmen zerreißen die römischen Soldaten unweit von Lydda ein heiliges Gesetzbuch, und in Samaria kommt es zu Ausschreitungen zwischen Galiläern und Samaritanern – Ereignisse, die zumindest »geographisch« gesprochen in den merkwürdigen Aktivitäten (Heilungen und Streitgesprächen) ihren Niederschlag finden, denen Philippus und Petrus im 8. und 9. Kapitel der Apostelgeschichte in dieser Region nachgehen.

Bei diesen zwei »Stephanussen« könnte es sich jedenfalls um ein und dieselbe Person gehandelt haben, und in diesem Zusammenhang sollte man sich gegenwärtig halten, daß sowohl Paulus als auch Josephus' »Saulus« später mit hochrangigen kaiserlichen Beamten oder Angehörigen des »kaiserlichen Haushalts« in Korinth (»Achaia«) verkehren – wo sich zumindest Nero aufgehalten zu haben scheint. In der Apostelgeschichte aber »streitet« »Stephanus« (der aus welchen Gründen auch immer zu den »Hebräern« gerechnet zu werden scheint) mit einer ganzen Reihe offenkundig hellenistischer Jerusalemer Gruppen: den »Libertinern und Kyrenäern [Libyern – wie wahrscheinlich Lukas selbst) und Alexandrinern [Philons Mitbürgern und Gegnern] und ... denen, die aus Kilikien und der Landschaft Asien waren« (6,9); nichts davon ergibt den geringsten Sinn.

Nun wird Stephanus wegen »Gotteslästerung« verhaftet, oder, wie es wörtlich heißt, weil er »nicht aufhört, *zu reden Lästerworte wider diese heilige Stätte und das Gesetz*«.

Selbstverständlich spielt der »Blasphemie-Vorwurf« eine wichtige

Rolle im Kontext des Todes Jakobus', aber im Zusammenhang mit Stephanus *noch* relevanter ist die Tatsache, daß derselbe Vorwurf rund zehn Jahre später, um die Zeit der »Tempelmauer-Affäre«, gegen *Paulus* erhoben werden wird – und zwar aus weit nachvollziehbareren Gründen. Als »die Juden aus der Landschaft Asien« Paulus im Tempel erblicken, rufen sie, wie wir uns erinnern:

> Dies ist der Mensch, der alle Menschen an allen Enden lehrt wider unser Volk, *wider das Gesetz und wider diese Stätte*; dazu hat er auch Griechen [*Hellênes*] in den Tempel geführt und *diese heilige Stätte entweiht.* (21,28)

Dies entspricht fast wortwörtlich der gegen Stephanus erhobenen Anklage, und genau wie zuvor Stephanus stellt sich Paulus daraufhin vor die wütende jüdische Volksmenge und hält eine lange Rede.

Während des Prozesses gegen Stephanus sagen die »falschen Zeugen« außerdem aus, sie hätten »ihn sagen hören: Dieser Jesus von Nazareth wird diese Stätte zerstören und ändern die Sitten, die uns Moses gegeben hat« (6,14). Aber natürlich ist das alles nichts anderes als die Umkehrung der Gerichtsverhandlung gegen Jakobus, die – im Gegensatz zur Stephanusepisode – *wirklich* stattgefunden hat, und zwar aus genau dem *umgekehrten* Grund. Und natürlich wird hier außerdem nur Stephanus verhaftet – nicht Petrus, auch nicht Johannes, ja nicht einmal Jakobus (noch immer die ungenannt bleibende graue Eminenz der Geschichte).

Nun ergreift Stephanus, mit einem »Angesicht wie eines Engels Angesicht«, das Wort und hält (wie später auch Paulus) eine lange Rede vor dem Hohenpriester und dem *ganzen Hohen Rat* (6,12–15) – obwohl man mit Fug und Recht fragen könnte, warum ein mutmaßlicher *Grieche* vor einen jüdischen Sanhedrin gestellt werden sollte. Aber der Verfasser der Apostelgeschichte scheint darin keinen besonderen Widerspruch zu sehen – im Gegenteil: Jetzt fängt der Heidenchrist Stephanus auch noch an, den Juden *ihre eigene Geschichte* zu erzählen, und beendet seinen historischen Vortrag mit dem (bereits im Ersten Brief an die Thessalonicher – 2,15 – vorgezeichneten und absolut ungerechtfertigten) schwersten heidenchristlichen Vorwurf überhaupt:

> Welchen Propheten haben eure Väter nicht verfolgt? Und sie haben getötet, die da zuvor verkündigten das Kommen des Gerechten, dessen Verräter [der gegen Judas *Ischarioth* erhobene Vorwurf] und Mörder ihr nun geworden seid. (Apostelgeschichte 7,52)

Die Anspielung auf den »Gerechten« läßt hier nicht nur sofort an Jakobus denken, sondern entspricht außerdem vollkommen dem analogen Vorwurf, der im Jakobusbrief erhoben wird (5,6 – »Ihr habt verurteilt den Gerechten und getötet«) – dort allerdings in engstem Zusammenhang mit der Verheißung der baldigen »Ankunft des Herrn« und der Anspielung auf den »Richter«, der »vor der Tür *steht*« (5,8 f.), ausgesprochen wird und vor allem nicht pauschal gegen »die Juden«, sondern gegen »die Reichen« gerichtet ist! Und wie auch von Jakobus' Auftritt im Tempel berichtet, gipfelt diese Rede in der Apostelgeschichte darin, daß Stephanus, »voll des Heiligen Geistes«, »die Herrlichkeit Gottes [sieht] und den Himmel offen und des Menschen Sohn zur Rechten Gottes stehen« (Apostelgeschichte 7,55 f.).

Doch ein eklatanter Fehler, der Stephanus bei seinen »historischen« Ausführungen unterläuft, erlaubt uns, *die Quelle seiner Rede zu identifizieren* und damit die ganze Episode zu enträtseln. Wie schon weiter oben angemerkt, haben wir es hier in Wirklichkeit mit der Abschiedsrede zu tun, die Josua vor den versammelten jüdischen Stämmen hält (Buch Josua 24,1–24) – und zwar bemerkenswerterweise im *samaritanischen Sichem.* Die implizite Anspielung auf Jesus (»Jeschua«), die der Name »Josua« enthält, dürfte den Verfasser der Apostelgeschichte noch zusätzlich angesprochen haben. Der Fehler erscheint im Vers 7,16, wo Stephanus erzählt, daß Joseph die Leichname der

> Väter ... herübergebracht [hat] nach Sichem und gelegt in das Grab, das Abraham gekauft hatte um Geld von den Kindern Hemors zu Sichem.

Wie aber jeder Kenner des Alten Testaments weiß, wurden »die Väter« in einer Höhle in *Machpela begraben, die Abraham von Ephron dem Hethiter östlich von Mamre gekauft hatte* (1. Moses 23)![9] Es ist Joseph, der in dem von Stephanus genannten Grab bestattet wird, und es ist *Jakob, der es von Hemor, dem Vater Sichems, kauft* (1. Moses 34). Wenn einem Heiden oder Heidenchristen in einer angeblich vor dem gesamten jüdischen Sanhedrin gehaltenen Rede ein derartiger Schnitzer unterlaufen wäre, dann hätte die »schriftgelehrte« Zuhörerschaft augenblicklich mit brüllendem Gelächter reagiert.

Aber selbst wenn man die Möglichkeit einräumen wollte, daß nicht *Stephanus* (wer immer er gewesen sein mag) diesen dummen Fehler machte, sondern die Verfasser der Apostelgeschichte, bleibt das Problem weiterhin bestehen. Denn erstens ist Stephanus' Rede eine fast wörtliche Übernahme aus der Ansprache Josuas; zweitens und vor allem aber klingt das alttestamentliche Buch, nachdem Josua seine Rede an die israelitischen Stämme beendet, »einen Bund für das Volk [geschlossen]... und dies alles ins Buch des Gesetzes Gottes« geschrieben hat, mit der Information aus:

> *Die Gebeine Josephs,* die die Kinder Israel aus Ägypten gebracht hatten, *begruben sie zu Sichem* auf dem Stück Feld, *das Jakob von den Söhnen Hemors, des Vaters von Sichem, für hundert Goldstücke gekauft hatte.* (Josua 24,32)

Damit haben wir aber fast den vollständigen Wortbestand von Stephanus' erstaunlicher »Falschaussage« beisammen, wodurch hinlänglich klarwird, daß dies nicht nur der Ursprung dieser konkreten Stelle ist, sondern praktisch auch der gesamten Rede, welche die Apostelgeschichte dem Stephanus in den Mund legt! Offensichtlich hat also jemand zu hastig aus Josua abgeschrieben – wenn er diese Stelle nicht sogar aus dem Gedächtnis zitiert hat, was allerdings weniger wahrscheinlich ist.[10]

Da wir nun praktisch die vollständige Stephanusepisode als unecht abtun dürfen – was im übrigen schon aus ideengeschichtlichen und historischen Gründen möglich gewesen wäre (man denke nur an den durch einen schlampigen Umgang mit Josephus' Werken bedingten Anachronismus um Theudas und Judas den Galiläer, der sie einleitet) –, können wir uns nun dem *Hintergrund* dieser Episode zuwenden und einiges neues Material vorlegen, das weiteres Licht auf die wahren Umstände vom Tod des Jakobus werfen wird. Abermals betreten wir die Welt der Josephusschen *Altertümer,* in der Theudas und andere Männer seines Schlages – Männer wie Jakobus und Simon, die zwei Söhne Judas' des Galiläers, »der während der Schätzung des Cyrenius das Volk abfällig machte« – ausführliche Erwähnung finden.[11]

Parallele Sequenzen in der Apostelgeschichte und bei Josephus: Das Gewirr löst sich auf

Wie in der Apostelgeschichte und den Pseudoklementinen ist auch bei Josephus die *Abfolge* der geschilderten Ereignisse und nicht so sehr deren genaue inhaltliche »Beschaffenheit« ausschlaggebend. Josephus berichtet zunächst vom »Betrüger« oder »Magier« Theudas (Apostelgeschichte 5,36), dann von Tiberius Alexander (Apostelgeschichte 4,6) und der von ihm angeordneten Kreuzigung der »zwei

Söhne Judas' des Galiläers« (Apostelgeschichte 5,37), dann vom Blutbad, zu dem es am *Pessach*-Tag infolge des schamlosen Betragens des römischen Soldaten im Tempel kommt, und daran anschließend vom Überfall auf »Stephanus, des Kaisers Diener«, den aufrührerische »Neuerer« oder »Revolutionäre« direkt vor den Toren Jerusalems verüben (Apostelgeschichte 6 f.).

Dem folgen, wie wir gesehen haben, Auseinandersetzungen zwischen Samaritanern und durch ihr Land reisenden »Galiläern« (denen Philippus' und Petrus' in »Samaria« stattfindende Auseinandersetzungen mit Simon *Magus* entsprechen, Apostelgeschichte 8,1–25) sowie die Kreuzigung des jüdischen messianischen Volksführers »Doetus« oder »Dortus« – in der Apostelgeschichte »Dorkas« (wahrscheinlich identisch mit dem »Dositheos« der Pseudoklementinen und anderer frühchristlicher Quellen – und vier seiner Anhänger in Lydda (dazu die Parallele der Apostelgeschichte 9,31–42). An diesem Punkt werden der Hohepriester Ananias und sein Tempelhauptmann, Ananus ben Ananus, gefesselt nach Rom geschafft, damit sie vor Claudius Rechenschaft über ihre Taten ablegen, und dort lernen sie Agrippa II. kennen.

Eine zusätzliche, kürzere, zum Teil sich mit der soeben skizzierten überschneidende Folge von Ereignissen verläuft von der Steinigung des Jakobus (in der Apostelgeschichte »Stephanus«) über den Diebstahl der den armen Priestern zustehenden Zehnten (das Motiv des Streites um die ungerechte Verteilung der täglichen »Witwen«-Versorgung, mit dem die »Stephanus«-Episode beginnt, 6,1 ff.)[12] zu den von Saulus, einem »Verwandten Agrippas«, mit einer »Rotte verbrecherischer Menschen« verübten »Gewalttaten gegen das Volk«, durch die »unsere Stadt [Jerusalem] aus den Drangsalen nicht mehr herauskam und alle Verhältnisse dem Untergang zutrieben«.[13]

Zu diesen Handlungssträngen kommen noch drei weitere Ereignisse hinzu, die Parallelen in der Apostelgeschichte aufweisen. Zunächst einmal haben wir den Besuch, den Simon, das Oberhaupt einer »Versammlung [*Ekklêsia*] in Jerusalem«, in den vierziger Jahren Agrippa I. abstattet, um zu überprüfen, ob in dessen Palast in Cäsarea »etwas wider die Gesetze geschieht«; dem entspricht in der Apostelgeschichte Petrus' Besuch im Haus des römischen Hauptmanns in Cäsarea – eine gesetz*widrige* Handlung, zu der Petrus durch die »Tischtuch-Vision« gerade den göttlichen Dispens erhalten hat.

Zweitens sind die Probleme zwischen den jüdischen und den gräkosyrischen Einwohnern von Cäsarea zu nennen. Letztere waren nach Josephus' Auskunft zwar weniger vermögend, besaßen aber mehr Macht und unterdrückten schließlich erstere. Dem entspricht in der Apostelgeschichte, wieder als Hintergrund der Stephanus-Affäre, der Streit zwischen den »Hellenisten« und den »hebräischen Juden« (6,1–15) – ganz zu schweigen davon, daß derselbe »Hohepriester Ananias« später zusammen mit »dem ganzen Hohen Rat« nach Cäsarea reist, um sich beim römischen Statthalter darüber zu beschweren, daß Paulus (von irgendwelchen anderen »Christen« ist in dem Zusammenhang seltsamerweise *nicht* die Rede) *Ausländer in den Tempel geführt hat* (Apostelgeschichte 24,1–25,12).

Schließlich erfahren wir in der Apostelgeschichte (11,27–30) von einem gewissen Agabus, einem »Propheten«, der »aufsteht« und »durch den Geist« die Hungersnot weissagt, woraufhin die Gemeinde von Antiochia Paulus und Barnabas mit Hilfsgeldern nach Jerusalem schickt. Zu dieser Reise findet sich im Brief an die Galater keine Parallele – im Gegenteil: Paulus bestreitet dort ausdrücklich, während des fraglichen Zeitraums in Jerusalem gewesen zu sein, und bekräftigt dies auch noch durch einen Eid (»Bei Gott, ich lüge nicht« – Galater 1,17–2,1). Wohl aber findet sich bei Josephus eine Parallele dazu, und zwar wenn es heißt, Königin Helena von Adiabene habe *in Ägypten* »für eine große Summe Geldes« Getreide gekauft und es danach in Judäa verteilt. Eingerahmt wied diese Mitteilung durch die Enthauptung des Theudas und die Kreuzigung der zwei Söhne Judas' des Galiläers, Jakobus und Simon, durch Tiberius Alexander – der in der Apostelgeschichte (4,6 – leicht anachronistisch) als *Johannes' und Petrus'* Feind auftritt.

Diese von Königin Helenas Bevollmächtigten durchgeführte »Getreide-Hamsterfahrt« nach Ägypten erweist sich als die Basis für die in der Apostelgeschichte erwähnte Begegnung Philippus' mit dem Schatzmeister der »äthiopischen Königin« *auf der Straße nach Gaza.*[14] Auf die Bekehrung dieser Helena, Königin von Adiabene, haben wir bereits im Zusammenhang mit Paulus und dem rätselhaften »Ananias«, der ihn der Apostelgeschichte zufolge in Damaskus aufsucht (9,12–20), hingewiesen. Mehr über diesen Ananias und Helena wird es im Zusammenhang mit dem sogenannten »Propheten Agabus«, der angeblich die »Große Hungersnot weissagt« (Apostelgeschichte 11,28), zu berichten geben.

In syrischen Quellen – und ebenso bei Eusebios, der aus ihnen schöpft – wird Helena stets auf die eine oder andere Weise mit dem König von Edessa oder der Osrhoener (»Assyrer«) namens »Abgarus« oder »Agbarus« in Verbindung gebracht. Die Legende von seiner Bekehrung ist sehr alt und weit verbreitet. Sogar Eusebios, der diesen Herrscher »den Großen König der Völker [*Ethnôn*] jenseits des Euphrats« nennt, referiert sie, und um sie ranken sich zahlreiche apokryphe Überlieferungen.[15] Zu all dem kommt noch »der Ägypter« hinzu, für den Paulus laut Apostelgeschichte (21,38) irrtümlich gehalten wird und den auch Josephus erwähnt.

Es ist ein merkwürdiger Umstand, daß, während Josephus, wie wir gesehen haben, die von Saulus (in den vierziger Jahren) angeführten Unruhen zeitlich unkorrekt einzuordnen scheint, indem er sie der Steinigung des Jakobus (sechziger Jahre) folgen läßt, die Apostelgeschichte ihrerseits die Steinigung des Jakobus falsch datiert, indem sie dieses Ereignis mit der Steinigung des Stephanus (vierziger Jahre) überschreibt, worauf er dieser wiederum – wahrscheinlich korrekt – die von Saulus angeführten Unruhen folgen läßt. Die Apostelgeschichte bedient sich des »Steinigungs«-Motivs aber auch, um den (von den Pseudoklementinen geschilderten) in den vierziger Jahren von Paulus verübten tätlichen Angriff auf Jakobus zu überschreiben, indem sie also letzteren durch ersteres ersetzt. Wir können indes nichts anderes tun, als auf diese parallelen Unstimmigkeiten und Widersprüche hinzuweisen; sie aufzulösen dürfte kaum möglich sein.

Aus der in *Altertümer* dargestellten Sequenz – »Ermordung des Hohenpriesters Jonathan (des Bruders Ananus') durch ›Räuber‹ oder ›*Sikarier*‹« (um das Jahr 55 n. Chr.), »Tempelmauer-Affäre« und »›Verschwörung‹ des Hohenpriesters Ananus und Agrippas II. zwecks Beseitigung des Jakobus« (62 n. Chr.) – geht außerdem eindeutig hervor, daß Jakobus als der geistige Mittelpunkt dieser Unruhen angesehen wird (zumindest von Vertretern des »Establishments« wie dem Hohenpriester Ananus und dem herodianischen König Agrippa II. – dem König, mit dem Paulus sich in der Apostelgeschichte recht *freundschaftlich* unterhält). Wenn die Identität des Saulus – eines »Verwandten Agrippas« – mit Paulus bestätigt werden kann, dann ist es in der Tat legitim, die Frage zu stellen, worum es in den zahlreichen Gesprächen, die Paulus während seiner zweijährigen Schutzhaft mit Agrippas Schwiegersohn, dem römischen Statthalter Felix, sowie mit Festus und Agrippa II. selbst geführt hat, wirklich gegangen ist (Apostelgeschichte 24,24–26,32).

Wenn man den ersten Angriff auf Jakobus, bei dem dieser von Paulus an der Spitze einer Schar erzürnter Priester von den Stufen des Tempels hinuntergeworfen wurde, wodurch sich Jakobus nach einhelliger Aussage der Pseudoklementinen und Hieronymus' ein Bein oder beide Beine brach, in die vierziger Jahre datiert und die von Josephus und allen frühchristlichen Quellen geschilderte Steinigung des Jakobus in die sechziger Jahre – dann ist es offensichtlich, daß *zwei* Angriffe auf Jakobus stattgefunden haben.

Der erste dürfte sich in etwa so zugetragen haben, wie die *Reko-*

gnitionen berichten. Er wurde vom »Feind« Paulus verübt. *Er* ist das konkrete Ereignis, das sich hinter der schwammigen Formulierung »Saulus aber schnaubte mit Drohen und Morden wider die Jünger des Herrn« (Apostelgeschichte 9,1) und sogar hinter Paulus' eigenem Eingeständnis »Ich habe diesen Weg [das heißt die neue Lehre] verfolgt *bis auf den Tod*« (Apostelgeschichte 22,4) verbirgt. Aber dieser Angriff führte nicht zum Tod des Jakobus, sondern nur zu dessen »Sturz« von »der obersten Stufe des Tempels« (nicht »der Tempelzinne«, wie es in späteren Motivverschmelzungen frühchristlicher Quellen heißt).

Der zweite Angriff wird bei Josephus beschrieben, und auch er findet sich, mit märchenhaften Zusätzen angereichert, in den (bereits ausführlich behandelten) Darstellungen der frühen Kirchenschriftsteller wieder. Diese Attacke fand Anfang der sechziger Jahre statt und stand in der Tat in Zusammenhang mit einem »Gotteslästerungs«-Prozeß vor einem pharisäisch/sadduzäischen Sanhedrin. Anders als es die Apostelgeschichte im Falle des Stephanus und die Evangelien im Falle Jesu behaupten, wurde Jakobus also *tatsächlich* vor den *gesamten* Sanhedrin gestellt und *tatsächlich* der »Gotteslästerung« angeklagt und für schuldig befunden. Diese zwei Angriffe sind in allen Schilderungen der frühen Kirchenschriftsteller kontrahiert und zum Bericht von Jakobus' Tod Anfang der sechziger Jahre verschmolzen worden. Der Verschmelzungsprozeß begann bei Hegesippus und Clemens, im 2. Jahrhundert, und endete bei Hieronymus, Anfang des 5. Jahrhunderts. Das Endergebnis enthält die zentralen Elemente *beider* Ereignisse: *den Sturz vornüber, den Schlag mit der Keule, das Knien und Beten* und schließlich *die Steinigung.*

Die Apostelgeschichte ihrerseits erwähnt keinen der beiden Angriffe direkt, sondern erzählt uns nur vom (gleichfalls aus mehreren Quellen kompilierten) Angriff auf Stephanus, während die *Rekognitionen* uns lediglich vom *ersten* Angriff (dem der *vierziger Jahre*) berichten, den die Apostelgeschichte durch die Steinigung des Stephanus ersetzt. Keiner von beiden Texten erwähnt die Steinigung des Jakobus – das Ereignis, mit dem eine *unfrisierte* Apostelgeschichte wahrscheinlich geendet hätte. Behalten wir die zwei Hauptelemente »Sturz von der Tempeltreppe« und »Steinigung« klar vor Augen, so gelingt es uns auch, den Ausweg aus diesem Labyrinth von widersprüchlichen Aussagen zu finden. Die Schlüssel zur Lösung unseres Rätsels sind der Begriff »[nieder]werfen« oder »-stürzen« (griechisch *kataballô*) und der »Sturz vornüber«, den Jakobus, wenigstens bei dem ersten Angriff, erleidet – und desgleichen, im Neuen Testament, »Judas *Ischarioth*« und »Stephanus«.

In den späten frühchristlichen Darstellungen – sei es aus Nag Hammadi, sei es bei den Kirchenvätern (ja selbst in späteren manichäischen Texten) – werden diese Elemente mit rabbinischem Material angereichert, aus dem wir erfahren, daß ein wegen »Gotteslästerung« oder eines ähnlichen Verbrechens zur Steinigung Verurteilter alternativ entweder versehentlich-absichtlich von einer Mauer gestoßen oder in einen Abgrund gestürzt wird oder von »zelotischen« Tempelpriestern den Schädel eingeschlagen bekommt.

Die in all diesen Schilderungen von mehr oder weniger tödlichen Angriffen – auf Jakobus, aber auch auf Stephanus – ständig wiederkehrende griechische Verbwurzel *ballô* (»werfen«, »stoßen«, »stürzen«) ist aber eine weitere Manifestation des in der Qumran-Literatur so wichtigen Wortfeldes um die hebräische Wurzel *B-L`*- (»verschlingen«, »verzehren«) sowie der (etymologisch oder auch nur phonetisch) damit zusammenhängenden »Teufels«-Bezeichnungen in beiderlei Sprachen; und beides wiederum wird in den Qumran-Texten stets auf *die Vernichtung des Gerechten Lehrers durch ein gottloses »Establishment«* bezogen.[16]

Parallelen zu den Evangelien: Jakobus und Jesus auf der Tempelzinne – beides eine Erfindung

Fassen wir zusammen: In der den Pseudoklementinen bekannten, aber von der Apostelgeschichte unterdrückten Überlieferung (die gleichwohl, drei Jahrhunderte später, in Hieronymus' Bemerkung zu Jakobus' »gebrochenen Beinen« wieder zum Vorschein kommt) endet Paulus' in den vierziger Jahren erfolgter Angriff auf Jakobus damit, daß dieser sich »lediglich« die Beine (oder ein Bein) bricht. Jakobus stirbt daran nicht. Beide Angriffe, derjenige, der mit dem Sturz von der Tempeltreppe, und jener, der mit der Steinigung endet (mit der – wahrscheinlich aus talmudischen Quellen stammenden – kuriosen Zutat, daß Jakobus mit einer Wäscherkeule der Schädel eingeschlagen wird), sind in frühchristlichen Quellen zu einem einzigen Ereignis zusammengezogen, in dem *beide* Hauptelemente erhalten sind: der »Sturz vornüber« beziehungsweise das »Hinabgestoßenwerden« und die »Steinigung«, mit der Jakobus' Leben Anfang der sechziger Jahre endet.[17]

Letztgenanntes Ereignis findet möglicherweise (je nachdem, wie die Frage nach der Datierung der Qumran-Rollen künftig beantwortet werden wird) auch in den Schilderungen vom Tod des »Gerechten« oder des »Gerechten Lehrers« seinen Ausdruck. Tatsächlich ließen sich sogar *beide* Angriffe auf Jakobus – der erste von seiten des »Lügners« Paulus, der zweite durch den »Frevelpriester« Ananus – in den Schriftrollen nachweisen; dies setzte aber, wie gesagt, eine für alle Fachgelehrten annehmbare entsprechende Datierung der Texte voraus.

Kein Zweifel besteht allerdings daran, daß diese zwei Angriffe in andere neutestamentliche Episoden eingeflossen sind – so in die bereits besprochenen Geschichten von Judas *Ischarioth* und Stephanus, aber sogar auch in die Jesusgeschichte selbst. In den Evangelien wird Jesus, wie Johannes der Täufer, »vom Geist in die Wüste hinausgeführt, auf daß er von dem Teufel versucht würde«, und zwar – eine weitere typische Umkehrung von Jakobus-Motiven –, *sich von der Zinne des Tempels zu stürzen* (*bale* – Matthäus 4,1–7 und Parallelen). Stärkste Indizien für die textliche Dependenz sind natürlich die aufschlußreiche Verwendung der Wortfügung »Zinne des Tempels« sowie das sie begleitende – und in allen Schilderungen vom Tod des Jakobus wiederkehrende – Verb »hinabstürzen«.

Selbst die explizite Lokalisierung dieser mißglückten Versuchungen – »in der Wüste« – verweist auf »Qumranisches«, definiert doch die Damaskus-Schrift die wahren »Söhne des Zadok« und »die Priester« als »Büßer, die »aus dem Land Juda hinausziehen, um im Land Damaskus zu verweilen«. Dies wiederum verweist auf Johannes den Täufer, als dessen Aufenthaltsort die Evangelien »die Wüste« angeben – genau wie die Qumraner Gemeinderegel es in bezug auf den Schauplatz der Aktivitäten der von ihr geschilderten Gruppe tut. Beides aber bezeichnen die Synoptiker in dieser bösartigen Parodie als »Versuchung durch den Teufel«.[18]

Tatsächlich ist Jakobus, wie man sich von Anfang an hätte denken können, in den sechziger Jahren *nicht* »von der Zinne des Tempels gestürzt«; er ist lediglich vor dem Sanhedrin der »Gotteslästerung« angeklagt und anschließend gesteinigt worden – exakt wie Josephus berichtet. Daß dies wiederum mit Jakobus' *Pessach*-Verkündigung und anderen Aktivitäten im Tempel zusammenhängt, wird auf recht bizarre Weise von den Evangelien selbst bestätigt, und zwar durch Geschichten um Jesus, in die eigentlich zu Jakobus gehörige Motive eingearbeitet wurden.

In den Evangelien von Matthäus (9,2–8), Lukas (5,17–26) und Markus (2,1–12) »vergibt« Jesus einem Gichtbrüchigen »seine Sünden«. Hinsichtlich des Schauplatzes dieses Ereignisses (dem die Heilung des Kranken folgt) sind sich die Synoptiker nur insofern einig, als er offenbar in Galiläa liegt. Bei Matthäus hat Jesus gerade den See Genezareth überquert und ist »in seine Stadt« gekommen; bei Markus und Lukas befindet er sich in Kapernaum. Bei allen dreien aber beurteilen die Pharisäer und/oder Schriftgelehrten Jesu Ausspruch als »Gotteslästerung«, da »allein Gott die Macht ha[be], Sünden zu vergeben«. Genau betrachtet, spiegelt sich in dieser Episode das wider, was alle frühen Kirchenschriftsteller von Jakobus berichten: nämlich daß er an *Jom Kippur* das Allerheiligste betrat, um *für die Vergebung der Sünden des ganzen Volkes zu beten* und *für sie zu sühnen.*

Selbst die aufschlußreichen Elemente »des Menschen Sohn«, »die Macht« und »[Gott] preisen« haben die Synoptiker – wenngleich in noch so tendenziöser Weise – in diese eher belanglose Episode um Jesu »Lästerung« eingearbeitet. Hier sagt Jesus nämlich, »daß *des Menschen Sohn Vollmacht* hat, auf Erden *Sünden zu vergeben*«, woraufhin »alle Gott preisen«.

Bei allen drei Synoptikern folgt nun eine Begebenheit, in der Jesus bewußt mit »Sündern« (in der Sprache der Evangelien gleichbedeutend mit »Heiden«) und »Zöllnern« (Steuerpächtern, Herodianern) speist – also mit genau der Sorte von Leuten, denen die Qumraner Tempelrolle unter Anspielung auf den Schlüsselbegriff *»balla`«* oder *»Bela`«* den Zutritt zum Tempel verweigert. Bei Markus geht Jesus sogar so weit, »Levi, den Sohn des Alphäus« – dabei soll es sich um »Matthäus« handeln – aus dem *Zollamt* herauszurufen und zu seinem Apostel zu machen (2,14 und Parallelen)![19] Genau wie in der weiter oben besprochenen Zachäusepisode »murr[en] jetzt die Pharisäer und Schriftgelehrten »und spr[e]chen zu seinen Jüngern: ›Warum *esset und trinket ihr mit den Zöllnern und Sündern?*‹« (Lukas 5,30 und Parallelen). Darauf antwortet Jesus mit dem bekannten Ausspruch: *»Ich bin gekommen, zu rufen die Sünder zur Buße, und nicht die Gerechten.«*

Zusätzlich zur deutlichen Attacke auf Johannes den Täufer bedeutet die Erwähnung der »Gerechten« eine Anspielung auf Jakobus sowie allgemein auf die »Gerechtigkeit« von Gruppen wie der seinigen und derjenigen Qumrans (und das gleiche gilt für die Parabel, die Jesus rund zehn Kapitel weiter unten – wieder als »die Zöllner und Sünder« kommen, um ihn zu hören, und die Pharisäer und Schriftgelehrten darüber »murren«, daß Jesus »mit ihnen speist« – mit Bezug auf die »neunundneunzig Gerechten in der Wüste« erzählt; Lukas 15,1–7 und Matthäus 18,12 ff.).

Zum Beweis dessen, daß wir es hier in Wahrheit noch immer mit Jakobus' »gerechter« *Jom-Kippur*-Sühne zu tun haben, folgt jetzt bei allen Synoptikern eine abfällige Bemerkung – ausgerechnet – über die »Jünger des Johannes«, das heißt Johannes' des Täufers. Und eine weitere Bestätigung liefert der Umstand, daß es gerade solche »Pharisäer und Schriftgelehrte« (die hier dagegen »murren«, daß Jesus und seine Jünger »mit Zöllnern und Sündern essen und trinken«) sind, gegen die Johannes wettert und die er als *»Otterngezücht«* tituliert (Matthäus 3,7)!

Dieses »Essen und Trinken« spielt nicht nur, wie wir gesehen haben, in den Differenzen zwischen Paulus und Jakobus eine entscheidende Rolle, sondern unmittelbar nach dieser kurzen Sequenz um »Gotteslästerung« und »Essen und Trinken« kommen auch angeblich »die Jünger des Johannes« (die bezeichnenderweise in einem Atemzug mit »den Pharisäern« genannt werden) zu Jesus und beklagen sich:

> Warum *fasten* wir und die Pharisäer, und deine Jünger *fasten nicht*? (Matthäus 9,14 und Parallelen)

Lukas (5,33) ersetzt sogar das »fasten nicht« durch »essen und trinken«, wodurch er zeigt, daß wir es seiner Ansicht nach mit ein und demselben Streitpunkt zu tun haben.

Aber natürlich »fasten« die Juden, wie jeder weiß, zu *Jom Kippur*, und die direkte Ansprache des Motivs »fasten« – unmittelbar nachdem Jesus, weil er im Kontext der *Heilung eines »Gichtbrüchigen«* den Menschen ihre Sünden vergeben hat, der »Gotteslästerung« angeklagt worden ist – verknüpft diese ganze Folge von Episoden und Anspielungen mit Jakobus' *Jom-Kippur-Sühnehandlung.* Und als sei's noch nicht genug, wird der ganze Komplex mit einer Attacke gegen »die Jünger des Johannes« kombiniert – die wie die Qumran-Gemeinde und allgemein »nasiräische« Hemerobaptisten das Gesetz auf die strengste nur vorstellbare Weise befolgten und hier *mit den Pharisäern* in einen Topf geworfen werden!

Diese implizite Gleichsetzung von Johannes' Anhängern und »den Pharisäern« erinnert sofort an den Vers 15,5 der Apostelgeschichte, wo Jakobus' Abgesandte sogar ausdrücklich als »Pharisäer« identifiziert werden (und dies, obwohl sich Paulus im Brief an die Philipper – 3,5 – selbst als »einen Pharisäer« bezeichnet). Wie wir uns erinnern, fordern diese »Pharisäer« auf der »Jerusalemer Konferenz« die Beschneidung ehemals heidnischer Gemeindemitglieder, und nach heute gängiger Auffassung stellen sie somit die für die »Judaisierung« des Urchristentums verantwortlichen Kräfte dar. Natürlich hat es eine solche Judaisierung nie gegeben, sondern ganz im Gegenteil eine fortschreitende *Gentilisierung*!

Aber diese Charakterisierung ist eindeutig tendenziös, und was in diesen Episoden tatsächlich zum Ausdruck gelangt, sind *symbolische*

Wortgefechte zwischen einander befehdenden Gruppen – wobei »Pharisäer« (zumindest in diesem Kontext) als Schlagwort zur Bezeichnung von Leuten dient, die gegenüber Fragen wie *Beschneidung, Tischgemeinschaft* (das heißt essen und trinken« oder bestimmte Speisegebote einhalten) und dergleichen mehr den jakobinischen Standpunkt vertreten.

Beelzebul, Belial und *Satan* als *Geisteraustreiber*

Die gleichen Motive tauchen auch in einer anderen sehr aufschlußreichen Episode auf, die bei Markus unmittelbar – bei Matthäus und Lukas etwas später – folgt und in der es abermals um »Gotteslästerung«, »Vergebung der Sünden« und »des Menschen Sohn« geht und Jesus einen »blinden und stummen Mann« und einen Besessenen heilt, *der ihn herumführt.* Wieder haben »die Pharisäer« etwas dagegen einzuwenden, und zwar in diesem Falle speziell dagegen, daß Jesus angeblich »böse Geister« mit Hilfe des »Beelzebul,... ihres [das heißt der Geister] Obersten, austreibt« *(ekballô)* – wobei dieser »Beelzebul« (oder »Beelzebub«) jetzt auch noch mit »Satan« identifiziert wird (Markus 3,22–30, Matthäus 12,22–37 und Lukas 11,14–28).

Dieser neue Terminus, »Beelzebul«, ist sichtlich eine weitere Verballhornung oder Abwandlung von »Belial«, aber die längere Rede, mit der Jesus auf die Anschuldigung der Pharisäer antwortet, baut auf der Gleichsetzung des Begriffs (»Beelzebul«, das heißt »Belial«) und »Satan« auf. Diese Identifikation haben wir bereits in der Offenbarung beobachtet und sie als ein charakteristisches Merkmal der Literatur jener Zeitspanne bezeichnet. Bemerkenswert ist hier aber die Verknüpfung dieses Namens mit dem Begriff »austreiben« (»hinauswerfen«, *ekballô* – der zudem in dieser einzigen Rede rund sechsmal wiederholt wird): demselben Begriff, dem wir bereits in der Apostelgeschichte begegnet sind, als Stephanus »aus der Stadt *hinausgetrieben*« und gesteinigt wird, und mit dem Josephus beschreibt, was die Essener mit Abtrünnigen tun![20] Bei Matthäus endet diese Episode auch noch mit einer erneuten Verwendung des Schmähwortes »Otterngezüchte«, das diesmal allerdings Jesus, *nicht Johannes,* in den Mund gelegt wird (12,34).

Bei Markus kommt diese Episode unmittelbar, nachdem Jesus die »Zwölf« bestimmt hat, »die bei ihm sein sollten«, und ihnen »die Vollmacht« gegeben hat, *»die bösen Geister auszutreiben« (ekballein).* Zu diesen Zwölf gehören laut Markus »Petrus und Jakobus, der

Sohn des Zebedäus, und Johannes, *der Bruder des Jakobus*... und Jakobus, des Alphäus Sohn, und Thaddäus und Simon Kananäus und Judas *Ischarioth*, der ihn dann verriet« (wörtlich »überantwortete« – 3,16–19).

Bei Lukas (5,1–11) hingegen geht der Ernennungsepisode – anders als im Falle des »Beelzebul«- und »Geisteraustreibungs«-Materials – die Berufung von Simon Petrus und dessen zwei »Gesellen« voraus, »Jakobus und Johannes, des Zebedäus Söhnen«, die auf einmal sämtlich *Fischer am Galiläischen Meer* sind. Daran schließt sich eine weitere längere Passage, in der es diesmal aber um die »Netze» dieser Fischer geht – worin wir natürlich eine Anspielung auf das Motiv der »drei Netze des Belial« erkennen. Bei Markus »treibt« (»wirft«) Beelzebul »böse Geister aus«; bei Lukas »waschen« Jesu Hauptapostel ihre »Netze« (5,2 ff.). Aber auch sie werden später »ausgeworfen« werden.[21]

Nicht nur erfahren wir bei Markus unmittelbar vor der Berufungsepisode, daß Kranke versuchen, Jesus »anzurühren« (3,10) – was eine Parallele zu Hieronymus' Mitteilung darstellt, das Volk von Jerusalem habe Jakobus »wegen seiner übergroßen Heiligkeit« ständig zu berühren versucht –, sondern diesen Begebenheiten um Jesu »Gotteslästerung«, Johannes' des Täufers »Fasten« und Beelzebuls »Geisteraustreibungen« folgt, wie bei Matthäus, auch eine Rede Jesu, die abermals um die zwei miteinander zusammenhängenden Motive »Vergebung der Sünden« und »Lästerung« kreist – und die diesmal auf die »Menschenkinder« gemünzt ist. Darin heißt es, daß alle »Lästerungen, so viel immer sie lästern ... vergeben werden«; »wer aber den Heiligen Geist lästert, der hat keine Vergebung ewiglich« (Markus 3,28 f. und Matthäus 12,31 f.) – was, so interessant es für sich genommen auch sei, in diesem Kontext nichts anderes als Polemik darstellt.

In beiden Evangelien folgt dem eine »Attacke« Jesu *auf seine Mutter und seine Brüder* (Markus 3,31–35 und Matthäus 12,46–50). Bei Lukas erfolgt diese »Attacke« erst ab Vers 8,19 ff., direkt bevor Jesus mit seinen Jüngern ein Schiff besteigt, um dem Wind und dem Sturm »zu gebieten«, jedoch *unmittelbar nach* dem »judenchristlichen« Unkrautgleichnis (das sich bei Matthäus im 13. Kapitel findet). Bezeichnenderweise (wenn man diesen aufschlußreichen Kontext berücksichtigt) heißt es von Jesu Mutter und Brüdern bei allen Synoptikern, daß sie »draußen stehen« (wieder unser judenchristliches Motiv des »Stehenden«), aber »des Volkes wegen ... nicht zu [Jesus] gelangen« können.

Auf diese Tatsache hingewiesen, antwortet Jesus mit der wohlbekannten rhetorischen Frage: »Wer ist meine Mutter und wer sind meine Brüder?« Dann weist er auf seine neuen Jünger und fügt hinzu: »Siehe, das sind meine Mutter und meine Brüder.« Diesem Ausspruch läßt Jesus bei allen drei Synoptikern eine Anspielung auf jenes »Tun« folgen, das so eng mit dem Namen Jakobus' und des Gerechten Lehrers von Qumran verknüpft ist: Bei Matthäus und Markus sind all jene Jesu »Mutter und Brüder«, die »[s]eines Vaters *Willen tun*«, bei Lukas, die »Gottes *Wort tun*«.

In einer damit zusammenhängenden Episode des Johannesevangeliums besteht Jesu »Lästerung« darin, daß er behauptet, »der Christus« und »der Sohn Gottes« zu sein (desgleichen hier in Markus 3,11 und ebenso bei allen drei Synoptikern in der Prozeßszene, vor dem im »Haus des Hohenpriesters« versammelten Sanhedrin), worauf »die Juden« tatsächlich *»Steine auf[hoben], daß sie ihn steinigten«* (Johannes 10,24–36). Das sind natürlich wieder die zwei Motive – und dazu das mit ihnen zusammenhängende dritte, »des Menschen Sohn« –, denen wir in den Pseudoklementinen und in den Werken der frühen Kirchenschriftsteller im Kontext des Angriffs auf Jakobus begegnet sind.

Diese Verschmelzung der zwei Jakobus-Motive (Steinigung wegen »Gotteslästerung« in den sechziger Jahren und durch Paulus verschuldeter »Sturz vornüber« von den Stufen des Tempels in den vierziger Jahren) vermittelt eine ungefähre Vorstellung davon, wie spät die Evangeliengeschichten sein müssen – so spät jedenfalls, daß solche Verschmelzungsprozesse überhaupt stattfinden und dann retrospektiv (und in negativer Umkehrung) in die Geschichte Jesu eingearbeitet werden konnten. Umgekehrt bedeutet das aber auch, daß die Traditionen über diese zwei Angriffe und die Transmutationen, die sie durchmachten, recht alt sind und bereits früh weite Verbreitung erfahren haben (andernfalls hätten sie nicht Eingang in die Evangelien und deren Version vom Leben »Jesu« finden können).

Diese Episoden um Jesu »Gotteslästerungen«, die uns in den Evangelien begegnen – und erst recht der in der Apostelgeschichte gegen Stephanus erhobene Vorwurf, er rede »Lästerworte wider Moses, Gott«, das Gesetz und den Tempel –, liefern trotz all ihrer Tendenziosität den besten Beweis dafür, daß Jakobus wegen »Gotteslästerung« verurteilt wurde, und zwar aufgrund dessen, weil er an *Jom Kippur* im Allerheiligsten für die Vergebung der Sünden des ganzen Volkes gebetet hatte. Sie vermitteln darüber hinaus einen guten, wenngleich indirekten, Einblick in die Vorgehensweise der Evangelisten. Bei sorgfältiger Überprüfung wird man nämlich feststellen, daß diese Episoden – oder zumindest die wichtigsten unter ihnen – stets in Verbindung mit dem Motiv von »des Menschen Sohn« auftreten, »der die

Vollmacht hat, auf Erden die Sünden zu vergeben«. Dieser Gedanke galt im Judentum aber keineswegs als »gotteslästerlich«; nur den heiligen Namen Gottes auszusprechen erfüllte den Tatbestand der »Blasphemie«. Und genau *das* dürfte Jakobus, wenn wir den Berichten der frühen Kirchenschriftsteller Glauben schenken dürfen, im Allerheiligsten auch getan haben.

Außerhalb von Palästina waren die Implikationen eines solchen *Jom-Kippur*-Sühnerituals unbekannt, und so konnte es nicht ausbleiben, daß die Angabe mißverstanden und mit Jakobus' Verkündigung von »des Menschen Sohn, der auf den Wolken des Himmels mit Macht kommt« zur neuen Aussage zusammengezogen wurde, er – beziehungsweise in diesem Falle der Messias – sei imstande, »den Menschen ihre Sünden zu vergeben« oder »die Sünden auf Erden zu vergeben« (was in Palästina natürlich niemand je behauptet oder geglaubt hatte). *Was* man in Palästina glaubte, war, daß die vom (offiziellen oder Gegen-)Hohenpriester an *Jom Kippur* im Tempel vollzogene Sühne die Vergebung der Sünden *bezweckte.* Die in (oder im näheren Umfeld von) vielen dieser Evangelienstellen auftretenden Wörter wie »Menschensohn«, »Macht«/»Kraft« oder »preisen« vermehren die Berührungspunkte mit der Verkündigung, die Jakobus allen Berichten zufolge im Tempel gemacht haben soll, nur noch weiter.

Desgleichen festigt das Motiv des »In-der-Wüste«-Seins, dem wir in der Geschichte von der Versuchung Jesu durch *Satan* oder *Belial* begegnen, die Beziehung zu vergleichbaren Qumraner Vorstellungen, wie »einen Weg in der Wüste machen« oder »aus dem Land Juda hinausziehen und im Land Damaskus verweilen«. Letzteres gehört in den Qumran-Texten zur Definition der »Söhne des Zadok« oder wird mit »Fluchten« oder »Auszügen« in die »Wüsten«-Lager in Verbindung gebracht, wie sie wiederum auch in allen Überlieferungen um Johannes den Täufer erwähnt werden. Das in diesen Episoden vorkommende Motiv eines »Sturzes« oder »Sichhinabstürzens« paßt auf jeden Fall besser ins Bild Jakobus', der auf den Tempelstufen Lehrreden hält (von denen ein anderes, nicht mehr erhaltenes, aber von Epiphanios erwähntes Werk gehandelt zu haben scheint: die *Aufstiege des Jakobus*).

Das Motiv des »Sturzes« aus großer Höhe – der entweder zu einem Beinbruch oder zum Tod durch Steinigung führt – wird in allen Traditionen mit Jakobus in Verbindung gebracht. Ihm kommt mit Sicherheit ein gewisser Wahrheitsgehalt zu. Es ist dort auch zweifellos überzeugender als im Kontext paralleler Episoden wie der Geschichte von Jesu »Versuchung durch den *Teufel*« oder Stephanus' wenig glaubwürdiger Hinrichtung. In den sechziger Jahren fand auf alle Fälle nur eine Steinigung statt, kein Sturz. Vollstreckt wurde diese Steinigung wahrscheinlich, wie die »Stephanus«-Episode und alle Jakobusquellen bestätigen, außerhalb der Stadtgrenze von Jerusalem. Seltsamerweise reißt die Tradition um Jakobus' Grab und die dazugehörige Inschrift nach Hieronymus' Bezeugung (4./5. Jahrhundert) ab.

Drei, vier Jahrhunderte später taucht sie in Legenden wieder auf, die von der Überführung der Gebeine oder des Sarkophags eines »Jakobus« (angeblich des *anderen* Jakobus) in ein Dorf außerhalb der noch heute als Wallfahrtsort berühmten nordspanischen Stadt Santiago de Compostela berichten.[22] Da ein »Jakobus, des Johannes Bruder«, wahrscheinlich nie existiert hat – und wir andererseits mit Bestimmtheit wissen, daß es noch wenige Jahrhunderte vor dieser Umbettung einen solchen Grabstein mit Jakobus' Namen *gegeben hat* –, wäre es ohne weiteres möglich, daß es sich bei den Reliquien, die seitdem in Nordspanien aufbewahrt werden, in Wirklichkeit um die Gebeine »unseres« Jakobus handelt, »des Bruders Jesu«!

Die Idee eines Sturzes von »der Zinne des Tempels« (die gleichfalls in der Geschichte von Jesu Versuchung durch »den Teufel« oder »Satan« zum Ausdruck gelangt) hängt zum Teil wohl auch mit den »übernatürlichen« Taten zusammen, die Simon *Magus* vollbracht haben soll. (Daß Simon, gleich Paulus, mit Sicherheit nach Rom reiste – wahrscheinlich im Gefolge Felix' und Drusillas –, haben wir bereits erwähnt.) Aber auch die besondere Lage des traditionell mit dem »heiligen Jakobus« in Verbindung gebrachten Grabes im Kidron-Tal, direkt unterhalb der rund 100 Meter aufragenden »Tempelzinne« – könnte die Phantasie der bereits von Hegesippus bezeugten Pilger angeregt und dadurch zur Entstehung der Legende beigetragen haben, Jakobus sei *eben von dort* hinabgestürzt und so zu Tode gekommen.

Das Motiv des »Walkschlegels«, mit dem jemand Jakobus den Schädel zertrümmert haben soll, stammt zweifellos aus den verschiedenen »Prügelszenen«, die wir zuvor besprochen haben – insbesondere aus der Mitteilung, »der Feind« Paulus habe von dem am Altar aufgeschichteten Brennholzhaufen ein Reisigbündel aufgehoben und damit wie wild um sich gedroschen (und gleichzeitig die Umstehenden aufgefordert, es ihm nachzutun!). Derlei realistische Details dürfen nicht leichtfertig als Erfindung abgetan werden.

Ebensowenig anzweifeln sollte man die Mitteilung über eine – durch diese Tempelschlägerei und Jakobus' Verletzung ausgelöste – Flucht der gesamten Gemeinde in die Gegend von Jericho, von wo aus Petrus dann nach Cäsarea aufbricht, um dort Simon *Magus* entgegenzutreten; und ebensowenig die Detailinformation, Jakobus habe 30 Tage nach seinem Sturz »noch immer gehinkt«. Alle diese Daten sind in den Überlieferungen, die schließlich in der Apostelgeschichte ihre endgültige Form erhalten haben, bewußt umgemodelt und absichtlich überschrieben worden; auf welche Weise dies im einzelnen geschehen ist, haben wir ausgiebig dargelegt.

Die Aussage des *Talmud*, der zufolge ein Priester, der den Tempeldienst im Zustand der Unreinheit versah, von seinen jungen Amtskollegen hinausgeführt und mit Keulen totgeschlagen werden sollte (wir erinnern uns in diesem Zusammenhang daran, daß »der Feind« Paulus in den Pseudoklementinen ausdrücklich die *jungen Priester* auffordert, ihm bei seinem Angriff auf Jakobus und dessen Anhänger zu helfen), spielt natürlich gleichfalls in diese Tradition hinein; desgleichen das (direkt aus dem *Mischna Sanhedrin* übernommene) nicht minder grausige Detail aus der zweiten Jakobusoffenbarung, »der Gerechte« sei gezwungen worden, eine Grube zu graben, und habe einen schweren Stein auf den Magen gelegt bekommen.

Noch interessanter ist aber die Tatsache, daß diese Beschreibung aus Nag Hammadi auch alle weiteren Motive enthält: »hinunterstürzen«, »aus großer Höhe hinabgestoßen werden«, »den *Zaddik* hinwegführen« und »stehen« (Jakobus muß sich in die Grube *stellen*, die er selbst gegraben hat)! Darüber hinaus ist die Zinne des Tempels hier durch den »großen Eckstein« ersetzt, was eine Beziehung zu Traditionen um Petrus, zur Qumraner Gleichsetzung des Rats der Gemeinde mit dem »Eckstein« und zu des Psalmisten (im Neuen Testament vielfach zitierten) »Stein« herstellt, »den die Bauleute verworfen haben«.

Petrus' Besuch beim römischen Hauptmann Cornelius in Cäsarea

Schließlich ist Petrus' Begegnung mit dem »frommen und gottesfürchtigen« römischen Hauptmann Cornelius, als deren Resultat Petrus lernt, daß er Heiden nicht diskriminieren darf (was er nach Paulus' Bezeugung in Galater 2,14 ganz eindeutig tut), lediglich die Umkehrung einer anderen Episode, die sich im neunzehnten Buch von Josephus' *Altertümern* findet. Wie wir uns erinnern, will »ein gewisser Simon«, das Oberhaupt einer eigenen »Versammlung« *(Eklêsia)* in Jerusalem, Agrippa I., dem Vater Agrippas II., *als einem Ausländer den Zutritt zum Tempel verwehren.* Aus diesem Grund fordert Agrippa I. diesen Simon auf, *seinen Palast in Cäsarea aufzusuchen* – die spiegelbildliche Umkehrung der in der Apostelgeschichte von Cornelius ausgesprochenen Einladung – und selbst zu überprüfen, ob dort etwas »gegen das Gesetz geschieht«. Die Episode endet bei Josephus – etwas unbefriedigend – damit, daß Agrippa Simon »reich beschenkt« und dann seines Weges ziehen läßt.

Aber richtig verstanden, liefert uns gerade diese Begebenheit den Schlüssel zum *wirklichen* Gegenstand jener Konfrontation zwischen Simon *Magus* und Simon Petrus, die – in der einen oder anderen Abwandlung – in sämtlichen Traditionen eine so wichtige Rolle spielt. Zu dieser Erkenntnis gelangen wir durch eine einfache Schlußfolgerung – die sich, wie immer in der vorliegenden Arbeit, auf unsere Kenntnis der in den Schriftrollen sich äußernden strengen, ja unerbittlichen Qumraner Ethik stützt. Während der entmythologisierte und zweifellos reale »Simon Petrus« die sexuellen Verfehlungen der Herodianer (insbesondere ihre Praxis der Nichten-Heirat, der Scheidung und der Eheschließung mit Ausländern) ebenso mutig und kompromißlos verurteilt, wie es der entmythologisierte Johannes der Täufer wenige Jahre zuvor getan hatte, »lernt« der Simon des Neuen Testaments, solche Ausländer – und zwar selbst als »Mitbrüder in Jesus«, als Anhänger des »Heilands« – zu *akzeptieren.*

Trotz ihrer relativen Kürze ist Josephus' Mitteilung über die Reise dieses »Zeloten« Simon nach Cäsarea äußerst interessant. In ihr porträtiert Josephus König Agrippa mit offensichtlicher Sympathie; so schreibt er:

> Bestrebt, *die Gesetze seines Landes gewissenhaft zu befolgen,* vernachlässigte er keinen einzigen Reinigungsritus und verrichtete täglich alle vorgeschriebenen Opfer.[23]

Insofern ist Agrippa, obwohl strukturell identisch mit »Cornelius«, zugleich dessen genaues *Gegenteil.* Doch indem er ihn seinem (Agrippas) Großvater, Herodes dem Großen, gegenüberstellt (den er als »grausam, unversöhnlich, maßlos in seinem Haß und« nach eigenem Eingeständnis »weit mehr den Griechen als den Juden zugetan« charakterisiert), belegt Josephus Agrippa mit dem Attribut *chrêstos«*, das heißt »sanftmütig«, »großzügig«, »gerecht« oder »gütig«.[24]

Dies ist aber das gleiche Wort, das Sueton in seinem *Cäsarenleben* zur Bezeichnung des Stifters der christlichen Religion verwendet. Wie er uns nämlich mitteilt, wurden die Juden unter Kaiser Claudius – also in dem uns interessierenden Zeitraum, war Agrippa doch ein Freund des Claudius – deswegen aus Rom vertrieben,

> weil sie, von *Chrestus* angestiftet, unentwegt die öffentliche Ordnung störten.

Hier sollte angemerkt werden, daß die Römer zu dem Zeitpunkt – Sueton nennt uns zwar kein genaues Datum, aber nehmen wir an: Mitte der vierziger Jahre – verwaltungsrechtlich noch keinerlei Unterschied zwischen Juden und sogenannten »Christen« machten, sondern die einen wie die anderen als lästige Störenfriede ansahen.

Josephus aber beschreibt Agrippa I. als

> leutselig, von sanfter Gesinnung und gegen alle gleich wohltätig. Freundlich gegen die Ausländer, die über seine Freigiebigkeit nicht zu klagen hatten, vergaß er doch auch nicht, seine Untertanen durch um so größere Güte und Teilnahme zu entschädigen.

Dies ist die Passage, in der Josephus zur Charakterisierung Agrippas das Adjektiv *»chrêstos«* gebraucht. Dazu könnte man anmerken, daß diese Charakterisierung praktisch ebensogut auf den neutestamentlichen »Christus« passen würde (wenn man von seiner wenig »christlichen« Einstellung *den Juden* gegenüber absieht).

Die rabbinische Literatur zeichnet ein ähnlich positives Bild von Agrippa, was nicht weiter verwunderlich ist, wenn man bedenkt, daß *Talmud* wie Josephus ihre geistigen Wurzeln im Pharisäismus haben (und das gleiche soll bekanntlich auf Paulus zugetroffen haben). Das – ungeachtet ihrer jeweiligen Einstellung zum jüdischen Gesetz – *allen* diesen Quasipharisäern gemeinsame Merkmal war ihre Bereitschaft, sich der Herrschaft der Römer unterzuordnen und sich mit deren Stellvertretern in Palästina, den Herodianern, zu arrangieren. *»Sikarier«*, »Zeloten- und andere »Messianisten« hingegen waren dazu ganz offenkundig *nicht* bereit.

Diesbezüglich findet sich in der *Mischna* eine äußerst aufschlußreiche Episode. Agrippa – den »die Weisen priesen« (wahrscheinlich Agrippa I.) – verlas an *Sukkot* (dem Laubhüttenfest), wie es für den König an diesem Fest vorgeschrieben ist, im Tempel das Gesetz. (Es spricht sehr viel dafür, daß Jakobus an *Sukkot* 62 n. Chr. gesteinigt wurde, was – da er vermutlich Einwände dagegen erhoben haben dürfte, daß solche Könige überhaupt in den Tempel eingelassen wurden – durchaus nachvollziehbar gewesen wäre.) Als Agrippa an die Stelle aus dem Fünften Buch Mose (17,15) kam, das (bezeichnenderweise auch in der Qumraner Tempelrolle angeführte) Königsgesetz: »Du darfst nicht irgendeinen Ausländer, der nicht dein Bruder ist, über dich setzen«, brach er in Tränen aus.[25] Da riefen die um ihn versammelten Rabbis *dreimal* aus:

»Du bist unser Bruder, du bist unser Bruder, du bist unser Bruder!«

Bei derartigen Wiederholungen sollte man sich stets gegenwärtig halten, daß *Petrus* in den Evangelien den Messias *dreimal* verleugnet, und zwar interessanterweise in Beantwortung der Frage einer *Magd des Hohenpriesters«* (*sic*), ob »auch er ein Galiläer« sei (Matthäus 26,69–75 und Parallelen). Und in der Apostelgeschichte muß die himmlische Stimme Petrus *dreimal* zum »Schlachten und Essen« auffordern, bevor er begreift, daß er Ausländer nicht ausgrenzen und »keinen Menschen gemein« nennen darf.

Abgesehen von solchen Berührungspunkten, ist diese Anekdote aus dem *Talmud* offenkundig die pharisäische Antwort auf die von Josephus referierte Geschichte Simons, »eines Gesetzeskundigen«, der die erwähnte Versammlung einberuft, um – gemäß der zitierten Anweisung des Deuteronomiums – dem »Ausländer« Agrippa I. den Zutritt zum Tempel, »der nur eingeborenen Juden offen stehe«, zu untersagen.

Das Problem, um das es hier geht, ist lediglich ein Einzelfall des grundsätzlichen Problems dieser Zeitspanne und der *einen* Ursache all jener Unruhen und Konflikte, mit denen wir es im Laufe der vorliegenden Untersuchung zu tun gehabt haben – der Konflikte, die zwischen den Herodianern, den Römern und deren Parteigängern aus dem pharisäisch/sadduzäischen »Establishment« einerseits und deren Gegnern, wie den »Zeloten«, den (möglicherweise mit den »Galiläern« und anderen »Nazoräern« identischen) sogenannten »Christen« und anderen »messianischen« Gruppen wie der Qumran-Gemeinde, andererseits herrschten. Die meisten Menschen – und die Juden bilden darin keine Ausnahme – sind heute einfach außerstande, sich ein realistisches Bild von dieser Situation zu machen, weil sie nicht nachvollziehen können, wie »die Herodianer« zu jener Zeit angesehen wurden.

Landläufig gilt Herodes als ein *jüdischer* König. Doch das entspricht einfach nicht der Wahrheit. Gefördert wurde diese irrige Vorstellung ebensosehr durch die Karikatur, die uns das Neue Testament präsentiert, wie durch den in dieser Literatur verwendeten (und gedankenlos rezipierten) Titel »König der Juden«. Um aber in jener Zeit »König der Juden« sein zu können, brauchte man keineswegs Jude zu sein!

Auch die Juden selbst haben zu diesem Mißverständnis beigetragen – teils aus Unwissenheit, teils weil ihre Rabbis der Herodianerzeit (die nach der Zerstörung des Tempels das weitere Schicksal des

Judentums entscheidend bestimmten) und Schriftsteller wie Josephus aus eigenen politischen Gründen ihr Bestes taten, um die Herodianer zu legitimieren. Dieses Bestreben zeigt sich etwa in der ehrerbietigen, ja speichelleckerischen Tendenz der soeben referierten Anekdote um König Agrippa I.

Die andere Seite der Medaille ist die verächtliche Behandlung, die demselben Agrippa I. – diesem angeblichen Freund der Juden und Verehrer jüdischer Bräuche – durch Simon zuteil wurde (ganz zu schweigen von der Unzahl weiterer jüdischer Revolutionäre, »Neuerer« und »Zeloten«, die den König noch als etwas ganz anderes als lediglich einen »Ausländer« betrachtet haben dürften).

Diesem mißglückten Versuch, den König aus dem Tempel herauszuhalten, folgt rund zwei Jahrzehnte später die tatsächliche, erfolgreiche Aussperrung von dessen Sohn – dem in der Apostelgeschichte so freundlich porträtierten Agrippa II. – nicht nur aus dem Tempel, sondern gleich aus ganz Jerusalem. Sein Palast (der wenn schon nicht Paulus, so doch zumindest Josephus' »Saulus« beherbergt zu haben scheint) wurde, wie wir uns erinnern, zusammen mit den Palästen anderer Herodianer in den ersten Tagen des Aufstands in Schutt und Asche gelegt. Durch die äußerst knappe und zudem tendenziöse Darstellung, die er Simons Argumenten gegen Agrippa I. zuteil werden läßt, beweist Josephus wieder einmal, welch ein Meister der Liebedienerei er doch ist: Er, Paulus und Rabbi Jochanan ben Zakkai sind diesbezüglich wahrhaft würdige Kollegen – und *sie* sind alle drei *ungeschoren davongekommen.*

Herodes aber, der zusammen mit seinem Vater, dem Idumäer Antipater, diese Dynastie begründete, war *kein* Jude. Er war ein Ausländer. Wie schon ausgeführt, scheint sein Vater griechisch-idumäischer Herkunft gewesen zu sein – also das, was man heutzutage in dieser Region schlicht als »Araber« bezeichnen würde und was (wenn die Aussage der Apostelgeschichte irgendein Gewicht besitzt) auch damals so (oder »Äthiopier«) genannt wurde. Und wie Josephus unzweideutig mitteilt, war er dem Volk verhaßt, denn er

> war grausam, unversöhnlich, kannte in seinem Haß gar kein Maß und gestand offen, daß er *größere Vorliebe für die Griechen als für die Juden hege.* Und während er fremde Städte mit verschwenderischer Pracht ausstattete, in der einen Bäder und Theater, in der anderen Tempel und Säulenhallen errichtete, bedachte er keine einzige jüdische Stadt auch nur mit dem geringsten Schmuck oder einem nennenswerten Geschenk.

Nicht genug damit, daß er die Autorität des Sanhedrin mißachtete, jüdische »Räuber«-Führer wie Hesekia, den Vater Judas' des Galiläers, hinrichten ließ und mit römischer Unterstützung an die Macht kam, indem er 37 v. Chr. Jerusalem mit Hilfe von Truppen eroberte, die ihm Marcus Antonius zur Verfügung gestellt hatte, war er nach Josephus' Auskunft auch der erste »Neuerer«. In einer sehr wichtigen Passage von *Altertümer* (zu der sich in *Krieg* keine Parallele findet) ist nämlich von »Unternehmungen« des Königs die Rede, »durch welche Religion und Sitte untergraben zu werden drohten«.

Im selben Abschnitt erfahren wir auch, Herodes habe »den Pharisäer Pollio und den Sameas und den größten Teil von deren Anhängern« mit größter Rücksicht behandelt.[26] Direkt im Anschluß daran behauptet Josephus das gleiche von Herodes' Haltung gegenüber den »Essenern« (von denen er, wie es dort heißt, »eine höhere Meinung hatte, als mit ihrer menschlichen Natur zu vereinbaren war«), was ein deutliches Indiz für die Verwirrung ist, die bei Josephus bezüglich dieser zwei Gruppen herrscht. Wer immer die Leute gewesen sein mögen, die Herodes angeblich so hoch achtete, »Essener« von der Art, wie wir sie durch die Qumran-Texte kennen, können sie auf keinen Fall gewesen sein. Denen konnte man nämlich alles nachsagen, aber *gewiß nicht, daß sie sich mit der Obrigkeit arrangiert hätten.*[27]

Die zwei rabbinischen Lehrer, Pollio und Sameas, die Herodes' »künftige Größe« prophezeit hatten, waren höchstwahrscheinlich die Oberhäupter eines neuen Sanhedrin oder damit vergleichbaren jüdischen Ältestenrates, den Herodes nach Ausrottung des bisherigen, makkabäischen Synedriums aufgestellt hatte. Wie schon gesagt, ist es vermutlich statthaft, sie mit dem sprichwörtlichen Rabbinergespann »Hillel und Schammai« der talmudischen und rabbinischen Überlieferung zu identifizieren.

Josephus schildert die Regierung dieses äußerst unpopulären Herrschers mit folgenden Worten:

> Das ganze Volk sprach von [Herodes' Taten] nur mit Erbitterung und Erregung. Einen Aufruhr aber suchte er dadurch zu vereiteln, daß er seinen Untertanen jede Gelegenheit dazu nahm und sie zu beständiger Arbeit anhielt [daher seine ehrgeizigen öffentlichen Bauprojekte]. Auch verbot er den Bürgern alle Zusammenkünfte, öffentliche wie geheime, und stellte überall Spione auf [hier stützt sich Josephus zweifellos auf Quellen; andernfalls würde er sich vorsichtiger ausdrücken]. Wurde jemand bei Übertretungen ertappt, so bestrafte er ihn streng, und es wurden viele offen oder heimlich in die Festung Hyrkania abgeführt und dort hingerich-

> tet [so wie ein halbes Jahrhundert später Johannes der Täufer von Herodes' Sohn Antipas in die – direkt gegenüber der Hyrkania gelegene – Festung Machärus geschafft und dort hingerichtet wurde; und ebenso wohl auch – *mutatis mutandis* – »Jesus«].

Aber Josephus macht hier noch nicht halt. Er schildert jetzt Herodes' fast paranoid zu nennende Unterdrückungsmethoden, die durchaus an die entsprechenden Maßnahmen »geistesverwandter« moderner Herrscher erinnern:

> Überall, in der Stadt wie auf den Landstraßen, gab es bestimmte Menschen, die alle Zusammenkünfte auszuforschen suchten. Ja, man sagt, der König habe sich oft selbst in der Kleidung eines Privatmannes bei Nacht unter die Menge begeben, um die Meinung des Volkes über seine Regierung zu erfahren ... Die meisten seiner Untertanen fügten sich denn auch seinen Befehlen, teils aus wirklicher Zuneigung zu ihm, teils aus Furcht. Wer jedoch in zähem Widerstand verharrte [wie jene »Rechtschaffenen«, die Josephus zufolge 100 Jahre später gegen die Steinigung Jakobus' protestierten – und wie jener Simon, nach dessen Ansicht der »Ausländer« Agrippa I. im Tempel nichts zu suchen hatte], wurde schonungslos beiseite geschafft.[28]

Hieran schließt sich Josephus' Mitteilung an, Herodes habe die Essener und die Pharisäer »höher geachtet, als mit ihrer menschlichen Natur zu vereinbaren war« und habe insbesondere »Pollio *dem Pharisäer* den größten Respekt gezollt«. Aus diesem Grunde habe ich gesagt, daß in Josephus' Werken »Pharisäer« und »Essener« oft miteinander verwechselt werden.

In der zitierten Josephuspassage können mit »Essener« unmöglich die Urheber und Träger der Qumran-Literatur gemeint sein, deren unweit von *Jericho* gelegene Siedlung während der Regierungszeit des Herodes unterdrückt und schließlich sogar zerstört worden zu sein scheint. Allein die Nähe Qumrans zu Jericho dürfte genügen, um die Hypothese einer gezielten Verfolgung glaubhaft erscheinen zu lassen. Ja, es besteht eigentlich kaum ein Zweifel daran, daß die Verfasser und Bewahrer der Schriftrollen zu jenen »vielen« gehört haben müssen, die »offen oder heimlich in die Festung Hyrkania abgeführt und dort hingerichtet wurden«. Behält man nur stets im Auge, wie die jeweilige Einstellung der verschiedenen Gruppen gegenüber Herodes und anderen Mitgliedern des politischen »Establishments« beschaffen ist, geht man selten in die Irre.

Das also ist der »Große« Herodes, der dem Neuen Testament zufolge alle jüdischen Kinder der Region um Bethlehem töten ließ (Matthäus 2,16). Mag sein, daß man ihm ausgerechnet in *dem* Punkt unrecht tut; daß er aber grundsätzlich jeden, der ihm Widerstand leistete, töten *wollte* – und es in vielen Fällen auch tat –, steht ganz außer Zweifel. So wie wir sie heute kennen, verrät die Episode um den »bethlehemitischen Kindermord« starke Einflüsse von seiten der alttestamentlichen Geschichte Moses'; desgleichen mag eine von Josephus referierte Begebenheit zu ihrer Entstehung beigetragen haben: Als Herodes merkte, daß sein Tod nahte, ließ er, wie wir uns erinnern, eine große Zahl angesehener Bürger Jerusalems gefangennehmen und gab Befehl, daß man sie, sobald er gestorben sei, töten sollte, damit seine Leichenfeier von vielen Tränen und Wehklagen begleitet sei. Natürlich kam es nie dazu, da seine Nachfolger so klug waren zu erkennen, was für innenpolitische Auswirkungen eine solche Maßnahme gehabt hätte, und die Gefangenen sofort wieder freiließen.

Andererseits trifft es doch zu, daß Herodes jüdische Kinder töten ließ, wenngleich nicht ganz auf die Weise, wie es das Matthäusevangelium darstellt. Die Wahrheit ist, daß er *seine eigenen jüdischen Kinder* tötete – die zwei nämlich, die ihm die letzte makkabäische Prinzessin Mariamne geboren hatte. Eines dieser jüdischen »Kinder« war der Vater dreier uns nunmehr wohlbekannter Gestalten: Agrippas I., Herodias' und Herodes' von Chalkis. Gemäß dem rabbinischen Gesetz wären Herodes' Kinder durch ihre jüdische Mutter »Juden« gewesen; nicht so Drusilla – trotz anderslautender Behauptung der Apostelgeschichte –, deren *Mutter keine Jüdin war.*

Dies ist die Situation, deren Auswirkungen wir in den Handlungen der Erben Herodes' (die zugleich die Erben von Herodes' politischen und religiösen »Neuerungen« waren) beobachten: Herodes Antipas', Agrippas I. und II., Berenikes, Drusillas, Saulus' und anderer mehr – und desgleichen die Situation Johannes' des Täufers, Theudas', Simons und Jakobus' (der zwei Söhne Judas' des Galiläers) und der übrigen »Magier«, »Neuerer« und »Revolutionäre«, die jenen die Stirn boten und von ihnen auf die gleiche Weise aus dem Weg geräumt wurden, wie es im Jahrhundert zuvor mit den Kritikern und Gegnern Herodes' geschehen war.

Insbesondere besteht kaum ein Zweifel daran, daß jener Simon, den Agrippa I. zu sich nach Cäsarea kommen ließ, nach Verstreichen einer Anstandsfrist genauso ins Gefängnis geworfen wurde wie in der Apostelgeschichte der »Simon«, der den römischen Hauptmann besucht – wenngleich der Grund für seine Verhaftung ein etwas anderer gewesen sein dürfte, ja sogar *das genaue Gegenteil* dessen, was die Apostelgeschichte als Grund angibt. Wie wir uns erinnern, berichtet Josephus von einem ähnlichen Ereignis im Zusammenhang mit Agrippas I. Bruder, Herodes von Chalkis, dem ersten Ehemann (und *zugleich Onkel*) Berenikes. Dieser Herodes läßt einen gewissen »Silas« (der ehemals ein treuer Freund Agrippas gewesen war und dessen Schicksal, sogar den Arrest in Rom, mit ihm geteilt hatte) im Gefängnis hinrichten.[29]

Wir haben bereits wiederholt auf den merkwürdigen Umstand hingewiesen, wie viele solche »Herodianer« Namen von Personen tragen, mit denen die Apostelgeschichte Paulus in Verbindung bringt. So scheint Philippus, Sohn des Jakim, der *»Strategos«* oder Oberbefehlshaber von Agrippas I. und Agrippas II. vergleichsweise kleiner Armee gewesen zu sein. In seiner *Vita* spricht Josephus bei mehreren Gelegenheiten von der durch diesen Philippus angeordneten Entsendung der »Zwölf« und der »Siebzig« – Termini, die natürlich sofort an den Philippus der Apostelgeschichte denken lassen. Josephus bezeichnet damit aber keine »Apostel« oder »Jünger«, sondern Scharen, die Philippus *zur Rettung Agrippas II. entsendet.*[30] In der Apostelgeschichte werden Stephanus und bis zu einem gewissen Grad auch Philippus – falls wir ihn vom *Apostel* »Philippus« trennen können – zu den »Siebzig« gerechnet; anderswo wird Philippus natürlich gleichfalls zu den »Zwölf» gezählt. Diesbezüglich – und desgleichen im Zusammenhang mit »Barnabas« und »Thaddäus« – herrscht in der frühen Kirchenliteratur erhebliche Verwirrung.[31]

Diese und ähnliche Gestalten aus dem engen Umkreis der Familie Agrippas I. und Agrippas II. dürften unserer Ansicht nach gemeint sein, wenn in zwei Qumraner *Pescharim* von den »Gewalttätigen« oder den »Gewalttätigen der Heiden« die Rede ist. Gleichfalls um ähnliche Individuen dürfte es sich bei den Anführern von Josephus' »Idumäern« handeln. Wie bereits erwähnt, üben sie, als der Aufstand in seine radikalste Phase tritt, zusammen mit den »Zeloten« an den Hohenpriestern, insbesondere an Jakobus' Mörder Ananus, blutige Rache.

In diesem Zusammenhang sollten wir uns daran erinnern, daß Kostobar, Paulus' möglicher Vorfahr, ein »Idumäer« war (vielleicht sogar der »Ur-Idumäer«), den Herodes, obwohl mit ihm verschwägert, wegen Verrats hinrichten ließ. Einige dieser »Männer des Krieges«, wie sie in den Qumran-Texten genannt werden, stehen auf der Seite Roms, andere auf der Seite der jüdischen Nationalisten; oft genug laufen sie, wenn das Kriegsglück sich wendet, einfach zum Feind über und stellen sich in dessen Dienst. Philippus beispielsweise war zunächst aufrührerischer Umtriebe angeklagt worden, bis Agrippa II. die Römer eines anderen überzeugte.

Einer der ersten Anführer dieser gewalttätigen »Idumäer« ist, um ein weiteres Beispiel zu nennen, »Niger aus Peräa« – der Region jenseits des Jordans, in der sich Johannes' des Täufers Aktivitäten vor allem abgespielt hatten. Dieselben »Zeloten«, die Ananus massakriert hatten, töteten kurz darauf auch ihn, und die Beschreibung seines Wegs zum Richtplatz – »sie zerrten ihn mitten durch die Stadt«, und »er schrie laut und wies auf seine Narben« – hat zahlreiche Elemente mit der entsprechenden Passage der Passionsgeschichte gemeinsam. Es ist bemerkenswert, daß Josephus nach ausführlicher Schilderung solcher Morde und Hinrichtungen und nach der Bemerkung, »die Neuerer« hätten versucht, »die Armen gegen die Reichen aufzuwiegeln«, wieder einmal eine Kehrtwendung vollzieht und in bezug auf die »Zeloten« erklärt:

> Jedes menschliche Gesetz wurde mißachtet, und die Gottesfurcht wurde verhöhnt, auch die Sprüche der Propheten erfuhren Spott, als handle es sich um Gaukeleien. Die Propheten hatten nämlich einstmals vieles von *Gerechtigkeit und Bosheit* vorhergesagt, und die Zeloten, die zuwiderhandelten, boten alles auf, daß sich die Prophezeiungen gegen ihre eigene Heimat bewahrheiteten ... [darunter auch die,] daß Jerusalem fallen und daß das Allerheiligste nach Kriegsgesetz in Brand aufgehen werde, wenn ein Aufstand darüber hereinbreche und wenn *das, was Gottes war, von den Händen der Einheimischen befleckt würde.* Die Zeloten standen diesen Prophezeiungen *nicht etwa ungläubig gegenüber, aber sie sorgten doch, soviel an ihnen lag, dafür, daß sie sich erfüllten.*[32]

Zwei Dinge sind hieran bemerkenswert: zum einen die totale Umkehrung des – in den »drei Netzen des Belial« so zentralen – Vorwurfs der »Befleckung des Tempels«, der nun, wie bei Paulus, statt gegen das herodianische »Establishment« gegen die »Zeloten« erhoben wird; und zweitens die ebenso radikale Verkehrung der Weise, wie Prophezeiungen in den Qumran-Texten eingesetzt wurden. Tatsächlich verfährt Josephus hier diesbezüglich nicht anders, als im Neuen Testament zu beobachten ist, so auch in der Jesus zugeschriebenen »Kleinen Apokalypse«.

Unter den »Propheten und Lehrern« der Gemeinde von Antiochia (wo die Christen »erstmals Christen genannt wurden«) nennt die

Apostelgeschichte, wie bereits angemerkt, auch einen gewissen »Simon,... *genannt Niger*«. Und wie wir uns erinnern, ist ein weiterer solcher dort erwähnter »Lehrer« der »Ziehbruder Herodes', des Tetrarchen« – das heißt jenes Herodes Antipas, dessen Heirat mit Agrippas I. Schwester Herodias indirekt (aber nicht *sehr*) zur Hinrichtung Johannes' des Täufers führte.

Nach Agrippas I. Tod im Jahre 44 n. Chr. lebte dessen Bruder Herodes von Chalkis, der Ehemann Berenikes, der Tochter des Agrippa, noch fünf Jahre. Während dieses Zeitraums führte Berenike, wenn schon nicht offiziell, so doch faktisch, in Cäsarea das Mitregiment. Als der Tod Agrippas I. bekannt wurde, sollen die römischen Soldaten von Cäsarea (deren Brutalität, wie wir uns erinnern, Josephus als die eigentliche Ursache der blutigen Auseinandersetzungen zwischen den jüdischen und den griechischen Bürgern der Stadt ansieht) aus Haß auf den, wie sie meinten, »jüdelnden« König die Standbilder seiner drei Töchter aus dem Palast geraubt und in Bordellen aufgestellt haben.

Dort, so Josephus kokett, »verspotteten sie dieselben in unsäglicher Weise«.[33] Der byzantinische Gelehrte Photios, einer der Bewahrer von Josephus' Werken, geht später sogar so weit zu behaupten, es seien *nicht die Statuen* der jungen Mädchen gewesen – Josephus teilt uns an dieser Stelle ausdrücklich mit, Berenike sei zu dem Zeitpunkt 16, Mariamne zehn und Drusilla erst sechs Jahre alt gewesen –, sondern *die Mädchen selbst*. Da jedenfalls niemand den Mut hatte, diesen Horden Einhalt zu gebieten, setzten sie ihre Übergriffe noch 25 Jahre lang ungestört fort; erst Vespasian zog sie, nach Ende des Jüdischen Krieges, aus der Provinz ab. Das also war die Truppe, zu der Cornelius, der »fromme und gottesfürchtige« römische Hauptmann, laut der Apostelgeschichte gehörte.[34]

Nach Agrippas I. Tod beginnen die wechselvollen Heiratsgeschichten der drei Schwestern, in deren Verlauf Josephus, wie wir uns erinnern, den bereits erwähnten Simon einführt – wieder einmal einen »Magier«. Zunächst mit Julius Archelaos verheiratet, dem Sohn des Tempelschatzmeisters Helkias (eines Vertrauten des Herodes von Chalkis und Nachkommen eines gleichnamigen – wahrscheinlich idumäischen – Spießgesellen Herodes' des Großen), ließ sich Mariamne bald darauf *von ihm scheiden*, machte sich also nach den Maßstäben der in der Damaskus-Schrift beschriebenen »drei Netze des Belial« der »Unzucht« schuldig. Schließlich heiratete sie den Alabarchen von Alexandria, »der sich«, wie Josephus schreibt, »unter den Juden dieser Stadt durch edle Abkunft und Reichtum auszeichnete«.[35]

Josephus sagt von Tiberius Alexander (dessen Vater dasselbe Amt innegehabt hatte und der daher wahrscheinlich ein Vetter oder Bruder von Mariamnes Ehemann war), daß er – wie Drusilla und letztlich auch Berenike – »der Religion seiner Väter abtrünnig wurde«. Der Apostelgeschichte nur durch seine Gefangensetzung führender Mitglieder der »christlichen« Gemeinde, wie Petrus und Johannes, denkwürdig, veranlaßte er darüber hinaus auch, wie wir gesehen haben, zur Zeit der Hungersnot die Kreuzigung der zwei Söhne Judas' des Galiläers, Simon und Jakobus. Er taucht später während der Belagerung Jerusalems wieder auf, wo Vespasian ihm, bevor er nach Rom abreist, um die Kaiserwürde anzunehmen, den Oberbefehl über die Belagerungsarmee anvertraut. Mittlerweile dürfte die allgegenwärtige Berenike bereits Titus' Mätresse gewesen sein. Wie wir bereits mehrfach angemerkt haben (und auch Josephus andeutet), scheint sie darüber hinaus auch »sündhafte Beziehungen mit ihrem Bruder« unterhalten zu haben – demselben Agrippa II., in dessen Begleitung sie Paulus »im Richthaus« besucht (Apostelgeschichte 25,23).

Damit ergäbe sich für Berenike folgende Liste von »Lebensgefährten«: Herodes von Chalkis *(ihr Onkel)*, Agrippa II. (*ihr Bruder*), Polemon, König von Kilikien, der sich *beschneiden* ließ, um sie heiraten zu können (und von dem sie sich trotzdem scheiden ließ), und schließlich Titus, der Zerstörer Jerusalems und künftige römische Kaiser – eine wahrhaft beachtliche Sammlung anrüchiger Charaktere. Was Berenikes jüngere Schwestern anbelangt, so wurde die ältere von beiden, Mariamne, wie schon gesagt, Ende der vierziger Jahre mit dem mutmaßlichen Verwandten (wahrscheinlich Bruder) Tiberius Alexanders, dem späteren Alabarchen von Alexandria und damaligen römischen Prokurator Judäas verheiratet, während sich Drusilla, die Jüngste, der sogar Josephus bescheinigt, daß sie sich »durch hohe Schönheit auszeichnete«, »zur Übertretung ihres heimischen Gesetzes verleiten ließ und Felix heiratete«.[36]

Drusilla war von ihrem Vater Agrippa I. dem Sohn König Antiochos' von Kommagene versprochen worden, einem weiteren kleinasiatischen Reich, das an Kilikien, Klein-Armenien und Edessa (das »Land der Osrhoener«) angrenzte. Doch dieser Epiphanes (der später bei Titus' Angriff auf den Tempel die Makedonische Legion befehligte) weigerte sich, zum Judentum überzutreten und sich beschneiden zu lassen. Daher wurde Drusilla statt dessen mit einem anderen ausländischen König verheiratet, Azizus von Emesa (dem heutigen Homs, nördlich von Damaskus in Syrien gelegen), *der sich bereit erklärte, sich beschneiden zu lassen.* Felix, der 52 n. Chr. nach Judäa kam (zwei Jahre, bevor Claudius durch seine Nichte und Ehefrau,

Neros Mutter Agrippina, vergiftet wurde), beauftragte den schon mehrfach erwähnten Simon, den »Magier aus Zypern« (andernorts auch »Atomus« genannt – ein hervorragendes Beispiel für die Verwechslungen zwischen »Zyprioten« und »Samaritanern«, mit denen wir es hier zu tun haben), den Josephus als Felix' »Freund« bezeichnet, Drusilla zuzureden, *»ihren Gatten zu verlassen und sich mit ihm* [Felix] *zu vermählen*«![37]

Die geschilderten Ereignisse enthalten so viele Verstöße gegen die ethischen Ideale Qumrans, daß man gar nicht wüßte, wo man mit der Aufzählung beginnen sollte. Wenn wir aber annehmen, daß dieser »Freund Felix'« der entmythologisierte Simon *Magus* ist und der andere Simon – der Führer einer Versammlung oder Kirche in Jerusalem, der *den Herodianern als Ausländern den Zutritt zum Tempel verbieten möchte* (dies im Einklang mit dem in den Qumran-Texten gegen das »Establishment« erhobenen – und von Josephus oben *umgekehrten* – Vorwurf der »Befleckung des Tempels«) – der entmythologisierte Petrus: dann, denke ich, haben wir die Möglichkeit zu ermitteln, worum sich die Auseinandersetzung zwischen Simon Petrus und Simon *Magus* in Cäsarea *wirklich* drehte.

Wie immer in solchen Fällen – so auch im Falle von Johannes' des Täufers Einwänden gegen Herodias' Eheschließung und Scheidung – ist das Kriterium der Verurteilung »Unzucht«, aber eine ganz besondere Form von Unzucht. Die gegen dieses »Establishment« erhobenen Vorwürfe sind am deutlichsten in den Qumran-Rollen dokumentiert (eine Tatsache, die uns ein hervorragendes Mittel zur Datierung der Schriftrollen gemäß *inneren* Parametern liefert). Da es sich bei den Texten um zeitgenössische Dokumente handelt, die zudem durch keinerlei retrospektive ideologisch motivierte Überarbeitung entstellt worden sind, können wir uns, wie ich meine, bedenkenlos von diesen ihren Parametern leiten lassen. Die erwähnten Vorwürfe gegen das »Establishment« finden sich in der Tempelrolle, dem Brief (oder den zwei Briefen) über die Werkgerechtigkeit *(»MMT«)* und, am deutlichsten formuliert, im Abschnitt über die »drei Netze des Belial« der Damaskus-Schrift.

»Unzucht« ist in der Qumran-Literatur ein schier allgegenwärtiges Thema, und es ließen sich unzählige Textstellen anführen, in denen direkt auf dieses bestimmte »Belialsnetz« angespielt wird – poetisch verschlüsselte Andeutungen noch gar nicht mitgerechnet. Thematisiert wird sie außerdem im Jakobusbrief und dem in der Apostelgeschichte dem Jakobus zugeschriebenen »Aposteldekret« (den Weisungen des »Jerusalemer Konzils«) sowie, darauf bezugnehmend, in den Paulusbriefen. Jakobus' Verurteilung der Unzucht geht auch implizit aus seiner von allen frühkirchlichen Quellen bezeugten nasiräischen Lebensweise und lebenslangen geschlechtlichen Enthaltsamkeit hervor – seiner (und wahrscheinlich nicht *Marias*) »lebenslanger Jungfräulichkeit«. Die Damaskus-Schrift definiert »Unzucht« zunächst einmal schlicht als: »eine zweite Frau nehmen, solange die erste noch am Leben ist«, womit Polygamie *und* Scheidung gleichermaßen untersagt werden. Daran schließt sich aber – für uns am interessantesten – das Verbot der *Nichten-Heirat*. In ihrer Erörterung dieser Form von »Unzucht« stellt die Damaskus-Schrift auch eine Beziehung zur »unrechten Sonderung« und zur »Befleckung des Tempels« her.

Schließlich wird das »Schlafen mit einer Frau während des Blutes ihrer Periode« gleichsam als »Netz-übergreifender« Verstoß gegen das Gesetz genannt – als »nicht trennen gemäß der Thora«, »Befleckung des Tempels« und »Unzucht« in einem.[38] Dieser letztgenannte Vorwurf dürfte das sicherste Entscheidungskriterium sein, unterhielten Drusilla und Berenike doch Beziehungen zu verschiedenen heidnischen Königen. Drusillas letzter Ehemann, Felix, ließ außerdem »Schwindler«, »Betrüger« und sonstige Führer des palästinischen Widerstands auf brutale Weise aus dem Weg räumen und war der Bruder des Pallas, Neros Lieblingshöflings und *Schatzmeisters*; und Titus, Berenikes Liebhaber, war der Zerstörer Jerusalems und spätere römische Kaiser!

In der unmittelbar folgenden Spalte der Damaskus-Schrift wird eine »Zunge voller Schmähungen« oder »Lästerungen wider die Gesetze des Bundes Gottes« erwähnt und von den »Netzen« des »Establishments« erklärt, sie seien »die Netze von Spinnen« und »Natterngezücht«. Ersteres stellt eine eindeutige Parallele zur »Zungen«-Metapher des Jakobusbriefes dar, während letzteres, wie wir schon gesehen haben, das Schmähwort ist, mit dem Johannes der Täufer im Neuen Testament die Pharisäer und Schriftgelehrten tituliert (und das später auch Jesus in den Mund gelegt wird). An diesem Punkt beantwortet die Damaskus-Schrift die unausgesprochene Frage, wie die Unreinheit der Herodianer oder allgemein der Ausländer auf die Tempelpriesterschaft übergegriffen haben könnte, mit folgendem klaren Verdikt: »Kein Mann, der ihnen naht, soll wieder rein werden, es sei denn, er tat es unter Zwang. Wie ein Verfluchtes soll sein Haus schuldig sein.«[39]

Mit Sicherheit ist keine rechtmäßige oder sonstige jüdische Priesterschaft je auf die – für das altjüdische Empfinden schier gottlose – Idee gekommen, »bei Frauen während ihrer Periode zu liegen« (wie die Damaskus-Schrift es formuliert). Die enge Verknüpfung mit den zwei komplementären Vorwürfen »unrechte Sonderung von Reinem und Unreinem« und »Befleckung des Tempels« läßt es allerdings denkbar erscheinen, daß derlei von einer Gesellschaftsschicht ausgesagt werden konnte, die mit »Ausländern« verkehrte, wie es die Herodianer waren. Noch weiter konkretisiert wird dies durch das *unmittelbar* folgende Verbot der Nichten-Heirat:

> Jeder Mann nimmt seines Bruders Tochter und seiner Schwester Tochter [zur Frau]. Moses aber sagte: »Du sollst mit der Schwester deiner Mutter keinen [geschlechtlichen] Umgang haben. Sie ist deiner Mutter Blutsverwandte.« (3. Moses 18,13)

In fast modern anmutender Argumentationsweise fährt die Damaskus-Schrift dann fort:

> Doch obgleich das Inzestverbot in bezug auf den Mann niedergeschrieben wurde, betrifft es gleichermaßen die Frau. Wenn daher eines Bruders Tochter die Blöße des Bruders ihres Vaters aufdeckt, so ist sie [gleichfalls seine] Blutsverwandte.

Der diesbezügliche Standpunkt Qumrans ließe sich kaum deutlicher formulieren. Man beachte hier auch die Anspielung auf den »Inzest«. Mit welcher Entrüstung hätten die Verfasser der Schriftrollen auf das Gerücht reagiert, Agrippa II. unterhalte eine blutschänderische Beziehung zu seiner eigenen Schwester Berenike!

Zwei Spalten weiter begegnet uns in der Damaskus-Schrift auch eine zusätzliche, leicht verschlüsselte Verurteilung des Inzests:

> Die Fürsten Judas sind denen gleich geworden, die den Grenzstein verrücken [für »Fürsten Judas« lies hier: »Herodianer«].

Dies ist ein Zitat aus dem Buch Hosea (5,10). Dieselbe Stelle war bereits in der ersten Spalte der Damaskus-Schrift in bezug auf die gesetzesbrecherischen Aktivitäten des Lügners angeführt worden.

> Abtrünnige sind sie alle, da sie nicht abgewichen sind vom Weg der *Verräter* [was das Neue Testament auf den Kopf stellt]. Sondern sie haben geschwelgt [oder »sind untergetaucht«] *in den Wegen der Unzucht und der übel erworbenen Reichtümer*... Jeglicher Mann unter ihnen hat wider das Fleisch seines Fleisches gesündigt [womit hier nicht nur *Nichten*, sondern möglicherweise auch *Schwestern* gemeint sind], ist ihm zur Unzucht ge-

naht. Und sie haben ihre Macht gebraucht um der Reichtümer willen und des Gewinns ... »Natterngeifer ist ihr Wein und grausames Otterngift«.[40]

Die hier zitierte Bibelstelle stammt aus dem Fünften Buch Mose (32,33), und die darin enthaltenen mit »Geifer« und »Gift« wiedergegebenen Wörter sind im Hebräischen auch Synonyme beziehungsweise Homonyme für »Wut« oder »Zorn«. Das mit »Wein« übersetzte Wort bedeutet im Hebräischen auch »Griechenland«, und mit dieser Doppeldeutigkeit spielt der *Pescher* dann, um aus dem Zitat »griechisch sprechende Könige« (wie wir meinen, *Herodianer*) herauszulesen. Diese Metaphern sind uns schon weiter oben begegnet, und wir werden auf sie erneut im *Pescher* Habakuk und in der Johannesoffenbarung (im »Wein vom Kelch des Zornes Gottes«) stoßen. Tatsächlich legt die Damaskus-Schrift diese Stelle jetzt, nach Art eines *Peschers*, mit den Worten aus:

> Die »Nattern« sind *die Könige der Völker*, und ihr »Wein« sind *ihre Wege* [das heißt *»Handlungen«*].

Hier wird nicht nur der »Wein« auf das bezogen, was das »Establishment« dem Volk oder seinen Feinden antut, sondern auch das Bild der »Nattern«, dem wir bereits weiter oben im selben Text begegnet sind und das die Evangelien Johannes dem Täufer und Jesus in den Mund legen, ist *eindeutig auf das »Establishment« gemünzt.*

Aber der Ausdruck »Könige der Völker« ist, wie schon ausgeführt, ein in der römischen Verwaltungssprache dieses Zeitraums durchaus geläufiger Terminus; damit wurden die »Kleinkönige« bezeichnet, welche die Römer im Osten als Statthalter und Steuerpächter einsetzten.[41] Sie waren die »Könige der Völker«, wobei das in dieser Fügung vorkommende griechische *(ethnê)* beziehungsweise lateinische (*gentes*) Wort das gleiche ist, das in biblischem Kontext gewöhnlich mit »Heiden« (im Sinne von »Nichtjuden«) übersetzt wird. Dies ist auch der Sinn, in dem Paulus den Terminus auf die Adressaten seiner Mission anwendet. Wir könnten uns also kein besseres Datierungsinstrument wünschen, um unsere Vermutung zu bestätigen, daß in unseren Texten nicht von den Makkabäern gesprochen wird, sondern vielmehr von den Herodianern, die tatsächlich »griechisch sprechende« Marionettenkönige der Römer waren.

Kurz darauf greift die Damaskus-Schrift die Anspielung auf das »Geifern [»Sprudeln«] des geifernden Lügners« (Micha 2,6) wieder auf, und alle diese Metaphern werden nun mit jemandem in Verbindung gebracht, der als eine Art »Windbeutel« charakterisiert wird – wörtlich als »einer, der im Geiste wandelt« oder »verwirrten Geistes ist« (da »Wind« und »Geist« im Hebräischen dasselbe Wort sind) und »Stürme emporbläst« oder »Lügen prophezeite«, »hervorsprudelte« oder »auf sie ergoß/herabregnen ließ«. Abgesehen von einer möglichen Anspielung auf Paulus' Doktrin vom »Heiligen Geist«, erkennen wir hier eine Umdeutung der »Regen«- oder »Sturm«-Metapher, die nicht wie sonst auf den Lehrer, sondern auf den »Lügner«/»Schwätzer« angewandt wird.[42]

Auf diesen Mann war bereits vier Spalten vorher, im Anschluß an die Passage über die »drei Netze des Belial«, mit Hesekiels »leeren Worten und lügenden Geschichten« und »Lügenpropheten«, die »›Friede‹ sagen, wo doch kein Friede ist« (13,7–16), angespielt worden, wobei all diese Aktivitäten mit dem griffigen Schlagwort der »Tünche auf der Wand« zusammengefaßt wurden.[43] Noch weiter oben, am Anfang der Damaskus-Schrift, hatte es – inmitten von Metaphern für »Ungesetzliches lehren« wie: »Er verrückt den Grenzstein« und »verleitet zum Irren durch weglose Wüste« – von diesem Mann geheißen, er »gieß[e] über Israel die Wasser der Lüge aus«, womit vielleicht auf eine weitere Lieblingsbeschäftigung des »lügenden Schwätzers« angespielt werden sollte: das Taufen. Daß hier unserer Ansicht nach von Paulus die Rede ist, haben wir bereits gesagt.

Man sollte sich auch ins Gedächtnis zurückrufen, daß in der Version der »drei Netze des Belial«, die sich in der Johannesoffenbarung findet, das »Netz«, das »Bileam Balak lehrte, ... vor die Kinder Israel zu werfen«, die Verführung war, »Götzenopfer zu essen« und »Unzucht zu treiben«. Hinzu kommen noch die aufschlußreiche Vertauschung der Begriffe »Satan« und »*Diabolos*« – mit denen sich Jesus in der oben besprochenen »Beelzebul«-Rede so mannhaft herumschlägt –, die in diesem (2.) Kapitel der Offenbarung zu beobachten ist, sowie die im ganzen Text immer wiederkehrende »Kelch«-, »Wein«- und »Vergeltungs«-Symbolik.

Paulus' Beziehungen zum Neronischen Hof

Natürlich kennt auch Paulus den Begriff »Belial«, wie seine – wenn auch leicht mißglückte – Verwendung des Wortes im Zweiten Brief an die Korinther (6,15) verrät. Nicht nur verweist der Terminus »Belial«, wie wir gesehen haben, bereits für sich genommen auf die Herodianer, sondern auch die dem Begriffsfeld »*balla*`«/»Bela`«/»Bileam« zugrundeliegende hebräische Wurzel läßt sich auf das beziehen, was die

Führer dieses »Establishments« mit jedem taten, der ihr Verhalten kritisierte: nämlich ihn »verschlingen« oder »verzehren« – wobei der »Belial« der Damaskus-Schrift zum »Bileam« der Offenbarung sowie des Zweiten Petrus- und des Judasbriefes wird.

Möglicherweise gehört sogar der Name »Benjamin« – den Paulus im Brief an die Römer (11,1) auf sich bezieht; vergleiche dazu Apostelgeschichte 13,21 – in dieses »*B-L-*`«-Feld. Es ist äußerst unwahrscheinlich, daß Juden – »Priester« und »Leviten« einmal ausgenommen – zu dieser Zeit noch ihre Zugehörigkeit zu einem bestimmten Stamm angegeben haben sollten, waren doch die meisten Stämme bereits seit langer Zeit in der einen Hauptgruppe, Juda, aufgegangen (daher auch die allgemeine Bezeichnung »Jude« oder »Jehud«).[44] Wenn sich Paulus aber im Brief an die Philipper (3,5) als »aus dem Volk Israel«, »ein[en] Hebräer von Hebräern« bezeichnet, vermeidet er in auffälliger Weise jegliche Verwendung des Terminus »Jude«.

Gewisse Indizien scheinen dafür zu sprechen, daß Diaspora-Juden allgemein die Zugehörigkeit zum Stamme Benjamin für sich beanspruchten, wenngleich es ebensogut möglich ist, daß Paulus in diesem Fall lediglich auf seinen alttestamentlichen Namensvetter anspielen wollte, den bejaminitischen König Saul. Noch wahrscheinlicher ist allerdings die gleichfalls bereits angedeutete Möglichkeit, daß die Herodianer und andere derartige »Quasijuden« diesen Namen anführten (wie Jahrhunderte später Mohammed den Namen »Ismael«), um zu zeigen, daß auch sie eigentlich »Erben der Verheißung und Kinder Abrahams« waren beziehungsweise, wie Paulus es formuliert, »Israeliten« und »Hebräer« – aber keine »Juden«.

Wie wir uns erinnern, waren auch die Edomiter »Kinder Abrahams«; doch in Anbetracht der äußerst interessanten Überschneidung von Edomitern und Benjaminiten, die sich in ihrem gemeinsamen Ahnen Bela, dem Sohn Beors, zeigt (im Alten Testament sowohl der erste edomitische König als auch einer der wichtigsten benjaminitischen Clans – ganz zu schweigen davon, daß die Benjaminiten im Buch der Richter (19 f.) als »Söhne Belials« bezeichnet werden), wäre es durchaus möglich, daß die Herodianer die von ihren Gegnern auf sie bezogenen Schimpfausdrücke zu einer Bestätigung ihrer eigenen Legitimierung umwerteten und umfunktionierten. Falls die Herodianer wirklich diesen Namen für sich beanspruchten, so wäre dies eine zusätzliche Erklärung dafür, warum die Qumran-Texte das damit zusammenhängende Wortfeld zur Bezeichnung alles Negativen – ja des fleischgewordenen Bösen schlechthin – gebrauchten, und zugleich die Bestätigung unserer Deutung der »*B-L-*`«-Ableitungen als Leitmotiv für »Herodianer«.

Im Philipperbrief verwendet Paulus außerdem auch ein Bild, das direkt aus der Qumraner Gemeinderegel stammt, und bezieht es auf seinen »Bruder und Mitstreiter« Epaphroditus: »ein lieblicher Geruch, ein angenehmes Opfer, Gott gefällig« (2,25 und 4,18); in der Gemeinderegel hingegen heißt es von den *Mitgliedern des Rats der Gemeinde*, sie seien »ein lieblicher Duft«, »ein wohlgefälliges Opfer, das für das Land sühnt« und »eine geprüfte Mauer und ein kostbarer Eckstein ... darauf sich der Heilige Geist gründet gemäß der Wahrheit ewiglich«. Gleichfalls in der Gemeinderegel wird richtig dargebrachtes Gebet als »ein angenehmer Geruch von Gerechtigkeit und Vollkommenheit des Weges, ein wohlgefälliges freiwilliges Opfer« bezeichnet.[45]

Paulus seinerseits richtet am Ende des Philipperbriefes (nach einer Anspielung auf den »Reichtum in der Herrlichkeit in Jesus Christus«) die Grüße *»aller Heiligen«* aus, *»sonderlich aber [derjenigen] von des Kaisers Hause«* (4,19–22). Dieser Epaphroditus scheint ein interessanter Mann gewesen zu sein. Eine Person gleichen Namens haben wir ja bereits als Josephus' Förderer und Herausgeber kennengelernt. Josephus charakterisiert »Epaphroditus« als »einen hochherzigen Gönner« und »ein[en] Mann, der allen Wissenschaften und besonders der Geschichte sehr zugetan war«, zumal

> er selbst *große Ereignisse und mancherlei Schicksale erlebt hatte,* wobei er stets eine geistig hervorragende Natur und *unerschütterte Wahrheitsliebe* offenbarte.[46]

Gleich Felix ein Freigelassener Neros, war Epaphroditus auch in des Kaisers Tod verwickelt, indem er ihm half, Selbstmord zu begehen – wenngleich es sich dabei auch um eine *aktivere* Form der Sterbehilfe gehandelt haben könnte. Zur Belohnung scheint er später gleichfalls Domitians Sekretär gewesen zu sein; zuletzt fiel er allerdings in Ungnade und wurde – angeblich dafür, daß er es gewagt habe, *einen Kaiser zu töten* – 95 n. Chr. auf allerhöchste Anweisung ermordet. Wie wir gesehen haben, soll Domitian etwa um die gleiche Zeit auch zwei andere »christliche« Angehörige seines Hauses, Flavius Clemens (möglicherweise »unser« Clemens) und dessen Frau oder Nichte, Flavia Domitilla, verbannt oder getötet haben.

Im Brief an die Philipper (2,27) spricht Paulus von einer schweren Krankheit, an der Epaphroditus beinahe gestorben sei. Die Tatsache, daß dieser am Ende des Briefes noch einmal in engstem räumlichen Zusammenhang mit »des Kaisers Haus« (4,22) genannt wird, läßt es fast völlig sicher erscheinen, daß wir es mit demselben Epaphroditus zu tun haben, von dem Josephus spricht. Hervorzuheben ist in diesem Zusammenhang auch die Erwähnung von »des Aristobulos Hausgenossen« im Brief an die Römer (16,11) und von »Herodion« (dem »kleinsten Herodes«) im selben Text (16,13). Herodes' von Chalkis Sohn Aristobulos stand Nero mit Sicherheit sehr nahe, schließlich verlieh ihm letzterer nicht nur das Königreich Unter-Armenien, sondern auch den Ehrentitel »Freund«. Zweifellos pflegte er mit den nachfolgenden Flaviern ebenso gute Kontakte.

Es ist eine nicht uninteressante Randnotiz zu all diesen Beziehungen, daß der Sprößling aus Drusillas und Felix' Ehe »zur Zeit des Cäsars Titus bei einem Ausbruch des Vesuvs ... umkam«; Josephus verspricht zwar, darüber noch zu berichten, tut es dann aber nicht. Ebensowenig hält Josephus sein wenige Zeilen später gegebenes Versprechen, mehr über die Familie Philons und des Alabarchen von Alexandria zu erzählen.[47]

Abschließendes zu Petrus und Josephus' Simon

Damit müßte die Situation eigentlich klar sein. Was Johannes der Täufer Herodias und Herodes Antipas vorwarf, war deren »Unzucht« und – daneben – deren »Reichtum«. Das vom Neuen Testament angesprochene Problem um die Leviratsehe *könnte* dabei noch eine zusätzliche Rolle gespielt haben. Die Frage, ob »Philippus« (tatsächlich Herodes) eigene Nachkommen hatte, läßt sich ohnehin nicht mit Sicherheit beantworten. Herodias ließ sich von »Philippus« (das heißt Herodes) scheiden, was sogar Josephus als einen Verstoß gegen das Gesetz bezeichnet. Und dieser »Herodes« (der Sohn von Herodes' des Großen zweiter Frau namens Mariamne) war zu diesem Zeitpunkt noch am Leben.

»Herodes aber«, so das Lukasevangelium, »der Vierfürst, ward von [Johannes] zurechtgewiesen um der Herodias willen, seines Bruders Philippus Frau« (3,19). Das Problem mit Herodias war, wie Josephus uns mitteilt, daß sie nicht nur einen, sondern gleich *zwei Onkel* geheiratet hatte und sich zusätzlich vom ersten von beiden auch noch hatte scheiden lassen – alles Dinge, die in der Qumran-Literatur aufs schärfste verurteilt wurden und die Johannes ihr zweifellos auch (mit dem bekannten Resultat) vorgeworfen haben dürfte.

Desgleichen hatte die in all unseren Quellen so phantasievoll ausgestaltete Konfrontation zwischen Petrus und Simon *Magus* wahrscheinlich nicht primär mit abstrakten theologischen Fragen zu tun (wenngleich sie durchaus eine gewisse Rolle gespielt haben mögen), insbesondere Meinungsverschiedenheiten um die Natur des »wahren Propheten«, des »Ur-Adam« und des »Christus«. Wir können diesbezüglich nicht sicher sein, aber Josephus teilt uns jedenfalls unzweideutig mit, daß es einen »Magier« namens »Simon« gab, der für Felix arbeitete.[48] Felix beauftragte diesen Mann, Drusilla dazu zu überreden, »das Gesetz ihrer Vorfahren [»der Ersten«, wie es in der Damaskus-Schrift heißt] zu brechen«; und sie tut es auch gleich doppelt: Sie läßt sich nicht nur von ihrem Mann *scheiden* (und dies, obwohl er ihretwegen die Beschneidung auf sich genommen hatte), sondern heiratet auch noch einen *Unbeschnittenen*, Felix. Darüber hinaus erfahren wir aus den pseudoklementinischen *Rekognitionen* (die ausführlich auf Petrus' Auseinandersetzungen mit Simon *Magus* eingehen), Jakobus habe Petrus etwa um die gleiche Zeit aus der Gegend von Jericho mit dem Auftrag ausgesandt, *Simon* Magus in *Cäsarea entgegenzutreten.*

In allen Quellen, die wir zu Jakobus besitzen, spielt das Motiv der (entschieden verurteilten) »Unzucht« eine äußerst wichtige Rolle – und das gleiche gilt für diejenigen Teile der Qumran-Literatur, die vom Gerechten Lehrer handeln. Im letztgenannten Korpus ist dies ein geradezu allgegenwärtiges Thema. Ich glaube, wir können gefahrlos den Schluß ziehen, daß derselbe »Simon«, der *Agrippa I.* – trotz dessen offensichtlichen Bemühungen und Frömmigkeit – *als einem Ausländer den Zutritt zum Tempel verwehren wollte* und dessen Palast aufsuchte, um festzustellen, was dort »wider das Gesetz« geschehe, in Cäsarea auch Simon *Magus* zur Rede stellte und daß es bei diesem Streitgespräch um »Unzucht« ging: jener der Herodianer!

Daß der Felix, der im folgenden Jahrzehnt einen Namensvetter dieses Simons als Kuppler einsetzte, ein Ausländer war (*und* darüber hinaus oppositionelle Volksführer mit der größten Brutalität unterdrückte!), verschärfte das Problem nur noch weiter. Schließlich kann man es als gegeben voraussetzen, daß Felix weder beschnitten war noch irgendwelche Skrupel gehabt haben dürfte, mit Frauen »während des Blutes ihrer Periode« zu schlafen – ein »Delikt«, das in der hellenistischen Welt, der er angehörte, nicht eben sonderlich ernst genommen worden zu sein scheint.

Daß in der Damaskus-Schrift ausdrücklich auf letztgenannte Praxis angespielt wird, verrät, *was man in Palästina von Ausländern dachte.* Damit soll nicht impliziert werden, daß alle Ausländer derlei Dinge taten, sondern lediglich, daß sie in Palästina diesen Ruf hatten. Es war ein weitverbreitetes Vorurteil, etwas, was ihnen allgemein nachgesagt wurde; eine bloße Andeutung in dieser Richtung hätte genügt, und jeder hätte gewußt, von wem die Rede war. Daher war die entsprechende Bemerkung, die sich in der Damaskus-Schrift findet, auch nicht so zu verstehen, daß *die Hohenpriester* mit Frauen »während *des Blutes* ihrer Periode« geschlafen hätten – im Gegenteil: Sie taten das mit Sicherheit *nicht*.

Wohl aber soll damit ausgesagt werden, daß sie mit Leuten verkehrten, *die* etwas Derartiges praktizierten, und somit – wie die Damaskus-Schrift es formuliert – an deren »Befleckung« Anteil hatten. Gemeint waren damit in erster Linie die Herodianer. *Von ihnen* (nach radikal-zelotischer Auffassung dem Inbegriff der Beflecktheit) – und schlimmer noch, von römischen Statthaltern – wurden die Hohenpriester ernannt, bisweilen sogar gegen Zahlung von Bestechungsgeldern. Das ist der Grund, weswegen »die Zeloten« – und wahrscheinlich ebenso die Qumran-Gemeinde und die Urchristen (falls sie nicht überhaupt miteinander identisch sind) – so bestrebt waren, einen Hohenpriester von größerer Reinheit und Gerechtigkeit zu erwählen (Hebräer 4,14 und 7,26).

Diese Anspielung auf das »Schlafen mit menstruierenden Frauen« (die in der Damaskus-Schrift in direktem Zusammenhang mit dem anderen Vorwurf steht, »jeder von ihnen heiratet des Bruders Tochter«) verweist also spezifisch auf Ausländer und Juden, *die mit Ausländern verkehrten*. Dazu würden vor allem herodianische Könige und Prinzessinnen gehören, die bei Extremisten der Sorte des Josephusschen Simon ja durch die Bank als »Ausländer« galten. Darüber hinaus dürften aber gleichfalls *Paulus* und seine Heidenchristen von diesem Vorwurf betroffen gewesen sein. Petrus setzte sich zweifellos auch bezüglich dieser Fragen mit Simon *Magus* auseinander. Der »Petrus« der pseudoklementinischen *Homilien* hätte dies jedenfalls mit Sicherheit getan. *Deswegen* ist die Apostelgeschichte so auffällig bestrebt, die ganze Problematik unter den Teppich zu kehren oder bis zur nahezu völligen Unkenntlichkeit zu überschreiben.

Dies sind die Parameter judenchristlicher Aktivität – dies sind die Parameter Qumrans, und es ist keine retrospektive Geschichtsklitterung. Daraus erdichten zynische Fälscher einen Petrus, der »lernt«, daß es *falsch sei*, »Fremdlinge« oder »Unbeschnittene« *zu diskriminieren* (Apostelgeschichte 10,28 und 11,3). Petrus wird, mit einem Wort, *paulinisiert*, durch eine Vision »bekehrt«, die ihm ausgerechnet auf einem Dach in Jaffa widerfährt. Und das, obwohl der Galaterbrief ausdrücklich bezeugt, daß es genau aufgrund dieser Frage zum Bruch zwischen Paulus und Petrus kam (2,12) – wenngleich letzterer einen eingestandenermaßen weniger strikten Standpunkt als Jakobus vertrat. Auch dies wird von den *Homilien* eindeutig bestätigt.

Doch damit nicht genug, wird Petrus jetzt unterstellt, er habe einem römischen Hauptmann aus Cäsarea einen freundschaftlichen Besuch abgestattet – einem römischen Legionär, der angeblich dem Judaismus und überhaupt allem Jüdischen den größten Respekt entgegenbringt, während Josephus wiederholt erklärt, daß es gerade die in Cäsarea stationierten Legionäre waren, die durch ihre ständigen brutalen Übergriffe die Probleme im Land immer weiter verschärften (wobei es 20 Jahre lang keinen Statthalter gab, der den Mut aufgebracht hätte, ihnen Einhalt zu gebieten) und schließlich die Juden zum Aufstand trieben!

Ob derjenige, der Simons Besichtigung von Agrippas I. Palast in Cäsarea mit dem freundschaftlichen Besuch Petrus' bei Cornelius, dem Hauptmann der cäsareischen »Cohors Italica«, überschrieb, damit bezweckte, Trajan oder Hadrian darauf hinzuweisen, welch positive Einstellung deren Vorgänger in besagter Kohorte den Christen gegenüber gehabt hatten, sei dahingestellt. Jedenfalls stammten nicht nur beide Kaiser aus der spanischen Garnisonsstadt Italica, sondern sie waren in den folgenden Jahren auch beide sehr aktiv in der Niederschlagung messianischer Aufstände in Palästina und im weiteren Mittelmeerraum.[49]

Nicht unwesentlich ist in diesem Zusammenhang eine Mitteilung, die sich in Trajans Briefwechsel mit Plinius dem Jüngeren findet. Wie wir uns erinnern, hatte der Kaiser Plinius (der anders als Felix' und Drusillas Sohn den Ausbruch des Vesuvs überlebt hatte) aufgefordert, in seiner Eigenschaft als Statthalter der kleinasiatischen Provinz Bithynien die dortigen (natürlich *Heiden-*)»Christen« auf ihr staatsgefährdendes Potential hin zu überprüfen. Wie Eusebios unter Bezugnahme auf Tertullian (160–221) referiert, lautete Plinius' abschließendes Urteil:

> Sie taten nichts Böses oder den [römischen] Gesetzen Zuwiderlaufendes … Abgesehen von *ihrer Weigerung, Götzen zu opfern, fand [ich] keine Schuld an ihnen.*

Auffällig ist hierbei die Tatsache, daß diese Christen offenbar – entgegen Paulus' diesbezüglicher Lehre – Jakobus' Verbot von »Götzenopferspeisen« gewissenhaft befolgten. Nicht minder interessant ist die praktisch wörtliche Übereinstimmung zwischen Plinius' Verdikt und der Äußerung, die Lukas und Johannes dem Pontius Pilatus in den Mund legen. Nachdem dieser Jesus verhört hat, sagt er nämlich, wie wir uns erinnern: »Ich finde keine Schuld an diesem Menschen« (Lukas 23,4; vergleiche Johannes 19,4). Daraufhin soll Trajan (Tertullian/Eusebios zufolge) verfügt haben, »die Christen [bräuchten] nicht weiter beobachtet zu werden«. Dies entspricht indes nicht ganz dem tatsächlichen Inhalt des kaiserlichen Briefes, der, wie bereits mitgeteilt, erhalten ist und eine weniger tolerante Geisteshaltung verrät.

Wie wir uns erinnern, berichtet Eusebios auch von einem ähnlichen Ereignis, das sich – zumindest seines Wissens – nicht lange vorher zugetragen haben soll. Diese andere, unter Domitian (81–96) durchgeführte Untersuchung endet damit, daß »die Nachkommen *Judas'*, eines der Männer, die als *die Brüder des Herrn* gelten« verhaftet werden. Etwa um die gleiche Zeit werden Epaphroditus und Flavius Clemens hingerichtet und des letzteren Ehefrau, Flavia Domitilla, verbannt. Interessanterweise ist es der Sklave dieser Domitilla – übrigens ein weiterer *»Stephanus«* –, der noch im selben Jahr Domitian ermordet.[50]

Eine dritte Episode dieser Art ereignet sich, offenbar während messianischer Unruhen in Ägypten und Kyrene, unter Trajan (98–117) und endet damit, daß Simeon bar Kleophas, Jesu »Vetter« oder zweiter Bruder, um das Jahr 105/106 gefoltert und gekreuzigt wird und damit »sein Leben unter ähnlichen Qualen beendet wie unser Herr«.[51] Um die Sache noch weiter zu komplizieren, erzählt uns Eusebios (angeblich wieder auf Hegesippus gestützt) bereits vorher von einem *dritten* solchen Ereignis, das sich während Vespasians Regierungszeit zugetragen haben soll. Er schreibt:

> Vespasian befahl, daß *alle Nachkommen Davids* ausfindig gemacht werden sollten, und damit nahm eine weitere großangelegte Judenverfolgung ihren Lauf.[52]

In allen diesen Mitteilungen benutzt Eusebios praktisch den gleichen Wortlaut: »Es wurde eine Suche nach denjenigen Juden unternommen, die Nachkommen Davids waren.«[53]

Hier sei noch einmal an die Tatsache erinnert, daß die römische Verwaltung und Jurisdiktion in dieser Zeitspanne praktisch keinen Unterschied zwischen sogenannten »Christen«, »Messianisten« und sonstigen Juden machte. »Domitian hatte befohlen, die Nachkommen Davids zu töten«; dies zeigt aber – falls diese Mitteilung den Tatsachen entspricht –, daß dem Kaiser der *messianische Hintergrund* der damals offenbar noch andauernden Unruhen in Palästina durchaus bewußt war. Woraufhin

> die Nachkommen des Judas, des Bruders unseres Heilands nach dem Fleisch, da sie vom Geschlecht Davids waren und somit auch mit dem Christus verwandt, … vor Domitian geführt wurden.[54]

In wörtlicher Anlehnung an Hegesippus identifiziert Eusebios diese nun als »die Enkel Judas', der genannt wird der Bruder unseres Herrn nach dem Fleisch«. Domitian mustert sie.

Was wir hier über ihr Aussehen erfahren – »die Härte ihrer Körper zeugte von ihren Mühsalen, und die Schwielen an ihren Händen legten Zeugnis ab von ihrer unablässigen schweren Arbeit« –, erinnert uns wieder an die Schwielen, die sich Jakobus durch sein »unablässiges Beten« (man beachte hier auch die Wiederholung des Wortes »unablässig«) im Allerheiligsten zugezogen hatte. Wie Jakobus beantworten sie alle an sie gerichteten Fragen mit der Feststellung, daß Jesus *»in Herrlichkeit kommen würde,* ... einen jeden zu richten *gemäß seiner Werke«*. Dies ist eine fast wörtliche Kombination aus Teilen des Jakobusbriefes und der Verkündigung, die Jakobus an *Pessach* vor der versammelten jüdischen Volksmenge im Tempel ausspricht. Woraufhin

> Domitian sie verächtlich ... als Einfaltspinsel entließ und befahl, daß die Verfolgung eingestellt werden sollte.

Domitian behandelt sie deswegen wie Einfaltspinsel, weil sie politisch keine Gefahr darstellen: Ihr Reich ist »nicht von dieser Welt«. Dennoch scheinen diese Verwandten Jesu knapp zehn Jahre später noch einmal, unter Trajan, zusammengetrieben und diesmal auch hingerichtet worden zu sein, denn wie Hegesippus im Zusammenhang mit dem Martyrium Simeon bar Kleophas' schreibt, waren sie diejenigen, »die als Märtyrer zum Vorbild der ganzen Kirche wurden – insbesondere die Familie unseres Herrn«.[55]

Epilog

Es ist vielleicht am besten, an dieser Stelle abzubrechen. Eine natürliche Zäsur ergibt sich hier ohnehin dadurch, daß der nächste Teil dieser Arbeit Jakobus' Person und seine Rolle als Oberhaupt der »Jerusalemer Gemeinde« im besonderen und allgemein die weltweite Ausbreitung der messianischen Bewegung behandelt – und zwar beides unter Berücksichtigung nachweislich parallelen Materials aus den Schriftrollen des Toten Meeres. Ein zweiter Band von ungefähr dem gleichen Umfang wie der vorliegende ist bereits fertiggestellt. Er knüpft dort an, wo dieser endet, wobei seine ersten zwei Teile den übrigen Brüdern Jesu – deren es zumindest zwei gab, möglicherweise sogar drei – sowie den »jakobinischen Gemeinden des Ostens« gewidmet sind.

Der erste dieser zwei Teile wird sich speziell mit dem Problem der »Brüder Jesu als Apostel« beschäftigen, da sie tatsächlich als solche angesehen worden zu sein scheinen (was immer die Bezeichnung »Apostel« in dieser frühen Phase auch bedeutet haben mag) und sogar in den Apostellisten der Evangelien aufgezählt werden: »Jakobus der Jüngere, Sohn des Alphäus«, »Simon Zelotes«/»Kananäus« und »Judas (der Bruder) von Jakobus«/»Thaddäus«. Sie scheinen auch Jakobus' Nachfolger gewesen zu sein, zumindest in Palästina. Der zweite Teil hängt insofern wesentlich mit dem ersten zusammen, als Jesu übrige Brüder – insbesondere »Judas [der Bruder] von Jakobus«/»Thaddäus« und vermutlich auch »Judas Thomas« – verschiedenen einander überschneidenden Quellen zufolge eine wichtige Rolle im Zusammenhang mit Bekehrungen gespielt zu haben scheinen, die sich weiter im Osten, in Nordsyrien und Obermesopotamien, während dieses Zeitraums ereigneten.

Offenbar haben wir es dabei mit drei oder möglicherweise vier solchen Ereigniskomplexen (und Quellengruppen) zu tun: nordsyrischen Bekehrungsgeschichten aus der syrischen und der frühkirchlichen

Überlieferung; der in ihren neutestamentlichen Variationen in der Gegend von »Damaskus« oder in »Arabien« angesiedelten Episode um Paulus' Bekehrung; und Legenden um die Bekehrung der Helena von Adiabene (Nordmesopotamien) sowie die Beschneidung von deren zwei Söhnen, die sich bei Josephus und in der talmudischen Tradition finden. Interessanterweise ist an allen diesen Bekehrungen ein gewisser »Ananias« – auf die eine oder andere Weise – beteiligt. Wie wir sehen werden, stellt dieser Name ein wichtiges verbindendes Motiv dar. Die genannten Bekehrungen finden wiederum ihren Niederschlag in Anspielungen auf »Damaskus« und den »Neuen Bund im Land Damaskus« sowie auf das weiter »im Norden« gelegene Land, denen wir in den Qumran-Rollen und der Kairoer Damaskus-Schrift begegnen.

Diese soeben skizzierten ersten zwei Teile waren bereits in der amerikanischen und der britischen Ausgabe des vorliegenden ersten Bandes enthalten; bei der deutschen Ausgabe erschien es jedoch ratsam, sie abzutrennen und dem geplanten zweiten Band voranzustellen, wofür nicht nur inhaltliche Gesichtspunkte sprachen, sondern auch die Tatsache, daß die zwei Bände somit einen annähernd gleichen Umfang haben würden.

Ein weiteres Thema des ersten Teils des zweiten Bandes wird die berühmte Schilderung der Jakobus zuteil werdenden ersten nachösterlichen Erscheinung Jesu sein, die sich im – von Origenes, Hieronymus und anderen bewahrten – Hebräerevangelium findet und von Paulus in der ursprünglichen, nicht durch Interpolationen entstellten Version des Ersten Briefs an die Korinther – 15,7 – (sowie indirekt durch die Lukassche »Erscheinung auf dem Weg nach Emmaus«) bestätigt wird; diese Berichte werden im Rahmen einer ausführlichen Analyse den verschiedenen, in stärkerem Maße literarisch aufbereiteten Passagen der orthodoxeren Evangelien gegenübergestellt werden, in denen Jesus am (und auf dem) »Galiläischen Meer« anderen Aposteln erscheint.

Auch hier sind gewisse Diskrepanzen festzustellen. Während Matthäus und Markus (in ihrer uns heute vorliegenden Form) die Erscheinungen in die Zeit *nach* Jesu Auferstehung verlegen, bringt sie Johannes bereits früher: im Zusammenhang mit der Berufung der Apostel. Lukas wiederum erwähnt diese »Erscheinungen am Galiläischen Meer« überhaupt nicht.

Dieser erste Teil wird aber nicht nur die Apostelschaft der Brüder Jesu, sondern auch allgemein die Persönlichkeit und individuellen Schicksale der übrigen »Jünger« zum Gegenstand haben, so zum Beispiel »Simons« und »Judas', des Bruders von Jakobus. Enden wird er mit einer Erörterung der Gestalt, die von manchen als »Vetter« Jesu angesehen wird: »Simeons bar Kleophas«, des Nachfolgers Jakobus' (und damit des zweiten Nachfolgers Jesu) in Palästina – wobei »Simon« und (wahrscheinlich) »Kleopas« die zwei Männer sind, denen der auferstandene Jesus in der von Lukas (24,13–34) geschilderten Begebenheit auf dem Weg nach Emmaus erscheint. Zuletzt werden sich diese anderen verschiedenen Gestalten als mit »Simon dem Zeloten« der Lukasschen Apostelliste identisch erweisen.

Im zweiten Teil werden wir unser Augenmerk auf die parallele Bekehrung Agbarus'/Abgarus', des »Königs der Völker jenseits des Euphrats« (oder des »Landes der Edessaner«, wie es in anderen Kontexten heißt) richten, sowie auf deren Spiegelung in der Episode um den »Propheten«, den die Apostelgeschichte »Agabus« nennt. Diesem Text zufolge kam jener »Prophet« »von Jerusalem nach Antiochia« und weissagte die »Teuerung, die da kommen sollte über den ganzen Kreis der Erde« (Apostelgeschichte 11,28 ff.). Wie im schon erwähnten Falle des (indirekt auch mit diesen Ereignissen in Zusammenhang stehenden) »Ananias« wird uns ebendiese »Teuerung« oder »Hungersnot« – die laut Josephus von 45 bis 48 n. Chr. andauerte und einige Kreuzigungen sowie erhebliche Unruhen mit sich brachte – ein weiteres Bindeglied liefern.

Die Apostelgeschichte erwähnt diesen »Propheten« noch ein zweites Mal; diesmal kommt er – wieder »aus Judäa« – nach Cäsarea, um Paulus vor einer Rückkehr nach Jerusalem zu warnen (21,8–12). Wir werden nicht nur zwischen diesem »Propheten« und demjenigen, den Josephus gegen Ende des *Jüdischen Krieges* vorstellt – »Jesus ben Ananias«, der unmittelbar nach dem Tod des Jakobus den Untergang Jerusalems weissagt –, eine Parallele ziehen, sondern ebenso auch zwischen der ersten Episode um »Agabus« (in der dieser »nach Antiochia« kommt) und Josephus' Bericht von der Bekehrung Helenas von Adiabene (einem an »das Land der Edessaner« angrenzenden Reich in Nordmesopotamien) und deren zweier Söhne.

An diesem Punkt erreicht unsere Diskussion – in der Identifikation dieser Geschichte von der Bekehrung Königin Helenas und der Beschneidung ihrer zwei Söhne mit der Episode um die Bekehrung des »Kämmerers der äthiopischen Königin« (Apostelgeschichte 8) – etwas wie einen vorläufigen Höhepunkt. Alle diese Diskrepanzen, Überschneidungen und Verschleierungen werden dabei ausführlich erörtert und in ihrem Zusammenhang mit weiteren Verschleierungen und teilweise sogar regelrechten Fälschungen betrachtet werden, die sich an anderen Stellen der Apostelgeschichte und sogar in den Evangelien finden.

Die Schlußfolgerung, die sich uns an dieser Stelle unserer Untersuchung aufdrängen wird, ist ganz einfach: Akzeptiert man unsere Gleichsetzung der »äthiopischen Königin« mit Königin Helena – sie dürfte schwer zu widerlegen sein, da es in der fraglichen Zeitspanne keinerlei »äthiopische Königin« gab (laut den Annalen griechisch-römischer Historiker wie Strabo und, in Anlehnung an diesen, Plinius hatte bestenfalls 75 Jahre vorher eine solche existiert, und mit Sicherheit keine, die irgendeinen Grund gehabt hätte, ihren kastrierten Schatzmeister nach Jerusalem zu entsenden –, dann werden die meisten übrigen Entstellungen und Falschaussagen der Apostelgeschichte evident. Die Vorgehensweise ihres Verfassers ist dabei immer wieder die gleiche: Er entnimmt ernstzunehmenden Quellen bekannte historische Ereignisse und verwandelt sie in mehr oder weniger literarischen Tand.

Die Apostelgeschichte ist das Schlachtfeld, auf dem all diese widersprüchlichen Daten aufeinandertreffen, und ihr Verfasser weiß erheblich mehr, als ihm normalerweise zugetraut wird. Der Schlüssel zu diesen einander überschneidenden Daten steckt im Detail, daher ist eine minuziöse Kenntnis der tatsächlichen historischen Gegebenheiten für eine realistische Würdigung dessen, was die Apostelgeschichte uns als *Geschichte* vorsetzt, absolut unverzichtbar. Die Apostelgeschichte ist einfach deswegen die Plattform, auf der diese fundamentalhistorischen Diskussionen ausgetragen werden müssen, weil sie der Text ist, der die Geschichte der urchristlichen Gemeinde darzustellen vorgibt. Und das ist zugleich der Grund, warum dieser Text trotz all seiner inhärenten Widersprüche, märchenhaften Elemente und sonstigen Unglaubwürdigkeiten jahrhundertelang eine so starke und weitreichende Wirkung ausgeübt hat – weil nämlich der Durchschnittsleser keinerlei andere Informationen besaß, die er zu einem kritischen Vergleich hätte heranziehen können. Das eben ist der Mißstand, zu dessen Beseitigung die Schriftrollen vom Toten Meer – und, wie wir hoffen, die vorliegende Arbeit – beitragen werden.

Ein weiteres Beispiel für die nachlässige, ja unlautere Weise, wie die Apostelgeschichte (von den Evangelien wollen wir gar nicht erst reden!) mit historischen Daten verfährt, ist die Charakterisierung Petrus', des angeblichen Nachfolgers Jesu. An rund 45 Stellen der Apostelgeschichte werden Petrus mehr oder weniger lange Reden und Ansprachen in den Mund gelegt. Nicht nur verraten alle diese angeblichen Äußerungen eines Oberhaupts einer palästinischen Bewegung eine deutliche paulinische, hellenistisch-heidenchristliche – kurz: *un*palästinische – Tendenz, die meisten von ihnen enthalten zudem (ebenso wie die »Stephanus« zugeschriebene Rede) den Vorwurf, »die Juden« hätten sich aus der Verstocktheit ihres Herzens heraus von jeher den ihnen gesandten Auserwählten widersetzt und würden nun ebenso den »Gerechten« zurückweisen – diese am höchsten geachtete Gestalt des altjüdischen Glaubens überhaupt. Sie haben nicht nur den Messias zurückgewiesen und gekreuzigt, sondern auch alle ihre eigenen Propheten getötet. Dieser Vorwurf ist zum einen sachlich unrichtig und historisch unhaltbar, er hat zum anderen auch bekanntlich – wie dessen Vorbild, der Erste Brief an die Thessalonicher (2,15), der »die Juden« als »Gottesmörder« und (als wäre es nicht genug) als »Feinde der ganzen Menschheit« verunglimpft – die grauenvollsten Auswirkungen gezeitigt.

Die Pseudoklementinen zeichnen ein absolut entgegengesetztes Bild Petrus'. *Sie* legen ihm nie derartige – letztlich schlicht antisemitische – Vorwürfe in den Mund; der Petrus der Pseudoklementinen ist vielmehr ein äußerst gerechter Mann, der jeden neuen Tag betend begrüßt, allmorgendlich vor Sonnenaufgang badet und (wie jeder gute »Essener«) nur »abgewetzte Gewänder« trägt. Und was das wichtigste ist: Seine Lehre und seine – vegetarische – Lebensweise stimmen in allen Punkten mit Jakobus' »Weisungen für überseeische Gemeinden« (dem sogenannten »Aposteldekret«) überein, und dies selbst nach Maßgabe der Version, die man in der Apostelgeschichte und, indirekt, in Paulus' Brief an die Korinther findet. Mit anderen Worten: Die Pseudoklementinen stellen Petrus als einen wahren, unverfälschten »Jakobiner« dar.

Die Apostelgeschichte hingegen präsentiert ihn uns als einen überzeugten »Paulinisten«. Die Pseudoklementinen zeichnen nicht nur das mit ziemlicher Sicherheit *ähnlichere* Porträt des historischen Petrus (wer immer er gewesen sein mag), sondern sie liefern auch den Petrus, mit dem sich der normal empfindende Gläubige am ehesten identifizieren kann, insofern als er von allen antisemitischen Tendenzen befreit ist, deren verabscheuungswürdige Auswirkungen uns Menschen des ausgehenden 20. Jahrhunderts nur zu vertraut sein dürften. Die billigen volksverhetzenden Sprüche, welche die Apostelgeschichte Petrus (und, wie wir gesehen haben, Stephanus) in den Mund legt, dürften so ziemlich das genaue Gegenteil dessen sein, was der historische Petrus – den Paulus im Brief an die Galater (2,13) die Dreistigkeit hat, einen »Heuchler« zu nennen – tatsächlich lehrte.

Aber wir können sogar noch weiter gehen. Ebenso wie Jakobus aus der Apostelgeschichte »hinausgeschrieben« wurde und alle zentralen Gestalten des Neuen Testaments eine drastische Paulinisierung erfuhren, wurde der Antisemitismus in diese Texte – und in das Christentum – »hineingeschrieben«. Indem wir also das eine Problem – die geschichtsverfälschende Methode der Apostelgeschichte – aufklären, lösen wir zugleich auch das andere.

Nicht nur wird unsere Studie zeigen, daß der historische Petrus tatsächlich der Antipode der bösartigen Karikatur war, die uns die Apostelgeschichte liefert; sondern das gleiche gilt auch, wie sich zeigen wird, für den historischen Jesus und das Bild, das die Evangelien von ihm zeichnen – und das aller Wahrscheinlichkeit nach ebenso stark von dem »Original« abweicht, das wir mit Hilfe solcher Quellen wie der Schriftrollen vom Toten Meer und der hypothetischen Urschrift der Pseudoklementinen zweifellos rekonstruieren könnten.

Das aber ist der Grund, warum die Schriftrollen vom Toten Meer (die als echte palästinische Texte niemals antisemitisch sind – ebensowenig übrigens die Pseudoklementinen), deren Analyse den größten Teil der verbleibenden zwei Drittel des zweiten Bandes einnehmen wird, für uns von so großer Bedeutung sein werden. Im Rahmen unserer Analyse dieser wichtigen östlichen Bekehrungsgeschichten werden wir den endgültigen Beweis erbringen, daß unser »Antiochia«- – wie auch Strabon von Kappadokien Anfang des 1. Jahrhunderts bestätigt – das später unter dem Namen »Edessa« bekannte »Antiochia Orrhöe« oder »Antiochia-Kallirhoe« war und nicht, wie die Apostelgeschichte unterstellt, »Antiochia am Orontes«, wo zur fraglichen Zeit (Mitte des 1. Jahrhunderts) sehr wenig (wenn überhaupt) vor sich ging, was für die Geschichte des Urchristentums von Bedeutung gewesen wäre.

Desgleichen werden wir den Brief, den Judas Barsabas und Silas laut Apostelgeschichte nach »Antiochia« befördern (also die am Ende des »Jerusalemer Konzils« angefertigte Niederschrift von Jakobus' Weisungen für überseeische Gemeinden), als jenen Brief identifizieren, den entweder »Judas Thomas« oder »Thaddäus« dem »König von Edessa« oder »der Osrhoener« (Assyrer), das heißt unserem »König Abgarus«/»Agbarus«, überbrachte und den kein Geringerer als Eusebios von Cäsarea in den königlichen Archiven von Edessa entdeckt und übersetzt haben will.

Unsere Schlußfolgerung wird sein, daß es sich bei diesem Brief um denjenigen handelte, den Jakobus durch *seinen Bruder*, »Judas»/»Thaddäus« oder »Theudas (den die Apostelgeschichte »Judas Barsabas« nennt), in ebendiese Stadt »Antiochia« schickte, wo »die Christen« laut Apostelgeschichte (11,26) »erstmals Christen genannt wurden«. Diesen Brief wiederum werden wir als jenen unlängst veröffentlichten Text aus Qumran identifizieren, der allgemein unter dem Kürzel *»MMT«* bekannt ist und den wir »Brief(e) über als Gerechtigkeit angerechnete Werke« genannt haben – und der gleichfalls an irgendeinen »Großen König« adressiert ist. Damit konvergieren drei oder vier verschiedene Quellen in dem einen zentralen Motiv eines für die Geschichte des Urchristentums überaus wichtigen »Briefes« (oder, siehe Qumran, *zweier* solcher »Briefe«).

Erzielen werden wir diese Identifikation auf dem Wege einer gründlichen Analyse und thematischen Parallelisierung dieses Qumraner »Briefes« und der »Judas Barsabas« anvertrauten Weisungen des Jakobus, wobei wir als wichtigste Indizien zum einen die Tatsache sehen, daß ersterer an einen (ungenannt bleibenden) großen »König« adressiert ist, zum anderen das gemeinsame Motiv der heidnischen Weihgeschenke oder Opfer im Tempel (auf welche die Damaskus-Schrift im Abschnitt über die »drei Netze des Belial« mit dem Begriff »Befleckung des Tempels« anspielt).

Der entscheidende Punkt wird dabei das Verbot von »Götzen geopferten Dingen« sein – das Apostelgeschichte und Pseudoklementinen als eine von Jakobus' Weisungen für überseeische Gemeinden nennen, das Hippolytos in seiner Charakterisierung der ihm bekannten »Essener« erwähnt (und zu dessen Übertretung sich diese »zelotischen« oder »sikarischen Essener« nicht einmal durch die grausamsten Martern bewegen lassen), das dem *»MMT«*-Brief bekannt ist und das die Johannesoffenbarung als eine der »Schlingen« erwähnt, die »Bileam Balak lehrte, vor die Kinder Israel zu werfen« –, über das sich Paulus aber in seiner Polemik gegen die »aufgeblasenen« Menschen, die das von ihm verabscheute »Wissen« zu haben vorgeben, aber in Wirklichkeit »schwach« sind (zum Teil so schwach, »daß sie kein Fleisch essen«!), auf seine unnachahmliche Weise lustig macht (1. Korinther 8,1–13 und Römer 14,2).

Schließen wird der zweite Abschnitt dieses ersten Teils mit der endgültigen Identifizierung »Judas Barsabas'« mit »Judas Thomas«, »Judas dem Zeloten«, »Judas, [dem Bruder] von Simon Ischarioth«, »Thaddäus« und »Judas, des Jakobus Bruder«. Der nächste Schwerpunkt dieses zweiten Bandes wird eine detaillierte Erörterung der Flucht ins transjordanische Pella sein, durch die sich der Überlieferung zufolge die Jerusalemer Gemeinde nach dem Tod des Jakobus und vor der Zerstörung des Tempels (das heißt irgendwann zwischen 62 und 70 n. Chr.) in Sicherheit brachte – und die in sich natürlich einen Bezug zum Thema »jakobinische Gemeinden im Osten« hat.

Als nächstes wird eine systematischere Untersuchung der wahren Bedeutung von Jakobus' »Regenmacherei« folgen, die mit der Qumraner Kriegsrolle und der von Daniel her bekannten Prophezeiung der Ankunft der himmlischen Heerscharen auf den Wolken des Himmels in Verbindung gebracht werden wird – einer Weissagung, die im Neuen Testament und bei den frühen Kirchenschriftstellern sowohl mit Jakobus als auch mit Jesus assoziiert wird. Dem wird sich eine systematischere Erörterung der drei oder vier direkten Konfrontationen zwischen Paulus und Jakobus anschließen.

Die letzten zwei Drittel dieses zweiten Bandes werden ausschließlich einer detaillierten Analyse der Schriftrollen vom Toten Meer – unter besonderer Berücksichtigung ihrer »jakobinischeren« Aspekte – gewidmet sein, wozu auch eine ausführliche Erörterung der Übereinstimmungen zwischen der Gestalt des Gerechten Lehrers und Jakobus gehören soll. Zu diesem Zweck werden zunächst einmal die parallelen Konfrontationen »›Lügner‹ – ›Gerechter Lehrer‹« und »Paulus – Jakobus« (von denen eine Vielzahl frühchristlicher Quellen berichten) einander gegenübergestellt.

Folgen wird dem eine eingehende Analyse der Konfrontationen zwischen dem »Frevelpriester« und dem »Gerechten Lehrer« Qumrans – auch ein zentrales Thema der *Pescharim* zu Habakuk und Psalm 37 – sowie der Umstände um den Tod des Jakobus, für den der damalige »Frevelpriester«, Ananus ben Ananus, verantwortlich zeichnete. Insofern wird sich ein Großteil des zweiten Bandes mit den zwischen Jakobus und dem Gerechten Lehrer bestehenden Parallelen befassen. Ein nicht unwesentliches Resultat dieser Gegenüberstellung wird der Nachweis sein, daß der *Pescher* Habakuk (und damit auch alle anderen inhaltlich und terminologisch mit ihm zusammenhängenden Texte, wie zum Beispiel der *Pescher* zu Psalm 37) dem ersten nachchristlichen Jahrhundert entstammt.

Bei unserer Beweisführung werden wir uns ausschließlich auf »innere Indizien« stützen, so zum Beispiel auf die im *Pescher* Habakuk anzutreffende Anspielung auf den Vers 3,10 f. aus dem Buch Jesaja, eine Stelle, die alle frühen Kirchenschriftsteller mit dem Tod des Jakobus in Zusammenhang bringen, oder auf die zwei Anspielungen auf Jesaja 40,3 – das in der orthodox-christlichen Literatur auf Johannes den Täufer bezogene »in der Wüste bereitet dem Herrn den Weg« –, die sich in der Qumraner Gemeinderegel finden, und diese Stelle sowohl mit der »Taufe durch den Heiligen Geist« als auch mit der eschatologischen »Zeit des Tages der Vergeltung« in Verbindung bringen.

Weitere solche Indizien werden etwa die – für die frühe Kirchenliteratur ebenso wie für die Qumran-Rollen charakteristische – Verwendung des Terminus *»Ebionim«*/»die Armen« oder der wieder in beiden Textgruppen (in Qumran namentlich in den zwei genannten *Pescharim*) anzutreffende auffällige Gebrauch des Verbs »niederwerfen«/»-stoßen« oder »zum Straucheln bringen« sein.

Einer weiteren Parallele werden wir in der analogen Verwendung begegnen, die das Bild des »Kelches« im *Pescher* Habakuk und im Neuen Testament – sowie auf jüdischen »Revolutionsmünzen« des 1. Jahrhunderts – findet. Diese Übereinstimmung wird die enge Beziehung aufzeigen, die zwischen dem Qumraner Begriff »Neuer Bund im Land Damaskus« und dem neutestamentlichen »Kelch des neuen Bundes im Blut« Christi besteht. Wie bereits im vorliegenden ersten Band angedeutet, wird sich diese Beziehung im eher »esoterischen« Zusammenhang der – in Qumran-Texten wie dem *Pescher* Habakuk vorkommenden – hebräischen Wörter für »Blut« *(dam)* und »Kelch« *(chos)* mit dem gräzisierten semitischen Namen »Damaskos« äußern.

Am Ende wird, wie wir hoffen, nicht nur klargeworden sein, daß zwischen den Berichten über den Tod des Jakobus und den Anspielungen auf den Tod des Gerechten Lehrers, denen wir in den Qumran-Rollen begegnen, eindeutige Parallelen bestehen, sondern daß auch diese zwei Gruppen von Bezeugungen stellenweise bis zur absoluten Deckungsgleichheit konvergieren. Im Falle des vorliegenden ersten Bandes allerdings erschien es uns sinnvoller, uns im wesentlichen auf die Diskussion von *neutestamentlich-frühchristlichem* Material zu Jakobus zu beschränken – und die Qumran-Rollen nur am Rande, zu Vergleichszwecken und zur Überprüfung unserer Thesen heranzuziehen.

Getrennt haben wir diese zwei hauptsächlichen Gruppen von Quellen deswegen, weil – während hinsichtlich der Datierung frühchristlicher Texte keine allzugroßen Meinungsverschiedenheiten herrschen – die Frage nach dem Alter der Schriftrollen vom Toten Meer noch längst nicht als entschieden betrachtet werden kann und die Fachwelt ungeachtet der recht eindeutigen inneren Datierungskriterien von einem diesbezüglichen Konsens noch weit entfernt ist. Daher haben wir es für ratsam gehalten, um die klaren Resultate, zu denen wir in der vorliegenden Arbeit ausschließlich auf der Grundlage neutestamentlicher, frühkirchlicher und Flavianischer Quellen gelangt sind, nicht zu beeinträchtigen, jede direkte Erörterung der Schriftrollen für einen zweiten Band aufzusparen.

Somit glauben wir, in diesem ersten Band überzeugend dargelegt zu haben, daß und in welchem Ausmaß Informationen über Leben und Tod des Jakobus – durch direkte Tilgung oder durch Überschreibung – aus der Apostelgeschichte wegredigiert worden sind. Dabei haben wir systematisch und eingehend auf die – zum Teil eklatanten – Spuren dieser Fälscherarbeit hingewiesen, an denen das Neue Testament in seiner uns heute vorliegenden Form keinen Mangel leidet. Hervorragende Beispiele dafür waren etwa die Wahl des Jakobus und das, was die Apostelgeschichte daraus macht: die Ernennung des neuen »zwölften Apostels«, der »den Verräter Judas *Ischarioth* ersetzen soll, sowie die Steinigung des »Stephanus« durch (so Eusebios) »die Mörder des Herrn«.

Dem Angriff »der Juden« auf Stephanus – der bereits vor längerem von anderen Gelehrten als Stellvertreter für die Steinigung des Jakobus erkannt wurde (die Steinigung des Stephanus erscheint in der Bibel an der Stelle, an der sich laut dem ersten Buch der pseudoklementinischen *Rekognitionen* Paulus' tätlicher Angriff auf Jakobus hätte ereignen müssen) – entspricht bei Josephus der Überfall »zelotischer« Aufständischer auf den kaiserlichen Sklaven Stephanus (49 n. Chr.). Nicht minder eng hängt damit die 96 n. Chr. erfolgte Ermordung Kaiser Domitians durch Flavia Domitillas Sklaven »Stephanus« zusammen, die wahrscheinlich als Vergeltung für die von ebendiesem Herrscher angeordnete Ermordung *echter* Christen wie des Ehemanns der Domitilla, Flavius Clemens, und Epaphroditus', Josephus' mutmaßlichen Gönners und letztlich wohl auch des Mannes, der Nero bei seinem Selbstmord geholfen haben soll, anzusehen ist.

Erst recht gilt dies für die – bereits oben erörterte Episode um die Bekehrung »des Eunuchen der *äthiopischen* Königin« durch Philippus, die ihrerseits wahrscheinlich eine Überschreibung von Material über Königin Helena von Adiabene und deren Nachkommen »Kenedäus« darstellt, der 66 n. Chr., in den ersten Tagen des Aufstands gegen Rom, beim »zelotischen« Angriff auf die römischen Truppen auf dem Paß von Beth-Horon sein Leben ließ. Wie wir aufzeigen werden, war die Bekehrung von Königin Helenas zwei Söhnen, Izates und Monobazos, ein in jeder – vor allem in politischer und in finanzieller – Hinsicht entscheidendes Ereignis. Deren Aufbereitung in Form dieser offenkundig erfundenen Episode der Apostelgeschichte besitzt noch den weiteren »Vorzug«, daß sie eine der beliebtesten jüdischen (und damit eine Beschneidung implizierenden) Bekehrungsgeschichten ins Lächerliche zieht: daher nämlich die ausdrückliche Feststellung der Apostelgeschichte, der »Schatzmeister« oder »Kämmerer der äthiopischen Königin« sei ein »Eunuch« gewesen – eine böswillige Anspielung auf die Beschneidung, die keinen Zweifel an der parodistischen Intention des Verfassers aufkommen läßt.

Wir haben wiederholt aufgezeigt, daß und in welcher Weise historische Ereignisse in der »Geschichte« des Urchristentums, wie sie die Apostelgeschichte entwirft, aufbereitet worden sind. Nicht nur ist die Episode um Petrus' »Tischtuch-Vision« ebenso eindeutig erfunden – da entweder Petrus zu keinem Zeitpunkt eine solche Vision hatte oder aber Jesus nie lehrte, alle Speisen seien rein und es sei statthaft, mit Angehörigen als unsauber oder unrein geltender Personengruppen (wie Steuereinnehmern oder Prostituierten) Tischgemeinschaft zu pflegen; darüber hinaus erweist sich Petrus' Besuch bei Cornelius, dem »frommen« römischen Hauptmann der Garnison von Cäsarea (anläßlich dessen Petrus lernt, Heiden nicht zu diskriminieren und »keinen Menschen gemein oder unrein zu nennen«), unserer Ansicht nach als die umgekehrte Travestie des Besuchs, den »Simon« (nach Auskunft Josephus' das Oberhaupt einer eigenen »Versammlung« und ein »Zelot«, der die Herodianer als Ausländer des Tempels verweisen wollte) 44 n. Chr. König Agrippa II., gleichfalls in Cäsarea, abstattet, um zu überprüfen, was in dessen Palast »wider das Gesetz« geschehe.

Im zweiten Band werden wir auch den endgültigen Nachweis führen, daß die Enthauptung »Jakobus', des Bruders Johannes'«, in Wirklichkeit eine Überschreibung der Enthauptung des messianischen Führers «Theudas« war (vermutlich »Thaddäus« und wahrscheinlich mit »Judas, des Jakobus Bruder« identisch – in der Zweiten Jakobusoffenbarung »sein [das heißt Jesu] Verwandter«).

Der »Prophet« Agabus, der die Hungersnot weissagt, die während Claudius' Regierungszeit »den ganzen Erdkreis« heimsuchen würde (um 45 bis 48 n. Chr.), wird sich wiederum als ein recht durchsichtiger Ersatz für ein noch folgenschwereres Ereignis in der Frühgeschichte des außerpalästinischen Christentums erweisen: die Bekehrung des »Großen Königs der Völker jenseits des Euphrats«, Abgarus' von Edessa (in römischen Texten »Augarus«, »Albarus« oder »Acbarus«/»Agbarus« genannt).

Dieses Ereignis hängt wiederum eng mit demjenigen um die Bekehrung Königin Helenas von Adiabene zusammen – die in syrisch/armenischen Quellen als Gemahlin Abgarus' gilt (und zumindest zu dessen Harem gehört haben dürfte). Wie Paulus wird auch diese Königin – und zwar sowohl von Josephus als auch im *Talmud* – mit Hilfsmaßnahmen für die Opfer der Hungersnot in Verbindung gebracht; und um den Kreis zu schließen, werden ihre zwei Söhne in der Apostelgeschichte durch die Gestalt des unbekannten »Propheten Agabus« böswilig porträtiert und trivialisiert.

Wie schon angedeutet, überschreibt »Agabus'« zweite »Prophezeiung« – die Paulus davon abhalten soll, nach Jerusalem zurückzukehren (Apostelgeschichte 21,22) – diejenige eines gewissen »Jesus ben Ananias«, der Josephus zufolge, beginnend unmittelbar nach dem Tod des Jakobus, siebeneinhalb Jahre lang durch Jerusalem streifte und den Untergang der Stadt voraussagte, bis er kurz vor der Erfüllung dieser Prophezeiung von einem römischen Geschoß getroffen wurde und starb. Gleichzeitig überschreibt und verkehrt sie die damit zusammenhängende christliche Weissagung, die, gleichfalls nach dem Tod des Jakobus, die Jerusalemer Gemeinde aufforderte, aus der Stadt zu fliehen.

Wir haben auch gezeigt – und werden dann fortfahren –, daß und in welchem Umfang an all diesen Überschreibungen und Umformulierungen Wortspiele mit polemischer Intention beteiligt sind. Zum Beispiel wurden ideologisch-weltanschaulich besetzte Termini, wie »Nasiräer«, »Nazoräer«, »Galiläer« und »*Sikarios*«, zu geographischen Herkunftsbezeichnungen umgedeutet.

In unserer Erörterung der verschiedenen am Galiläischen Meer lokalisierten nachösterlichen Erscheinungen Jesu (»Die Brüder Jesu als Apostel«) werden wir feststellen, mit welcher Häufigkeit das Verb »niederwerfen« oder »hinauswerfen«/»austreiben« auftaucht und solchermaßen das in den Qumran-Rollen Belial und in der Johannesoffenbarung Bileam und Balak zugeschriebene »Niederwerfen« anklingen läßt – ganz zu schweigen von der in der ganzen fraglichen Literatur allgemein zu verzeichnenden Verwendung des Verbs »auswerfen«/»austreiben«.

Das Verb »niederwerfen«/»hinabstoßen«, das in allen frühen christlichen Texten mit Jakobus in Verbindung gebracht wird – er wird entweder von der *Zinne* oder, durch Paulus, von den *Stufen* des Tempels »kopfüber hinabgestoßen« (ganz zu schweigen von Stephanus, der »aus der Stadt hinausgeworfen wird«, oder von Judas *Ischarioths* »Sturz vornüber«) –, wird im »Auswerfen« der »Netze« und der »Fischer«-Metapher wiederauftauchen, die im Neuen Testament Jesu Berufung der Apostel an den Ufern des Galiläischen Meeres begleitet.

Im gleichen Zusammenhang werden wir aufzeigen, daß dieser Begriff des »[Aus-]Werfens« und das Bild der »Netze voller Fische« (Buch Habakuk 1,14 ff.) im *Pescher* Habakuk nicht nur allgemein auf die Besteuerung durch die »*Kittim*« (das heißt in diesem Kontext *die Römer*) bezogen wird, sondern konkret auf ihre Praxis der »*Steuerverpachtung*«, also die Praxis, ihre Herrschaft und das damit einhergehende Recht zur Erhebung von Steuern unter verschiedene orientalische »Kleinkönige« – und darunter eben auch die Herodianer – gegen Zahlung entsprechender »Pachtgebühren« aufzuteilen. Auf dieses Verfahren spielt der *Pescher* Habakuk mit dem prägnanten Bild des »üppigen Mahls« von zahllosen »Fischen« an, welche die »*Kittim*« mit ihren »Netzen« aus »dem Meer« holen.

Schließlich werden wir im Neuen Testament einer weiteren Umkehrung dieses Vokabulars begegnen, die den schlagenden Beweis dafür liefert, daß sich dessen Verfasser durchaus der Tatsache bewußt waren, daß diese Bilder und Begriffe auf die römische Steuerpraxis in Palästina und anderswo bezogen wurden: So spricht Jesus davon, »eine Angel ins [Galiläische] Meer aus[zu]werfen«, um das Geld für diese römischen Steuern zu beschaffen, oder umgekehrt, jetzt wieder unter Bezugnahme auf die rachsüchtig-kämpferische jüdisch/palästinische Verwendung des Begriffs, »das Unkraut« oder »die verdorbenen Fische« in einen »Feuerofen ... zu werfen«.

Eine weitere bedeutungsmäßige Abwandlung dieses »Werfens« – und der »Netze« Belials oder Bileams, die in den Qumran-Rollen beziehungsweise in der Johannesoffenbarung mit diesem Begriff in Verbindung gebracht werden – wird uns dann begegnen, wenn die Evangelien es zur Bezeichnung der »Vollmacht« oder »Befugnis« zur »Austreibung böser Geister« verwenden, die Jesus seinen Aposteln verleiht.

Darin können wir nicht nur eine Persiflage dessen erkennen, was die »Essener« oder ähnliche Gruppen, wie die Gemeinde von Qumran, mit Abtrünnigen tun, nämlich »sie ausstoßen«, sondern ebenso auch eine Parodie jener Szene aus der Apostelgeschichte, in der »die Juden« *Jakobus' Doppelgänger* Stephanus aus der Stadt »hinauswerfen« (und anschließend steinigen) – ganz zu schweigen von Josephus' Schilderung der Zeloten, die den nackten Leichnam von Jakobus' Mörder, dem Hohenpriester Ananus, über die Stadtmauer Jerusalems »werfen« und unbestattet liegenlassen. Derlei Parallelsetzungen wurden im vorliegenden ersten Band ausschließlich auf der Grundlage früher christlicher Quellen vorgenommen: nämlich des Neuen Testaments und der Werke früher Kirchenschriftsteller, während die Schriftrollen vom Toten Meer lediglich am Rande, zur zusätzlichen Bestätigung und zur Veranschaulichung gemeinsamer ethischer Vorstellungen, herangezogen wurden.

Dies führte uns zur Frage, wie und warum solche unglaublichen Lücken und Unstimmigkeiten, wie sie in der uns vorliegenden Textgestaltung der Apostelgeschichte auftauchen, entstehen konnten und wer für sie verantwortlich war – beziehungsweise Nutzen aus ihnen zog. Ein Beispiel hierfür wäre etwa der verblüffende Umstand, daß Jakobus und seine »Jerusalemer Versammlung« von den vierziger bis zum Anfang der sechziger Jahre offenbar ohne große Behinderungen ihren Aktivitäten in Jerusalem nachgehen können, während ein Mann wie Paulus kaum einen Fuß in die Stadt setzen kann, ohne daß sich gleich die jüdische Volksmenge lynchbereit auf ihn stürzt – dieselbe Volksmenge, bei der sich Männer wie Jakobus, Johannes der Täufer und vermutlich ebenfalls Jesus (wenn er diesen zweien auch nur entfernt ähnelte) der größten Beliebtheit erfreut zu haben scheinen.

Auch Paulus' – von ihm selbst im Zweiten Brief an die Korinther (11,32 f.) geschilderte – Flucht vor dem »Damasker Statthalter« des *arabischen* Königs Aretas liefert einen weiteren Beleg für das Gesagte, denn in der Version, welche die Apostelgeschichte von parallelen Ereignissen liefert, sind es wieder *»die Juden«*, vor denen Paulus in Damaskus flieht. Dieser Aretas ist übrigens derselbe *arabische König*, dessen Feldzug gegen die Herodianer (Mitte der dreißiger Jahre – also um die gleiche Zeit, als Paulus »die auf dem Weg« nach eigenem Eingeständnis »bis in den Tod verfolgte«) das einfache jüdische Volk nach Auskunft Josephus' als Vergeltung für den Tod Johannes' des Täufers ansah.

All dies faßt das Neue Testament in der uns heute vorliegenden Form pauschal unter dem Oberbegriff »Perfidität der Juden« zusammen. Dieses Vor-Urteil konkretisiert und festigt die frühchristliche Theologie, wie sie sich uns im 3. und 4. Jahrhundert in den Werken Clemens' von Alexandria (»Titus Flavius Clemens« – eindeutig ein Nachkomme früherer »Clemense«), Tertullians, Irenäus', Origenes und Eusebios' darstellt, zur Verurteilung »der Juden wegen ihrer Verbrechen wider den Christus Gottes«. Doch in bezug auf das Palästina des ersten nachchristlichen Jahrhunderts kann davon kaum die Rede gewesen sein. *Das* hieße, den Kampf gegen Ausländer mit Selbstzerfleischung verwechseln.

Johannes, Jesus und Jakobus mögen sich in sektiererische Auseinandersetzungen verstrickt haben – das heißt Auseinandersetzungen mit anderen jüdischen Gruppierungen oder den Herodianern; aber nur *diese* waren ihre Feinde, keineswegs die Masse der Juden als solche. Ganz im Gegenteil sogar: Diese Männer gerieten mit dem herodianisch/römischen »Establishment« in Konflikt (und bezahlten dafür mit ihrem Leben), weil sie – allen retrospektiven gegenteiligen Behauptungen und literarischen Falschaussagen zum Trotz – bei den jüdischen Volksmassen eine so große Popularität genossen, und nicht umgekehrt.

In summa: Es ist uns gelungen, Jakobus in den Mittelpunkt der sektiererischen volkstümlichen Agitation zu stellen, die mit der Zerstörung Jerusalems endete, und wir haben die zentralen Streitpunkte dieser Auseinandersetzung identifiziert – darunter vor allem die Annahme heidnischer Opfergaben und die Zulassung von Heiden in den Tempel (Dinge, die Qumran unter dem Oberbegriff »Befleckung des Tempels« zusammenfaßt und die auch in *»MMT«* ihren Niederschlag gefunden haben). Ebenso ist es uns gelungen, anhand dieser Parameter Paulus' Beziehungen zur herodianischen Familie nachzuweisen und die pejorativen Codes herauszuarbeiten, die – in den Qumran-

Texten wie in der Johannesoffenbarung, im Zweiten Petrusbrief und im Judasbrief – zur Charakterisierung solcher Beziehungen verwendet wurden: »Bileam«, »Belial«, »*Diabolos*« und deren verschiedene Ableitungen.

Zu ebendiesen Erkenntnissen verhelfen uns die Schriftrollen vom Toten Meer. Ohne die Texte hätten wir diese Sachverhalte und Zusammenhänge zwar aus den einander widersprechenden Informationen des Neuen Testaments und der Werke früher Kirchenschriftsteller erschließen können. *Mit* den Schriftrollen aber besitzen wir nicht nur einen Maßstab zur Überprüfung unserer Hypothese, sondern gewinnen auch ein Bild von den Ereignissen in Palästina, das von der Darstellung des Neuen Testaments ebenso drastisch abweicht wie von derjenigen des rabbinischen – und des heutigen normativen – Judaismus. Ob sich Jakobus als der Gerechte Lehrer Qumrans identifizieren läßt oder lediglich eine parallele, ihm analoge Gestalt darstellt, tut nichts zur Sache. Die Qumran-Rollen gewähren uns einen Eindruck von Jakobus' messianischer Gemeinde, der an Präzision von praktisch keiner anderen Quelle übertroffen wird.

Es ist die Hoffnung des Verfassers, daß die in diesem Buch vorgebrachten Argumente und Gedankengänge zumindest einen Teil der bewußten Fehlinformationen widerlegen und dazu beitragen werden, die »Wolke des Unwissens«, die diese Gegenstände umgibt, nach und nach zu verscheuchen. Wenn Jakobus erst einmal dem Vergessen, zu dem eine der erfolgreichsten (und unverschämtesten) Umschreib-Aktionen aller Zeiten – die Apostelgeschichte – ihn verdammt hatte, entrissen worden ist, werden wir uns mit der neuen Konstellation von Fakten, die sich aus der Tatsache seiner Existenz ergibt, auseinandersetzen müssen. Und dann werden wir uns auch nicht länger vor der offensichtlichen Antwort auf die Frage nach dem historischen Jesus blind und taub stellen können – einer Antwort, welche, die Frage nach seiner tatsächlichen physischen Existenz einmal außer acht gelassen, äußerst einfach ist: Wer und was Jakobus auch immer war, der und das war auch Jesus.

Zu den Übersetzungen

Dieses Buch versucht, den Leser mit allem auszustatten, was er benötigt, um der Argumentation folgen zu können, ohne auf Sekundärwerke zurückgreifen zu müssen. Zu diesem Zweck sollen ihm sämtliche wichtigen Zeugnisse und Quellen direkt verfügbar sein. Die kanonischen Bibelübersetzungen verzichten häufig um einer besseren Lesbarkeit willen auf philologische Genauigkeit. So werden beispielsweise wichtige Wörter selten einheitlich wiedergegeben und wird oftmals eine poetische und/oder inspirierte Ausdrucksweise angestrebt. Aus diesem Grund haben wir uns bei allen Zitaten aus dem Alten wie dem Neuen Testament bemüht, die Form des hebräischen beziehungsweise griechischen Originals so getreu und einheitlich wie möglich zu reproduzieren. [Den deutschen Bibelzitaten liegt im allgemeinen die revidierte Lutherübersetzung, häufig die Zürcher Bibel, bisweilen auch die (»katholische«) Übersetzung Leander van Eß' (Leipzig 1923) zugrunde; wann immer nötig, wurden einzelne Begriffe der englischen Übersetzung Eisenmans angeglichen, A.d.Ü.]

Das gleiche gilt für die Qumran-Texte. Die vorhandenen englischen Übersetzungen sind oft unzulänglich und irreführend. Sie lassen nicht nur hinsichtlich ihrer Genauigkeit und terminologischen Einheitlichkeit viel zu wünschen übrig, sondern mitunter tilgen sie auch ganze – wichtige – Satzteile.

Die führende englische Übersetzung beispielsweise vermeidet es häufig, Termini wie »Heiliger Geist«, »Rechtfertigung«, »Werke«, »das Gesetz«, »Haus des Gerichts«, »Belial«, »Messias« usw. zu verwenden, und gebraucht statt dessen etwa »Geist der Heiligkeit«, »Taten«/»Handlungen«, »Weisungen«/»Vorschriften«, »Haus der Verdammnis«, »Satan« und »Gesalbter«. In einem Fall verwandelt der Übersetzer eine Reihe von Singularen in Plurale und läßt einen wichtigen Teilsatz ohne Hinweis aus (offenbar weil er entweder im Singular stand oder sich nicht anders als so übersetzen ließ).

Analoges ist in manchen Übersetzungen des neutestamentlichen Jakobusbriefes festzustellen. Wo es im Original heißt: »Ihr [das heißt »die Reichen«] habt *den* Gerechten getötet. *Er* hat euch nicht widerstanden« (5,6), wird bei manchen aus unerfindlichen Gründen: »Ihr habt *die* Gerechten [Plural] getötet. *Sie* haben euch nicht widerstanden.« [Das Gesagte gilt nicht für die genannten deutschen Übersetzungen, A.d.Ü.] Auf diese Weise werden auffällige, bedeutsame Formulierungen eliminiert oder zumindest entwertet.

Jüngere Übersetzungen der Qumran-Texte sind bisweilen noch schlechter. Daher haben wir es vorgezogen, eigene Übersetzungen anzufertigen. Der Leser sei diesbezüglich gewarnt: Es gibt keinen gleichwertigen Ersatz für das – griechische oder hebräische – Original. So wie ein Übersetzer vor einem anderen warnt, wird dieser seinerseits vor dem ersten warnen. Daher tut der Leser, der nicht direkt auf die Originale zurückgreifen kann, gut daran, alle ihm verfügbaren Übersetzungen miteinander zu vergleichen und dann seine eigenen Schlüsse zu ziehen.

Unsere Zitate aus den Werken der frühen Kirchenschriftsteller stützen sich zum größten Teil auf die *Ante-Nicene Christian Library* (1867–1871). Im Falle von Eusebios haben wir es in der Regel vorgezogen, um einer größeren Genauigkeit willen dem griechischen Original zu folgen. Das gleiche gilt für Josephus, wenngleich wir in beiden Fällen auch die Loeb Library und andere Übersetzungen zu Rate gezogen haben. Zu letztgenannten gehörte, im Falle von Josephus, die im 18. Jahrhundert entstandene Übersetzung William Whistons und die 1959 veröffentlichte Übertragung von G. A. Williamson. Für Eusebios wurden zudem die Übersetzungen von C. F. Cruse (1850), G. A. Williamson (1966) und die *Nicene and Post-Nicene Christian Library* (1890–1892) konsultiert; das gleiche gilt für Hieronymus. [Die deutschen Josephuszitate stützen sich zum Teil auf die Übersetzungen von Hermann Endrös (*Krieg*) und Heinrich Clementz (*Altertümer* und *Vita*), zum Teil aus Eisenman, A.d.Ü.]

Für die zwei Jakobusoffenbarungen aus Nag Hammadi sind wir überwiegend den zwei Übersetzungen *The Nag Hammadi Library in English* und Scott Kent Brown (1972) gefolgt; stellenweise haben wir aber direkt aus dem Original übersetzt. Für Epiphanios haben wir die Übertragungen von Philip R. Amidon (Oxford 1990), Frank Williams (1987), Glenn Alan Koch (1976) und A.F.J. Klijn und G. J. Reinink (1973) konsultiert, anschließend aber oft eine eigene Übersetzung angefertigt.

Die verschiedenen Passagen aus dem Hebräerevangelium, dem Protevangelium des Jakobus und der *Epistula Apostolorum* basieren auf Hieronymus nach den Ausgaben von E. Hennecke und W. Schneemelcher (1959) und M. R. James (1926). Die einzelne Passage aus der syrischen Version der pseudoklementinischen *Rekognitionen* basiert auf der Übertragung meines Kollegen F. Stanley Jones, wenngleich auch hier unsere Ansichten stellenweise auseinandergingen.

Sämtliche übrigen Passagen aus den Pseudoklementinen folgen der *Ante-Nicene Christian Library.* Alle Übersetzungen aus dem Arabischen stammen von mir. [Die deutschsprachigen Koranzitate (sowie die Verszählung) folgen der – gegebenenfalls in Anlehnung an Eisenman modifizierten – Übertragung von Ludwig Ullmann, Goldmann, 1959, A.d.Ü.] Wie in der Einführung dargelegt, ging es mir darum, zentrale Begriffe wie »Gerechtigkeit«, »Frömmigkeit«, »die Armen«, »der Heilige Geist«, »Wahrheit«, »Lüge(n)«, »Werke«, »Haus des Gerichts«/»Tag des Gerichts«, *»Belial«* (nicht »Satan« – wenn ein Text »Satan« sagen will, dann sagt er das auch; wenn er »Belial« sagt, dann *meint* er »Belial«) und »verschlingen«/»hinunterwerfen«/»-stoßen« einheitlich zu übersetzen.

Manche Übersetzer nehmen sich diesbezüglich erhebliche Freiheiten heraus – manche weniger. Eine Untersuchung wie die vorliegende erfordert eine exakte und textübergreifend einheitliche Terminologie, die es dem Leser gestattet, in unterschiedlichen Kontexten vorkommende zentrale Begriffe und Wendungen auf Anhieb wiederzuerkennen. Zuletzt sei noch darauf hingewiesen, daß *alle kursiven Hervorhebungen* innerhalb von Zitaten von mir stammen.

Abkürzungsverzeichnis

1. Kön. – Erstes Buch der Könige
1. Off. Jak. – Erste Jakobusoffenbarung (oder -apokalypse)
1. Petr. – Erster Petrusbrief
11QT – Qumraner Tempelrolle
1QH – Qumran-Hymnen
1QM – Qumraner Kriegsrolle
1QpHab – Qumraner *Pescher* Habakuk
1QS – Qumraner Gemeinderegel
2. Off. Jak. – Zweite Jakobusoffenbarung (oder -apokalypse)
2. Petr. – Zweiter Petrusbrief
4QD – Qumraner Damaskus-Schrift
4QpIs – Qumraner *Pescher* Jesaja
4QpNah – Qumraner *Pescher* Nahum
4QpPs 37 – Qumraner *Pescher* zu Psalm 37
4QTest – Qumraner Testimonia (Sammlung biblischer Belegstellen)
Ad Cor. – Brief an die Korinther (Clemens von Alexandria?)
Ad. haer. – *Adversus haereses* (Irenäus von Lyon)
Adv. Hel. – *Adversus Helvidium* (Hieronymus)
Alt. – *Jüdische Altertümer* (Flavius Josephus)
ANCL – *Ante-Nicene Christian Library* (1867–1871)
Apg. – Apostelgeschichte
Apion – *Gegen Apion* (Flavius Josephus)
Apost. Konst. – Apostolische Konstitutionen
ARN – *Abbot de Rabbi Nathan*
A.Z. – 'Avodahn Zarah (Babylonischer *Talmud* – B. T.)
B.B. – Babra Bathra (B. T.)
B. Git. – Gittin (B. T.)
B. Naz. – Nazir (B. T.)
B. San. – Babylonischer *Talmud, Sanhedrin*-Traktat
B. Ta`an. – Ta'anith (B. T.)

B. Tam. – Tamid (B. T.)
B. Yoma – Yoma (B. T.)
BAR – Biblical Archaeology Review
BASOR – Bulletin of the American School of Oriental Research
CD – Damaskus-Schrift (Cairo Damascus Document)
Ch. – Buch/Bücher der Chronik
Dan. – (Buch) Daniel
De mens. et pond. – De mensuris et ponderibus (Epiphanios)
De praescrip. haer. – De praescriptione haereticorum (Tertullian)
Dial. – Dialog mit Tryphon (Justinus Martyr)
EH – Ekklêsiastikê Historia (Eusebios)
Epist. Apost. – Epistula Apostolorum
EPist. B. – Barnabasbrief
Esr. – (Buch) Esra
Gal. – Galaterbrief
Hab. – (Buch) Habakuk
Haer. – De praescriptione haereticorum (Tertullian)
Haeres. – Contra Haereses/Panarion (Epiphanios)
Heb. – Hebräerbrief
Hes. – (Buch) Hesekiel
Hos. – (Buch) Hosea
HUCA – Hebrew Union College Annual
Jak. – Jakobusbrief
Jes. – (Buch) Jesaja
Jes. Sir. – (Buch) Jesus Sirach
JJHP – James the Just in the Habakuk Pesher (R. Eisenman)
Joh. – Johannesevangelium
Jud. – Judasbrief
Ket. – Kethuboth (B. T.)
Kol. – Kolosserbrief
Komm. Matth. – Kommentar zum Matthäusevangelium (Origenes)
Krieg – Der jüdische Krieg (Flavius Josephus)
Lam. R. – Lamentationes Rabbah
Lk. – Lukasevangelium
M. Bik. – Mischna Bikkurim
M. San. – Mischna Sanhedrin
M. Sota – Mischna Sota
Makk. – (Buch/Bücher der) Makkabäer
Matth. – Matthäusevangelium
Men. – Menahoth
Mk. – Markusevangelium

MMT, 4QMMT – Brief(e) über als Gerechtigkeit angerechnete Werke (Qumran)
MZCQ – Maccabees, Zadokites, Christians and Qumran (R. Eisenman)
Nh. – (Buch) Nehemia
Off. – Johannesoffenbarung
Pes. – Pesahim
Phil. – Philipperbrief
Ps. – Psalmen
Ps. *Hom* – Pseudoklementinen, *Homilien*
Ps. Philon – Pseudo-Philon
PS *Rec.* – Pseudoklementinen, *Rekognitionen*
QRE – Jesus und die Urchristen. Die Qumran-Rollen entschlüsselt. Goldmann, München 1993 (Eisenman/Wise)
R.H. – Rosh Hashanah
Ri. – (Buch der) Richter
Sach. – (Buch) Sacharja
Sam. – (Buch) Samuel
San. – Sanhedrin
Shab. – Shabbath
Strom. – *Stromateis* (Clemens von Alexandria)
Suet. – *De vita Caesarum* (Sueton)
Suk. – Sukkah
Th. Ev. – Thomasevangelium
Thess. – Thessalonicherbrief
Tim. – Timotheusbrief
Tos. Kellim – Tosefta Kellim
Vir. ill. – De viris illustribus (Hieronymus)
Vita – Autobiographie (auch *Selbstbiographie*, Flavius Josephus)
Weish. – Buch der Weisheit (Weisheit Salomos)

Chronologische Tabellen

MAKKABÄISCHE PRIESTERKÖNIGE

Mattathias, 167–166 v. Chr.
Judas Makkabäus 166–160
Jonathan, 160–142
Simon, 142–134
Johannes Hyrkanos, 134–104
Alexander Jannai, 103–76
Salome Alexandra, 76–67
Aristobulos II., 67–63
Hyrkanos II., 76–67 und 63–40
Antigonus, 40–37

HERODIANISCHE KÖNIGE, ETHNARCHEN, TETRARCHEN

Herodes, von Rom unterstützter König, 37–4 v. Chr.
Archelaos, Ethnarch von Judäa, 4 v. Chr. – 7 n. Chr.
Herodes Antipas, Tetrarch von Trachonitis, 4 v. Chr. – 34 n. Chr.
Agrippa I., Tetrarch und König, 37–44
Herodes von Chalkis, 44–49
Agrippa II., 49–93

RÖMISCHE STATTHALTER

Antipater (Herodes' Vater), Prokurator, 55–43 v. Chr.
Coponius, 6–9 n. Chr.
Ambivulus, 9–12
Rufus, 12–15
Valerius Gratus, 15–26 (vermutlich 15–18)
Pontius Pilatus, 26–37 (vermutlich 18–37)
Fadus, 44–46
Tiberius Alexander, 46–48
Cumanus, 48–52
Felix, 52–60
Festus, 60–62
Albinus, 62–64
Florus, 64–66

RÖMISCHE KAISER

von 27 v. Chr. bis 138 n. Chr.

Octavius (Augustus), 27 v. Chr.–14 n. Chr.
Tiberius, 14–37
Caligula, 37–41
Claudius, 41–54
Nero, 54–68
Galba, 68–69
Otho, 69
Vitellius, 69
Vespasian, 69–79
Titus, 79–81
Domitian, 81–96
Nerva, 96–98
Trajan, 98–117
Hadrian, 117–138

Philon von Alexandria, um 30 v. Chr.–45 n. Chr.
Clemens von Rom, um 30–97 n. Chr.
Josephus, 37–96
Ignatius von Antiochia, um 50–115
Papias, um 60–135
Plinius d. J., 61–113
Polykarp von Smyrna, 69–156
Justinus Martyr, um 100–165
Hegesippus, um 90–180
Tatian, um 115–185
Lukian von Samosata, um 125–180
Irenäus, um 130–200
Clemens von Alexandria, um 150–215
Tertullian, um 160–221
Hippolytus, um 160–235
Julius Africanus, um 170–245
Origenes, um 185–254
Eusebios von Cäsarea, um 260–340
Epiphanios, 367–404
Hieronymus, 348–420
Rufinus von Aquileia, um 350–410
Augustinus, 354–430
Kyrill von Jerusalem, 375–444

Die Makkabäer

Mattathias
Priester aus dem Geschlecht der Jojarib
167–66 v. Chr.

Judas
66–160 v. Chr.
Hoherpriester

Jonathan
160–142 v. Chr.
Hoherpriester und Ethnarch

Simon
142–134 v. Chr.
Hoherpriester und Ethnarch

Eleazar
gest. 162 v. Chr.

Johannes
gest. 160 v. Chr.

Johannes Hyrkanos
Hoherpriester und Ethnarch 134–104 v. Chr.

Aristobulos I.
herpriester u. König 104–103 v. Chr.

Salome Alexandra + Alexander Jannai
Königin 76–67 v. Chr. — *Hoherpriester u. König 103–76 v. Chr.*

Antigonos I.
gest. 103 v. Chr.

Aristobulos II.
Hoherpriester und König 67–63 v. Chr.
vergiftet von Cassius und Brutus

Hyrkanos II.
Hoherpriester 76–67 v. Chr. *und* 63–40 v. Chr.,
hingerichtet durch Herodes

Antigonus II.
erpriester u. König 40–37 v. Chr.,
hingerichtet durch Marcus
ntonius auf Herodes' Betreiben

Alexander II. + Alexandra II.
hingerichtet auf Befehl Pompeius' 49 v. Chr. — *hingerichtet durch Herodes* 28 v.Chr.

Herodes + Mariamne (I)
(Römerkönig von Judäa) 37–4 v. Chr. — *hingerichtet durch Herodes,* 29 v. Chr.

Jonathan Aristobulos (III.)
Hoherpriester; auf Befehl Herodes' ertränkt 36 v. Chr.

RODIANISCHE »AUFPFROPFUNGEN« DES MAKKABÄISCHEN STAMMBUCHES

Alexander (3) + Tochter von Archelaos,
ger. durch Herodes 7 v. Chr. — *König v. Kappadokien*

Berenike + Aristobulos (4)
Tochter v. Salome, Herodes' Schwester — *hingerichtet d. Herodes* 7 v. Chr.

Alexander (4)

Tigranes
König von Amenien

Agrippa I. + Kypros (4)
König v. Judäa 37–44 n. Chr., starb unter mysteriösen Umständen, vermutlich vergiftet

Herodias
half bei der Hinrichtung Johannes d. Täufers

Herodes v. Chalkis
44–49 n. Chr.

Tigranes (2)
nig von Armenien

Agrippa II.
König von Galiläa
54–68 n. Chr.,
starb 93 n. Chr.

Berenike
heiratete ihren Onkel Herodes v. Chalhis; später Mätresse Agrippas II. und Titus'

Drusilla
zunächst mit Azizus, König v. Emesa verh.; anschließend Ehe m. d. römischen Statthalter Felix

Mariamne (5)
zunächst verh. m. Julius Archelaos, d. Sohn d. Tempelschatzmeisters; danach Ehe mit Demetrios, Alabarch und reichstem Mann von Alexandria

Alexander (5)
König von Kilikien; heir. Jotape, Tochter von Antiochos, König von Kommagene

Antonius Agrippa
gestorben b. Ausbruch des Vesuvs, 79 n. Chr.

Die Herodianer

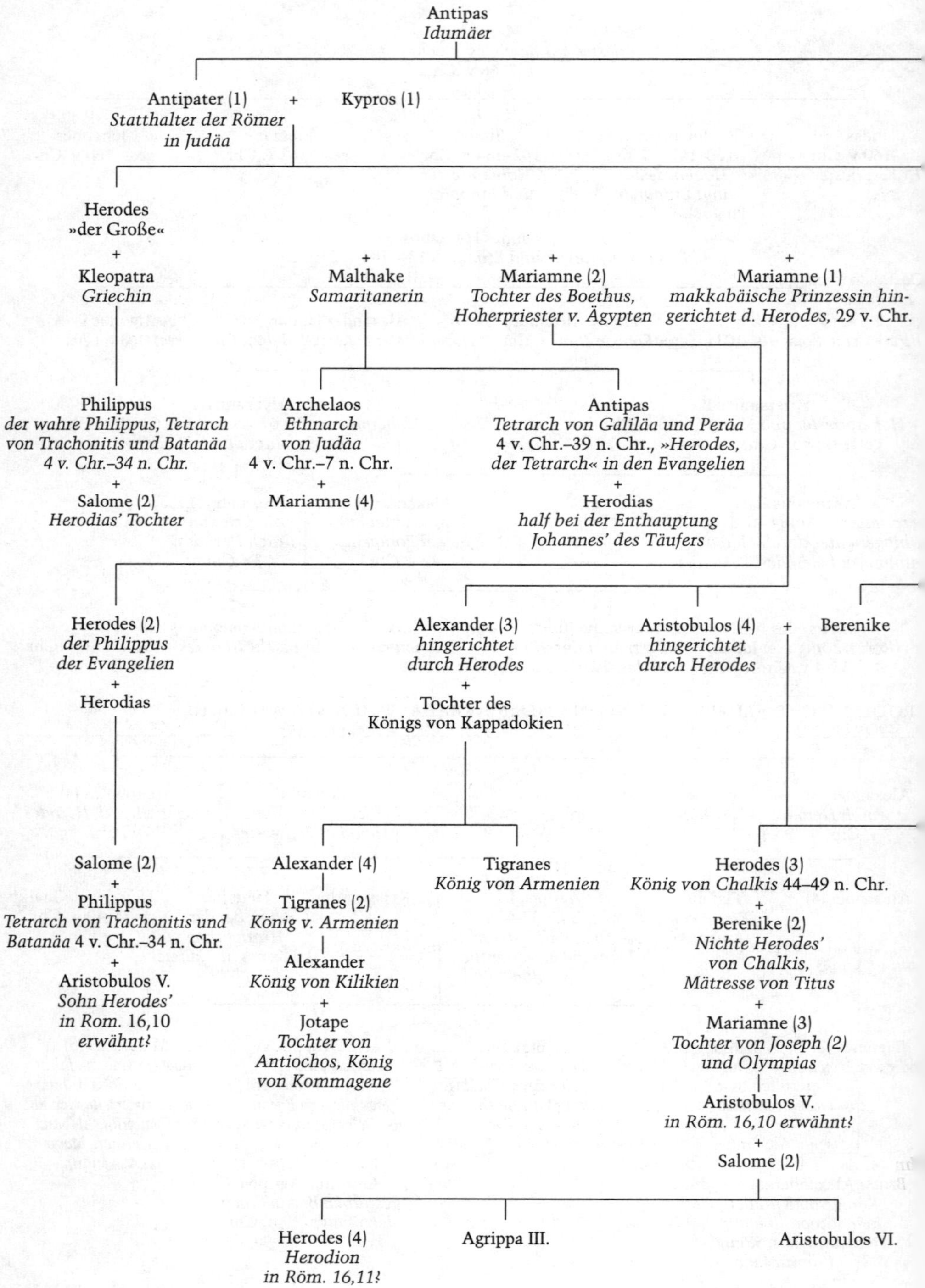

Joseph (1) + Salome (1)

Phasael

Pheroras

Salome (1)

\+
Costobarus
Idumäer

Helkias (1)
Alexas,
Tempelschatzmeister

Joseph (1)
durch Herodes hingerichtet
wegen angeblichen Ehebruchs
mit Mariamne

Antipater (2)
\+
Kypros (2)

Tochter

\+ Helkias (2)
Alexas,
Tempelschatzmeister

Costobarus (2)

Saulus
Paulus

Kypros (3)

\+ Helkias (3)
Alexas,
Tempelschatzmeister

Antipas
Tempelschatzmeister
68 n. Chr. *v. Zeloten hingerichtet*

Agrippa I.
König von Judäa
37–44 n. Chr.
\+
Kypros (4)

Mariamne (4)
\+
Archelaos
Ethnarch von Judäa
4 v. Chr.–7 n. Chr.

Herodias
\+
Herodes (2)
der »Philippus«
der Evangelien
\+
Antipas
Tetrarch von Galiläa und Peräa

Julius Archelaos
in Rom Josephus genannt
in Apg. 23,16 Paulus' Neffe?
\+
Mariamne (5)

Berenike (2)
Mätresse von Titus
\+
Marcus Alexander
hn des Alabarchen von Alexandria,
Bruder des Tiberius Alexander,
Philons Neffen
\+
Herodes von Chalkis
ihr Onkel
\+
Polemos
König von Kilikien

Agrippa II.
König von Galiläa
54–68 n. Chr.,
starb 93 n. Chr. in Rom

Mariamne (5)
\+
Julius Archelaos
Sohn des obigen
Tempelschatzmeisters
\+
Demetrios
Alabarch und reichster
Mann von Alexandria

Drusilla
\+
Azizus
König von Emesa
(Homs) in Syrien
\+
Felix
römischer Statthalter
52–60 n. Chr.
\+
Antonius Agrippa
starb 79 n. Chr. beim
Ausbruch des Vesuvs

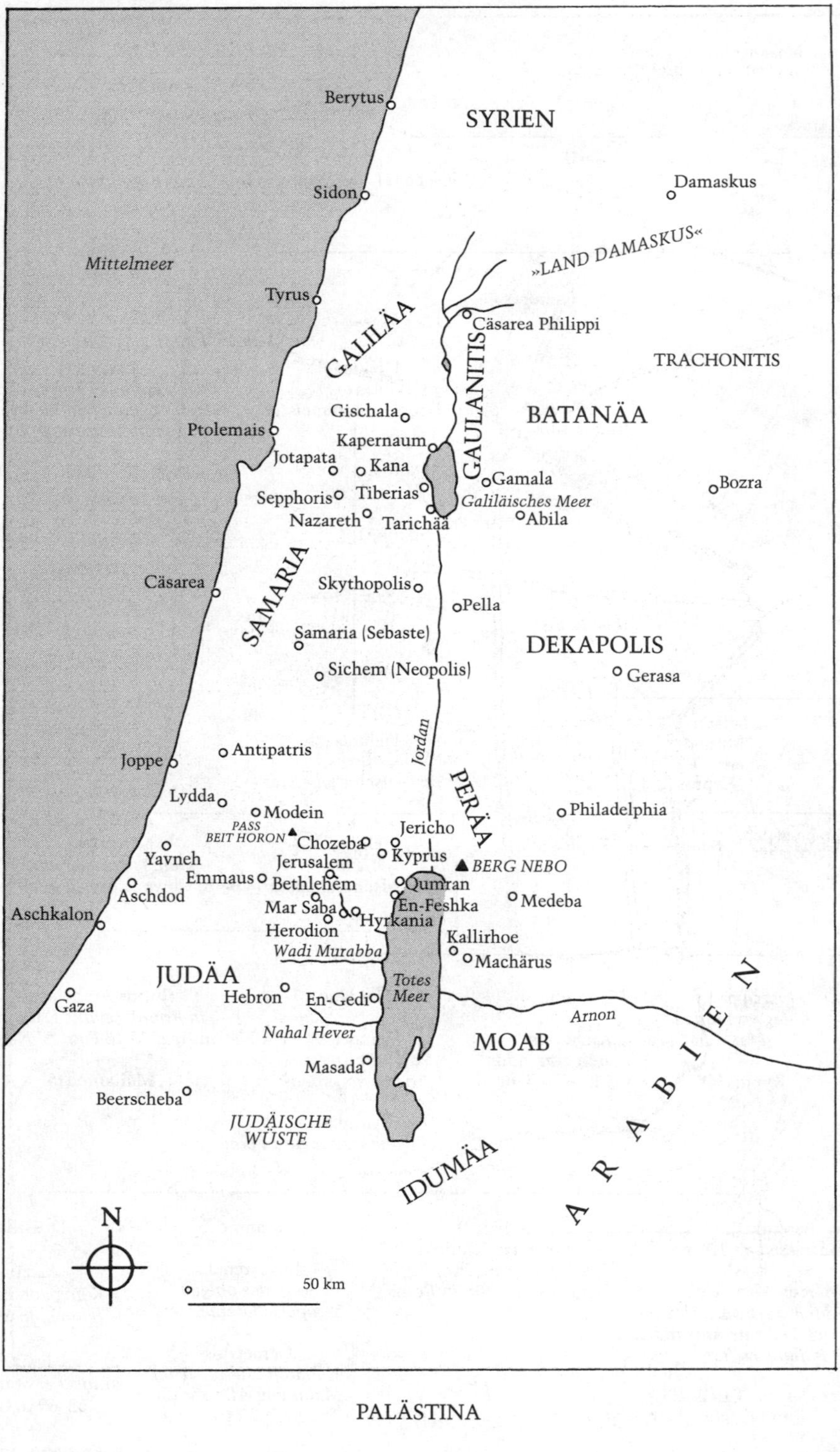

Berytus
SYRIEN
Damaskus
Sidon
»LAND DAMASKUS«
Mittelmeer
Tyrus
GALILÄA
Cäsarea Philippi
GAULANITIS
TRACHONITIS
Gischala
BATANÄA
Ptolemais
Kapernaum
Jotapata
Kana
Gamala
Bozra
Sepphoris
Tiberias
Galiläisches Meer
Nazareth
Tarichäa
Abila
SAMARIA
Cäsarea
Skythopolis
Pella
Samaria (Sebaste)
DEKAPOLIS
Sichem (Neopolis)
Gerasa
Jordan
Antipatris
Joppe
PERÄA
Lydda
Modein
Philadelphia
PASS BEIT HORON
Chozeba
Jericho
Yavneh
Kyprus
Jerusalem
BERG NEBO
Emmaus
Bethlehem
Qumran
Aschdod
Medeba
Mar Saba
En-Feshka
Aschkalon
Hyrkania
Herodion
Kallirhoe
Wadi Murabba
Machärus
JUDÄA
Totes Meer
Hebron
En-Gedi
Gaza
Arnon
Nahal Hever
MOAB
Masada
Beerscheba
JUDÄISCHE WÜSTE
IDUMÄA
ARABIEN
N
50 km

PALÄSTINA

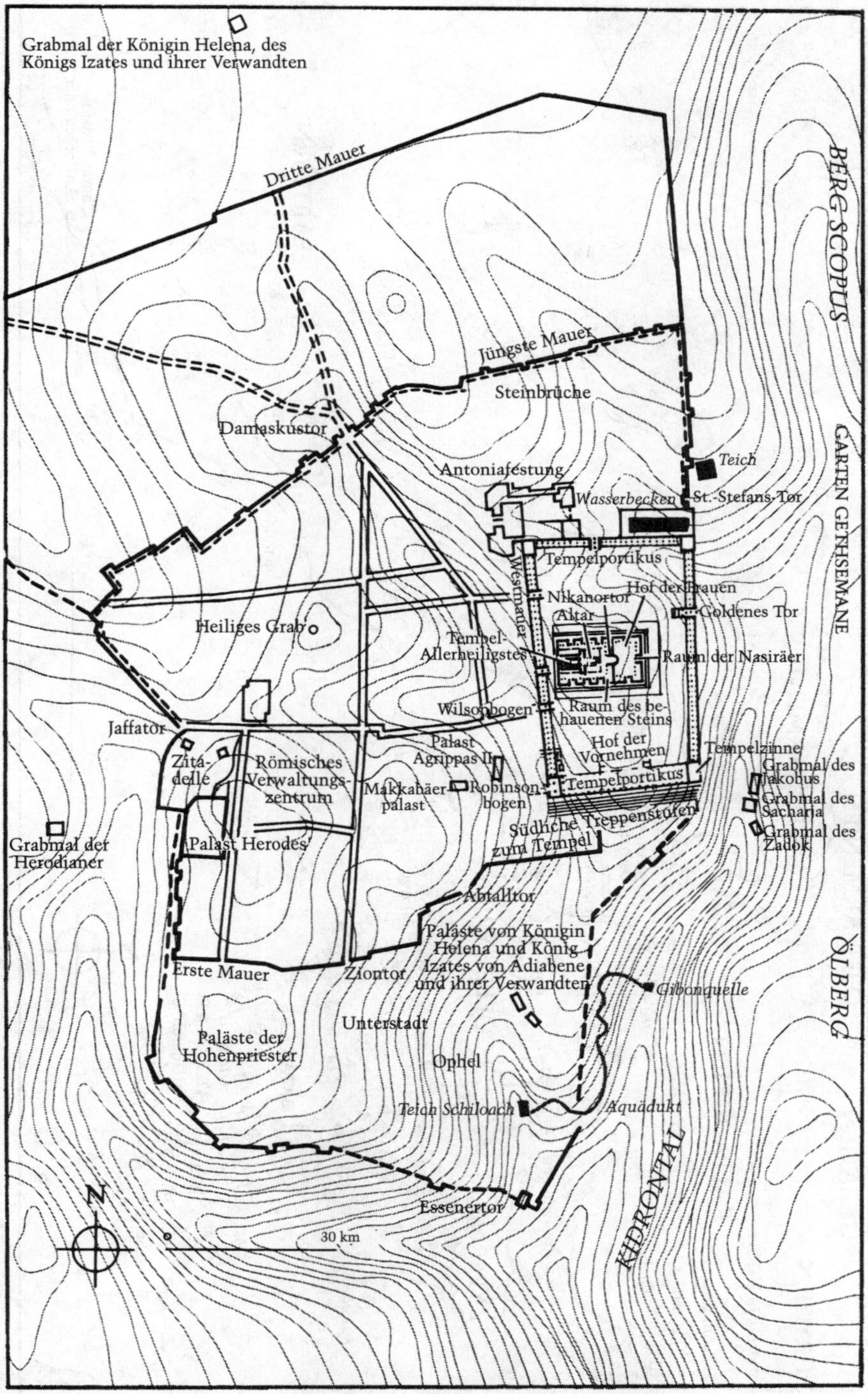

DER TEMPELBEZIRK VON JERUSALEM

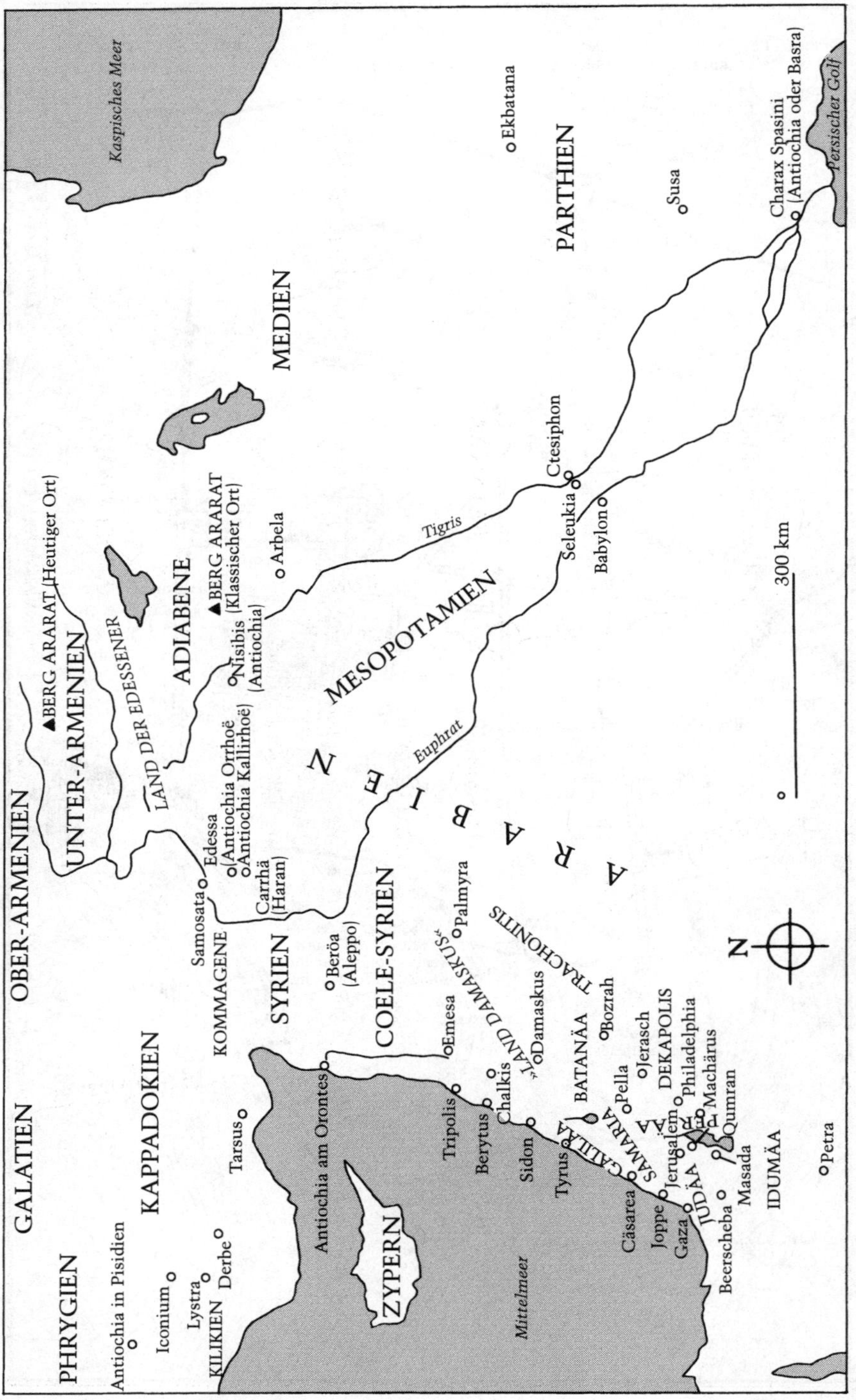

ARABIEN UND SYRIEN

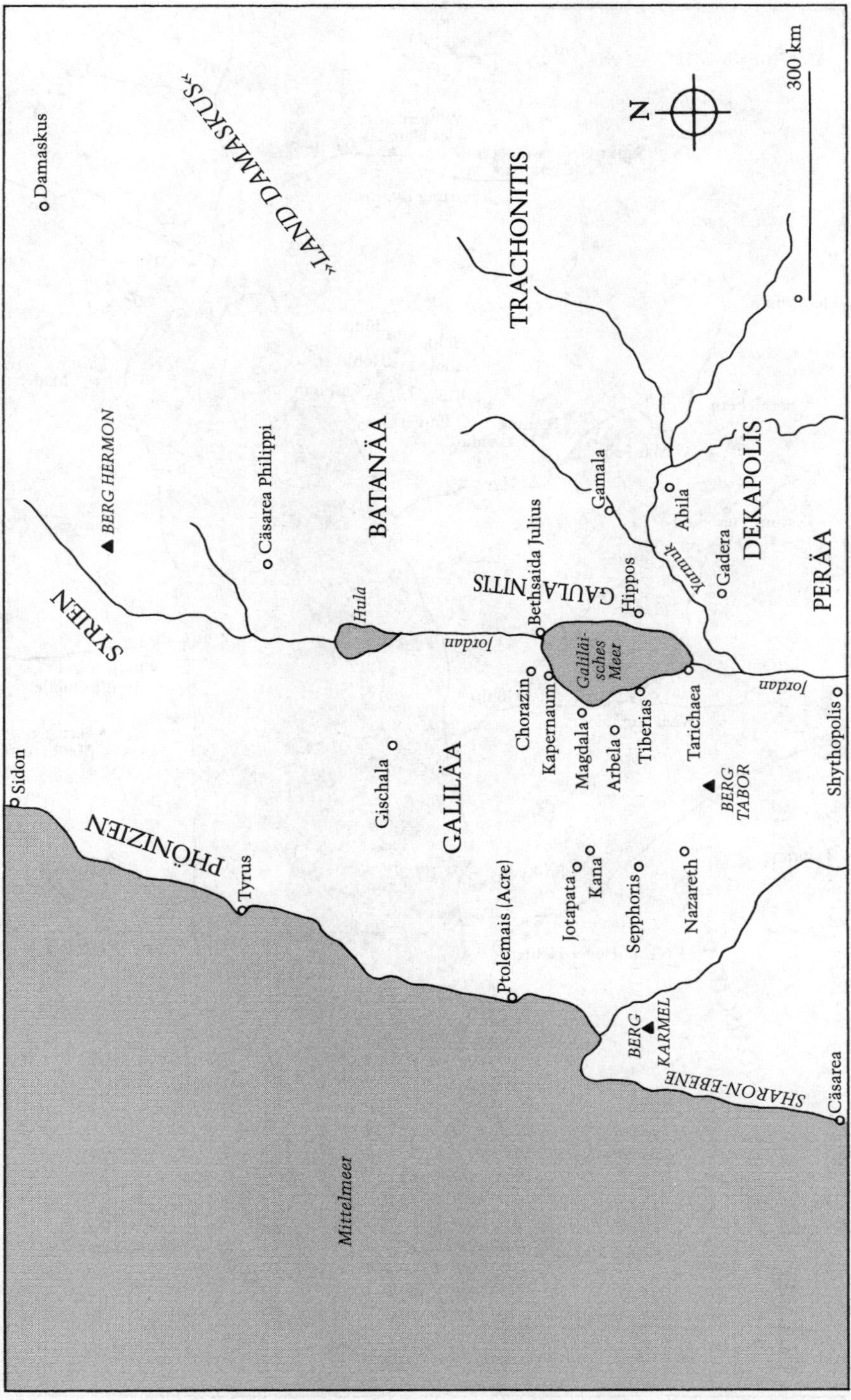
Damaskus
"LAND DAMASKUS"
TRACHONITIS
N
300 km
BERG HERMON
Cäsarea Philippi
BATANÄA
SYRIEN
Hula
Jordan
Bethsaida Julius
GAULANITIS
Gamala
Hippos
Abila
Yarmuk
Gadera
DEKAPOLIS
PERÄA
Galiläisches Meer
Jordan
Sidon
PHÖNIZIEN
Tyrus
Gischala
GALILÄA
Chorazin
Kapernaum
Magdala
Arbela
Tiberias
Tarichaea
BERG TABOR
Shythopolis
Ptolemais (Acre)
Jotapata
Kana
Sepphoris
Nazareth
BERG KARMEL
SHARON-EBENE
Cäsarea
Mittelmeer

GALILÄA

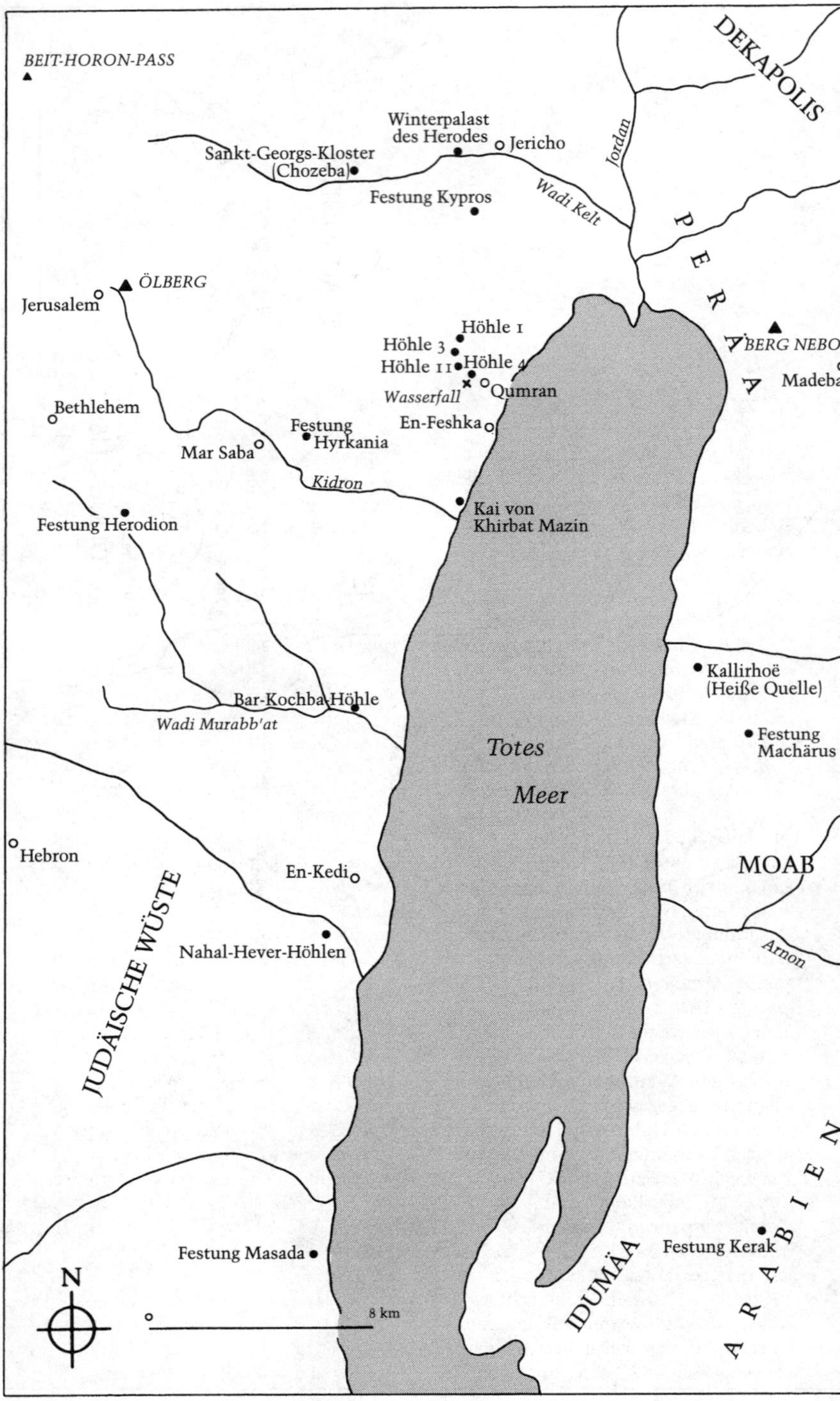

BEIT-HORON-PASS
DEKAPOLIS
Winterpalast des Herodes
Jericho
Sankt-Georgs-Kloster (Chozeba)
Jordan
Festung Kypros
Wadi Kelt
PERAA
ÖLBERG
Jerusalem
Höhle 1
Höhle 3
Höhle 11
Höhle 4
BERG NEBO
Madeba
Wasserfall
Qumran
Bethlehem
Festung Hyrkania
En-Feshka
Mar Saba
Kidron
Kai von Khirbat Mazin
Festung Herodion
Kallirhoë (Heiße Quelle)
Bar-Kochba-Höhle
Wadi Murabb'at
Festung Machärus
Totes Meer
Hebron
MOAB
En-Kedi
JUDÄISCHE WÜSTE
Nahal-Hever-Höhlen
Arnon
ARABIEN
Festung Kerak
Festung Masada
IDUMÄA
N
0
8 km

TOTES MEER

Anmerkungen

EINLEITUNG

1 *Maccabees, Zadokites, Christians and Qumran* (künftig *MZCQ*), Leiden 1983, S. XVII.
2 Siehe Eusebios, *EH* 3.5.3; Epiphanios, *Haeres*. 29.7 und 30.2 und *De mens. et pond.* 15.
3 *Krieg* 1.1.
4 Das Problem bei der Datierung der Kreuzigung besteht darin, daß wir uns für das Jahr von Pontius Pilatus' Ankunft in Palästina nur auf Josephus' Angaben (26 n. Chr.) stützen können (*Alt.* 18.35 und 89). Die *Pilatus-Akten* aber, ein um das Jahr 311 aufgetauchter, von Eusebios (*EH* 1.9.2ff.) erwähnter Text, der vorgibt, authentische Dokumente aus Pilatus' Kanzlei zu enthalten, datiert Pilatus' Amtsantritt in das Jahr 18/19 n. Chr. Seltsamerweise stimmt dies mit dem Datum überein, das Tacitus für die erste Judenvertreibung aus Rom angibt (*Annalen* 2.85), von der Josephus (*Alt.* 18.83) wiederum berichtet, sie habe sich während Pilatus' Amtszeit ereignet.
5 Ein aus den Abfallhaufen Unterägyptens ausgegrabener Papyrus schildert den Untergang der alexandrinischen Gemeinde, mit dem der Aufstand gegen Trajan (115–117) endete; siehe V.A. Tcherikover und A. Fuks, *Corpus Papyrorum Judaicorum*, Cambridge, Mass., 1957, S. 85ff.; und Josephus berichtet, die (angeblich 20000 Seelen zählende) jüdische Gemeinde von Cäsarea sei »in einer einzigen Stunde« vernichtet worden – *Krieg* 2.457f.; in 2.495ff. gibt er an, in Alexandria habe die Ermordung von 50 000 Juden stattgefunden.
6 *Krieg* 2.259 und 264 / *Alt.* 20.168.
7 *Krieg* 2.261ff; / *Alt.* 20.169ff.
8 Vgl. Koran 3.46, 4.158 und 19.21f. mit Augustinus, *Sermones*, 191.

KAPITEL 1

1 Koran 2.174, 5.4 (in genauer Wiedergabe von Ps. *Hom* 7.8, einschließlich der Bestimmung »Ersticktes«), 6.147 und 16.116. Die Aufnahme dieser entscheidenden Formulierung aus Ps. *Hom* 7.8 läßt die Vermutung, Mohammed habe Beziehungen zu einem »edessanisch«/nordsyrischen Kulturkreis unterhalten, durchaus glaubwürdig erscheinen.
2 *EH* 2.23.25.
3 Briefe des Augustinus 28 (394 CE) und 40 (397) und Antwort des Hieronymus, Brief 72 (404). Vgl. Luthers »Vorrede auf die Episteln S. Jacobi und Jude«, *Luthers Vorreden zur Bibel*, Vandenhoeck & Ruprecht, 1989.
4 *EH* 3.27.1.
5 Vgl. Gal 2,10 mit der Bezeichnung »die *Ebionim*«/»die Armen«, die überall in den Schriftrollen zur Selbstbezeichnung verwendet wird; z.B. 1QpHab 12.3–10, CD 6.21, 14.13, 1QH 2.32–3.25, 5.15–23, 1QM 11.7–13, 13.13f. usw.
6 Matth. 5,20, Lk. 6,20 und Jak. 2,2–6.
7 Siehe die »Mauer«-, »Festung«-/»Bollwerk«- und »Fels«-Metaphorik in 1QH 3.35, 5.39, 6.25–29, 9.298, 1QS 8.7f. und *EH* 3.7.8f.

8 Zu »Feind« siehe Paulus in Gal. 4,16, das Gleichnis vom Unkraut in Matth. 13,25–39, Ps. *Rec.* 1.70f. und Jak. 4,4.

9 Gal. 2,9; zu Jakobus' Anhänger als »Zeloten« vgl. Apg. 21,20.

10 In Gal. 2,7f.–11 verwendet Paulus außerdem, versehentlich oder aus anderen Gründen, in derselben Passage den Namen »Petrus« direkt neben »Kephas«. Clemens von Alexandria (um 150–215) und andere faßten sie als zwei *verschiedene* Männer auf: einen »Apostel« und einen »Jünger« – *EH* 2.12.3.

11 *EH* 2.1.4.

12 Diese in den Evangelien so wichtige Opposition »die Ersten« – »die Letzten« findet sich in Qumran allenthalben; vgl. »die Ersten« für »die Ahnen« oder die Empfänger des Ersten Bundes in CD 1.16, 3.10, 8.31f. und die »Endzeit«/»Letzte Generation« in 1QpHab 2.5ff., 7.2–12 usw.

13 Th.Ev. 12 und Ps. *Rec.* 1.43.

14 Joh. 11,16, 20,24 und 21,2.

15 Siehe 4QD266, Eisenman und Wise, *Jesus und die Urchristen. Die Qumran-Rollen entschlüsselt* (künftig *QRE*), Goldmann, 1994, S. 220f., 1QS 6.12–20 und CD 13.5–16.

KAPITEL 2

1 Z.B. Heb. 2,17–3,1; 4,14; 6,20–8,1 usw.

2 Vgl. Matth. 1,1–17 und Lk. 3,23–38 mit 1. Ch. 3,1–24.

3 *EH* 1.7.13–17.

4 1. Ch. 5,28–41. Merkwürdigerweise gibt Esr. 7,1f. für Esra die gleiche Genealogie an wie die Chronik für Jesus ben Jehozedek – eine Abstammungslinie, die Neh. 11,10 wiederum mit »Jedaja« in Verbindung bringt.

5 Diese zwei verwandten Wörter sind in Quellen aus der Zweiten Tempelperiode vom Schriftbild her praktisch nicht zu unterscheiden, da die genannten Texte Doppelkonsonanten nicht als solche bezeichnen und zwischen *Jod* und *Waw* (»*i*« und »*o*«) nicht differenzieren. Im vorliegenden Buch werden wir Großbuchstaben verwenden, um wichtige Termini oder Begriffe hervorzuheben, und Kursivschrift nicht nur innerhalb von Zitaten zum Zweck der Betonung, sondern manchmal auch, um im Text zitierte Wörter als solche kenntlich zu machen.

6 Seine wichtigste Funktion schien darin zu bestehen, Ordnung in die Genealogien zu bringen und »zelotische« priesterliche Begriffe zu verkörpern. Ebenso scheint der Verweis auf Jesus ben Jehozedek als »den Sproß« in Sach. 6,11f. eine Anspielung auf Serubbabel als »den Sproß« und vermutlich auch den ursprünglichen »leidenden Knecht« zu »überschreiben«.

7 *Alt.* 20.247.

8 Ps. *Rec.* 1.53f.

9 S. Luzki, *Orah Zaddikim*, Wien 1830, S. 19ff.

10 *Alt.* 20.199 (bezogen auf Ananus' Verdammung des Jakobus).

11 Für rabbinische Quellen siehe ARN 5.2. Für karäische siehe »al-Qirqisani's Account of the Jewish Sects of Christianity« in HUCA, Bd. 7, 1930, S. 326 und 364f.

12 Vgl. *Alt.* 18.4–23 mit *Krieg* 2.118.

13 CD 8.37, 1QpHab 2.6–21, 8.11, 4QpPs 37 2.17 und 4.10.

14 Vgl. Matth. 22,17–21 / Mk. 12,14–17 / Lk. 20,22–25 für die – mittlerweile sprichwörtliche – Formulierung, mit der Jesus die Zahlung der Tribute an Rom empfiehlt. (Die genannten Stellen rekapitulieren Paulus in Röm. 13,6–9, der Jakobus' (2,8) »Königliches Gesetz nach der Schrift« (»Liebe deinen Nächsten wie dich selbst«) als Grund für die Notwendigkeit anführt, Steuern zu zahlen.)

15 1. Makk. 2,1–70. Unverständlicherweise wird Mattathias (wie oben von Esra ausgeführt, eine weitere mögliche »zelonische« Priesterglosse) im Bericht 2. Makk. 3,1–4,1 zugunsten von »Simeon, des *Zaddik* Sohn, Onias« (wahrscheinlich auch »der Gerechte«) ausgespart.

16 1. Makk. 8,1–31, 12,7 und 14,16–24, möglicherweise in Anspielung auf die kriegerische Gesinnung beider Völker – wahrscheinlicher aber darauf, daß die an der palästinischen Küste siedelnden »Philister« *mit den Spartanern verwandte* mykenische

Griechen waren oder daß der Name des kretischen Berges Ida etwas mit dem hebräischen Phonem »Jehud«, »Jude«, zu tun habe.

17 F.M. Cross, *The Ancient Library of Qumran,* New York 1961, S. 135–140; F.F. Bruce, *Second Thoughts of the Dead Sea Scrolls,* Exeter 1956, S. 100; und G. Vermes, *The Dead Sea Scrolls in English,* London 1962, S. 62ff. Dieser Gedanke wurde erstmals zur Stützung der »Essener-Hypothese« geäußert. Gegen ihn spricht Esr. 2,59–63, wo eingeräumt wird, daß manche Priester nach ihrer Rückkehr aus Babylon ihre jüdische Herkunft nicht beweisen konnten und *Konvertiten* waren, und 1. Makk. 2,1, wo eine Abstammung von der ersten und wichtigsten Hohenpriesterklasse, den »Söhnen des Jehojarib«, beansprucht wird (vgl. 1. Chr. 24,6).

18 *Vita* 1,2–6.

19 Auch wenn in 1. Makk. »die *Kittim*« – eindeutig vom Westen her eindringende fremde Armeen – aus Makedonien zu stammen scheinen, in 1QpHab 2.12–4.12 und 6.1–12 weisen sie alle charakteristischen Merkmale von Römern auf: so insbesondere »teilen [sie] ihr Joch und ihre Steuern auf« (so im Kommentar zu »opfert er seinem Netze und räuchert seinem Garn« und »wird ihm ein fettes Mahl«, Hab. 1,16) und die *kaiserzeitliche* römische Sitte, »ihren Bannern [zu] opfern und ihre Kriegswaffen an[zu]beten« (wenn auf dem Banner die Büste des vergöttlichten Kaisers dargestellt war – dies als Auslegung von *»holt er mit der Angel herauf, fängt sie mit seinem Netz und sammelt sie ein«* (Hab. 1,15).

20 *Alt.* 18.261f./*Krieg* 2.185ff. und Philon, *Legatio ad Gaium,* 186 und 207f.

21 *Krieg* 5.541–547.

22 *Krieg* 6.310–315.

23 *Krieg* 3.399–407. Vgl. Sueton, *Cäsarenleben,* 10.4; Tacitus, *Historien,* 2.78ff. und 5.13.

24 ARN 4.5, *b. Git.* 56a/b, *Lam R.* 1.5.31 und *b. Yoma* 39b.

25 Vgl. *Vita* 13–16 mit *Krieg* 3.346–349.

26 *Alt.* 20,189f.

27 *Alt.* 20.197. Zementiert hatten die beiden ihre Beziehung in Rom, im Anschluß an »Bittgesuche an Cäsar«, die im Zusammenhang mit messianischen Auseinandersetzungen zwischen Galiläern, Samaritanern und Juden und der Mißhandlung »von Stephanus, dem Knecht des Kaisers« Ende der vierziger und Anfang der fünfziger Jahre gestanden hatten (*Alt.* 20.105–136). Die »Verschwörung« findet ihren Niederschlag in 1QpHab 12.6, »der Böse Priester verschwor sich, die Armen zu zerstören« (vgl. auch 1QH 4.10–13 usw.).

28 *Krieg* 1.1 Kursive Hervorhebungen in den Zitaten durch den Autor.

29 1QpHab 6.2–12.

30 *Krieg* 1.10f.

31 Vgl. *Krieg* 1.12 mit *EH* 2.6.3–8 (wo aus Josephus und offenbar aus dem verschollenen zweiten Buch von Philons *Legatio ad Gaium* zitiert wird) und 3.5.6f.

32 *Krieg* 6.250–280 (auch oben 1.10).

33 Vgl. Matth. 26,68 / Mk. 14,58 mit der »Gemeinde als Tempel« und deren Mitgliedern, »den Gliedern des Leibes Christi«, in 1. Kor. 3,9–17, 6,14–17, 12,12–31, Röm. 12.4f. usw.

KAPITEL 3

1 Siehe z. B. die Beschreibung dieser »Lager« in 1QM 7.3–7, 12.6f., 19.1, CD 12.22–14.8 und *»MMT«,* Zeilen 2.66–70 in *QRE,* S. 200.

2 9.21; vgl. Josephus in *Krieg* 2.254–260 und *Alt.* 20.185–188. Man sollte sich gegenwärtig halten, daß laut Origenes (185–254 n. Chr.), *Contra Celsum* 2.13 (wo er auch gegen Josephus' Behauptung protestiert, Jerusalem sei infolge von Jakobus' Tod untergegangen), die *»Sikarier«* jene sind, die unter Verletzung der römischen *Lex Cornelia de sicariis* andere gewaltsam beschneiden – obwohl, falls Hieronymus (Brief 84 an Pammachius und Oceanus) nicht irrt, Origenes selbst (»aus Eifer für Gott, aber mit Unverstand« [*sic*] – Röm. 10,2) sich »mit einem Messer kastriert« zu haben scheint. Zum gegebenen Zeitpunkt werden wir die Möglichkeit in Betracht ziehen, daß *»Sikarios«* (vgl. *»Ischarioth«*/*»Iskarioth«*) als Quasi-Anagramm oder pejoratives

Homophon von »Christianos« gelten könnte.

3 *Haeres.* 19, 29.1.1–7.1 und 30.3.2. Nach Ansicht des Epiphanius (20.3.2 ff.) sind die Ossäer »weder Juden noch Christen mehr«, sondern sind zu »Ebioniten« oder »Sampsäern« (d.h. »Sabäern«) geworden.

4 *De vita contemplativa* 2.

5 Siehe z.B. *Ket.* 30b, wo ein zur Steinigung verurteilter Mann »vom Dach herunterfällt«, oder *M. San.* 9.6, wo »die *Kanna'im*« einen Priester, der den Altardienst im Zustand ritueller Unreinheit verrichtete, töten, indem sie ihm den Kopf mit Keulen zerschlagen, und vergleiche mit *EH* 2.23.16 ff. oder 2. Off. Jak. 61 f.

6 Das hebräische Verb *»kanna«* besitzt die Grundbedeutung »eifern«. Vgl. Lk. 6,15 mit Matth. 10,4 / Mk. 3,18, aber siehe auch Joh. 2,1–11 und 4,46 zu »Kana in Galiläa«, dem Heimatdorf des »Nathanael«, bei dem es sich, wie wir an anderer Stelle zeigen werden, im wesentlichen um Johannes' »Überschreibung« des Jakobus handelt.

7 Hippolytos, 5.1 ff. und 10.5. Wie die Evangelien bewahrt Epiphanius sowohl »Nazarener« (»Nazrener«) als auch »Nazoräer«, ganz zu schweigen von »Nazirite« (»Nasiräer«); 19.5.1–4 und 29.5.4–7. Hieronymus, *Vir. ill.*, unterscheidet »Nazarener« und »Nasiräer« überhaupt nicht voneinander.

8 Siehe 1QpHab 12.4 f.; für »die Schlichten von Ephraim« siehe 4 QpNah 2.6 und 4.5. Für »der Weg« siehe CD 1.11, 8.41, 1QS 4.22, 8.14–21 (zu Jes. 40,3), 9.2–8 usw.

9 Apg. 9,2, 16,17 (»des Heils«), 18,25 f. (»des Herrn«), 19,9, 19,23, 22,4, 24,14 (als »eine Sekte« bezeichnet) und 24,22. [Statt »Weg« haben die dt. Bibelübersetzungen stellenweise »Lehre«, »Glaubensrichtung« o.ä., A.d.Ü.]

10 Vgl. Phil. 2,25 und 4,18–22 mit *Alt.* 1.8, *Vita* 430 und *Apion* 1.1, 21 und 2.296. Manche mögen diese Identifizierung in Zweifel ziehen, aber wie viele »Epaphroditusse«, die »in wichtige Ereignisse« und Neros Tod oder Ermordung »verwickelt war[en]«, kann es zu dieser Zeit schon gegeben haben?

11 Vgl. *Alt.* 18,16 f. / *Krieg* 2.165 mit Apg. 23,8, Matth. 22,23–33 und Parallelen.

12 Siehe Cross, a.a.O., S. 135–140 usw.

13 Vgl. 1QpHab 2.6, CD 1.20 f.; 4QD 266 12–18 (oben) z.B. mit Jak. 2,9 ff.

14 CD 5.7–11, 7.1 und 8.5 ff.

15 Siehe oben Jak. 2,11 und Apg. 15,20, 15,29 und 21,25.

16 Josephus behauptet in *Alt.* 12.387 zwar, dieser Priester (Alkimus) sei *nicht* hohepriesterlicher Abstammung gewesen, aber er könnte sich in diesem Punkt irren.

17 QpNah 2.2 f. und *Krieg* 1.92 ff.

18 *Krieg* 1.93–98 / *Alt.* 13.372–383 und 2. Makk. 5,27.

19 4QpNah 2.7 f. Siehe auch die Anspielung auf »die Teilnehmer (*Nilvim*) am Krieg von ...« in 4Q448, »Lobrede auf König Jonathan«, *QRE*, S. 278–285 [dort, S. 285, etwas anders übersetzt, A.d.Ü.].

20 *Krieg* 1.127–132. In der Version von *Alt.* 14.22 ff. wird in diesem Zusammenhang ein »regenmachender« Vorläufer des Jakobus erwähnt, den Josephus »Onias den Gerechten« nennt, der aber in der talmudischen Überlieferung als »Honi der Kreismacher« bekannt ist (*b. Ta'an* 19a und 23a/b).

21 *Krieg* 1.148–151 / *Alt.* 14.58–71.

22 *Alt.* 14.172–176 und 15.370.

23 *Alt.* 14.176 und 15.3 f.

24 Joh. 19,19. Eine unlängst in Masada aufgefundene Inschrift spricht sogar noch treffender von »Herodes, König von Judäa« – für die Römer jedenfalls war er einer der vielen »Könige der Völker« (*'Amim/gentium*; vgl. CD 8.10 und A.N. Sherwin-White, *The Roman Citizenship*, Oxford 1939, S.272 ff.).

25 *Alt.* 15.368.

26 *Alt.* 18.10.

27 *Krieg* 2.117 f. / *Alt.* 18.23 ff.

28 Matth. 22,15–22 / Mk. 12,13–17 usw. Es sei hier auch wieder an Paulus' Äußerung zur Zahlung von Steuern erinnert (Röm. 13,6–10), der, wie in Matth. 22,39 / Mk. 12,33, gleichsam zur Begründung das Gebot »Du sollst deinen Nächsten lieben wie dich

selbst« nachgeschickt wird. Eine noch anti-»zelotischere« Haltung wäre gar nicht denkbar.

29 *Krieg* 2.56 / *Alt.* 17.271.

30 *Alt.* 18.6–10. Man sollte dies mit Jesu »Weh euchs« gegen die »Schriftgelehrten und Pharisäer« und der »Kleinen Offenbarung« vergleichen (Matth. 23,1–24,31 und Parallelen). Josephus hat ein Stück aus seiner Schilderung der Standfestigkeit, mit der »die Essener« Folterungen erdulden und sich weigern, »den Gesetzgeber zu lästern«, (*Krieg* 2.151ff.) abgetrennt und es, in *Altertümer*, an seine Beschreibung von Judas' und *Saddoks* »Philosophie« angefügt. Hippolytos (9.21) schreibt diese Unerschütterlichkeit im Angesicht von Folter und Tod dagegen den »Zeloten« und den »*sikarischen* Essenern« zu, diesmal allerdings im Kontext ihrer Weigerung, die »Götzen dargebrachten Opfer« zu essen, von denen Jakobus in seinen Weisungen für überseeische Gemeinden spricht (Apg. 15,13ff.) und die in Ps. *Hom.* 7.8 (neben »baden«) auch als die Essenz von Petrus' Praxis genannt wird.

31 *Krieg* 6.312ff.

32 *Krieg* 2.425–429.

33 Vgl. Jak. 5,1–7 mit 1QpHab 12.3–10, 4QPs 37 2.9–3.10 (»die Kirche der Armen«) und die neuen »Hymnen der Armen« (4Q434–436) in *QRE* S. 238–245 – aber auch die Verdammung »verunreinigter böser Reichtümer« in CD 4.17, 6.15f. und 8.5f.

34 *Krieg* 1.10 und 2.418f. Dieser Anspielung auf eine *Mehrzahl* von Hohenpriestern entspricht die Wendung in 1QpHab 9.4f. »die Letzten Priester Jerusalems« (d.h. »die Hohenpriester«), die eindeutig auf das herodianische »Establishment« verweist und nicht auf das vorangegangene makkabäische, in dem es nur *einen,* auf Lebenszeit eingesetzten, Hohenpriester gab – ein hervorragendes Beispiel für »innere« Datierungskriterien. Zusätzlich bestätigt wird dies durch die Erwähnung der »Stern-Prophezeiung«, deren Zugehörigkeit zum 1. Jahrhundert n. Chr. von Josephus (ganz zu schweigen von Matth. 2,2) sowie 1QM 11.6–17, CD 7.18–8.3. und 4QTest 12ff. bezeugt wird.

35 *Krieg* 2.450–456. Diese Episode erinnert nicht nur an die »sikarischen Essener« des Hippolytos, die jeden Heiden, der »über Gott und Seine Gesetze spricht«, zu töten drohen, wenn er »sich weigert, sich beschneiden zu lassen« (9.21), sondern auch an Origenes' Definition der »Sikarier«, gegen welche die bereits in vorchristlicher Zeit geschaffene römische »*Lex Cornelia de sicariis*« nach Niederschlagung des Bar-Kochba-Aufstands durch Hadrian – wenn nicht sogar schon vorher – gerichtet gewesen zu sein scheint (ebensowenig darf man in diesem Zusammenhang die »etlichen von Jakobus« oder »die aus der [Partei der] Beschneidung« vergessen, die Paulus in Gal. 2,12 mit so ätzendem Spott angreift).

36 1. Makk. 1,54, 2. Makk. 6,2, Dan. 11,31 und 12,11. Vgl. Matth. 24,15 und Mk. 13,14.

37 1QS 1.15 und oben 4QD266 17f.

38 *Krieg* 1.535ff. / *Alt.* 16.121–127 und 356.

39 Röm. 11,16–24. Man beachte die Wendungen »verstoßen«, »Fangnetz«, »Ärgernis«, »Reichtum« und »Heil [ist durch] Gnade nicht mehr [möglich]«, die dieser Stelle voraufgehen (11,1–12).

40 *Krieg* 1.437 / *Alt.* 14.50–56.

41 Siehe oben *Alt.* 20.247.

42 *Alt.* 20.6–16.

KAPITEL 4

1 *Alt.* 20,97f. Apg. 12,1 spricht nur von »König Herodes«, aber im Neuen Testament werden *alle* Herodianer »Herodes« genannt. Herodes von Chalkis ist deswegen wichtig, weil er mit seiner *Nichte* Berenike verheiratet war und sein Sohn, Aristobulos, mit ebenjener Salome, die der Legende nach um den Kopf Johannes' des Täufers tanzte.

2 Siehe Paulus' apologetische Haltung gegenüber diesem Vorwurf, Gal. 1,20, 2. Kor. 11,31, Röm. 9,1 usw. Siehe demgegenüber die Anklage gegen »die Zunge«, Jak. 3,5–14. Ps. *Rec.* 1.70f. bezeichnet Paulus als ebenjenen

»Feind«, von dem in Gal. 4,16 und Jak. 4,4 die Rede ist.

3 Gal. 2,2–9, 1. Kor. 8,1–13, 2. Kor. 3,1–9, 5,12, 10,12–16, 11,5–22 und 12,11.

4 Th. Ev. 12.

5 Siehe z.B. *Sohar* 1.59b über Noah und *b.San.* 79b über die »sechsunddreißig Gerechten, die« auf das messianische Zeitalter »warten« (dem folgt die Anspielung auf die *»Messias-«* oder [Luth. A.d.Ü.] *Helden*-Prophezeiung« [1. Mos. 49,10f.] in 98b). Bemerkenswerterweise basiert letztere auf der gleichen Anspielung auf »harre *ihrer«* aus Hab. 2,3, die Hab. 2,4 vorausgeht und in 1QpHab 7.5–14 im Sinne einer *»Hinauszögerung der Parusie«* erklärt wird.

6 Pater Jose O'Callaghans These (»New Testament Papyri in Qumran Cave 7?« in *Supplement to Journal of Biblical Literature,* 1972, S. 1–14) ist kürzlich in Deutschland wieder aufgegriffen worden. Der von M. D'Ancona und C. Thiede in *Eyewitness to Jesus,* London 1995, unternommene Versuch, Matthäus anhand des Oxford-Magdalen-Papyrus neu in das Jahr 40 n. Chr. zu datieren, zeugt von der gleichen oberflächlichen Anwendung paläographischer – und Mißachtung innerer, textueller – Daten, der man in der Qumran-Forschung allenthalben begegnet.

7 In abermaliger Umkehrung der »Feind«-Terminologie von Ps. *Rec.* 1.70f. und Hab. 4,4 (s.o.). Gleichzeitig kehrt es das prototypische »Freund Gottes« um, das in Jak. 2,23, CD 3.2ff, und Koran 4.126 auf Abraham bezogen wird.

8 *EH* 2.6. 3–8 und 3.5.1–3.7.7.

9 *Krieg* 7.121–162. Die Römer scheinen den an verschiedenen Orten versteckten Tempelschatz dadurch gefunden zu haben, daß sie einen gewissen »Phineas« (*Krieg* 6.390f.) – d.h. wahrscheinlich den bereits in *Krieg* 4.155 erwähnten »Phanni« – folterten.

10 Wahrscheinlich der »Lucius von Kyrene« von Apg. 13,1.

11 Ps. *Hom.* 2.51, 3.50 und 18.20; desgleichen Origenes, *Kommentar zu Johannes* 19.7.2.

12 Die einzige Ausnahme bilden die aus dem – eindeutig judenchristlichen – Unkrautgleichnis hervorsprießenden Parabeln in Matth. 13,24–53. Ein besonders gutes Beispiel für ein propaulinisches, antijüdisches Gleichnis ist Matth. 22,1–14 (mit einer partiellen Parallele in Lk. 14,7–24). Hier veranstaltet ein König (der römische Kaiser) ein Hochzeitsfest, aber die geladenen Gäste (die Juden) weigern sich zu kommen und *töten seine Knechte.* Daraufhin »schickte [der König] seine Heere aus und brachte diese Mörder um und zündete ihre Stadt an« (Jerusalem). Statt ihrer lädt er nun völlig unbekannte Leute »von der Straße« ein (in Lk. 14,13 und 21 sind dies charakteristischerweise »die Armen, die Krüppel, die Lahmen und die Blinden«). Der wahre Sinn ist nicht sehr schwer zu erkennen. Außerdem ist die Geschichte *nach der Zerstörung des Tempels* geschrieben und hebt sich deutlich vom antipaulinischen Unkraut-Gleichnis und der projüdischen »Bergpredigt« (im selben Evangelium) ab.

13 Matth. 19,30 und 20,16 / Mk. 10,31 / Lk. 13,30.

14 Matth. 13,57 / Mk. 6,4 / Lk. 4,24.

15 Matth. 12,46–50 / Mk. 3,31–5 / Lk. 8,19ff.

16 Matth. 11,21 / Lk. 10,13.

17 Für die Gleichsetzung von Heiden und »Sündern« siehe Paulus in Gal. 2,15.

18 Matth. 18,12ff. / Lk. 15,3–7. Für Lukas ist ein verlorenes Schaf (oder *ein* »Sünder, der Buße tut«) soviel wert wie *»neunundneunzig Gerechte in der Wildnis«.*

19 Auf hebräisch bedeutet »Jesus« soviel wie »Heiland« – eine Tatsache, die Eusebios in *EH* 1.3.1–5 besonders hervorhebt.

20 Clemens von Alexandria, *Strom.* 7.17.

21 *Alt.* 18.116–119. In den Evangelien stirbt Johannes *vor Jesus* – wann immer letzterer den Tod gefunden haben mag.

22 20.100–104; vgl. Apg. 4,6, *Krieg* 2.220 und 5.45 f.

23 *Vita* 48, 343 und 355. Obwohl er hier kritische Töne anklingen läßt, spricht Josephus gewöhnlich ausnehmend respektvoll von Agrippa II. Zu Berenikes »Reichtümern« sowie der

Beurteilung von deren »Inzest« mit Agrippa siehe *Alt.* 20.145 f. und *Vita* 119.

24 Siehe Josephus' Bericht über den Übertritt Königin Helenas und ihres Sohnes zum jüdischen Glauben, *Alt.* 20.17–101. Ihre Verwandten Monobazos und Kenedaeus gehörten zu den tapfersten Feldherren der aufständischen Juden; *Krieg* 2.520.

25 Zahlreiche Passagen aus diesem Werk finden sich in Loeb, *Josephus*, III., S. 635–660, und R. Eisler, *The Messiah Jesus and John the Baptist*, London 1931.

26 *Krieg* 6.288–315.

27 Die »Christus«-Idee war unjüdisch, eher hellenistisch. Nach Apg. 11,26 wurden die Christen erstmals in Antiochia – wobei nur zu klären bliebe, in *welchem* Antiochia – »Christen« genannt. Siehe aber Hippolytos, 9.25, dem zufolge »der Christus ... ein kriegerischer und mächtiger Mann« ist, der, nachdem er »das gesamte jüdische Volk um sich geschart«, »gegen alle Völker Krieg geführt« (vgl. 1QM in Qumran) und »Jerusalem wiederhergestellt« habe, »durch das Schwert umkommen« werde (vgl. die jüngste Kontroverse um 4Q285, das Fragment »Der messianische Führer«, *QRE*, S. 30–36). »Dann würde das Ende der Welt und der Weltenbrand kommen« und »jeder *belohnt werden, wie seine Werke sind*« – ganz im Sinne der noch immer gültigen Auffassung des Islam (Koran 74 und 82) sowie, gemäß *EH* 2.23.9 und Jak. 4,11–5,10, des Jakobus.

28 *Alt.* 18.63 f.

29 *Alt.* 18.81–84.

30 Tacitus, *Annalen* 2.85, und oben *EH* 1.9.3 f. Interessanterweise ist dies auch das Jahr, in dem Germanicus, den Tiberius auf Augustus' Betreiben als seinen Nachfolger adoptiert hatte, unter mysteriösen Umständen in Syrien stirbt. Siehe auch Sueton, *Cäsarenleben* 3.36, und Dio Cassius, *Römische Geschichte* 57.18.5.

31 Der *Egesippus* beispielsweise, die lateinische Fassung von Josephus' *Krieg* (so genannt nach Eusebios' verschollener Quelle Hegesippus, die auch die »Mundus-und-Paulina«-Episode aus *Altertümer* interpoliert), verlegt die Kreuzigung Jesu in die Zeit um 36/37 n.Chr., das Jahr, bevor Pontius Pilatus aus Palästina abberufen wurde.

32 5.26, in Apg. 18,2 aufgegriffen und mit Priscillas und Aquilas Verbannung aus Rom in Verbindung gebracht. Laut *Talmud, A.Z.* 10b und oben *Git.* 56b ist »Aquila« oder »Onkelos« der Sohn des Kalonymos oder Kolonikos (Clemens?) und der *Schwester Titus'*, damit also, wie Flavius Clemens unten (und »Clemens« in den Pseudoklementinen), ein *Verwandter des Kaisers*.

33 Tacitus, der Prokonsul der Provinz Asia gewesen war, bedient sich in *Annalen* 2.85 und 15.44 solcher Ausdrücke, um Juden *wie* Christen zu charakterisieren, und ebenso verfährt sein Zeitgenosse Plinius d.J. in Brief 97 an Trajan. H. Idris Bell, *Jews and Christians in Egypt*, London 1934, S. 25 ff., enthält den Text des berühmten Briefes, in dem Claudius die ägyptischen Juden davor warnt, umherstreifenden Verbreitern von »Seuchen«, wie den Aposteln, Aufnahme zu gewähren, und Apg. 24,5 bezeichnet Paulus als »Pest« und einen »Anführer der Sekte der Nazoräer [bei Luther *Nazarener*, A.d.Ü.]«.

34 *Krieg* 2.258 f. und 264 f.

35 *Chronik* 2.30 f.

36 *Römische Geschichte* 65.6.3.

KAPITEL 5

1 Siehe Phil. 4,3, *EH* 3.4.8 und 3.15 f. Ps. *Rec.* 7.8 bezeichnet ihn als einen nahen Verwandten »Cäsars«. Flavius Clemens und Domitilla waren gleichfalls nah mit Domitian verwandt (wie aus ihren Namen hervorgeht). Ersterer wurde 95/96 n.Chr. als heimlicher Christ hingerichtet (*sie* scheint dagegen »nur« verbannt worden zu sein – *EH* 3.18.4), und genau um diese Zeit verschwinden auch Leute wie Clemens, Epaphroditus und Josephus von der Bildfläche.

2 EH 2.15 f. und 3.39.14 ff., wo Papias zitiert wird. Vgl. 1. Petr. 5,13 und Kol. 4,10.

3 Veröffentlicht wurde das Werk erst-

mals im Abendland, auf der Grundlage der nicht mehr enthaltenen griechischen Übersetzung des Rufinus von Aquileia (um 350–410), der ursprünglich ein enger Freund des Hieronymus gewesen war. Später entzweiten sich die beiden aufgrund ihrer unterschiedlichen Beurteilung Origenes', möglicherweise aber auch wegen ebendieses Werkes; vgl. die *Vorrede zu Hesekiel*, in der Hieronymus darüber frohlockt, daß »der Skorpion unter der Erde liegt« und »die vielköpfige Hydra endlich aufgehört hat, uns anzuzischen«.

4 Siehe Tertullian, *Apologeticus* 5 und 21, und die apokryphen Pilatus-Akten [auch bekannt als »Nikodemus-Evangelium«, A.d.Ü.]; für die Gegenmeinung siehe Philon, *Legatio ad Gaium* 302 f.

5 *Dial.* 23, 47 und 93.

6 Justinus kennt beispielsweise eine Quelle, die er *Die Erinnerungen der Apostel* nennt, in der es – anders als bei Matth. 3,17 und Parallelen – heißt: »Du bist mein Sohn. An diesem Tage habe ich dich gezeugt«; *Dial.* 88 und 103.

7 Siehe Fragmente in ANCL und *EH* 2.15.2 und 3.39.

8 Matth. 13,55 / Mk. 6,3.

9 *EH*, wo Justinus Martyr (selbst ein Samaritaner), *Apologie* 1.26, zitiert wird, sowie Ps. *Rec.* 2.7 und *Hom.* 6.7.

10 *Alt.* 19.332 ff.

11 Siehe z.B. S. A. Birnbaum, *The Hebrew Scripts*, Leiden 1971, S. 26–43 und 130–143; F. M. Cross, »The Development of Jewish Scripts«, in: G. E. Wright (Hrsg.), *The Bible and the Ancient Near East*, 1961, S. 133ff. und 160–197; I. T. Milik, *Ten Years of Discovery in the Wilderness of Judaea*, London 1959, S. 57 f.; sowie meine detaillierten Analysen in *MZCQ*, S. 28–31 und 78–89.

12 4Q394–399, die Prof. Wise und ich in *QRE*, S. 185–217, »Zwei Briefe über als Gerechtigkeit angerechnete Werke« genannt haben.

13 Siehe z.B. Birnbaum, *The Hebrew Scripts*, S. 68 ff. und 117–131.

14 1QS 9.13–16 und 9.17–25.

15 1QS 4.2–5.23 und 8.1–9.6.

16 G. Margoliouth, »The Sadducean Christians of Damascus«, in: *The Expositor*, Bd. 37–38, London 1911/12, S. 499–517 und 213–235, und R. H. Charles, *Apocrypha and Pseudepigrapha of the Old Testament*, 11, Oxford 1913, S. 794–797.

17 Die Anfrage wurde von mir und Prof. Philip Davies von der Sheffield University in einem vom 16. März 1989 datierten Brief an J. Strugnell gerichtet, den damaligen Leiter des internationalen Teams. Am 15. Juni 1989 schrieb ich in Beantwortung seines Schreibens vom 15. Mai einen zweiten Brief an Strugnell; jeweils am 2. Mai und am 13. Juli wandte ich mich außerdem schriftlich an Amir Drori, den Direktor des Israelischen Amts für Denkmalschutz.

18 Anführen ließen sich etwa noch die Wendung »die Könige der Völker« zur Bezeichnung der herrschenden Elite (8.10), die Erwähnung derer »Reichtümer« und »Nichten-Ehen« (4.17–5.15 und 6.15–7.2), die Beziehung des »Natterngifts« auf den »Wein ihrer Sitten« (8.10 f.), der Vorwurf der »Verunreinigung des Tempelschatzes« (6.15 f.), die Berufung auf die »Stern-Prophezeiung« (7.18–21) u.a.m.

19 Diese Möglichkeit wurde – mit ausführlichen technischen Erläuterungen zur C14-Methode – erstmals im Brief vom 2. Mai dem zuvor erwähnten Direktor des israelischen Denkmalamts als Ersatz für eine direkte Einsichtnahme vorgeschlagen. Das israelische Denkmalamt erklärte sich vier Monate später (September 1989) bereit, solche Tests – wenngleich auf bedenklich selektive Weise – vornehmen zu lassen: Unsere Empfehlung, »oppositionelle Forscher«, die eine solche Untersuchung überhaupt erst gefordert hatten, an allen Stadien des Prozesses zu beteiligen, wurde vollkommen ignoriert. Statt dessen zog man »Konsens-Forscher« wie John Strugnell hinzu, der 30 Jahre lang keinerlei Notwendigkeit für derartige Tests gesehen hatte.

20 Siehe die zwei in *Atiqot* veröffentlichten Berichte: Juli 1991, S. 27–32, G. Bonani, M. Broshi, I. Carmi, S. Ivy, J. Strugnell und W. Wolfi, »Radiocarbon

Dating of the Dead Sea Scrolls« (auch *Radiocarbon* 34, 1992, S. 843–849), und 1995, A. J. T. Jull, D. J. Donohue, M. Broshi und E. Trov, »Radiocarbon Dating of Scrolls and Linen Fragments from the Judean Desert« sowie Auswertung dazu in *BAR*, Juli/August 1995, S. 61. In der ersten Testreihe ergab sich für das Testament des Kahath (*QRE*, S. 151–157), nach inneren Kriterien ein Text aus makkabäischer oder herodianischer Epoche, als Entstehungszeit 388–353 v.Chr., und datierte Dokumente aus dem Wadi Murabba`at und anderen Fundorten fielen entweder gerade eben in die ermittelte Zeitspanne oder sogar gänzlich außerhalb von ihr.
Die zweite Testreihe ergab völlig verzerrte Resultate. Eine Probe aus der Gemeinderegel, einem Dokument mit exakten Parallelen zu bekannten Quellen über Johannes den Täufer, das nach inneren Kriterien eindeutig aus dem 1. Jahrhundert n.Chr. stammt, ergab als Datum *134–230 n.Chr.*, während eine zweite Probe derselben Handschrift mit *346–317 v.Chr.* datiert wurde. Ein Papyrus-Vertrag, der *im Text* das Datum 135 n.Chr. trug, ergab eine Entstehungszeit von 231 bis 332 n.Chr., während ein (gleichfalls datiertes) Dokument aus dem Nahal Hever aus dem Jahr 128 n.Chr. in die Zeitspanne 86–314 n.Chr. verlegt wurde. Der *Pescher* Habakuk, ebenfalls ein mit Sicherheit aus römischer Zeit stammender Text – seine paläographisch ermittelte Datierung ins 1. Jahrhundert n.Chr. ist nie ernsthaft in Zweifel gezogen worden –, ergab bei einem Testdurchlauf 154–143 v.Chr. und bei einem anderen 120–125 v.Chr. Innere Kriterien zeigen jedoch, daß *Pescher* und Gemeinderegel mehr oder weniger um die gleiche Zeit entstanden sind.

21 Beschluß der California State University, Long Beach, *Conference on Scrolls, Caves, and Hidden Manuscripts*, April 1990 (*BAR*, September/Oktober 1990, S. 4 ff.).

22 Siehe Malcolm W. Browne, »Errors Feared in Carbon Dating: Alternative Methods being Used«, *New York Times*, 4. Juni 1990. Die (in sämtlichen Berichten unweigerlich erwähnten) Verunreinigungen sind im Falle von – so oft gelesenen, betasteten und abgewischten – Manuskripten wie dem des *Pescher* Habakuk eine zusätzliche gefürchtete Fehlerquelle.

23 Siehe »Radio Carbon Dating of the Dead Sea Scrolls«, S. 29, und Diagramme S. 30 f. Ähnliche Diagramme enthält »Radiocarbon Dating of Scrolls«, wo man Bemerkungen wie die folgende findet: »Mit einer einzigen Ausnahme stimmt das anhand der C14-Methode ermittelte Alter der verschiedenen Dokumente mit den Daten überein, die vorherige paläographische Analysen hatten erwarten lassen.« Und keine Sorge, wenn sich solche Erwartungen auf Anhieb *nicht erfüllten* – die Tests wurden dann eben wiederholt.

24 Siehe 1QpHab 5.12–6.11 – wo es, in Auslegung von »Angelhaken/Garn«, »fangen sie mit ihrem Netz« und »wird ihm ein fettes Mahl« (Hab. 1,14 ff.), von den *Kittim* (den Römern) auch heißt, sie »teilen ihr Joch und ihre Steuern auf und essen alle Völker (*gentes*) – und 9.3–7, wo die »Reichtümer mit der Beute« oder »die Letzten Priester Jerusalems ... der Hand der Streitmacht der *Kittim* überantwortet werden«. Aber an zwei Stellen von *Krieg* (1.153 und 354–357) und *Alt.* 14.72 und 483–486 teilt uns Josephus mit, daß sich sowohl Pompeius (63 v.Chr.) als auch Herodes (37 v.Chr.) *ausdrücklich jeder Plünderung enthielten*. Außerdem verweisen die im *Pescher* Habakuk verwendete (in der rabbinischen Literatur gewöhnlich auf die 70 n.Chr. erfolgte Zerstörung des Tempels bezogene) »Libanon«-Symbolik sowie der Ausdruck »*abeit-Galuto*« zur Kennzeichnung der Vernichtung des »Gerechten Lehrers« durch den »Frevelpriester« deutlich auf das erste nachchristliche Jahrhundert – wie übrigens auch »die *Kittim*«, die »ihren Bannern opfern und ihre Kriegswaffen anbeten«. Solche inneren Daten führen äußere Parameter wie AMS-C14-Daten ad absurdum. Da die gleichen Wendungen, Termini und Personen in

Damaskus-Schrift, Gemeinderegel, *Pescher* Habakuk und Hymnen unverändert auftreten, liefert die Behauptung, diese Quellen könnten unterschiedlichen – nach jüngsten C14-Untersuchungen bisweilen *drei und vier Jahrhunderte auseinanderliegenden* – Epochen entstammen, nur ein weiteres Indiz für die Unzuverlässigkeit und Unglaubwürdigkeit dieser Daten. Es wäre somit völlig unsinnig, mit derlei Resultaten eine ansonsten überzeugende Deutung, anhand deren sich die inneren Daten in einen vollkommen einsichtigen Zusammenhang bringen lassen, widerlegen zu wollen.

25 Siehe die vielfachen Anspielungen auf »die Zeit des Endes« oder »die Letzten Tage«/»das Letzte Zeitalter« in 1QpHab 2.7 sowie die Interpretation von Hab. 2,3 f. in 1QpHab 7.2–14. Den deutlichsten Hinweis finden wir aber in den bereits erwähnten Wendungen »teilen ihr Joch und ihre Steuern auf« und »ihren Bannern opfern« zu Hab. 1,15f.

26 Darunter Jes. 2–5, 10 f., 26–33, Hab. 1,4–2,4, Ps. 37, 12–39 usw.

27 Ps.*Rec.* 1.71 f.

28 CD 9.17–22, 13.15 ff., 14.8–12, 15.7–14 und oben 4QD266 1–16. Ebenso 1QS 6.12–20.

29 Siehe R. de Vaux, *Archaeology and the Dead Sea Scrolls*, Oxford 1973, S. 18–23, 33–45 und 64–71, und *MZCQ*, S. 32 ff., 55 f. und 91–94.

30 Vgl. *MZCQ*, S. 32 ff. und 91–94, mit Anmerkung in *Archaeology*, Mai/Juni 1996, S. 21, und *BAR*, Mai/Juni 1996, S. 14.

31 Siehe de Vaux, *Archaeology and the Dead Sea Scrolls*, S. 60–90, und P. Bar-Adon, »Another Settlement of the Judean Desert«, *BASIOR* 227, 1977, S. 1–25.

32 Oben 1QpHab 9.3; F. M. Cross, *The Ancient Library of Qumran and Modern Biblical Studies*, New York 1961, S. 126, bezeichnet diese Stelle – ohne irgendwelche Erklärungen dafür zu geben – schlicht als eine Anspielung auf »die Eroberung Jerusalems durch *Pompeius*«.

KAPITEL 6

1 Apg. 6,2, Matth. 26,14–47 (und Parallelen) beim »Letzten Abendmahl«, und Joh. 6,67 und 20,24. Bemerkenswerterweise ist es bei den Synoptikern »Judas *Ischarioth*«, der als »der Zwölfe einer« bezeichnet wird, während es bei Johannes »Thomas« (d.h. *Judas* Thomas) ist.

2 Eusebios tut dies – wie immer seine Glaubwürdigkeit auch zu werten sei; *EH* 2.25.5–8 und 3.1.2 Letztere Stelle enthält eine Anspielung darauf, Petrus sei »kopfunter« gekreuzigt worden, wovon erstmals Origenes berichtet. Tertullian, der in *De praescrip. haer.* 36 gleichfalls davon spricht, war der erste, der behauptete, Paulus sei in Rom unter Nero *geköpft worden*, während der in den Pseudoklementinen verewigte Clemens in *Ad Cor.* 1.5 das älteste Zeugnis für Petrus' und Paulus' Martyrium liefert.

3 In *Ad Cor.* 1,5 sagt Clemens, Paulus habe »die ganze Welt Gerechtigkeit gelehrt und [sei] bis an die äußerste Grenze des Westens gelangt«. Zu meinen Argumenten für eine mögliche Rückkehr des Paulus nach Palästina (zwischen 62 und 66 n.Chr.) siehe »Paul as Herodian« in *The Dead Sea Scrolls and the First Christians* (Element, 1996), S. 241–245 (als Vortrag erstmals 1984 vor der Society of Biblical Literature gehalten).

4 Die Apostelgeschichte endet damit, daß Paulus unter Festus (60–62 n.Chr.) nach Rom kommt und »zwei ganze Jahre« lang »in einer Mietwohnung ... predigte ... und mit aller Freimütigkeit ungehindert +lehrte]« (28,30 f.). Josephus zufolge (*Alt.* 20.197–203) stirbt Jakobus unmittelbar nach dem Tod des Festus, so daß wir in beiden Fällen auf das Jahr 62 n.Chr. kommen – ein merkwürdiger Zufall.

5 Zwei weitere »Justusse« erscheinen in Apg. 18,7 und Kol. 4,11 (hier mit der Zusatzbestimmung »aus der Beschneidung«).

6 In der Bibel finden sich auch weitere mögliche Glossen dieser Art, z.B. Esra. Eine andere solche alttestamentliche Gestalt ist Seth, ein Ersatzmann

für Kain (1. Mos. 4,25–25,8). Zahlreichen weiteren werden wir im Neuen Testament begegnen.

7 Derselbe »Agabus« tritt in Apg. 11,27f. als ein »Prophet« auf, der wiederum *»von Jerusalem nach Antiochia [kam]«*, um die »Teuerung« zu weissagen, die unter Kaiser Claudius »kommen sollte über den ganzen Kreis der Erde«. Bereits der armenische Chronist Moses von Chorene (2.26) bemerkte, welche Schwierigkeit es Gräkosyrern bereitet, Namen dieser Art auszusprechen, und ins Lateinische gelangt »Abgar« als »Agbar«, »Acbar« und sogar »Albarus«. Bei Eusebios heißt er »Abgar, der Große König der Völker jenseits des Euphrats« oder »Abgar *Uchama*« (*EH* 1.13.2–6).

8 Siehe die Verwechslungen in Joh. 6.71, 12,4, 13,3 und 13,26, mit »Simon *Ischariot* (vermutlich der »Simon *Zelotes*« von Lk. 6,15 und Apg. 1,13), siehe aber Joh. 14,22 »der Ischariot«, d.h. wahrscheinlich »der *Sikarios*«.

9 Vgl. CD 5.6 f. (über »die drei Netze des Belial«), 6.14–17, 7.3 f., 8.16, 9.14–23, 12.19 f., 1QS 5.1–10, 8.11 ff. (in Auslegung von Jes. 40,3 »macht in der Steppe einen geraden Weg«) und 9.5–20 (ebenso). Diese Ausdrucksweise, die auf ein »Trennen des Reinen vom Unreinen, des Heiligen vom Weltlichen« (vgl. Paulus in 2. Kor. 6,17–7.1) verweist, besitzt eine synonymische Entsprechung in *»lehinnazer«* (CD 6.15), *»lehazzir«* (7.1) und *»nazru«* (8.8) – der »nasiritischen Rede des »Sichfernhaltens«/»-enthaltens« – die auch die Grundlage für die bereits erwähnten (griechischsprachigen) Anweisungen des Jakobus an heidenchristliche Gemeinden (Apg. 15,20–29 und 21,25) darstellt.

10 Apg. 13,1.

11 Die Beziehung dieses Antiochia zu Edessa, das »Antiochia Orrhoë« genannt wurde, soll uns weiter unten beschäftigen.

12 Das gleiche gilt für »Johannes, *seinen Bruder*« (Matth. 4,21 usw.), Jesus »de[n] Zimmermann, Marias Sohn« (Mk. 6,3) oder Jesus, »des Zimmermanns Sohn« (Matth. 13,55), »Judas, des Simon *Ischarioth* Sohn (oder ›Bruder‹)«, »Zebedäus«, »Agabus«, »Königin Kandake«, »Dorkas«, »Zachäus«, »Arimathäa« und dergleichen mehr.

13 Vgl. Heb. 3,1, 4,14 f., 5,5 f., 6,20–7,27 usw. mit dem »Messias von Aaron und Israel« in CD 1.7, 8.24, 12.23, 13.1, 14.19, 1QS 2.14 und 9.11.

14 28 v.Chr. Mariamnes Söhne wurden 7/6 v.Chr. umgebracht, zwei Jahre, bevor Herodes selbst starb (4 v.Chr.); *Alt.* 15.247–252/*Krieg* 1.550 f. Zweifellos wäre in der jüdischen Geschichte einiges anders gelaufen, wenn die beiden überlebt hätten.

15 Paulus bezeichnet sich (Röm. 11,13) tatsächlich als den »Apostel der Heiden« (*ethnôn*, wörtl. »Stämme«, »Völker«) – ein Begriff, den Mohammed später noch verfeinerte – und gebraucht die Wendung »Griechen und Juden« noch einmal in 1. Kor. 1,24 und Gal. 3,28.

16 Siehe z.B. CD 1.7, 1QH 6.15–8.10 und oben 4Q 285 2 f. in *QRE* S. 30–36.

17 Vgl. Gal. 4,22–31. Falls Paulus wirklich ein Herodianer war, würde sein in der Anspielung auf »Hagar« impliziter verletzter Stolz vielleicht erklären, warum er die wirkliche Abstammung der Juden derart auf den Kopf stellte. Bemerkenswert ist auch, daß Paulus, als er sich – abermals betonend, er »lüge nicht«, und unter Verweis auf seine »große Traurigkeit und unablässigen Schmerz« – in Röm. 9,3 diesem Thema zuwendet, davon spricht, sich zu einem »Verfluchte[n] fern von Christus« zu machen, womit er offenbar (wie in Gal. 3,10–13) *nach dem Gesetz* »verflucht« meint.

18 Nach islamischem Glauben ist das Opfer, das Abraham Gott darbringt, nicht Isaak, sondern Ismael – auch wenn dies in Koran 37.101–114 nirgends ausdrücklich gesagt wird; tatsächlich erweckt die explizite Erwähnung Isaaks in 37.114 den Eindruck, als ob das Opfer, von dem hier die Rede ist, auch Isaak einschließen würde. Diese Opferung des »einzigen Sohn[es] Isaak« (1. Mos. 22,2 und Heb. 11,17) ist der Hauptbeleg, den Jak. 2,21 gegen den »törichten Menschen« zum Beweis dessen anführt, daß und inwiefern

»Abraham ... durch Werke gerecht geworden« und daher der »Freund Gottes« sei. Nicht nur verwendet Heb. 11,17 diese Stelle zur Untermauerung des von Paulus vertretenen *Gegen*standpunkts – »durch den Glauben opferte Abraham den Isaak« –, sondern Heb. 11,31 behauptet zudem, scheinbar gleichfalls in Erwiderung auf Jakobus (2,25), das gleiche in bezug auf den Glauben der »Hure Rahab«.

19 *Krieg* 2.218 f. / *Alt.* 19.321–20.14.

20 Die Geschichte von Agrippas I. intimen Beziehungen zu Caligula und Claudius wird in *Krieg* 2.179–218/ *Alt.* 18.142–239 erzählt und in mehreren römischen Quellen wiederholt.

21 Vgl. Matth. 9,10–13, 11,19, 21,31 f. und Parallelen.

22 *Alt.* 20.145. Zur Ächtung von »Nichten-Ehen« und Ehen zwischen engen Verwandten siehe CD 4.17–5.11, 7.1 f. (hier mit dem Terminus *»lehazzir«* – »sich enthalten« oder »fernhalten von« – bezeichnet), 8.6 f. und 11QT 66.11–17. Auch nach Auffassung des karäischen Schriftstellers des zehnten Jahrhunderts, al-Kirkisani, »zerfiel Zadok mit Boethus« über die Frage der »Heirat mit einer Nichte«, die ihm zufolge *auch Jesus verbot*. »Er verbot gleichfalls die Scheidung, so wie es die *Sadduzäer* taten«; HUCA, S. 363 ff. Aber die »herodianischen Sadduzäer« untersagten die Scheidung keinesfalls; die *Sadduzäer von Qumran* taten es.

23 Sueton, *Cäsarenleben* 5.26, 39–45 und 6.28–34.

24 5. Mos. 25,5, die Stelle, auf die sich »die Sadduzäer« in ihrem Beispiel von den »sieben Brüdern« und der Auferstehung in Matth. 22,23–33 und Parallelen beziehen.

25 *Krieg* 1.557–562 / *Alt.* 18.109 und 136f.

26 Vgl. *Alt.* 18.136 und 20.143 mit CD 5.1 f., 11QT 57.17 f. und 66.1. Der Rest ist zweifellos bloße Dichtung. Diesbezüglich gilt es festzuhalten, daß Matth. 14,4 Johannes lediglich die Worte »Es ist nicht recht, daß du sie hast« zuschreibt – und sonst nichts. Mk. 6,18 fügt »deines Bruders Frau« hinzu. Lk. 3,18 ff. erwähnt weder Herodias noch Salome mit Namen – nennt zwar korrekterweise »Herodes, de[n] Tetrarch[en]«, unterschlägt aber den Namen dessen »Bruders«. Johannes läßt die Episode überhaupt aus.

27 11QT 56.12–57.18 (vgl. 5. Mos. 17,155ff.)

28 5. Mos. 21,23.

29 4QpNah 2.8 Siehe allerdings für den Gegenstandpunkt *b. San.* 45b/46b.

30 *Krieg* 1.185 und 357 / *Alt.* 14.125, 140 und 20.245 (siehe auch *Krieg* 1.154 zu Pompeius' Strafmaßnahmen nach der Erstürmung des Tempels im Jahre 63 v.Chr.).

31 *Alt.* 20.101 f.

32 *Krieg* 1.657–660, unmittelbar nach der Tempeladler-Episode, die den von den zwei »Sophisten« (Rabbis) Judas Seppheraios und Matthias angeführten Aufstand auslöste, den Herodes aber überlebte, um anschließend ein Bad in den heißen Quellen zu Kallirhoe zu nehmen. Sein Nachfolger Archelaos war so klug, die Anordnung nicht zu befolgen.

33 *Krieg* 2.119–166 / *Alt.* 18.11–25.

34 Vgl. *Vita* 8–11 mit Lk. 2,43–52.

35 *Alt.* 18.10.

36 *Alt.* 20.97 ff. »Die Vielen« (*Rabbim*) siehe CD, 1QS, 1QH usw., passim. Wie sogar Cross (S. 231) erkennt, ist der Ausdruck auch im Neuen Testament [da vielfach »die Menge«, A.d.Ü.] weit verbreitet (siehe die von ihm angeführten Beispiele Apg. 6,2–5 [die Jerusalemer Kirche], 15,12 [»das Jerusalemer Konzil«] und 15,30 [die Versammlung zu »Antiochia«]). Höchstwahrscheinlich gründet sich dies auf die Heilsverheißung Jes. 53,11 f.: »Mein Knecht, der Gerechte, wird den Vielen Gerechtigkeit schaffen, denn er trägt ihre Sünden« – ein Grundstein urchristlicher Theologie, wie sogar Paulus bestätigt (Kor. 15,3).

37 Vgl. oben *EH* 3.1–4. Auch *»Jescha'«* / *»Jeschua'«* (»Heil«, »Rettung«) ist in den Handschriften weit verbreitet. Vgl. 4Q 416 ff., »Die Kinder des Heils«, *QRE* S. 246–260, und die letzten Zeilen von CD 8.42–57 (20.190–34): »Gott wird denen, die Seinen Namen fürchten (»den Gottesfürchtigen, die Seinen Namen achten«), das Heil (*Jescha'*) und die

Rechtfertigung offenbaren«, und sie »werden *Sein Heil* (*Jeschu`a*) *sehen*, weil sie Zuflucht nehmen werden bei Seinem Heiligen Namen«.

38 Mk. 3.18; in bestimmten Lesearten von Matth. 10,3 auch »Lebbäus, zubenannt Thaddäus«.

39 *EH* 3.19.1–20.7 und 3.32.1–8; vgl. Hippolytos 9.21, »zelotische Essener« (*Krieg* 2.150 f.).

40 *Alt*. 19.343–352. Josephus (wie offenbar auch der *Talmud*) bewundert ihn zutiefst, und das Jesus-artige Bild, das er von ihm zeichnet (er nennt ihn sogar »*chrêstos*« – »sanftmütig« oder »edel« – 19.328–331) ist durchaus bemerkenswert.

41 Der tatsächliche Wortlaut, »von ihnen abgesondert« und »mit ihnen im Werk keine Gemeinschaft eingegangen«, läßt die Vorschrift der Gemeinderegel anklingen, »keine Gemeinschaft in Arbeit oder Besitz einzugehen« und »sich abzusondern« von denen, die »offen oder im verborgenen ein einziges Wort der *Thora* Moses' übertreten« (6.24 f., 7.22–25 und 8.21–24; vgl. auch oben 4QD266, *QRE* S. 217 ff.).

42 2.15.1 f., 3.39.15 (ebenso Clemens und Papias) und oben 6.14.6 f. Kol. 4,10 nennt ihn »Vetter des Barnabas«. Paulus' Bitterkeit entspricht seiner Haltung Petrus gegenüber in 2,11–14. In Apg. 13,13 wird ersichtlich, daß »Markus« Barnabas und Paulus verließ, um in Jerusalem über die Lehrtätigkeit des letzteren Bericht zu erstatten.

43 *Alt*. 20.168–172. Nach samaritanischer Überlieferung würde eine messiasartige Erlösergestalt, »der *Tacheb*«, gleichfalls ein *Josua redivivus*, auf dem Berg Garizim die heiligen Geräte wiederentdecken. Simon *Magus*, der neben einem gewissen – den Kirchenvätern als Ketzer bekannten – Dositheos als Schüler Johannes des Täufers galt (z.B. Ps. *Rec*. 2.7–12 / *Hom*. 6.8) ist allem Anschein nach ein solcher »Zauberer«, der derlei Behauptungen aufstellt; seine Geschichte überschneidet sich in mancherlei Hinsicht mit derjenigen des »Jesus« der Heiligen Schrift.

KAPITEL 7

1 In 1QpHab 11.3 ist die überlieferte Stelle Hab. 2,15, »daß er deren Blöße sehe« (»*me`oreihem*«), zu »daß er deren Feste [*mo`adeihem*] sehe« geworden – aber der eigentliche Sinn kommt in 11.13 wieder zum Vorschein, wenn es vom »Frevelpriester« in Anlehnung an die Beschreibung von Ausländern in Hes. 44,7 ff. heißt, daß er »die Vorhaut seines Herzens nicht beschneidet«.

2 Vgl. unten 1. Kor. 9,24 ff., »laufet so, daß ihr [den Siegespreis] erlanget«. Das »Lauf«-Vokabular erscheint ebenfalls, in einem wichtigen eschatologischen Kontext, in 1QpHab 6.16 f., wo es zu einer anderen Wendung, »halsstarrig« oder »aufgeblasen« (Hab. 2,4), überleitet, welche wiederum das berühmte »der Gerechte aber wird durch seinen Glauben leben« einführt. Paulus bedient sich dieser Anspielung 1. Kor. 8,1 ff., in seiner Attacke gegen die Jerusalemer Führung, ihre »Frömmigkeit«, ihr »Aufbauen« und ihr Verbot, zu »essen vom Götzenopfer«. In Gal. 1,12–16 benutzt er außerdem dasselbe Wort »Offenbarung« (*apokalypsis*) zur Bezeichnung des Evangeliums, das er verkündet.

3 Auf griechisch »*ethnê*«, auf hebräisch »*`amim*« oder »*go'im*« – alles wörtlich »Stämme«, »Völker«.

4 1QpHab 10.9–12. Paulus' »vergeblich laufen« entsprechen auch der »wertlose« oder »vergebliche Dienst« und die »leeren«/»vergeblichen Werke« des lügenden Schwätzers, von denen der *Pescher* Habakuk spricht.

5 CD 6.15, 7.1 f. und oben 8.8.

6 CD 3.1–9 (siehe auch 8.49 und 1QS 2.15 ff., bezogen auf »die Verdammungen des Bundes«, die allen Überläufern gelten). Dieser in den Qumran-Manuskripten anzutreffende Gebrauch von »abschneiden« entspricht bis zu einem gewissen Grad dem gleichfalls dort verwendeten »ausgeliefert« (gewöhnlich »dem rächenden Schwert des Bundes«), was wiederum eine Parallele in den wiederholten Erklärungen der Evangelien besitzt, Judas *Ischarioth* habe »ihn ausgeliefert«. Zu beachten ist außer-

dem die Einstellung Qumran-Schriften zum »Laufen«, von dem in der Einleitung zur Auslegung von Hab. 2,3 f. in 1QpHab 6.16–8.3 die Rede ist. Wie sich zeigen wird, hat dies – zusammen mit unten *b. San.* 97b – eine weitreichende Auswirkung auf das, was in der christlichen Theologie unter dem Etikett »Ausbleiben« oder »Hinauszögerung der *Parusie*« läuft und das sich auf den hebräischen Ausdruck *»lo«* im »harre *ihrer*« oder *»seiner«* von Hab. 2,3 stützt.

7 1QpHab 5.8–6.11 zu »schlucken«/ »fressen« und »wird ihm ein fettes Mahl« sowie 1QpHab 11.5–15 zu »verschlungen vom Kelch des Zorns Gottes«.

8 Ebensowenig kommt »Silvanus«, der in Paulus' Briefen mit »Timotheus« in Beziehung steht, in der Apostelgeschichte vor. In Gal. 2,3 beispielsweise erwähnt Paulus »Titus« im Zusammenhang mit der Beschneidung, und lediglich in 2. Kor. 1,1 und 2. Tim. 4,10 finden wir eine irgendwie mögliche Überschneidung mit Titus.

9 Gal. 2,6. Vgl. *EH* 2.23.10, Jakobus habe sich »von niemandes Rang beeinflussen lassen«, oder Jak. 4,4, wo »die Freundschaft der Menschen« mit »Gottes Feindschaft« gleichgesetzt wird.

10 Zu Paulus' Beteuerungen, er »lüge nicht«, siehe Röm. 9,1, 2. Kor. 11,31, Gal. 1,20 usw. Siehe dagegen Jak. 3,14. In den Qumran-Texten wird der ideologische Widersacher des »Gerechten Lehrers« als »der Mann« beziehungsweise »Ausschwätzer von Lügen«/»lügender Schwätzer« bezeichnet.

11 1QH 6.25–29, 7.6–10 und 9.24–29.

12 Gal. 4,8 ff. und 4Q286 f. (»Die Wagen der Herrlichkeit«) in *QRE* S. 227–235, ein Text, der, wie oben 1QS, »alle Söhne des Belial verflucht« und dessen Bilder viel mit der Symbolik der *Kabbala*, namentlich des *Sohar*, gemeinsam haben.

13 2. Kor. 12,1–7; in der jüdischen *Hechalot*- und/oder der islamischen Mystik der *»Pardes«* oder »Garten«.

14 1. Off. Jak. 31.5 und 2. Off. Jak. 56.15, mit Parallele zu dem »Kuß«, den nach Darstellung der Evangelien der »Verräter« Judas Jesus gibt (Matth. 26,49 und Parallelen).

15 1Qs 3.20 ff. und 9.14. Vgl. auch »der Messias der Gerechtigkeit« in 4Q252, *QRE* S. 94 ff. Ausdrücke wie »Söhne des *Zedek*« und »Söhne des *Zaddik*« sind keine Kopistenfehler, sondern austauschbare Metaphern.

16 Siehe z. B. 4Q286 f. (»Die Wagen der Herrlichkeit«) und 4Q416 f. (»Die Kinder des Heils und das Geheimnis der Existenz«), *QRE* S. 227–235 und S. 246–260, und vergleiche mit Metaphern aus den Werken des jüdischen mystischen Dichters Solomon Ibn Gabirol (11. Jh.) wie »die Königskrone« und »die lebendigen Wasser«. »Die Quelle der Lebendigen Wasser« kommt auch im »Neuen Bund im Lande Damaskus« vor, CD 8.21–24.

17 Siehe *Sohar* 3.218a/b über »Pinhas«. In 1.63a–68b entflieht Noah dem Widersacher, indem er »sich am Tage des Zorn des Herrn in der Arche verbirgt«.

18 Im Pseudo-Philon (48.1), einem Text des 1. Jahrhunderts n. Chr., äußert sich auch eine Pinhas-Redivivus-Tradition, die zu derjenigen des Elia in Beziehung steht und gleichfalls mit Regenmachen assoziiert ist.

19 Diesem Begriff des »Stehenden« sind wir bereits in den Pseudoklementinen im Zusammenhang mit Simon *Magus* begegnet. Er spielt bei den Ebioniten – die theoretisch von Jakobus' Jerusalemer Gemeinde abstammen – eine wichtige Rolle. Epiphanius, 19.4.1, über »die Ossäer« (»Essener«), schreibt ihn auch *»Elchasai«* zu, aber wie wir gesehen haben, äußert er sich – samt der damit zusammenhängenden »Macht«-Ideologie – deutlich im »Stehen«-Vokabular, auf das wir in den Evangelien und in den Qumran-Texten stoßen, so z. B. in den »Höhen von [Gottes] Stehen«, im Text »Die Wagen der Herrlichkeit« und »jeder Mann, der auf seinem eigenen Wachturm steht« in der oben angeführten Passage CD 4.11.

20 Siehe *b. San* 97b. Äußerst bedeutungsvoll ist die Tatsache, daß dies nicht nur der Zitierung (98b) der »Held«-Prophezeiung aus 1. Mos. 49,10 voraufgeht (die sich in Qumran ebenfalls

in 4Q252 (*QRE* S. 92–96) findet), sondern auch, daß die Passage, auf die es sich bezieht, das *»lo«* (*»lamed-waw«*) von Hab. 2,3, gleichfalls in 1QpHab 7.5–14 ausgelegt wird, wo sie die eminent wichtige »jakobinische« Interpretation von Hab. 2,4 einleitet. Dies ist jene Passage, die im frühen Christentum unter der Bezeichnung »Hinauszögerung der Parusie« bekannt war. Aber selbst im *Sanhedrin* wird sie dahingehend gedeutet, daß »die Gerechten«, welche die Welt tragen, auf das messianische Zeitalter »warten« (vgl. Joh. 21, 22 ff. zum »Jünger, den Jesus lieb hatte«). Abermals sprechen innere Kriterien für eine Datierung des *Pescher* Habakuk *in das 1. Jahrhundert n. Chr.!*

21 Zu »Gerechtigkeit« in den Qumram-Rollen siehe CD 1.1 (an die »Kenner der Gerechtigkeit«) und CD 3.21–4.7, wo »die Söhne des Zadok« als diejenigen definiert werden, »die in der Endzeit (auf)stehen« und »die Gerechten rechtfertigen [»gerecht machen«] und die Bösen verdammen werden«. Siehe des weiteren 1QS 2.24f., 4.2–9 usw., CD 1.15 f., 8.34 und 8.55 f. Jesus Sirach beginnt seine Lobpreisung der »frommen Männer« mit »Noah, de[m] Gerechte[n] (44,17). Zu »Vollkommenheit«, »Vollkommenheit der Heiligkeit« (verschiedentlich mit »Gerechtigkeit« kombiniert«) und »Vollkommene des Weges« siehe 1QS 1.8, 1.28, 2.2, 3.9, 8.1–21, 9.2–8, 9.19, CD 1.19 ff., 2.15 f., 8.24–30 usw.

22 *Haeres.* 78.14.1. Ein vergleichbares »Regenmachen« wird später auch seinem möglichen Vorläufer Honi (»Onias dem Gerechten«) sowie Honis Nachkommen, »Hanan dem *Verborgenen*« (wahrscheinlich Johannes der Täufer), zugeschrieben werden.

23 Siehe *BAR*, September/Oktober 1992, S. 38–44. Tatsächlich wurden (ein Beleg für die Verbreitung dieser Namensgruppe im Palästina des 1. Jahrhunderts n. Chr.) *zwei* solche Urnen aufgefunden, deren eine lediglich die Inschrift *»Kepha'«* (oder *»Kapha'«*) trug, während auf der anderen auch *»Keipha'«* oder *»Kaipha'«* (mit einem *jod*) stand, d. h. möglicherweise *»Kaiaphas«*, ein gleichfalls mit *»Kephas«* verwandter aramäisch-griechischer Name.

24 1QS 8.1: Auch die mögliche Anspielung auf »fünf (zehn Männer)«, die diesen Rat bilden – 4Q251 (*Halacha* A, »Ein angenehmer Geruch«, *QRE* S. 205–210) – würde dieses Problem lösen.

25 Paulus nimmt dieses »Deuten von geistlichen Dingen auf geistliche Weise« oder »mit Worten, die der Heilige Geist lehrt«, in 1. Kor. 3,9–17 vor, später noch einmal in 1. Kor. 12,1–14,39 (dort mit Bezug auf »die Glieder des Leibes Christi« und das »in Zungen Reden«).

26 1QS 8.3–10 und 9.3–6.

27 Vgl. Gal. 2,9 mit Matth. 17,1 / Mk. 9,2 / Lk. 9,28.

28 Joh. 13,23, 19,26 f. und 21,20–24. Dieser – an keiner Stelle namentlich genannte – »Jünger«, in dem man normalerweise Johannes selbst vermutet, könnte durchaus, wie im parallelen Protevangelium des Jakobus der Fall, ebensogut auch Jakobus sein; vgl. oben Anm. 20.

29 In 1. Kor. 1,12–16 und 3,6 sagt Paulus von Apollos, er habe »begossen«. Seine Taufe war also vermutlich eine »Wassertaufe«, und es läge daher nahe anzunehmen, daß von Johannes dem Täufer und nicht irgendeinem anderen Johannes aus Ephesus oder überhaupt Kleinasien die Rede ist.

30 Dieses Problem wird in frühkirchlichen Quellen aufgegriffen (z. B. *EH* 1.12.2. unter Verweis auf Clemens), wo »Kephas« wie Thaddäus und Philippus als »Jünger« oder »einer der Siebzig« bezeichnet wird.

31 Siehe Origenes, *Comm. in Matth.* 17 und Fragment 10, in *ANCL* dem Papias zugeschrieben und wiedergegeben mit »Jakobus, der Bischof und Apostel, Simon, Thaddäus und Joseph«, die Söhne von »Maria« und »Kleophas oder Alphäus«.

32 Wenn mit dem in 1. Kor. 15,7 genannten »Kephas« (Kleophas?«) Petrus gemeint sein sollte, dann muß der Vers als eine orthodoxe Interpolation betrachtet werden.

33 Vgl. Lk. 9,28 (und Parallelen) zu Jesu »Verklärung« vor seinen Hauptapo-

steln. Wie noch ersichtlich werden wird, sind Anspielungen auf solche »Kleider« für alle Traditionen von großer Bedeutung, insbesondere im Zusammenhang mit der weißlinnenen Badeschürze, welche die »Essener« trugen (*Krieg* 2.129, 137, Hippolytos 9.16 und 18) – und vermutlich ebenso Jakobus.

34 Lk. 24,13. Bei Josephus (*Alt.* 20.113) wird der kaiserliche Sklave Stephanus – nach den Unruhen, die ausgebrochen waren, weil ein römischer Soldat sich zu Pessach im Tempel unsittlich entblößt hatte – »sechzig Stadien von der Stadt entfernt« überfallen. In der Umgebung von Latrun, dem heutigen Standort eines Benediktinerklosters, wird schon seit einiger Zeit gegraben, aber das biblische Emmaus ist wahrscheinlich nicht hier zu suchen.

35 Ebenso wird in Lk. 24,36–43 und in Joh. 21,10–13 zusammen mit Jesus »Brot gebrochen« und »Fisch« gegessen. Dem – als unecht geltenden – Bericht Mk. 16,14, Jesus habe sich, »da die Elf zu Tisch saßen«, offenbart, entspricht bei Johannes (20,24) die Erwähnung einer Erscheinung, die allen Aposteln außer »Thomas, der Zwölfe einer, der da heißt Zwilling« zuteil wird. Bei den Synoptikern ist »Judas *Ischarioth*« der fehlende Apostel. Bei Markus ereignet sich dies, nachdem Jesus »unterwegs« den zweien, »die über Land gingen«, erschienen ist (16,12 f.) – was nicht nur in gedrängter Form die von Lukas referierte Emmaus-Episode um Kleopas und einen namenlosen zweiten wiedergibt, sondern auch eine Parallele zur Erscheinung darstellt, die Matth. 28,9 f. zufolge den *zwei Marien* zuteil wird.

36 Origenes, *Contra Celsum* 2.62, nimmt an, Jesus sei auf der Straße nach Emmaus »Simon und Kleophas« erschienen – was zweifellos »Simeon bar Kleophas« heißen soll.

37 Vgl. Ps. *Rec.* 1.70 f., Petrus' Brief an Jakobus, Ps. *Hom.* 2 und das Unkrautgleichnis, Matth. 13,19–50.
Daß dieser Ausdruck in Gal. 4,16 (und zwar im Zusammenhang mit »die Wahrheit sage[n]«) vorkommt, ist ein überzeugender Beleg für die Tatsache, daß er bereits in den fünfziger Jahren in Gebrauch war.

38 Röm. 1,16–25 zu Hab. 2,4, Röm. 3,1–8 über die Beschneidung, Röm. 9,1, Gal. 1,20, 2. Kor. 11,31, Kol. 3,9 (im Zusammenhang mit »Unzucht« und »Gotteslästerung«), 2. Thess. 2,2–12, 1. Tim. 2,7, 4,2 (zum Vegetarismus) und Tit. 1,1–11 (über Schwätzer und Täuscher). Siehe aber dagegen 1. Joh. 1,6–2,27 und 4,20–5,3 (über »Liebe zu Gott« [»Frömmigkeit«] und »seine Gebote halten«).

39 1QS 8.13–16.

40 1. Mos. 25,13, 28,9 36,3 und 1. Ch. 1,29. Bemerkenswert ist, daß Esaus und Basemaths Sohn Reguel nach manchen Quellen als Schwiegervater Moses' galt. Josephus verwendet den Terminus »Nabatäer« erstmals in *Krieg* 1.178, häufiger aber spricht er einfach von »Arabern«.

41 *Krieg* 2.4–18, 556 ff. und *Alt.* 20.14

42 *Krieg* 1.59 / *Alt.* 14.80 f. Siehe auch die Verurteilung des Scaurus in 4Q323 f., »Die priesterlichen Dienstklassen III«, *QRE* S. 125–133. Dieser »Antipater«, wie er genannt wird, war der Mittler zwischen Pompeius und Hyrkanos II. im Kampf des letzteren gegen seinen Bruder Aristobulos II., dessen Enkelin Mariamne Herodes später heiratete und noch später hinrichtete.

43 CD 6.5–19, 7.18 ff., 8.21 und 8.35. Es ist auch das Gebiet, wohin Moses das Volk zunächst führte, und Elia begab sich ebenfalls in »die Wüste von Damaskus« (1. Kö. 19,15) [in den dt. Bibelübersetzungen heißt es allerdings »*aus der*« oder »*durch die* Wüste *nach* Damaskus«, A.d.Ü.].

44 Vgl. »wohnen im Lande Damaskus« in CD 6.3 ff. und oben 8.21 ff., wo vom Graben der »Quelle der lebendigen Wasser« und »Errichten des Neuen Bundes und des Festen [Glaubens]« die Rede ist und außerdem auf Elisas dort erfolgte Zurechtweisung Gehazis angespielt wird. Bemerkenswert ist, daß dies exakt die zwei Gegenstände sind, die Jakobus in Ps. *Rec.* 1.68 f. auf den Stufen des Tempels erörtert.

45 Lk. 24,32. Die Wendung »auf dem Weg« wird im Zusammenhang mit der Erscheinung wieder aufgegriffen,

die laut Mk. 16,12 den zweien zuteil wird, »da sie über Land gingen«. Der Ausdruck, den Apg. 9,26 gebraucht, Paulus »versuchte, sich den Jüngern *anzuschließen*«, ist exakt der gleiche, den die Damaskus-Schrift (CD 4.3–11) auf jene bezieht, die sich in der Wüste »den Büßern Israels« (und vermutlich »dem Neuen Bund im Lande Damaskus«) »anschließen«. Hervorzuheben ist auch die Verwendung von »Name«/»nennen«, wofür sich gleichfalls in der Damaskus-Schrift Parallelen finden lassen.

46 *Alt.* 18.134–141 und 20.145 berichten von dort und allgemein in Syrien geschlossenen Ehen von Herodianern.

KAPITEL 8

1 Apg. 15,20 15,29 und oben 21,25.

2 Das »Wir-Dokument« setzt in dem Augenblick ein, als Paulus den Hellespont überquert. Inwieweit sich etwas über frühere »Missionsreisen« sagen läßt, ist nicht klar.

3 In dem den *Homilien* vorausgeschickten Brief des Petrus wird Jakobus als »Herr und Bischof der Heiligen Versammlung« angeredet und im Brief des Clemens als »der Herr und Bischof, der Jerusalem regiert, die Heilige Versammlung der Hebräer und alle übrigen Versammlungen«. Ps. *Rec.* 1.68 bezeichnet ihn als »Oberhaupt der Bischöfe«.

4 Nach Jak. 2,6 ist es wörtlich »das Reich, welches denen verheißen ist, die *Ihn lieben*«, und weiter oben (1,12) »die Krone (*»Stephanos«*), welche Gott verheißen hat denen, die *Ihn lieben*«. Paulus spielt mit dieser Anschauung – vgl. sein »Gott lieben« inmitten von Wendungen wie »sich anschließen«, »aufgeblasen sein« und »das schwache Gewissen« (seiner Gegner) in 1. Kor. 8,3–8 und, in Verbindung mit »lügen«, in Röm. 8,28–9,11. Johannes ist gleichfalls angefüllt mit derlei Wendungen, und nach Josephus, *Alt.* 18.117 und *Krieg* 2.128–35, ist *»Frömmigkeit gegen Gott« und »Gerechtigkeit gegeneinander«* die Quintessenz der Lehren, die Johannes der Täufer in der Wüste verkündete, und ebenso der Doktrin der »Essener«. Anspielungen auf »Liebe zu Gott« sind ebenfalls in den Qumran-Rollen allgegenwärtig.

5 EH 3.27.2–6. Wie Eusebios (wahrscheinlich in Anlehnung an Hegesippus) erklärt, »lehnen sie« Paulus »als einen Ketzer und Verräter ihres Gesetzes ab« und »verwenden das Evangelium nur in Übereinstimmung mit den Hebräern«.

6 Michael Grant, *From Alexander to Cleopatra: The Hellenistic World*, New York 1982, S. 52–60. Für diesen Hinweis bin ich auch meinem Kollegen Professor Stanley Jones zu Dank verpflichtet. Auch Plinius nennt Edessa »Antiochia«, und die Stadt war eindeutig ein bedeutendes Zentrum frühchristlicher Aktivität; vgl. J. B. Segal, *Edessa »The Blessed City«*, Oxford 1970, S. 3–10, 62–109, und Ian Wilson, *The Shroud of Turin*, New York 1977, S. 106–128. Wie wir noch sehen werden, sind der »Agabus« von Apg. 11,26, die »etlichen«, aufgrund deren es zum Jerusalemer Konzil kommt (Apg. 15,1 – in Gal. 2,12 »etliche von Jakobus«), und der Judas Barsabas (Apg. 15,22–32 – wie Judas, wird »Agabus« weiter oben auch als »ein Prophet« bezeichnet), der Jakobus' Brief nach »Antiochia« bringt, letzten Endes niemand anderes als der »Thaddäus« (auch »Addai« und »Judas Thomas«) sämtlicher syrischer Darstellungen der Missionierung *Edessas.* In Koran 7.66–85, 11.51–76 usw. »`Ad«, »Thamûd», *»Sâli*^{h}*«* (»Gerechter«), »Hûd« (Judas).

7 Die Verwendung des Verbs »urteilen« zur Bezeichnung von Jakobus' Entscheidungen (Apg. 15,19) ist insofern wichtig, als das Wort genau die Rolle widerspiegelt, die in den Qumran-Rollen dem *»Mebakker«* zugeschrieben wird (CD 15.5–12, 15.3–15 usw.).

8 Vgl. Brief 28 (295 n. Chr.) und 40 (397 n. Chr.). Hieronymus antwortet darauf in 72 und 73 (beide 404 n. Chr.). Was Augustinus Probleme bereitet (40.3.3), ist die Tatsache, daß Paulus Petrus und Barnabas vorwirft, sie »wandelten nicht richtig nach der Wahrheit des Evangeliums« (Gal.

2,14), während er praktisch im gleichen Atemzug erklärt, er »lüge nicht« (Gal. 1,20). Aber Augustinus ist der Ansicht, daß Paulus hier *doch* »lügt« und »ein Lügner« ist. In diesem Briefwechsel schaffen es beide, Jakobus – der in Gal. 1,19 und 2,12 erwähnt wird – vollkommen zu ignorieren.

9 Vgl. *EH* 2.23.18 f. über jene, die Jakobus' Tod mit der Ankunft feindlicher Armeen und dem Untergang Jerusalems in Verbindung brachten.

10 Vgl. Jak. 2,8 ff. über »das ganze Gesetz halten«.

11 Oben 1QS 8.22–9.2. Für weitere »Ausstoßungs-«/»Verfluchungstexte« aus Qumran siehe 1QS 2.4–18, CD 15.1–16.1, oben 4QD266 und 4Q286 (»Der Rat der Gemeinde verflucht Belial«) in *QRE* S. 226–235. Von »Arbeit« (»Dienst«, »Auftrag« – nicht mit »Werke« gleichzusetzen) und »Absonderung« ist in den Qumran-Texten vielerorts die Rede.

12 1QS 8.11–18, 9.6–11 (wo vom [wahren] Prophet[en], den »Männer[n] der Heiligkeit, [den] Wandler[n] in Vollkommenheit« und dem »Gericht« die Rede ist), CD 5.7–11 und 6.17–7.9.

13 In Auslegung von Jes. 40,3, das zweimal, in 1QS 8.14 und 9,19 f., vollständig oder teilweise zitiert wird. Man beachte die hier verwendeten Verben »wohnen«, »leben« oder »sich aufhalten«/»weilen« und vgl. mit Apg. 9,22, wo Paulus all diejenigen verwirrt, die in Damaskus »wohnen«. Vgl. auch Paulus' Anspielungen auf »Beliar« (*sic.*), die Verunreinigung durch Götzen, »abgesondert sein«, »die Heiligung vollenden« und »von jeder Befleckung gereinigt sein« in 2. Kor. 6,15–7,1.

14 5.6–15.

15 *QRE* S. 187–205, insbesondere 2.1–10 vom ersten Teil oder Ersten Brief, wo von derlei Opfern in »jakobinischer« Manier als von »Götzen geopferten Dingen« gesprochen wird, und 2.47–62 und 83–89, wo von »Unzucht«, »Verunreinigung« und allgemein Heiraten von Nichtjuden die Rede ist. Der zweite Teil oder Zweite Brief greift diese Themen in 5 bis 9 wieder auf. Da er an einen »frommen« König gerichtet ist, der nach »Einsicht und Kenntnis der *Thora*« strebt, und da er den jakobinischen Standpunkt vertritt, Abrahams Werke seien ihm »zur Gerechtigkeit angerechnet« worden (26–33), werden wir bald sehen, daß er ein *jakobinischer* Brief an den »Großen König der Völker jenseits des Euphrats« ist – oder möglicherweise sogar an König Helenas von Adiabene Sohn, König Izates – mit anderen Worten: an den *wirklichen* »Agbarus«.

16 CD 5.7–11, in 7.1–9 rekapituliert, wo – wie in Jakobus' Anweisungen, Apg. 15 – ausdrücklich von »sich fernhalten« oder »sich enthalten von Unzucht« (*»lehinnazer«* oder *»lehazzir«* – wieder die Wurzel des Wortes »Nasiräer«) die Rede ist.

17 Wobei »wandeln« ein Lieblingsausdruck Qumrans ist; vgl. 1QS 8.18–9.19, CD 2.15 f., 3.2–18, 8.52, 12.21–13.23 usw.

18 Man beachte, wie Paulus in Gal. 1,8 f. damit beginnt, daß er jeden »verflucht«, der ein anderes Evangelium predigt als er selbst, und wäre er auch »ein Engel vom Himmel«.

19 Siehe Ps. *Rec.* 1.39–47, *Hom.* 2.6–12, Matth. 21,11, Lk. 1,76, Joh. 6.14 und 7,4 f. In Qumran, 1QS 9.11 – in Verbindung mit dem »Messias von Aaron und Israel« (Singular).

20 4QTest 5–8.

21 Koran 3.85, 7.158, 33.2–51, 81.20–23 usw.

22 Hippolytos 9.8–12, 10.25, *EH* 6.38, *Haeres.* A53.1.1, 19.1.4.5 und 30.3.2.

23 *EH* 2.1.2, und vgl. »Vorväter« mit »die Ersten« in CD 1.4–2.6, 3.10, 8.16 f. usw. Auffällig ist die merkwürdige chronologische Anordnung der Ereignisse, der zufolge die Wahl des Jakobus »gleichzeitig« mit *der Wahl des Nachfolgers Judas Ischarioths* und *der Steinigung des Stephanus* stattgefunden haben soll.

24 *EH* 1.12.1 ff. Merkwürdigerweise spricht er an dieser Stelle auch von Matthias' Ernennung durch das Los, wobei er »Justus Barsabas« im selben Atemzug wie Jakobus nennt.

25 1.13.1–22. Eusebios ist die älteste Quelle für diese Episode. Die Reihenfolge ist wegen der Beteiligung von Thaddäus und Thomas von Belang. Je nachdem, wie wir Jesus

datieren, könnte diese Bekehrung auch früher stattgefunden haben. Da »Ananias« (und daher vielleicht auch Paulus) gleichfalls in das Ereignis verwickelt ist, können wir die Episode, wie wir sehen werden, auch zu der in *Alt.* 20.17–53 geschilderten Bekehrung Königin Helenas und ihres Sohnes in Beziehung setzen.

26 *EH* 2.1.1. Zu beachten ist die Verwendung des Wortes »Krone« *(stephanos)*, das hier im Namen des Stephanus anklingt. Demselben Begriff sind wir bereits in Jak. 1,12 und in Josephus' Beschreibung der »Krone« (*Nezer*) des Hohenpriesters begegnet. Somit kann man darin auch einen Zusammenhang mit der nasiräischen Haar-»Krone« sehen.

27 2.8.1 ff.

28 2.1.2. »Jungfrau« (auch ein Begriff, der in gewisser Weise auf Jakobus verweist) ist übrigens Eusebios' Zutat; Matth. 1,18 beschränkt sich an dieser Stelle auf »sie«.

29 *EH* 1.12.3 und Apg. 1,26. Das Motiv der »Kleider« wird sich sowohl im Zusammenhang mit Jakobus als auch mit Josephus' und Hippolytos' Charakterisierung der »Essener« als wichtig erweisen.

30 *Alt.* 12.414, 419, 434.

31 Matth. 21,8 ff. (wo der Begriff »wahrer Prophet« abermals aufgegriffen wird) und Parallelen.

32 *Krieg* 2.8 / *Alt.* 17.207 f.

33 *Krieg* 3.387–391.

34 *Krieg* 4.154–157. Vgl. obenerwähnte Stelle *Krieg* 6.390 über »Phineas, den Tempelwächter«, der den Tempelschatz preisgibt.

35 Vgl. Ps. Philon 48.1 mit Matth. 11,14, 16,14 (und Parallelen) und 1. Kön. 19,4–16. Joh. 1,24 f. bestreitet bekanntlich ausdrücklich, Johannes habe in irgendeiner Beziehung zu Elia gestanden.

36 *B. Ta'an.* 22b/23b und *j. Ta'an.* 66d. In letzterem werden *zwei* »kreismachende Honis« erwähnt, wobei der eine der Enkel des anderen ist.

37 Obgleich kein eigentlicher Paulusbrief, spricht Epheser von »Absonderung« und verwendet Metaphern wie »Grund«, »Stein«, »Eckstein« und »Bau« und fordert seine Widersacher auf, »die Lüge abzulegen« und »die Wahrheit zu reden, ein jeglicher mit seinem Nächsten« (2,14–4,25). Wie die Gemeinderegel und andere Qumran-Texte benutzt er außerdem Metaphern wie »Opfer« und »Wohlgeruch« (5,2), spricht von »Licht« und »Finsternis« und ermahnt sogar: »Lasset euch von niemand verführen mit nichtigen Worten; denn um dieser Dinge willen kommt der Zorn Gottes über die Kinder des Ungehorsams« (5,6).

38 Tatsächlich ermittelten die Tempelpriester ihre täglichen Pflichten und nahezu alles, was sie taten, durch das Los; vgl. *b. Yoma* 37a–41b und *Tam.* 26a–28b.

39 Das Bild des »Steinhauens«, das durch diesen »Phanni« heraufbeschworen wird, besitzt auch im Zusammenhang mit der »Fels«-Symbolik und der Metapher vom »Eckstein des Tempels« eine gewisse Relevanz. Nach Matth. 21,42 und Parallelen bezieht Jesus den »Stein, den die Bauleute verworfen haben, der zum Eckstein geworden [ist]« aus Ps. 118,22 sowohl auf sich selbst als auch auf die überseeische Heidenmission, und diese »Eckstein«-Metaphorik erscheint auch in den Qumran-Texten: in der Auslegung von »einen Weg in der Wüste bahnen« und der Bezeichnung der Gemeindeversammlung als »Tempel« und »Opfer« (1 QS 8.7 ff. und 9.3 ff.).

40 *Krieg* 7.395 ff. Wie Priester bestimmten diese Leute »zehn Männer«, *welche die anderen töten sollten.* Dieser Selbstmord sollte im Zusammenhang mit Abrahams Bereitschaft, seinen Sohn Isaak zu opfern, betrachtet werden, die Jak. 2,21 als Inbegriff des »Gerechtwerdens durch Werke« oder des »durch Werke vervollkommneten Glaubens« anführt (dagegen siehe die schon angeführte Stelle Heb. 11,17). Siehe auch diese »Prüfung« Abrahams (»des Gerechten«), auf die in Koran 37.100–112 angespielt wird. Insofern ist es vorstellbar, daß Theoretiker der »Werkgerechtigkeit« solches Verhalten als demjenigen des »gläubigen Abraham«, des »Freundes Gottes« (Jak. 2,22 f.), ebenbürtig ansahen. Apg. 1,18 operiert zwar im selben

Rahmen von »Selbstmord«/»Lohn«/»*Sikarios*«, kehrt aber dessen Bedeutung um und macht daraus »den Lohn für seine Ungerechtigkeit«, den »Judas *Iskarioth*« empfängt, und den merkwürdigen Jakobus-ähnlichen »Sturz«, mit dem er endet.

41 *Krieg* 7.260–263 über die »*Sikarioi*«; *Krieg* 7.268–274 über die »Zeloten«. Ebenso *Krieg* 4.161, 241 und 560–563. Vgl. dagegen Jak. 1,12 und 2,5 zu »Gott lieben« und 2,8 zu »deinen Nächsten lieben wie dich selbst«. Die gleichen Wendungen erfahren auch in den Qumran-Rollen eine genaue Umkehrung, z. B. 1QpHab 12.10, zum Frevelpriester, der »die Reichtümer der Armen stiehlt«; 8.11 »die Reichtümer der Männer der Gewalt sammelt«; 9.4 f. allgemein über die Geschäftemacherei der »letzten Priester Jerusalems«; sowie CD 6.16 und 8.5–8. Josephus zufolge strebten die Revolutionäre danach, »die Armen gegen die Reichen aufzuhetzen« (*Krieg* 2.437).

42 1QpHab 2.1–6, CD 1.12 und 8.16–24.

43 Vgl. Apg. 1,26: »Und sie warfen das Los über sie, und das Los fiel auf Matthias«, mit Josephus' Darstellung des Selbstmords von Masada: »Da ließen sie das Los in gleicher Weise über sich selber entscheiden. Wen es traf, der sollte die übrigen neun und am Ende sich selber töten« – dies in bezug auf »die *Sikarier*« gesagt. Nach Apg. 1,18 und Matth. 27,6 scheint auch »Judas *Iskarioth*« Selbstmord zu begehen.

44 Vom »Gerechten Lehrer«/»(Hohen-)Priester«, der eine Passage der Schrift auslegt, heißt es in 1QpHab 2.8 f. und 7.4 f., »Gott [habe] in sein Herz die Fähigkeit gelegt, zu deuten alle Worte Seiner Knechte, der Propheten, durch welche Gott alles vorhergesagt hatte, was Seinem Volke widerfahren würde«, beziehungsweise Er habe »dem Gerechten Lehrer alle Geheimnisse der Worte Seiner Knechte, der Propheten, kundgetan«. Die Aussage bezieht sich auch auf die Psalmen, gilt David doch (wie im Koran) als ein Prophet.

45 Vgl. CD 4.2 f., 6.3–9, 7.13–21 und 1QM 1.2 f.

46 In Ps. 69,10 heißt es: »Eifer um *Dein* Haus hat mich gefressen«, aber der ganze Psalm »eifert«. Zu den »Armen« und »Elenden«/»Sanftmütigen« in Qumran siehe 1QH 2.32 ff., 3.25, 5.13–23, 7.10, CD 6.21, 14.13, 1QM 11.9–13, 13.13 f. und 4Q434 ff. (»Hymnen der Armen«) in *QRE* S. 238–245.

47 Ps. 69,15 f. Die Passage enthält nicht nur das – für Qumran-Texte so wichtige – »Heil« *(Jescha`)*, sondern auch das Wort »retten« *(hazzil/jazzil)*, dem wir in der Auslegung von Hab, 2,4, 1QpHab 8.2 (»aus dem Haus des Gerichts gerettet«) und 12.14 (»am Tage des Gerichts gerettet«) begegnen.

48 Zu »fluchen« und »Falschheit« *(»Remijjah«)* in bezug auf den Lügner siehe 1QS 2.4–18, 4.9–23 (einschließlich »Zungen«-Metaphorik) und 8.22–9.8 Siehe auch 4QpNah 2.8, dort in Verbindung mit »Lügen, eine Zunge voller Lügen« und »viele täuschen«. Zur »lästerlichen Zunge« bei Jakobus siehe Jak. 3,5–15.

49 CD 14.10–13.

50 CD 1.7, 5.15 f., 7.9, 7.21, 8.2 f., 8.25, 13.24, 1QS 3.14–18 und 4.12–26; zur Verwendung dieser Wurzel im Zusammenhang mit dem »*Mebakker*« und dem »Hohenpriester, der die Vielen befehligt« siehe CD 14.6 f., 15.8 ff. und 1QS 5.22 ff.

51 Joh. 19,23 f. behandelt diese Episode ein wenig anders. Dort machen die Soldaten »vier Teile« aus den »Kleidern«, »einem jeglichen einen Teil«; erst danach »losen sie«. Beides verweist auf Ps. 22,19 – jenen (wieder dem David zugeschriebenen) Psalm, der auch mit den Worten »Mein Gott, mein Gott, warum hast du mich verlassen« beginnt und die Bitte enthält, »die Seele« »des Elenden« zu »erretten« (22,21–27). Behalten wir Anspielungen auf »Kleider« und »das Los werfen« nur stets im Auge, so werden wir nie allzuweit vom richtigen Kurs abkommen. Bei Markus (15,23) bekommt Jesus »Myrrhe in Wein zu trinken«. Lukas ist so klug, die Begebenheit auszulassen.

52 Siehe auch 4Q434 ff., die »Hymnen der Armen«, *QRE* a. a. O. Eine parallele Wendung, »die Seele des *Zaddik*« –

dies aus Ps. 94,21 [in den deutschen Übersetzungen »das Leben des Gerechten«, A.d.Ü.], einem »Geistesverwandten« von Ps. 109 –, erscheint in der Schilderung eines Angriffs auf den Gerechten Lehrer und seine Gefährten (genannt »die Wandler in Vollkommenheit«) durch Leute, »die sie mit dem Schwert verfolgen«.

53 »Blut«/*»dam«* wird hier wie in den Qumran-Texten stets eine wichtige Rolle spielen. Zu Qumran siehe CD 3.6, »Stadt von Blut« in 4QpNah 2.1 f. (die voller »Lügen« ist) und die »auf Blut aufgebaute … wertlose« Versammlung des Lügners in 1QpHab 10.6–10 (zu Hab. 2, 12). In 1QpHab 9.8 und 12.1–10 sind es dagegen das »Blut des Menschen (*»Adam«*, möglicherweise der »uranfängliche Adam«)« und der »Frevel, begangen am Lande« (Hab. 2,8/2,17).

54 Hier ist »Joseph Barsabas, mit dem Zunamen Justus«, ein »erzählerischer Stellvertreter« Jakobus', der entweder etwas wie »Joseph Sohn des Vaters« bedeutet oder den Namensbestandteil »Saba« oder »Sabäer« (»Bader«, »Badender«) enthält. Weiter unten werden wir die Relevanz von letzterem erkennen. Wie wir gesehen haben, ist das fragliche »Amt« dasjenige eines »Bischofs«, und das »Loswerfen« taucht wieder in der Geschichte der römischen Soldaten auf, die um Jesu' »Kleider« »losen« – wobei »Kleider« stets ein wichtiges Leitmotiv ist.

55 Vgl. *Krieg* 2.253, 264, *Alt.* 20.124, 163, 167 usw. Jesus wird außerdem zwischen »zwei Dieben« (*»lêstai«*, d.h. »Räubern«; Matth. 27, 38 und Parallelen [Luther verwendet das Wort »Mörder«, A.d.Ü.]), gekreuzigt.

56 *Krieg* 7.410–447. N.b. *Krieg* 7. 453 als die wahrscheinliche Vorlage der Schilderung von Judas' Tod der Apostelgeschichte – das und *Vita* 424 f. (s. u.).

57 *Krieg* 7.253 ff. Hierin erkennt man vielleicht das Wortspiel *»Sikarioi«* – *»Christianoi«*. Auf die Relevanz all dieser Dinge für Hippolytos' (9.21) Beschreibung der »sikarischen Essener« (die sich gleichfalls weigerten, »mochte man sie auch foltern oder töten, irgendeinen Mann ›Herr‹ zu nennen«) haben wir bereits hingewiesen.

58 *Krieg* 7.437. Vgl. Apg. 16,20 f., 17, 7 und 24,5 zu Paulus als »Anführer der Sekte der Nazarener«, der »Aufruhr erregt unter allen Juden auf dem ganzen Erdboden« und behauptet, »ein anderer sei König, nämlich Jesus«; und Claudius' Brief an die ägyptischen Juden, in dem diese ausdrücklich davor gewarnt werden, derlei umherwandernden »Krankheits«-Überträgern Aufnahme zu gewähren; H. Idris Bell, a.a.O.

59 *Vita* 424 f.: »Jonathan … behauptete, ich hätte ihn mit Waffen und Geld unterstützt.« Dies ist die Anklage, die Justus von Tiberias in den neunziger Jahren wieder aufgreift, was zur Hinrichtung des Epaphroditus, des Flavius Clemens (»Clemens«?) und sogar des Josephus selbst geführt haben könnte. Die zwei ersteren sind offensichtlich heimliche »Christen« aus dem kaiserlichen Haushalt. Auf jeden Fall wird Domitian zu diesem Zeitpunkt von Flavia Domitillas Sklaven »Stephanus« ermordet.

60 *Krieg* 7.452 f.

61 *Alt.* 18.27.

62 Vgl. Tacitus, *Annalen* 15.39, mit Sueton, *Cäsarenleben* 6.38, und Dio Cassius, *Römische Geschichte* 62.16 ff.

63 Wie noch ersichtlich wird, könnte dieser Name »Judas« auch eine böswillige Anspielung auf Jesu *dritten* Bruder sein – »Judas von Jakobus«/»Judas den Zeloten« oder »Judas (der Bruder) von Simon *Ischarioth*« (»Simon dem Zeloten«).

64 *Römische Geschichte* 68.3 f. Mit Sicherheit war es nach dem Bar-Kochba-Aufstand in Kraft, zu welcher Zeit Hadrian ein ähnliches Dekret erließ und Eigentum von »Sikariern« (*»Sikarikon«* in *b. Git.* 55b, *B. B.* 47b usw.) konfisziert zu werden pflegte.

65 Brief 84 an Pammachius und Oceanus.

KAPITEL 9

1 2.1.2.

2 2.1.1.

3 2.1.4. Vgl. dies mit 1. Kor 15,3–9, wo

bereits mehrerlei zusammengezogen worden ist.

4 1.13.5.

5 Siehe Moses von Chorene, 2.30–35, die Apostelgeschichte des Thomas und die Doktrin des Apostels Addai.

6 CD 8.9 ff. Der Terminus ist vom römischen Recht her bekannt und bezieht sich auf Stammesfürsten in – vor allem östlichen – Regionen unter römischer Oberhoheit, wie z. B. die Herodianer (siehe A.N. Sherwin-White, *The Roman Citizenship*, Oxford 1939, S. 270–275), während Rom selbst »die Herrin der Völker« *(»Princeps Gentium«)* ist. Siehe auch die Verwendung des Ausdrucks in 1QpHab 6.7, 8.5–10.7 und 1QM 1.3 sowie Eusebios' Beschreibung des arabischen Königs Agbar, »des Großen Königs der Völker [*Ethnôn*] jenseits des Euphrats« – ganz zu schweigen vom paulinischen »Apostel der Heiden« (gleichfalls *Ethnôn*).

7 Moses von Chorene, 2.35, bezeichnet sie als »die erste unter Agbars Gemahlinnen« und erklärt, dieser habe ihr die Stadt Haran geschenkt. Josephus zufolge erhält ihr Sohn Izates die Stadt *von seinem Vater*. Auch Eusebios scheint Helena als Agbars »Königin« zu betrachten.

8 *Alt.* 20.18. Dies geht auf Geschichten zurück, denen zufolge Abraham und Sara Geschwister gewesen seien, wobei Edessa als deren Heimat galt. Interessanterweise erscheint »Agbarus« in manchen Lesearten von Dio Cassius, *Römische Geschichte* 68, als »Albarus«.

9 *Alt.* 20.39 ff. Helena befürchtet, das Volk werde sich niemals damit abfinden, von einem Juden regiert zu werden. In Apg. 9,15 erfährt Ananias, Paulus werde den Namen Gottes »vor Heiden (*Ethnôn*, »Völker«) und vor Könige … tragen«.

10 Mk. 3,17 ff. und Lk. 6,15 f. [dort heißt es in den dt. Bibelübersetzungen »Judas, des Jakobus *Sohn*«, A.d.Ü.]. In manchen Versionen von Matth. 10,3 wird er auch mit »Lebbäus« gleichgesetzt – einem weiteren offensichtlichen Verschreiber, der wahrscheinlich auch für »Alphäus« gelten soll, d.h. »Kleophas« (s. u.).

11 *Alt.* 20.49–53 und 101.

12 2.12.1 ff. Josephus erwähnt diese Grabmale am Ende seiner Geschichte ebenfalls (*Alt.* 20.95). Er sagt, Helenas Sohn Izates habe sich gleichfalls an den Hilfsmaßnahmen beteiligt, und spricht in diesem Zusammenhang auch von Zypern – was für andere Mitteilungen in der Apostelgeschichte von Bedeutung ist.

13 *Alt.* 20.22–34. Damals Antiochia Charax – heute Basra.

14 Der zweite Teil dieses Brieftextes ermahnt den Adressaten, einen König, »das Buch Mose und die Worte der Propheten« zu lesen und »sich an David zu erinnern«, der »ebenfalls von vielen Leiden errettet wurde [und Verzeihung fand]« (*QRE* S. 205 f.). Am Ende greift der Brief die Worte wieder auf, mit denen er begonnen hatte, und erwähnt »einige Werke der *Thora*, die wir zum Guten anrechneten dir und deinem Volk«, das heißt also, mit Gott in 1. Mos. 15,6 zu sprechen, »ihm zur Gerechtigkeit gerechnet wurden« – Worte, auf die sowohl Paulus (Gal. 3,6) als auch Jakobus (2,23) anspielen, wobei letzterer darauf hinweist, ebendieses »Rechnen« sei der Grund gewesen, weswegen Abraham »ein Freund Gottes geheißen wurde«!

15 Zwei voneinander abweichende Manuskripte von Apost. Konst. 8.25, die ihn als »Lebbäus, zubenannt Thaddäus« identifizieren, und Epist. Apost. 2. Das erwähnte Papias-Fragment 10 erklärt gleichfalls, daß »Thaddäus« mit dem Jesusbruder namens »Judas« identisch ist.

16 Lk. 6,15, Apg. 1,13. Die dem Hippolytos zugeschriebene Apostelliste spricht von ihm auch als »Sohn des Kleopas … der nach Jakobus dem Gerechten Bischof von Jerusalem wurde und im Alter von 120 Jahren entschlief und begraben wurde«. Die Epist. Apost. nennt ihn schlicht »Kephas«.

17 *Alt.* 20.41 (*zêlun*) und 20.47 (*Zêlôtên*).

18 *EH* 2.13.4. Eine Parallele hierzu finden wir in der Apostelgeschichte, wo Helena als »die äthiopische Königin« bezeichnet wird. Tatsächlich ist dies Irenäus' Ansicht, *Ad haer.* 1.23, die auch von Justinus Martyr, 1. Apologie 1.26, unterstützt wird. Siehe ebenfalls

Hippolytos 6.15, Ps. *Rec.* 2.8–12 (wo sie »Luna« genannt wird) und Epiphanios, *Haeres.* 21.2.1–3.6 (der sich hier auf Irenäus stützt und berichtet, Simon habe sich »die Große Macht« genannt).

19 Siehe *M. Naz.* 3, 6 und unten zu den »nasiräischen« Bußen, die ihr wiederholt auferlegt worden seien.

20 Zum Begriff des »Stehenden« bei elchasaitischen und ebionitischen Gruppen siehe Ps. *Rec.* 2.7 f. und unten. Der Begriff »Macht«/»Kraft« spielt, wie wir sehen werden, in allen solchen Mitteilungen sowie in Jakobus' Tempelverkündigung von der Ankunft des »Menschensohnes« eine wichtige Rolle.

21 Apg. 2,3–6. Bemerkenswert ist die Verwendung dieses Wortes in CD 14.9 f. und in der letzten Spalte der Damaskus-Schrift, Zeile 10 (*QRE* S. 224 [dort allerdings mit »Sprachen« wiedergegeben, A.d.Ü.]), wo die »Zungen« in genau diesem Sinne dem *Mebakker* (»Bischof«) zugeschrieben werden; sowie die »Zungen«-Metaphorik, die allgemein in den Angriffen auf den »Lügner« in Jak. 1,26, 3,5–10, 1QS 4.11, CD 5.11 f. und 1QpNah 2.8 gebraucht wird.

22 *EH* 7.19; siehe auch unten 3.7.8.

23 Apost. Konst. 8.35.

24 2.23.3 f.

25 *Vir. ill.* 2.

26 Ebenda.

27 Etwa wenn Paulus in Apg. 21,40 von den »Stufen« aus zur Volksmenge spricht und natürlich wenn Jakobus in Ps. *Rec.* 1.70 »kopfüber« von den Stufen »hinuntergestürzt« wird.

28 Siehe z. B. Paulus' Aussage, er »kenne einen Menschen in Christus« – vielleicht Jakobus (der zeitliche Rahmen stimmt mit Gal 2,1 überein; bemerkenswert ist auch die »Mensch«-/»Mann«-Symbolik) –, der »vor vierzehn Jahren ... bis an den dritten Himmel entrückt« worden sei (2. Kor. 12,2).

29 78.1.7; desgleichen 66.19.6.

30 78.7.7.

31 3.7.8.

32 Zur Mystik der Aufstiege und zum Thron im Koran siehe 81.20 f.; desgleichen 2.256, 84.20 (beides in Verbindung mit der »jakobinischen« Ermahnung *»Glaubt und tut gute Werke«*) usw. – ganz zu schweigen von der gesamten *Isrâ`*- und *Mi`raj*-Tradition (17.2 und 53.8–19), die durchaus Ähnlichkeiten mit der im Hebräerevangelium bewahrten – von Origenes und Hieronymus referierten – Überlieferung aufweist, der Heilige Geist habe Jesus »an den Haaren emporgezogen und ihn auf dem Berg Tabor abgesetzt« (Hennecke, 1.164).

33 Apg. 2,41, 2,47, 4,4, 5,14, 6,7 usw.

34 CD 13.7–13, 14.12 und 15.14. Siehe auch Cross, S. 232, der um die Äquivalenz von *»Mebakker«* und »Bischof« weiß.

35 Joh. 19,27 und Ps. *Rec.* 1.71.

36 siehe oben *QRE* S. 224, Zeilen 17 f. Dies ist – ebenso wie die Wagen der Herrlichkeit (»Der Rat der Gemeinde verflucht Belial«), S. 234 f. – ein Exkommunikationstext, und das gleiche gilt für Petrus' *Verdammung der Juden* für die Kreuzigung Christi in Apg. 2,23 und unten 2,36.

37 Siehe Apg 1,18 und 2,2 ff.

38 CD 8.13 (Ms. B, 19.26); desgleichen 1.14 f. und 4.19 f.

39 1. Kor. 11,27, 2. Kor. 3,6, Gal. 2,21, 3,10–21 und 6,13.

40 Siehe CD 1.14 f., 4.19 f., 8.13 und 1QpHab 10.9.

41 CD 41.10. Dann »beurteilt« er die Leute, »stößt sie aus« und dergleichen mehr.

42 CD 1.14 f. Vor einigen Jahren (*Commentary*, Januar 1992) hat Robert Alter, Dozent für Vergleichende Literaturwissenschaft in Berkeley (»How Important are the Scrolls?«), die von mir hervorgehobene Beziehung zwischen »schwätzen«/»hervorsprudeln« und »ausgießen« angezweifelt. Der Zusammenhang ist aber meines Erachtens nicht zu übersehen.

43 Im Buch Joel 3,4 ist sogar von der »Sonne« die Rede, die »in Finsternis verwandelt« wird – ein zentrales Bild in den Evangeliendarstellungen der Kreuzigung Jesu.

44 In CD 1.14 und 8.13 (19.26) werden Bilder aus Jes. 29 f., Hes. 13 (einschließlich »die Wand mit Kalk tünchen«) und Micha 2,11–16 gebraucht. Diese Metaphern sind in den Qumran-Schriften von zentraler

Bedeutung. Vgl. insbesondere Micha 2,11: »Wenn da ein Mann, der im Geist und Lügen wandelt, lügt und sagt: ›Ausgießen [hier das entscheidende *»attif«* der Damaskus-Schrift] will ich auf euch vom Wein und starken Getränk‹, dann ist er der Ausgießer [*Mattif*, d.h. in Qumran »der Schwätzer«/»Sprudler«] dieses Volkes.« Hervorzuheben ist auch, daß dieser »Wein« in der entscheidenden Passage CD 8.9–12 wiederkehrt (»ihr Wein ist Drachengift und verderbliches Gift der Ottern«, 5. Mos. 32,33) und zu »griechisch sprechenden Königen« überleitet (auf hebräisch sind »Griechenland« und »Wein« Synonyme).

45 Das Wort kommt nur in der griechischen Fassung vor, in der die Apostelgeschichte die Stelle zitiert, in der hebräischen heißt es statt dessen »Seele«. Auch im Islam gilt David als Prophet (vgl. auch oben *»MMT«*, Zeile 10).

46 Apg. 2,35, Matth. 22,44 (und Parallelen) und Heb. 1,13 und 10,13. Aus Qumran siehe z.B. 1QM 12.11–15 und 19.3–7. Siehe dessen Umkehrung in Jak. 2,3.

47 Wie zum Beispiel Apg. 2,17 f. und 10,45, »die Gabe des Heiligen Geistes ausgießen«, oder auch »dieser Kelch ist der Neue Bund in meinem Blut, das für euch vergossen wird« (dem die Anspielung auf »nie wieder trinken vom Gewächs des Weinstocks« voraufgeht – Lk. 22,18 ff. und Parallelen).

48 Ps. *Rec.* 1.60.

49 Vgl. Ps. *Rec.* 1.43: »Die Kirche des Herrn, die in Jerusalem gestiftet worden war, gedieh aufs fruchtbarste und wuchs, da sie von den höchst Gerechten Weisungen des Jakobus regiert wurde, den der Herr zu deren Bischof geweiht hatte.« Im Syrischen (wo Jakobus, wie in Rufinus' lateinischer Übersetzung, anschließend als »Erzbischof« bezeichnet wird) lautet diese Passage: »Die Kirche in Jerusalem, die unser Herr gründete, wurde groß unter der gerechten und rechtschaffenen Führung von Jakobus, den unser Herr zum Bischof ernannt hatte.«

50 Ps. *Rec.* 1.60. An dieser Stelle sei daran erinnert, daß auch die Apostelgeschichte Judas Barsabas, Joseph Barsabas und Joses Barsabas – und wir könnten noch hinzufügen: »Judas *Barsabas*« und »Judas *Ischarioth*« – miteinander verwechselt.

51 *EH* 2.23.7–11. Auch im Jakobusbrief erfahren wir, unmittelbar nach der Ankündigung der bevorstehenden »Ankunft des Herrn«, daß »der Richter vor der Tür *steht*« (Jak. 5,8 f. – man beachte das Bild des »Stellens«/»Stehens«).

52 Ps. *Rec.* 1.72 und 2.7.

53 *EH* 2.23.12 f.

54 Ps. *Rec.* 1.69; vgl. Koran 2.26, 2.63 (wo »Sabäer« erwähnt werden) 2.83, 2.278, 3.114 ff. (wo von »Männern des Buches«/»Schriftbesitzern« die Rede ist, die allnächtliche Wachen halten und »die Gerechten« genannt werden), 4.26 (wo Abraham als »der Freund« Gottes bezeichnet wird), 84.26, 113.4 usw.

55 1QM 11.4–12.10, rekapituliert in 18.13–19.3. Der in Auslegung der »Stern-Prophezeiung« beschworene »König der Herrlichkeit«, der mit den himmlischen Heerscharen auf den Wolken des Himmels kommt, ist eindeutig. Hinzu kommt die Wendung »durch keines bloßen Adams Schwert« [Luther: »nicht durch Mannes-Schwert«, A.d.Ü.] aus Jes. 31,8. Weiterhin heißt es, das endzeitliche apokalyptische Gericht werde »durch die Hand der Armen« (*Ebionim*) und »der im Staub Gebeugten« erfolgen, welche angefacht werden sollen »wie eine brennende Fackel im Stroh, Ungerechtigkeit zu vernichten und alles Übel zu zerstören und ... das Gericht Deiner Wahrheit zu rechtfertigen über alle Menschensöhne«; vgl. Matth. 3,12 / Lk. 3,17, wo Johannes der Täufer zitiert wird: »In seiner Hand ist die Worfschaufel, und er wird seine Tenne fegen und ... die Spreu wird er mit unauslöschlichem Feuer verbrennen.«

56 Hier verwendet die Apostelgeschichte ausdrücklich das Verb »stehen« (nicht lediglich »sitzen«), nachdem in 7,49 auf den »Fußschemel« und den »Thron« angespielt worden war. Alle diese Bilder verweisen, wie man

sehen wird, auf den ebionitisch/elchasaitischen Begriff des »Stehenden«, der mit seinen zugehörigen Metaphern die Evangelien durchzieht.

KAPITEL 10

1 *Tosefta Hul*. 2.22 f. Siehe auch *b. A.Z* 27b, *j. Shab*. 14.4 und *A.Z* 2.2, 40d. Jakob möchte im Namen »Jesus' ben Pantheras« heilen, wie Jesus in der talmudischen Literatur gern genannt wird. Der Talmud kennt auch einen weiteren solchen Wundertäter, den er (gleichfalls im Zusammenhang mit »Kfar Sechania«) etwas kryptisch »*Bar Daroma*, der eine Meile weit springen konnte« nennt; als dieser aber den Abort aufsuchte und dort eine Schlange sah, »verschüttete er« – wie Judas *Ischarioth* in der Apostelgeschichte – »sein Eingeweide und starb« (*Git*. 57a).

2 *EH* 3.39.9.

3 Siehe Apg 24,24–26,32; CD 4.17–7.4 und 8.3–11.

4 Dieses »in den Krieg ziehen« ist der Grund für die Bedeutung, welche die Kriegsrolle den Wüsten-»Lagern« zuschreibt, weil »die Heiligen Engel« in den Lagern »mit ihnen marschieren« (1QM 7.3–8; vgl. 5. Mos. 23,10–14, auch zur Frage der Latrinen, und CD 15.17 auch zum Thema »Heilige Engel in den Lagern«). 4QMMT 1.47–70, der Abschnitt, in dem Jerusalem als »das vornehmste *Lager Israels*« bezeichnet wird, behandelt auch den Ausschluß der Ammoniter und Moabiter sowie vermutlich der Edomiter. In den Lagern dürfen unreine Dinge nicht einmal »zu sehen« sein. Auch den Essenern werden ähnlich strenge Gebote im Zusammenhang mit den Latrinen zugeschrieben.

5 Mk. 7,15 läßt das »auswerfen«/*ekballetai*] aus, das dafür in der – unmittelbar folgenden – Episode über die »griechische Frau aus Syrophönizien« auftaucht (bei Matthäus ist es »ein kanaanäisches Weib« – wieder einer dieser geheimnisvollen Kananänäer!), die darum bittet, daß Jesus »einen bösen Geist von ihrer Tochter austreibe« (wörtlich »hinauswerfe«, *ekballê* – 7,26). Bei beiden ist in der Passage über Unreinheit und den Abort wiederholt von »Mund«, »Lippen« und »Herz« die Rede – ein weiterer Bezug zur Qumran-Literatur.

6 Im Anschluß an seine Mitteilung, die Essener trügen immer eine Schaufel bei sich, um ihre Ausscheidungen vergraben zu können, verwendet Josephus das Verb *»ekballô«* auch zur Bezeichnung dessen, was sie mit Abtrünnigen tun – eben »hinauswerfen« (*ekballusi*); *Krieg* 2.137–144.

7 »Hunde« spielen auch in den Handschriften vom Toten Meer eine wichtige Rolle, so z.B. in 4QMMT 1.66–70, wo untersagt wird, »Hunde in das Heilige Lager« – das heißt nach Jerusalem, »dem vornehmsten Lager Israels« – »zu bringen«. Der Grund für dieses Verbot – daß »sie Knochen fressen, an dem noch Fleisch haftet« – erinnert an Jakobus' Brief an überseeische Gemeinden und dem darin ausgesprochenen »Aas-Verbot« (Apg. 15). Eine weitere Variante: »Ihr sollt das Heilige nicht den Hunden geben, und eure Perlen sollt ihr nicht vor die Säue werfen«, findet sich in der Bergpredigt (Matth. 7,6).

8 Diese Parabel enthält auch eine Anspielung auf »die Vollendung der Zeit«, einen zentralen Begriff in der Schriftexegese Qumrans.

9 1QpHab 2.3 f., CD 6.19 und 8.35–45.

10 1. Mos. 9,4–7.

11 *Haeres*. 30.2.3 und 78.14.3.

12 Dies ist die Wurzel des hebräischen Wortes *»Nozrim«* für »Christen« oder »Bewahrer«, das jetzt in der rabbinischen Tradition und in Matth. 26,71 [»Nazoräer«] erscheint – wobei die Matthäusstelle dem Letzten Abendmahl folgt und der Erwähnung des »Blutackers« und der Episode um Pontius Pilatus, der sich »das Blut dieses Gerechten« von den Händen wäscht, voraufgeht.

13 »Krone« im Sinne des Siegespreises, den ein Athlet gewinnt. Auf diese Bedeutung spielt Paulus in 1. Kor. 8,25 an. Desgleichen Eusebios im Zusammenhang mit dem Martyrium des Stephanus (*EH* 2.1.1) – ein weiteres Indiz dafür, daß diese Gestalt in der Apostelgeschichte die Stelle des Jakobus vertritt.

14 Andererseits fehlt bei Markus und Lukas die Judas-*Ischarioth*-Episode. Bei Markus, 12,41–4, und Lukas, 21,1–4, kommt *ballontôn* in fünf Versen sechsmal vor.

15 Weiter unten vergleicht diese Parabel das Reich Gottes mit »einem Netz, das ins Meer geworfen ward«: »Als er aber voll war... lasen sie die guten [›nicht verunreinigten‹] Fische in Gefäße« oder Krüge (13,48).

16 Die Septuaginta hat anstelle von »Töpfer« »Schmelzofen«, d.h. »warf sie ins Haus des Herrn, in den Schmelzofen«.

17 In diesem Kontext sollten wir uns auch an Paulus' Lehre vom Leib Jesu als Tempel erinnern. Nicht nur verwendet Paulus wieder einmal seine allgemeine Metapher vom vergeistigten Tempel und seinen allgemeinen Begriff von der Gemeinde oder Christi Leib als Tempel, sondern er faßt auch die Mitglieder der Gemeinde explizit als »die Glieder des Leibes Christi« auf (1. Kor. 12,2–27).

18 *Krieg* 2.123.

19 *»Ger-nilveh«* in 4QpNah 2.9 und 3.5; *»Nilvim«* in CD 4.3 und 1QS 5.6.

20 CD 5.7–12. Wie bei Paulus sind auch hier »anhangen«/»sich verbinden« und »Unzucht« sowie »Blut« miteinander vermischt. Paulus geht an dieser Stelle zu »Götzenverehrung im Tempel« und »Götzenopferfleisch« über (1. Kor. 8,1–13).

21 Die Qumran-Rollen gebrauchen hier ebenfalls den Ausdruck »preisgeben«, allerdings nicht in der Bedeutung »verraten«, sondern in dem Sinne, daß Abtrünnige und Brecher des Bundes »dem Schwert« oder der »Rache Gottes preisgegeben [überantwortet] werden«; vgl. CD 1.6, 3.10 f., 7.13 und 8.1.

22 Siehe *B.B.* 91b über »Töpfer« und *Yalkut* Jeremia 35,8 ff., woran sich (*Yalkut* Jer. 35,12) die Überlieferung anschließt, die Enkel der Rechabiter hätten im Tempel gedient, und ihre Töchter hätten die Söhne der Priester geheiratet. Siehe sogar Jer. 35,5 für eine Anspielung auf die »Krüge«. Josephus zufolge waren die »Essener« so gewissenhaft, daß sie stets eine Schaufel mit sich trugen, um ihre Ausscheidungen vergraben zu können, und daß sie am Sabbat »nicht einmal ihre Notdurft verrichteten«. Bemerkenswerterweise scheint das sogenannte Jerusalemer »Dungtor« im Altertum »Essenertor« geheißen zu haben.

23 1QS 5.2–9. Anspielungen auf »[be]wahren«/»halten« und »tun« kommen auch im Jakobusbrief wiederholt vor (1,22–25, 2,8–13 und 4,11–17).

24 CD 4.3 und 6.5. Siehe auch Apg. 9,2 und 9,22. Hier ist anzunehmen, daß die Juden in Zelten »wohnten«.

25 Vgl. 1QpHab 11.9–15, Off. 14,10, 16,19 und 19,15.

26 Bei Johannes (6,48–58) folgt dies der Episode, in der Jesus »auf dem [Galiläischen] Meer dahergeht«, und zwar eher im Zusammenhang mit Brot – d.h. Jesu Fleisch, dem lebendigen Brot, dem Manna, das vom Himmel kommt – als mit Wein, allerdings auch hier unmittelbar vor der Anspielung auf den bevorstehenden Verrat Judas', »des Simon *Ischarioths* Sohn ... der Zwölfe einer«. Zu gegebener Zeit werden wir aufzeigen, daß der hebräische Ausdruck für »Blutkelch«, *»Chos Dam«*, und das griechische Wort »Damaskos« phonetische »Halbanagramme« voneinander darstellen.

27 Man beachte hier die Anspielungen auf »Brot«, wie in Matth. 15,26 und 26,26, und »Brote«, wie oben in den »Broten und Fischen«.

28 Siehe zum Beispiel 1QS 6.1–92, CD 13.7–14.11 usw. Zur Verwendung von »vergießen«/»ausgießen« in Qumran siehe CD 1.14, 4.19 f. und 8.13 sowie »der Hervorsprudler« oder »Ausgießer von Lügen« in 1QpHab 10.9.

29 CD 3.6–11. Die Passage enthält auch den Ausdruck »abschneiden«, den Paulus in Gal. 5,12 in ganz anderem Sinne verwendet (»verschneiden«).

30 1QpHab 11.2–12.9. Bei Lukas (22,31–38) folgt dem unmittelbar die Szene, in der Jesus »Simon« Petrus (wieder Johannes' »Simon *Ischarioth*«) rügt und die anderen sich dann mit »zwei« Schwertern (nicht lediglich einem!) bewaffnen.

31 1. Kor. 10,16 und 11,25–29. In den Qumran-Rollen erscheint »der Kelch« in der Beschreibung des Todes des

Gerechten Lehrers und der Vergeltung, die Gott dafür üben wird.

32 Dies vermischt sich auch mit der Feststellung seiner Weinabstinenz. Nicht nur fließen diese beiden Motive in das »von diesem Brot essen und von diesem Kelch trinken« von 1. Kor. 11,23–30 und allgemein das »essen und trinken« ein, wie beispielsweise im Zusammenhang mit »Kephas und des Herrn Brüdern« in 9,5; sondern sie gipfeln auch letztlich in wiederholten Anspielungen auf »in Zungen reden« oder »Menschenzungen« und der expliziten Aufforderung, zu »eifern [*zêlute*] nach dem Reden aus Eingebung« oder »Prophezeien« (1. Kor. 13,1–14,39).

33 *EH* 2.23–17.

34 Siehe z.B. Hieronymus' Brief 81, 82 und 84 (wo Origenes mit »Judas dem Zeloten« verglichen wird!) und seine gegen Rufinus – seinen ehemaligen Freund und den Herausgeber sowohl des Origenes als auch interessanterweise der lateinischen *Rekognitionen* – gerichtete Vorrede zu Hesekiel. Desgleichen Rufinus' Erwiderung in Brief 80 und seine zwei gegen Hieronymus gerichteten *Apologien*.

35 1QS 3.20 ff. und 9.14. Die frühe Forschung hielt letzteres für einen Kopistenfehler, doch wahrscheinlich ist es das nicht, da man auf den Terminus inzwischen auch in jüngeren Qumran-Texten gestoßen ist und sich zudem eine Parallele dazu im Neuen Testament findet (vgl. Lk. 20,36: »Kinder/Söhne der Auferstehung«).

36 *EH* 2.23.20.

37 *Komm. Matth.* 10.17. Desgleichen *Contra Celsum* 1.47 und 2.13 (hier identifiziert Origenes »die *Sikarier*« als diejenigen, die sich selbst beschneiden oder andere zwangsweise beschneiden). Der Ausdruck »Zorn Gottes« – in 1QpHab 11.15 wird er im Zusammenhang mit dem »Kelch« (»der rechten Hand des Herrn«) erwähnt, der jene, die den Gerechten Lehrer und die *Ebionim* vernichteten, »verschlingen« soll – wird uns weiter unten beschäftigen, wenn von dem »Kelch« die Rede sein wird, den Jesus in seiner ersten nachösterlichen Erscheinung dem Jakobus zum Trinken überreicht.

38 *Vir. ill.* 2.

39 In den genannten Passagen ist davon die Rede, daß »die Bösen die Gerechten umzingeln« und »der Lohn seiner Hände ihm zuteil werden wird« – vgl. 1QpHab 1.10, 5.8 f., 12.2 und 4QPs 37 4.19 ff.

40 Siehe z.B. *Alt.* 18.117 (über Johannes) und *Krieg* 2.128 und 139 (über die von den Essenern praktizierte »Frömmigkeit gegen Gott«/»Gerechtigkeit gegen die Menschen«). Zu Jakobus siehe Jak. 2,5–8.

41 Siehe CD 6.19–7.6, wo die Bedingungen des »Neuen Bundes im Land Damaskus« formuliert werden.

42 Siehe z.B. oben CD 6.21 und 1QM 11.9–13 und vergleiche mit Jak. 2,2–10 und 5,1–8.

43 Matth. 22,36–40 und Parallelen.

44 *Dial.* 23, 47 und 93. Justinus stammte aus Samaria, aus einem Dorf unweit von Simon *Magus'* Geburtsort.

45 *EH* 2.23.2–8.

46 Apg. 3,14, 7,52 und 22,14, und siehe Jak. 5,6 – desgleichen die darauf basierende »Rechtfertigungs«-Theologie in Röm. 2,13–5,5 und Gal. 2,16–3,26; siehe dagegen Jak 2,14–26. Zu Jesus als »Nazoräer«/»Nazarener« siehe Lk. 18,37, 24,19 (und Parallelen), Apg. 2,22, 4,10, 2,8, 26,9 usw.

47 Jak. 2,8 und CD 6.20. Auch Paulus führt, in polemischer Erwiderung auf Jakobus, dieses Gebot samt seinem Pendant »du sollst lieben Gott usw.« an, so etwa Röm. 13,9 f., Gal. 5,14 und 1. Kor. 8,3 – wobei er durchweg das »Liebes«-Thema variiert.

48 2.23.5.

49 2.23.13 und Matth. 26,64 / Mk. 14,62 (auch 16,19) / Lk. 22,69. Der Terminus »Kraft«/»Macht« ist ein zentraler Begriff ebionitisch /elschasaitischen Sektierertums.

50 Hieronymus, Kommentar zum Galaterbrief 396 (Gal. 1,19). Zu Fransen (oder »Quasten«) siehe 4. Mos. 15,38 f.

51 Siehe auch Mk. 3,10 und Lk. 6,19. Alle, die den Saum berühren, werden geheilt. In Lk. 7,38 f. berührt, küßt und wäscht eine andere Frau, »eine Sünderin«, Jesu Füße, und »der Pharisäer«, der ihn *zum Essen eingeladen hat,* murrt darüber. In Matth. 8,3 und Mk. 1,41 wird der Vorgang

umgekehrt. Jetzt heilt Jesus einen Aussätzigen, indem *er ihn* berührt; in 8,15 berührt er, nachdem er *den Knecht eines Zenturios* geheilt hat – dessen Glaube so groß ist wie bei niemand sonst in Israel! –, *Petrus' Schwiegermutter* (*sic*) und heilt sie! An anderer Stelle berührt er die Augen des Blinden (Matth. 20,34 – in Mk. 8,22 spuckt er auch noch in sie hinein). In Mk. 10,13 und Lk. 18,15 bringt man kleine Kinder zu ihm, damit er sie berühre (in Lk. 6,19 gleich scharenweise). Bezeichnenderweise sind es jetzt nicht »die Pharisäer«, sondern »die Jünger«, die Einwände erheben und deswegen von Jesus gerügt werden.

52 Der Leser wird sich erinnern, daß Simon *Magus'* »Helena« in den Bordellen von Tyros gelebt hatte – auf die sexuellen Untertöne braucht in dem Fall kaum hingewiesen werden. Hier ist »Blut« das Problem – später wird es der Eunuch der »äthiopischen« oder »arabischen« Königin sein, wobei »Syrophönizierin«/»Kananäerin« (auch ein Codewort für »Zelotin«) auf »äthiopisch« oder »arabisch« anspielt.

53 *Haeres.* 29.4.1 f., wo es sogar heißt, er habe aus diesem Grunde das »Alte Priestertum« ausgeübt, das heißt »nach der Weise Melchisedeks«. Diese ganze Textpassage, 29.4.1–8.7, wimmelt von Verwechslungen zwischen »Nasiräer«/»Nazoräer« und »Nazrener«/»Nazarener«, die daher rühren, daß zwei verschiedene hebräische Buchstaben, »tz« (z) und »z« (stimmhaftes s) im Griechischen durch einen einzigen wiedergegeben werden – in der Regel »z«, gelegentlich aber auch »s«.

54 29.5.7.

55 30.1.3 und 78.13.2–14.3.

56 2. Mos. 13,2, wo das Wort »heilig« im Sinne von »geheiligt« oder »geweiht« verwendet wird. Man beachte auch die bei Lukas folgende Prophezeiung, die ein Mann namens »Simeon« (»Simeon bar Kleophas«?), der wieder als »gerecht und fromm« bezeichnet wird, bevor Jesu Familie nach »Nazareth« zurückkehrt, ausspricht und in der die Wendung »dein Heil gesehen« vorkommt – die gleichen Worte, die in der letzten Zeile des erzählenden Teils der Damaskus-Schrift (8.57) vorkommen: »sie werden *Sein Heil* [*Jeschu'a*] *sehen*, weil sie Zuflucht nahmen bei Seinem Heiligen Namen«.

57 29.5.6.

58 19.2.1, 19.4.1 f. und 30.3.1–6.

59 In dieser Szene, in der Petrus Jesus dreimal verleugnet, bewahrt Lukas (22,56–62) lediglich Markus' »Galiläer«, statt dessen fügt er zweimal »Mann« hinzu. Wahrscheinlich existierten ursprünglich zwei Traditionen, von denen eine »Jesus der Galiläer« und eine »Jesus der Nazoräer« verwendete; hinzu kommt dieser Anklang an die ebionitische Vorstellung des »Ur-Adams« oder »ersten Mannes«.

60 Hier wieder »*tz*«, wie in *Nezer* oder »Sproß« – einer weiteren Ableitung der Wurzel –, und nicht »*z*« wie in *Nazir* (»Nasiräer«). Das Galiläische Meer heißt – sogar bei den Synoptikern und bei Josephus – »Genezareth«, aber eine galiläische *Stadt* »Nazareth« erscheint ansonsten nirgends. Es mag eine solche gegeben haben, doch weder im Alten Testament noch bei Josephus, der ja die galiläischen Städte befestigte, findet sich ein Hinweis darauf.

61 29.1.3–5.3, wo der zweitgenannte Terminus von Davids Vaters Namen, »Jesse«, oder von »Jesus« selbst abgeleitet wird. Zu »Oschea« oder »Hosea« als Namen Jesu siehe *Dial.* 113–116 und *EH* 1.2.2–3.4.

62 1QH 9.24–36 (darin auch Anspielungen auf die »Krone der Herrlichkeit«, den »Heiligen Geist« und Gottessohnschaft) und 15.18–22 (darin Anspielungen auf den »*Zaddik*« und »alle Herrlichkeit Adams«); dagegen aber 4.29–32 (mit Anspielungen auf »*Enosch*« [Mann/Mensch], »Menschensohn« [Adam] und »Kraft«). Zum »Geweiht-«/»Berufensein vom Mutterleibe an« siehe Jes. 49,1–5 und Jer. 1,5.

63 Siehe z.B. Hes. 44,17–31, von den »Söhnen des Zadok«, die nur »leinene Kleider« tragen, »ihr Haupt nicht kahl scheren«, »keinen Wein trinken«, wenn sie in den inneren Vorhof des Tempels gehen sollen – und *kein Aas*

essen dürfen. Hes. 44,23 – »sie sollen mein Volk lehren, zu unterscheiden zwischen Heiligem und Unheiligem und zwischen Reinem und Unreinem« – wird auch wortwörtlich in CD 6.17 f. (im Zusammenhang mit dem »Neuen Bund im Land Damaskus» und Jakobus' »Königlichem Gesetz gemäß der Schrift«) zitiert. Priester trugen im Tempel außerdem keine Sandalen, was Epiphanios gleichfalls von Jakobus berichtet. An die Simson-Geschichte erinnert Epiphanios, wenn er vom Nasiräat Jakobus' und *Petrus'* spricht (29.5.7 und 30.15.2 – hier unter Verweis auf Clemens' »Reisen des Petrus«, d.h. die pseudoklementinischen *Homilien*, denen zufolge Petrus ebenfalls Vegetarier gewesen sei und täglich gebadet habe!). Epiphanios betrachtet auch Johannes den Täufer als einen »Nasiräer«.

64 29.6.1; zu Hippolytos' »Naassenern« siehe 5.1-3 und 10.5.

65 Lukas verwendet im Vers 4,34 auch »Nazarener«, an anderer Stelle aber und in der Apostelgeschichte (2,22, 3,6 4,10 usw.) »Nazoräer«.

66 4. Mos. 6,1–21; dem geht »Ehebruchsverdacht« und *Nazir* voraus.

67 Dies läßt die parodistischen Charakterisierungen des Täufers anklingen, »der nicht aß und nicht trank«, während Jesus (»des Menschen Sohn«) »ißt und trinkt, ... ein Schlemmer und ein Zecher« (Matth. 11,18 f. und Lk. 7,33 f.), und parodiert wiederum Paulus, der das »Recht« beansprucht, »zu essen und zu trinken«, und von seinen Gegnern erklärt, daß sie »sich zum Gericht essen und trinken« (1. Kor. 8,7–10,31 und 11,20–29). Andererseits legten nach dem Untergang des Tempels viele das Gelübde ab, »kein Fleisch mehr zu essen und keinen Wein mehr zu trinken« – d.h., sie wurden »jakobitisch« (*B.B.* 60b).

68 1QS 8.13 f. und 9.9–24.

69 Kenchreä ist der Hafen auf der ägäischen oder asiatischen Seite des Isthmos von Korinth, aber hier sind Paulus' chronologische und geographische Angaben alles andere als zuverlässig, und die Kopfscherung ist wahrscheinlich mit einer anderen, vielleicht späteren Reise nach Jerusalem in Verbindung zu bringen.

70 Koran 2.174, 5.4, 6.147 und 16.116.

71 1QS 9.19 f., wo auf den Lebenswandel »vollkommener Heiligkeit« angespielt wird: das »Wandeln in Vollkommenheit« und ein erneuter Verweis auf Jakobus' »Königliches Gesetz nach der Schrift« – »jeder mit seinem Nächsten«. An diesem Punkt wird Jes. 40,3 angeführt. Weiter oben, 8.12–15, war die vollständige Passage zitiert und »der Weg« konkret als »das Studium der Thora« definiert worden.

72 Nach Ps. *Rec.* 1.54, wo die Entstehung der Sekten mit der Ankunft Johannes' des Täufers datiert wird, heißt es, »die Sadduzäer« hätten »sich abgesondert«, aber es kann sich bei ihnen kaum um die von den Evangelien her bekannten »Sadduzäer« handeln.

73 CD 4.4. Dies ist die Bedeutung von Hes. 37,10 und Dan. 12,12, die in *Lam. R.* 11.3.6 und *Sohar* 1.63a (über Noah) weiter ausgeführt wird.

74 CD 5.7–11, 6.17–7.5 und 8.24 f.

75 Sogar noch größer ist die Übereinstimmung mit dem in 1QS 8.13 f., (in Auslegung von Jes. 40,3) ausgesprochenen »Gebot«, »sich abzusondern aus der Mitte der Wohnstätten der Männer der Ungerechtigkeit und in die Wüste zu gehen, ›um den Herrn den Weg zu bereiten‹, wie geschrieben steht: ›In der Wüste bereitet dem Herrn den Weg, macht in der Steppe eine ebene Bahn unserem Gott.‹«

76 7.4 f. und 8.25. Dies ist das »Wandeln in Vollkommenheit« von oben 1QS 9.19.

77 1QH 9.29–36 und 15.14–20.

78 Zu Geschenken von Heiden, »Götzen geopferten Dingen« und »Befleckung des Tempels« siehe 1.2–32; zu »Unzucht« siehe 1.83–89; und zu Abrahams »Rechtfertigung« 1.2 und 2.33.

79 Die gleiche Sprache gebraucht Kaiser Claudius in seinem berühmten Brief, in dem er die Juden Alexandrias davor warnt, solchen umherziehenden »Krankheitserregern« Aufnahme zu gewähren; H. Idris Bell, *Jews and Christians in Egypt,* a.a.O., S. 25 ff.

80 29.7.7, 30.2.7 und 18.1 Epiphanios lokalisiert Kochaba in der Baschan-Ebene. Noch heute gibt es im Südlibanon ein Dorf namens Kaukaba (d.h. Kochaba), und Eusebios referiert eine – von Julius Africanus (um 170–245) vermittelte – Tradition, der zufolge die *Desposyni*, die Angehörigen und Nachkommen Jesu, aus »den jüdischen Dörfern Nazara und Kochaba stammten« (*EH* 1.7.14).

81 Siehe Geheimhaltungsschwüre in Petrus' Epistel an Jakobus, *Homilien* 4.1, 1QS 9.17 und Josephus' Charakterisierung der »Essener«, *Krieg* 2.141 f.

82 Häufig anzutreffen ist der Begriff in 1QH 6.15, 7.19 und 8.6–10, wo er sich auf Jes. 11,1–4 und 60,21 bezieht. Eine Parallele hierzu stellt der Ausdruck »der Gerechte Sproß« in Jer. 23,5 und 33,15, Sach. 3,8 und 6,12 dar, während man bei Paulus, Röm. 11,16–24, eine parodistische Abwandlung der Metapher findet. Siehe auch *QRE* S. 30–36.

83 Diese bei Paulus so zentralen Begriffe »Leben«/»lebendig« spielen auch in den Qumran-Texten eine wichtige Rolle, so beispielsweise CD 7.5 f., wo 5. Mos. 7,9 (über »den Bund wahren«) zitiert wird. Paulus spielt hier ebenfalls auf Alttestamentliches an – Hab. 2,4: »Der Gerechte aber wird durch seinen Glauben leben«.

84 Man beachte die sich hierin äußernde – auf 5. Mos. 18,15–19 gestützte – ebionitisch-pseudoklementinische Vorstellung, die sowohl von Mani als auch von Mohammed übernommen worden zu sein scheint.

85 Der »Imam« hat Parallelen im judenchristlichen Begriff des »Stehenden« und natürlich in damit verbundenen »inkarnationistischen« Christus-Vorstellungen. Der gegenwärtige politische Führer Syriens ist ein Alawi oder Nusayri, und das gleiche gilt für viele Armeeangehörige. Was uns dies über die Geschichte des »Christentums« in Syrien (d.h. dem »Land Damaskus«), wohin so viele dieser sektiererischen Gruppen flohen, verrät, ist schwer zu sagen – nur, daß sich noch gewisse Spuren ausmachen lassen.

86 »Judas Sepphoräus« soll von Herodes im Zusammenhang mit dem Zwischenfall um den »Tempeladler« (*Krieg* 1.648–655 / *Alt.* 17.149–157) 4 v.Chr. hingerichtet worden sein, während Judas der Galiläer zu Beginn des Steueraufstands, 6/7 n. Chr., in das Waffenlager von Sepphoris eindrang (*Krieg* 2.56).

87 *EH* 4.22.7. Josephus spricht immer wieder von »Galiläern«, so z.B. im Zusammenhang mit Konflikten mit Samaritanern in der Gegend von Lydda (*Alt.* 20.118–124) und der Vernichtung Jesus', des Sohnes Sapphias', in der Umgebung des »Genezareth«; siehe *Vita* 66, 102 f. und 197–206.

88 Sieht man von Julius Africanus' Erwähnung von »Nazara« ab, besitzen wir aus dem Altertum keinerlei Belege für die Existenz eines Ortes »Nazareth«; den frühesten Hinweis finden wir in den liturgischen Gedichten des Eleazar Kallir von Cäsarea (7. Jh.), die Material aus einer Inschrift aus dem 4. Jahrhundert rekapitulieren. Die ersten Kirchen des heutigen Nazareth scheinen im 5. Jahrhundert entstanden zu sein.

89 Siehe oben *Krieg* 2.56 / *Alt.* 17.261.

90 *EH* 1.7.14; das Wort ist aus derselben griechischen Wurzel abgeleitet, von der auch unser »Despot« stammt, und bedeutet soviel wie »Führer«.

91 30.2.7 und 30.18.1; d.h. in der nördlich der obenerwähnten Dekapolis gelegenen Ebene von Baschan. Bei Matthäus verläßt Jesus an dieser Stelle »Galiläa«. Nach Auskunft des Epiphanios »folgt« die ganze Region »dem Ebion« oder ist »ebionitisch«.

92 Koseba (Kosiba, Choziba) scheint eine Kleinstadt in der Gegend von Jericho gewesen zu sein und ist jetzt die Stätte eines der berühmtesten und ältesten christlichen Klöster, »Sankt Georg« oder »Wadi Kelt« (1. Ch. 4,22 f. – diese Stelle wurde bereits im Zusammenhang mit den »Rechabitern« erwähnt«, dessen Bewohner »Töpfer« waren, die in den »Pflanzungen des Königs« lebten. Bar Kochba unterschreibt seine Briefe mit »Schimon Ben Choseba [oder Kosiba]«, was in der talmudischen Literatur zu »Bar Choziba«/»Sohn des Lügners« entstellt wird; siehe *Lam. R.* 11.4, wo Rabbi Akiba die »Stern-

Prophezeiung« auf ihn bezieht und dafür den Spott der anderen Rabbis erntet, und *j. Ta`an.* 68d, *b. San.* 97b usw.

93 1QM 11.6–17, CD 7.18–8.5 und 4QTest 9–13, dem 5. Mos. 18,18 f., »der wahre Prophet«, vorausgeht.

94 Man beachte wieder die wichtige Erwähnung der »Völker«. Die »Held«-Prophezeiung wird in Qumran (*QRE* 89 ff., 96) im Sinne eines »Messias der Gerechtigkeit, des Zweigs Davids« und des »Bundes des Reiches«, »des Stabs« oder »*Mehokkek*« gedeutet. Näher beschrieben wird dieser »*Mehokkek*« in CD 6.3–11 dann anhand einer anderen Prophezeiung aus 4. Mos. 21,18 (die schließlich zur »Stern-Prophezeiung« in 24,16 f. überleitet) als »der Brunnen«, den »die Büßer Israels – die aus dem Lande Juda hinauszogen, um im Land Damaskus zu wohnen« – mit den »Stäben (»den Gesetzen«) gruben, wie es »der Stab« (»der Ausleger der *Thora*«) verfügt hatte.

95 *B. San.* 105a–106b. Auf zwei Fresken aus den römischen Katakomben ist Bileam abgebildet, der auf den Stern deutet (siehe Bildteil). Sein Name – und dessen Beziehung zu negativen Bezeichnungen wie »Belial« – wird in diesem Zeitraum Gegenstand vielfältiger Wortspiele sein. Derlei Begriffe aus dem Bereich der Nahaufnahme spielen auch in den Qumran-Texten eine wichtige Rolle; vgl. z.B. die schon mehrfach zitierte Stelle 1QpHab 6.7 (zu Hab. 1.16 f.) über die *Kittim* (hier: *die Römer*), die »ihre Steuern aufteilen ... und Jahr für Jahr alle Völker essen ... und sich nicht einmal der Frucht des Mutterleibes erbarmen«.

96 Oder zumindest auf einen anderen archetypischen »Feind«, Gehazi. Auch für ihn (außer auf Jannes und Jambres) wird in CD 8.20 f. Bezug genommen. »Bileam« erinnert vom Typ her eher an Herodes oder allgemein an die Herodianer; siehe R.T. Herford, *Christianity in Talmud and Midrash,* London 1903, S. 69 ff., 99–109, und *JJHP* S. 90–94.

97 1QM 11.7. Hier ist das Problem stets »Singular oder Plural« (*ein* Messias oder mehrere). In diesem konkreten Fall könnte ein Plural vorliegen (das dem folgende »kein bloßer Adam« ist es allerdings nicht), doch anderswo, wie in 1QS 9.11 (wo das Wort mit dem ebionitischen Begriff »wahrer Prophet« in Verbindung gebracht wird), ist es eindeutig Singular. Entscheiden läßt sich die Frage anhand benachbarter adjektivischer oder verbaler Bestimmungen, da die zusammengesetzte Form »*Meschihei*« idiomatisch ist. In der Damaskus-Schrift steht der entsprechende Ausdruck (»der Messias von« oder »aus Aaron und Israel«) *immer* im Singular.

98 Vgl. unsere obige Analyse der »Held«-Prophezeiung. Dieses »*Joreh ha-Zedek* entspricht dem »*Moreh ha-Zedek*« (Lehrer der Gerechtigkeit) und dem »*Maschiah ha-Zedek*« (Messias der Gerechtigkeit) – eindeutig davidisch und im Singular. »Aufstehen« kann natürlich auch »auf*er*stehen« bedeuten.

99 1QpHab 10.9–12 und CD 1.14–18.

100 Siehe oben *Lam. R.* 11.4.

101 *Krieg* 6.310–315.

102 CD 4.19–29 und 8.12 f. – der biblische Bezug ist Hes. 13,6–23 und Micha 2,6–11, wo von »lügenden Propheten« die Rede ist, die »Frieden rufen, wenn kein Friede ist«.

103 2. Kor. 3,1–4,18 und 10,4–12,11.

KAPITEL 11

1 Dies ist übrigens das Thema des ersten Teils von »*MMT*«, wo durch Heiden dargebrachte Geschenke und Opfer an den Tempel durchweg als »Götzenopfer« betrachtet werden; 4QMMT 1.9 f. Man beachte auch allgemein die häufige Verwendung von Termini wie »Götzen«, »Götzenanbetung« und »Götzentempel« in 1. Kor. 5,10–10,33.

2 Siehe auch Röm. 11,9 ff., wo er Ps. 69,22 f. zitiert: »Laß ihren Tisch zu einem Fallstrick werden und zu einer Schlinge und ... zu ihrer Vergeltung«, da »den Heiden das Heil widerfahren« ist; 1. Tim. 3,7,

wo der »Strick des Teufels« (*Diabolos*, d.h. »Belial«) inmitten von »Altweibergeschichten«, »Frevel«, »Lügen«, »Zweizüngigkeit« und der Frage erwähnt wird, wer »Bischof« sein sollte; und 2. Tim. 2,26, wieder eingebettet in Anspielungen auf »die letzten Tage«, »in Werken vollkommen sein«, »Frevel«, »aufgeblasen« sein, »Gott lieben«, sowie das vielsagende »Jannes und Jambres« der Damaskus-Schrift.

3 1QpHab 10.9–12. Für »Bau«-Metaphorik bei Paulus siehe 1. Kor. 3,9.14, wo von »Gottes Bau« (vgl. 1QS 1.12–3.1, 8.7–10, 9.3 f., 1QM 1.16, 1QH 3.31, 17.13 usw.) und »Baumeister sein« die Rede ist; 8,1 über »Götzenopfer(fleisch)«, »Gott lieben« und »aufgeblasen sein« (vgl. 1QpHab 7.14 ff. zu Hab. 2,4); 2. Kor. 5,1, Röm. 15,20 (mit erneuter Anspielung auf »[Bau]Grund«), Gal. 2,18 und Eph. 2,20 ff.

4 Hier liegt das gleiche Problem wie in Lk. 7,33 vor, wo es von Johannes dem Täufer heißt, er »aß nicht Brot und trank nicht Wein«. Tatsächlich ist aber »Fleisch« gemeint, also daß auch der Täufer Vegetarier war!

5 Es ist bemerkenswert, daß Paulus hier praktisch das islamische Glaubensbekenntnis formuliert: »*lâ ilâha illâ Allah*«.

6 Siehe oben 1QpHab 7.14 ff. und die sich anschließende Exegese von »der Gerechte aber wird durch seinen Glauben leben«.

7 CD 6.17–7.7, unter Verweis auf Hes. 44,23 (s.o.). Hier wird nicht nur Jakobus' »Königliches Gesetz nach der Schrift« angeführt – »liebe jeden Menschen, deinen Bruder, wie dich selbst« –, sondern auch die Forderung ausgesprochen, »die Hand zu stärken des Sanftmütigen, des Armen und des Bekehrten« und »sich zu enthalten [*lehazzir*, von derselben Wurzel, *N-Z-R*, abgeleitet wie »Nasiräer«] der Unzucht« »gemäß dem Bund Gottes [dem »Neuen Bund im Land Damaskus«], der ihnen [denen, die Gott »lieben« und die Gebote »halten«] treu verspricht, daß sie bis ins tausendste Glied leben werden« (5. Mos. 7,9).

8 CD 8.42 f. verwendet gleichfalls den Ausdruck »Furcht Gottes«.

9 1.1 f. Im ganzen Qumran-Korpus spielt der Begriff »Werke« – Gottes oder des Menschen – eine zentrale Rolle.

10 Siehe R. Eisler, *The Messiah Jesus and John the Baptist*, New York 1931, S. 236 und 614 f. zu Verwechslungen zwischen den hebräisch/aramäischen Wörtern für »Heuschrecke« und für »Johannisbrot«. Laut Qumran-Texten war es zwar erlaubt, Heuschrecken zu essen, aber nur gekocht, nicht roh (vgl. CD 12.15 mit 3. Mos. 11,21 f. – Bienenlarven darf man auch nicht essen; 3. Mos. 11,23). Dennoch galten sie als Ungeziefer (Joel 1,7–2,15 und Nah. 3,17). Auf jeden Fall könnte hier auch eine parodistische Absicht vorliegen, da Heuschrecken in der betreffenden Region nur in der Zeit von April bis Juni vorkamen.

11 30.13.4 f. Epiphanios beanstandet, daß der Text die »Heuschrecken« durch »Honigkuchen« ersetzt, die »wie Manna schmeckten«. Ursprünglich scheint der »Honig« Israels allerdings – auch wenn Bienenhonig strenggenommen nicht verboten war – ein aus Datteln, Johannisbrot oder Trauben hergestellter Sirup gewesen zu sein, und nach 2. Mos. 16,31 hatte »Manna« »den Geschmack von Honigkuchen«.

12 In 1,35 und 2,23 bezieht Lukas diese »Heiligkeit vom Mutterleibe an« auf Jesus – eine weitere Überschneidung von Traditionen um Jesus und Jakobus. Vielleicht hat Johannes recht, wenn er in 1,20 f. Johannes den Täufer erklären läßt, er sei weder der »Christus« (im wesentlichen die griechische Wiedergabe des Begriffs vom inkarnierten »Adam«) noch der (ebionitische) »wahre Prophet« – aber andererseits stellen die Synoptiker Johannes als den wiedergeborenen Elia dar, was er nach Joh. 1,21–25 gleichfalls zu sein bestreitet.

13 Sie waren an den Eingängen zu den zwei Innenhöfen angebracht und trugen die auf hebräisch und griechisch abgefaßte Aufschrift: »Kein Fremder überquere die Absperrung und betrete die Plattform, die den Tempel umgibt. Wer immer dort aufgegriffen wird, der wird sich seinen Tod selbst zuzuschreiben haben«, oder »auf ihm

selbst wird die Verantwortung für seinen Tod ruhen«. Vgl. letztere Wendung mit Matth. 27,25, wo die jüdische Volksmenge bei Jesu Verurteilung ausruft: »Sein Blut komme über uns und unsere Kinder« (siehe Abb. Nr. 40).

14 6.11–15. Derselbe Abschnitt fordert dazu auf, »sich von der Unzucht fernzuhalten« und »seinen Heiligen Geist nicht zu beschmutzen«, sondern »in vollkommener Heiligkeit zu wandeln« und »die Armen« zu stärken (6.21–7.5).

15 1. Makk. 1,10–57 und 2. Makk. 6,1–9.

16 1QM 7.3–6. Wie wir in *QRE* S. 274–277 aufgezeigt haben, waren diese »Lager« durchaus real, wofür auch oben 4QMMT 1.35 f. und 66–70 sprechen. Bemerkenswert ist die Betonung der »Freiwilligkeit«, hier wie in 1QS 5.1–6.13 und CD 6.3–9.

17 Letzte Spalte von CD 1–15. Vgl. »Lager« in 17 ff.

18 Jes. Sir. 52,9. Gepriesen wird hier »Simeon der *Zaddik*«, ein weiterer »gerechter« Vorläufer und der unmittelbar vor Judas Makkabäus im Tempel amtierende Hohepriester.

19 ARN 2.45 (bezogen auf 1. Mos. 6,9); allerdings scheint das auch auf Adam, Joseph, Moses und sogar »den bösen Bileam« zugetroffen zu haben.

20 Siehe Apg. 3,14, 7,52 und 22,14.

21 CD 2.9–24.

22 Vermes macht aus dem Singular (»Messias«) hier einen Plural und tilgt den ganzen folgenden Teilsatz. Warum?

23 1QS 8.3–11. Diese Zaddiks »zahlen« auch »den Bösen ihren Lohn«.

24 CD 2.11 ff., 4.4 f.; und siehe insbesondere 14.4.

25 2.32, und es gibt – vor allem in der 2. Sure – auch didaktische Passagen, die diesen Ermahnungen der Damaskus-Schrift entsprechen.

26 Siehe auch Apg. 4,7–5,41, 9,14–10,48 usw. und Ps. *Hom.* 3.21–39 zu Adam als dem »wahren Propheten«.

27 Jes. Sir. 45,24. Vgl. 50,24, *Sohar* 1.59b über Noah und 1QM 12.3.

28 4.218a/b über »Pinhas«.

29 Eine wörtliche Parallele hierzu findet sich in der Gemeinderegel (8.9 und 9.4 f.).

30 *B. San.* 56a–60a.

31 CD 3.10 – man beachte wieder die Betonung des »Tuns«.

32 4QpNah 2.1 f. und 1QpHab 10.9–12 (wo es weiter heißt: »errichtete eine Versammlung [»Kirche«] auf Lügen um der eigenen Verherrlichung willen, erschöpfte Viele mit einem wertlosen Dienst, unterwies sie in Werken des Lügens, auf daß ihre Werke solche der Leere wären«; vgl. Jak. 2,20 über den »törichten« oder »leeren Menschen«/»Mann«.

33 CD 3.1–11 (wo es auch heißt, sie seien »abgeschnitten« und »dem Schwert überantwortet« worden); vgl. ebenfalls CD 2.8.

34 15,20, 15,29 und 21,25.

35 Röm. 4,3, 4,22 und Gal. 3,3; siehe aber dagegen Jak. 2,14–26 und 4QMMT 1.2 und 2.30–33.

36 Die Damaskus-Schrift gebraucht in CD 3.2 tatsächlich das hebräische Wort für »Geliebter« oder »Liebling«. Vgl. mit der oben zitierten Stelle Jak. 2,23 und beachte die häufige Verwendung des Terminus »Geliebter« in den Paulusbriefen.

37 Ps. *Rec.* 1.70 f. Aufschlußreich ist auch die Verwendung des Begriffes im bereits besprochenen Unkrautgleichnis (Matth. 13,23–43).

38 Interessanterweise gebraucht Paulus auch hier den Begriff »hinauswerfen«/»ausstoßen«: »Stoß die Magd hinaus mit ihrem Sohn« *(ekballe)*, nicht aber den, »der von der freien Kraft der Verheißung« geboren ist – »und das ist bildlich gesprochen« (Galater 4,24–31).

39 Vgl. 2. Kor. 11,10–12,11.

40 4QMMT 1.2 und 2.26–33 (man beachte hier auch den vielsagenden Ausdruck »die *Thora* fürchten« – wie in »Gott fürchten« oder »gottesfürchtig«).

41 2. Kor. 6,14–18.

42 Z. B. CD 7.3 ff., 1QH 9.29 f. und die in der ganzen Gemeinderegel verwendete »Licht«-/Dunkel«-Metaphorik. Der Kontext, in dem Paulus das »sondert euch ab« aus Jes. 52 anführt, ergäbe einen interessanten *Pescher* nach Art Qumrans. In 52,11 ist – wie oben im Ersten Brief über die Werkgerechtigkeit – von den »Geräten/Gefäßen des Herrn« die Rede, was in der Vorstellung des »leidenden

Zaddik« gipfelt, der in 53,11 »Gerechtigkeit schafft«: die gleiche »rechtfertigende« Aktivität, die in CD 4.7–15 von den »Söhnen des *Zadok*« ausgesagt wird (und zu den »drei Netzen des Belial« überleitet).

43 *Krieg* 2.412 ff. Hier gebraucht Josephus das Wort *»Ethnôn«* (wie die Paulusbriefe) und »die Ersten« (wie die Qumran-Texte) und weist darauf hin, daß die Juden sich durch Einführung einer solchen »Neuerung in ihrer Religion ... den Vorwurf der Gottlosigkeit« zuziehen würden, da sie doch das einzige Volk auf der Welt seien, das »Fremden das Recht verwehrt, Opfer und Gebete darzubringen ... und [sogar] die Römer und den Kaiser von diesem Recht ausschließen«, was zu entsprechenden Vergeltungsmaßnahmen führen könnte. Die ließen tatsächlich nicht lange auf sich warten – und zogen sich über 19 Jahrhunderte hin.

44 *Krieg* 2.409 f.

45 Siehe auch Röm. 1,16, 10,12 und Kol. 3,11.

46 In 1. Kor. 15,55 scheint er sogar auf den – auch »Tod« implizierenden – qumranischen Begriff »verschlingen« anzuspielen (und ihn dabei umzukehren), wenn er sein berühmtes »Der Tod ist verschlungen in den Sieg« verkündet (was in sich eine Parodie auf Hos. 13,14 darstellt); und in Gal. 2,16–19 schwelgt er in dem Wortspiel »ich bin durchs Gesetz dem Gesetz gestorben, damit ich Gott lebe«, beteuert (er, der er »ein Übertreter« ist, indem er das, »was [er] zerbrochen ha[t], wiederum bau[t]«): *»Durch des Gesetzes Werke wird kein Fleisch* [wobei »Fleisch« hier wieder Beschnittensein impliziert] *gerecht«*, und schließt mit den Worten: »Denn wenn durch das Gesetz die Gerechtigkeit kommt, so ist Christus vergeblich gestorben.« Das aber ist natürlich das genaue Gegenteil dessen, was 4QMMT 2.30–33 und Jak. 2,21 und 24 erklären.

47 *Alt.* 19.332 ff.

48 *Alt.* 20.145.

49 Bemerkenswert ist hier die Wiederkehr des Motivs vom »essen und trinken«. Bei den Synoptikern hieß es vom Menschensohn – in Abgrenzung zu Johannes dem Täufer und anderen, wie Jakobus: »Er ist gekommen, isset und trinket« (Matth. 11,19 und Lk. 7,34). Auch Paulus beschäftigt dieses Thema, und zwar am deutlichsten, wenn er im Zusammenhang mit dem »Letzten Abendmahl« – wo Jesus, wie wir uns erinnern, den Synoptikern zufolge gelobt, »von nun an nicht mehr [zu] trinken von diesem Gewächs des Weinstocks«, bis er es »neu trinken [wird]... in [s]eines Vaters Reich« – von Jesu Leib und Blut spricht. Paulus hält seinen Widersachern drohend vor, sie äßen und tränken »sich selber zum Gericht« (1. Kor. 11,29), nachdem er weiter oben behauptet hatte (dies mit Bezug auf Jakobus' Verbot, »Götzenopferfleisch« zu essen): »Weder sind wir im Nachteil, wenn wir nicht essen, noch sind wir im Vorteil, wenn wir essen« (1. Kor. 8,8). Zu erwähnen wären noch jene – vom *Talmud* verurteilten – »jakobinisch« Gesinnten, welche geloben, »weder zu essen noch zu trinken«, bis sie den Tempel wiederhergestellt sehen (oben *B.B.* 60b), und, wie wir noch sehen werden, Jakobus selbst, der im Hebräerevangelium gelobt, nicht zu essen oder zu trinken, bis er Jesus »von den Schlafenden auferstanden« sähe.

50 Apg. 23,17–32. Weiter unten werden wir bei Josephus einem anderen solchen »Oberhauptmann« begegnen, der sieben Jahre später die Zitadelle befehligte.

51 Josephus zufolge (*Alt.* 20.219–223) wurde es um das Jahr 64 n. Chr. unter Agrippa II. vollendet, obwohl es in *Alt.* 15.380–425 geheißen hatte, Herodes habe den Bau 23/22 v. Chr. begonnen (*Krieg* 1.401 dagegen: 26/25 v. Chr.) und acht Jahre später vollendet (wobei die Fertigstellung des Tempels selbst anderthalb Jahre gedauert haben soll).

52 *Alt.* 20.189–200.

53 In Off. 2,10 ist dies dahingehend umgedreht (wie in Matthäus' Gleichnis vom Unkraut, das »in den Feuerofen geworfen wird«), daß »der *Diabolos einige von euch ins Gefängnis werfen wird«* (ebenfalls *ballein),* aber es ist klar, daß das Neue

Testament weiß, daß »*Diabolos*« auf griechisch mit ebendiesem Verb »werfen« zusammenhängt.

54 CD 4.15 f.

55 Selbst in der Tempelrolle (47.13 f.) scheint die – unmittelbar auf den Ausschluß unreiner Personen aus dem Tempel und die Erwähnung sowohl von *balla`* oder Bela` als auch von »Latrinen« (46.10–18 – »Bela`« ist, wie Bileam, der Sohn des Be'or) folgende – Formulierung »mit Götzen geopferten Häuten« (*be`orot*) irgendwie auf dieses Wortfeld anzuspielen. Wie man sich erinnern wird, war Balak der König von Moab (4. Mos. 22,7–24,25 – die Passage endet mit der »Stern-Prophezeiung«).

56 *Krieg* 2.427 f.

57 Der Begriff »Furcht« spielt nicht nur in Röm. 13,3–7, über die Zahlung der römischen Steuer (hier allerdings »Furcht« vor der römischen Obrigkeit), und in 2. Kor. 7,1, über die Vollendung der Heiligkeit, eine zentrale Rolle; sondern auch (ganz besonders unpassenderweise) in Apg. 10,2 und 10,22, wo vom »frommen« römischen Hauptmann Cornelius die Rede ist, der »dem ganzen Volk der Juden als einer bekannt [war], der viele barmherzige Werke *tat*«. Allein schon diese Aussage verrät den Urheber dieses Textes. »Cornelius« könnte hier sogar eine Anspielung auf die bereits in vorchristlicher Zeit geschaffene römische *Lex Cornelia de sicariis et veneficiis* enthalten, so genannt nach dem römischen Magistraten, der für das Verbot von Verstümmelungen und Hexerei eintrat (»*sicarius*« meint in diesem Kontext »Beschneider«, nicht »Meuchelmörder«).

58 *Alt.* 20.216 ff.

59 Wobei wir uns erinnern sollten, daß der Qumraner Terminus zur Bezeichnung der einfachen Gemeindemitglieder »die Vielen« *(Rabbim)* lautet.

60 Hier auch Anklänge an die »Zehn Gerechten« oder »*Zaddikim*«, deren es zur Aufrechterhaltung der Welt bedarf – ganz zu schweigen von einer möglichen Anspielung auf den Begriff »Söhne des Zadok«. In der späteren Literatur werden aus den Zehn – aufgrund des numerischen Wertes des Wortes »*lo*« in Hab. 2,3 (»harre *ihrer/seiner*«) – »sechsunddreißig«.

61 Koran 2.111, 2.140, 3.23, 3.116, 82.6, 84.7 usw. Diese Menschen »sind des Gerechten« (3.115). Nichts könnte Jakobus' Überzeugung, Abraham sei durch das »Zusammenwirken von Glauben und Werken« gerettet worden, besser wiedergeben als das.

62 Koran 2.131–141; 3.68 usw. Hier gebraucht Mohammed den Terminus »Muslim« (»der sich Gott unterwirft«) in dem gleichen Sinne, in dem Jak. 2,23 »Freund Gottes« verwendet.

63 Diese Weisungen sind sogar heute noch bei den Mandäern bekannt (»die *Subba* der Marschen«, d.h. die Elchasaiten oder »Sabäer«) und, bis zu einem gewissen Grad, den manichäischen *Siddiqs* (*Fihrist* 9.1) – Gruppen, bei denen Mohammed während seiner Handelsreisen in den südlichen Irak einige Zeit verbracht zu haben scheint.

64 Der Terminus »Jude« ist in Qumran bekannt (4Q550 6.3 und 4Q324 *Mischmarot*), ebenso dessen elegantere Umschreibung »Haus von Juda«. Auch wenn Paulus sich in Gal. 2,13 f. implizit als einen Juden zu bezeichnen scheint (obwohl seine Aussage hier eher wie die *eines Konvertiten* klingt), findet sich die einzige *eindeutige* diesbezügliche Aussage in Apg. 21,39 und 22,3.

65 Siehe den Stammbaum der Herodianer (Seite 822).

66 Betrachtet man diese Episode im Kontext der *Lex Cornelia de sicariis et veneficiis,* muß man zugeben, daß sie etwas leicht Parodistisches an sich hat, was mit der Vermischung der Quasianagramme »*Christianos*« und »*Ischarioth*« zusammenhängt. Während und nach dem Bar-Kochba-Aufstand (132–136) scheint das Gesetz, das die gewaltsame Konfiszierung von beweglichem und unbeweglichem Gut ermöglichte, »*Ius sicaricum*« genannt worden zu sein; es war in erster Linie gegen jene gerichtet, die Hadrians Beschneidungsverbot übertraten – da unter »*sicarii*« mittlerweile eindeutig jene verstanden wurden, die andere gewaltsam beschnitten. Genau das berichtet Hippolytos aber von der vierten und radikalsten Gruppe der

»Essener«, die er als *»Sikarier«* bezeichnet (9.21), womit er tatsächlich etwas von der ursprünglichen Bedeutung des Terminus *»sicarius«* zu vermitteln scheint. Auch Origenes (um 185–254 – der sich, wie wir uns erinnern, selbst verstümmelt oder möglicherweise sogar beschnitten zu haben scheint) sagt von den Sikariern seiner Zeit, daß sie »sich entgegen den Gesetzen und den Sitten, die nur den Juden gestattet sind, selbst verstümmelten«. Wie er in *Contra Celsum* schreibt (2.13 – in der von ihm aufbewahrten, ansonsten verschollenen Passage aus Josephus' *Jüdischem Krieg,* die den Untergang Jerusalems *nicht mit Jesu, sondern mit Jakobus' Tod in Verbindung bringt*), werden solche Leute »mit dem Tode bestraft … wobei das sichtbare Zeichen der Beschneidung als Grund für die Verurteilung ausreicht«. Kein Wunder also, daß dieses Thema das Neue Testament so stark beschäftigt. So gesehen impliziert die Bezeichnung *»sicarii«* für die radikalen »Essener« oder »Zeloten« ebensosehr »(gewaltsame) Beschneidung« (daher auch ihre »gekrümmten Messer«) wie »Meuchelmord«. Tatsächlich verrät Paulus bereits dadurch sein Befaßtsein mit derlei Problemen, daß er Jakobus' Anhänger »die von der Beschneidung« nennt (Röm. 4,9–12 und Gal. 2,7–12; vgl. Kol. 4,11). Eine zentrale Rolle spielt das Problem wahrscheinlich auch in den an anderer Stelle geschilderten Konfrontationen zwischen Petrus und Simon *Magus.*

67 Auch in den Qumran-Texten ist der Terminus »die Einfältigen« oder »Schlichten« bekannt, doch hat er hier ganz andere Konnotationen. Nicht nur heißt es von solchen Menschen stets, daß sie »die *Thora* tun«, sondern sie sind auch im Prinzip einfach die Anhänger des Gerechten Lehrers: Sie sind also mit den »Armen« identisch und werden gleichfalls mit »Blut« assoziiert – doch in diesem Fall mit *ihrem eigenen;* 1QpHab 12.3–6. Siehe auch 4QpNah 1.6 und 3.3 ff. (hier mit der »Stadt aus Blut« in Verbindung gebracht).

68 CD 8.42 ff. und 11QT. Das »den *Tempel* sehen« (die zwei Wörter sind im Hebräischen Homonyme), das sich in letzterem Text in 46.15 findet, könnte eine bewußte Anspielung sein.

69 CD 6.12–7.5 (darin reichlicher Gebrauch von Ableitungen aus der Wurzel *N-Z-R,* »sich absondern« oder »fernhalten von« – auch der zentrale Begriff von Jakobus' Weisungen – und Anspielung auf den »Neuen Bund im Land Damaskus«).

70 *EH* 2.23.4 f.; *Haeres.* 78.14.1 f. Die sexuelle Enthaltsamkeit, von der Epiphanios zusätzlich spricht, hängt nicht damit zusammen, daß er nicht gebadet hätte, sondern daß er, wie unsere verschiedenen Traditionen andeuten, kalte Bäder nahm.

71 Es sollte hier darauf hingewiesen werden, daß es in Hes. 44,20 von den »Söhnen des Zadok« im Tempel heißt, sie sollten sich das Haar zwar »nicht kahl scheren«, aber »stutzen« (oder »ringsherum abschneiden«). Dennoch bezeichnete *»Nezer«,* worunter man gewöhnlich die – mit dem Motto »Heilig dem Herrn« geschmückte – »Mitra« oder »Krone« des Hohenpriesters versteht, daneben auch das »ungeschorene Haar« oder die »Krone« der Nasiräer (ebensowenig darf man in diesem Kontext den Namen »Stephanos« vergessen, der auf griechisch »[Märtyrer-]Krone« oder »Kranz« bedeutet).

72 78.14.5 f.; in *EH* 23.2.16 f. getilgt. Wichtig für die Gleichsetzung von Stephanus' und Jakobus' Steinigung ist die Persönlichkeit des Augenzeugen: während es im letzteren Fall »ein Priester von den Söhnen des Rechab, den *Rechabim«* ist, spielt diese Rolle in Apg. 8,1 der zornige und gewalttätige Saulus, der, damals noch ein »Feind« der Urgemeinde, die Christen so »eifrig« wie kein anderer verfolgte.

73 »Die Hure Rahab« wird auch häufig mit »Rechab« verwechselt. Matth. 1,5 betrachtet Rahab nicht nur als Ahnin Davids, sondern auch Jesu (laut Matthäus ist sie die Mutter des Boas, aber er schreibt den Namen mit dem griechischen Buchstaben *Chi,* »Rachab«, wie »Rechab«, nicht »Rahab«). Wie wir uns erinnern, wird

»die Hure Rahab« in Jak. 2,25 zusammen mit Abraham als Beispiel für einen Menschen angeführt, der »durch Werke gerecht geworden ist«, während Paulus in Heb. 11,17–31 dieser Auffassung widerspricht und Rahabs und Abrahams »Glauben« hervorhebt.

74 1QS 5.9 ff. Abermals tritt diese Definition in Verbindung mit dem Begriff der »Absonderung« auf. Diese Priester gelten als »Männer der Heiligkeit« (5.13), »eine heilige Versammlung« (5.20) und eine »Gemeinschaft der *Thora*« (5.2), und »alle Herrlichkeit Adams wird ihnen zuteil werden« (4.23).

75 1QpHab 7.10–8.3.

76 Man beachte auch in Jak. 1,12 (dort mit Anspielung auf die »Krone des Lebens«), 2,5 und 2,13 die Betonung des »Barmherzigkeit tun« und sehe CD 6.18–7.19.

77 S. Goranson, »›Essenes‹«: Etymology from ›*Asah*‹« in *Revue de Qumran*, 1984, S. 483–498. Der Verfasser weist darauf hin, daß Epiphanios tatsächlich von »Ossäern« oder »Ossenern« spricht.

78 29.1.3–5.5.

79 Siehe Micha 5,1, Ruth 1,2 usw.

80 Ri. 1,16, 4,11, 1. Sam. 27,10 und 30,29. Die Keniter werden sogar in der Prophezeiung Bileams, oben 4. Mos. 24,21 f., erwähnt. In 1. Ch. 2,55 heißt es sogar wörtlich, daß die Keniter »die Vorfahren des Hauses Rechab waren«. Dies wird in *San.* 104a–106a und *Sota* 11a aufgegriffen, wo dieselbe Verbindung hergestellt wird und es ausdrücklich heißt: »Sie besaßen« – offenbar als Schriftgelehrte – »das Vorrecht, [im Tempel] in der Kammer aus gehauenem Stein zu sitzen.«

81 In 1. Ch. 4,21 werden die Töpfer-Clans aus dem Stamm Juda mit den Leinwandwebern in Verbindung gebracht.

82 In Matth. 13,55 ist Jesus »der Sohn des Zimmermanns«; in Mk. 6,3 ist er »der Zimmermann, Marias Sohn« –was bereits eine weitreichende Emendierung verrät. Damit leitet auch in den Evangelien – wenn man die »Zimmerei« zu diesen »Wanderhandwerkerkünsten« zählt – *Jozer*/»Töpfer« direkt zu *Nozer*/»Christ« über. Dieses Durcheinander ist interessant, aber es wird uns kaum gelingen, es restlos zu entwirren.

83 Siehe *Yalyut Schim`oni* zu Jer. 35,12, *Siphre Num.* 78 zu 4. Mos. 10,29 und *B.B.* 91b zu »Töpfer«. Siehe auch Eisler, S. 234–245, für eine erschöpfende Erörterung des Begriffes »*Saleb*«.

84 Benjamin de Tudela, »Reisen«.

KAPITEL 12

1 2.23.5 f.

2 29.4.1 ff. und 78.13.5–8.

3 29.2.5–4.2. Ps. 110 ist ein überaus wichtiger Text. Er enthält auch apokalyptische Bilder wie »zu meiner Rechten sitzen«, »Zepter«, »Stärke«, »Macht« und »Zorn« (110,1–5), denen wir noch wiederholt begegnen werden. Es braucht kaum betont zu werden, daß dies auch ein unverhohlen zionistischer Psalm ist. Man beachte bei Epiphanios die immer wiederkehrenden – durchweg gleichbedeutenden – nasiräischen Bilder der »Krone«, der Mitra und der ungeschorenen Locken.

4 78.14.2–6. Bei Epiphanios lautet der Ruf, den Simon bar Kleophas angesichts der Steinigung ausstößt: »Haltet ein. Warum steinigt ihr den Gerechten? Seht, er spricht um euretwillen wunderbare Gebete.« Bei Eusebios heißt es an der entsprechenden Stelle lediglich: »Der Gerechte betet für euch.« In beiden Fällen wird »der Gerechte« anstelle des eigentlichen Namens »Jakobus« gebraucht.

5 Interessanterweise liefert Eusebios (3.31.3) unmittelbar vor seiner Schilderung von Simeon bar Kleophas' Tod die gleiche Information in bezug auf Johannes, den »Jünger, den Jesus liebhatte«; dabei zitiert er aus einem Brief des Polykrates (um 190 n.Chr.), worin es heißt, daß Johannes, »ein Märtyrer und ein Lehrer, ein Priester war, der die Mitra trug«. Solche Überschneidungen sind interessant, und zwar insbesondere deswegen, weil nach Epiphanios' Ansicht *Jakobus* »der Jünger« war, »den Jesus liebhatte«. Wie dem auch sei, die Anspielungen auf das Motiv des »Geliebten«

oder »Freundes« dürfen nicht übersehen werden.

6 11.2–8. Hierin finden sich wieder die wichtigen Begriffe »verschlingen«, »die Armen« und »zum Straucheln bringen« oder »niederwerfen«.

7 *Alt.* 20.216 ff. Man beachte die umgekehrte Konnotation von »Gesetzesübertretung« in Jak. 2,9 ff., 1QpHab 2.6, 8.16 f. und CD 1.20.

8 *Alt.* 20.160 f. und *Krieg* 2.253. Es sei an dieser Stelle angemerkt, daß das hier mit »Räuber« wiedergegebene griechische Wort *lêstês* dasselbe ist, das in Matth. 27,38 und Parallelen im Zusammenhang mit Jesu Kreuzigung gebraucht wird (»Mörder« oder »Schächer«).

9 *Krieg* 2.58 f.

10 *Krieg* 2.264 ff. In Qumran hören wir eher, daß die reichen Priester und deren »gewalttätige« Spießgesellen »die Armen ausplündern« (1QpHab 8.11–9.6 und 12.7–10), das genaue Gegenteil der hier geschilderten Sachlage also. Die feindselige Einstellung gegenüber den Reichen ist dort ebenso offenkundig wie im Jakobusbrief.

11 *Alt.* 20.173–178 und *Krieg* 2.266–270.

12 CD 1.17–2.1. Der einzige Unterschied zwischen dieser Passage und der Lehrmeinung der frühchristlichen Theologie – wo es vielmehr Judas »der *Ischarioth*« ist, der Jesus »ausliefert« – ist der Umstand, daß, während hier jüdische Nationalisten gegen eine bestimmte Gruppe jüdischer Abtrünniger und Kollaborateure wettern, dort hellenisierende Ausländer *das gesamte jüdische Volk* verdammen.

13 *Krieg* 2.454 f. Diese Praxis der zwangsweisen Beschneidung war, wie wir gesehen haben, charakteristisch für jene Gruppen, die Hippolytos und Origenes als *»Sikarier«* bezeichnen. Josephus zufolge waren die zwei Personen, die er »Saulus« und »Philippus« nennt, zu diesem Zeitpunkt in Agrippas II. Palast belagert worden (*Krieg* 2.556 und *Vita* 46–61). Die Begriffe »Gericht« und »Heimsuchung« spielen in der gesamten Qumran-Literatur eine entscheidende Rolle; vgl. CD 1.6 f., 2.6, 5.15 f., 7.9–8.3, 13.11 und 24, siehe aber auch Paulus zu demjenigen, der auf die unrechte Weise »von dem Kelch trinkt« und sich dadurch »selber zum Gericht trinkt« (1. Kor. 11,28 f.).

14 *EH* 3.3.5 (und weiter bis 3.8.2)

15 *Alt.* 20.180

16 *Alt.* 20.181. Josephus wiederholt diese Feststellung noch einmal nach der Mitteilung vom Tod des Jakobus (20.206 f.). Bemerkenswert ist die Aussage, die »Gerechtigkeit« sei »zunichte gemacht« worden. Man kann sich gut vorstellen, daß Josephus als einer dieser »ärmeren Priester« – falls damit nicht eine besondere, »rechabiterhafte« Gruppe gemeint war – vor »gerechter« Empörung schäumte. Wie wir gesehen haben, finden sich in den *Pescharim* zum Propheten Habakuk und zu Psalm 37 Anspielungen auf diese Ereignisse, darunter sogar die Wendung »der Böse umstrickt den Gerechten«.

17 Siehe oben 1QpHab 8.11–9.6 und 12.7–10 zu »Reichtümer stehlen«.

18 *Vita* 11 f.

19 Die Menschen von Qumran verließen irgendwann Judäa und zogen in die Wüste von Damaskus; CD 4.3 und 6.5. Aus 1QM 1.1–4 geht klar hervor, daß alle »verbannten Söhne des Lichts« in der »Wüste der Völker« leben, die sich (wie wir zeigen werden) nach Norden bis zu den »Arabern« von Edessa und den Ländern »der Völker jenseits des Euphrats« erstrecken kann. Selbst die Bezeichnung »der Verbannte in der Wüste«, die in dieser Passage auf »Benjamin« angewandt wird, vermittelt etwas von der Bedeutung, die Paulus bei diesem Namen impliziert. Laut CD 7.14–21, was Amos 5,26 ff. und 9,11 zitiert, wird »die Hütte Davids« ins »Land des Nordens« oder nach »Damaskus« verbannt werden. Johannes der Täufer wirkte vornehmlich ebenfalls »jenseits des Jordans« (in Moab und Peräa – Lk 3,3, Joh. 10,40 usw.). In diesem Sinne liefert uns die Kriegsrolle eine vollkommene Vorlage für eine Entscheidungsschlacht unter der Führung von Männern wie den »zelotischen« Söhnen der »äthiopischen Königin« der Apostelgeschichte (d. h., wie wir sehen werden, Königin Helenas von Adiabene)

und anderer »essenisch«/»sabäischer« Gestalten.

20 *Krieg* 2.155 und Hippolytos 9.21 – derselbe Abschnitt, in dem er sie als *»Sikarier«* bezeichnet, die zwangsweise beschneiden, und berichtet, sie nähmen eher den Märtyrertod auf sich, als »Götzen geopferte Speisen« zu essen!

21 EH 3.31.1–4 und 4.22.4 f. Epiphanios nennt ihn (66.19.7 ff. und 78.14.6) gleichfalls den »Sohn des Klopas«. Und daß Jakobus (»der erstgeborene von Josephs Söhnen«) laut Epiphanios (78.14.5) 96 Jahre alt geworden sein soll, haben wir bereits gehört.

22 29.15.1–4. Vgl. Ps. *Hom.* 8.15, 10.1, 11.1 und Ps. *Rec.* 4.3, 8.1 usw. Dies stimmt insbesondere mit Ps. *Hom.* 12.6 überein, dem zufolge Petrus täglich badete und sich rein vegetarisch lediglich von »Brot und Oliven« ernährte – vgl. dies mit »gewissen Priesterfreunden« Josephus', die in Rom eingekerkert wurden und die nur »Feigen und Nüsse« aßen; *Vita* 13. Von Petrus heißt es da weiter, er habe nur *einen einzigen Mantel* besessen und ihn so lange getragen, bis er völlig durchgewetzt gewesen sei – was genau mit dem übereinstimmt, was Hippolytos (19.15) und Josephus (*Krieg* 2.126 f.) von den »Essenern« berichten.

23 78.14.1. Eusebios verwendet nach seiner Schilderung der Kreuzigung Simeon bar Kleophas' gleichfalls das Wort »Jungfrau«, bezieht es allerdings auf die Kirche, die bis dahin »eine reine und unversehrte Jungfrau« gewesen sei (3.32.7).

24 78.1.3.

25 In ihren Bemühungen, Marias »Jungfräulichkeit« oder »Keuschheit« zu verteidigen, machen die Evangelisten und andere Quellen daraus dann sogar *fünf* Söhne. Tatsächlich nennt Epiphanios – ob versehentlich oder bewußt – Marias dritten Sohn nicht »Simon«, sondern »Simeon« (d.h. Simon bar Kleophas, 78.8.1); deren zweit(ältest)en Sohn, »Joses«, werden wir weiter unten mit »Jesus« gleichsetzen.

26 1 QS 8.15–9.23. Zur »Taufe« im allgemeinen und durch »den Heiligen Geist« im besonderen siehe 3.3 ff. und 6–11.

27 1 QM 7.3–7.

28 Hierfür findet sich auch eine indirekte, umgekehrte Parallele in Paulus' »sich zum Gericht essen und trinken« (1. Kor. 11,29).

29 78.14.1. Vgl. *Krieg* 2.147 ff. Interessanterweise berichtet Josephus, nach der Steinigung Honis – den er auch »Freund Gottes«, *»Theophilos«*, nennt – habe Gott einen Orkan geschickt, um die Schuldigen zu bestrafen; *Alt.* 14.25–28.

30 *EH* 3.18.5 Auch Vita 336–337 und 424–430, wo der »hervorragende Epaphroditus« angesprochen wird. Nach Sueton (12.15 ff.) und Dio Cassius (47.14.2) ist es jedenfalls klar, daß Domitian Flavius Clemens 96 n. Chr. hinrichten ließ. Eusebios betrachtet Domitilla, deren Name mit einer frühen christlichen Katakombe, deren Eingang sich auf ihrem Grundstück befand, verknüpft ist, als dessen einzige Nichte, die anderen Autoren aber als dessen Ehefrau. Zwei Söhne Domitians, Vespasian II. und Domitian II., waren als dessen Nachfolger bestimmt worden. Domitian selbst wurde im selben Jahr von Domitillas Freigelassenem Stephanus ermordet.

31 4.22.4.

32 *QRE* S. 235–238. Auch der in kryptischer Schrift abgefaßte Text »Söhne der Morgendämmerung« (S. 166–171) enthält einen Hinweis darauf.

33 Siehe E.S. Drower, *The Mandaeans of Iraq and Iran*, Oxford 1937, S. 1–19 und 100–124, und *The Secret Adam*, Oxford 1960, S. IX–XVII und 88–106. Nach mandäischer Überlieferung flohen die Anhänger des Täufers 27 n.Chr. nach Osten, also mehr oder weniger im selben Jahr, in dem Josephus zufolge Johannes hingerichtet wurde.

34 30.21.2. Nach *Haeres.* 30.18.1 haben solche »ebionitischen Gruppen ihre Wurzeln in Moab, Kochaba in der Basanebene und Nabatäa. Dieses »Kochaba« in Basan ist wahrscheinlich nicht allzu verschieden von »Choziba«/»Koseba« im Wadi Kelt.

35 Apost. Konst. 6.6. Wir haben bereits gesehen, daß Abendländer Namen wie »Abgarus« nicht richtig aussprechen konnten und daraus »Agbarus« mach-

ten. Diese »Basmothäer« verdanken ihren Ursprung wahrscheinlich einer »abendländischen Aussprache-verwirrung« von der Art derjenigen, die im Mittelalter bewirkte, daß man den Templern, als sie für häretisch erklärt wurden, vorwarf, sie würden einen gewissen »Baphomet« verehren.

36 Diese Marschen sind nach dem Golfkrieg durch die Truppen Saddam Husseins vernichtet worden. *Fihrist* 9.1 behauptet, die »Sabäer« stammten ursprünglich aus Haran (wo Abraham eine Zeitlang lebte), was auch aus dem mandäischen *Haran Gawaita* hervorzugehen scheint. Noch heute heißt die Taufe bei den Mandäern *»masbuta«*, und der Terminus »Sabäer« dürfte nichts anderes als die syrischen »Untertaucher« oder »Hemerobaptisten« bezeichnen.

37 »Beschützte Völker« oder *»Dhimmis«*; Koran 2.63, 5.70 und 22.18. Im traditionellen Islam werden sie irrtümlicherweise für ein südarabisches (d.h. aus dem vom Alten Testament her bekannten »Saba« stammendes) Volk gehalten. Tatsächlich aber werden die zwei Namen (*Saba* und *Sabäer*) auf arabisch unterschiedlich geschrieben.

38 53.1.1–7. Epiphanios spricht (8.9.1 und 11) auch von einer früheren Gruppe, den »Subäern«, die er, wie die Essener, als Sekte der Samariter klassifiziert. Ihr Hauptmerkmal war ein eigener, neuer Kalender – ein immer wiederkehrendes Thema der Qumran-Texte. Auch wenn er weiß, daß »Essener« als solche zu seiner Zeit nicht mehr existieren, ist ihm klar, daß die »Ossäer« in den »Sampsäern«, die er als »weder Juden noch Christen« einstuft, aufgegangen sind (20.3.4). Damit dürfte klar sein, daß die »Sampsäer« mit den syrischen »Masbuthäern« und den »Sabäern« des Islam identisch sind.

39 *Naturgeschichte* 5.81.

40 *Menippus 6–9.* Zu den Morgengebeten der »Essener« siehe *Krieg* 2.128 f. und den obenerwähnten Text »Söhne der Morgendämmerung« in *QRE*. Zu Petrus' Morgengebeten und anschließendem Badem siehe Ps. *Hom.* 10.1, 11.1 usw.

41 *Krieg* 2.129 und 138; siehe auch Hippolytos 9.16.

42 9.9 und 10.25. Man beachte, daß die Datierung Elchasai in das dritte Regierungsjahr Trajans verlegt, ihn also zu einem Zeitgenossen Simeon bar Kleophas' macht, der im neunten Jahr Trajans den Märtyrertod erlitten haben soll (*EH* 3.32.3).

43 30.17.5, 19.4.1 (hier ist die Doktrin ursprünglich »ossäisch«), 30.3.1–6 und Zusammenfassung 30.2, in dieser Reihenfolge. An den letztgenannten zwei Stellen schreibt er diese Lehre allen solchen Gruppen zu, einschließlich »Sampsäern, Ossäern und Elchasaiten«.

44 Hippolytos (5.1 ff. und 10.5) behauptet, Jakobus habe diese Doktrin »Mariemme« oder »Mariem« übergeben – »einem der Priester« von 2. Off. Jak. 44.11–22, wo es heißt, er habe sie zusammen mit »Theuda, dem Bruder des Gerechten, seinem Verwandten« niedergeschrieben. Origenes spricht in *Contra Celsum* (5.62) gleichfalls von diesem »Mariemme«. Im Koran (2.34–38, 3.37–60, 19.35 usw.) steht Adam als himmlisches Geschöpf über den Engeln und ist ein Sohn Gottes; und »die Ähnlichkeit Jesu mit Allah ist die Ähnlichkeit Adams«. Also ist Jesus der zweite Mensch, der ohne einen Vater geboren wurde – allerdings hatte er, anders als Adam, eine menschliche Mutter. Daher ist Jesus für Mohammed »Marias Sohn«, der einzige Mensch, der ohne einen menschlichen Vater von einer Frau geboren wurde.

45 Ps. *Rec.* 2.7 f. und 1.72. Wie alle unsere Quellen bestätigt Epiphanios (21.2.3), daß Simon *Magus* auch behauptete, er sei »die Große Kraft Gottes« und seine Gefährtin, die »Hure« Helena, der Heilige Geist. Interessanterweise »lehrte er« (wie der »Simon«/»Atomus«, der bei Josephus im Zusammenhang mit Felix und Drusilla auftritt) »die Menschen, widernatürliche geschlechtliche Praktiken auszuüben und sich durch Unzucht mit Frauen zu verunreinigen«; und genau wie *Judas Ischarioth* in der Apostelgeschichte »fiel der Elende eines Tages mitten in Rom nieder und starb«.

46 Siehe z.B. das »alle Herrlichkeit Adams wird ihnen zuteil werden« in CD 3.20 (im Zusammenhang mit »bauen ein Haus des Glaubens« und »stehen«), 1QS 4.23 (»Vervollkommnung des Weges« und »Taufe durch den Heiligen Geist«) und »das Schwert keines bloßen Adams« in 1QM 11.11 (in Auslegung der »Stern-Prophezeiung«) – ganz zu schweigen von den in allen Qumran-Texten häufig anzutreffenden Anspielungen auf »stehen«. Vgl. auch 1QH 4.30 ff. (wo von »Vervollkommnung des Weges«, *»Enosch«* und »Kraft« die Rede ist).

47 9.21. Vgl. Josephus' Schilderung der Martern, die solche »Essener« lieber erdulden, als »etwas Verbotenes zu essen« oder »dem Gesetzgeber zu lästern« (*Krieg* 2.152), desgleichen von den Anhängern Judas' des Galiläers, die *»keinen Menschen* Herr nennen werden« (*Alt.* 18.23 f.). Siehe dagegen Paulus, der das »Gewissen« gerade umgekehrt als Argument dafür verwendet, Verbotenes zu essen (1. Kor. 10,25–33), und vgl. dies mit Ps. *Hom.* 7.8 (wo sogar der Paulussche »Tisch der Dämonen« vorkommt), wo Petrus gegen den Verzehr von »Götzenopferspeisen« predigt.

48 Al-Biruni, *Chronology of Ancient Nations* 8.10–23. Anderswo erklärt er, »die echten Sabäer« seien die letzten Nachkommen gefangener Juden, wie z.B. »Samaritaner, die von Babylonien nach Syrien verpflanzt wurden«. Als Benjamin von Tudela 1164 Mosul (das antike Adiabene) besuchte, existierte dort noch immer eine jüdische »elchasaitische Synagoge«.

49 Zu »Sabi« siehe *Chronology* 8.23, 18.10 und 20.29. Zu »Enosch« siehe *Ginza* 29, Drower, *Mandaeans*, S. 4–18 (mit Zitat aus *Haran Gawaita*) und vgl. Dan. 7,13: *»Bar Enosch«* (»eines Menschen Sohn«) – desgleichen oben *1QH 4.31*. Merkwürdigerweise glaubt Epiphanios (55.3.4), Daniels Vater sei ein gewisser »Sabaa« gewesen.

50 *Chronology* 8.23. Nach Al-Biruni waren sie über ganz Irak verstreut und folgten einer alten westlichen religiösen Tradition, die sich von derjenigen der einheimischen Harans unterschied; 18.10.

51 Siehe R. de Vaux, *Archaeology and the Dead Sea Scrolls*, Oxford 1973, S. 52 und 88. G.R. Driver, *The Judaean Scrolls*, Oxford 1965, S. 45–48, weist darauf hin, daß auch die jüdischen Karäer diesem Brauch folgten.

52 *Fihrist* 9.1

53 Al-Biruni, 8.24.

54 Tatsächlich trinken sie noch heute eine Art alkoholfreien Traubensaft; Drower, *Secret Adam*, S. 84–87.

55 9.1.

56 Drower, *Mandaeans*, S. 7, 258 und 261 f.

57 Zu Elia als Regenmacher siehe 1. Kön. 18,1–45. Zu Pinhas als Regenmacher siehe Ps. Philon 48.1. Auch Epiphanios (55.3.5) zufolge ist Elia durch Pinhas ein »Sohn des Zadok«.

58 Vgl. 9.16 mit *Krieg* 2.129, 132 und 161.

59 *Haeres.* 30.13.4. Es ist das »rechabitische« Adjektiv »wild«, was es uns ermöglicht, den hinter den volkstümlichen Darstellungen verborgenen wahren Sachverhalt zu erahnen.

60 *Vita* 11 f. – d.h., er war (wie Epiphanios von Jakobus aussagt) »sein Leben lang Jungfrau«. Was in Matth. 3,4 und Mk. 1,6 vom Täufer berichtet wird, er habe »ein Kleid von Kamelhaaren und einen ledernen Gürtel um seine Lenden« getragen, basiert auf der Beschreibung Elias in 2. Kön. 1,8 – was Johannes 1,21–25 (der wie Lukas keinerlei Angaben zur Kleidung des Täufers macht) jedenfalls bestreitet.

61 *Alt.* 18.116–119; Eisler (a.a.O. S. 223) äußert, gestützt auf den altrussischen Text, die Vermutung, bei Josephus habe es ursprünglich *»wilder* Mann« geheißen, was die Verbindung zum Motiv der *»wilden* Kräuter« und damit zu Judas Makkabäus und *Banus* hergestellt hätte.

62 1QS 3.3–12 und 20–23.

63 Zu Titus' *wirklichen* Amüsements bei Geburtstagsfesten der Art, wie die Evangelien sie beschreiben, siehe *Krieg* 7.37 ff.

64 *Alt.* 18.106–137. Aretas und Herodes Antipas gerieten miteinander wegen einer Grenzfrage in Streit, die offenbar ein Gebiet in der Nähe von Da-

maskus betraf (in einem Manuskript ist von »Gamala« die Rede). Schließlich werden Antipas und Herodias nach Lugdunum (Lyon) verbannt (18.252; laut *Krieg* 2.183 allerdings nach Spanien), wo im darauffolgenden Jahrhundert Irenäus wirkte.

65 Vgl. 1QS 6.7 f. mit Koran 3.114, 73.2–21 usw. Das »elchasaitische« Baden allerdings fällt im Islam – wie im Manichäismus – unter den Tisch.

66 *Alt.* 18.117: *»baptismos«* und *»baptisis«*.

67 Ps. *Rec.* 1.71.

68 *Krieg* 2.120 und Hippolytos 9.13.

69 Vgl. *EH* 2.23.5 f. mit *Haeres.* 78.13.3. und *Krieg* 2.123.

70 Vgl. Hippolytos 9.21 mit *Krieg* 2.152. Zu beachten ist auch die Tatsache, daß die »Essener« Hippolytos zufolge »Aufseher« ernennen (vgl. 9.14 mit Apg. 20.28).

71 Im weiteren Sinne des »Eifers für das Gesetz« gebraucht er den Begriff genaugenommen bereits in *Krieg* 1.655, im Zusammenhang mit der »Tempeladler-Affäre«; aber der Terminus »Zeloten« als solcher taucht erst in *Krieg* 4.160 f. auf und wird dort auf die Unzufriedenen bezogen, die sich gegen Ananus stellen, sowie 4.302–310 in bezug auf jene, die den Idumäern heimlich die Tore Jerusalems öffnen, damit sie Ananus und seine Amtsbrüder niedermetzeln.

72 *Krieg* 7.270–274. Wenn er von der »galiläischen Fraktion« der Zeloten spricht, vor allen in *Krieg* 4.558–564, parodiert er deren »Reichen«-Haß, »Raubgier« und »unersättlichen Blutdurst«, indem er ihre Zechgelage in Freudenhäusern schildert, bei denen sie sich wie Frauen kleiden und schminken. Mehr zu ihrem unersättlichen »Blut«-Durst in 6.272.

73 9.21. *Krieg* 2.150 f. streift diesen Punkt im Vorbeigehen. Vgl. Apg. 10,24; desgleichen Epiphanios' Anekdote (30.24.1–6), der zufolge Johannes der Evangelist, als er in einem Badehaus in Asien *»Ebion«* begegnete, die Flucht ergriff (wenngleich Epiphanios hier und in 78.13.4 erklärt, Johannes habe *nie* ein Badehaus betreten und Jakobus' jungfräulich/vegetarischen Lebensstil kompromißlos befolgt!).

74 *Alt.* 15.373 und *Krieg* 2.139–142; vgl. die Schwüre, die Jakobus in Ps. *Hom.* Epistel des Petrus an Jakobus 4 f., verlangt, sowie 1QS 2.2–4.8.

75 Matth. 5,43–46, 19,19, 22,37 ff. und Parallelen. Jesus steigert dies bis zur platonisch/sokratischen (aber absolut unpalästinischen) Forderung »Liebe deine Feinde«. Siehe auch Justinus Martyr über die zwei Wege, *Dial.* 23, 47 und 93, und *Alt.* 18.117 zu Johannes' *wirklichen* Lehren.

76 1QS 9.21 f. und CD 8.332 f. (desgleichen 1QS 2.11–27). Siehe dagegen Paulus in 1. Kor. 8,4–9, 10,19–32 und passim.

77 Eine Umkehrung der Verwünschungen von 1QS 2.4–18, die, wie Paulus in Gal. 3,10–13 ziemlich offen zugibt, auch auf ihn bezogen wurden. Man beachte gleichfalls das Spiel mit dem jakobinischen Begriff des »Tuns«.

78 *Krieg* 2.151 ff., Hippolytos 9.21, *EH* 3.32.6 und Epiphanios 78.14.5 All diesen retrospektiven Mitteilungen über die Langlebigkeit der »Essener« folgen jeweils unmittelbar Schilderungen von Martyrien, Kreuzigungen, Steinigungen und weiteren gewaltsamen Todesarten.

79 *Krieg* 2.148 f. und Hippolytos 9.20. Wie der Jesus der Evangelien äußert sich Josephus – anders als Hippolytos – darüber befremdet. Er erwähnt sogar (2.138) die Schaufel, die jeder Novize, ganz wie ein moderner Rekrut, zu diesem Zweck ausgehändigt bekommt.

80 Dies ist »der Neue Bund [und »der Glaube«] im Land Damaskus«; CD 6.19–7.6 und 8.35 f.

81 1QH 4.20–25, 9.29–36, 16.21 f. und 18.13 f. Die Hymnen sind praktisch ein Triumphgesang über die Errettung der Heiligen oder Abgesonderten. Der Begriff des »Stehens« spielt in ihnen eine wichtige Rolle, wie überhaupt in der ganzen Qumran-Literatur, ebenso aber in den Evangelien und bei Paulus. Nach CD 4.3 f. z.B. sind »die Söhne des Zadok« (wie wir gesehen haben) jene, die »in den letzten Tagen stehen werden«. In dieser Passage von 1QH 9, wo von »Gottes Gericht

rechtfertigen«, »eine[r] Krone der Herrlichkeit« und »de[m] Fels und d[er] Festung meiner Stärke« die Rede ist, wird totale Adoptiv-Sohnschaft verheißen, und 1QH 7.20 bezeichnet Gott als den »Vater der Söhne der *Chesed*«. Tatsächlich taucht der Begriff der »liebenden *Chesed*«/»liebenden Fürsorge« in den Qumran-Texten immer wieder auf, so etwa 1QS 2.24, 5.4 und 5.25. In letztgenanntem Kapitel (5.1 f.) sind »die Söhne des Zadok« diejenigen, unter deren Autorität man »freiwillig« danach strebt, »sich abzusondern von der Versammlung [»Kirche«] der Männer der Ungerechtigkeit«.

82 Man beachte auch die wiederholte Verdammung des »Lügners« und die abschließende Ermahnung »Kindlein, hütet euch vor den Götzen. Amen« (5,23). Zu »Gott lieben« siehe auch 1. Kor. 2,9 und 8,3, 2. Thess. 3,5 und Röm. 8,28–39 (das die »Damaskus-Schrift-Termini« (CD 4) »Vorherwissen«, »Absonderung« und »Rechtfertigung« gebraucht).

83 1QS 5.20–23. Man beachte auch die »Mensch«-/»des-Menschen-Sohn«-Dichotomie.

84 Kein Wort von Hegesippus; *Haeres.* 29.4.1.

85 *M. Mid.* 1,4, 5,3 *Par.* 3,7, *b. Tam.* 26b und *j. Yoma* 40b; desgleichen *Alt.* 12.145 und *Krieg* 4.205.

86 *B. Yoma* 30a–31a.

87 78.14.2.

88 *Krieg* 2.127 und Hippolytos 9.15. Johannes Gebot lautet:»Wer zwei Röcke hat, der gebe dem, der keinen hat« (Lk. 3,11). Ps. *Hom.* 12.6 bestätigt, daß auch Petrus »nur *einen* Rock und *einen* Mantel« trug, bis sie völlig zerschlissen waren; und nach *Haeres.* 78.13.3, trug Jakobus ebenfalls »keinen zweiten Mantel, nur einen Leinenrock«. Bis zum heutigen Tage verzichten praktizierende Juden an Jom Kippus auf ledernes Schuhwerk, und Muslime betreten die Moschee nur barfuß.

89 1. Mos. 49,10. In 4Q252 5.2 ff. heißt es diesbezüglich: »Nie wird ein Nachkomme Davids auf dem Thron fehlen. Denn der Stab ist der Bund des Königreichs. Die Führer Israels, sie sind die Füße [von denen in 1. Mos. 49,10 die Rede ist], bis der Messias der Gerechtigkeit, der Sproß Davids, kommt.«

90 *M. Yoma* 8,1. Das Verbot, »zu essen und zu trinken«, spiegelt nasiräische Bußübungen wider, wie sie sogar in der Apostelgeschichte beschrieben werden. »Waschen« heißt hier sicherlich »zu seinem eigenen Vergnügen«, da der Hohepriester in *Yoma* 30a zweifellos badete.

91 Gute Beispiele hierfür finden sich in Herodion, Jericho und Masada.

92 20.3.4.

93 In der Nachfolge seines Großvaters Herodes; *Alt.* 20.15 f.

94 *Alt.* 19.353 ff. Siehe den Stammbaum der Herodianer (Seite 822). Auf diese möglichen verwandtschaftlichen Beziehungen machte mich Nikos Kokkinos von der Universität London 1984, im Anschluß an meinen Vortrag »Paul as Herodian« (ersch. in *The Dead Sea Scrolls and the First Christians*, Element, 1996, S. 226–246), aufmerksam. Alle diese Personen hängen auf die eine oder andere Weise mit der »idumäischen« Verwandtschaft von Josephus' Saulus, dessen Bruder Kostobar und deren Verwandten Antipas zusammen, der wie Helkias (3) gleichfalls Tempelschatzmeister war und 68 n.Chr. von »Räubern« *(Lêstai)* ermordet wurde.

95 Siehe CD 1.4 f. und 8 und 1QpHab 2, 5 und 10.

96 *Haeres.* 30.21.1 und Ps. *Hom.* 13.4; vgl. 1QS 5.13 f., wo derjenige, der »die reine Speise der Männer der Heiligkeit« berühren will, zuerst »ins Wasser steigen« muß – desgleichen die Anspielung auf »Adam« im Zusammenhang mit Baderitualen und dem »Verbannen der Lüge« in 3.4–4.23: Wir haben es hier also mit »Sabäern« und »Sampsäern« und dem Begriff »Vollkommener Adam« zu tun.

97 Vgl. Matth. 10,2 und Mk. 3,18 mit Lk. 6,16. Vgl. auch »Alphäus« mit »Lebbäus«.

98 Siehe Apost. Konst. 8.25, Epist. Apost. 1.2 und *EH* 1.13.4–22 und 2.1.6.

99 Ps. *Hom.* 7.8.

KAPITEL 13

1 2.23.7.
2 Siehe z.B. Jes. 2–5, 10 f., 14, 25 f., 29–33, 45, Sach. 10 f., Hab. 1 f. und Ps. 37 (alle in Qumran in Form von *Pescharim* ausgelegt); ebenso Jes. 53,11 (»der leidende Knecht« der frühchristlichen Exegese), Jes. Sir. 44,17 über Noah, »der *Zaddik*« als »die Säule der Welt« in Spr. 10,25 und das Buch der Weisheit, eine alttestamentliche Apokryphe, die biblische Geschichte aus der *Zaddik*-Perspektive nacherzählt.
3 78.7.5–9; siehe auch 29.7.1–4.
4 3.5.2 f.; vgl. *Haeres.* 29.7.7 f. und 30.2.7. Man vergleiche diesen »Auszug aus dem Land Judäa« mit dem parallelen Auszug der »Bußfertigen Israels, zu wohnen im Land Damaskus« (CD 4.3 und 6.5), und das »göttliche Strafgericht«, das hier abgehalten wird, mit 1QpHab 12.12–13.4, wo am »Tage des Gerichts« dagegen alle heidnischen »Götzendiener« und jüdischen »Bösewichter« zugrunde gehen werden.
5 3.7.8.
6 *Krieg* 6.312–316; vgl. *EH* 3.8.10 f.
7 *Krieg* 6.302 ff.
8 Siehe S. G. F. Brandon, *Jesus and the Zealots*, New York 1967, S. 263, und »Slavonic Additions« 12 in Loeb. In manchen Handschriften von Matth. 27.16 f. heißt Barabbas »Jesus«. Man beachte auch den Gebrauch des Begriffes »werfen« in Lk. 23,19, wo Barabbas »um eines Mordes willen ins Gefängnis geworfen« wird.
9 3.5.4–7.2.
10 Sowohl die Apostelgeschichte als auch Josephus gebrauchen – jeweils in bezug auf Agabus und auf Jesus ben Ananias – das Wort »ein gewisser« *(tis; Krieg* 6.300). Bemerkenswert ist auch der Umstand, daß Lukas zufolge die Gemeinde von Antiochia aus ebensolchen »Propheten und Lehrern« besteht (Apg. 13,1).
11 1QH 2.32 ff., 3.25 und 5.13–18. »Seele« ist hier weniger im Sinne einer »geistigen« Entität zu verstehen, sondern bedeutet eher etwas wie »Lebendigkeit« oder »Lebenskraft«.
12 CD. 1.20 f.
13 1QH 2.15–31, 5.22 ff. usw.
14 1.14–4.23 (darin: »ewig vor Dir stehen und wandeln auf dem Weg Deines Herzens, siegreich gemacht«; vgl. 1. Kor. 15,51–58).
15 9.28–35.
16 15.18–18.29.
17 6.24–27.
18 7.6–9.
19 Vgl. »*Taxo*« in As. Moses 9.1.
20 1QpHab 12.2 ff., 4QpIs[c] zu Jes. 14,8 ff. und zu Sach. 11,11 / Jes. 30,1 ff., 4QpNah 1.7 und 4QpIs[a] zu 10,33 f. Aus ARN 4.5, *Git.* 56a/b, *Yoma* 39b und *Lam. R.* 1.5.31 geht klar hervor, daß sich solche »Libanon«-Metaphern stets auf die 70 n.Chr. erfolgte Zerstörung des Tempels beziehen.
21 Vgl. Dan. 7,13 f. mit 1QM 11.17–12.10, 19.1 f., Matth. 24,30/26,64 und Mk. 13,26/14,62. Eine Variation dazu stellt Ps. 77,13 dar, wo von den – auch in 1QM 10.8 f. erwähnten – »mächtigen Werken« oder »mächtigen Wundern« Gottes die Rede ist. Wieder werden Bilder von Krieg und Schlachtgetümmel, von »Wassern«, die »sich aus dem Gewölk ergossen«, und von »Flut« heraufbeschworen (77,17–20). Hier hat Gott »Seine Macht bewiesen unter den Völkern« (77,15) – eine Wendung, der wir gleichfalls im *Pescher* Habakuk und in der Kriegsrolle (wo der Begriff der »Völker« wichtige Konnotationen besitzt) begegnen werden.
22 8.5–14, 9.3–6 und 19–24, wo sie auch als eine »Immerwährende Pflanzung« beschrieben werden. Siehe oben 1. Kor. 3,6–12, wo Paulus von sich erklärt, er »pflanze«, bebaue »Gottes Ackerfeld« und sei »der Baumeister«; und vgl. CD 8.33 ff., wo die Qumran-Gemeinde als ein »Haus der *Thora*« bezeichnet wird.
23 Jes. Sir. 50,24.
24 CD 7.13 und 8.3–24.
25 Was zur damaligen Zeit keine ungewöhnliche Praxis war. Beispielsweise wechseln sich in der Geschlechtsliste, die Josephus in *Vita* 1 von sich selbst gibt, die Namen »Matthäus«/ »Matthias« und »Joseph(us)« ab.
26 *Alt.* 14.22–25.
27 *Ta`an.* 23b. Eine andere bereits ange-

führte lustige talmudische Überlieferung – die an Schlangenbiß-Geschichten um »Jakob von Kfar Sechania« und »Justus Barsabas« erinnert – berichtet von einem gewissen *»Bar Daroma«*, der im Abort »sein Eingeweide ausschüttete und starb«.

28 1.63a und 67b.

29 *Ta'an.* 23a – hier wieder unsere zwei Motive »Johannisbrot« und »Redivivus«.

30 CD 4.19 f. und 8.12 f.

31 78.14.1.

32 1QM 7.6 f.

33 78.13.3 ff.; siehe auch 29.4.1.

34 29.3.3–7 und 51.22.21.

35 1QS 9.11. Zum »wahren Propheten« siehe Ps. *Rec.* 1.40–48, 5.10, 8.58–62 und 10.51 und Ps. *Hom.* 2.6–13 und 3.49 (wo die »Helden«-Prophezeiung, 1. Mos. 49,10, zitiert wird); vgl. 5. Mos. 18.18 f. im Qumraner 4QTest 5–8.

36 CD 8.24, 12.23–13.1 und 14.19, überall mit Prädikat im Singular. Selbst in 1QS 9.11 steht das Verb im Singular, woraus wir schließen können, daß es sich dabei um einen idiomatischen Ausdruck handelt. Siehe jetzt auch »Der Messias des Himmels und der Erde« in *QRE*, S. 25–30, desgleichen oben CD 4.4 über die Söhne des Zadok, die »in den letzten Tagen aufstehen«.

37 Siehe oben die Auslegung der »Helden«-Prophezeiung (1. Mos. 49,10) und 11QMelch.

38 *Krieg* 2.163 ff. und *Alt.* 18.16 f. Vgl. Apg. 23,6–10 und 24,14 f. und dort namentlich die Verwendung des Wortes »Sekte« (*hairesis*) zur Bezeichnung »des Weges«. Zur Parodierung dieser Auffassung siehe die absurde »Sieben-Brüder«-Episode in Matth. 22,23–32 und Parallelen (die ihrerseits auf der realen, die Auferstehung betreffenden »Sieben-Brüder«-Geschichte in 2. Makk. 7,1–41 basiert) – eingebettet in Debatten mit Herodianern und Pharisäern zur Frage der Tributzahlungen einer- und der Verkündigung des »Gerechtigkeit«-/Frömmigkeit«-Gebotes andererseits.

39 CD 6.17. Zu »gegen Gott aufbegehren« siehe 8.4 und 1QpHab 1.6 und 8.11–17.

40 Dem fügt Petrus in Ps. *Hom.* 7.8 noch »erstickten« hinzu, vgl. Jakobus in Apg. 15,20–29 und 21.25.

41 1. Off. Jak. 29.20, 35.5, 2. Off. Jak. 55.15–18, 56.16 (wo Jakobus sogar »Geliebter« genannt wird) und 59.25.

42 Siehe 1QH 9.29–35 und 11.9–14 oben sowie die vom Himmel herabschallenden Worte in Justinus Martyrs (*Dial.* 88 und 103) Schilderung der Taufe Jesu: »Du bist mein Sohn. Heute habe ich dich gezeugt« (Ps. 2,7 – in Heb. 5,5 f. in Verbindung mit Ps. 110,4, »Du bist ein Priester in Ewigkeit nach der Ordnung Melchisedeks«, zitiert). Qumran zufolge sind diese »Söhne des Zadok« durch eine gewisse Vorherbestimmtheit und Präexistenz gekennzeichnet (was sie, abgesehen von den hellenistischen Zutaten, bis zu einem gewissen Grad zum Prolog des Johannesevangeliums in Beziehung setzt), sie haben etwas mit dem Begriff »Gerechtigkeit« sowie mit endzeitlicher »Verdammnis« und »Rechtfertigung« zu tun und sind bis zu einem gewissen Grad »übernatürlich«, das heißt, sie nehmen am »Jüngsten Gericht« teil. Die gleiche Charakterisierung findet sich auch in 1QpHab 4.14–5.5.

43 Apg. 4,1–5,17, *Alt.* 20.199 (über die Steinigung des Jakobus) und Ps. *Rec.* 1.54.

44 Hes. 18,3–32. Siehe auch Hes. 37,26 und Jer. 31,31.

45 1QpHab 7.11–8.1. Vgl. Jak. 1,22–26 und 2,12 f. (zu Hab. 2,4); desgleichen Epiphanios' »Ossäer« (s.o.).

46 CD 5.6–12 (zum Thema »Unzucht« und der Tatsache, daß »sie den Tempel beflecken, weil sie nicht gemäß der *Thora* [Heiliges von Unheiligem] trennen«).

47 *EH* 3.27.1–4 und *Haeres.* 30.26.1–34.6.

48 Ps. *Hom.* 2.15 ff. und 42–53.

49 3.16–4.12. Vermes übersetzt das Wort, das hier mit »siegreich« wiedergegeben ist, mit »ewiglich«, wodurch die Parallele zu 1. Kor. 15,57 verlorengeht.

50 *Ta'an.* 23 a/b, *j. Ta'an.*. 66b und Ps. *Rec.* 1.44–55.

51 *Krieg* 1.68–91 / *Alt.* 13.300.

52 4Q322–324, *QRE*. S. 125–133.

53 Wahrscheinlich die Oberhäupter von

Herodes' Sanhedrin; *Pirke Aboth* 1.2–15 und ARN 4–13.

54 *Alt.* 14.28.

55 Siehe *MZCQ* S. 46 sowie Esra 2,34–63 und Neh. 13,28.

56 *Krieg.* 1.95 / *Alt.* 13.379.

57 4/QpNah 2.7 ff.

58 Siehe Aemilius Scaurus, Pompeius' Adjutanten, in 4Q322–324 (»Aemilius tötet«, *QRE* S. 125–133).

59 *Alt.* 14.8.

60 *Alt.* 14.22 f.

61 22.3–23.1 Das Motiv des Höhlenaufenthalts ist wichtig. Al-Kirkisani, HUCA S. 326 f. und 363 f., datiert »die *Magharier*«/»Höhlenbewohner« *nach* »Zadok und Boethus«, aber *vor* Jesus. Nach rabbinischer Überlieferung »verbergen sich« auch Simeon bar Johai – der Vorläufer der *Sohar*-Tradition – und sein Sohn zur Zeit Trajans oder Bar Kochbas »in einer Höhle«; *Shab.* 33b.

62 Koran 19.23 f. In diesen koranischen Erzählungen finden zahlreiche Überschneidungen zwischen Jesus und Johannes statt; z. B. wird in Koran 3.40 Jesus oder Johannes (es ist nicht klar, wer von beiden) – wie Jakobus – als »keusch, ein Prophet der Gerechten« bezeichnet. Nach Joh. 1,45–51 »sitzt« Nathanael – den wir bereits als einen literarischen Stellvertreter Jakobus' identifiziert haben und der »aus Kana in Galiläa« kommt – »unter einem Feigenbaum«, als Jesus ihn zum erstenmal sieht. Simeon bar Johai und sein Sohn ernähren sich in der oben erwähnten Geschichte zwölf Jahre lang von Johannisbrot, bis plötzlich Elia erscheint und »vor ihnen in der Höhle stand«. Von Johannisbrot und von Feigen hieß es damals, sie sonderten »Honig« ab.

63 *Krieg* 2.43–49; in *Vita* 21 verrät Josephus, daß er sich, während all dies geschah, im Tempel versteckt hielt.

64 *Ta`an.* 23a. Solche »Schlüssel« erinnern an Petrus' sprichwörtliche »Schlüssel des Himmelreichs« (Matth. 16,19).

65 *Alt.* 18.25–28.

66 *Krieg* 1.13 f. In dieser Passage ist ausdrücklich von dem Scaurus die Rede, der 4Q 322–324 erwähnt wird.

67 *Krieg* 1.123–142. Josephus bezeichnet Antipater hier als einen »Idumäer«. Wie zu erwarten, sind Hyrkanos' Truppen dafür, »Pompeius die Tore zu öffnen«; die des Aristobulos hingegen für Widerstand. In Meg. *Ta`an.* 1, 4, 5 und 10 schreibt der *Talmud* tatsächlich Feiern zum Gedenken an die Überwindung der Sadduzäer und Aristobulos' vor – das genaue Gegenteil der Feierlichkeiten, die in 4Q322–324 erwähnt werden.

68 *Krieg* 1.148. Aristobulos wurde in Ketten nach Rom geschafft. Sein Schwiegervater und sein Onkel wurden geköpft, desgleichen später seine Söhne. Während Cäsars Krieg gegen Pompejus wurde er selbst schließlich vergiftet. Antipaters Beziehungen zu Marcus Antonius leisteten Herodes gute Dienste: Seine Söhne wurden in Rom aufgezogen – Marcus Antonius' Erben heirateten die des Augustus.

69 *Alt.* 14.176 und 15.3 Hier verwechselt Josephus »Sameas« (Schammai«) mit »Pollio dem Pharisäer«; siehe auch 15.368–372, wo er Herodes' Zuneigung zu Hillel und Schammai mit dessen angeblicher Hochachtung vor sogenannten »Essenern« zu verwechseln scheint – ein Punkt, der auch die Qumran-Forschung verwirrt hat.

70 *Alt.* 20.213 f. Zu Saulus als Mittler zwischen der Jerusalemer »Friedenpartei« und Agrippa II. einer- und den Römern andererseits siehe *Krieg* 2.418 und 556 ff. Den »Vorspann« dazu stellt die Episode um den Entschluß dar, keine von Römern in Auftrag gegebenen Opferhandlungen mehr durchzuführen (2.409–417).

71 Zu ähnlichen »todbringenden Giften« siehe CD 5.14 f. und 8.9–13 sowie 1QpHab 11.2–15.

72 CD 6.14–7.6.

73 CD 3.2 ff.

74 *EH* 3.7.8.

75 1QpHab 2.6, 8.16 f. und oben CD 1.8–20. Nach Jak. 3,10 »geht aus *einem* Munde Loben und Fluchen hervor«.

76 4Q266 17 f. (*QRE* S. 224). Vgl. 1QS 3.10.

77 3.11.1 (vgl. die verwandte islamische Vorstellung des »Kalifen« oder »Nachfolgers«).

78 1QpHab 8.11–17. Zu den »Kittim« allgemein siehe 2.11–6.11.
79 1.47, 2.13 und *Komm. Matth.* 10.17.
80 *Vir. Ill.* 2. Interessanterweise behauptet Hieronymus auch, die Apostel hätten Jakobus (wie Judas) *unmittelbar* nach der Himmelfahrt Jesu zum Nachfolger gewählt, und in seinem Kommentar zu Galater 1.19 spricht er gleichfalls von Jakobus' »Heiligkeit«.
81 Lk. 21,6, 20–24 und Parallelen (vgl. auch Lk. 19,43 f. und Matth. 21,7).
82 2.13 – dieselbe Passage, in der er berichtet, daß *»Sikarier«* (worunter er Nichtjuden versteht, welche die Beschneidung praktizieren) sofort getötet werden.
83 Laut Josephus, *Alt.* 18.117, diente die Taufe, die Johannes spendete, ausdrücklich *nicht* »der Vergebung der Sünden«, sondern ausschließlich der Reinigung des Körpers, vorausgesetzt, daß die Seele bereits durch *»Tun«* oder *»Ausübung von Gerechtigkeit«* (man beachte hier wieder die jakobinische Note) geläutert worden war. Origenes dagegen beharrt in Anlehnung an die Evangelien darauf, daß »Johannes zur Vergebung der Sünden taufte«, und zitiert zur Stützung seiner Behauptung Josephus' Bemerkung über »die versprochene Reinigung [von Sünden, wie er suggeriert] derer, die sich dem Ritual unterzogen«, ohne indes die notwendige Bedingung »Gerechtigkeit tun« mit einem einzigen Wort zu erwähnen.
84 *Contra Celsum* 1.47.
85 Ebda.
86 3.5.3 und 3.5.7.
87 2.17.
88 *EH* 2.23.20.
89 *Vita* 363 f.
90 Alt. 18.80–84; vgl. Sueton, *Cäsarenleben* 3.36 und 5.25.
91 *Alt.* 18.85 ff.; an diesen Unruhen soll eine »Josua-redivivus«-artige Erlösergestalt beteiligt gewesen sein, die als »der *Taheb*« bekannt war – möglicherweise Simon *Magus.*
92 »Slavonic Additions«, Abschnitt 9.
93 Vgl. *Krieg* 2.651 und 4.314–325 mit *Vita* 74 ff., 189–261 und 309 f.
94 *Krieg* 4.319 f.
95 Vgl. *Krieg* 4.161–314 und 7.267–274 mit 1QHab 8.11–12.10, CD 4.13–5.17, 8.3.–13 usw.
96 Vgl. *Krieg* 4.227–325 mit 1QHab 2.6, 9.1 f., 4QPs 37 2.14–20 und 4.5–10.
97 *Krieg* 6.378–386. Josephus nimmt hier wieder die Gelegenheit wahr, Titus' Großmut aufzuzeigen – fünf Anführer läßt Titus allerdings hinrichten, von denen zwei interessanterweise »Johannes und Jakobus, des Sossius Söhne« heißen und einer »Simon«.
98 *Krieg* 4.324 f. Danach erzählt Josephus die Geschichte von »Zacharias, dem Sohn des Bareis«, einem »reichen« Mann, der angeklagt wird, das Volk an die Römer verraten und staatsfeindliche Verhandlungen mit Vespasian geführt zu haben (4.335–344). Wie Josephus berichtet, sprechen »die Siebzig« – womit eine Art »Rumpf-Sanhedrin« gemeint sein dürfte – Zacharias einstimmig von diesen Anklagen frei; »die Zeloten« aber töten ihn dennoch, werfen »ihn vom Tempel aus in die Schlucht hinunter« und schlagen dann mit ihren Schwertern auf die Richter ein. Diese Episode ist wahrscheinlich der wahre Ursprung des sogenannten »Grabs des Zacharias«, das sich im Kidron-Tal, unterhalb der Tempelzinne, direkt neben Jakobus' Grab befindet, sowie der Legende, Jakobus sei ebenfalls in jenes Tal »hinabgeworfen« worden. Sie ist auch höchstwahrscheinlich der Ursprung der Anspielung auf »Zacharias, de[n] Sohn Barachjas« in Matth. 23,35, dessen »gerechtes Blut« wie dasjenige »des gerechten Abel … vergossen ist auf Erden« (und der unmittelbar das Schmähwort folgt: »Jerusalem, Jerusalem, die du tötest die Propheten und steinigst, die zu dir gesandt sind!«). »Zacharias, der Sohn Barachjas« ist der Name des Propheten der Restauration (Sach. 1,1). Wir haben es hier offensichtlich mit erheblichen Überschneidungen und Verwechslungen zu tun.
99 Krieg 4.323 f.

KAPITEL 14

1 2.1.4 f.
2 2.23.2 f.
3 *Vir. ill.* 2.
4 4.22.1.

5 4.20.7 f.

6 Siehe Koran 3.115, 84.26 usw.

7 74.49, 78.41, 82.6–20, 84.7 usw.

8 Matth. 10,1, 24,30, 26,.64, 28,.18 usw. Zur »großen Macht« oder »Kraft« siehe Apg. 4,33.

9 *Krieg* 2.169–177/ *Alt.* 18.55–65. Interessanterweise verlegt Tacitus, *Annalen* 2.85 die Affäre um »Paulina« (die er »Vistilia« nennt) in das Jahr 19 n. Chr.: ein weiteres Indiz dafür, daß Pontius Pilatus tatsächlich *vor* dem Jahr 26 nach Palästina kam – möglicherweise bereits 18/19 n. Chr.

10 *Krieg* 2.175 f.. In *Alt.* 18.62 (dem Vorspiel zum sogenannten »Testimonium Flavianum«, den »Jesus-Interpolationen«) ändert Josephus die Geschichte vollkommen. Zum Schlagstock wird hier während eines »Tumults« gegriffen, der ausbrach, als Pilatus sich am Tempelschatz vergreifen wollte. So oder so war Pontius Pilatus der erste, der zur Wiederherstellung der öffentlichen Ruhe solche *»sikarischen«* Waffen einsetzte. Dies führte dazu, daß Caligula 41 n. Chr. versuchte, *seine* Statue im Tempel aufstellen zu lassen – ein Plan, dessen Verwirklichung nur durch seine Ermordung vereitelt wurde.

11 *Ta`an.* 23a/b.

12 *Alt.* 18.6–10 und *Krieg* 6.310–315.

13 Den wahren Ursprung dieser Episode findet man wahrscheinlich in *Krieg* 1.312 f. / *Alt.* 14.420–430, wo ein »Höhlenbewohner« (wie später die Verteidiger von Masada) seine sieben Kinder, um sie vor Herodes zu retten, eines nach dem anderen tötet und sich anschließend selbst – »den Tod der Sklaverei vorziehend« – in den Abgrund stürzt. Josephus nennt all diese Höhlenbewohner »Banditen«.

14 Siehe auch Jak. 2,3 und Ps. 110,1–4. Siehe unsere Analyse der parallelen Anspielung auf »Füße« in der Exegese der »Silo«[»Held«-]-Prophezeiung« in 4Q252 (*QRE* S. 89–96). Wie letztgenannter Text betont, »soll ein Davidischer Nachkomme auf dem Thron nicht enden ... bis der Messias der Gerechtigkeit kommt«, was uns wieder zu unserer Evangelienstelle und ihrer Identifizierung des »Christus« als »Sohn Davids« zurückführt – ganz zu schweigen von jener Passage des Hebräerbriefes, die um das inhärente Wortspiel des Terminus »Melchisedek«/»König der Gerechtigkeit« kreist. Somit ist »der Christus« des Neuen Testaments »der Messias der Gerechtigkeit« Qumrans.

15 1QH Fragment 4.6. In den Qumran-Texten wird »Satan« in der Regel als *»Mastemah«* oder *»Mastemoth«* bezeichnet, wie in 1QM 13.4–16.5. Siehe »Die Engel des Mastemoth«, »Pseudo-Hesekiel«, »Die Dämonen des Todes« und »Der Rat der Gemeinde verflucht Belial« in *QRE*, 2. Kor. 11,14–12, 7, 1. Tim. 1,20–5, 15, Off. 2,9–22, 20,2–10, Koran 2.35 ff. und 7.12–21.

16 Ps. *Rec.* 1.72, 2.7, Ps. *Hom.* 2.15–32, Hipp. 10.8, Apost. Konst. 6.9, *EH* 2.1.10 f., 13 f. usw.

17 CD 3.18–4.7.

18 Man beachte auch in Matth. 6,19 f. das Bild der »Reichtümer« [»Schätze«], welche »die Motten und der Rost fressen«, aus Jak. 5,2 f..

19 5.1 ff.. Siehe Joh. 3, 3–9, Gal. 4,28–31 (»stoß die Magd hinaus mit ihrem Sohn«), 1. Petr. 1,23 und 1. Joh. Bezeichnenderweise leiten Hippolytos' »Naassener« (Epiphanios' »Sebuäer«, d.h. »Sabäer«) diese Doktrinen aus »zahlreichen Reden« ab, »die Jakobus der Herrenbruder Mariamne übermittelte« (wieder die parallele Anspielung auf »Marieme«/»Mariem« der 2. Off. Jak., s. o.).

20 Oben 1QpHab 9.4–7. Wie bereits wiederholt geschehen, sollte jedes Vorkommen dieses Begriffes »überantworten«/»preisgeben«/»ausliefern« mit den ständigen Anspielungen auf »Judas *Ischarioth*« verglichen werden, der »Jesus auslieferte«.

21 12.14–13.4.

22 Bemerkenswert ist auch, wie viele dieser Gedanken und Wendungen direkt in den Islam einfließen – so die Verurteilung von Götzenanbetern, der Tag des Gerichts und sogar der Begriff »Apostel der Völker« (das heißt der Völker des Ostteils des Römischen Reiches und des nördlichen Mesopotamien), wobei dieser Apostel Mohammed ist und Paulus (da der Islam der Erbe der entschieden

antipaulinischen ebionitisch/sabäisch/manichäischen Traditionen ist) seit langem jegliche Bedeutung eingebüßt hat. So ist von Paulus nirgends im Koran die Rede – und das, obwohl Mohammed im wesentlichen dessen Idee, daß Abraham *vor dem Gesetz kam*, übernommen hat: In Mohammeds Augen *kommt Abraham vor der Thora und vor dem Evangelium* (Koran 2.125–136 und 3.66–70) und ist der Islam (wie in Paulus' Augen das Christentum – Röm. 9,8, Gal. 3,7 ff. usw.) »Abrahams Religion«.

23 1QM 6.6 und 7.3–7 (im Gegensatz zu den »Leuten mit unbeschnittenem Herzen und unbeschnittenem Fleisch« von Hes. 44, 7).

24 7.7–10 und 9.8 f..

25 10.8–14 und 11.3–10.

26 10.3 f..

27 11.4–12, desgleichen in der Damaskus-Schrift. Übersetzungen tendieren oft dazu, diese Tatsache zu verwischen. Gleichgültig, ob in CD 6.1 und 1QM 11.7 von *einem* Messias oder mehreren die Rede ist – die in 11.11–12.12 folgenden Anspielungen auf »keines bloßen Adams Schwert« und den »König der Herrlichkeit« *stehen* im Singular. In CD 7.13–20 geht mit dem Zitat ein Verweis auf »die zerfallene Hütte Davids« (Am. 9,11) einher, und in der Anspielung auf 4. Mos. 21, 18 wird von »König«/»Fürst«, »Zepter« und »Stab« (CD 6.1–11) *immer* nur im Singular gesprochen. Interessanterweise fragt sich auch die berühmte Interpolation in Josephus' *Alt.* 18.63, ob es statthaft sei, Jesus einen bloßen »Mann« oder »Menschen« zu nennen.

28 In Apg. 7,55 heißt es »zur Rechten Gottes *stehen*.«

29 *San.* 32b und 86b. 104a–106a und *Sota* 11a bringen diese Kammer mit den Kenitern und den Rechabitern (s. o.) in Verbindung, die »das Vorrecht hatten, in ihr zu sitzen«. In 41a, *Shab.* 15a, *R.H.* 31a/b und *A.Z.* 8b erfahren wir, daß »vierzig Jahre vor der Zerstörung des Tempels der Sanhedrin *verbannt wurde* und sich in *Hanut* niederließ«. Manche möchten dies mit der »Familie Hanans«, d.h. des Ananus (Hannas), in Verbindung bringen; vgl. die Anspielung auf »des Hohenpriesters Haus« in Lk. 22,54.

30 1QM 11.9–13; siehe auch *Sohar* 4.195a zu »Balak und Bileam«, wo es heißt: »König David [d. h. der Messias] stellte sich unter die Armen und die Frommen«, d.h. »jene, die willens waren, ihr Leben für die Verherrlichung von Gottes Namen hinzugeben«.

31 Es war das Blut ebendieser »Sieben Nationen«, das, wie es oben 9.8 f. hieß, die leinenen Kampfgewänder der Priester, »die heilig waren«, entweihte.

32 CD 7.19 f.. Siehe 4Q285 in *QRE* S. 30–36. In beiden Texten wird er eindeutig als »der *Nasi* [»Führer«] der Versammlung« oder »ganzen Versammlung« – oder »Kirche« – bezeichnet, also als eine Art »Bischof«. Dies wiederum setzt ihn in Beziehung zum *»Mehokkek«*/»Stab«, der oben CD 6.3–11 in der Auslegung von 4. Mos. 21, 8 als der »Deuter der *Thora*« definiert wird.

33 Siehe Koran 73.13, 74.27 und 47, 82.9–20 usw. Die »Unkrautgleichnisse« (in denen vom »Feind« die Rede ist, 13,28–39) zitieren auch (13,35) Ps. 78,4: »Ich will meinen Mund auftun in Gleichnissen und will aussprechen, was verborgen war von Anfang der Welt.« Dieser Psalm, an dessen Ende der Ernennung Davids zum König gedacht wird, spricht, wie die Kriegsrolle, ausgiebig von Gottes wunderbaren Siegen (78, 9–14) und sogar von »Regen« – Gott (ließ Manna [»Brot der Engel«] auf sie regnen« (78,24) –, und es fehlt nicht einmal eine Anspielung auf den Verzehr von »Fleisch« oder »Blut« in der Wüste, der (wie wir gesehen haben) den »Zorn Gottes« von CD 3.5–9 entfachte (78,26–34).

34 1QM 11.11–14. Das »Schwert«, auf das hier angespielt wird (Jes. 31,8), schlägt den Grundton der ganzen Exegese an und verleiht ihr ihre kriegerische, messianische Ausrichtung. Es ist die gleiche kompromißlose apokalyptische Metapher wie der im *Pescher* zu Jes. 10,25–11, 15 erwähnte

»Stab [oder das »Zepter«] seines Mundes« (Jes. 11,4), der nicht nur auf den »Führer der Versammlung« und »das Reis Jesses und den Zweig *(Nezer)* aus seiner Wurzel« (Jes. 11,1) von oben 4Q285, sondern auch auf das »Fällen des Libanon durch einen Mächtigen« (10,34) anspielt – ein Bild, das in der rabbinischen Literatur eindeutig auf *die Zerstörung des Tempels im Jahre 70 n. Chr.* bezogen wird (ARN 4.5 und *Git.* 56a). Unten in 12.12 soll dieses Schwert »schuldiges Fleisch verzehren« oder »fressen«.

35 1QM 11.17–12.3.

36 12.4–9. Der Begriff »befehlen« weicht in der Damaskus-Schrift und der Gemeinderegel dem der – göttlichen oder sonstigen – »Heimsuchung« (der im Hebräischen aus derselben Wurzel abgeleitet ist), die bisweilen der Vergeltung, bisweilen aber auch messianischeren Zwecken dient; z. B. CD 5.16, 7.9–8.5, 1QS 2.6, 3.14 und 4.11–14, aber auch CD 1.7, 13.24 und 1QS 3.18, 4.6 ff. (die vielleicht aufschlußreichste Stelle überhaupt) und 4.26.

37 18.12–19.4.

38 Im Neuen Testament ist Jesus der leidende »Gerechte« (vgl. Apg. 3,14, 7,52 und 22,14 mit Jes. 53,11).

39 Man beachte die voraufgehenden Anspielungen auf die »getünchten« »Gräber der Gerechten« (Matth. 23,27 ff.), denen das »Teilhaben [»Kommunion«] am Blut« und die Ermordung »der Propheten« (worauf der Koran wiederholt anspielt) sowie die Schmähungen der »Schlangen und Otterngezüchte« folgen (23,30–37, wo auch von »Versammeln der Küchlein unter ihre Flügel« die Rede ist – ein Bild, das sich in den Qumraner »Hymnen der Armen« wiederfindet, 4Q436 1.8). Direkt daran (24,1 f.) schließt sich die Anspielung auf die Zerstörung des Tempels an (»kein Stein wird auf dem andern bleiben«).

40 1QpHab 7.1–14. Interessanterweise interpretiert auch *Talmud Sanhedrin* 97b dieses »harre ihrer« (Hab. 2,3) im Sinne einer Hinauszögerung der Endzeit. Dort aber wird die Stelle zur Grundlage der berühmten Sage von den »sechsunddreißig Gerechten«, welche die Welt aufrechterhalten (der Zusammenhang ist darin zu sehen, daß das hebräische Wort *»lo«* – »ihrer«/»seiner« – den numerischen Wert 36 besitzt).

41 Zu »befestigen«/»stärken« siehe CD 6.21, 8.41–57 und 14.14. Die Vorschriften in CD 14.21 f. und dem kürzlich veröffentlichten 4QD267, Fragment 18.4, decken sich vollkommen mit denen in 1QS 7.4–18, woraus die enge inhaltliche und zeitliche Beziehung zwischen den zwei Texten ersichtlich wird. Insbesondere das Verbot, »inmitten einer Versammlung der Vielen zu speien« (1QS 7.13), entspricht wortwörtlich dem, was Josephus in *Krieg* 2.147 über die »Essener« berichtet – und wird durch die Episode parodiert, in der Jesus denen, die er heilt, in die Augen »spuckt« (Mk. 8,23)!

42 CD 9.1, was natürlich ganz genau auf den Fall Jesu zuträfe. F. García Martínez (oder sein Assistent) scheint diesen Sachverhalt in seiner neuen Übersetzung bewußt auf den Kopf zu stellen.

43 Dies ist dasselbe Verb (*ballô*), das Josephus in *Krieg* 4.324 im Zusammenhang mit Ananus' unbestattet hinausgeworfenem Leichnam, in 4.344 mit dem »reichen« Verräter Zacharias oder in 2.143 im Zusammenhang mit den Essenern verwendet, die Abtrünnige aus der Gemeinschaft »ausstoßen«.

44 *EH* 2.23.14 f..

45 1QPHab 5.8–12.

46 4QpNah 1.12 f.. Die Handschrift bricht an dieser Stelle ab, aber der Kontext ist eindeutig ein eschatologisches Gericht. 4QpNah 1.3–9 (zu Nah. 1,4) erwähnt auch das »Libanon«, ebenso die bereits erwähnte Stelle 4QpIs^{a} 3.2–8, wobei in beiden von den *»Kittim«* die Rede ist. Das gleiche gilt für Jes. 2–5,14, 29–33 (Sach. 10 f.) und Hab. 2 f., die alle in Qumran ausgelegt werden. In Ps. 37,24 »hält« Gott den Armen/Gerechten »fest an der Hand«; deswegen »stürzt« dieser »nicht«. Der Qumraner Exeget bezieht dies auf den »Priester, den Gerechten Lehrer, den [Gott] zum Erbauer einer Versammlung Seiner Erwählten bestimmte«,

ebenso wie es in den Hymnen der Armen (4Q436 1.8) heißt: »Er verbarg sie im Schatten Seiner Schwingen«.

47 Vgl. oben ARN 4.5 und *Git.* 56a/b. Desgleichen *Lam.R.* 1.5.31 und *Yoma* 39b. Jes. 10,34 (4QpIs[a]) und Sach. 11,1 (4QpIs[c]) sind die klassischen Anspielungen auf den Untergang des Tempels im Jahre 70 n. Chr. In 1QpHab 11.15–12.10 wird »Libanon« – wieder aufgrund der impliziten Anspielung auf »das weiße Leinen, das sie trugen«, und die »Vernichtung der Armen« (auf deren »Blut« gleichfalls angespielt wird) durch den »Frevelpriester« – mit dem »Rat der Gemeinde« gleichgesetzt.

48 In beiden geht es darum, daß »die Reichtümer« oder »die Habseligkeiten der Armen *[Ebionim]* geraubt« werden – 1QpHab 12.10 und CD 6.16 (hier heißt es »die Elenden« [*'Ani*] berauben«). Vgl. auch 1QpHab 1.7, 8.11 und 10.1.

49 wie man mittlerweile weiß, existiert ein *Pescher* über dieses 1. Kapitel von Nahum (1,2–8), das Anspielungen auf »Eifer«, »Vergeltung«, »Zorn«, »Libanon«, »Bollwerk«, »Orkan«, »Flut« und »Feuer« enthält. Trotz seines fragmentarischen Zustands läßt sich immerhin sagen, daß er mit Sicherheit von den *»Kittim«* und allgemein von eschatologischen Themen handelt.

50 1QpHab 11.2–12.10.

51 Jahrelang hatte ich mich bemüht, Zugang zum gesamten Qumran-Korpus zu erhalten, um überprüfen zu können, ob es einen *Pescher* zu Jes. 3,10 f. gab, und falls ja, ob diese Stelle auf den Tod des Gerechten Lehrers bezogen wurde. Dies war mit ein Grund für mein Engagement im Kampf um die vollständige Freigabe der Schriftrollen vom Toten Meer. Ironischerweise befand sich die Passage, nach der ich suchte, die ganze Zeit genau vor meinen Augen – ich hatte sie nur nicht gesehen! Sie bildet auch das Rückgrat des *Pescher* zu Ps. 37,32 f. (4QpPs 37 4.8–11).

52 1QpHab 11, 2–15. Die Schimpfbezeichnung ist eine Anspielung auf Hes. 44,7 ff..

53 Ps. *Rec.* 1.70.

54 Dies greift das Motiv des »Verweilens im Land Damaskus« (CD 4.3, 6.5 und 6.21) auf. Desgleichen erkennen wir darin das Motiv »in die Wüste hinausgehen, dem Herrn den Weg zu bereiten« (1QS 8.13), ganz zu schweigen von den »Söhnen Benjamins, der *Diaspora* der Wüste« in der »Wüste der Völker« (1QM 1.2 f.) und Amos' »Verbannung der Hütte Deines Königs … nach Damaskus« (5,26 f.), worauf CD 7.15–19 ausführlich eingeht.

55 *Krieg* 2.228 / *Alt.* 20.113; vgl. 1. Kor. 1,16 und 16,15 ff.

56 Vgl. Koran 2.11, 43, 80, 102, 112 ff., 141, 175, 3.72, 76, 79 und 95 f.

57 *Vir. ill.* 2; vgl. *EH* 2.23.18.

58 *Alt.* 15.320–332. Siehe Y. Yadin (Hrsg.), *Jerusalem Revealed*, Jerusalem 1975, S. 18.

59 Manche wollen in diesem Namen »Josephus bar Matthäus« (*Vita* 5) erkennen – womit Josephus selbst zu einer neutestamentlichen Gestalt werden würde.

60 CD 5.7, Matth. 26,28 und Parallelen und 1. Kor. 10,16 und 11,25.

61 CD 5.13 ff., 6.14–17 und 8.3–13.

62 4QpNah 3.1 und 1 QpHab 10.8–11.

63 4QpNah 3.2–10 und 4.4. f. Nach Verurteilung der Kreuzigung, allerlei Anspielungen auf »ansässige Fremde« *(ger-nilveh)*, »die Irreführung Ephraims« und »die Irreführung der Vielen [das Gegenteil der »rechtfertigenden« Aktivität des Gerechten Lehrers, nämlich »die *Rechtfertigung* der Vielen«] durch ihre falschen Lehren, ihre lügende Zunge und trügerischen Lippen« schließt der *Pescher* mit der hoffnungsvollen Prophezeiung: »Wenn die Herrlichkeit Judas aufsteht [wieder unser Bild des »Stehens«], werden die Schlichten von Ephraim [die Pendants zu den »Schlichten von Juda, die *Thora* tun« – 1QpHab 12.4 f.] aus ihrer Versammlung [»Kirche«] fliehen und jene verlassen, die sie in die Irre führten, und sich Israel anschließen.« Unter dem Codewort »Ephraim« – dem in den Evangelien »Samaritaner« entspricht und das an die zuvor erwähnten *gernilveh* (»ansässigen Fremden«) sowie die *Nilvim* (»die sich anschließen«) von CD 4.3 anknüpft – dürfen wir

Heiden verstehen, denen ein »lügender« Lehrer eine falsche Heilsdoktrin gepredigt hat.

64 Z.B. wird Jesus in Matth. 26,69 »Jesus der Galiläer« genannt.

65 Vgl. 2. Mos. 16,29. Laut CD 10.21 beträgt er 1000 Ellen.

66 Vgl. *San.* 45 a/b, 55b–57a, 81b–83b usw.

67 Röm. 12,1–5, 1. Kor. 3,9–17 und 12,12–27.

68 *Dial.* 136 f.; desgleichen, in Palästina, Hegesippus (mehr oder weniger sein Zeitgenosse), allerdings *auf Jakobus* bezogen. 1QpHab 12.2 f. und 4QpPs 37 4.8–11 beziehen die Jesajastelle, wie wir gesehen haben, auf den Tod oder die Vernichtung des *Gerechten Lehrers.*

KAPITEL 15

1 *Haeres.* 78.13.2 und 14.5.

2 78.14.6 (*EH* 2.23.17); vgl. Jak. 5,16 über die Wirksamkeit des »inbrünstigen Gebetes des Gerechten«.

3 *Haeres.* 30.3.1.

4 1. Off. Jak. 25,14 (vgl. 2. Off Jak. 51,20).

5 *Contra Celsum* 5.62.

6 1QpHab 11.10–15, dem der Vorwurf, »eine wertlose Stadt auf Blut aufgebaut« zu haben (10.6–10), voraufgeht und in 12.1–10 die Anspielung auf »das Menschenblut« (»Blut *Adams*« – Hab. 2,17) folgt.

7 Bei Paulus (1. Kor. 10,21 und 11,27) ist »der Kelch des Herrn« natürlich »das Blut Christi«, welches Lukas (22,20) zufolge »für euch *vergossen wird*«. Zum Gebrauch der Begriffe »Gift« und »Zorn« in Qumran siehe CD 1.21 f. 2.21 f. (auch »abschneiden«), 8.9–12 usw.

8 1QS 1.9, 2.16, 3.22 ff. usw.

9 Vgl. *Krieg* 2.129 mit Plinius' brieflicher Mitteilung an Trajan über die ihm bekannten kleinasiatischen Christen (10.96), die »sich regelmäßig vor Sonnenaufgang versammeln, um Gesänge zu rezitieren, in denen Christus als Gott gefeiert wird«; Al-Biruni und *Fihrist*, a.a.O.; und 4Q298 – »Ermahnungen an die Söhne der Morgendämmerung« (*QRE* S. 166–172). Siehe auch Ps. *Hom.* 7.1, 10.1, 11.1 usw., wo es heißt, daß Petrus im Morgengrauen betete und badete, und oben Lukian, *Menippus.*

10 IQS 8.5–9 und 9.4 f. Außerdem vermittelt 1QS 8.11 f. etwas von der Idee des »Verborgenen«, die sich in Joh. 12,36, 2. Off. Jak. 47,15 usw. findet.

11 1. Off. Jak. 25,15. Vgl. 1QS 6.26–7.18 mit CD 14.20 f. und dem neuen Fragment 18.4 von 4QD266, wo die bereits weiter oben erwähnten Überschneidungen zwischen diesen Texten besonders deutlich erkennbar werden.

12 Vgl. 1. Off. Jak. 34,15 mit *EH* 3.5.3 und *Haeres.* 29.7.7 f.

13 Zu »fangen«/»ergreifen« siehe 1. Off. Jak. 25,10, 29,15, 30,5, 33,5 usw.; zu »werfen« 1. Off. Jak. 27,5, 39,20, 40,15 (in Verbindung mit »Kelch«-Metaphorik), 2. Off. Jak. 47,25, 59,25, 61,25 usw.

14 Siehe auch 44,15, 48,20, 49,10, 59,20 und 60,12 f.

15 Epist. B. 6 Siehe z.B. die Anspielung auf »die zwei Wege« (den »Weg des Lichts« und den »Weg der Finsternis« in 18.ff.) aus 1QS 3.9–4.26; desgleichen »der Tag des Gerichts« (19 ff.) aus 1QpHab 12.14–13.3.

16 *Dial.* 17 und 136 f.; sowohl darin als auch im Barnabasbrief will Émile Puech von der École Biblique in Jerusalem Zitate aus Qumran-Texten entdeckt haben.

17 Epist. B. 6 (wo auch auf den »Ur-Adam« angespielt wird).

18 63.15–30; vgl. 1QpHab 8.2 (zu Hab. 2,4, »der Gerechte aber wird durch seinen Glauben leben«), »*gerettet aus* dem Haus den Gerichts«, mit 12.14, »*gerettet am* Tage des Gerichts«. 61.20–62.15 gebraucht außerdem das Bild des »Steins« und »Ecksteins«.

19 63.15 (Ps. *Rec.* 1.70 f.).

20 *Vir. ill.* 2; desgleichen *Adv. Hel.* 21, wo er in Weiterführung von Epiphanius' (78.14.3) Aussage »Josephs Söhne führten ein jungfräuliches Leben« behauptet, *sowohl* Maria *als auch* Joseph seien »Jungfrauen« gewesen.

21 *Vir. ill.* 2.

22 Siehe »der Priester« als Bezeichnung für den Gerechten Lehrer in 4QPs 37 3.13 und 1QpHab 2.8; dagegen »der Frevelpriester« in 1QpHab 8.16 und 11.12.

23 *Alt.* 20.197 f.

24 *Alt.* 20.10–16; vgl. Paulus' möglichen

Gruß an diesen »Haushalt« in Röm. 16,10 f.

25 Ps. *Rec.* 1.54. Man beachte die Ähnlichkeit des Ausdrucks in der Anspielung auf das »Haus der Absonderung« *(»Beit Peleg«)* in CD 8.45.

26 *MZCQ* S. 41–5.

27 Vgl. CD 5.7–13, 6.14–17, 4QMMT 1.3–32, 56–76 und 2.6–33.

28 Vgl. *Alt.* 13.372–404 mit 4QpNah 2.5–8.

29 Apg. 11,27 und 13,1.

30 *Alt.* 14.83–96 und 18.116–19. Diese Festungen (zu denen auch Qumran gehört haben könnte) wurden ursprünglich von den Makkabäern – ebenso wie weiter im Süden Masada – als Außenposten errichtet. Später wurden sie von den Herodiern übernommen. So benutzte Herodes Hyrkania als sicheren Aufbewahrungsort für seine Schätze. Zuletzt wurden die Zitadellen zu Außenposten des Widerstands.

31 Nur hinsichtlich dessen, was Josephus in bezug auf Johannes Hyrkanos berichtet – nämlich, daß »die Pharisäer dem Volk sehr viele Bräuche von ihren Vätern überliefert haben, die sich nicht im Gesetz Moses finden«, während die Sadduzäer »nur jene Vorschriften als bindend betrachten, die sich in der *Thora* aufgeschrieben finden, und diejenigen, die von den Überlieferungen der Vorväter abgeleitet sind, nicht befolgen« –, besteht eine Ähnlichkeit zwischen Qumran und solchen Sadduzäern (die in den Qumran-Texten *»Halakot«/* »die Glatten«, »Reibungslosen« genannt werden, ein Wortspiel um den rabbinischen Terminus *»Halachot«/*»Traditionen«); *Alt.* 13.297 f.

32 ARN 5.2.

33 *Alt.* 20.180 und 205–208. Mittlerweile verwendet er zu deren Bezeichnung auch ein anderes Synonym: *»Sikarioi«*.

34 *Alt.* 20.215. Wie sich herausstellte, leistete dieser Florus mehr als jeder andere, um den Aufstand gegen Rom zu entfachen.

35 *Vita* 65.

36 *Alt.* 20.200 f.; vgl. 1QpHab 8.16 f. und Jak. 2,9 ff.

37 *Alt.* 20.251.

38 Vgl. 1QpHab 11.6–12.10 und CD 1.19 ff. (hier kommt auch der Begriff »Gesetzesbrecher« vor). Selbst für die dort gebrauchte Formulierung »sie ergötzten sich am Hader unter den Menschen« finden sich in diesen Schilderungen des Josephus Parallelen.

39 *Krieg* 2.243–247 / *Alt.* 20.137.

40 Vgl. 1QpHab 12.6 mit 1QH 4.10.

41 *Vita* 343 f.

42 *Alt.* 204–207. Vgl. *Krieg* 2.253 zur Anzahl von Menschen, die Felix kreuzigen ließ; 2.254 zur Gleichsetzung von *»Sikariern«* mit »Banditen«; und Matth. 27,38–44 (und Parallelen) zu den mit Jesus gekreuzigten »Schächern«.

43 *Krieg* 2.255 ff. In den *Altertümern* werden die *»Sikarier«* erstmals 20.204–207 erwähnt, unmittelbar nach dem Tod des Jakobus; dort erfahren wir von deren Kämpfen gegen die Hohenpriester und von Albinus' Anstrengungen, sie »auszurotten« – ein Detail, das (ebenso wie Jakobus' Tod) im *Krieg* mit keinem Wort erwähnt wird.

44 *Krieg* 4.323 f. Direkt daran schließt sich, wie wir uns erinnern, die Episode an, in der »die Zeloten« den Leichnam des reichen Verräters Zacharias aus dem Tempel in die darunter befindliche Schlucht »werfen«.

45 *Alt.* 20.166. hier nennt er nur Jonathans Mörder »Räuber« *(Lêstai).*

46 Vgl. die *»Judaea-capta«*-Münzen dieser Zeitspanne.

47 *Krieg* 6.312–315.

48 *Krieg* 6.288 f.

49 *Krieg* 7.407–453, im Anschluß an die Schilderung des Massenselbstmords von Masada. Mit anderen Worten: Ebenso wie die *Altertümer* mit den Auswirkungen von Jakobus' Tod zu enden scheinen, schließt der *Jüdische Krieg* mit der Beschreibung fortdauernder *»sikarischer«* Unruhen in Nordafrika.

50 *Krieg* 2.411–414. In 2.407 bewerfen die »Neuerer« sogar Agrippa II. mit Steinen und treiben ihn aus der Stadt hinaus. Siehe *Krieg* 2.423, 2.455 ff. und *Alt.* 20.166 f., wo solche Leute der »Befleckung des Tempels« bezichtigt werden.

51 *Alt.* 20.205–210. Siehe Apg. 23,2, wo er befiehlt, daß man Paulus »auf den Mund schlage«. In *Krieg* 2.441 f. wird auch er, als »die *Sikarier*« die »Armen gegen die Reichen aufwiegeln« (Krieg 2.425–429), von »Räubern« (*Lêstai*) ermordet und sein Palast verbrannt.

52 *Alt.* 20.118–133. Hier scheint die Apostelgeschichte zu wissen, daß »*Tabitha*« auf aramäisch »Gazelle« bedeutet (griechisch »*Dorkas*«). Später wird der Sohn eines gewissen »Dorkas« in *Krieg* Saulus' Kollegen, den Tempelschatzmeister Antipas, ermorden.

53 Auch Deotus, d. h. »Dositheos«. Die »Kreuzigung des Messias in Lydda« spielt für die Juden eine wichtige Rolle. Zum einen dürfte damit die Tötung des »Messias ben Joseph« gemeint sein, der dem »Messias ben David« voraufgehen soll (*Suk.* 51a–52b) – wobei »Joseph«, als der Vorvater des Nordens, wahrscheinlich »Samaritaner« impliziert, d.h. unseren »Dorkas« oder »Doetus«. Damit zusammen hängt die Geschichte der – gleichfalls in Lydda erfolgten – Kreuzigung eines gewissen »Ben *Stada*« (*San.* 67a; vgl. 43a), den die Mehrzahl der talmudischen Schriften verdammten, der aber meist mit Jesus (»Ben Pandera« oder »Panthera«; vgl. *Haeres.* 78.7.5) gleichgesetzt wird. Da es aber in *Shab.* 104b auch heißt, »Ben *Stada*« habe aus Ägypten die Zauberkunst gebracht, wird er wahrscheinlich mit einem anderen Samaritaner verwechselt, der von sich behauptete, er sei »der Stehende«: wieder »Simon *Magus*« (die rabbinische Überlieferung um diesen Mann enthält auch einige derbe Geschichten über dessen sexuelle Beziehungen). Hier ist »Ben *Stada*« wahrscheinlich die entstellte Form eines Wortes für »der Stehende«, was uns wieder zu Simon *Magus'* samaritanischem Kollegen oder Lehrer – und Jünger Johannes' des Täufers – Dositheos zurückführt (Ps. *Rec.* 2.7–12 und *Hom.* 2.17–32; s. a. eine ähnliche Geschichte über eine sexuelle Beziehung, *Haeres.* 8.9.1–14.2.1, und Justinus Martyr, *2. Apologie* 14 f., wo im Zusammenhang mit Simon von »Sotadisten« die Rede ist). Interessanterweise ist bei Josephus (*Krieg* 4.145 f.) ein gewisser »Johannes, der Sohn des Dorkas« (d.h. »Doetus«), der »zelotische« Attentäter, der sich in das Tempelgefängnis schleicht und Saulus' und Kostobars Verwandten, den herodianischen Tempelschatzmeister Antipas (der dort – im »Vorspiel« zur Tötung von Jakobus' Mörder Ananus und von Zacharias – darauf wartet, daß man ihm den Prozeß wegen »Verrats« mache), ermordet. Wenn er zufällig der Sohn dieses Samaritaners »Dorkas«/»Doetus« war, dürfte sein Groll beträchtlich gewesen sein.

54 *Alt.* 20.167; ebenso *Krieg* 2.259 und 264 f.

55 *Krieg* 2.261 ff. / *Alt.* 20.169–172.

56 Vgl. »Ben *Stadas*« ägyptische Zauberei und diejenige Simons in Ps. *Hom.* 2.22, desgleichen »Simon« oder »Atomus«, »den Magier aus Zypern« in *Alt.* 20.142, der Drusilla überredet, sich scheiden zu lassen und Felix zu heiraten; desgleichen den Simon-artigen »Zauberer *[Magus]* Elymas« in Apg. 13,8, dem Paulus angeblich auch »in Zypern« gegenübertritt. (In diesen Berichten wird »Zypern« oft mit »Samaria« verwechselt, d. h. »Gitta« mit »Kitta« oder »Kittim«. Damit hängt wahrscheinlich auch die Bezeichnung »Kuthäer« zusammen, die Josephus [*Alt.* 9.288 ffl., 11.19 f. und 85–88, *Krieg* 1.63 usw.] und andere Quellen [selbst noch Benjamin von Tudela, 1000 Jahre später] für »Samaritaner« verwenden). Die Apostelgeschichte bringt all diese Dinge durcheinander, aber die Pseudoklementinen, Justinus Martyr (selbst ein Samaritaner), Eusebios und andere stellen sie mehr oder weniger richtig dar.

57 *Alt.* 18.85 ff. Diese waren vielleicht die *historischen* Kreuzigungen von Pilatus' Amtszeit, denen rund 15 Jahre später die messianischen Unruhen in der Umgebung von Lydda folgten, welche wiederum die Entsendung des Felix auslösten (52 n. Chr.; vgl. *B.B.* 10b und *Pes.* 50a zu den »Märtyrern von Lydda«). Josephus nennt »Doetus«, obwohl er ein Samaritaner war, »einen Anführer

der Juden« und dessen vier Gefährten »Neuerer«. In den neutestamentlichen Texten herrscht bezüglich der sektiererischen Auseinandersetzungen in Samaria und Jerusalem eine ziemliche Verwirrung – dergestalt, daß bestimmte Ereignisse nach *Jerusalem transponiert werden.* Der Berg Garizim ist auch das Zentrum der Aktivitäten des »Ur-Josua«; vgl. Stephanus' Rede vor seinen Jerusalemer Peinigern (Apg. 7,1–50), die praktisch wortwörtlich aus Josuas Abschiedsrede auf dem Berg Garizim (Jos. 24,2–32) – einschließlich des Irrtums bezüglich *Josephs* Knochen (Apg. 7,16) – übernommen ist.

58 *Haeres.* 20.3.4 und Ps. *Hom.* 2.23.

59 Vgl. *Krieg* 2.405 ff., wo Agrippa II. – wie Jesus und Paulus – zur Zahlung der römischen Steuer rät. Als Antwort darauf werfen die »Neuerer« mit Steinen nach ihm und verjagen ihn aus Jerusalem, worauf er den Rückzug antritt und aufhört, für die Römer Steuern einzutreiben, sondern diese Tätigkeit fortan dem römischen Statthalter überläßt, und der Aufstand beginnt!

60 *Alt.* 20.173–178.

61 *Alt.* 20.183 f. Josephus nennt ihn »Beryllus«. Manche verstehen darunter »Burrus«, den Hauptmann von Neros Prätorianergarde, doch das ist nicht sehr überzeugend. Da Josephus auch behauptet, er sei zuerst »Neros Erzieher« gewesen, ließe er sich am ehesten mit Seneca in Verbindung bringen – dessen apokryphe Korrespondenz mit Paulus wohlbekannt ist. Tatsächlich waren Burrus und Seneca im wesentlichen Partner, wobei Burrus der Soldat und Seneca »der Intellektuelle« und »Sekretär« war, was diese Verwechslung erklären würde – siehe *Annalen* 14.52 f., wo es heißt, Burrus' Tod (62 n. Chr.) habe »Senecas Macht ein Ende gesetzt«. Zu Senecas erbittertem Antisemitismus siehe Augustinus, *Gottesstaat* 6.11, der ihn mit den Worten zitiert: »Die Sitten dieser verwünschten Nation haben soviel Einfluß gewonnen, daß sie mittlerweile in allen Ländern angenommen worden sind, die Unterworfenen also den Unterwerfern Gesetze gegeben haben.«

62 *Alt.* 20.178.

63 Siehe *Krieg* 3.289, wo Trajan als Anführer von de Vaux' »Zehnter Legion« bei Jotapata erscheint; 3.458–485 zum Massaker von Tarichäa (67 n. Chr.); und 4.450, wo Trajan sich, nach Unterwerfung des transjordanischen Peräa, bei Jericho mit Vespasians Truppen vereinigt (68 n. Chr.).

64 *Alt.* 20.14. Dieses Gesetz, dessen Ursprünge im dunkeln liegen, war nach einem römischen Magistraten namens »Cornelius« benannt – möglicherweise einem der Scipionen oder vielleicht sogar Sulla – und richtete sich, wie bereits ausgeführt, gegen *sicarii* (»Meuchelmörder«) und Zauberer.

65 *Krieg* 2.253.

66 Vgl. 1QS 8.4–9.21, 1QH 4.4–6.24 usw.

67 Vgl. Josephus' Verwendung desselben Begriffs »Pest« oder »Seuche« zur Beschreibung der »Vierten Philosophie« Judas' des Galiläers und *Saddoks; Alt.* 18.6.

68 *Alt.* 20.131–136 / *Krieg* 2.242–246.

69 *Alt.* 20.181; vgl. *Pes.* 57a: »Wehe den Söhnen des Boethus [und den anderen Hohepriesterfamilien], die die Menschen mit Stäben schlagen«. Diese »armen« Priester, die eine »uralte« Linie repräsentieren, könnten unsere »rechabitischen Priester« sein.

70 *Alt.* 20.206 f.

71 *Alt.* 20.188. Festus' Amtszeit wird in *Krieg* auffällig kurz abgehandelt, und hier dürften ursprünglich die fehlenden Passagen über Jakobus' Tod (von denen Origenes und Eusebios berichten) zu finden gewesen sein.

72 *Alt.* 15.252–266 / *Krieg* 1.486 f.

73 *Alt.* 20.194 f.; vgl. 19.353 ff.

74 *Alt.* 20.189 ff.

75 *Krieg* 2.407–427.

76 11QT 46.9–18, wo Aussätzige erwähnt werden; siehe auch 4QMMT 1.47–62, wo Blinde und Taube genannt werden.

77 Vgl. CD 7.18 ff. und 1QM 11.6–12.18; desgleichen »Sternschnuppen« in 4Q246 2.1 – dem Text »Der Sohn Gottes« (*QRE* S. 74–77).

78 *B. San.* 105a–106b. Jud. 1,10–19, der

auch den Begriff »Tier(e)« (hebräisch »*Be`or*«) kennt und wie die Kriegsrolle vom »Herrn« spricht, »der mit viel tausend Heiligen kommt, Gericht zu halten über alle«, fährt dann in jakobinischem Geiste fort: »... und zu strafen alle Gottlosen für alle *gottlosen Werke,* die sie *taten*«.

79 1QpHab 12.5 f.

80 Zu Gehazi, Kain und Korah (der laut 4. Mos. 16,30–34 »verschlungen wurde«) siehe *b. San.* 90a und 115a–120a.

81 CD 8.20 ff.

82 Vgl. CD 1.12–18, 4.19 f. und 8.13 mit 1QpHab 8.1383

83 Vgl. 1QpHab 11.10–15 mit CD 8.9–13.

84 CD 2.21–3.9

85 Siehe 1QpHab 5.8–12 (zu Hab. 1,13).

86 Off. 2,9–28.

87 Zu diesen und speziell »Benjamin« siehe 1QM 1.2 ff.; dort wird (der Stamm) »Benjamin« als die »*Galut*« oder »Verbannten der Wüste« bezeichnet, die mit »den Söhnen des Levi« und »den Söhnen Judas« [»den Priestern« und »den Juden«] verbündet sind und einst mit »den verbannten Söhnen des Lichts« kämpfen werden, wenn sie von der »Wüste der Völker« (die nordwärts möglicherweise bis in die Gegend von *Edessa und Adiabene* gereicht haben könnte) »zum Lager in der Wüste von Jerusalem« ziehen. Siehe außerdem auch *San.* 99b, wo – eingerahmt von einem Hinweis auf die Bestrafung Gehazis und einer Anspielung auf die messianische »Held-Prophezeiung« – die »Familie Benjamins« als irgendwie unrein bezeichnet wird.

88 11QT 46.13–16 (vgl. 4Q274 1.2, *QRE* S. 213 f.).

89 4QMMT 1.8–36 und 68 ff. (*QRE* S. 198 f. und 200).

90 4QMMT 1.66 ff. (*QRE* S. 200). Für die vollkommene Beschreibung dieses »Aases« in Verbindung mit den »Götzenopferspeisen« aus Jakobus' Weisungen (dem »Aposteldekret«) und »Baden« – alles im Kontext von *Petrus'* Lebensführung – siehe Ps. *Hom.* 7.8 und vgl. Koran 5.4. Siehe auch Ps. *Hom.* 7.3 f.

91 11QT 56.18–57.19 und 66.14–17.

92 4QMMT 1.8 f. und 2.26–33.

93 *Krieg* 1.401, 5.36 ff., *Alt.* 15.380–425, 19.326 und 20.219 f.

94 Siehe oben 4QD266, *QRE* S. 217–225, und Apg. 2,1–41 zur Herabkunft des Heiligen Geistes am Pfingsttag.

95 *Krieg* 2.225; vgl. *Alt.* 20.105–112.

96 *Krieg* 2.224.

97 2.254–257.

98 Zu Poppäa siehe *Alt.* 20.195 (im Zusammenhang mit Helkias) sowie *Vita* 16, und siehe die Anspielungen auf »die sich anschließen« in CD 4.2 und 4QpNah 2.9 und 3.5, womit »ansässige Fremde« bezeichnet werden. Siehe auch CD 8.42–57 zu ebensolchen »Gottesfürchtigen«.

99 Phil. 4,18–22, wo auch Epaphroditus erwähnt wird. Clemens' Epistel 65 erwähnt zudem »Claudius« und »Valerius« – Namen, die wahrscheinlich auf Neros und Claudius' Familie verweisen. Paulus hat gleichfalls ausgezeichnete Beziehungen zu Senecas Bruder Gallio (Apg. 18,12–17). Allerdings trifft dies interessanterweise später wahrscheinlich auch auf Titus Flavius Clemens zu, oder »Clemens von Alexandria«.

100 Diese Beobachtung macht bereits Josephus (*Alt.* 20.252–257). Florus scheint übrigens seinen Posten auf Poppäas Betreiben hin erhalten zu haben.

101 *Vita* 13.

102 *Vita* 360.

KAPITEL 16

1 Apg. 23,2 Ananias war offenbar der »reichste« Hohepriester; er läßt sich allerdings nicht immer von Ananus unterscheiden (vgl. *Krieg* 2.243 / *Alt.* 20.204–213 mit 197–203 über den Tod des Jakobus), was das Problem »Reich gegen Arm« in Qumran und im Jakobusbrief kompliziert.

2 *Alt.* 2.211 f.

3 Josephus erzählt sogar von einem »Jesus«, dem Anführer einer Schar von Revolutionären und der Partei »der Armen«, der sich dadurch vor den Römern rettet, daß er in einem Boot auf das Galiläische Meer hinausfährt; ein anderer zieht nach

Norden mit 500 »Galiläern«; und ein dritter, Jesus ben Ananias, wird von den Hohenpriestern im Einvernehmen mit der römischen Obrigkeit verhaftet und prophezeit den Untergang Jerusalems – doch der ereignet sich *nach dem Tod des Jakobus*, nicht Jesu.

4 *Alt.* 20.214; vgl. *Krieg* 2.418, 556 ff. und 4.140–146. Wie wir uns erinnern, wurde Antipas von einem gewissen »Johannes, dem Sohn des Dorkas« (oder »Doetus«?) als Verräter ermordet.

5 *Alt.* 19.354 f., 20.137–147 und *Apion* 1.51.

6 *Alt.* 20.214.

7 1QpHab 8.8–13. Interessanterweise verweist das »aufgeblasen« auf die in der vorausgehenden Spalte durchgeführte Exegese von Hab. 2,4, worauf sich auch Paulus in seiner Kritik des »schwachen Gewissens« der »Vegetarier« der Jerusalmer Kirche – insbesondere hier ihrer beharrlichen Forderung, »sich von Götzen geopferten Speisen *zu enthalten*« (lt. Ps. *Hom.* 7.3–8 auch Petrus' Haltung) – in 1. Kor. 8,1–13 bezieht.

8 1QpHab 12.6–10.

9 Zur Festung Antonia, die Herodes zu Ehren des Marcus Antonius errichtete, siehe *Alt.* 15.403–409. Saulus, Philippus, Kostobar und Antipas scheinen, als die Zitadelle sich ergab, eher in Agrippas II. Palast gewesen und anschließend aus Jerusalem geflohen zu sein; vgl. oben *Krieg* 2.556 ff. Die Mittelsmänner sind hier »Ananias« und »Nikomedes' Sohn«; 2.449–456.

10 *Alt.* 18.138 (mündlicher Hinweis von Nikos Kokkinos, London 1986).

11 *Krieg* 2.449–456.

12 *Krieg* 4.140–365.

13 *Ad Cor.* 5, Tertullian, *Haer.* 36, und *EH* 2.25.5 und 3.1.2, wo Origenes' Genesiskommentar zitiert wird.

14 Hieronymus, *Vir. ill.* 11, hält ihn für authentisch; desgleichen Augustinus. M. R. James (*The Apocryphal New Testament*, Oxford 1924, S. 480–484) bezeichnet die Briefe zwar als »stilistisch minderwertig«, doch enthalten sie nichts, was *per se* unsinnig wäre, und sie ähneln durchaus den Exzerpten aus Agrippas II. Briefen, die Josephus in *Vita* 365 f. zitiert. Gallio könnte zusammen mit einem weiteren Bruder, Mela, und seinem Sohn Lucanus nach Aufdeckung der Pisonischen Verschwörung gegen Nero 65 n.Chr. hingerichtet worden sein (*Annalen* 15.65–16.17).

15 Paulus nennt Epaphroditus seinen »Mitstreiter« und »Mitgefangenen in Christus«. Der 1. Clemensbrief, der (sofern authentisch) davon auszugehen scheint, daß Paulus tatsächlich nach Spanien kam (5), bezeugt gleichfalls diese Kontakte (65); und seit Claudius' oder Neros Zeit scheint es wirklich eine prochristliche oder kryptochristliche Clique am Kaiserhof gegeben zu haben (insbesondere, wenn Seneca »so oft auf unserer Seite war«, wie so erlauchte Zeugen wie Tertullian [*De anima* 20], Hieronymus und Augustinus zu glauben scheinen), die erst 95/96 von Domitian beseitigt wurde. Der »pseudoklementinische« Clemens soll auch ein sehr naher »Verwandter Cäsars« gewesen sein (Ps. *Hom.* 12.8).

16 *Alt.* 20.141–144.

17 *Alt.* 20.143.

18 Apg. 13,1–12. Unmittelbar im Anschluß daran (13,13) trennt sich Johannes Markus von Paulus und kehrt nach Jerusalem zurück.

19 *Alt.* 19.332–335.

20 *Alt.* 20.144 und Suet. 5.28.

21 *Alt.* 19.317–326.

22 *Alt.* 20.5.

23 *Krieg* 4.359–463.

24 Helenas Nachkommen kämpften im ganzen Krieg auf seiten der Aufständischen und liefen erst zu den Römern über, als keinerlei Hoffnung auf Sieg mehr bestand; vgl. *Krieg* 2.520 und 6.356 f. Tatsächlich nehmen viele »Zeloten« (wie Josephus sie ausdrücklich nennt) in einem besonders kritischen Augenblick der bürgerkriegsähnlichen Auseinandersetzungen Zuflucht im Palast eines gewissen Grapte, eines Verwandten der Helena.

25 *Alt.* 19.353. Wahrscheinlich war Helkias zu dem Zeitpunkt nicht Tempelschatzmeister, sondern *Strategos*, aber sein Sohn, Saulus' Verwandter Antipas, der eine Generation später von »Zeloten« (d.h.

von »Dorkas'«/»Doetus'«/oder »Dositheos'« Sohn Johannes) massakriert wurde, hatte dieses Amt inne. Dieser Silas hatte auch einen – gleichfalls »Silas« genannten – Sohn, der von Agrippas II. Heer desertierte und sich den Revolutionären anschloß. Zu Philippus' *zwei* Töchtern siehe *Vita* 36 / *Krieg* 4.86 f.

26 *Alt.* 19.366
27 Vgl. *Alt.* 19.343–352 mit Apg. 12,21 ff.
28 *Alt.* 20.139–143. Zu weiteren Eheschließungen und -scheidungen in Syrien und Asia siehe 18.130–142.
29 11.5.
30 *Krieg* 7.38 f.
31 CD 4.19 ff. (Verdammung der Scheidung) und 8.13 (Verdammung der »Reichtümer« und der Heirat von nahen Verwandten, darunter von Nichten).
32 CD 4.19–5.15.
33 11QT 66.14–17.
34 Siehe Justinus Martyr 1.26, Hippolytos 6.15, *EH* 2.13 usw. Wieder finden wir hierin eine Parallele zu Paulus, dem nach eigener Aussage (1. Kor. 9,5) vorgeworfen wird, (nicht anders, wie er behauptet, als »des Herrn Brüder und Kephas«) mit einer Christin herumzureisen.
35 *Krieg* 4.319 f.
36 Es gab keinen Josephus, der es hätte tun können; um etwas darüber zu erfahren, muß man in den unterägyptischen Abfallhaufen wühlen; Dio Cassius (68.32.1) berichtet immerhin, in Kyrene seien nach der Revolte des jüdischen Volksführers »Andreas« (»Mann«) 220 000 Menschen ums Leben gekommen. Siehe aber Josephus zu den früher erfolgten Massakern in Cäsarea (2.457), Skythopolis (2.466 ff.), Alexandria (2.487–498), Damaskus (2.559 f.), Titus' »Festspielen« in Cäsarea Philippi (7.23 f.) usw.
37 Vgl. 1QS 8.21–24, CD 8.28–36 und 4QD266 14 ff. Siehe auch *Krieg* 2.143 f. zu solchen, die »aus der [»essenischen«] Gemeinschaft ausgestoßen werden [»*ekballusi*«].
38 Vgl. das Durcheinander um »Joseph, genannt Barsabas, mit dem Zunamen Justus« in Apg. 1,23 (ganz zu schweigen von »Joses, zubenannt Barnabas« in Apg. 4,36, der angeblich ein »Levit« war, »von Zypern gebürtig«).
39 Wieder begegnet uns hier der Qumraner Begriff »Trennung«/ »Sonderung« – und zusätzlich derjenige der »Nicht-Gemeinschaft von Geldbeutel und Werk«.
40 *Krieg* 2.270 / *Alt.* 20.182 ff. und 20.193–196 – die »Tempelmauer-Affäre«.
41 Zum Begriff »Komplott«/»Verschwörung« im Zusammenhang mit der Vernichtung der Anhänger des Gerechten Lehrers unter »den Armen« (*Ebionim*) siehe 1QpHab 12.5.
42 1QpHab 5.8–12.

KAPITEL 17

1 *Vir. ill.* 2.
2 *B. San.* 45b–46b, 49b–50b, 53a–56b usw., 3. Mos. 24,14 ff. und 5. Mos. 17,2–5.
3 ARN 4.5; vgl. *Git.* 56a–56b.
4 *EH* 3.33. Eusebios erwähnt auch »ihre Weigerung, Götzen zu opfern«. In der uns heute vorliegenden Form enthält die entsprechende Pliniusstelle (10.96 f.) diese Aussage nicht, wohl ist da aber von der Sitte der Christen die Rede, im Morgengrauen zu Christus zu beten, sowie von deren Weigerung, »*zu Götzenopfern bestimmte Dinge* zu kaufen«.
5 *EH* 3.20.1–4; vgl. Jakobus' Verkündigung in *EH* 2.23.9 und 13 und oben Jak. 4,11–5,9. Hier sind nicht (wie bei Jakobus) die »Knie« mit Schwielen bedeckt, sondern die Hände der Landarbeiter.
6 2. Off. Jak. 62,10. Das gleiche Motiv findet sich in talmudischen Beschreibungen von Steinigungen wieder (*b. San.* 45a/b).
7 Appian, *Bürgerkriege* 1.120. Zu Enthauptungen im *Talmud* siehe *San.* 37b, 49b–56b und *Ket.* 30b.
8 *Alt.* 18.119 und 20.98 f. (sowohl die Enthauptung »Theudas'« als auch diejenige »Jakobus', des Johannes Bruder« werden in unmittelbarer textlicher Nähe zur »Großen Hungersnot« erwähnt).
9 Oben *San.* 45a/b und *Ket.* 30a/b.

10 *B. San.* 56a/b und 60a.

11 4Q246, *QRE* S. 74–77. Vgl. Weish. 2,16, »und prahlt, Gott sei sein Vater«, mit 1QH 9.30–36, Matth. 5,9 f., 5,45, Lk. 20,36 usw.

12 Vgl. Mk. 11,15–18 und Parallelen mit Joh. 2,13–22.

13 Vgl. 1. Mos. 4,26 (Enosch), 12,8 und 14,4 (Abraham) mit 2. Mos. 3,14 f. (Moses).

14 T. Zahn in H.-J. Schoeps, *Paul: Theology of the Apostle in the Light of Jewish Religious History*, Philadelphia 1961, S. 67.

15 *Krieg* 2.7 / *Alt.* 17.207 f.

16 Vgl. CD 4.3–7 mit 1QS 5.2 und 5.9.

17 1QpHab 4.14–5.5 (desgleichen 10.3 ff. und 13).

18 CD. 6.5; vgl. die Anspielung auf »in die Wüste hinausgehen, um dem Herrn den Weg zu bereiten«, in 1QS 8.13 f. und 9.19–24 sowie diejenige auf »die Söhne Benjamins, die *Galut* [»Zerstreuung«] der Wüste« und auf »die verbannten Söhne des Lichts in der Wüste der Völker« (1QM 1.3). Dies wird im Zusammenhang mit der Bekehrung der Könige von Adiabene noch eine wichtige Rolle spielen.

19 CD 14.8–11, 15.8–15, 1QS 6.12 usw.; ebenso Cross, S. 232.

20 Zum »Oblias«-/»Alphäus«-/»Lebbäus«-Problem siehe *MZCQ* S. 48.

21 Vgl. 4QpPs 37 3.13–17 und 1QpHab 11.8 mit Jak. 2,10, und 1. Kor. 8,7–13 zu »Götzen geopferte Dinge«.

22 In *Vita* 7 f. sagt Josephus, sein Vater sei »nicht bloß um seines Adels, sondern noch mehr um seiner Gerechtigkeit willen ein hervorragender Mann und deshalb in ... Jerusalem allgemein geachtet« gewesen.

23 Man beachte hier die Umkehrung von Jakobus' »Freund-Gottes«-Begriff.

24 *Alt.* 20.202. Damit übereinstimmend erklären die rabbinischen Quellen im Zusammenhang mit der 40 Jahre vor dem Untergang des Tempels erfolgten »Verbannung des Sanhedrin« von seinem traditionellen Versammlungsort, der auf dem Tempelberg gelegenen »Steinernen Kammer« oder »Quaderhalle«, der Sanhedrin habe keine Befugnis gehabt, die Todesstrafe zu verhängen; *San.* 41a, *Shab.* 15a, *R.H.* 31a/b, *A.Z.* 8b usw.

25 1QpHab 11.4–8. Wie bereits angemerkt, möchten manche Forscher dieses »*Hanut*« als »das Haus Hanans« verstehen, d.h. »des Ananus«. Zu Versammlungen des Sanhedrin in einem solchen »Haus« siehe Lk. 22,54 und Matth. 26,57.

26 1QpHab 11.9–15. Siehe auch 4Q435 (Hymnen der Armen), Fragment 2,1–8, *QRE* S. 244 f.

27 *Ket.* 30b. Zu allgemein »in eine Grube stoßen« als Teil der Steinigung siehe *San.* 45a.

28 *B. San.* 81b–82b; *Tos. Kellim* 1.6.

29 *B. Tam.* 29a/b und *Men.* 21b.

30 Dieser Wortlaut findet sich weder in der Massora noch in der Septuaginta. Die entsprechende Psalmstelle lautet vielmehr: »Meine Kräfte sind vertrocknet wie eine Scherbe und meine Zunge klebt mir am Gaumen«; hier wird daraus gewissermaßen »meine Zunge ist vertrocknet«.

31 *B. San.* 44a/b, *Sota* 8a und 23a.

32 Vgl. *Alt.* 20.43–46 mit Apg. 15,1 (die »etlichen«, die »aus Judäa nach ›Antiochia‹ herabkamen« und die Streitigkeiten auslösen, die zur Einberufung des »Jerusalemer Konzils« führten.

33 *Krieg* 4.317 f.; vgl. 5. Mos. 21,23 und *b. San.* 46a/b.

34 *Krieg* 6.288–301.

35 4QPs 37 2.2–20, 3.6–12 und 4.9–21 (darin Anspielungen auf »abschneiden«, »tun«, Gott, der »den Gerechten rettet« und die »Versammlung« oder »Kirche der Armen«).

36 1QpHab 9.1 f. und 11.15–12.6.

37 Ps. *Rec.* 1.70–73.

38 *Vir. ill.* 1.

39 Ps. *Rec.* 1.16–48, 2.7, 5.10, *Hom.* 2.4–20, 22, 42–53 (darin 5. Mos. 18,15–19, eine Stelle, die sich auch in 4QTest 5–8 wiederfindet).

40 Dem folgt der Zusatz: »Insbesondere denen, die *seiner harrten*«. Dieses Motiv findet sich auch in 1QpHab 7.9–14, zu Hab. 2,3 (»die Hinauszögerung der Parusie«), einer Stelle, die, wie wir gesehen haben, auch in *San.* 97b erörtert und dort mit den »Zeiten« des Messianischen Zeitalters und den 36 »Gerechten«, welche die Welt emporhalten werden, in Verbindung gebracht wird. Vgl.

auch *b. Taan.* 23b über »Hanan den Verborgenen« (Johannes den Täufer?), den Enkel Honis des Kreismachers, und Lk. 1,24 über die »sich verbergende« Elisabeth (Johannes' Mutter), wozu sich im Protevangelium des Jakobus (22.3–23.1) und Herodes' angeblicher Frage »Wo hast du deinen Sohn versteckt?« eine Parallele findet. Dem *Talmud* zufolge ist er – eine deftig-spöttische Anspielung auf essenische Reinheitsversessenheit? – *»im Abort versteckt«*.

41 Ps. *Rec.* 1.7–12.

42 Ps. *Rec.* 1.72, 4.25 und Brief des Clemens an Jakobus 19 f.

43 Für 4Q477 siehe *QRE* S. 274–278.

44 Ps. *Rec.* 1.10.5.

45 Die Rohfassung dieser Übersetzung verdanke ich meinem Kollegen S. Jones.

46 Brief des Petrus an Jakobus 2.

47 *Alt.* 20.51 ff. und 101. Zu Helena als Nasiräerin siehe *b. Naz.* 19b. In *Ket.* 7a heißt es, in »Sdion« sei ein Ratsbeschluß gefällt worden, der ihr ein siebenjähriges Nasiräat vorschrieb. Auch Simon *Magus* soll, wie wir uns erinnern, mit einer eigenen »Königin Helena« gereist sein (Ps. *Hom.* 2.23 ff. – *Rec.* 2.9–12 heißt sie dagegen »Luna«). Frühkirchliche Quellen (*Ad. haer.* 1.23.2 und *EH* 2.13.4) erklären, Simon habe sie in einem Bordell in Tyros aufgelesen! Ob sie mit Helena von Adiabene identisch ist – die, wie wir uns erinnern, ein auffälliges Interesse an der (zwischen der Anspielung auf die Verunreinigung des Wüsten-»Lagers« und den Ausführungen zum Nasiräat, 4. Mos. 6.1–21, eingebetteten) Ermahnung der »des Ehebruchs verdächtigten Frau« (4. Mos. 5.1–32) verrät; *Yoma* 37a / *Git.* 60a –, läßt sich unmöglich entscheiden.

48 Ps. *Rec.* 1.73 f. Der hier genannte »Zachäus« könnte der Vater des legendären Rabbi Jochanan ben Zakkai sein. Daß Jochanan einen weiteren Verwandten hat, der »Oberhaupt der *Sikarier* in Jerusalem« ist, geht aus *b. Git.* 56a hervor.

49 Zum »Reichtum« und der »Frömmigkeit« Helenas und ihres Sohnes siehe *Alt.* 20.51 ff. sowie *Yoma* 37a/b und *B.B.* 11a.

50 Zu Paulus' Lehre, die *wahren* »Kinder Abrahams« seien die frischgebackenen Christen, siehe Röm. 9,7 f. und Gal. 4,28. Den Anspruch, »Söhne Abrahams« zu sein, erhoben wahrscheinlich auch die Herodianer (ganz zu schweigen von »den Völkern« der Region von Edessa/Haran/Adiabene), ebenso wie dies heute »die Araber« tun, wenngleich nicht durch Ismael, sondern durch Esau (der allerdings mit Ismael verwandt und verschwägert war – 1. Mos. 28.9). Auch Mohammed wird unabsichtlich verraten, welche Bedeutung Abraham und Noah für diese nordsyrisch/kurdischen Gebiete besitzen, wenn er anfängt, uns von `Ad und Thamûd, Hûd und Sâli^{h} zu erzählen (Suren 7, 11, 26, 27 usw.).

KAPITEL 18

1 CD 8.21–38 (im Anschluß an eine Erwähnung »Gehazis«).

2 Vgl. 1QS 8.13–9.21 usw.

3 Siehe auch Joh. 7,4–10 und Mk. 4,22.

4 Brief des Petrus an Jakobus 4,1–4.

5 Apg. 15,7–11, gefolgt von einer Rede des Jakobus (15,14–18), die *tatsächlich* Material aus der Qumraner Damaskus-Schrift enthält.

6 Auch bei Josephus »Saulus«. H.-J. Schoeps, *Theologie und Geschichte des Judenchristentums,* Tübingen 1949, S. 441 ff., war der erste, der diese Theorie vorgeschlagen hat, ohne indes, wie wir es tun, auf die sprachlichen Überschneidungen zwischen Jakobus' Sturz und der Steinigung des Stephanus hinzuweisen. Tatsächlich sind die *Homilien* stellenweise sogar noch genauer: So erfahren wir aus ihnen beispielsweise, daß Petrus Hemerobaptist und Vegetarier war und Jakobus' Weisungen für überseeische Gemeinden strikt befolgte – so etwa auch das Verbot von »Götzenopferfleisch« (das der Text als »Tisch der Dämonen« verurteilt) – und daß unter »Ersticktem« konkret »Aas« zu verstehen sei (7.8.)

7 Die einzige Überschneidung findet sich in 2. Tim. 1,2 und – wahrscheinlich fälschlicherweise – 4,10.

8 Vgl. Josephus' Zitat aus dem 4. Buch von Nikolaus' »Weltgeschichte« über Abrahams Geburtsort »oberhalb Babylon« und die Tatsache, daß »Abrahams Name ... auch jetzt noch im Land Damaskus berühmt« ist (*Alt.* 1.159); siehe auch *Alt.* 17.315 ff. zu Nikolaus' Verteidigung des Herodes gegen jüdische Vorwürfe usw.

9 Natürlich könnte dies auf eine samaritanische Quelle zurückgehen. Wir haben bereits gesehen, daß Simon *Magus* und Dositheos (den Josephus dennoch einen »jüdischen Führer« nennt) samaritanische »Jünger« Johannes' des Täufers waren; außerdem darf die ständige Vermischung von Merkmalen des »*Taheb*« – des samaritanischen »Josua *redivivus*« – mit Traditionen um »Jesus« nicht aus den Augen verloren werden.

10 Man könnte sich sogar fragen, ob der »tot-lebendige Josua« oder Jesu »Auferstehung« nicht auf dem verwirrenden Komplex Jos. 24,9, Ri. 1,2 und 2,6 basieren.

11 Vgl. *Alt.* 20.97–102 mit Apg. 5,36 ff.; man beachte die im nächsten Satz erfolgende Umkehrung »abfällig machen«/»ablassen« (»abtrünnig werden«), aber gleichzeitig auch die Parallele, die sich in der Verwendung exakt *desselben Wortmaterials* (»abfällig machen« und »das Volk«) wie in *Alt.* 20.102 zeigt. Die Abhängigkeit von Josephus ist wieder einmal offensichtlich.

12 Man beachte, daß in Apg. 6,1 f. mit dem »täglichen Dienst« tatsächlich »bei Tisch bedienen« gemeint ist – der Verfasser scheint an eine quasimonastische Gemeinschaft nach dem Muster Qumrans zu denken.

13 *Alt.* 20.214; vgl .Apg. 9,1 zu »Saulus'« mordwütigem Verhalten.

14 *Alt.* 20.101. Josephus' Information, das Getreide sei »in Ägypten« eingekauft worden, ist sehr wichtig, da Gaza das traditionelle Tor nach Ägypten war: Sowohl Königin Kandakes »Schatzmeister« als auch Königin Helenas »Bevollmächtigte« waren also unterwegs nach Ägypten (letztere natürlich aus nachvollziehbaren Gründen).

15 *EH* 1.13.1–2.1.8 und 2.12.1. Vgl. *Alt.* 20.17–96 und 101 und Moses von Chorene 2.30–33.

16 Z.B. 1QpHab 11.4–16 und 1QH 9.8 f. (wobei letzteres wahrscheinlich auf Hab. 1.13, »der Gottlose verschlingt den, der gerechter ist als er«, zurückgeht). Vgl. 4. Mos. 16,30–34 zu Korah, der »verschlungen wurde«.

17 Zu »hinabstoßen«/»-stürzen« vgl. oben 1QpHab 11.8 sowie die talmudischen Beschreibungen von Steinigungen in *b. San.* 45a/b, die mit Sicherheit in 2. Off. Jak. 61,20–62,15 parodiert werden.

18 Matth. 4,1 und Lk. 4,1 verwenden »*Diabolos*«, Markus hingegen, der die Episode kürzt, beschränkt sich auf »Satan«.

19 In Lk. 5,27 schlicht »Levi«; in Matth. 9,9 ist es Matthäus selbst – aber dieses Durcheinander hängt mit dem noch größeren um Barnabas zusammen, »genannt Joses, ein Levit aus *Zypern*«, und dem »Joseph-Barnabas-*Justus*«-Komplex in der Wahl des »Matthias« (auch der Name von Josephus' Vater) zum Nachfolger Judas'. Wie wir sehen werden, ist »Alphäus« lediglich eine weitere Entstellung von »Kleophas« – dem Namen des Mannes also, der wahrscheinlich Jesu *wirklicher* Vater war –, womit auch der Grund für diese Ausflüchte nach »Zypern« allmählich erkennbar wird.

20 *Krieg* 2.143.

21 Matth. 13,47, Joh. 21,6 ff. usw.

22 Interessanterweise findet sich das mit dieser Wallfahrt assoziierte »Muschel«-Symbol auch im plastischen Schmuck von Sarkophagen des 1. Jahrhunderts v. Chr. wieder. Das über der Nische der Synagoge von Dura-Europos (um 245 n. Chr.) befindliche Fresko zeigt die Muschel als Schmuckmotiv über dem Eingang des Tempels, weswegen sie sich auch am Thoraschrein dieser Synagoge wiederfindet; desgleichen in der Synagoge von Kapernaum, als Schmuckmotiv an einem Ende der Bundeslade. Siehe E.R. Goodenough, *Jewish Symbols in the Graeco-Roman Period*, New York 1953, Bd. III, Tafeln 472, 498 und 499; und Bd. XI, Tafeln III, X und 66; für ein Ossuarium siehe Bd. III., Tafel 161

23 *Alt.* 19.331.

24 *Alt.* 19.329 ff.
25 *M. Sota* 7.8; vgl. *M. Bik.* 3 f.
26 *Alt.* 15.369 f.
27 *Alt.* 15.371 f. Man darf nicht vergessen, daß Josephus hier aus Quellen – wie etwa Nikolaus von Damaskus – schöpft und entweder deren Fehler reproduzieren oder aber sie durch Verschmelzung entstellen könnte.
28 *Alt.* 15.365–369.
29 *Alt.* 19.353; siehe auch 19.299 und 317–326.
30 *Vita* 46–61, insbesondere 56 (desgleichen 179–184).
31 *EH* 1.12.1–4, 2.1.5 und die dem Hippolytos zugeschriebenen Listen der zwölf Apostel und der Siebzig in ANCL; vgl. Lk. 10,1 und Apg. 6,2–5 und 21,8, wo Philippus statt dessen *zu den »Sieben«* gerechnet wird.
32 *Krieg* 4.385–388. Und somit wird der Tempel nicht infolge des Todes Jakobus' zerstört, dessen Anhänger laut Apostelgeschichte »Eiferer [Zeloten] für das Gesetz« waren, sondern durch das *Verschulden* ebensolcher »Zeloten«.
33 *Alt.* 19.357.
34 Vgl. Apg. 10,1–6, 22 und 30–35 mit *Alt.* 19.366. Der Name »Cornelius« ist zweifellos wichtig, insbesondere weil in der folgenden Passage Apg. 10.45–11,3 die »Gläubigen aus der Beschneidung« erwähnt werden und jedem einzelnen Wort, das Petrus hier sagt, in den pseudoklementinischen *Homilien* direkt widersprochen wird.
35 *Alt.* 20.147.
36 *Alt.* 20.143.
37 Aus welchen Gründen auch immer tritt »Zypern« hier – wie in Apg. 13,8 im Zusammenhang mit »Elymas *Magus*« – an die Stelle von Simon *Magus'* wirklichem Geburtsort, »Gitta in Samaria«, den weder Josephus noch die Apostelgeschichte zu kennen scheinen.
38 CD 5.7–11.
39 CD 5.11–15.
40 CD 8.4–11.
41 Siehe A.N. Sherwin-White, *The Roman Citizenship*, S. 271–275 und vgl. Röm. 11,12 f., wo Paulus als »der Heiden [*Ethnôn*, wörtlich »der Völker«] Apostel« zu »den Heiden« spricht; 1QHab 5.12–6.11, wo die »Fischernetz«-Symbolik von Hab. 1,14 ff. auf die Besteuerungspraktiken »der *Kittim*« bezogen wird, die »ihren Bannern opfern und ihre Kriegswaffen verehren … und Jahr für Jahr alle Völker fressen«; und den in Qumran üblichen Gebrauch von »die Völker« (*ha-`Amin*) zur Bezeichnung der Herodianer.
42 CD 8.12 f.
43 CD 4.19–5.2, wo Herrscher attackiert werden, die, wie die Herodianer, der Scheidung und »der Vielweiberei frönen«. Der Sinn dieser Aussage ist, daß die »falschen Propheten«, indem sie die Fürsten in ihrem Tun bestätigen, die »Übertüncher der Wand« sind, von denen Hes. 13,10 spricht – und auf die auch oben CD 8.12 angespielt wird.
44 Siehe z. B. die Verwendung des Wortes »Jude« (*Jehudi*) in 4Q550, *QRE* S. 105–110, und 4Q324 (»Aemilius tötet«) über die priesterlichen Dienstklassen, *QRE* S. 125–133, sowie das esoterische »Haus Juda« in CD 4.11 f. und 1QHab 8.1 ff. (zu Hab. 2,4).
45 1QS 8.5–10 und 9.4 ff.
46 *Alt.* 1,8; vgl. *Vita* 430, *Gegen Apion*, 1.1, 2.1 und 2.296.
47 *Alt.* 20.144 und 147.
48 Wie wir gesehen haben, wird er in anderen Versionen »Atomus« genannt, wahrscheinlich eine Verballhornung von »[Ur-]-Adam«, der Simon allen Quellen zufolge (wie der neutestamentliche »Jesus« durch die Herabkunft der »Taube«) zu sein behauptete.
49 Zu dem von »Andreas«/»Mann« oder »Adam« in Kyrene angeführten Aufstand vgl. Dio Cassius, 68.14.5–33.3 und 69.12.1–15 mit *EH* 4.2.1–7.4.
50 Sueton, 12.15 ff. und Dio Cassius, 67.14.1–18.2, während *EH* 3.18.4 sie, wohl zu Unrecht, als seine Nichte bezeichnet (gemeint ist wahrscheinlich »Verwandte«). Jedenfalls entsteht die größte christliche Katakombe Roms auf (beziehungsweise unter) einem Grundstück, das ihr – und wahrscheinlich auch Clemens – gehört.
51 3.32.1–6. Eusebios scheint (wieder auf Hegesippus gestützt) zu glauben, daß Simeon »hundertzwanzig« Jahre alt

wurde. Aber abgesehen davon, daß dies einfach das Moses zugeschriebene Alter ist, äußert sich in dieser Behauptung natürlich nichts anderes als der (von Josephus und Hippolytos bezeugte) Glaube an die ungewöhnliche Langlebigkeit solcher »essenerartigen«, nasiräischen Hemerobaptisten. So soll Jakobus ja, gemäß Epiphanios, 96, anderen Quellen zufolge sogar »über 100« Jahre alt geworden sein.

52 *EH* 3.12.1.

53 *EH* 3.19.1–20.9. Interessanterweise greift Eusebios, nachdem er uns in 3.18.4 mitgeteilt hat, daß Domitilla *auf eine Insel* »verbannt wurde«, den Faden seiner Erzählung damit wieder auf, daß er in 3.20.9 berichter, wie »der Apostel Johannes« *von einer Insel abreist.*

54 *EH* 3.20.5.

55 *EH* 3.32.3–8. Gestützt auf Hegesippus, bezeichnet Eusebios hier »Simon« (den er gerade eben noch »*Simeon*« genannt hatte) als den Sohn »Marias, des Kleopas Frau«, und damit natürlich als *Bruder* von Jesu anderen Brüdern. Dies stimmt im wesentlichen mit dem Papias-Fragment 10.2 (ANCL) überein, das sie schlicht »Maria, des Kleophas oder Alphäus Frau« nennt.

Register

Abbildungsnachweis

Mansell Collection: Abb. 1, 19, 21

NY Carlsberg Glyptothek Kopenhagen. AKG London: Abb. 2, 18

John Trever: Abb. 4, 38

E. S. Drower, *The Mandeans of Iraq and Iran*: Abb. 10, 36 (Nachdruck mit freundlicher Genehmigung der Oxford University Press)

Sonia Halliday Photographs: Abb. 13, 42

Ordinance Survey of Jerusalem. C. W. Wilson, London 1865: Abb. 15, 16

Istituto Suore Benedettine di Priscilla: Abb. 20, 29

The Messiah Jesus and John the Baptist. The Dial Press, 1931: Abb. 22, 31, 41

Vatikanische Museen/C. M. Dixon: Abb. 23

Israel Museum, Jerusalem. AKG/Erich Lessing: Abb. 24

J. B. Segal: *Edessa, Beloved City*: Abb. 32 (Nachdruck mit freundlicher Genehmigung der Oxford University Press)

Archäologisches Museum Istanbul. AKG/Erich Lessing: Abb. 40

Alle übrigen Abbildungen: Robert Eisenman

ILLYRIEN
ITALIEN
Rom
Adriatisches Meer
Pompeji
Sizilien
Karthago
THESSALONIEN
MAZEDONIEN
Philippi
GRIECHEN-LAND
PHRYGIEN
Ägäisches Meer
Ephesus
Athen
ASIA
Korinth
Cenchrea
Miletus
ACHAIA
Sparta
Kreta
Mittelmeer
Kyrene
LIBYEN